中国古代历史三百题

杜文玉 主编

商务印书馆国际有限公司
中国·北京

图书在版编目（CIP）数据

中国古代历史三百题 / 杜文玉主编．— 北京：商务印书馆国际有限公司，2017.1（2019.1 重印）
ISBN 978-7-5176-0253-8

Ⅰ.①中… Ⅱ.①杜… Ⅲ.①中国历史—古代史—问题解答 Ⅳ.① K22-44

中国版本图书馆 CIP 数据核字 (2016) 第 139482 号

ZHONGGUO GUDAI LISHI SANBAITI

中国古代历史三百题

主　　编	杜文玉
责任编辑	左继红
封面设计	张　萌
出版发行	商务印书馆国际有限公司
地　　址	北京市东城区史家胡同甲 24 号（邮编：100010）
电　　话	010-65592876（总编室） 010-65122489（编辑部） 010-65598498（市场营销部）
网　　址	www.cpi1993.com
印　　刷	北京新华印刷有限公司
开　　本	880mm × 1230mm　1/32
字　　数	830 千字
印　　张	29
版　　次	2019 年 1 月第 1 版第 2 次印刷
书　　号	ISBN 978-7-5176-0253-8
定　　价	65.00 元

前言

《中国古代历史三百题》一书从我国境内的远古人类遗址开始写起，到鸦片战争前夕为止，共选取了300多个专题，基本涵盖了整个中国古代历史的全部重要内容。众所周知，我们中国是世界上历史最悠久的国家之一，中华文明也是世界上四种最古老的文明之一。中华民族虽然历经劫难，但却经久不衰，并且在历史上创造过辉煌的成就，为人类社会的发展做出了杰出的贡献，显示出了强大的生命力和凝聚力。

如何把我国辉煌的历史采用通俗、流畅、简洁的文字反映出来，呈现给广大读者，是我们编写这部书的初衷。之所以采取专题写作的形式，是出于我国历史悠久、内容复杂的客观原因，只有采取专题的形式才能够集中笔墨，把每一个专题的内容完整地呈现出来。但是这样又存在一个问题，即如何选择题目才能既照顾到历史的系统性，又能突出重点，把历史上重要的内容都囊括进来。为了达到这个目标，本书采取了按照时间先后排列的方式，把每一个历史时期的重大事件、重要人物、社会变迁、政治制度、文化成就等，一一进行了选择，最后确定了这300多个专题。就其涉及的类别而言，包括了我国古代的政治、经济、地理、军事、文学、绘画、书法、乐舞、科技、人物、事件、典章、宗教、民族等诸多方面，可以说将中国古代历史的重要方面基本都涵盖进来了。

在写作中，力求做到文字简洁流畅，叙事客观，评论科学，尽量做到融知识性与可读性为一体。对一些历史之谜，则采取客观叙述的方式，把来龙去脉写清楚，并加以科学地分析；对有争议的历史问题，采取不回避的态度，把各种不同的观点都予以介绍，加以适当的引导，让读者自己判断。由于我国自古以来就是一个多民族的国家，对民族问题我们采取了十分慎重的态度，将其放在当时的历史环境中进行考察，以平等的态度对待各个民族；此外，由于历史科学日新月异，发展很快，对于学术界最新的研究成果，也尽量地予以反映。为了慎重起见，并非凡是新出现的研究成果都统统予以采纳，而是对学术界公认的或者为大多数学者所承认的研究成果予以吸纳，写进书中，以避免一味地求新而误导读者。

我国有五千年的文明史，如果再把史前时期算上，那么历史更为悠久，如何把这一切客观、准确而又生动地介绍给广大读者，不是一件容易的事，本书的这种写法也是一个尝试，希望能得到读者的认可。

本书的作者均为高校中青年教师，且大都具有博士学位，年富力强，思维活跃，受到过严格的历史科学训练，具有较强的研究能力。撰写以广大读者为受众的历史普及读物，对他们中的大多数人来说，也是一种尝试，遇到的困难也不少，但他们都能克服困难，挤出时间，竭尽全力，完成了各自的撰写任务。为了体现他们的劳动成果，文责自负，有必要将全书 300 余题撰写分工情况说清楚：林新霞（1—40）、权家玉（41—74）、王颜（75—82，213—256）、付婷（83—126）、王兰兰（127—170）、郭海文（171—212，301—309）、唐群（257—300）。

编　者

目录

上古时期

中古时期

近古时期

上古时期

中国古代历史三百题

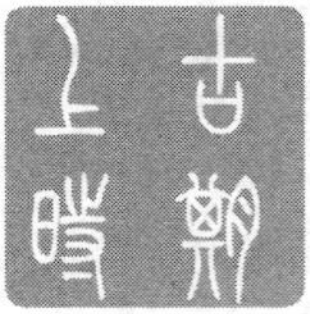

001 我国境内发现过哪些远古人类遗址?

我国是古人类起源及繁衍的重要地区之一，已发现的古人类文化遗址从旧石器时期到新石器时期，十分丰富，形成了一个比较完整的古人类发展谱系，对古人类学的研究来说，具有十分重要的意义。

我国发现的远古人类遗址可以分为两大阶段，即直立人阶段和智人阶段。前者是指从四肢爬行的猿进化到可以直立行走的猿人，手与脚有了明确的分工，并且能使用简单的工具。后者则是猿人进一步进化后，跨进了一个新的发展阶段，他们的手更加灵活，头脑更加发达健全，所谓智人意即“有智慧的人类”。

由于在我国发现的远古人类遗址为数众多，难以一一介绍，现只就其中最重要、最有代表性的文化遗址介绍如下：

元谋猿人遗址　位于云南省元谋县上那蚌村，其发现经过大致如下：1965 年，几位学者到上那蚌村附近寻找化石，在当地一位老人的指点下，在该村以西约 1 公里的山沟里的一个山包下，发现了两颗古人类的门齿和云南马的化石。1972 年，经中国地质科学院的鉴定，确认两颗门齿为古人类化石。受这一发现的鼓舞，1973 年 10 月，中国科学院古脊椎动物和古人类研究所组织了大规模发掘，除了在地层中发现了人工打造的石器和炭屑、哺乳动物化石等，没有再发现新的人类化石。1976 年，研究人员采用古地磁学方法对这些古人类化石进行了测定，确定其绝对地质年代距今约为 170 万年。

根据对元谋人化石以及与其共生的哺乳动物化石的研究，当时的元谋一带，属于亚热带森林草原地带，森林中生活着泥河湾剑齿虎，热带雨林中生活着细鹿、湖鹿等动物，草原上分布的则是云南马、山西轴鹿、桑氏缟鬣狗等动物，全部为现今已经灭绝的动物。元谋人已经开始制造和使用刮削器、尖状器等石器，从地层中发现的炭屑和两块黑色的骨头判断，元谋人已经学会了使用火。

元谋人遗址的发现具有重要的科学意义。元谋人属于直立人种中的一个新亚种，即直立人元谋新亚种，就其生活的年代而言，要早于“蓝田人”“北京人”，从而把我国发现的古人类化石的年代向前推了数十万年。需要说明的是，在山西省芮城县西侯度村发掘的一些古动物化石和石器，据测定距今约 180 万年，比元谋人早了 10 万年。但是由于没有发现古人类化石，而且发现的石器由于受水流的冲磨，不易与自然石块区分，所以有学者对其是否为人工制造持怀疑态度，而这处遗址是否是古人类文化遗址也就值得怀疑了。因此，可以说直到目前为止，我国发现的最早古人类文化遗址仍然在元谋。

蓝田猿人遗址 一共发现了两处，一处在陕西省蓝田县公王岭，另一处在该县陈家窝。前者发现有古人类的牙齿和头盖骨化石，距今约 115 万年；后者发现了一个完好的人类下颌骨及附连牙齿，距今约 65 万年。

蓝田人发现于 1963 年 7 月中旬。当时中国科学院古脊椎动物与古人类研究所工作人员，在蓝田县城西北 10 公里的泄湖镇陈家窝土层中发掘了一个直立人下颌骨化石。在同一层位，还发掘了大量的哺乳动物化石和一些具有人工打制痕迹的石制品。受此次发掘的激励，次年 3 月下旬，中国科学院的考察队又在这个地区进行了一次综合考察，结果从公王岭的土层中发现一大批哺乳动物化石和 1 个人类头盖骨、3 枚牙齿以及 1 个上颌骨化石。在这之后，又分别于 1965 年和 1966 年两次对公王岭进行了补充发掘，又获得了一批动物化石，从而加深了对蓝田猿人及其生活环境的认知。

蓝田人复原像

根据遗址出土的石器及各种动物化石看，蓝田猿人的生产及生活的状况应是以采集为主、狩猎为辅的方式，采集的对象应是野生植物的果实、根茎、叶子等，狩猎的对象应是草食动物和水生动物。蓝田猿人生活的时代，黄土堆积还很薄，其背后的秦岭海拔还相当低，仅仅1000米左右。山前是准平原地貌，有谷地分布，河边由蒿、藜等构成草原景观；山上则长满茂密的丛林。其中公王岭的蓝田人生活在一个具有森林草原景观、气候温暖湿润的时期，而陈家窝的蓝田人生活的时代气候趋于干冷，植被与森林也有所减少。

蓝田猿人的发现具有重大的学术意义，主要表现在：公王岭蓝田人是迄今为止亚洲北部所发现的最早的直立人，对于研究古人类的生存与分布状态有着重要的意义。旧石器时代早期的人类由于年代久远，许多资料早已湮没无闻。蓝田猿人的全部资料均出自于第四纪中更新统土状和河湖堆积层中，它为我国在分布广泛的华北黄土地层中寻找早期人类文化遗址开辟了前景，扩大了我国已知古人类的分布范围，同时也增加了世界猿人化石的分布地区，为探索和考察人类的起源及发展提供了珍贵的资料。

北京猿人遗址 位于北京市西南的周口店龙骨山，先后共发现了6个比较完整的北京人头盖骨化石和一些其他部位的化石，还有大量的石器和石片，共10万件以上，因此北京人遗址是世界上发现古人类遗骨和遗迹最丰富的遗址。通常认为北京人距今约50万年，后来应用Al/Be测年法，则把其年代上推至距今约68—78万年前。

北京人复原像

北京人的科学命名是“北京直立人”，也叫中国猿人北京种。其最早是由瑞典地质学家安特生、美国古生物学家葛兰阶和奥地利古生物学家师丹斯基于1921年8月发现的，1927年开始发掘，1929年12月2日，中国考古学者裴文中在周口店龙骨山山洞里，发掘出第一个完整的头盖骨化石。此后，又有数个比较完整的北京人头盖骨化石和一些其他部位的骨骼化石被发现。

北京猿人生活的周口店地区，当时森林茂密，野草丛生，猛兽出没。北京人主要靠采集和狩猎生活，由于生产工具落后和环境险恶，所以他们必须过群居的生活。北京人除了会制造和使用石器外，已经学会了制造骨器和使用火。当时使用的火为天然火而不是人工取火，天然火来自于打雷点燃干枯的树木，或者来自于火山爆发和森林火灾。为了保存火种，他们需要晚上轮流看火，并用灰来保存火种。

北京人遗址的发现具有重要的科学意义。北京人已具备了人类的基本特征，学者们认为北京人应是中国现代人的直系祖先之一，但也有学者根据对现代人群线粒体 DNA 和 Y 染色体的分析，认为目前的基因证据并不支持现代中国人有独立起源的说法。他们认为，在 10 万年前至 4 万年前之间的东亚地区，事实上存在一个化石“断档”期，大约 6 万到 4 万年前，源于非洲的现代人到达现在中国南部，并逐渐取代了亚洲大地上的古人类。不过也有学者认为少量遗传物质的可靠性值得怀疑，与基因证明相比化石证据更重要，因为它们更直接。甚至有外国学者认为亚洲的现代人与亚洲的古人类之间的确存在连续演化关系，很难相信我们现代人都是起源于非洲的。

需要说明的是，北京人的头盖骨却在 1941 年时下落不明。有一种说法是被日本掠去，日军在用阿波丸号运输时被美军潜艇击沉了。还有一种说法是，1947 年，美军在设于秦皇岛的霍尔康姆营地挖掩体时，挖出了装在木板箱里的北京人头骨，当时士兵把木板箱当成了机枪垫，战斗结束后，北京人头盖骨可能又被埋在了原地。总之，这件事已成为历史上的一个谜团，至今仍没有一个确切的说法。

在我国境内已发现的旧石器时代的古人类文化遗址有 200 多处，遍布于全国 29 个省市，以上所述的遗址均属于旧石器时代早期阶段。已发现的旧石器时代中期的古人类文化遗址主要有：金牛山人（辽宁营口金牛山）、马坝人（广东韶关马坝狮子山）、长阳人（湖北长阳赵家堰）、大荔人（陕西大荔甜水沟）、许家窑人（山西阳高许家窑）、丁村人（山西襄汾丁村）等。发现的旧石器时代晚期的古人类遗址主要有：山顶洞人（北京周口店龙骨山顶）、柳江人（广西柳江通天岩）、资阳人（四川资阳黄鳝溪）、峙峪人（山西朔州峙峪村）、河套人（内蒙古鄂尔多斯市乌审旗）、黄龙人（陕西延安黄龙曹店杨家坟山）等。

旧石器时代晚期的智人生活已发生了很大的变化，他们已经学会了人工取火；能够制造出细小的石器，出现了石钻、石簇，还出现了木石结构的复合工具；角、骨器大量出现，有骨刀、骨针、骨铲、骨锥等；石簇的出现说明人类已发明了弓箭，从而极大地促进了狩猎业的发展；人类的居住区与墓地已经分开，有装饰品发现，在人骨的周围发现了赤铁矿粉末，说明人类已有了灵魂的观念。需要说明的是，并非所有晚期智人遗址都发现过上述的这些文化特征，这是由于发掘地区自然环境变化所导致的不同结果。还有一点需要说明，即晚期智人与现代蒙古人种体质的特征完全吻合，是现代中国人的直接祖先。

002 旧石器时代与新石器时代有何时代特征？

旧石器时代在考古学上属于石器时代的早期阶段，前后经历了二三百万年的时间。当时的人类使用的是比较粗糙的打制石器，过着采集与渔猎的生活，相当于原始社会到母系社会的初期阶段。我国境内已发现的旧石器时代的遗址多达 200 余处，分布于全国 29 个省区，代表着古人类进化和旧石器文化的各个阶段。山西省芮城的西侯度遗址，距今已 180 万年以上，但西侯度遗址只发现了人类的遗物，没有发现人类遗骨。云南省元谋县境内的旧石器时代遗址，除了发现人类的遗物外，还发现了两颗人类的牙齿，这是我国境内发现的最早的人类化石，距今已有 170 万年。

著名的蓝田猿人和北京猿人遗址都属于旧石器时代文化遗址，且都处在直立人阶段。此外，在华北、华中和西南地区还发现了十余处旧石器时代遗址，但比上面所述的要晚很多年，属于旧石器时代早期中、晚阶段的遗址。

在我国境内已发现的旧石器时代中期的文化遗址数量更多一些，前面已叙述过的金牛山、马坝、长阳、大荔、许家窑、丁村等，均发现有人类化石，属于早期智人阶段。没有发现人类化石的这一阶段遗址更多了，主要有山西西沟、南梁、古交、范家庄以及河南孟村、陕西涝池河、甘肃寺沟等。

我国境内属于旧石器时代晚期阶段的遗址比前一阶段更多，其中发现人类化石的有 38 处，没有发现人类化石只发现遗物的有 80 余处。发现人类化石的遗址主要有：北京山顶洞、广西柳江、四川资阳、山西峙峪、内蒙古河套、吉林安图、山东新泰、云南丽江、江苏下草湾、贵州穿洞、台湾左镇等，均属于晚期智人阶段。没有发现人类化石的这一阶段遗址数量太多，就不一一列举了。

新石器时代开始于约七八千年前（也有说开始于 1 万年前），在考古学上属于石器时代的晚期阶段。主要特征是：已经出现了磨制石器，因此也称之为细石器时代。此外，已出现了农业和畜牧业，生活资料有了比较可靠的来源，并开始了定居生活。还有一个明显的特征，就是已出现了制陶和纺织。新石器时代大约结束于 4000 多年前。

在我国境内已发现的新石器时代文化遗址多达 7000 余处，已发掘的也有数百处之多，在黄河流域以及长江流域的广大地区均有发现，出土了大量的人类遗物和墓葬。

属于新石器时代早期的遗址，分布于黄河流域的主要有：山西怀仁鹅毛口、陕西华县老官台、河南新郑裴李岗、河北武安磁山、山东滕县北辛等，距今 8000 年左右。分布于长江流域的主要有：浙江余姚河姆渡和浙江桐乡罗家角遗址等，距今 7000 多年。这些遗址的共同特征是：发现了大量的粮食和石质、木质、骨质农具以及大量的家畜骨头，表明这一时期原始农业和畜牧业已有一定程度的发展。

新石器时代中期的遗址主要以陕西西安半坡和河南陕县庙底沟遗址为代表，这类遗址非常之多，仅在陕西关中地区就有大量发现，比如在华县东西 20 公里的范围内，就发现了这一时期的遗址 5 处，其他地区虽然达不到这种密度，但数量也是不少的。这一时

半坡人居住的圆形房屋及遗址

期的遗址距今 7000 年至 6000 年，最明显的文化特征，就是彩陶文化。

新石器时代晚期的遗址主要有：甘肃临洮马家窑遗址、内蒙古红山遗址、陕西华县泉护村遗址、山东历城龙山遗址、陕西客省庄遗址以及赵家来遗址等。距今约 5500 年至 4000 年，已经出现了黑陶、玉器和早期青铜。在这一阶段农业有进一步的发展，耕作、收割、加工三大类的农具都已具备，但采集与狩猎仍在社会经济生活中占有比较重要的地位，陶器的种类更加多样。值得注意的是，在赵家来遗址中的房址，一半为半窑洞半起墙式，墙为夯土或草泥土，房内有柱洞发现。这时的人类社会已经开始迈入了文明阶段的门槛。

003 何谓仰韶文化、龙山文化？

仰韶文化是我国新石器时代早期的一种文化形态。1921 年首次发现于河南渑池县仰韶村，故取名仰韶文化。其分布范围主要在黄河流域的陕西关中地区、河南、山西、河北以及甘肃、青海和河套地区，此外，在今湖北西北部地区也有分布。其中以陕西省发现的遗址最多，共计有2400多处，约占总数的40%。仰韶文化的年代距今约7000年至5000年。

仰韶遗址出土了大量的文物，其中生产工具以磨制石器为主，常见的有刀、斧、锛、凿、箭头、石纺轮等，但是打制石器仍然占一定的比例，此外还出土了骨器，制造相当精致。出土的陶器以细泥红陶和夹砂红褐陶为主，在细泥红陶上常有彩绘的几何形图案或动物形花纹。这一时期社会经济生活以农业为主，渔猎为辅，并饲养了猪、狗等家畜。由于出土的陶器大都有彩绘图案，故也称彩陶文化。仰韶文化属于母系氏族公社的繁荣时期。仰韶文化前后延续了2000多年时间，学术界将其分为早期、中期、晚期三个阶段。

早期阶段距今约7000年至6000年，其文化特征是：尖底瓶为葫芦形口，腹部均有一对环形耳；制陶使用模具敷泥法，同时使用泥条盘筑法，慢轮已经开始使用；陶器上的装饰以绳纹居多，也有线纹、弦纹等，这一时期的彩陶已经开始走向成熟，以红陶黑彩为主，白彩极为少见；器形以盆、钵、碗、盂、瓶、壶等为主。

中期阶段距今约6000年至5500年，其文化特征是：尖底瓶为双唇口，一般没有腹耳；制陶以泥条盘筑法为主；陶器以细泥红陶、夹砂红陶为主，有少量的橙黄陶、灰陶和褐陶；陶器装饰图案仍以绳纹为主，其次为弦纹、线纹、网格纹，有少量的剔刺纹；器形以平底为主，少量为尖底，偶有圆底；最大的变化是彩陶比例大大增加，饰彩陶器多为红陶，也有少量的橙黄陶，黑彩占大多数，出现了少量的红彩和白彩。

晚期阶段距今约5500年至5000年，其文化特征是：尖底瓶为平唇口（或称平沿口），腹部无耳；陶器以泥质和夹砂为主，早期与中期的细泥陶器基本不见了，其中泥质以橙黄陶为主，有少量的红陶和灰陶，夹砂有红褐、灰褐、黄褐陶色等；器形以平底为主，但仍有尖底瓶，假圈足碗增多，新出现了四足鼎；纹饰以圆点、圆圈、直线和弧线、旋纹、网格纹、锯齿纹为主；最大的变化是出现了陶器烧成后再加以绘制的彩绘陶，彩陶比例最高，彩绘为红、白两种，其中白彩要多于红彩。

龙山文化是我国新石器时代晚期的一种文化形态。1928年首次发现于山东省章丘市龙山镇的城子崖，故取名龙山文化。主要分布于黄河中下游地区的陕西、山西、河南和山东等省，在湖北、江苏和辽东半岛也有发现。其文化特征以薄、硬、光的黑陶为主，尤其以章丘、日照的蛋壳黑陶最具特色，故又称黑陶文化。

龙山文化的生产工具有发达的磨制石器，出现了石镰、蚌镰，陶器开始使用轮制，以灰陶为主，黑陶次之，红陶和白陶极少。除了平底器外，有圈足和三足器，纹饰有绳纹、篮纹、方格纹、弦纹等，还有镂空陶器出现。经济生活以农业为主，有较发达的畜牧业。此外，还出现了卜骨，这是原始宗教或信仰出现的表现。龙山文化距今约5000年至4000年。

龙山文化因其发现地区的文化特征不同，又分别称为山东龙山文化、河南龙山文化、陕西龙山文化、山西陶寺龙山文化等。其中山东龙山文化是典型的龙山文化，距今约4500年至4000年；河南龙山文化包括庙底沟二期文化，距今约5000年至4800年，是由仰韶文化发展而来，属于中原早期龙山文化；在豫东和豫北一带还分布有王湾三期、后冈二期和造律台等三个文化类型，距今约4600年至4000年；陕西龙山文化，又称客省庄二期文化，主要分布在陕西关中的泾、渭流域，距今约4300年至4000年；山西陶寺龙山文化，发现于山西襄汾陶寺遗址，距今约4500年至3900年。

龙山文化是铜石并用的时代，玉器的制作技术已相当的成熟了。从社会形态看，这一时期已经进入了父系氏族社会，私有财产已经出现，人类社会已经跨入了阶级社会，有学者甚至认为后冈龙山文化就是商文化的直接源头。

004 为什么说炎帝与黄帝是中华民族的祖先？

炎帝与黄帝均为我国上古时期的部落联盟首领，他们均生活在

炎帝神农氏画像

我国西北地区。由于他们所处的历史时期还没有发明文字，所以有关他们的事迹只能从传说中搜寻和整理。无论是从文献资料还是考古资料看，炎帝和黄帝部族最初都生活在陕西的渭水流域，在其崛起以后，才开始从这里向东向南发展，逐渐占据了中原和南方广大地区，从而开创了华夏文明的新纪元。

炎帝神农氏及其部落所处的历史时期大体上相当于龙山文化早期阶段，距今约5000年。从文献记载看，炎帝与黄帝同为少典之后，少典氏娶有蟜氏之女安登为妻而生炎、黄。《国语·晋语》《帝王世纪》等文献都是这样记载的，并认为炎帝部落生活在姜水流域，故以姜为氏；黄帝部落生活在姬水一带，遂以姬为氏。需要指出的是，早在20世纪20年代就有学者否认这一切，认为这都是后人树立起来的偶像，原本是不存在的。然而作为流传数千年之久的神话与传说，也不是全然没有根据的，希腊神话中所说的一些城市，后来不也是逐渐被考古发掘所证实了吗？因此简单地否定显然是不可取的，这种传说直到现在仍然具有很大的价值。至于他们是生活在西北的哪一支原始部落的后裔，由于当时文字还未发明，故目前尚无法考知，但有一点可以肯定，即他们一定与前述众多的陕西地区的原始文化存在着承继的关系。

姜水是岐水的一段，而岐水发源于岐山，即今陕西岐山县东，流经武功，注入渭水，这一区域正好位于今陕西省宝鸡市境内。新石器时代的地下遗址在宝鸡市境内十分丰富，仅在市区东西20公里、南北10公里的范围内就发现了80多处新石器时期的遗址，甚至在现代村落之下几乎都有遗址存在。宝鸡市境内的龙山文化遗址达200余处，而且每处遗址的面积也颇大，最大的双庵龙山文化遗址达 100 万平方米，贺家湾面积达 80 万平方米。据统计遗址面积达 10 万平方米的占总遗址数的 15%，超过 5 万平方米的达 40%。所有的遗址堆积厚、文化内涵十分丰富。距岐山不远的宝鸡市境内有姜城堡、清姜河和神农庙等，所有这一切都与姜姓和炎帝有着一定的联系，说明炎帝部落就出自关中西部渭水流域一带。

至于神农氏与炎帝的关系，有两种不同的观点，占主流地位的观点是神农氏与炎帝为同一人，另一种观点则认为神农氏是前仰韶时代初期对农业生产发展有突出贡献的氏族首领，炎帝为仰韶文化末期或龙山文化早期的氏族首领。目前要搞清他们之间的关系，或者肯定其中一种观点，显然是无法做到的，但是有一点却是可以肯定的，即他们都曾生活在今陕西西部的宝鸡地区。从上述的宝鸡地区的龙山文化遗址的考古发掘看，农耕文化已经比较发达了。发现了较大的贮粮窖藏，说明粮食产量有较大的提高，有多余的收获物可用于窖藏。在发现谷物种子的同时，还发现了蔬菜种子，这也是农业生产发展的一个证据，证明人们的饮食结构发生了较大的变化。传说中说神农曾经遍尝百草，为氏族成员防治疾病。人骨的年龄测定也证明这一时期人们的寿命比以前有所增长。发现的遗址规模越

株洲炎帝陵

大，证明人口增长的越多，生产规模越大。在这一时期的许多遗址中都发现了大量用火的遗迹，火的使用不仅改变了人们的生活方式，使人们由吃生食变为吃熟食，结束了人类茹毛饮血的时代，加速了人类体质的进化，而且也对社会生产活动产生了很大的影响，比如陶器的烧制就离不开火，同时也为金属的发现和冶炼创造了前提条件。当然人类使用火的时代很早，旧石器时代就已经使用火了，但是那时多是利用天然火，还不知道如何人工取火。传说炎帝发明了人工取火，正因为如此，后世遂以五行之说附会之，说炎帝乃火德，又说他是火神。《左传·哀公九年》载："炎帝为火师，……姜姓其后也。"不管人工取火是否是炎帝发明的，在炎帝时代火的使用范围明显进一步扩大了，对改变人类的生活和生产活动发挥了重要的作用，是考古已经证实了的事实。

当这个部族在宝鸡地区的姜水流域崛起后，促成了龙山文化时期移民浪潮的兴起，他们开始大规模地向外迁徙，除一支继续留在关中西部外，其余的分别向西南、西北和向东往黄河中下游方向迁移。向东迁移的一支到达华北平原和黄河中下游后，与黄帝部落在阪泉打了一仗，之后又向西南方向发展，进入了今湖北、湖南地区，这就是这一带也有炎帝传说的根本原因。炎帝部落向西迁徙的一支，沿着渭水及汧陇古道直达河湟地区，与生活在那里的羌人融合，有的过着农耕生活，有的则过着游牧生活。据说其中有一支一直进入了西藏地区，与当地土人融合，成为藏族的祖先。

没有迁徙而留在关中西部的炎帝部族后裔，与先周文化的形成有着紧密的关系。关于周人的发源地，《国语·晋语》说是在姬水与姜水之间，虽然姬水的具体流域目前尚说不清楚，但姜水的流域却是很清楚的，据此判断周人的祖先应该生活在关中西部地区。传说周人的始祖弃生于邰，其母为有邰氏之女，曰姜嫄，而有邰氏居于渭水边，即今陕西武功、岐山一带，因此这里应是周人始祖的出生地。这个姜嫄即炎帝部族的后裔，所以炎帝与周部族的关系是十分亲密的。在今关中地区的一些龙山文化遗址中发现过早期周文化的堆积层，即先周文化层，就很能说明它们之间的密切关系。

汉代画像石上的黄帝像

黄帝部落居于姬水流域，姬水虽然史书记载不清，但由于黄帝部落与炎帝部落出自同一原始氏族，加上文献明确记载姬姓是关中的古老部落，所以这一部落应该与炎帝部落相距不远。有学者认为黄帝应属于庙底沟文化，他的生地与葬地大致相同，皆在今黄陵县一带。《国语·晋语四》载："昔少典氏娶于有蟜氏，生黄帝、炎帝。"《史记·五帝本纪》又载，黄帝死后葬桥山，桥山也就是有蟜氏之居地，"桥"与"蟜"相通。此外，黄帝的正妃嫘祖，大概是生活于洛水的支流沮水一带的部落，沮水流经桥山，汇入洛水。还有黄帝的史官传说在今白水县，正好与黄陵县相接。从这些资料看，黄帝部族最初大概就生活于洛水中游一带。黄帝既然与炎帝为同时代之人，在考古学上应属于龙山文化早期阶段。前面已经提到在今陕西关中及陕北一带龙山文化遗址很多，居于全国之前列，其中陕北的龙山文化遗址就占了全省的64%。此外，古有黄帝以玉为兵的传说，这种传说也被考古发现所证实，在陕西的龙山文化遗址中发现了不少玉琮、玉璧、玉钺、玉璜、玉瑗、玉刀等礼器。在陕北北部的龙山文化遗址中还发现了不少城址。2006年在陕北榆林市附近的龙山文化遗址中，发现了小刀和指环两件铜器，如果年代不误的话，这是在陕西境内发现的最早的铜器。所有这一切都为研究中国文明的起源提供了丰富的资料，也为黄帝文化的探索提供了更多的线索。

因为黄帝部族主要生活在关中西部和陕北地区，所以他们与炎帝部族略有不同，过着农耕兼游牧的生活。这个部族后来也向东迁徙，主要生活在陕北和山西北部的黄土高原上，由于这里对发展农业生产不利，所以他们在这一带过着以游牧为主的生活，因此具有强悍的军事战斗力，这种生产方式也决定了其迁徙不定的部族特征。大约在龙山文化时代的中后期，他们中的一部沿北洛水南下，从今陕西大荔、朝邑一带进入山西南部，又从太行山进入华北平原；另一部分则直接东渡黄河进入华北北部。黄帝部族在东迁的过程中，曾与炎帝部族、蚩尤部族分别爆发了阪泉之战和涿鹿之战，这两场战争黄帝部族均获得了胜利，从而奠定了黄帝部族在中原地区的统治地位。

文献记载说黄帝有 4 个妻子、25 个儿子，其中 14 个儿子有封地并有姓，青阳、苍林与黄帝同姓姬，其余的姓是酉、祁、己、滕、箴、任、荀、僖、姞、儇、依等，这一切实际上都是黄帝部族不断强大，人口不断增长，从而不得不分化出更多部落的真实写照。这些有着血缘关系的部落之间保持着密切的往来，形成了所谓的部落联盟，黄帝就是这个联盟的首领。文献还记载说在黄帝的 9 个儿子的封国中，后来又分化出了近 70 个封国，主要分布在今陕西、山东、河北和河南四省，此外在内蒙古、江苏、安徽、青海、广东、广西、四川等地区也有分布。这些所谓封国，就是上古的部落。

黄帝陵

黄帝部族进入中原后，实行了许多有利于生产发展的政策，使生产力有了飞速的发展。传说中有 30 余项发明被记在了黄帝名下，包括衣食住行、风俗习惯和典章制度等许多领域，比如水井、衣裳、冠冕、灶、釜、车、伞、镜、鼓、舟船、蹋球、音乐、货币、几案、历法、弓箭、文字、图画、礼法、兵法、市场、婚嫁、宫室、棺椁、指南车等。尽管这一切并非全属事实，但却在一定程度上反映了在黄帝时代社会生产和生活有了较大发展，因而黄帝才赢得了广大人民的崇敬，长期以来人们宁愿把这一切进步都加在他的身上，塑造了其华夏人文始祖的形象。

大约在阪泉之战后，炎帝部族与黄帝部族实现了联盟，由此奠定了中华文明的基础。黄帝战胜蚩尤之后，进一步密切了与黄河中下游地区其他部落的联系，各部落之间的原始文化与生产技术得到了交流，并且逐渐趋于一致，从而促进了社会的发展和进步。实际上其并非只与黄河中下游地区的部落建立了紧密的联系，由于虞夏时代发生了大洪水，东南不同文化圈的部族也纷纷迁徙到黄河中游的黄土高原地区，融入了以黄帝部族为中心的部落联盟之中，形成了“天下之中”的华夏民族。因此，华夏民族的形成是一个较长的历史发展过程，并非是一两次战争的结果。

还有一点需要说明，即黄帝部族在迁徙过程中虽然与一些部族发生过战争，但当战争获得胜利，各部族之间的联盟形成后，黄帝遂实施了以德治天下的政策。他重视以德教化各部族的成员，以调整相互之间的关系。《吕氏春秋 · 去私》载：黄帝“声禁重，色禁重，衣禁重，香禁重，味禁重，室禁重”。也就是说黄帝整顿了不良的社会风气。《商君书 · 画策》说：黄帝制定了“君臣上下之仪，父子兄弟之礼，夫妇妃匹之合”。认为是黄帝制定了礼仪道德规范。这些理想化的描写，在一定程度上反映了黄帝时代的历史风貌，当时的德政促成了中国早期文明社会的出现。

正因为炎帝与黄帝均为中华民族的发展和中华文明的进步做出了许多贡献，所以自古以来华夏民族均认为炎帝和黄帝是自己的共同祖先，而大家均为炎黄子孙。

005 唐尧与虞舜有哪些故事流传?

唐尧与虞舜均为我国上古时期的帝王，他们是“五帝”中的两位。关于唐尧,《史记·五帝本纪》载:“帝喾娶陈锋氏女，生放勋，娶娵訾氏女，生挚。帝喾崩，而挚代立。帝挚立，不善（崩），而弟放勋立，是为帝尧。”也就是说唐尧是帝喾之子、帝挚之弟，帝喾死后，帝挚继位，帝挚死后，唐尧才得以即位。通常认为尧本姓伊祁，名放勋，因为封于唐，故称唐尧。所谓封于唐，实际上就是说他是陶唐氏的部落首领，所谓在帝挚之后即位，实即当上了部落联盟的首领。

《史记·五帝本纪》记载说:“虞舜者，名曰重华。”相传他姓姚，因为其眼中有重瞳，故名重华。因为他是有虞氏部落的首领，故又称虞舜。舜生于社会下层。他的父亲叫瞽叟，是个盲人，母亲很早就去世了，瞽叟又娶了一个妻子，继母生的儿子名叫象。其父亲心术不正，继母两面三刀，弟弟象又凶顽不驯，几个人串通一气，要置舜于死地而后快。然而舜对父母不失为子之道，十分孝顺，对弟弟十分友善，多年如一日，没有丝毫懈怠。他还从事各种体力劳动，种过地，打过鱼，制过陶器，经营过生意，颠沛流离，为养家糊口而到处奔波。正因为舜具备了这些美德，得到了人们的广泛称赞，才被唐尧所器重，得以统治天下。

关于唐尧和虞舜有许多故事流传。传说在尧的时代，首次制定了历法，这样劳动人民就能够按季节从事农业生产，不至于耽误农时。关于这个问题,《尚书·尧典》中有详细记载。说尧决定以三百六十六天为一年，每三年置一闰月，用闰月调整历法和四季的关系，使每年的农时正确，不至于出误差。可见我国的古人将唐尧的时代视为农耕文化出现飞跃进步的时代。

唐尧还十分好学，据庄子说，他曾经拜许由为师。许由居住在蒲谷山，唐尧亲往拜访，拜其为老师。许由字巢父，是当时的名士。他不贪求名利富贵，坚持自食其力，生活简朴，无求于世。传说唐尧要把天下让给许由，许由以为耻辱不堪入耳，到河里去洗耳朵，后有洗耳河之名。有人牵牛去河里饮水，碰见许由洗耳，问明原因之后，便说:“你洗了耳朵把这里的水弄脏了，我不想让我的牛喝这污水。”于是就牵着牛到河的上游饮水去了。说明当时也有人对许由这种做法不以为然。

相传围棋是唐尧发明的。他的儿子丹朱不务正业，游手好闲，尧为了使自己的儿子能够收心学好，便教他学习石子棋。开始丹朱学得很认真，可是不久他就失去了耐心，又犯了以前的老毛病，把他的母亲都气病了。尧见儿子无可救药，于是便把他流放到南方，然后把帝位让给了虞舜。史书也有“尧造围棋，以教丹朱”的记载。

有关唐尧的传说中最值得称道的是他不传子而传贤。相传尧在位 70 年，感觉到有必要选择继任者。他早就认为自己的儿子丹朱凶顽不可用，因此与四岳商议，请他们推荐人选。四岳推荐了舜，说这个人很有孝行，家庭关系处理得十分妥当，并且能感化家人，使他们改恶从善。唐尧遂把他的两个女儿娥皇和女英嫁给了舜，通过这两个女儿来考察舜。他先让舜总管百官，处理政务。百官都服从舜的指挥，百事振兴，无一荒废。他又命舜负责接待四方前来朝见的诸侯。舜和诸侯们相处得很好，使得诸侯们之间和睦友好，所有诸侯都很敬重他。经过三年的考察，唐尧认为舜的确是一个合适的人选，于是正式让舜接替自己的地位。这就是我国古代所津津乐道的禅让故事，实际上是上古时期部落联盟首领由各部落民主推举的制度的一种反映。

舜在即位之后，任命禹担任司空，治理水土；命弃担任后稷，掌管农业；命契担任司徒，推行教化；命皋陶担任“士”，执掌刑法；命垂担任“共工”，掌管百工；命益担任“虞”，掌管山林；命伯夷担任“秩宗”，主持礼仪；命夔为乐官，掌管音乐和教育；命龙担任“纳言”，负责发布命令，收集意见。还规定三年考察一次政绩，根据三次考察的结果决定提升或罢免。通过这样的整顿，各种事务都出现了新面貌，整个社会秩序井井有条，促进了经济与文化的发展。

在舜的这些部下中，禹的成就最大，他治理水患，凿山通泽，疏导河流，终于治服了洪水，使天下人民安居乐业。于是舜便效法尧，把天下让给了禹。舜自己在百岁那年到南方巡视，不幸死在了苍梧，后来葬在九嶷山。毛泽东曾挥笔写下了“九嶷山上白云飞，帝子乘风下翠微”的壮丽诗篇。诗中的帝子就是指舜。舜南巡以后，他的妻子娥皇和女英十分思念，于是便南下寻找他。当她们来到洞庭湖中的君山时，得到了舜已经死亡的消息，娥皇、女英十分悲伤，哭干了眼泪，一滴一滴的鲜血从眼中流出来，洒在了洞庭湖君山的翠竹上，于是便形成了今天的斑竹。娥皇与女英决心追随舜而去，于是她们投湖而死，当地人怀着敬畏的心情将她们葬在君山，并修建了湘夫人庙以纪念她们。至今君山上还有二妃墓，墓周围斑竹环绕，风景如画。

有关尧舜的故事和传说还有许多，情节内容各不相同，以上所述仅为其中一部分。唐尧和虞舜都是古代杰出的贤人、圣人，也是中国传统道德的化身和典范。尽管商周以前的历史，没有文字记载，属于传说时代，但是这些传说由来已久，有的至少已有 2000 多年的历史，因此还是有相当的可信度，当然也有一些是人们理想化的描写，与信史相比还是有一定差距的。

006 何谓中国龙与龙文化?

中华民族以龙为图腾，号称龙的传人。中华民族为什么要以龙为图腾呢？这与农业生产有着密切的关系。我国的原始农业起源很早，随着时代的发展农业生产越来越重要，而在上古时期农业要有收成，与水有着直接的关系，而掌管下雨的神就是龙。为了风调雨顺，农业丰收，人们便不得不对管水的龙产生敬畏，于是便有了龙的信仰。在我国龙的信仰产生很早，在河南濮阳西水坡遗址就发现了一条用蚌壳摆成的龙的形象，长 1 米多，距今六七千年。在湖北黄冈也发现了一条用卵石摆成的龙，长 4.46 米，距今约 6000 年。在内蒙古翁牛特旗三星他拉遗址，出土了距今五六千年的红山文化玉龙。考古发现最早的龙，应是距今七八千年的龙纹陶器，出土地点在内蒙古敖汉旗兴隆洼。从以上这些考古资料看，我国龙的信仰早在新石器时代就已经出现了。

相传黄帝之子有十二姓，其中“僖”“己”两姓，据闻一多考证，就是龙、蛇族。《山海经·海外西经》说：“轩辕之国，……人面蛇身，尾交首上。”黄帝即为轩辕氏。《史记·天官书》记载说：“轩辕，黄龙体。”可见黄帝部落图腾中就有蛇，后来又演化为龙。其实在我国上古时期以龙为图腾的部落还不少，《左传·昭公十七年》载：“太皞氏以龙纪，故为龙师而龙名。”就是以龙来命官的。炎帝神农氏是感神龙而生，传说他是“龙首”，所谓“龙颜而大唇”。其实在上古时期龙与蛇是很难分清的，东汉王充在《论衡》中就说：“龙或时似蛇，蛇或时似龙。”相传中国人最早的祖先伏羲氏就是人面蛇身，考古发现的伏羲与女娲形象，也呈人面蛇身交尾状。就连我国神话中所说的开天辟地的盘古，据徐整的《五运历年记》说也是“龙首蛇身”。夏代的祖先鲧和禹，死后均化为黄龙。

龙图腾是怎样形成的呢？世界各民族都有各自不同的图腾，因为原始人分不清人与动物的界限，以为某种动物或植物是自己氏族的祖先，相互之间存在血缘关系，可以保护自己，于是对它们产生了崇拜，形成了不同的图腾。中国龙图腾的原型一般认为是蛇，也有人认为是一种鳄鱼或水牛，甚至还有人认为是一种野马。这些说法都有一定的道理，因为中华民族在历史上是由许多氏族和部落融合形成的，因此龙的形象也应是“多元一体”的。闻一多先生研究后认为最初应是蛇，随着其他部落图腾的加入，于是在蛇的基础上又增加了鳄鱼和兽类的四条腿、马的头、鬣鬃毛和尾巴、牛的耳朵、老虎的鼻子、兔子的眼睛、鱼的鳞、鹰的爪子和鹿的角等。

龙图腾诞生以后，龙逐渐被神化了，它可以翱翔在天，可以深潜于水，并被赋予了掌管雨水的神通。如遇天旱不下雨，便要祈龙求雨，这种情况在文献中有大量的记载。如《墨子·贵义》载：“且帝以甲乙杀青龙于东方，以丙丁杀赤龙于南方，以庚辛杀白龙于西方，以壬癸杀黑龙于北方。”这种“杀龙”方式是古代一种巫术，所杀之龙当是塑造的土龙，其目的是以此激起天上真龙的愤怒，从而降下甘雨消除旱灾。《淮南子·地形训》亦载："土龙致雨。"高诱注："汤遭旱，作土龙以像龙，云从龙，故致雨也。"还有一种求雨的方式，即舞龙求雨，这在《艺文类聚》卷一百所引的《神龙求雨书》中有详细的记载。到了唐代遂把祈龙求雨正式列入国家祭祀的行列，在唐玄宗开元十六年（728年）以前，在唐朝的国家祭祀中，祈雨时包括祭土龙与龙池。在这以后，祈龙求雨的方式发生了变化，国家建造了龙坛与龙祠，作为祈龙求雨的专门场所，各地政府也照此办理，从而使龙祠遍布于全国各地。龙祠就是后世的龙王庙。至于为什么要把龙祠称为龙王庙，这与唐玄宗把四海龙封为王有关，到了宋仁宗时，又加封东海龙王为渊圣广德王。宋徽宗于大观二年（1108年）十月诏："天下五龙神皆封为王爵，青龙神封广仁王，赤龙神封嘉泽王，黄龙神封孚应王，白龙神封义济王，黑龙神封灵泽王。"龙已封王，其地位无疑是大大地提高了。至元明清时期，祈雨无不祭祀龙王，加之道教的推波助澜，创造出了诸天龙王、四海龙王、五方龙王，并发展到凡有水之处无不有龙王的程度。

有人认为中国的龙崇拜和祈龙求雨是受印度文明的影响，主要是指佛教文化的影响，这是不对的。从上面的叙述可以看出，中国早在新石器时代已有了龙图腾，最晚在春秋时期已经开始祈龙求雨的活动，也许还要比这个时间更早，而在这个时期印度文明还没有与中国发生过交流，佛教甚至还没有产生，如何能说受印度的影响呢？在梵文中Naga，本意是蛇，中国译为龙。也就是说，印度只有蛇文化而没有龙文化。那为什么要把Naga翻译成龙呢？这是因为佛经的中国译者均为高僧，他们深知中国的龙文化源远流长，影响甚大，如果直译为蛇，一是不会产生大的影响，二是在佛教传入中国时，中国人对蛇已经十分厌恶，如果译成蛇将不利于佛教的传播。在这种情况下翻译成龙，反倒有利于佛教的传播。不过有一点需要说明，即龙宫、龙女等为中国所没有，这是受佛教影响所致。此外，中国的龙始终属于畜类，龙、凤、麟、龟等四灵，以龙为首，中国即使赋予龙许多神通，但其也没有摆脱动物的形象。自从印度佛教传入中国后，与中国固有的龙文化相结合，于是龙的形象便发生了很大的变化。龙作为佛教中的天龙八部之一的护法神，除了具有更多的神通外，甚至还能变形为人，具有了人格化的思维能力，有家族眷属，有精美的龙宫，龙王与龙女的故事更是流传于中国大地。

中国的龙文化自产生以来，随着时代的发展，呈现出越来越繁荣的趋势。比如中国的皇帝都称自己为真龙天子，穿的袍服称为龙袍，坐的椅子称为龙椅，用的桌案称为龙案，皇宫的建筑处处都有龙的图案。在中国的许多节庆中都有不少与龙有关的活动，如端午节许多地方都要进行龙舟比赛，正月十五的元宵节各地都表演舞龙灯，专门的与龙有关的节日，即二月二的龙抬头。这源于一个传说，说有一年天旱，天河里的龙偷偷地下了一场雨，此事被玉帝知道了，就把这条龙压在了一座山下，说是要等到金豆花开才能上天。于是人们便把玉米粒炒开了花，使这条龙重新抬头上了天。除了炒玉米花外，有些地方还在这一天炒黄豆，吃龙须面、龙鳞饼，并相沿成俗。

此外，许多少数民族还有一些与龙有关的节日，如云南哈尼族的“祭龙节”，在农历二月初二举行；基诺族的“祭大龙节”，通常在六月举行，连续庆祝三天；云南普米族的“祭龙潭节”，每年二月间搭起高高的龙塔，在龙潭边祭龙；每年三月湘西的苗族举行“看龙场”迎龙下界的活动；谷雨时节山东的渔民要在海滩上祭祀海龙王，在龙王庙杀猪祭祀；三月十五，云南德昂族举行“祭龙王节”，纳西族则要举行“龙王庙会”；三月十八，浙西的农民要过“龙王生日”，在龙母庙进行祭祀；四月十五，云南中甸藏族要举行“祭龙王节”；五月二十日是分龙日，相传是古代吴越的节日；在今天的贵州清水江边生活的苗族，则在五月下旬举行“龙舟节”，规模很大，周围数十个苗寨都要派舟参加竞赛；六月初六，是湘西土家族的“晒龙袍日”；七月二十日，是云南瑶族的“龙母上天节”，八月二十日则是“龙公上天节”；九月初十，是湘西苗族的“接龙节”。分布在云南的独龙族把一年分为十二个节令，都以各种龙命名，所以他们每个月都有与龙相关的节日。

中国的龙文化还表现在日常生活的方方面面，如饮食中的“龙汤”“龙须面”，生活用具中的龙袍、龙椅、龙案，建筑上的龙柱、龙壁、龙屋脊和华表上的龙浮雕等。语言中也有不少与龙有关的词语，如“龙腾虎跃”“生龙活虎”“龙凤呈祥”“龙飞凤舞”“望子成龙”“乘龙快婿”等。在古代把科举及第者称之为“登龙门”，升官称为“鲤鱼烧尾”，意思是鲤鱼要化为龙时，有天火烧掉其尾，所以在唐代凡官员升职都要举行烧尾宴，有时还要请皇帝参加，以感谢皇恩浩荡。一些珍贵的植物则以龙来冠名，如龙爪槐、龙柏、龙须藤、龙舌兰、龙竹等；许多地名、山名、水名也以龙命名，如龙山、龙泉、龙江、龙河、龙潭等。甚至中国历史上的许多皇帝年号都以龙命名，如汉宣帝的年号“黄龙”，三国魏明帝曹叡年号为“青龙”，十六国之一后凉吕光的年号为“龙飞”，十六国之一夏国赫连勃勃的年号为“龙升”，唐高宗的年号为“龙朔”，唐昭宗的年号为“龙纪”，五代十国中的闽国太宗年号为“龙启”，五代十国南汉高祖的年号为“白龙”，五代后梁末帝的年号为“龙德”等，据不完全的统计，共计约 14 个与龙有关的年号。至于中国民间故事中与龙有关的故事就更多了。

综上所述，在我国对龙的崇拜源远流长，不仅龙是中华民族的共同图腾，而且龙文化已经与中国传统文化水乳交融，成为其不可分割的组成部分，说中国是龙的国度，中华民族是龙的传人，可谓实至名归。

007 大禹治水是怎么回事？

相传在虞舜时期，禹是其下的一个臣子，在治理水患中做出了很大贡献。当时洪水泛滥，水患十分严重，最初舜命禹的父亲鲧负责治理水害。鲧是一个很能干的人，相传他发明了牛耕，创建了城郭，制造了耒耜，做了很多有益于生产发展的事。在治理水患中，他采用防堵的方法，但是由于洪水太严重了，他左防右堵，始终不能彻底治理水患。于是舜改命禹负责治理水灾，禹吸取了父亲治水的教训，改变治水策略，主要采用了疏导与筑堤相结合的办法治理水患。他亲自勘察地形，规划治水方案，率领民众克服了重重困难，疏通了许多重要的河流，包括长江、黄河、淮河等在内，终于使洪水顺利地流入大海，解决了危害民众生命和财产的灾患。

大禹像

关于大禹治水有许多神话和传说，歌颂了他始终不渝的忘我献身精神和热爱民众的崇高情操。他因为忙于治水，直到 30 岁时还没有结婚，后来在涂山爱上了一位姑娘，但没有来得及结婚就到南方治水去了。这位姑娘一直等着他，并作了一首歌以表示对禹的怀念，后来禹终于和她成了亲，但仅仅 4 天后，禹便又离开新婚的妻子继续治水事业。《淮南子》一书记载说：禹为了打通河南的轘辕山，曾化作一只巨熊，奋力开凿。他和妻子相约每天听到鼓声时，妻子就来送饭。不料有一天禹在挖掘时，踩到了一块石头，石头飞了起来，落下时正好击中了鼓。他的妻子听到鼓声，急忙来送饭，却看见了一只巨熊在凿山，她又羞又怕，于是转身就跑，一直跑到河南登封的嵩山脚下，化成一个石人。这时她已经怀孕了，禹追到石人身边，大声叫喊说：“还我的儿子！”石人突然裂开，从中崩出了一个男孩，这就是禹的儿子——启。至今在河南登封崇福宫东面还有一块巨石，人们称其为“启母石”。

禹终于治理了水患，使得人民可以安居乐业，由于他历史功勋甚大，后世尊称其为大禹，因此舜才把天下让给了大禹，从而又完成了中国历史上的最后一次禅让。

关于大禹治水的故事虽然只是一个传说，但是这一故事发生的背景却是真实的。现代科学研究已经证明，地球在冰川末期，随着气候的逐渐变暖，曾经发生过世界性的大洪水。英国学者认为是北美劳伦太德冰盖融化，致使地球上淡水大量增加，并导致海平面上升所造成的。专家们在地球的北半部找到了许多关于这次洪水的直接和间接的相关证据，因此认为这次大水灾在北半球发生，由于当时人类地理知识的贫乏，误以为是全球性的大洪水。

关于这次大洪水没有文字记录，由于那时尚未发明文字，只能通过科学研究证明其确实存在过，却无法了解其详细或具体的情况，但是在世界各民族的神话和传说中留下了远古的记忆。比如希腊神话中曾记载说主神宙斯因为对人类不满，降下了大洪水予以惩罚。普罗米修斯的儿子杜卡里翁遵照其父的指示，造了一艘方舟，与他的妻子诺亚一同登上方舟，从而脱离了危险，然后又重新繁衍了人类。基督教《圣经》中也记载了类似的故事，所不同的是，在大洪水发生之际，上帝看中了一个名叫诺亚的人，指示他造了一只方舟，将其全家和成对的动物都载入方舟，当大洪水淹没了一切时，他们却躲过这一劫。直到 10 个月后，山顶才露出了水面，于是诺亚一家和方舟内的动物经过繁衍，重新恢复了人类社会和各种物种，于是他（它）们便成为人类和世界上各种动物的祖先。

东方的神话与西方不同，不大强调神对人类的惩罚和神的启示，而是强调人类如何克服困难、战胜困难。比如印度神话就说，在大洪水发生前夕，有一个名叫摩奴的人救了一条小鱼，小鱼为了报答他的救命之恩，于是就预先告诉他大洪水即将发生的消息。摩奴便造了一条船，又把大麻搓成了一条绳子。当地球被洪水淹没后，摩奴和家人乘在船中，把绳子拴在鱼的尾巴上，在大水中度过了数不清的日子，终于躲过了这场灾难。

在我国的一些少数民族中，也有类似的故事。比如在广西壮族有一个传说流传甚广，说英雄布伯与雷王斗争，其死后化作启明星。他的一对儿女躲在一只大葫芦内，逃过了大洪水。洪水退后，兄妹结婚，生了一怪胎，兄妹把怪胎砍成碎片，撒在田野里，于是又重新变成为人类。在苗族的神话中也有一则大体相同的故事，说英雄姜央与雷公斗法，引起了大洪水，他的一对儿女在葫芦里度过了 1

万年，终于等到了洪水退去，然后他们俩拿出各种种子和粮食，重新绿化了大地。汉族关于大禹治水的故事，同样强调的不是神的惩戒，只是把大洪水看成是一种自然现象，强调的是如何战胜洪水，治理水患，从而使人类获得生存和发展的机会。鲧和禹治水的故事，都是以治理洪水为核心内容，这与西方那种宗教色彩很浓的神话有很大的不同。

008 夏朝是如何建立的？夏文化是怎样的？

夏朝是我国历史上第一个王朝，由大禹的儿子启建立。大禹完成治水后，声望大振，受到天下百姓的拥戴，四方诸侯纷纷归服，天下太平。大禹代替舜成为部落联盟首领后，号夏后氏，姓姒。根据《史记·夏本纪》的记载，其世系是：黄帝生昌意，昌意生颛顼，颛顼生鲧，鲧生禹。关于夏部族的主要活动区域，说法不一，通常认为在今河南禹县，也有认为在今山西夏县或汉水流域。目前尚没有定论。夏部族一共包括了12个部落，即夏后氏、有扈氏、有男氏、斟鄩氏、彤城氏、褒氏、费氏、杞氏、缯氏、辛氏、冥氏、斟灌氏。

舜把部落联盟的首领之位让给了禹，禹死后由益取代，益却被禹的儿子启取代，从而开创了夏朝。本来部落联盟首领的地位是由各部落民主推举产生的，继任者均不是前任首领的后代，那么为什么会发生由启继位这一变化呢？《史记·夏本纪》记载说："禹子启贤，天下属意焉。及禹崩，虽授益，益之佐禹日浅，天下未洽。故诸侯皆去益而朝启，曰'吾君帝禹之子也'。于是启遂即天子之位，是为夏后帝启。"可见大多数部落都拥护启为联盟首领，这是启得以继位的基础。同书还记载，有扈氏对启继位不服，启出兵讨伐，双方在甘（今河南洛阳西南）这个地方大战，启获胜，消灭了有扈氏，于是"天下咸朝"。另据《竹书纪年》记载，益并不甘心失去地位，曾经起而反抗，于是便出现了"益干启位，启杀之"的记载。总之，从"禅让制"变为"世袭制"，并非和平的演变，而是经过了血腥的杀戮。因此，夏启的即位是一件标志着中国国家形成的划时代的大事。

关于夏朝的世系情况，《史记》一书有详细的记载，具体情况是：启——太康——仲康——相——少康——予——槐——芒——泄——不降——扃——廑——孔甲——皋——发——癸（桀）。夏朝存在的时间约为公元前 2070 年至公元前 1600 年。至于这个世系是否可靠，尚未被考古资料所证实。

直到目前为止，还没有发现这一历史时期的文字，而已发现的大量的商代甲骨文是一种比较成熟的文字，按照常理推断，在此之前还应有一个更为原始的汉字发展阶段，但是直到目前仍未发现。在这种情况下，学术界把主要精力放在了考古学上，以探讨夏朝历史和夏文化。有学者认为仰韶文化即夏文化，也有人认为龙山文化即夏文化，到目前为止，作为夏文化探讨对象的考古遗址，在豫西和晋南地区已发现了上百处，重点发掘的有郑州洛达庙、偃师二里头、登封王城岗、夏县东下冯、临汝煤山、洛阳矬李等遗址。

在这些遗址中发现的文化类型与商代文化类型有所不同，从时代上看，应早于商文化，所以有不少学者认为其可能就是夏文化。其中最重要的是偃师二里头遗址的发掘，出土有青铜器，包括爵、戈、镞、戚、刀、锥、鱼钩等，还发现了铸铜用的坩埚、陶范、铜渣，由此可以确定二里头文化应属于中国早期青铜文化。此外，还发掘出土了大量的农具和家畜、家禽遗骨，可以判定二里头居民的经济生活应以农业生产为主。最重要的是，在二里头还发现了占地约 1 万平方米的大型宫殿基址，不过尚未发现与宫殿规模相称的大型陵墓，但有着不同形制、葬式和随葬品的墓葬的存在，就足以说明二里头文化时期贵族和平民的差别已经十分明显了。

鉴于以上情况，学术界一致认为二里头文化应是探讨夏文化的主要对象，但是在一些具体问题上仍存在分歧，主要是河南龙山文化晚期是否属于夏文化，二里头文化的三期和四期是否是商文化，是否只有一期和二期才是夏文化。有人认为河南龙山文化晚期与二里头文化的一至四期均为夏文化；有人认为前者不是夏文化，只有后者才是夏文化；也有人提出河南龙山文化晚期与二里头文化一期、二期是夏文化，三期、四期则属于商文化；还有人认为二里头一、二、三期是夏文化，偃师二里头遗址就是夏朝的都城阳城。这些分歧将会随着考古事业的发展，发掘出越来越多的物证而最终获得解决。

009 夏朝是怎么灭亡的？

夏朝在启死后不久，发生了一次统治危机。启的儿子太康即位以后，生活荒淫，安于享乐，被东夷族的有穷氏首领羿架空，羿掌握了夏的大政，史称太康失国。太康死后，其弟仲康继位，仲康死后，其子相继位。相依靠斟鄩氏和斟灌氏的支持，迁居于帝丘（今河南濮阳境内）才得以立足。羿掌握夏政后，自恃其善射，整天打猎，不理政事。他还对寒浞十分信任，而寒浞十分阴险，后来夺取了羿的政权和他的妻子。寒浞还不满足，又出兵灭亡了斟鄩氏和斟灌氏，杀死了相。相被杀时，他的妻子逃到了有仍氏那里，生下了相的遗腹子少康。少康长大后，得到了有虞氏的支持，有虞氏把两个姚姓女子嫁给他为妻，又给了他一块地盘，于是少康“有田一成（方圆 30 里），有众一旅（500 人）”。少康依靠这部分力量，逐渐发展壮大，最后消灭了寒浞，恢复了夏朝。史称“少康中兴”。

夏朝第 13 位君主孔甲在位时，社会矛盾尖锐起来，诸侯离心离德。到了最后一位君主桀统治时期，社会矛盾更加激化，他生活荒淫奢侈，为了一己之私欲，不惜发动大规模的战争，先后攻伐过有施氏、岷山氏。他大会诸侯于有仍，有缗氏见其无道，逃归本国，桀大怒，遂发兵攻灭了有缗氏之国。他还修筑了倾宫、瑶台，用于寻欢作乐，耗费了大量的资财。他在酒池聚集了 3000 人昼夜酗酒，有劝谏者马上抓起来杀掉。他自比太阳，说太阳不会熄灭，他也不会灭亡。民众实在无法忍受，发出了太阳何时熄灭，我们愿意与你同归于尽的诅咒。在这一时期，商汤政治清明，百姓安居乐业，于是夏朝的民众纷纷投奔商汤。桀便将汤召来，囚禁在夏台，不久又将他释放了。天下诸侯见夏桀无德，纷纷归之于商汤。商汤见时机成熟，率领诸侯举兵伐夏，夏桀在鸣条（可能在今河南封丘附近）之战中失败。商汤并没有马上处死他，而是将他流放而死。一说战败逃亡，后死于南巢（今安徽巢湖市西南）。夏桀死前还说："我后悔没有杀死汤，以至于如此。"可见他到死都没有认识到垮台的根本原因何在。

夏朝灭亡后，汤即天子位，把夏朝的后裔封为诸侯，周朝建立后，又封于杞（今河南杞县）。

010 商族是如何起源与发展壮大的？

关于商人的起源颇有一些神话色彩，据《史记·殷本纪》记载，有娀氏的女子简狄等三人沐浴时，有一只玄鸟从天而降，产下一卵，被简狄取而吞之，因此而怀孕，产下一子，取名契。契就是商族的始祖，玄鸟就是燕子。《诗经·商颂·玄鸟》也说："天命玄鸟，降而生商。"实际上玄鸟只不过是商部族的图腾。契大约与禹为同时代的人，曾经协助禹治过水灾，因为这一功劳，被封于商，商族因此而得名。

契，子姓，称玄王。从契至汤，共传了 14 世。王国维根据殷墟卜辞考证出商族先公的名字和世系，具体排序是：契——昭明——相土——昌若——曹圉——冥（季）——王亥（振）、王恒——上甲微——报乙——报丙——报丁——示壬——示癸。

从商朝建立开始，其世系情况是：汤——太丁——外丙——中壬——太甲——沃丁——太庚——小甲——雍己——太戊——中丁——外壬——河亶甲——祖乙——祖辛——沃甲——祖丁——南庚——阳甲——盘庚——小辛——小乙——武丁——祖庚——祖甲——廪辛——康丁——武乙——文丁——帝乙——帝辛（纣）。商朝存在的时间为公元前 1600 年至公元前 1046 年。

在商族的早期历史中有几位著名的人物。一位是相土，他最早使用牛、马拉车，装载货物到很远的地方进行商业贸易，所以他的名声传播很远。另一位是冥（季），他担任过夏朝的水官，忠于职守，后以身殉职。王亥也很有名，他赶着牛羊到有易氏部落进行贸易，有易之君绵臣夺取了他的牛羊，杀死了王亥。于是上甲微决心为他报仇，由于力量不足，他便向河伯借了兵马，最终消灭了有易氏，杀死了绵臣。由于商部族重视商业和水利事业，所以农业生产和商业发展很快，实力不断地增强。

关于商族兴起的地方，自古以来便众说纷纭，多数观点认为应在东方。所谓东方是相对夏朝的位置而言的。从契以来商人曾经 8 次迁徙，最后迁到了帝喾的居住地亳，但是这 8 次迁徙的具体位置，历来说法不一，今属何地也没有统一的看法。但是对殷的位置，即今河南安阳，应无异议。根据目前的研究结论，商族人早期的活动区域应是以今河南商丘为中心的豫东地区和豫北的漳河流域。

商文化的主要载体是甲骨文，绝大部分发现于殷墟，即今河南安阳西北洹河沿岸一带，包括小屯村、花园庄、侯家庄等地，其中以小屯村出土的甲骨片最为丰富。由于发现的商代甲骨片上的内容多为占卜记载，所以又将其称为卜辞。由于当时迷信盛行，凡事皆先要进行占卜，包括战争、生产、生育、疾病、做梦等，都要进行占卜，以定吉凶，所以卜辞的内容十分丰富，可供各方面的研究。

此外，在出土的商后期的青铜器中有些是有铭文的，这种文字因为铸造在金属器皿上，故称金文。甲骨文的得名是因其刻在甲骨片上，金文与甲骨文均是记载商代历史文化的载体。其中甲骨文已经比较成熟了，大约有 4000 多字，其中有指事字、象形字、会意字，也有一些形声字。它们虽然与现代汉字在外形上有很大的差别，但是从文字的构造方法来看，二者却是基本一致的，现代汉字就是在其基础上逐渐发展并成熟的。

商文化的另一个重要标志就是青铜器。铜是人类最早认知的一种金属，自然界的铜通常呈赤红色，所以又称为红铜。人类最先制造的金属器物应是以红铜为原料的，但红铜的硬度不够，用它制造的器物尤其砍削类器物，实用价值明显不是很大。后来人类在生产实践中，发现在红铜中加一些铅或锡，制造的工具更加锋利，而且硬度也大大地提高了。还有一个优势就是加入铅或锡后，熔点降低了，有利于冶炼和铸造。由于红铜加入铅或锡后，色彩变成了金黄色，但生锈后却呈青绿色，故称为青铜。由于青铜有这些优点，所以发明后很快就取代了红铜，在历史上遂把掌握冶炼和铸造技术，普遍使用青铜器具的时代称为青铜时代。商代就属于青铜时代。

商代的青铜文化主要具有以下几个特点：(一）处在青铜文化的繁荣阶段。夏代应是中国青铜文化的初期阶段，而商代和周代则处于青铜文化发展的最高峰，是中国青铜文化的繁荣期。从西周后期至春秋时期则是青铜文化的衰落期，至战国时期已进入了早期铁器时代。(二）种类齐全，数量庞大。目前出土的商代青铜器数量极大，种类齐全，从各种生活用品到兵器、工具、饰品、乐器、车马器、建筑构件、仪仗、宗教用品等，一应俱全。从形制的大小看，大的器具如司母戊方鼎，高达 133 厘米，重达 830 多公斤；小的器具通常则只有十几厘米。(三）青铜艺术十分高超。尤其在商后期工艺技术更加高超，青铜器的花纹繁多华美，有饕餮纹、云雷纹、夔龙纹、圆涡纹、联珠纹、乳丁纹等。此外，不少器具上还铸有铭文，不仅反映了铸造技术的提高，而且还为学术研究提供了非常珍贵的资料。(四）分布地区比较广泛。不仅在河南、陕西、山东、河北等北方地区有大量的出土，就是南方的江西、四川、湖南等地也都有数量不菲的器具出土。可以说商代的青铜文化不仅是中华文明的瑰宝，而且也是世界古代文化的一个重要组成部分，是整个人类社会的瑰宝。

011 商朝为什么要五次迁都？

商朝建立之初，汤非常重视发展生产，使百姓能够安居乐业，因而得到人民的拥护。同时他还重视讨伐无道，极力扩大地盘。商朝的疆域要远远大于夏朝，其中心地区在今河南东北部、山东西南部和河北南部。其四疆东达于海滨，西至今陕西，北到今河北，南达今湖北。商族本身包括许多氏族部落，如殷氏、来氏、宋氏、空桐氏、稚氏、北殷氏、目夷氏、时氏、萧氏、黎氏等，又把许多诸侯纳入其统治之下，因此其实力已大大强于夏朝。

商朝从汤到盘庚时，其政权已经历了三度衰落、四度复兴。与此同时，商的国都也经历了 5 次迁徙。根据《竹书纪年》的记载，商朝在此期间的迁都情况是：中丁迁于嚣（今河南荥阳附近），河亶甲迁于相（今河南内黄东南），祖乙迁于庇（今山东郓城附近），南庚迁于奄（今山东曲阜附近），盘庚最后迁于殷（今河南安阳）。自此之后直到商亡没有再迁过都。

其实商族在灭夏之前，就已经至少有过 8 次的迁徙，正式建立商朝之后，又迁徙了 5 次，而这两个阶段迁徙的原因却不尽相同。建立王朝之前的迁徙，主要与躲避水灾和扩展势力范围有关，而建立王朝之后迁徙的原因，学术界研究更多一些，大体上有两种观点：一种观点认为商代的生产力水平还比较低，因地力耗竭而迫使其不得不进行迁徙，即迁到地力肥沃的地方去；另一种观点则认为是为了缓和社会矛盾，调整贫富不均，扭转商朝衰败的趋势。其中坚持后一种观点的人多一些。从《史记·殷本纪》的记载看，从中丁到盘庚，因争夺王位继承权而导致了九世衰乱，而五次迁都也正好发生在此期间，恐怕绝不是偶然的现象。从盘庚迁都时颁布的诰命——《盘庚》的内容看，其中反复强调一些贵族只知聚敛财物，嬉戏享乐，为私利而反对迁都。可以看出贵族争权夺利导致了政治腐败，为了扭转衰败继续发展下去，而不得不迁都，很可能是主要的原因。

012 武丁中兴是怎么回事？

武丁是商朝的第 23 位王，他在位 59 年时间，文治武功都很突出，死后被尊为高宗。

武丁即位之前，商朝国势日下，社会矛盾尖锐。武丁是商朝第 22 位王小乙之子，年幼时曾在民间生活过，与“小人”一同劳作，因此深知稼穑之艰难，所以即位以后，能够注意节俭，勤于政事，不敢荒废政事。为了使国家复兴，他重视任用人才，发现并破格录用了一批有才干的人，其中最重要的是甘盘与傅说，前者被尊为师，后者本来是一个罪犯，被他破格任用为相。在这两人的辅佐下，他整顿内政，发展生产，强化军事，取得了很大的成就。

武丁在位期间，商朝的周围有不少强大的部族，如南面的虎方，东面的夷方，北面的鬼方，西面的羌方等，对商朝的威胁很大，有的甚至一度侵入到商的王畿地区。因此武丁动员了大量的军队，向这些部族发动进攻，出动的兵力少者数千，多者数万，最多的一次竟然出动了十多万人。有时战争旷日持久，比如对鬼方的战争打了3年，方才获胜。根据卜辞的记载，武丁的妻子妇好甚至亲自统率军队征伐，比如对羌方的征伐就是由她指挥的。除了上面提到的这些部族之外，还有龙方、黎、亘、印方、人方、土方、马方、危方等许多小方国，都一一被商朝征服了。这一系列的军事胜利，使商的疆域大大地扩展了，北面到达了河套，南面到达了江淮，西面到了与周族接壤的渭洛地区，东面到了今山东半岛的东北部，从而使商朝发展成为一个空前强盛的帝国。

战争的结果使商朝的安全强化了，获得了和平发展的时间，百姓能够安居乐业。对被征服的地区，商朝直接封当地的首领为侯伯，仅甲骨文中记载的侯就达50多个，伯近40个，这些侯伯对商朝均有纳贡的义务，发生战争时有出兵协助作战的义务。为了加强商朝与周边方国、部族的关系，除了封侯伯外，商朝还通过联姻的办法，来强化相互之间的关系。为了巩固新征服的地区，商朝采取的另一个措施就是筑城驻军，类似的记载在卜辞中时有出现。商朝疆域的扩大，使得各地的经济与文化交流加强了，同时还促进了一些边远地区社会的进步和生产的发展。故《孟子·公孙丑下》说："武丁朝诸侯，有天下，犹运之掌也。"说明这一时期商朝在天下诸侯中的威望达到了顶点，大家无不服从命令，尽到各自的义务。文献中也说在武丁统治时期，出现了"天下咸欢，商道复兴"的大好局面。

武丁开创的这种鼎盛局面一直维持到祖甲在位期间。《尚书·无逸》中说祖甲即位之后，知民众之疾苦，因而能够施惠于民众，不敢轻侮鳏寡，社会继续维持了30多年的平稳局面。但是在祖甲统治后期，发生了一些变乱，不过影响不是很大。

013 商纣是如何亡国的?

商朝在祖甲之后的诸王，如廪辛、康丁、武乙、文丁、帝乙、帝辛等，大都是些不知稼穑之艰，不知小民疾苦的君主，他们生活奢侈，荒淫无度，因此寿命都比较短，在位时间或十年八年，或五六年，甚至三四年。这一时期贵族腐化严重，阶级矛盾激化，不断有平民、奴隶逃亡、怠工，甚至有武装暴动发生。

到了商朝最后一个王帝辛即位时，社会矛盾进一步激化，诸方国、部族与商朝也产生很大的矛盾，冲突不断，甚至有大规模的战争爆发。帝辛曾发动对东夷、徐夷的进攻，战争持续多年，虽然取得了胜利，扩展了疆土，但却消耗了巨额的资财，加重了民众的负担。

帝辛，名受，后世称其为纣王。他是帝乙的少子，帝乙死后，其长兄微子启因母亲地位低下，未能继承王位，而帝辛之母为正妃，因而帝辛得以继承王位。帝辛自幼聪慧过人，身材高大，力大无穷，《史记·殷本纪》说“帝纣资辨捷疾，闻见甚敏；材力过人，手格猛兽”，又说他“知足以距谏，言足以饰非；矜人臣以能，高天下以声，以为皆出己之下”。就是说他不愿纳谏，文过饰非，刚愎自用，自以为别人都不如自己，因此独擅专行。

帝辛在其统治后期生活荒淫，居功自傲，耗费巨资建造鹿台、酒池，悬肉为林，整日饮酒作乐，醉生梦死，使男女裸逐其间，过着极其奢侈的生活。他听不进去正确的意见，使用炮烙等酷刑对付进言的大臣，镇压民众，杀比干，囚箕子。又连年用兵，致使国力耗尽，丧失了人心。他还宠信妲己，唯其言是从，又疏远正直的大臣，迫使微子启出走，诸侯离心。

与此同时，西方的周族逐渐强大起来，他们乘机扩大自己的地盘，灭亡了一些依附于商的方国，拉拢了一大批诸侯，实力进一步强大。公元前 1048 年，周武王联合了西方的许多诸侯，会师于盟津（今河南孟津东北），举行讨伐商纣的誓师大会。过了二年，双方在牧野（今河南淇县西南）会战，由于商朝缺乏准备，临时拼凑了的军队无力恋战，纷纷倒戈，周军获得了决定性的胜利。帝辛无力回天，又不愿投降，登鹿台而自焚。商朝自此灭亡。

关于对帝辛的评价，以往几乎呈一边倒的趋势，其实在其统治前期，还是比较重视农业生产的，使得国力有所增强。他打退东夷对中原的扩张，保卫了中原地区的安全。他用兵徐夷，把商朝的疆域扩展到今安徽、江苏、浙江一带，把中原地区先进的生产技术传播到东南地区，有利于这一地区社会的进步与生产的发展，加强了中原与东南的经济交流。著名历史学家郭沫若1959年参观殷墟时曾作诗一首，其中写道：

偶来洹水忆殷辛，统一神州肇此人。

后又作诗写道：

但缘东夷已克服，殷人南下集江湖。
南方因之渐开化，因焉有宋荆与舒。
……
殷辛之功迈周武，殷辛之罪有莫须。
殷辛之名当恢复，殷辛之冤当解除。

郭沫若的这种评价当然是一家之言。不过对帝辛种种罪行的记载大多出自周人之手，或者受周人观点的影响甚大，在评价帝辛时也不能不加分析地盲目相信。总之，对帝辛这个历史人物的评价，既要看到他的历史贡献，也要指出他居功自傲、生活荒淫、统治残暴等历史罪行，绝不可以偏概全。

商朝灭亡后，周武王封帝辛之子武庚为诸侯，以继承殷祀，并命令其推行盘庚时的政策，殷民大悦。周武王自立为天子，建立了西周王朝。

014 周族是如何起源与发展壮大的？

周人兴起于渭水中游的黄土高原上，主要活动在今陕西、甘肃东部一带。其始祖是后稷，名字叫弃，姬姓，其母姜嫄，是有邰氏之女。关于后稷的出生也颇有神话色彩，其母在野外，踩在了巨人的足迹上，感而生弃。弃从小就生活在有邰氏的氏族中，反映出后稷时代尚未脱离母系氏族社会的阶段，只知其母，不知其父。从后稷开始，古文献上所记载的周人世系都是男性的名字，这是周人进入父系氏族社会的标志。

《国语·周语下》载："自后稷始基靖民，十五王而文王始平之。"这15代人排序的情况，《史记·周本纪》中有详细记载：后稷——不窋——鞠——公刘——庆节——皇仆——差弗——毁隃——公非——高圉——亚圉——公叔祖类——古公亶父——季历——文王。

也有人认为后稷并非周族的始祖，而是上古时农官的通称，周人假托其为始祖，周族的真实始祖应是不窋，其应该是夏朝时人。关于这些直到现在，也没有一个公认的说法。《诗经》上说后稷长于种植，他种植的各种作物都长得十分茂盛。于是尧便任命他为农师，即主管农业的官员。这些传说反映出周人的耕作技术颇为发达，农业生产有一定程度的发展。

周部族发展到公刘时期，迁居于豳（今陕西旬邑西）。在这里建立庐舍，在靠近河流的原野上开垦土地，划分疆场，继续过着以农耕为主的生活。《诗经》还说公刘亲自带人渡过渭水，到终南山采掘石料，制成工具。由于周人的生产有了发展，附近百姓纷纷前来归附。周人在豳居住了300年，因受到戎狄的逼迫，于是在古公亶父的率领下，又迁到岐山脚下的周原（今陕西境内）。根据《诗经》的描写，当时的周原土地肥美，长出的草也甘甜如糖。周人在这里定居下来，开垦土地，修建家室，还修筑了城郭，经济生活进步很快。同时周人还设置了官员和机构，以治理人民，说明周族已开始向国家过渡。正因为古公亶父对周族的发展做出了很大的贡献，使国家粗具雏形，所以周人称其为太王。

迁到周原以后，周人开始和商朝发生关系。季历时为了抵御西方戎狄，周人与商人联合起来。季历也曾朝见商王武乙，武乙赐给季历土地 30 里，季历还娶商女挚任氏为妻，并接受了商朝的官职。季历还打败了西落鬼戎、始呼之戎、翳徒之戎等部族，基本解除了来自西北的游牧部落的威胁，巩固了其在渭水中游的统治。周人的强大，引起了商朝的不安，于是商王文丁杀死了季历。

季历死后，其子昌立，即周文王。由于这一时期商人的实力远远大于周人，且文化与生产也比周人发达，所以文王还得强压住杀父之仇，继续和商朝保持往来，以便学习先进的商文化。与此同时，文王还十分注意发展生产，他生活俭朴，勤于政事。文王在注意整顿内政的同时，还发动了一系列的战争，重点讨伐与商关系密切的方国，如灭亡了崇国，使商在渭水流域失去了一个重要的立足点。周原甲骨文中还有"伐蜀""征巢"等记载，说明周人的势力已经延伸到了西南和南方。其次讨伐西北的一些部族，如犬戎、密、邗等，以扩大地盘，增强实力，同时也可解除后顾之忧。为了对商采取进取之势，文王还把都城从周原迁到丰（今陕西西安沣河以西）。

尽管周人的实力已有很大的增强，但文王认为还不足以对抗商朝，所以对商继续采取了臣服的策略。商王帝辛曾一度把文王囚禁于羑里（今河南汤阴北），周人也只能用宝马、美女贿赂商朝，以求得文王的释放。周族与商力量的根本改变发生在文王之子武王统治时期，在文王时期周人始终没有摆脱商的控制。

015 周文王与周武王有哪些历史功绩？

周文王，姓姬，名昌，是商朝的西伯，意即西方诸侯之长。他是季历之子，季历死后，由他继续统领周部族，发展生产，扩大疆土，为周人最终推翻商朝，建立全国性的政权打下了坚实的基础。

周文王的历史贡献主要表现在如下方面：

首先，完善了《易经》。相传在上古时期伏羲氏创造了先天易，

周文王塑像

也就是最初的八卦，也叫先天八卦；神农氏创造了连山易，也叫连山八卦；轩辕氏创造了归藏易，也叫归藏八卦。实际情况是，在远古时期由于生产力水平低下，人们不能掌握自己的命运，遇有疑难问题难以做出判断时，他们都会向神灵卜问吉凶祸福。易就是通过数草棍的方法，得出卦象，并依此推断人事吉凶的变易。从伏羲氏的八卦到轩辕氏的八卦，就是这种文化的传承。但是长期以来没有人对这种文化进行过整理，据说商纣王把文王囚禁在羑里时，文王有了许多闲暇时间，于是他便对八卦进行了推演、研究，从而进一步地完善了易理，使之规范化、条理化，并演成了 64 卦和 384 爻，有了卦辞和爻辞。由于是周人完成的东西，所以称之为《周易》。到了春秋时期，孔子也对《周易》进行了整理和研究，完成了十翼，即《易传》，从而使《易经》成为一部博大精深的阐述宇宙变化的哲学著作，也是儒家的重要经典之一，并流传至今。关于文王演《周易》之事，在司马迁所撰的史学名著《史记》一书中也有明确的记载。

其次，制定了西周的典章制度。文王在其祖父古公亶父和父亲季历制定的制度的基础上进一步完善。他实行仁政，奉行德治，敬老爱幼，礼贤下士，商人往来不收税，犯罪者不连坐其亲属，同时他还进一步完善了周的国家制度，健全了职官之制。这一套制度后来在周公旦的努力下，有了进一步完善，被后世称之为周礼。这一切都是孔子仁政思想的源泉，深得其推崇，他曾说“郁郁乎文哉，吾从周”，可见周代制度对他影响之大。据《尚书大传》记载，虞、芮两国发生纠纷，他们本来是商朝的属国，可是他们却不找商王裁决，转而求文王裁断。据说两国的使者到了周境后，看到“耕者让其畔，行者让路”，“男女异路，斑白不提携”，“士让为大夫，大夫让为卿”。这样一派君子之风，使他们感触很深。使者回国以后，两国主动地把所争的土地作为闲田处理，从而消除了纠纷。文王的治国成就和他所创立的这一套制度，是中华民族传统文明的宝贵财富，很值得珍惜。

再次，任用贤才，为灭商奠定了基础。文王在位期间，一贯重视对贤才的搜寻，任用了一批人才，如太颠、散宜生、鬻熊、辛甲等，最重要的是发现并重用了姜尚。姜尚，吕氏，字子牙，因为他的祖先封于吕，故也称吕尚，因为他是齐国的始祖，故又称太公望。姜尚本为贵族，但是到他这一代时，地位衰落，然其胸怀大志，富有谋略。他听到文王在西方大行仁政，于是便来到关中，栖身于渭水之滨的磻溪，终日垂钓，以观察世态的变化。一天，被来此巡猎的文王发现，两人交谈后，文王见其学识渊博，便向他请教治国之策，后将他迎回宫中，拜为“太师”。文王死后，姜尚辅佐武王，最终推翻了商朝，建立了西周王朝。

周武王，名发，文王的次子，因其兄伯邑考被商纣王所杀，故得以继位。他即位之后，以姜尚为师，主要负责军事，周公旦为辅，主要负责政务，召公与毕公为其左右助手，整顿内政和军队，并把都城从丰迁到镐（今陕西西安沣河以东），积极准备对商的战争。

他即位的第二年，为了试探商朝对周备战活动的反应，出动军队大规模地向东进发，抵达盟津（今河南孟津东北）。他先到达毕原（今陕西咸阳市、西安市附近），向文王的陵墓祭奠，然后举着文王的神位牌，自称太子发，率军抵达盟津，表示伐商是文王的意愿，并非是自己的主张。当时有800诸侯闻讯参加了行动，大家都认为应该马上向商发动进攻，但武王和姜尚认为时机还未成熟。渡过黄河后，又率全军返回。历史上将这次行动称之为“盟津观兵”，实际上是一次伐商的军事演习。

又过了两年，商朝的政治更加腐败，人心涣散，并且向东方大规模地用兵，致使国内空虚。武王认为伐商的时机终于成熟，果断出兵，他率领兵车300乘、虎贲之士3000人、甲士45000人，浩浩荡荡，会合各路诸侯的军队，从盟津渡过黄河，抵达距商都70里外的牧野。武王在这里向全军发布誓词，要求将士统一步伐，勇敢作战，并指出了纣王的种种恶行，说自己是恭行上天之意，对商给予惩罚。这一誓词的内容见于《尚书·牧誓》。商纣王因为事出仓促，军事准备不足，匆忙动员军队上阵，而这些军队皆无战心，在两军交战之际临阵倒戈，周军大胜，从而完成了灭商的大业。

灭商之后，武王采取了笼络商人的政策，除了封纣王之子武庚于殷外，还释放了被囚禁的箕子，修葺了被纣王杀害的比干的坟墓，打开监狱释放被关押的囚犯，又把纣王的府库打开，将其搜刮的财物散发给民众，并向穷人发放了大量的粮食。从而稳定了商朝遗民的人心，减少了其对立情绪。为了防止武庚作乱，武王又设立了所谓“三监”，即把商朝的王畿之地分成了邶、鄘、卫三国，由武王的弟弟管叔、蔡叔、霍叔分别为三国之君，以监视武庚。

同时他还实行了分封之制，把有功之臣及共同伐商的诸侯，重新分封为诸侯，如把姜尚封为齐国之君，周公旦封为鲁国之君，召公奭封为燕国之君，弟叔鲜封为管国之君，弟叔度封为蔡国之君，其他诸侯根据其与周王室血缘关系的远近也都进行了分封，同时还把商朝的器物赏赐给诸侯和功臣。

不过商朝在东方广大地区的势力仍然存在，还没有来得及采取措施，周武王便在灭商后一年病逝了。其子成王继位，由于年幼，遂由武王之弟周公旦摄政。

016 周公是如何巩固西周统治的？

周公，名旦，是周文王姬昌的第四子。他是西周初期杰出的政治家、军事家、思想家，被尊为儒学奠基人，也是孔子一生最崇敬的古代圣人之一。因其采邑在周，故称周公。

周武王病死，成王年幼，由周公摄政。武王的另外两个弟弟管叔和蔡叔心中不服，他们散布流言蜚语，说周公有野心，欲谋害成王，篡夺王位。周公闻言，便对姜尚和召公奭说："我所以不顾个人得失而承担摄政重任，是怕天下不稳。如果江山变乱、生灵涂炭，我怎么对得起列祖列宗和武王对我的重托呢？"他说这番话的目的，就在于消除统治阶层内部的疑虑，只有首先巩固了统治阶层内部的团结，才能谈得上巩固整个西周王朝的统治。

武王生前，为了防范和监视纣王之子武庚，除了设置"三监"外，还想在洛水和伊水之间的平原地带建立新都，以便控制东方，但未及实施就病死了。由于成王年幼，当时只是一个十几岁的孩子，周公摄政实际上就发挥了天子的作用，正因为如此，所以管叔和蔡叔散布的流言，还是颇能迷惑人心的。在灭商后的第三年，管叔、蔡叔鼓动武庚一起叛周，起兵响应的有东方的徐、奄、淮夷等几十个原来同殷商关系密切的大小方国，历史上称为"三监之乱"。这对刚刚建立 3 年多的周王朝来说，无疑是一个沉重的打击。如果叛乱不平，周文王苦心经营建立起来的功业就会毁于一旦。周公在说服了姜尚和召公奭，巩固了内部团结后，于第二年（前 1023 年）便开始了东征，讨伐管、蔡、武庚等叛乱势力。经过 3 年的艰苦作战，终于平定了叛乱，降服了大批商朝贵族，斩杀了管叔、武庚，放逐了蔡叔，初步巩固了周朝的统治。

蔡叔死了以后，由于他的儿子胡和他的父亲大不一样，德行高洁，且颇有才干，周公听到之后，便提拔他为鲁国卿士，胡把鲁国治理得很好，周公又把胡封到新蔡。管叔、蔡叔、武庚发动的叛乱虽然平定了，但东夷诸国仍然与周朝为敌。周公最初打算直接进攻东夷中实力最强的奄国，辛公甲建议采取集中力量，由弱及强，迂回进击的策略。于是先挥兵东南，进攻以徐为首的淮夷各国。攻破徐国，淮夷降服。然后由南向北，相继攻灭了缯、丰等国，使奄国失去南面的策应。这时成王又令毛叔郑率军由西向东进攻，配合周公所率主力进攻，终于灭亡了奄国。周公乘胜挥师北进，直取蒲姑，又向东横扫，到达海滨，擒杀了纣王旧臣飞廉。最终平定了东夷诸国，共灭亡了 50 余国，彻底摧毁了商朝在东方的残余势力，使商王畿以东直到海滨，皆进入了西周的版图。

如何统治被征服的地区，是战争胜利之后的大问题。周公平叛以后，为了加强对东方的控制，兴建了洛邑（今河南洛阳），并将其作为陪都，称之为成周。又把在战争中俘获的大批商朝贵族，即“殷顽民”，迁居洛邑，在洛邑驻兵八师，由召公统率，以加强对他们的监督。此外，周公旦又封小弟康叔为卫君，令其驻守殷墟，以管理那里的商朝遗民。他告诫康叔说：“商朝之所以灭亡，是由于纣王生活荒淫，倒行逆施，导致朝纲混乱，诸侯背叛。你到殷墟后，首先，要访问那里的贤人长者，向他们讨教商朝兴亡的原因；其次，要爱惜民众，发展生产。”康叔到殷墟后，牢记周公旦的叮嘱，生活俭朴，爱护百姓，使当地民众安居乐业。康叔的封地不仅面积广大，而且拥有强大的兵力，以防止商民的再度反抗。周公还先后把《康诰》《酒诰》《梓材》三篇文诰作为法则送给康叔。这在众多的受封者中是绝无仅有的，究其原因，主要是因为康叔统治的区域是商朝的腹心地带，问题最尖锐最复杂。《康诰》《酒诰》《梓材》可以看作是周公对新征服地区的施政纲领，其主旨是“敬天保民”，“明德慎罚”。

姜尚的齐国和周公的鲁国是周王朝在东方的主要支柱。周公由于要主持朝政，遂命长子伯禽统治鲁国（今山东曲阜一带），授予姜尚专征大权，《史记·齐太公世家》说：“五侯九伯，实得征之。”姜尚先后灭掉齐国周围的不少小国，从而成为东方大国。周的同姓召公奭被封到燕，由召公长子统治，建都于蓟（今北京西南）。燕是周王朝东北方的屏障，它的建立可以切断殷商旧族与其北方同姓孤竹国的联系，又可以和松花江、黑龙江、辽河一带的肃慎靠近。肃慎原是周的远方属国，与西周的关系比较密切。近年来在北京和辽南都发现过不少商、周时期的青铜器，证明周初的燕国确实统治过北方广大地区。

对一部分商朝遗民采取迁徙于洛邑附近以便就近控制的措施，对其余部分则改由微子来统治。微子在武王伐纣时，没有抵抗而率先归降。三监之乱时，他也没有参与。于是周公命他代表商人，奉祀商的先公先王，并将他封于宋（今河南商丘）。宋国的西面有姒姓的杞国（今河南杞县），西南有妫姓的陈国（今河南东南部和安徽北部），北面还有一些小国，宋国实际上处在诸国包围之中。这些措施的施行，使得周王朝在这一广大地区的统治大大地巩固了。

在周公摄政的第七年，他把权力交给了成王。《尚书·召诰》和《尚书·洛诰》中有周公和成王的对话，是在举行周公退位、成王视事的仪式上由史官记录下的。大意是周公在国家危难的时候，不避艰辛挺身而出，担当起了重任；当国家转危为安，走上顺利发展的道路的时候，毅然交出权力，这种无私的精神，应当被后代称颂。然而，周公并没有从此放任不管朝政，由于成王还年轻，所以他不断向成王提出告诫，《尚书·无逸》记载了这方面的内容。其大意是：告诉成王只有知道种地的辛劳，才能懂得民众的隐情。劝诫成王切不可贪图享乐，要关心农业生产，关心民众疾苦。此外，周公还要求成王向文王学习，说文王自奉节俭，身穿旧衣，参加劳动，关心民众，从早到过午有时连饭都来不及吃，为的就是治理好国家。文王不喜游猎，不索取分外的东西，因而享国长久，切不可像纣王那样迷乱于酒色，残暴地对待民众。周成王遵从了周公的教诲，继承了周公制定的方针政策，从而极大地巩固了西周王朝的统治。

017 周代的分封制与宗法制有何特点？

分封制是西周的政治制度，分封的目的是为了巩固政权。所谓分封制就是周天子将王畿之外的土地和人民，分别授给同姓子弟、异姓亲戚、功臣及先圣后裔，让他们建立封国，拱卫周王室。西周册封诸侯的仪式十分隆重，天子要向受封者颁发“授民授疆土”的册书，还要给受封者官属、奴隶、礼器、仪仗等；诸侯要向周天子承诺镇守疆土，出兵勤王，缴纳贡赋，朝觐述职等义务，要发挥拱卫王室的作用。

西周初期曾进行过两次大分封，一次是在武王克商后，一次是在周公东征后。武王时主要分封了四种人，一是功臣，二是兄弟，三是殷商之后，四是先圣后裔，如神农之后封于焦，黄帝之后封于祝。据《荀子·儒效》说：周初共分封了71国，其中姬姓之国占了53个。在众多分封国中，作为王室支柱的最主要诸侯国是：东方的齐国、鲁国，北方的燕国、晋国，中原地区的卫国等。在这些大诸侯国中，除了齐国的姜尚是功臣外，其余的均为姬姓之国。

第二次大规模的分封是在周公东征胜利之后和康王统治时期。除了维持第一次分封的诸侯外，又新增加了许多诸侯，在这些诸侯国中，比较重要的是：将王季之兄太伯、仲雍的后人封于吴（今江苏苏州）；文王之弟虢仲、虢叔分别封于东虢（今河南荥阳东北）、西虢（今陕西宝鸡东）；文王之子分别封于管（今河南郑州）、蔡（今河南上蔡西南）、霍（今山西霍州西南）、卫（今河南淇县）、毛（今地未详）、聃（今湖北荆门东南）、郜（今山东成武东南）、雍（今河南修武西）、曹（今山东定陶西）、滕（今山东滕州西南）、毕（今陕西咸阳北）、原（今河南济源西北）、酆（今陕西山阳）、郇（今山西临猗西南）；武王之子分别封于晋（今山西翼城西）、应（今河南鲁山东）、韩（今山西河津东北）；周公之子分别封于鲁（今山东西南部）、凡（今河南辉县西南）、蒋（今河南固始）、邢（今河北邢台）、茅（今山东金乡西北）、胙（今河南延津北）、祭（今河南郑州东北）；召公之子封于燕（今河北北部、辽宁西部一带）。此外，还封了许多异姓诸侯国。

西周分封，以宗法血缘关系为纽带，建立起以周天子为中心的统治秩序，从而在一定时期内起到了加强周王朝统治的作用。分封制还为维护天子、诸侯、卿、大夫、士这一等级序列的产生，提供了重要前提。周初所封诸侯，均由中央控制。成王之时，周公、召公是朝中最重要的大臣。自陕（今河南陕县）以西的诸侯由召公管理，以东的诸侯由周公管理。所分封的异姓诸侯，有些是周的亲戚，有些是归附周的小国首领，还有些则是先圣后裔，除了前面说过的神农、黄帝之后裔外，还有尧、舜、禹的后裔。

分封制的意义主要表现在：（一）总结了历史经验，把建立地方政权与巩固西周的统治有机结合起来。周王朝在分封诸侯的过程中，又制定了一系列的政策，使王室对全部诸侯能有效地进行控制。（二）分封制使统一的社会制度在各诸侯国中得以普遍实行，周王室用权利与义务的规定，使周天子成为名副其实的诸侯之君，改变了夏商时代天子为诸侯之长的状况。（三）分封制促进了各诸侯国迅速地发展，使其社会经济的发展有了坚实的基础和保证。（四）分封制加速了各族之间融合的进程，受分封的偏远诸侯国逐步接受了中原的先进文化和生产技术，一些大的诸侯国不断向周围的夷、戎、狄等少数民族用兵，兼并其土地，从而扩大了周王朝的疆域，同时也加强了向周边地区的文化渗透。

但是分封制也存在弊病，由于其是建立在血缘基础上的世袭制，从而对管理带来了一定的困难。后来随着周王室日益衰微，各大诸侯国为争夺土地、人口及对其他诸侯国的支配权，不断进行兼并战争，从而形成了春秋战国时期诸侯争霸的局面。由过去的“礼乐征伐自天子出”，变成了“礼乐征伐自诸侯出”，从而导致了西周统治的逐渐崩溃。

在中国历代王朝中，西周的宗法制度最为典型和完备，影响深远。所谓宗法制度就是宗族内部确定成员之间亲疏等级和世袭权力的制度。它是在父权家长制的基础上不断发展和完善起来的一种宗族制度，构成了我国早期社会的等级关系，形成了我国古代基本的社会政治制度，保证了嫡长子继承权，解决了统治阶级内部诸子、诸弟对继承权的争夺问题，因此宗法制是维护和巩固分封制的重要手段之一。关于宗法制度的内容，杜预在《春秋左传注》中说：“天子建国，诸侯立家，卿置侧室，大夫有贰宗，士有隶子弟。”从而形成了一套系统而完整的制度。

宗法制的最大特征就是嫡长子继承制和余子分封制，以及与之相适应的“大宗”与“小宗”之分。在朝廷中，天子之位由嫡长子世袭，是为大宗，称宗子；其余诸子则封为诸侯，是为小宗，称别子。在诸侯国内，诸侯之位由嫡长子世袭，称宗子，其余诸子则封为卿大夫，为小宗，称别子。在卿大夫采邑内，卿大夫之位由嫡长子世袭，其余诸子则只是士。由此而确立的等级制度，使贵族阶级形成了层层相属的宗法关系，构成了西周国家政治制度的基础。

严格意义上的宗法制，只在社会上层的范围内施行。这些阶层各家族的始祖，一般是国君的别子。国君的嫡长子立为太子，继承君位，其他各子即为别子。因为别子也是国君之子，故又称公子。别子不能与继承国君的太子同祖，必须分出去自立家族，成为这个家族中嫡长子继承系统的始祖，称为大宗。别子的嫡长子以外的各子、长孙以外的各孙，都是庶子，对大宗而言，称为小宗。由大小宗构成的整个家族中，大宗居于族长地位，称为宗子，这个家族的爵位只能由宗子承袭。当然宗法制同样也适用于周王室。

周康王之后，西周的疆域大体固定，分封的机会减少，太子以外各子多留在朝中任卿大夫，但并不是说分封已经绝迹。直到周宣王二十二年（前 806 年），宣王还把其弟友分封在郑（今陕西华县东）。

宗族的宗庙建在大宗所在地，大宗掌握宗庙的主祭权，天子宗庙是最高一级的祭祀场所，叫作“太庙”。诸侯、卿大夫在各自的地区也建有宗庙。宗庙中供奉历代祖先的神主，始祖居中，其下排列顺序为“左昭右穆”，父为“昭”，列于左，子为“穆”，列为右。在中国古代社会中，谁掌握了宗庙主祭权，谁就掌握了国家或者家族的权力。因此宗法制度是政权、族权、神权相结合的产物。大宗与小宗在政治上是上下级关系，小宗必须服从大宗，周天子就是天下的大宗主，也是政治上的共主。小宗围绕大宗，卿大夫拱卫国君，诸侯藩屏周天子。再加上西周与异姓之间的婚姻联系，从而构成了一个庞大的血缘关系网。西周统治者希望用这种关系维护其统治地位和特权。

宗法制度同样也适用于异姓贵族。在西周时，姬姓是贵族中占支配地位的宗族，它通过婚姻关系联系其他异姓贵族。周天子称同姓贵族为伯父、叔父；称异姓贵族为伯舅、叔舅，这种甥舅关系也包含在宗法制度内，它是宗法关系的补充，可“化天下为一家”，以加强周天子的统治。

西周的宗法制有三个基本原则：（一）从周天子到诸侯、卿大夫、士，都实行嫡长子继承制。（二）小宗服从大宗，诸弟服从长兄。但是大宗也有义务保护小宗，调解小宗之间的纠纷。小宗应服从大宗，有义务纳贡、甚至奉命出兵征伐。（三）各级诸侯、卿大夫、士既是一种家族组织，又各自构成一级政权，共同向最高宗子——周天子负责。这种宗法统治的特征在于家族统治。周天子既是国王，又是家族中的家长。在这种双重统治之下，官吏的选择采用“任人唯亲”的原则，完全依照血缘关系的亲疏远近而定。因此，宗法制度的实质在于保证夺得政权的家族对全社会实行家长制式的专制统治。在宗法统治之下，家族组织与国家制度合二为一，家族观念、家族道德互为表里，由此而形成了西周法律制度的基本特征。

018 国人暴动是怎么回事？

西周最兴盛的时期大约持续了半个世纪，到周昭王时，向南方发动战争，结果全军覆没，连昭王本人也没有能回来。周穆王即位后，因为征伐犬戎无功而返，被诸侯所轻视，致使王室的威望日渐衰微。自穆王后期以来，西周的统治开始走下坡路，共王虽较勤勉，然而也只能算个守成之君。懿王、孝王之时，阶级矛盾更加尖锐，土地兼并，奴隶反抗和逃跑也时有发生。到周夷王时，周王室的地位更加衰落，诸侯来朝时，夷王甚至不敢坐受朝拜，周王下堂会见诸侯就从他开始的，反映了周王室与诸侯国之间势力消长变化的情况。

夷王死后，其子厉王即位，这是一个暴虐无度的昏君，横征暴敛，民怨日深。根据金文的记载，在厉王统治时期，周军经常南征，说明周王室与南方的楚国关系相当紧张。周厉王既要防御西北边境，又要在南方开辟战场，处于两面作战的形势下。在军事上如此，在内政方面同样不妙。在厉王即位之前，山川林泽的物产归全体周人所有，甚至连周文王在丰京所建的供王室游猎的苑囿，也允许普通贵族和平民渔猎采集。然而周厉王即位之后，却听从了荣夷公的建议，宣布山林川泽归周王室所有，垄断了其中的一切收益。这一规定刚宣布，立即引起广大国人的不满，国内怨声载道，反抗的情绪日益高涨。周厉王听到人们的抱怨、议论后，不思悔改，竟大发雷霆，命令卫巫监视民众的活动，严禁国人议论政事，违者一律处斩。在这种恐怖的统治下，国人不敢公开讲话，只有在道路上相遇时以目示意，表示心中的怨恨。诸侯们见周厉王失去人心，便不再来朝见。

残暴而愚蠢的周厉王以为他的恐怖政策行之有效，得意忘形地夸耀自己能"弭谤"，即消除他人的非议。然而这一切只是表面现象，人们对周厉王的愤恨情绪更进一步加剧了，就像火山爆发前的寂静一样。召公向厉王极力劝谏，《国语·周语》记载了召公原话："防民之口，甚于防川，川壅而溃，伤人必多。"希望厉王不要采取这种统治办法，但周厉王却置若罔闻，反而变本加厉。

哪些人可以称为国人呢？周代实行国野制度，居住在城市之内的人称为国人，居住在城市之外的人称为野人。国人大都是平民，拥有一定的地位和政治权力。西周自昭王、穆王以后，贵族分化严重，许多失势的贵族和贫困的士阶层，社会地位不断下降，在城市中与一般平民杂处，成为"国人"的组成部分。

公元前 841 年，镐京城里几乎没有人敢高声说话了，周王室与民众的矛盾已经激化到了极点。愤怒的国人忍无可忍，终于起来暴动，他们拿起武器冲入王宫，连戍卫王宫的卫士也加入到暴动中来。这时的周厉王吓得浑身发抖，惶惶如丧家之犬，从王宫的后门逃出，一直跑到彘地（今山西霍州东北），最终客死他乡。厉王逃走后，太子静藏于召公家中，国人又包围了召公家，逼迫召公交出太子。于是召公让自己的儿子化装成太子，交给国人，被国人杀死。这位侥幸逃过一死的太子，后来继承了王位，即周宣王。

国人暴动是西周时期的一件大事，显示了民众的力量，迫使周王室放弃了山林川泽的专利政策，这是对周王室的一次沉重打击。后来所谓的宣王中兴，也只是昙花一现，无法扭转衰落的趋势。参加暴动的除了国人以外，还有不少低级贵族和武士，王室的军队也没有前来镇压，所以这次暴动并没有激烈的对抗和流血。国人暴动发生后，镐京一片混乱，群龙无首。于是周公、召公在贵族的推举下出来主持政事，收拾残局，史称“共和执政”。共和时期一共持续了 14 年时间。关于“共和执政”还有一种说法，就是国人推举共国国君共伯和，执掌西周政务。

共和元年，即公元前 841 年，这是我国有确切纪年的开始。到共和十四年（前 828 年）周厉王死于彘，周、召等人归政于太子静，太子即位，是为周宣王。

019 何谓宣王中兴?

周宣王即位后，吸取其父厉王的教训，在周公、召公的辅佐下，革除了厉王时的弊政，恢复文、武、成、康时期的政策，使得原已开始衰落的周朝又恢复了部分活力。周宣王对内采取的措施是：广开言路，积极听取臣下的意见；严禁官员贪污赋税，鱼肉乡里；约束官员，不得纵酒闹事。经过一番励精图治，国内形势开始好转，诸侯们也纷纷前来朝见，周王室的威信又恢复起来了。

在对外方面，宣王发动了一系列战争。在西北方面，出兵征伐了戎狄部落。这些都是游牧部落，居无定所，对西周的边境形成了较大的威胁。宣王四年（前 824 年），以秦仲为大夫，开始了大规模的对戎狄的战争。秦仲在进攻西戎时战死，宣王又命其子秦庄公兄弟五人伐戎，获得了胜利。次年，宣王与尹吉甫一起讨伐西戎于鼓衙（今陕西澄城西北）。后来，尹吉甫率师攻到今甘肃省镇原一带，迫使西戎向西北退走。此外，周宣王对薰育、昆夷和猃狁发动战争。这些戎族乘周王室中衰，一度深入到宗周腹地，迫使周人四处逃散，生活陷入困境。宣王的这些军事行动，解除了这些部落的威胁，稳定了关中的局势，然后又令南仲率军戍守朔方，使其不能继续威胁周境。

居住在南方的淮夷不断地侵扰江汉地区，为了稳定这一地区，从宣王二年（前 826 年）起，西周开始对东南的淮夷和南方的荆蛮用兵。宣王命召公及南仲、皇父等率军讨伐淮夷，沿淮水东行，迫使当地方国中最强大的徐国屈服，向西周朝贡。宣王又命方叔率军征伐荆蛮（即楚国），命尹吉甫征徐戎。这些战争都进行得十分艰苦，在十多年间进行了不计其数的战争。宣王十八年（前 810 年），南仲派驹父、高父前往淮夷地域宣抚，各方国都纷纷迎接使者，并进贡物品，表示愿意服从周朝的统治。周宣王还分封了一些诸侯，如将其舅申伯徙封于谢（今河南唐河西北），封其弟友于郑（今陕西华县东）。封申国是为了巩固对南方的统治，封郑国则是为拱卫王室。

周宣王取得的这些成就在文献中多有记载，称赞他“内修政事，外攘夷狄，复文武之境”。在《诗经》中也有许多诗篇歌颂宣王所获得的胜利，但实际情况并非如此，在宣王晚年的战争中，却是败多胜少。尤其是宣王三十九年（前 789 年）征伐姜戎的战争，遭到了惨败。当时双方在千亩展开大战，宣王调动“南国之师”参战，结果是南国之师全军覆没。周王室原本有西六师和成周八师等重兵，但是在这次战争中却动用了南国之师，说明其兵力已严重不足。

为了解决兵力不足的问题，宣王决定“料民于太原”。所谓“料民”，就是检查和统计人口的意思。但是这次行动却遭到不少贵族的反对，宣王没有听从他们的意见，坚持进行了人口统计，从而增加了国家控制的人口数量，在一定程度上补充了兵源。

宣王中兴的主要成就是在武功方面，在政治改革方面由于贵族的极力阻拦很难有大的作为，比如料民之事在他去世之前仍未统计完毕。他在晚年深居宫中，贪图享乐。他为了强立自己喜爱的鲁孝公为国君，而不惜兴兵伐鲁，从而出现了同姓诸侯不睦的情况，致使有些贵族感到危机的来临而选择逃跑。此外，频繁地对外用兵，激化了社会矛盾，《诗经》中有很多篇幅都说到当时兵役繁重，驱赶平民去打仗，使其脱离了生产，田园变成了茂草。民众一贫如洗，不得不离乡背井。甚至有很多低级贵族遭到大贵族的劫夺，变成了贫民。《诗经·大雅·瞻卬》说：“人有土田，女反有之；人有民人，女覆夺之。”说明大贵族强夺了小贵族的土地和人口。这些矛盾在宣王晚年渐趋激化，但总的爆发却是在其子周幽王统治时期。

在周宣王统治时期制度方面也有变化，其中不行籍田之礼是最大的变化。本来按照西周制度，土地归周王室所有，所谓“普天之下，莫非王土”，说的就是这一制度。周天子再把土地分封给各级贵族和大小诸侯。在每年春天，天子亲自举行籍田典礼，也就是进行全国春耕总动员。但到了西周后期，土地国有制遭到了很大的破坏，不仅原来的公田变成贵族的私田，那些开荒而来的土地也沦为了私田。这些土地都被贵族划分为许多块分给人民自行耕种。厉王时，为将土地再收归国有，不惜采用暴虐的手段，结果是他本人被赶跑。宣王即位后，认识到既成事实，遂顺应时势，废除了原本每年春天都必须举行的籍田典礼。这项典礼的取消，实际上等于周宣王对土地私有现状的承认。土地私有化有利于提高生产者的劳动积极性，有利于农业生产的发展，但是对周王室来说，则是对其地位和统治的削弱。

020 西周的衰亡与平王东迁是怎么回事？

周宣王死后，其子周幽王即位。第二年，即公元前780年，关中发生大地震，岐山崩倒，泾、洛、渭三条主要河流断流。《诗经·小雅·十月之交》写道：“百川沸腾，山冢崒崩。高岸为谷，深谷为陵”，描述的就是这次大地震所造成的灾情及破坏情况。地震还造成了严重的旱灾，农业生产遭到了严重的破坏，人民饥馑，四处流亡，宗周空虚，更进一步加剧了西周灭亡的步伐。在天灾发生的同时，西北的诸游牧部落也不断内侵，致使西周沿边一带的土地逐渐减少。

就在这内外交困的时候，周王室内部又发生了争夺王位的争斗，从而加速了西周的覆亡。周幽王的王后是申侯的女儿，并立其子宜臼为太子。但是幽王却十分宠爱褒姒，为了讨其欢心，打算废去太子宜臼，改立褒姒的儿子伯服为太子，同时废申后而立褒姒为后。褒姒是褒国姒姓的女儿，申后是申侯的女儿，申侯是姜姓，由此就引发了姒姓和姜姓间的激烈斗争，为西周灭亡埋下了祸根。不仅如此，幽王还重用虢石父为卿，此人为奸佞小人，专权用事，排斥正人，一味地讨好天子，而置国家命运与民众死活于不顾，更进一步地激化了统治阶层内部的矛盾。

申侯为了自救，遂联合缯、西夷犬戎等，出动军队进攻幽王，幽王无法抵御，仓皇逃到骊山（今陕西西安临潼区），被骊山之戎所杀。申侯与其他诸侯共同拥立太子宜臼为天子，史称周平王，时在公元前 771 年。

平王即位后，于次年即公元前 770 年迁往成周洛邑（今河南洛阳境内），史称东周。那么平王为什么要东迁呢？原因主要有两条：一是镐京经过战争的破坏，已经十分残破了，宫室被毁，财物被掠。此外，镐京所在的关中地区经过强烈的地震后，旱灾十分严重，民众逃散，根本无法立足，也无法为庞大的朝廷机构提供充足的供给。另一条则是犬戎及其他游牧部落的威胁很大，他们的势力已经进入到关中地区，而周王室力量衰弱，无力加以驱逐，只好向东迁徙，以避其锋。

周平王东迁得到了晋、郑、秦和其他一些诸侯的帮助，当时周王室在洛邑周围还有方圆 600 里的土地，足以立国。但是与当时一些强大的诸侯国相比，也只能是二等国家。自此周天子的王权开始衰落，不能担当起天下共主的责任，诸侯势力不断坐大。周天子无力自保和抗拒外族入侵，须依赖诸侯国保护，使周王室难以得到诸侯的尊重，最终形成春秋时期群雄争霸的局面。但是周天子毕竟是名义上的天下共主，所以仍然具有一定的号召力。因此，一些随着经济发展而逐步强大起来的诸侯国，就利用王室这个旗号，“挟天子以令诸侯”，积极发展自己的势力。

周平王在位达 50 年之久。此后的东周诸王虽然仍是天子，但是其土地仍不免被周围诸侯侵削。到了后来，周天子直辖的“王畿”范围逐渐缩小，最后，仅剩下成周洛邑方圆 200 里，即今洛阳附近的地盘。公元前 367 年，周王室发生权力争夺，分裂成东、西两个部分，在王城（今河南洛阳）的称西周公（或西周君），在巩（今河南巩义）的称东周公（或东周君）。后来分别被秦国所灭。

整个东周的历史又可以分为两个阶段，前一阶段称“春秋时代”，一般界定为从周平王元年（前 770 年）至周敬王四十四年（前 476 年）；后一阶段称“战国时代”，一般界定为从周元王元年（前 475 年）至秦始皇二十六年（前 221 年）。实际上周王室早在公元前 249 年已经彻底亡于秦，只是因为这时仍处于六国混战时期，秦国还没有统一天下，所以仍算是战国时期，但是东周历史早已结束了。

021 甲骨文与金文是什么文字？

甲骨文是中国目前发现的最古老的一种文字，由于它是一种刻在龟甲或动物骨骼上的文字，故称甲骨文，也称契文、龟甲文。

关于甲骨文的发现，颇有些戏剧性，它与清人王懿荣有着直接的关系。在中药中有一味叫龙骨的药物，实际上是远古时期哺乳动物的骨骼化石，中医认为其可以入药，后来也用甲骨代替龙骨，有治疗咳逆、泻痢、便血的疗效。清光绪二十五年（1899 年），时任国子监祭酒的王懿荣患病服药，偶尔发现龙骨上面有疑似文字的刻画，于是他便到药店把所有的龙骨都买了下来，发现每片龙骨上都有相似的图案。他把这些奇怪的图案画下来，经过长时间的研究，确信这是一种文字，而且比较成熟，应该是殷商时期的。

还有一种说法，源于清人刘鹗的记载。光绪二十五年（1899 年），河南出土的龟甲，被山东潍县古董商人范寿轩、范维卿等人收购，并运至北京售卖。时任国子监祭酒的王懿荣素来喜好收集古物，通晓金石文字，发现后遂从古董商手中高价收购了这批甲骨。

不论何种说法，甲骨文的发现都与王懿荣有关。他是进士出身，具有深厚的金石学造诣，从此开始重金收购有字甲骨，至光绪二十六年（1900 年）春，共得到了 1500 片。然而，王懿荣尚未对这种文字进行深入研究，即在同年七月，八国联军攻占北京时自杀殉国。

王懿荣殉难后，他所收藏的甲骨，大部分转归好友刘鹗。刘鹗又进一步收集，所藏甲骨增至 5000 多片，于 1903 年拓印出版了《铁云藏龟》一书，将甲骨文资料第一次公之于世。不久，学者孙诒让根据《铁云藏龟》的资料，写出了甲骨文研究的第一部专著《契文举例》。

出土的商代甲骨片

自从甲骨文被认定之后，在学术界引起了轰动。古董商人云集安阳殷墟，雇人乱挖乱掘，或者从当地人手中收购，造成了很大的破坏。他们为了垄断财源，对甲骨的来源秘而不宣，后来又谎称出自河南汤阴、卫辉等地。直到 1908 年，学者罗振玉首先访知甲骨出土于河南安阳的小屯村一带，于是他派遣自己的亲属去安阳求购，又亲自前往安阳进行实地考察，先后共搜集到近 2 万片甲骨，于 1913 年精选出 2000 多片编成《殷墟书契》（前编）出版，随后又编印了《殷墟书契菁华》（续编），为甲骨文的研究奠定了基础。

由于弄清了甲骨出土的地点，从 1928 年秋到 1937 年夏抗日战争爆发时，中央研究院历史语言研究所考古组，在著名考古学家董作宾、李济、梁思永等人先后主持下，在小屯村一带进行了长达 10 年的 15 次考古发掘，不仅先后发现了总计 24900 多片的甲骨，而且发现了商代后期的宫殿、宗庙遗址和王陵区，出土了大量珍贵的铜器、玉器、陶器，从而提供了殷墟为商代王都的证据。殷墟遂成为世界闻名的古文化遗址，又一次震动了中外学术界。

日军占领安阳期间，曾组织日本学者在当地发掘甲骨及其他文物，并将所得运往日本。

中华人民共和国成立后，中国科学院等部门继续开展甲骨发掘工作，共获得 5300 多片。此外，河南辉县、偃师、洛阳、郑州二里岗及河北藁城等地的商代遗址也有有字甲骨出土。陕西岐山、山西洪洞、北京昌平等地还发现了周代的有字甲骨。所以说甲骨文应该包括商周两个历史时期，只是发现的周代甲骨文远远不及商代那么丰富而已。

继罗振玉之后，许多著名的学者，如王国维、郭沫若、董作宾、唐兰、陈梦家、容庚、于省吾、胡厚宣等都进行了卓有成效的考释和研究，形成了一门专门的学问——甲骨学。董作宾、罗振玉、王国维、郭沫若并称为“甲骨四堂”，被誉为甲骨学研究的一代宗师。如今甲骨学已成为一门蔚为壮观的世界性学科，世界各国有大批学者从事这方面的研究，取得了丰硕的研究成果，它在历史学、文字学、考古学等方面都具有极其重要的意义。

为什么商周时期要把文字刻在甲骨之上，其用途如何？从已发现的甲骨文看，均为占卜的记录。当时的人们占卜成风，王室或者贵族，上自国家大事，下至私人生活，如祭祀、气候、收成、征伐、田猎、病患、生育、出门等等，无不求神问卜，以求得吉凶祸福决定行止。于是，占卜成了国家政治生活中的一件大事，政府设置了专门的机构和卜官。有刻辞的甲骨，都作为国家档案保存起来，堆存在窖穴之中，故又称甲骨文为卜辞。

甲骨文是一种比较成熟的文字，有指事字、象形字、会意字和形声字，其中前三种可以合称为表意字。除了表意字和形声字外，在甲骨文中假借字的使用也很普遍。甲骨文与现在的汉字在外形上有较大的差别，但是从文字的构成方法看，二者基本是一致的。到目前为止，已发现的甲骨文单字约 4500 个，迄今已释读出的字约有 2000 个，因此对甲骨文的研究任重而道远。

正是由于甲骨文已经比较成熟了，所以学术界普遍认为在其之前，应该还有更早阶段的更古老的文字。中华人民共和国成立后，尤其是 20 世纪 50 年代之后，在不少新石器时代文化遗址和某些被认为是夏代的遗址中，都发现了刻画或描绘在陶器等物品上的符号。不少学者认为这些符号就是原始的汉字。此外，还发现了一些时代早于殷墟甲骨文的商代文字。然而在新石器时代和夏代遗址中发现的这些符号究竟是不是文字，在学术界还是有争议的。即使这些符号是文字，也还不是能完整地记录语言的原始文字，而且它们究竟是汉字的原始形态，还是别的系统的文字，也很难确定。此外，已发现的早于殷墟的甲骨文非常之少，不能反映当时汉字发展的水平，因此虽不能说殷墟甲骨文是最古老的汉字，但在已发现的能够反映当时文字发展水平的可靠的古汉文资料中，它无疑是时代最早的一种文字。

金文是铸刻在商周时期青铜器上的一种铭文。在商周时代凡礼器皆用青铜铸造，以钟、鼎为代表，因此铸刻在其上的文字也叫钟鼎文。至于称其为金文，是因为在商周时期把铜称为金，故在其上所铸刻的文字也叫金文。已发现的金文的年代，上自商代的早期，下至秦灭六国，约1200多年。金文的字数，据容庚《金文编》统计，共计3722个，其中可以识别的字有2420个。

金文大体上可以分为四种，即殷金文（前1300年左右—前1046年左右）、西周金文（前1046年—前771年）、东周金文（前770年—前222年）和秦汉金文（前221年—219年）。这实际上是按照时代来划分的，其中西周与东周是金文的鼎盛时期，前者承商末书风，直到成王时方产生独特的风格，书体雄浑典丽而壮观；在昭王穆王之后，则变为严谨端正。周平王东迁之后，秦迁都于雍，承袭了西周的故地，同时也承袭了西周的文化。因而，春秋战国时期秦国的文字和西周文字是一脉相承的。也正因为如此，当东方各国的文字因地区特点和文化上的差异发生横向变异时，文化落后的秦国在文字上反而成为汉字的正统。因此，在春秋战国时期文字大体可以分为两系，即秦系文字和六国文字。秦汉时期是金文的衰落期，因为秦始皇统一六国后，诏令书同文，并于四方立碑，所用之文字皆为小篆，而不再刻铭文于钟鼎之上，于是金文越来越少。到了西汉时期，民间多铸铭文于铁器之上，青铜之器，不复使用，于是导致了金文的消失。

铜器上的铭文，字数多少不等。所记内容也很不相同，主要内容大都是祀典、赐命、诏书、征战、围猎、盟约等活动或事件的记录，同时也记录重大历史事件。这一点与甲骨文主要用于占卜有很大的不同，如著名的毛公鼎有497个字，记事涉及面很宽，反映了当时社会生活的一些方面。再比如对一些重大历史事件的记载，如昭王南巡、穆王西狩等。

毛公鼎

将金文与甲骨文相比，甲骨文笔道细、直笔多、转折处多，多为方形；而金文笔道肥粗，弯笔多，团块多，字体整齐遒丽，古朴厚重，和甲骨文相比，脱去板滞，变化多样，更加丰富了。商代后期的金文，字形的象形程度很高，即使与同代的甲骨文相比，金文的象形程度往往也是比较高的。因此有学者认为尽管金文并不比甲骨文早，但却保持着汉字更早的面貌，这主要与金文的用途与甲骨文不同有关。

对金文的研究早在汉代就已经开始了，当时已有不少商周时期的青铜器被发现，其铭文便引起了学者的重视。至宋代对金文的研究与收集达到了一个高潮，收集铜器往往十分关注铭文，如吕大临《考古图》等。也有专门摹刻铭文的，如王俅《啸堂集古录》等，把铭文中的字编为字典的，则有王楚和薛尚功的《钟鼎篆韵》。此外，欧阳修、赵明诚等，也对金文有所研究。清代则是另一个高潮期，由于清代《说文》之学兴盛，声韵训诂研讨日深，在这种学风的影响下，铭文研究进步较快，出现了一批专家和研究成果，如吴大澂《字说》《说文古籀补》，孙诒让《古籀拾遗》《古籀余论》《名原》等，皆各有创见，水平超过了前人。自民国以来，又有一批学者投身于金文的研究之中，其中著名者如王国维、郭沫若、容庚等，都分别做出了突出的贡献。

此外，从书法艺术的角度看，金文也有其独特的地位。西周时期的金文在书法艺术上已经比较成熟了，向来为书法史家所重视。它改写了长期以来人们认为的谈书法只能从小篆、隶书、楷书开始的传统认识，并把中国书法艺术的历史推溯至3000多年前。金文的书体，一般称为大篆或籀书，也有称为古籀的。青铜器铭文是按照墨书的原本先刻出铭文模型的陶范，再翻范铸造出来的。由于西周时期已有很精湛的青铜铸造技术，所以翻铸的金文一般都能够在相当程度上体现出墨书的笔意。因此，西周的金文实际上是一种墨书的书法艺术。

西周早期的金文从书体和书法风格来看，总的形势是清秀隽美，笔道首尾出锋，有明显的波磔，结构严谨，行款章法自如。其前期的作品风格质朴平实，多挺拔的悬针笔法，仍带有甲骨文的影响。如武王时的利簋和大丰簋，字体平易古朴，笔画方圆兼备，具有凝练平直之气。利簋仅用短短 32 字就记述了武王伐商的重大历史事件，因而被称为武王克商簋，是迄今所见西周最早一件铸铭铜器，开创了西周金文书法的先河。西周后期的书法风格凝重雄放，已显示出金文书法的独特艺术。

正因为金文书法具有其独特的艺术风格，所以当今有不少书法家也从事金文书法艺术的研究和创作，并且取得了不小的成就。此外，对甲骨文书法艺术的研究也方兴未艾，创作的书法作品中也是

毛公鼎内部的文字

佳品迭出，从而极大地丰富了我国书法艺术的种类。

022《周易》是一部什么样的书？对后世有何影响？

《周易》是我国西周时期形成的一部占筮即算卦用的典籍，至今已有 3000 多年的历史了。这部典籍原名《易》，至汉代时儒生将其列为六经之一，故称《易经》。又因为其形成于西周，所以又叫《周易》。千百年来，这部典籍经过后人的种种解释，从而形成了庞大的易学体系，对中华文化的发展有重要影响，应是中华文明的一个结晶，在中国学术史上也占有非常重要的地位。

《周易》的形成有一个渐进的过程，它与远古时期的人们占卜吉凶有着直接的关系。在当时占卜的方式有多种，如将龟甲和动物的骨头钻孔，用火烧烤，依孔的周围呈现出的裂纹，推断所问之事的吉凶；或利用占星术问吉凶，即依日月星辰运行的过程，来推测王朝的兴亡、社会的治乱。而《周易》则是通过数蓍草棍的方式，得出卦象，依此来推断人事吉凶的变易，正如古人所说："筮者，数也。"

《周易》的卦象有两种：一类为八卦，即八个卦象，称为经卦或单卦，为基本卦；另一类为六十四卦，称为别卦或重卦，即将八卦加以推衍，两两相重，则成为六十四卦象。《周易》就是由六十四卦象组成。每卦六画，画也叫"爻"。爻象有两种，一种是"—"，是为奇画；另一种是"--"，是为偶画，又称为阴爻或柔爻。《周易》以数字表示奇偶二画，阳爻称为"九"，阴爻称为"六"。六十四卦共有三百八十四爻，阴阳爻象各一百九十二。每卦每爻下面再加以文字解说，解说卦象的称为卦辞，解说爻象的称为爻辞。全书就由六十四卦象和三百八十四爻象构成，书中既有图像，又有文字，在先秦的典籍中是绝无仅有的。

关于此书的作者和成书年代从来都有争议。《汉书·艺文志》提出"人更三圣，世历三古"之说，认为伏羲氏画八卦，周文王演六十四卦、作卦爻辞，孔子作传解经。故此书实际上分为两部分，一部分是《经》，另一部则是《传》。"五四"以后，史学界提出怀疑，有周初说、春秋中期说、战国说等不同观点。其中后两种说法的证据是，卦爻辞中讲到的历史人物和历史事件有的出于文王、周公之后。但大多数学者认为:《周易》卦爻辞的基本素材是西周初期或前期的产物，因所提到的历史人物和事件，均不晚于西周初期，因而成书当不晚于西周。持春秋说、战国说者均未将经与传文分开考察。卦爻辞亦不出于一人之手，是卜筮者长期摸索积累的结果。《周易》原来未附《传》，自西汉费直始，得以《彖》《象》《系辞》等传解经。以后郑玄和王弼皆以传附经，故现存版本基本上是经、传合刊的。

历代研究《周易》的大致可分为两个学派：义理派和象数派。义理派强调从八卦和六十四卦的卦名的含义来解释卦爻象和卦辞、爻辞；象数派则注重从八卦所象征的物象来解释卦爻象和卦辞、爻辞。亦有人认为义理派重在发掘《周易》的哲学价值，象数派则着重将《周易》用于占卜。前者如王弼、程颐，后者如京房、邵雍等，即使当代学者对《周易》的研究，大体上也不出这两个流派。

谈论《周易》有一个问题是无法回避的，即此书所记载的这种算命术是否准确可信呢？对于这个问题历来是有争议的。有一点需要说明，即《周易》所载的算命术与占卜、占星术有很大的不同，后两者主要根据甲骨上的纹理和日月星辰的运行过程来推断吉凶，唯心的倾向是十分明显的；而《周易》则将这种算命术归之为“易彰往而察来”，意思是阐明过去的经验，考查未来之事的吉凶。据此可知，这种算命术含有简单的逻辑推理的因素。即将卦爻辞所讲的那些事，作为类推的前提，这些都是过去的生活经验，与所问之事对比，以便从中引出某种启示。这种类推逻辑还有一种法则，即“异类不比”，是说不同类的事物，不能进行比较推论的，否则就会犯逻辑错误。所以这种算命术主要依靠以往的经验，来推论事物发展的动向，与占卜术和占星术相比，它更重视人的理性活动，不是一切听命于神灵的摆布。但是这种推论并不十分科学，往往只能给人一种精神上的安慰或者心理上的调整，并不能决定人的命运，所以连儒家学说的创始人孔子也不相信这种算命术。

但是并不能就此认为《周易》就没有什么用处，它仍然是一部博大精深的哲学著作，同时也是我国古代一部关于自然科学和社会科学的经典。

《周易》作为中华思维的源头，不仅表现在卦爻辞中，也表现在八卦与六十四卦的逻辑结构之中。卦象与龟甲占卜相比，后者之纹是自然形成的，没有逻辑内容，而卦象则是依数学的法则、排列组合的原理组成的，具有逻辑的内容，这是我国先民的一大创造。八卦与六十四卦的组成的基本要素是奇偶两画或阴阳二爻。《周易》是一种人工编码系统。它由阴阳通码卦符组成了 8 卦、64 卦、384 爻三个不同水平的系统层次，同时配以卦辞和爻辞进行文字说明，有着严密、完美的内码数理结构，是目前所知的上古文明中层次最高、结构最严密的符号系统，也是最早运用系统论的典型。所以后来的数学家视《周易》为中国数学的源头。具体实例则如魏晋时期的大数学家刘徽，从阴阳转化的法则中得到启发，以圆为阳，以方为阴，提出了著名的割圆术。

《周易》的阴阳学说也是中医阴阳学说的基础。《周易》的实时定位思想和与时偕行等思想对中医有十分重要的影响，一人一方、因病成方的治疗原则皆源于此。同时对中医的子午流注、八纲辨证、风寒暑湿燥火六邪等学说的形成都有着重要影响。中医经典著作《黄帝内经》受《易经》的影响就很大。东汉时期的《神农本草经》运用八卦取象的观念，明确了中医用药原则。张仲景的《伤寒论》把阴阳学说和太极含三为一发展为六经学说，创立了六经辨证的原则，奠定了中医临床医学的基础。唐代大医学家孙思邈就说过："不知《易》便不足以言知医。"易，变也！对各种疾病不了解病源及病根的变化，则无法制定出正确的医治方案。明代名医张介宾为代表医易派，按照卦爻象的变化和相反相成的法则，考查人体器官和功能变化的过程，提出了辨证治疗的医学理论，为中医学的发展做出了重要贡献。

《周易》对我国军事理论也有直接影响。宋代学者王应麟在《通鉴答问》一书中称："盖《易》之为书，兵法尽备。"我国历史上著名的军事家如孙膑、吴起、诸葛亮等，都根据《周易》的原理排兵布阵。明代著名将领戚继光抗倭，在创立阵法时也是参考了《周易》的原理。即使孙武的《孙子兵法》一书，其中的军事思想也深受《周易》的影响。此外，《周易》对我国传统武术发展也有很大启发，如八卦掌、太极拳等，都来自《周易》的理论。

《周易》还对建筑学（风水）、天文气象学、数学、管理学、政治学、社会学、道教、史学、文学、儒学、民俗文化等许多方面，都产生过重要的影响。如在天文气象学方面，按照卦象变化的法则，以八卦代表八方和春夏秋冬四季，将时空结合起来，解释中国大陆气候一年节气变化的规律。汉代天文学家张衡，依照八卦所处的方位和《易传》提出的“同声相应，同气相求”的感应论，发明了地动仪。中国古代著名的文学评论家刘勰，将阴阳和谐和刚柔相济看成是艺术创造和评判文艺作品的美学准则。中国古代的史学家，根据卦象变化的法则，考查王朝兴替、社会治乱和文明演变的过程，如汉代伟大的史学家司马迁就提出了“通古今之变”的治史理论。在政治方面，近代著名的政治家康有为、梁启超，依照阴阳转化的法则，提出了变法革新的思想，宣传“穷则变，变则通”的变法主张。所有这一切都是受《周易》影响而来的，可见将《周易》视为中华文明的源头，并不为过。

《周易》在哲学上的贡献主要表现在提出了“三易”的思想，即简易、不易、变易。

（一）简易。是说宇宙间万事万物，有许多是我们的智慧知识没有办法了解的。天地间存在着“有其理无其事”的现象，那是我们的经验还不够，科学的实验还没有出现，而“有其事不知其理”，那是我们的智慧不够。有人将简易释为简单化，并作为企业管理发展的方向，提出了管理的制度化、规范化、标准化、信息化、普及化，就是“简易”的路径。

（二）不易。认为万事万物随时随地都在变化，可是却有一项永远不变的东西存在，这就是能变出来万象的那个东西是不变的，是永恒存在的。那个东西是什么呢？宗教家叫它“上帝”“神”或者

“佛”“菩萨”。哲学家叫它是“本体”，科学家称它是“功能”。不管它叫什么名称，反正这个能变万有、万物、万事的“它”是不变的。这个东西在《周易》看来就是“太极”，所谓“易有太极，是生两仪，两仪生四象，四象生八卦”。唐人孔颖达认为太极就是太初、太一，是天地未分之前的混元之气。用今天的话来说，就是任何事物都有一定的生命周期，其产生、发展、变化都是有规律可循的，构成其有机生命的基因密码 DNA 基本规律是相对不变的。管理学的任务就是探索社会基本成员，包括城市、政党、政府、企业、团队、产业、市场等所有组织系统，构成其生命系统的基因密码、DNA 结构和基本代谢规律，这是当代管理学面临的主要课题。

（三）变易。《周易》告诉我们，世界上的事和人，乃至宇宙万物，没有一样东西是不变的。在时空当中，没有一事、没有一物、没有一情况、没有一思想是不变的。用今天的话来说，就是不变是相对的，变化是绝对的，任何事物都是发展变化的。变化就是变易，“变易”是《周易》的主要内容，《周易》的六十四卦、三百八十四爻、“彖传”“象传”“文言”等，核心思想是讲述事物发展、变化的基本规律。

总之，《周易》及八卦所蕴含的思维方式，培养和锻炼了中国人的逻辑思维和辩证思维能力，培育了中国人的整体意识，对立面转化的意识，相反相成的意识，和谐与均衡的意识，从而使中华文明在世界上独树一帜，受到了西方不少哲学家和科学家的推崇。

023 齐桓公是如何首霸中原的？

春秋时期是一个诸侯混战、大国争霸的历史时期。在这一历史时期周天子名义上仍为天下之共主，实际上只不过是大国摆弄的傀儡工具，大国为了争夺霸主地位，打出了“尊王攘夷”的旗帜，率先称霸的便是齐国的国君齐桓公。

齐桓公（？—前 643 年），姜姓，名小白。他是姜太公吕尚的第十二代孙，是齐僖公的三儿子，其母为卫国人。齐国在僖公之后，陷入内乱，齐僖公长子齐襄公和其侄子公孙无知相继死于内乱。当时小白正在莒国避难，得知齐国无国君的情况后，急忙返国。这时在鲁国避难的小白之兄公子纠也想返国抢夺国君地位。辅佐公子纠的是管仲，他为了保证公子纠顺利即位，带兵堵截住莒国通往齐国的道路。当小白经过这里时，管仲一箭射中小白带钩，小白咬舌吐血假装跌倒而死，管仲派人回鲁国报捷。鲁国于是就慢慢地送公子纠回国，六日方才抵达。而这时小白已兼程赶回齐国，抢在公子纠的前面登上了国君的宝座，史称齐桓公。

桓公即位后，不计前嫌，任用管仲为相，并在他的辅佐下，推行改革。在军事上，实行军政合一、兵民合一的制度。在经济方面，制定了减少税收、增加人口的政策，以提高齐国的劳动力数量；对商业特别是盐商则加以重税，以补足税收的差异；并实行了粮食“平准”的政策，避免富人抢夺穷人的粮食，进一步限制贫富的差距。这些改革措施的实施，使齐国逐渐强盛起来，成为数一数二的东方大国。

齐国国力强盛后，齐桓公想当霸主的野心也越来越强烈。于是管仲便提出一个“尊王攘夷”的策略，就是仍然尊崇周天子为天下共主，联合中原各路诸侯，共同抵御蛮、戎等部族对中原的侵袭。以后谁有难处，大伙儿就帮谁；谁不讲理，大家一起讨伐他。从而在诸侯中建立威信，使他们自愿服从齐国的号令。为了达到这个目的，齐国先是与邻国修好，归还以前侵占鲁国的棠、潜两邑，让鲁国作为其南面的屏障；归还以前侵占卫国的台、原、姑、漆里四邑，让卫国成为西面的屏障；归还以前侵占燕国的柴夫、吠狗两邑，让燕国成为北面的屏障。齐桓公五年（前681年），齐桓公在北杏召集宋、陈、蔡、邾四国诸侯会盟，齐桓公遂成为历史上第一个当上盟主的诸侯。后宋国违背盟约，齐桓公便以周天子的名义，率数国伐宋，迫使宋国求和，此即为“九合诸侯”的第一次。另外，齐桓公还攻灭了谭、遂、鄣等小国。此后，齐桓公还多次召开诸侯大会，由自己充当盟主，其中最重要的有以下数次：

由于在北杏召开的盟会上，遂国、鲁国、郑国都没有赴会，桓公以此为借口出兵灭亡了弱小的遂国。又先后击败了鲁、郑两国，迫使他们求和。公元前679年，齐桓公又约各国在鄄会盟，这一次各诸侯国基本上承认了齐桓公的霸主地位。

公元前663年，山戎攻打燕国，燕向齐求救。齐桓公出兵救燕，攻打山戎，一直打到孤竹才罢兵。燕庄公送齐桓公到齐境。桓公说："我不是天子，诸侯相送不能出境，我不可以对燕无礼。"于是他把燕君所到的原为齐国的土地割给了燕国，叮嘱燕君学习召公为政，定期向周天子纳贡。诸侯听说此事后，都衷心拥护齐国。

公元前659年，齐桓公的妹妹哀姜，她是鲁闵公的母亲，却与鲁国公子庆父淫乱。庆父弑闵公，哀姜想立庆父为国君，而鲁人立僖公。于是桓公召回哀姜，将其杀死。这件事为其在诸侯中树立威信发挥了重要的作用。公元前658年，卫惠公被狄人所杀，卫向齐求救。齐桓公出兵打败了狄人，并立卫文公为国君，还为卫国修筑楚丘城，把卫国臣民迁到那里。

身居南方蛮荒之地的楚国，与中原诸侯素无来往。楚国在南方逐渐强盛起来后，其国君竟公然藐视周王室，自称"楚王"。于是在公元前656年，齐桓公会同宋、鲁、卫、郑、陈、曹、许7国军队，共同讨伐楚国。楚成王闻讯，立即调集了人马准备抵抗，并派使者去责问齐桓公："楚在南，齐在北，两国素无来往，可谓风马牛不相及，为什么要来侵犯我们呢？"管仲反驳道："虽然我们两国相距遥远，但我们都是周天子所封的诸侯。当初武王分封时，曾授权齐太公，如若诸侯有不服从天子者，齐国有权征讨。你们楚国为何多年没向天子进贡？"使者说："这几年我们没有向天子进贡，是我们的不对，以后一定恢复进贡。"使者走后，齐桓公不太相信楚国会这么轻易服输，便和众诸侯们连夜拔营，进军到召陵。楚成王不解其意，又派使者前去探问。为了显示自己的实力，齐桓公请使者一起乘车检阅中原的联军，显示出了强大的军事实力。在中原诸侯的压力下，楚国被迫认错，答应向天子进贡。由于楚国是大国，要打败它也不是很容易的事，在目的初步达到后，齐桓公见好就收，和楚国订立盟约后，班师回国。此次召陵之盟，阻止了楚国向中原的扩张，保护了中原地区的安全。

齐桓公尊王的行动主要表现在帮助周襄王即位上。周惠王晚年宠爱王子带，意欲废掉王子郑的继承权，但尚未正式决定就去世了。王子带与其母联合郑国、楚国打算依靠武力强行即位。王子郑私下会见桓公，请求桓公召集诸侯支持自己。于是桓公与八国诸侯会盟，以给惠王吊丧为名，在洛邑附近炫耀武力，表示对王子郑的支持。由于双方实力相差太大，从而使王子郑顺利继位，是为周襄王。周襄王为了表示感谢，特派使臣将太庙的祭肉作为厚礼送给齐桓公。

公元前 651 年，齐桓公趁机在宋国葵丘会合诸侯，招待天子使臣，并又一次订立了盟约，盟约规定：各国要和平相处；要修水利，防水患，不要损人利己；邻国有灾荒来买粮食不得禁止，不得搞壁垒政策等等。这是齐桓公第九次，也是最后一次会盟诸侯，所以历史上把齐桓公称霸的过程，也称作“九合诸侯”。

在这一历史时期，中原地区的形势比较危急。一是南方的楚国兴起，灭申、息、邓等国，降服蔡国，侵凌郑国，锋芒直指中原。二是北方的山戎，也称北戎，不断地向中原进犯。山戎当时主要分布在今河北北部一带，尚处于原始游牧阶段，也兼营初级的农业。其在春秋时期不断向南侵扰，带有很大的破坏性。燕国、卫国等都受到过它的侵扰。因此，齐桓公的这些行动并非仅仅是一种称霸行为，而且具有保卫华夏传统文化，维护中原社会秩序的积极意义。

顺便说一下，在齐桓公率领大军，深入到今河北昌黎一带，大败山戎后，在归途中，齐军迷路，管仲命令将老马放在队伍前面，大队人马紧紧跟随，顺利地走上了正确的归途。“老马识途”就此成为我国的一句成语。

救燕回国的第三年，“狄人伐邢”。邢国在今河北邢台县境。次年，齐桓公联合宋、曹等国出兵救邢，把狄人赶走。然邢国的国都已被狄人破坏，于是齐桓公便把邢国迁到夷仪（今山东聊城西）。邢国人乐于迁往新都，就像回家一样，所以又有了“邢迁如归”的说法。

齐桓公晚年生活荒淫，多内宠，又信任小人。由于年老昏聩，被竖刁、易牙等佞臣假称桓公的命令，将桓公禁闭在寝殿里，只留一个小洞，桓公饮食，从洞里送入，并很快连饭也不送了，导致桓公在饥渴中悲惨死去。桓公死后，他的儿子们忙于争夺国君之位，直到数十日后，才在老臣的建议下发丧，其时，桓公之尸已腐烂不堪。齐国的霸业也随之衰落了。

024 宋襄公称霸为什么会失败?

宋襄公（？—前637年），子姓，名兹甫。在公元前650年至公元前637年在位。宋襄公即位以来，默默无闻，在第八个年头，即公元前643年，终于有一个机会使其闻名于诸侯。这一年，齐桓公死，齐国发生内乱。齐桓公有6个儿子，而且都是庶妾所生，地位平等，齐桓公怕自己死后诸子争位，就与管仲商定将公子昭立为太子，并且托付给宋襄公。等到齐桓公去世后，其宠臣易牙、竖刁、开方三人废掉齐桓公立的太子公子昭，另立公子无亏为君，公子昭逃到了宋国。宋襄公见齐国内乱，正好齐桓公生前又将公子昭托付给自己，同时宋襄公也想成为霸主，但当时宋国的实力不是很强大，因此宋襄公认为公子昭来投奔他，这是个可利用的机会，于是就收留了公子昭。

次年，宋襄公发出通告，邀请各国诸侯出兵与宋国共同护送公子昭回国。但是由于宋国实力有限，除了卫、曹、邾几个小国派了一些人马外，其他诸侯都没有派军队参与此次行动。宋襄公统领四国联军杀向齐国，齐国的贵族对公子昭怀有同情之心，再加上不清楚联军实力，于是便把无亏与竖刁杀了，赶走了易牙，迎接公子昭回国。公子昭回国后当上了国君，这就是齐孝公。

宋襄公帮助齐孝公即位后，自认为干了一件惊天动地的大事，足以树立威信称霸诸侯，于是他便想会盟诸侯，把自己的盟主地位确定下来。公元前641年，他邀集曹、邾、鄫几国在曹国都城会盟，鄫国国君迟到，宋襄公惩罚了他。曹国因为没有尽地主之谊送羊给宋襄公，于是宋襄公派兵包围了曹国。宋襄公的这些做法，引起了一些诸侯的不满，在陈穆公的倡议下，这一年的冬天，鲁、陈、蔡、楚、郑、齐等国在齐国开会结盟，以示对齐桓公的怀念，实际上是与宋襄公对抗。而图谋称霸的宋襄公只有卫、郲、曹、滑等几个小国依附于他，这样就形成了两个对立的联盟集团。

公元前639年春，宋襄公派使者去楚国和齐国，想把会盟诸侯的事先和他们商量一下，获得楚国、齐国的支持。楚国本来看不起宋国，为了争当霸主于是便将计就计，答应参加盟会。宋、齐、楚三国国君相聚在齐国的鹿地。宋襄公认为自己是这次会议的发起人，盟主非自己莫属。他事先未征求齐国、楚国的意见，自作主张拟了一份在宋国会合诸侯，共扶周天子的通告，并把时间定在当年秋季。楚成王和齐孝公两人对宋襄公的这种做法很不满意，但碍于情面，还是签了字。

到了秋天开会的日子，楚、陈、蔡、许、曹、郑等六国之君都来了，只有齐孝公和鲁国国君没有到会。在开会时，宋襄公提出盟主应由爵位最高者担任。楚成王认为自己是王爵应该是盟主，说着就坐在盟主的位置上。宋襄公一看如意算盘落空，不禁大怒，指着楚成王的鼻子骂道："我的公爵是天子封的，普天之下谁不承认？可你那个王是自封的，你有什么资格做盟主？"楚成王说："你说我这个王是假的，你请我来干什么！"本来诸侯会盟时各国是不许带兵到会场的，可是楚国不讲这一套，把军士伪装成侍者，内穿铠甲，暗藏兵刃，这时纷纷冲到台上来，吓得诸侯四散而逃。楚成王下令把宋襄公拘押起来，然后指挥500乘兵车的大军浩浩荡荡杀奔宋国。幸亏宋国大臣早有防备，坚守城池，使楚成王灭宋的阴谋未能得逞。楚成王遂把宋襄公带回楚国去了。过了几个月后，经过齐国和鲁国的调解，楚成王觉得抓了宋襄公也没什么用，才把他放归回国。

宋襄公受此奇耻大辱，虽对楚国怀恨在心，但由于楚国实力强大，一时也无可奈何。当时郑国与楚国走得很近，支持楚国为盟主，宋襄公就想先向弱小的郑国开刀，出出胸中恶气。公元前638年，宋国出兵伐郑，郑文公向楚国求救。楚成王接报后，没直接去救郑国，却直接杀向宋国。宋襄公顾不上攻打郑国，带领宋军星夜往国内赶。待宋军在泓水（今河南柘城西北）岸边扎好营盘，楚国的兵马也来到了对岸。因为双方实力悬殊，有人向宋襄公建议与楚军讲和，宋襄公却认为自己是仁义之师，仁义之师是不会吃败仗的。宋襄公还特意做了一面大旗，上面绣有“仁义”两个大字。第二天天亮，楚军开始渡河。有人向宋襄公建议，待楚军渡河过了一半时，便向他们发动攻击，可以获得胜利。宋襄公却认为这不是仁义之师应该做的。等到楚军全部渡完河，在河岸上布阵时，又有人劝宋襄公说：“趁楚军乱哄哄地布阵，我们发动冲锋，尚可取胜。”宋襄公不听，反而认为人家还没布好阵，便发动攻击，如何称得上是仁义之师？楚军布好阵后，双方大战，宋襄公冲在最前面，却陷进了敌阵，被箭射中大腿。由于宋襄公是个讲仁义的人，对待下属很好，所以他的部下拼死保护他，才使他幸免被俘。此战宋军大败，损失惨重，宋襄公争霸也以失败而告终。

宋襄公尽管争霸失败，但后人仍将其视为春秋五霸之一，很可能与他讲信用、宽厚待人有关。宋襄公失败的最主要原因，是宋国的国力与他争霸的目标不相称，如果不顾一切地勉强实施，失败终究是不可避免的。对宋襄公在泓水之战中的行为，毛泽东曾有过精彩的评论，他在《论持久战》一书中说：“我们不是宋襄公，不要那种蠢猪式的仁义道德。”此战之后的第二年，宋襄公因伤重而死，他的图霸行为也就成为历史上的笑柄。

025 晋文公是如何建立霸业的？

晋文公（前 697 年？—前 628 年），姬姓，名重耳。他是晋献公的儿子，母亲则是翟人狐姬。据说他生来就与众不同，其肋骨紧密相连如一整体，眼睛是重瞳。

晋献公生前就立了申生为太子，深受国人的爱戴。晋献公讨伐骊戎，骊戎不敌，遂献出二女，长曰骊姬，次曰少姬，以此求和。晋献公非常宠爱这两位美女，尤其是骊姬，遂将其立为夫人。数年后，骊姬生子名奚齐，少姬生子名卓子。由于两位少公子都深得献公喜爱，献公遂产生了废申生而立奚齐之意。为了使自己的儿子顺利继承国君之位，骊姬献计把献公三位年长的儿子申生、重耳、夷吾分封到外地，申生被封到曲沃，重耳封到蒲城，夷吾封到屈为。公元前656年，骊姬设计陷害三位公子，处死了申生，重耳与夷吾闻讯逃走。

晋献公临死，欲将国君之位传于公子奚齐，但献公死后，奚齐被权臣里克杀死，致使晋国无君。里克先是迎接重耳回国即位，被重耳拒绝，于是便迎夷吾回国，是为晋惠公。晋惠公恐国人支持重耳，欲先杀之而后快，他派遣刺客去刺杀重耳，迫使重耳逃离翟国，从此一路颠沛流离，过着流浪的生活。重耳一行人先后到达过卫、齐、曹、宋、郑、楚、秦等国，其间享受过优厚的款待，也遭受过冷遇，有时还得饿肚皮。

公元前637年，晋惠公病重，招在秦国的儿子公子圉回国继位，公子圉不辞而别，偷偷地回到晋国，继承了国君之位，是为晋怀公。晋怀公的才干不及其叔父重耳，担心他回国威胁到自己的地位，于是便采取了诛杀支持重耳的贵族的办法，希望能够稳定统治。怀公的这种残暴的做法激起了国内许多人的不满。秦穆公本来就对怀公不辞而别的做法不满，见晋国内乱，便想借机除去怀公，另立一位公子为国君，于是便把重耳作为首选。穆公派使者把重耳一行从楚国接到秦国，并把自己的女儿怀嬴嫁给了重耳。怀嬴先前已嫁给了公子圉，即后来的怀公。从辈分上看怀嬴应是重耳的侄媳妇，但为了江山社稷，重耳也顾不上许多了。历史上所谓“秦晋之好”，就是指这件事。

公元前636年春，秦穆公出动了3000人的军队，护送重耳渡过了黄河。在晋国内部不满怀公统治的贵族纷纷响应，晋怀公无力阻止，在逃亡途中被杀。于是重耳在大家的拥戴下，登上了晋国国君的宝座，是为晋文公。这时距他逃亡在外已经19年时间了。

晋文公即位之后，铲除了惠公、怀公在国内的亲信势力，巩固了权位，然后开始了一系列改革，以增强晋国的国力。《国语·晋语》中详细记载了晋文公改革的措施，主要内容包括：安置百官，重用贤良，优奖旧族，通商惠农，发展农业，奖励垦殖，救济贫乏，减轻赋敛，足兵足食。尤其大量起用旧贵族，同时也不放弃对新贵族的任用，从而团结了一大批人到自己的周围，凝聚了晋国的人心，政治上出现了一派崭新的气象。

晋国强盛之后，晋文公便开始了他称霸的进程。在当时想当霸主必须首先尊王，周天子虽然十分衰弱，但其毕竟是名义上的天下共主，各国诸侯至少在表面上要对天子尊崇，并有辅佐天子的义务。公元前 636 年，周襄王与胞弟王子带发生火并，王子带联合狄人军队攻周，大败周军。周襄王逃居于郑国的氾，并告难于诸侯。晋文公当然不能放过这样的好机会，他于这年三月亲率大军，分兵两路。一路赴氾迎接襄王；一路从温（今河南温县西）进攻王子带。晋国军队很快获得了胜利，大败狄人，杀叛党王子带、隗后、颓叔等。周襄王被重新迎回洛邑。周襄王自然对晋国十分感激，亲自召见了晋文公，热情款待。周襄王对晋国的崛起非常看重，毕竟周、晋同宗，皆为武王之后。为了让晋国更加方便辅弼王室，襄王将阳樊、温、原、欑茅四个农业发达的城池赐给了晋文公，使晋国的南部疆域扩展至今太行山以南、黄河以北一带，为其日后图霸中原提供了有利条件。

接着晋文公在中原地区展开了一系列争霸的行动。自齐桓公之后，中原地区的诸侯一直缺少一个领头的，许多诸侯都处在不讲信誉道义的楚国的阴影之下，迫切希望能有一个强大的诸侯带领大家抵御楚国的威胁。其中尤以宋国对楚国最为痛恨。宋襄公死后，宋成公继位。晋国崛起后，宋成公迅速倒向晋国。公元前 634 年冬，楚令尹子玉、司马子西率军伐宋，并包围了齐国的穀邑，威胁齐国。宋国抵挡了一年之久，难以继续支撑，便派人向晋国求救。晋文公感念宋襄公昔日对自己的关照，更想将中原诸侯纳入自己的势力范围内，但是楚国实力强大，晋文公又有些畏惧。救宋，必与楚国绝交，不救宋，则是畏惧楚国，霸业也就难成了。最后在晋国大臣狐偃、先轸的坚持下，晋文公决定出兵救宋。他亲率兵车 800 乘的大军，先杀向卫国。卫国人驱逐卫成公，归附了晋国。接着晋国主力移兵南下，进军曹国。在晋军的强大攻势下，曹国无力抵御，只好也归附了晋国。卫、曹两国都是楚国的盟国，早年晋文公流亡时，这两国国君不能以礼相待。攻打这两国，一是可以达到削弱楚国势力的作用；二是可以迫使楚军回救两国，以解宋国之围；三是可以报当年轻慢之仇。

楚军果然放弃围攻宋国，率军来救卫、曹二国。晋文公又设计使秦、齐两个大国站在了自己一方，从而达到了孤立楚国的目的。晋楚两大国之间的战争一触即发。在大战前，晋文公命令军队向后撤退了 90 里。大家都不理解文公的用意，文公解释说当年他流亡楚国时，曾当面向楚成王许诺，日后如两国交兵，晋将“退避三舍”。一舍 30 里。这就是文公退兵 90 里的根本原因。晋文公这么做，可以说收到了一石二鸟的作用，一是兑现对楚国的承诺，二是如果楚军继续进逼，则在诸侯面前显得理亏，同时还可以起到激励士气的作用。果然楚将子玉不肯退兵，一直追到城濮，双方在这里对垒，一场大战即将开始了。

公元前 632 年 4 月，双方展开决战。晋文公命令晋军的下军攻击楚的右军，很快便击溃了这支战斗力不强的杂牌军。然后命下军向晋军上军靠拢，向楚国的左军发动进攻。晋军有意撤退，引诱楚军来追，待其深入之后，晋的部分中军马上出动，截断了其退路，前后夹击，击败了楚国的左军。楚军统帅子玉见左、右两军已经战败，遂收拾残兵，撤出了城濮。城濮之战是春秋时期一场著名的战役，晋军的获胜为文公的霸业奠定了坚实的基础，而楚国经此一役，实力有所削弱，失去了与晋国争霸中原的条件。

接着晋文公亲自到周都，告捷献俘。周襄王万分感激文公，亲自召见。文公向天子进献楚国的战车 100 辆、步兵 1000 人。周襄王赐文公酒，并正式册命其为侯伯，意为诸侯之长，并授予其保卫王室，讨伐跋扈诸侯之权，还赐给他大辂之服、戎辂之服、彤弓一、彤矢百、玈弓矢千、秬鬯一卣、虎贲 300 人。从此晋文公继齐桓公之后，又将“尊王攘夷”的大旗高高举起，承担起了维护中原秩序的光荣职责。

这年5月，晋文公以周天子之命，召集诸侯，齐昭公、宋成公、鲁僖公、蔡庄侯、郑文公、卫叔武（卫成公之弟）、莒子等诸侯，会盟于践土，以晋文公为盟主，史称“践土之盟”。

这年冬天，晋文公来到温邑，在周、晋边界线上再度以霸主之命召集诸侯。晋文公主盟，与齐昭公、宋成公、鲁僖公、蔡庄侯、郑文公、陈穆公、秦小子以及莒国、邾国的国君会盟，进一步巩固了晋国的盟主地位。

公元前631年，周襄王欲召集诸侯，晋文公代替周襄王命令诸侯抵达翟泉朝见周天子。周襄王特许晋国特使狐偃代表晋文公会盟。6月，诸侯之会如期举行，周襄王召见晋国特使狐偃、宋成公、齐昭公、鲁僖公、陈穆公、蔡庄侯、秦穆公等。晋国以臣子狐偃面见诸侯之君，彰显其高人一头的优越性，也标志着晋国霸业达到了巅峰。自此，晋文公成为继齐桓公之后又一个真正的霸主，形成了晋国独大的局面。

公元前628年，年迈的晋文公终于经受不住疾病的打击而与世长辞了，其子公子欢即位，史称晋襄公。晋文公在位时间仅仅9年，但是他所开创的晋国霸业并没有随之中衰，此后仍然维持着强国的地位，其君主还多次主持过盟会，并使得秦国始终不能称霸于中原。

026 秦穆公为什么仅能称霸西戎？

秦穆公（？—前621年），也称秦缪公，嬴姓，名任好。秦穆公是春秋时期秦国最有作为的国君，也是所谓春秋五霸之一。

秦国僻处西陲，原是居住在今甘肃东部的一个嬴姓部落，周初为附庸小国，曾经为周天子放过马。周平王东迁时，秦襄公因帮助天子东迁，出过一些力，才被封为诸侯，周平王把岐山以西之地赐给了秦国。然而当时这一带有许多戎人分布，秦人经过艰苦的战斗，才最终驱逐了戎人，占据了这一地区。后来又定都于雍（今陕西凤翔南）。秦国国小民弱，在群雄并起的春秋时代，与其他强国相比，显得很不起眼。到了秦穆公时，国力才逐渐强大起来，已经占有了大半个关中。

秦穆公励精图治，重视任用人才，其麾下有一批杰出的人才，如百里奚、蹇叔、由余等。关于秦穆公发现人才，任用人才，还有许多故事，如他对百里奚的发现，就很有启发意义。百里奚本是虞国大夫，晋献公灭亡虞国时俘虏了他，秦穆公娶晋献公的女儿时，他是作为陪嫁奴隶送往秦国的。可是他却在半途中逃跑了，当他逃到了楚国的边境线时，被楚兵当作奸细抓了起来，于是百里奚就在楚国放牛，后来又去放马。当时有一个从晋国投奔过来的武士叫公孙枝，向秦穆公介绍了百里奚，认为他是个了不起的贤才。于是，秦穆公一心想找到百里奚。经过一番周折后，秦穆公总算打听到了百里奚的下落，就备了一份厚礼，想派人去请求楚成王把百里奚送到秦国来。公孙枝说："这可万万使不得。楚国让百里奚放马，是因为不知他是个贤能之士。如果您用这么贵重的礼物去交换他，不就等于告诉楚王，你想重用百里奚吗？楚王还肯放他走吗？"秦穆公问："那你说怎样才能弄回他来？"公孙枝答道："应该按照一般奴仆的价钱，花五张羊皮把他赎回来。"于是穆公派使者用了五张上等的羊皮换回了百里奚，并委以重任。由于百里奚是用五张公羊皮赎回来的，所以人称其为"五羖大夫"。后来百里奚又向穆公推荐了蹇叔和他的儿子西乞术、白乙丙，这些人都得到了重用。不久百里奚的儿子孟明视也投奔到秦国来，被秦穆公拜为将军。

秦穆公用五张羊皮交换百里奚的故事，遂成为千古佳话。

秦穆公还能做到宽厚待人。秦穆公有一次外出时丢失了一匹骏马，亲自出去找，看见有人已经把自己的马杀掉了，正在一起吃肉。这些人看见国君来了，都非常害怕，秦穆公却说："我听说吃骏马的肉不喝酒是要死人的。"于是便拿出酒给他们喝。这些杀马的人都感到十分惭愧。过了三年，晋国攻打秦穆公，把秦穆公包围了。正在危急的时候，突然有一些人冲破了晋军的包围圈，把秦穆公救了出来。秦军乘机反攻，不但获得了大胜，还抓获了晋惠公。原来这些人就是那些杀马的人，为了报答秦穆公而拼死相救。

秦穆公的宽厚还表现在其与晋国几代国君的关系上。秦穆公娶了晋献公的女儿，因为有这样一层关系，所以他一直对晋国十分友好。晋献公死后，国内大乱，公子夷吾在秦穆公的帮助下回国当上了国君。晋国发生灾荒，秦国拿出粮食帮助晋国。后来秦国发生灾荒，晋惠公不但不拿出粮食支援秦国，反而乘机发兵攻打秦国，结果被秦军打败，不得已割地求饶，还叫儿子公子圉到秦国做人质，这才将两国的关系修好。秦穆公为了加强两国的关系，还把女儿怀嬴嫁给了公子圉，使两国亲上加亲。晋惠公病危，公子圉偷偷地跑回晋国当了国君，是为晋怀公。这件事情使秦穆公很生气，于是他又帮助晋文公重耳回国当上了国君，并且把怀嬴又嫁给了重耳。如果没有秦穆公的帮助，重耳肯定是无法当上国君的，也就无法成为春秋五霸之一了。

秦穆公知人善任，不以一时的成败论英雄。晋国自从晋文公离世后，与秦国的关系逐渐紧张。作为这一时期的大国国君，秦穆公也想成为中原霸主，这一点也是无可非议的。秦国大将孟明视、西乞术、白乙丙率军灭亡滑国后，返回途中经过崤山，被事先埋伏的晋军击败，三位大将也被俘虏了。三人被放回时，秦穆公身穿丧服，亲自到城外迎接他们。孟明视等人看到秦穆公，急忙跪下请罪。而秦穆公不但没责备他们，反而自己承担了责任，希望他们勿忘国耻，以图再起。孟明视等人见秦穆公没有怪罪他们，仍旧叫他们掌握兵权，十分感激，决心立功赎罪。他们操练士卒，演练阵法，为报仇而不懈地努力。公元前 625 年，孟明视向秦穆公请示，率兵攻伐晋国。孟明视、西乞术、白乙丙三位将军率领 400 辆兵车出发，没有料到的是，这一次他们三人又一次战败了，觉得这回秦穆公不会饶过他们了。没有想到的是，秦穆公并没有责备他们，仍让他们继续执掌兵权，这使他们对穆公感恩不已。

经过两次的失败，孟明视认真从自己身上找原因。他还变卖家财，抚恤伤亡将士家属，亲自训练军队，和士兵朝夕相处，同甘共苦。就在他正紧张训练部队的时候，晋国联合宋、陈、郑等四国，共同出兵进攻秦国。孟明视见四国联军士气昂扬，决定避其锋芒，命令紧闭城门，加紧训练。许多秦国人都认为孟明视输怕了，成了胆小鬼，建议解除他的指挥权。秦穆公却对他抱有很大的信心，认为他一定能完成自己的使命。公元前 624 年，秦军经过孟明视等将军的严格训练，已经是一支兵强将勇、英勇顽强的军队了。孟明视认为征伐晋军的时候到了，他请求率军出征，并且发誓如不能获胜，决不回国见家乡父老。秦穆公这次出动 500 辆兵车，拨给了充足的粮食，又拨给出征兵士家属粮食和钱财，以解士兵后顾之忧。秦军渡过了黄河，孟明视下令烧毁渡船，表示不获胜利便不生还。秦军一路势如破竹，没几天就把过去被晋军攻占的城池收了回来。晋襄公下令晋军坚守，不得与秦军交战。秦穆公见失地已经收复，也大挫了晋国的威风，于是带领大军到达崤山，把上次阵亡将士的尸骨埋好，并亲自祭奠一番。孟明视、西乞术和白乙丙跪在坟前，大哭不止，将士们都很感动。

尽管此次战役秦军获得了胜利，但由于晋国毕竟是大国，实力强大，而且控制通向中原的交通要道——崤函一带，使得秦军很难逾越，一次战役的胜利并不能改变这种基本态势。这种形势迫使秦穆公不得不把战略的重点放在西部，以扩大秦国的地盘和人口，为将来争霸中原做准备。

当时，在今陕甘宁一带，分布着许多戎狄的部落和小国，他们生产落后，各有所长，不相统一。他们常常突袭秦的边地，抢掠粮食、牲畜，掳夺子女，给秦人造成很大的威胁。秦穆公向西发展时，采取了先强后弱，依次征服的谨慎策略。当时，西戎诸部落中较强的是绵诸（今甘肃天水东）、义渠（今甘肃宁县北）和大荔（今陕西大荔东）。公元前 623 年，秦军以迅雷不及掩耳之势，包围了绵诸，活捉了绵诸王。接着乘胜前进，先后征服了 12 个戎狄小国（一说灭国 20 多个）。秦国辟地千里，国界南至秦岭，西达狄道（今甘肃临洮），北至朐衍戎（今宁夏盐池一带），东抵黄河。周襄王派召公带了金鼓赐给秦穆公，以表示祝贺。

秦穆公在位共 39 年（前 659—前 621 年）。为了使国家强盛，秦穆公四处搜罗人才，史书中说他“西取由余于戎，东得百里奚于宛，迎蹇叔于宋，来丕豹、公孙支于晋”。有这些谋臣武士辅佐穆公，使得秦国兵强马壮。由余长期生活在戎人中，对他们的情况非常熟悉，他的建议穆公很重视。秦国根据由余的计划，才逐渐灭掉西方戎人所建立的许多国家，开辟了国土千余里。

公元前 621 年，秦穆公死去，用了 177 人为他殉葬，这是自西周以来用人最多的一次殉葬，反映了秦国社会落后、野蛮的一面。秦国很有才干的子车氏“三良”，即奄息、仲行、针虎也在殉葬人群之列。如此毁灭人才，使秦人非常哀伤，遂创作了《黄鸟》之诗来哀悼他们，其中写道：“彼苍者天，歼我良人；如可赎兮，人百其身！”意思是青天啊，怎么能把这么善良的人殉葬了！如果可以赎命，我们宁愿出一百条命将他们换回！表达了对人殉制度的强烈不满。

027 楚庄王是如何一鸣惊人的？

楚庄王（？—前 591 年），又称荆庄王，出土的战国楚简则记为臧王，姓芈，熊氏，名侣（一作吕、旅）。因为在先秦时期男性称氏不称姓，故其应叫熊侣。“庄”是其谥号，他也是春秋五霸之一。

西周大封诸侯时，熊氏被封于江汉一带，地位为子爵，故号曰楚子。楚人居汉南，素有异志。其先祖冒霜露，斩荆棘，势力逐渐膨胀。周王室为阻止其骚扰中原，大封汉阳诸姬姓诸侯国以防范楚国。西周末年，王室衰微，楚国趁势而起。在东周初年，熊通曾向周桓王提出提升其爵位，但没有获得周桓王的允准。于是熊通便僭越自称王，史称楚武王，这也是楚国国君在春秋时期皆称王的原因。楚成王时曾想向中原发展，被晋文公在城濮挫败。楚穆王虽想向中原发展，但畏惧晋国势大，韬光养晦，积极向南扩张，以壮大楚国。其在位 12 年，始终未能达到称霸中原的目的。

楚穆王死后，庄王继位，晋国的势力如日中天。晋国大臣赵盾召集宋、鲁、陈、卫、郑、许、曹等国诸侯会盟于新城（今河南商丘市西南）。原来依附于楚的陈、郑、宋三国改投于晋。在这一时期，楚国内部也极不稳定，贵族之间争权夺利，甚至一度将庄王挟持。在这种情况下，楚庄王无所事事，整日打猎喝酒，载歌载舞，不理政务。为了防止有人进谏，他还在宫门挂了一块牌子，上书“进谏者，杀毋赦！”而这一时期楚国的国内外形势发生了很大的变化，公元前612年，晋国权臣赵盾派遣大将郤缺率领晋军奔袭蔡国（今河南上蔡县一带）。蔡国是楚的盟国，晋军在楚国的家门口向蔡进攻，实际上就是向楚国挑战。蔡庄侯一面抗拒晋军，一面派人向楚国求救，楚庄王视而不见。蔡庄侯无法抵御强大的晋军，只能与其签订城下之盟。

公元前611年，楚国发生大饥荒。山戎趁机袭扰楚国西南边境，一直打到阜山（今湖北房县一带）。东方的夷、越之族也趁机作乱，派兵入侵楚国的东南边境，攻占了阳丘，直接威胁訾枝（今湖北钟祥一带）。臣服于楚国的庸国也发动各蛮族部落造反，被楚国征服的麇国人也带领各夷族部落在选地集结，准备进攻楚国都城郢。在这三年间，各地的告急文书雪片般飞往郢都，天灾人祸逼得楚国几乎崩溃，而楚庄王依旧花天酒地，诸大臣心急如焚，却毫无办法。

一天，大夫伍举晋见庄王，对庄王说：“有人让我猜一个谜语，我怎么也猜不出，特来向您请教。”楚庄王一边喝酒，一边问：“什么谜语，这么难猜？”伍举说：“楚京有大鸟，栖上在朝堂，历时三年整，不鸣亦不翔，令人费解。”楚庄王听了，心中明白伍举的意思，笑着说：“我猜着了。它可不是只普通的鸟。这只鸟三年不飞，一飞冲天；三年不鸣，一鸣惊人。”伍举明白了楚庄王的意思，便高兴地退了出来。过了几个月，楚庄王依然如旧，照常打猎，饮酒作乐。大夫苏从忍不住了，便来见庄王。他才进宫门，便大哭起来。楚庄王说：“先生，什么事使你这么伤心？”苏从回答道：“我为自己就要死了而伤心，还为楚国即将灭亡伤心。”楚庄王知道这些话都是为楚国好，于是很动情地说：“大夫的话都是忠言，我肯定会照你说的办。”于是他马上传令解散了乐队，打发了舞女，决心要大干一番事业。

楚庄王一旦决定重振楚国，便亲自处理朝政。首先，他出兵灭亡了反叛的庸国，击败了侵犯楚国的山戎、蛮部，稳定边境。接着便开始向中原发展。公元前 611 年，晋灵公与权臣赵盾矛盾激化，晋灵公残害臣民，又不听赵盾的劝谏，晋国国内局势极不稳定。这就为楚庄王北上提供了有利时机。公元前 608 年，郑国因为晋国不讲信义，遂叛晋归楚。这一年，陈共公卒，楚庄王没有派人前往吊唁，继位的陈灵公一气之下，与晋结盟。楚庄王见时机已到，立即亲领大军攻陈。郑国也受楚国之命攻宋，大败宋军，因为宋国是晋国的盟国，此举便具有削弱晋国的意义。次年夏，晋国联合卫、陈攻郑，为宋国报仇。楚庄王立即命子越椒领兵救郑，晋军不战而退，说明其也畏惧楚军强大的实力。

公元前 606 年，楚庄王亲领大军北上，攻打陆浑之戎（散居于黄河之南、熊耳山以北的阴地，又称阴地戎），到达洛水，直抵周天子都城洛邑附近，在周王室边境陈兵示威。周定王惶恐不安，派大夫王孙满慰劳楚庄王。楚庄王在接见王孙满时，询问九鼎之大小、轻重。九鼎相传为夏禹所铸，象征九州，夏、商、周等朝皆奉为传国之宝，是天子权力的象征。楚庄王问九鼎，意在夺取天下，由自己取而代之。王孙满见楚国国势强盛，只得委婉地答道："周德虽衰，天命未改，鼎之轻重，未可问也。"楚庄王意识到取代周王室条件还不成熟，于是便退兵回国了。楚国兵逼周境、问鼎轻重，标志着楚国已进入空前强盛的时代。

回国以后，庄王剿灭了令尹子越的叛乱，乘机将旧贵族把持的权位收回，尤其是架空了令尹的权力，使得朝中的军政大权完全集中于庄王一人之手。

公元前 605 年，晋楚争霸达到了白热化的程度。这一年楚庄王率军攻打晋的盟国郑国，但没有使郑国屈服。次年，再度出兵攻郑，晋军来救，楚军撤军退走，但却使陈国归附了楚国，也算是有所收获。公元前 602 年，晋成公与周天子的王叔桓公、宋文公、鲁宣公、郑襄公、曹文公、卫成公在晋国黑壤结盟，说明楚国的实力虽强，但直到这时在与晋国抗衡中仍处于下风，晋国依然是中原霸主。此后不久，晋国权臣赵盾与晋成公相继离世，晋国政局极度不稳。楚庄王乘机再度北上，与晋国争霸。双方在柳棼大战了一场，楚军战败。楚庄王并不甘心失败，公元前 598 年初，楚庄王出师讨伐晋的盟国郑国。晋国作为中原霸主势必要出兵救郑，于是晋楚之间的大战不可避免了。次年，楚晋两军在邲进行决战，这一次楚军终于战胜了晋军。楚国一时无人能敌，楚庄王也终于成为霸主。

此后，楚国联合齐国，后又联合秦国，与晋国周旋，使晋国始终未能夺回霸主地位。公元前 591 年，楚庄王去世，在位 23 年。其子熊审即位，是为楚共王。此后几十年间，楚国国力直线下滑，很快被晋国反超。楚平王时，权臣当权，国力继续衰落。楚昭王时，几为吴国所灭，从此楚国永远退出了争霸行列。

楚庄王争霸可谓昙花一现，但有关他的故事却流传甚广，并且具有一定的警诫意义。

首先，讲一个庄王葬马的故事。据《史记·滑稽列传》载：楚庄王有一匹心爱之马，庄王给它的待遇甚至超过了大夫的待遇。庄王给它穿丝绸的衣服，吃精美的枣脯，住富丽堂皇的房子。后来这匹马因为恩宠过度，患肥胖症死去了。楚庄王让群臣给马发丧，并要以大夫之礼为之安葬。众臣对庄王此举表示不满。庄王遂下令说，再有议论葬马者，处以死刑。优孟听说楚庄王葬马之事后，跑进宫中，仰天痛哭。庄王很吃惊，问其缘由。优孟说："死掉的马是大王的心爱之物，堂堂楚国，地大物博，无所不有，而如今仅以大夫之礼安葬，太吝啬了。大王应该以君王之礼为其安葬才对。"庄王听后，无言以对，只好取消以大夫之礼葬马的打算。

其次，绝缨之宴。有一天夜里，楚庄王在宫中举行酒宴，突然灯烛灭了，有人乘机拉扯楚王美人的衣裳，这位美人便把他的冠缨拔了下来，并且将此事报告了庄王，要求庄王查出无礼之人。庄王却认为在酒宴上，有人酒醉失礼，并非有意。于是下令大家都把冠缨去掉，然后才叫人把灯烛点上，大家都玩得十分尽兴，离席散去。过了三年，晋国和楚国交战，有位将军总是在前面冲锋陷阵，带头击退了敌人，终于获得了胜利。楚庄王惊异地问他说："我的德行浅薄，又不曾特别优待你，你为什么毫不犹豫地为我出生入死呢？"那人回答说："我本就该死！以前我因喝醉酒失去了礼节，君王您隐忍而不诛杀我。我常常希望自己能够肝脑涂地，用颈上的热血溅到敌人身上，我就是那天晚上被绝了缨的人。"

这两个故事告诉人们，一定要善于听取别人不同的意见，切忌刚愎自用；同时还告诉人们一定要宽厚待人，不要因为小事或者无心之举，而大张挞伐。

028 卧薪尝胆的故事是怎么回事？

这件事发生在春秋末期吴越争霸时期。在这一时期中原大国争霸已经接近尾声，而地处南方的吴国和越国实力却日益增长，两国之间经常爆发战争。公元前 496 年，吴王阖闾率军攻越，双方主力战于槜李。吴王阖闾满以为可以打赢，没想到却打了个败仗，自己也受了重伤，回到吴国不久，就咽了气。临死他再三叮嘱儿子夫差，一定要击败越国，报杀父之仇。夫差即王位后，为了激励自己，他命令手下人凡经过宫门时，都要大呼："夫差！你忘了越王杀你父亲的仇吗？"夫差则流着泪说："不敢忘记。"同时，夫差还加紧操练兵马，训练水军。公元前 494 年，越王勾践率水军攻吴，双方战于夫椒（今江苏太湖中的洞庭山），越军战败，主力被歼。吴军乘胜追击，占领了越国的都城会稽（今浙江绍兴）。越王率余部 5000 人被围于会稽山上。勾践请降，吴大臣伍子胥主张灭亡越国，认为今不灭越，以后必会后悔。吴王夫差因急于北上中原争霸，未采纳伍子胥建议，以越王自为人质为条件，许其投降，然后撤兵归国。

勾践夫妇亲自到吴国为吴王驾车养马，干了三年苦役，赢得夫差信任，获释回国。回国后勾践发愤图强，立志灭吴，他为了激励自己，在自己的住处悬挂了一颗苦胆，每天都要尝一尝。他还把席子撤去，铺上柴草，每晚都睡在上面。这就是后来流传的"卧薪尝胆"的故事。历史上是否有其事，各种史籍都没有记载，唯独《史记·越王勾践世家》记载了其悬挂苦胆之事，但却没有提到卧薪之事。直到南宋时期才出现了勾践卧薪尝胆的说法。总之这件事的真实与否还没有定论，不过这个故事颇能催人奋进，故千百年来流传颇广。

不过，勾践回国之后奋发图强的事却是真实可信的。他亲自参加耕种，命其夫人自己织布，以鼓励人们努力生产。他在文种与范蠡的辅佐下，制定了“十年生聚，十年教训”的长期战略。在内政上实行发展生产，奖励生育，尊重人才，以便稳定民生，充裕兵源，巩固团结，从而增强综合国力；在军事上，实行精兵政策，加强训练，严格纪律，以提高战斗力，同时建筑城郭，以加强边防。为了达到这些目的，他制定了许多具体措施，以繁衍人口为例：禁止壮男娶老妇为妻，老男娶壮女为妻；女子 17 岁不嫁，男子 20 岁不娶，父母有罪；妇女将分娩时，要报告官府，由官府派医生接生；生男孩，送给两壶酒、一只犬，生女孩，送给两壶酒、一只小猪，若生双胞胎，官府供给衣食，若一胎生 3 个，官府给请保姆喂养。在提高民生方面，他明确规定 10 年不收租税，让百姓“居有三年之食”。

在军事方面，当时弩已用于作战。战车、战船均配有弩。勾践聘请精于弓弩射法的陈音教授使用弩的技术，使“军士皆能用弓弩之巧”。又聘请善于剑戟之术的越女教授格斗技术，使军士“一人当百,百人当万”。勾践还反对“匹夫之勇”，强调纪律性，要求作战单位在统一号令下统一战斗行动，以发挥整体作战实力。规定服从指挥者有赏，违犯者“身斩，妻子鬻”。

在外交上，针对“吴王兵加于齐晋，而怨结于楚”的情况，采用“亲于齐，深结于晋，阴固于楚，而厚事于吴”的方针。厚事于吴，就是伪装忠诚，使吴王放松对越国的戒备，放手北上中原争霸。他还助长吴王喜好宫室、女色的嗜好，送去西施等美女，使其大兴土木，耗费国力。勾践派木工到山中伐大树，并将所伐木材雕刻上花纹，然后献给吴国。夫差用这些木材，修造宫殿，耗费民力。他还经常向吴国君臣送去大批玉帛珍玩，挑起其大臣之间的纷争，扩大吴统治集团内部的矛盾，破坏其团结，加深夫差、伯嚭与伍子胥之间的矛盾，致使夫差逼迫伍子胥自杀，铲除了越国眼中的大患。这些方针施行 10 年，使得越国“荒无遗土，百姓亲附”，越军也成为一支装备精良、训练有素的精锐部队。

勾践为了进一步削弱吴国的实力，他假报国中受灾，向吴国借粮1万石。次年，越国选上好的粮食，蒸熟后还给吴国。吴国见越粮种优，于是用来作为种子，致使吴国颗粒无收。经过长期的精心准备，越国国富兵强，剩下的只是时机问题，一旦时机成熟，就准备一举灭掉吴国。

吴王夫差在征服越国之后，积极准备北上中原争霸。公元前489年，吴军进攻陈国（今河南淮阳），以解除其北进时来自侧翼的威胁。公元前487年，吴军击败鲁国，打开进军中原的大门。吴国为建立北进战略基地及打通北上军事运输交通线，于次年在长江北岸兴建了规模宏大的邗城（今江苏扬州），开凿了由今扬州经射阳湖至淮安的邗沟，沟通了江、淮水系，进而与泗、沂、济水连接。公元前485年，吴率鲁、邾、郯等国联军从陆路攻齐；另派水军由长江入海，向今山东半岛迂回，进攻齐国之侧后。由于吴国水军作战失利，其陆路进攻的军队失去策应，只得撤军退回。第二年，吴军再次攻齐，在艾陵（今山东莱芜东北）之战中，全歼齐军精锐。击败齐国后，吴国争霸的最大障碍便剩下晋国了。公元前482年，吴王夫差率吴军主力进至黄池（今河南封丘西南），与晋国及中原诸侯举行盟会，在与晋定公争当盟主之时，越军进攻吴国的消息传来了。

吴军主力北上中原，致使国内防御力量空虚，越王勾践乘机出兵。越军兵分两路，一路从海上进入淮水，切断吴军主力回援之路；另一路为越军主力，由勾践亲率突袭吴国都城（今江苏苏州）。越军很快攻下吴都，杀了留守的太子友。吴王夫差听到这个消息后，急忙从黄池退军，由于军心慌恐，士气低落，无法与越军决战，只好派人向越国求和。勾践也因为吴军主力未损，不愿进行无把握的决战，便与吴国订立和约后撤军。

公元前478年，吴国发生灾荒。越国乘机发动进攻，与吴军在笠泽（今江苏吴江一带）决战，越军获胜。笠泽之战后，吴、越力量对比发生了根本变化，越国已占有绝对优势。公元前475年，越军再度攻吴。吴军无力迎战，据都城防守。越军在吴都西南郊筑城，长期对吴进行围困。吴数次遣使请和，均遭越拒绝。公元前 473 年，城破，夫差自杀，吴国灭亡。

灭亡吴国后，越王勾践率军北上，与齐、晋、宋、鲁等诸侯会盟于徐州。由于越国实力强大，中原诸侯无力与其争锋，周元王遂封勾践为方伯，即诸侯盟主。《史记·越王勾践世家》亦载："越兵横行于江淮东，诸侯毕贺，号称霸王。"越国取代吴国最终成为春秋时期的最后一位霸主。

不过这时已到春秋末期（如以公元前 475 年算起，则已到了战国时期），大批的小国已相继被大国所吞并，这时周天子也衰弱不堪，争霸活动的内容已由尊王攘夷，变成为大国吞并小国，扩大自己地盘的一种强权活动，逐渐失去了原有的意义。不过在战国初期，越国的实力在一个时期内尚无哪个诸侯国可以取代，为了控制中原，越国将其都城由会稽迁到了琅邪（今山东胶南市琅邪台西北），其疆土一度北达今江苏，南抵闽广，东濒东海，西达皖南和赣东，成为一个雄踞东南的大国。直到 100 多年后，楚国利用其内乱，于公元前 306 年消灭了越国。

029 战国时期的变法运动有哪些？

战国初期，随着土地私有化的加快，阶级关系的变动，加之各大国兼并战争的加快，各国都力图富国强兵，先后都进行了不同程度的社会改革，掀起了变法运动。

最先实行变法的是魏国。魏国国君魏文侯任用李悝为相，实行变法。李悝，也称李克、里克。他的变法措施主要表现在四个方面：

第一，改变旧的世卿世禄制，提出了"选贤任能，赏罚分明"的国策。对那些没给国家做出贡献完全依靠父祖辈的爵禄享有特权的人，剥夺其官职和特权，把官职授予那些对国家做出贡献的人。因此改善了吏治，以用人唯贤的官僚制度取代了任人唯亲的世卿世禄制度。

第二，编制了我国历史上第一部比较系统完整的封建法典——

《法经》，分为《盗》《贼》《囚》《捕》《杂》《具》六篇，其目的主要是为了保护统治阶级的利益，但在维护社会秩序、稳定政局等方面起到了重要的作用。《法经》是一部比较系统的法典，不仅对战国时期各国变法运动影响很大，而且在中国法制史上占有重要的地位，此后各朝的法典大都是以《法经》为基础而编制的，因此其具有承前启后的重要作用。

第三，提出了“尽地力”的重农政策，废除旧有的阡陌封疆，鼓励自由开垦土地。提倡在一块土地上杂种各种粮食作物，要求农户在住宅周围栽树种桑，充分利用空闲地扩大农户农副业生产。提出增产者赏，减产者罚的政策，以促进粮食产量的提高，扩大收入，从而达到使国家富强的目的。

第四，实行“平籴法”，维持经济秩序。在我国古代经常出现谷贱伤农、谷贵伤民的社会现象，为了改变这种情况，李悝提出采用平籴的办法。在年成好的时候，政府以平价收购余粮作为储备，使粮食价格不至于暴跌；在荒年时再以平价出售，保证粮价不至于暴涨。用这种方法既限制商人的投机活动，又保护农民利益，从而维持了国家的正常经济秩序。李悝提出的平籴法对后世影响很大，以后各朝所设置常平仓和平籴粮食的办法均源于此。

第五，在军事方面，他任用吴起改革军制。吴起精选武士，进行严格的训练，再免除其一定的赋税，创建了一支强大的军队——“武卒”，使魏国在战国初年成为了一个经济发达、军事强大的国家。

李悝变法取得了很大的成功，有力地打击了旧制度，使魏国经济得以迅速发展，国力日益强大，成为战国初期的头号强国。李悝变法还开启了战国大变法运动的序幕，各国纷纷变法强国，最终汇成了一股变法的潮流。

接着战国初期疆土面积最大的楚国也进行了变法。楚悼王（？—前 381 年）即位后，任用吴起，大张旗鼓地进行了变法。吴起是卫国左氏（山东定陶西）人，曾求学于曾申。吴起为人不拘礼仪，其母死不赴丧，杀妻以求将，颇遭时人非议。正因为如此，他在鲁国始终不受信任，于是只好来到魏国，曾率军队大败秦军，后任西河守，抵御秦、韩，甚为得力。《史记·孙子吴起列传》说他“与士卒最下者同衣食，卧不设席，行不骑乘，亲裹赢粮，与士卒分劳苦”。魏文侯死后，国内局势不稳，吴起又来到楚国，受到楚悼王的重用，被任命为令尹，并开始变法。变法的具体内容如下：

一、废除贵族特权，均爵平禄。楚国爵禄是世袭的，先辈如有功受爵禄，后代子孙虽无功，亦可承袭享有爵禄，而后来战争中立功者却无爵禄，极大地伤害了将士的积极性。吴起废除了贵族的这些特权，将爵禄授予立有功劳者，所谓“封君之子孙，三世而收爵禄”，极大地打击了旧贵族的势力。

二、整顿吏治，革新政治。他裁汰了楚国无关紧要的冗官，剥夺了王室贵族的特权，使他们不能徇私情，因私废公，所谓“废公族疏远者，以抚养战斗之士”，“禁游客之民，精耕战之士”。削减无用的开支，以奖励真正为国出力的战斗之士。

三、春秋至战国时期，楚国用武力灭掉许多国家，得到了广大的领土，但都未及开发。吴起把楚国一些与王室关系疏远的贵族迁到僻远的地方去，一是可以起到打击旧贵族势力的作用，二是可以对这些地区进行开发。吴起对楚悼王说：“荆所有余者，地也，所不足者，民也。今君以所不足，益所有余。”

经过吴起变法，楚国初步改变了落后的面貌，走上了富国强兵的道路，在对外战争中屡屡获胜。但是变法也触动了旧贵族的利益，他们对吴起恨之入骨。楚悼王死，旧贵族便举兵攻击吴起，吴起伏在悼王尸体上，被旧贵族乱箭射死。按照楚国法律，射王尸者，灭其三族，事后又杀掉了70家旧贵族，使旧贵族的势力遭到了很大的削弱。

战国时期的齐国有招贤养士的传统，因此齐国具有自由讲学、自由讨论的风气，使齐国发展成为战国时期的学术文化中心，并对齐国的政治产生了一定的影响。齐国的变法与改革主要是在齐威王时进行的，当时威王任用邹忌主持国政，进行改革。邹忌，又称驺忌子，齐国人。他的改革并没有系统的思想指导，主要做了这几个方面的事：颁布法律，打击不法官吏；倡导广开言路，鼓励臣民书谏谤议，得到了威王的支持；整顿吏治，大力任用贤人、能人。经过邹忌与齐威王的改革，齐国的面貌焕然一新，政治开明，经济发展，国力有所增强，《战国策·齐策一》说：“诸侯闻之，莫敢致兵于齐二十余年。”

关于邹忌改革有许多故事，颇能发人深思。邹忌是齐国有名的美男子。一天早晨，邹忌穿戴好衣帽，照着镜子，问他的妻子：“我同城北徐公比，谁更漂亮？”其妻说：“当然是您漂亮了，徐公哪里比得上您呢？”城北徐公，是齐国的美男子。邹忌又问其妾曰：“我同徐公比，谁更漂亮？”妾曰：“徐公怎么能比得上您呢？”第二天，有客人从外面来，邹忌又问他：“我同徐公比，谁更漂亮？”客人说：“徐公不如您漂亮。”又过了一天，徐公来了，邹忌仔细看他，自己觉得不如徐公漂亮。再照镜子看看自己，更是觉得自己与徐公相差甚远。事后他仔细回想了这件事，然后上朝拜见了齐威王，对威王说：“我知道自己不如徐公漂亮，可是我妻子偏爱我，我的妾害怕我，我的客人有求于我，他们都说我比徐公漂亮。如今齐国有地方圆千里，有 120 余座城池，宫中的妃子、近臣没有谁不偏爱您，朝中的大臣没有谁不害怕您，全国范围内的人没有谁不有求于您。由此看来，大王您受蒙蔽一定很深！”于是齐威王下令：“大小官吏百姓能够当面指出我的过错的，受上等奖赏；书面劝谏的，受中等奖赏；能够在公共场所批评议论我的过失，并能传到我的耳朵里的，受下等奖赏。”命令刚下达，许多大臣都来进谏，宫门前庭院内人多得像集市一样。几个月以后，还偶然有人前来进谏。一年以后，即使有人想进谏，也没有什么可说的了。

邹忌经常向齐威王推荐人才，威王将他们视为“宝”，使这些人都得到了妥善的安置和任用。有一年，齐威王与魏惠王一起在郊外打猎时，魏惠王夸耀自己有直径达 1 寸的宝珠 10 枚，其光芒可以照到我乘坐的车前后各 12 乘（一乘指一辆车）的距离，所以这才是真正的“宝”。然而，齐威王则说他的“宝”与魏惠王的宝不同，是几个得力的大臣，他们是“守南城，则楚人不敢为寇东取”的檀子，“守高唐，则赵人不敢东渔于河”的肦子，“守徐州，则燕人祭北门，赵人祭西门”的黔夫，“使备盗贼，则道不拾遗”的种首，他们的光芒可以照耀千里，岂是12乘车可以相比！这些都是受邹忌改革思想影响的结果。

在这一时期韩、赵、燕、秦等国，都进行了程度不同的变法改革，也都取得了一些成就。其中韩国是在韩昭侯（前362年—前333年在位）时，任用申不害为相，进行了改革。申不害是京（今河南荥阳东南）人，属于法家人物。申不害的改革主要是加强了中央集权，强化了国君的权威，抑制了官场的腐败，但是对社会没有多少触动，因此改革效果不如魏、秦等国。

赵国是在赵烈侯（前408年—前400年在位）时，任用公仲连为相，主持了赵国的改革。根据文献记载，公仲连的改革主要集中在用儒家学说教化人民，建立选官制度，改善国家财政等三方面。在后两方面坚持了法家学说，出现了儒法并重的现象。赵国经过改革，任用了一些贤人，政治比较清明，财政状况有所改善。

燕国的改革是在燕王哙（？—前314年）时，这一时期各国的变法改革多已完成，而燕国却国弱民贫，处境险恶。燕王哙忧心如焚，急于求强，他任用子之为相，轻信鹿毛寿的进言，仿效尧舜搞了禅让活动，把国君之位让给了子之，结果造成了严重的后果。子之在位三年，太子平与将军市被发动政变，聚众攻伐子之，导致燕国大乱。齐国乘机出兵，杀燕王哙，擒子之，几乎使燕国亡国。燕昭王即位后，大力地招纳贤人，聚集了一批人才，如乐毅、邹衍、剧辛等。经过燕昭王的励精图治，燕国才走上了富国强兵的道路。

在这一时期各国所进行的变法改革运动中，最引人注目的，当属秦国的商鞅变法。商鞅，卫国人，故称卫鞅，因卫鞅本为卫国公族之后，故又称公孙鞅。后被秦孝公封于商（今陕西商洛），后人称之为商鞅。

秦孝公（前361年—前338年在位）时，任用商鞅进行了变法，前后共两次。第一次是在公元前356年，主要内容是：

（一）颁布法律，实行什伍之法。这就是在五家为一伍、十家为一什的户籍编制的基础上，建立一种相互告发和同罪连坐的制度。

（二）重农抑商，奖励耕织。（三）奖励军功，禁止私斗。（四）焚烧《诗》《书》，申明法令。商鞅的第一次变法，主要是为了加强对人民的统治，发展农业生产，削弱贵族特权，实行国君集权。这就引起了旧贵族的不满，一时间国内反对之声四起。当时的太子也违反了法令，商鞅便严惩了太子的师傅，以儆效尤，从此再也无人敢公开反对新法。

商鞅第二次变法是在公元前350年，其主要内容是：

（一）改革田亩制度，实行土地私有制。（二）普遍推行县制。（三）迁都咸阳。迁都的原因是因咸阳临近渭水，交通便利，目的是为了向东发展。（四）统一度量衡。（五）改革赋税制度。（六）革除残留的戎狄旧习。《史记·商君列传》说："始秦戎翟之教，父子无别，同室而居，今我更制其教，而为其男女之别。"即用华夏风尚教化秦人，提高秦人的素质。

秦国在当时的诸大国中发展最为缓慢，社会形态落后，旧贵族势力很大。经过商鞅变法的推动，秦国面貌发生了很大的变化，《史记·商君列传》说：新法"行之十年，秦民大说，道不拾遗，山无盗贼，家给人足。民勇于公战，怯于私斗，乡邑大治"。但是变法却触动了旧贵族的既得利益，引起了他们的极大愤恨，秦孝公死后，太子即位，旧贵族诬陷商鞅谋反，商鞅被车裂示众。

商鞅虽然被杀，但是他的变法成果却因为行之已久，并没有被废除，因此对日后秦国走上日益强大的道路，发挥了巨大的作用。比如秦律就是在这个变法基础上修订补充而成的；商鞅统一度量衡时定下的标准，直到120多年后的秦始皇时还在沿用着。所谓"商鞅相孝公，为秦开帝业"，即奠定了其后秦统一六国的基础。

战国时期各国所进行的这一系列变法改革运动，促进了社会的变革，使各国都不同程度地得到了较快的发展。其中以魏、楚、秦三国的变法最为典型，在这三国中又以秦国的变法最为彻底，力度最大，实施的时间最久，所以秦国后来也最为强大。其他诸国虽然也进行了变法改革，但由于变法不彻底，涉及的社会领域不广泛，故虽然发挥了一定的积极作用，然作用有限，最终避免不了灭亡的命运。

030 何谓战国七雄与合纵连横？

东周时期可分为两个历史时期，即春秋时期（前 770 年—前 476 年）和战国时期（前 475 年—前 221 年）。在战国时期原来分封的大量诸侯国大都已被吞并，形成了七个大国争雄的局面，这七个大国分别是燕、齐、楚、秦、赵、魏、韩。其中赵、魏、韩三国是因晋国在公元前 453 年分裂而形成的新诸侯国，号称“三晋”，公元前 403 年，周威烈王正式承认三晋为诸侯。此外，在公元前 481 年，田恒杀齐简公，专擅齐国之政，公元前 379 年，齐国的国君也不再是姜氏，而是被田氏所取代，形成“田氏代齐”的局面。如果说春秋时期是诸侯势大，天子衰弱的话，战国时期则是卿大夫专权，诸侯势衰，三晋与齐国发生的这种变化便是很有力的证明。

整个战国时期的历史基本上是围绕着这七个大国争雄而展开的，可谓各领风骚若干年。除了这些大国外，在战国前期还有一些小国，如鲁、莒、邹、杞、滕、薛、郑、卫、宋、曾、蔡、越、中山等，在周边地区还有一些少数民族建立的政权，比起春秋时期，诸侯国的数量已大大地减少了。由于战国时期是一个大变革的时期，各国先后都进行了程度不同的变革，变革早晚与程度深浅不同，则其实力消长也不同。在诸国中魏国变革最早，因此在各大国中其实力也最强，但在后来居上的齐、秦夹击下逐渐衰落下去。楚国任用吴起变法，国势颇振，称雄江南。赵国与韩国亦攻灭周边小国，并于公元前 367 年，乘周内乱，把周分裂为西周国（以王城为都）和东周国（以巩为都）两个小国，逐渐占领周的外围地区。各国中只有燕实力仍较弱，但后来其任用乐毅为将，整军备战，一度几乎将齐国灭亡。在战国时期各国诸侯不再满足于西周所封的爵位，纷纷称王。魏国、齐国率先称王，公元前 325 年，秦惠文王也自称为王。随后韩、赵、燕、中山和宋也都先后称王。到了战国后期，由于王爵已普遍出现，于是秦、齐两个强国的君主又各自称帝。此外，各大国纷纷拉拢与国，出现合纵与连横的高潮。合纵、连横的实质是秦与齐这两大东西政治军事集团之间的斗争。秦国在这一期间基本上居上风，先后制服韩、魏，重创楚国，攻灭巴蜀。齐国因未与秦直接交锋，仍保持东方霸主地位。

总的来看，战国的争雄战争大体经历了五个阶段，其基本情况如下：

（一）魏国独大时期。公元前 445 年，魏文侯任用李悝实行变法，比较早地实行了社会改革，使魏国最先成为强盛的国家。公元前 354 年，魏惠王派大将庞涓率兵进攻赵国。魏军横冲直撞，如入无人之境，很快逼近赵都邯郸。在这形势危急的情况下，赵成侯忙派使者前往齐国求救。齐威王派田忌为主将、孙膑为军师，出兵救赵。齐军采取孙膑的方略，没有直接去救赵国，而是直趋魏国都城大梁。庞涓得知大梁吃紧，领兵回救，孙膑、田忌将齐军埋伏在桂陵（今山东菏泽东北），静等魏军前来决战。魏军长途行军，疲于奔命，人困马乏。双方一经交战，魏军全线崩溃，齐军获得全胜。这就是以“围魏救赵”的战法而著称于世的“桂陵之战”。公元前 342 年，魏国进攻韩国。韩国向齐国求救，齐国仍派田忌、孙膑率军解救韩国。孙膑采取增兵减灶、诱敌深入的战术。齐军佯败后退，第一天留下了 10 万人做饭的锅灶，第二天减少到 5 万人的锅灶，第三天减少到 3 万人的锅灶。庞涓以为齐军逃亡严重，穷追不舍。这时，孙膑在马陵设下埋伏，等庞涓带兵追到马陵，孙膑一声令下，齐军金鼓齐鸣，万箭齐发，大败魏军，庞涓被杀，这就是著名的“马陵之战”。此战极大地消耗了魏国的实力，在此后的战争中魏军基本丧失了军事主动权。公元前 341 年，魏国被齐、秦、赵三国击败。次年，又被秦国击败。公元前 334 年，魏惠王和齐威王会盟于徐州，使两国关系得到缓解。

（二）齐秦争强时期。魏国逐渐衰弱后，齐国成为东方最为强大的国家，而西方的秦国在商鞅变法之后，也极大地增强了实力。齐国与秦国旗鼓相当，从此进入了齐、秦争强阶段。双方不断地兼并周围弱国，秦国在这期间夺取了魏国的河西、上郡、汾阳、皮氏，还灭亡了巴、蜀，攻取汉中，兼并义渠，取得了向东发展的战略要地，对三晋形成了极大的威胁。而齐国则一度攻破燕国，击败了楚国。在双方都扩大势力范围的同时，又进行着所谓“合纵”“连横”的外交斗争。“合纵”就是指弱国联合起来，阻止强国进行兼并。“连横”就是强国迫使弱国依附于自己，以壮大实力。实际上“合纵”和“连横”都是争取同盟者的外交手腕，其目的是进一步兼并土地，扩张领土。于是遂形成了秦、赵、宋与齐、魏、韩两大集团对峙的局面，双方谁也不能压倒对方。在公元前 288 年，齐湣王接受秦昭王的倡议，齐、秦同时称帝，齐称东帝，秦称西帝。然后秦国对三晋发动了大规模的进攻，齐国则乘机灭亡了宋国。

（三）齐赵并弱时期。齐国灭掉宋国后，一时声势很盛，引起了各国的不安。于是秦国联合了燕、楚、韩、赵、魏等国共同伐齐。公元前 284 年，联军在济西（今山东聊城南）大败齐军，初步削弱了齐国的实力。燕国自昭王即位后，招纳贤能，任用乐毅为将，乘齐国新败之际，一举攻下了齐的国都临淄，又连下 70 余城。后来，齐将田单利用燕国内部矛盾，驱逐燕军，收复了失地，然而这时的齐国已经丧失了与秦国抗衡的实力。

在齐国力量逐渐衰弱之时，秦国开始向东方发展。公元前 278 年，秦将白起率军攻破楚国都城郢（今湖北江陵西北），迫使楚迁国都于陈（今河南淮阳）。秦国夺得巫郡和黔中郡后，楚又迁都到寿春，楚国更加衰弱了。公元前 260 年，秦军进攻韩国的上党郡，郡守投降赵国。赵国派著名大将廉颇率大军防御长平（今山西高平西北），廉颇采取了筑垒坚守，以逸待劳的战术，与秦军相持三年，不分胜负。秦国施行“反间计”，使赵王撤去廉颇之职，改派赵括替换廉颇。赵括轻敌冒进，被秦将白起包围，赵括战死，赵军 40 万降秦，被白起全部坑杀。秦军乘胜前进，包围赵都邯郸。赵向魏、楚求救。公元前 257 年，魏楚联军打败了秦军，解除邯郸之围。赵国虽然避免了亡国，但经此一战，其精锐已损失殆尽，长期围困使其社会经济也受到了极大的影响，此后实际上处于苟延残喘的境地。

（四）秦统一六国时期。秦国虽然暂时受到挫败，但是实力仍然十分雄厚，六国没有一个国家能够单独抗秦，秦国统一六国的形势完全成熟了。这时的秦国疆土已经很大了，原属三晋的上党（今山西长治一带）、太原（今山西太原附近）、河东（今山西西南部）、上郡（今陕西北部一带）以及南阳等地都已被秦国攻占，此外，巴蜀、汉中、黔中、巫郡也早已归属秦国，这种强大的实力使其具备了统一全国的条件。

公元前247年，秦王政即位（即后来的秦始皇），年仅13岁。这时吕不韦为相，封文信侯，独擅大权。公元前239年，秦王政21岁。这年，秦国发生了激烈的政治斗争。次年，嫪毐在咸阳发动武装叛乱，被秦王政平定。公元前237年，秦王政又免除了吕不韦的相位，命出居河南洛阳。秦王政正式开始亲政。因为六国的使臣和宾客暗中仍与吕不韦来往，秦王政又命令将吕不韦迁往蜀郡，吕不韦深知他与秦王的关系无法挽回，饮毒酒自杀。秦王政任用李斯、尉缭等人，积极准备统一战争。在这一时期的“合纵”与“连横”的意义与以前不同，以前施行这一方略的目的，就是建立战略联盟，破坏对方的阵营，以便已方在军事和政治斗争中处于有利的地位，所以各方并没有固定的盟友。而在这一时期，“合纵”则是指东方诸国联合起来共同对付秦国，“连横”则是秦国破坏合纵局面，采用拉拢或威胁的手段，使其中有的国家与自己建立联盟，从而形成有利于自己的战略态势。

为了对付强秦，六国想尽了一切办法，但是始终没有形成稳固的统一战线，甚至出现了燕国派出荆轲行刺秦王的事件，然而终究难以阻挡全国统一的趋势。秦统一六国后，在全国实行郡县制，中国历史上第一个中央集权制的多民族国家正式建立了。

031 长平之战的经过与结局如何？

长平之战是战国后期秦国与赵国之间的一场规模空前的大战。其背景是：公元前262年，秦军攻克了韩国的野王（今河南沁阳），将韩国拦腰截为两段。消息传来，韩国上下一片恐慌，赶忙遣使入秦，进献上党郡（今山西长治一带）向秦求和。然而，韩国的上党太守却不愿献地入秦，而是做出了献上党之地于赵的选择。他的用意十分清楚，即转移秦军锋芒，促成赵、韩携手，联合抵御秦国。赵国对这一问题的利害关系也十分清楚，知道一旦接收上党地区，便会引来秦国的进攻，权衡再三，赵国最终还是决定接收这一地区。秦国果然派王龁率军进攻上党，赵国派名将廉颇屯兵长平（今山西高平西北）拒敌。

廉颇深知秦军勇悍善战，遂采取了占据有利地势，坚壁防守，以消耗敌军的方略，一连坚持数载。实力强而急于一战的王龁却一筹莫展，始终不能前进一步。战争进行了三年，秦国的经济已不堪重负，而赵国面对庞大的军事开支也渐渐吃不消，曾经向齐国请求粮食支援，齐国因惧怕秦国而予以拒绝。因此，赵、秦两国都对这种旷日持久的战争消耗付出了很大的代价，双方都谋求速战以求摆脱困境。赵孝成王急于结束战争，曾数次派使者催促廉颇进攻，但廉颇却不为所动。相比而言，秦国的策略要高明一些，一方面他们借赵国使者到秦国议和的机会，故意殷勤招待，向各国制造秦、赵和解的假象，使赵国在外交上丧失了与各国“合纵”的机会，陷于被动和孤立。另一方面，又采用离间计，派人携带财宝前往赵都邯郸收买赵王的左右权臣，挑拨离间赵王与廉颇的关系，四处散布流言，说廉颇固守防御，是出于投降秦军的目的，而秦军最害怕的是马服君赵奢的儿子赵括为将。秦国终于借赵王之手，把廉颇从赵军

秦赵长平之战

主将的位置上拉了下来，并使赵王不顾蔺相如和赵括母亲的反对谏阻，坚决任命赵括为赵军主将。

赵括虽然是将门之后，但却缺乏实战经验，只会“纸上谈兵”。他上任后，一反廉颇的所为，更换将佐，改变军中制度，搞得赵军离心离德，斗志消沉。他还改变了廉颇的战略防御方针，积极筹划战略进攻，企图一举击败秦军。秦国得知赵国改任赵括为将的消息后，立即改派骁勇善战的武安君白起为上将军，代替王龁统率秦军。为了避免引起赵军的注意，秦王下令军中严守这一机密，敢于泄密者斩。白起是战国时期最杰出的军事将领，久经沙场，曾经指挥过许多战役，而赵括却从未担当过大任，根本不是他的对手。

白起到任后，采取了诱敌深入，分割包围，再予以聚歼的作战方针，对兵力做了周密细致的部署。公元前 260 年，对秦军动态茫然无知的赵括统率赵军主力向秦军发起了大规模的出击。两军稍事交锋，秦军的诱敌部队即佯败后撤，鲁莽的赵括不问虚实，立即率军追击。当赵军前进到秦军的预设阵地后，即遭到了秦军主力的有力抵抗，攻势受挫，被阻于坚壁之下。赵括欲退兵，但为时已晚，预先埋伏于两翼的秦兵迅速出击，及时穿插到赵军进攻部队的侧后，截断了赵军主力与其营垒之间的联系，构成了对赵军主力的包围，并切断赵军的所有粮道。秦昭王听到赵军被包围的消息，亲赴河内（今河南沁阳附近）征发了当地 15 岁以上的丁壮，赐民爵各一级，全部编组成军，悉数增援长平前线，阻截赵的援军和粮草供应，以确保全歼赵军。赵军断粮达数十天，局势非常危急。赵括组织了 4 支突围部队，轮番冲击秦军阵地，希望能打开一条血路突围，但都未能奏效。绝望之中，赵括孤注一掷，亲率赵军精锐部队突围，结果仍遭惨败，连他本人也被秦军射死。赵军失去主将，斗志全无，不再抵抗，40 余万军队向秦军投降。这 40 余万赵军降卒，除幼小的 240 人之外，其余的全部被白起坑杀。空前惨烈的长平之战终以秦军胜利而宣告结束。

此战秦军获胜的根本原因是秦军的实力占有相对优势，其次，双方战略上的得失和具体作战艺术的运用上，也存在高低之分。赵国在人数、士兵素质、综合国力、武器装备等方面都弱于秦国的情况下，进行速战速决显然是不合适的。此外，统兵主将的选任当然也是一个重要的因素。而秦国在这些方面基本都无懈可击，而且在战役的关键时刻，上下能够团结一致，及时增援，协调配合，全力以赴，夺取战争的胜利。

长平之战具有十分重要的历史意义，在此战之前，山东六国中只有赵国实力最强，如果赵国与其他诸国建立联盟关系，则足以与秦国相抗衡。此战之后，赵国元气大伤，急剧衰落，其余诸侯国均不再有对抗秦军的实力，因此此战可视为战国形势的转折点，秦统一全国只剩下时间问题了。

长平之战的结果，赵军全军覆没，秦军亦伤亡过半，粗略估计双方死伤应在百万左右。此役是整个春秋战国时期持续最久、规模最大、最惨烈的战争，也是中国古代史上规模最大的战争之一，在中国古代军事史上占有十分重要的地位。长平之战有许多方面值得研究，除了国家最高决策层战略成败得失外，在战术、后勤支援、将帅选任等方面，都有许多值得研究的地方，有不少经验教训值得吸取。

032 窃符救赵是怎么回事?

这个故事发生在秦赵长平之战后，当时秦将白起主张直取赵国都城邯郸，一举灭赵。赵国却派纵横家苏代赴秦游说，建议双方议和。秦相范雎出于维护自身地位与牵制白起的考虑，也向秦昭王建议有条件地同赵韩两国议和。秦王准议，遂与赵韩两国全线停战。但赵国并不甘心向秦国割让土地，遣使赴齐国商洽合纵事宜，并与魏国签订攻守同盟，又拉拢楚国加入联盟，还派使节携厚礼入燕韩两国交好，同时又积极备战。由于秦国大规模地杀俘，激起了赵国人的愤怒，因而士气激昂，斗志甚坚。秦昭王得知赵国公然毁约，还积极组织抵抗，深感被戏弄，决定命白起为将大举攻赵。出人意料的是，这一次白起拒不受命。于是秦国只好派王龁出任秦军统帅，大举向赵国发动进攻。

公元前259年，秦军伐赵。赵军则全线收缩，坚壁清野退守都城邯郸。赵国军民同仇敌忾，挫败了秦军一次又一次的进攻。到第二年盛夏时节，秦军伤亡惨重，赵都邯郸依然屹立。秦昭王开始迁怒于人，认为范雎误国使秦国蒙羞，并决定再次任命白起代替王龁出任秦军统帅，被白起拒绝，秦昭王一怒之下，下令赐白起自尽。

尽管赵国在此战前进行了大量的工作，拉拢当时的各大国共同抗秦，但是各国却口惠而实不至。本来赵魏之间有盟约，此时魏国应该出兵相救，但是魏国却惧怕秦军作壁上观，并不敢进兵解围。赵王的弟弟平原君的夫人是魏国信陵君的姐姐，多次送信给魏王和信陵君（信陵君是魏国国相），请其尽快发兵解围。于是魏王出兵10万，由大将晋鄙统率，名义上是救赵，却屯兵于邺城不肯前进一步。为了取胜更有把握，信陵君还亲率门客赴楚国请求救援，以楚国国耻相激，楚王深受震动，命春申君黄歇率军救赵。但是对本国军队的这种行动信陵君却束手无策，原因是魏军的这种行为完全出于魏王的指示。

信陵君正在焦头烂额之际，有一个名叫侯嬴的门客向信陵君献计说："魏王的兵符（调发军队的凭据）在其卧室之内。如姬最受魏王的宠幸，可以进出魏王的卧室，相信她能把兵符偷出来。我听说如姬的父亲被人杀害，如姬悬赏了三年，想求人为她父亲报仇，但都没有如愿。如果您派门客斩了她仇人的头，献给如姬，然后您请求她帮忙盗取兵符，她一定会答应。拿到兵符，夺过晋鄙的军权，就可以向北援救赵国，打退秦军了。"信陵君按计行事，然后请求如姬，如姬果然盗取了兵符，交给了信陵君。信陵君带上兵符和勇士朱亥一同来到邺城，假传魏王的命令要取代晋鄙。晋鄙检验兵符无误，但仍怀疑这件事，迟疑不愿交出兵权。朱亥从袖里拿出40斤重的铁锥，打死了晋鄙。信陵君掌管了晋鄙的军队，从中挑选精兵8万人，进军攻击秦军。次年，信陵君统率魏楚联军，对秦军发动了强大的攻势。秦军三面受敌，全线崩溃，被赵军重重围困的2万秦军被迫投降。三国联军乘胜收复了河东600里土地，秦兵死伤大半，丢失了数年以来所占领的绝大部分土地。

此战秦军先胜后败，但是无论综合国力还是军事实力都仍然强于其他诸国，秦国一强独大的格局并没有改变。不过此战的失利，却延缓了秦统一六国的步伐，使六国有了一个喘息之机。

033 秦始皇是如何灭亡六国的？

秦始皇（前259—前210年），姓嬴名政，秦庄襄王之子，因为出生在赵国的邯郸，故也称赵政。嬴政即位之初，由于年幼，权力掌握在太后和相国吕不韦手中。成年亲政后，才开始了统一六国的行动。需要指出的是，秦国能够统一六国的条件并不是嬴政一人创造的，而是经过历代秦王的共同努力，使秦国发展强大，至嬴政时水到渠成，统一的条件终于成熟。嬴政的贡献在于能抓住时机，果断用兵，并最终完成了统一大业。

秦国最先灭亡的是韩国。之所以将韩国选择为首先攻击的目标，因为其实力在六国中最弱，在地理上又紧邻秦国，是秦国完成统一大业的一个障碍。但是，韩国还没有到不堪一击的地步。秦军屡次进攻韩国，均被韩国击退。在用主力进攻韩国的同时，秦对韩采取扶植亲秦势力以逐步瓦解的策略。公元前231年，韩国南阳郡“假守”（即代理郡守）腾，向秦献出他所管辖的土地。腾被秦王政任命为内史，史称“内史腾”。后秦王又派他率军进攻韩国。内史腾对韩国了如指掌，所以进展顺利，他于公元前230年率军南下渡过黄河，攻破韩国首都郑（今河南新郑），韩王安投降，韩国灭亡。秦国在韩地设置颍川郡，郡治设在阳翟（今河南禹州）。

秦始皇像

接着秦国把进攻的目标对准了赵国。公元前 229 年，秦利用赵国发生大地震和大灾荒的机会，派王翦领兵攻赵。赵国派李牧、司马尚率兵抵御，双方相持了近一年。因为李牧是赵国名将，作战经验丰富，尽管秦军十分强大，对其也一时奈何不得。在紧要关头，秦国又使出了拿手的离间计。王翦用重金收买了赵王的宠臣郭开，要他散布李牧、司马尚企图造反的流言。赵王轻信谣言，派人替代李牧。李牧在大敌当前的形势下拒不交出兵权，赵王遂派人逮捕并处死了李牧，同时还杀掉了司马尚。李牧之死，无疑为秦军灭亡赵国扫清了道路。此后，秦军如入无人之境，攻城略地，痛歼赵军，并攻破邯郸。不久，出逃的赵王被迫献出赵国的地图降秦。赵国实际上灭亡了，但是公子嘉却带着一伙人逃到代郡（今河北蔚县），自立为王。秦军在公元前 222 年灭燕国之后，将其俘虏。

在灭赵的过程中，秦国大军已兵临燕国边境。燕王喜惶惶不可终日，眼见秦国扫平邻国，就要向本国杀来，却束手无策。公元前 227 年，燕太子丹最终想出了孤注一掷的暗杀计划，这就是历史上有名的荆轲刺秦王。秦王政差点死于荆轲的匕首下，但刺杀行动最终失败，秦王政深恨燕国，立即增兵大举进攻。公元前 226 年，秦军攻下燕都蓟（今北京境内），燕王喜与太子丹逃亡辽东郡。秦将李信率领秦军数千人，穷追太子丹至衍水。太子丹因潜伏于水中幸免于难。后来，燕王喜经过权衡利害关系，派人将太子丹杀掉，将其首级献给秦国，想以此求得休战，保住燕国不亡。因燕王喜逃到辽东以后，秦军主力就调往南线进攻楚国，所以燕国又苟延残喘了数年。公元前 222 年，王贲奉命攻伐燕国在辽东的残余势力，俘获燕王喜，燕国彻底灭亡。

早在公元前 231 年，魏景湣王迫于秦国的强大压力，主动向秦献出丽邑，以求不要进攻魏国。此时，秦王正在调集兵力准备向赵国发起总攻，不想分散兵力进攻魏国，就做了一个顺水人情，接受了魏国献地。这使得魏国又维持了数年残局。公元前 225 年，就在秦军主力南下攻楚之时，秦王派出青年将领王贲，率军围攻魏都大梁（今河南开封）。魏军畏惧不敢出战，遂紧闭城门，坚守不出。由于大梁城墙经过多年修建，异常坚固，秦军强攻不下。后来王贲想出了水淹的办法。派大批秦军士卒挖掘渠道，将黄河、鸿沟的水引来，灌注到大梁城。3 个月后，大梁的城墙全被浸坍，魏王假只得投降，魏国灭亡了。

楚国是南方大国，疆域辽阔，山林茂密，物产丰富，号称“带甲百万”，在六国中疆域和人口都最多。然而，楚国自庄王以来国内矛盾一直很大，贵族争权夺利，长期不能停息，致使社会动荡，人心不稳。这种状况到战国末期尤为严重。公元前 228 年，楚幽王死，贵族集团内部又发生内讧。楚幽王的同母弟犹，即位为哀王，但仅两个多月，就被异母兄负刍的门徒杀掉了，负刍又成为楚王。就在楚国内乱频生的时候，公元前 226 年，秦王不失时机地从北方的伐燕前线抽调秦军，南下攻楚，连续夺得楚国 10 余个城池。公元前 224 年，秦王问灭楚需要多少兵力，青年将领李信说 20 万，老将王翦却认为需要 60 万人。秦王认为老将缺乏胆略，遂命李信率 20 万秦军攻楚，被楚军击败，不得已又派老将王翦率 60 万大军攻楚。王翦进入楚境后，并未马上发动攻势。他总结了李信轻敌冒进的教训，采取屯兵练武，坚壁不出，麻痹敌人，以逸待劳的战略。这样过了 1 年多的时间，秦军对楚地的情况基本适应，士气高昂，体力充沛。同时，被调来抗击秦军的楚国部队，却斗志逐渐松懈，加上粮草不足，只好撤退。王翦抓住时机下令全军出击，一举击垮了楚军的主力，杀死楚军统帅项燕，长驱直入，挺入内地。秦军攻占楚都寿春（今安徽寿县），俘虏了楚王负刍，楚国灭亡。

齐国是山东六国中最为强大的诸侯，从春秋到战国中期，一直维持着强国的地位。公元前 284 年，燕、赵、韩、魏、楚五国攻齐，尤其是燕将乐毅横扫齐国，使齐国差点亡国，从此以后齐国一直衰弱不振，只是由于其距秦国较远，所以才最后一个灭亡。公元前 221 年，秦王命令王贲率大军攻打齐国。此时的齐王建是个无能之辈，其母健在时，他依赖母亲。母亲临终前，他还要母亲写下可以辅佐他的大臣的名字。其实早在此之前，秦国就开始谋划灭齐了，通过收买内应的活动，向齐国贵族馈赠了大量的黄金、玉器。凡齐国使者赴秦，秦国都要大肆贿赂，送给金钱、珍宝，让他们回齐国充当内应。这批人从秦国回来后，就积极地制造亲秦的舆论，鼓吹齐王建应西去朝秦，以表归顺，又说齐秦是姻亲，根本不用备战抗秦，也不要帮助其他诸国。在这种情况下，王贲率军伐齐时，几乎就没有遇到过像样的抵抗。秦军长驱直入，顺利地抵达临淄，齐王建马上向秦投降。齐国灭亡。至此，秦国走完了统一六国的最后一程。

在统一全国的过程中，秦国在占领区实行郡县制，从而进入了中央集权的专制时代。秦王自称始皇帝，推行车同轨、书同文、统一度量衡和货币的政策。在中央，建立三公九卿的职官制度，在地方，郡的长官称守，县的长官称令。郡县制的实行初步打破了血缘关系的宗法制，以官僚制代替了贵族的世袭制。秦始皇还修筑了长城，以防御匈奴的侵扰；修筑驰道和直道，以加强全国各地的联系。为了防止六国贵族“死灰复燃”，秦始皇将他们强迫迁徙到咸阳，要他们看护皇陵，或者迁徙于西南边远地区，一些平民也同时被迫迁徙，叫作“迁虏”，做开矿、开盐井等苦役。他还按照李斯的建议，下令焚毁禁书。规定史书非秦纪皆烧之；非博士官职，天下有藏《诗》、《书》、百家《论》者，悉交守、尉烧之；有敢偶语《诗》《书》者，弃市；以古非今者，灭族；官吏知晓而不举者与同罪；命令颁布三十日不烧，黥为城旦；允许保存的书籍，只有医药卜筮种树之书。如果愿意学习法令，则以吏为师。又坑杀了儒生 460 余人。这就是历史上著名的“焚书坑儒”事件。秦始皇还相信“五德终始”学说，认为秦是水德，周是火德，水能克火，因此秦得天下。方士对他说海上有蓬莱、方丈、瀛洲三岛，是神仙居住的地方，有“不死之药”，服后便可长生不老。秦始皇听了很动心，幻想成为长生不老的神仙，于是派齐人徐福率童男童女数千人入海求取不老之药。同时秦始皇还连续到东方沿海、江淮流域以及北边等地巡游，所到之处，无不刻石颂其功德。

公元前 210 年，秦始皇在巡行途中生病，死在了沙丘平台（在今河北广宗西北）。宦官赵高与丞相李斯等密不发丧，矫诏立少子胡亥为太子，赐长子扶苏和大将蒙恬自杀。车驾回到咸阳后，太子胡亥袭位，史称秦二世。

034 老子是怎样的一个人？他的思想和学说是什么？

老子，姓李，名耳，字聃，故也叫老聃，楚国苦县历乡曲仁里（今河南鹿邑太清宫镇）人，是我国古代伟大的思想家，道家学派创始人。老子的一生可以分为两个阶段，其前半生在周朝担任史官，掌管文字、图书、档案等资料，包括阴阳天时礼法等，后半生作为隐士，著书立说。老子的著作《道德经》流传至今，也称《老子》。相传孔子曾向老子请教过礼的问题，这一点在《史记·孔子世家》中有明确记载，说明其与孔子是同时代的人，可能略早一些。由于文献记载比较含糊，就连汉代的司马迁也说不清楚老子的生卒年了，所以只能粗略地知道他活动于春秋末期。还有一说他晚于孔子，为战国初期人。

关于《道德经》的撰写，《史记》一书中有清楚的记载。说老子打算出函谷关，到秦国去。把守函谷关的关令尹喜也是一位饱学之士，他早就仰慕老子，于是把老子挽留下来，邀请他为之著书。老子在函谷关写了《道德经》上下篇，共5000字，然后出关而去，莫知所终。但是也有传说老子与尹喜一同出关，一路西行至盩厔（今陕西西安周至），见此处依山傍水，峰峦起伏，遂在此驻足，并结草为楼修行说经。沿传至今，世称楼观台，为国家首批重点文物保护单位，据称是道教的发源地。

还有一说讲老子在关中居住了一段时间后，继续西行，到过西域、印度，所到之处讲学传道，把当地胡人都感化了，甚至连佛教的创立者释迦牟尼都来听讲，也就是说释迦牟尼也是老子的弟子。此说出自《老子化胡经》一书，为西晋人王浮所撰。王浮撰此书的目的，当然在于与佛教做斗争，抬高道教的地位。因此此书问世以后，随着佛道两教地位的起伏变化，曾屡遭禁断。至元十八年（1281年），元世祖下令烧毁“道藏伪经”后，此书便在中土彻底亡

河南函谷关景区老子塑像

佚，直到敦煌藏经洞发现后，人们才又重新见到此书。尽管老子西去化胡之说不可信，但《老子化胡经》却是研究佛、道二教斗争的重要资料之一。

老子是一个博学多智的人，不仅熟知天文地理，而且也非常熟悉中国传统礼仪，《礼记・曾子问》记载了四则孔子问礼于老子的故事。其中一则故事说：有一次孔子的弟子曾参问孔子，当送葬的队伍已经上路了，这时发生日食，应该怎么办？孔子回答说：从前我曾跟随老子并协助人家举行葬礼，正巧有送葬队伍走在路上，遇到了日食。老子吩咐说："让抬棺木的人把灵柩放在路的右边，送葬的人停止号哭，等日食过后再行。"老子还说只有这样做才符合礼的规定。此书中记载的其他三则故事是：行军的时候，祖先的神位应该放在什么地方？小孩子死了，应该葬在园的近处还是远处？居丧期间能否行军打仗？这些记载都证明了老子对中国传统礼仪和文化有着深刻的了解。

老子的思想和学说主要集中在《老子》一书中，河上公作《老子章句》，分为81章，前37章为《道经》，后44章为《德经》，故有《道德经》之名。长沙马王堆3号汉墓出土的甲、乙两种帛书《老子》，《德经》放在《道经》之前，是西汉初年的版本，受到了学术界的重视。

老子哲学思想的中心观念就是“道”，这是老子第一个提出来的。那么，什么是道呢？老子说：“道可道，非常道；名可名，非常名。无名天地之始，有名万物之母。”对这几句话，千百年来学者进行了无数的诠释，但都没有得出一致的结论。在老子看来，可以言说和讨论的“道”，就不是永恒的“道”；可以言说描述的“名”，就不是永恒的“名”。老子认为“道”和“名”，应该是永恒的、普遍的、无所不包的和绝对的。道是玄而又玄的，它不仅是天地万物的本原，而且是一切变化的总门。老子说“道生一，一生二，二生三，三生万物”，因而“人法地，地法天，天法道，道法自然”。书中包括大量朴素辩证法观点，认为一切事物均具有正反两面。“反者道之动”，并能由对立而转化，“正复为奇，善复为妖”，“祸兮福之所倚，福兮祸之所伏”，这些话说的都是事物转化的道理。他还认为世间事物均为“有”与“无”的统一，“有无相生”，而“无”为基础，“天下万物生于有，有生于无”。除了这些哲学思想外，此书中也有大量的民本思想，如“天之道，损有余而补不足，人之道则不然，损不足以奉有余”；“民之饥，以其上食税之多”；“民之轻死，以其上求生之厚”；“民不畏死，奈何以死惧之？”所有这些思想对后世都产生了很大的影响。

老子的学说在先秦时期被列为道家学说，后来又有人把老子与传说中的黄帝并列，合称为“黄老”，黄老学说即为道家学说。老子生活在春秋末期，社会分化严重，原有的统治秩序分崩离析。面对这种动荡的社会状况，老子也提出了自己的政治思想，即效法“自然”的“无为”思想。在老子看来，“道”的本性就是自然无为，因此人也要效法自然之道做到无为。老子说：“我无为而民自化，我好静而民自正，我无事而民自富，我无欲而民自朴。”这里所说的“好静”“无事”“无欲”等，均是“无为”思想的内涵，主要是针对统治者如何对待人民而说的。老子认为统治者只要做到“好静”“无事”“无欲”，人民就能“自正”“自富”“自朴”。这种政治思想在西汉初期得到了很好的落实，因此当时残破的社会经济得到了很快的恢复，直到汉武帝时才崇奉儒家思想，从而打破了汉初七八十年所尊奉的道家“无为”思想。

老子所持的道家学说本与道教无关。由于人们对老子的崇敬，如庄子就称老子为古之博大真人，这只是对老子学说的尊崇之语，但是在西汉时期已经开始将老子神化了。西汉学者刘向把老子收入神仙传记，并说：“老子西游，先有紫气浮关，后果有老子骑青牛而过。”佛教传入中国后，道教又把老子抬出来抗衡佛教，尊崇老子为道教始祖。东汉以来，又把老子作为道教的三大教主之一，并创造了许多关于老子的神话。

不仅道教尊崇老子，历代帝王也极力推崇老子。早在东汉时桓帝曾亲自祠祭老子，唐代皇帝索性尊崇老子为其祖先，并尊奉老子为“太上玄元皇帝”，在全国各地修建玄元皇帝庙，宋真宗时，又改称老子为“真元皇帝”，并加尊号为“太上老君混元上德皇帝”等。而孔子虽然被封为“文宣王”“大成至圣先师”，却始终未脱离教师的形象。老子则不同，他被追奉为“皇帝”“大帝”，可见在中国历史上老子的地位有时是超过孔子的。

其实，老子并不是神，他对中国文化的影响和贡献，主要是这部充满哲理和东方智慧的不朽著作——《道德经》。因此，老子不仅对我国数千年来思想文化产生了重大的影响，而且也被列为世界文化名人，是世界百位历史名人之一，对整个人类文化的发展也做出了重大的贡献。他所著的《道德经》与《易经》《论语》一起，被认为是对中国人影响最深远的三部思想巨著。

035 孔子是怎样的一个人？他的思想和学说是什么？

孔子（前551年—前479年），姓孔，名丘，字仲尼，春秋时期鲁国陬邑（今山东曲阜东南）人，祖先为宋国贵族，大约在孔子前几代就已经没落了。他是春秋末期的思想家和教育家，儒家思想的创始人。

孔子3岁时，父亲病死，17岁时，母亲去世，因此孔子家境贫寒，从小生活困苦。孔子19岁时成亲，娶宋国亓官氏的女儿为妻，次年生了唯一的儿子孔鲤。孔鲤比孔子早死，有遗腹子孔伋。孔子年轻时做过几任小官，中年时任过3个月的鲁国司寇，是主管司法的官员。其一生大部分时间从事教育，培养出了不少很有才能的学生，对中国教育事业的发展做出了突出的贡献，故两千年来被人们尊称为“至圣先师”。

孔子一生的贡献主要表现在以下方面：

（一）创立了儒家学说。其核心是“仁”，“仁”是“礼”的根本内涵，是伦理道德观念的基本根据，是做人的基本道理，也是人生追求的最高境界。“仁”是孔子首次提出来的，在此之前还没有人提到过，因此这是孔子思想的一个创造。那么何谓“仁”？孔子的学生曾当面向他提出过这个问题，孔子回答说：“爱人。”这是一个了不起的思想，“爱人”要求爱一切人，并不存在所谓阶级性，对统治者来说，就要把劳动者当“人”看待并加以爱护，因此其人本主义的因素是十分突出的，具有十分重要的意义。关于孔子对劳动人民的关爱，通过一个故事可以体现出来。有一天，孔子经过泰山脚下，见到一个妇女在坟前哭得很伤心，孔子要学生子路去问明原因。那个妇女回答说，她的公公、丈夫和儿子都被老虎吃了。孔子问她为什么不早些离开呢？妇女回答说：这里没有苛政。于是孔子对弟子们说：请你们记住，苛政猛于虎。可见孔子是主张爱护老百姓的。孔子还

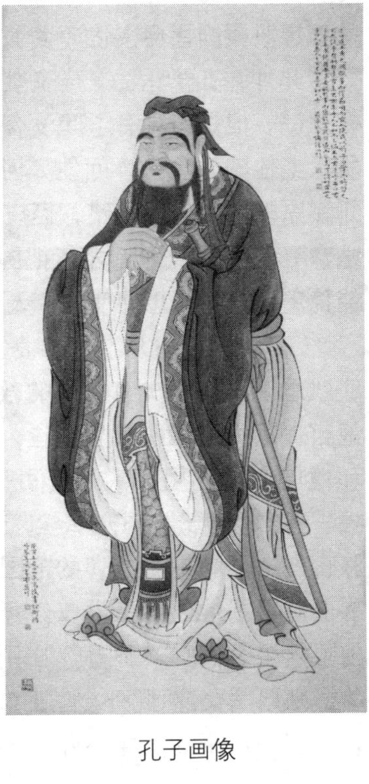

孔子画像

教导弟子们说：一个人应该普遍地关心民众，亲近有仁德的人。只有这样才可以“宽以得众，惠足以使人”。

孔子还要求统治者实行“礼乐之治”，他反对把礼乐仅仅看成是一种形式，认为礼乐如果离开了“仁爱”的精神，那就如同把礼乐看成钟鼓一类的物质而失去了内在的精神。因此孔子把“仁”看得比“礼”更重要，要用“仁爱”的精神来讲“礼”，以便使“礼”具有“爱人”的精神内涵。他的学生颜回问孔子何谓“仁”，孔子答曰：“克己复礼为仁，一曰克己复礼，天下归仁焉，为仁由己，而由人乎哉？”意思是说，要克制自己的私心，使自己的言行都符合“仁”的标准。一旦做到了这一点，天下之人都会称许你是仁德之人。所以要做到“仁”，就必须靠自己，难道还能靠别人吗？孔子还说：“己所不欲，勿施于人。”要求时时刻刻以“礼”来约束自己，做到“非礼勿视，非礼勿听，非礼勿言，非礼勿动”。孔子这一强调人的自觉性的思想对我国社会文化产生了非常大的影响。

此外，孔子认为“学而优则仕”，就是做官的人必须要有学问，有知识。他认为没有学问没有才干的统治者，只能是害人的统治者。所以当他的学生冉雍问他如何才能处理政事时，他说：“带头做好工作，原谅别人的小过错，提拔有道德有学问与才能的人。”在孔子看来，有了好的统治者才能把国家治理好，给人民带来好处，社会才能稳定。这些思想即使在今天看来，也并非没有意义。

（二）在教育思想和方法方面贡献突出。孔子通过长期的教育实践总结出了不少有意义的教育思想和方法。比如他在中国历史上最早提出人的天赋素质相近，个性差异主要是因为后天教育与社会环境的影响，因而人人都可以受教育，人人都应该受教育。他提倡“有教无类”，创办私学，广招学生，打破了奴隶主贵族对学校教育的垄断，把受教育的范围扩大到平民阶层，顺应了当时社会发展的趋势。他还主张学校教育必须将道德教育放在首要地位，因此他要求弟子们：“入则孝，出则悌，谨而信，泛爱众而亲仁。行有余力，则以学文。”此外“学而知之”，也是孔子教育思想的主要内容。在主张不耻下问、虚心好学的同时，他强调学习与思考相结合，即

“学而不思则罔，思而不学则殆”。他还强调要“学以致用”，将学到的知识运用于社会实践。他还是我国历史上最早提出启发式教学的人，他说：“不愤不启，不悱不发。”意思是教师应该在学生认真思考并已达到一定程度时，恰到好处地进行启发和开导。他还是在教学实践中最早实施因材施教的教育家，通过谈话和个别观察等方法，了解和熟悉学生的个性特征，在此基础上，根据各个学生的具体情况，采取不同的教育方法，从而培养出了德行、言语、政事、文学等多方面的人才。

孔子热爱教育事业，毕生从事教育活动。他提出的“学而不厌，诲人不倦”的思想，直到今天仍具有重要的意义。他不仅重言教，更重身教，以自己的模范行为感化学生。孔子十分爱护学生，学生也很尊敬他，师生关系非常融洽。他是中国古代教师的光辉典型，其教育活动不但培养了众多的学生，而且在教育实践基础上所提出的教育学说，为中国古代教育奠定了理论基础。

（三）整理了大量的典籍，保存了我国古代优秀的文化成果。他对我国先秦时期的重要文化典籍，如《诗经》《尚书》《礼》《乐》《易经》《春秋》等都进行过整理，在这方面花费了大量的精力。很多工作都是他亲自做的，并不让弟子代劳，如编修《春秋》就是如此。他把这些整理过的典籍用来教授学生，培养了不少这方面的人才。更重要的是，正因为有孔子的整理，才使得这些典籍得以保存下来，为传播和发扬我国古代优秀的文化遗产，做出了不可磨灭的贡献。此外，他还打破了官修典籍的旧制，开创了私人修书的学术风气。《论语》一书虽然不是他亲手撰成，但是却集中地反映了孔子的思想，因而也是我国最重要的文化遗产之一。

孔子不仅是一个教育家、思想家，也是一个实践家。为了实现自己的政治理想，他曾周游列国，先后去过齐、卫、曹、宋、郑、蔡等国，希望能够得到任用，以实现自己的政治主张，但都没有成功。孔子是一个有血有肉的生活在现实社会中的人，因此他也有喜怒哀乐。比如他十分喜欢音乐，他在齐国听到过相传是虞舜时的“韶”乐，如醉如痴，竟然多日无心品尝肉的美味。

孔子还是一个美食家，他说："食不厌精，脍不厌细。食饐而餲，鱼馁而肉败，不食；色恶，不食；臭恶，不食；失饪，不食；不时，不食；割不正，不食；不得其酱，不食。"即在做饭时，要将谷米择拣得精一些，用牛、羊、鱼等腥味重的原料制脍时，要尽量切得薄而细小一些。肉鱼变质，不食，食物的色泽不正常，不食，烹饪不到位，不食，味道不适口，不食。有人说孔子的这套饮食观完全符合现代饮食卫生的要求。他还主张饮酒不必限制数量，但要做到适量。他还提出"食不语，寝不言"，"席不正不坐"等。即讲究吃要有吃相，坐要有坐相，一切须合礼仪。

孔子还是一个善于学习的人，他说："三人行，必有吾师。"同时他又是一个敢于承认错误的人，比如有一次，孔子到武城去，听到了鼓琴歌诗的声音，遂微笑着说，宰一只鸡，哪里还用得上牛刀。意思是礼乐是治国平天下用的，武城这个小地方还值得推行吗？其弟子子游听到后说，从前听老师说过，君子懂得礼乐就会爱护百姓，百姓懂得礼乐的道理，社会就容易治理。孔子马上对随行的弟子们说，子游刚才说的是对的，自己刚才说的不过是一句戏言，婉转地承认了自己的错误。

通过以上这些事例，可以看出孔子并非是一个十全十美的人，而是一个有性格、有抱负、感性的人，其伟大之处就在于他并不掩饰自己的不足，善于向别人学习，即所谓不耻下问，所以他才能成为知识丰富，勤于思考，善于育人的教育家和思想家。

鲁哀公十六年（前 479 年），孔子患病，不愈而卒，葬于鲁城北，终年 73 岁。他的不少弟子守墓 3 年，子贡为其守墓 6 年。其弟子及鲁人在墓侧安家者达上百家之多，故得名孔里。

036 孙武是怎样的一个人？他的兵家学说是什么？

孙武，字长卿，春秋末期人。他是我国古代著名的军事家，东方兵学之祖，著有《孙子兵法》一书，在我国乃至世界军事史上均有着极为重要的指导作用和实战意义。孙武出生在陈国，其先祖为陈完，是陈国贵族，逃难到齐国，改姓田，他的祖父因有战功，被齐景公赐姓孙。到了他父亲孙凭时，由于齐国发生内乱，他率全家逃到了吴国，从此过着亦耕亦读的隐居的田园生活，同时潜心钻研兵法。

在吴国，孙武结识了吴王的谋臣伍子胥。在诸侯争霸中，南方新兴的吴国国君阖闾，为图霸业，欲攻打楚国，但是一时难以找到合适的将领。伍子胥常与吴王论兵，就向吴王推荐了孙武，说他"精通韬略，有鬼神不测之机，天地包藏之妙，自著兵法十三篇，世人莫知其能"。伍子胥先后多次向吴王推荐孙武，吴王便让伍子胥拜请孙武出山。

孙武晋见吴王后，献上所著兵书 13 篇，这就是后世所说的《孙子兵法》。吴王看后，赞不绝口，为考察他的统兵能力，吴王挑选了 180 名宫女由孙武操练。孙武把这些宫女分成两队，又命吴王宠爱的两位妃子分别为队长。宫女们披挂停当，手执武器，来到操场后，孙武连下了三道命令：一、队伍不许混乱；二、不许吵吵闹闹；三、不许故意违反军令。说完孙武下令击鼓，宫女们或坐或站，参差不齐，乱七八糟。孙武又重复了一遍命令，再次击鼓，宫女们竟然哈哈大笑起来。孙武大怒，说口令不齐，乃将之过，口令已清，未加执行，乃士兵之过。说完便不顾吴王求情，处斩了两位担任队长的妃子。从此以后，再也没有人敢把操练当成儿戏，经过训练，阵容整齐，进退有序。这就是史书上记载的"吴宫教战"的故事。

吴王见孙武确实很有本领，便任命孙武为上将军，命他操练军队，准备伐楚。公元前 506 年冬，吴王以孙武、伍子胥为将，出兵伐楚。孙武采取"迂回奔袭、出奇制胜"的战法，溯淮河西上，率吴军会合唐、蔡两国军队，从淮河平原越过大别山，长驱深入楚境千余里，直奔汉水，在柏举（今湖北汉川北）重创楚军。由于孙武善出奇兵，进兵速度极快，楚军措手不及。吴军五战五胜，曾 11 天行军 700 里，一举攻陷楚国国都郢，楚王弃城逃跑。从此，楚国元气大伤，而吴国的声威则大振。吴国不仅成为南方的强国，而且北方的齐、晋等大国也都畏惧吴国。对于孙武的历史功绩，司马迁在《史记·孙武吴起列传》中写道："西破强楚，入郢，北威齐、晋，显名诸侯，孙武与有力焉。"战国时的军事家尉缭子称赞说：有率领10万军队，天下无人敢挡者是谁？齐桓公也；有率7万军队，天下莫敢当者是谁？吴起也；有率3万之众，而天下莫当者谁也？孙武子也。柏举之战是中国战争史上以3万人战胜20万人的著名战例。

后来孙武又帮助吴王夫差战胜越国。他见夫差骄傲自满，自以为是，不纳忠言，于是便悄然归隐，潜居深山，根据自己训练军队、指挥作战的经验，修订其兵法13篇，使其更臻完善。

孙武的一生，除了其赫赫战功以外，更主要的是他给后人留下了著名的《孙子兵法》。这短短的13篇约5000字，体现了孙武完整的军事思想体系。概括地说，主要表现在如下方面：

（一）军事思想的辩证法因素。他认为战争的胜负不仅仅取决于军事实力，而是与政治清明、经济发展、外交努力、军事实力、自然条件诸因素有着密切的关系，预测战争胜负主要就是分析以上这些条件如何。孙武不仅相信世界是客观存在的，而且认为世界上的事物都在不停地运动变化着，强调在战争中应积极创造条件，发挥人的主观能动性，促成对立面朝着有利于自己的方向转化。这些都是孙武军事思想中辩证法的因素。

（二）提出了"慎战"的思想。孙武虽然是军事家，但不好战，反而提出了"慎战"的思想。他在《孙子兵法》中开宗明义便指出："战争是国家的大事，关系到人民的生死，社稷的存亡，是不可不慎重研究认真对待的。"孙武又警告国君不可因愤怒而兴兵，将帅也不可因恼火而交战，一定要瞻前顾后，以国家利益为重，慎重决策。

（三）提出了许多作战的具体原则。比如他提出了"知彼知己，百战不殆"这个著名论断，认为一定要对自己的实力和对方的情况了如指掌，随时随地掌握对方的动态变化，采取相应的措施，才能取得战争的胜利。再比如他提出过集中力量打歼灭战的思想，认为不管敌我总体力量强弱对比如何，一定要创造机会，造成我在局部兵力上的优势，以十攻一，以众击寡，全歼敌方。类似这样的原则他还提出了很多，如“兵贵神速”，“不战而屈人之兵”，“三军可夺气，将军可夺心”，“出其不意，攻其不备”等等，都是具有永恒力量的军事格言，具有普遍的指导意义。

自《孙子兵法》问世以来，学术界对这部书的著者到底是谁产生了很大的分歧，有的认为是孙武所撰，有的认为是孙武的后代孙膑整理而成，还有的认为是战国初年某位山林处士编写，还有的说是三国时代曹操编撰的。直到1972年4月，在山东临沂银雀山发掘的两座汉代墓葬中同时发现了用竹简写成的《孙子兵法》和《孙膑兵法》，于是数百年的论争才告结束，《孙子兵法》的作者被确认为春秋时期的将军孙武。

《孙子兵法》对我国后世产生了巨大的影响。早在战国时代的吴起、孙膑、尉缭子等著名军事家，无不推崇孙武的军事艺术。三国时的著名军事家、政治家曹操更是对《孙子兵法》推崇备至，他亲自整理前人对《孙子兵法》的研究，作成简明的“略解”，为后人学习运用《孙子兵法》提供了方便。在宋代，《孙子兵法》作为《武经七书》中的第一部，成为指导战争和学习兵法的必读之书，《孙子兵法》从此在社会上得到广泛流传。历代注释批校《孙子》者不计其数，大约有200多家，著作300余种。曹操《孙子略解》是迄今所见最早的注本，其后注家蜂起。校注成就较大者，有唐代的杜牧注《孙子》，宋代的张预注《孙子》，明代刘寅的《武经直解·孙子直解》、赵本学注《孙子》、李贽的《孙子参同》，清代孙星衍校《孙子十家注》等。除汉文本外，还有西夏文、蒙古文、满文等文本。时至今日，我国成立了“孙子兵法研究会”，组织了国内大批专家学者对此书进行研究，取得了丰硕的成果。

《孙子兵法》在国外也产生了巨大的影响。早在公元8世纪，日本留学生吉备真备就将它传入了日本，在日本研究《孙子》的著作不下170部；15世纪，又流传入朝鲜半岛；18世纪，流传入法国，并有了第一部法译本；1860年有了俄译本，接着有德、英、意、捷克、罗马尼亚、希伯来、希腊、阿拉伯、荷兰、西班牙、越南、丹麦、缅甸、泰国、马来西亚等不同语种的译本传世。据统计，截至

1992 年年底，全世界出版的《孙子兵法》已有 29 种文字（包括中国 6 种在内）。仅美国民间就有近百个研究《孙子兵法》的学会、协会或者俱乐部。

英国著名战略家利德尔·哈特在《孙子兵法》英译本序言中说："2500 多年前中国这位古代兵法家的思想，对于研究核时代的战争是很有帮助的。"美国著名的兰德公司学者波拉克指出："孙子与孔子一样有永恒的智慧，这个智慧属于全世界，没有哪个国家能够垄断。"除了军事家对《孙子兵法》十分重视外，此书的一些思想和原理还被广泛地运用于社会的各个领域，尤其在企业经营管理中得到了广泛的运用。孙武的军事理论与企业管理虽然领域不同，但它们确实有许多相似之处，市场竞争即战争。日本企业家大桥武夫所著《兵法经营全书》指出："采用中国的兵法思想指导企业经营管理，比美国的企业管理方式更合理、更有效。"美国著名经济学家霍吉兹在《企业管理》一书中指出《孙子兵法》"揭示的许多原理原则，迄今犹颠扑不破，仍有其运用价值"。古老的兵法在现代社会中闪耀着迷人的光彩。此外，在政治、体育、外交、人生等方面，《孙子兵法》都具有一定的指导意义。

037 庄周梦蝶的故事是怎么回事？

庄子（约前 369 年—前 286 年），名周，字子休，宋国蒙（今河南商丘附近）人。庄子曾在宋国漆园这个地方当过小官，但时间不长，故其一生的大部分时间都在民间生活，基本上是在贫困中度过的。

庄子是道家学说的创始人之一。因崇尚自由而不愿意应楚威王之聘，到楚国去做大官。庄子与道家始祖老子并称"老庄"，他们的哲学思想体系，被思想学术界尊为"老庄哲学"，庄子主张"天人合一"和"清静无为"，代表作品为《庄子》，名篇有《逍遥游》《齐物论》等。他虽然生活贫穷困顿，却鄙弃荣华富贵、权势名利，力图在乱世保持独立的人格，追求自由逍遥的精神境界。庄子在中国文学史和思想史方面做出了重要的贡献，他是中国古代最伟大的哲学家之一。

今天我们看到的《庄子》一书，共分为内篇、外篇和杂篇三个部分，其中内篇是庄子自己写的，外篇和杂篇有的是庄子写的，有的则是其弟子根据庄子的思想写成的，还有些可能是后来的学者加进去的。庄子一生追求的境界是精神的逍遥，在《庄子·齐物论》中曾记载说，有一天，庄子做梦，梦见自己变成蝴蝶，拍打着翅膀，轻飘飘地飞舞在空中，非常得意，竟然忘记了自己是庄周。醒来以后，他感到不可思议的是，自己变回了庄周。那么，究竟是庄子做梦变成蝴蝶，还是蝴蝶做梦变成了庄子呢?

庄子提出的实际上是一个哲学问题，即作为认识主体的人究竟能否确切地区分真实和虚幻？在一般人看来，一个人在醒着的时候所感知的是真实的，梦境则是虚幻的。庄子却不这样认为，尽管醒与梦各是一种境界，二者是不同的；蝴蝶与庄周，二者也是不同的。在庄子看来，他们都是一种现象，是道运动的一种形态，是一个阶段而已。庄子还通过这一简单的寓言，说明人类的一个最沉重的问题，即生与死的问题。庄子将人的存在问题设置于梦境之中，其实也是借寓言影射人生如梦。庄子重生，所以觉得人生的短暂和生命的易逝，短促的人生难以把握和认知，因此便会产生虚幻的感觉。存在的真实性很容易迷失在现象世界之中，人的自我意识也会迷失其中，难以辨别真伪。当庄子用梦蝶的方式来思考存在时，当其在人生如梦中迷失自我时，他便有了一种失落的哀愁。“庄周梦蝶”的寓言虽然具有悲剧意识，但庄子并没有走向悲观主义或者虚无主义，因为他仍然承认“周与蝴蝶则必有分矣”，人毕竟不能生活在虚幻之中，因此也就具有了我国哲学的那种乐观的和超越的精神。

“庄周梦蝶”的故事对后世影响很大，它所具有的浪漫的情怀和宽阔的审美想象空间备受历代文人的推崇和喜爱，同时也成为历代文人骚客表达思乡愁绪、人生感叹、离情别绪、恬淡闲适等多种情怀和人生感悟的重要物象。

庄子的文章，多采用寓言故事的形式，想象奇特，文字变化多端，富有幽默的讽刺意味，具有浓厚的浪漫主义色彩，代表了先秦散文的最高成就，对后世文学语言有很大影响。变幻莫测的寓言故事，构成了庄子特有的奇特的想象世界，其中很多故事都颇具警世意义，下面列举数篇，以见一斑。

据《庄子·秋水》载：有一天，庄子正在濮水垂钓，楚王委派的二位大夫前来聘请他到楚国做官，说道："吾王久闻先生贤名，欲以国事相托。希望先生欣然出山，上为君王分忧，下为黎民谋福。"庄子继续钓着鱼，淡然地说道："我听说楚国有只神龟，被杀死时已三千岁了。楚王用竹箱珍藏它，又以锦缎覆盖，供奉在庙堂之上。请问二大夫，此龟是宁愿死后留骨于庙堂之上，还是宁愿活着在泥水中潜行摇尾呢？"二大夫回答说："自然是愿活着在泥水中摇尾而行啦。"庄子说："二位大夫请回去吧，我也愿在泥水中摇尾而行啊。"

在《秋水》篇中，庄子还讲述了一个故事：惠施在梁国当了国相，庄子想去看望这位好朋友。有人报告惠施说："庄子这次来，是想取代您的相位。"惠施很惶恐，派人在国都中搜了三日三夜。庄子来见他，对其说道："南方有只鸟，其名为鹓鸰（一种类似凤凰的鸟），您可听说过？这鹓鸰展翅而起，从南海飞向北海，不是梧桐不休息，不是竹子的果实不吃，不是甜美如醴的泉水不喝。这时，有只猫头鹰刚抓到一只腐鼠（死老鼠），恰好鹓鸰从头顶飞过。猫头鹰急忙护住腐鼠，发出了恐吓的声音。现在您也想因为您的梁国来恐吓我吗？"

据《庄子·山木》载：有一次，庄子身穿粗布补丁的衣服，脚着草绳系住的破鞋，去拜访魏王。魏王说："先生怎么如此潦倒啊？"庄子纠正道："这是贫穷，不是潦倒。士有道德而不能体现，才是潦倒；衣破鞋烂，是贫穷而不是潦倒，此所谓生不逢时也。大王您难道没见过那腾跃的猿猴吗？如在高大的楠木、樟树上，它们攀缘其上往来如飞，逍遥自在，即使善射的后羿、逢蒙再世，也无可奈何。可要是处在荆棘丛中，它们则只能缓行侧视，怵惧而过了，这并非其骨骼变得僵硬不柔和了，而是处势不便，未足以逞其能也。现在我处在昏君乱相之间而欲不潦倒，怎么可能呢？"

《庄子·人间世》载：有一个名叫石的匠人来到齐国曲辕这个地方，见到一株大树，枝繁叶茂，特别显眼。这株树其粗百尺，比旁边的山还要高 70 尺；其树冠十分巨大，能遮蔽数千头牛，如果用来造船，可以顶替普通大树数十株。但这位匠人竟然不闻不顾，就像没有看见一样走了过去。他的徒弟实在忍不住了，问道："自从我学艺以来，还从来没有见过如此良材，为什么师傅不闻不顾，是什么道理？"其师回答说："你不要多说了，此树是一种不中用的木材。用来造舟船，则沉于水；用来做棺材，则很快腐烂；用来制器具，则容易毁坏；用来做门窗，则树脂不干；用来做柱子，则易受虫蚀，此乃不成材之木。不材之木，无所可用，故能长得如此之大而无人砍伐。"

庄子接着写道：在宋国荆氏这个地方，适宜楸、柏、桑这三种木材的生长。它们长到一把之粗时，便被人砍去作为棍棒去打猕猴；长到三四围时，便被人砍伐用来盖房子造船；长到七八围时，又被富贵人家砍伐用来做棺木。因为它们都是有用之材，所以难以终其天年，而中途便夭折于斧斤。树无用，不求有为而反倒可以免遭斤斧之伐。好比白额之牛，亢鼻之猪，长痔疮之人，巫师认为是不祥之物，故祭河神时才不会把它们投进河里；残废之人，征兵不会征到他，故能终其天年。形体残废，尚且可以养身保命，何况德才残废者呢？树不成材，方可免祸；人不成才，亦可保身也。庄子总结性地论述道：山木因其用而被砍伐；膏能照明，所以被煎烧；桂可食，故有人伐之；漆可用，故有人割之。人皆知有用之用，却不知无用之用。

类似这样的故事在《庄子》一书中还有很多，几乎每个故事都蕴含着深刻的哲理，即使他反对当时诸侯之间的吞并战争，也会通过寓言进行表达。比如他讲过一则寓言，说两个诸侯为了争夺一块土地，准备发动战争。有人对那个准备发动战争的诸侯说，他曾经看到过蜗牛角上有两国为了争夺土地而发动战争，杀得尸横遍野。那个诸侯说，这完全是胡说八道，蜗牛角那么小，怎么会在上面进行战争？那个人说，与天地之大相比，你们争夺的那块土地不就像蜗牛角一样大啊！

总之,《庄子》一书中包含有许多大智慧，对后世之人有许多启发。比如他用井底之蛙与河伯望洋兴叹，形容目光狭隘的人；用窃国与窃钩之盗，比喻人们对道德标准的评判的绝对化；用庖丁解牛和匠石运斤，以说明技艺的精熟是靠长期的磨炼才能掌握的。此外，庄子对养生也很有研究，只不过他注重的不是生活起居与饮食的调养，而是强调要重视养神养道，只有这样才能更好地养生。正因为如此，后世对庄子的评价也是从多角度展开的，认为他不仅是杰出的大哲学家，也是成就斐然的大文学家，他的哲学著作是用诗一般的语言写成的，充满着浪漫主义的色彩，对后世的哲学和文学都产生了极大的影响。

038 为什么称孟子为“亚圣”？

孟子（约前 372 年—前 289 年），名轲，字子舆，邹国（今山东邹城）人。其祖先是鲁国贵族孟孙氏，到孟子时已失去贵族身份，所以幼年时家境贫困。他是子思弟子的学生，是战国时期儒家思想的代表人物，为儒家学说的发展做出了重大的贡献，故后世也尊其为圣人，号为“亚圣”。由孔子思想和孟子思想结合而成的“孔孟之道”，是儒家文化的核心。

在孟子生活的战国时代，当时墨家、道家学说等曾经显赫一时，孟子之所以没有选择这些学说而从事在当时并不吃香的儒学，这与他从小所受的教育环境是分不开的，尤其是与其母亲的影响极大。孟子幼年丧父，主要是在母亲的教育下成长起来的，其母是一位很有教养的妇女。有关孟母教子的记载不少，其中最主要有三个故事，即“孟母三迁”“买肉啖子”“断织劝学”等。

孟子像

第一个故事是说：孟子小的

时候，父亲早早地去世了，母亲守节没有改嫁。最初，他们住在墓地旁边。孟子就和邻居的小孩一起学着大人跪拜、哭嚎的样子，玩起办理丧事的游戏。孟母看到后，认为让我的孩子住在这里不合适，于是孟母就带着孟子搬到市集，在靠近杀猪宰羊的地方住了下来。到了市集后，孟子又和邻居的小孩，学起商人做生意和屠宰猪羊之事。孟母知道了，认为这个地方也不适合自己的孩子居住，于是，他们又搬家了。这一次，他们搬到了学校附近。每月初一，官员到文庙，行礼跪拜，礼貌相待，孟子见了一一学习，整天在家读书演礼。孟母很满意地说："这才是我儿子应该住的地方呀！"

后世之人就用"孟母三迁"来表示应该选择好的客观环境，要接近有教养的人才能学习到好的习惯，也说明环境能改变一个人的爱好和习惯。

第二个故事说：有一次，邻居家磨刀霍霍，准备宰杀一口猪。孟子感到很好奇，就跑去问母亲："邻居家在干什么？"孟母回答说："在杀猪。"孟子又问："杀猪干什么？"其母笑着随口说："是给你吃啊。"刚说完这句话，孟母就后悔了，本来不是为我的孩子杀的猪，我为什么要欺骗他呢？这不是教孩子说谎吗？于是，她为了弥补这一过失，就去邻家买了猪肉，给孟子吃了。

第三个故事说：孟子年少的时候，读书很不专心。有一次，他在吟诵诗文，其母亲在一旁纺织。孟子受其影响，突然停了下来。过了一会儿，又开始吟诵。孟母知道他受到影响，叫住了他问："为什么中间停顿了？"孟子回答说："忘记了，一会儿又记起来了。"孟母便拿起刀子割断了她的织物，并且说："这件织物割断了，能够再接上去吗？学习时不专心，就永远也学不到真本事。"从此之后，孟子读书就更加专心了，起早贪黑，刻苦攻读。

孟母所施行的种种教育方法，对孟子的成长和学术发展影响很大，从小就培养了他良好的品德和坚韧刻苦的学习精神，为他日后潜心向儒打下了坚实的基础。即使在孟子成人以后，孟母也没有放弃对他的教育，有一则故事可以反映这一点。

这个故事的大意是：孟子的妻子独自一人在家，伸开腿坐在地上。孟子进屋看见她这个样子，很不高兴，就向母亲说：“这个妇人不讲礼仪，我想把她休了。”孟母问：“什么原因？”孟子说：“她伸开腿坐在地上。”孟母问：“你怎么知道的？”孟子曰：“我亲眼看见的。”孟母说：“这是你不讲礼仪，不是你妻子不讲礼仪。《礼经》上说，将要进门的时候，必须先问屋里有谁；将要进入厅堂的时候，必须先高声传扬，让里面的人知道；将进屋的时候，必须眼往下看。《礼经》之所以这样写，为的是不让人措手不及。而今你到妻子闲居休息的地方去，进屋没有声响，人家不知道，因而让你看到了她那个样子。这是你不讲礼仪，而不是你的妻子不讲礼仪。”孟子听了母亲的教导后，知道自己错了，再也不敢提休妻的事了。这就证明学习是无止境的，要时时刻刻努力学习，并多向别人请教。

孟子的思想主要集中在《孟子》一书中，共 7 篇 14 卷，是其弟子将其言行记录汇编而成的语录体散文集。这部书是儒家学派重要的典籍。北宋神宗熙宁四年（1071 年），正式由官方将《孟子》一书列入经书，并成为古代科举考试的基本教材。南宋朱熹又把《孟子》与《论语》《大学》《中庸》合为“四书”，其实际地位更在“五经”之上。

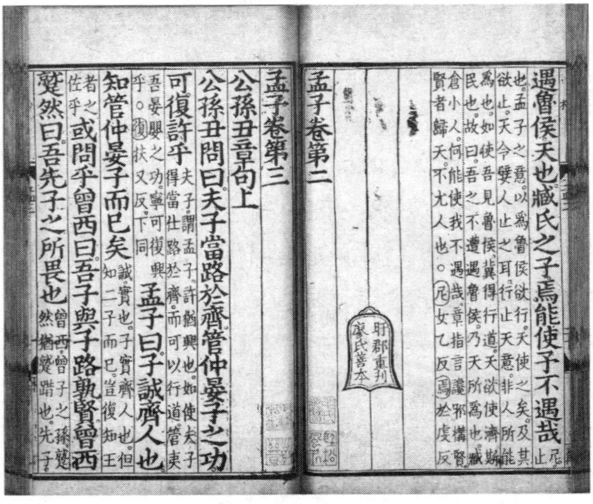

《孟子》书影

孟子对儒家学说的贡献主要表现在如下方面：

（一）仁政学说。这是孟子对孔子“仁”的学说的一种发展。孔子的这一学说是一种含义极广的伦理道德观念，孟子将孔子的仁学思想扩而广之，发展成为包括思想、政治、经济、文化等各方面的施政纲领，这就是仁政。主要内容是：在政治上反对兼并战争，主张任用贤能；在经济上主张减少赋税，使“民有恒产”；在文化上主张兴办学校，进行儒家思想教育等。

（二）提出了性善论。认为人的本性天生是善良的，每个人生来就具有怜悯同情之心、羞耻憎恶之心、恭敬辞让之心以及是非之心。这四心是仁、义、礼、智四种道德观念的萌芽，如果能让人们把这些萌芽扩充开发出来，就会汇成滔滔江河，不可遏止，治理天下就是极其容易的事了。

（三）民贵君轻的思想。孟子说：“民为贵，社稷次之，君为轻。”意思是说在这三者中，人民最重要，接下来是国家，最后才是君主。君主要想巩固统治，就要取得人民的拥护，而要获得人民的拥护，就要施行仁政。这是一种重民的思想，应该说是一种了不起的贡献。孟子在谈到君臣关系时指出：“如果君主把臣子看成自己的手足，臣子就会把君主看成是自己的腹心；如果君主把臣子看成是狗马，臣子就会把君主视为一般人；如果君主把臣子看成泥土草芥，臣子就会把君主视为仇敌。”这一思想发展了孔子提出的“君使臣以礼，臣事君以忠”的观点。

（四）积极的进取精神。孟子具有强烈的进取精神，他认为这种精神主要表现在：一是不怕吃苦，所谓“故天将降大任于斯人也，必先苦其心志，劳其筋骨，饿其体肤，空乏其身”，如果一个人不能经受住苦难的磨难，是难于担当大任的；二是要积极进取，要具有为事业而献身的精神，甚至要“舍生取义”；三是要具有高风亮节，即要具有“贫贱不能移，富贵不能淫，威武不能屈”的精神，要敢于为自己的理想而奋斗、而抗争。

当然孟子还有许多深刻的论述和提出了不少的合理命题，这些都是我们民族文化的精华，应该加以发扬光大。孟子不光提出了许多重要的学说，而且还身体力行，周游各国，但是他的主张不被当时各国所接受，只好退隐与弟子一起著书立说。《孟子》一书不仅发展了儒家学说，而且文章说理畅达，气势充沛，长于论辩，逻辑严密，尖锐机智，是先秦时期最优秀的散文集之一。所以孟子也被视为我国古代著名的思想家、教育家、政论家和散文家。

正因为孟子在发展儒家学说方面做出了突出的贡献，在儒家学派中其地位仅次于孔子，故元朝在至顺元年（1330年），加封他为“亚圣公”，这是以后称其为“亚圣”的缘由，并在文庙中处于陪享地位。

039 屈原是怎样的一个人？他有哪些作品？

屈原（约前342年—前278年），芈（mǐ）姓，屈氏，名平，字原，是我国最早的浪漫主义诗人。

屈原生于楚国丹阳（今湖北秭归县），他自幼勤奋好学，胸怀大志。早年受楚怀王信任，任左徒、三闾大夫。常与怀王商议国事，参与法律的制定，举贤任能，改革政治。在这一历史时期，秦国国力强盛，对楚国威胁很大，因此屈原主张联齐抗秦。为了阻止楚国的行动，秦国派张仪游说楚王，希望秦楚联合，破坏齐楚联盟。楚国令尹子兰、上官大夫靳尚和楚怀王的宠妃郑袖等人，接受了张仪的贿赂，极力主张秦楚联盟，而排斥屈原。

公元前305年，屈原因反对楚怀王与秦国订立黄棘之盟，被楚怀王逐出都城，流放到汉北。后来楚怀王在子兰等人的极力怂恿下，与秦王会盟，结果被秦国囚禁至死，屈原又回到都城。楚顷襄王即位后，虽然一度与秦断交，但在子兰等人的鼓动下，又与秦国联姻，以求苟安。由于屈原反对他们的可耻立场，并指斥子兰对怀王的屈辱而死负有责任，子兰又指使上官大夫在顷襄王面前造谣诋毁屈原，导致屈原再次被流放到沅、湘一带。公元前278年，秦国起兵南下，攻破了楚国国都郢。屈原政治理想破灭，对前途感到绝望，虽有心报国，却无力回天，只得以死明志，在同年五月投汨罗江自杀。

楚国百姓听到噩耗后非常悲伤，争先恐后地打捞其尸体，结果一无所获。于是，有人用苇叶包了糯米饭，投进江中祭祀屈原，这种祭祀活动一年一年流传下来，渐渐成为一种风俗。现今每年农历五月初五的端午节就是由此而来的。

屈原作为一位伟大的爱国主义诗人，一生写了以《离骚》为代表的一系列作品，除了《离骚》外，还有《天问》《九歌》《九章》和《招魂》等，到汉代时把屈原和他的学生宋玉的作品，统称为“楚辞”，意思是来自楚地的歌辞。这些作品与《诗经》中的诗歌作品，共同奠定了中国诗歌的优良传统。屈原的作品在中国历代都深入人心，对后世诗歌的创作也产生了深远的影响，堪称我国民族文化的瑰宝奇珍。

其中《离骚》的主旨是爱国和忠君，通过比兴的手法以美人与香草寄情言志；在诗体上突破了《诗经》四字一句的句式，创造了一种句式长短不一、错落参差的新诗体；在结构上抒情和叙事结合，幻想与现实交织，气势磅礴；在语言上，大量地运用楚国方言和楚物名称，具有鲜明的地方和民族特色。

《九歌》是屈原根据江汉一带民间祭祀的乐歌加工创作而成的，是组诗形式，分别是《东皇太一》《云中君》《湘君》《湘夫人》《大司命》《少司命》《东君》《河伯》《山鬼》《国殇》《礼魂》，共 11 篇。风格与《离骚》忧愤的情绪截然不同，写得清新凄艳，浪漫情深，由于融入了民歌素材，所以风格比较独特。

《九章》包括 9 篇作品，分别是《惜诵》《涉江》《哀郢》《抽思》《怀沙》《思美人》《惜往日》《橘颂》《悲回风》。这 9 篇作品不是同时所作，大都是屈原被疏远和流放期间所作，抒写了理想不能实现的愤懑情绪，但在表现手法上又与《离骚》不同，直抒胸臆，文笔朴素，想象夸张极少。

《天问》基本是由四字一句的格式构成，与屈原的其他作品很不同，主要是采用提问的形式，对自然界和社会历史提出了疑问，共问了一百数十个问题，充分地反映了屈原大胆无忌的思想风格。鲁迅说《天问》“放言无惮，为前人所不敢言”。

《招魂》一诗，东汉人王逸说是屈原的学生宋玉所作，招屈原之魂，然司马迁说是屈原的作品，大多数学者都赞同后一种观点。但到底招谁之魂，却有不同的说法，有人认为是屈原自招，近人多认为是招楚怀王之魂。屈原通过对怀王客死秦国的悼念，表达了自己关心楚国命运的情怀。

浪漫主义是屈原诗歌作品中的一个很大的艺术特点，比如《九歌》中的《少司命》，通过对少司命女神与民间妇女互动的描写，表达人神之间也存在着友爱之情；《湘君》《湘夫人》《河伯》《山鬼》等篇，都写到了谈情说爱，而且写得情真意切，非常感人。其中《湘君》与《湘夫人》主要写舜南巡死后，其妃娥皇、女英追到洞庭、湘水，望南痛哭，投水而死，以至于其泪洒在竹子上，成为湖南特有的斑竹。传说舜死后成为湘水之神（湘君），娥皇与女英就成了湘夫人。这种传说本身就十分感人，经过屈原的描写，就显得这种爱情更加真挚，更加凄婉动人。屈原作品中体现浪漫主义风格的地方很多，很难用几句话说清楚，只有认真地阅读才能深入体会。

屈原作品的另一个艺术特点就是富有美感。他在作品中无论是描写人，还是神，都要用不少笔墨描写其外貌和衣着。比如在《东君》（即太阳神）中，写其降临人间时用了“青云衣兮白霓裳，举长矢兮射天狼”的描述，就很有美感。在《少司命》中他写道：“秋兰兮青青，绿叶兮紫茎。满堂兮美人，忽独与余目成。”把写景与写人结合起来，极富美学意蕴。可以这样说，《九歌》中的每一篇作品都非常富有美学意义。

屈原作品还有一个艺术特点就是创造性运用了象征手法。他用美人香草或比喻忠贞贤良之士，或比喻君王，或是自喻。在《离骚》一诗中充满了各种类型的香草，这些香草既可以作为装饰，支持并丰富了美人的意象，又可以作为一种独立的象征物；它一方面指人的品德与操守的高洁，另一方面又与恶草相对，象征着政治斗争的双方。屈原的这种写作手法，既增加了作品的艺术感染力，满足了情感表达的需要，又避免了直述所带来的生硬与晦涩。

屈原作品的这些艺术特点对后世产生了很大的影响，成为后世许多诗人学习的榜样。他高尚的人格和纯洁的情操，尤其是表现出来的爱国主义情操，更引起了后人对他极大的崇敬。早在 1953 年，屈原便被列为世界文化名人，受到全世界人民的纪念，中国人民为有这样伟大的诗人而感到自豪。

需要说明的是，由于时代久远，如今的人们对屈原作品了解得已经不多了。其中最主要的原因还是文字艰深的问题，这个问题一时很难解决，不过现今对屈原作品的今译很多，可以先阅读这些译作，然后再一步一步阅读原作，只要坚持下来，就一定会有所收获的。

040 李冰是如何修建都江堰的？

李冰，秦国大臣，在任蜀郡守时，为了治理岷江洪水对成都平原的威胁，主持修建了著名的都江堰水利工程，从而名垂千古。关于李冰何时入蜀任郡守，历来有秦昭襄王时和秦孝文王时两种说法，长期以来学界多认为应在秦昭襄王时期，有公元前 273 年与公元前 256 年之说。近年来有学者则根据出土的秦简并结合文献记载，认定其应在秦孝文王时入蜀，约在公元前 251 年至前 250 年之间。但是直到目前，仍无一种公认的观点。

岷江，发源于四川西北部（今松潘县），在宜宾入长江，全长 711 公里。江水从海拔三四千米的山地流出，山高谷深，水流湍急。汹涌的江水流到成都平原的灌县一带，海拔降到 700 米以下，流速突然减慢。于是，水中夹带的泥沙随之沉积下来，淤塞河床。每当夏秋之间，雨季来临，江水暴涨，水溢两岸，淹没大批良田、房屋，使这里变成一片泽国，造成了空前的水患。但雨季过后，这里又严重缺水，形成旱灾。因此，治理岷江水患就成为这一地区人民迫切的需求和秦国治蜀之关键。

李冰任蜀郡守后，决心治理水患，他与儿子二郎沿江上溯，一直走到今阿坝藏族自治州，实地考察了水情及沿途的地理情况，从而为治理水患掌握了第一手的资料。了解水情后，李冰带领当地人民开始了治理水患的斗争。他决定开凿玉垒山，把岷江分为两股，一部分水引向东岸，另一部分水沿着岷江右河道流入长江。这样，既可分流减灾，又能引水灌田。一举两得，变水害为水利。

这一水利工程的最大障碍便是如何凿开玉垒山。此山为坚硬的石山，在这一时期虽然已有铁器的使用，但是毕竟尚未普及，所以工程进度十分缓慢。一位石匠想出一个办法，先在岩石上凿出一条槽线，然后在槽线和一些天然的石缝里填满干草，再堆上树枝点火燃烧，再在烧热的岩石上泼洒冷水，从而使岩石松动，凿石工程也就容易多了。李冰推广了这个办法，工程速度大大加快。经过艰苦的劳动，巨石嶙峋的玉垒山终于被劈开，凿开的山口有 20 多米宽。人们把开凿的山口称“宝瓶口”，并把开凿后与玉垒山分离的山堆叫“离堆”。接着李冰又在距玉垒山较远的江心筑起一道分水堰，迫使岷江水分为两股，其中一股流入“宝瓶口”。这道分水堰采用竹笼装卵石的办法，一层层投放到江中堆积而成，由于其堰头远看好似大鱼嘴，所以叫“分水鱼嘴”，又称“都江鱼嘴”。鱼嘴后面的洲滩护堤人称“金字堤”或“金刚堤”，而东边的称“内金刚堤”，西边的称“外金刚堤”。从此以后，岷江流到灌县后便一分为二。东边的一股完全进入宝瓶口，称为“内江”，通过宝瓶口后又分为走马河、泊条河、蒲阳河三条支流，供灌溉系统用水；西边一股称“外江”，沿岷江故道流入长江。为了防止水患，李冰还修了一道长 200 米的“飞沙堰”，全部用竹笼装卵石堆成，坐落在“宝瓶口”对面。因为堰顶比堤岸低，内江水少时，可以保证内江的水量不流失，内江水大时，多余的水可自动漫过“飞沙堰”流到外江，保证内江不受水患之灾。

为了防止都江堰附近的河床被泥沙淤高，李冰在外江和内江每年轮流用杩槎断流，以便进行淘挖。并且制定了“深淘滩，低作堰”的六字治水方针。又在三处分别安置了三座石人雕像，标明“竭不至足，盛不没肩”的水平高度，作为保证灌溉和安全防洪的尺度。

用现代水利工程原理来看都江堰工程，飞沙堰具有滚水坝的作用，宝瓶口具有节制闸的功能，这是我国历史上第一次大规模地采用中流作堰、分水灌溉的办法。在当时的世界上，无论是规划、设计方面，还是施工方面都具有最先进的水平。

这项伟大的水利工程完工后，当时每年可灌溉田地 200 万亩至 300 万亩，使得成都平原真正成为举世闻名的“天府之国”，同时又可避免水害对生产和生活的破坏。而今，这一古老的工程继续焕发着青春，灌溉区范围由原来的 12 个县市扩大到 27 个县市，灌溉面积则扩大到 1000 万亩左右。

古代的四川人民没有忘记为他们做了好事的秦国水利专家，他们尊李冰为“川祖”，在都江堰建造了一座“二王庙”，里面有李冰父子的塑像，供后人参观、瞻仰，盛赞李冰的历史功绩。在都江堰离堆北端，另建一座“伏龙观”，它是纪念李冰父子的另一处建筑。相传李冰父子治水时，曾经制服过岷江孽龙，并将其锁在离堆之下的伏龙潭中。故后人建祠祭祀，至北宋初年改名为“伏龙观”。

在伏龙观内陈列有李冰石像，关于此像来历是：1974 年，都江堰例行岁修，于内江、外江分流堤埂上出土石人二座。大石人胸前题刻“故蜀郡李府君讳冰”，两臂肘部，左刻“建宁元年闰月朔廿五日都水掾”，右刻“尹龙长陈台造三石人镇水万世焉”。小石人体上无文字。另一石人未见出土。建宁元年是东汉灵帝的年号，即公元 168 年。这就说明由于李冰在治理水患和兴修水利工程方面的突出贡献，至迟在东汉时期人们就已经对他十分崇拜了，这座李冰石像的雕刻就是明证。

041 百家争鸣是怎么回事？

在战国时代的社会大变革中，各个学派的代表人物，站在不同的立场上，为巩固建立在小农经济基础上的君主政权，提出了不同的建国方略及哲学思想，开创了“百家争鸣”的学术盛世，这对于当时的社会变革及文化学术的发展，起到了极大的推动作用。

“百家争鸣”的社会主体是“士”。“士”原是贵族的最低阶层，有一定数量的“食田”，受过“六艺”的教育，能文能武，战时可充当下级军官，平时可做卿大夫的家臣。到春秋后期，上层贵族已日趋腐化，而士仍然保持着传统六艺知识的传承。到春秋、战国之际，由于经济和政治的变革，文化学术也相应发生了变化，得到进一步的发展，士群体在这一社会转型中觅得自身发展的空间，空前活跃起来。同时各国政府纷纷谋求改革，推行官僚制度，对士的需要激增，于是平民中涌现出一批新的“士”，“士”逐渐成为知识分子的统称。

激烈的兼并战争打破了孤立、静态的生活格局，社会的不稳定使各国政府对境内统治有所放松，这为文化的传播和交流提供了契机。竞相争霸的诸侯列国，忙于兼并和防止被兼并，尚未建立统一的观念形态。学术环境相对宽松，使当时的知识分子有可能进行独立的、富于创造性的知识探求，从而为学术分支的发展提供了前提条件。随着周王朝权威地位的丧失，宫廷知识分子开始向列国转移，民间私人办学风气亦随之兴盛。以上的种种条件，为统一以前的中国在精神层面的反思与再造开辟了前所未有的空间。

这一时期各国政府着手政治改革，对知识分子的需求十分迫切，官僚、贵族也在这一背景推动下大力招贤养士。在这一背景下齐国的稷下学宫建立起来，成为推动各家思想发展的重要平台。稷下学宫的创建与兴衰历史与齐国政权的发展轨迹共始终。稷下学宫创建于齐威王时期，随着齐国政治的兴衰，它的发展也一直起伏不定，经历了齐威王、齐宣王、齐闵王时期，在乐毅攻齐时受到很大的冲击，到齐襄王时期学宫重建，直至齐国灭亡，约存在了 150 年。创建之初，学宫延请邹衍、接子、慎到等 76 人，为其提供优厚的生活待遇，让他们在不担任政府职务的条件下专论国事。随着养士之风盛行，社会上士群体队伍不断扩大，在没有任何生活压力的情况下，专门从事知识的研习活动，著书立说，向当政者提出自己的治国方略，从而推动了当时知识文化的空前发展。

为了迎合政治需要，以往的学术在这一时期出现分流，流派也日益增多，儒、墨两家作为与政治直接相关的思想，这时期成为显学，道、法、阴阳、明辨诸家在这一背景下亦得到不同程度的发展。

知识分子在研究学术的同时，融入自己的见解，并相互辩论，进一步加速了学术分流，如“儒分为八，墨分为三”。各国君主对各家思想持包容态度，而仅仅取其有利者，使其在同一平台上可以共存，稷下学宫就是这一时期最具典型的学术平台，各家思想在碰撞中展开相互的批判和论战，极大地促进了思想学术的活跃和繁荣。

气象恢宏盛大的诸子“百家争鸣”，正是在这样的文化背景下应运而生的。这一时期的诸子学说与思想主要有如下诸家，其思想与政治主张各不相同，主要是：

儒家，是中国古代最具影响力的学派。从最初诞生起，其思想就在不断地自我更新和丰富，并逐步融入政治家的统治思想中，使其成为对中国以及东方文明影响最大的学术流派。代表人物主要有孔子、孟子、荀子等，他们各自代表了儒家思想的不同发展阶段和高度。

儒家思想围绕礼、仁、名这些核心道德构建起了自身牢固的思想体系。礼：从仪式中追寻礼的意味，仪式的秩序象征了一种社会的秩序，儒士继承了仪式的习惯，掌握了象征的知识，重视表现的思想和观念，以及这些思想观念对社会秩序的意义。仁：“仁者爱人”，这是孔子最正面的对仁的诠释。这种思想出自内心深处的平和、谦恭和亲热之情，虽然最初可能源自血缘亲情，在这时已经扩展为一种普遍的感情，儒家用这种以己推人的情感外延来建立自身的伦理基石。名：这里指的是名分，借助对名分的规定来迫使社会认同一种秩序的合理性。

墨家，创始人为墨子，约生于春秋末年，鲁国人。面对当时的社会状况，墨家提出尚贤、尚同、节用、节葬、非乐、非命、天志、明鬼、兼爱、非攻十种主张。尚贤，就是说出身低贱的人只要有才能，君主也应擢用他们，以此来反对贵族的世官制；墨家又提出节用反对君主和贵族的奢侈无度；同时提出非乐、节葬反对贵族久丧厚葬和对钟鼓之乐的沉溺；以非攻思想反对以强欺弱的兼并战争。

道家，道家思想起源较早，以至于传说中的黄帝也被列为道家，然而今天公认其前期代表为老子。战国时期道家的著名人物有杨朱、列御寇、庄周等人，而以庄周最为突出。

老子名李耳，事迹不详，写成于战国时的《老子》是研究老子思想的主要依据。老子哲学中具有朴素的辩证法因素，他认为事物中包含着大小、有无、长短、强弱、生死等相对的两个方面，而彼此又互有联系，甚至相互转化，弱可变强、小可变大。在政治思想上，老子主张无为，认为国家的不安定是统治者所造成的。面对繁重的苛捐杂税导致的天下动荡不安局面，他认为使平民生活得到改善，则天下就易于治理。

庄子名周，宋国人，他曾做过漆园吏，他是老子以后道家的重要代表。他把世间事物都看作是相对的，这是庄子哲学的一个特点。在政治上，他激烈而深刻地抨击统治阶级，赞同老子的“无为而治”，主张摈弃一切社会制度和文化知识；在思想意识上，他片面夸大一切事物的相对性，否定客观事物的差别，否定客观真理，属于主观唯心主义思想；在生活态度上，他顺应自然，追求绝对的自由。

法家，著名人物主要有商鞅、申不害、慎到、韩非、李斯等人。以韩非为集大成者。下面以韩非作为代表，探讨法家思想的主要特点。

韩非，韩国公子，为人口吃，不善谈说而善于著述，与李斯俱学于荀子。其思想核心主要分为三部分：法、术、势。法，作为客观的标准，与赏罚紧密相连，倡导依法行事、令行禁止。术，法家所谓之术，实际上是把道家老庄的认识论应用于政治实际，即用它作为人君驾驭群臣的方法。势，这是针对政权和国家机器而言的，所指即为威势，以其作为政权的后盾。韩非这三方面的思想，法取之于商鞅，术取之于申不害，势取之于慎到，他兼取三人之长而弃其短。

韩非像

其余诸家：阴阳家代表人物为邹衍，将阴阳五行学说运用于政治；名家代表人物为惠施、公孙龙，主要修习名辩之学；兵家以吴起、孙膑为代表，顾名思义，主要研究军事战略及用兵方略；杂家以《吕氏春秋》一书得名，此书内容兼涉先秦各家，成于秦相吕不韦门客之手，并非某一人思想。

综上可知，在战国时期，在政治上战争频繁、社会动荡，七雄及诸弱小国家，均处于战争与兼并的洪流中，发奋图强，增强国力成为这一时期的主导思想。在这一背景下富国强兵成为各国统治者必然的选择，而这种趋向又推动了百家争鸣局面的出现，从各家思想而言，其核心均立足于政治，谋求更合理、更有效的治国方略。

042 春秋战国时期军队与战法发生了什么变化？

春秋战国时期（前 770 年—前 221 年），王室衰微，礼崩乐坏。周平王东迁以后，东周开始，这时周室开始衰微，仅保有天下共主的名义，而无实际的控制能力。《左传》将这一局面的始作俑者归结为郑庄公，而给予极为严厉的批判。这一时期大国间争夺霸主的局面相继出现，各国的兼并与争霸促成了中国境内由区域统一向整体统一的趋势发展。因此，春秋战国时期的社会大动荡，为全国性的统一打下基础，为秦国最终完成这一事业创造了条件。

关于春秋战国断代，长久以来未能形成定论：或以《春秋》绝笔之年——鲁哀公十四年（前 481 年）为春秋下限，或以周元王元年（前 475 年）为战国始年，或以周贞定王元年（前 468 年）为战国开始，然大体上都以社会及政治发生重大变革的十几年作为分界线。目前史学界基本认同以三家分晋、田氏代齐为春秋、战国的分水岭。

春秋战国时期全国分布着数十个大小诸侯，相互间纷争不断，争霸与生存是这一时期的主题，没有一个国家可以置身事外，这就推动着各国对战争的深入解读，由此引发军队与战法的重大变革，其中最突出的是新兵种的增加与旧兵种的淘汰。

兵种的变化：春秋时期的战争是以车兵为主要兵种，交战双方先将兵车排成整齐车阵，然后交战，战争的规模以出动兵车数量决定，战法相对较为死板。当时中原地区各国边境均有戎狄部族，分散居于山林、溪谷之间，与戎狄间的作战主要以山地地形为主，战车行动机动性差，限于地形条件，不得不改用步兵，步兵从此以单独兵种独立作战的形式走进历史舞台。进入战国时期，由于冶铁技术的进步，并大量使用于兵器制造，铁质兵器逐步取代铜质的兵器。尤其是强弓弩箭的发明和制造，加大了弓箭的射程，整齐密集的车阵，在这一新式武器面前完全处于挨打地位，促使各国逐步放弃传统车战，改为步兵野战。战车逐步退出，步兵成为主要的战斗兵种，地位较之春秋时期，也有了空前提高。

骑兵在春秋战国时期，尚未成为单独兵种，而是和车兵混合编组作战，其在战争中所起的作用也极为有限。随着战争的日益复杂化，骑兵遂逐步发展成独立兵种，但人们对其在战争中地位的认识，尚处在萌芽阶段，主要处于配合步兵进行冲锋或奇袭。战国时代，七雄各国兵额都达到几十万乃至百万，骑兵则仅五千骑乃至万骑。燕、赵邻接胡地，胡人以骑兵作战，在经历了屡次失败，遭受重大损失后，这两国首先认识到骑兵在野战中的机动性特点。但汉人服装不适合骑马，尤其在马背上冲锋陷阵时极为不便，在这种情况下赵武灵王推行“胡服骑射”。服装上采用了适宜骑马的胡服，并将弓箭引入这一兵种，它的威力很快超出了其他兵种，骑兵从此成为作战主力。步兵、骑兵的出现和发展，逐渐代替了以车兵为主，先列阵而后作战的方式。

军队组织的变化：春秋末期各国已经出现了挑选训练勇士的风气，吴王阖闾曾选拔力气大的500人，跑得快的3000人，带甲执兵，一口气跑300里才能休息，经过七年训练，战时充当前锋，以小编制的特殊兵种在战争中发挥重要作用的方法，逐渐为各国君主所重视。越王勾践也曾教练其勇士三年，以便战时冲锋陷阵。战国时代，各国在全国范围内征兵，选拔勇士训练，此时发展常备军成为主流，这些都是春秋时期所没有的。特殊兵种的编制也逐步扩大，并开始推广到整个军队的组织中。

军队官职与指挥上的变化：春秋时期，各国军队均由国君和其亲信大臣、卿大夫担任统帅或重要将领，而没有文、武官员的清晰分职。如晋国六卿，平时为卿，战时即为元帅、将军。进入战国时期，各国领土疆域扩展，官僚机构随之增加，征兵制的实行，常备军的建立，战争兵力和战争规模的扩大，在兼并与被兼并的大潮中，军事成为各国的重中之重，这促使专职的武官群体稳定的存在成为一种必然需求。于是统治机构和各级职官开始日渐明确区分为文、武官员两大类别，出现了统帅军队的职业将领，武官系统也在这一时期初露端倪。秦国出现了将军、护军将军、国尉（太尉）和大良造；楚国有将军、上将军、大将军、裨将军和柱国、上柱国等官职；齐国有司马、将军、上将军；赵国有将军、大将军，后又置前、后、左、右将军；魏国有犀首、将军、上将军、客将军、五乘将军等。他们不再是战时由文官临时担任，而是作为性质和职责上与文官完全不同的群体，由专人担任，稳定地存在。

由于战争中的兵力常在十万以上，甚至达到百万之众，加之军队常远离京师作战，国君对其将帅和部队很难直接掌控和调度。为保证国君对军队的绝对掌控，同时不影响军队将领统率与灵活指挥，虎符制度应运而生。作为国君授予将领兵权统帅调发军队的信物，分为两半，国君与将军各执其一，重要指示、报告，分别加盖虎符印为凭，兵权转换与统帅的任免则以两半虎符合一为据。这一制度最早出现在魏国，此后逐渐流行。虎符制度的诞生，标志着我国在军队管理上进入了一个全新的时代。

兵器装备的发展：春秋时期，战争中使用的兵器主要有戈、矛、戟、剑、刀、弓、矢等，一般以铜为材质。进入战国时期冶铁技术有了长足的发展，用于兵器的改良和制造，促进了兵器的改进。突出的为远战、近战、攻城战、舟战等方面的兵器。频繁的战争也促进了新兵器的开发，弩的出现使交战的距离得到扩大，尤其是威力巨大的车弩，将攻击距离空前加大。攻城的云梯、围城的地道、舟战的钩拒等战争设施不断推广，并在不同程度上促使战争的全方位化。在防护装备上，主要为铠甲的变化，春秋时期主要有犀甲、兕甲和合甲。战争中最关注的是对敌人的杀伤，同时也要兼顾对自己的保护，出于这一目的，各国都在努力探寻铠甲的改进。战国时期兵甲的种类也有了大幅度的增加，最突出的是铁甲的出现，在对人体的保护上比此前的革甲更加优良，并逐步取代了革甲。

综上所述，战国时期战争的规模和激烈程度远高于春秋时期，相对于春秋时以服人之国为主，战国则主要是灭人之国，生存的动力推动了战争各个领域的飞速发展。军队的发展、装备的更新，直接牵涉到国家存亡，促使这一时期军队与将领的专业化与职业化，军事科技及军事思想也因时代的需求有了长足的发展。

043 春秋战国时期城市与商业的发展情况是怎样的?

人类聚落形态长期演变和发展，推动着乡村和有着特殊政治、经济与文化功能的城市这两大类型的分途。城市作为一种独立的有机体，并不等同于众多家庭的汇聚，整体虽然由其各个部分组成，而一旦形成，其内部各部分即形成紧密的联系而无法分解，从而作为一个完整的有机体存在。没有出现社会分工并伴随私人工商业及非农业人口的存在，就不能被定位为城市，从这一概念上说，以农业为主的村庄，不论其规模如何庞大，也只是聚落，不是城市。因此，从一定意义上看，春秋战国时代以前，我国并不存在完整意义上的城市，而只能将其定位为城市的滥觞时期，即聚落、城堡、都城时期。

春秋战国时期，我国境内尽管存在着许多城堡、邑、采以及纯粹作为区域社会与政治中心的都城，但显然它们在数量和历史作用上都不能再居于最主要的地位。与此同时，具有一定工商业经济职能的城市在这一时期如雨后春笋般发展起来，遍及各地，在社会上发挥着重要作用。春秋时期的重要城市，仍然主要伴随着政治中心存在，即仍然是由政治主导带动产生的城市。从规模上看，大体可分为周王城、诸侯国都、大夫采邑和子男之城四个等级，或者称之为王都、大都、中都、小都，这同样也体现了城市作为政治中心的级别差异。虽然周王朝对各级城市有礼制上的严格等级规定，但事实上，春秋时代的城市规模已超出了礼制规定的范围，这反映了春秋时代封建领主等级制度，已随诸侯国逐步游离于周王朝，随着自身政治经济的发展而变化。据不完全统计，《春秋》《左传》《国语》共出现城邑地名1016个，其中以“国”为名的城邑有百余个，这是作为相对重要的政治中心而言，这样推算春秋时城市数量达到千余之数的说法，是符合实际的。重要的国有洛阳、咸阳、邯郸、临淄、郢都、大梁、曲沃、新郑、曲阜等。这千余城邑主要分布在当时的政治中心区域，地域上大体在今河南、山东、山西一带，具体分布如下：在今河南伊、洛水及安阳一带有400余、山东300余、山西100余。就城市的密度而言，作为中原核心地区的河南最多。总体上看春秋时城市主要分布在今河南、山东、山西、河北、湖北、安徽、陕西、浙江等省。从简单的逻辑推论，春秋的190余国，城邑数量一定远远超出一千之数。换句话说，190余国的绝大部分，统治区域内都应不少于10个城邑，实力较为强大的“国”下属的城邑应能达到100以上。因此，国外学者推论的春秋时期城邑数量达到2000之数是可信的。

进入战国时期，诸侯国的独立性进一步提高，在严酷的兼并潮流中，富国强兵成为每个国家的主导思想，极大地推动着城市的发展，使之进入一个突飞猛进的时期。首先获得发展的是春秋时期的旧城，它们在原有基础上规模不断扩大。其中，原列国诸侯的都城，成为战国时期各城市群经济文化区的核心，对城市的发展起到了极强的带动作用，作为中央集权制新兴国家的政治中心，具有极大的优先发展优势。因此，它们作为各区域的中心城市，在区域城市发展中所起的带动作用更为显著。其次，战国时期郡县制在各诸侯国都不同程度地获得推行，这也促使大批中小型城市（邑）伴随着制度的变化如雨后春笋般发展起来了。同时在各诸侯国边境地区，因军事防御兴起的城市也大批出现。它们虽然主要出于战略地位和防御的需求，同时也因各国互市贸易广泛流行而成为商品集散地，其经济上的功能也不可小觑。再次，大小城市群的兴起并形成相对突出的经济发展区域，也是战国时期城市发展的又一特点。在社会区域经济日益发展和各地产业特色日益分化的历史条件下，城市的作用以及长途贩运商业的地位就显得格外重要。

虽然战国时期的城市发展仍然主要依附于政治中心，但商业的发展也在侧面起到重要的推动作用，与此同时，城市的兴起对商业活动的发展又起到不可忽视的反作用。春秋战国时旧的封建领主制步入穷途，在这一重大社会变革时期，社会分工有了突飞猛进的发展，商品生产与商品交换伴随着城市的兴起而有了日新月异的变化，独立的手工业者和纯粹以经商谋生的商人群体数量都在激增，他们很大程度上推动着城市经济的繁荣。但这时社会经济的发展仍然受到政治的强烈限制，官营手工业的发展和官营垄断商业仍然是社会经济的主导因素，私人手工业的发展道路极为坎坷，这与我国以农为本的自然经济意识相吻合，商业和手工业的发展对执政者而言，是导致农业人口流失的重要原因，故一直处于受压制的地位。城市手工业虽然以生产为主，通过交换实现其劳动价值，但生产的主要目的仍然是为了谋求手工业者自身的生存需求，这样他们对生产的规模并没有过多的奢求，就不可能形成具有影响力的规模经济，这些在很大程度上限制了商品经济的发展，官营手工业生产的主要目的仍然是保证和满足贵族、领主对奢侈品的需求，而并非着眼于百姓平民日常生活的需要。因此这一时期中国的城市具有很强的消费性，并且经济基础极为脆弱，无法摆脱对农村经济的依赖。

战国时期，诸侯国虽然在很大程度上推行富国政策，对都城发展的管理具有很大的推动作用，但对广大的农村区域却很少关注，而仅仅只是作为财税收入的对象存在，这在很大程度上导致了早期的城乡对立局面。相对而言，这一时期的商品经济发展对这一矛盾起到一定程度的调解作用，城市市场关系的深化很大程度上影响了乡村土地所有制形态。市场货币关系深入到农村，政府推行的货币广泛流通，也为大大小小的市场遍及全国各地创造了条件，出现了“野与市争民”的现象，在当时的农村，定期的置市贸易相对较为普遍。随着郡县制的普遍推行，农村自发的集市活动也普遍开展。在城市经济的带动下，大量的农村人口涌入城市，推动城市经济的发展，这时金属货币作为商品交换和流通手段与储藏手段的地位得以牢固确立。但这也引起了统治者的注意，并有意识地限制手工业与商品经济的发展，目的是为了保证农业人口的稳定，从而保证财政收入的稳定。

总之，春秋战国时代城市以及城市经济的发展，都达了一个高峰期。这一方面是由于各诸侯国富国政策的推动，同时也是各个诸侯国之间激烈的生存竞争所导致的。然而仍不能过高地估计这一时期的商品经济发展，重农抑商思想在中国一直根深蒂固，商人被认为是不能产生生产价值的寄生群体，是各国政权一直努力限制的群体。另一层面，商品贸易的发展促使承受沉重赋税的农民弃农从商，一定程度上导致农业人口的流失，这对于有着严重“农本商末”思想的统治者，无疑是动摇根本的，所以在很长时期内一直压制商品经济的发展，从而使中国商品经济的发展在很长时期内虽然随着城市的兴起有很大的进步，但规模仍然极为有限，“士、农、工、商”的等级观念很大程度上限制了早期商业的发展。

044 什么是井田制？有何特点？

这是我国上古时代实行的一种土地制度。它的实施情况目前存在较多争论，据传说，夏朝即曾施行过这一制度，商朝、周朝的井田制因袭夏制，但有进一步的完善。到春秋时期，因社会经济的不断发展，以及农业技术的日益进步，井田制走向了衰亡。

所谓“井田”，是指具有严格规划、田亩面积和分界的方块田。以百步见方的方田称为一“田”，一田的亩积为百亩，作为一“夫”，即一个劳动力耕种的土地。实施过程中主要据面积为准，限于地形条件，不可能严格按照方田标准。井田在各地区也存在极大的差异，有些地区采用十进制，也有采用九进制的方式。将一块完整区域划分为九块方田，其形状恰为一个“井”字，这是井田名称的最初由来。一井的面积为一“里”见方；一百井则为方十里，称为一“成”，可容纳九百个劳动单位；一万井为方百里，称为一“同”，可容纳九万个劳动单位。我们可以看到，这种制度只适应在人口相对较少且地形均为平原的单一地理环境，随着人口的增加和开垦面积的扩大，地形的状况也会逐步复杂，则井田的划分不会严格按照空间上如此统一的布局，而演化为一种单纯的面积单位，布局上也会逐渐复杂。

在井田的田与田、里与里、成与成、同与同之间，分布有大小不同的灌溉渠道，叫遂、沟、洫、浍；与渠道平行，尚有纵横交叉的通行道，叫径、畛、途、道。各种渠道的大小、深浅和通道的宽窄，在井田制中均有严格的规定。

据孟子解释，井田指一里见方九百亩土地，划为九块，每块一百亩，八家分耕，中间的一百亩为公田，八家共同耕作。由于井田制的相关考古资料的缺乏，目前对于其实施方式乃至是否曾实施过均存在疑问。有学者认为，井田制可能仅存在于记载中而从未实施过，极可能是先秦政治家在探寻国家经济制度时的一种设想。因地理环境的限制和气候因素的影响，这种制度极可能只是一种假说。另外也有人认为，在具体的土地划分中，不可能严格按照一里见方八家共耕的方式，而应该是以每百亩为单位划分土地，每九百亩为一井，分为八户，每户百亩，共养公田百亩，对于各户田地与公田的空间位置，则不应如此整齐规定。

井田制度体现了夏、商、周三代社会的基本政治经济制度，可以定义为：井田制度是中国夏、商、周三代社会实行的土地制度，它建立的基础是以井田作为一种有效的产权供给制度，它同时也是早期中国农业生产方式及其制度结构安排的总体描述。这种制度也可以解释为微观经济活动在宏观价值构造中的运行方式，这是一种以实现资源包括自然资源与社会资源兑现率最大化为目的的社会政治经济关系。不过，随着这种土地所有制度有效性的丧失，失去了它的现实意义，最终退出了历史舞台。

学术界对夏、商、周三代的社会性质至今未形成统一的看法，对井田制度的定位也不尽相同：或以为这是在奴隶制度下实行的土地国家所有的制度；或以为这是奴隶制度下实行的农村公社制；或以为这是封建制度下的土地领主制；或以为是封建制度下的家族公社制或农村公社制。但大体上在承认井田组织内部的特点，即具有自公有向私有过渡的性质，其存在是以土地一定程度上的公有作为前提，并在每个单位中保存一定数量完全公有的土地为基础，这一点在认识上基本一致。夏朝、商朝时期所实行的八家为井、同养公田之制，公有成分更多一些。周代以后施行的九夫为井之制，相对于前朝私有的发展趋势极为明显，可以看作公田已被耕作者占有，这时最突出的表现即为取消了每井共养公田的制度。西周中期开始，土地交易已经偶发性地出现，这已经明确地宣告了土地私有的出现，但这种偶尔发生的事情基本上只是出现在少数贵族之间，民间尚未出现。由此，我们可以推测上古时期，土地私有制度的发展是自上而下，逐步影响到最基层。周朝施行的井田制，既作为诸侯及百官的俸禄等级单位，又作为统计庶民数量的计算单位。井田制下的土地原则上均为国有土地，一律不准买卖，只能由同姓家族依照严格的宗法关系继承。

西周时期，各级统治者大体上将井田分为三类。他们各自把其中灌溉条件以及产量乃至交通状况最好的土地留给自己，称为“公田”。因为公田的面积相对很大，故亦称为“大田”，奴隶应是耕作这些田的主要劳动力。距城市相对较近的郊区耕地，则往往以田为单位分配给同族的亲属耕种，此类人已经基本沦为普通劳动者，但在身份上却不完全等同于普通劳动者，此类人在居住的区域上有严格的空间范围，住在“国”（即城市）里，称其为“国人”。国人一般不负担租税，只负担军赋和兵役。因为他们属于身份等级相对较高的群体（与贵族存在宗族血缘关系），故在耕作土地时亦享有较多优惠政策，他们日常仅向国家缴纳相对较少的赋税——一小罐米和一捆牧草——作为军费。但正因为这种身份上的特殊，在国家遇到军事行动时，他们则必须参与其中，即战时当兵，同时需要自备武器、粮食和军需等物。国人与下文所述的“野人”相比，具有较多的权利，因为有参与战争和受教育的权利，所以也叫“武夫”或“士”。为了以后参与战争的需要，他们会接受相对系统的军事训练，同时考虑到他们有可能会上升为贵族，也会进行一定的礼仪学习，此类人是社会里的普通平民，其权利和责任与雅典时期的公民身份极为相似。他们是自食其力的劳动者，并享有一定的上升机会，这些机会主要由战争得来。这一时期战争相对较多，频繁地参与战争，为其立功升级创造条件，同时战争获胜也有获得赏赐的机会。当然如果战败，则有被俘沦为奴隶的危险。因为战争的发生并不以农业时间为依据，参与战争即会耽误农事，导致土地荒废，这也成为他们破产的重要原因。因此，国人的地位是动荡的，有上升的机会，也有下降的危险。

封建领主自己占有最好的土地，而将不太好的土地分与“国人”，使其在获得一定的耕作优待前提下担负军事责任。与此同时把距离城市较远、土地贫瘠的坏田，分给住在距城市较远的庶人。从空间分布上看，此类人分布在城市郊区以外，故亦称其为“野人”，相对于“国人”来说，他们被作为劣等民看待，故在名称上也存在差异，被称为“氓”。“野人”几乎没有任何权利，在身份上高于奴隶而低于“国人”，他们在偏远的土地上耕作，承担沉重的赋税，主要为劳役地租。他们没有参与战争的权利，故地位也极为稳定，没有上升的机会，只要不被别国掳掠，一般也不会沦为奴隶。

井田制的特点是，土地为大小领主所有，平民没有土地所有权，只能在所分的一小块土地上耕作，这种耕作，与其说是一种权利，毋宁说是一种义务，因为耕作所得的一部分须交给领主享用，同时需要承担部分劳役。在领主看来，土地能产生的地租比它能保障农民的生活更为重要。在这个制度下，平民固然永远不用担心土地兼并导致的无立足之地的危险，但也不可能据此致富。实质上，农民是为领主提供地租而生活，这样就使分封制和宗法制的长期存在得到了物质上的保证。

045 秦始皇为什么要修筑长城?

公元前 221 年，秦始皇在经过一系列战争后，消灭了关东六国，统一了中国，春秋战国时期诸侯割据称雄的纷争局面宣告结束，中央集权制的君主专制国家开始了。为了构建这一亘古未有的帝国的统治基础，秦始皇采取了一系列措施以整合这一片原本四分五裂的疆域，诸如设郡县、实行“书同文”“车同轨”“行同伦”以及统一度量衡和其他各种统一的制度，以促进政治、经济、军事、文化的发展。这些措施是巩固中央集权封建制国家所必需的。同时面对异族的威胁，为了保护这一成果而修筑万里长城。如果说秦始皇采用的其他措施为整合原本相对孤立的七国领土，使之在统一帝国下成为有机整体，那么长城的修建则是为了保护这一果实，它的目的在于军事防御。

长城的修建主要为了防御北方匈奴的滋扰，保护北部边疆的开发。在秦始皇即位前夕，开始强大起来的匈奴，在南至阴山、北至贝加尔湖的广大蒙古高原地区活动，并逐步统一了草原上的各个部落，对中原王朝构成严重威胁。在统一战争中，秦国容忍着匈奴的不断扰边，暂时没有对它进行打击，这也为匈奴乘机壮大提供了条件。中原各诸侯国在面对秦国的强大攻击时，无暇顾及边患，趁此空隙，匈奴南下占据了河套地区，犹如一把尖刀时刻威胁着秦的腹地关中。秦完成统一以后，内部的矛盾已初步解决，匈奴的威胁成为突出的问题。秦朝开始加大对匈奴的打击，匈奴势力本来已经向南发展到河套地区，在秦的攻势下又向北迁徙，然而匈奴虽然回撤，对北面边境的威胁却依然存在。马背上的民族来去如风，在频繁的我撤彼来、我往彼撤的战争中，秦朝大军疲于应对，在边患问题上长期找不到彻底解决问题的办法，在这一背景下万里长城的修筑正式展开了。事实上，在战国时期，与匈奴接壤的各诸侯国都在边境筑有长城，秦在各诸侯国原有的旧长城基础上，将各段连成一片，并加以延伸，修筑一条横亘于匈奴进入中原道路上的长城。

据考察，秦王朝所修筑的长城主要分为三段：第一段西起临洮（今甘肃岷县），东北至九原（今内蒙古包头以西）。其中由今之岷县至临洮一段利用秦旧长城修缮而成，由榆中至于阴山（今兰州以北至包头以西）一段，在部分赵长城基础上修建。在黄河所经之地，利用黄河这一天然屏障，这就构成了防御匈奴的最前线。第二段从云中（今内蒙古托克托东北）至代郡（今河北蔚县西南）。在部分燕赵旧长城基础上修建。第三段自代郡至碣石。至于碣石所在何处，至今说法不一，大约在今河北北戴河至秦皇岛的金山嘴。长城是目前世界古代史上所发现的最伟大的军事防御工程，它并非简单孤立的一线城墙，而是由点到线、由线到面，把长城沿线的隘口、军堡、关城和军事重镇连接成一张严密的防御网，从而形成一个完整的防御体系。军堡、关城和军事重镇这个体系具有战斗、指挥、观察、通讯、隐蔽等多种功能，并配置有常驻军队的点线结合防御工程整体。在完成这一规模浩大的工程后，中国的北面边疆防御复杂程度大幅度降低，只需要把守住游牧民族的主要行军路线通道的关隘即可，一改以往全境防御的疲态，这种方式为中国以后的边疆防御提供了参照，从此历朝历代在完成统一以后，均采用这一手段防御北疆，但只是在秦长城的基础上偶尔做一些增补，大体的防御方式从未改变。

虽然秦王朝修建万里长城有许多旧城可以利用，但工程量仍然十分浩大，在当时生产工具极端简陋、交通不发达的情况下，在短短几年内就完成如此伟大的工程，唯一的办法就是集中大量劳动力，修建长城也成为秦始皇受人诟病的原因之一。修筑长城的劳动力，主要来自三个方面：蒙恬所率领的几十万士兵和从全国征发来的戍卒、罪犯。在修建长城的过程中劳动者的苦难是可想而知的，后世乃有孟姜女哭长城的传说，以至于从古至今对长城的评价都有失公允。然而它的修建，在当时乃至以后相当长的时期内，对于抵御北方游牧民族南下滋扰，保护中原农业地区的生产和生活稳定，都起到了不可估量的作用。它在历朝历代深受诟病的主要原因在于其修建过程的急促，在短短数年之内完成如此规模浩大的工程，致使平民无法承受这种沉重的负担。秦始皇在完成改革中国内政并修建了长城后，他认为自己作为始皇帝，传位于子孙以至万世，应该无后顾之忧了。只是他在短短十余年之内完成如此庞大的帝国塑造，这一急政带来的内部矛盾已将整个秦王朝摆在了人民的对立面，成为天下的公敌，而这正是加速秦朝灭亡的根本原因。

长城作为隔绝游牧与农耕的分界线，对古代的经济、文化结构与古代民族的构成格局，都起到了极为重要的作用。它成为中国古代农业经济地区与畜牧业经济地区的分水岭，而这两种文化的冲突与融合则集中体现于长城一线，农业经济、文化和畜牧业经济、文化的对立统一主要沿长城一线展开，正常情况下很少有深入到对方腹地的情况发生。长城的修建使中国古代的民族问题基本上集中在长城一线，无论是民族间政治、经济、文化上的联合与交流，还是民族间军事、政治上的斗争，都是沿着这一区域展开的，它不仅只是一道防御工程，同时也为后世划分了一条生存的界限，这对于中华民族的自我认同及活动区域的认同起到极为重要的作用。从此中原王朝基本都将自身的活动和统治区域规划在长城以内，虽然对南方有着不同程度的开发与努力，却极少走出长城一步。这是由于中国古代经济体系，即农业经济与畜牧业经济的对立统一所决定的。

秦修长城的另一个意义，就在于它从此划分了中原人民的活动区域，也构成了古代中国的心理疆域，是中原政权心理上的国界线。从此以后，虽然屡有越过长城攻击游牧民族的情况发生，但对于长城以外的地域却并不看重。相反，游牧民族南下虽短暂进入长城以内，却终将被驱逐，因为这是秦始皇为中华民族划定的心理防线。

046 焚书坑儒是怎么回事？

因为经历了百家争鸣，秦朝在统一中国以后，当时的社会思想和意识形态是多元化的。在实施一系列措施后，秦始皇将这一片幅员辽阔的疆域整合为一个统一的多民族国家，但思想上的统一仍是一个亟待解决的问题。秦始皇三十四年（前 213 年）下令焚烧秦史以外的各国史书，次年，将犯禁的460名方士坑杀于咸阳，史称之为“焚书坑儒”。这一举措在全国范围内得以实行，在遍及全境的大火中，秦以前的中国古典文献，除自然科学（医药、种树）及神学（卜筮文献）以外，全部历此浩劫。

焚书的经过大体如下：秦始皇三十四年（前213年），时任博士的齐人淳于越反对实行“郡县制”，要求根据古制，分封子弟，即采用西周分封诸侯的旧制。丞相李斯当廷加以驳斥，并主张禁止“儒生”（读书人）借古讽今，以私学诽谤朝政。秦始皇采纳了李斯的建议，开始着手统一思想的行动，他下令焚烧秦国史书以外的列国史书，对不属于博士馆私藏的《诗》《书》等也限期交出烧毁；严禁学习《诗》《书》，以古非今者灭族；禁止私学，想学法令的人要以官吏为师。这一切首先对先秦时期活跃的士这一阶层以沉重的打击，同时禁止私学也从根本上消除了孕育“士”群体的土壤。禁止议论国政，则明确宣示了对先秦百家争鸣的打压。这一措施虽然对战国以来思想混乱的局面具有整合的作用，但也是对先秦思想的一次阉割。从此，先秦诸子百家对政治的议论不复存在了，他们逐渐走向衰落。

在焚书的次年，即公元前212年，秦始皇又将460余名术士坑杀，这就是所谓的“坑儒”。其经过是这样的：秦始皇统一了六国，统一了思想，修建了长城，做完这一切后自以为完成了秦朝的千秋基业，于是便把注意力转向对求仙及长生术的探求上。当时的方术之士则投其所好，自称可以为其找到神仙真人，并求得长生不死之药。在方士的描述和吹嘘下，秦始皇对此深信不疑，甚至宣称：“吾慕真人，自谓‘真人’，不称‘朕’。”并豢养了大批方士从事求仙以及从事长生药的炼制，这就为当时的方士群体提供了重要的生存平台，并使他们走上政治舞台。但时日稍久，他们的许诺无一应验，种种奇谈怪论更是毫无实据，长生药制造的失败终于使秦始皇失去了耐心。秦朝法律规定：“不得兼方，不验，辄死。”方士终于黔驴技穷，为首者侯生、卢生甚至密谋逃亡。执政者对他们态度的改变极其愤怒，《史记》记载侯生、卢生这时开始非议秦始皇，说“始皇为人……专任狱吏，狱吏得亲幸。博士虽七十人，特备员弗用”，

“上乐以刑杀为威”，未可为之求仙药。民间方士如此玩弄一个开创中国几千年君主专制体制的皇帝，其危险性可想而知。在这种情况下，秦始皇将460名方士全部坑杀，并在全国范围内对方士群体进行严厉打击。此一事件，后世往往将它与焚书并列，合称为“焚书坑儒”。

在秦始皇统一初期，战国时代虽已落幕，但百家争鸣之余波尚存，“士”群体仍然活跃在社会上和政治中，发表见解、批评时政的传统仍在延续。作为一个刚刚统一的帝国，意识形态的控制和统一，对于其巩固统治至关重要，形成共同的价值观是保证社会对政权认同的前提，也关乎政权的正统性问题，无疑秦始皇已注意到这一点。因此，政治经济的大一统，对于政权获得认同这一宏大目标远远不够，最关键的是思想的统一，以形成统一的核心价值观念，才能维护已建立的千秋基业。

秦初社会上影响最大的两家为儒家和法家，儒家尊古，秦始皇开创的恰恰是一个崭新的时代，采取的一系列治国措施也是从未出现过的新制，这是与儒家思想直接矛盾的。失去昔日荣耀的六国贵族，借助儒家的“克己复礼”，希望恢复周朝的分封制。秦始皇借方士事件，开展了一场轰轰烈烈的思想文化运动，虽手段过于激烈，但对执政者而言，无疑是明智之举。秦始皇的这一政策，在此后的帝王那里频繁被采用，到汉武帝实施“罢黜百家，独尊儒术”以后，中国大一统思想正式建立。此后所有的统治者，基本上都把儒家思想作为国家的核心思想。

需要指出的是，秦朝的“坑儒”与汉朝的“尊儒”，其实质基本相同，目的均在于统一思想。不同的只是秦朝主张法家治国，而汉朝采用儒家治国而已。实际上自汉朝以后，历代统治者均采取“阳儒阴法”的手段治国。

047 秦都咸阳与阿房宫是如何营建的?

秦国兴起于关中，在统一之前，经历了多次迁都。最初从泾阳迁至栎阳，随后经历了秦孝公时期商鞅变法，国力大增，为了便于对中原诸国的进攻，于公元前 350 年迁都咸阳。至此，秦国确立了向东方的发展趋势。关中平原在周室东迁以后，淡出中原视野，秦国也因此避免了早期与中原诸侯的纷争，在经历了长期的努力之后，公元前 221 年统一全国。

咸阳位于八百里秦川腹地，是关中连接关东的重要交通枢纽，渭水穿南，九峻山亘北，山水俱阳，故称咸阳。咸阳作为秦的都城时间长达 144 年，从秦孝公十二年第二次变法到秦王朝灭亡。从秦国到统一后的秦朝，大体可分为三个发展时期：孝公时期定都，为初创时期；惠文王到庄襄王时期长期稳定，为咸阳的发展时期；秦始皇在位时期达到鼎盛。

对于秦迁都咸阳的原因，主要可以从以下几点了解。从战略上说，秦从泾阳迁都栎阳以后，随着献公、孝公改革的深入，秦国和魏国在国力对比上实现了从追赶到超越，战争中也逐渐占据上风，开始收复失地，秦国对魏国由守势变为攻势，从此确立了对于东邻的优势地位。魏国在洛河上修建长城后不再西顾，而是集中力量向东与诸国争衡。这时秦国迁都咸阳，无须顾虑魏国的打击，又可以尽情发展自身，为以后兼并东方六国打下基础。从地形而言，咸阳具备天然优势，南临渭水，东依泾水，与迤逦起伏的秦岭遥遥相望，南北环抱，进可攻退可守，是建都的理想场所。从交通上说咸阳亦更为便利，道路可达关中各个区域，对于统御关中也有其天然优势。交通的优势是自古迄今选择都城时必须考虑的因素，咸阳附近道路密集，可谓交通枢纽之地，来往于东南西北的人民都需要经过此地，是一个重要的渡口，“咸阳古渡”的说法正反映了这一情况。当时关中通往外地的主要道路有函谷道、武关道、蒲关道、渭北道，这些古道无一例外地都经过咸阳。在经济环境上咸阳也优于栎阳。咸阳一带土地肥沃，是西周的近畿地区，开发较早，比栎阳一带的盐碱地更利于农业的发展，同时交通的便利也从侧面衬托其经济上的优势。

咸阳都城的设计，对于古代都城规划思想既有继承，又有改革。从总体布局而言，咸阳的设计体现了法家思想和“天人合一”的思想，以体现秦统治者至高无上的地位。建造壮丽、宏伟、威严、豪华的朝宫及设计完善的都城规划，使咸阳远远超出了西周的沣京、镐京和六国都城的规模，象征着封建皇权的专制统治和对东方六国战争的胜利，象征着统一事业的完成。在强调中央集权制的同时，也体现了“天人合一”的思想。把咸阳都城与天极观念结合起来营造，既是为了显示王权至上和君权神授的思想，也可以看出其具有上下对应的关系，都城建筑物平面各点与空中星象平面各点具有垂直的投影关系。咸阳都城跨渭河南北两岸，以地势高亢的渭北地区为主体，地理位置上极为优越，呈俯瞰全城之势。建筑布局依据地形，以渭河为纬向轴线，以咸阳宫为经向轴线，以两线交点横桥为中心向四周散布，借助地理形势建构城市布局，形成了以咸阳宫和阿房宫为中心的都城区及向外扩展的京畿地区。

秦都咸阳有无外郭城至今未能形成定论：主张有外郭城的认为，战国时期的各国都城均有外郭城，且仿咸阳而建的秦始皇陵也存在完整的外郭城建筑痕迹，故秦都咸阳应有外郭城；主张没有的则指出考古工作者至今未能发现外郭城迹象，同时秦都咸阳从秦孝公开始建设，一直处在不断的扩建中，这种不断发展的城市，是不可能在事先建立外郭城来加以限制的。直至目前，这种争论尚未有定论。

秦阿房宫遗址位于今陕西省西安市未央区赵家堡、聚家庄一带，其范围东至皂河西岸，西至长安区纪阳寨，南至和平村、东凹里，北至车张村，总面积 11 平方公里，在现辖域内约 7.8 平方公里，现属西安市西郊的城乡接合部区域。阿房宫被誉为“天下第一宫”，是中国历史上第一个统一的多民族君主专制国家——秦帝国修建的新朝宫。据载，早在秦惠文王时期就在这里修建了离宫，宫殿尚未建成而秦惠文王去世。秦始皇三十五年（前 212 年）在此修建阿房宫，在一定程度上利用了惠文王时修建的基础，秦二世胡亥元年（前 209 年）继续这一工程。打算在建成后，作为秦朝的政治中心。然而直至秦朝灭亡，这一宏大工程仍未能完工，最终夭折。秦末项羽入关，这座耗费秦国几代帝王心血的宫殿被付之一炬，化为灰烬。它的修建过程见证了秦帝国的辉煌，也伴随着帝国的衰亡而谢幕，作为一个未完成的工程，带着巨大的遗憾，成为秦王朝的陪葬品。这一地区在汉代属上林苑范围，曾加以利用和扩建，但所谓扩建仅为废墟中的建设，并没有在规模上有所扩大，汉末废毁；南北朝时这里建有佛寺；宋代遂演变为农田。从《史记》开始，秦阿房宫即被描述为无比恢宏、壮丽和奢华的宫殿，唐朝杜牧作《阿房宫赋》，更是起到了推波助澜的作用，使其确立了“天下第一宫殿”的地位。清袁耀绘制《阿房宫图》，从而将历代人对这一宫殿的设想加以归纳，把这一被幻想为人间仙境的宫殿直观地描绘出来，对其规模的演绎已远远超出了其实际状况，而这些均源于司马迁在《史记》中的记载。一项持续经年的考古成果面世后，阿房宫终于露出它的实际面貌，人们才发现这是一个延续两千多年的骗局。且在历代文人心中不断扩建的宫殿，即文献记载中以及人们心中的阿房宫与实际的阿房宫差异竟有天壤之别。这时我们才看到，阿房宫的前殿建筑事实上仅处于设计规划阶段，而不是已经投入使用的宫殿。汉初立国出于粉饰本朝丰功伟业的政治需要，不断妖魔化秦始皇时代的统治，使阿房宫建筑被严重夸大，从而作为秦始皇的重大罪行，借以体现汉朝的“替天行道”。

从历史记载看，阿房宫的修建过程历经坎坷，秦王朝最初征集刑徒 70 余万同时分别修建秦始皇陵和阿房宫这两项工程。公元前 210 年，秦始皇身死，骊山陵墓的紧急需求遂使统治者不得不停止阿房宫工程，中间停工长达 7 个月，秦二世元年，在紧急赶工下骊山陵墓完成，刑徒被从骊山陵墓转移过来，阿房宫的工程才得以继续。当年冬天起义军进入关中，阿房宫数十万劳工又被临时征调，组建为军队，抵抗起义军，阿房宫的修建也至此中断。故阿房宫的修建一直在断断续续中进行，除去中间停工的时间，按计划有条不紊的修建时间前后总共为两年零 7 个月。在如此短暂的时间内修建的宫殿，我们无法想象会达到如何恢宏的程度，纵然计划蓝图宏伟壮丽，恐怕此时的修建规模也相当有限。

考古工作的开展，解开了阿房宫神秘的面纱，对传说中阿房宫建筑群包含的“秦始皇上天台”遗址、“磁石门”遗址、“烽火台”

遗址的发掘表明，这些均为高台建筑，虽然坚固的夯土已然建成，并发现伴随有战国中期和晚期遗物，可以判定其基础应始建于战国时期，然而阿房宫的修建仅仅是在此基础上的扩建，且现场并未发现有焚烧痕迹。延续多年的考古工作证明，当时的阿房宫前殿建筑只修建了规模宏大的地基，且其中尚有很大一部分为战国时期的旧基，地面上的主体建筑并未修建，那么项羽火烧阿房宫经久不息的传说就是子虚乌有了。

综上所述，我们可以得知，阿房宫的修建，是秦始皇打算在原有建筑基础上形成宫殿群，但在两年有余的修建过程中，进度极为有限，考古工作的开展证明其已完成的主体部分均完成于战国时期。阿房宫在秦代以后，被人们越说越大，尽管人们出于“善意”，以秦之暴政、急政而很快灭亡为戒，但历史事实却不能随意夸大，我们必须正视历史事实。

048 秦始皇陵与兵马俑的情况是怎样的?

我国古代的陵园建筑，是君主专制社会政治生活中的一个重要组成部分，作为宣扬至高无上尊严的一种重要表现方式，君王往往不惜集中全国的人力和物力营建陵园，塑造死后的尊严。历代封建帝王为了巩固统治，维护帝王的权威，均不惜代价地修筑陵园，这一行为固然是为了死后王国的塑造，同时也是对政权崇高性的巩固，陵园的宏伟与政权的尊严塑造之间一直存在密不可分的关系。

秦始皇时期，随着统一中央集权国家的建立，为了与至高无上的皇权相适应，形成了日益完善的中国古代帝王陵园布局规划，出现了高大的陵冢和供死者灵魂起居的寝殿建筑，秦始皇陵即是这一时期的代表。其地理位置位于西安临潼区东 5 公里处的骊山北麓，故往往称之为“骊山陵墓”。选址于此主要因为其地理位置的优越，南为骊山，北有渭河。考古发现在华清宫遗址上存在秦时离宫别馆“骊山汤”，且当时阿房宫有专门阁道通往骊山，说明始皇生前应常往来于此游猎沐浴。

秦始皇嬴政自 13 岁即位时即开始筹划陵园的修建，由丞相李斯一手主持其整体的设计，大将章邯监督修建过程，前后时间长达 39 年，规模宏伟，工程浩大，开创历代帝王营建宏伟陵园的先河。皇陵现存陵冢高度为 76 米，陵园布局仿秦国都城咸阳格局，分为内外两城，内城经测量周长为 3.8 公里，外城周长 6.2 公里。陵冢位于内城西南方，坐西面东，这里是放置棺椁和陪葬器物的地方，是主墓室所在，为骊山陵墓建筑群的核心部分，目前尚未发掘。

考古工作者目前已对秦始皇陵周围 56.25 平方公里进行了调查和钻探，发现秦始皇陵园是中国历史上规模最大的陵园。以封土堆为中心四面各延伸 70.5 公里，在此范围内发现了众多的建筑遗址及陪葬坑、陪葬墓，地上建筑与地下建筑相结合。以下对其主要建筑稍加介绍。

封土堆：陵墓外部的主体建筑，此后帝王陵墓或积土成山或凿山为陵应即承此传统。《汉书》记载高度为 50 丈，折合约 115 米，经过两千多年的风雨剥蚀及人为破坏，现存封土堆呈覆斗形外观，中腰部有缓坡状阶梯，顶部为平台，实测封土堆底部南北长 350 米，东西宽 345 米，顶部平台东西长 24 米，南北宽 10.4 米。关于现存封土堆高度说法不一，因皇陵周围地形复杂，测量高度不能统一，人们常认为其高 76 米。

地宫建筑：封土堆下即为地宫，《史记》记载内部设有机关，以水银造江河大海，1981 年和 1982 年经中国地质科学院测试，发现始皇陵内部有强烈的汞异常反应，面积达到 12000 平方米，甚至外部也有强烈的汞蒸气泄露，足以佐证司马迁的判断。地宫内部布局有学者称与二十八星宿一一对应，据钻探得知，始皇陵有两重城垣，除南面内外城垣仍有局部存留地表，其余仅存地下墙基。内外城垣为规则长方形，呈“回”字形。另外尚有寝殿和便殿建筑，足以得知始皇陵的恢宏与完备。

兵马俑：1974 年 3 月，陵东的西杨村村民打井时无意发现，在骊山陵墓以东 1.5 公里的下和村和五垃村之间，存在有规模宏大的兵马俑坑。经考古工作者多年的努力发掘，揭开了这座埋藏地下两千余年的宝库。1975年国家决定在俑坑原址上建立博物馆。2009年，秦始皇陵兵马俑一号坑再次开掘，之后在一号坑北部中段，又出土彩绘兵马俑，不过出土不久就氧化掉色。秦始皇陵兵马俑被誉为“世界第八大奇迹”，成为全人类的文化遗产，虽然新中国成立后至今陆续于全国各地发现了汉代俑坑，但无论从体积还是制造精细程度均无法与秦俑媲美。

秦始皇陵铜车马

秦兵马俑坑共有三个坑，根据发现的前后顺序分别编为一、二、三号坑。一号坑最为雄伟，其占地面积为13260平方米，长230米，宽62米，是一个长方形军阵。这个大型军阵，有行动迅速的轻装步兵，阵型稳固屹立如山的重装步兵，灵活的侧翼部队，具有排山倒海的气势。坑的中间，排列着有38路战车和步兵的纵队，组成军队的主体。坑底夯土，铺有四种类型地砖，整个俑坑被10道夯土隔墙，分离成东西向11条过道，南北两侧两条南北向过洞。

1976年4月至5月间，考古队在一号坑的东端北侧有目的的钻探工作中，又发现了一个有兵马俑的坑——二号坑。二号俑坑呈曲尺形，位于一号坑的东北侧和三号坑的东侧，东西长96米，南北宽为 84 米，总面积达到 6000 平方米。坑内建筑与一号坑相同，但布阵更为多样，兵种更为复杂，是三个坑中最为壮观的军阵，向我们展示了不同兵种联合作战的面貌及相互结合的方式。它是由骑兵、车兵和步兵（包括弩兵）组成的多兵种特殊部队，相对于一号坑而言，这里应该属于精锐部队。二号坑有陶俑陶马 1300 多件，战车 80 余辆，青铜兵器数万件，其中将军俑、鞍马俑、跪姿射俑为首次发现，但二号坑兵马俑损坏程度严重，现场发现焚烧痕迹。二号坑东、西两端各有 4 个斜坡门道，北边有 2 个斜坡门道，俑坑坐西面东，东面恰为正门所在。坑内布局分为 4 个单元。第一单元，位于俑坑东端，四周长廊有立式弩兵俑 60 个，阵心由八路面东的 160 个蹲跪式弩兵俑组成。弩兵采取阵中设阵的编列，这种结构有利于临战时内外军阵立、跪起伏轮番射击，以弥补弩张的缓慢。第二单元，位于俑坑的右侧，由 64 乘战车组成方阵（车系木质，仅留遗迹）。每列 8 乘，共有 8 列。车前驾有真马大小的陶马 4 匹，每车后一字排列兵俑 3 个，中为驭手拉马辔，另两个分别立于车左和车右，手持长柄兵器。第三单元，位于中部，由 19 辆战车、264 个步兵俑和 8 个骑士俑组成长方形阵，共分 3 列。每匹马前立骑士俑一个，一手牵缰绳，一手持弓。每乘车后除 3 名车士外，还配有 8 至 36 个步兵俑。第四单元，位于军阵左侧，108 个骑士俑和 180 匹陶鞍马俑排成 11 列横队，组成长方形骑兵阵。其中第 1 和第 3 列为战车 6 辆。每匹马前，立胡服骑士俑一个，右手牵马，左手持弓。而俑坑内的 108 件骑兵俑是我国考古首次发现的完整形象的古代骑兵，在服饰装束及排兵布阵等方面都向我们展示了古代骑兵的临战布局状况。与步兵、车兵俑显然不同，骑兵俑头戴圆形小帽，帽子两侧带扣系在颌下，身着紧袖、交领右衽双襟掩于胸前的上衣，下穿紧口连裆长裤，足蹬短靴，身披短而小的铠甲，肩上无披膊，手上无护手甲。衣服具有短小轻巧的特色，铠甲显得简单而灵活，这些表现了骑兵与步兵在铠甲设计上的差异，骑兵俑特殊的装束也与骑兵的战术特点密切联系。我们知道战国后期赵武灵王开展胡服骑射，骑兵正式作为单一兵种出现在战争中，而这里出土的骑兵俑，形象地展示了其服装特点与步兵的不同，这明显受到胡服骑射的影响。

三号俑坑发现于 1976 年 5 月，面积约为 520 平方米，整体呈凹字形，由南北厢房和车马房两部分组成。车马房中有一辆驷马战车及乘车的四件兵马俑，它与普通的三人战车明显不同。三号坑共出土兵马俑 68 个，与一号坑不同的是这些兵马俑均无头。从三号坑的内部布局看，所有外围兵俑均面朝外部，呈防御观察态势，从盔甲装束可见，这里应为一、二号坑的指挥部。三号坑是三个坑中唯一没有被大火焚烧过的俑坑，故出土时陶俑身上的彩绘残存较多。春秋战国时期，随着战争规模扩大，排兵布阵及作战方式与以往也有很大不同，战阵演化不拘一格，指挥者作为军队的首脑，极易受到攻击而致军队溃散，故其位置也由最初的前军转移至中军。秦国的战阵更直接将指挥者从中军中独立出来，成立独立的指挥所，这是战争史上较为突出的进步。

兵马俑的发现意义重大，千百年来历史学家一直在史籍中摸索战国及秦代战争的过程，却从未得到有力的证实。它的发现向我们形象地展示了秦朝军队指挥和排兵布阵的格局，为我们了解秦国及战国时期战争表现提供了有力的证据。同时轻重装步兵的排列格局更展示了临敌状况下军阵的冲锋顺序。兵马俑的服饰及装束，也向我们展示了秦代服装的特点，以及“胡服骑射”对于服饰改变的程度。

049 指鹿为马是怎么回事？

“指鹿为马”一词出自《史记·秦始皇本纪》。大宦官赵高试图掌控秦朝政局，打击异己，为了确认朝中大臣是否承顺自己的意愿，他向秦二世进献一头鹿，而称其为马，二世并不认同，而询问朝臣，秦朝百官慑于赵高的淫威，纷纷称其为马，而直言称鹿者，均被赵高认为异己，遭到杀害，经此一事，赵高消灭了朝中的异己力量，完全掌握了秦朝政权。“指鹿为马”的典故流传至今，用来形容混淆是非、颠倒黑白的行为。

秦二世墓

故事的主人公赵高，本为秦国宗室苗裔（《史记》认为他是赵国宗室远亲），入秦宫为宦官（一说赵高为“宦官”乃后世曲解），任中车府令，兼行符玺令事，也就是掌管秦王兵符、玉玺等事。公元前210年秦始皇死于沙丘（今河北广宗西北），赵高发动政变，隐瞒秦始皇死讯，威胁利诱丞相李斯，合谋伪造诏书，逼死秦始皇长子公子扶苏，同时设计将率领30万大军的大将军蒙恬害死。蒙恬顾忌家族世代为秦朝忠臣，不愿举兵造反辱没先人忠义之名，无奈之下自杀。赵高在做完这一切以后，另立秦始皇幼子胡亥为皇帝，是为秦二世，赵高自任郎中令。直到从沙丘宫返回秦都咸阳后，才宣布秦始皇死讯并为其举办丧事。从此赵高在朝中利用与秦二世的关系，掌握了一切大权，并逐步控制秦二世本人，蒙蔽视听。秦二世二年（前208年），他已牢牢掌控了秦二世，将其变为傀儡，为了进一步掌控朝权，又设计将朝中唯一能与之抗衡的丞相李斯逮捕，在经过一系列的折磨摧残后将其于东市腰斩，并灭其三族。次年，赵高接替李斯担任丞相，从此进一步掌控了朝廷，气焰更加嚣张。与此同时秦末农民起义在不断发展，秦将章邯在取得最初的胜利，打败陈涉、吴广的起义军之后，在巨鹿之战中兵败，主力部队被楚军击败，其本人投靠项羽。在秦国政局急转直下时，赵高仍在咸阳不断扩张权势。“指鹿为马”即发生在此年九月，经此一事，秦二世自认为精神错乱，出现幻觉，于是困守皇宫，足不出户，闭绝视听，过上类似隐居的生活，赵高此时权势达到了顶峰。秦二世后来逐渐意识到赵高掌控朝廷，对自己不利，于是暗中酝酿诛杀赵高，然而这一计划很快被赵高获悉，并将计就计伪造了一场叛乱，逼迫秦二世自杀，将公子子婴（公子扶苏之子）

立为皇帝。由于此时全国境内起义鼎沸，秦国军队主力已被消灭，这种形势迫使子婴放弃皇帝称号，改称秦王，希望通过这一让步与起义军讲和，放弃关东六国领土，保有关中，从而维系他在秦国的统治。

秦王子婴即位后，赵高加快了谋国篡权的步伐，子婴当然不能坐视不理，不久他设计将赵高诱入宫中，亲手将其刺死，并诛杀其三族。至此，这个在秦始皇后期即炙手可热的人物，在秦国濒临覆灭之时结束了他的一生。“指鹿为马”作为赵高专权环节中的一个传说，不管其是否真实存在，都印证了赵高在秦朝不断扩大自身权势的作为。这一典故，在历史上还包含两个方面的含义，一指皇帝的昏聩无能，一指权臣的专横跋扈。

另外，需要指出的是，赵高是秦汉时期的书法大家，东汉许慎《说文解字序》记载:“赵高作《爰历篇》，取史籀大篆，或颇省改。”北魏王愔《古今文字志目》中列举秦、汉、吴三朝书法家59人，其中就有赵高。南朝宋羊欣称赵高“善大篆”。唐张怀瓘《书断》卷上《大篆》载:“赵高善篆，教始皇少子胡亥书。”赵高著有《爰历篇》六章，曾是秦二世的书法老师。

050 陈胜、吴广起义的意义何在?

正当中国社会在秦王朝暴政统治下无法解脱的时候，一场惊天动地的农民战争及其引发的连锁反应使社会解脱了危机。最初点燃烽火的两个人物是陈胜和吴广。秦二世元年（前209年）七月，一队开赴渔阳（今北京密云西南）的闾左戍卒900人，在两个县尉的押送下，遇雨停留在大泽乡（今安徽宿州境内），不能按期抵达。按照秦律，延误时间将被判处死刑，在这种进退两难的情况下，他们举起了反秦大旗，揭开了秦末农民战争的序幕。

陈胜，阳城（今河南登封东南）人，吴广，阳夏（今河南太康）人，他俩在这九百戍卒中任屯长。在生死攸关之时，二人决意联合举兵，在经过简单筹划之后，以公子扶苏、项燕为口号，发动了起义。据《史记》记载，陈胜早怀鸿鹄之志，且对当时社会具有一定的观察，这在最初起义的筹划中可以看出。然而就起义的口号而言，不免漏洞丛生。二人均为楚人，起义亦爆发在楚地，以战国时楚国将领项燕为口号固然甚合时宜，项燕在秦国灭楚过程中，一直抵抗到最后，直至战死，其不屈不挠的精神在楚国境内一直广为流传；然而同时抬出了毫不相干的秦始皇长子扶苏，则未免牵强，因为这对楚地居民无任何号召力可言。在起义前夕假扮狐狸悲鸣“大楚兴，陈胜王”，也显示当时人所具有的强烈的鬼神观念。

起义军很快占领了大泽乡，进而攻占了蕲县，巩固了根据地，然后向东展开攻势，在陈胜部将葛婴的带领下很快占领了今河南、安徽境内的大片土地。在行军过程中起义军不断得到壮大，随即北向进攻陈县（今河南淮阳）。在这里他们的影响空前扩大，六国时期的很多旧贵族如张耳、陈余、魏咎、周文也纷纷依附，一时之间陈县成为起义者的中心，一切反对秦朝的旧贵族和不堪朝廷重负的平民都在向这里靠拢。起义军在这里开始建立政权，陈胜自称张楚王，以房君蔡为上柱国，朱房为中正，胡武为司过，中国历史上第一个农民起义军政权在这里草草创建，尽管极为粗略。起义军在陈县的胜利，使大泽乡燃起的烽火，飞速蔓延到全国的大部分地区。从空间分布而言，这些地区基本都属于原关东六国的统治区域，故这次起义亦可被看成六国境内居民共同反秦的举动。原本散布在各地的零散力量，很快以陈县为中心，汇合成一支巨大的洪流，成长为一支秦王朝不得不重视的力量。

随后起义军开始向西、北、南三面出击：南路邓宗率军攻九江郡，北路武臣、张耳、陈余率军渡过黄河向魏国旧地挺进，主力军则向西对秦王朝的统治中心——关中进攻。西路军具体又分为三路：一路由假王吴广率领进攻荥阳，以打开通往秦都咸阳的大道；一路由宋留率领，从南阳（今河南南阳）直叩武关，以突破进入关中的另一通道；最后一路主力军由周文率领，直捣咸阳。这样，在全国的广大地区，形成了起义军对秦王朝腹地围攻的形势。

农民起义固有的弱点很快随着高奏的凯歌逐步暴露，经历了最初的胜利以后，起义军内部出现分裂。北路军武臣在旧贵族张耳、陈余鼓动下自立为赵王，脱离了起义军。周文军队在进入关中后，孤立无援被章邯击败，随后吴广军队也被章邯击败，其他各路多拥立旧贵族自立，争权夺利导致各支军队纷纷脱离陈胜，或自立为王，或拥立旧贵族为王，将已取得的战果拱手让人。这时的起义军都城——陈县则完全被孤立，很快也被击破，陈胜被杀，轰轰烈烈的陈胜、吴广起义在高歌猛进中轰然崩塌。

这次农民起义虽然失败了，但其首创之功是不可磨灭的，随后在全国各地引发的起义数不胜数，秦王朝正是在之后的浪潮中结束了统治，正是陈胜的起义引起的破冰效应，加速了秦王朝的灭亡。陈胜起义虽然很快失败，但它引起的全国范围内的起义却一直在持续，秦王朝在关东的统治已基本宣告结束。它的意义更在于从根本上动摇了秦王朝统治，为之后项羽、刘邦灭秦创造了有利条件，在中国农民战争史上占有重要地位，对后面的封建统治者也是一个极好的教育，汉初的休养生息政策和开明统治很大程度上是受农民起义的影响。

起义最初即提出“王侯将相宁有种乎”的口号，向一直以来的贵族血统制度发出挑战，揭开了中国古代平民阶层对王侯将相位置从艳羡到问鼎的过程，是下层社会首次有意识地试图对等级制度重新洗牌的举动。从这一角度上说，这一口号并非所谓反对皇权与贵族制，它的含义在很长时间内被误解。事实上它指的是，要当王侯将相不一定靠祖传，像陈胜这样佣耕的人，只要有决心，也可以染指王侯将相的地位。所以这是一次试图推翻旧的等级制度，以自身为核心建立新等级制度的尝试。

051 破釜沉舟是怎么回事？

这个成语主要是指断绝后路、一心进取之义，来源于项羽与秦军之间的巨鹿之战。在秦末的农民起义战争中，这是全面扭转战局的一次战役，也是中国历史上著名的以少胜多的战例，故事的主角项羽经此一战，威慑了秦末起义中纷纷自立的所有势力，为以后西楚霸王的地位奠定了基础。这一举措在这次战役中起到至关重要的作用。

项羽（前 232 年—前 202 年），名籍，字羽，下相（今江苏宿迁西南）人，他是中国军事思想“勇战派”代表人物，与“谋战派”孙武、韩信等人齐名。项羽是楚国名将项燕之孙，对于他的事迹，更需从农民起义说起。

陈胜、吴广起义消息传来后，项梁、项羽叔侄在会稽（今浙江绍兴境内）杀太守举兵，随后率八千子弟渡江，挥师北上。首先与陈婴领导的东阳（今安徽天长市西北）起义军会合，渡过淮河后又合并了英布和蒲将军的队伍，至此这支军队已经达到六七万之众，抵达下邳（今江苏睢宁西北）后安营扎寨。在陈县被攻破，陈胜被杀，各路起义军群龙无首的情况下，他们及时地填补了这一空缺，他们仍然打着“张楚”的旗号，成为起义军的领袖。各地分散的起义队伍纷纷向下邳集中，很快下邳成为新的中心，成为这时各地起义军的聚集地。

这支起义军在北上攻秦的道路上，受到陈胜起义军的分支秦嘉的阻击，项羽打败秦嘉合并了这支军队，从此在正面与秦军交战。这期间 70 岁的范增前来投靠，建议项梁立楚国国君后代为王，于是找来已经沦为放羊娃的楚怀王孙子熊心，立为楚怀王（义帝），封陈婴为上柱国，项梁自立为武信君，建立了更为完整的领导机构。从此楚怀王成为各地起义军名义上的领袖，推翻秦王朝的战争进入了一个新的阶段。

项梁在此后的战争中被杀，楚怀王从盱眙迁至彭城（今江苏徐州），以此为中心收拢分散在各地的起义军。经过这次调整，克服了项梁死后出现的危机，各路兵马重整旗鼓，统一在以彭城为中心的号令下，继续向秦王朝发动攻击。

巨鹿之战是由河北境内的战事引发。陈胜派出的一支北路大军入河北后不久，将领武臣即自立为赵王，不久武臣又在内部斗争中被杀，张耳、陈余迎立战国时期赵国后代赵歇为王，赵国贵族复国成功。章邯在攻灭陈胜起义军以后，扫平中原，认为南方崛起的起义部队不足为患，将河北建立的赵国政权作为他的打击目标。章邯移兵北上进入河北境内，直接将兵锋指向赵王歇。此前秦将王离与赵王歇、张耳、陈余苦战于巨鹿（今河北平乡西南）。章邯军队先至赵国国都，随即与王离会师于巨鹿。赵国形势顿时危急起来，于是求救于楚。楚怀王派宋义为上将军，项羽为次将，范增为末将，率主力军北上救赵。秦末具有决定性的战役——巨鹿之战就这样拉开了帷幕。

在北上救赵的过程中，因宋义逡巡不前，项羽遂杀死宋义，自任上将军，怀王同时令英布、蒲将军同归项羽指挥。面对 30 万秦军，前锋英布经过几次艰苦作战，无法取得进展。项羽随后率军北上，渡过漳水之后，凿沉渡船，打破釜、甑，焚烧营帐，每人只携带三天粮食向巨鹿挺进，以显示起义军义无反顾的决心与气概，“破釜沉舟”一词正是由此而来。而在此前各路旧贵族的诸侯军早已到达，畏惧秦军强盛，纷纷筑起营垒不敢迎战。6 万楚军在项羽带领下首先将秦将王离包围，切断秦军甬道，断绝其粮草供应，随后与秦军进行了 9 次大战。《史记》描述楚国战士喊声震天，无不以一当十，大破秦军，诸侯军队从营壁上向下观望，被楚军的气势慑服，心惊胆战，为之色变。如此高涨的士气和所向披靡的战斗力，与项羽的破釜沉舟之举有着很大的关系，起义军已无退路，只有奋勇向前。

经此一战，秦朝将军王离被俘，苏角被杀，涉间自焚。随后项羽又闪击秦军主帅章邯军队于污水（今河北临漳县西），章邯由于损兵折将，士气大损，同时又因为孤军远征，缺乏后援，在走投无路、无可奈何之下，只好率余部 20 余万投降项羽。从此秦朝赖以扫荡起义军的唯一一支部队被全部消灭，无力再组织军队镇压起义军，完全处于守势。

经此一战，项羽完全慑服了各路诸侯，从此，他成了各路反秦军队的实际首领，各路诸侯无不服从项羽的号令，楚怀王已名存实亡。另一方面秦朝由于主力被歼，遂完全放弃了收复六国地域的奢望，采取守势，任由起义军在关东自由发展。这是秦末农民起义战争的转折点，从此以后起义军势如破竹，直至颠覆秦王朝统治。破釜沉舟之举，将项羽英勇善战的特点展露无遗，在以弱敌强的艰难形势下，为最终取得胜利起到了至关重要的作用。

052 刘邦为什么能在鸿门宴上顺利脱身？

鸿门宴，指刘邦、项羽在公元前 206 年于秦朝都城咸阳郊外的鸿门（今陕西西安市东北鸿门堡村）举行的一次宴会，这是秦末农民起义胜利后做的第一次权力分配。这次会面的结果被认为是开启了此后楚汉之争的序幕，同时也被认为间接促成项羽败亡以及刘邦成功建立汉朝的转折点。后人也常用“鸿门宴”一词比喻不怀好意的邀请。详细记述最早见于司马迁的《史记·项羽本纪》。这是一场决定历史走向的著名饭局，最终以刘邦顺利逃脱而告终。当时双方军事实力的悬殊，政治背景的复杂，使刘邦的逃脱看似偶然实则必然，其过程曲折多变，以剑拔弩张开始，却以偃旗息鼓结束。

这一事件发生的背景源于起义军的兵分两路。项羽在楚怀王的指示下北上援赵，与此同时怀王又命令刘邦率军向西进攻关中，并与诸侯约定，“先入关者王之”。可以看出楚怀王的安排本来即不怀好意，两路军队，一路北上，一路西进，却昭示天下先向西进入关中的即称王，并统治关中，与此同时秦国主力部队均在河北，相比较而言项羽北上甚难，而刘邦西进甚易。引发鸿门谈判危机的种子恰由楚怀王种下。项羽经过多场恶战，在巨鹿消灭了秦军主力，此时秦王朝已成待宰羔羊，义军政权的建立只是时间问题。项羽劳苦功高，而刘邦却乘项羽鏖战巨鹿之时轻易进入关中，战果眼见为刘邦窃取。项羽此时等不及休整军队遂火速进军，冲破刘邦在函谷关设立的防线，直入关中。刘邦虽抢先占领咸阳，此时却无力抵御项羽的虎狼之师，于是撤出咸阳，驻军霸上，做出一副虚席以待的姿态。如何解决关中事宜成为两支起义军面临的问题，冲突正是在这一背景下展开的。期间穿插了几个关键人物，甚至因为他们而最终改变了鸿门宴的走势。

曹无伤：刘邦属下左司马，在这一关键时刻向项羽密报刘邦有称王关中的野心，直接引发了这次鸿门宴。事实上这一说法并无夸大的成分，刘邦在项羽鏖战河北时火速入关，其野心自是昭然若揭，更无须这一小卒密报项羽，而项羽尾随刘邦入关，秦国已灭，自是为争夺关中而来，而在此时刘邦撤出咸阳，两支起义军原本已无冲突。而曹无伤的行为，恰在这时为项羽讨伐刘邦提供了口实。

项伯：项羽叔父，秦时因杀人犯罪被张良所救，在项羽紧锣密鼓地部署消灭刘邦事宜之时，他连夜将这一计划告知时为刘邦谋士的张良。项伯是鸿门宴中最为关键的人物，在刘邦最终顺利逃脱事件上起决定性作用，是名副其实的项羽军中的叛徒。他在私见张良后又由后者引荐，与刘邦会晤，和盘托出项羽的计划，与刘邦缔结婚姻之约，并为其筹划对策，表示愿意从中充当和事佬，无意中却成为完全倒向刘邦的叛变者。返回项羽军中后，他极力为刘邦开脱，说服项羽放弃消灭刘邦的计划，将一场一触即发的战役浓缩为一场宴会，并在宴会上极力保护刘邦，因此他是刘邦顺利逃脱的最关键人物。

张良、樊哙诸人均在鸿门宴上发挥了一定作用。张良是刘邦一方全面把握鸿门宴局势变化并随时做出调整的关键人物，根据形势的变化，随机应变。樊哙在鸿门宴上的出现正是张良应对局势变化所采取的措施，也正是樊哙的出现改变了刘邦完全被动的局面。在剑拔弩张的形势下，刘邦完全处于待宰羔羊的地位，樊哙的出现改变了这一局面，项羽态度转变，形势获得缓和，为刘邦的逃脱创造了契机。

鸿门宴的经过大体如下：项伯密报次日，刘邦率领张良、樊哙等百余人亲至项羽军中拜谢，表明心迹——自己绝无野心。项羽直接告知因曹无伤密信方才兴师问罪，一时局势趋于缓和。范增则极力劝说项羽借机诛杀刘邦，无奈项伯的劝诱先入为主，始终无法说服项羽下定决心。于是范增招入项庄席上舞剑，试图借机刺杀刘邦，项伯却拔剑与其对舞，处处保护刘邦，致使此计又告落空。张良借机出营招入樊哙，后者闯营而入，指斥项羽背约。出乎意料的是樊哙非但并未激怒项羽，反而获得项羽的赞许，进一步动摇了项羽杀刘邦的决心，缓和了席上气氛。随后刘邦方能借口如厕离席，与樊哙、夏侯婴、靳强、纪信等逃出项羽军营，回到霸上军中，独留张良收拾残局。张良代表刘邦向项羽谢罪，说刘邦因饮酒过量，担心酒后失礼，遂先行返回。对此项羽也认为可以理解，使得这场剑拔弩张的争斗化于无形。

刘邦能够有恃无恐地出席宴会，正是因为项伯所做的承诺，项伯实实在在地履行了承诺，劝诱项羽，消除其诛杀刘邦的决心，范增虽然老辣果决，却始终无力改变局面。项羽的举棋不定，使刘邦早已立于不败之地。范增虽有诛杀刘邦的决心，最终却手握钢刀无处着力。鸿门宴因刘邦收买了项伯，宴会表面上剑拔弩张，事实上却稳如泰山。整场宴会，因项伯的铺陈，项羽从未稍动杀机，只有年迈的范增才是真正的对手，所以鸿门宴也是张良与范增的一次斗智，最终因项羽的举棋不定，范增一败涂地。

053 楚汉之争的结局如何？

陈胜、吴广起义失败以后，随着秦王朝力量的逐步衰弱，各地起义军在相互竞争中逐渐形成了以项羽为首的楚国力量和以刘邦为首的汉力量对峙的局面。公元前 206 年，秦王朝灭亡，同时也宣告了秦末农民战争任务的完成，事实上另一场战争也在这时拉开帷幕，最突出的两股势力——刘邦、项羽，为争夺全国统治权展开了你死我活的争夺，史称“楚汉之争”，最终以刘邦的取胜告终。

目前基本的看法认为刘邦入咸阳，秦帝国的灭亡，为秦末农民起义与楚汉之争的分水岭。鸿门宴之后，刘邦退出咸阳，项羽进入秦国都城，火烧咸阳宫，在发泄了楚人对秦的仇恨之后退出关中，定都彭城，自称西楚霸王，随即开始了对天下的分割。可以看出项羽鸿门宴上不杀刘邦的重要原因在于，他本人并不看重称王于关中。公元前 206 年正月，他迁楚怀王至江南，尊为义帝，都郴（今湖南郴州）。二月，将关中一分为三：章邯为雍王，据咸阳以西，都废丘（今陕西兴平东南）；司马欣为塞王，据咸阳以东，都栎阳（今陕西西安附近）；董翳为翟王，据上郡，都高奴（今陕西延安东北）。这三人均为秦朝降将，故后世遂将关中称为三秦。与此同时，项羽将刘邦封为汉王，统辖巴蜀之地，都南郑（今陕西南郑）。

在项羽分封后不久，齐国旧贵族田荣首先竖起反对项羽的旗帜，迫使项羽不得不出兵讨伐。这种局面为刘邦反攻中原创造了有利的时机。最初刘邦进入咸阳时，就与关中父老约法三章，获得了人心，在被封于巴蜀后，又向项羽求得汉中，获得允准后率军进入巴蜀，烧绝栈道，“示天下无还心”，以麻痹项羽，为自己赢得了厉兵秣马的时间。在这一时期内，刘邦拜韩信为将，制定了反攻三秦的计划。公元前 206 年 7 月，在项羽忙于与田荣、彭越等人的战争时，刘邦正式吹响了楚汉之争的号角。8 月，汉军采取明修栈道、暗度陈仓（今陕西宝鸡东）之策，一举占领了咸阳，并以迅雷不及掩耳之势扫平了塞王欣与翟王翳，完全占有了关中。忙于应付东方战争的项羽，无暇顾及关中局势的变化，只得任由刘邦在关中发展自身势力。刘邦在关中立住脚后，向东推进至陕（今河南陕县），为东进与项羽角逐做准备。

同时，张耳在与陈余的冲突中战败来投，张良也在这一关键时刻回到刘邦阵营。在项羽灭秦后分封的诸王中，反项羽的势力均不断向刘邦靠拢，也足以看出刘邦力量逐步在诸王中脱颖而出，相反项羽却并未注意到这一点，对这个逐步成长并最终成为自己最强的对手，并未给予足够的重视。刘邦这时定都栎阳，并开始健全辖区内的行政系统和机构。在政权建设的同时，刘邦继续向外扩张，陆续占领了陇西、北地。在一切条件发展成熟以后，他开始走上东征征途。

刘邦在关中紧锣密鼓地酝酿东征时，项羽却深陷在与齐国田荣的厮杀中。虽然城阳（今山东莒县）一战击破田荣，但其弟田横率领旧部继续抗楚，战争呈胶着状态。这时刘邦大举东进，先后降魏王豹、殷王司马卬，陈平亦在此时弃项羽投汉，刘邦很快就平定了河南地区。因项羽杀掉义帝楚怀王，刘邦乃为其发丧，这样刘邦为讨伐项羽就找到一个合理的理由，争取到多数诸侯的支持，使汉军在道义上、舆论上居于主动地位。

公元前205年，汉军东进攻陷彭城，取得了与楚军之间的首战胜利。此举引起了项羽对刘邦的重视，他迅速从齐地返回，一战而收复彭城，并一路追奔逐北，至荥阳形成两军对峙局面。经过一年的坚守，荥阳被项羽攻陷，刘邦孤身仓皇北逃，在获得韩信大军的支援后，汉军兵势复振。楚汉相争在今河南境内胶着，经历长时间的对峙，最终达成协议，以鸿沟为界，西属汉，东属楚（鸿沟为战国时魏国开凿的运河，其故道自今河南荥阳北引黄河水，东流经今中牟县、开封北，折而南经通许东、太康西，至淮阳东南入颍水）。

公元前203年，达成协议后，项羽罢兵东归，汉军随即尾随而来，最终刘邦会同韩信、彭越等各路诸侯军将楚军围困于垓下（今安徽灵璧南陀河北岸），一举将楚军歼灭，项羽自杀。

楚汉之争是由秦末农民战争直接演变而来，在秦灭亡以前，刘邦、项羽怀着共同的目的——推翻秦朝暴政，并肩作战。秦亡以后，随着共同敌人的消失，面对权力的重新分配，楚汉双方势不两立。秦朝虽然以暴政引起天下公愤，但它所建立的君主集权制度却代表了历史的走向。历史的发展要求建立高度集权的稳定的帝国，而项羽的政策却志在恢复战国时期的割据状态，其本人的地位俨然与春秋霸主相似。在历史的关口他采取了错误的选择，从而引发了各地诸侯的再一次激烈争斗。自秦末农民起义开始至汉灭楚，整个中国经历了一次自东向西，又自西向东的战争洗礼，灭秦以后本应建立统一的中央集权的政权，而项羽的错误选择，致使北中国在重建秩序的过程中，又重新经历一次战争的洗礼，故其最终失败是难以避免的。

054 汉高祖为什么要诛杀异姓诸侯？

在西汉王朝建立过程中，刘邦根据斗争形势的需要，出于策略的考虑，分封了八个异姓诸侯王。天下局势稳定以后，出于对政治稳定的需要，刘邦以种种借口，激化了潜在的矛盾，渐次废除其中的七个异姓王国，只有实力最为弱小且处于汉朝与南越势力之间缓冲地带的长沙国得以暂时保全。刘邦这一举措历来受到诟病，被称为“鸟尽弓藏”的恶劣表现，然而这一切都不是历史真相。专制主义的中央集权体制要求是一切权力向中央集中，而作为分封制残余的异姓王国的存在，偏离了这一历史要求，集权与分权之间的矛盾，使二者必成相疑之势，故而对刘邦诛杀异姓诸王的举措仍需从更深的层面解读。

汉高祖像

刘邦分封的八个异姓诸侯王分别是：赵王张耳、长沙王吴芮、淮南王英布、燕王臧荼、韩王信、齐王韩信（后徙为楚王）、梁王彭越、燕王卢绾（臧荼被杀后，卢绾被封燕王）。这八人中张耳、吴芮、英布、臧荼在项羽称霸时代，就以赫赫战功取得了封王的身份，卢绾、韩王信、韩信、彭越这四人则出自刘邦的首封。这些异姓诸侯王中，韩王信为韩国王族后裔，张耳、吴芮来自战国后期的旧贵族，其余五人均为秦末农民起义中逐步崛起的。

七个诸侯国中除长沙国未废，得以传五世外，其余均被废除，赵王张耳在刘邦开始整顿异姓诸王前病死，其余六人均不得善终。燕王臧荼，《史记》《汉书》均无传，在八王中相对而言生平事迹较为模糊，高帝五年（前202年）谋反，刘邦亲征，臧荼兵败被俘。张耳早死，其子张敖嗣立为王，娶刘邦女鲁元公主，为刘邦女婿。刘邦经过赵国，对张敖极为倨傲，致使其部下家臣心生怨愤，谋划行刺刘邦，因刘邦提前离开而未实施，然此事最终泄露，张敖因此事牵连，被降爵为侯，赵国被削除了。韩王信受封于楚汉之争时期，刘邦出于收复韩国故地的目的，封其为韩王以统御韩国故地，共同抗拒项羽。汉朝建立后，其价值也就荡然无存了，从此后他的经历看，刘邦完全是主动的寻衅，并借机削除其封国。韩王信最初被命防御匈奴，他在遭到匈奴攻击时无力抗御，于是首鼠两端于汉匈之间以图自存。此后刘邦亲征匈奴，其与匈奴交通的事迹败露，无奈之下逃入匈奴。楚王韩信为刘邦帐下最得力的大将，功勋卓著，居汉初三杰之一，对他的削除政策也相对较为复杂。最初刘邦诬其造反，在查无实据之下，无端将其降为淮阴侯。在陈豨叛乱事件中韩信遭到牵连，然而仍未能明确昭示其罪行，最终被吕后骗入宫中诛杀，遭受夷三族之祸。梁王彭越亦为杰出的将领，其军队自成一体，因此受到刘邦猜忌，仅因梁国太傅得罪彭越，逃出梁国后告其谋反，遂将其降为庶人，最终仍未能逃过被处死的命运。九江王英布亦为战将，在刘邦相继诛杀韩信、彭越后，汉初最杰出的三员将领中两人被杀，英布明白自己将会是下一个，在这种情况下只有举兵造反，最终在刘邦亲征的战争中战败被杀。燕王卢绾，刘邦的沛县同乡，芒砀山起兵时他就是核心成员，此后经历楚汉之争，一直是刘邦最为嫡系的势力，然而在废除异姓诸王的政策下，他也未能逃脱被废的命运。陈豨造反时与其往来密切，刘邦剿灭陈豨叛乱后，他因惧祸逃入匈奴。从以上七王被废的过程看，刘邦最先对实力相对较弱的韩王信、燕王臧荼下手，此后不断为其余诸王罗织罪名，相次消灭，最终才波及其幼年玩伴的同乡卢绾。

从被削除的六国具体情况看，大体分为以下四种情况：原本并无造反之心而被削国乃至诛杀的，如张敖、彭越；造反原因及事迹极为模糊的燕王臧荼；本无反意而迫于形势被逼造反的，如英布、卢绾；无端获罪遭贬而心怀不满甚至谋划造反的韩信。因此有谋反意识的仅韩信一人，而究其原因仍出于被迫。韩信在任楚王时本无任何造反迹象，无端被削爵降为淮阴侯，其对朝廷的不满可知，且其本人并非刘邦芒砀山旧部，军事才能及战功却十分突出，俨然有鹤立鸡群之势，遭到贬斥后为谋求生存而有所谋划亦属情理之中，故某种程度上韩信也可认为是被逼造反。

刘邦削六国及诛杀异姓诸王，究其原因，主要是中央集权制的发展与异姓诸侯王国的存在产生的不可调和的矛盾，是建立统一的中央集权制国家的客观需要。西汉初建，对立有赫赫战功的部将加以分封，这是对他们功绩的认可，同时也是在政权草创之初，为稳定局势而不得不采取的手段。然而他们的存在与君主集权的体制背道而驰，分权的需求在集权的车轮下是无力存活的，这才是他们被逐个消灭的根本原因。

西周能够实行规范的分封制，在特定时期内周天子和诸侯均能恪守分封制所确定的各种规范，这是由长期以来形成的各种社会规范和社会条件所决定的。到汉朝初年，早已是时过境迁，物换星移。社会形态已发生了很大的变化，分封制赖以存在的社会条件已经不复存在了。春秋中后期以来，在大国争霸和兼并战争的推动下，各国纷纷开展以富国强兵为目的的改革。伴随着各国政治改革的深入，残酷的兼并战争同时也驱使着各国不断集权，以便集中境内所有力量兼并他国或防止被兼并，集权已经成为时代的大潮。建立在分封制基础上、权力相对分散的政治结构逐步被集权的政治结构取代，社会心理意识也逐渐适应了专制主义体制发展所带来的社会环境的复杂变化。秦朝的统一，顺应了这一要求，专制主义的中央集权制得到继承并不断加强。虽然裂土为王仍为多数官僚所向往，但这种分权的要求与集权的潮流直接抵牾，在观念意识中，分封早已失去西周时的规范性和神圣性，只剩下没有内容的躯壳。故汉初分封，授受双方都不具备恪守分封规范的自觉意识。诸侯王的废立，完全出于君王一念之间，秦王朝已然建立集权先例，后世君主自然乐享其成。

在集权体制下，自由行权的诸侯王与中央集权无法长期并存，冲突爆发只是时间早晚而已。在这一背景下，同姓诸侯王的分封及实力膨胀，相对于异姓诸王较为滞后，故矛盾的激化以异姓诸王首当其冲。刘邦在诛杀韩信问题上，前后思想极为复杂，正是出于这一原因。如果不清楚君主专制的集权体制与分权之间的矛盾，仅从个人性格探讨“鸟尽弓藏，兔死狗烹”的原因，自然是南辕北辙。

055 汉朝为什么要与匈奴和亲？

汉朝与匈奴和亲的目的在不同时期而各不相同。前期主要是被动，武力不及，被迫无奈；汉武帝以后的和亲则出于联络，居于主动地位，而这些都和汉与匈奴之间的国力对比紧密相关。

刘邦建立西汉王朝时，匈奴在其首领冒顿单于统治下，实力正处于上升时期。冒顿单于是头曼单于的长子，既有远大抱负又工于心计，是汉高祖刘邦、汉惠帝刘盈、汉高后吕雉以及汉文帝的强大对手。公元前 209 年，冒顿率部下射杀其父，自立为单于。随后他轻易消灭了东面劲敌东胡，又乘胜西进驱逐大月氏，南下兼并楼烦、白羊，接着出兵燕、代，全部收复了秦朝蒙恬所占领的匈奴故地。此后，又征服了浑庾、屈射、丁零、鬲昆和薪犁，对西汉造成了严重的军事威胁。公元前 201 年，汉高祖刘邦率 32 万大军出击匈奴，这是西汉首次与匈奴正面接触。最终刘邦及大军被冒顿单于围困于平城白登山长达七天七夜，史称“白登之围”或“平城之围”。据应劭记载，为解围困，陈平令画工绘制美女画像送给冒顿阏氏，称愿以此女相赠以解围困，阏氏害怕汉女夺其宠爱，遣使劝说冒顿撤军。美人计率先在这里登场，为汉代和亲拉开了序幕。“白登之围”虽然得以解决，但匈奴对西汉的威胁并没有丝毫解除，强大的游牧民族带来的威胁，始终像达摩克利斯之剑悬在西汉统治者头顶。

刘邦脱困后采纳刘敬的建议，与匈奴和亲，开创了中国历史上以和亲为外交手段的先河。由此可见，西汉与匈奴的和亲是在迫不得已的情况下进行的，刘邦希望借助于和亲避免匈奴的进攻，而“白登之围”成为这次和亲的契机。

从当时和亲背景看，这一举措是有利于西汉的，为西汉国力发展赢得了很长的一段时间。故和亲在这时是具有一定必要性的，原因有三：第一，从汉初到汉武帝时期匈奴正处于蓬勃发展的上升阶段，冒顿单于短时间内统一整个北方草原，兵力强盛，而经过秦末农民起义和楚汉之争建立起来的汉帝国，则满目疮痍，在无法抵御的情况下，暂时的隐忍为自己赢得发展的时间，无疑是明智的。第二，匈奴处于相对落后的社会阶段，需要的是肥沃的牧场和众多的奴隶，相对贫瘠的北方草原不能满足他们的需求，其南下进攻汉朝的欲望十分强烈。第三，历史证明“和亲协定”对匈奴的约束力量不可小觑。以往人们都是关注汉朝的卑躬屈膝，事实证明在和亲协议签订后，匈奴虽然屡有扰边，但相对于此前的疯狂掳掠已较为收敛。由此可见，汉匈和亲是汉朝根据自身实力采取的不得已行为，从而尽可能地避免战争。

汉文帝在位时仍然沿袭了这一政策。文帝初年双方又有了一次和亲，从而使剑拔弩张的边境形势得以缓和。通过这次和亲，一方面汉文帝与匈奴单于约为兄弟，互不侵扰；另一方面汉王朝每年向匈奴进贡大量财物。总之，这次和亲既是停战议和的结果，又是划定疆域的协定，同时也表现了汉匈以双方人民的切身利益为重的诚意。公元前 174 年，匈奴冒顿单于死，其子老上单于即位，汉文帝再次派遣诸侯王之女出嫁老上单于为阏氏，由宦官中行说送亲。中行说送亲后稽留匈奴不返，此后直至汉武帝时期，他一直住在匈奴充当谋臣，煽动匈奴侵扰汉朝边境，对整个西汉中前期的边疆稳定造成极大威胁。

那么匈奴为何会同意和亲甚至主动向汉朝提出和亲要求呢？原因有二：一是汉匈战争互有胜负，当匈奴在战场上失利时，和亲就自然被提上日程；二是通过和亲，匈奴可以不费一兵一卒每年从汉朝获得大量财物，早在刘邦时与匈奴和亲，每年就送给匈奴大量财物，此后遂成为定例。匈奴军队虽然比汉朝军队战斗力稍强，却没有必胜的把握，千里出征，劳民伤财，又须担负失利的风险，不如和亲坐享其成。

汉武帝以来，经过汉朝前期数十年的发展，双方国力对比发生了逆转，于是汉武帝对匈奴采取了大规模的军事攻势。在汉朝长期的军事打击下，匈奴骑兵屡遭重创。与此同时，其国内政治矛盾日益激化：左贤王、右谷蠡王因未能立为单于而怨恨左谷蠡王，欲率部众南下归汉，形势的发展越来越对汉朝有利。单于为稳定国内局势，以及突出自身地位的正当性，主动要求与汉朝和亲，以汉朝公主为阏氏，以增加其权力的光环。

总之，汉武帝死后，匈奴由被动的和亲转为主动要求和亲，由以和亲要挟汉王朝变为好言美语请求和亲。这种局面的形成，完全是汉匈双方实力消长变化所造成的。

东汉建立以后，匈奴草原发生严重自然灾害，由此引发的各部落间政治斗争愈演愈烈，南匈奴被迫归附于东汉，匈奴从此分裂为南北两部，国力进一步衰落。停留在草原的北匈奴频繁地与南匈奴发生战争，多次战败。此前以武力征服的乌桓、鲜卑各部在这种情况下也相继脱离其统治。如果说在刘秀末期东汉政府是惧南北匈奴有二心的话，那么汉明帝以后不同意北匈奴求婚，则在于防止其借东汉声威威胁草原上其他民族。

056 “文景之治”是怎么回事？

在汉初大约 70 年的时间内，是国家力量的增强、行政的试验和制度的确立时期。在这几十年中，统治者集中力量强化中央集权，在对外问题上一直保持无为的政策，希望尽快使国家从满目疮痍的废墟中恢复过来。刘邦死后，西汉王朝在经历了短暂的混乱后（吕后弄权阶段），迎来了一个相对较长的发展时期——文景之治。

汉文帝像

汉文帝刘恒（前 202 年—前 157 年），汉高祖刘邦之子。高帝十一年（前 196 年）受封为代王。公元前 180 年吕后死，吕氏家族谋划作乱，丞相陈平、太尉周勃与朱虚侯刘章等共同平定了这次叛乱，汉文帝被迎立为帝，在位 23 年。汉景帝刘启（前 188 年—前 141 年），汉文帝太子，公元前 157 年即位，在位 17 年。文、景在位期间的 40 年时间，是西汉王朝政治稳定、经济发展的黄金时期，史称“文景之治”。

轻徭薄赋与奖励农耕。文景时期，仍以黄老之说为治国思想，提倡与民休息。在经历秦末大动乱后，汉高祖和惠帝时期，经济虽然有所发展，但仍极为凋敝。汉文帝和景帝在位期间，实施的一系列措施对这一时期农业的发展起到极大的推动作用，社会经济也因此迅速发展。文帝多次下诏劝课农桑，在乡里按照单位户数设置三老、孝悌、力田若干员，对民间德高望重以及耕田成就突出的人频繁奖赏，借此以鼓励发展生产。同时又采取了减轻农民负担方面的许多措施。汉朝的农业税采用收取分成租的方式，汉初至文帝前，一直按照十五税一的租率收取地租。文帝二年（前 178 年）和十二年（前 168 年），两次下诏“除田租税之半”，即将租率改为三十税一，十三年甚至免除全额地租。从此以后，三十税一的租率遂成为汉代定制。在人头税方面，文帝时，算赋由每人 120 钱减为 40 钱，徭役则减为每 3 年服役 1 次，服役的时间并未因此延长。文帝还下诏“弛山泽之禁”，即开放国家所有的山川湖泊，允许平民进入樵采渔猎。这一方面便利了农民生活，推动了农副业的发展，另一方面也推动了关系国计民生的盐铁生产的发展。文帝十二年废除了通过关隘使用文书的制度，为商品流通提供了便利，在这一政策的推动下，商业也得到了很大的发展，并间接地促进了农业生产的发展。自秦以来男子均为 17 岁为成年，即自 17 岁开始承担国家赋税徭役。汉景帝二年（前 155 年），这一制度被改为 20 岁，即推迟了 3 年，这无疑在很大程度上减轻了农民负担，且成丁年龄在此后仍被不断推迟，著于汉律的附籍年龄被推迟到 23 岁。

轻刑慎罚。秦代法律的严酷直接引发了秦末农民起义，刘邦入关后约法三章的举动正是为了减轻刑罚，然而在汉初很长时期内，由于政治的多变，完整的法律并未确立。到汉文帝时方才设立完整的汉律，其指导思想仍延续刘邦的举措，以减轻刑罚为主。相对于秦代法律，汉律具有以下特点：（1）秦代罪人，一旦被判为劣等民如隶臣妾，以及比隶臣妾更重的罪人，即为终身制，一生服役而无解脱之日。汉文帝新律废除这一条文，规定服刑期限依据犯罪情节轻重；罪人服刑期满以后，免为庶人，即获得平民待遇。（2）废除了秦律中连坐这一极不合理的规定。（3）废除秦律肉刑，而改用笞刑。秦代肉刑有黥、劓、刖、宫四种，汉文帝下诏废除，肉刑为笞刑取代，减轻幅度之大前所未有，到景帝时又进一步减轻了刑罚。后两项的改革在此后虽然并未得到严格执行（如汉武帝时司马迁即遭受宫刑），但文帝时期官吏在执法断狱过程中，均采取从轻发落的精神，执政务在宽厚，不事苛求，因此汉代刑狱相对于秦朝颇为精简，抛弃了秦朝酷法的思想，使平民日常生活得到保障。

相对于汉高祖、惠帝、吕后时期，以及后来的汉武帝时代，文景两代的军事活动相对较少，与周边少数民族的矛盾也极少诉诸武力，秉承黄老治国思想，以不妄兴民力为出发点。吕后时，汉朝内乱，南越王赵佗乘机自立为帝，对周边闽越、西瓯、骆等民族展开攻势，又僭越礼制，乘黄屋左纛，与汉王朝分庭抗礼。文帝即位后，西汉政治回归正轨，为了在不动用武力的情况下使南越臣服，其派陆贾再次出使，赐书赵佗，赵佗因此心悦诚服，撤去帝号，并废除所有不符合礼制的体制，归附汉王朝，使汉王朝在形式上实现了统一。文帝后元二年（前 162 年），汉朝继续坚持与匈奴的和亲政策，派遣宗室之女出嫁匈奴，此后匈奴虽有扰边行为，却一直没有大规模侵犯汉朝边境的行动，从总体上看基本保持了与匈奴的相安无事。

文景之治之所以成为中国古代社会的盛世，与文帝、景帝个人的励精图治息息相关。在经历了秦末战火，汉代国力尚处凋敝的情况下，他们从政治、经济、法律、官制等诸多方面进行改革，这些都为汉朝国力的增强打下了坚实基础。秦代以来一直设有“秘祝”之官，一旦出现灾异，均归罪于臣下。文帝十三年（前 167 年）下诏废除此官，并明确指出：皇帝要为百官的过错负责，身体力行地贯彻了古代“万方有罪，罪在朕躬”的思想。

躬行节俭的生活方式在这两代皇帝期间得到贯彻。汉文帝私人生活极为节俭，在位 23 年，宫室苑囿、车骑服御之物均在制度规定的范围内不断减省，而没有丝毫添加，并禁止郡国贡献奇珍异物，避免增添平民负担。其后宫宠妃慎夫人衣不曳地，帷帐不施文绣。这些固然是一些生活小节，但对社会风气的引领作用不可忽视。汉文帝曾试图建造一座露台，得知耗费大约相当于十户中等家庭的财产时，遂打消了念头。在文帝提倡俭约的引领下，国家的财政开支在维护正常运转的前提下尽可能缩减，文武百官均在此风气下贯彻节俭，不敢稍有僭越。这些生活小节在很大程度上影响了社会及官僚群体的各个方面，由此引起对平民的临时性征发也降到了最低，对社会的稳定，起到很大的促进作用。

文景两代推行的上述一系列措施，使社会经济获得了恢复和发展，国力不断增强，政权的统治基础也日趋稳固。农业的迅速发展促使粮食价格大幅度降低，史书上形容当时夜不闭户、余粮栖野，固然是对这一时期的社会生活的夸大，但人民生活相对此前和以后更为富足则是真实的。据《汉书·食货志》记载，汉初至武帝即位的 70 年间，由于社会稳定，在不遇灾荒之年时，百姓富足，仓廪充盈，都城的太仓因年年粮食积压，导致腐烂情况严重。

无可否认，文景时期的“与民休息”政策起到了很大的成效，承汉初政治、社会动荡之余，对社会的稳定、经济的复苏均起到不可估量的作用。正是因为文景之治的积累，汉朝国力迅速增强，到汉武帝即位以后，汉朝方能举全国之力与正在蓬勃发展的匈奴一较高低，最终将蒸蒸日上的匈奴国势全面压制下去，使其由盛转衰，解决了匈奴长期以来对汉王朝的威胁。可以说没有文景时期的文治，即不存在汉武帝时期的军事胜利。

057 张骞通西域有什么重要意义？

张骞是中国历史上有记载的第一个走出国门放眼看世界的人，他的两次西域之行对中国历史影响深远。虽然其最初出使怀有军事战略的目的，但是其意义却远不止于此。事实上他的军事目的并未达到，却向中国展示了西方绝远之域的另一片恢宏世界，打通了东西方交流的通道，对东西文化的碰撞和交流做出了不可磨灭的贡献。

张骞（约前 164—前 114 年），字子文，汉中郡成固（今陕西城固）人。汉武帝建元元年（前 140 年），汉王朝经过数十年的忍辱与酝酿，终于即将拉开与匈奴决战的帷幕。一个不经意的机会，汉武帝从匈奴俘虏口中得知，西域有大月氏国，在匈奴统一草原过程中，其国王被匈奴单于杀死，并被迫一路西迁至西域，与匈奴结下血海深仇。汉王朝既已决定与强大的匈奴开战，且并无胜算，通过外交结成共同抗击匈奴的联盟，自然更为有利。于是联合大月氏的计划提上日程，希望借此以“断匈奴右臂”，牵制匈奴在西域的力量，张骞就是在这一历史背景下，受命出使西域寻找大月氏国。

汉武帝建元二年（前 139 年），张骞率领 100 余人的汉朝使团，以匈奴降人堂邑父为向导，进入匈奴人控制的茫茫草原，一路冒险向西进发。长久以来草原一直为匈奴控制，西汉人从未涉足这一领域，在这片完全陌生的地方，既要向西进发以完成使命，又要沿途躲避匈奴游骑，其艰辛可想而知。然而当他们刚刚走出临洮（今甘肃临洮），还是被匈奴俘虏了，从此开始了长期的软禁生活。这期间张骞在匈奴娶妻生子，使团也不复存在了，完全处于孤立无援的境地。然而他初衷不改，在被监禁了 11 年后，终于抓住机会得以逃脱，继续着他前途未卜的西域之行。他带着妻儿老小，在向导堂邑父的指引下，越过河西走廊茫茫戈壁，沿天山南麓西行，经焉耆、龟兹、疏勒，穿越渺无人烟的大沙漠，翻过冰冻雪封的葱岭（今帕米尔高原一带），抵达大宛国（今乌兹别克斯坦费尔干纳盆地）。这是一个中亚地区相对强盛的城邦国家，人口达到数十万之众，有 70 余城镇，交通十分发达。其国盛产“天马”，也就是今天所说的汗血马，这一不经意的发现，引发了后来汉武帝为改良战马派遣贰师将军李广利的长途西征。大宛作为中亚的交通枢纽，国王亦早有与汉朝通使之念，限于匈奴控制河西走廊道路不通，张骞的到来引发其举国振奋，得知其西行目的后，遂派遣军队、向导、翻译，一路护送张骞抵达大月氏，但此时的大月氏国情已发生了重大变化。大月氏虽然最初受到匈奴攻击，国王被杀，被迫迁居，但这时已在中亚建立新的国家，改称“小月氏”。他们在这里落地生根，发展农业，

经济繁荣，国富民强，时过境迁，不愿轻易兴起兵端，更何况对方是长期在草原上呼风唤雨的强大匈奴。出使的目的已然落空，张骞于是对中亚各国山川地理、城市交通及当地民风民俗都做了详细考察并一一记录。他甚至抵达过中亚地区最强大的国家——大夏国都城蓝氏城。耳闻目见，他对当时中亚各地的状况均进行了了解，甚至记录了当时欧洲罗马帝国的相关信息，对中国了解世界贡献甚大。

张骞一行在中亚各地进行了长达一年的考察后，决定回国。鉴于此前在匈奴的遭遇，为了尽可能地避开匈奴的控制区域，尽量避免与匈奴骑兵遭遇，于是改从南道归国。越过葱岭以后，改走昆仑山北麓，经莎车（今新疆莎车）、于阗（今新疆和田）、鄯善（今新疆若羌）等地，进入羌人控制区域。这时的羌人区域已被匈奴占领，途中与匈奴骑兵又一次不期而遇，因张骞此前在匈奴监禁期间逃跑，此次被俘匈奴一改初次待遇，对其监管极严。在一年以后，即公元前 126 年，匈奴发生内乱，张骞再次抓住机会逃脱，带领妻儿，在阔别 13 年后回到了汉朝。

张骞在中亚时听说中国西部尚有身毒国，即今天的印度，穿越该国即可抵达大夏。于是在公元前 119 年，张骞主动请缨出使身毒。在获得汉武帝的批准后，张骞率使团从四川出发，一路向西南进发，然而早期西南地区民族成分复杂，在抵达夜郎国时遭到蛮人阻杀，无奈之下只得返回。随后于同年，他又受命率领 300 人使团再次出使西域，此次出使目的是为了使乌孙东归，并联合西域诸国共御匈奴。这时的河西走廊在汉军对匈奴的屡次打击下，已经为汉朝控制，沿途再无须躲避匈奴骑兵，故一路顺利，很快抵达乌孙。虽然乌孙无意东归，但这次出使仍获得外交上的重大进展，不但建立了汉与乌孙的友好关系，同时在乌孙时他还分遣使者前往大宛、康居、小月氏、大夏等国，西域各国均派遣使者前往汉朝。乌孙遣使一路护送张骞回到长安，与汉朝建立和亲关系，相约共同抵抗匈奴。公元前 115 年张骞回到长安，第二年病逝。

张骞一生两次出使西域，前后历时十余年，为西汉的外交做出了卓越的贡献，司马迁称其出使之举为“凿空”，喻其为西汉走出国

门及将西域世界的信息带回汉朝的第一人。

汉朝在经过数十年与匈奴的战争后终于完全控制了河西走廊，很大程度上削弱了匈奴在西域的力量。约公元前 105 年，西汉派出一支丝绸商队沿着张骞走过的道路一路向西抵达安息，从此这条道路上的商业日益繁荣，成为东西方商品贸易的主干道，这就是著名的“丝绸之路”。

张骞的出使，不仅使中国知道了世界，也让世界知道了中国。虽然丝绸的西传时间相对较早，但只是在张骞打通西域道路之后，丝绸才大量输出。作为中国最有特色的商品，丝绸源源不断地输送到西方，抵达波斯，并通过波斯达到西方的罗马帝国，丝绸之路在此后很长时间内商队络绎不绝，在它的带动下西域各城邦的经济迅速发展。同时，汉朝文化也对西域各地产生很大影响。乌孙解忧公主长女在获得汉朝应允后至长安学习，后来成为莎车王后，这成为汉文化对莎车产生深远影响的重要渠道。另一方面，西域的大量物产也开始输入中国，葡萄和苜蓿最先进入中国，在汉朝获得大力推广。其他如胡桃（核桃）、石榴、胡麻（芝麻）、胡豆（蚕豆）、胡瓜（黄瓜）、胡蒜（大蒜）、胡萝卜等，也移植到我国中原地区，并逐步融入人们生活，成为必需品。

总之，张骞的出使，是以军事目的引发的，但意义却远远大于其初衷。从后来的效果看，他的军事目的并没有达到，却让中国人大开眼界，从此知道西方不仅仅有他们听说的大月氏，更有无数的国家，乃至更遥远的波斯和罗马。他的亲身经历为后来的商队探清了道路，这条道路在此后的数千年中，成为东西方交流的窗口，使者、商团络绎不绝，成为中国了解世界的最主要通道。从这个意义上说，张骞打开了中西交流的窗口，用自己的行动，探索出一条中国了解世界以及让世界了解中国的通道。

058 汉武帝是如何战胜匈奴的？

公元前 140 年汉武帝即位，在最初的六七年中，仍然沿用汉初

以来的针对匈奴的政策，与匈奴维持着“和平”关系。然而这期间，汉武帝一方面调整政治、经济、军事、文化等方面各项制度及统治集体内部关系，加强中央集权，一方面亦在厉兵秣马，紧锣密鼓地筹备着对匈奴长期反击的活动。

汉武帝建元六年（前135年），匈奴再次向汉朝提出和亲，勒索女子、财物。汉武帝力排朝中的反对意见，主张继续维持和亲，压制了朝中的请战要求。但此后不久，即元光元年（前134年），即任命卫尉李广为骁骑将军驻守云中（今内蒙古托克托东北），中尉程不识为车骑将军驻守雁门（今山西右玉南）。在这时，将西汉朝中最为著名的两员大将调往边境，其目的不言而喻。种种迹象表明，汉武帝初期虽然仍维持着汉匈和亲关系，但已经为全面反击匈奴做好了准备。

全面反击匈奴的序幕（前133—前127年）。元光二年（前133年），汉武帝下诏反击匈奴，从此拉开了数十年战争的帷幕。然而首战却无功而返，这就是著名的伏击战——马邑之围。汉武帝任命韩安国为护军将军、李广为骁骑将军、王恢为将屯将军、公孙贺为轻车将军、李息为材官将军，率领30万人在马邑（今山西朔州）设伏，以马邑人聂壹为使者引诱匈奴进入伏击圈。匈奴单于率10万骑南下，中途发觉汉军埋伏，遂北撤，伏击落空，王恢后被迫自杀谢罪。伏击落空后，汉与匈奴的和亲协定撕毁，平静已不可能维持。元光六年（前129年），武帝派遣公孙贺、公孙敖、李广、卫青分路出击，开始了与匈奴正面战场上的交锋。公孙贺出云中，未发现匈奴，无功而返；公孙敖出代郡，惨败而归；李广出雁门，全军覆没（李广一直是汉朝防御匈奴的名将，匈奴闻李广出兵，错认为其乃汉军主力，调集全部主力围攻李广，致其惨败），其本人被匈奴活捉，解押途中逃回；唯独卫青，因籍籍无名而被匈奴忽略，兵出上谷，直捣龙城，获得汉武帝开战以来的首次胜利。同年冬，匈奴疯狂扰边，卫青率3万人出雁门，稳定了局势。元朔二年（前127年），卫青率兵由云中郡出击，沿黄河北岸西进，收复了河套地区的“河南地”。这一地区自秦末被匈奴占领，经过80余年，终于收回。

全线出击阶段（前 126 年—前 117 年）。汉匈战幕拉开后，匈奴扰边也日渐加剧，边疆各郡频频告急，促使西汉全面展开对匈奴的战争。元朔五年（前 124 年），卫青率数万骑兵进入匈奴腹地，李息、张次公出右北平（今河北平泉），牵制匈奴主力。此战重创匈奴右贤王部，右贤王仓促逃脱，汉军俘男女 15000 余人。不久右贤王部再次袭击代郡，这也促使西汉对匈奴进行更有力的打击。元朔六年（前 123 年），汉武帝又一次部署北进，卫青率 10 万骑兵，向匈奴境内推进数百里。然而这次出击最大的战果却出于一个 18 岁的年轻小将和他率领的 800 骑兵，他就是霍去病，此战俘虏了匈奴单于祖父、叔父及诸多重要首领。卫青的另外两员大将苏建（苏武之父）兵败逃回，赵信投降匈奴。

这一阶段最大的战果莫过于河西走廊的收回。元狩二年（前 121 年），霍去病兵出陇西，越过焉耆山（又称焉支山，甘肃山丹县境内），一路向西挺进千余里，杀匈奴二王，俘虏浑邪王子及大小将领，斩首 8900 余级，缴获休屠王祭天金人。同年夏，霍去病与公孙敖各率万人出北地郡，为牵制匈奴，李广、张骞进击匈奴右贤王。此战霍去病在张掖一带与匈奴大战，大获全胜，歼敌 3 万，降 2500 人。李广部 4000 人被左贤王部 4 万人围困，李广临机指挥，方得全身而退。匈奴西部首领休屠王、浑邪王因此役打败，畏惧单于严惩，遂投降汉朝，河西走廊至此完全被汉朝控制。但是匈奴主力并未完全被消灭，更大的战役即将来临。

在经历数次沉重打击后，匈奴在漠南已很难立足，于是将其王庭迁至漠北，但仍派游骑过漠南扰边。元狩四年（前 119 年），卫青、霍去病率 10 万骑兵深入漠北，对匈奴展开最沉重的打击。卫青与匈奴单于正面相遇，激烈鏖战后大胜，斩首 19000 余，单于伊稚斜全军覆没，孤身逃回。卫青部李广迷路后至，获罪自杀。另一路霍去病部出代郡 2000 余里，大获全胜，至狼居胥山而回。此次战役是西汉时期对匈奴打击最沉重的一次，从此匈奴不敢贸然进犯，远遁漠北，不敢擅自进入漠南，百余年的匈奴之患，至此基本得到解决。

休战时期（前 116 年—前 101 年）。匈奴自遭到元狩四年的打击后，不敢轻易进犯汉朝，与此同时，汉朝也开始收缩战线，加强对占领地区的统治，在河西地区设置张掖、武威、酒泉、敦煌四郡，徙民开展屯垦。同时南诛两越，东伐朝鲜，西击羌、西南夷，加强对东、西、南各地少数民族的打击力度，基本稳定了局势。这期间匈奴试图与汉朝恢复和亲，合议破裂，又一次长期的战争正在酝酿。这一时期内西汉大将霍去病、卫青相继去世，这也预示着再次开战后西汉将面对的不利形势。

战局重开与汉军失利（前 100 年—前 87 年）。天汉二年（前 99 年），贰师将军李广利出兵酒泉被围，大败而还。此后公孙敖、路博德出西河无功而回。与此同时李陵率 5000 步兵出居延，遭匈奴 11 万骑兵围困，杀伤匈奴数万人后兵败，仅 400 人突围，李陵降匈奴。天汉四年（前 97 年），李广利再次出兵，因其参与立储，后巫蛊事发，家人遭汉武帝治罪，李广利欲立功赎罪，结果兵败，投降匈奴。

长期与匈奴的战争，极大消耗了汉王朝的人力物力，致使国库空虚，后期军事上的一再失利，更促使国内矛盾的激化。于是，汉武帝在征和四年（前 89 年）发布了著名的《轮台罪己诏》，从此汉朝的国策从武功转移到发展农业生产，对匈奴的战争告一段落。后元二年（前 87 年）汉武帝去世，偃武修文的政策得到贯彻，气势恢宏的汉匈战争落下帷幕。

总括武帝时代的汉匈战争，总的趋势是汉朝由失败转向胜利，武帝后期匈奴势力虽然有所抬头，但终未能恢复至汉初的形势。当然，对汉王朝而言，匈奴问题并未彻底解决，直至东汉匈奴才最后不能为患。不过，武帝时代汉朝与匈奴的关系出现了根本性的变化，即由屈辱、妥协变为征服，将蓬勃发展的匈奴在最强盛时期打落到低谷。从此直至整个东汉，匈奴始终未能威胁到中原政权，匈奴问题虽未彻底解决，但却解除了汉帝国北面的严重威胁。

059 如何评价汉武帝独尊儒术?

西汉初年，经历了秦末农民起义和楚汉之争的中国，已经满目疮痍。社会经济急需恢复和发展，人们已经厌倦战争，在这一背景下与民休息成为必然。法家思想的严酷使之和秦王朝一起被摒弃，早已疲惫的百姓渴望一种相对宽松的统治方式，在这种情况下“黄老学说”被执政者青睐。这套统治策略对废除秦朝苛政、与民休息、恢复和发展经济、安定混乱的社会秩序无疑起到了不可忽视的作用。然而这一思想在对内对外的统治方式上难免存在姑息、妥协的一面。经历文景之治的西汉王朝，经济迅速恢复和发展，国力随之增强，在这个过程中，黄老思想无疑起到了很大的积极作用，但同时也导致了三个严重后果：对农民控制的宽松，导致逃避赋税、脱离户籍的状况严重；虽然削藩政策已取得很大成效，但地方力量仍然强大，阻碍了国家权力在基层的执行；无为的政策导致了对外的妥协退让，长期姑息匈奴，使之益发肆无忌惮，并成为西汉政权的最大威胁。

汉景帝后元三年（前 141 年），汉武帝即位，开始改变西汉建国以来的治国策略，然而最初的实施并不顺利。建元元年（前 140 年）丞相卫绾提出废黜百家之议，窦婴、田蚡举荐赵绾、王臧，他们的倡议与当时血气方刚的汉武帝一拍即合，在汉武帝的支持下开始贬斥道家，鼓动改革，一时之间改革倡议风生水起。然而这一势头很快为窦太后压制，王臧、赵绾被罢逐，丞相、太尉及所有涉及此次事件者均不同程度地受到处罚，改革的火苗迅速被扑灭。汉武帝所开展的轰轰烈烈的第一次尝试，在窦太后不动声色的铁腕下偃旗息鼓，改革宣告失败。

建元六年（前 135 年）窦太后去世，废除道家无为思想最大的障碍消失，儒家思想终于迎来了期待已久的春天。元光元年（前 134 年），汉武帝亲自策问贤良，董仲舒在这时正式提出了“罢黜百家、独尊儒术”的主张，受到汉武帝的认可，并从此在全国范围内推行，夹杂汉朝前期各种思想的儒家走到了前台，终于成为当政者坚定不移的国策。这时的儒术已经不再是战国时期儒家思想的原貌，而是掺杂了道家、法家以及阴阳五行家等各家思想，是一种紧密切合时代的新思想。它强调正统观念，对皇权加以神化，对整合国家、强化统治有着极为重要的作用。这对于在政治上积极有为的汉武帝而言，恰是时代所急需的。在汉武帝的积极推行下，这一思想很快影响社会各个层面，随着时代的发展，各种新的思想不断补充进去，使之成为影响中国文化最久也最深远的一种思想。

对于儒家崛起的原因，历来说法不一，其实最重要的原因应该是社会发展的需要和对匈奴开战的呼声。西汉初年长期的与民休息，使得西汉的国力得到很大发展，但随之而来的是土地的兼并，农民脱籍状况严重，与此同时，虽然对诸侯加以剪除，但地方豪强却因此获得生存空间，迅速膨胀，甚至干扰到政府的地方行政。政府长期的无为和姑息，使西汉政权无论是对外还是对内，都需要更为强势的举措以稳固统治，对匈奴的战争则更为突出。

匈奴自汉初以来就一直是西汉的北面劲敌，汉武帝虽然准备与匈奴开战，但两个国力相当的邻邦，一旦开战则必然是一场旷日持久的战争，会考验到西汉政权的各个方面，军事固然首当其冲，经济的支持也将面对巨大压力，甚至由此会影响社会稳定乃至帝国统治基础的稳固。在这一时期推行“罢黜百家，独尊儒术”，统一全国思想，强化政治统治，是帝国首先要解决的问题，只有后方稳定才能把所有力量放置于边疆与匈奴殊死一搏。

在汉武帝这样的特殊年代，实行独尊儒术具有极为突出的意义。首先，儒家的“仁治”学说，强调在社会伦理关系中运用教育手段来提高人的自觉性，有利于宣扬政权的正统性，从而稳固帝国的统治基础；统治重视德政，无论是标榜“王霸相杂”，还是提倡“纯任德政”，德政都成为政治统治的一个重要方面，是统治者粉饰自身执政合理性的重要手段，对以后统治模式的确立有着极为重要的导向意义。其次，由于尊儒，利用儒家思想培养士人，并作为选拔士人的重要标准，提高了儒士的社会地位，发展了国家文化教育，最主要的是确立了儒家思想在社会上的特殊地位，这是汉代统治政策的一大转变。以儒家仁爱思想作为行政准则，为政权与民众之间搭起了沟通的桥梁，增强了民众的认同，同时也巩固了其维护政权的决心，这是西汉维持长久统治的重要基础，同时也为此后的统治者提供了一个切实可行的执政模式。在独尊儒术以后，大批的士人转向儒学，完成了士人儒家化的过程，他们以儒学为基础，吸收其他学派的有益成分，与儒学相互融合，形成了系统的理论和观念，完成了当时社会上有影响的各种思想与儒家思想的嫁接过程，并以之指导实践，推动了社会的发展和进步。

需要指出的是，汉武帝虽独尊儒术，事实上并未罢黜百家。他并未遏制其他学派的发展，亦未曾禁止民众接触其他学派思想。独尊儒术，主要是确立以六经为依据的儒家思想作为官方的统治思想，培养人才、任用官吏主要从儒家之士选拔。汉武帝死后，昭帝、宣帝执政，仍然坚持儒法并用的政策。终两汉之世，黄老、刑名、农、医、阴阳等方面的研究也从未停止过，值得注意的是，汉朝的“百家”也有争鸣，但主要是围绕维护统治思想而展开的，与战国时期的百家争鸣有所不同。

综上所述，汉中期经过多方面的努力，儒学获得了独尊的地位，对汉政权的政治运作、统治方式和决策行政都有极为深刻的影响。当然，这种带有神秘色彩的唯心主义思想体系，包含了许多空洞的、形式主义的内容，因此也产生了诸多流弊，不久又蜕化出了更加荒诞的谶纬之学的分支。然而总的来说，儒学对于汉王朝统治的巩固，则是利大于弊的。

060 王莽改制与新莽政权是怎么回事?

西汉后期，随着政权力量的衰弱，基层的社会发展已经远远超出了政权的驾驭能力，土地兼并剧烈、奴隶和流民问题已成为当时严重的社会问题，并动摇了政权的统治基础。社会矛盾的不断激化，统治者与平民几乎演化为敌我双方，帝国的统治危机日益加深。汉平帝即位以后，王莽以大司马大将军身份辅政，权势日益膨胀，最终在初始元年（8 年）取代汉朝，自立为帝，改国号为新，从此开始了他托古改制的一页。

王莽改制是其代汉后，为缓和西汉末年以来日益加剧的社会矛盾而采取的一系列新的措施，包括土地改革、币制改革、商业改革和官名县名改革等等，而这一切改革均以《周礼》为依据，故一直以来对于王莽改革的认定多认为这是一次复古运动。但王莽的改制未能减缓历史前进的车轮，他针对当时的社会矛盾所做的尝试，反而使各种矛盾进一步激化，终于导致赤眉、绿林为主的农民起义，新朝随之灭亡。

王莽字巨君，魏郡元城（今河北大名东）人，西汉孝元王皇后之侄。王氏家族成员当时以外戚身份炙手可热，王家先后有九人封侯，五人担任大司马，是西汉后期最显赫的家族。族中高官林立，生活奢靡，唯独王莽一人独守清静，生活简朴，为人谦恭，且勤勉好学，随陈参学习《孝经》，服侍母亲及寡嫂，抚育兄长遗子，行为严谨检点，对外礼贤下士，对内孝敬叔伯，成为当时的道德楷模，几乎具备了儒家规范中一切美德，可见其受儒家思想影响之深，恰是这一因素直接影响了其后来执政所采取的一切方针。

西汉末王莽以外戚故，屡次出任大司马，公元前 1 年主政，拥立汉平帝即位，被封为安汉公。汉平帝感其拥戴之功，立其女为皇后，平帝死后两年王莽篡汉，建立"新"朝，开展中国历史上最理想化的改制。王莽的改革涉及当时社会的方方面面，对其归纳总结，起到决定性作用的主要为以下几个方面：

币制改革：居摄二年（7 年）王莽开始币制改革，铸错刀、契刀、大钱三种钱币，与西汉原来通行的五铢钱同时流通。始建国元年（9 年），废错刀与五铢钱，另铸小钱值一，与大钱五十并行，并禁止铜、炭的开发和交易，防止盗铸。二年，改以金、银、龟、贝、铜、布为货币，称之为宝货。地皇元年（20 年）又废除所有旧币，改行货布、货泉两种。频繁的币制改革，直接导致币制紊乱，钱币的朝令夕改，引发社会物价的失控，商品交易的迟滞以及社会经济严重混乱，很大程度上引发社会的动荡不安，这成为王莽新朝迅速灭亡的重要原因之一。王莽币制改革的失败，使市场失去了对货币的信任，商品贸易回归到最原始的状态，实物交易重新抬头，这在一定程度上导致社会的倒退。

政治制度改革：王莽严格依据《周礼》将新朝的官名、官制、郡县名和行政区划做了全面调整，恢复了五等爵制。如改大司农为羲和，后改为纳言，改少府为共工，郡太守为大尹，县令长为宰等等，对整个官制系统做了全面调整。在行政区划上先据《尧典》分天下为十二州，后又据《禹贡》改为九州，地理名称频繁改变，甚至有经过五六次转换后恢复原名，这些改革是王莽儒家思想烙印的深刻体现，它本身并非针对社会矛盾开展，仅表现王莽个人理想的实现，然而却起到了强烈的负面作用。整个国家行政区划随之混乱，政权的行政系统几乎陷于瘫痪，更重要的是朝令夕改，严重弱化了皇权的尊严。

“王田令”的颁行：王田令规定的内容与上古时期所谓井田制相似，其核心思想就是对“普天之下，莫非王土”的坚持，这是一种理想化的限田与均田措施。这一政策的出台，是针对西汉以来日益严重的土地兼并问题所采取的措施，更重要的是他把西汉儒学之士的梦想变为现实。改奴隶称谓为“私属”，严格限制了奴隶的买卖，堵塞了农民沦为奴隶的渠道，他一方面对奴隶群体表示同情，并解放了大批奴隶，同时，又以违法抄没及连坐的方式将大批平民没为官奴隶。

总的来看，王莽代汉及改制有其历史的必然性。西汉后期，社会矛盾已然相当激化，力挽狂澜本非易事。王莽作为一个彻底的儒家学者，为巩固新朝政权，以《周礼》为宗，自然有其本身学术原因，托古改制也是他减小推行阻力的一种想法，他颁布的一系列措施，在许多方面还是值得肯定的。

这些改革，虽然多为针对当时的社会矛盾而发，然因其过于理想化，忽略政策可行性问题而均告流产。土地改制和奴婢私属，在贵族、豪强的反对下，最初就无法实行；评定物价权掌握在贵族官僚手中，更为他们利用职权谋取私利创造契机。币制多次改革，钱币质量每况愈下，钱越改越小，币值却越改越大，这一不合理的做法无疑使百姓丧失对货币的信任。这种复古改制，不但受到农民反对，连诸多中小地主也不支持。他性情狂躁，轻于改作，一味慕古，不切实际，刚愎自用，所用非人，也是最终导致其改制失败的原因。

轰轰烈烈的改革更加激化了社会矛盾，帝国统治基础摇摇欲坠，这时王莽为缓解国内矛盾，转移视线，又对边境少数民族政权发动战争，这一来又激发了与匈奴、西域、西南各部族之间的矛盾，内忧已经使王朝难以维系，外患接踵而至。战争对人力、物力的消耗，促使其不得不征用民夫，加重捐税，社会矛盾进一步激化。为了维持战争，又纵容残酷的官吏，对平民加重刑罚，终于在公元 17 年爆发了全国性的农民大起义。公元 23 年，新朝在赤眉、绿林等农民起义军的打击下崩溃，王莽也在绿林军攻入长安时被杀，新莽政权倒台，他所推行的改制也随之烟消云散。

061 绿林起义与赤眉起义是怎么回事？

新莽政权自始建国元年（9 年）开始，至地皇四年（23 年）被推翻。王莽改制导致社会矛盾激化，危机重重，农商凋敝、民不聊生、货币混乱，社会动荡，与周边各少数民族关系吃紧，最终激起了农民的强烈反对，充当掘墓人的就是以绿林、赤眉为主的农民起义。

新朝自建国开始即起义不断，从始建国三年（11 年）到天凤四年（17 年），可以称之为起义前期，这一时期起义相对分散，规模极为有限，其中，琅邪海曲（今山东日照西南）吕母起义和会稽长洲（今江苏苏州）瓜田仪起义最为突出。天凤五年至地皇二年（18 年—21 年），这是起义中期，表现为零星起义地域分布的扩大，这时的起义虽然遍布全国，但其规模仍不足以撼动新朝政权。地皇二年至四年（21 年—23 年），为起义后期，绿林和赤眉起义军终于在众多起义军中脱颖而出，敲响了王莽政权的丧钟。

天凤四年（17 年），新市（今湖北京山东北）人王匡、王凤成为数百饥民的领袖，数月之间队伍发展至将近 1 万，以绿林山（今湖北大洪山）为根据地，故称之为绿林军。王莽对这支起义军首先采取了招抚措施，很快起义军从内部瓦解，然而在官军撤离以后，起义军再次聚拢，至次年，迅速壮大，成为南方起义军中的主力。在官军镇压不利的情况下，绿林军很快发展到 5 万人，荆州牧至此已无力镇压。地皇三年（22 年），绿林山发生瘟疫，起义军损失惨重，不得已分两路转移：王匡、王凤率领一支北入南阳，称"新市军"；成丹、王常率另一支向西进入南郡，称"下江军"。七月新市军与陈牧、廖湛领导的平林军会合，队伍迅速壮大。下江军则在王莽军队的镇压下损失很大，兵势复振后与新市军会合，经历了这次分而复合，且吸收了平林军的加入，实力较之以前有了很大的发展。

会合后的绿林军向北面南阳进发时，吸收了另外一支军队春陵军的加入，其首领即刘縯、刘秀兄弟。随后这支大军相继攻入长聚（今河南唐县境内）、棘阳（今河南南阳市南）等地，取得初步胜利，从此春陵军成为绿林军的一部分。地皇三年（22 年），刘縯率领的春陵军为主体的军队，在棘阳与 10 万官军大战，取得胜利，歼敌 2 万，这无疑是对王莽军队的一次沉重打击，也正式向王莽政权宣示了绿林军不可忽视的地位。棘阳大捷后，联军发展到 10 余万人，建立一个统一的政权组织成为各首领共同的要求。地皇四年（23 年），在淯阳大会上，推举平林军的更始将军刘玄为帝，称为更始帝，建元更始。刘玄称帝后，以族父刘良为国三老，王匡为定国上公，王凤为成国上公，朱鲔为大司马，刘縯为大司徒，陈牧为大司空，其余诸将分别为九卿、将军等。五月，刘縯攻克宛城，六月，刘玄定都宛城，尽封宗室及诸将、列侯百余人，建立起了组织机构较为完整的更始政权。

更始政权的建立是西汉末年农民起义发展到更高阶段的产物，是反王莽斗争的一个里程碑。由于出现了与王莽相对立的政权，对各地的起义军都具有很大的鼓动作用，王莽政权的认同度受到挑战。

绿林军过早地建立政权，使之在各地起义军中凸现出来，并直接成为王莽打击的重点。恰在此时，更始政权内部出现分化，地皇四年（23 年），起义军重要将领刘縯被更始帝诛杀。很快王莽派出一支 52 万人的大军，对更始政权进行围剿，迅速将其围困于昆阳城内。而这时更始政权的大军均在外地作战，昆阳城内空虚，于是刘秀等十余人闯出城召集军队，很快刘秀率领数千人的军队回救昆阳，一举击溃了王莽的52万大军。昆阳大捷是反莽战争中决定性的一战，这次战役不仅消灭了王莽数十万主力部队，而且支援了全国其他战场，恰在此时东方起义军也打败了前往进攻的30万政府军，各地起义军开始对王莽政权全面进攻，起义的反攻阶段全面拉开。

当王匡等人在绿林山举起义旗时，另一支起义军也在东方崭露头角，这就是赤眉军。天凤五年（18年），琅邪人樊崇在莒县（今山东莒县）发动起义。起义军在泰山山区活动，很快从最初的数百人增至万人，在吸收了附近的另外几支起义军后迅速壮大，活动范围也扩大到沂蒙山地区。在战斗过程中，赤眉军建立一套独特的组织纪律，“以言辞为约束，无文书、旌旗、部曲、号令”。可以看出其作为单纯的农民起义军的朴实特点。樊崇被推举为“三老”（三老为西汉以来基层组织最低的乡官），或许因为他们日常接触到的最高的官吏即是“三老”，由此可以看出赤眉军农民成分的单纯。也正因为其农民本性，限制了这支武装的发展。

地皇三年（22年）四月，王莽派出一支10万人的队伍镇压赤眉军。两军相遇于无盐（今山东东平东部），由于官军两名主将产生分歧，官军被赤眉军各个击破。无盐之役成为东方局势的转折点，从此以后，赤眉军扭转了局势，完全掌握了战争的主动权，活动区域扩及青州、徐州、兖州、豫州等地。

地皇四年（23年），更始政权进入关中，推翻了王莽统治，随后很快腐化，起义军内部出现严重分歧。这时赤眉军也开始向关中进军，两支农民军发生火并不可避免了。为了对抗更始政权，赤眉军立汉宗室刘盆子为帝，徐宣任丞相，樊崇为御史大夫，击败绿林军，攻入长安。内部早已分化的更始政权，在赤眉军的打击下很快溃散，刘玄被杀。这时早已从更始政权分离出去，并在河北活动的铜马帝刘秀，渡黄河南下，截断赤眉军归路，最终将其消灭，东汉王朝随之建立。

西汉末年的农民起义，是秦汉时期第二次全国范围内的起义，相对于秦末农民起义，此次起义经历并不曲折，几乎是一路高奏凯歌，直至消灭王莽政权。绿林军相对于东方的赤眉军，其文化修养要高出许多，故其建立政权时间较早，也极为完整。而赤眉军则完全由最底层的农民组成，仅以口头约定的方式约束军队，直至与更始政权未能达成协议，方才匆忙立刘盆子为帝，并且这是一支时刻想着回到故乡的军队，因此他们的悲剧结局是必然的，历史终究会选择一个拥有治国才能的统治集团终结混乱。

062 汉光武帝刘秀是如何建立东汉王朝的？

王莽政权覆灭以后，农民起义开始暴露自身的弱点。共同的敌人被消灭，权力需要重新分配，面对这一问题分裂与斗争便开始出现。经过一系列的战争，公元 25 年刘秀在消灭所有反对力量后，建立了自己的王朝。

刘秀（前 5 年—57 年），汉朝宗室，汉景帝之子长沙定王之后。绿林、赤眉起义以后，地皇三年（22 年），刘秀与其兄刘縯组织春陵军，随后不久，合并进入绿林联军，兄弟二人即开始崭露头角。刘縯在投奔绿林军当年，就率军取得棘阳大捷，突出的军事才能，使之很快在联军中崭露头角。地皇四年绿林联军建立政权以后开始分化，刘縯地位的突出，使其很快在内部的派系斗争中成为牺牲品，被更始帝刘玄所杀。这时的刘秀仍然领军在外征战，刘縯被杀后，起义军在昆阳被官军包围，陷入绝境。关键时刻刘秀不计前嫌，在昆阳大战中起到了决定性作用，解救了更始政权面临的灭顶之灾。地皇四年，起义军向关中进攻，新莽政权这时已无力抗御，在山雨欲来之势下，关中地区发生了内乱，王莽被三辅豪杰所杀，更始政权进入关中。这时刘秀被派往河北，这对以后的刘秀而言，是一个重要的转折点，进入河北以后他开始培养自身势力，为以后东汉王朝的建立打下基础。

刘秀进入河北后，新野人邓禹来投，并献策在河北收拢人心，而这恰决定了以后历史发展的走向。在绿林、赤眉轰轰烈烈地反抗王莽政权时，河北地区势力复杂，各地分布有“河北三王”、铜马、尤来、公孙述等诸多割据势力。虽然他们并无统一雄心，但却心怀割据之志，对河北地区的稳定带来极大的隐患，同时也成为刘秀站稳河北的障碍。刘秀采纳冯异建议，所过之处抚循县属，录囚徒，存鳏寡，废除王莽时期的苛政，这些收买人心的举措很快收到成效，他受到地方官吏的支持，极其顺利地进军至真定（今河北正定南）。这时开始与割据势力王郎发生正面冲突，强龙不压地头蛇，刘秀被围全军覆没。他孤身逃亡信都（今河北冀州）后，因太守的支持得以立足。在当地招募4000人重组军队后，他又获得地方武装的支持，很快发展到数万人，于是卷土重来，一路势如破竹。当年四月，在与王郎的战役中取得决定性胜利，王郎被杀，河北地区最主要的敌对势力被刘秀消灭，刘秀从此在河北站稳了脚跟。更始二年（24年），他通过军事打击的手段，招降了河北地区剩下的最大民间武装“铜马军”，此后刘秀正是以这股军队为基础建立了自己的武装，人数达到数十万之众，并获得“铜马帝”的称号。之后他继续在河北扫荡地方起义军，虽经历了顺水（今漕河）之败，但总的来看进展顺利，招降了河北地区其他农民起义军，稳定了河北局势，为以后东汉的建立打下坚实基础。从此他盘踞河北，在中原一片混战的状况下，等待出兵机会，逐鹿中原。

正当刘秀在河北发展势力时，赤眉军与更始政权发生龃龉，并由此引发激烈的军事冲突。赤眉军30万人由河南进军关中，这时刘秀抓住时机遣邓禹率军进驻河南，截断赤眉军东归退路，却并没有立即加入战团，仍然采取观望态度。邓禹很快稳定河南局势，在河南屯粮聚兵，观望着赤眉军与更始政权间的角逐。赤眉军入关后，很快击败更始政权，更始帝刘玄被杀，这时刘秀在河北抓住机会登基称帝，史称光武帝。于是刘秀集中全力剿灭更始政权在河南洛阳的最后势力——朱鲔，并开始进军关中。赤眉军进驻长安后，几经兵祸的长安城，已经失去昔日繁华，在经过最初的大肆烧杀掠抢后，并未推行任何巩固统治和稳定政权的措施，相反却面临严重的生存危机——粮草短缺问题。与此同时赤眉军还遭到隗嚣的进攻，归路被邓禹阻断，又逢天降大雪，饥寒交迫的赤眉军困守长安进退两难，完全陷入绝境。

在经历了最初的混乱后，赤眉军打定主意东归，这时驻守在其归路上的冯异、邓禹等军队首当其冲。在经历了最初的失败后（冯异、邓禹全军覆没），汉军重整旗鼓，赤眉军虽然获得初步胜利，但并未突破汉军的防线。建武三年（27 年），汉军终于将东归的赤眉军包围，赤眉军领袖樊崇、刘盆子在完全陷入绝境的情况下投降。此后虽然存在赤眉军余众与东汉政权的继续战斗，但自刘盆子投降始，就标志着赤眉军从此退出了历史舞台。

消灭赤眉军以后，东汉政权基本在中原站稳脚跟，随后即开展对地方各割据势力的逐个剪除。在东方战场经历多年的艰苦战斗，削平了盘踞豫东、皖北的刘永势力，解除了都城洛阳附近的最大威胁。随后对自己起家之地——河北地区用兵，一举扫荡了背叛者彭宠势力，有效控制了河北全境。在各地的割据力量中，西北的隗嚣和窦融坚持时间最久，最终以隗嚣被困病死，窦融投降告终，光武帝在平定西蜀公孙述以及北面的卢芳后，完成了对全国的掌控，东汉政权实现了对全国的统一，而这时已经到了建武十六年（40 年）。

从公元 25 年，刘秀在赤眉军入关时称帝，随后举兵南下攻破洛阳朱鲔，并定都于此，到公元 40 年消灭卢芳，东汉政权经历了 15 年的时间统一了全国，进入稳定统治时期，从此开辟了所谓“光武中兴”的时代。东汉政权放弃了西汉都城长安，改以洛阳为都城，因其位置在西安东面，历史称之为东汉。

063 班超有哪些突出事迹?

班超作为东汉著名的军事家和外交家，留下太多值得后人称道的事迹。他恰如其分地将军事与外交有机结合，以军事推动外交，以外交辅助军事，在东汉的西部边陲建立了不世功勋。东汉王朝以最小的代价维持了西域的稳定，消除匈奴在西域地区的影响，这一切某种程度上均归功于班超一人。在今天新疆喀什有一座名叫盘橐城的公园，正是为纪念这位历史名将而修建，园中的一座座浮雕，讲述了这位著名将领立功西域的事迹。

班超，字仲升，东汉扶风平陵（今陕西咸阳东北）人。建武八年（32 年）生，其父班彪、兄班固、妹班昭，均为东汉时期著名史学家、文学家，著名的《汉书》正是在这三位史家前赴后继、孜孜不倦的努力下完成。班超出生于如此家庭，自幼对史书多有涉猎，后迁居洛阳，因家境贫困，依靠替人抄书补贴家用。在其兄班固举荐下，出任御史台下层官吏，后因处事不当免官。其兄班固继承父亲遗志撰写《汉书》，因被人告发私修国史被捕入狱，班超上书汉明帝，最终使其摆脱罪责。这次事件使他意识到文学立身的艰辛，从此以立功为平生志愿，“投笔从戎”的故事正是表明了他人生目标的重大转变。

公元 73 年，汉明帝遣大将军窦固率大军反击匈奴，班超兄弟二人随军，在蒲类海（今新疆巴里昆湖）击败匈奴，重新开通西域交通以及整顿西域各城邦成为这时的要务。在这一背景下，班超受命率 36 人出使西域各城邦，欲通过外交方式说服他们与汉王朝联合，共同抗击匈奴。从此班超步入了他数十年经营西域的艰辛历程，也成就了他名垂青史的赫赫战功。

他第一站到达鄯善，然而鄯善却一直虚与委蛇，在他停留在鄯善时，得知鄯善王因为接见匈奴使者而冷遇他们，于是果断率领部下 36 人击杀匈奴使团 100 余人，断绝了鄯善王与匈奴联系的最后希望，坚定鄯善王归汉决心。“不入虎穴焉得虎子”的典故正出于此。汉明帝得知此事，即授其军司马之职，并授以汉使节以便其在西域各国的活动。这时的班超方才获得汉朝使者的正式身份，而此前他一直是窦固派往西域的军中小头目而已。随后他继续西进，降服于阗，进而率部进入疏勒，驻扎于盘橐城，瓦解了龟兹在匈奴的辅助下进攻疏勒的企图。此后他以此地为基础，经过长期艰苦斗争，使西域 50 余国全部弃匈奴而归汉，重新打通了与西方交通的道路。这期间西域各国仍屡有叛乱，尤其是公元 75 年汉明帝去世，西域境内局势陡然恶化，焉耆国攻杀东汉西域都护陈睦，班超在西域唯一的后援失去了，完全处于孤立状态，而龟兹、姑墨（今新疆温宿、阿克苏一带）等国也屡屡发兵，进攻疏勒。班超与疏勒王忠互为犄角，首尾呼应，坚守在盘橐城。虽然势单力孤，但仍拒守了一年有余。汉章帝即位，因西域都护已死，班超在西域已很难开展活动，无奈之下决定放弃西域，召班超回朝。恰在此时龟兹国突然发兵进攻疏勒，疏勒王战死，龟兹另立疏勒王，并挟持其反汉投靠匈奴。这种情况下班超认识到他一旦离开西域，西域各国将在龟兹的武力攻击和威慑下全部背叛汉朝，自己多年以来的努力即将付诸东流。于是当机立断，决定继续留在西域，并上书汉章帝分析西域的重要性，提出“以夷制夷”的主张。班超的上书感动了汉章帝，使其改变了最初想法，并派遣徐干率1000人入西域支援班超。徐干部队抵达西域后，班超重振武力，并借此平定疏勒，招抚乌孙。次年，汉王朝再次派遣800人的军队进入西域，班超武力得到增强后，进军平定反复叛乱的疏勒，并联合西域诸国，降服依附龟兹反汉的莎车。随后他相继瓦解了大月氏的大兵压境，攻破焉耆，最终降服了一直依靠匈奴在西域为乱的龟兹，从此西域局势得到了稳定控制，匈奴势力再也无法涉足这一区域。

公元91年，班超升任西域都护，四年后，汉章帝为表彰其经略西域之功，加封其为定远侯，食邑千户。东汉和帝时，班超已经在西域衔命奔波达30余年，其兄班固蒙冤死于狱中。班昭早年丧夫，加之班固的冤死，对身处绝域的哥哥班超极为思念，于是上书汉和帝，请求允许班超回京安度晚年，希望与少壮离家、鬓发已衰的哥哥死前能够重逢。汉和帝鉴于班超数十年在西域奔波，为汉朝在西域的经营立下不世功勋，欣然应允。班超于公元102年回到洛阳，终因英雄迟暮，年老体弱，加之一路旅途劳顿，回家仅一个月有余便与世长辞，结束了戎马倥偬的一生。

班超的业绩在当时就得到极高评价，东汉以后诸多史家，更是对其赞誉不绝。班超以自己杰出的军事才能，执着的献身精神，重新沟通了汉朝与西域的联系，将大汉国威扬于西域乃至更远，亲力亲为地维护了东西方交流的唯一通道，做出了不朽的贡献。作为最早的拓荒者之一，他运用以战养战的方式，利用36骑的兵力，控制西域局势，创有史以来的战争史的奇迹，利用汉朝派遣的1000余人即维护了西域长期的稳定，而无须汉朝物资投入；最早提出了以夷制夷的战略，灵活运用外交联合西域各国出兵打击反汉邦国，以最小的代价获得最大的战果。他用几十年的时间在西域建立了不可动摇的盟主地位，为以后其子班勇继承其遗志，继续在西域立功创造了条件。如果说张骞出使西域使中国开始放眼了解世界，则班超乃是身体力行地打通了西域道路，是中国主动地在西域宣扬国威的先行者。

064 宦官专权与外戚干政是怎么回事？

光武帝建立东汉王朝，中央官僚体制的运转相对西汉发生了很大变化，出现了所谓“虽置三公，事归台阁”的状况。西汉时期的中朝官——尚书，这时扩建为尚书台机构，权势日益增大，从而逐渐蚕食丞相职权。然而尚书官职位卑微，权力向更高的皇帝集中。高度集权的专制体制虽然是中国古代政治的发展趋势，但权力的过度集中也为宦官和外戚干预朝政提供了条件，至东汉中期以后，政治上遂出现了宦官与外戚轮流干政的状况。

外戚群体以其家族优势，一般可以轻易地升迁至侍中、大将军、录尚书事等官职。侍中之职执掌并不明确，在特别授权的情况下，也可以干预尚书台事务。东汉中期以后，皇帝即位时多在年幼，这就为太后干预朝廷事务提供了条件，而古代的政治体制限制太后步入朝廷前台，于是外戚以其特殊的身份，轻易通过太后控制皇帝，实现干预朝政，故外戚的干政多以家族形式体现。与此同时，东汉的宫廷内官均由宦官充任，皇帝在活动空间严重受限的情况下，宦官成为其唯一可以信赖的群体。宦官与皇权的接近成为其走上政治前台的天然优势。随着皇帝年龄的不断增长，逐渐不满于受外戚控制，利用宦官削夺乃至颠覆外戚的专权成为东汉时期的常态。

外戚的执政是以皇帝的幼弱为前提，往往以皇帝的年幼无知而以孩童视之，轻视乃至忽视皇帝是东汉外戚执政的共性。这一共性也成为他们最终覆灭的决定因素。随着皇帝年龄的渐长，不甘于受外戚挟制，双方的矛盾逐步增大。为了夺回本属于自己的权力，皇帝只有依靠自己唯一可以信赖的同样被外戚忽视的另一群体——宦官，随着矛盾的进一步的激化，最终演变为兵戎相见。皇帝亲政后，助其夺权的宦官作为皇帝最信赖的力量自然成为炙手可热的群体，于是又迎来了宦官专权的时期。然而皇帝死后，宦官因身份卑微，没有资格进入辅政群体，随着新帝登基，另一个外戚家族随即掌控朝政。可以看出，外戚与宦官围绕权势的争夺，均有一个先决条件，即皇帝的幼弱及其逐渐成年。这种围绕权力的争夺衍生出的外戚、宦官的交替执政，遂成为东汉中后期政治运作的一个特点。

东汉第一个干政的外戚是窦氏家族。汉和帝 10 岁即位，窦太后临朝，太后兄窦宪以大将军加官侍中，成为太后最得力的助手，出入宫廷，掌管机密，出宣诰命。随后开始按照自己意志任免朝廷官吏，组织自己的政治团体，如窦宪以老臣邓彪为太傅录尚书事，一旦羽毛丰满，朝廷的日常行政便摆脱了皇帝和太后，从而围绕窦宪为核心，窦太后退居幕后。随着汉和帝年龄稍长，对窦氏专权日益不满，但因身在深宫与内外官僚隔绝，且在行动上受到窦氏的很大限制，其可依赖的力量仅剩身边的贴身宦官。永元四年（92 年），他利用中常侍宦官郑众掌控的禁军，将太后身边窦氏家族的党羽全部诛杀。又削除窦宪的一切权力，将其赐死，与窦氏家族过从甚密的官僚全部免官，从此掌控朝局。宦官郑众作为此次政变的核心人物，从此参与政事。

公元 105 年，27 岁的汉和帝死。其子刘隆（殇帝）立，一年后又死。于是邓太后与其兄邓骘控制了朝政，立和帝侄子刘祜为帝，即安帝，时年 13 岁。邓太后鉴于此前窦氏家族前车之鉴，力图避免一门专政的局面，而是以外戚与宦官的联合主政，又起用名士杨震等人，寄希望于借此赢得士大夫支持。尽管做了如此努力，邓氏家族仍然权倾朝野。安帝成年后，在邓太后死后亲政，邓氏家族又面临灭顶之灾，其下场与窦氏惊人地相似。随后安帝重用宦官李闰、江京等人，外戚阎显等亦在朝，短时间内形成宦官、外戚共同执政的局面。

公元 125 年，32 岁的安帝死了。太子刘保未能顺利即位，皇后与其兄阎显另立汉章帝之孙刘懿为帝，是为少帝，但未满一年即死去。这时以孙程等为首的18个宦官共斩江京等人，拥立废太子刘保即位，是为顺帝，时年11岁。外戚阎氏家族随着顺帝的即位也走上末路。发动政变拥立顺帝的宦官因此得到重用。安帝、顺帝时期宦官的专权几乎没有中断，他们专横跋扈，权势熏天，使东汉时期宦官权势达到了顶峰。

此后顺帝亦开始扶植皇后家族，以制衡于宦官，梁氏家族借此迅速成长。顺帝死后，外戚梁氏借机掌权。梁氏家族以梁冀为首，先后选立冲帝刘炳（2岁，公元145年）、质帝刘缵（8岁，公元146年）、桓帝刘志（15岁，公元147年），长期的执政使外戚势力达到了极盛时期。

延熹二年（159年），梁皇后（桓帝皇后，梁冀之妹）病死。这时已步入成年的桓帝对梁氏家族的专权极为不满，于是历史的一幕再次重演，桓帝与宦官单超等人周密筹划后，除掉了梁冀，一举颠覆梁氏家族力量。

梁氏被剿灭以后，宦官势力又迎来了春天。中常侍单超、徐璜、具瑗及小黄门左悺、唐衡，因在夺权过程中立功，五人同被封侯，权势达于顶点。至汉灵帝刘宏时，宦官气焰更盛，曹节等十常侍把持朝廷。太傅陈蕃与外戚窦武联合诛杀宦官的计划失败后，引发宦官对党人的仇视，直接导致了第二次党锢之祸，东汉宦官的势力发展到顶点。桓、灵时期宦官的干政，与以往有所不同，具体有以下几个特点：

（一）干预选官制度。汉代选官采取察举制度，这本与宦官无关。桓、灵帝时期察举系统为宦官把持，成为其结党的工具。

（二）干预司法。这一群体掌握了一个特殊监狱——北寺狱，因其隶属于黄门署，故又称“黄门北寺狱”。宦官遂将其作为对付政敌的工具，往往在这里审理朝中大臣。

（三）典领禁军。禁军为负责皇宫乃至京城防御的军队，是皇帝亲兵，其中包括虎贲、羽林、厩驺等营。宦官典领禁军，是从桓帝消灭梁氏家族是开始的。到灵帝时，这一制度被沿袭下来，成为宦官掌控京城局势的重要工具，宦官借此维持了自己权势的长久。

（四）亲属多参与政事。随着察举制的蜕变，宦官集团打破陈规，将大量亲党充斥进官僚体系，宦官集团的势力开始膨胀，并直接渗透进朝中百官，宦官主政不再孤立。

（五）对诏书的掌控。宦官掌控了皇帝管理国家事务的工具——诏书，从而可以根据自己的意愿发号施令，这表明东汉的宦官专权达到了一个新的阶段。

外戚、宦官专政时期，东汉政治日益腐朽。双方在政权上不断地角逐，最初体现为皇帝与外戚在权力上的争夺，直至宦官掌控军队并掌控皇帝后，遂在与外戚的斗争中掌握了主动权。这时活跃在社会上的士大夫群体则相对孤立，他们崇尚气节，一般不参与外戚与宦官的权势争夺。但从士大夫在朝中的参政经历看，对宦官这些刑余之人他们还是排斥的，当外戚与宦官的斗争他们无法回避时，还是较多地倾向于外戚的。

065 何谓三公九卿制度？

三公九卿制是秦汉时期中国古代官僚制度的核心。一直以来普遍的看法是其成型于秦代，而为两汉所继承，至三国两晋南北朝时期，逐步为三省六部制所取代，至唐朝时三公成为荣誉职衔，九卿则变为事务性机构。

三公九卿的渊源，往往被认为发轫于商代，形成于周代，至秦汉时期确立了三公九卿的基本模式。商代正式出现了三公，其三公地位对人而不对职，即确定三个德高望重的人为行政核心，而并未出现对官职的确认，其下也无明确的九卿，却有百僚庶尹。商代行政体制虽不如后人所认为的那样完备，但已初具后代王朝中央政府的基本架构。西周亦有三公之名，这时已确指职务：或认为是太师、太傅、太保；另一说法是司马、司徒、司空。三公以下亦无明确的九卿规定。

秦初立此制，三公：丞相、太尉、御史大夫；九卿：奉常、郎中令、卫尉、太仆、廷尉、典客、宗正、治粟内史、少府。三公的职责如下：丞相，最高行政长官，典领百官，辅佐皇帝治理国政，无所不统；太尉，总揽全国军事，但日常并无军权，战时军令则由皇帝发出，且以节符为调兵凭据，故军权实际掌握在皇帝手中；御史大夫，辅佐丞相处理国政，并负责监察百官，管理国家重要图册、典籍，代朝廷起草诏命文书等。

九卿分管各条具体政务或事务：奉常，掌管宗庙礼仪，掌历法典籍的太史令，掌宫廷医药的太医令，以及掌经学传授的博士等，均为奉常属官，其地位很高，居九卿之首；郎中令，掌管宫殿警卫和皇帝侍从，其属官有掌议论的大夫等；卫尉，掌管宫门警卫，其下有宫车、司马等属官；太仆，掌管宫廷御马和国家马政；廷尉，掌管司法审判；典客，掌管外交和少数民族事务；宗正，掌管皇族、宗室事务；治粟内史，掌管租税钱谷和财政收支；少府，掌管专供皇室需用的山海池泽之税及官府手工业。

秦统一六国后，看重兵权掌控，故三公之中未设太尉，兵权由皇帝直接掌握。三公九卿经历西汉至东汉，名称上出现很大的变化。西汉成帝绥和元年（前 8 年），改御史大夫为大司空，哀帝元寿二年（前 1 年）改丞相为大司徒。太尉一职西汉废置无常，卢绾、周勃、灌婴、周亚夫均曾任此职，却并无时间上的连贯性，至灌婴卸任后就不再设置。汉武帝频繁对匈奴用兵，新置大司马掌管军事。东汉光武帝建武二十七年（51 年），改大司马为太尉，从此常设，位居三公之首，自此三公名称改为：太尉、司徒、司空。

西汉初年不见九卿名称，宣、元时期，九卿称谓常出现在诏书中，然《汉书》中却记载九卿的称谓，分别为太常、光禄勋、太仆、廷尉、大行、大鸿胪、宗正、大司农、少府、卫尉、执金吾、右内史、左内史、主爵都尉、太子太傅等。将九卿确定为九种官职，则始于新莽政权。东汉的九卿官职分别是太常、光禄勋、卫尉、太仆、廷尉、大鸿胪、宗正、大司农、少府。魏晋以后九卿多同于东汉，廷尉偶称大理。

三公九卿制作为我国古代很长时期内采用的中央行政体系，其运行方式主要分为权力中枢和行政主导。秦王朝以丞相、太尉、御史大夫组成权力中枢，御史大夫监察官员的地位空前提高，政治分工的具体化导致了权力制衡机制的形成，从此行政、军事、监察被认为是国家权力的三项最主要职能，从而确立了三公九卿制的基本模式，奠定了中国君主专制社会中央行政体制的基本格局。这虽然一定程度上形成三权分立的格局，但事实上在权力中枢机构中，起主导作用的是行政。这并非因为军事和监察不重要，而是国计民生的方方面面都需要行政的干预，从而确定了丞相以及后来的司徒崇高的地位。除大规模战争外，军队主要作为威慑力量存在，所以太尉在秦以及西汉时期虽然地位崇高，但职权却极为有限，只是到东汉以后才开始侵夺司徒权力，职权才有所扩大。监察机构的重要性不言而喻，但它不是施政机构，而是作为派生机构存在，东汉以后改称司空，作为三公序列，也处于丞相群体中，监察百官的权力主要移交以御史中丞为首的御史台。秦、西汉前期，丞相是权力中枢的首脑，虽然武帝时设立中朝，东汉设立尚书台以削弱相权，日常政务均由尚书台管理，但行政的主导作用未变。武帝以后大将军、大司马职位最高，东汉时太尉为三公之首，但他们只有加领录尚书事的头衔，才能成为最高政务机关尚书台的首领，从而掌握决策权和行政大权。

三公九卿随着历史的发展，其权力逐渐被削夺，三公九卿制最终完全被三省六部制取代。宫廷近侍成为侵夺三公九卿权力的先驱，秦立此制后，车府令作为太仆属官，然赵高任此职时，因深受始皇帝的信任，故能以近侍身份驾驭行政首脑李斯，发动沙丘政变。汉武帝设立中朝官，侵夺三公九卿权力。其中最突出的为尚书一职，至东汉成立尚书台，对三公权力的削弱更为严重，所谓“虽置三公，事归台阁”。

综上可见，从西汉武帝迄东汉末，中央行政体制运作的重要特点，就是由宫廷近侍组成的权力中枢机构和执行机构取代制度化的三公九卿制的中央政府机构，这一权力转移过程的意义，并不仅仅在于加强了两汉时期的皇权，还在于它为后代皇帝强化皇权提供了一个可以效仿的统治模式。魏晋南北朝时期三省制的形成，到唐代三省长官的宰相地位逐渐被同三品和同平章事取代，宋代出现政事堂与枢密院分掌国政，明代内阁的出现和清代军机处成为权力中枢，都说明中枢机构的权力转移已成为中国古代政治体制的基本规则，而这个规则正是秦汉时期形成的。

066 司马迁是怎样的一个人？他的《史记》是一部怎样的著作？

司马迁（约前145年—？），字子长，夏阳（今陕西韩城南）人。司马迁从10岁开始阅读古文，20岁时游历于南北各地，考察风俗，采集传说。由于其父司马谈曾担任过太史令，家中藏书很多，司马迁在此期间阅读了大量的书籍，从而为他以后撰写《史记》打下了坚实的基础。

司马迁初入仕时，担任郎中，这是皇帝的一种侍从官。曾经奉命出使巴蜀以南，到达过今四川、云南、贵州一带，对当地的风土人情有所了解。汉武帝元封三年（前108年），他继承父职，担任了太史令，从而有条件大量地阅读官府和宫中收藏的图书和档案。太初元年（前104年），他又与唐都、落下闳等人，共同编订了太初历，对历法进行了改革。司马迁的父亲司马谈生前已经收集了大量的史料，并且开始修撰史书，临死前又叮嘱司马迁继续完成自己未竟的事业。

汉武帝天汉二年（前99年），正当司马迁全身心地投入到史书的修撰之中时，却遇到了飞来的横祸，这就是历史上有名的李陵事件。这一年汉武帝派宠妃李夫人的哥哥贰师将军李广利率大军讨伐匈奴，另派汉代著名将军李广的孙子李陵率5000名步兵出居延策应。李陵的军队在浚稽山与匈奴单于遭遇，被匈奴8万骑兵包围，激战8昼夜，汉军斩杀匈奴1万余骑，自身也死伤严重。匈奴见汉军作战勇敢，难以歼灭，决定主动撤退。这时汉军中有叛徒向匈奴告密，说汉军粮食与弓箭已尽，死伤惨重，且并无救兵。于是匈奴又增加兵力，全力围攻汉军，汉军全军覆没，李陵被俘。汉武帝本来希望李陵战死殉节，却听到了他投降匈奴的消息，十分愤怒。前几天还纷纷称赞李陵的大臣们，此时却附和皇帝，指责李陵降敌，

司马迁祠

要求诛其三族。当汉武帝征询司马迁的意见时，司马迁却认为李陵所率的是步兵，在外无救兵、粮箭已尽、兵疲力竭的情况下，能够英勇作战，杀敌数倍，已属不易，古之名将也不过如此。他还认为李陵之所以投降匈奴，决非出自真心，一定是想再找机会报效汉朝。同时还批评了那些见风使舵和援救不力的人，暗示李广利没有尽到自己的责任。这些话激怒了汉武帝，将司马迁下狱治罪，又草率地将李陵的母亲、妻儿处死。

负责审理此案的是著名的酷吏杜周，为了讨好皇帝，他判处司马迁死刑。按照汉朝的法律，免除死刑的办法有二：一是拿出 50 万钱赎罪，二是接受“宫刑”。司马迁由于官小家贫，拿不出这么多钱，可是宫刑又是对人的肉体与精神极大的摧残，他曾经想到过一死了之，但又考虑到自己未竟的事业，为了完成一部像《春秋》一样伟大的史籍，他毅然选择了宫刑，忍辱负重地活了下来。太始元年（前 96 年），司马迁出狱，发愤著书，竭尽全力撰写《史记》，终于在他 55 岁时完成了这部伟大的典籍。

《史记》，又叫《太史公书》，全书共计 130 篇，52 万多字，计有本纪 12 篇（记历代帝王事迹）、世家 30 篇（记各诸侯的事迹）、列传70篇（记各种历史人物的事迹）、表10篇（大事年表）、书8篇（记各种典章制度和天文、水利、经济、封禅等），是我国历史上第一部纪传体通史著作。

《史记》之所以成为我国历史上一部著名的历史典籍，主要具备了如下几个方面的特点，或者说突出的贡献：

第一，开创了历史著作的新体裁。在汉代以前的历史著作大都是编年体的体裁，即按照历史发展的年月先后顺序编排，在内容上侧重于政治，而忽略了典章制度、社会经济、科学技术等方面的记载。《史记》创立了本纪、世家、列传、表、书等体裁，将上起于传说中的黄帝，下止于汉武帝元狩元年（前122年）的历史比较完整系统地记录下来。司马迁所创立的这种史籍新体裁对后世影响很大，此后历代正史，即所谓“二十四史”（包括《史记》）以及《清史稿》都采取了纪传体，不少未列入正史的历史著作也有采取这种体裁的，甚至对东亚诸国历史书籍的修撰也都产生较大的影响。

第二，反映了司马迁独特的新思想。首先，是其实事求是的思想，即所谓“实录”的思想，也就是尊重历史事实的思想。司马迁对搜集来的大量的资料，进行了认真的分析和选择，淘汰了那些不可靠的资料，对搞不清的问题，则采取阙疑或者兼采诸种不同的说法。在写汉代历史时，由于是当时人写当时事，在不少地方他不怕触犯统治者，而是直书其事。故班固在《汉书·司马迁传》中称赞他：“辩而不华，质而不俚，其文直，其事核，不虚美，不隐恶，故谓之实录。”举个例子说，陈胜领导秦末农民发动了反对秦朝残暴统治的战争，虽然最后没有推翻秦朝的统治，但他毕竟有首义之功，而且也确实称过王，于是司马迁就把他写入世家之中。这一点与后世的许多史家把农民起义领袖斥之为“贼”而大加鞭挞的做法，形成了鲜明的对照。再比如项羽虽然没有称过帝，而且他还是汉高祖刘邦的死对头，但是司马迁却把他写入了本纪之中。他这么做的理由就是，项羽称霸王时，天下诸侯皆听其号令，其实际地位已相当于天子。项羽虽然残暴，但他在推翻暴秦的战争中，发挥了决定性的作用，这种历史贡献也是不能否认的。其次，重视发展社会经济的思想。司马迁首创了《平准书》和《货殖列传》，前者总结了汉初恢复和发展社会经济的经验和教训，重点对盐铁政策和钱币制度进行了论述；后者论述了各地的物产、农业经济、手工业和商业的发展情况，并对由战国入秦的多家经营渔盐冶铁和商业的家族进行了详尽的记载，是研究秦汉时期手工业和商业情况的珍贵史料。再次，“究天人之际，通古今之变”的思想。司马迁是一个精通天文学的学者，他把星象学与历史问题结合起来，总结历史规律，探究古今之变化。认为从古至今，社会一直处于变化之中，提出了 30 年一小变，100 年一中变，500 年一大变，三大变为一纪，三纪而大备的观点。他认为总结这种变化的规律，对把握社会和历史的发展趋势具有极为重要的意义。此外，《天官书》和《历书》还保存了我国古代天文学和历法学的许多珍贵的资料。

第三，提供了重要的历史资料。《史记》一书的史料价值之高，从来都没有人否定过，它不仅记录了我国上古至汉武帝时期历史的发展大势，而且还生动地记载了形形色色的历史人物形象。在司马迁之前和之后的许多史书，主要记载了帝王将相的活动情况，对于整个社会面貌的反映则很少记载。但《史记》不仅仅记载了帝王将相的活动，而且还专门创立了类传这种新体裁，如《儒林》《酷吏》《游侠》《货殖》《循吏》《佞幸》《滑稽》《日者》《龟策》等传。所谓类传就是把同类人物的事迹写在同一个传中，以反映社会情况的方方面面。这种类传自从司马迁创立后，也为后世不少史书所仿效，但是选择哪类人物入传，不同思想的史家选择是不同的。像司马迁这样选择范围如此之广，照顾到社会的各个阶层，并且不惜篇幅为一些小人物写传，则是比较少见的，从而使得历史变得丰富多彩起来，《史记》实际上也成为我国第一部古代社会史。

第四，重视周边民族和厚今薄古的思想。《史记》中写了《匈奴列传》《南越传列》《东越列传》《朝鲜列传》《西南夷列传》和《大宛列传》等专篇，集中保存了我国少数民族及相邻国家的史料，这些史料系统而完整，是研究这些民族历史及中外关系史的重要史料。这一切在以前的史籍中都是前所未见的。此外，司马迁的这部书虽然属于通史性质，总的来看，却是详于秦汉，而略于先秦，在全书130篇中，其中七八十篇都是秦汉时期的历史。这一现象既与不同历史时期史料的多少不同有关，也是司马迁厚今薄古思想的反映。

《史记》之所以得到后世的广泛赞誉，除了以上这些方面的特点外，还有一点十分重要，就是其文学价值也非常之高。全书风格雄深雅健，文字朴素凝练、简洁利落，尤其重视对历史人物形象与性格的描写，使得许多人物形象不再平面呆板，而是变得立体而富有生气。正因为如此，后世对此书的文学价值给予了很高的评价，如鲁迅就称赞其为“史家之绝唱，无韵之离骚”，郭沫若则盛称司马迁“文章旷代雄，功业追尼父”。司马迁不愧为我国历史上最伟大的史学家、文学家和思想家，其影响早已超出了国界，堪称对人类历史文化做出巨大贡献、具有世界影响力的历史文化名人。

067《汉书》是怎样写成的？它是一部什么样的史书？

《汉书》，又称《前汉书》，由东汉时期的历史学家班固、班昭兄妹编撰，是中国第一部纪传体断代史。《汉书》是继《史记》之后出现的又一部重要史书，与《史记》《后汉书》《三国志》并称为“前四史”。其史学成就历来为史家称赞，然而其撰写过程却极为艰辛，经历了班彪、班固、班昭两代三人前赴后继方才完成。

班彪（3年—54年），字叔皮，扶风安陵（今陕西咸阳东北）人。班彪出生于汉代儒学世家，在知识传播极为困难的时代，其受家学影响颇深。西汉末年，政局混乱，继以王莽篡政和农民大起义，班彪为避战火，辗转流离至天水，投入隗嚣帐下，在光武帝平定关中基本稳定天下局势后，他试图规劝隗嚣依附汉室，作《王命论》以讽谏，终未能如愿。此后举家搬迁至河西（今河西走廊一带），依附于大将军窦融，并劝窦融投降光武帝。东汉初年，举茂才，任徐县令，因病免官。班彪生平好著述，专心于史籍。其生活年代有多人做过司马迁《史记》的续写，班彪均觉失其大要，乃自己着手，搜集各方面材料，写成《后传》65篇，然这时的主要目的在于为《史记》补完西汉历史。班彪至光武帝建武三十年（54年）死，未能完成这一事业，然他的努力最终激发班固编写《汉书》。

班固（32年—92年），字孟坚，班彪长子。建武二十三年（47年）前后进入洛阳太学读书，班彪死时还乡治丧。得知其父撰写《后传》未成，乃有志于完成父业，于是开始着手撰写《汉书》这部皇皇巨著，这时的他才23岁。永平五年（62年），有人上书告发班固私修国史，因此获罪下狱。其弟班超乃赶赴洛阳，上书汉明帝，为其辩白。与此同时，班固书稿亦被上交，明帝览阅后深佩其才能卓著，赦免其罪并任其为兰台令史。兰台为汉朝皇家藏书之地，文献典籍浩如烟海，这为班固以后完成《汉书》创造了条件。随后他升迁为郎，典校秘书，汉明帝命其将《汉书》未完部分续写完毕，从此他一连撰史20余年。

汉和帝永元元年（89年），大将军窦宪出击匈奴，班固任中护军，参与谋划。窦宪此次出击匈奴获得大胜，在燕然山刻石表功，其文即为班固所撰。此后数年，他一直在窦宪幕府任职。窦宪以外戚掌权，把持东汉朝政，更兼战胜匈奴，益发气焰熏天。然好景不长，汉和帝日渐成年，对窦氏家族把持朝政不满，于是利用宦官势力颠覆窦氏家族。窦氏灭门以后，班固亦因此受到牵连，被关狱中，不久病死。直到他死时，《汉书》仍有八表及《天文志》未成，这一事业随后又为其妹班昭继承。

班昭（45年？—117年？），一名姬，字惠班，自幼受家学熏陶，才识卓著。嫁同郡曹寿，早寡，人称曹大家。她文学才能卓著，撰有《东征赋》及《女诫》七篇。班固死后，和帝因《汉书》未成，命班昭参阅东观藏书续写，从此完成了班氏家族两代人前赴后继数十年的事业，也造就了一段史学佳话。续写《汉书》本为班昭计划，汉和帝下达诏命后，更为其提供了诸多便利。她利用当时汉朝的国家藏书，及班固遗留的散乱稿件，在原稿基础上补写了八表，即《异姓诸侯王表》《诸侯王表》《王子侯表》《高惠高后文功臣表》《景武昭宣元成功臣表》《外戚恩泽侯表》《百官公卿表》《古今人表》。

与此同时，和帝又命当时的天文学家马续为《汉书》撰写《天文志》。至此，这部《汉书》，历经40年的编撰工作，终告完成。

《汉书》全书主要记述了上起西汉的汉高祖元年（前206年），下至王莽新朝地皇四年（23年），共230年的史事。《汉书》包括本纪12篇，表8篇，志10篇，列传70篇，共100篇，后人将其析分为120卷，共80万字。《汉书》自其完成始，就以文字艰涩被公认为比较难读的史书，故它行世不及百年，到汉灵帝时就有服虔、应劭等人为其作音义。魏晋南北朝作《汉书》音注的史家更多，到唐朝颜师古作注，所征引的注本已达23家，清王先谦为其作了补注。

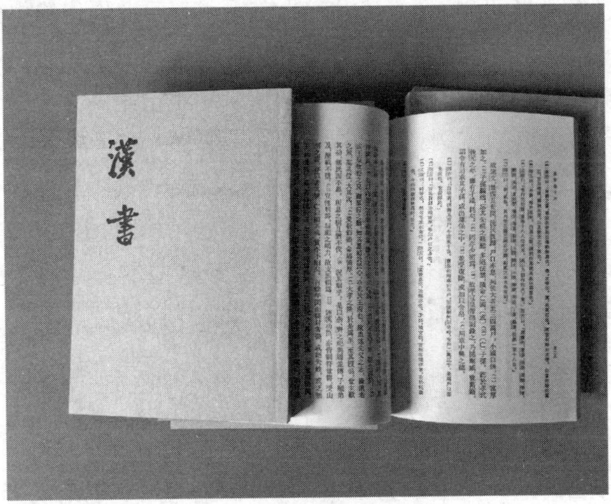

《汉书》书影

《汉书》开创了我国纪传体的断代史体裁，确立了正史修编的体例。史学家章学诚曾对班固《汉书》给予很高评价。历来“史之良，首推迁、固”，史家将其与司马迁合称为“班马”，将他们均视为编修史书的楷模，足见《汉书》成就之卓著。

《汉书》的史料极为丰富，在目前秦汉遗留文献甚少的背景下，成为秦汉史研究的核心资料。《汉书》所跨年代与《史记》颇有交叉，《史记》下限为汉武帝元狩元年（前122年），此年以前的西汉历史两书均有记载。《汉书》在编撰时，虽对《史记》旧文多有采用，但因时代不同，以及私修史书受作者个人价值观影响的原因，在移用时与《史记》内容稍有不同。汉武帝以后的西汉历史，在吸收前世遗书及当时十余家续写《史记》书的资料外，还采用了大量的诏令、奏议、诗赋、类似起居注的《汉著记》以及天文历法书等。对于此类记注类材料的大量采用，保存了原始材料的原貌，故就史料价值而言，《汉书》在这一点上是高于《史记》的。

《汉书》对后世史学产生了极为深远的影响。首先，《汉书》开创了后世断代修史的传统。自秦确立君主专制体制以来，中央集权愈演愈烈，皇权的神圣成为不可触碰的领域。这就为史家修史带来障碍，时人不敢妄议当朝政治，《汉书》的完成，为后世隔代修史创造了范式。其次，在编纂体例方面，对《史记》纪传体的沿用也确立了后世修史的体例。纪传体从此成为后世两千余年不论是私修史书还是官修史书，最为成熟的体例。更重要的是，《汉书》在《史记》基础上新增了《刑法志》《五行志》《地理志》《艺文志》，其中对西汉一代的社会文化、政治制度等的记载，成为后世了解西汉的重要材料，《地理志》的开创，对后世影响尤为显著。由于这些增补，使《汉书》比《史记》更加完备，从而提高了《汉书》的史料价值。

068 宏伟的汉长安城是如何建造的？

西汉是我国历史上最为强盛的朝代之一，长安城作为这个王朝的首都，自公元前 202 年至公元 16 年的 200 多年间，曾是中国政治、经济、文化的中心，因此也树立了它在中国历史上的都城地位。虽然东汉并未在此建都，但此后的十六国、北朝以至于隋唐，这里重新又成为政治中心。

汉长安城位于今陕西省西安市西北郊的渭河南岸，城址位于西安市西北约 3 公里的未央区汉城乡，北距渭河南岸约 2 公里，总面积约 36 平方公里。公元前 202 年娄敬向刘邦提出建议并获准，长安因此成为西汉的都城，见证了长达 200 多年的西汉盛世。

鸿门宴后，项羽进入咸阳，放火焚烧宫室，秦都咸阳渭北主体部分损毁严重，几乎成为一片废墟，而渭河南岸的兴乐宫侥幸未被焚毁，于是汉初在此基础上构建了规模宏大的汉皇宫，兴乐宫改建为长乐宫。

长安城的建设首先是从皇宫的修建开始的。最初阶段萧何将秦兴乐宫加以修饰后改名为长乐宫，然后即开始未央宫的修建工程，其位置在长乐宫西侧，在两宫之间修建武库，基本上构建了西汉皇宫的主体部分。自公元前 194 年始，汉惠帝先后三次修建长安城墙，历时 5 年，前后征发民夫数十万人，与此同时在城西北方修建东西二市。长安城的修建前后历时 90 余年，汉武帝时对长安城开展大规模修建，并最终完成其基本构架。建元三年（前 138 年）扩建上林苑；元光六年（前 129 年）汉武帝开凿关中漕渠，修建“京师仓”，用以运输关东漕粮至长安，同时解决城市供水与排水问题；元狩三年（前 120 年）开凿昆明池；元鼎二年（前 115 年）修伯梁台，太初元年（前 104 年）在城外西侧修造建章宫，太初四年（前 101 年）又在未央宫、长乐宫以北修建了北宫、桂宫、明光宫。从此以后，长安城没有再经历大规模的修建，在维持原来规模的基础上，仅仅偶有修补。汉末王莽于南郊修建明堂、辟雍、宗庙等礼制建筑，连同修复重建的馆社、官稷等，形成了长安城完整的礼制建筑群，王莽政权末年，长安城多数建筑毁于战火。

城墙及城门

从整体布局而言，长安城呈不规则方形。城墙的走向，南北两面，因配合地形走势多有曲折，东西两边略呈直线，而以东面最为规则。目前根据考古发掘及对遗址的测量，基本可以确定长安城四面城墙的长度及城区面积。根据各项测量结果，其城区面积为 34.392 平方公里，东城墙长 5916.95 米，南城墙长 7453.03 米，西城墙长 4766.46 米，北城墙长 6878.39 米，与史籍记载汉长安城周长 62 里基本相符。城墙保持早期城市的建筑方式，为夯土筑成，至今地面仍有多处遗迹。

根据史书记载，全城有 12 座城门，东、南、西、北每面 3 门。东面的城门自北而南为宣平门、清明门、霸城门，南面的自东而西为覆盎门、安门、西安门，西面的自南而北为章城门、直城门、雍门，北面的自西而东为横门、厨城门、洛城门。城门的规格大体为：每门有 3 个门道，直城、霸城门宽近 52 米，其余城门宽 32 米。每个门道实宽 6 至 8 米。张衡《西京赋》说："披三条之广路，立十二之城门"，与实际情况基本相符。此外，在西安门和直城门地下还发现用砖石砌筑的排水系统。

宫殿

未央宫：又称西宫。这是西汉皇宫最重要的部分，主要用于朝廷的朝会以及皇帝的寝宫。位置在汉长安城西南部，平面构造呈方形，基址建在长安城地势最高处。未央宫是具有代表性的古代皇宫，宫城之中有鳞次栉比的宫殿，风景优雅的池苑，有服务于皇室生活需要的设施与建筑。汉末遭到严重破坏，光武帝虽下旨修复，已不能达到最初规模。东汉末年董卓裹挟汉献帝至长安，即居于此。后赵建武十一年（345 年），赵武帝石虎征发了雍州、并州、秦州、洛州等地十余万人对未央宫加以修缮，此后前秦、后秦、西魏、北周等各朝代均以此地为皇宫。隋文帝修建大兴城后，此地为禁苑所属，但未央宫主体建筑仍然保存。至唐武宗会昌元年（841 年）再次对未央宫修缮，修复规模为 349 间殿屋。

桂宫：居于未央宫以北，紧靠长安城西城墙。汉武帝时修建，作为西汉皇宫的后宫部分，为妃嫔起居活动之所。桂宫隔西城墙与建章宫相望，南隔直城门大街与未央宫相邻，东临"北阙甲第"，北隔雍门大街与西市相邻。宫城平面呈长方形，南北长约 1800 米，东西宽约 880 米。90 年代后期考古发现桂宫二号建筑遗址位于桂宫南部。此处建筑东西长 48 米，南北宽 56 米，高 11.5 米，拥有南北两重院落，其布局特点与椒房殿相似，推测以为桂宫极可能是后妃的宫室居所。二号建筑的年代判断以为，其上限不会超过西汉中期，与文献记载桂宫建于汉武帝时期基本一致。其建筑基本继承先秦的前朝后寝或前堂后室的建筑格局。

建章宫：汉武帝太初元年（前 104 年）开始建造的宫苑。其建筑组群外围筑有城垣，就其布局而言，从正门圆阙、玉堂、建章前殿和天梁宫形成一条中轴线，其他宫室分布在左右，全部围以阁道。

武库：萧何所建，位于未央宫与长乐宫之间，东西长 710 米，南北宽 322 米。围墙内有库房 7 处，南北走向的夯土墙将其分为两部分，其中 1 至 4 号库房居东院，5 至 7 号库房居西院。7 座库房大小不等，平面均呈长方形，夯土构筑，一般一面有门，7 号库房南北各置一门。建筑内部防潮设施相对完备，且院内拥有较为完善的排水系统。武库作为皇宫附带建筑，主要用于储存兵器。根据兵器种类的不同，分类储存于各个库房，或放铠甲盔胄，或放戟矛剑盾，或放弓弩镞，极少混杂。

汉长安城在规划上继承了先秦时期宫城崇方、择中的传统思想，并对同时期其他类皇室建筑以及后世的都城产生了重要影响。其城南礼制建筑，也表现出较强的崇方、择中的趋向，后世的汉魏洛阳明堂、隋唐长安、北宋东京、明清北京宫城等相类建筑也基本沿袭了这种格局。汉长安城的“择中”表现为“宫城”（未央宫）中大殿正殿位置的“择中”，宫城轴线居中，宫城与都城轴线重合。另外，关于文献中所载的“面朝后市”“左祖右社”“前朝后寝”等制度，在汉长安城中都得到了很好的体现。关于长安城的中轴线问题，自秦汉以来，都城中的皇帝宫殿为全城规划之中心的设计思想已经确立，这在中国都城史上是一个划时代的变革。市民居住的里坊和商业市场正式纳入城市之中。就城市规划而言，秦咸阳无规划，汉长安是宫殿的组合体，如果说有中心的话，便是未央宫，但全城没有一条类似中轴线的设计。王莽“托古改制”在城南建宗庙、辟雍、社稷等礼制建筑后，才使长安城逐渐接近“面朝后市”“左祖右社”的理想布局。汉长安城最初布局受到了秦咸阳城的影响，没有明确的规划或中轴线，且具有较强的面北倾向。王莽“托古改制”修建礼制建筑后，才使长安城开始具有向南的倾向性。长安城采取了“前朝后市”的规划格局，“前朝”在南，与南郊礼制建筑相联系，“后市”在北，与渭北工商业连为一体。城里诸宫均包括朝、寝等，实际上并不存在严格的“前朝”与“后寝”之分。安门大街应该是汉长安城的中轴线。

069 长沙马王堆的故事是怎样的?

马王堆位于湖南省长沙市东郊长浏公路北侧，距市中心约 4 公里，据地方志记载因此地为五代时期楚王马殷家族的墓地，故名马王堆。堆上东西又各突起土冢一个，其间相距 20 余米，形似马鞍，故也称为马鞍堆。堆上分布西汉墓三座，三座汉墓中，一号墓是利苍妻辛追墓，二号墓是汉初长沙国丞相轪侯利苍墓，三号墓是利苍之子墓。这是我国 20 世纪重大考古发现之一，对于历史研究及中医史研究等均具有不可估量的价值。

1952 年，考古学家夏鼐率领的中科院考古研究所长沙工作队前往长沙进行考古调查时，推测马王堆为一个汉代墓葬群，然对此墓葬群的发掘却相对较晚。1971 年底当地驻军修地下医院时发现此墓，1972 年 1 月 14 日正式开始发掘。马王堆三座汉墓共出土各种文物 3000 多件，基本保存完好。其中各种漆器 500 余件，制作考究，工艺精美。最为珍贵的是一号墓出土的大量丝织品，品种众多，有绢、绮、罗、纱、锦等。其中有一件素纱禅衣，长 1.28 米，且有长袖，重量仅 49 克，足以体现当时丝织技术的高超。同时出土了大量帛画，是我国现存最早的描写现实生活的作品，还出土有彩俑、乐器、兵器、印章、帛书等珍品。这一重大考古发现，对于研究我国西汉早期历史具有极为重要的意义。

一号墓: 发掘时间 1972 年 1 月 14 日—4 月 28 日。该墓曾两次被盗，但没有成功，故墓葬内文物得以保存。该墓墓口长 19.5 米，宽 17.8 米，封土深度为 20.5 米。墓口有向下的台阶，墓室内有一条直达墓底的斜坡墓道。墓中共出土漆木器、纺织品、帛画等各类文物 1800 余件，最神奇也是最受世人瞩目的是一具保存十分完整的女尸。女尸保存之完好，令人惊叹，其皮肤呈淡黄色，甚至还有弹性，部分关节能够活动，这是我国南方墓葬中发掘的最为古老且保存最为完好的女尸。根据墓中出土的印章，可以确定墓主姓名叫辛追。根据墓中出土文字材料，大体可了解其生平经历。结合二号墓与三号墓材料，可以得知她就是轪侯利苍夫人，早年丧夫，晚年丧子，于汉文帝后元元年（前163年）左右去世，死时年龄50岁有余。

二号墓: 发掘时间为1973年12月18日—1974年1月13号。该墓历史上曾多次被盗，墓中密封系统遭到破坏，严重进水，致整个墓室坍塌。因密封情况较差，陪葬品的朽坏状况严重，仅残余200余件文物，该墓中出土3枚印章，分别刻有“利苍”“长沙丞相”“轪侯之印”字样，这不但可以确定墓主身份，而且其与一、三号墓墓主的关系亦得以最终认定。根据二号墓出土的“轪侯之印”铜印，“利苍玉印”和“长沙丞相”铜印，二号墓墓主人应为第一代轪侯、长沙国丞相利苍。根据墓中文字材料，他应生于战国末年，死于西汉吕后二年（前186年）。墓主曾跟随汉高祖参加秦末农民战争、楚汉之争，战功累累，汉初升任长沙国丞相，据《史记》和《汉书》的记载，汉惠帝二年（前193年）录旧臣功绩，他得以封为轪侯。

三号墓: 发掘时间为1973年11月19日—12月12日。因该墓未曾被盗，密封状况良好，陪葬品基本都得以保留，出土了帛书、帛画、简牍、漆木器、纺织品等1000多种文物。然而该墓墓主尸体已经腐烂，仅残存骨架，经鉴定，墓主身高1.85米，年龄30岁左右，男性。根据墓中文字材料判断，三号墓墓主是利苍之子，第二代轪侯利豨或其兄弟，他死于汉文帝十二年（前168年），年仅30多岁。

马王堆汉墓的发掘，为研究西汉初期手工业和科学技术的发展，以及当时的历史、文化和社会生活等各个方面，都提供了极为重要的实物资料，对我国的历史和科学研究具有无法估量的价值，大量珍贵文物的出土，均为我国考古学上的重大奇迹。

三座墓葬中出土了大量帛书、简牍等文字材料，根据其内容大体可分为44类，总10余万字，内容涵括：政治、经济、哲学、历史、地理、文学、艺术、体育、天文、医学、军事等众多领域，按《汉书·艺文志》中的图文分类，可以将它们分为六艺、诸子、兵书、术数、方技等5大门类。此外，在一、三号墓中还出土了多幅帛画。

竹简文字材料: 三号墓出土的医书中，有医简200支，大都涉及医疗养生之类。经过对医简整理归类，辑成《十问》《杂禁方》《合阴阳》《天下至道谈》四部医书。其中《十问》是假托古代帝王、诸侯、官吏、名医、术士互相问答，就10个养生保健的问题进行了讨论。《杂禁方》主要为巫术内容，讨论怎样用符咒等方法来治疗夫妻不和、姑嫂相斗、婴儿夜啼及多噩梦之类的毛病。《合阴阳》与《天下至道谈》均属于古代房中术方面的著作。

帛书文字材料：

帛书《周易》:《周易》现存版本已很难反映其原貌，而马王堆出土的帛书为目前发现的最早的《周易》版本，它抄在整幅帛上，版面典雅、字迹清丽，抄写年代约在汉文帝初年，它的一些内容与现在流传下来的版本差异很大，因而十分珍贵，对于现存《周易》的校勘及补充起到不可替代的作用。

帛书《春秋事语》：为战国时期著作，早已散佚，就其内容而言，主要记载了公元前713年至公元前453年间春秋各国的历史事迹。全书2000余字，16章，分章记事，事件间无连贯性，也无编写年代，体例与《战国策》相似。由于它议论多于记叙，记事十分简略，立意极为浅显，目前多认为是一部历史启蒙读物，类似于现在的教学课本或儿童读物。此书与《左传》等文献中的史实基本相符，某些方面内容可以起到相互校对以及补充的作用。故帛书《春秋事语》展现了春秋时期尚未得知的很多历史事迹，为研究春秋时期的历史提供了新的资料和有益的补充。

帛书《阴阳五行》：分为甲、乙篇，其内容主要是以干支、四时、月令、星宿等来占卜出行、嫁娶、祭祀和战争，这主要为一部占卜类书籍。

帛书《五星占》：它的出土揭示了西汉以前的天象观测状况和水平，它是现存最早的天文领域著作，通过它我们大体可以了解西汉以前天文观测的发展水平。全书共约8000字，内容分为两大部分。第一部分主要是对金、木、水、火、土五大星体的运行规律的记录，并运用天文星象来占卜吉凶。由此可以得知，我国古代的占卜之术与天文学之间联系的紧密程度。

帛书《天文气象杂占》：此书以绘有云、蜃气、恒星、彗星等各种天象的图像组成，同《五星占》一样，也是一种利用天象推测验证灾异变故、战争胜败的图书。《五星占》和《天文气象杂占》是目前留存的最早的天文学著作，它们记录了我国古代天文学的发展水平，也反映了我国早期天文学的发展轨迹。

帛书《足臂十一脉灸经》：主要是一部记录我国中医早期灸法医疗的医书，比秦汉时期成书的《黄帝内经》更为久远，早已失传。它的出现对了解《黄帝内经》以前中医的发展状况，提供了极为重要的补充，马王堆出土的此书应是迄今为止最古老的抄本，是中医发展史中的又一个里程碑。

帛书《五十二病方》：是迄今所见最早、最完整的古医方专著，对于研究我国古代医方的源流传承具有重要的参考价值。书中有医方 283 个，详细记载了涉及内科、外科、妇科、儿科和五官科等 103 种疾病的治疗医方，药名 254 种。经考证，《五十二病方》比《黄帝内经》年代更为久远（成书于春秋战国时代或更早），将我国中医方剂学历史提前了一个甚至几个世纪。《五十二病方》的发现，补充了《黄帝内经》以前的医学内容，是一份非常珍贵的医学遗产。

帛书《养生方》：这是一部以养生保健为主的医方，记有医方 80 余个，主要用于防治衰老、增进体力、滋阴壮阳及房中补益等方面。

此外，墓葬中还出土了大量帛画、乐器、漆器、生活用品、丝绸、木俑等珍贵文物，马王堆汉墓为史学研究提供了极为珍贵的材料，它的发掘对研究西汉前期历史具有十分重要的价值。

070 什么是汉乐府与汉赋？

从汉初到汉武帝时期，随着国力的日益强盛，尤其是在武帝时期打败了强大的匈奴后，汉王朝的国力达到鼎盛时期。作为一个在东方独一无二的强大王朝，汉王朝建立了对周边各民族及部落的绝对优势。受时代影响，文人的情怀与以前相比也有了很大的不同。映射在文学领域，逐渐兴起了气势恢宏、贯通古今、包罗万象的文风追求。从体裁而言，汉代文学以汉赋和汉乐府为代表，相对于此前，艺术层面达到了前所未有的高度。

乐府，是中国秦汉至隋代的宫廷音乐机构，其主要职能是搜集和创作宫廷音乐，后世往往将在体裁上与早期乐府机构收集或创作的文学作品相似的作品统称为乐府。乐府机构始置于秦代，隶属于少府，与太乐令并置。西汉初设乐府令，主要掌宗庙祭祀之乐。乐府的扩充在汉武帝时期，其职能亦得到进一步强化，除创造宫廷所需的雅乐外，还兼具广泛搜集各地歌谣的职责。因此乐府诗乐荟萃，为自身的发展开辟了极为有利的补充渠道，艺术价值也随之提高，其作为一种文体，为文学的进一步发展打下了基础，创造了条件。乐府不单纯地指音乐方面的作品，而是逐步独立衍生为一种文体。据《汉书·百官公卿表》记载，武帝时，乐府令下设三丞，分掌职权。至成帝末年，乐府编制逐步庞大，人员多达 800 余人，这是乐府机构发展规模最大的时期。哀帝即位后，撤销了乐府机构，将其划归太乐令属下，机构也遭到大规模的压缩，从此以后，汉代再无乐府建制。汉末建安年间对古体乐府的推进极为重要，但乐府由音乐机构名称演变为诗歌名称，则始于六朝。至唐代，在文体上又出现新乐府，这是对古乐府的文体稍加改进而形成的新文体。

两汉乐府诗现存约 170 余首（其中西汉 138 首，东汉 30 余首），其内容大体分为三类：一是帝王郊庙歌辞，主要在祭祀过程中演奏与歌唱，如《郊祀歌》《安世房中歌》等；二是在少数民族和汉族民间流传的鼓吹曲辞、横吹曲辞，如《铙歌十八曲》等；三是采自民间和无名文人所作的唱和歌辞、杂曲歌辞、清商曲辞，如《江南可采莲》《白头吟》等。

汉乐府的艺术风格总体而言是粗犷、质朴、豁达、深厚，当然形成这种风格的因素是多方面的。从汉乐府的艺术特点而言，主要分为以下几个方面。

一、继承了《诗经》的写实传统，但题材更为广阔。汉乐府喜用第一人称，通过对主人公亲身经历的各种事情及切身感受的描写，借以反映汉代社会的各个层面。其作为一种文体的发展，范围之广阔、程度之深，在一定程度上已超过了《诗经》。

二、汉乐府尤其擅长叙事，它是我国叙事诗趋于成熟的标志。在我国先秦诗歌中，叙事诗是不发达的。《诗经》中的国风几乎全为抒情诗，仅大雅中的《生民》《公刘》等少数篇章为史诗式作品。至于《楚辞》，则是更典型的抒情诗集。汉乐府中绝大多数的是叙事诗，其中最具代表性的当推《孔雀东南飞》，这是我国古典诗歌中最长的叙事诗歌。

三、吸收了《楚辞》的特定表现手法，浸染了先秦民歌少有的浪漫色调。《诗经》和《楚辞》是我国写实文学和浪漫文学的两个主要源头。汉乐府的主流重视现实传统，但对《楚辞》的杰出部分，也有不同程度的吸收。具体表现为以下几个方面：其一，在现实的故事中增添浪漫的想象，使其描述更为形象，如《战城南》；其二，完全采用幻想神游的方式，如《日出入》；其三，通过极度的夸张和奇特的想象直接表达其丰富的情感，如《上邪》。

四、形式自由多样，发展了我国古典诗歌的体裁，也丰富了古典诗歌的表现力。汉乐府，除了在《公无渡河》《善哉行》等少数篇章把四言体这种古老的形式保存下来，多数篇章都已从四言诗的窠臼中走出来，出现了两股新潮：一为杂言，句随意移，没有固定的章法、句法，长短随意，整散不拘。二是五言体。

汉乐府对后代的影响极为深远，它是一面旗帜，引导着后世诗歌的写实路线，同时它为我国古典新体诗的出现提供了蓝本，五言诗的开创，成为此后我国古典诗歌的主要体裁。在艺术表现手法上，汉乐府提高和丰富了诗歌的艺术技巧。总之，汉乐府为后世诗人提供了丰富的创作经验，对后世诗歌的发展起到非常深刻的影响，如汉魏六朝诗、唐诗乃至明清诗等。它在中国文学史上占有极为崇高的地位。

赋是汉代新兴的一种文体，它有如诗歌，讲求声韵的和谐与形式的整饬，又如散文，句型自由，无格律的严格限制；它既是书画的文学，又能诉诸口诵；既宜于状物叙事，又宜于抒情说理，兼具诗歌与散文的表现功能，是两者间的综合性文体。

从汉赋的流变史中，我们可以了解到，汉赋的盛衰转变和汉帝国的勃兴与衰微是息息相关的。因此，要更深入地把握汉赋的精神实质，只有把汉赋还原到汉代文化背景下进行考察分析，才能达到目的。

西汉武帝时期，国家实力达到顶峰，生活在这样一个盛世，“宣汉”心理的需要引导着汉赋的发展方向。如《天子游猎赋》(《文选》将其分为《子虚》《上林》两篇)，从来没有任何一种文学体裁像汉赋那样与政治结合得如此紧密。汉武帝创立辉煌帝业的同时，也为后世留下诸多棘手的社会问题。劝谕思想在此后的汉赋中逐步体现，从扬雄到班固再到张衡，讽谏成分已日益增多，劝谕语气也逐渐犀利。在汉朝长期大一统的背景下，夷夏之分的观念逐步强化，司马相如的《难蜀父老》，即为这一思想推动下所作。在董仲舒儒学思想的渲染下，大力宣扬天人感应与君权神授的思想在汉代盛行。班固的《东都赋》、扬雄的《羽猎赋》等都是在这一思想笼罩下的产物。

汉赋作为一代文学的代表，其艺术价值不可磨灭。总体而言，讲究词采华丽之美，讲求音韵之美，是汉赋作品共同的审美观点。与此同时，汉代各大赋家对赋这一文体亦有所针砭，如司马相如、扬雄、班固、王充均对汉赋提出过自己的看法，从辞藻、音韵到社会现实的承载，方方面面均有涉及。可以看出，汉代人尤其是赋家对汉赋这一问题的反思和推进，正是由于他们的不断自省，汉赋从最初的歌功颂德以及华丽辞藻的堆砌，到逐步关注社会现实，讽谏帝王，逐渐扮演了越来越多的社会责任。

071 为什么说张衡是伟大的科学家?

在汉代乃至整个中国古代科技史上，张衡永远无法被绕过。他在科技、数学、地理学、地震学等领域都做出了不可磨灭的贡献，已成为中国科技史上的一个里程碑。

张衡（78 年—139 年），字平子，汉族，南阳西鄂（今河南南阳石桥镇）人。自幼外出游学，受到系统的经学培养，与此同时在天文、历法、数学等方面也受到很好的熏陶。公元 111 年，他到洛阳出仕为郎中，先后担任过尚书郎、太史令、侍中、河间相等职。

汉代天文学最突出的历史地位，是建立了一整套宇宙理论。其要点有三：一是天地生成理论，它改变了先秦时代对“天”“道”的看法，形成了理论与实践结合的宇宙演化观；二是天体结构学说，这便是论天三家（浑天说、盖天说、宣夜说）之宇宙结构理论在汉代的形成与发展；三是律历一体的思想，这决定了汉代天文学通过历法的制定与修改，与数学紧密结合。其中浑天说，在今天看来是最接近宇宙实际的学说，其代表人物和集大成者就是张衡。他主要的天文学著作有《灵宪》和《张衡浑仪注》，极大程度上推进了浑天说的理论和对宇宙与地球的认识。他在《张衡浑仪注》中阐述道：“浑天如鸡子。天体圆如弹丸，地如鸡子中黄，孤居于天内，天大而地小。”经过他的描述，将原本极为复杂的浑天说理论简化了，变得易于了解，这对于浑天说在东汉产生重要影响具有很大的推进作用。根据他对浑天说的理解，张衡制造出了浑天仪，用以演示浑天理论，并通过仪器的运作，与天文星象相印证。张衡的浑天说理论，完全摆脱了早期影响较大的盖天说半边天球宇宙模型的束缚，将对天体与地球的理解向前推进了，把地球比作“蛋中黄”，贯彻了“圆则俱圆，方则俱方”的新型天地关系观念。张衡的浑天说以天文观测及数学运算为基础，因此，至少在当时的时代，几乎可以完全解释所有的天象问题。与此同时，他将道家“有生于无”的哲学思想运用到宇宙的生成及演进方面，结合当时社会的各种学说，在《灵宪》中系统描述了天地万物的生成、变化、发展过程，对后世产生了很大影响。正是在他的推动下，浑天说在汉代取得了对盖天说（天如张盖，地如棋局）的优势，使中国天文学取得了划时代的进步。

在用数学推算浑天理论的同时，他在科技制造领域的成就亦十分突出。换言之，如果没有张衡毕生孜孜不倦的科技制作，仅依据凭空想象和数据推算，他对宇宙天地的认识和所取得的卓越的天文学成就，是不可能产生如此之大的影响的。

据《浑天仪注》记载，张衡在制浑天仪前先造“小浑”，即以针及薄竹篾制成模型，并在此基础上制作漏水浑天仪。他所制作的浑天仪原物在十六国时期丢失，而对其浑天仪制作的详细过程，史籍中也仅剩下只言片语。

张衡在科学发明与仪器制造方面的另一大贡献，是创造了我国（也是世界科学史上）第一台测量地震的仪器“地动仪”，这也使他成为历史上研究地震科学的创始人。我国历史上自纪元以来有两次大地震高峰：一是公元 100 年—200 年（东汉和帝永元十二年至汉献帝建安五年），计强震 22 次；二是公元 1600 年—1700 年（明神宗万历二十八年至清圣祖康熙三十九年），计强震 20 次。张衡恰生活在第一个高峰期，对陇西地震及方位的成功测量，开启了我国用仪器远距离观测和记录地震的历史，可谓是一划时代的贡献。从思想史的角度看，这也是张衡以科学验证战胜神学虚无的伟大实践。自张衡创制地动仪以后，史官开始记录与观测地震，而这种具有一定科学意义的地震学的肇兴，又确实与东汉中叶地震频发以及朝野上下对其极度重视有着密不可分的联系。

在浑天仪与地动仪之外，他还制造了水运浑象，与他的天文学说紧密联系。此外还制造了候风仪（相风铜鸟，此为测风仪器）、自

地动仪模型

动车、指南车、滑翔机、自飞木鸟等机械仪器，极大地推动了中国科技制造的发展。

作为我国古代科学机械发明史上的重要里程碑，张衡的浑天仪、地动仪等器物创造的成就是有目共睹的，而作为对器物文化的创造精神持肯定态度的理论先驱，他对器物的重视以及创造器物本身，又包含了深刻的文化底蕴。他在发展浑天理论的同时，利用制造仪器的方式对其理论加以验证，这种实证的精神对后世影响深远。张衡浑天理论对仪器的依赖以及地动仪的预测结果，证明科技进步的同时也象征着文化实证精神的弘扬。与汉代文化主潮之经学复古的思想相反，张衡的器物创造是以革新的思想为基础的。我国古代的器物创造一直围绕两个主题：一是供宫廷玩赏的“奇器”，二是有助于生产生活和解释未知世界的“器具”。二者在创造发明上虽然都具有科技进步的意义，但在目的上却截然不同，前者属于为统治者服务的休闲文化，后者则是造福于人类的实用文化。张衡的器物创造正因为属于后者，所以尤为后世所景仰。

072 造纸术的发明与人类文明的进步有什么关系？

纸在现代文明中的重要性是不言而喻的，对于历史也有着巨大的贡献。有了纸，才能大量抄书、藏书，才能有印刷术的发明，从而大量印书。书籍数量的增加，使人类创造的知识得以较多地记载和保存下来，更广泛地传播，从而促进了整个社会文化水平的提高。纸的发明，还使与纸有关的各种工艺、技术、艺术等随之发展起来，如书法、绘画、雕刻、印刷等等，使社会面貌更加丰富多彩。没有汉代纸的发明，就没有灿烂的唐宋文化。在欧洲，人们评价说，纸是推动文艺复兴和宗教改革的重要因素。总之，纸促进了世界文化的发展，促进了人类社会的进步，它不仅仅是惠及中国，更是全人类文明的福祉。

文字出现以后，在什么材料上进行书写就是很大的问题。在造纸术发明之前，我国古代曾用过许多书写材料。四五千年前在石壁、陶器上刻画文字符号，三四千年前在龟甲和兽骨上刻写文字，接着又在青铜器上刻铸铭文，它们分别被称为“陶文”“甲骨文”和“金文”。

从春秋战国时期开始，随着文化事业的发展，最初的书写材料已经不能承载和满足文化的传播需求，为了撰写的方便，开始流行在竹、木片上书写。写字的竹片称为简，编在一起称为策，木片则称为木牍。与简牍同时期流行的还有帛书，即在缣帛上书写，往往每幅一段，称为一卷。这种书写方式虽然较为方便，然由于代价昂贵，注定难以成为最主要的书写用品。简牍与此前的甲骨、青铜器相比，书写更加便利，它是为了满足春秋战国时期文化大繁荣的需求应运而生的。然而它们也存在自身无法克服的缺陷，书写的便利固然有助于文化的记载、流传，但携带不便仍然是急需解决的问题。这时一种新的书写材料应运而生，在经过长时间的发展和改进后成为此后 2000 余年的文字书写材料——纸。

纸的发明已很难确知其年代，到目前为止，经过考古发掘，发现的最早的纸张可以追溯至西汉。从出土的实物中我们可以知道，早期的纸都是以麻为原料制成，其制造工艺大致为沤麻、打浆、捞纸这几个步骤。通过这种方法制造的纸张极为粗糙，麻纤维捣得不够烂，纤维在成纸时也分布得极不均匀，因此不便于书写，大都只用来包装物品。在这场书写材料的革命中，蔡伦以其重大的贡献而名留青史。

蔡伦，字敬仲，桂阳（今湖南郴州）人，生年不详，卒于公元 121 年。他在汉明帝永平末年（约公元 75 年或稍前）入皇宫做宦官，章帝建初年间（76 年—84 年）任尚方令，尚方是皇家专属的手工业制造工场，负责监制御用器物，这为他在造纸技术改造方面提供了便利。他对长期以来的造纸技术进行总结，开始摸索如何改进制造工艺。在原料上，除采用破布、旧渔网等废旧麻料外，同时还采用了树皮，从而创造性地探索出一种切实可行的造纸方法，并一直被后世沿用。这一改进为造纸事业找到了一个极为丰富的原材料来源，同时在很大程度上降低了纸张的成本。最具革命性的意义在于开创了此后木浆纸的先声，为造纸业的发展开辟了广阔天地。公元 105 年，蔡伦将制成的纸张献给汉和帝，受封龙亭侯，他主持制作的纸被称为“蔡侯纸”。

蔡伦造纸是现存史籍中关于造纸的最早记载，大约因为蔡伦改进造纸技术以后，纸逐渐被广泛地作为书写材料，后世往往把蔡伦作为造纸的鼻祖。随着考古学的不断发展，西汉麻纸接二连三地被发现，已经完全可以确定蔡伦并不是纸的发明者。但他首先用树皮、麻头、废旧的麻布和渔网等做原料，造出了适宜书写的优质纸张，尤其是树皮被作为原材料用于造纸过程中，是最具革命性的一步。因此尽管纸不是蔡伦发明的，但他作为一位造纸术的杰出改革家，所立下的伟大功勋仍是巨大的，值得人们景仰与怀念。

新事物的出现，往往要经历很长的时间才能被接受。造纸术改进以后，纸很长时期内仍然未能迅速运用于书写，近年来湖南长沙陆续出土的三国吴简和晋简就是实证。虽然左思的《三都赋》致使“洛阳纸贵”，但纸张运用于书写，应该在很长时期内局限于很小的范围，它的流传并没有像想象中的那么迅速，而南方由于远离政治中心，造纸的技术和纸张的使用还要稍晚一些。也可能最初对造纸技术的革命，未能在短时间内降低造纸的成本，因此在一定时期内其并未能取代流传已久的竹简、木牍。

20 世纪初，英国人斯坦因在西北古长城找到公元 2 世纪用粟特文书写的纸张，从此为一直处于猜想中的西方造纸技术来源于中国找到了实际的证明，改变了以往一直认为欧洲造纸技术不受中国影响而独立产生的观点。有人考证至迟到公元 7 世纪末，印度已经有了“纸”字，这从曾经赴印的义净和尚的著作中可以得到证明。唐朝与阿拉伯帝国之间爆发的怛罗斯战役，使大量唐军兵士被俘虏到阿拉伯，其中就有不少造纸工匠，不久阿拉伯就出现了造纸工场，接着造纸术又从阿拉伯流传到欧洲及世界各地。

纸张作为书写材料，在造纸术改进以后，经历了数百年才完全代替了简牍，这虽然是一个漫长的过程，但它给人类文明的传播和发展带来的革命性意义并未因此而丝毫受损。自纸张成为主要书写材料后，文化出现了飞跃性的发展，传播的方式也出现了革命性的进步。从此以后各国家之间的文化传播频繁开展。此外，这一改进为以后印刷术的发明准备了条件，后来两者相辅相成，共同促进了世界文明的发展。

073 什么是五斗米道与太平道？

道教是从中国古老的民间信仰中产生的土生土长的宗教，东汉时期流行的道家、黄老学、神仙说、纬书等思想，夹杂着方术与巫祝，逐渐相互影响，走向合流，并开始形成宗教性质的组织。由于正史对宗教记载的忽略，已经很难知晓其最初产生时的形态，大体在东汉后期开始形成两大道教派别——五斗米道与太平道。但是道教组织、教义和诸神系统的完善却远在这以后，故五斗米道和太平道是最早见于历史记载的道教支派，可视为原始道教时期。

五斗米道是东汉后期在巴蜀地区出现的早期民间道教支派。据史书记载，东汉顺帝（126 年—144 年）年间，沛国丰（今江苏丰县）人张陵入蜀，造作道书，祖孙三代传习其道。由于入道者须交纳五斗米或以五斗米酬谢道师，故称“五斗米道”。张陵生平事迹极为模糊，后世出现的道教经典的描述全不足信，大体其在蜀地以咒鬼术为人治病，通过这种方式传道，与太平道最初的传道方式极为相似。

张陵死后其子张衡继承其业，然事迹亦很不明晰，大约这时仍然是五斗米道在四川的创立阶段。五斗米道的教义同太平道极为相似，但如果据此认为两者之间存在内在联系未免过于草率。由于其大体处于同一时代背景中，有类似的倾向是不足为奇的。

张氏三代以张鲁事迹最为清晰，他对五斗米道的建设之功亦最为突出。大约因其在民间传道的影响，他被当时的益州牧刘焉起用，任督义司马。其母此后与刘焉过从甚密，为其登上政治舞台起到了很大作用。此后随着他传道活动的开展，势力发展极为迅速，张鲁逐渐寻求独立。随着刘焉的死去，他逐渐与刘焉之子刘璋保持着若即若离的关系，后因刘璋盛怒之下将其母族满门抄斩，张鲁以此为借口在汉中自立，利用五斗米的道教组织，建立了以汉中为中心的政教合一的统治体制，形成了割据势力。随着东汉王朝内部频频发生政变，濒临灭亡，各地群雄纷起，割据势力遍及全国。东汉政府无力统御，均给予了相应的官号，以维持表面的统一。在这一背景下，张鲁也被汉王朝授予地方官号，使其得以名正言顺地在汉中经营其小王朝，并发展其道教体系。

张鲁政教合一的政权大约维持了30余年，公元215年遭到曹操讨伐，张鲁投降。因为他在无法抵御的情况下将其府库财物等一一封存，未加焚毁，曹操对此大加赞赏，封他为镇南将军，其子女亦一一封赏。

五斗米道在张鲁时代完善了其体系，确立了其民间地位，张鲁自称师君，初学道者称为鬼卒，道徒中的骨干人员称为“祭酒”，形成了五斗米道最初的等级制度。张鲁时期五斗米道在汉中各地设有道场或教会，作为五斗米道的中心，称为治，最初共24治，稍后因附会28宿而扩建为28治。各祭酒在交通要道建立义舍，免费为旅人提供食宿，从而扩大了影响，争取了人心。

总之，在张鲁时代五斗米道的组织和体制业已完善，发展成为一个组织严密、规模颇大的宗教团体。张鲁称其祖父张陵为天师、父张衡为嗣师，自己为系师，因此人称“三张”，又称五斗米道为“三张之法”。张陵被确立为五斗米道的开创者，此后往往称其为张道陵。张鲁政教合一的政权虽然被消灭，但其道教流派却并未遭到取缔，且由于其在曹操征讨过程中并未孤注一掷，拼死抵抗，故其道教体系也并未受到重创，仍然能够在民间进行传播。六朝时期产生重大影响的天师道即为五斗米道的重要分支。

太平道的活动时间稍早于五斗米道，这一支派的名称与一部被称为《太平清领书》的道书密切相关。虽然太平道的中心人物是发动黄巾起义的张角，但其最初的根源仍然是汉顺帝时期获得《太平清领书》的于吉。一次偶然的机会于吉获得《太平清领书》，他用符水为百姓治病，颇有效验，因此影响逐渐扩大。然而从有关记载的情况看，于吉的活动大多集中在江南，大约其在北方传道不利，乃转而南下，在民间风俗好鬼神的江南进行活动。传说吴会地区（今浙江、江苏一带）许多人纷纷投奔他而来，在当地产生极大影响。

这就与当时孙策在江南地区的统治发生了冲突，最终于吉被孙策所杀。如依据其活动时间推算，于吉死时应已达百余岁。

《太平清领书》由于吉的弟子宫崇献给汉顺帝，后又由宫崇弟子襄楷献给汉桓帝，但两次均未被受领，不久这部书落入张角之手。张角在北方组织太平道，在民间发展，与于吉弟子所走的统治者上层路线不同。张角与于吉之间的关系不清楚，或许他们属于完全不同的两个系统。尽管如此，从太平道的角度而言，于吉是祖师，张角是组织者，但这个流派的发展主要依赖张角。

张角生平事迹不详，《后汉书》记载其生于河北，自称大贤良师，信仰黄老道，传授弟子，目前无法确定这些活动与其获得《太平清领书》的前后关系。他传播太平道的主要手段是为人治病，他让求治之人首先反省自己的过失，幡然悔悟后才令其喝符水，然后以咒术治病。据说所收弟子若在短期内治愈者，便赞扬他有坚强信念，反之便认为他信念不诚。他用这种方法治愈的病人极多，所以其势力发展极为迅速。对于其教团组织情况，目前一无所知，似乎有称作师的领导人。张角有两个弟弟，也是教团的高级领导人。随着太平道势力的飞速发展，十余年间徒众达到数十万，于是分信徒建立 36 方，其规模大方万余人，小方六七千人，于是太平道就有了军队式的建制。此后依据这一建制发动了黄巾起义，似乎其最初建立此建制时就在酝酿造反事宜。

随着黄巾起义的帷幕拉开，太平道的强势出场也决定了其悲剧的结局，随着黄巾起义的失败，太平道的活动也逐步退出历史舞台。此后道教经过历代的不断发展，只能见到五斗米道的源流状况，而无法搞清太平道的事迹。现存《道藏》中收有《太平经》，其与最初的《太平清领书》之间的关系如何，学术界亦存在极大的争论。从此太平道这一派别在历史上基本销声匿迹了，而仅仅作为一次农民起义的组织者在历史上昙花一现。

需要指出的是太平道与五斗米道在源头上并无丝毫联系，随着五斗米道的分支——天师道的流传与发扬，六朝时期道教才真正作为一种宗教思想确立其地位，也就是说道教的形成时间要比这两个派别的出现晚得多。南北朝时期随着佛道之争的愈演愈烈，道教开始以宗教的形式确立它的地位，并不断丰富它的思想体系和组织结构。

074 汉末黄巾大起义是怎么回事?

黄巾起义的爆发，是东汉后期社会出现重要转型的结果。东汉中期以后，外戚与宦官轮流专政，这是君主专制的体制下皇权的一种畸形运行方式，随着时间的推移，终于将整个东汉王朝政治领入穷途末路。与中央的政治斗争并行的是吏治的腐化，畸形政治下，政权的核心纠缠于政治斗争，遂使政体无力随着社会现状的变化做出相应调整，对官吏的约束机制崩溃，腐败日益严重，毒素自中央逐步蔓延到最底层，从而促使政权从基础层面逐步崩溃。与此同时，商品经济的发展推动土地兼并的加速，农民失去土地，从而演变为社会上的流民。从西汉开始，流民问题就是社会的一大问题，黄巾起义就带有浓厚的流民性质。

黄巾起义是东汉后期由道教的一个分支——太平道组织起来的农民起义。东汉后期道教在今山东、江苏滨海地区已有传布和活动。这一时期的道教有两个分支，即太平道与五斗米道，其无不借行医治病来宣传道教救世救人的教义。东汉王朝纠缠于内部政治斗争，对基层的管理几乎处于失控的状态，虽然东汉在税制上仍然坚持三十税一的征收标准，并不断推行减税政策，然吏治的腐化，又从另一层面加重了编户的经济负担。经历了一个半世纪的社会稳定，商品经济得到很大程度的发展，与此同时国家并未对这一社会变化做出相应调整，商品经济带来的冲击导致大量农民破产，土地兼并严重，直接导致了国家经济基础的崩溃。与此同时，大量破产农民赤贫化情况严重，人口的流动数量增加，在这一背景下，黄巾起义的领袖——张角借治病救人在民间传布宗教，暗中将越来越多的信徒组织起来，发动了起义。这是中国历史上第一次有组织的、以宗教名义发动的大规模农民起义。

黄巾起义开始于汉灵帝光和七年（184 年，即中平元年），提出的口号是："苍天已死，黄天当立。岁在甲子，天下大吉。"起义的最初部署是由大方（太平道组织单位）渠帅马元义率领南方教众暗中北上起事于邺城，因奸细告发，马元义被杀。张角得知事情败露，不得已仓促提前举事，因道教崇尚黄色，起义军皆头裹黄巾为标识。张角自称"天公将军"，他弟弟张宝、张梁分别称"地公将军""人公将军"。由于此前太平道的广泛宣传，教众甚多，故一时间天下响应，京城洛阳亦深受震动。

东汉政府在仓皇中部署防御，以河南尹何进为大将军，率左右羽林、五营营士镇守京师，并于洛阳周围各个关口布置重兵。起义虽然在仓促间发动，但东汉政权也没有丝毫准备，迫于起义军的强大压力，汉灵帝宣布取消党锢，赦免所有党人，集中一切力量镇压起义。

起义军主要集中在三个地区：一河北，二颍川，三南阳。河北起义军由张角三兄弟直接领导，颍川军由波才领导，南阳军由张曼成领导。根据起义军的地区分布，东汉政府命左中郎将皇甫嵩、右中郎将朱儁发五校、三河骑士及招募来的精兵勇士 4 万余人，皇甫嵩、朱儁各领一军共讨颍川黄巾军；另遣北中郎将卢植征讨河北黄巾军。朱儁首战大败，随后皇甫嵩、朱儁、曹操三军合击波才，波才战败，在三路大军的追击下，颍川黄巾军被消灭。

北中郎将卢植进军河北巨鹿（今河北平乡西南），与黄巾军作战，连续取胜，灵帝遣宦官至军前视察，卢植接待不周，宦官还京谮毁，卢植获罪下狱。东中郎将董卓率其军继续镇压无功，又以皇甫嵩代替董卓，于是颍川、河北两路大军联合镇压河北黄巾军。皇甫嵩至河北时张角已死，他连续击败张梁、张宝，斩杀和俘虏 10 余万人，黄巾起义军的主力至此被消灭。

南阳起义军在最初进攻宛城时即受挫，三个多月未能攻下，张曼成战死。起义军以赵弘为帅，攻克宛城。颍川起义军被灭以后，朱儁率军转战南阳，包围宛城，起义军在宛城长期坚守，由于没有外援，最终也失败了。

黄巾起义从举事到三路大军全部被消灭，历时仅八九个月时间。此后各地黄巾余众仍在不断起义，时间延续了 10 余年，东汉政权耗费了大量人力物力，致使帝国的统治基础摇摇欲坠。在镇压起义过程中，为了方便各州刺史调兵，东汉政府将刺史改为州牧，并授予地方长官自主招募军队与领兵的权力。由此导致了地方独立性的强化，形成了尾大不掉之势，从而为后来的诸侯割据与纷争埋下伏笔。与此同时，起义也间接激化了统治核心的矛盾。宦官对局势的掌控直接引发了外戚与士大夫的不满，政权内部的矛盾已达到不可调和的地步，从而引发了洛阳的政变，外戚何进被杀，宦官也遭到灭顶之灾，外地军阀进入洛阳，局势全面失控。黄巾起义虽然未能推翻东汉政权，但东汉王朝在其冲击下统治基础崩溃，中央集权遭到严重削弱。为了镇压起义而对地方政策的调整，直接架空了中央政府，各地纷纷割据，诸侯混战，东汉统治分崩离析。

中国古代历史三百题

中古时期

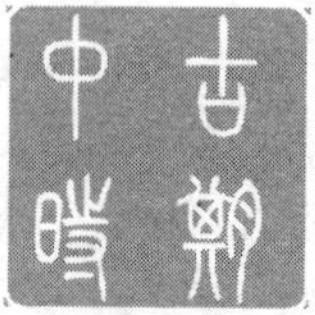

075 曹操统一中原的历史贡献是什么？

曹操（155 年—220 年），字孟德，小名阿瞒，沛国谯县（今安徽亳州）人。东汉末年著名的政治家、军事家、诗人，三国时期曹魏政权的奠基者。他一生东征西讨，为统一中国北方做出了巨大贡献。

曹操出生于官宦世家，其祖上在汉朝历任高官。曹操幼年机敏，善于应变，放荡不羁。熹平三年（174 年），20 岁的曹操通过举孝廉成为郎官，不久被任命为洛阳北部尉。任职期间，曹操为了严肃法纪，将十余根大木棒悬挂于衙门外面，声明如果有胆敢犯禁者，即棒杀之。结果因为棒杀了违禁的宦官蹇硕的叔叔，得罪了宦官集团，被调任为地方官。

中平元年（184 年），黄巾起义爆发，曹操奉命前去镇压黄巾军，因作战有功，升任济南相。曹操任职后，为严肃法纪，严厉整治了当地的不法官吏，罢免了大批贪官污吏。然此时东汉政治极度黑暗，曹操见无力回天，便辞官回乡。

中平五年（188 年），曹操被任命为典军校尉。次年，汉灵帝驾崩，少帝即位，大将军何进想趁机诛灭阉党，便召并州刺史董卓入京协助，然而董卓尚未抵达京城，何进已被宦官设计杀死。董卓进京后，废黜了汉少帝，改立其弟陈留王为汉献帝，将朝政控制在手中。曹操见董卓专擅朝政，不愿助纣为虐，便改名易姓逃出京城。

回到家乡陈留后，曹操招募天下英雄共同讨伐董卓。一时之间，各地实力派一起举兵讨伐董卓。董卓为躲避各地诸侯的锋芒，胁迫献帝迁都长安。诸侯们惧于董卓兵力尚强，无一愿出兵追击，曹操独自引本部兵西进，结果大败而归。

曹操收拾残部，后来在镇压黄巾起义军过程中，逐渐强大起来，组建青州兵，成为其建立霸业的基本力量。董卓西迁长安后，被王允设计诛杀，其部下诸将攻下长安，又诛杀了王允，长安大乱，献帝乘乱逃出长安，奔向洛阳。

建安元年（196 年），曹操率军进驻洛阳，奉迎汉献帝至许昌，挟天子以令诸侯。在众多割据势力中，因曹操表面上尊奉汉天子，故得到了许多拥护东汉朝廷的势力归附。此后，曹操举着汉天子的大旗东征西讨，陆续讨伐了张绣、吕布、袁术等地方实力派，势力日益强大。

建安五年（200 年），曹操在诛灭了董承等人后，为避免腹背受敌，又击破占据徐州的刘备。在做了充分的部署后，曹操亲自带兵迎击当时北方实力最强的袁绍。袁绍兵精粮足，地广人众，曹操兵力微弱，所辖之地因久经战争，残破不堪，双方实力悬殊。大家都认为袁绍势大，曹操难以取胜，唯独曹操自信冷静，认为袁绍智谋短浅，难以容人，实不足惧。果然，双方在官渡一战中，曹操采用许攸之计，火烧袁绍粮草囤积地乌巢，袁军大败，袁绍弃军逃回河北。此后，曹操进一步消灭了袁绍的残余力量，统一了中国北方。

曹操统一中国北方，具有巨大的积极作用。首先，他结束了东汉末年以来北方群雄割据的局面，稳定了北方的局势，使人民得以安居乐业，免受战争之苦，有利于社会安定，也为以后西晋的统一打下了基础。

在政治上，曹操大力抑制豪强地主，重法治，使朝中权贵和地方豪强都受到一定程度的抑制，大获人心；用人上唯才是举，爱惜人才，能够不计前嫌重用各类人才；整顿吏治，提倡廉洁，以身作则，使得当时的社会风气大为好转。

在经济上，为了解决军粮匮乏问题，他在北方大力屯田，分为军屯和民屯两种，分别组织军士和无地的流民进行农业生产，获得成功，推动了北方经济的恢复和发展。屯田制的实施，不仅解决了军粮供应问题，也使得广大农民获得生存的基本条件，吸引了大批流亡人口的回归，从而加快了北方农业的恢复和发展。大量荒芜的农田得到了开垦，政府也积存了大量的粮食。为了配合大规模屯田的需要，曹操还大力发展水利灌溉事业，在各地修造陂塘，灌溉稻田，对北方农业的发展起到了巨大作用。屯田制的实施，不仅促进了北方经济的恢复和发展，也为后世实行的兵农合一政策打下基础。除了屯田制以外，曹操还采取多种措施恢复北方地区的经济，如减免赋税、实行盐铁专卖、改进耕作技术等。

其次，加强与周边少数民族的经济文化交流，促进了民族融合。东汉末年，乌桓、鲜卑崛起，屡次侵扰边疆人民。官渡之战后，袁绍之子袁尚、袁熙逃奔乌桓，为了进一步肃清袁氏残余势力，同时解决乌桓骚扰边境的问题，曹操亲率大军远征乌桓，大获全胜。此举不仅彻底肃清了袁氏势力，同时也征服了乌桓，维护了边疆的稳定。曹操北征乌桓，在军事上解决了南顾之忧，客观上加强了乌桓与汉民族的融合。

最后，曹操统一北方，为进一步征讨南方，统一全国奠定了基础。

076 赤壁之战是怎么回事？它与三国鼎立局面的形成有何联系？

赤壁之战，是指建安十三年（208 年），孙权与刘备联军在长江赤壁（今湖北赤壁西北）一带大败曹操大军，奠定三国鼎立局面的一场以弱胜强的著名战役，也是三国时期“三大战役”中最为著名的一场。

曹操像

官渡之战后，曹操又率军北上，消灭了袁绍的残余力量，又陆续消灭了北方地区的一些军阀，基本上完成了对北方的统一。当时长江以南的主要割据力量有荆州的刘表、江东的孙权、益州的刘璋及汉中的张鲁。为了统一天下，曹操决定挥师南下，乘此时据守荆州的刘表病重，先夺下荆州，再进一步南下消灭孙权。

建安十三年七月，曹操率领大军自宛（河南南阳）挥师南下。九月，曹军攻下新野，此时刘表已死，其次子刘琮不战而降。当时刘备正屯兵于樊城，由于双方实力悬殊，刘备只好放弃樊城，率军民撤往江夏，在长坂（今湖北当阳）被曹军追击，大败而走。退军途中与孙权派往荆州吊唁刘表的鲁肃相遇，刘备遂遣诸葛亮随鲁肃前往柴桑（今江西九江西南）会见孙权，共谋抗曹之计。

孙权虽顾虑孙刘联军不能与曹操匹敌，但亦不愿以全吴之地受制于曹操，诸葛亮见此，趁机为他分析曹军的劣势，如劳师远征、水土不服、北人不习水战等弱点，并声明刘备仍有能力与曹操作战，如孙刘联合，则可扭转形势，此后天下将有三分之势。孙权遂力排众议，决心抗曹。他任命周瑜为主将，程普为副将，率 3 万精锐水师，与刘备合军约 5 万人，溯江而上，迎击曹军。

曹操收编了刘表部众后，号称 80 万大军，继续向长江推进，与孙刘联军相遇于赤壁。曹军多为北方人，不习水战，新收编的荆州水兵战斗力又差，再加上恰逢瘟疫流行，曹军初战失利，只得退兵乌林（今湖北洪湖境内），与孙刘联军隔江对峙。

曹军大多不适应水上生活，不少人因为颠簸晕船而生病，为了减弱风浪的颠簸，曹操下令将战船或 30 只一队，或 50 只一队，用铁锁首尾相连，并铺上木板，士卒战马往来如履平地，以利于士兵

赤壁之战旧战场

进行演练和攻战。周瑜面对敌众我寡的不利局面，采纳了部将黄盖火攻的计策。为了取得曹操的信任，周瑜使用苦肉计，借故痛打了黄盖一顿，黄盖假装气愤难忍，立即遣人送降书给曹操诈降，曹操信以为真，只等黄盖来降。

建安十三年，孙刘联军做好战略部署后，趁着夜晚东南风大起，黄盖派人与曹操约好当晚前往投降后，就在20只大船上装满芦苇干柴，浇上鱼油，铺好硫黄、焰硝等物，用布盖好，插上与曹操约定的旗号，又在每条大船后面系上行动便捷的小船，出发前往曹营。

曹军见黄盖来降，纷纷出营观望，在离曹操的军队二里多远时，黄盖命士兵将大船点着，各自换乘小船，火船借着风势，箭一般冲进曹军船队，越烧越旺，把曹操的战船全部烧毁，还蔓延到岸上的军营，曹军烧死、淹死的人马不计其数。周瑜又率领精兵乘势擂鼓前进，曹军四散而逃。曹操见败局已定，下令烧毁余船，带领军队从华容道向江陵逃跑，不料道路泥泞不通，士兵背草填路，才得以逃脱。到江陵城下，曹操检点人数，见损失大半，自知无力回天，便留下曹仁驻守江陵，乐进驻守襄阳，自己率领军队退回北方去了。

赤壁之战后，曹操失去了在短期内统一全国的可能性，孙刘双方则乘胜开始发展壮大自己的势力。

建安十四年（209年），周瑜奉命进攻留守江陵的曹仁，与其隔江对峙。另派甘宁袭取夷陵（今湖北宜昌），曹仁分兵围攻甘宁，被周瑜援军击败，此后双方长久处于对峙状态。与此同时，刘备亦回师夏口，率军攻下武陵、长沙、桂阳、零陵等郡，实力得到大大扩充，便进军江陵协助周瑜围困曹仁。曹仁在被围一年多后，终于粮尽援绝，被迫撤退。周瑜进驻江陵，孙权遂占据了南郡、江夏，进一步巩固了在长江中下游的势力。此后刘备又夺得刘璋的益州，其势力发展到极盛。

曹操的儿子曹丕于公元220年废汉献帝，在洛阳自称皇帝，史称魏文帝；公元221年，刘备也在益州称帝，年号章武；公元222年，孙权在金陵称王，并改元黄武。这样，赤壁之战后，形成了魏、蜀、吴三国鼎立的割据局面。三国势力相当，任何一方都不具备统一全国的条件。

但刘备进军巴蜀，引发了孙权不满，建安二十四年（219 年），趁驻守荆州的关羽围攻襄阳、樊城的曹军时，孙权派兵袭杀了关羽，占领了荆州大部分地区，与刘备隔三峡对峙。刘备为了替关羽报仇，夺回荆州，出兵攻吴，孙权派陆逊为大都督，用以逸待劳的方法，阻挡了蜀军的攻势，并在汉章武二年（222 年），大败刘备，取得夷陵之战的胜利。蜀汉因此国力大损，刘备逃回蜀地，不久病死。孙吴亦怕曹魏再度南下，因此与蜀汉重修旧好以抗强魏。此后，三国之间的疆域基本保持不变，三国对峙的局势稳定下来。

077 孙策与周瑜有哪些事迹流传？

孙策（175 年—200 年），字伯符，吴郡富春（今浙江富阳）人，孙坚之子，孙权长兄。东汉末年割据江东一带，为三国时期吴国的奠基者之一。

孙策自幼性格大度，十余岁时已广交朋友，颇有名声。与孙策同岁的周瑜就是此时与孙策结为兄弟的，二人关系密切。孙策能够占据江东，为日后东吴建国打下良好的基础，除了骁勇善战和谋略出众外，还与他礼贤下士，善于重用人才有极大关系。

孙策的父亲孙坚，在东汉末年出任长沙太守，后战死沙场，孙策当时年仅 17 岁，他接过父亲的基业，礼贤下士，积蓄力量。为了建立一番事业，势单力薄的孙策先是投奔袁术，袁术被孙策的气度所震惊，料定孙策日后一旦发达，必不甘心屈居人下，故没有授他一官半职，而是令他投奔丹阳太守吴景。在吴景处，孙策凭借自己的能力招募了数百部众，但不幸的是，招兵不久，孙策就遭到了泾县大帅祖郎的偷袭，孙策损失惨重，部众也散失殆尽。孙策无奈，只得再次求助于袁术，袁术这才将原属孙坚的 1000 余名士兵归还给孙策，靠着这支队伍，孙策开始了称雄争霸的大业。

袁术为人反复无常，往往言而无信，他两次许诺要授予孙策官职，但均食言，这使得孙策对袁术大为失望，知道在袁术帐下必无出头之日，故韬光养晦，以图自立。

孙策崭露头角是在击败刘繇之时，当时袁术攻占了寿春，派吴景等进攻驻守江东的刘繇军队，但吴景军连年征战无果。孙策见状，便请求袁术准许自己带兵助吴景一臂之力，以平定江东。袁术以为孙策无力击败刘繇，便同意了他的请求。孙策率领1000余人渡江而去，一路上招兵买马，至历阳（今安徽和县）时，其部众已增至五六千人。孙策渡江后，一路所向披靡，接连取胜，最终赶走刘繇。经过这次战争，孙策的兵力得到进一步充实，人马至2万余，威震江东。而孙策平素为人大度，善于听取部属的意见，因此赢得了士人和百姓的拥戴，再加上他一表人才，当地人都亲切地称他为孙郎。

在江东站稳脚跟后，孙策又进一步攻下会稽、吴郡、丹阳、豫章、庐江、庐陵六郡，将江东之地全部纳入囊中。之后孙策乘胜设官分职，以自己的亲属分任各地太守，其身边除了张昭、张纮等一批谋士外，还聚集了一大批能征善战的武将，如周瑜、太史慈、黄盖、程普等人。袁术公开称帝后，孙策就向朝廷上书反对袁术，脱离袁术系统。曹操眼见孙策已成为江东一股不可轻视的力量，不得不感叹“猘儿难与争锋也”。为了拉拢孙策，他特意上书朝廷，封孙策为讨逆将军、吴侯，孙策正式成为汉末割据一方的霸主。

孙策霸业初成之际，与周瑜分别迎娶了有倾城倾国之貌的江东乔公之女大乔和小乔，成为史上留名的佳话。虽然有幸抱得美人归，但孙策并未沉醉于温柔乡，而是趁曹操与袁绍争霸之机，秘密招兵买马，积极部署，准备北上许都，取代曹操而获得“挟天子以令诸侯”的权力。然而在一次外出狩猎时，因为与从人走散，遭到了前吴郡太守许贡门客的暗杀，面部被毒箭射中，被救回后不久就因伤重不治而亡，时年26岁。

孙策临死之前，鉴于自己的独子孙绍年幼，无力统领江东，便选择了二弟孙权作为继承人，并嘱咐张昭等大臣共同辅佐孙权统治江东。尽管孙策英年早逝，但他亲自选定的继承人孙权巩固了父兄的基业，并使东吴成为与曹魏、蜀汉并立的三大割据政权之一。

周瑜（175年—210年），字公瑾，庐江舒县（今安徽庐江西南）

人，出身士族，其祖上皆为两汉高官。其本人性格宽宏大度，容貌俊美，精通韵律，自幼与孙策交好。早年孙策的父亲孙坚起兵讨伐董卓时曾迁家至舒县，周瑜腾出自家的一所宅院让给孙策居住，故两人交情十分深厚。

孙坚死后，孙策继承父志，于汉献帝兴平二年（195 年）脱离袁术回归江东时，时年 21 岁的周瑜由丹阳（今安徽宣城）率兵相迎。此后，二人协同作战，击败了当时的扬州刺史刘繇，为孙策平定江东起了重要作用。

帮助孙策击败刘繇后，周瑜回到寿春，盘踞此地的袁术看中了周瑜的才能，任命周瑜为部将，周瑜认为袁术不会有大作为，便借故离开寿春，于建安三年（198 年）回到吴郡孙策身边。孙策亲自前往迎接，并授予他建威中郎将的职位，这个官职是孙策私自设置的，其地位仅次于将军，周瑜时年 24 岁，吴郡人称其为周郎。

孙策因为周瑜是庐江郡人，在当地很有威望，就派他驻守长江下游的重要渡口牛渚（今安徽当涂县北），后又兼任春谷（今安徽繁昌县西南）县长。此后，孙策想夺取荆州，任命周瑜为中护军，兼江夏太守。周瑜随孙策进取荆州、攻克皖县（今安徽潜山县），接着又攻下寻阳（今湖北黄梅县西南），并进讨江夏，但未能拿下，便回军平定了豫章（今江西南昌）、庐陵（今江西吉水县东北）两郡。

从汉献帝兴平二年（195 年）到建安五年（200 年）孙策被刺身亡前，周瑜成了帮助孙策奠定江东基业的第一功臣。孙策临终前遗命弟弟孙权为继承人，并嘱托弟弟“内事不决问张昭，外事不决问周瑜”，充分肯定了周瑜在军事上的重要性。孙策死后，周瑜从外地带兵回来奔丧，以君臣之礼对待孙权，并与张昭等一起全心全意辅佐孙权。

建安七年（202 年），曹操要求孙权送自己的儿子来做人质，面对势力强大的曹操，众臣皆不知如何是好，只有周瑜坚决反对输送人质，他给孙权分析了输送人质的利害关系，坚定了孙权拒绝曹操的决心，避免了以后受制于人。

曹操统一北方后，率领数十万大军挥师南下，轻取荆州后，写信给孙权，扬言要顺流而下，席卷江东。大敌压境，东吴的将士们十分惊恐，许多人建议依附曹操。周瑜冷静分析了曹军劳师远征、不习水战等弱点，坚决主战，并主动请缨，率精兵3万人，与刘备联军，逆江西进，迎战曹操。后来周瑜采用部将黄盖火攻计，大败曹操于赤壁，曹军人马损失惨重，曹操被迫退回北方，再也无力南下。赤壁之战，沉重打击了曹操，形成了天下三分的雏形，周瑜也因此而名满天下。此后，周瑜又继续进攻留守江陵的曹军曹仁部，身受重伤亦坚持督战，终于取得江陵。

建安十五年（210年），周瑜建议孙权乘曹操新败无力南顾，出兵攻蜀，兼并汉中，联合马超，以图中原，孙权对此深表赞许。周瑜遂赶回江陵备战，不料途中染病，死于巴丘（今湖南岳阳），年仅36岁。

周瑜一生辅佐东吴，为东吴基业的开创立下了汗马功劳，又为东吴的发展壮大鞠躬尽瘁。他死后，孙权穿上丧服为他举哀，并向左右痛哭道："周瑜一死，叫我以后依靠谁呢？"周瑜虽英年早逝，但他的胆略过人、雍容大雅的气度早已赢得了世人的仰慕。

078 吴国对东南地区的开发做出了哪些贡献？

吴国（229年—280年）即三国时期孙权建立的东吴，亦称孙吴。建安五年（200年），割据江东的孙策被暗杀后，遗命弟弟孙权为继承人。孙权继位之后，他选贤用能，保住了父兄基业，东征西讨，先后击败黄祖、曹操，又从刘备手中夺回荆州，杀死关羽，后来自己建吴称帝。

孙权称帝后建都建业（今江苏南京）。选择建业做政治中心，是孙权经过慎重考虑的，建业交通便利，土地肥沃，而且具有重要的战略位置，进可以战，退可以守，所以孙权规划并建造了建业都城。建业都城北依覆舟山、鸡笼山和玄武湖，东凭钟山，西临石头，城周"二十里十九步"，城中建有壮丽的宫城和衙署、民居及寺院，还有人口集中、商业繁荣的市场。建业不仅是当时东吴的政治、经济和文化中心，也为后世城市建设奠定了基本格局。东吴以后，东晋和南朝几个王朝相继在此建都，以后南唐金陵城和明代南京城也都是在此城址上扩建的。孙权建都于建业，为日后南京的城市发展奠定了基础。

孙权不但对南京的发展做出了贡献，对整个江南地区也做出了重大贡献。为了求得境内的安定，扩充兵源和劳动力，孙权通过军事手段招降了山越人。山越是秦汉时期南方越人的后裔，分布在今江苏、浙江等省的深山之中。东汉末年以来，为了躲避战乱，许多汉族人也逃入深山，与越人杂居。这些人在深山中进行农牧业生产，依靠山川之险，不交赋税，并不时联合起来出山掳掠，对孙权在南方的发展形成了很大的威胁，孙权屡次派兵征讨，都被山越击败。直到吴嘉禾三年（234 年），孙权派诸葛恪前往围剿，历时 3 年，终于使 10 万山越人归降。孙权对被征服的山越人重新进行编排，分别编入军队与屯田户。大批山越人的归降，为孙吴增加了大批劳动人手，增强了军事力量。同时，山越人民与汉族人民的广泛接触，加速了他们与汉人的民族融合，对江南的开发做出贡献。

孙权重视社会经济的发展，为发展农业生产，采取了许多措施。建安年间，他就在长江中下游开始推行屯田制，规模仅次于曹魏，如皖城的屯田基地有屯兵数千家，而毗陵的屯田民则有男女数万口。孙吴屯田分为军屯和民屯两种，采用军队编制，设置了典农校尉、典民都尉、屯田都尉等官职管理。屯田的士兵战时打仗，平时种田，屯田农民则只管种田，免除一切徭役。后来，孙权更采用陆逊的建议，扩大了屯田面积，并将自己驾车用的牛由 8 头减为 4 头，以鼓励农耕。东吴的屯田不仅规模可观，且多用牛耕，耕作技术也较先进。屯田制的实施，不仅解决了军队的给养问题，实现了东吴区域性的统一，而且对安置流民，缓和社会矛盾，恢复和发展生产起了重要作用。

为了激励人们从事农业生产的积极性，孙权还以身作则，亲自下地耕田，与士民一起劳动，并多次减免农民的赋税。夺取荆州后，为了怀柔当地人民，他曾下令免除荆州地区人民的租税。为了不误农时，他还下令禁止官吏在农忙时节征调农民服役，以保证农业生产的正常进行。

为了保障农业收成，孙权大兴水利，于黄龙二年（230 年）修筑东兴堤，以遏制巢湖水，在句容修筑破岗渎，使秦淮河和江南运河联通，在乌程建有青塘、皋塘、孙塘等水利工程。这些水利工程，既灌溉了大量农田，又便于内河航运。

江南优越的自然条件，加上东汉末年大量南迁的北方人口，以及孙吴政权采取的有效措施，使南方的农业有了较快发展，垦田面积增加，都城建业周围耕地连片，野无旷土，粮食产量逐年提高，水稻每年能收两季，亩产高达五六石。

这一时期，东吴的手工业生产也有了很大发展，造船业的成就尤为突出。为了水战和海上交通的需要，孙权大力发展造船业，他设置了典船都尉，监督工匠和罪犯们造船。建安郡的侯官（今福建福州）、临海郡的横屿船屯（今浙江平阳）、南海郡的番禺（今广东广州），都是当时有名的造船基地。其造船技术也达到较高水平，所造船只大者可乘数百人，小者亦能载马 80 匹。

有了良好的海上交通工具，东吴的对外联系也得到了发展。孙吴时代，海船经常北航辽东，南行南海诸国，吴国使臣曾出使辽东半岛及南海诸国，有的使者还到达高句丽、扶南、林邑和南洋群岛等地，与这些国家建立了外交关系。大秦商人和林邑使臣也曾经来到建业。黄龙二年（230 年），孙权更是派将军卫温和诸葛直领兵万人航行到夷州（今台湾），这是史书上所见大陆与台湾直接联系的最早记载。

东吴时期，丝织业开始在江南兴起，当时建业城内有数千名技术熟练的丝织品手工业者，一般老百姓家也是每家都几乎有一名女性从事丝织业生产。除了丝织业的发展，这一时期的瓷器烧制技术水平也有了大的提高。此外，冶铁、煮盐、制茶、酿酒等行业都有了巨大进步。

手工业和对外交流的发展，带动了东吴商业的发展。建业不仅是政治、经济、文化中心，也是江南的商业都会。那里聚集着来自南海诸国的大小商船，运载着来自各国的各种货物，交易相当繁荣。孙吴与曹魏、蜀汉也常有互市来往，常用珠宝、香料来换取蜀国的织锦和曹魏的马匹。

经济的发展，与外界交往的增加，促进了江南文化的发展。此时出现了一批知名的经学家和文史之士，如陆绩、韦昭等人。随着北方人口的南迁，佛教也开始在江南传播，居士支谦和西域高僧康僧会来到建业译经传法，扩大了佛教的影响。吴赤乌十年（247 年），孙权还为康僧会建造了建初寺，这是孙吴建造的第一个寺庙，也是江南最早建立的寺院。此后，佛教在江南得到了广泛传播。这一时期，道教也由巴、汉地区流传到江南一带，在民间得到流传。

这些措施使江南的农业、手工业、航海业和商业都有了长足的进步，不仅有利于人民生活的稳定和逐步改善，也提高了东吴的综合国力，促进了东南地区经济的发展，为我国经济重心由北向南转移打下了基础。

079 台湾与祖国大陆在经济文化方面有何联系？

自古以来，台湾就是中国神圣领土不可分割的一部分。早在旧石器时代，台湾原始文化和祖国大陆的原始文化就有着密切的关系。秦汉以后，双方在经济、文化上交流更加频繁，海峡两岸人民共同开发了台湾，并在这一漫长的过程中建立了深厚的友谊，形成了一个不可分割的民族文化整体。

自汉至今的两千多年里，台湾以不同的名称出现在中国的历史文献上。东汉时期台湾被称为“夷州”，隋唐时期被称为“流求”，元代时被称为“琉球”，明代被称为“小琉球”，到明代万历年间，台湾才正式被称为“台湾”，并一直沿用至今。

根据现存文字记载，三国时期的吴国，是最早与台湾建立联系的政权。吴国立国于江南，和海外的关系比较密切。其造船事业与海上交通也都取得了长足进步，所以孙吴政权一直注重于海外的开发。黄龙二年（230 年），孙权派遣将军卫温、诸葛直率领水军万余名到达夷州，这是历史上有记载的祖国大陆与台湾的第一次官方联系。上万水军到达夷州后，停留了将近一年的时间，长时间的驻留增加了汉人对夷州的了解。而当时的丹阳太守沈莹更是作《临海水土志》，对夷州的风土人情进行了详细描述。

隋王朝曾两次派人到达台湾。大将陈棱曾率兵船从广东潮州起航，经过一个多月航行，到达台湾。陈棱的船队到达台湾时，当地人误以为是商人，纷纷前往军中贸易，可见祖国大陆与台湾民间早就存在一定的通商关系。内地人民把铁制工具传入台湾，而台湾人民则用精细洁白的“缉木皮布”与汉人交换。这种土产传入大陆后，驰名中原。陈棱抵达台湾后派人慰问了当地的居民，并在台湾停留了一段时间才返回福建。陈棱对台湾的开拓，进一步密切了海峡两岸的关系，被郑成功奉为台湾的“开山祖”，还专门修建“开山宫”来纪念他经营和开拓台湾的历史功绩。

唐宋以来，中国经济重心南移，福建等地的造船业十分发达，海洋活动逐渐频繁。内地人民纷纷开始迁居澎湖地区，其后逐渐向台湾本岛发展。到 17 世纪末，从内地迁到台湾的居民超过 10 万之众，他们带去了先进的生产方式，在当地从事大规模的开发建设并定居，与当地人一起开发台湾。可以说，台湾的开拓发展，凝聚了包括当地少数民族在内的中国人民的血汗和智慧。至今，台湾社会的发展始终延续着中华文化的传统。

台湾居民从隋代开始使用内地传入的铁器，并经常渡海到福建泉州的一些村子寻找铁器。他们会用当地出产的鹿皮、鹿筋等物同内地人民交换铁器、火药等物品。台湾的北港（云林县西）、鸡笼（基隆）等地都成为互市的重要口岸。至宋代台湾与内地的政治、经济联系更加密切，宋钱在台湾广泛流通。元代时，祖国大陆与台湾的民间贸易和往来进一步密切，每年有无数商船来往于澎湖和大陆之间。元代汪大渊曾经亲自到过台湾，并在实地考察之后写成《岛夷志略》一书，其中谈到从泉州到台湾正常情况下大概需要两天两夜的时间，并谈到台湾人的生产生活情况，说那里人住茅草屋，煮海为盐，酿秫为酒，其地盛产砂金、黄豆、鹿等，当地人以此和内地人民交换铁器、粗碗等其他手工艺品。

随着内地民众不断迁居澎湖、台湾，中央政府逐渐对台湾加强了行政管理。早在唐代时，澎湖、台湾已属岭南节度使管辖。宋代时，将澎湖地区划归福建泉州晋江县管辖，并派兵戍守。元世祖时，忽必烈派人到台湾“宣抚”，元朝于至元元年（1335 年）在澎湖设立“巡检司”，管辖澎湖、台湾民政，隶属福建泉州同安县。明承元制，继续对台湾进行管辖，并在基隆、淡水二港屯驻军队，以防止倭寇侵扰。1662 年郑成功从荷兰殖民者手中收复台湾后，在当地设安抚司进行管辖。他死后，他的子孙继续治理台湾，在台湾屯田、兴办工商业、发展贸易、开办学堂，将内地先进的生产经验传播到台湾，稻米、蔗糖生产迅速增加，冶铁方法也传入台湾，促进了各种手工业的发展。台湾各村还按照明朝的文化教育制度设立社学，实行科举制度。郑氏对台湾的治理推动了台湾经济、文化的迅速发展。

清朝统一全国后，内地人民大量移居台湾，对台湾的开发日益加快。台湾城市繁荣，岛内大小村落星罗棋布。随着人口的增加，中央政府逐渐在台湾增加行政机构，加强对台湾的管理。1684 年，清政府在台湾设 1 府 3 县，隶属福建省。1885 年，清政府将台湾建制为一个行省，刘铭传为第一任巡抚。刘铭传到台湾后，招揽内地移民迁居台湾，在台湾设立了抚垦总局、电报总局、铁路总局、军械局、通商局、中西学堂等，发展工商业和文化教育，大大推进了台湾社会经济文化的发展。

台湾与祖国大陆之间自古以来从未中断过交流，两岸的文化具有同源同流、同根同脉的密切关系。在未来的发展中，两岸需要更进一步加强交流，促进双方共同发展。

080 刘备是如何开创基业的？

刘备（161 年—223 年），字玄德，涿郡涿县（今河北涿州）人，相传其为汉景帝之子中山靖王刘胜的后代，三国时期蜀汉开国皇帝，谥号昭烈。刘备早年丧父，家庭贫困，便与母亲以织席卖草鞋为生。

刘备像

15岁时，母亲送他外出求学，与同宗刘德然一起拜当时的大儒卢植为师，与公孙瓒同门并结成好友。但刘备并不喜欢读书，整天弄狗骑马，结交朋友，吸引了不少年轻人依附于他。

汉灵帝中平元年（184年），黄巾起义爆发，各地都有人民组织义军讨伐，时年24岁的刘备受当地富商的资助，也组织起了一支队伍，跟随官府讨伐黄巾军，因功被任命为安喜县尉。不久，因朝廷要求对因军功而加官者进行遴选，选精汰劣，刘备也在被遣散之列。刘备气愤不过，将裁汰他的督邮绑起来鞭打一番后，与关羽、张飞弃官逃亡。逃亡途中，刘备应募加入大将军何进的队伍，因立功被封为地方小官，后来，由于所任官县城被盗贼攻破，遂投奔公孙瓒，被保奏为别部司马，后出任平原令、平原相。刘备在任上乐善好施，平易近人，即使普通百姓也可与其同席而坐，同盘而食，因此深受当地百姓爱戴。

兴平元年（194年），曹操再次征讨徐州，徐州牧陶谦向田楷求救，刘备协同田楷一起前往相救，被曹操击败，但后来曹操因故撤退，陶谦为表谢意，送了4000丹阳兵给刘备。刘备便屯兵小沛（今江苏沛县），脱离公孙瓒，依附了陶谦，陶谦表其为豫州刺史。

此后不久，陶谦病死，遗命将徐州交与刘备，刘备遂入主徐州。兴平二年（195年），吕布被曹操打败，前来投靠刘备，刘备虽然表面对他礼遇有加，让他屯兵于小沛，但内心有所戒备。

建安元年（196年），袁术进攻徐州，曹操任命刘备为镇东将军，出兵迎战袁术。吕布趁机偷袭下邳，入主徐州。刘备回军途中军队溃散，只好收取残部转战海西。后来刘备向吕布求和，吕布允许他屯兵小沛。刘备返回小沛后，立即收编失散的兵马万余人，引起吕布的反感，吕布遂率军进攻小沛，刘备战败后投奔了曹操。曹操认为刘备是个英雄，对他礼遇有加，出则同车，坐则同席，并先后表其为豫州牧、左将军。此后，曹操在刘备的协助下消灭了吕布。

建安四年（199 年），汉献帝因曹操专权，发血带诏令外戚董承诛杀曹操。刘备因与曹操“煮酒论英雄”时，从曹操言谈中知道曹操终难容自己，便与董承合谋诛杀曹操。不久，恰逢在南方失利的袁术想北投袁绍，刘备便向曹操借兵攻打袁术，以趁机脱离曹操。曹操应允后，刘备便统兵进攻袁术，但军队未到，袁术就已病死。其后刘备攻下下邳（今江苏睢宁西北），留关羽守下邳，自己回守小沛，北连袁绍抗击曹操。曹操派兵攻打刘备，被刘备击退。

建安五年（200 年），反曹事件败露，曹操亲自带兵东征刘备。刘备大败，逃奔青州，依附袁绍。官渡之战时，刘备已经想要离开袁绍，便趁机说服袁绍联结刘表，袁绍便派刘备到汝南与龚都会合，曹操派军攻击刘备，被刘备打败。

建安六年（201 年），曹操亲自讨伐刘备，刘备在曹操的追击之下，不得已投奔了荆州牧刘表。刘表以上宾之礼待他，并让他屯兵于新野，为荆州把守北大门。刘表表面虽礼遇刘备，但内心并不信任他。刘备在荆州一晃数年而未有建树，直至建安十二年（207 年），刘备听说隐居于南阳卧龙岗上的诸葛亮很有才能，便前往拜访，三顾茅庐之后，诸葛亮向其献上了统一天下的宏伟蓝图——隆中对。

建安十三年（208 年），刘表病死，刘表次子刘琮继任荆州牧。曹操此时率大军南下来夺荆州，刘琮不战而降，刘备被迫从新野撤往江夏。同时派遣诸葛亮前往柴桑（今江西九江西南）会见孙权，说服其结盟共同抵抗曹操。随后，刘备与孙权联军在赤壁大败曹操，刘备得到荆州四郡，加上从孙权手中借到的荆州江陵，占据了荆州五郡。

建安十六年（211 年），益州牧刘璋邀请刘备入川帮助自己对付汉中的张鲁。刘备留关羽守荆州，自己带领数万士兵入蜀。刘璋表其为代大司马，兼领司隶校尉，并配给刘备士兵，令其攻击张鲁。刘备领兵北至葭萌，并不急于开战，而是树立恩德，收买民心。

建安十七年（212 年），刘备与刘璋的别驾张松密谋除掉刘璋的事情败露，刘备于是与刘璋反目。刘备派黄忠等率军南下进攻刘璋，数月间便平定各县。建安十九年（214 年），刘备军围成都，刘璋被迫出降。建安二十三年（218 年），刘备北攻汉中，其先头部队被曹军打败，刘备遂进兵阳平关，与曹军夏侯渊等对峙，终于在次年的定军山之战中斩杀夏侯渊。曹操听闻后，亲自率军西征，刘备据险死守，不与曹军交战，曹操无功而返，刘备得以攻取汉中，同年进位汉中王。

然而，刘备占领汉中不久，留守荆州的关羽孤军北伐，攻打曹操的襄樊地区。虽然关羽水淹七军，斩杀了曹军大将庞德，俘虏了于禁，将曹仁围困于襄阳，威震天下，但终未能攻破襄樊。而此时，孙权大将吕蒙趁荆州后方空虚，趁机夺取荆州，关羽也被吴军擒杀。荆州之失使刘备元气大伤，也使其失去了统一天下的可能性。

魏黄初二年（221 年），刘备在成都称帝，国号“汉”，年号“章武”。同年，刘备以为关羽报仇为名，举兵攻打东吴。孙权遣使求和，刘备拒不接受。公元 222 年，刘备与东吴大将陆逊决战于夷陵，陆逊以逸待劳，拒不出战，刘备只得放弃水陆并进夹击吴军的方案，在深山密林中安营扎寨，被陆逊寻得战机，火攻刘备军营，蜀军四散而逃，刘备损失惨重，逃归白帝城。夷陵之战使蜀汉国力大损，也沉重打击了刘备，他回到白帝城便一病不起，第二年四月，便亡故了。夷陵之战，是刘备的最后一战，也是输得最彻底的一战。战争使蜀汉和东吴的实力都受到削弱，为以后双方消除矛盾，共同抗魏奠定了基础，三国对峙的局面出现了一个稳定的时期。

刘备临死之前托孤于诸葛亮与李严，称如果儿子刘禅无能，诸葛亮可自行取而代之，诸葛亮当即表示要全心全意辅佐刘禅，鞠躬尽瘁，死而后已。刘备做出的这个明智决策，挽救了危难中的蜀汉，使得日后的蜀国在诸葛亮的精心治理下逐渐恢复了生机，又安然度过了 40 余年。

081 刘备封过“五虎上将”吗？

“五虎上将”指的是三国时期蜀汉政权中战功卓越的关羽、张飞、马超、黄忠、赵云五员大将。五虎上将的故事在民间流传甚广，至今为人们所津津乐道。但“五虎上将”这个名称却不是来自正史，在《三国志》中并没有具体记载，后来罗贯中写《三国演义》后才广为流传。《三国演义》中讲到，刘备于建安二十四年（219年）为汉中王时，封关张赵马黄为五虎上将，原文为“五虎大将”，后人惯称为“五虎上将”。

宋元时期，三国故事在民间已经广为流传，随着说话技艺和戏剧的兴盛，以三国故事为题材的各种演艺形式就在勾栏、瓦舍等各种场合出现，三国的故事和人物形象也深入人心。在宋元杂剧中，五位将军的战绩和封号不断被民间虚构演绎，民间流传着五位将军的丰功伟绩，以及各种不同的形象。这些后来被小说《三国演义》所选择吸收，结合正史中的史实，塑造出了一个个个性鲜明且英勇善战的英雄形象。《三国演义》虽然有很高的文学价值，但其毕竟是小说，它对“五虎上将”的英雄事迹的描述，是在史实的基础上进行了充实和演绎。

（明）商喜绘 《关羽擒将图》

五虎上将之说最早出自《三国志平话》，书中有一卷的标题就是《皇叔封五虎将》，内容是“关公封寿亭侯，张飞封西长侯，马超封定远侯，黄忠封定乱侯，赵云封立国侯”，其封将的时间与所封的爵位都与正史记载不同。

实际上，刘备称王时，其中四将俱有所封，只有赵云没有封将，民间认为赵云军功甚高，很是为其不平，所以陈寿在作《三国志》时，将赵云与关、张、马、黄列为一传，称为《关张马黄赵传》，将五人相提并论。此后，民间对赵云及其他四将更是层层拔高。

五虎上将的名称应该与蜀汉的兵制有关，蜀汉兵制置前、后、左、右、中五军，《华阳国志》中曾提到蜀汉的大将设置情况：关羽为前将军，张飞为右将军，马超为左将军，皆假节钺，后来又以黄忠为后将军，赵云为翊军将军，其余各进官号。推测五虎上将是因关张赵马黄曾出任五军将军而得来。

五虎上将的排名顺序原为关、张、马、黄、赵，经清代毛氏父子改编《三国演义》后，变为关、张、赵、马、黄。

也有的书中以魏延代替马超，成为五虎上将的一员，因为魏延有勇有谋，且战功卓越，见识超群。而马超是在走投无路的情况下，来到刘备军营，并不受刘备信任，且其英年早逝，对整个三国局势影响不大。

五虎上将的具体情况如下：

关羽（？—220年），本字长生，后改云长，河东解县（今山西临猗西南）人。位居五虎将之首，文韬武略兼而有之。他自桃园结义后始终追随刘备，与其亲如兄弟，对其忠心不二，是刘备的得力助手。文学中关于他的故事很多也很精彩，温酒斩华雄，千里走单骑，单刀赴会，水淹七军，展示了一个武艺高强、胆识过人、忠义无双的英雄形象。但最后因傲慢而败走麦城，兵败被杀。

他死后备受民间推崇，逐渐被神化，民间尊其为“关公”。又经历代朝廷褒封，被奉为“关圣帝君”，与号称“文圣”的孔子齐名，并称“文武二圣”。佛教还称其为伽蓝菩萨，名扬海内外，使其成为历史上最受崇拜的神圣偶像之一。

四川云阳张飞庙外景

张飞（？—221年），字翼德，涿郡（今河北涿州）人。位居五虎之二，勇猛过人，粗中有细。桃园三结义后，张飞与关羽一同追随刘备，无论其贫穷富贵。他曾率二十骑兵在当阳长坂坡吓退曹军五千精骑；与诸葛亮入川时智取严颜；刘备称帝后，他迁为车骑将军，进封西乡侯。但他脾气暴躁，对士兵非常严厉，士兵有小过即严惩，最终因此取祸，死于部下之手。但张飞治理川中，很受百姓爱戴，死后人们为其立庙以示纪念。

赵云（？—229年），字子龙，常山真定（今河北正定南）人。位居五虎之三，有勇有谋，功绩卓著，是三国中少有的几位文武双全的武将之一。他数次击败曹魏名将张郃，于万军之中来去自如；刘备兵败长坂时，他力战曹军，单骑救主，神威盖世，无人能及；刘备要去讨伐东吴为关羽报仇时，他敢于直言劝阻。赵云虽有救主之功，但从不居功自傲，为人平和，与其他军将都能和平相处，这是其他大将都没有的风范。他凡事小心谨慎，屡立战功，一生中从未打过败仗，人称常胜将军。由于赵云的勇猛和忠义，民间对他的评价极高，对他的赞美景仰仅次于关羽和诸葛亮。

马超（176 年—222 年），字孟起，扶风茂陵（今陕西兴平东北）人。位居五虎之四，名门之后，一表人才，武艺高强，年幼时即随父马腾出征作战，威名四传。后投奔刘备，是刘备进四川的重要功臣。刘备进位汉中王后，任命其为左将军，后又升为骠骑将军，领凉州牧，进封斄乡侯。但英年早逝，47 岁时就病逝。死后被追谥为威侯。

黄忠（？—220 年），字汉升，南阳（今河南南阳）人。位居五虎之末，原是刘表麾下中郎将，曹操占领荆州后，任命其为裨将军，归长沙太守韩玄统领。赤壁之战后，黄忠随韩玄投靠刘备，并随其军队入川。后刘备与刘璋决裂，黄忠受命进攻成都，其作战时不顾年迈，身先士卒，勇冠三军。益州平定后，被封为讨虏将军。

刘备北攻汉中时，黄忠在定军山战役中，斩杀曹军名将夏侯渊，大败曹军，名声大震，被升为征西将军。刘备称汉中王后，改封其为后将军，赐关内侯，与张飞、马超、关羽齐名。公元 220 年，黄忠病逝后，追谥为刚侯。黄忠在后世多以勇猛的老将形象出现于各类文学艺术作品中，他的名字也逐渐成了老当益壮的代名词。

082 关羽失荆州与刘备猇亭之败是怎么回事？

荆州在军事上的位置十分重要，《三国志》说其“北据汉沔，利尽南海，东连吴会，西通巴蜀”。重要的战略位置使其成为三国时期各方争夺的焦点。赤壁之战后，荆州被刘备、曹操、孙权三家瓜分，刘备占据了荆州的长沙、零陵、桂阳、武陵四郡。为了安置新归附的刘表旧部，刘备向孙权提出了暂借荆州的请求，孙权出于联刘抗曹，巩固胜利果实的需求，答应了刘备的请求，双方约定待刘备夺取益州后，就将荆州还给孙权。

此后，刘备利用孙权与曹操在淮南地区对峙的机会，先后控制了荆州南部和益州，实力大增。看到刘备已占据益州，孙权要求其如约交还荆州，而刘备以凉州未定为托辞拒不交还。孙权见和谈无果，就派人强行前往接收荆州，遭到了受刘备之命镇守荆州的守将关羽的驱逐。孙权遂立即派军队进攻荆州，刘备闻讯亲率大军前往应战，并命关羽进驻益阳，先行阻击孙权军队。关羽率军与孙吴领军鲁肃相遇后，虽然关羽在兵力上占优势，但考虑到刘备在益州立足未稳，若开战，则孙刘联盟破裂，对刘备集团非常不利，因此，关羽并没有马上投入战斗，而是与鲁肃进行谈判。最终，刘备迫于无奈进行了妥协，将荆州的湘水以东地区割于东吴，双方矛盾得到缓解。

后来荆州失守，其直接起因是关羽进攻曹操控制下的襄樊时，被东吴大将吕蒙从背后偷袭，从而导致荆州失守。关羽为何发兵攻打襄阳和樊城呢？普遍认为应该是关羽对黄忠、马超等人因攻克汉中立下战功而被刘备晋升颇为不满，希望立下更大的战功来超过黄、马。也有人认为关羽此行是为了配合刘备在西线的军事行动，因为建安二十四年（219 年）七月，刘备在汉中称王，而同月内关羽就发兵攻打襄阳和樊城。

关羽进军襄樊前，留有重兵守卫荆州，以防备孙权。但当关羽开始攻打襄樊时，恰逢襄樊地区天降大雨，山洪暴发，洪水淹没了曹操派来救援襄樊的于禁等七军，关羽趁机驾船和于禁作战，俘虏了于禁，杀掉了不愿投降的庞德。关羽想一鼓作气拿下城池，但遭到了樊城守将曹仁的坚决抵抗，曹仁沉白马以表明死守城池之志，曹操也增派了徐晃等援军前来相救。这样，关羽一时之间并不能攻下樊城，双方相持不下，关羽陷入了进退两难的境地。因为时间一长，曹操的援军赶到，关羽想要拿下襄樊的困难就更大，所以关羽要尽快拿下襄樊，就必须从荆州调兵增援，而一旦将后方的兵力抽调，荆州就会空虚，可能会给孙权以可乘之机，关羽一直犹豫不决。

这时东吴的大将是吕蒙，为了诱使关羽调走荆州的兵力，他向孙权献计，假装生病不能继续任职，请求还乡养病，同时推荐了没有名气的陆逊来接替自己。关羽以为陆逊书生不足惧，遂大胆抽调荆州部分守军前往襄樊支援。而此时，襄樊的局势也变得对关羽极为不利，曹仁的守军因为听到曹操和孙权联合，孙权打算袭击关羽后方的消息，士气大增，曹操又新派了十二营的人马前来增援，关羽与徐晃大战失败，只得撤军。

此前孙权早已派了人马分两路攻打荆州。一支由吕蒙带领前往荆州，为了迷惑荆州守军，吕蒙将兵船伪装成商船，让士兵都扮成商人，昼夜兼程，沿长江向江陵进发。吕蒙军队到了南郡后，镇守江陵和公安的守将纷纷投降，吕蒙兵不血刃拿下南郡。另一支由陆逊带领，前往夷道，守住了长江峡口，以防刘备前来增援。

关羽撤军途中知荆州已失，想要前去夺回，却中了吴军埋伏，只得败走麦城，后来中伏被杀。荆州失守，使刘备集团损失了一员大将，元气大伤，军事重地的失守还导致了诸葛亮以荆州为依托，联吴抗曹，进击中原，一统天下的隆中对策略无法完成，蜀汉政权开始走下坡路。

猇亭之战，又称夷陵之战，是三国时蜀汉对东吴发动的大规模战役。章武元年（221 年）七月，刘备以替关羽报仇为名，挥师东征东吴，意欲夺回荆州。

孙权见蜀汉军队气势强劲，遂遣使求和，刘备拒不接受，孙权只得转向曹魏称臣，以避免两线作战，同时任命陆逊为大都督率军应战。蜀军初期进展顺利，屡战屡胜，很快夺取了东吴的巫县和秭归。陆逊对双方兵力及地形条件等进行仔细分析后决定避开蜀军锋芒，退军至夷陵（今湖北宜昌东）、猇亭（今湖北宜昌东南）一带，占据有利地形，相机再战。

章武二年（222 年）正月，刘备大军推进至夷陵地区，刘备亲自率主力在猇亭建立了大本营。为了逼陆逊出战，刘备派兵围攻孙权的侄儿孙桓驻守的夷道，诱使吴军援救，陆逊仍坚守不出，孙桓亦死守夷道。两军相持达半年之久，蜀军斗志开始松懈，刘备为了速战速决，采取各种方式诱使陆逊出战，陆逊均不理睬。

转眼到了六月，江南酷热，蜀军将士不胜其苦，刘备只得暂时放弃水陆并进、夹击吴军的作战计划，将水陆军队都转移到深山密林中屯兵休整，这样一来蜀军的粮草要经过几百里的崎岖山道才能运达。陆逊这时觉得时机成熟，开始发动反攻。陆逊在大举进攻之前，先派了一支小部队前往进攻，虽然失利，但却让陆逊找到了蜀军的弱点，制定了火烧蜀军营寨的作战方案。

陆逊命士兵每人带一把茅草，乘夜袭击蜀军营寨，在到达蜀军营寨时边放火边猛攻。蜀军大乱，其退路又被吴军切断，吴军连破蜀军 40 余营，蜀军战死、投降者无数。刘备率军逃往夷陵西北的马鞍山据守，陆逊集中兵力四面围攻，杀死蜀军万余人。刘备带领少数人马，趁夜突出重围，逃入白帝城（今重庆奉节东北）中。不久病死，夷陵之战以蜀汉惨败而告终。

夷陵之败使蜀汉受到重创，多名将领阵亡，损失了大量的士兵与物资，元气大伤。无力恢复荆州，也就再无机会图谋中原，而刘备的死亡更是让蜀汉政权摇摇欲坠，国内叛乱四起，国力衰微。

夷陵之战对三国鼎立局面的形成也有很大影响，此战东吴守住了荆州，蜀汉受到重创，但两国实力都受到影响，为了缓和矛盾，恢复实力，双方再次联盟共同抗魏。此后近 40 年内，三国的疆域基本保持不变，吴蜀修好的联盟也再未动摇，三国对峙的局势稳定下来。

083 诸葛亮是如何治理蜀国的？

公元 207 年，为了改变自身弱小的局面，谋求更大的发展，刘备决定邀请隐居隆中的名士诸葛亮出山。诸葛亮在隆中向刘备提出的一系列政治策略，成为后来蜀汉政权的指导思想。公元 222 年，夷陵之战的惨败给了刘备致命一击。刘备在临终前将蜀国的未来和儿子刘禅，都托付给了诸葛亮。为了不辜负刘备的嘱托，诸葛亮竭力辅佐幼主，对蜀国的政事事无巨细都亲力亲为。《三国志》的作者陈寿就用“吏不容奸，人怀自厉，道不拾遗，强不凌弱，风化肃然”来描述当时蜀国政治井然有序、民风淳朴祥和的局面。范文澜先生也认为，诸葛亮治理下的蜀国，是三国时期政治条理性最好的一个国家。那么，诸葛亮到底是怎么治理国家的呢？他的政策措施又有哪些呢？

首先诸葛亮将目光放在了重建中央政府的威严之上。诸葛亮认为，政权稳固的核心在于中央政府的公信力。但东汉末年的大混乱造成了“家家欲为帝王，人人欲为公侯”的情况，蜀地旧统治者刘璋的软弱无能，更使得这一地区目无长官、各自为政的风气尤为严重。公元214年，刘备占据蜀地，刘备集团想要建立起相对稳定的统治秩序，就必须理顺统治阶级的内部关系，还要解决长期存在的“君臣之道渐以陵替”的问题。在一系列人事任免之后，刘备集团大致上平息了统治阶级的内部矛盾。但是君不君、臣不臣的局面还是没有得到彻底的改观。为了找回中央政府、皇权的威信和颜面，打击豪强势力成为此时蜀汉政权改革的重点。

诸葛亮认为，要端正和严肃人们对君臣关系的认识，并使之能够得到坚决的执行，就必须提倡纲常伦理思想。他将纲常伦理的核心思想——君臣、父子、夫妻之间的“三纲六纪”提到了首要位置。他要求君臣、父子和夫妻都能够恪守本分，各尽所能。还特别指出，在君臣、父子和夫妻这“三纲”当中，以君臣最为重要，所谓“上

成都武侯祠

者为君臣，中者为父子，下者为夫妇”就是这个意思。此外，诸葛亮还进一步规定了君主和臣下各自的责任：作为君主要待臣下以礼，不能颐指气使地凌辱臣下；身为臣下则要对君主绝对忠诚。诸葛亮还将原本世俗的君臣关系加以神秘化、神圣化，将君主与天神合而为一，君权被提高到了一个至高无上的地步。

对自己提出的这些理论，诸葛亮率先进行实践，他对刘备及其继任者数十年如一日的忠诚，就是最佳的证明。

其次，积极发展社会经济。经济的发展关乎人民生活水平的提高，只有经济持续健康地发展，人民的生活水平不断提高，蜀汉新政权才能长久发展。蜀汉政权所在的益州地区，在秦汉时期就得到了很好的开发，并且历次的动乱都不曾严重影响这一地区。因此，东汉时期的蜀地就已经是一块“土地肥美，有江水沃野、山林竹木、疏食果实之饶”的天府宝地，农业经济非常发达。因此，在蜀地进行割据政权的建设，经济条件完全成熟。可以说，农业是蜀汉政权得以建立与发展的基石。因此，诸葛亮十分重视农业的发展。但在一系列争夺战争之后，蜀地农业开始出现问题，经济有所下滑，诸葛亮再次将农业生产提升到立国之本的高度。

蜀国农业的发展主要依赖以都江堰为代表的水利工程。诸葛亮为了保持并继续发展成都平原的农业经济，非常重视修建水利工程，特别是对都江堰的建造与维护。诸葛亮辅政后立即抽调了 1200 多名男丁，对都江堰这一成都平原的生命线进行了加固与维修。经过这次维护，成都平原从此“水旱从人，不知饥馑，沃野千里，世号陆海”。成都平原的农业经济，也进入了一个新的全盛时代。

在进行水利工程建设的同时，诸葛亮还在汉中一带推行屯田制度。屯田制设立的本意，虽然是为北伐战争进行准备，但也在客观上推动了这一地区的农业发展，实现了各地区农业的均衡发展，为蜀国的农业发展做出了贡献。

除了传统的农业经济之外，蜀汉政权下纺织业的发展十分兴盛，其中蜀锦更是驰名全国的高档商品。当时的成都平原，几乎家家户户都从事着家庭纺织业。蜀汉政权灭亡的前夕，国库内竟还有“锦绮彩绢各二十万匹”。

再次，加强法制建设，重视道德教育。由于当时的社会承大乱而来，社会上的奸猾之人比比皆是，因此，与诸葛亮同时代的统治者们，大都采取严厉的法制措施来维护社会和政权的稳定，诸葛亮也不例外。在他的治国思想中，以刑名之学为代表的法家思想占据着重要地位。为了使法律能够落实在实际生活中，也为了使各级政府在处理问题时能够有法可依，他组织人力编撰了《蜀科》。诸葛亮厉行法治一方面是受时代环境的影响，另一方面也与蜀国特殊的政治环境相关。在蜀汉政权建立初期，益州地区的豪强大族并不甘心臣服于这个新兴政权。他们往往依仗自己盘根错节的地方势力，以身试法，挑战新政权的权威，来敏等人是其中的代表人物。来敏自认为出身高贵，看不起新兴的蜀汉政权，对政权的统治者也常常出言不逊。为了维持统治阶级的内部稳定，诸葛亮对来敏一再宽容，但来敏却更加肆无忌惮。最终，诸葛亮将来敏贬为庶民，严厉地打击了这一集团。

诸葛亮虽然重视法律，但也没有放弃儒家的道德教育。诸葛亮认为，出了问题的国家就如同病人一样，虽然法治这一剂猛药能够迅速地赶走病毒，但也会对自身的机能造成一些损害。这时就需要道德这一类似于补品和康复训练的措施，来恢复被病毒和药剂伤害的身体，使它恢复元气。诸葛亮平定南中地区，“七擒孟获”使孟获归心的策略就凸显了道德对于暴力征服的辅助作用。法律与教化相并重的策略，使得诸葛亮统治时期的社会，呈现出一派欣欣向荣之态。

最后，选贤任能，广开言路。社会的安定让蜀汉政权在益州地区站稳了脚跟，并开始谋求更大的发展。一个政权能够由小到大、由弱到强发展的核心力量是人才，尤其是优秀的人才。诸葛亮对人才的重要性认识得非常清楚，他在分析曹操与袁绍的成败原因之时，就将人才作为其中的关键。

为了吸纳更多更好的人才，诸葛亮一方面要求执政者积极主动地寻访散布在各处的人才；另一方面，他还对那些能向政府推荐人才的人大加赞赏。不仅如此，诸葛亮还十分注意团结社会的各个阶层，只要是有才华之人，哪怕是蜀汉政权之前的敌人，在归顺后也同样会受到重用。对那些被选出、被推举出的人才，诸葛亮也不苛求他们十全十美，而是量才而用，用其所长，弃其所短。

诸葛亮在要求君主任人唯贤的同时，还希望君主能够虚怀纳谏。他认为，纳谏对君主来说是非常重要的事情，是一件关乎国家兴衰荣辱的大事。他曾多次赞扬并表彰能够大胆进言的董和，希望以董和为范例，鼓励臣僚大胆提意见。

正是诸葛亮能够不拘一格降人才，蜀汉政权才得以稳固地建立起来；又因为对谏诤之言能虚心接受，使得蜀国在诸葛亮统治时期很少犯大的错误。这应该就是诸葛亮将蜀国治理为三国之中政治秩序最好、最有条理的原因之一吧！

总之，不论是在辅佐刘备之时，还是在独自承担治国大任之时，诸葛亮推行的一系列治国措施，使得蜀汉政权在恶劣的政治环境下站稳脚跟，并且得到了很好的发展，也使得诸葛亮成为可以与管仲等古代名臣比肩的一代名相。蜀汉政权在诸葛亮统治时期达到顶峰，随着公元 234 年诸葛亮病逝于五丈原，蜀汉政权就不可避免地陷入衰退之中。

084 诸葛亮北伐为什么劳而无功？

经过小说《三国演义》和民间艺人的演绎，诸葛亮六出祁山，对曹魏政权作战的故事，在我国可谓是家喻户晓。这六次战争在历史上被称为北伐战争，从公元 227 年开始到公元 234 年 8 月诸葛亮病死在五丈原而彻底结束。长于谋略的诸葛亮在北伐战争中，遭到彻底失败。导致北伐战争失败的原因很多，但主要是自身实力不足和粮草转运困难两点。

当时的蜀汉政权虽然在诸葛亮的悉心治理之下，呈现出一派蒸蒸日上的态势。但由于先天条件不足以及其他各方面因素的影响，此时的蜀汉政权还不具备统一全国的绝对实力。三国时期是中原地区由分裂再次走向统一的过渡时期。之所以能够形成三国鼎立的局面，就是因为魏、蜀、吴三国的国力相对均衡，绝对实力都没有达到消灭对方的地步，且立国不久的三个政权，统治都较为清明。总的来说，三国处在一个积极、奋发的时期。

仅就魏、蜀两国国力而言，蜀汉政权也全面处于下风。当时的曹魏政权，占据着最为辽阔的国土，在军事上更是兵多将广。尤其是在实施屯田和奖励耕织政策之后，农业生产得到了迅速的恢复与发展。到了曹魏政权末期，其经济实力甚至超过了吴、蜀两国的总和。反观蜀汉政权，虽然在诸葛亮的苦心经营之下，已逐渐从“夷陵之战”的惨败中得以恢复，但毕竟国土面积狭小，人口也相对较为稀少，根本无法与曹魏政权所占有的资源相提并论。弱国无法攻灭强国的道理，是显而易见的。并且，当年诸葛亮在隆中所规划的，以荆州作为跳板统一全国的计划，也在公元 219 年关羽大意失荆州后无法实行。

总之，此时的蜀汉政权，并不具备统一全国的绝对实力。不仅实力不够，蜀汉军队的粮食供应也存在着较大的问题。诸葛亮北伐五次出兵，三次就因为粮草问题而被迫退兵。蜀汉政权统治下的区域，由于自然条件极佳，自汉代以来就是产粮大区，因此蜀汉军队并不缺乏粮草。主要问题在于，怎样将这些粮草顺利地运抵前线战场。665

为了切实解决军粮的运输问题，诸葛亮曾多次在汉中一带进行屯田建设。但所建设的屯田以民屯为主，规模也较曹魏小很多。但不管怎么说，这一方法算是解决了从成都平原运粮至汉中地区的问题，但怎样从汉中地区将粮食运抵前线，却还是一个难题。诸葛亮北伐，大多走的是秦岭北麓。这条道路山路崎岖、山川巍峨，唐代诗人李白就曾作《蜀道难》一诗，以“难于上青天”来比喻这条道路的艰险。在这条“难于上青天”的山路上，就是单人行军也是困难重重，更不必说运输可以供应 10 多万人的粮草了。当然，除了陆路运输，诸葛亮还有水运一法。但从汉中到巴蜀地区的河道情况也很复杂，且就算是水运条件极佳，蜀国还是在短期内无法进行大规模的水运工程。这是因为蜀国的水师和船只，都已经在关羽失掉荆州和夷陵之战中损失殆尽了。要进行这么大规模的运输，仅船只的建造，也要耗费相当长的时间和大量的人力物力。因此，不论是从地理自然因素审视，还是从人力物力方面考量，蜀汉政权要将粮食顺利地转送到战争前线，困难是巨大的。但粮草又是战争之本，若没有了粮草的支撑，前线战士就会丧失大部分乃至全部的战斗力。

面对这样的困局，诸葛亮不是没有想过对策。他一方面组织选用高级官员督导粮食运输，并组织大量人力专门进行分期分批的粮食运输；另一方面还尽量改进运粮工具，木牛流马就是为此而设计的。但以上种种措施，都无法从根本上解决粮草运输问题。蜀汉前线粮食的短缺问题，一直伴随着北伐战争的整个过程，也最终成为导致北伐失败的主要原因之一。

总之，就整个北伐战争而言，它是蜀汉政权以弱敌强、以寡击众、长途奔袭的一场孤军深入战。在曹魏政权以逸待劳、坚壁持久的对策下胜算极其微小。再加之粮草的转运又频频出现问题，因此，诸葛亮的多次北伐战争虽然取得过局部的军事胜利，但最终无法扭转全局。

085 神医华佗与医圣张仲景分别是怎样的人？

东汉末年，在沛国的谯县诞生了一位伟大的医学家——华佗。华佗（约 145 年—208 年），又名旉，字元化。和当时的许多少年一样，年轻的华佗早早就离开了家乡，游学于徐州地区。学成归来的他虽然精熟数种儒家经典，但屡次拒绝当地官员将他推举入朝或征辟为官的好意，而是决心当一名医生。

华佗是我国古代历史上非常有名的医者，现在我们夸奖一位医生医术精湛之时，就会称其为“华佗再世”。华佗有着非常全面的医疗知识，因此在医学的许多方面都有所建树，他尤其擅长外科手术。传说华佗曾经发明了一种名叫“麻沸散”的药物，其作用类似于今天的麻醉剂。华佗在进行大型的外科手术时，就用这种药物使

华佗像

病人处于麻醉的状态，大大减轻了病人的痛苦，这是医者仁心的表现。《后汉书·华佗传》中对“麻沸散”的记载，应该是世界医学史上，在手术治疗中使用麻醉剂使病人处于全麻状态的最早记载。由于华佗可以熟练地将手术治疗应用于日常医疗之中，因此华佗也被后世人冠以“外科鼻祖”“外科圣手”等美誉。此外，华佗还非常注重日常的养生，在日常生活中，华佗观察到动物的一些行为十分符合人体养生学。因此，他模仿虎、鹿、熊、猿、鸟等动物的形态创造了一套名为“五禽戏”的体操，用以强健体魄、增强体质，以达到延年益寿的目的。但可惜的是，华佗创造的“五禽戏”和其他养生药剂都只留下了名称，内容都已经亡佚了。

作为我国古代知名度最高的名医之一，华佗行医的事迹有很多都流传了下来，甚至脍炙人口。其中经过《三国演义》的演绎，以华佗为曹操治疗头疾和为关羽“刮骨疗毒”的事情最广为人知。关于曹操怎么得的头疼病，历史上有很多传说，但大都带有神话和演义的色彩，不可相信。但曹操被这种头疾折磨得很惨，却是真实的。史书上说，每当曹操头疼病发作时，都会“心乱目眩”，十分难受。曹操请来的许多医生，都无法遏制这种疼痛。曹操在听闻了华佗的行医事迹后，便将他请了过来。华佗为曹操施针治疗，成功地遏制住了头疼的发作。华佗以其精湛的医术，取得了曹操的信任与依赖。华佗认为，曹操的病情虽然在短时期内不容易好转，但只要坚持治疗，还是可以遏制疾病，达到延年益寿的目的。曹操想将华佗长期留在自己的身边，充当御医。但华佗却不想被禁锢在宫廷当中，加之此时的他已经离开家乡很久了。华佗借口家里来了书信，希望曹操能让他回乡省亲。

回到家乡的华佗更加不愿回到曹操身边，曹操的多次邀请都被华佗以妻子生病为由拒绝掉了。华佗的态度最终惹怒了曹操，他派出专人去华佗家进行查验，华佗在事情败露后被押解到许昌，并投进了监狱。在监狱中，华佗承认了自己故意欺骗曹操的事实。曹操的谋臣荀彧为华佗求情，希望曹操看在华佗精妙医术的份上原谅他，但没有得到曹操的应允。最终，一代名医华佗就在许昌的监狱里被拷问至死。在临死之前，华佗曾想将自己所著的一部书送给狱卒，但狱卒却因为害怕不敢接受。华佗焚毁了此书，其中许多华佗独创的医方也随之化为灰烬，可谓是医学上的一大损失。

与华佗几乎同一时期，还出现了另一位伟大的医生，他就是被称为医圣的张仲景。张仲景（约 150 年—约 219 年），其实名为张机，但以字仲景为人所熟知。张仲景出生在一个没落的官僚家庭里，他的父亲张宗汉曾在朝为官。因此，张仲景从小就有机会接触到包括医书在内的许多典籍，并在读书的过程中逐渐对医学产生了浓厚的兴趣。张仲景出生的时期，正逢东汉末期的离乱之世。风起云涌的农民起义和政治投机者、野心家们的争权夺利，使得整个中华大地都笼罩在战火的硝烟之中。战争中的人命贱如草芥，中华大地到处都是生灵涂炭的惨状。这样的情景深深地震撼着张仲景的心灵，也直接促使他萌发了学医救人的愿望。汉桓帝延熹四年（161 年），张仲景正式拜同郡的张伯祖为师，开始了自己的习医之路。

张仲景像

虽然张仲景的内心十分热爱医学，但他也没有放弃对儒学的学习和对家族的责任。汉灵帝时期（168 年—189 年），如同其他的官宦子弟一样，张仲景被推举为孝廉，进入官场。总的说来，张仲景的官运还算是不错的，一直做到了长沙太守的职位。尽管身在官场之中，但张仲景一直坚持为百姓治病。据说，“坐堂医生”这一称呼就是从他而来的。因为身兼官职，张仲景无法随心所欲地进入民宅为百姓治病。于是张仲景就决定，每月的初一和十五两天，在衙门内替百姓治病。张仲景非常热爱医生这个职业，他在自己所著的《伤寒杂病论》一书的序言中写道：“余每览越人入虢之诊，望齐侯之色，未尝不慨然叹其才秀也。”并进一步阐述了医学之所以重要，是因为它对上可以诊治君王和父母的疾病，对下可以救贫苦百姓于痛苦之中，就是自己也可以用它来延年益寿。他惊怪于当时的士人们只知道追求名利之类的细枝末节，却忘记了保养身体这一生命的核心。

虽然张仲景的医术非常高超，且发自内心地热爱着医生这个职业，但面对因频繁战争而导致的灾疫，张仲景也同样感到分身乏术、束手无策。在当时流行的瘟疫当中，以伤寒病最多。病患多了，有些庸医也就不再仔细诊断，而是专职赚着昧心钱。张仲景为了改变这样的局面，决定“勤求古训，博采众方”，并最终撰成《伤寒杂病论》一书。《伤寒杂病论》的编撰，是张仲景最重要的成就，也耗费了他大量的心血。这部书历经传抄失真失散，后来经过王叔和等人的重新编次，成为《伤寒论》和《金匮要略》两部书。《金匮要略》一书的篇幅虽然没有《伤寒杂病论》大，但却包括了内科、外科、妇科和儿科等方面，是古代医学的重要典籍之一。特别是在此书中，还记载了用人工呼吸进行急救的方法。与华佗一样，张仲景也有着自己的养生理念。他认为病人不应随意吃药，并且要注意在饮食当中的卫生问题。

虽然由于时代的局限性，张仲景在他的医术当中还保留了一些不科学的诊治方法，但他悲天悯人的医德和为人谦虚谨慎、孜孜以求的学风，都是值得我们敬仰与学习的。张仲景的医学理论对我国古代医学的发展贡献很大，也深刻地影响着周边各国的医学发展，他是一位了不起的医者。

086 何谓三曹与建安文学？

建安，是东汉汉献帝的年号，从公元196年至公元220年。在这一时期内，文人们所创作的文学作品被总称为建安文学。

建安时期社会动荡不安，战祸延绵，政治极度腐化。百姓或妻离子散，或死于战火，或死于饥荒和瘟疫。生活在这一时期的文人墨客，目睹了百姓所遭受的种种苦难，或其本身也深陷其中，这样的经历促使他们将这些场景写进自己的诗文当中，而诗文的主旨，也就围绕着战乱的残酷、人民的疾苦和对国家统一的渴望。总体而言，建安文学的形式多样，内容富有现实主义精神，在体例上，大都受到汉朝乐府诗的影响，但又有自己独特的艺术特点。这一时期诗歌所表现出来的社会内容和苍凉的艺术风格，被唐代诗人陈子昂称誉为“建安风骨”。

文学能够在建安时期得到长足发展，除了时代的刺激以外，还有以下几点原因。

首先是五言诗的形成。汉代以前的诗歌，大都是四言。直至汉代才开始出现五言诗，其代表作是李延年所写的“北方有佳人，绝世而独立”。当时的诗作都可以配乐演唱，但随着五言诗的不断成熟，诗歌逐渐成为与音乐相分离的、独立的文学表现形式。

其次是儒学的衰微。儒学自西汉武帝以来，一直占据着思想领域的绝对统治地位。传统儒学认为文学只是经学的附庸，这严重妨碍了文学的自由发展。但随着东汉中央王朝的倾覆，传统儒学也开始失去其统治地位，文学开始摆脱经学的束缚。加之建安时期的许多文人，都具有反传统的思想意识，他们用文学来抒发个人的政治抱负、描述动荡的现实生活，使得文学之路更为广阔。

再次，文学批判的盛行。社会的动荡不安，儒学的衰落，使得建安时期的文人开始对文学进行深刻的反思，文人之间经常就各种问题进行探讨，曹丕所著的《典论·论文》，就是其中的代表之作。

总之，建安文学的兴盛是一个由多因素交织而成的结果，其中，文坛领袖的推动作用更是不容小觑。“三曹”便是其中的佼佼者，即曹操、曹丕和曹植父子三人。

曹操（155年—220年）在建安时代，既是叱咤政坛的霸主，又是引领潮流的诗坛领袖。曹操利用乐府诗的形式来抒发自己的思想情感，以及描述当时社会离乱的景象，开创了用拟乐府描写时事的一代诗风。他的诗文节奏明快，“被之管弦，皆成乐章”。这种因袭古人诗体，但又以“感于哀乐，缘事而发”为创作理念的精神，为建安文学注入了无限的活力，也深深地影响了后世杜甫、白居易等人的文学创作。

另外，曹操的诗文朴实无华，诗歌的基调慷慨悲凉。这种慷慨悲凉的艺术风格，本是建安文学的基调，但在曹操的诗文中表现得更加突出与典型。

曹丕（187年—226年），字子桓，是曹操的次子，后代汉称帝，建立魏国，史称魏文帝。他的诗文大体可分为两个时期，一是建安时期，一是在称帝后的黄初时期（220年—226年）。与曹操不同的是，曹丕所生活的时代大都在三分天下之后，生活环境相对安定。因此，他一改曹操忧国忧民的现实主义题材，创作了大量男女爱情和游子思妇之类题材的作品，且成就较高。曹丕的诗文形式非常多变，但以五言诗和七言诗的成就最高，并创作出类似于后世抒情诗那样的作品。曹丕所写的《燕歌行》算是现存最早最完整的七言诗，这是对诗歌形式的一次重大突破。

曹丕的文学理论，更是在中国古代文学史上占据着非常重要的地位，对后世的文学创作和文学理论批判都有过积极的影响，其所写的《典论·论文》是我国文学史上第一篇专门的文学理论批判论文，集中体现了曹丕的文学理论和文学观。在此文中，曹丕尖锐地批评了当时文人“各以所长，相轻所短”的现象，认为“文非一体，鲜能备善”，并首次提出了“文以气为主”的观念，这是曹丕批判论的核心。所谓“气”是指作者个人品质与特性在文章中的体现，也正是个人品格的差异，造就了创作风格的千差万别。在这篇文章的最后，曹丕高度评价了文学作品的社会功能与价值，批判了西汉以来社会上对文学创作者及文学社会地位的贬低，这对当时文学的繁荣无疑有着巨大的推动作用。

曹植（192 年—232 年），字子建，是曹丕的弟弟，自幼聪慧且受到了良好的文学熏陶，史称其“年十余岁，诵读诗论及辞赋数十万言，善属文”。由于其出口成章，落笔成文，因此深得曹操的喜爱。曹操曾经认为曹植是诸子之中“最可定大事”的人选，几乎被立为世子。但他放纵不羁的行为，屡次惹怒曹操。相反，矫情自饰的曹丕逐渐得到了重视与信任，并最终在建安二十二年（217 年）被立为了世子，曹植的人生际遇也由此发生转折。他从一个生活浪荡的贵族公子，变成了一个受人猜忌、遭人监视的对象。公元 226 年，曹丕病逝，继位的曹叡依旧对他心存猜忌，曹植的处境没有得到丝毫的改善。

曹植是建安时期艺术成就最高的文学家之一，他的作品不仅数量最多，而且表现形式繁复多样。流传至今的，有诗歌 90 余篇，赋 45 篇，还有各类的章、书、论等著述，其中以诗歌的成就最高。与人生际遇一致，他的诗歌内容也以曹丕称帝分为两个阶段。前期的诗歌主题多集中在对华贵生活的描写、个人政治抱负的抒发和战后残破景象的描绘。后期自身艰难的处境，则使得他更加同情社会下层人民，创作主题也更加现实化，语言哀怨，思想深刻。

曹植对诗歌的最大贡献，是他对乐府民歌的进一步精练与加工，并以此创造出了新的艺术风格。他所创作的五言诗，不仅可以任意描写景物，也可以随意抒发内心情感，可以说是将五言诗推进到了一个更加成熟的境界。早在两晋南北朝时期，曹植的作品就被推崇为文章的典范。大诗人谢灵运曾赞许道：“天下才共一石，子建独得八斗，我得一斗，天下共分一斗。”王士祯认为，中国古代诗人能称为“仙才”的，只有曹植、李白和苏轼三个人。

总之，曹操父子在文学上的成就，直接推动了当时文坛的兴盛，为建安文学的发展和日后文学的创作奠定了良好的基础，开创了文学的新境界。

087 何谓九品中正制？

九品中正制，又称九品官人法，是士族大地主陈群向曹丕提出的一项有关选拔人才的改革方案。公元220年，曹操病逝，曹丕继位为魏王。但曹丕并不满足于魏王的称号，他渴望灭汉称帝。早在曹操统治时期，曹氏代汉称帝的条件就已然成熟。可为什么曹操没有自己称帝呢？是他没有站在封建权力最高峰的欲望吗？答案当然是否定的。曹操没有称帝的原因是复杂的，但其中一个很重要的原因，就是掌握着社会舆论导向和地方影响力的世家大族们不愿意向曹氏称臣。一方面，他们不愿背弃汉天子，向宦官的子孙俯首称臣；更重要的是，他们认为就算支持了曹氏称帝，曹氏也似乎并不能给予他们比现在所拥有的更多的利益。因此，他们拒绝在称帝这一问题上给予曹操支持。曹操对此非常气愤，他先后逼杀了孔融和荀彧。这两人都是当时世家大族的代表人物，也是反对曹操称帝的典型代表。这种杀戮虽然在当时士人心中造成了一定的震动与恐慌，从而使他们向曹氏屈服。但这种屈服是暂时的，是不甘的，是容易崩塌的。曹丕想要建立自己的政权，必须取得世家大族的支持，并且是心甘情愿的支持。九品中正制就是曹丕用以笼络他们的重要手段，事实证明，这种手段非常有效。

国家处于大一统的两汉时期，官员的选拔大致是由“察举”和“征辟”两种途径而来。这两种制度的目的都是为了强化中央集权，但在东汉以后，社会因战乱和自耕小农的不断破产而动荡不安，从中央到地方的行政体系不断崩塌，整个社会都处在不断迁徙的过程中。不论士人还是庶族，都在这样一场大的迁徙潮流中流离失所，远离了世代居住的故土。在这种情况下，建立在基层组织基础上的“乡举里选”当然也就无法实行。但政权想要平稳运行，必须依靠大量的人才进行支撑。并且，也只有将人才大量地吸纳进统治阶层中，才能快速、有效地扩大统治集团的势力。因此，曹氏政权在其初期就十分重视对人才的选拔，在经过了一系列争斗与相互妥协之后，东汉延康元年（220 年），世族大地主、吏部尚书、颍川陈群向曹丕提出了“九品中正制”。

九品中正制简单而言，就是古代中国用来选拔官员的一种手段，其基本内容如下：

政府在各个州郡选择品格贤良的有识之士，作为选拔人才的中正官。在州和郡中，中正官的名称略有差别，所谓“百郡立中正，九州置都士”，但他们的职责是相同的。州一级的中正官必须是现任的中央二品以上高官，这些官员被任命为其户籍所在州郡的中正官，他们按簿世、行状、乡品等标准来品评州郡士人。其中簿世是指这些候选士人的家世背景，行状即是他们个人的政治才干与道德品质，乡品就是中正官的鉴定意见。最后，综合这些条件，将候选者分为上上、上中、上下、中上、中中、中下、下上、下中和下下九个等级，也就是九品。中正在品评完候选人之后，会将材料汇总给大中正，最后上承给司徒，作为日后选举官吏的依据。对于品评标准，还有一点需要补充，在咸熙二年（265 年），陶侃曾任中正官，他提出六条品评的标准。这六条是：忠恪匪躬、孝敬尽礼、友于兄弟、洁身劳谦、信义可复和学以为己。

从上述来看，貌似中正官在整个九品中正制中的作用仅限于品评人物，无伤选举之大局。但实际并非如此。中正每隔 3 年都要对士人品级进行一次清理和调整，他们有权进退士人的品级，“或以五升四，以六升五”，“或自五退六，自六退七”。大中正还可以推举下一级的中正官，但任免权仍掌握在皇帝手里。在选举中本应承担重要责任的吏部，反而只是一种摆设，一种仅仅根据中正所定“品状”确定官员选用的道具。

在随后的西晋王朝中，也同样采取这一方式选官。尽管遭到了许多大臣的反对，但这一制度还是被延续了下来，直到隋朝初年才被彻底废弃。从曹魏到隋初的 300 多年间，九品中正制一直是中央政府选拔官员的方式。关于九品中正制的一些细节问题，学术界仍有争论。诸如在九品中正制创立之初，中正官品评的对象是仅限于在职官员，还是将未入仕的人员也囊括在内。但这对我们从整体上了解九品中正这一制度并没有太大的影响。

九品中正制出现之初，的确有将用人权收归中央的意图。但实行的结果，却是与当初的愿望背道而驰。这一政策的实施，反而加重了大族在地方的影响力，使得权力下移，最终形成了门阀政治，造成了“上品无寒门，下品无世族”的现象。但同时我们也要看到，九品中正制在维护门阀地主地位的同时，也间接地促成了门阀地主的衰落。虽然九品中正制自身有着种种问题与缺陷，但在实施之初，毕竟起到了为中央搜罗人才、巩固统治的作用。

088 司马家族与门阀士族是如何形成的？

司马家族是从司马懿时开始兴旺发达起来的。司马懿，字仲达，河内温县人，即今河南温县西南。其父司马防，东汉时任京兆尹，司马懿为其次子。他自幼聪明好学，博闻多大略。汉献帝建安六年（201 年），本郡长官举荐其为上计掾，司马懿不愿受制于曹操，称病不出。曹操任丞相时，征其为文学掾，历任黄门侍郎、议郎、丞相东曹属、丞相主簿等职，多次随曹操出征，为其出谋划策。曹操封魏王，司马懿任太子中庶子，得到了太子曹丕的信任。蜀将关羽擒于禁，攻樊城，威震华夏，曹操欲将都城从许昌迁往河北，以避其锋，被司马懿谏止，并建议曹操联合孙权，命其出兵进袭关羽后路，果擒关羽。

阎立本绘　晋武帝

魏文帝即位后，司马懿地位有了进一步提升，历任督军、御史中丞、给事中、录尚书事，掌握朝廷大权。魏明帝时迁大将军，加大都督、假黄钺，掌握了军权。此后，率军与蜀相诸葛亮对峙多年，挫败了其北伐计划。齐王曹芳即位，其与曹爽对掌朝廷大政。不久改任大司马、太傅，子弟十一人皆为列侯。后因与大将军曹爽交恶，称病不出。嘉平元年（249 年）正月，乘齐王曹芳与曹爽出都城拜谒高平陵的机会，发动政变，假借太后的命令，免去了曹爽的一切官爵，夺取了朝廷大权，并诛杀曹氏兄弟，司马懿遂任丞相。嘉平三年（251 年）病逝，终年七十三岁。其孙司马炎建立晋朝时，追尊为宣皇帝。

司马懿死后，其子司马师、司马昭相继掌握魏国大权，先后封晋公、晋王，晋朝的国号即来源于此。在此期间，司马兄弟先后铲除了朝中的反对势力，清除了忠于曹氏的力量，为司马家族建立新政权奠定了坚实的基础。咸熙二年（265 年），司马昭死，终年五十五岁。其长子司马炎继位，废魏元帝，建立了西晋王朝，司马炎即晋武帝。晋武帝死后，其子惠帝即位，爆发了“八王之乱”，严重动摇了西晋的统治基础。建兴四年（316 年）西晋灭亡，共历四帝，51 年时间。西晋灭亡后，其宗室司马睿在建康（今江苏南京）建立东晋政权，公元 420 年被权臣刘裕取代。

门阀士族源于东汉的豪强地主，他们垄断了学术研究，即儒家经学的传授与研究。由于当时的书籍皆为抄本，极其难得，经学只在师门内传播，出现了一部分人对经济和知识的垄断。同时又由于当时实行察举、征辟制度，基本上就是推荐，入仕做官遂被一些人垄断，出现了所谓世代公卿之家，如弘农杨氏、南阳袁氏这些数代三公的世家大族。这些大官僚与自己的门生、故吏结成集团，以增强自己的政治力量。这些人都是大地主，而且世居高位，门生故吏遍于天下，因而又是士大夫的领袖。所谓门阀大族，就是在经济、政治、意识形态上具有这些特征的家族。在曹魏时期，不仅没有压制这些家族，反而极力笼络。魏文帝时又实行九品中正制，即把各地的士人根据家族地位的高下，分为九个等级，举荐为官，按等取士，形成了所谓“上品无寒门，下品无士族”的政治局面。西晋建立后，仍然继续了这一制度，西晋王朝也是靠这些人的支持而建立的。

至东晋时期，门阀士族的势力进一步扩大，晋元帝就是靠他们的支持才得以即位的，其政权实际上是司马氏和以王、庾、桓、谢诸大姓为代表的北方士族以及处于非主流地位的江南吴姓士族的联合执政，当时甚至有“王与马，共天下”的谚语流传。这一时期，士族在政治上高官厚禄，垄断政权，经济上封锢山泽，占有大片土地和劳动力，文化上崇尚清谈。到了南朝时，国家机要大权基本掌握在所谓“寒门”手中，士族只担任所谓清官，地位显要，但职事清闲，军政大权已经从其手中转移出去了。许多士族不思进取，沉溺于清闲放荡的生活，不屑于政务军务。再加上农民起义以及侯景之乱的打击，遂使门阀士族走向了衰落。

隋唐时期废除了九品中正制，实行科举制，打破了士族对政权的垄断；而均田制的推行，限制了地主土地的无限膨胀，削弱了士族制度的经济基础。在唐代士族残余势力虽然存在，但在政治上已失去了特权，不过在人们的心目中其社会地位仍然得到承认，经过唐末动乱、五代混战后，士族的残余最终被扫进了历史的垃圾堆。

089 八王之乱与晋室南迁是怎么回事？

八王之乱是西晋末年皇族内部的一次大混战，这次混战直接导致了西晋王朝的全面崩溃，国家的再度分裂。

整件事情还要从晋武帝立太子说起。晋武帝司马炎有两位杨皇后，第一位杨皇后共育有三子（第二位杨皇后未能生育子女），但长子不幸夭折，只剩下二子司马衷和三子司马柬。按照太子要“立嫡以长不以贤”的古训，二子司马衷顺理成章地成为太子。只是这个太子的智商似乎有些问题，当时的大臣也都知道这个太子“不惠”，就连晋武帝自己也十分怀疑儿子的智力水平。为此，武帝专门准备了一个智力测验，希望能够让自己安心，也能够平复大臣们的疑虑。测试的内容就是让太子衷对一些政事发表看法，并写出批文。虽然太子的智力不高，但太子妃贾南风却是个厉害的角色。贾南风是武帝宠臣、开国元勋贾充的三女儿。在拿到考题后，太子妃贾氏立即找来了枪手替太子写，并以此骗过了晋武帝。晋武帝坚持立司马衷为太子，还因为武帝非常喜爱司马衷的儿子——司马遹。但司马遹并不是太子衷与贾妃的孩子，而是司马衷与后宫谢玖所生，这也为后来贾氏杀害司马遹埋下了伏笔。不管怎样，太熙元年（290 年）四月晋武帝去世，太子衷即位，是为晋惠帝。贾南风也顺利地登上了皇后的宝座，但强悍又多权诈的她并不满足于此。丈夫的智力低下，也使得贾氏有了参政的机会。自身对权力的欲望促使她制造了一桩桩政治血案，使她成为政坛上不可忽视的人物，同时也或直接或间接地导致了八王之乱的发生。

贾后想要实现独揽大权的目的，首先要铲除杨太后的父亲、辅政大臣、太傅杨骏。贾后利用宿卫将领孟观、李肇与杨骏的矛盾，指使二人联络亲王发动政变。李肇最初联系的是汝南王司马亮，希望他能够出兵相助，但汝南王未予以应允。李肇因此转而与都督荆州诸军事的楚王司马玮取得了联系。很快，贾后与楚王就结成了政治联盟。元康元年（291 年）三月，贾后与楚王发动了军事政变，杨骏及其亲族、党羽数千人被杀。为了斩草除根，贾后矫诏废皇太后为庶人，并在次年二月将其活活饿死在冷宫里。一场大乱，就这样在宫廷政变中拉开了序幕。

经此一事，贾氏虽然干净利落地干掉了夺权道路上最大的障碍——杨氏父女。但由于西晋朝廷推举出汝南王司马亮和元老卫瓘共同辅佐朝政，贾后专权的目的依然没有达到。这样的状况令贾氏十分不满，她再次主动出击。在元康元年六月，鼓动惠帝下诏给楚王玮，令其率领北军“免亮及瓘官”。楚王玮再次导演了 3 个月前的一幕，司马亮和卫瓘及其家属全部枉死。值得注意的是，当时惠帝给楚王玮的诏书只是说要免去二人的官职，并没有说处死，但楚王玮与贾后的计策却是一定要诛杀。为什么不在诏书中得以体现呢？因为这是贾后为了灭口，留给楚王玮的陷阱。在所有障碍都已扫清之时，贾后将擅自诛杀朝中大臣的罪名扣在了楚王玮头上，并将其处死。经过了几次大清洗之后，贾后完全掌握了国家大权。这次六月事变是“八王之乱”的序幕，也是第一个高潮，八王中有两个王在这一过程中死掉了。

上文我们提到晋惠帝有一个儿子叫司马遹，是惠帝的长子。贾后可以叱咤政坛，但她却没有儿子。随着司马遹不断长大，贾后不得不同意立司马遹为太子。但由于太子与贾氏家族有矛盾，贾氏的族人害怕在太子执政后会步杨骏等人的后尘，因此希望废掉太子。这些矛盾，终于在晋惠帝元康九年（299 年）全面爆发。贾后诬陷太子想要杀死自己和惠帝，以此为由废太子为庶人，并将他杀害。正当贾后为铲除了多年心病而得意之时，赵王司马伦却利用禁军对贾后杀害太子的不满情绪，开始秘密筹划政变。永康元年（300 年）赵王伦发动政变，贾后及其党羽多人都在这次政变中死去。次年正月，司马伦进一步废掉惠帝，自己登基做了皇帝。宫廷政变至此，完全转变成了一场皇族之间争权夺势的斗争，“八王之乱”正式开始。

赵王司马伦篡权后，政治形势依旧严峻。当时镇守邺城的成都王司马颖、镇守关中的河间王司马颙和镇守许昌的齐王司马冏，都拥有不容小觑的实力。他们谁也不想屈居于赵王伦之下，齐王司马冏率先发难。司马冏的起兵得到了司马颖和司马颙的支持，政治利益的一致，使得三王迅速结成了军事联盟，共同出兵进攻司马伦。司马伦的心腹将领在看到司马伦的颓势之后纷纷倒戈，迎晋惠帝复位。司马伦在这次纷争中被杀，司马冏入朝辅政。这次战争持续了两个月左右，将近 10 万人战死，社会生活遭到了严重的破坏。

不久，被立为皇太孙的司马尚病死。司马冏对权力的欲望，使他最终放弃了立司马颖为皇太弟，转而立惠帝弟弟、清河王司马遐年仅 9 岁的儿子为太子。这样一来，不仅使他与司马颖的关系破裂，也引起了长沙王司马乂的不满。因为司马乂是司马炎的第六子，也有机会被立为皇太弟。司马冏使自己陷入了孤立的境地，惠帝永宁二年（302 年），司马颙再次出兵洛阳，身在洛阳的司马乂也趁机反司马冏。在经过 3 天的激战后，齐王司马冏兵败被杀。由于成都王颖和河间王颙都不愿意离开自己的封地，因此，司马乂就在成都、河间二王的操纵与支持下，掌握了洛阳的政权。但不久，司马颖就因司马乂不能完全听命于自己，而与承诺立自己为皇帝的河间王再次联手，于公元 303 年同时展开了对洛阳的攻势。这次战斗是“八王之乱”中规模最大的一次，共动用了 30 万以上的人力。在司马颖与司马颙围困洛阳、步步紧逼之下，洛阳城内开始分裂。次年正月，东海王司马越反司马乂，将司马乂交给了司马颙的部将张方，司马乂被张方活活烧死。

司马颖入主洛阳城后，先是做了丞相，继而为皇太弟，但并不想在洛阳定居的他再次回到了封地邺城，西晋的政治中心也随之转移。成都王颖所取得的皇位继承人地位是名正言顺的，但他自己却担负不起中兴西晋的重担，史书称他“形美而神昏，不知书”，并且“恃功骄奢，百度废弛”。西晋社会在他的统治下，政局更加败坏，因此大失人心。洛阳的禁军在东海王司马越的率领之下，以拥戴惠帝为名讨伐司马颖。两军在荡阴（今河南汤阴）大战，结果讨伐军战败，惠帝也被俘虏了，司马越只身逃回了自己在封国的根据地。河间王司马颙坐收渔翁之利，派部下张方占领了洛阳。但司马颖统治的邺城，却被幽州刺史王浚和并州刺史东瀛公司马腾（司马越的弟弟）联手攻破，司马颖挟惠帝逃往洛阳。此时洛阳处于司马颙的掌控之中，司马颖便不得复预政事。不久，张方就强迫惠帝与司马颖迁往长安，司马颙在长安将司马颖废黜，另立豫章王司马炽——司马炎的第二十五子为皇太弟。

惹得天怒人怨的成都王司马颖虽然被废黜了，可时局并没有因此而稳定下来，张方将惠帝迁往长安之举很不得人心。永兴二年（305 年）7 月，东海王司马越再次起兵，以“纠集义旅，奉迎天子，还复旧都”为口号，向关中发起了进攻。司马越此举得到了王浚等人的响应，声势不小。次年正月，司马颙看到形势险恶后向司马越求和。但求和不仅失败，还造成了司马颙集团内部的分裂，勇将张方被杀。六月，司马颙兵败被杀，大权最终落到了东海王司马越手中，他是“八王之乱”最后的胜利者，历时 16 年的“八王之乱”终于宣告结束了。

“八王之乱”虽然结束了，但它却耗尽了西晋王朝的全部国力。

北方经济遭到了严重的破坏，人口大量流失。原本繁荣、富裕的中原地区变得一片荒芜。西晋政权虚弱不堪，原本隶属其统治下的各少数民族获得机会。他们纷纷摆脱政府的控制，在各地举起了反抗、复国的大旗。面对此情此景，西晋政府无力收拾，最终被内迁的匈奴人刘氏所灭。原本强盛一时的西晋王朝，就这样毁在了自己的内耗之中。

090 何谓“王与马共天下”？

公元316年，西晋王朝覆灭。次年三月，西晋王朝宗室的遗存——琅邪王司马睿在建康即位，称晋王，改元建武。东晋王朝的历史序幕就此拉开，但直到建武二年（318年）三月，愍帝遇害的消息传来，司马睿才改称皇帝，史称晋元帝。

东晋的历史总是和世家大族纠缠在一起，司马氏与王氏的结合更是其中的典范。

司马睿是司马懿的曾孙，世袭琅邪王。由于其封地与司马越相接，因此，在八王之乱中，司马睿是司马越的忠实党羽，并一直生活在其羽翼之下。当司马越北上参与宗室争夺战时，其军事根据地下邳就由司马睿来镇守。但司马越并没能扭转时局，北方的局势依旧日益恶化。在这种情况下，司马睿请求司马越将根据地，由下邳这样一个“四战之地”，迁往长江以南的建邺（313年，因避愍帝司马邺讳，改称建康）。这一想法与正打算退守江南的司马越不谋而合，司马越立即以西晋政府的名义，将司马睿任命为安东将军、都督扬州江南诸军事，令其移镇建邺。不久后又以司马睿为镇东大将军，都督扬江湘交广五州诸军事，使其成为江南地区的最高军政长官，奠定了司马睿入主江南的基础。这件事情发生在晋怀帝永嘉元年（307年）。与此同时，同为统治阶级上层的琅邪王氏，也开始积极准备南渡。永嘉元年十一月，王澄出任荆州都督，永嘉三年（309年）三月，王敦出任扬州刺史。王澄是王衍的弟弟，王敦是王衍的族弟。琅邪王氏，从太保王祥以来，一直就是豪门大族，王祥的族孙王衍又累任司空、司徒、太尉等高官。他看到了时局的动荡与恶化，因此对本族有了以上的安排。王导（276 年—339 年），字茂弘，琅邪临沂（今山东临沂北）人，在未出任扬州刺史之前担任东海王司马越的参军。因此与司马睿相识，并且两人关系非常融洽。这是王导日后全力支持司马睿的原因之一。

司马睿来到建康，想以此作为晋朝在江南的立足点，作为可以保持半壁江山的起点，但此事谈何容易。江东本是孙吴故土，土著大族的势力根深蒂固。他们本来就瞧不上这一群外来的“伧父”，对琅邪王司马睿也同样不放在眼里。在司马睿到达江南后一个月，竟没有一位世族地主来拜会这位晋朝政府任命的最高军政长官。与司马睿同道而来的王导，立刻就意识到了问题的严重性。为了改变局面，他安排司马睿乘坐肩舆，在举行“禊祭”的时候出游观看，并以北方流亡南下的世族大地主作为司马睿的随从。这样威严的仪仗与队伍，加上随从人员崇高的社会地位与影响，使得江东大族意识到，司马睿可能就是北方大族日后要拥戴的江东之主。在政治利益的驱动与当时气氛的促使下，纪瞻、顾荣等江东世家的代表人物纷纷在路边拜谒了司马睿。

此后，王导进一步谋划将顾荣和贺循这两位江东大族的代表人物拉拢进来，并以他们为基点，使整个江东世族集团逐渐向司马睿靠拢。司马睿在听完王导的意见后，立即让他去拜访顾荣和贺循。与此同时，在经历了三次“变乱”后，江东的世家大族也都意识到，必须要建立一个和自己利害关系基本一致的政权，才能切实维护好自身的利益。而司马睿所要组建的，正是这样的政权。因此，在王导的拉拢下，顾、贺二人应命而至。史书上称之为“由是吴会风靡……渐相崇奉，君臣之礼始定”。也就是说，直到此时，司马睿才算在江南地区站稳了脚跟。

东晋政权的建立并不顺利，由于过江的北方人越来越多，引起了一部分南方人的疑虑。愍帝建兴元年（313 年）就发生了周玘父子反对司马睿执政的事件。

义兴（今江苏宜兴）周氏，是江南地区势力十分强大的一个家族。周玘曾经率乡兵平定了石冰、陈敏和钱璯的叛乱，号称“三定江南”。建兴元年，周玘官至吴兴太守，与司马睿的亲信刁协发生摩擦，因而就联系了一部分人，密谋杀害执政官员，改用南方士人。司马睿很快就发现了他的阴谋，通过官职的变动抽掉了周玘的实权。周玘因此忧愤而死，并在临终前告诉儿子周勰，杀死他的是诸“伧子”，只有为他报仇，才能算是一个好儿子。周勰念念不忘父亲的叮嘱，指使吴兴功曹徐馥假传叔父周札的命令，起兵讨伐王导与刁协，得到了江东土豪的纷纷支持。建兴三年（315 年）正月，徐馥杀死了吴兴太守袁琇，正式起兵。但由于周札的反对，周勰没能起兵响应，徐馥的部众见此情景纷纷倒戈，徐馥兵败而死。这件事情还引起了周氏族人周续的起兵，司马睿一度打算派兵镇压，但此时司马睿的兵力并不强盛。若派兵镇压，兵少不能平定叛乱，兵多则会引起京师的空虚。在这危急关头，王导再次献策，让周续的族兄周莚带上100 名力士回乡平乱。周莚让郡吏吴曾就座杀掉了周续，一场叛乱就这样结束了。

综上所述，琅邪王氏，特别是王导对东晋的草创与建立，出力甚多。因此，司马睿即皇帝位时，就令王导到御座上与其同坐。王导当然不肯，司马睿也只是故作姿态。但传递出的信息是，没有王导及其所代表的王氏家族，就没有司马睿今天的地位。王氏家族内的另一位实力派就是王导的堂兄——王敦。王敦（266 年—324 年），字处仲，出身于世家大族，是晋武帝的女婿，因此官拜驸马都尉、太子舍人。西晋惠帝时期，王敦因为劝叔父王彦起兵讨伐赵王司马伦有功，晋升为散骑常侍、青州刺史。西晋末年，天下大乱，社会动荡不安。王敦与堂弟王导一起支持琅邪王司马睿移镇建康。王敦在东海王司马越时期就曾担任扬州刺史，后在刘陶死后，再次掌控扬州的地方政权。司马睿仰仗着王氏兄弟建立起东晋政权，并逐步对其进行巩固，所以当时会有“王与马，共天下”的说法。

元帝司马睿虽在王导的帮助下，在建康艰难地站稳了脚跟。但想要长久的发展，就必须使政府的政令能够发布到更远的地方，并使之得到坚决的贯彻。永嘉五年（311 年），江州刺史华轶就曾以没有看到洛阳的诏书为由，拒绝服从司马睿的命令。王敦率兵攻杀了华轶，并在此基础上平定了杜弢的叛乱，巩固了东晋政权对长江中下游地区的控制。大兴元年（318 年），王敦被任命为荆州刺史，掌握长江上游地区的军政大权，"王与马，共天下"局面得到了进一步的发展。

虽然在此以后，元帝司马睿对王导、王敦都逐渐产生了猜疑之心，但王氏家族对东晋王朝的建立，的确是功不可没。王导更是奠定东晋立国之本的大功臣，其拥建的东晋政权，在延续两汉以来的中原文明方面，具有巨大的历史贡献。

091 匈奴刘氏是如何建立汉国的？

东汉初年南迁的匈奴族人在西晋政府的统治下，受到了残酷的剥削与压迫。他们在西晋王朝的统治末期，不断进行起义与反抗，希望能从西晋政府的控制下挣脱出来。这种脱离中央政权控制的半独立情形，在并州地区表现得尤为突出。并州地区的汉族人口在永嘉之乱后大量南迁，使得这一地区的胡汉力量对比发生了明显的变化，汉族开始成为该地区的少数族，成为汉族政权的薄弱环节。东汉末年就盘踞于汾河流域的匈奴族人，在其部落酋长刘渊的带领下率先独立出来，建立了自己的民族政权。

刘渊的祖父名为于扶罗，是南匈奴的单于。父亲名豹，为匈奴左贤王，曾被曹操任命为左部帅。需要提及的是，匈奴贵族以匈汉和亲为由，认为自己是汉朝皇帝的外孙。因此，以外祖父之姓为自己的姓，刘豹似乎是第一个有史可依的、采用汉姓的匈奴人。这是匈奴族不断汉化的标志之一。

刘渊（约 251 年—310 年），字元海，是已经高度汉化的匈奴人。他不仅采用汉姓，还师从上党（今山西长治）名儒崔游，学习儒家经典。《左传》和《孙子兵法》最为他所喜爱，他还广泛涉猎其他典籍。在学习文化知识的同时，刘渊也没有放弃匈奴族引以为傲的武力，他膂力过人并精于骑射。在曹魏统治时期，刘渊来到洛阳做“任子”，也就是人质，受到了司马昭的优待。后在晋武帝司马炎统治时期，一直担任左部帅、北部都尉等职，管理本族人民。

司马氏家族内部的分裂与厮杀，使得那些对自己沦为平民并被压榨而深深不满的匈奴贵族相信，他们梦寐以求的、可以再度崛起的良机已经到来。刘渊的叔祖刘宣便是其中的代表人物。他们将刘渊推举为大单于后，才派使者将此消息报告给处在邺城的刘渊。与此同时，成都王司马颖想要结交刘渊为外援，希望得到刘渊掌握的匈奴五部之众，改变自己不利的军事局面。这对正苦于如何从邺城脱身的刘渊等人来说，可谓是送上门的好事。在得到司马颖的命令后，刘渊立即回到左国城（今山西离石东北）。刘宣等人随即拥护他为大单于，建都于离石。在短短 20 天之内，就聚众 5 万人。此时的刘渊还不想背上“背信弃义”的坏名声，因此，他象征性地派出了 5000 骑兵，去支援成都王的部将王粹。但匈奴援兵还没有到，王粹就已经被打败了，援兵将领刘宏就借口支援不及将部队撤了回来。刘渊得知消息后表示，自己曾经答应过成都王颖，不能在此时不施以援手。但这一意见遭到了刘宣等人的反对，刘渊也不再坚持。其实，刘渊并不是真心实意想要帮助成都王司马颖，他所做的一切都是为了自己的建国大业。支援王粹与随后的表态都只是故作姿态，向自己的部下表明自己不是背信弃义之人，也意图训导自己的部下，要对自己忠诚。

西晋永兴元年（304 年）十月，刘渊在左国城建立政权，国号为汉，自称为汉王，改元元熙，并追尊蜀汉后主刘禅为孝怀皇帝。刘渊的这一做法，并不意味着他抛弃了自身的匈奴血统，转投汉族的怀抱。他清楚地知道，想要争取人数绝对占优的汉族民众的支持，就不能打出匈奴族的旗号。他想要借着这些措施向汉人表示，他要做的是重建汉朝，是在“宗庙不血食四十年”后的今天延续汉朝的大业，表明自己统治的正统地位。

刘渊在建立汉政权之初，处境并不太好。不仅根据地离石发生了饥荒，而且西晋并州刺史刘琨又占据了晋阳（今山西太原西南），汉政权要发展并不容易。这种局面直到怀帝永嘉元年（307 年），盘踞在青、徐的王弥、曹嶷，起兵于赵、魏的汲桑、石勒，还有上郡四部鲜卑等前来投奔才有所改变。刘渊统治集团中的刘殷和王育二人认为：想要摆脱困境，不能坐以待毙，必须要主动出击。第一步，消灭刘琨，吞并晋阳，并以此为据点向南继续推进，最终占领河东，建立帝号。第二步，渡过黄河，进取长安，以长安为都城。第三步，也是最后一步，利用关中之众，攻取洛阳。这一计划得到了刘渊的首肯，并在当年年初就派刘聪等人占据太行，派石勒等人东下河北地区。半年过后，这两路人马都没有取得太大的进展，反而是刘渊任命的青、徐两州州牧王弥取得了不错的战绩，他率军转战于青、徐、兖、豫四州，攻破了许多城池，还曾一度攻到了洛阳城外，但为西晋援军所败，撤往黄河以北，与刘渊会合。

另外，刘渊的南进策略，到了七月份也有所斩获——攻克了平阳。随即，他便迁都蒲子（今山西隰县），并于十月中旬即位称帝，改元永凤。次年正月，又迁都平阳，改元河瑞。

但在攻取洛阳上，刘渊则始终没有取得进展。刘渊曾两次围攻洛阳，一次是在永嘉二年（308 年），一次是在永嘉三年（309 年），但均以失败告终。刘渊最终没有等到攻取洛阳胜利的那天，公元 310 年，刘渊病死，太子刘和即位。刘和从来没有带兵打过仗，而刘渊的第四子刘聪却久握重兵，两人根本无法相处。刘和想要解决刘聪，但实力有限，反被刘聪杀掉，刘聪夺取了帝位并改元光兴。刘聪在称帝之后，依然执行刘渊时期的军政方针。他派遣族弟刘曜、大将王弥等人率领 4 万人周旋于梁、陈、颖、汝之间，攻取数百堡垒，继续孤立洛阳。

公元 311 年，石勒在苦县（今河南鹿邑县）的宁平城（今河南郸城县东北）消灭了西晋主力部队 10 多万人。这一年的夏天，刘曜、王弥攻破了西晋的都城洛阳，俘虏了晋怀帝。刘汉政权在军事上取得了全面的胜利，并以摧枯拉朽之势在公元 316 年攻破了长安，俘虏了晋愍帝，西晋至此灭亡。匈奴族政权也在军事上达到了全盛，同时也奏响了中原地区各民族大混战的序曲。

092 前赵刘曜是如何割据关陇的?

在匈奴刘汉政权攻破西晋都城洛阳、俘虏晋怀帝的同时，刘曜率领的队伍西进关中，到了公元311年8月便占领了长安，俘杀了西晋南阳王司马模。9月，石勒攻占蒙城（今河南商丘东北），俘获了苟晞和被他拥立为皇太子的豫章王司马端。

西晋王朝在这样四面楚歌的情况下，几近灭亡。但每一个统治阶层都不会心甘情愿地退出历史舞台，必定要进行一番垂死的挣扎，西晋王朝也是如此。就在西晋都城洛阳被攻破之时，晋怀帝的一个侄儿，12岁的秦王司马邺逃了出来，在密县（今河南密县东南）遇到了自己的舅父司空荀藩。他们利用原豫州刺史阎鼎所带领的数千名西返的流民，暂时稳住了脚跟。

反观关中地区，虽为刘曜等人所控制，但局势并不太好，许多当地的土豪大族并不甘心为匈奴人所用，政局波涛暗涌。原冯翊太守索綝等人率先发难，他们在安定（今甘肃镇原东南）推举安定太守贾疋为平西将军，想要光复晋室。这一举动，得到了关中还未失守地区长官的纷纷响应。刘曜在与他们的交战中败仗连连，就连长安也遭围困，这是秦王司马邺集团立国关中的好机会。但可惜的是，秦王司马邺组织的政治集团却不是铁板一块，他们为了各自的利益钩心斗角。在这些势力中以阎鼎实力最强，他看到关中有机可乘，便攻占了武关（今陕西丹凤东南），而荀藩等人却因故土在今河南、山东一带，只想在中原落脚。双方的政治目标出现了分歧，阎鼎随即控制了司马邺，荀藩等人只得沿路逃散。贾疋在得知这一消息后，立即派兵前去迎接阎鼎、司马邺一行人。12月，秦王邺来到雍城（今陕西凤翔西南），并安顿了下来。贾疋在迎接秦王邺的同时，也没有放松对长安的围逼。到了永嘉六年（312年）四月，刘曜等人放弃长安，回师平阳。秦王邺进入长安，并在这一年的九月初三，被奉为皇太子。阎鼎、贾疋和索綝等人组成的政治集团，在共同抗敌时尚能同心协力，但在威胁解除之后便闹起了内讧，西晋王朝也就走向了不可挽回的灭亡。

永嘉七年（313 年）四月，怀帝在平阳遇害的消息传到了长安，皇太子司马邺即位，改元建兴，是为愍帝，是西晋最后一个皇帝。愍帝在即位以后，发布诏书，声称要灭掉刘汉，奉迎怀帝的棺木。并命令王浚、刘琨所在的幽、并二州出兵 30 万直取平阳，南阳王司马保率兵 30 万来长安，琅邪王司马睿率兵 20 万进攻洛阳。在这道虚张声势的诏书背后，是长安城里荆棘密布，居民户不盈百，车架只剩 4 乘，连很多官印都已经遗失了的荒凉之景。而愍帝所指派的王浚等人更是心怀异端或是自顾不暇，哪里还能顾得上他呢？在这般艰难的情况下，索綝等人还是多次击败了来犯的刘曜，坚守了 3 年有余。

愍帝建兴四年（316 年），刘曜对长安发动了最后的总攻，这一仗从八月打到十一月，外城已经尽失，索綝等人只守着一个小城。城中严重缺粮，一斗米竟已涨到了黄金二两，人吃人的惨剧更是经常上演。愍帝明白，自己和自己代表的西晋王朝都已经走到了山穷水尽的地步，因此想要“忍辱出降，以活士民”。而索綝却临危变节，派人去向刘曜请降，诈称城内还有大量的余粮，想以此为砝码博取高官厚禄，但被刘曜拒绝。公元 316 年 11 月，长安城终于守不住了，愍帝出城投降，西晋至此彻底灭亡。

刘曜在攻下长安之后，就将长安和关中地区牢牢地掌握在自己的手里。这是因为此时的刘汉政权虽然表面风平浪静，但暗地里却波涛汹涌。刘聪虽然名义上为天下的共主，但随着战事的不断推进，地方割据势力迅速形成。刘曜要想在割据势力中立于不败之地，就亟需一个属于自己的根据地，长安所在的关中地区就成了他最佳的选择。但刘聪在世时，刘曜还未有反心，表面的和平一直持续到了公元 318 年。这一年刘聪病死，太子刘粲继位。匈奴贵族靳准刺杀了刘粲，并将在平阳的刘氏男女，无论老幼皆加以杀戮。靳准自立为汉天王。这一消息传到长安后，刘曜并没有立即派兵救援，而是先自称皇帝，然后才派遣军队到达平阳，消灭了靳氏一族，并将国都迁到了自己的根据地——长安，改国号为赵，史称前赵。

关中在刘曜的统治下并没有走上正轨，农业生产也未有太大的起色。反倒是连年大疫，士民、军队死亡惨重。刘曜不得已，将上郡氐族、羌族人民20余万口迁移到长安，又将陇右的数万户，秦州大姓杨、姜诸族的2000余户人民也迁到了长安。可见，当时的长安城内部是多么的空虚。

当然，刘曜政权也有其全盛之时。在鼎盛时期，刘曜共有兵卒285000人，史书说他在出兵打仗之时，“临河列营，百余里中，钟鼓之声沸河动地，自古军旅之盛未有斯比”。当时关陇地区各族莫不臣服于刘曜，在与石勒的争夺中刘曜也取得节节胜利。

但属于刘曜的辉煌并没有持续太久，由于刘曜像其他匈奴贵族一样，酗酒成性，其“少而淫酒，末年尤甚”。在与石勒争夺洛阳的关键战役中，“（刘）曜将战，饮酒数斗……比出，复饮酒斗余”。如此大量的饮酒使得刘曜处于一种昏醉的状态，头脑是否清楚都成疑问，更何况带兵打仗。石勒的军队乘机突袭，前赵军队大溃。仅此一战，不仅刘曜自己被俘，且其主力军队仅被斩首的就有5万余人，可以说前赵的军事力量全面崩溃。

石勒很快就杀掉了刘曜，刘曜的儿子刘熙、刘胤等人放弃了根据地长安，逃奔上邽（今甘肃天水）。失去了根据地和军队支持的刘氏前赵政权已如丧家之犬，无力抵抗来自石勒的进攻。公元329年9月，石勒派兵攻占上邽，杀掉了刘熙及诸王公侯以下3000余人。又坑杀五郡的屠各部5000余人，还将前赵的文武官员、流民及秦雍地区的大族9000余人迁至襄国加以监视，至此，前赵灭亡，匈奴刘氏建立的政权也彻底覆灭了。

093 后赵石勒是如何独霸中原的？

石勒（274年—333年），是出生于上党武乡县（今山西榆社北）的羯族人。有学者认为石勒的祖先可能是石国人，因此在移居中原后以国号为姓。石勒的祖父、父亲都是部落的小头目，但这并没有给石勒带来优越的生活环境。石勒14岁时，就开始到洛阳做小生意，不久，又回到家中耕田以维持生计。西晋惠帝末年，社会动荡不安，山西更是发生了大饥荒。时任并州刺史的东瀛公司马腾，没有想着如何赈济灾民，反而是掳掠当地胡人，将他们卖往山东、河北等地换购军粮。20多岁的石勒也在被贩卖的队伍中，在历经种种磨难后，石勒作为耕奴被卖到了茌平（今山东茌平西）人师懽家。不久，师懽就将他放免为佃客，给了石勒相对自由的身份。石勒在这里，结识了王阳等八人，并一起落草为寇。后来又陆续得到郭敖等十人的加入，号称“十八骑”。这十八人就是石勒开始在历史上崭露头角的基石。

晋室的“八王之乱”给了石勒踏上历史舞台的机会。成都王司马颖被杀后，司马颖的部将公师藩以为颖报仇为名，起兵于赵、魏之间，石勒也纠合了数百人前去投奔。但不久，公师藩就被苟晞击败并杀害，石勒等人再次流亡并落草。不过此时的石勒，不再是“十八骑”时的流寇，已经拥有了一支属于自己的部队。这支部队的参与者大都是亡命之徒，因此战斗力不容小觑。永嘉元年（307年），石勒领导这支部队攻占邺城，杀死新蔡王司马腾（即是当年的东瀛公，后来被晋封为王），报了当年被掠为奴隶之仇。但不久，石勒就被苟晞击败。万般无奈之下，石勒只得收拾残部投奔刘渊。石勒在刘渊麾下发展得很快，军队达到了10余万人，还建立了“君子营”。所谓“君子营”，是石勒在永嘉三年（309年），于河北巨鹿、常山一代活动时，将所到之处的士大夫单独进行管理的一项措施。石勒将这些受过良好教育的知识分子用作谋士，是一项非常明智且对石赵政权建立产生重大影响的措施。这一汉人智囊团的核心人物是张宾。张宾出身于官僚家庭，与其他被裹挟而来的士人不同，张宾是自己主动前来投靠的。石勒起初对张宾并不信任，但随着军事的不断开展，张宾对时事的独到见解以及对战事的正确分析，使得石勒不得不对他另眼相看，并逐渐将其作为自己的心腹谋士。

在刘氏政权麾下的日子里，石勒战功卓越。公元311年，石勒于苦县宁平城（今河南郸城县东北宁平）全歼西晋的主力军。同年，又与刘曜、王弥成功会师，攻破了西晋的都城洛阳。可以说石勒为刘氏政权攻灭西晋，特别是进攻洛阳出力最多。

石勒并不甘心于屈居人臣，他积极扩充自己的实力，第一步便是火并了王弥的部队。石勒与王弥经常联合作战，表面上两人亲密无间，但实际上猜忌不断。王弥在部将曹嶷打败晋将苟晞后，夺得了青州（今山东青州西北尧王山南）之地，成为一支强大的地方割据势力。石勒想要染指山东（此处的山东是指太行山、崤山以东的地区），就必须将王弥和曹嶷除掉，反之亦然。在现实利益面前，王弥与石勒的关系变得十分微妙。西晋永嘉五年（311 年），石勒抓到了一个被王弥派往青州的密使，在密使身上搜出了王弥写给曹嶷的信件。信中商讨的正是如何对付石勒之事。但此时王弥的日子并不好过，一方面他有两员部将引兵离去，力量薄弱；另一方面又与刘瑞领导的乞活军战事吃紧。王弥并不知道密件已经落入石勒之手，因此向石勒求援。石勒听从谋臣张宾的意见，率兵击杀了刘瑞，为王弥解了围。王弥大喜之下，放松了对石勒的戒备。石勒得以轻易地在庆功宴上，亲手斩杀了王弥。事后，石勒上表给汉帝刘聪，诈称王弥要造反，不得已才将其斩杀。刘聪虽然责备石勒“有无君之心”，但事实上却是拿石勒毫无办法。

在山东地区站稳脚跟后，石勒曾有渡江进攻建邺的打算。从永嘉五年（311 年）冬天到第二年春天，石勒都在积极地准备渡江作战，但连续 3 个月的大雨不仅使军粮供给发生困难，还造成军中瘟疫流行。石勒的军队还未作战，先损失了大半的兵力。石勒只得北据襄国（今河北邢台），专心经营河北。在巩固后方的同时，石勒在前线的战争也不断取得胜利。公元 314 年，石勒袭杀王浚夺取幽州，占据了河北和山东的大部。公元 316 年，又击败了晋将刘琨。

石勒在军事上取得节节胜利的同时，匈奴刘氏政权却在不断衰微。公元 318 年，刘聪病死，刘粲即位。这位天子只知道在后宫游乐，最终死在了靳准手中，刘曜袭杀靳准后做了皇帝。虽然刘曜久经战场，但在政治上却十分幼稚与糊涂。他先是抛弃了原先的国号，自认为天下已经太平，不需要再假借汉名。又在册封石勒为赵公后，自改国号为赵，一手造出了两个赵国。公元 319 年，石勒自称大单于、赵王，定都襄国，“后赵”政权的大幕徐徐拉开。

石勒在组建政权之初，实施了一些有利于社会恢复的措施。首先是恢复与发展农业生产。石勒早年的经历使他对于下层人民生活的困苦深有体会。在他取得邺城之后，开始采用向编户齐民收取田租户调的剥削方式，剥削量相对于西晋统治时期要轻得多。这在战乱频仍的十六国时期十分难得。此外，石勒还一反匈奴贵族大都酗酒的旧俗，在其统治范围内禁止酿酒，以减少不必要的粮食消耗。不仅如此，石勒还常常派遣使者劝课农桑，奖励农业生产最好的农户与官员。这一系列措施实施，有利于恢复被战乱破坏的农业生产。

石勒还特别注意教育，石勒本是个文盲，但他十分喜欢学习，常常让儒生近臣念史书给他听，对历史事件也有着自己独到的见解。在攻取河北之后，他一方面在襄国设立太学，培养文武官员的子弟；另一方面在各郡设博士祭酒，教导地主阶层的子弟。这些子弟在入学后经过三次考核，成绩优异者就被推荐到中央或地方政府任职。这些措施极大地推动了教育事业的发展。

石勒所实行的种种措施，一方面体现了其优秀的领导才干，另一方面也是迫于称王之初北方复杂的斗争形势。

此时的中原地区，从西北到东部沿海的广大地区，除了石勒和前赵刘曜之外，还有河西张氏（前凉）和齐鲁曹嶷两大势力。此外还有若干小势力，如介于张、刘之间的晋南阳王司马保，与石勒相毗邻的鲜卑段氏等，中原地区的局面错综复杂，但以前赵刘曜和后赵石勒的实力最强。

前赵在刘曜的带领下，击垮了司马保及其后继者陈安，得到了这一带氐、羌各少数民族的归顺。刘曜在胜利的鼓舞下，想乘势一举消灭割据凉州的张氏，但最终只能在接受张氏称藩纳贡后和解了事。此外，刘曜在与活跃在今天甘肃一带的氐族武装势力的交战中，由于军中流行疫病，无法长期作战，最终也以和解了事。前赵在军事上所取得的，多是名义上的归顺，而非真正的臣服。相反，石勒所取得的成果都是实实在在的。公元 321 年，石勒攻灭鲜卑段氏，原属于晋朝的幽州、冀州和并州在此时全归石勒所有。同年，祖逖病逝，石勒趁机占据了河南、皖北之地。公元323年，石勒再破曹嶷，取得了青州一带。至此，北方的东半部除了辽东慕容部、鲜卑段部和宇文部之外，完全落入了石勒的掌握之中。石勒曾想利用鲜卑宇文部击垮辽东慕容部，但遭到失败。这次失败也使石勒将重心转移到了进攻前赵之上。

前赵与后赵的决战是一场历时一年之久的恶战，最终，前赵在刘曜的酣醉中于咸和三年（328年）十二月遭到了毁灭性的打击。石勒在两赵争夺中取得了决定性的胜利。次年，后赵石生占领了长安，九月，攻占了前赵的最后一座城池上邽，前赵至此彻底灭亡。

咸和五年（330年），石勒改称大赵天王，行皇帝事。数月之后，改称皇帝，正式建立后赵政权。但此时后赵的鼎盛时期已经过去，辉煌过后，后赵政权急速陨落，陷入危亡的败局之中。

094 慕容氏与前燕王朝是如何发展壮大的？

东汉末年，鲜卑族大可汗檀石槐将统治区域分为东、西、中三个部分，其中，慕容鲜卑属于中部。到了魏晋之际，鲜卑部落由辽西迁往辽东北地区。此时领导慕容氏的，是酋长慕容廆。慕容廆表面上效忠西晋王室，实际上却对辽西边境连年进犯。公元294年，慕容氏徙居至大棘城（今辽宁义县），在这里开始定居的农业生活。从公元307年开始，西晋政府的统治每况愈下，各少数民族纷纷走上独立的道路，慕容氏也不例外。慕容廆自称鲜卑大单于，其子慕容皝于公元337年进称燕王。新兴的燕政权开始崭露头角。

慕容氏政治集团很快就引起了其他竞争者的敌视，后赵率先发难，石虎率领20万大军攻燕，但为慕容皝所败，后赵损失了军士8万余人。经此一战，燕政权解除了来自中原方面的威胁，政权得以稳固。随后，慕容皝将都城迁至龙城（今辽宁朝阳）。国力的日益强盛，使得军事实力迅猛进展。先是向东攻破了扶余和高句丽，继而又击垮了同属于鲜卑族的宇文部，最终成为辽西地区唯一的一支武装势力，为日后慕容儁入主中原打下了坚实的基础。

慕容氏能够迅速地发展壮大，与中原大族及平民的迁入有极大关系。

西晋末年，洛阳和长安都已被匈奴刘氏政权攻破，中原的世家大族为了保全自身的性命与财产安全，不得不举族迁移。大体而言，他们迁徙的路线有三：一条是南渡长江迁往江南；一条是向西投靠占据凉州的张氏；最后是向北前进，投奔西晋政府任命的幽州刺史王浚。投奔王浚而去的，大多是来自山东、河北的世家大族，但王浚的统治极其腐败，不仅伤害了前来投靠的人民，也引来了周围势力的窥视。在石勒日益明显的吞并意图下，前来投靠王浚的人们只得再一次迁移。他们逐渐从幽州转至辽西地区，投靠了平州刺史崔毖。在慕容氏占有了整个辽西之后，这一部分人也就间接投靠了慕容氏。在这批逃难而来的人群中，有不少都是当时的名门望族，如河东裴氏、右北平阳氏等等。他们不仅有着较高的文学和政治素养，而且各自还拥有着数目不小的部曲和家兵。他们的到来，极大地充实了慕容氏的军队。

对这些世家大族来说，想要保全自己的政治、经济地位，就必须扶持慕容氏。他们劝说慕容氏，提出了不要仇视汉族人民，名义上奉东晋王朝为宗主国等建议。在这一系列措施的指引下，中原地区无法生存的人们纷纷前来投奔。这些流亡的人们，大都具有熟练的生产技能。他们的到来，极大地推动了辽西地区的农业发展，土地资源得到了进一步开发。慕容皝为了解决当时地少人多的问题，也为了更好地控制流民，巩固统治，从公元 310 年开始，在辽水流域成立侨郡、侨县，接着将过去圈为园苑、牧地的土地全部开放，并且还贷给流民耕牛等生产物资。农业的发展不仅促进了经济的繁荣，还养活了更多的人口，充实了军队、发展了文化。可以说，慕容皝是一位较有作为的少数民族君主，在他的统治下，燕政权不断发展壮大。

公元 348 年，慕容皝去世，其子慕容儁继位。经过慕容皝苦心经营的燕政权，此时已经拥有盛兵 20 余万，且军队的战斗力极强。同时期的中原地区却是一片混乱，后赵政权在冉闵的进攻下全面崩溃，冉闵称帝，建立魏政权。虽然冉闵领导的反抗运动最初得到了广泛的支持，但随后实施的种族屠杀政策，却使得中原地区的民族仇视越来越严重。公元 352 年，慕容儁主动出击，击溃了冉闵，自称燕皇帝，后定都于邺城，正式建立了燕政权，史称“前燕”。前燕政权占据了今天河北、河南、山西、山东的广大地区，与立足于关中的苻秦政权平分了黄河流域。慕容儁称帝之后，立即抛弃原先拥护东晋政府的态度，下令各州郡县检查户口，每户只留下一名男丁，其余全部充当士兵。目的是凑成一支 150 万的大军，一举攻灭苻秦和东晋，实现统一全国的霸业。公元 360 年，慕容儁在邺城检阅军队，但随即病死，这项计划也就搁浅了。

慕容儁死后，太子慕容暐继位，此时的慕容暐还是个 11 岁的孩子。由慕容儁的弟弟太原王慕容恪辅政，上庸王慕容评同理朝政。慕容恪前后执政 7 年，在他执掌政权的这段时间内，前燕的政局较为稳定。公元 367 年 4 月，慕容恪在病危之际，向慕容暐推荐吴王慕容垂，希望由他继任大司马的职位，认为只有他才能稳定局势。但继任的辅政大臣慕容评却任命自己的弟弟中山王慕容冲为大司马，很快便出现了秦、晋争相伐燕的局面。慕容恪的死即是前燕王朝兴衰的分界线。

公元 369 年，东晋大司马桓温率兵 5 万自兖州伐燕，在连战连捷后，离前燕国都只有 200 里。慕容暐和慕容评异常惊恐，甚至做好了逃跑的准备。在此危急关头，慕容垂请求慕容暐让他率兵抵御，慕容暐无法，只得任命他为南讨大都督，率兵 5 万进行抵抗。慕容垂先是用计切断了晋军水军的退路，斩断了其物资的供应线，又在襄邑（今河南睢县西）打败了晋军。襄邑一仗虽将前燕王朝从危亡中解救出来，却没有使慕容垂摆脱困境。他与慕容评的关系日益恶化，慕容评与太后可足浑氏甚至想要谋害他。被逼无奈之下，慕容垂辗转逃往长安，投奔了前燕的劲敌苻秦。

前燕王朝在政治上少了慕容恪这样的政治家后，在军事上又损失了慕容垂，国势只能进一步地衰落下去。

就在前燕政权“政以贿成，官非才举”之时，秦王苻坚于公元

370年对前燕发动了进攻，并在这年8月，攻下了壶关（今山西长治东南）。9月，苻坚的军队开始进攻晋阳，与此同时，前燕统帅慕容评也集结了30万大军驻扎在潞川（今浊漳河）一带，与前秦军队相持。慕容评认为前秦军队孤军深入，应该以逸待劳。这一想法是不错，但慕容评性格贪婪，他将行军途中的山泽都据为己有，军士们想要烧饭喝水，都必须出钱购买。虽然慕容评趁此大发横财，但三军将士却丧失了全部的斗志。秦军统帅王猛趁机派骑兵乘着夜色从小路绕到燕军的后方，一把火烧掉了前燕军队的辎重。火光大得连身在邺城的慕容暐都能看得见，慕容暐急忙派人催促慕容评出战。慕容评无法，只得迎战。这一战的结果自然是前燕军队大败，死亡5万余人，投降10余万人，前燕的主力军损失殆尽。王猛率领秦军乘胜从潞川东进，围攻前燕的都城邺城。11月，慕容暐带着数十骑逃出邺城，但被秦兵追及并俘虏。秦王苻坚进入邺城，将鲜卑4万余户都迁往长安加以控制，强盛一时的前燕王朝就这样灭亡了。

095 前秦苻氏是如何统一北方的？

苻氏，世代皆为氐族部落的小首领，居住在今天甘肃省秦安县东南一带。西晋末年政权濒临崩溃，无力控制少数民族风起云涌般的独立运动，氐族苻氏也趁机取得了周边各少数民族的支持，形成了一个较大的军事集团，部落贵族苻洪被推举为这一集团的首领。

苻洪自称护氐校尉、秦州刺史和略阳公，投靠了匈奴刘氏政权，并在刘曜称帝后被封为氐王。公元329年，羯人石勒灭刘曜，苻洪转而投靠石赵政权。公元333年，石虎下令将关中豪杰迁往关东。苻洪在这次大迁徙中，被任命为流民都督，率领2万余户定居在枋头（今河南浚县西南）。石虎生性残忍多忌，在他统治下的后赵充满着白色恐怖，各族人民在这样的恐怖中无法生存，纷纷起来反抗。其中梁犊聚众10余万人在雍城起义，他率领这支军队浩浩荡荡地攻占长安，并东出潼关，剑锋直指洛阳。在这一危机时刻，石虎命令苻洪与羌族贵族姚弋仲出击进攻梁犊的军队，以解除石赵的威胁。

经此一役苻洪不仅取得了围剿梁犊军的胜利，得到了石虎所封的都督雍秦州诸军事、雍州刺史的称号，坐镇关中，更重要的是自身的军事力量得到了进一步的发展。

公元349年4月，石虎病死，掌权的冉闵却不愿让苻洪回到关中去。他指使当时的傀儡皇帝石遵，免去了苻洪都督之职，这使得苻洪大为恼火，他率部将返回枋头，并遣使投降了东晋。冉闵在惹恼了氐族苻氏之后，又开始对胡、羯族人民展开大屠杀，关陇地区的流民争相西逃。在他们途经枋头之时，纷纷投靠了苻洪。很快，苻洪就聚众10余万人，他再次自封为大都督、大将军、大单于和三秦王。但不久，苻洪就被石虎的旧将麻秋毒死了。苻洪子苻健继立，代统其众，此事发生在公元350年，也就是东晋永和六年。

苻健在取得首领地位后，杀死麻秋替父报仇。随后，苻健率领部众自枋头向西挺进，居住在关中的氐族人纷纷响应。苻健深知中原地区的人民"民心思晋"，因此他在入关之初，便打出了晋征西大将军、都督关中诸军事、雍州刺史的旗号。在各族人民的支援下，苻健非常顺利地进入了长安，占据关陇之地。在入关之后，苻健遣使向东晋称臣，这一举动绝不是苻健心甘情愿的，而是一种姿态，一种用来调和关中民族矛盾的措施。公元351年，苻健自称大秦天王、大单于。公元352年，改称皇帝，国号为秦，史称前秦。至此，苻健也断绝了和东晋名义上的臣属关系，正式和东晋断交。

建国后的苻氏政权并没有真正地扎根于关中，关陇地区的豪强们各自为政，东晋大将桓温企图利用这种形势收复关中，于公元354年大举进攻。除此之外，天灾造成的饥荒使得苻氏政权更加摇摇欲坠。为了挽救此种颓势，苻氏统治者不得不减轻人民的负担，并开通关市，招揽商人进行商业活动。经济的逐步恢复，也使得阶级矛盾逐渐得到了缓和，前秦政权初步稳定下来。

公元355年，苻健病死，其子苻生继位。苻生的继位没有给前秦政权带来新的转机，而是使其再次陷入动荡之中。苻健在逝世之前，害怕大权旁落，因此嘱咐苻生对待不可相信之人要先下杀手。不知是父亲临终赠言的作用，抑或是苻生本身生理残缺之故（苻生只有一只眼睛），总之，苻生性格残暴、狠戾，在继任之初就大肆屠杀宗亲大臣。前秦政权内部一片恐慌，这样暴虐的统治自然长久不了。升平元年（357 年），苻健弟苻雄之子苻坚起兵，杀死苻生夺取了皇位。

苻坚在夺取皇位之前，常常与尚书吕婆楼商讨政事，吕婆楼因此向苻坚推荐了王猛。王猛（325 年—375 年），北海剧县（今山东寿光）人，家世贫寒，后来徙居于华阴。王猛十分喜爱读书，特别是兵书，对时事有着独到的见解。在吕婆楼的引荐下，苻坚在自己的府邸里约见了王猛，双方相谈甚欢。苻坚即位后，便任命王猛为中书侍郎，参掌机要，后又转任尚书左丞。王猛受任之后，推行了一系列加强中央集权、抑制氐族部落贵族势力扩张的政策。这些政策的推行，使得氐族贵族对其痛恨入骨。樊世就曾放言说："当悬汝（王猛）头于长安城门，不然，吾不处世。"王猛能够如此迅猛地整治氐部贵族，是和苻坚的全力支持密不可分的。这是因为王猛所采取的一系列抑制氐部贵族势力的措施，其目的在于加强中央集权，是为苻坚服务的。这些措施的效果十分显著，它不仅使得苻坚有了"今吾始知天下之有法，天子之为尊"的感觉，也使得苻坚统治下的前秦政府能够调发王公富室的僮仆 3 万余人，参与到关中水利的兴建当中，在此之前这是不可想象的。可以说，王猛是前秦政权走向鼎盛的重要人物。

王猛自公元 359 年开始，历任吏部尚书、尚书左仆射、尚书令，并在公元 370 年攻灭了前秦在北方最大的劲敌——前燕政权。在灭燕之后，前秦得到了 157 郡、246 万户、999 万口，极大地充实了前秦的国力，不仅使前秦基本上统一了北方，也为后来进攻东晋的行动奠定了基础。

自苻坚继位到攻灭前燕的这 10 余年中，前秦的国内形势相对安定，史书中描述为"关陇清晏，百姓丰乐，自长安至于诸州，皆夹路树槐柳，二十里一亭，四十里一驿，旅行者取给于途，工商贸贩于道"，整个国内一片祥和安定之象。也正是由于苻坚能在纷纭扰乱的十六国时期创造出如此的"小康"局面，因而吸引了大批流民的归附，集中了氐族武装力量，为黄河流域的统一打下了坚实的基础。

灭燕之后的第二年，也就是公元 371 年，前秦政权迫使前凉张氏集团归附，并消灭了仇池的氐族杨氏。公元 373 年，前秦攻占东晋控制下的梁、益两州。公元 376 年，将已经归附的前凉消灭；并乘鲜卑拓跋氏衰乱之时，挥兵灭代。公元 382 年，派遣贵族吕光进驻西域地区。至此，苻秦王朝占据了整个中原地区，它的版图“东及沧海，西并龟兹，南包襄阳，北尽沙漠”，东北、西北部的各个政权争相与苻秦结好，前秦王朝至此盛极一时，只剩下偏安一隅的东晋政权，与之隔江对峙。

096 淝水之战与前秦灭亡是怎么回事?

东晋太元八年，前秦建元十九年（383 年），前秦王朝发动了淝水之战，战争的目的，是为了消灭东晋、统一全国。淝水之战是古代中国以少胜多的著名战役之一。

公元 375 年，王猛病逝。王猛在弥留之际提醒苻坚，希望他能够谨慎地对待东晋问题。此时的东晋王朝，由谢安当国，出现了前所未有的团结局面。另外，王猛认为，鲜卑等被武力征服的各族上层分子，是不能依靠的，必须要将他们逐渐消灭以除后患。后来的事实证明，王猛的临终赠言是非常正确的。但此时的苻坚已经被一次次胜利冲昏了头脑，他自认为有“强兵百万，资仗如山”，因此，并没有把偏安一隅的东晋放入眼中。

王猛死后的第三年，也就是东晋孝武帝太元三年（前秦建元十四年，378 年），苻坚派儿子长乐公苻丕率领步骑 17 万围攻东晋襄阳城。襄阳攻防战打得十分惨烈，一直从太元三年四月打到了第二年二月。双方都非常重视这场战役，苻坚在久攻不下之际想要御驾亲征，且在太元三年十二月中，派使者送了一把剑给苻丕，告诉他，若是围攻襄阳失败就自尽谢罪，而襄阳城内也是团结一致，坚持防守。守将朱序的母亲韩氏亲自上城巡视，并带领婢女和城内妇女对城墙加以修缮，襄阳人因此将这座新城称为“夫人城”。襄阳城军民的顽强抵抗，没有给前秦军队任何可乘之机。但督护李伯护的叛变，却给了襄阳城军民致命一击。前秦军队在李伯护的内应之下，破城而入，俘虏了守将朱序。虽然在荆州一线，还有东晋荆州刺史桓冲所带领的一支7万人的部队，但桓冲早在襄阳陷落之前，就把治所从江陵迁往上明（今湖北松滋西北）了。太元四年（379年）四月，魏兴宣告失守，守将吉挹被俘，绝食而死。前秦军队在西线，取得了全面的胜利。

在围攻襄阳的同时，苻坚还派遣俱难、毛当等人率兵7万攻下了东晋的彭城（今江苏徐州）、淮阴（今江苏淮安）、盱眙（今江苏盱眙东北）诸城。随后，秦将俱难、彭超带领6万大军向三阿（今江苏宝应）挺进。三阿是东晋沿边重镇广陵（今江苏省扬州市）的前哨。因此，三阿被围的消息引起了东晋朝堂的强烈震动，东晋政府随即沿江布防。宰相谢安任命自己的弟弟谢石为征虏将军，屯兵涂中（今安徽滁县、全椒一带）。又遣兄子兖州刺史谢玄，率兵自广陵救援三阿。由于谢玄得当的部署，东晋政府接连收复了盱眙和淮阴，迫使秦军向淮北退却。北府兵将在此初展雄风，前秦与东晋的战事也就在徐州以南、淮水以北一带胶着起来。

太元五年（380年），苻坚的兄弟苻洛起兵叛变，虽然反叛很快得到了控制，但国内动荡的形势还是吸引了苻坚大部分的注意力。另外，太元六年（381年）十一月，秦军对竟陵（今湖北钟祥）的突袭，也没有取得进展。

虽然战事进入到胶着期，但双方的战备工作都在紧锣密鼓的准备之中。

太元七年（382年）四月，苻坚任命阳平公苻融为征南大将军；八月，任命裴元略为巴西、梓潼二郡太守，令其秘密制造渡江所用的船只；十月，苻坚正式召集文武大臣，提出要亲率97万大军渡江作战，一举消灭东晋，统一全国。对于苻坚的主张，大臣们分成了两派，一派以秘书监朱彤为代表，随声附和；另一派则以尚书左仆射权翼为代表，坚决反对。总之，这次朝堂大辩论没有得出苻坚想要的结果。为此，苻坚又单独和弟弟苻融商议，苻融在分析了秦、晋双方的情况后，认为前秦还没有灭亡东晋的可能性。相反，苻融道出了自己对鲜卑、羌人布满长安附近的忧虑。他担心大军一旦南下，前秦的后方——关中地区的形势将极为危急。但此时的苻坚由于对于大举伐晋之事“内断于心久矣”，根本听不进去苻融的意见，坚持出兵。

公元383年7月，苻坚正式下令进攻东晋。他要求百姓中每十人中抽出一人当兵，良家子弟年满20岁的，都被授予羽林郎的官号，并且将前秦境内的所有马匹收归国有。8月，苻坚任命苻融为前锋都督，指挥慕容垂等人率领步骑25万人组成先行营；任命姚苌为龙骧将军，率领蜀军东下配合作战。9月，苻坚率领“戎卒六十余万，骑二十七万”的部队，浩浩荡荡地从长安出发了。但这支大军实际上能够投入战斗的，只有苻融指挥的，已经到达颍口（今安徽颍上）的30万前锋部队。

与此同时，东晋王朝任命谢石为征讨大都督、谢玄为前锋都督，与将军谢琰、桓伊等人率领8万人抗击秦军。又任命将军胡彬率领水军5000增援寿阳（今安徽寿县）。其中，谢玄所率领的北府兵，是东晋政府的主力军。

就人数而言，东晋政府处于绝对的劣势，但战斗力的高低却不由人数而定。北府兵基本上来源于冲破重重阻挠、历经千辛万苦来到江南的汉族农民，他们真切热爱着汉族政权，对于收复失地也极为热切。因此，他们不同于一般的士兵，有着坚决的战斗意志。而苻坚的军队虽然号称百万，但大部分都是被强征而来的其他各族人民，他们根本不愿作战，哪里有什么战斗意志呢？

悬殊的人数差距使苻坚产生了轻敌的思想，他竟然派原襄阳守将朱序前去劝降。朱序告诉谢石，如果前秦的百万军队全部到达，东晋是没有胜算的。因此，应该趁着前秦军队还未集结完毕率兵突袭。一旦突袭成功，前秦就没有气势再与东晋匹敌了。谢石随即取消了原先制定的防御方针，决定对秦军的前锋发起攻击。

10月，谢玄派刘牢之率领北府精兵5000人急进洛涧，斩杀了秦将梁成等人，秦军大溃，仅溺死的就有15000余人。刘牢之乘胜追击，又俘虏了前秦扬州刺史王显等人，缴获了大量的辎重。洛涧之战的胜利，改变了整个淝水战事的格局——晋军水陆俱进，开始掌握战局的主动权；而苻坚、苻融却信心全失，惊恐万分的苻坚等人竟然将八公山（今安徽境内）上的森森草木也当成了晋兵。两军气势上的强弱自此分出了高下。

淝水，即今天的东淝河。秦、晋两军就在这条河的两岸开始排兵布阵，准备进行最后的决战。谢玄在东岸安营扎寨后，派人游说苻融，希望他能够把军阵稍稍向后移动，以便东晋军队渡河，然后再一较高下。对于谢玄此说，秦军众将领皆以为不可，他们根据兵书中“不动如山”的道理，认为秦军在人数上占据绝对的优势，应该固守阵地拖垮对方。但苻坚和苻融却想要趁晋军半渡之际展开攻势，因此答应了谢玄的要求。但本来就不愿作战的各族人民在经历一场惨败后，士气更加低落，朱序又趁机在队伍中大喊：“秦兵败了！”原本就不知道为何要退的秦军士兵登时大乱，谢玄趁机引兵渡河猛攻。苻融想要阻止秦兵的溃逃，却因马倒而为晋军所杀。本来就乱作一团的秦兵，在丧失了主帅之后更加慌乱。谢玄就率领着晋军一路追击，直到 30 里外的青冈才鸣锣收兵。史称“秦兵大败，自相蹈藉而死者，蔽野塞川”，晋军取得了辉煌的胜利。

随着前秦在淝水之战中的溃败，被强掳而来的各族人民纷纷逃散。原本就只是因为战败归降的各族首领，此时也纷纷起事，希望能够再次割据而立。慕容垂、慕容泓、姚苌等人接连摆脱了前秦的控制，举兵割据。前秦曾试图剿灭这些叛乱，却因为主力军在淝水之战中的折损而纷纷落败。自公元 384 年 6 月起，慕容冲率兵围困长安城一年之久，造成了“关中士民流散，道路断绝，千里无烟”的悲惨局面。公元 385 年 5 月，苻坚留苻宏于长安，自己带领数百骑兵和妻子逃出长安，但为姚苌活捉并勒死，苻坚的妻子等也无一人幸免。与此同时，前秦在各地的统治势力也纷纷垮台。留守长安的苻宏在守城无望之下，也率领家眷逃往武都（今甘肃成县西），并辗转到了东晋。镇守邺城的苻丕在返回关中的途中，与慕容永集团遭遇，损失惨重。又在偷袭洛阳时，遭到了晋将冯该的击杀。氐族贵族所继立的苻坚族孙苻登，虽然骁勇善战，但也无力回天，最终为姚兴所杀。其子在逃亡过程中，又为西秦首领乞伏干归所逐杀。这是公元 394 年的事情了。至此，苻坚统治下的前秦王朝土崩瓦解，北方地区又开始了新一轮的分裂与厮杀。

097 前凉政权是如何兴替的?

张轨（255 年—314 年），安定乌氏（今甘肃平凉西北）人。西晋惠帝时期，曾在洛阳担任散骑常侍之职。赵王司马伦当政后，张轨看到西晋政府腐朽的本质，开始为自己谋划。他向朝廷提出去凉州任职的请求，希望能够远离朝堂的是非。永宁元年（301 年），西晋政府任命他为凉州刺史。凉州，治所位于姑臧，即今天甘肃武威。在抵达凉州之后，张轨采取了一系列稳定局势的措施。他对当时居住在河西地区的鲜卑族人民，都进行妥善的安排。他还引用当地有才干的士人组成智囊团，与他们共同治理凉州。由于措施得当，张轨很快就在凉州树立了声望。但张轨日益显著的声望以及种种限制措施，引起了鲜卑贵族的不满。晋惠帝永兴二年（305 年），鲜卑贵族若罗拔能率众 10 万入侵凉州。张轨从容地调兵遣将，并一举击溃了若罗拔能。张轨并没有大肆屠杀俘虏，而是将他们安置到了河西走廊一带。经此一役，张轨在河西地区的地位更加稳固了。

在河西地区威名远扬的张轨，依旧奉西晋政府为正朔。永嘉年间，晋怀帝为刘聪等人围困在洛阳城内，只有张轨派遣使者按时进贡。不仅如此，晋愍帝于长安即位之时，张轨还派遣了 3000 人去保卫长安。

洛阳政权陷落后，中原地区前来逃难的人民日益增多。在这批流民中，既有技术娴熟的农民，也有学富五车的士人，河西地区在他们的支援下得到了迅速的开发，经济飞速发展。一直未有货币流通的河西地区，至此开始铸造五铢钱，经济活动进一步活跃起来。

公元 314 年，张轨病逝，继任者张寔，是西晋愍帝正式任命的都督凉州诸军事、凉州刺史和西平公。如同他的父亲一样，张寔臣服于西晋政府，在看到长安防守困难之后，不仅向长安派遣了军队，还贡献了名马等珍物。长安城破之后，西晋王朝的一支——南阳王司马保自称晋王，在投靠张寔的路上病死。司马保1万余人的残部，张寔全都予以接纳。

公元320年，张寔被部下阎沙等人谋害。张寔的弟弟张茂在诛杀阎沙后，自称为凉州牧。此时，张氏政权的日益强大，引起了前赵政权的警惕。公元323年，前赵主刘曜亲率大军侵袭凉州。刘曜的军队共有20多万人，整个河西大为震动。但赵主刘曜的军队中被胁迫而来的战士占据了三分之二，剩下的三分之一也都因长期征战而疲乏不堪。因此，张茂采纳陈珍等人的意见，在屯兵于姑臧东面表示抗击决心的同时，坚壁清野，准备和刘曜进行持久战。这样一来，双方的实力差距缩小了不少，刘曜对自己军队的情况很清楚，他害怕自己的军队一战即溃，而张茂也确实无力进行决战。因此，在一番博弈之后，张茂向刘曜称藩，刘曜撤兵。河西地区的实际控制权，还是掌握在张茂手中，刘曜只得到了心理上的安慰。张茂的政治才华，相比其父兄一点也不逊色，在他统治下的河西，“豪右屏迹，威行凉域”。

公元324年，张茂病死。张茂生前没有儿子，因此，其兄长张寔之子张骏即位，称凉州牧、西平公。不久，张骏趁刘曜为石勒攻灭之机，将陇西之地全部划归到自己的势力范围之内。在父辈们的基础上，张骏继续勤修政治，减刑慎罚，整个河西地区呈现出一派“刑清国富”“境内渐平”的大好局面，张氏政权也愈加稳定。张骏依旧尊晋室为正朔之所在，每年都遣使纳贡。不仅如此，整个凉州地区还一直沿用西晋愍帝的年号。

公元346年，张骏病死，年仅16岁的张重华继位，称凉州牧、假凉王。在前凉政权新老接替之时，石虎发动了对凉州的进攻，大将麻秋攻下了金城郡。此时张重华展现出超越年龄的稳健，他任命谢艾为中坚将军，东击麻秋并大败麻秋。石虎不甘心输于一黄口小儿，故在公元347年卷土重来。这次，石虎先后任命了麻秋、石宁等多位将领，带领着20万大军浩浩荡荡地向枹罕（今甘肃临夏）进发。前凉军民团结一致，在守将张璩的率领下击退了后赵的进攻，取得了胜利。张重华并不满足于抵抗的胜利，他再次任命谢艾为军师将军，命他率领步骑3万人临黄河而列。麻秋害怕谢艾会切断他的补给线，因此率军后移，谢艾乘机进攻，再破麻秋。这一年的5月，想要挽回颜面的麻秋等人再次进攻凉州，7月渡河，屯兵于金城河北（今甘肃兰州北），想要直捣姑臧。这一仗打得十分艰苦，谢艾在苦战之后三破麻秋军，迫使麻秋退至金城。麻秋的不断失败，并没有使石虎清醒，而是使他愈发地孤注一掷。他将东宫卫士1万余人派往凉州战场，增援麻秋。此举激起了高力督梁犊的起义，虽然起义很快归于失败，但内外交困的局面使得石虎愁怖而死，石赵政权土崩瓦解。前凉在抗击石赵的战斗中取得了最终的胜利，这一胜利稳固了张氏在河西的统治，其疆域也“南逾河湟，东至秦陇，西包葱岭，北暨居延”，前凉政权达到了它的鼎盛时期。

公元353年，张重华病死，其子张曜灵即位。张曜灵只有10岁，在主少国疑之时，被赋予辅政重任的张祚废掉了张曜灵，自称为凉州牧、凉公。第二年又改称凉王。继位的张祚若如其父兄一样，前凉的发展还会继续。但张祚却是一个荒淫暴虐的统治者，他统治下的凉州，人人怨愤。前凉也从此被他拖进了一个迅速垮塌的漩涡之中。

张祚对镇守在枹罕的族人张瓘颇为忌惮，于公元355年派人偷袭枹罕，却反为张瓘所败。张瓘因此进兵姑臧，张祚十分恐慌。他害怕臣子们会再次拥立张曜灵，便派人将其杀害。张祚的种种所为，引起了统治阶级内部的分裂，自己也为臣下所杀。与此同时，张瓘得到了敦煌人宋混兄弟的起兵支持。最终，张瓘进入姑臧，拥立张曜灵的弟弟张玄靓为主，自为都督中外诸军事、尚书令、凉州牧。此时年仅7岁的张玄靓只是个傀儡皇帝，前凉政权落到了张瓘手中。

公元359年，张瓘、宋混两人的权力之争愈演愈烈。张瓘为宋混所杀，宋混掌握了前凉大权。公元361年，宋混病死，其弟宋澄代兄辅政。但不久便为张玄靓的族人张邕所杀。张邕自为中护军，以张重华的弟弟张天锡为中领军，两人一起辅政。但张邕的骄纵专权，终于引起了张天锡的不满，张邕为张天锡所杀。

张天锡在扫清了一切障碍之后，于公元 363 年，派人暗杀了张玄靓，自称为凉州牧、西平公。张天锡虽然得到了自己梦寐以求的王位，但前凉政权却在内耗中摇摇欲坠。张天锡的荒淫更是将前凉政权推入了谷底。而当时立足于关中的前秦王朝，正在步入自己的辉煌时期。公元 376 年，苻坚征调了 13 万人进攻前凉。虽然张天锡也集结了 10 万余人进行抵抗，但前凉政权的根基已经腐朽，前凉大败，张天锡被迫出降于前秦，前凉灭亡。

098 何谓后燕与西燕?

随着前秦政权的垮台，北方地区再一次陷入分裂的局面，仅鲜卑族慕容氏就建立了后燕与西燕两个政权。

后燕的建立者是慕容垂，关于慕容垂的早年经历，前文已有论述。归顺前秦的慕容垂凭借过人的才华深得苻坚的赏识。慕容垂所领导的 3 万人部队，由于没有直接参与淝水之战，因而被完整地保留了下来。公元 383 年 11 月，苻坚从寿阳前线退到慕容垂军中。也许是心存感激，抑或是深谋远虑（毕竟前秦的根基还在，仅苻坚沿途收容的散兵，到洛阳时已达到 10 万之多)，总之，慕容垂将全军的指挥权交还给苻坚，并将他护送到了渑池。在此，慕容垂以河北局势不稳为借口，向苻坚主动请缨，并恳请苻坚允许他顺路拜祭祖先。这种坦白的态度反而取得了苻坚的信任，虽然大臣权翼坚决反对，但苻坚还是答应了慕容垂的请求。

驻守邺城的苻丕是慕容垂积极展开复国运动的最大的障碍，苻丕也同样对慕容垂心存疑虑。不久，丁零族人翟斌在洛阳附近发动暴乱，苻丕想借翟斌之手除掉慕容垂。因此，只配备给慕容垂 2000 弱卒，让他前去镇压。不仅如此，苻丕还派出宗室苻飞龙率领氐族 1000 名精兵对慕容垂进行监视。这促使慕容垂决心叛逃，他在行军途中袭杀了苻飞龙及 1000 名氐族士兵，正式和苻坚决裂。公元 384

年，慕容垂和翟斌联军进犯洛阳。但洛阳是一个四战之地，且鲜卑族的势力大都集中在河北地区，因此，慕容垂挥军东下，在荥阳自称为大将军、大都督和燕王。慕容垂的复国运动取得了广泛的响应，很快就有20多万人前来投奔。慕容垂率领他们从石门（汴口）渡过黄河，进攻邺城。

守卫邺城的苻丕有着丰富的军事经验，牢固的防守使得双方僵持不下。慕容垂与苻丕之间的争夺战，严重影响了河北地区的农业生产。慕容垂为了筹集军粮，甚至不允许百姓养蚕，以便采摘桑葚作为军粮。公元385年8月，苻丕放弃邺城向晋阳撤退，慕容垂占领了整个河北地区。

公元386年正月，慕容垂自立为皇帝，以中山（今河北定州）为国都，改元建兴，国号燕，史称后燕。与此同时，翟斌的侄子翟辽也建立了魏国政权。公元392年，慕容垂率军进攻滑台（今河南滑县东南），占领了魏国统辖下的7郡和3万多户人口。紧接着，又于公元394年，取得了长子（今山西长子西）和晋阳，攻灭西燕。在一系列军事胜利后，后燕成为中原地区实力最强的政权。

西燕与后燕的建立时间几乎相同，它们都是鲜卑慕容氏所组建的政权。

苻坚在攻灭前燕之时，将徒何鲜卑4万多户迁移到关中地区。到达关中的鲜卑人民，陷入了被奴役的悲惨境地，即使是他们当中的贵族，也不能逃脱贫困的厄运。面对生活的困苦与地位的低下，这些鲜卑人极度渴望东归故乡，但前秦强大的控制力使得他们无法前行。公元384年，徒何鲜卑族人推举出慕容泓（前燕主慕容暐的弟弟）为首领。慕容泓自称为济北王，建元燕兴，史称西燕。由于贵族们对慕容泓制定的严苛刑罚非常不满，于是发动政变，转立其弟慕容冲。徒何鲜卑在慕容冲的带领下围攻长安，慕容冲本人也在阿房（今陕西西安西）自称皇帝。在慕容冲的围逼之下，苻坚和太子苻宏相继放弃长安，慕容冲顺利地进入长安城。慕容冲既留恋长安内的繁华，又忌惮此时已然强大的后燕，因此想要在长安安顿下来，这一举动引起了一心想要回到故土的人民的不满。慕容冲随即被部下杀害，他们拥立鲜卑贵族段随为王。不久，慕容恒和慕容永就发兵袭杀了段随，立慕容桓的儿子慕容觊为王，将政权再一次夺回到慕容氏手中。为了顺应民心，他们率领40余万鲜卑人离开长安，向故乡进发。归乡途中，慕容家族中因权势而激发的杀戮愈演愈烈。先是慕容韬诱杀了慕容觊，慕容恒立慕容瑶为帝。不久，慕容永又袭杀了慕容瑶，改立慕容忠为帝。慕容忠也没当上几天皇帝就被鲜卑贵族杀掉。最终，最高统治权落到了“持法宽平”的慕容永手中，公元386年6月，慕容永被推举为大将军、大单于、河东王。鲜卑武装流亡集团在他的带领下继续向东行进。

此时的前秦主是苻丕，苻丕率兵在关中鲜卑撤离的必经之路上进行拦截。双方在襄陵（今山西襄汾北）展开激战，鲜卑人获胜。在大胜之下，慕容永在长子（今山西长子西）自称皇帝，改元中兴。

领导后燕的慕容垂和领导西燕的慕容永，争相以复国为标榜。但亲有远近、嫡庶之分。在此点上，慕容垂拥有压倒性的优势。作为慕容廆嫡孙的慕容垂，决然是不能容忍慕容永的僭越，如他自己所说："终不复留此贼以累子孙也。"公元393年，慕容垂发兵7万攻打西燕统辖下的晋阳。慕容永也集结了5万精兵在潞川（今山西浊漳河）布防。第二年春天，慕容垂增调司、青等四州兵士，分三路向西燕进攻，其主要兵力集中在太行山的东面。面对慕容垂的进攻，慕容永分兵进行拒守，还派出一支1万多人的军队来防守西燕的粮草储存地——台壁（今山西黎城西南）。但慕容垂在邺城除了不断调兵之外，并没有其他动静。这使得慕容永不由得心生疑虑，他怀疑慕容垂实际上是想由太行山南口进军。因此，决定将除台壁守军外的全部军队派往南线。慕容垂趁机猛攻台壁，慕容永仓促之间应对不及，西燕大败，慕容永逃回长子。慕容垂乘胜大举进攻，接连攻克了晋阳、长子。公元394年8月，西燕灭亡，慕容永及其大臣30多人遭到杀害。西燕从立国到灭亡，首尾不过10年。

慕容垂横扫中原之时，塞外鲜卑拓跋氏的势力也在不断增长，并在公元386年正式建立了魏政权，史称北魏。北魏与后燕原本关系良好，但后燕因战马屡求于北魏，并最终发生了扣留北魏使者，以此要挟北魏提供名马的事件，双方的关系自此破裂。后燕在公元395年5月出兵，想要消灭北魏政权，但出师5个月都没有达到决战的目的，士气受到了极大的打击。塞外酷寒的天气也迫使后燕不得不进行撤退。而北魏拓跋遵带领的骑兵7万余人，却早已埋伏在后燕军队南归的必经之路上。北魏主拓跋珪也亲自率领精兵2万，渡河追击燕军。11月9日，燕军和北魏军在参合陂西相遇。10日凌晨，北魏突袭燕军。燕军猝不及防，惊扰之下溃不成军。北魏取得大胜，领军前来的慕容宝单骑逃亡。

回到中山的慕容宝对这次大败并不甘心，他请求慕容垂再次出兵。慕容垂的弟弟慕容德也劝慕容垂亲征北魏，扫除后患。公元396年3月，慕容垂亲率大军伐魏。北魏平城守将陈留公拓跋虔出战败亡，拓跋珪退保阴山。但慕容垂在经过参合陂时，看到去年败亡士兵的尸骸，不由得心生悲凉。此时的慕容垂已经71岁了，身体本来就衰朽，经此刺激便一病不起，后燕只好急忙退兵。4月，慕容垂病死。这一次北伐，后燕没有收到任何实质上的进展，军事上的颓势也越发明显。北魏主拓跋珪趁此机会，率领40万大军进入中原，参与到了中原的大混战中。

公元396年，并州发生旱灾，拓跋珪趁机占领并州。11月，北魏将兵锋转向河北，很快便攻占了许多郡县，未被攻占的郡县长官也大都望风而逃。慕容宝想用手中的步卒20余万进行抗拒，但遭到了失败，拓跋珪进围后燕的都城中山。第二年春天，无力抵抗的慕容宝率领1万多人突围逃亡，中山也在10月落入了北魏的手中。

公元398年，慕容宝为鲜卑贵族兰汗之弟所杀，兰汗自称为大将军、大单于和昌黎王。不久，慕容宝的儿子、兰汗的女婿慕容盛杀兰汗自立。但由于慕容盛“峻极威刑”，因此统治集团内部相互猜忌、支离破碎，慕容盛本人也被臣下段玑所杀。鲜卑贵族拥立慕容垂的小儿子慕容熙为主，诛杀了段玑等人。但慕容熙并不是期望的中兴之主，尽管他所据有的疆域十分狭隘，民户不多，但却大兴土木，过着骄奢淫逸的生活。辽西地区的人民苦不堪言，趁着慕容熙为爱妃苻氏出城送灵之际，城内将士推举高云为主，将慕容熙拒之城外。慕容熙无法，只得逃亡龙腾苑，并在此被杀。自此，后燕灭亡，立国24年。

099 何谓北燕与南燕？

北燕的实际建立者是汉族人冯跋。冯跋家族最初居住在今天河北冀州市，在他祖父时举家迁往上党（今山西长子西）。其父冯安，在慕容永统治时期担任西燕的将军。随着西燕的败亡，冯跋向东撤退，到达龙城。最终投靠后燕，成为一名禁卫军将领。后燕在慕容熙统治时期，上下离心，人人自危。冯跋看到后燕政权腐朽的本质，联系了高云等人发动政变，并推举高云为首领。高云封冯跋为使持节、都督中外诸军事、录尚书事、武邑公，掌握着实际上的军政大权。不久，高云被自己的宠臣离班等人杀害，冯跋索性自称为燕天王，建立了政权，史称北燕。

冯跋虽为汉人，但他坚持推行慕容盛以来所实行的胡汉分离政策，以其子冯永为大单于，避免了鲜卑族及其他少数民族跨越式的汉化，赢得了他们的支持，也缓和了民族矛盾。不仅如此，冯跋还“励意农桑，勤心政事”，后燕时期被毁坏殆尽的农业生产，自此得到了恢复与发展。

公元430年，冯跋病死。冯跋之弟冯弘趁着冯跋新死之际，杀光了冯跋的儿子，自立为燕天王。此时已经强大起来的北魏决心争夺中原的统治权，北燕政权就成了北魏政权新的打击目标。面对北魏咄咄逼人的态势，国力弱小的北燕政权根本无力抵抗，只得任由北魏进行掠夺，接连损失了民户3万余家和男女6000多口，连国都龙城也不断遭受着北魏的围攻。无奈之下，冯弘于公元436年弃城逃往高句丽，北燕至此灭亡，立国仅仅28年。

南燕主慕容德，是前燕主慕容皝的幼子，也是后燕主慕容垂的幼弟。后燕政权在慕容宝的统治时期，频繁遭到北魏的攻击。在北魏夺取河北诸郡之后，后燕被一分为二。公元398年，当时负责镇守邺城的慕容德放弃了邺城，率领所统领的 4 万民户向黄河南岸撤退，最终到达滑台，并在此自立为燕王，他所建立的政权就是南燕。公元 399 年，慕容德再次率众迁徙，此次的目的地是广固（今山东青州西北），公元 400 年，慕容德改称皇帝。

南燕的立国之地在青州、兖州一带，这一地区的封建经济较为发达。因此，南燕放弃了胡汉分治的政策，采取了汉族的封建统治政策。不仅如此，慕容德为了增加政府的收入，还下令“立冶于商山，置盐官于乌常泽”。由此可见，在南燕统治区域内，社会经济迅速增长，南燕政权的实力也随着经济的增长而有所发展。其最强盛的时候曾有“步兵三十七万，车一万七千乘，铁骑五万三千”，但是南燕政权的鼎盛时期，很快就随着慕容德的离世而宣告结束。

公元 405 年，慕容德病死。慕容德生前并没有留下子嗣，王位由兄子慕容超继承。慕容超并不是一个治国安邦的明君，他宠信奸佞之人，心思完全没有放在政事之上，而是专攻田猎游乐。在这样的统治下，南燕的政治也就可想而知。公元 410 年，刘裕北伐，攻克了南燕都城广固（今山东青州西北），斩杀鲜卑 3000 多人。南燕至此灭亡，仅存在了 13 年。

100 后秦是如何兴亡的？

后秦王朝的建立者是羌族人姚苌，羌族姚氏自东汉末年就居住赤亭（今甘肃陇西西）。永嘉年间（307 年—312 年）中原地区动荡的局势迫使这支羌人在姚苌父亲、贵族姚弋仲的带领下不断迁移，最终落脚于隃麋（今陕西千阳东）一带。在石虎统治时期，又被迫迁往河北，以充实当地的人口，姚弋仲成为石赵政权的西羌大都督。公元 333 年，姚弋仲再一次率领部族踏上了迁移的路途，这次，他们定居到了清河（今河北清河东）的滠头（今河北枣强东北）。不久，石虎的后赵政权陷入了崩溃的境地，这支羌人便在姚弋仲第五子姚襄的带领下再次回到关中地区。但在三原（今陕西三原东北）遭到苻生将领邓羌的阻击，姚襄被杀。无奈之下，姚襄的弟弟姚苌只得带领这支羌人归附了前秦王朝。姚苌在前秦政权里担任将领之职，并且屡立战功。不久，苻坚在淝水之战中的大败，使得氐族势力被严重削弱，羌族势力却在休养生息中大大地发展起来。在各方势力和羌族贵族的支持下，公元384年，姚苌在渭北自称大将军、大单于、万年秦王，建立大秦政权，史称后秦，开始准备取代苻坚。

姚苌的势力发展得非常迅速，仅渭北就望风归附了10多万户羌胡。鉴于这种情况，苻坚亲自挂帅出征，但未能取得胜利。而后，苻坚在慕容冲的围攻下，放弃长安，溃围而出。姚苌在五将山轻易地将他擒获并杀死。慕容冲进入长安后不久，便被部下杀害。慕容冲所率领的鲜卑族人也放弃长安，向东迁移。姚苌几乎没费一兵一卒就得到了长安城。公元386年，姚苌在长安即皇帝之位。

姚苌虽然轻松地取得了关中之地，但此时留在关中的氐族残余势力却聚集在苻登周围，始终与他为敌。直到姚苌去世，这一问题都没有得到真正的解决。公元393年，姚苌病死，其子姚兴继承皇位。姚兴击杀苻登，遣散了聚集在一起作乱的氐族人，让他们重新与土地结合，从事农耕活动。随后，姚兴又陆陆续续地消灭了关陇地区的其他割据势力。与此同时，西燕的灭亡使姚兴取得了河东地区，东晋的衰乱又给了姚兴攻占洛阳的机会。此时的后秦疆域已经“南至汉川，东逾汝颍，西控西河，北守上郡”，跻身于强国之列。

姚兴在十六国时期的君主中，算是比较留心政事，且较有政治才干的一位。在军事方面，他任用并依赖他的叔父姚绪和姚硕德等人。在政治上，依靠在苻秦时期屡被打压的天水尹纬。姚兴下令将百姓因饥荒而被迫卖身为奴婢者，都免为了良人。这一措施迅速地笼络住了人心，也为人民的安定生活提供了保障。在法律上，姚兴一反同时期其他君主以杀戮立威的方式，而是以进修的方式，来提高官员断决刑狱的能力。同时，如果官员遇到了疑难杂狱，还可以将其转到廷尉（最高法官）处进行处理，并且姚兴本人还经常“听断疑狱”，形成了“号无冤滞”的局面，人民的生命财产有了一定的保障。在教育方面，姚兴大兴儒学，他鼓励年轻的学子们向当时的淳于岐等耆宿学习知识。在他的提倡下，后秦境内“学者咸勤，儒风盛焉”。在宗教方面，姚兴非常信奉佛教。他将当时的名僧鸠摩罗什任命为国师，并且亲自率领文武百官和沙门僧人聆听鸠摩罗什宣讲佛经。他还安排鸠摩罗什进行佛经的翻译工作，对于鸠摩罗什的翻译，姚兴还要手持旧经进行考校。在姚兴的悉心治理下，关陇地区逐步走上了正轨。

公元416年，姚兴病死，太子姚泓即位。东晋趁机对后秦展开攻势并夺回洛阳。此时的后秦王朝迫切需要一个强有力的统治核心，以领导后秦对东晋展开反击。但不幸的是，此时的后秦统治阶层却玩起了内讧的游戏。负责镇守蒲坂（今山西永济市西蒲州）的姚懿（姚泓的弟弟），自称为皇帝，想要起兵攻打长安。姚泓急忙调动大军进行镇压。祸不单行，镇守安定（今甘肃泾川北）的姚宣（姚泓的从弟）又自称为大都督、建义大将军，以“清君侧”的名义发动安定镇38000多民户，直捣长安。姚泓在抽调潼关守兵的情况下，才将此次叛乱镇压下去。

后秦政权在一次次的内斗中混乱不堪，而东晋的围逼却是越来越紧。在东晋水陆夹击之下，姚泓在公元417年被迫出降，后秦灭亡，立国34年。

101 何谓大夏与西秦？

赫连勃勃（381年—425年），是匈奴南单于的后裔。赫连家族世代担任匈奴左贤王、北部帅等职位，是匈奴的贵族阶层。赫连勃勃的曾祖父刘虎率领着匈奴4000余落，居住在新兴郡（今山西忻州）虑虒县（今山西五台北）以北的区域里。在刘聪建立了匈奴王朝之后，刘虎因为宗亲的缘故，被封为楼烦公、安北将军、监鲜卑诸军事、丁零中郎将，成为雄踞并州北边的一支强悍的武装力量。这支武装力量的存在，使得镇守并州的东晋刺史刘琨十分不安。刘琨遂纠合了鲜卑族对刘虎展开了攻击，但以失败告终。

刘虎死后，其势力由其子刘务桓统领。刘务桓在父亲创立的基业上，继续“召集种落”，成为诸部之雄。石虎继匈奴刘氏之后，成为中原之主，刘务桓也归其所领。石虎任命刘务桓为平北将军、左贤王。刘务桓的儿子刘卫辰是代王拓跋什翼犍的女婿，但拓跋什翼犍却屡屡出兵进扰刘卫辰。刘卫辰无奈，只得投靠苻坚。苻坚在消灭拓跋什翼犍后，将代国一分为二，其中黄河以西的部分就交给刘卫辰进行管理。苻坚还任命刘卫辰为西单于，驻屯在代来城（今内蒙古鄂尔多斯市东胜西），监督生活在河西的诸部。淝水之战后，由于氐族势力的迅速衰微，刘卫辰集团得到了迅速的发展，史称其“遂有朔方之地，控弦之士三万八千”。

公元391年，刘卫辰在与北魏拓跋珪的交战中，被部下袭杀，宗室5000余人也惨遭杀害。赫连勃勃是刘卫辰的第三个儿子，在这次灾难中侥幸逃脱。他辗转逃难，最后投奔了后秦的高平公破多罗没弈于，成为破多罗没弈于的女婿。因为骁勇善战，赫连勃勃很快就成为后秦的骁骑将军，深得后秦主姚兴的器重。姚兴后命赫连勃勃为持节、安北将军、五原公，将鲜卑2万余落都交予他来管理。但是，赫连勃勃并不满足于此，公元407年，赫连勃勃率领3万骑兵，伪装成要狩猎的样子，在高平川袭杀了他的岳父破多罗没弈于，兼并了他的部众。这一年的6月，赫连勃勃自称为大夏天王、大单于，定国号为龙升。

赫连勃勃自立为王后，拒绝了臣下定都高平（今宁夏固原）的建议，想要通过游击战的形式，来消灭后秦的有生力量。此后，赫连勃勃也一直坚定地贯彻这一作战方针，不断地骚扰后秦岭北的城镇，对后秦造成了严重的威胁。姚兴也曾派遣将领对赫连勃勃进行剿灭，但反而丧失了派去征讨的将士2万余人和辎重无数。此后，赫连勃勃更是不断地攻占后秦的城池，并采用坑杀的方式来消灭后秦的军事力量。到了后秦灭亡的前夕，岭北的绝大部分城镇已经为赫连勃勃所攻占。

东晋大将刘裕在灭掉后秦政权后，退回江南地区。长安处于真空的状态，赫连勃勃趁机进驻。占领长安之后，赫连勃勃登上了皇帝的宝座，这是公元418年的事情了。此时的夏国政权，疆域没有后秦时期那般广大，但是它的军事实力却远远在后秦之上。

赫连勃勃并不像姚兴那样，是个留心政事的明君。他虽身经百战，但性格十分残暴，所制之法也相当严酷。他所建造的统万城，据说是用蒸熟的泥土筑成的，筑成之后的城墙都要用铁锥进行检验，若是铁锥能够扎进墙体一寸，就要杀掉筑城的工匠。在如此高压的政策之下，赫连勃勃的夏王朝看似强大，但本质十分虚弱。

赫连勃勃在长安设置了南台，用来安置太子赫连璝。但不久，赫连勃勃就起了废立之心，想要立小儿子赫连伦为太子。这一做法激起了赫连璝的强力反抗，大夏政权也随即陷入了纷争的漩涡。先是赫连璝发兵攻打赫连伦，于平城将伦斩杀。随后，赫连勃勃的第三子赫连昌又发兵进攻赫连璝，杀死了赫连璝。此时的赫连勃勃只得立赫连昌为太子。公元 425 年，赫连勃勃死后，赫连昌继承了帝位。

赫连勃勃之死，给了北魏趁虚而入的机会。公元 426 年，北魏主拓跋焘派大将奚斤率领 5 万大军进攻大夏，夺取了蒲坂和长安。拓跋焘本人亲率 2 万骑兵，渡过黄河，不断地进扰统万城，掠夺人口和物资，以此削弱大夏的有生力量。在此情况下，赫连昌派出自己的弟弟赫连定于第二年率领 2 万人的军队反攻，希望能夺回长安。但这一次

统万城遗址

出兵，却将空虚的统万城暴露给了北魏，拓跋焘动用10万大军围攻统万城。赫连昌虽然也集结了步骑3万余人进行抵抗，但最终寡不敌众，只得弃城逃往上邽（今甘肃天水）。与此同时，反攻长安的赫连定也没有取得胜利，又听说统万城已经失守，便一起退往上邽。

公元428年，北魏军队围困上邽，俘虏了赫连昌。赫连定侥幸逃脱，在平凉（今甘肃平凉西北）自称皇帝。赫连定虽在逃亡，但实力却还是保留了一些，并在公元431年攻灭了西秦。但在进攻北凉的过程中，于半渡黄河之时遭到了吐谷浑的袭击，赫连定被俘虏，大夏政权彻底消亡。

西秦政权的创立者名为乞伏国仁，鲜卑族人。在民族大迁移的浪潮中，走出漠北并在西晋泰始初年落脚于陇西地区。在不断前行的过程中，乞伏、如弗斯、出连和叱卢这四个部落逐渐联合在一起，形成了一个小型的部落联盟。乞伏部的一位酋长，因为骁勇善战而被其他部落所敬重，成为这个部落联盟的领导者。此后，这个鲜卑族的四姓可汗就被称为乞伏可汗。

这支乞伏鲜卑最初抵达陇西的高平川（今宁夏南部清水河），但这个地方并不适合游牧生活。为此，他们又继续前行，翻过牵屯山（今宁夏固原西），在苑川水（今甘肃榆中东北）、度坚山（今甘肃靖远西）一带，居住了一个半世纪之久。这一带的水草丰美，土壤肥沃，优越的自然条件既能发展农耕，也适宜游牧。乞伏鲜卑迅速地发展壮大了起来。

淝水之战苻坚战败的同时，乞伏鲜卑的领袖乞伏国仁开始招募兵马，很快就成为陇西地区一支强悍的武装力量。公元385年，乞伏国仁自称大都督、大将军、大单于，领秦河二州牧，但依旧臣服于前秦。公元387年，前秦主苻登册封乞伏国仁为苑川王。乞伏国仁死后，弟弟乞伏乾归接替乞伏国仁统管部众，并且改称为河南王，将政权中心迁到金城（今甘肃兰州西北），苻登顺势封乞伏乾归为金城王。公元394年，趁着苻登败死之机，乞伏乾归占有了整个陇西地区。自此，他自称秦王，正式建立了独立的政权，史称西秦，并于公元400年，将都城迁往苑川。乞伏乾归称王后不久，就被处于鼎盛时期的后秦击败。后秦主姚兴虽任命乞伏乾归为河州刺史，但并不信任他。因此，姚兴在乞伏乾归到长安来朝觐之时，将他留在长安以便于监视。在乞伏乾归留居长安的日子里，留在苑川的部落就由其子乞伏炽磐代为统领。三年后，乞伏乾归回到苑川。赫连勃勃大夏国对后秦岭北地区的不断骚扰，使得姚兴无暇他顾。公元 409 年的 7 月，乞伏乾归再次自称秦王。

公元 412 年，乞伏乾归死，乞伏炽磐继位，都城被再次迁到了枹罕（今甘肃临夏东北）。乞伏炽磐的统治时期是西秦国力最为鼎盛的时期。不仅趁着南凉政权遭遇饥荒之际将其攻灭，还屡次大破吐谷浑。西秦的疆域也在一次次的对外战争中达到了极盛。但西秦王朝的稳定并没有持续太久，随着公元 428 年乞伏炽磐的去世，末帝乞伏暮末即位，西秦开始走上下坡路。如同十六国时期其他亡国之君一样，乞伏暮末滥施刑罚，使得西秦国内内外离心。而公元 430 年正月开始的大旱，更使人民的生活雪上加霜，大批人民被迫流亡。在这种情况下，乞伏暮末打算移往上邽，归附北魏。但他率领的 15000 户民众在到达南安（今甘肃陇西东南）的高田谷之地时，遭遇了夏主赫连定的围堵。公元 431 年，在夏军的围困下南安城内无粮可吃，乞伏暮末只得出降。西秦政权就这样消亡了。

102 何谓后凉与南凉？

后凉政权是由居于略阳（今甘肃天水东北）的氐族人吕光创建的。吕光是苻坚统治时期太尉吕婆楼的儿子，属于氐族的贵族阶层。苻坚在统一中原地区后，分给吕光步兵 7 万和骑兵 5000 人，让他去经营西域地区。吕光在西域地区的行动开展得非常顺利，在他率军抵达龟兹城（今新疆维吾尔自治区库车县）后，西域 30 多个国家都陆陆续续地归降了。苻坚大喜之下，任命吕光为使持节、都督玉门以西诸军事、安西将军和西域校尉，将西域地区的实际统治权交给了他。

淝水之战，使得苻坚元气大伤，他不仅丧失了大批优秀的战士，而且空虚的国力也引来了各方觊觎的目光。不久，国都长安告急，吕光在部将的请求下回师营救。随军归来的还有用 2 万余头骆驼负载的外国珍宝和万余匹骏马。前秦凉州刺史梁熙发动 5 万人来抢夺这批珍宝，双方在酒泉展开战斗，吕光取得了胜利。凭借这次大胜，吕光顺利地进入了凉州的治所姑臧（今甘肃武威）。但此时长安城已破，苻坚也被姚苌袭杀。前秦政权已经无法挽救，回师长安变得没有意义。吕光于是给自己加上了使持节、侍中、中外大都督、督陇右河西诸军事、大将军、凉州牧、酒泉公等一大串头衔，在公元 389 年改称三河王。公元 396 年，吕光正式自立为大凉天王，设置百官衙署。他所建立的政权，历史上称之为后凉。

吕光之所以能称霸西域，是因为他拥有一支强悍的军队。这支军队就是上文所说的，苻坚交予他的 75000 人。这支武装的主要构成是氐族人，但西域并不是氐族人的聚居地。因此，在经过不断的战斗损伤和自然死病之后，这支队伍的人数越来越少，实力也越来越弱。在没有外来兵源补充的情况下，依靠武力建立的后凉也就慢慢地衰微了。公元 399 年，吕光病死，太子吕绍继立为帝。后凉的统治阶层并没有看到后凉政权积弱的现状，而是为了权力开始进行厮杀。在吕绍即位后不久，吕光的长子吕纂就杀掉吕绍夺取了皇位。吕纂篡位的成功，加剧了其他皇子的野心。不过后来吕纂自己也死在了吕隆（吕光弟之子）的手中。统治阶级的不断厮杀，使得本来就贫弱不堪的后凉政治更加腐败，并招致周边政权的交相侵袭。末帝吕隆没有想着如何挽救危亡，反而是为了得到表面的安宁而大肆屠杀百姓。

在内外崩离的状况下，吕隆只得投靠后秦，请求姚兴代为掌管姑臧城。仅存在了 15 年的后凉，就这样在内讧中走向了灭亡。

南凉的建立者是秃发鲜卑的首领，名叫秃发乌孤。根据古代文献记载，“秃发”是“拓跋”的另一种翻译。因此，南凉统治者是拓跋鲜卑的一支。这支拓跋鲜卑，在汉、魏交结之际，在秃发疋孤的率领下，从塞北大漠来到了河西地区，也被称为河西鲜卑。河西鲜卑在东至麦田（今甘肃靖远东北），西至湿罗，南到浇河（今青海贵德），北抵大漠的这片区域里，生活了200多年。在这200多年间，秃发鲜卑从游牧转向农耕，由居无定所走向定居生活。经过多年的发展，到了秃发乌孤统治时期，这一部落开始强盛起来，并且建筑了一座廉川堡（今青海乐都东）作为自己的政治中心。

公元397年，秃发乌孤自称为大将军、大单于和西平王，随后又改称武威王，将自己的政治中心由廉川堡迁往乐都（今青海乐都）。秃发乌孤死后，其弟秃发利鹿孤代其统领部众，再次将都城迁往西平（今青海西宁），并于公元401年自称为河西王。在称王后的第二年，利鹿孤就去世了。王位由利鹿孤的弟弟秃发傉檀继承，在秃发傉檀统治时期，都城由西平迁回到了乐都，傉檀在此改称凉王，正式建立政权，史称南凉。

一方面，强大的后秦政权时时威胁着刚刚建立的南凉；另一方面，南凉也想取得已属于后秦掌管的姑臧。因此，秃发傉檀决定向姚兴称臣。后秦主姚兴虽然接管了姑臧，但这一地区并不是羌族人的居住地，并且姑臧以西有北凉沮渠蒙逊，在姑臧与后秦之间，还有西秦的城池与之犬牙交错。面对这样一座四面受敌的孤城，姚兴想要维系后秦政权在这一地区的威信力，就不得不动用大批军队，负担异常沉重，姑臧城也就变成了一块食之无味、弃之可惜的“鸡肋”。面对秃发傉檀的臣服，姚兴索性就将这一地区当成对其的奖励，封他为凉州刺史统领此地。在得到姑臧之后，秃发傉檀便断绝了与姚兴的联系，恢复了自己凉王的称号。

秃发傉檀虽然自立为王，但也使南凉被迫卷入到无休止的争夺河西走廊领导权的战斗之中。先是，夏主赫连勃勃出兵攻打南凉的北疆，杀伤万余人。秃发傉檀虽组织反击，却反被击溃。战事的不断失利并没有约束住秃发傉檀好战的心，在对夏反击战已经“名臣勇将死者什六七”之后，再次组织起5万骑兵攻向北凉。也许此时的秃发傉檀是想通过对北凉的掠夺战争，弥补自己在对夏战争中损失的两万余名居民和数十万的牛羊，但结果却是大败而归。军事上的不断失败，使南凉在河西走廊地区的势力纷纷瓦解。秃发傉檀被迫放弃姑臧，退守到原来的都城——乐都。北凉主沮渠蒙逊在取得姑臧之后，并没有暂停对南凉的攻势，仅乐都就遭遇了 3 次围攻。北凉军队的不断骚扰与打击，使得南凉统治下的人民根本无法从事农业生产。农业的全面荒废，使得饥荒不断发生，万般无奈的傉檀只得再次发动掠夺战。此次，他将目标放在了青海乙弗部上。这次掠夺战虽然成功地夺取了牛羊 40 余万头，但却将空虚的乐都暴露给了西秦主乞伏炽磐。乞伏炽磐趁机攻下乐都，将城中的文武百姓都迁到了枹罕，南凉的其他城镇见国都被破，也都纷纷归附了西秦。随同秃发傉檀进攻乙弗部的将士们，听到这些消息后，无心恋战，纷纷逃散。无路可退的秃发傉檀最终选择了投降西秦。公元 414 年，秃发鲜卑建立的南凉政府于战乱中灭亡了。

103 何谓西凉与北凉？

西凉政权是陇西大姓李氏家族建立的政权，其创建者为李暠。李氏在地方上拥有极高的声望，在两晋南北朝时期，有多人担任各个政权的高官。到了前凉吕光统治末年，建康太守段业在张掖自立为凉州牧，以李暠为效谷（今甘肃敦煌西）令，后又迁为敦煌太守，李暠的政治生涯由此展开。公元 400 年，李暠自称为冠军大将军、沙州刺史和凉公，在敦煌建立了自己的政权，史称西凉。公元 405 年，李暠改称大将军、大都督、凉公，领秦凉二州牧，并将政权中心由敦煌迁到了酒泉。

公元 417 年，李暠病逝，其子李歆继位。西凉政权只囊括了今天甘肃省酒泉、安西、敦煌和玉门几个县的地方，疆域十分狭小。由于地少人稀，西凉的军事力量也相当孱弱。在继承了这样一个贫弱的国家之后，李歆并没有想着如何经营国家，而是将一切注意力都放在了享受生活上。他大肆营建宫殿和防范人民，原本就不强大的政权，此时更是丢掉了民心。

西凉的统治区域紧挨着北凉，双方的军事、政治实力相差甚远。李歆却狂妄地想趁北凉主沮渠蒙逊东伐西秦之机，偷袭沮渠蒙逊的根据地张掖。在北凉压倒性的军事优势下，西凉毫不意外地打了败仗。但李歆却不愿就此退兵，他率领军队与沮渠蒙逊在蓼泉（今甘肃高台西）展开决战。最终，李歆落得个全军覆没，自己也战死在沙场上。西凉的统治中心酒泉随之失守，西凉政权旋起旋灭。

值得一提的是，西凉灭亡之后，李歆的弟弟李恂因镇守敦煌而侥幸逃脱。在听到酒泉失守的消息后，李恂自知没有能力救援，就选择了在敦煌自称冠军将军和凉州刺史的道路。这样弱小的政权在支撑了半年之后，就被北凉主沮渠蒙逊的2万大军攻灭，李恂在兵败之际自杀。

北凉的建立者沮渠蒙逊，是居住在临松（今甘肃张掖南）一带的卢水胡。所谓卢水就是今天的黑河，沮渠是匈奴的官名，他们以官职名称为自己的姓氏。与西凉的建立者李暠一样，沮渠蒙逊所在的沮渠氏世世代代都是部落酋长。沮渠蒙逊的祖父曾被封为狄地王，其父亲沮渠法弘更是被任命为中田护军。在长期与汉族人民的杂居之中，以沮渠氏为代表的卢水胡大都汉化程度很深。例如沮渠蒙逊，就是一位不仅通晓汉文，而且能“博涉群史”的人。

卢水胡的分布非常广泛，但以河西走廊一带最为集中。在这个争斗纷纭的时代里，卢水胡人想要保护好自己的部落，就必须有一个武装的过程。经过了武装的卢水胡，成为河西走廊一带最为强悍的武装之一。曾经割据、占领过河西走廊一带地区的政权领袖们，无一不想支配这支战斗力极强的队伍。吕光统治时期，曾经派吕纂和张掖卢水胡沮渠罗仇讨伐西秦。在战争中，吕光的弟弟吕延战死沙场。死亡本是战争的必然产物，但吕光将责任强加到了沮渠罗仇身上，并将其与其弟杀死。沮渠蒙逊是沮渠罗仇的侄儿，在沮渠罗仇归葬故里的时候，他与前来送葬的诸部结成了军事联盟，起兵反凉。他们共同推举时任后凉建康太守的段业为首领，段业也就自封为凉州牧、建康公。不久，段业就凭借这支队伍进据张掖，改称凉王。但段业只不过是沮渠蒙逊用以过渡政权的棋子。公元401年始，沮渠蒙逊设计让段业杀害沮渠男成，又以此为借口将他杀害。在扫清夺权障碍后，他自称为使持节、大都督、大将军、凉州牧和张掖公。

秃发傉檀建立的南凉，在夺取姑臧城后屡屡遭到夏主赫连勃勃的进攻，国力大损。沮渠蒙逊也趁机与秃发傉檀展开了一系列的争夺，最终，在公元 411 年，沮渠蒙逊取得了姑臧城。第二年，沮渠蒙逊将都城迁往姑臧，改称河西王，建立北凉政权。在北凉政权建立之后，沮渠蒙逊继续展开自己攻城略地的计划。公元 420 年，沮渠蒙逊在攻灭西凉之后，彻底拥有了整个河西走廊地区。在北凉的全盛时期，其疆域不仅广阔，而且还同许多西域城邦建立了友好关系，沟通了中原与西域的联系。

公元 433 年，沮渠蒙逊病死，其子沮渠牧犍继位为王。但此时的北魏政权已经发展壮大，占有了黄河流域的大部分土地，只剩下了沮渠牧犍统治的北凉。公元 439 年，北魏主拓跋焘亲自率领军队进攻姑臧。在没有遭遇多大抵抗之后，姑臧城落入北魏手中。随着沮渠牧犍的投降，北凉灭亡，北魏也完成了对黄河流域的统一，结束了北方历时 135 年的分裂局面。

104 祖逖北伐是怎么回事？

祖逖（266 年—321 年），字士雅，河北范阳遒县（今河北涞水）人，世代担任高官。洛阳陷落后，祖逖率领自己的亲戚、宗党避难于淮泗地区。在逃难途中，祖逖以其“所乘车马载同行老疾”，并将衣物和药品“与众共之”，因此在流民当中享有很高的声望，受到众人的爱戴。渡江后的祖逖，时时不忘收复中原，他认为“戎狄乘隙，毒流中原，今遗黎既被残酷，人有奋击之志”。因此，他请求当时的统治者司马睿批准他进行北伐。对比当时南北方局势，东晋也占有优势。

东晋政权建立之初，北方的形势一片混乱。匈奴人刘聪的势力刚刚扩张到晋南、豫北以及关中一带；羯人石勒进攻江汉的行动则遭遇失败，被迫北退，占据襄国，开始了对河北地区的经营；李雄占据着巴蜀地区，并进一步北取汉中，西并宁州（今云南曲靖）。在上述三大政权控制下的汉族人民，生活十分困苦，特别是在刘聪和石勒统治下的汉族人民，境遇更加悲惨。由于种族与汉化程度不同，刘聪和石勒政权都十分仇视汉族人民，实行残酷的民族压迫与杀戮政策。这种残暴的统治行为，激起了北方汉族人民的强烈反抗。当时北方存在着许多汉人反抗势力，如中山刘琨带领汉族人民屡破刘聪；平阳人李矩被乡人推举为坞主，屯驻新郑（今河南新郑）；东郡魏浚父子带领流民数百家，保据宜阳与刘曜相拒等等。总之，当时北方各割据政权在汉族人民的反抗下，统治基础并不牢固。并且他们不仅压迫汉族人民，也残酷地对待非本族的其他少数民族兄弟，政权内部的民族矛盾非常尖锐。加之塞外的游牧民族此时也正虎视眈眈地注视着中原地区，北方局势更加动荡。此时的北方地区，阶级矛盾已经下降到了次要地位，民族矛盾上升至首位。北方的汉族人民迫切地希望东晋政权能够收复中原，拯救自己于苦难之中。

与北方局势动荡不安相反的是，东晋统治区域内“荆扬晏安，户口殷实”，收复北方的希望很大。但此时东晋政权却忙于内部的争权夺利，只想偏安一隅，无意北伐。在祖逖的不断请求下，司马睿终于任命他为豫州刺史，但不给一兵一卒和战争所必需的武器。

晋愍帝建兴元年（313 年），祖逖毅然率领自己的部曲与家兵北渡长江，进行北伐。他们在淮阴（今江苏清江西南）架起了炼铁炉，自己铸造兵器。在陆陆续续地招募到 2000 名士兵后，祖逖率领他们屯驻在雍丘（今河南杞县），多次击败石勒的军队。由于石勒采取压迫式统治，因此军队内部很不团结。面对祖逖的进攻，石勒的军队屡屡发生叛逃，史称“勒镇戍归附者甚多”。上文所提到的那些战斗集团，除了与刘、石政权对抗外，还自相残杀，消耗了大量有生力量，且他们队伍的人数都很少，不足以推翻刘、石政权。随着祖逖的到来，北方各自为政的局面得到了解决，由于北方有了一个坚强的领导核心，整合了零散的军事力量，加之北方人民的大力支持，祖逖的军事行动十分顺利。

正当祖逖克服万般困难打开局面之时，东晋统治集团内部的矛盾却越演越烈。当初扶植司马睿登上政治舞台的士族王敦，此时与司马睿之间的矛盾变得不可调和，内乱一触即发。在这种情况下，东晋政府任命大臣戴渊为征西将军、都督司兖豫并雍冀六州诸军事、司州刺史，屯兵合肥，防范王敦。祖逖也被划归戴渊管辖。祖逖看到这种情形，认为北伐将不会成功，史称其“虑有内难，大功不遂，感激发病……卒于雍丘”，一代英雄就这样忧愤而终。

在祖逖死后，东晋的内乱旋即爆发，原先团结于祖逖周围的将领们纷纷散去，祖逖好不容易收复的淮水、汉水以北的失地，很快被石勒再次攻占，北伐壮举就这样归于失败了。

105 桓温的三次北伐是怎么回事？

就在北方混战不已的同时，南方东晋政府内部也不太平。东晋政府内部的几次火拼，不仅加深了人民的痛苦，也使得江东地区贫弱不堪。如此一来，偏安一隅的东晋政府更不愿意，也没有能力发兵收复中原地区了。有的世家大族为了不妨碍自己本家族的经济利益，更是对北伐战事极力阻挠。桓温的三次北伐，就是在这样不利的局面下进行的。

桓温（312 年—373 年），谯国龙亢（今安徽怀远龙亢镇）人。其父桓彝在渡江之后官至散骑常侍、宣城内史。桓温娶了明帝的女儿南康公主为妻，因此官拜驸马都尉。经过不断的升迁，最终代替庾翼镇守荆州。荆楚之地历来是东晋王朝的军事重镇，桓温代替了庾翼，就意味着他掌握了东晋的军政大权。桓温是一位有着雄才伟略的人物，他一方面立志收复中原，另一方面也想要通过军功来提高个人威望。公元 345 年的冬天，桓温发动了对蜀地李氏成汉政权的攻势。腐朽不堪的李氏政权不堪一击，末帝李势战败投降。这次局部战争的胜利不仅给桓温带来了巨大的声望，也愈加坚定了桓温北伐的决心。

在桓温谋划北伐的同时，北方的战局依然混乱。公元 349 年正月梁犊起义之后，中原地区石赵政权的统治基础开始动摇。这一年 4 月，石赵统治者石虎因为忧愁惊惧而死。短短 5 个月后，石赵统治集团内部矛盾迅速激化，兄弟残杀的事情不断上演。最终掌握政权的冉闵为了报复石赵政权，诛杀了石氏和胡羯平民 20 余万人，民族矛盾进一步激化。

桓温很早就想趁着北方混战之时收复中原，但东晋政府害怕北伐一旦成功，桓温的声势将不可控制，因此，故意将桓温多次上表的奏章搁置一旁。直到石赵统治分崩离析，石赵的徐州刺史王浃以寿春（今安徽寿春）之地投靠晋朝之后，东晋政府才派遣徐、兖二州刺史褚裒率领3万将士北伐。在北伐军队到达彭城（今江苏徐州）时，听闻消息的汉族百姓们纷纷前来，据说每天归附的就有千人之多。与汉族百姓翘首以盼心情不同的是，褚裒生性怯懦，根本不能担任如此军事重任。一战而败后就匆匆退往广陵，置前来投靠的20万河北遗民于不顾。这些遗民最终被少数民族统治者杀掠殆尽。在淮水、汉水以北，黄河以南的大片区域已为晋土的大好形势下，东晋政府却再没有北伐之意。

公元351年，桓温不待朝廷下令就以北伐的名义，率领大军顺长江而下，到达武昌。但在会稽王司马昱的苦苦劝诫之下，最终作罢。东晋政府将此次北伐的任务交给了扬州刺史殷浩。殷浩也是一介书生，只懂得谈论玄学，没有任何的实战经验。殷浩任命前锋官姚襄（姚苌的兄弟）带领7万大军，浩浩荡荡地从寿春出发。但姚襄的中途倒戈使得殷浩猝不及防，仓促之中，殷浩丢弃辎重，狼狈逃命，造成了严重的伤亡。东晋政府只得派桓温来收拾残局。

公元354年，桓温率领4万大军，准备途经江陵（今湖北江陵）、襄阳（今湖北襄樊）、淅川（今河南淅川），进攻关中。桓温率军行进得非常顺利，并且在峣柳（今陕西蓝田）接连打败了苻健的军队，到达长安东边的霸上，兵锋直指长安。桓温的顺利进军与关中人民的支持息息相关，关中人民在桓温到来之际，纷纷持牛酒相迎于路。在关中人民和桓温军事力量的压迫下，苻健退保长安，坚壁清野、深沟自固而不敢应战。桓温将粮草寄希望于关中春麦的成熟，而苻健坚壁清野的策略使得晋军无粮可征，粮草补给的困难迫使桓温只得在这一年的9月退兵了。

公元356年，之前叛变的羌族酋长姚襄在河南许昌附近逗留，并且有向洛阳进攻的态势。桓温立即自江陵出兵，将其击溃并收复了洛阳。在收复洛阳之后，桓温建议东晋政府将首都迁往洛阳，并且把永嘉南渡的人民全部迁往河南。这一建议引起了流寓南方的北方世家大族的抗议，因为此时的北方大族，已经在南方建立并经营起了自己的庄园，北迁意味着要求他们放弃自己的既得利益，重新开始创业。迁都洛阳一事，也最终因为他们的坚决反对而不了了之。公元 365 年，因东晋政府用人失当，洛阳再度失守。

公元 363 年，东晋政府任命桓温为大司马、都督中外诸军事，第二年又加授扬州牧。到了公元 369 年，桓温更是同时担任徐州和兖州刺史。荆州、扬州两个东晋的军事重镇，此时都在桓温的掌握之下，桓温的地位已经无以复加。但是桓温并不满足，他想要继续提高自己的声望，以便能够代晋称帝。因此，桓温决定再次北伐，这次北伐的目标是前燕政权。

公元 369 年 4 月，桓温率领步骑 5 万人再次踏上了北征的道路。这年的 6 月，桓温率领大军由姑熟（今安徽当涂）抵达金乡（今山东金乡）。但这年夏天的天气十分炎热，很长时间都没有下雨，河道的水位很低。过低的水位使得运输粮草的船只不能顺利运行，这对桓温大军来说是一个致命的威胁。为了解决这个问题，桓温先派冠军将军毛虎生在旧水道的基础上开凿了一条由南向北、沟通清水的人工渠道，《水经注·济水》中将这条渠道叫作“桓公渎”。但水源还是不旺，因此又将汶水引入，使得船只能够由清水进入黄河。人工运河虽然开凿成功了，但是到了冬季，北方的降雨稀少，水位依旧会骤降，因此，这条渠道是否能够畅通无阻还是存在疑问的。鉴于此种情况，桓温的谋士郗超向桓温提出了两个建议：一是屯兵于河、济一带，储存粮食，准备充分后到来年再继续用兵；二是直扑邺城，进行决战，采用速战速决之法。但这两个方案都没有得到桓温的认可。桓温按照原来的方案，一方面亲率水军从清水进入黄河，到达枋头（今河南浚县西南）；另一方面派出大将檀玄从陆路行进。这支陆上军队在行进中，打赢了不少战役。先是在黄墟（今河南开封东）击溃了前燕下邳王慕容厉的 2 万人军队，而后，又在林渚（今河南郑州东北）击败了前燕大将傅颜的军队，形势一片大好。这一年的7月，桓温的大军到达枋头。枋头距离前燕的国都邺城只有200里，前燕的君臣异常惶恐，甚至做好了逃往龙城（今辽宁朝阳）的准备。但此时的桓温，却不敢直扑邺城，坐失大好时机。时间到了这一年的9月，形势开始发生反转。此时北方缺水的情况依旧严重，桓公渎已经接近干涸，无法使用。虽然桓温在进兵之初，曾经派豫州刺史袁真进攻谯、梁之地，希望可以打开荥阳的石门，将黄河水引进汴渠，以沟通淮、泗。但是，袁真在攻克了谯、梁之后却不敢继续进兵荥阳，石门无从打开。而后，慕容垂派其弟范阳王慕容德率领15000名骑兵赶到石门，加强防御，打开石门的计划更是无法完成。原本对桓温有利的形势，就转变为孤军深入的不利局面。粮草此时也已消耗殆尽，退兵却无水路可走。桓温只得焚烧了战船，丢弃辎重，从陆地退往襄邑。在晋军已经毫无斗志的情况下，慕容垂亲自率领8000骑兵进行追击，慕容德也在襄邑的东涧埋伏精骑4000。在慕容垂与慕容德的夹击之下，晋军大败，3万多将士因此而丧命。东晋政府好不容易收复的淮水以北地区再次失守。

桓温北伐的失败，是东晋政府内部矛盾无法调和的必然结果。前燕谋臣申胤在分析局势时，就预判到桓温北伐的失败，他认为桓温虽然操纵了东晋的军政大权，但并不能服众。因此，不希望桓温得志的其他势力必然会暗中阻碍北伐之事，得不到支援的桓温也一定会遭到失败。虽然桓温的三次北伐皆以失败而告终，但他所领导的这三次战争也给予了氐族、羌族等少数民族统治者一定的打击，在客观上帮助并支持着各族人民反抗压迫的斗争，多少符合了当时中原人民的愿望。

桓温为了重振自身威望，于公元371年废掉了皇帝司马奕，改立司马昱为皇帝。司马昱就是历史上的简文帝。此时的桓温已经是一个60岁的老者了。公元372年，司马昱病死，其子司马曜继位。老病交加的桓温还在为登上皇帝宝座进行最后一次挣扎，他要求皇帝为他加九锡，也就是接受禅位之前的一种荣典。但此时当政的宰相谢安等人故意一拖再拖，一直拖了9个月。不久，桓温病死，东晋政权得以继续延续。

106 宋齐梁诸朝的更替是怎么回事？

东晋末年，为了镇压风起云涌的农民起义，中央政府不得不重用以北府兵将领为代表的军事人才，刘裕就是其中的代表人物。在成功镇压农民起义之后，北府兵将领之间的权力争夺战也日趋白热化。自公元 412 年到 413 年初，刘裕陆续击败了自己的主要竞争对手，为称帝扫清了障碍。

公元 420 年，刘裕取代东晋建立宋朝。他鉴于东晋士族政治的弊端，开始任用寒人掌握机要，并且将外藩重镇都托于宗室子弟掌管。掌握地方实权的宗亲们往往觊觎最高统治权，宗室内部骨肉相残的局面也就不断上演。宋文帝元嘉六年（429 年），其弟彭城王刘义康被任命为司徒、录尚书事，并在元嘉十六年（439 年）进位为大将军。由于宋文帝多病，因此，朝政实质上由刘义康把持着。刘义康为了巩固自己的权势，不仅杀害了当时硕果仅存的老将檀道济，更是在文帝病重之时，派自己的亲信去尚书省仪曹翻阅东晋成帝死后立其弟康帝的经过和仪注。可见，亲情在权势面前，变得一文不值。但出人意料的是，文帝竟又逐渐地好了起来。刘义康不甘心失败，与宰相刘湛勾结在一起，大肆排除异己，想要拥护刘义康的朝中势力也一直蠢蠢欲动。无法忍受下去的文帝在元嘉二十八年（451 年）斩杀刘义康，正式拉开了南朝王室骨肉相残悲剧的序幕。

宋文帝立刘劭为太子后，考虑到已经过度发展的宗室势力，特别加强了太子东宫的军事实力，史称“使与羽林相若，至有实甲万人”。但文帝后来又对这个儿子不满意了，想要重立一个太子。听闻消息的刘劭决定先发制人，用文帝配给他的兵甲攻杀了他的父亲和一帮大臣。在一场血腥的弑父之战后，刘劭自立为帝。刘劭的称帝，让他的兄弟（文帝的第三个儿子）武陵王刘骏非常不满。此时刘骏正率军与水蛮作战，听闻消息后，便利用手中的军队以弑父杀君罪名反攻刘劭。由于在舆论上刘骏占据着绝对的优势，因此，战事进展得非常顺利。反观刘劭，在出兵迎战失败退守台城之后，便束手无策了。刘劭的不知所措使得原本攀附于他的政治集团迅速分化，大将军、江夏王刘义恭叛变，这激起了刘劭的强烈愤恨。他以此为借口杀了刘义恭 12 个儿子和以前就有旧怨的宗室多人。但随着台城的陷落，刘劭也由一个杀手变成了他人案上的鱼肉，刘骏毫不犹豫地将刘劭及其 4 个儿子，还有他的同党们通通杀掉。

刘骏即位，是为孝武帝。在经历过骨肉相残的血腥之后，刘骏并没有想着如何弥补已经破裂的宗族关系，而是变本加厉地以杀立威，以防步其父亲的后尘。孝武帝在位短短 10 年间，先后杀掉了他的叔父南郡王刘义宣、弟弟南平王刘铄、武昌王刘浑、海陵王刘休茂以及竟陵王刘诞等多人。其中，仅仅因为猜忌刘诞，孝武帝就派大军围攻广陵。并在破城之后，将城中 5 尺以上的男子全部杀死，城中所有的女子也被当作奴婢赏赐给屠城有功的将领。

公元 465 年，孝武帝刘骏充满血腥的一生结束了，其子刘子业继立。这个年仅 16 岁的少年天子在屠杀宗亲大臣方面，一点都不输给他的父亲。他首先杀掉了叔祖刘义恭及其 4 个儿子，又将弟弟刘子鸾和刘子师杀掉。除了残杀与自己血脉相连的宗亲之外，对大臣名将、密戚近臣也毫不手软。如此血腥的统治，自然使得“举朝遑遑，人人危怖”。处于刘子业身边的宿卫将士们，心中更是惶恐异常，这种朝不保夕的生活迫使他们联合起来，自发地将刘子业杀死，拥立刘彧为皇帝，是为宋明帝。

曾经也朝不保夕的宋明帝在掌握大权之后，同样对宗亲举起了屠刀。不仅杀掉了孝武帝的所有儿子，还把自己仅存下来的 5 个弟弟杀掉了 4 个。公元 472 年，明帝去世，子刘昱成为新帝。在明帝仅存的一个弟弟江州刺史、桂阳王刘休范和文帝孙子建平王刘景素的交相叛乱下，大权逐渐集中到了中领军将领萧道成的手中。公元 477 年，萧道成杀掉刘昱，改立刘昱的弟弟刘凖为皇帝，史称宋顺帝。

宗室间的自相残杀让刘宋政权虚弱不堪，宋顺帝也只是萧道成用来改朝换代的傀儡皇帝。在扶植宋顺帝期间，萧道成一一消灭了政敌尚书令袁粲、荆州刺史沈攸之等人。在扫清各种障碍之后，萧道成于公元 479 年登基称帝，改国号为齐，是为齐高祖。称帝之后的萧道成对宋朝皇室展开了围剿，只有宋文帝的第九子晋熙王刘昶躲过一劫，有后人留世。

萧道成只当了 4 年的皇帝就死了，公元 483 年，其子萧赜继立，是为齐武帝。萧道成、萧赜父子为巩固自己的新政权，也曾针对刘宋末年的情况，制定了一些减轻百姓经济负担的措施。若是这些措施得到很好的贯彻，南齐政权的发展是极其令人期待的。但是统治阶级为了满足自己日益腐化的生活，不仅没有贯彻这些减负措施，甚至变本加厉地进行剥削，百姓的负担日益沉重。

南齐政府对内无任何缓解社会矛盾之策，对外更是没有收复中原之心。就是这样一个偏安一隅的小朝廷，其统治集团内部的矛盾却是越演越烈，如同刘宋政权一样，南齐皇室不断爆发争夺权力的斗争。

齐武帝的嫡长子萧长懋先于武帝离世，按照传统，皇位应由第二子竟陵王萧子良继承。且萧子良历任会稽太守、丹阳尹等职务，有着非常丰富的政治经验，完全可以担当太子重任。但是，武帝却立了长在深宫之中、毫无统治经验的孙子萧昭业为皇太孙，这为日后的混乱埋下了祸根。公元 493 年，齐武帝萧赜病死，太孙萧昭业继承皇位。曾经被议过立储、政治经验与才华兼备的萧子良因为忧惧病死，国家大权落在了齐高祖萧道成侄儿萧鸾的手中。萧鸾在掌握大权后，立即铲除了萧昭业，另立萧昭业的弟弟萧昭文为帝，不久又将萧昭文杀掉，自己当了皇帝，就是历史上的齐明帝。

齐明帝只在位 5 年，但这位依靠政变上台的皇帝似乎非常没有安全感。在这 5 年间，将齐高祖的 19 个儿子、齐武帝的 23 个儿子（除了萧嶷还留有后人外）斩杀殆尽。公元 498 年，明帝病死，其子萧宝卷继位。萧宝卷在为太子之时，就是一个“便好弄（玩），不喜书学”的浪荡公子哥。对这样一个根本无法掌控国家的继承人，齐明帝没有想着如何对其加强政治、文学修养方面的教育，而是教给萧宝卷另一套保全自己统治的方法，即先发制人，对自己不信任的、可能会发动政变的人统统加以诛杀。这样一来，萧宝卷在其皇帝生涯伊始，便拼命地杀人，铲除异己。正所谓“上有所好下必甚焉”，在皇室残杀不断上演的同时，地方方镇之间也不断上演着倾轧与杀戮的悲剧。就在统治阶层自相残杀进行得如火如荼之时，北魏政府却不断加紧对中原地区的控制，并不断地骚扰与蚕食江南地区。内部的自相残杀最终导致了齐宗室雍州刺史萧衍的举兵相向，南齐政权也就在“内难九兴，外寇三作”的情况下灭亡了。

萧衍是齐武帝的族弟，萧衍的父亲萧顺之被派往江陵攻打武帝的儿子萧子响，萧衍的长兄萧懿也是明帝的得力助手。萧宝卷曾派遣平西将军崔慧景去镇压裴叔业的起义，然崔慧景反而在广陵拥立了江夏王萧宝玄。萧懿成功地镇压了这次叛乱，因功进位为尚书令。但是权力的魅力是永恒的，萧懿很快就不再满足于现状。他在谋杀萧宝卷之时，反为萧宝卷所杀。萧衍是萧懿的弟弟，在看到哥哥及其家眷纷纷被杀之后，内心的惶恐可想而知。最终，萧衍决定放手一搏，联手萧宝融击败了萧宝卷派来镇压他们的大军，正式同萧宝卷决裂。

永元三年（501 年），萧宝融在江陵即皇帝位，任命萧衍为尚书左仆射、都督征讨诸军事。不久，又任命萧衍的弟弟萧澹为荆州刺史。从此，长江上游地区的大权，全部落到了萧衍手中。萧衍进兵围攻台城，逼迫城中的禁卫军哗变，铲除了萧宝卷。随后，萧衍派人去江陵迎接萧宝融。但这只不过是一种姿态，萧衍绝不愿把自己打下的江山拱手送与他人，在萧宝融前来的途中，萧衍将其杀害。公元 502 年，萧衍在建康称帝，改国号为梁，萧衍就是历史上有名的梁武帝。

107 侯景之乱与南朝的衰落是怎么回事？

侯景（？—552 年），字万景，是北魏怀朔镇鲜卑化的羯族人。侯景因为身体上的残疾（一说是在他的左足上长有一颗肉瘤，一说是他的左脚比右脚稍长一些）而行动不大方便，但他继承了少数民族尚武好斗的传统，擅长骑马与射箭，长期担任诸如功曹史之类的低级军官。北魏末年统治黑暗，反抗北魏统治的起义风起云涌，侯景就是其中一支由葛荣率领的起义军的将领。在尔朱荣掌握了北魏大权之后，侯景转而投靠了尔朱荣，并且在公元 528 年 8 月的滏口之战中，俘虏了旧主葛荣。侯景也因此被尔朱荣任命为定州刺史。不久，尔朱氏为高欢所败，高欢成为北魏政权的实际掌权人。侯景凭借与高欢的旧情，为其所器重。高欢封他为司徒，兼定州刺史之职，把河南地区交给他来镇守。但高欢深知侯景的人品与军事才能，因此在临死之前，特别交代儿子高澄要对他多加提防。高澄原想以自己父亲的名义招侯景回朝，却不知当年侯景已与高欢有过约定。在查看来信没有约定标记后，侯景意识到自己不为高澄所容，立刻叛变。

侯景最初想要投奔高欢的对手宇文泰，但由于宇文泰对他不甚信任，处处戒备，侯景只得另谋出路。公元 547 年，梁武帝太清元年，侯景利用梁武帝想要北伐的野心，投降梁朝。虽然大臣们极力反对武帝接纳侯景，认为会引狼入室。但梁武帝却一心想要借助侯景的力量进行北伐，他不仅接纳了侯景，还给了侯景很好的待遇。侯景的叛变当然为高澄所不容，他立即派大将慕容绍宗进行讨伐。梁武帝虽派出贞阳侯萧渊明帮助侯景御敌，但被东魏打得大败，萧渊明本人也成了俘虏。在大胜之后，东魏向梁朝提出了和解。这一建议使得侯景心生疑虑，他怕双方会以他为筹码达成一致。但梁武帝却丝毫没有察觉，继续与东魏谈判。侯景以高澄的名义，向梁武帝建议以自己来交换萧渊明。在接到来信后，梁武帝不辨真伪，贸然答复并应允了这一要求。侯景得知后，大为震怒。他意识到，想要活命，只有叛变一法。而要想叛变成功就需要一个内应，侯景最终将目光落在了梁武帝侄儿萧正德身上。萧正德是萧衍弟弟萧宏的儿子，在太子萧统出生之前，萧衍一直以萧正德为子。萧正德也认为自己才是梁武帝的长子，是他日皇位的合法继承人。但萧正德的皇帝梦，随着萧统的出生而变得遥不可及，他对武帝将自己还给生父萧宏的举动非常不满。他暗地里蓄养了敢死队，想要以武力争夺皇位。侯景正是利用了萧正德的野心，以推举他做皇帝为条件，换取了萧正德的支持。

公元 548 年，当侯景叛变的消息传回建康后，梁武帝一点儿都不着急，因为他认为侯景根本无法渡过天险长江。武帝一方面派他的六子萧纶率领军队征讨侯景，另一方面将保卫都城的重任交给了已经叛变的萧正德。公元 548 年 10 月 22 日，萧正德在得知侯景抵达长江北岸后，立即派数十艘大船将侯景及其人马运载过江，安置到了采石（今安徽马鞍山西南）。被梁武帝认为不可逾越的天险长江，就这样被轻松突破了。侯景此时的军力并不强盛，跟随他过江的只不过寥寥数百匹战马和 8000 名军士。因此，侯景采用了“闪电战”：22 日过江，23 日到达板桥（今江苏南京板桥镇），24 日就到达秦淮河南岸，与驻扎在北岸的梁军隔河相持。在萧正德的帮助下，侯景很快就渡过了秦淮河，与萧正德合军攻打台城。在围困台城后，侯景等人不仅阻隔了台城与外界的联系，更是将玄武湖水灌入台城，台城内一片汪洋，就连梁武帝皇宫前的御街都为洪水所吞没。

从太清二年（548 年）十月二十四日，到太清三年（549 年）三月十二日台城被攻破。台城整整被围困了 130 多天，此时的梁武帝已经是一位 86 岁的老人了，城中人口也由最初的 10 余万人，剩下不到十分之二三。虽然 2 万兵将在老将羊侃的带领下奋死抵抗，但饥饿的侵袭使他们根本没有战斗力可言。台城之外，在侯景控制下的人们，日子也不好过。他们被迫参与各种工程的建设，稍有懈怠就会被鞭打。身体较弱的，不是被繁重的劳役累死了，就是直接被推入到土坑当中，成为工事的一部分。在如此的蹂躏之下，梁朝的都城已变得荒废不堪，几近毁灭。

侯景之乱对南朝政局影响很大，史学家陈寅恪先生曾这样总结：“侯景之乱，不仅于南朝政治为巨变，并在江东社会上，亦为一划分时期之大事。”并认为此次事件使得“岩穴村屯之豪长乃乘此役兴起，造成了南朝民族及社会阶级关系之变动”。不仅如此，侯景之乱也是南北实力对比发生转变的一个分水岭。如果说侯景之乱前的南北双方实力相当，甚至在经济上南方还略胜于北方的话，在侯景之乱后，北方政权的实力就已经完全赶上并开始超过南朝。为北方隋杨政权最终击败南方，统一全国打下了基础。

侯景之乱为什么会有如此大的影响呢?

首先，侯景残酷屠杀南朝人民，造成南朝统治区域内人口数量锐减。侯景甚至告诫自己的将士，让他们在攻破城池之时尽杀百姓，只为让天下人都知道他的威名。因此，侯景的军队以杀人为资，以焚掠财物为能。另外，侯景为了争取支持，还大量地吸纳南朝庄园经济中的主力军——奴隶阶层。人口的锐减和奴隶阶层的起义，使得南朝的农业生产陷入迅速衰退之中。

其次，南方局势的不断动荡使得北方政权趁机抢占土地，扩充了实力。继萧梁而建立的陈朝，国境只有长江中下游以南和淮南江北的一小片区域，还比不上三国时期的孙吴政权。狭小的国土面积，就意味着没有足够的土地，也没有大量的人口。建立在此基础上的军事实力和政治影响力，也自然衰弱不堪。特别是南朝一直所凭借的天险长江，竟被北方政权占据了一半，更使得南方在地理上不再占据任何优势。

最后，面对侯景的叛乱，萧梁的皇室子孙们纷纷拥兵观望，有的甚至为了增加自己夺取皇位的筹码，不惜以土地和主权来取得北方政权的支持。这种“引狼入室”的援助，最终为南朝的覆亡敲响了丧钟。

108 北魏统一北方与六镇的设置是怎么回事?

北魏是鲜卑拓跋部建立的少数民族政权，拓跋部原先居住在今天黑龙江省嫩江流域、大兴安岭附近地区。东汉初年，北匈奴西迁和南匈奴保塞，使得草原成为真空区域，拓跋部就在拓跋推寅的带领下来到了这里。他们驻扎的地方，可能是今天内蒙古呼伦贝尔盟一带。随后，拓跋部继续向西南方迁徙。到拓跋力微统治之时，他们已经迁徙到了盛乐（今内蒙古和林格尔西北土城子）。曹魏景元二年（261年），拓跋力微与中原政府取得了联系，并派遣使者进行朝贡。

西晋政府曾经短暂地统一过全国，但随即陷入混乱之中。统治阶级的混战，给了周边少数民族内迁的机会，政权的衰微又提供了群雄并起的条件。但群雄的实力并不相当，少数民族联盟、少数民族与汉族的联盟十分普遍。

晋怀帝永嘉四年（310年），并州刺史刘琨为了增强自身实力，与拓跋猗卢结为异姓兄弟，并且请求朝廷册封拓跋猗卢为代公。晋愍帝建兴三年（315年），又晋封为代王。从此，拓跋族有了自己的国号。代国存在了62年，在公元376年被前秦政权攻灭。需要指出的是，代国政权并不在十六国之内。

北魏政权的建立者拓跋珪，是代国末代皇帝拓跋什翼犍的孙子。在代国灭亡之际，他的母亲带着他投靠了前秦分管代国的统帅之一——刘库仁。刘库仁是拓跋什翼犍的外甥，因此对拓跋珪照顾得很周到。但随着刘库仁及其兄弟头眷被杀身亡，拓跋珪再次逃亡。这次，拓跋珪前往贺兰部，投靠了自己的舅父。东晋孝武帝太元十一年（386年），年仅16岁的拓跋珪趁着前秦衰败之际，重新建立代国，并改国号为魏。建立政权9年，就在参合陂击败了燕军。后燕主慕容垂对此十分不服，在参合陂战后的第二年，率军进攻北魏。但慕容垂的突然病逝，使后燕政权的形势急转直下。北魏在这一年的7月建了天子旌旗，改元为皇始（396年），决心参与对中原政权的争夺。北魏想要入主中原，首先要消灭的就是当时实力最为强大的后燕政权。因此，在皇始元年八月，拓跋珪大举攻燕，在折损了一半兵力后，夺得了河北地区。但拓跋珪的性格非常残暴，到了晚年尤为严重。天赐六年（409年），拓跋珪想要杀掉贺夫人，反被贺夫人的儿子清河王拓跋绍所杀。拓跋珪的另一个儿子齐王拓跋嗣平定了这场叛乱，杀死了拓跋绍，登上了皇帝的宝座。拓跋嗣就是北魏太宗明元帝。

在太宗明元帝拓跋嗣统治时期，北方还处在列国割据的局面之下。北魏的东北有北燕政权，西与大夏和后秦政权毗邻。在大夏和后秦政权的西面，还有西秦和三凉（南凉、北凉和西凉）政权，错综复杂的局面增加了北魏一统中原的难度。拓跋嗣统治初年，北魏的国力并不强盛。神瑞二年（415 年），云中和代郡的百姓就因连年天灾而饱受饥馑的威胁，甚至有人饿死。泰常二年（417 年），东晋大将刘裕进攻后秦，并沿着黄河向西挺进。危难之下，后秦向北魏发出求救。北魏政府为此分为两派，明元帝决定派军队在黄河北岸监视晋军动向，并且不时加以骚扰。但由于刘裕的反击，很是受了些损失。北魏泰常七年（422 年），明元帝趁刘裕新死之时，大举攻宋（此时的南方政权是宋朝），并在第二年攻下了河南地区的几个重镇，北魏的实力开始赶超南方的刘宋政权。泰常八年（423 年）十一月，明元帝去世，儿子拓跋焘继位，拓跋焘就是历史上有名的北魏世祖太武帝。

始光二年（425 年），夏主赫连勃勃去世，这对于北魏来说是个好消息，毕竟赫连勃勃拥有令人忌惮的军事才能。始光三年（426 年），拓跋焘接受太常卿崔浩的建议，率大军袭击夏朝的统治中心——统万城。虽然并没有攻破统万城，但也杀俘了好几万人，掠夺了大量的牛马，夏朝的国力受到了极大的削弱。另一支由大将军奚斤所率领的军队也攻占了蒲坂（今山西永济）、长安等地。总之，对大夏政权的作战，北魏收获很大。始光四年（427 年），北魏太武帝再度出兵攻打统万城，经过一番鏖战之后，统万城最终陷落。公元 428 年，尉眷等进攻上邽（今甘肃天水），俘虏了夏主赫连昌。公元 430 年 12 月，又攻克了平凉（今甘肃平凉），平定了关中地区。次年正月更是占领了南安（今甘肃陇西东南），逼迫乞伏暮末投降，灭掉西秦政权。北魏太宗明元帝时北方还林立的大小政权，此时全都归北魏政权所有。

北魏在以后的两年中，将军事重点放在了防御北方兴起的柔然上。柔然，又有蠕蠕、芮芮等名称，其中“蠕蠕”是带有侮辱性的称呼，太武帝认为柔然人智力低下，如同不会思考的虫子一般。在北魏驰骋于中原战场的同时，柔然人却趁机发展了起来。北魏政权迁都洛阳之前，国都为平城（今山西大同）。平城的地理位置过于靠近塞外，尽管北魏军队在太武帝的率领下频频击败柔然，但柔然还是威胁首都平城的一颗“定时炸弹”。为了防范柔然人可能的进攻，北魏政府沿边设立了六个军镇，用以拱卫首都。这六个军事重镇由西而东依次为：沃野镇（今内蒙古五原县东北乌加河北）、怀朔镇（今内蒙古固阳西南）、武川镇（今内蒙古武川西南）、抚冥镇（今内蒙古四子王旗东南）、柔玄镇（今内蒙古兴和县西北）和怀荒镇（今河北张北）。

在北魏初年，六镇的地位非常高。将领基本上都来源于拓跋氏亲王和鲜卑八族王公等上层亲贵。就连驻守于六镇的士兵，都是骁勇善战的拓跋氏族内部子弟和中原地区强宗大族的子弟。在当时，如果能够入选驻守六镇的行列，会是一件非常荣耀的事情，所谓“当时人物，忻慕为之”。六镇的设置，对于北魏边疆的安全有着非常重要的作用。也正因为边疆安定，太武帝才能毫无后顾之忧地解决中原战场的遗留问题。魏太武帝延和元年（432年），进攻北燕；太延二年（436年），北燕主逃往高句丽，北燕灭亡。太延五年（439年），太武帝率军进逼北凉。北凉主沮渠牧犍与柔然结盟，希望化解眼前的危机，但无济于事。在苦守了一个半月之后只得投降。随着中原地区最后一个割据政权的灭亡，纷纷扰扰了135年的十六国时期到此正式结束，北方再一次归于统一。

109 何谓均田制与宗主督护制？它们是如何产生的？

北魏入主中原后，开始实行一系列政治经济改革，以适应当时中原地区固有的政治经济形态，巩固自身的统治。均田制和宗主督护制，就是其中的重要方面。

进入中原的鲜卑人民开始转向农业经济，他们在都城四周建立起一种以生产为主导的村社组织。随后，逐渐与中原发展成熟的私有制经济相结合，均田制就是土地公有制和私有经济相结合的产物。当然，在地主经济占据主导地位的中原地区，这种带有村社性质的均田制度能够得以确立，是有其特定历史原因的。

首先，西晋的占田制为均田制的实施开辟了先例。中国自古就有“普天之下，莫非王土”的土地公有制概念，而西晋占田制的实行，则进一步强化了这一概念。均田制的出现，是孝文帝综合北魏原有的“计口受田”制度、古代土地公有制观念以及西晋占田制这三者而建立起来的，是符合当时经济发展的制度。

其次，西晋末年至十六国时期，北方地区战乱频繁。人民或死于灾荒，或死于战乱，或辗转逃往南方。因此，北方留下了许多无主的土地，这些荒地的存在，是均田制能够实施的客观条件。

再次，强大的王权是均田制顺利实施的保证。北魏政权的建立者是鲜卑族人，虽然已经汉化，但其封建化程度还是相对较低。因此，在他们内部，还保留着大量的自由民阶层。经济还未衰败的自由民，构成了维护中央政权的坚实力量。在地主经济已经相对发展的中原地区，北魏政府最终是依靠这些由自由民组成的力量，用超经济手段迫使中原地区的地主们接受了均田制度。

最后，实施均田制是北魏政权为缓和社会矛盾的必然选择。入主中原的鲜卑贵族们占有大量良田，而需要承担赋役的农民却无田可耕。这使得北魏统治下的社会矛盾日趋尖锐，农民起义不断发生。因此，为了维护自身的统治，北魏政府也必须进行土地改革，让土地与农民再次有机地结合起来。

总之，均田制就在以上种种情况的交相影响下产生了。

北魏孝文帝太和九年（485 年），正式颁布均田法。按照均田法的规定，平民百姓和奴婢一样被授予田地。百姓能够从政府得到的土地有这么几种：一是种植粮食的露田；二是栽种经济作物的桑田或麻田；三是用以建筑房屋的宅田。具体办法如下：

露田：男子 15 岁以上，都授予露田 40 亩；妇女减半。由于耕种多采用休耕法，因此，采用二圃制休耕法的，授田的数目加倍；在采取 3 年一休耕的地区，则授田数额三倍之，也就是男子授田 120 亩，女子 60 亩。

桑田或麻田：男子 15 岁以上，给桑田 20 亩。每户人家的桑田之上，都必须种植桑树 50 株，枣树 5 株，还有榆树 3 株。在不适合养蚕缫丝的地方，政府也授予田地，但称为麻田，男子可以得到 10 亩地，女子也可以得到 5 亩地。另外，男子还可以额外得到 1 亩用于种植榆树和枣树的田地。这些田地可能是为了发展家庭手工业而采取的强制性措施。

宅地：在宅地的分配上，北魏政府本着补缺的态度。对那些实际有宅基地的百姓，政府是不予以授田的。一般来说，是按照3口给宅田1亩的标准予以授予。这1亩也不全是让你盖房子的，其中的五分之一，必须用来种植蔬菜。

奴婢们的授田情况和普通百姓差不多，只是不被授予桑田，且奴婢每5口人分宅田1亩。

这些被授予出去的田地，不是自此变成了受田人的私有财产。而是一种有授有还的行为。除了政府授予的桑田，百姓可以永生永世地占有之外，其他授予出去的土地，政府都会在被授予人年老免役或是死亡之时，再次收归国有，以便下一次分授。

与人一样被授予田地的，还有农耕社会不可或缺的劳动力——牛。一头正当壮年的牛也可以分到30亩田地，但是最多只给4头牛的田地。

当然，在得到田地的同时，就意味着要承担起国家规定的纳税义务。均田制下的赋税制度，以一夫一妻为单位来征收。一般而言，一对夫妇每年需要交纳帛1匹，粟2石，奴婢每人每年需要交纳相当于一夫一妻所缴纳的八分之一，耕牛则要交纳相当于一夫一妻所缴纳的二十分之一。可见，均田制是北魏政府有偿地将自己手中的闲散土地转让出去的一种方式。贵族地主们因为拥有大量的奴婢，占有大量的田地，实际利益没有受到损失，这也是均田制得以顺利推行的原因之一。

除了经济制度，北魏政府还必须建立一套适合当时社会发展的地方政权体系。宗主督护制，就是北魏政府在实行三长制之前的地方行政体系。它是中央政府进行基层管理的重要环节，是建立在宗族组织基础之上的一种行政制度。需要指出的是，并不是说在这种宗族组织的内部没有任何异姓成员，但成员大部分来自于一个宗族当是无疑的。

在十六国时期，未能转移到南方的汉人大都受到少数民族政权的压迫与奴役。汉人想要自保，必然会团结在一起。一般而言，都是同宗同族的人们聚集在一起。这个集体中的领导者，就是宗族中最有威望的人，也就是后来所说的宗主。北魏在刚刚入主中原之时，无力将这么多组织一一解散或是击败。为了维持皇权的存在，就必须采用一种妥协的方式来羁縻这些汉族大地主们，这一方式便是宗主督护制。

北魏政府在公元435年之前，就已经实行这一政策了。其实质是，北魏政府以承认宗主对其控制下包荫户的权利，赋予宗主在此基础上实行行政权来换取他们的支持。宗主督护制，是一种变形的基层行政组织，宗主的产生并不依靠国家的行政权力，而是根据宗法关系。他们在协调宗族内部矛盾时，除了采用北魏王朝授予的"督护"权之外，更多的是运用封建宗法礼制的约束力。宗主督护下的宗族规模没有固定的限制，也就是说宗主庇荫的户口数量没有限制；且其居住地也不固定，可以随意地进行迁徙；宗主庇荫的户口没有给北魏王朝交纳赋税的义务。规模较大的宗族往往既是一个农业生产组织，也是一个武装集团。可见，宗主督护制对统一的封建王朝来说，不是凝聚力，而是离心力。因此，北魏政权扎根于中原大地之后，就以三长制代替宗主督护制了。

110 魏孝文帝的迁都与改革是怎么回事？

北魏政权建立之初，将都城定在了地处偏僻的平城。虽然政府一直不断地移民于塞上，但无奈那里的土地太过于贫瘠，生产的粮食往往只够供应六镇的军粮。而聚集在平城周边的人口却越来越多，尤其是官僚、贵族、商人，这些不直接从事耕种的人的大量存在，使得粮食供应变得更加艰难。哪怕是平城地区年年丰收，粮食供应也依旧紧张。在这种情况下，政府只能调发关内州县的粮食以供给塞上。至少在明元帝时代，一遇荒年就有迁都于粮食丰收之地的打算。

太和十一年（487年），平城一带发生了严重的旱灾，甚至到了

“野无青草”的地步。旱灾造成严重的食物短缺，出现了“郊甸间甚多馁死”的情形。严重的饥荒，使迁都成为迫在眉睫之事。从社会经济发展的特定阶段而言，平城也已经丧失了它作为都城的必要性。此时中原地区的农业生产全面复苏，已然成为北魏王朝经济的重要支柱。且中原地区原有的先进的政治文化在经济发展的推动下，也全面复苏与繁荣。洛阳，是中原地区经济、文化发展的中心，也是北魏政府迁都的最佳选择。

此外，柔然的侵袭也越来越频繁，北方边疆动荡不已。在拓跋氏族未全面进入封建化之时，氏族成员和各个少数民族首领往往前往六镇进行镇守，六镇的军事力量是北魏军队的核心。但随着封建化的日益加深，拓跋氏族内部的贫富分化越来越大，自由民的经济状况日益恶化。自由民是北魏军事力量的骨干，他们的没落直接导致了北魏军事力量的衰落，如同后来清朝的八旗一样。没落的六镇已经无法再给予平城强有力的军事保护，平城随时都有被柔然围攻的可能。

虽然迁都已势在必行，但统治阶级内部依旧没有达成一致。保守派坚持认为，他们应该保有鲜卑族固有的风俗，不能被汉化，更不能离开祖宗立国之地到汉人的包围中去。尽管迁都的命令已经下达，但保守派依旧负隅抵抗。太子元恂甚至在迁都洛阳之后，谋划退往平城。事情泄露后，孝文帝严厉地处置了与他政见相左的太子（先是废黜，然后用毒酒将其毒杀）。但这并没有吓退鲜卑贵族们想要回到平城的心，鲜卑族内的元老穆泰就秘密联系了镇北大将军乐陵王元思誉、代郡太守元珍等人，企图另外拥立阳平王元颐为皇帝，以平城为基地起兵造反。孝文帝在得知这一消息之后，急忙派出亲信任城王元澄前去镇压，并亲自到达北都进行巡视。在捕杀多人之后，这次政变才被压了下去。通过这几次对元老重臣的铁腕镇压，朝中再无人敢反抗孝文帝的命令了，这也为孝文帝推行汉化改革，打下了基础。

为了能尽快适应中原先进的社会秩序，缓和阶级矛盾和民族矛盾，孝文帝在公元 494 年迁都洛阳后的几年内，集中实行了一系列改革措施，主要有以下几点：

1. 禁止使用鲜卑语。鲜卑族是一个拥有自己民族语言的民族，在进入中原初期，无论是发布命令还是讨论政事，政府都是使用鲜卑语。汉族士人必须学会鲜卑语，或依靠政府设置的翻译人员，才能进行交流。语言障碍造成的种种弊端，成为北魏政府必须要解决的问题。为了尽快解决这一问题，也为了更加靠近汉人，孝文帝将汉语作为帝国的官方语言，并禁止使用其他语言。

2. 改革鲜卑族的固有姓氏。由于鲜卑族是使用多缀语的民族，因此他们的姓氏也多为复姓。随着汉语成为官方语言，汉人的单姓也被大加提倡。太和二十年（496 年），孝文帝颁布诏书，将鲜卑族的族源追溯到了黄帝，率先将皇家姓氏改为元氏。北魏皇族的 9 姓，以及各部落的 118 姓也都由复姓改为了单姓。孝文帝还进一步规定，鲜卑贵族从改革之后就只准葬于洛阳，不得以任何理由归葬平城。也就是说，在改革姓氏的同时，将他们的籍贯也改为了河南郡。

3. 禁止各族人民穿着胡服。拓跋族人来自于塞外草原，他们的服装习俗是编发左衽，不像中原汉族那样衣带飘飘。早在迁都洛阳之前，孝文帝就命令李冲等汉族地主官僚，在宫内共同商议衣冠的等级与形制。并且以衣冠的形制没有最终确立为由，取消了太和十五年（491 年）十二月初一的小岁贺和太和十六年正月初一的元日朝贺。在经过了 6 年的酝酿和改革之后，北魏政府官吏与妇女的服饰、冠服有了最终的定制。

4. 制定和改革祭祀的相关礼仪。虽然各个民族都会祭拜天、地、神和祖先，但由于信仰起源与发展的不同，各民族所采用的祭拜仪式也不尽相同。鲜卑族人一直保持着他们原始的信仰与崇拜形式。但这种原始的祭祀，越来越不能适应封建社会的要求。因此，孝文帝逐渐采取汉族帝王祭祀天地神祇的方式，到了太和十八年（494 年），索性就将本族原来的西郊祭天仪式给取消了。放弃本民族固守的信仰，而改信其他民族的神明，这在古代社会是一件不得了的大事。由此也可以看出，孝文帝要实现汉化的决心。

5. 厘定官制。孝文帝统治前的北魏官制，大都是杂糅了汉族和匈奴族的官名。在废除鲜卑语、鲜卑姓氏的同时，孝文帝也没有放过夹杂在官职、官名当中的非汉族成分。他制定的新官制完全模仿了两晋和南朝，只是稍加改动而已。

孝文帝推行的这些改革，一方面是为了加速鲜卑族的封建化，以更好地巩固北魏政权；另一方面也是北魏政权由塞外转向中原，客观环境转变所带来的必然选择。不管怎样，孝文帝所实行的汉化政策与改革，是符合社会发展的，客观上有利于缓和民族矛盾和阶级矛盾，顺应了历史发展的必然，对当时社会经济的发展起到了积极的推动作用。

111 六镇大起义是怎么回事？

北魏六镇的存在，是为了防范实力日强的柔然。北魏前期的统治中心在平城，处在柔然人的攻击范围之内。因此，早期的北魏皇帝都非常重视六镇的防务事宜。孝文帝本人虽然将都城迁到洛阳，但对六镇的防务，依然没有放松。在迁都洛阳之初，孝文帝经常到六镇地区进行巡查。但随着汉化的不断推进，拓跋族内部的贫富分化变得非常剧烈。一般的拓跋族人在封建化的过程中，由于自身文化程度不高，无法通过文职来跻身于仕途之中。他们所能凭借的，就是自己曾经引以为傲的武力，也就是军职系统。但当军队中的非鲜卑族人越来越多时，拓跋族人的晋升也愈加困难，社会地位也就无可挽回地衰落了。特别是孝文帝在太和二十年（496 年），将“代迁之士，皆为羽林、虎贲”之后，更是将他们排除在了“清品”之外。他们中的很多人，都被称为“代来寒人”，曾经的荣耀开始褪去，普通的拓跋族人开始受到来自鲜卑贵族和汉族大地主的双重压迫。社会地位的不断沦落和经济上的被盘剥，使得他们极为不满。孝明帝神龟二年（519 年），就发生了洛阳的羽林、虎贲焚毁征西将军张彝宅邸的事件。在到达中原的拓跋族人开始沦落的时候，那些未能来到中原，被留在塞上的鲜卑族人，情况就更加糟糕。

由于洛阳远离塞外之地，原先用来拱卫首都的六镇，就变得不再重要。因此，孝文帝后的中央政府，也就不再关注六镇的发展与官将的人选问题。宣武帝后，更是将无才无能之徒派往六镇担当镇将。镇将的人选失当，使得六镇的情况进一步恶化。镇将贪婪残暴，“政以贿立”。镇户则因镇将的掠夺，生活日益困苦。曾经受人艳羡的六镇，变成了流放犯人的地方。六镇军士，尤其是镇户，最终沦为了如同“厮养”一般的奴婢，世人也当然就“自非得罪当世，莫肯与之为伍”。曾经同根同族的族人，现在已经变成了两个对立的阶级。六镇起义，就是镇民们为了改变自己的现状而发出的抗争。

孝明帝正光四年（523 年）夏天，柔然主郁久闾阿那瓌入侵北魏边境，攻到平城附近。腐败的六镇军事不堪一击，阿那瓌不仅俘虏了北魏行台尚书元孚，还掠夺了大量的人口和牛羊。这一事件使得中央政府非常惊恐，急忙派遣了一支 15 万人的大军前去抵抗，但也无功而返。不久，柔然人卷土重来，而此时的六镇士兵天天都在忍受着饥饿的折磨，看见大敌来临，怀荒镇的兵民们请求镇将打开粮仓，分发食物给兵民。毕竟只有吃饱了肚子，才有力气进行抵抗。但是这一合理的要求，却被镇将以没有接到洛阳的命令为由，予以拒绝。这一事件，点燃了人民积压在心头多年的怨气，他们聚集在一起，杀掉了镇将，拉开了六镇大起义的序幕。

正光五年（524 年），起义从最西边沃野镇下辖的高阙戍开始了。高阙戍在其戍主的统治下，上下失和，内外离心。忍无可忍的镇民在破六韩拔陵的率领下攻杀了戍主，并很快攻占了整个沃野镇。高平镇镇民赫连恩等人推举敕勒族酋长胡琛为首领，占领了高平镇，以响应破六韩拔陵。继沃野镇与高平镇之后，破六韩拔陵又攻下了武川镇和怀朔镇。不仅如此，还将官军击败于五原、白道（今内蒙古呼和浩特北部）。至此，六镇全部脱离了北魏政府的控制。北魏政府为了挽救自己的统治，遏制迅猛发展的起义形势，决定与柔然人合作。当年北魏政府设置六镇的目的，就是为了防范柔然人的进攻。而时至今日，北魏政府为了镇压自己统治下的人民，不惜与昔日的敌人合作，其虚弱本质可见一斑。面对北魏政府的邀请，本来就志在消灭六镇的柔然人当然非常乐意。孝昌元年（525 年）的春天，阿那瓌率领10万大军，浩浩荡荡地向武川镇进发。面对军事实力强悍，且人数众多的柔然军队，起义军无力抵抗，频频遭遇挫折。这年6月，破六韩拔陵被迫率军渡过黄河，向南方迁移。此时的起义军还有20万人之多，若是能够保存下来，也是一支不容小觑的力量，但破六韩拔陵的部队遭到了北魏广阳王元渊的夹击。军事上的失败，使破六韩拔陵无法掩护20万军民撤退，这20万人全部落入了元渊的手中，起义至此失败，总共历时1年零3个月。领导这次大起义的破六韩拔陵，在起义失败后下落不明。

北魏政府虽然取得了最后的胜利，但是如何安置这20万六镇降户却成了棘手的难题。因为此时的六镇，已经被柔然人破坏殆尽，降户们自然是无法回迁。无奈之下，政府只得将这20万人分散在河北地区进行安置。但是，社会矛盾依然尖锐，河北地区尤为严重。参与过大起义的人民，犹如星星之火，点燃了河北大起义的烈火。

最后，我们需要说明的是，在六镇起义失败后不久，怀朔镇的镇民鲜于阿胡等人继续占据怀朔镇，坚持斗争。曾经一度攻下了北魏的旧都平城，但这支起义军的最终结果怎样，史书中没有记载。

112 关陇大起义是怎么回事？

北魏统治末期，从中央到地方的吏治全面腐败，人民生活困苦不堪。秦州人民薛珍、刘庆和杜超等人苦于刺史李彦的暴政，于正光五年（524年）六月杀掉李彦，竖起了起义的大旗。秦州人民的起义很快就得到了广泛的响应。他们推举羌族人莫折大提为首领，莫折大提随即自称秦王。但莫折大提很快就病逝了，领导权转移到了大提的儿子莫折念生的手中，莫折念生自称天子，改年号为天建，建立了与北魏政权相抗衡的秦政权。

起义军最初发展十分顺利，在攻下岐州（今陕西凤翔附近），俘虏北魏都督元志与岐州刺史裴芬之后，又挥师西进，攻下了凉州（今甘肃武威）。但与北魏政府军在黑水（今陕西兴平西）附近的决战中，起义军吃了败仗，折损了不少兵将。北魏政府还与游牧于青海一带的吐谷浑贵族达成了协议，吐谷浑发兵攻占了起义军把守的凉州。在起义遭到挫折后，起义军内部的一些投机者开始动摇，他们叛变起义军，与北魏政府相互勾结，起义活动因此陷入了低谷。

经过一段时间的休整，莫折念生于孝昌三年（527年）正月，开始部署反击事宜。反击的第一仗就在泾州（今甘肃泾川北）大败北魏政府军，再次占领了陇东的大片区域。起义军还曾一度越过长安，占据了天险潼关，兵锋直指北魏国都洛阳。这让北魏政府震恐不已，孝明帝不仅下令“中外戒严”，更是声称自己要御驾亲征。北魏政府一方面派遣大军围剿起义军，重新夺回潼关的驻守权，暂时解除了洛阳的危机；另一方面采取离间的手法，对起义军内部那些意志不坚定的人，进行分化和收买。后者很快起了作用，公元527年9月，莫折念生的部将常山王杜粲被买通后，杀害莫折念生及其家人，据秦州叛变。虽然杜粲本人在叛变后不久，也死于部将骆超之手，但还是造成了起义军内部的一些分裂。万幸的是，起义并没有因此而败亡。关陇地区的人民，此时团结在了另一位起义军领袖——万俟丑奴的周围，与北魏政府开始新一轮的斗争。

万俟丑奴参加过六镇起义，是高平镇胡琛队伍中的一名战将。孝昌元年（525年），起义军遭到了北魏政府强有力的阻击，损失很大。胡琛命令万俟丑奴等人，率领起义军向泾州进发。面对行台萧宝夤率领的“甲卒十二万”人，万俟丑奴表现出了非凡的军事才能，他临阵斩杀了岐州刺史崔延伯，带领起义军击溃了北魏政府的主力军，取得了关陇起义以来最大的一次胜利。不久，胡琛去世，万俟丑奴成为这支起义军的领导者。在莫折念生被杀后，万俟丑奴接收了莫折念生的残余部队，成为整个关陇起义军的领导者。起义军在他的领导下，接连攻克了东秦州（今陕西陇县）和豳州（今甘肃宁县）。万俟丑奴也在永安元年（528年）的夏天，自称为天子，改元神虎。永安二年，万俟丑奴率军进围岐州。此时的北魏政权已经为尔朱荣所把持，尔朱荣在消灭了对手葛荣之后，便令儿子尔朱天光和都督贺拔岳，率领武川镇军团前来围剿万俟丑奴所率领的起义军。面对训练有素的军队，起义军在建明元年（530年）四月遭到了毁灭性的打击，万俟丑奴也被俘虏。在送达洛阳之后，壮烈牺牲。

万俟丑奴死后，关陇起义军分为两支队伍。一支6000人左右的队伍由万俟道洛率领，退居略阳（今甘肃秦安东北）。在与氐族人王庆云会合之后，以水洛城（今甘肃庄浪）为据点继续进行抵抗。但遭到了尔朱天光的围剿，在突围中遭到了伏击，尔朱天光坑杀了这支部队的全部战士。另一支队伍在宿勤明达的率领下，退保夏州（今陕西靖边东北白城子），而后又从夏州退往东夏州（今陕西延安东北甘谷驿一带）。但此时尔朱天光的兵锋已经无可抵挡，到了普泰元年（531年）四月，宿勤明达也被尔朱天光所俘虏，起义至此，彻底失败。

关陇大起义，从公元524年6月正式拉开序幕，到公元531年4月完全失败，总共坚持了6年零10个月。

113 何谓东魏与西魏？

在北魏末年此起彼伏的起义浪潮中，既有被压迫的各族人民，也有想要投机的政治家，生活在塞上北秀容川（秀容川是指今天北部滹沱河、牧马河以西至黄河的一片区域，包括了桑干河和汾河的上游一带）的契胡族酋长尔朱荣就是其中的一位。尔朱氏家族世代均为部落酋长，到了尔朱荣时期拥有部落8000多家，实力非常雄厚。尔朱荣看到北魏政权日益没落，就带领部族走上了武装化的道路。武泰元年（528年），北魏孝明帝元诩被自己的母亲胡太后毒杀。由于明帝没有留下子嗣，因此胡太后选择孝明帝的堂侄年仅3岁的元钊为皇位的继承人。尔朱荣借口给孝明帝复仇，拥立元子攸为皇帝，在这一年的4月率军南下。在尔朱荣的进逼之下，胡太后落发出家以避祸事，但最终还是和小皇帝元钊一道，被尔朱荣溺死在黄河里。接着，尔朱荣又在陶渚（今河南孟津县东）对公卿百官2000余人进行大肆屠杀。屠杀过后，北魏王朝的支柱——鲜卑贵族和汉族大地主被消灭殆尽，北魏政权气数也就不长了。

尔朱荣所拥有的契胡族骑兵，是他争夺最高统治权的军事保证。

大权在握之后，尔朱荣就分兵对各地兴起的可能会与之争权的起义军进行围剿，一度造成了军事上的统一。但是，军事统一局面的形成，并无助于统治阶级的团结。他们在面对人民起义时达成的临时性统一，在胜利后土崩瓦解，统治集团内部矛盾急剧发展。永安三年（530 年），被尔朱荣拥立的元子攸开始对现状不满意。在这一年的 9 月，趁着尔朱荣从晋阳到洛阳入朝觐见之时将他杀死。但尔朱氏的实力却没有随着尔朱荣个人的离世而削弱，政权也依然掌握在尔朱氏手中。元子攸本人也在尔朱荣从子尔朱兆等人的复仇中被杀，元恭被立为皇帝。

虽然尔朱氏家族的权势熏天，但他们却没有太多的统治经验，无法解决尖锐的社会矛盾，特别是在如何妥善安置六镇遗民这一问题上。在六镇遗民中，一部分武川镇兵户在贺拔岳的带领下西征关中，成为后来宇文泰政权的主要军事力量。留在并州的大部分人，后被高欢收编，成为高欢政权的主要军事力量。占据关中的宇文泰政权和占据洛阳的高欢政权，都拥立北魏宗室为帝，自认为是北魏正朔之所在。在势均力敌之下，北魏政权也就硬生生地被分为了两个部分——东魏和西魏。

首先来看以高欢为代表的东魏政权的发展情况。在面对不断爆发的大小起义时，时任晋州刺史的高欢对尔朱兆说："六镇反叛者残余，不能全部杀掉，应该挑选出大王信任的心腹之人前去统率。如果还有犯法反叛之人，就直接为首领是问。这样一来，犯罪的人就会大大减少。"尔朱兆接受了高欢的意见，并让他前去处理。高欢先将这些人加以武装，变成自己的军队。紧接着，又请求尔朱兆允许他们去太行山以东的地区就食，这些要求尔朱兆都予以准许。尔朱兆的长史慕容绍宗看出了高欢的野心，力图阻止尔朱兆将这些六镇遗民交给高欢，但尔朱兆并不相信慕容绍宗。事后，高欢果然就依靠着这支部队，竖起了反对尔朱氏的大旗。

高欢（496 年—547 年），鲜卑名为贺六浑，是鲜卑化了的汉人。公元 531 年，高欢率领队伍来到河北地区。此时的高欢虽然有了叛变的想法，但却不敢轻举妄动。他一面进驻信都，取得当地地主阶层的支持；一面加深兵民对尔朱氏的仇恨，以欺诈的手段，将这些人牢牢地团结在自己的身边，成为反对尔朱氏的中坚力量。不久，赵郡大族李元忠起兵攻打殷州。高欢以救援为借口派兵前往，在杀掉殷州刺史尔朱羽生后，正式和尔朱氏决裂。在与尔朱氏决裂的同时，高欢还派人上表朝廷，表明了自己的忠心。高欢拥立元脩为皇帝，自称丞相、都督中外诸军事、大将军、录尚书事和大行台。在掌握了北魏最高统治权后，高欢开始一步步围剿尔朱氏的势力。而尔朱氏内部的猜忌，也给了高欢可乘之机。虽然尔朱氏此时再度团结一致，但已经为时已晚，高欢在各个方面都已占据了绝对的主动。公元 532 年 7 月，高欢攻占了尔朱氏的根据地晋阳，第二年正月，尔朱兆兵败自杀，曾经盛极一时的尔朱氏到此完全垮台。高欢也将自己的根据地移至晋阳，并将其所统辖的六镇兵民由河北迁回，让他们拱卫在晋阳的周围。

魏帝元脩不甘心被高欢操纵，两人之间的隔阂越来越深。元脩杀掉高欢的亲信高乾，高欢也毫不避讳地包庇高乾的亲属，双方的关系更加紧张。元脩并不想坐以待毙，他援引贺拔岳为后援，但贺拔岳不久就为亲高欢的侯莫陈悦所杀。元脩又扶植宇文泰，以对抗高欢。简单而言，元脩就是想要利用关陇势力来对抗晋阳势力。公元 534 年 5 月，元脩下令征发河南地区的兵士，以亲征伐梁为幌子，想要奇袭晋阳。但此时的洛阳朝内，到处都是高欢的眼线。在得知消息后，高欢决定先发制人，组织了 20 万大军南下。在高欢军队渡过黄河之后，元脩知道自己败局已定，于这年的 7 月，放弃洛阳，逃往了关中。10 月，高欢另立元善见为皇帝，并且将都城由洛阳迁到了邺城，国政完全操纵在高氏手中。历史上将这一政权，称之为东魏。

与高欢分庭抗礼的，是关中军事集团。这一政治军事集团的最初领导者是贺拔岳，贺拔岳死后，转归宇文泰掌握。

宇文泰（507 年—556 年）所在的宇文家族世代都是东胡宇文部的酋长，一度在西晋末年十分强盛。虽然为慕容氏所攻灭，但是宇文部的贵族，在慕容氏政权里依然担任高官，且人数还不少。在慕容宝败亡之后，一部分人归降了北魏，迁居到武川镇，其中就包括宇文泰的高祖。北魏末年的六镇大起义，破六韩拔陵的大将卫可孤攻占了武川镇。但不久，武川镇的低级军官贺拔岳父子和宇文泰的父亲宇文肱等人就背叛了起义军，北魏政府将他们安置在河北博陵郡。不久，宇文肱又参加了鲜于修礼领导的起义，但在战斗中阵亡。宇文肱的第三子洛生，辗转投靠了葛荣，并在葛荣军中屡立战功。当时年仅 18 岁的宇文泰，也随着兄长在葛荣军中作战。葛荣兵败后，洛生被杀，宇文泰只得再次流亡。这次，他选择了与其有世交关系的贺拔岳。贺拔岳不久就作为尔朱天光的副手进军关中，随行的还有侯莫陈悦。尔朱氏在和高欢的争斗中全面溃败后，关中地区就被贺拔岳和侯莫陈悦两个军事集团所控制。

先前已经讲到，魏孝武帝元脩与高欢不和，进而发展到火拼的地步。既然要火拼，就必须要有坚实的后援。元脩想到了远在关中的贺拔岳，他任命贺拔岳为关西大行台，希望他能够率兵东下袭击高欢。与此同时，高欢也派人联系了关中地区的另一支武装力量——侯莫陈悦，并授意他在与贺拔岳议政之时，将其杀死。

宇文泰在贺拔岳军中展现出了非凡的政治、军事智慧，成长得很快，历任关西大行台左丞、夏州（今陕西靖边东北白城子）刺史。在贺拔岳死后，军中的将领们推举他为首领。宇文泰立即向侯莫陈悦发起进攻，侯莫陈悦的大将李弼的倒戈起了关键作用，侯莫陈悦兵溃而死。关陇地区完全为宇文泰所有，此时是北魏永熙三年（534 年）三月。到了这一年的七月，孝武帝元脩仓皇逃往关中。元脩来到长安之后，发现此时他的情况和在洛阳时没有什么不同，他依然是一个傀儡皇帝，军政大权都掌握在宇文泰的手中。元脩的不满情绪日益增长，和宇文泰之间的摩擦越来越激烈。公元 534 年的冬天，宇文泰用毒酒除掉了元脩，改立元宝炬为皇帝。这一政权，历史上称之为西魏。

自此，北方地区再度陷入分裂之中。但无论是东魏还是西魏，皇帝都只是被操纵的政治傀儡和改朝换代的牺牲品。曾经辉煌一时的拓跋族人，无法抗拒地走下了历史的舞台。

114 何谓北齐与北周？

北魏分裂为东魏和西魏之后，双方不断发生摩擦与战争，都企图将对方吞并。但由于双方力量相当，因此，分裂对抗的局面得到维持。

公元 547 年，高欢去世，长子高澄继立。不久，高澄就被自己的“膳奴”兰京杀掉了，权力转移到了高欢的次子——高洋手中。公元 550 年正月，高洋被当时的魏主元善见任命为丞相、都督中外诸军事、录尚书事、大行台、齐郡王，而后又加封为齐王。但这些都只不过是高洋登基做皇帝的前奏，这一年的 5 月，高洋废掉傀儡皇帝元善见，自称为齐皇帝，也就是北齐文宣帝。

在高洋刚刚登上皇帝宝座的时候，宇文泰曾想趁机讨伐北齐。但听说高洋在晋阳军演的军容甚盛之后，又返回了关中。由于北齐政权占据着封建经济较为发达的河北地区，因此，北齐的实力要略胜于宇文泰领导的西魏、北周政权。但在国力强盛的背后，是胡汉矛盾的不可调和。早在高欢统治时期，就对鲜卑贵族的贪赃枉法采取包庇、纵容的态度。这固然是高欢为了取得支持而进行的妥协之策，但终究是埋下了混乱的隐患。高欢也曾想整治贪污问题，他授意高澄重用汉族地主崔季舒等人来对抗鲜卑勋贵。这一做法曾经取得很大的成效，但随着高欢、高澄的去世，只能草草收场。高洋虽然任用汉族大地主杨愔等人充任尚书省长官，并依法治国，但为了换取支持，他对鲜卑贵族采取更加纵容的态度。杨愔等人的种种措施，使得这些鲜卑勋贵非常不满。高洋死后，其子高殷继位。但不久，高洋的弟弟高演，就在鲜卑勋贵的支持下，杀掉了杨愔等人，废掉高殷，自立皇帝，这一事件发生在公元 560 年。经过这次政变，鲜卑贵族的势力更加膨胀，高演甚至不敢重用密友——汉族人王晞。公元 561 年，高湛继位，鲜卑贵族的势力愈加增长。到了高纬亲政时，政权已经完全掌控在鲜卑贵族的手中，拥有丰富统治经验的汉族士人，反而沦落为承旨办事的工作人员。为了改变困境，汉族地主冯子琮和高纬弟弟高俨联手，在公元 571 年，起兵攻杀了鲜卑贵族的代表人物和士开，但冯子琮也死于鲜卑贵族斛律光的反击之下。和士开之死，使得后主高纬不得不改善汉族官员的处境，以缓和胡汉之间的紧张关系。但汉人祖珽任侍中也就是宰相之职后，开始打压鲜卑贵族，企图夺取军权的行为更是激起了鲜卑贵族的强烈反抗，在穆提婆、高阿那肱等人的筹划下，政权再次回到了鲜卑贵族手中。为了永绝后患，穆提婆等人开始大肆屠杀汉族士人。胡汉关系进一步破裂，北齐政局也就在内部的不断火拼当中日渐衰落。

鲜卑贵族掌控下的北齐政治日益腐败，后主高纬的昏庸无能、贪图享乐，更是助长了腐败风气。统治阶级内部胡汉分立，无法调和，矛盾日益激化。北周武帝宇文邕就在此种形势之下，联合南方的陈朝和北方的突厥，向北齐发动了一次次的进攻，最终在公元 577 年，灭掉了北齐，俘虏了后主高纬。黄河流域再度得到统一。

与北齐平分北方的，是建立北周政权的宇文家族。早在西魏政权时期，国家大权就已经牢牢地掌握在宇文家族手中。宇文氏军事力量的核心，是武川镇军将。这支队伍战斗力虽然强悍，但毕竟人数较少。想要控制关中谋求发展，并进攻东魏，就必须扩充军队。宇文泰一方面将鲜卑族原有的民兵制度推广到关陇地区，建立起府兵制；另一方面，将兵源从鲜卑人扩展到了汉人。在扩大兵源的同时，宇文泰还积极地吸纳关陇、河东地区的汉族地主阶层，使政体杂合了鲜卑、汉人及其他少数民族各方的势力，大大扩展了政权的代表面，赢得了众多的拥护者。

宇文泰并不愿缩守关中，他积极地进行领土扩张。公元 553 年，他令外甥尉迟迥出兵占据巴蜀地区；公元 554 年，令大将于谨和侄儿宇文护攻杀梁元帝萧绎，在江陵建立起以萧詧为首的后梁傀儡政权，为日后进攻江南打下基础。经过一番南征北战，西魏的领土由关中扩展到了今天的四川和湖北一带。

西魏大统十七年（551 年），西魏文帝元宝炬病死，其子元钦继位，史称废帝。此时的元氏宗亲，还幻想着能够将政权再次夺回到自己手中。因此，以尚书元烈为核心的政治团体积极谋划，准备发动政变。但事情过早地泄露，元烈被杀。元钦对此表示了同情和支持，并对宇文泰专权极为不满。公元 554 年，宇文泰废杀元钦，改立元钦的弟弟元廓为皇帝，史称恭帝。国家的政权，依旧掌握在宇文泰的手中。

恭帝三年（556 年），宇文泰在出巡途中染病去世。由于儿子们都还年幼，因此宇文泰在生前，就十分倚重兄长的两个儿子——宇文导和宇文护。宇文导先于宇文泰而死，护国的重任就落在了宇文护肩上。宇文护掌管大权之后，立即废掉西魏恭帝，将宇文泰的嫡子宇文觉推上皇位，称为周天王，史称北周孝闵帝，北周政权正式拉开帷幕。专掌大权的宇文护，引起了与宇文泰同辈大臣们的不满，以赵贵、独孤信为代表的元老重臣想要除掉宇文护，但被宇文护察觉。赵贵被处死，独孤信也被迫自杀。宇文护的权力日益膨胀，甚至到了废立皇帝的地步。宇文护先是废杀了闵帝宇文觉，改立宇文泰的庶子宇文毓为帝，史称明帝，公元 560 年又毒杀宇文毓，改立宇文泰的第四子宇文邕为帝，宇文邕就是历史上有名的北周武帝。

宇文邕是一个有着雄才大略的人，他不愿成为宇文护手下的傀儡皇帝。因此，宇文邕在公元 572 年 3 月，趁宇文护觐见太后之时将其杀死，夺回大权。宇文护当政 15 年，创建了北周王朝，并使之稳定下来。但是他过于贪恋权位，废杀皇帝的行为更是跋扈，这也最终导致了他的失败。北周王朝在武帝宇文邕的带领下，进入了全盛时期。30 岁才得以亲政的宇文邕，对北周进行了一系列的改革：他一面加强中央集权，扩大府兵来源；一面裁汰僧尼，打击佛教势力。北周的实力得到了大幅度的提高，逐渐赶上并超过了北齐，并最终出兵消灭了北齐，再次统一了北方，完成了宇文泰未竟之事业。

公元 578 年，北周武帝宇文邕病死，其子宇文赟继位，是为宣帝。选择宣帝作为继承人，是武帝的一大失误。宣帝在东宫之时就干了许多坏事，但武帝只将迎合他的太子宫尹郑译等人予以除名。武帝明白儿子不争气，但同样不争气的还有次子宇文赞，其他孩子的年龄又太小。就这样，宇文赟的皇位被保留了下来。武帝曾经希望通过严厉的管教来约束太子，但换来的只是宇文赟的“矫情修饰”。

宣帝宇文赟继位后，就开始显露出自己的本来面目。他对自己嫉恨的、不满的、不喜欢的人大加杀戮，齐王宇文宪、王轨等宗亲大臣都被杀害了。留在他身边的，都是能够迎合他的奸佞之人。宇文赟非常喜欢喝酒，几乎天天都处在醉酒的状态中。他更是荒淫无度，经常一入后宫就很长时间不再出来。大臣们无法通过正常的朝议见到皇帝，也无法与其商议国事。就这样，宣帝还嫌麻烦，他仅仅在位 1 年，就将皇位传给了年仅 7 岁的儿子宇文阐，当起了太上皇，并自称为天元皇帝。也许是过度饮酒，也许是过度纵欲，总之，宇文赟当了不到两年的太上皇，就病死了。此时的静帝宇文阐也才 8 岁，大权落到了静帝母亲、宣帝嫡妻天元大皇后杨氏之父杨坚的手中。公元 581 年，杨坚在铲除反对势力之后，顺利地登上了皇帝的宝座。不久，杀掉了自己的亲外孙宇文阐，并将宇文家族全部消灭。北周王朝就这样灭亡了，自公元 557 年建立至亡国，共 25 年。

115 周武帝灭佛与统一北方是怎么回事?

北周武帝宇文邕是中国古代历史上著名的三武一宗灭佛事件的主导者之一。在毁灭佛道两教之前，他曾组织儒释道三家进行过两次大讨论：一次是在天和四年（569 年），一次是在建德二年（573 年）。在建德二年的这次讨论后，武帝排出了以儒教为第一，道教第二，佛教最后的顺序，这也可以看作是武帝灭佛的序曲。建德三年，武帝正式下令禁断佛、道两教。建德六年，针对继续发展的佛教实体，立即推行灭佛政策，佛像全部被毁，4 万多座寺庙也被收归国有，300 多万僧人被勒令还俗。

武帝灭佛很大程度上是出于经济上的考量，这为大家所公认。在南北朝时期，社会的动荡不安使得生活在这一时期的人们苦不堪言，佛教提倡的来世说，慰藉了不少苦难者的心灵。于是，人们纷纷将自己对现世的无奈，转化成对来世的期待。一时之间，佛教大为兴盛。而统治阶级的崇信，更是起到了推波助澜的作用。纵观整个南北朝时期，有很多统治者都佞佛，梁武帝萧衍、北周宇文护都是其中的代表。人们对佛教的信奉，使得皇家和普通百姓纷纷施舍大量的财物，以求能够得到佛祖的庇佑。因此，佛教寺院积累了许多土地与财物，形成了规模宏大的寺院经济。加之统治阶级的优待，使得佛门子弟不需要纳税和服役。大批民众为逃避服役，也纷纷投奔沙门。与寺院广占土地与人口相对的是国家政权控制下编户的锐减，税收的严重不足。这引起了世俗权贵的极大不满，双方矛盾加剧。作为北周政权的最高统治者，作为一名想要争夺天下的帝王，武帝当然不能容忍这种态势继续恶化下去。武帝灭佛最主要的目的，就是想要将这几百万的僧尼全部纳入到政府的管控当中，使他们成为纳税服役的普通百姓。

武帝的灭佛行动，取得了他所预想的目的，他在自我评价时说道："自废（佛）以来，民役稍希，租调年增，兵师日盛。"繁重的劳役分摊到了更多人的身上，极大地缓和了阶级矛盾，也大大增强了军事力量。北周与北齐的力量对比发生了变化，原先处于劣势的北周，开始全面超越北齐。统一北方，乃至统一全国的重任就此落在了北周的身上。

公元 575 年（北周建德四年、北齐武平六年），武帝征调 18 万军士，大举伐齐。北周军队接连攻克河阴（今河南孟津东北），打下了洛口东西二城，进逼洛阳，但攻打洛阳的计划却进行得很不顺利。在北周军队攻占河阳（今河南孟州市西）的南城之后，北齐丞相高阿那肱急忙率领大军，从晋阳赶来救援。北周武帝此时也身患疾病，北周只得退兵。

第二年的 10 月，武帝再度出兵。这一次，北周共集结了 14 万多人的军队，准备直捣平阳（今山西临汾西南）。到了 10 月下旬，北周的主力部队已经抵达平阳城下。北齐任命的晋州刺史崔景嵩向北周投降，北周军队顺利占领平阳城，也打开了通往晋阳的大门。

北齐后主高纬在北周军队围攻平阳城时，正在晋阳游猎。面对来自晋州的告急文书，丞相高阿那肱竟然以后主正在游玩为由，不允许臣下打扰。后主更是在冯淑妃的央求下，继续游乐，放弃提早返回晋阳的打算。10月18日，后主高纬回到晋阳城。19日，集结齐军10万多人。25日出发，准备援救平阳。但北齐军队还未到达，平阳就已经失守了。北齐的大军继续向鸡栖原（今山西霍州东北）挺进，在看到齐军来势汹汹之后，武帝命令已经占据了鸡栖原的宇文宪向南撤退。武帝以梁士彦为晋州刺史，让他以1万精兵镇守平阳城，自己亲率六军退往玉璧（今山西稷山西南），与宇文宪会合，随后返回长安。11月，北齐军队在后主高纬的率领下，开始围攻平阳城。在围攻一个多月却毫无结果的情况下，北齐军队的士气逐渐低落。十二月初三，武帝再次到达汾水前线。初六，北周集结了主力8万人，在平阳城边排出了东西20余里的军阵，准备与北齐决一胜负。这一仗，从清晨一直打到了下午，两军依然相持不下。在阵中观战的冯淑妃和穆提婆等人，看到齐军的左翼稍稍退后，便以为打了败仗。后主高纬在他们的怂恿下，退往高梁桥（今山西临汾东北）。北齐的军心立刻涣散，北周军队趁此奋击，北齐军队完全溃败，损失了1万多人。

经此一役，北周不仅解除了平阳之围，更是击垮了北齐的主力部队。北周军队开始以不可抵挡的势态攻城略地，12月10日，占领高壁（今山西灵石南），12日攻占介休（今山西介休），14日进围并州。

北齐后主逃归晋阳后，还想继续向北逃窜投奔突厥。但随从纷纷离去，使得他只好退往邺城。抛弃后主的还有他曾经十分信任的穆提婆，看到穆提婆都已经投降北周，北齐的臣子们纷纷投降。后主在逃离晋阳的时候，将晋阳城交给了安德王高延宗，高延宗被军将们推举为皇帝，但仅事隔两天，晋阳便被攻下，高延宗也成了北周的俘虏。后主在回到邺城之时，就已经知道大势已去。他把皇位传给了自己8岁的儿子，准备逃往陈国。公元577年的正月，北周军队攻破了邺城。虽然后主提前逃跑，但在逃亡的路上被北周的追兵所擒获。

后主被俘后，北齐宗室的零星抵抗还在继续：北齐任城王高湝在信都（今河北冀州）聚众4万人起兵，为北周齐王宇文宪所灭；北齐范阳王高绍义退保马邑城（今山西朔州），战败后投奔突厥，自称皇帝。后来，突厥在北周的贿赂之下，将高绍义交给了北周政府，高绍义在流放蜀地的途中病死。

至此，北周武帝的攻齐行动取得了全面的胜利，他再次将北方划归一统，北周政权也至此到达了鼎盛。

116 佛教的兴起与云冈石窟的开凿情况是怎样的？

佛教原先是流行于今天印度一带的宗教，创始人是迦毗罗卫国的太子——乔达摩·悉达多。他自幼接受婆罗门的教育，在29岁时，离家外出进行修行，35岁时投身于佛教的创建之中。在传教40多年后，于公元前486年去世，享年80岁。佛教徒又将他称之为“佛陀”，意为觉悟了的人。

大概在公元前1世纪左右，西北地区的龟兹、于阗等国家已经出现了佛教踪迹。佛教在何时传入到中原内地，历史上有许多说法。但最晚到东汉时期，佛教已经在中原地区流传开来。东汉末年，战火连绵，人们对现实世界的失望，促使他们转投精神领域，佛教也因此在人民群众中广泛传播开来。普通民众对佛教的信仰，是希望佛陀能够拯救他们于苦难之中，抑或是在来世能够过得更好一些；对统治阶级来说，佛教是他们用来欺骗和掌控百姓的最佳麻醉剂。在魏晋南北朝时期，佛教几乎满足了社会各个阶层的需要。在这一时期，还出现了许多著名的佛教徒，他们对推动佛教的传播起到了重要的作用。并且，佛教为了更好地适应中原文化，也开始主动地将自身的教义与中原文化结合起来，开始了佛教中国化的道路。

佛教的广泛传播，与当时贵族阶层纷纷投身佛教是密不可分的。其中，最有名的是梁武帝萧衍。萧衍不仅十分崇信佛教当中灵魂不灭、因果报应等学说，更是身体力行佛教的清规戒律。天监（502年—519年）之后，萧衍每天都只吃一顿粗茶淡饭，不吃荤腥。就是这样，萧衍还觉得不够虔诚，他曾经4次舍身为寺院的奴隶，但每次都被群臣用钱赎回来。帝王佞佛，臣下信奉佛教的更比比皆是。人们为了表达自己的虔诚，为了消弭灾祸等原因，纷纷根据佛教的要求，建立自己的功德。穷人大都抄写佛经，而达官贵人除了布施之外，还开凿石窟，云冈石窟就是在此背景下开凿的。

公元453年，北魏文成帝下令，在今天山西省大同市武周山的南麓开凿石窟。这一工程规模浩大，历时长久，一直到孝明帝正光五年（524年）才基本完工。但其中最重要的洞窟，大都完成于孝文帝迁都洛阳之前。云冈石窟的开凿，最初是由著名僧人昙曜负责。因此，最早被开凿出来的五座石窟，被称为昙曜五窟。这五窟是现存的第16到第20窟，是佛教艺术在中原地区第一个巅峰时期的代表作。

云冈石窟是我国最大的石窟建筑群之一，它与敦煌莫高窟、洛阳龙门石窟和天水麦积山石窟，并称为中国四大石窟。云冈石窟旧称灵岩寺，今名石佛寺。它东西绵延将近1公里，现存有50多个洞窟，雕像均为南向雕凿而成。云冈的两道山麓，将石窟群分为了东、中、西三个部分。这三部分石窟的形制各不相同，大致而言，东部石窟以塔为主，又被称为塔洞；中部石窟全部分为前后两室，主佛居于正中，整个洞窟布满了各式浮雕；西部石窟以中小佛像为主，开凿的时间最晚。

云冈石窟共有雕像5万多尊，这些雕像形态栩栩如生，大小各不相同。他们有的高至数十米，有的则只有几厘米大；有的雕像载歌载舞，有的雕像则表情严肃，正襟危坐。云冈石窟中的宗教人物雕像，在形象上还保留有明显的异域特色，说明此时的佛像还未完全中国化。在雕刻手法上，我国秦汉以来的优秀传统，与印度犍陀罗等外来手法完美结合，形成了云冈石窟独树一帜的艺术风格，成为古代艺术史上的精品。而石窟中所包含的服饰、乐器等内容，也成为研究当时社会生活绝佳的依据。

曾经耗资巨大的云冈石窟，如今已经成为世界文化遗产，每年都吸引着国内外大批游客，前往参观膜拜。

117 祖冲之是谁？他是如何计算圆周率的？

圆周率是指圆的周长与直径的比值，是一个与圆的大小没有任何关联性的常数，我们通常用字符 π 来表示。历史上曾将圆周率的精确度，作为衡量一个国家数学发展水平的重要标志。π 被用以表示圆周率，由英国人威廉·琼斯于1706年首次提出，但对圆周率的研究却可以追溯到很远，特别是在古代中国。

中国古代天文历算著作《周髀算经》中，就有“径一周三”的说法，也就是说 π=3。关于这部书的成书年代，至今还没有定论，但最晚不迟于西汉末年。可见，中国古代很早就开始对圆周率进行研究，尽管所得出的数字并不十分精确。在对圆周率进行研究的数学家中，祖冲之是其中的代表人物和集大成者。在祖冲之之前，西汉人刘歆和魏晋时期的数学家刘徽，也对圆周率的运算方法进行了不同程度的改进，使得圆周率得到进一步的精确。特别是刘徽，他是第一个运用“极限”概念的人，也可能是我国第一个运用几何方法，来求得圆周率的数学家，我们将刘徽的计算方法称之为“割圆术”。

祖冲之（429年—500年），字文远，是南朝宋、齐时期的人物。祖籍在范阳的遒县（今河北涞水），后来流寓至江南。祖冲之历经了宋、齐两朝，最终官拜长水校尉。他不仅在数学方面有很高的造诣，而且在天文历法、机械制造等方面也有不俗的成绩，他的发现与发明是中国科技史上浓墨重彩的一笔。在这里仅就祖冲之的数学成就，特别是对圆周率的计算进行一些介绍。

祖冲之像

祖冲之在前人的基础上对圆周率重新进行更为精确的计算，他以圆径1亿为1丈，圆周率的满数是3丈1尺4寸1分5厘9毫2秒7忽，不足之数为3丈1尺4寸1分5厘9毫2秒6忽，圆周率的准确数值就在这二者之间。此外，祖冲之还运用了开差幂、开差方等方法，使得他所算出的圆周率更加精确。他未像前人一样将圆周率限定在一个固定的数字上，而是将其界定于3.1415926至3.1415927之间。不仅如此，祖冲之还求得了圆周率的两个分数值：一个比较精密，称之为“密律”，为 π=355/113；另一个比较粗疏，成为“约律”，为 π=22/7。

据说祖冲之为了计算圆周率，在书房的地面上画了一个直径1丈的大圆，在大圆里做内接正多边形。使用的方法与刘徽的“割圆术”一致，唯一不同的是，刘徽当时只做到了内接正96边形，而祖冲之做到了正12288边形。且不去探究这个故事真实与否，我们只需从中体会研究圆周率的困难和祖冲之付出的努力和汗水，这不仅需要细心的运算，更需要耐心和坚忍的意志。因为在古代中国，数学运算并非使用阿拉伯数字，而是用竹片作为筹码进行计算，工作量十分巨大，条件也非常苛刻。但就是在这样的条件下，祖冲之还是将圆周率的数值精确到了小数点后7位，他也是世界上第一位做到如此精确计算的人。在此后的900多年，无人超越。直至15世纪时，阿拉伯数学家阿尔·卡西才打破了这一成果。

祖冲之将自己的研究成果，著成《缀术》一书。这部书在唐代，是学生学习数学的课本之一，也是算学一科的主要参考书。但不幸的是，这样一部时代著作在北宋中期的时候亡佚了，这是中国古代数学史上的一大损失。

118 王羲之的书法成就是什么？

中国文字的书写方法，在漫长的时期里经历了多种变化。但文字书写成为专门的艺术，却与造纸术的发明与改良密不可分。自东汉蔡伦改进造纸术后，纸张的普及度越来越高，价格也越来越便宜，书写的便利使书法成为一门艺术变成可能。在中国古代，出现过许许多多的书法家，但其中最负盛名的当属东晋时期的王羲之。

王羲之（321年—379年），字逸少，祖籍琅邪临沂，后来迁居至会稽，但他的晚年是在剡县（今浙江嵊县西南）的金庭度过的。王羲之是中国古代著名的书法家，有着“书圣”的美誉。他历任秘书郎、宁远将军、江州刺史、会稽内史和领右将军，因此又被称为“王右军”“王会稽”。在他之后的王氏家族中，书法人才辈出。尤其是其子王献之，后人将二人合称为“二王”。

王羲之从7岁学习书法，早年跟随卫夫人学习，但又受到叔父王廙的影响。在随后的日子里，王羲之大量观摩历代杰出的书法作品，如李斯的《峄山碑》、蔡邕的《三体石经》、钟繇的《宣示表》等等。在模仿和学习前人的基础上，开始改造自己的书写风格。张怀瓘在《书断》一书中认为，王羲之的书法“剖析张公之草（书），而浓纤折中，乃愧其精熟；损益钟君之隶（书），虽运用增华，而古雅不逮”，也就是说王羲之的书法风格采众人之所长，将隶、草、楷书等各种不同的书写风格融会贯通，创造出了更加新颖、美观、流畅的书写方式与体例。

王羲之一生的代表作很多：楷书有《黄庭经》和《乐毅论》；草书有《十七帖》和《初月帖》；行书有《姨母帖》《快雪时晴帖》《丧乱帖》和《兰亭集序》等，但大多数真迹都未能流传下来。

在王羲之众多的书法作品中，当属《兰亭集序》最负盛名，为历代书法家所推崇，被誉为“天下第一行书”。人们常常引用“翩若惊鸿，婉若游龙，荣曜秋菊，华茂春松。仿佛兮若轻云之蔽月，飘飖兮若流风之回雪”这样的诗句来形容其书法的精妙。关于《兰亭集序》的原貌，《法书要录》引唐何延的《兰亭记》记述为：“书用茧蚕纸，鼠须笔，遒媚劲健，绝代更无。”原本我们今天已无法看到，流传于今的《兰亭集序》，是齐梁之间或是唐初的某位书法家所临摹而成的，并不是王羲之的真迹。

王羲之开创了我国书法的全新流派，他在书法上的成就难以模仿。从书写技巧上而言，他在触笔上的处理极为细腻，笔法极其丰富；从气质而言，出身于世家大族的王羲之，其本身的贵族气息难以模仿。这种贵族气息，使王羲之的作品无一不带有典雅、高贵之感。这是时代的产物，是后世文人所无法企及的。另外，王羲之所处的时代也正是中国古代书写方式与工具的过渡时期，这也决定了王羲之的书法拥有许多后人难以达到的特性。

值得我们注意的是，由于王羲之的影响，整个王氏一门都有着极高的书法成就，并由此形成了独特的地域文化。初唐时期四大书法家之一虞世南的书法外柔内刚，气韵豁达，就是取法于“二王”。

总之，王羲之的书法不拘泥于古法，他将自己的所见，融会贯通加以发展，最终形成了独特的书写魅力。这种魅力已经超越时间与地域的局限，成为一种永恒的美。

119 陶渊明的田园诗有什么特点？

在两晋南北朝时期，诗歌开始分化为许多流派，有玄言诗、山水诗等等。在这些瑰宝中，有一颗耀眼的明珠，就是东晋人陶渊明所开创的田园诗流派。所谓田园诗，简单而言就是指那些咏叹乡村田园生活的诗歌，这些诗歌大都以乡村常见之景物和人物（如农夫、渔民等）为写作题材，表现了一种恬静、淡然的生活气息。

陶渊明像

陶渊明（约 365 年—427 年），名潜，字元亮，浔阳柴桑（今江西九江）人。陶渊明的家族一度十分显赫，他是东晋大司马、锦州都督陶侃的曾孙。陶侃在东晋的几次内战中，屡立大功，勋业显赫。他有 17 个儿子，但是只有 9 个见之于史书，其余 8 人都茫然不可寻。这 9 个儿子就包括陶渊明的祖父、东晋武昌太守陶茂。陶渊明 9 岁时，父亲的过早离世使得家势开始衰落。陶渊明与母亲和妹妹三人艰难度日，日子虽然艰难，但陶渊明依旧受到了良好的教育。他博览群书，研习老庄和六经。到了陶渊明 29 岁的时候，因为迫于生计，他不得不出仕谋生，担任江州祭酒这一职位。但他不愿向世俗低头，因此在担任江州祭酒之职后不久就辞职了。后来州政府征召他为主簿，但被他拒绝了。辞职在家的这五六年间，陶渊明躬耕自给。义熙元年（405 年），陶渊明出任彭泽令，但仅居官 80 日后就辞官归家，归隐山林了。在归田之初，陶渊明虽然亲自耕作，但由于家有僮仆，因此生活较为闲暇安逸。后来家里遭遇大火，宅舍财物被焚毁殆尽，生活日益穷困，甚至一度饥寒乞食。生活的困苦并没有动摇陶渊明归隐的决心，他屡次拒绝了当时政府抛来的橄榄枝。他坚持隐居 20 年，最终在贫病交加中去世。

陶渊明在他所生活的时代当中，诗名并不显赫。但后人却对他赞誉有加，特别是对他不流于俗的高洁品质，倍加推崇。国学大师王国维曾说道："三代以下之诗人，无过于屈子、渊明、子美、子瞻者，此四子者苟无文学之天才，其人格亦自足千古。"

魏晋时期的文士已摒弃了传统的儒学而改习玄学。以追求自然为务的玄学的出现，改变了人们特别是文士的审美情趣，他们开始纵情于山水之间。动荡的社会、血腥的政治，使政客们也将目光从名利之所转向了恬静的田园生活。诗人正是在这样的社会背景下，投身于田园生活。陶渊明一生写了 120 多首诗歌，其中田园诗只有 20 余首。但这 20 多首诗歌，却代表了作者最高的艺术成就。

陶渊明诗中所描绘的，都是他的所见所闻以及对时事的感悟。他所描写的恬淡自然的田园风光，有时并不能反映当时农村的真实情景，但其中包含了他对理想生活的美好期待。他的诗歌，语言平实质朴，没有绚丽华贵的辞藻，只有类似于素描般的娓娓道来。也正是这般恬淡的语言，使得陶渊明的诗歌清新自然。以语言特有的魅力，使人的心境与四周美景浑然一体，去掉雕饰的诗文，如同清水芙蓉般的自然、美好。陶渊明的诗歌，并不注重对事物的具体描述，而是着墨于景物的意境，也就是神韵。那些看似平常的景物，在他的笔下仿佛有了灵魂。关于陶渊明的诗歌特色，朱光潜先生曾做如此总结，他说："陶诗的特色正是不平不奇，不枯不腴，不质不绮，因为他恰到好处，适得其中；也正因为这个缘故，它一眼看去，却是亦平亦奇，亦枯亦腴，亦质亦绮。"

陶渊明在自己的田园诗当中，构建起了一个美好的、桃花源式的精神国度。因此，陶渊明之后的许多士大夫，在官场失意之后，在面对人生挫折之余，都会想起陶渊明不为五斗米折腰的气度，想起他那美好的田园风光和精神家园。陶渊明所创造的田园诗数量不多，但陶渊明开辟了诗歌的另一条道路，为中国文学的发展贡献出了自己的才智。

120 道教是怎样形成的？

与佛教等外来宗教不同，道教是我国土生土长的宗教。一般而言，道教的渊源有三：

一是巫术。道教中许多仪式的最初的形态，都来源于古代巫术，或是巫术的变形。

二是神仙思想。关于人的生死问题，道教认为，人可以通过一定的方法进行修炼，以达到长生不死的目的。肉身的毁灭，是为了羽化成仙。

三是黄老思想，也就是道学。道教尊奉老子为道祖，也就是民间所说的太上老君，并且将老子的《道德经》奉为道教的传统经典。

以上所说的这些思想，在漫长的历史发展中一直存在于人们的思维当中，但并没有形成成型的宗教信仰。直到东汉末年，道教的雏形，也就是原始道教才开始出现。所谓原始道教，在道教发展史上，指的是从西汉到魏晋时期的道教。具体地说，道教以葛洪的出现为分水岭，前期道教包含更多的巫祝色彩，而后期的道教则与现实社会更加协调。

道教在汉代出现，和当时社会中长期流行的天人感应论和灾异论密切相关。这些学说使得人们认为现实的生活和世界是不可知的。在这样不可知的世界中，总有一种神秘的力量在暗中进行着操纵。只有和这种力量取得联系，才能永葆现世的长久。这种超自然思想的传播，对道教思想的形成起着不可忽视的作用。最晚至西汉元帝初元时期，在巨鹿地区就已经开始流传一户张姓人家信奉神仙之事，这户人家甚至得到了王公贵族的支持。有学者认为，后来太平道的创始人，也是黄巾大起义的领导者张角，就是这家人的后裔。

早期的道教分为两个派系，一支是张陵创建的五斗米道，一支是张角创建的太平道。五斗米道又被称为天师道，是道教的重要流派之一。关于它的起源，学术界还有争论。传统观点认为，五斗米道是张陵在东汉顺帝时期（126 年—144 年）创立的，创立的地点在今天四川省鹤鸣山。但当代学者任继愈先生和樊光春先生则认为，五斗米道实际上是由张修于东汉灵帝中平元年（184 年）之前，创建于今天的汉中地区。这两位先生的观点主要来源于《三国志 · 魏书 · 张鲁传》:“熹平中，妖贼大起，三辅有骆曜。光和中，东方有张角，汉中有张修……角为太平道，修为五斗米道。”而五斗米道得名的原因，则来自其入道必须先交纳五斗米的规矩。不管怎样，在张陵死后，其孙张鲁继承了他的衣钵，在汉中建立了一个政教合一的政权。虽然最终没有逃脱垮台的命运，但五斗米道却借着张鲁投降曹操之机，取得了合法的传播地位，影响日益扩大。

太平道的创始人是张角，因以《太平清领书》为主要教义而得名。《太平清领书》是原始道教的经典著作，也被称为《太平经》。原来共有 170 卷，但到明代被收入《道藏》之时，只剩下 57 卷。经过 10 多年的发展，太平道的信徒达到 10 万人之多。张角兄弟领导这 10 万民众，举行了一场轰轰烈烈的黄巾大起义。虽然盛极一时，但随着起义的失败，太平道迅速地衰落下去，但并没有消亡。直到宋代方腊起义时，还公开地将张角尊称为教主。

不论是张陵还是张角，他们传道的方式都差不多，都是将医术与巫术相结合。当信众身体抱恙或是出现其他问题时，他们都会让信众自我反省，并用符水进行治疗。这是因为此时的道教信众，主要是底层的劳动人民。他们没有金钱去延请医生，生活压力也很大，他们更需要这种精神上的慰藉和肉体上的治疗。但随着黄巾起义的失败、张鲁的投降，原始道教开始日趋衰落。道教中的一部分人为了谋求发展，开始背离最初的教义。他们一方面以炼制金丹、辟谷等养生之法来迎合统治集团的需求，与上层社会相结合；另一方面，也对原始道教进行整合与规范，使它更加体系化。

魏晋南北朝时期，是道教迅速发展与完善的时期，涌现出了诸如葛洪、寇谦之、陶弘景等一大批著名的道教领袖。他们或从理论建设方面，或从组织制度方面对张陵、张角创建的原始道教进行整合与改造。在改造的过程中，他们吸收了佛教的因果报应学说以及地狱等观念，并将这些观念与儒家固有的道德观念杂糅，充实到道教理论中，形成了吐纳导引、外丹内丹和服气养生等流派。此时的道教，还模仿佛教建立起了自己的神仙体系，使得信仰体系更加完备。

至此，道教完全从原始形态当中蜕变出来，成为一支独立的宗教流派，流传至今。

121 什么是魏晋玄学？其形成的原因是什么？

魏晋时期，社会上出现了一种崇尚老庄哲学的思潮，具体而言是对《老子》《庄子》和《周易》这三部书的研究与解读。但这一思潮的内容并不局限于道家学说，而是与儒家学说杂糅在了一起。玄学中的“玄”，最早出自《老子》，其文记曰：“玄之又玄，众妙之门。”王弼在对此说作注释时，解释道：“玄，谓之深也。”也就是说玄学就是一门研究所谓深奥问题的学说。在魏晋时期，玄学分为立言和行事两派。立言以追求玄妙为目的，行事则以玄远旷达为标准。因此，只要是虚浮的、玄远的学说，都可以被统统称为玄学。魏晋时期的玄学大家，基本上都是当时的有名之士，如何晏、王弼、阮籍、嵇康、向秀等人。

魏晋时期的玄学，以老庄思想为主要构架，企图调和“自然”与“名教”的关系。玄学的中心论题是“本末有无”，也就是运用思辨的方式来探讨有关万物存在的问题。玄学第一次在哲学的高度上将儒道两家糅合在一起，因此在中国哲学史上具有重大的意义。玄学分成了贵无和崇有两大派别。贵无派认为，万事万物都统一在一个共同的本体之中，这个本体就是“道”，也是“无”；崇有派则主张万物都是自生自有的，并不是有另外一个事物使其产生，所谓“始生者，自生也”。

魏晋玄学因不同的侧重，大致可以分为四个阶段：第一阶段以何晏、王弼为代表的正始玄学，以《无名论》《周易注》和《老子注》为主要代表作，主要成就是将玄学问题的探讨推进到了本体论的范围之内；第二阶段以嵇康、阮籍为代表的竹林玄学，代表作有《嵇中散集》《阮步兵集》等，竹林玄学以高平陵政变分为前后两个时期，前期的竹林玄学与正始玄学相似，后期则在思想上发生了逆转，表现出强烈的批判精神，其批判的主要对象就是名教（一般是指以正名分、定尊卑为主要内容的封建道德规范）；第三阶段以裴頠、郭象为代表的元康玄学，代表作是《崇有论》和《列子注》，这一时期的玄学朝着两个不同的方向前进，一种是将嵇康等人的思想发挥到了极端的地步，以追求放浪形骸为放达，逐渐没落，一种就是裴頠和郭象所倡导的崇有论，他们重新又肯定了名教的作用；第四阶段的代表是张湛和韩康伯所倡导的江左玄学，《系辞注》和《列子注》是他们的代表作，此时已到了司马氏南迁之时，社会矛盾空前复杂，士大夫们的思想进一步空虚，因此，此时的玄学，以超脱生死为中心内容，纵欲、放任成为此时玄学家所追求的人生观，这也就阻碍了玄学的思想发展，将玄学引入绝境，也反映出门阀士族的衰落。

玄学在魏晋时期发展、壮大，有着深刻的社会原因：

一、儒学的衰微。儒学在汉武帝时期被确立为官方哲学，变成了强化等级观念和维护社会等级秩序的工具。“谶纬”之说的出现，更使得经学变得荒诞不经。困境中的儒学被当时许多有识之士所摒弃，统治地位开始松动。东汉末年的黄巾大起义，张角兄弟利用道教典籍《太平清领书》作为宣传工具，大力宣扬书中所写的“田地施化得均，尊卑大小皆如一”等平等思想。虽然黄巾起义最终归于失败，但平等的思想却深入到社会当中，从根本上动摇了儒学提倡的等级观念。

二、黄老思想的发展。黄老思想早在战国时期已经存在，但在汉代被改造并发展起来。与董仲舒同时代的淮南王刘安，曾组织人力编写了《淮南鸿烈》一书。在这部书中，黄老思想占据着主导地位，特别是对老子有关“道”的学说进行了深入的改造，提出了元气才是万物生成的本源，这对早期的玄学影响非常大。早期的玄学认为，社会的发展并不是一个前进的过程，而是在不断地衰退当中。社会要完善，就要实行“无为”的政策。凡是贤明的君主，都应该“以无为为政，以不言为教，以恬淡为味”。

三、森严的门阀制度。东汉是依靠豪强地主取得的政权，大地主在政治上占据比较大的优势。且这种优势越来越明显，最终形成了魏晋时期森严的门阀等级制度。在这种制度下，庶族地主中的知识分子，根本不可能进入到统治阶级的高层当中。这种现实的打击，使得他们转投老庄之学，寻求心灵上的慰藉。

四、纷乱的政局。魏晋之际，社会动荡不安，政局更迭频繁。即使是统治阶级的上层人物，也过着朝不保夕的生活。儒家学说所提倡的尊卑贵贱等级秩序，都被破坏殆尽。这样残酷的现实，使众人只能追求内心的平静。玄学的出现，正好填补了精神空缺。

总之，玄学在魏晋时期得到了充分的发展与张扬，成为这一时期的主导哲学思潮，为我国多彩的古代文化留下了浓墨重彩的一页篇章。

122 葛洪、陶弘景、寇谦之有哪些事迹流传?

葛洪（284 年—364 年），字稚川，自号抱朴子，也被人称为小葛仙翁，出生在一个没落的官僚世家。葛洪的家族曾显赫一时，他的叔祖父葛玄是三国时期孙吴政权的大鸿胪；他的父亲葛悌在孙吴政权时历任要职，并在孙吴政权灭亡后，凭借家势在晋朝官至邵陵太守。葛洪在家中排行第三，幼年时期被父亲百般宠爱。如同其他官宦子弟一样，葛洪游手好闲，不愿意刻苦学习。葛洪 13 岁时，父亲葛悌去世，整个家族没有了生活来源，家势迅速地衰落。此时的西晋王朝也走到了尽头，“八王之乱”造成了社会大混乱，葛洪的家乡同样不能避免。生活的艰辛和世态的炎凉，使得葛洪受到极大的震动，从此之后一心向学。葛洪阅读了大量的经典著作，发现自己对“神仙导养之法”非常感兴趣。大约在 18 岁时，他拜郑隐为师。郑隐是葛洪叔祖父的弟子，葛洪的叔祖父葛玄是三国时期著名的方士，精于炼丹之术，世人称他为葛仙翁，也叫太极仙翁。不知是否因为这层原因，葛洪得到了郑隐的悉心指导，据说郑隐还将一些道家的秘密典籍传授给了葛洪，让他进行钻研。葛洪也没有辜负郑隐的希望，在他 20 多岁的时候，就以儒道并通而远近知名，并有了要“立一家之言”的想法，但这一进程不久就为战乱所打断。

西晋惠帝太安二年（303 年），江南地区爆发了以张昌为首的农民起义。起义军很快就攻下了江、扬等多个州县，不仅晋朝政府大为震恐，就连江南地区的世家大族们也纷纷联合起来，准备镇压这次起义。江南大族推选出来的首领，是吴郡的大姓顾祕。顾祕以“义军大都督”的名义，任命葛洪为将兵都尉。葛洪也因为参与这次平叛有功，被封为伏波将军，东晋开国时，赐关内侯。战乱结束之后，葛洪开始云游天下，结交各类方士、道人，以求对道教和方术有更为深刻的理解。中途虽然受到好友嵇含的邀请，被任命为广州刺史，但随着嵇含的被害，这一职务也就搁浅了。虽然官没当成，但葛洪却趁此机会云游广州，并拜南海太守鲍靓为师，使得自己的炼丹法与医学知识有了进一步提高。最后，葛洪来到了广州罗浮山（今广东博罗西北）进行炼丹，也最终卒于此地，享年 81 岁。

葛洪一生的著作很多，《抱朴子》《肘后备急方》和《神仙传》等书流传至今。其中，以《抱朴子》为他心血的集成。这部书分为内篇 20 卷和外篇 50 卷，集中阐释了他的思想。葛洪认为，修炼能够使人长生不死的神仙之术是人生最大的事情，但是刑名礼教是维护统治集团根本利益的，因此也不可加以忽视。总之，原始道教在葛洪这里，得到了整理与开发。葛洪将它大加改造，使得道教思想与现实的功利思想达到了一种平衡，道教的受众由底层转向了高层。

陶弘景（456年—536年），字通明，同样出生在一个官宦世家，但是与葛洪不同的是，陶弘景的祖、父辈担任的都是中层以下的官职。陶弘景在南齐统治时期，一度担任诸王侍读和奉朝请的职务。永明十年（492年），陶弘景最终抛弃俗务，隐居在句容的句曲山（今江苏茅山），自号华阳隐居。

陶弘景隐居并不是不再过问世间俗务，他仍积极地参与政治活动。梁武帝在雍州（今湖北襄阳）起兵之时，陶弘景就让自己的弟子戴猛之为代表，向梁武帝奉表称臣，表示了自己的支持。因此，武帝经常就一些政治问题向陶弘景请教，对他非常倚重。民间也因此将陶弘景称之为“山中宰相”。不仅如此，为了迎合佞佛的梁武帝，晚年的陶弘景宣称自己的前身是佛教中的胜利菩萨，希望将佛道集于自己一身。

陶弘景本人是一位多才多艺的人物，他不仅精通阴阳五行、医药学、道学和儒学等知识，还知晓音律，善琴棋。另外，陶弘景的书法也非常好，最擅长的是草书和隶书。陶弘景一生的著作很多，但最为重要的是《真诰》和《真灵位业图》两部书。在《真灵位业图》一书中，陶弘景依据人间现实的等级制度，制定了严密的神仙等级；在《真诰》中则认为，生成万事万物的是“道”，而“道”是一种精神性的东西。这两部书后来都成为道教重要的经典著作。不仅如此，陶弘景对医学的贡献也极其巨大。他分类整理、补充了《神农本草经》，最终编撰出了《神农本草经集注》一书，他是中国古代医学史上第一位对本草学进行系统整理的人。

寇谦之（365年—448年），字辅真，上谷昌平（今属北京）人，是北魏太武帝拓跋焘时期的著名道士，他崇奉天师道，也就是所谓的五斗米道。此时的天师道在历经各个朝代后，依然没有成为有体系的团体，也没有自己系统的理论，因此并不为官方所承认。寇谦之为了增加自己的威望，开始编造许多关于自己的神话。他宣称，北魏神瑞二年（415 年），他在嵩山见到了道教的第一代祖师爷——太上老君，老君封他为“天师”，并委任他来整顿道教。因此，寇谦之又被称为寇天师。泰常八年（423 年），寇谦之又宣称老君的玄孙李谱文降临嵩山，任命他统领“人鬼之政”。不仅如此，寇谦之还编造了许多假的道教经文，如《云中音诵新科之诫》等等。为了扩大并传播道教，寇谦之不仅使用了神话和假经文，还辅助地利用天文算法、医药学等一系列知识作为他传教的支撑。

与葛洪、陶弘景一样，寇谦之也对原始道教进行了一些修改和补充，以迎合统治阶级的需要。道教在寇谦之时期，依照佛教的形制创造了戒律。拥有了戒律的道教，其内容更加纯粹，也更加符合统治阶级的口味。道教从蒙昧中摆脱出来，承担起帮助统治者进行统治的义务，这对刚刚入主中原的北魏政权来说非常重要。因此，太武帝非常崇信道教，将年号改为具有道教色彩的太平真君，并在京城的东南一带为寇谦之建立了壮观的道场。太平真君三年（442 年），太武帝亲自到道场受戒。此后的历位北魏新帝都要先去道场接受道教的戒律，并形成了制度。

总之，自东汉形成的原始道教，在葛洪等三人的改造下，摆脱了原有的混乱、粗陋的面貌，得到了南北朝廷的认可，从民间正式走向了朝堂。

123 杨坚是如何建立隋朝的？

北周武帝宇文邕去世后，其子宇文赟继位。宇文赟是杨坚的女婿，在宇文赟死后，继位的静帝只有 8 岁。静帝的生母杨太后想要稳定局势，只得依靠自己的父亲杨坚，杨坚就这样凭借着自己外戚的身份，顺利地掌握了北周的最高统治权。历代史学家都认为，杨坚是欺人孤儿寡母得到权力的，但事实果真如此吗？

北周王朝在武帝之时，已经开始发生了各种变化。这些变化遍布政权的各个方面，这些变化使得杨坚以汉人身份取得最高统治权成为可能。

首先是军队成分发生了变化。北周王朝军队的核心成员多为来自北魏六镇的鲜卑族军人。他们虽然骁勇善战，但人数有限。因此，早在贺拔岳统治时期，就已经开始着手扩充这支军队。贺拔岳后来为侯莫陈悦所杀，军权落在了宇文泰手中。当时这支军队只有 3 万余人，宇文泰想要以此来对抗实力强劲的北齐，显然不现实，也不可能。宇文泰只得“广募关陇豪右，以增军旅”。这些关陇豪右大都是汉人，北周军队中的汉人数量开始增加。后来，宇文泰为了发展经济，恢复均田制，并将均田制下的农民都编入到军籍当中。经过这么一番调整之后，“夏人半为兵也”。也就是说，随着北周军队的扩张，军人的成分在悄然发生着转变。到了北周武帝实行“三丁选一”的制度之后，人口占多数的汉族人民就自然而然地替代了鲜卑人，成为北周军队的主要构成者。这对依靠汉人支持的杨坚来说，非常重要。

不仅是军队中普通士兵的成分发生变化，就连军队的领导权也开始转移。北周政权的军队组织制度为府兵制，大体说来，是将军队分成 24 军，由 12 位大将军领导，12 位大将军又直属于 8 位柱国。但柱国自设立之始，就被用来安置元老重臣，并不实际领兵。实际上带兵打仗的，是柱国之下的 12 大将，而 12 大将多为汉人。原本是用柱国来提高鲜卑人的地位，结果却造成了军权下移的局面。为了改变军权不直接掌握在皇帝手中的局面，武帝于建德三年（574 年）下诏书“改诸军军士并为侍官”，这使得鲜卑贵族手中的军事力量继续被侵夺。

就这样，鲜卑人被彻底地排除在了核心体系之外。汉人当然更加希望由汉族统治者来领导自己，而非少数民族。因此，身为汉人的杨坚自然得到了军队全方位的支持。本来应该是维护北周皇权的军队，此时已经完全倒向了杨坚。

其次，北周混乱的政局为杨坚提供了合适的时机。公元 578 年，北周武帝病死了，其子宇文赟继位。宇文赟就是历史上有名的北周宣帝。他之所以名留青史，并不是因为他的才干，而是因为他的荒淫与残暴。宇文赟在身为太子之时，就干了许多坏事。虽然他的父亲采取了一系列措施来矫正他的行为，但这只是让宇文赟在表面上变得恭顺有礼而已。在武帝死后，宇文赟的本性就全面暴露出来。他在刚刚即位之时，就杀死了自己不喜欢的齐王宇文宪，将善于迎合自己的郑译等人留在身边加以重用。宇文宪之死，也开启了宣帝杀戮的序幕。他将武帝留下用以辅佐他的宗室忠臣们斩杀殆尽，朝臣人人自危。朝不保夕的局面使得大臣们对宇文家族越来越不满意，北周王朝内外离心。除了猜忌臣下，宇文赟为人奢侈、好饮酒。为了满足自己欢娱的目的，他在即位的第二年，就将皇位传给了他7岁的儿子，而自己当起了太上皇。也许是因为长期沉溺于酒色之中，他在传位给儿子的第二年就去世了，年仅22岁。

宇文赟的儿子静帝宇文阐，是杨坚的外孙。在宇文赟死后，杨后为了稳固自己和儿子的地位，必然会依赖母家。这就为杨坚篡权提供了时机。值得一提的是，在北周王朝内部，有人早已看出杨坚的野心。如王轨就曾说过"普六茹坚面有反相"的话（普六茹是胡姓，是北周皇帝赐给杨氏家族的姓氏），他们对杨坚颇为猜忌。也正因为受到种种猜忌，杨坚很早就开始筹划、组织一个能与宇文家族相抗衡的政治集团，他先后拉拢了诸如郑译、李浑等人。这些人或为地方豪强，或为权贵，却都多少与宇文家族关系不佳。杨坚能够顺利地篡权，也与他们的支持密切相关。

总之，杨坚之所以能够顺利地取代北周政权，建立自己的帝国，其原因是多方面的，天时、地利和人和缺一不可。杨坚篡权不仅仅是欺人孤儿寡母，也是自己精心运作多年的结果。

124 隋朝是如何结束南北分裂局面的?

在隋文帝杨坚的引领下，古代中国第二次从分裂走向统一。早在隋朝建立之前，北方政权就已经基本上具备了统一全国的条件。隋文帝统治时期进一步推行的政治、军事改良措施，使北方的实力远远地超过了南朝。总的来说，隋文帝之所以能够统一中国，有三方面条件的支撑。

首先是经济的不断发展。北方社会从北魏孝文帝以来就处于不断恢复之中，具体表现是社会经济由衰退逐渐走向繁荣，自耕农数量较多且政治较为清明。特别是北魏孝文帝推行的均田制，使得农民占有的土地得到了切实的保障，自耕农数量大大增加，农业生产迅速恢复与发展。北方虽然经历了北周、北齐的短暂分裂，但其总体而言是不断向上发展的。反观南朝，由于世家大族势力过分发展，土地兼并严重，自耕农迅速破产成为依附农民。生产积极性遭到严重打击，生产的发展也被严重阻滞。与经济危机相孪生的，是政治腐败的不断恶化。

其次，是隋文帝做了充分的战前准备工作。隋文帝在夺取了最高统治权后，就积极策划对南朝的统一战争。为了保证统一战争顺利进行，隋文帝花了将近 9 年的时间来进行备战工作。在政治上，隋文帝改革了从中央到地方的行政机构。在中央建立三省制以加快工作效率；在地方简化机构，将州、郡、县三级地方机构压缩为州、县两级。另外，在法律上，隋文帝改变了北周末年宇文赟统治时期的严刑酷法，制定了较为宽松的《开皇律》。为了避免两线作战，隋文帝对北方的游牧民族特别是突厥采取了“远交而近攻，离强而合弱”的策略，从内部对其进行瓦解与打击，还进一步加强了北方的防御工事，巩固战争所取得的成果。

最后，民族大融合的完成为统一创造了契机。少数民族涌入中原腹地并纷纷建立政权，是西晋“八王之乱”的结果之一。汉人与少数民族，以及少数民族之间存在着巨大的文化和经济差异，这些差异是北方长期处在互不相容的分裂局面的主要原因。但内迁的少数民族在数量上，与汉族相比终究处于少数，且汉族先进的文化与生产方式，也必然成为少数民族学习的对象。因此，各少数民族的汉化就变得不可避免。这一汉化过程，在北魏孝文帝改革之后达到顶峰。进入中原的各少数民族最晚至北魏后期，就都已经与中原汉族融为一体了。造成南北分裂的民族差异，在隋文帝统一前夕也终于消除了。

在一切准备妥当之后，隋文帝开始了对陈朝的征讨。对陈朝进行征讨的第一步，是将西魏时期建立的傀儡政权——西梁予以取消。开皇七年（587年），西梁主萧琮来到隋朝国都觐见文帝，文帝趁势将他永久地留在了长安。开皇八年，隋文帝在历数了陈后主的种种罪恶之后，全面展开了对陈朝的攻势。这一年的10月，隋文帝命次子杨广、三子杨俊和信州（今重庆奉节东）总管杨素三人为行军元帅，兵分八路对陈朝进行围攻。除了杨广出六合，杨俊出襄阳，杨素出永安之外，还有荆州刺史刘仁恩出江陵（今湖北江陵），蕲州总管王世积出蕲春（今湖北蕲春），庐州总管韩擒虎出庐江（今安徽合肥），吴州总管贺若弼出广陵（今江苏扬州），青州总管燕荣率领水军在东海支援。隋朝为了吞并陈朝，一共派出了51万多人的大军。

开皇八年，杨俊的军队攻占了汉口，做出出兵武昌、切断长江的态势，牵制了大批的陈朝军队，使他们不敢轻举妄动。同时，杨素也从永安出发，将陈朝顺江而设的壁垒全部击破。隋朝的军队完全占据了长江上游战场的主动权。陈朝君臣并没有在意上游局势的失控，同样没有加强下游防守的意图，这就给了隋朝可乘之机。开皇九年（589年），贺若弼从广陵渡江，攻占京口（今江苏镇江）；韩擒虎渡江至采石（今安徽马鞍山西南），并攻下了姑熟（今安徽当涂）。自此，贺若弼和韩擒虎完成了对陈朝国都建康的包围。钟山一战，贺若弼击溃了陈朝的主力部队，韩擒虎也在贺若弼的掩护下直捣建康，俘虏了陈后主，陈朝灭亡。看到国都被破，陈朝上游的军队纷纷投降。只有湘州（今湖南长沙）刺史、陈后主的弟弟、岳阳王陈叔慎负隅顽抗，但很快就兵败被擒，斩于汉口。紧接着，在冼夫人的帮助下，岭南诸州也顺利地归附于隋朝，至此，整个陈朝均为隋朝所控制。从永嘉末年开始的历时273年的大分裂再次归于一统。

125 隋文帝杨坚的死因是什么？

公元604年8月13日，隋文帝杨坚死于仁寿宫大宝殿。隋文帝杨坚的一生是波澜壮阔的一生，他身上的谜团并没有随着他的离世而烟消云散。其中最让人不解的就是他的死亡原因。

在唐人修撰的正史《隋书·高祖纪》中，有关文帝死亡的过程描述得很详细。根据此书记载，杨坚在仁寿四年（604 年）的正月前往仁寿宫。到了四月份，杨坚的身体就出现了问题，且病情发展得非常快。到了七月份，病情已经发展到无法控制的地步，杨坚“以疾甚，卧于仁寿宫，与百僚辞诀，并握手歔欷”。在此后不久，杨坚就病逝于大宝殿，时年 64 岁。由此可见，隋文帝杨坚的离世，属于寿终正寝。但值得人们玩味的是，在同一部《隋书》当中，对隋文帝的死亡原因，却有着与此不同的说法。

众所周知，隋文帝杨坚的原配独孤皇后，是历史上出了名的妒妇。她在 14 岁与杨坚成亲的时候，就要求杨坚起誓，只与她生育孩子。因此，杨坚在称帝之后，后宫虽有佳丽三千，但都形如虚设。但这不代表杨坚不想像其他帝王一样，拥有众多女宠。在独孤皇后去世之后，宣华夫人陈氏和容华夫人蔡氏就深得杨坚的宠幸。尤其是宣华夫人，凭借她无双的容貌，在独孤皇后之后独享杨坚的宠爱，并且执掌后宫。也正因为宣华夫人有着美艳的容貌，因此，也被隋炀帝杨广所喜爱。据《隋书·后妃传》记载，在杨坚养病于仁寿宫之时，宣华夫人和时为太子的杨广共同护理。杨广趁着宣华夫人更衣之时，意图非礼宣华夫人，但由于宣华夫人的奋力抵抗才没有成功。后来文帝看到夫人的神情不对，对其进行询问。夫人据实以告，文帝听后非常气愤，将兵部尚书柳述和黄门侍郎元岩叫至病榻之前，让他们传唤已经被废掉的太子杨勇。柳述和元岩将依照文帝嘱咐拟定的诏书拿给了当时的尚书左仆射杨素，请他过目。杨素一向与杨广交好，因此，他将这一重要的消息通知了杨广。杨广随后就展开了一系列运作，“遣张衡入寝殿，遂令夫人及后宫同侍疾者，并出就别室”。这些被遣出文帝寝殿的后宫诸人，随后就听到了文帝驾崩的消息。这样暧昧的记述，不得不让人怀疑文帝之死背后的阴谋。且在同一部书中出现完全不同的两种论调，也为文帝的死亡蒙上了一层神秘的面纱。此外，有关文帝的死亡原因，在后世人的记述中也出现了多个版本。

一、毒杀之说。隋末唐初人赵毅所写的《大业略记》一书就认为杨坚是被杨广用鸩毒毒杀而死的。但需要注意的是，此处杨广调戏的对象，从宣华夫人转变成了容华夫人蔡氏，与《隋书》的记载不尽相同。

二、砍杀之说。唐人马忠在其《通历》一书中写道，文帝在得知杨广欲对宣华夫人行不轨之事后，想要召回废太子杨勇，但为杨素所阻。在派遣张衡入寝殿之后，“血溅屏风，冤痛之声闻于外”，文帝也随即驾崩。这一说法是众多猜想与记录中最为血腥的一种。

三、纵欲过度而死。郑显文先生在其所撰《隋文帝死因质疑》一文当中，认为隋文帝杨坚是死于晚年的过度纵欲。郑先生所依据的主要论据是《隋书·文献独孤皇后传》中的记载，在独孤皇后去世后，“宣华夫人陈氏、荣华夫人蔡氏俱有宠，上颇惑之，由是发疾”。可见，终于从“妻管严”的束缚中挣脱出来的文帝，晚年的私生活比较没有节制，并因此透支了身体染上疾病。对于这一点，文帝后来也有着非常清醒的认识。在他已经病入膏肓的时候，他对侍从感叹道，若是独孤皇后还活着，他就不会这样了。以上的种种记载，使得郑先生确认，“隋文帝是因晚年纵欲过度而死，并非被其子炀帝弑杀”。

四、蒙曼在《百家讲坛》讲述这一段历史的时候，认为文帝是死于愤病交加，文帝之所以会气愤是因为杨广为了自身地位的巩固，为了防范可能出现的宫廷政变，将生病当中的文帝监视、软禁了起来。还有一些学者认为文帝的死亡原因是多方面因素综合的结果。文帝晚年的纵欲使得他的身体迅速地衰弱，并因此而得病。在他病情十分严重之时，身为太子的杨广出于各种考虑，决定采取一些防范措施。这些相当于将文帝软禁起来的措施，以及后来杨广对宣华夫人的非礼行为，激起了文帝极大的猜忌和愤怒。这些情绪给予了这个已经极度虚弱的老人致命的一击。

以上的四种说法，是古今各位学者对文帝死因的探究。究其本质，第一和第二种说法是对《隋书·后妃传》记载的演绎。其中夹杂了许多民间传说和对炀帝本身的曲解与污蔑，因此只能聊备一说，不能尽信。文帝之死，应该是一个多重因素重叠的结果。文帝本身已经病入膏肓，而杨广采取的一些措施只是诱使这一死亡结果提前到来罢了。

126 隋炀帝是怎样的一个人？大运河的开凿情况是怎样的？

隋炀帝杨广（569 年—618 年），又名杨英，出生于北周武帝天和四年（569 年），是隋文帝杨坚的次子。幼年时期的杨广非常喜爱文学，很有才气，且杨广自幼长得非常好看，因此深得杨坚夫妇喜爱。早在杨坚还为北周大臣之时，杨广就因父功被封为雁门郡公。隋朝建立之后，杨广被封为晋王、并州总管，此时的杨广只有 13 岁。而后，杨广又被授予武威大将军的称号，进位为上柱国，担任河北道行台的尚书令。即位之前的杨广很有作为，先是在公元 588 年以行军元帅之位带领 50 万人平定了南方陈朝，后又在北却突厥的战役中屡立战功。可以说，此时的杨广在诸昆弟中独著声望。巨大的声望使得杨广逐渐有了继承皇位的奢望，但要想继承皇位，杨广就必须除掉此时已经被立为太子的杨勇。为了达到自己的目的，杨广与越国公杨素结成联盟。他们一面收买太子杨勇身边的亲信，不断地向文帝进谗言陷害太子；另一方面矫情自饰，千方百计投文帝与独孤皇后所好，博得他们的欢心。与杨广的深谋远虑不同，太子杨勇没有心机且我行我素。他既没有发觉自身

阎立本绘　隋炀帝像

处境的危险，又不愿虚情假意地讨父母欢心。在冬至日大张旗鼓地接受百官朝拜的行为，更是深深地刺激了多疑的文帝。在将杨勇与杨广进行比较后，文帝夫妇的天平开始向杨广倾斜。而后，又有相术之人向文帝进言，说晋王杨广的面相“贵不可言”。本来就喜爱杨广的文帝听闻后，更加坚定了废太子的决心。在杨广与杨素的不断精心运作下，文帝最终于开皇二十年（600年）废掉了太子杨勇，立杨广为太子。四年之后，文帝病逝。杨广顺利地继承了帝位，改元大业。

继承皇位后的杨广不再矫情自饰，他先是占有了父亲的爱妃宣华夫人，又将兄长杨勇杀害。不仅如此，杨广还好大喜功，骄奢淫逸。他不仅在长安东南另筑新城，又在洛阳营建东都。在炀帝兴建的众多工程之中，京杭大运河的地位尤其重要。

大运河全长两千余公里，是世界上水道最长的人工河道。它以洛阳为中心，北起涿郡（今北京境内），南到余杭（今浙江杭州）。流经今天的北京、天津、河北、山东、江苏、浙江六个省市，沟通了海河、黄河、长江、淮河和钱塘江五大水系。其中，大运河的邗沟和山阳渎分别开凿于公元前486年和公元587年，是吴王夫差和隋文帝为了军事目的而修建的。炀帝时期主要是开凿了通济渠、永济渠和江南河。公元605年，隋炀帝下令开凿通济渠，西自今天洛阳西郊，将谷、洛二水引入黄河；东在荥阳东北引入黄河。公元608年，炀帝又下令开凿永济渠，将黄河的支流沁水引入到今天的卫河，并沟通永定河与北京相连。公元610年开凿的江南河经无锡、苏州、嘉兴到达杭州。至此，由永济渠、通济渠、山阳渎和江南河组成的大运河全部竣工。虽然这条运河在此后成了重要的交通纽带，但隋炀帝却为此付出了沉重的代价。唐代诗人皮日休就曾作诗道：“尽道隋亡为此河，至今千里赖通波。若无水殿龙舟事，共禹论功不较多。”

关于隋炀帝为何要开凿这样一条运河，历史上的文人多仁者见仁，智者见智。唐代诗人秦韬玉在《隋堤》一诗中，认为隋炀帝是为了满足自己畅游江都的欲望；而同样是唐代的文学作品，《开河记》则认为，隋炀帝开凿运河是为了厌胜。但是这些说法，都有失偏颇。

历史上的隋炀帝虽然以暴虐著称，但不得不承认，隋炀帝是有着极高的政治素养与政治能力的。决定开凿运河之时，正是炀帝准备大展宏图与秦皇汉武争高下之时。因此，炀帝开凿这样一条运河，应该有其深刻的社会原因。也正因为有着特定的历史背景和发展必然，这项浩大的工程才能得以顺利地完工。

首先，开凿运河是南方经济发展的必然结果。北方地区在经历了东汉末年至十六国时期的长期战乱之后，经济被破坏殆尽。虽然北魏和隋朝政府都采取种种措施，极力恢复被重创的北方经济，但其自秦汉以来的经济中心的地位已经开始动摇。隋朝将国都建在了“进可攻，退可守”的关中地区，是出于政治和军事方面的考量。但随着大批官僚和百姓的入住，已经残破的关中经济无法负担如此庞大的人口。一旦遇到饥荒之年，隋文帝就不得不率领文武百官到洛阳去就食。反观南方地区的经济却在这一时期得到了迅速的发展。大批掌握熟练技能的农民南下，加上南方特有的、优越的自然环境，使得南方地区在东晋时，已经成为了新的经济中心。将南方丰富的物产转移到北方，弥补北方生产力不足产生的物资短缺，已变成迫在眉睫之事。在古代交通条件有限的情况下，水运是最为廉价与方便的。只有开辟一条新的水道，才能从根本上解决北方物资短缺的问题，并且也能够使南北双方的物产得到交流。

其次，开凿运河是隋朝巩固统治的必然。隋朝统一之前的中国，由于长期处在分裂和敌对的状态之中，因此形成了截然不同的生活和社会风俗，双方的认同感较低。再者，南方地区一直是世家大族的故地，他们在当地拥有十分强大的影响力。隋朝政府实行的中央派遣地方官的做法，严重地影响了他们的利益，因此双方的矛盾十分尖锐。陈朝故地在隋朝统一之初，就曾发生过大规模、全民性的叛乱。此后，零星的反叛不绝于书。为了加强对江南地区的控制，将其更快地纳入到中央体系中来，开辟一条能够直通南方的运输路线就尤为重要。另外，在隋朝的北面，一直潜伏着突厥和吐谷浑这两支少数民族。为了防备他们突如其来的侵袭，隋朝政府在文帝统治时期就开始在边境线上屯兵驻守。虽然隋朝政府大力推行屯田政策，但这并不能从根本上解决数万军人的粮食问题，必须要依靠中原和南方地区的粮食来进行接济。大运河永济渠一段，就是为了这一目的而开凿的。

再次，前代开凿的区域性运河为大运河的开凿奠定了基础。隋炀帝开凿的大运河，并不是一条平地上开挖出来的运河。它是建立在前代已有运河的基础之上，并加以沟通和拓展。例如在长江以北、大运河沟通江淮的重要组成部分——邗沟，最早是由春秋时期的吴王夫差开凿而成的。因为有这些大量的旧有水道，大运河这项浩大的工程才能得以迅速竣工。另外，前代王朝兴修的大大小小的运河，都为这条横贯南北的大运河积累了宝贵的经验和教训。

隋代开凿的这条大运河，是我国古代历史上最为重要的水道之一。其功绩是伟大的，它体现了我国古代工匠们丰富的水利建设知识。这条运河本来可以成为加强隋王朝统治的有力工具，但隋炀帝急于求成，滥用民力，使得人民无法负担这样严苛的重担。关于隋炀帝为了修成这条运河所采取的苛政，民间有许多传说。有传说，隋炀帝在大运河开凿好之后，为了检测水位的高低，专门制作了一个铁鹅。他将铁鹅放置在水中，让它随波逐流。若是铁鹅在哪一地方停下了，就意味着这一地区的水位不够，工程质量不合格，惩罚的措施就是将这一地区的居民全部杀光。因此，各地的百姓为了祈求铁鹅不要在自己的辖区内停下，纷纷在河边进行祭祀。这个故事当然是传说，但在故事背后，是当时百姓对这一工程的厌恶与恐惧，也进一步说明了这一工程的劳动强度已远远地超出了当时百姓的承受能力。加之炀帝在修成这一运河后，并没有立即采取休养百姓的政策，而是加紧巡游。奢侈的巡游和后来的三征高句丽，使得百姓得不到些许的喘息。疲乏与困顿使得百姓怨恨不已，隋王朝也就葬身在了百姓怨恨的洪流当中了。

127 隋炀帝征伐高句丽的战争为什么会失败?

高句丽，位于朝鲜半岛北部，西汉曾在这里设郡统治。东汉时为中国的属国，却不断地蚕食中国的辽东，由于这一时期中国实力仍比较强大，所以从东汉末年直到十六国时期，辽东一直归中国管辖。北魏灭亡北燕冯跋后，因忙于国内战争，无暇北顾，致使辽东地区为高句丽所占据。

隋朝统一之初，朝鲜半岛南部的百济、新罗纷纷向隋称臣，高句丽也以藩国的身份朝贡于隋，想与隋建立表面上的友好关系。但由于高句丽王一心想成为东北亚的霸主，因此与隋朝之间的冲突不可避免。尤其是闻知隋灭陈后，高句丽王感到恐慌，加强军备，随时防范隋朝的攻击。同时，高句丽还做出挑衅举动，隋开皇十八年（598 年），高句丽王高元联合靺鞨，出动骑兵万余骑寇扰辽西，被隋营州总管韦冲力战击退。文帝大怒，命五子汉王杨谅统率 30 万大军，分水陆两路进攻高句丽，因为天气恶劣、路途遥远，粮草运送不济，加之军中疾疫流行，战争进展不顺。高句丽王慑于隋的军威，遣使谢罪，上表自称“辽东粪土臣元”，隋文帝也感到征伐高句丽困难较多，遂接受了高句丽的请求而罢兵。

但两国的矛盾并未消除，甚至有激化之势。高句丽不断侵扰百济、新罗，阻碍隋朝与这两国的联系，这种举动，显示出其丝毫没有作为隋朝藩国的诚意。隋炀帝继位后，下诏征高句丽婴阳王入朝，婴阳王因此前曾对隋朝失礼而心存疑虑，遂不敢听命。在隋朝君臣眼中，高句丽本是西周箕子的分封之地，直至汉晋都是中国的郡县，现在却如此悖逆不守臣礼，炀帝遂决定出征高句丽，意欲收复辽东故地，恢复汉朝在朝鲜半岛的影响力。

鉴于隋文帝时征讨高句丽遇到的实际问题，战前，隋炀帝做了充分的准备。大业三年（607 年），他下令以涿郡（今北京）为交汇点，修筑东西向和南北向两条陆路干道。大业四年，他诏发河北诸郡男女百余万修筑永济渠，将大运河向北延伸，直通涿郡。大业五年，他下令在涿郡建临朔宫，作为出征高句丽的根据地，准备亲临前线，指挥进攻高句丽。准备就绪后，他声称朝鲜半岛原为箕子封地、汉晋旧土，被夷族占据，指责高句丽王侵犯辽西，不守臣礼，长期不入朝觐见。隋文帝于大业八年至大业十年，连续发动了三次对高句丽的战争。

第一次在大业八年（612 年），隋炀帝征调水陆两军士卒共 113 万，号称 200 万大军。宇文述和于仲文等率步兵分 24 军，从涿郡出发；水军由来护儿统率，从东莱（今山东莱州）出发。还征调民夫 200 万，给前线运送粮草、兵甲。这次出兵，有 9 军共 30 多万人渡过鸭绿江作战，但最后仅有 2700 人回到辽东，伤亡惨重，以万计的军资器械也损失殆尽。

第二次出兵在大业九年（613 年），隋炀帝做了充分准备。此次仍分水陆两路进军，前期进展顺利，陆军已到前线，但这时，原隋朝重臣杨素之子在黎阳督运粮草的礼部尚书杨玄感起兵反叛，围攻洛阳，声势颇大。隋炀帝慌忙下令从高句丽撤兵，回救洛阳。高句丽军队探知隋军动向，尾随追击，隋军丢盔弃甲而逃，军资器械、营垒帐幕堆积如山，都成了高句丽军队的战利品。第二次进攻高句丽，又一次以失败告终。

第三次出征高句丽是在大业十年（614 年），这时隋末农民起义已呈星火燎原之势，兵士或不应征，或中途逃亡，高句丽面对隋朝的屡次征讨，也疲于应对，在隋朝取得平壤附近战役小胜之际，高句丽遣使请降，隋炀帝面对国内风起云涌的反抗浪潮，权衡轻重，同意收兵议和。

隋炀帝对高句丽的战争之所以会失败，有主客观两方面原因。

从隋炀帝主观方面，穷兵黩武，置百姓的生命于不顾，激起了国内的反战情绪和阶级矛盾。据《隋书》记载，攻打高句丽前，炀帝派幽州总管元弘嗣在山东东莱海口造船 300 艘，诸州民丁昼夜立于水中，没有丝毫喘息的机会，即使这样，还经常遭到监工的鞭打责骂。民工们的腰部以下，全都溃烂生蛆，死者达到十分之三四。转运粮草军械也耗费了巨大的人力物力，据《资治通鉴》记载，大业七年，征发长江、淮河以南的民夫和船只，将黎阳、洛口等仓的粮食运送到涿郡，船只首尾相接，绵延千余里，满载着兵器甲仗和攻城作战的设备。一路上，来来往往、夜以继日的民夫常达数十万之多，堵塞了道路。不断有民夫倒毙于途，他们的后事无人料理，以至于尸体腐烂，发出难闻的臭味。这使得许多人家破人亡，引起了全天下老百姓的恐慌骚动。大量的农村壮年劳动力被征用，还导致庄稼乏人耕种，错过农时，田野呈现一片荒芜景象，经济出现巨大衰退。炀帝曾征调民夫运米，将其堆积于泸河、怀远二镇，车、牛等运输工具和畜力或者被强征，或者坏死于路途，都不再返乡用于农业生产。隋炀帝像秦始皇一样，实行严刑峻法。他曾征发鹿车夫 60 万，两人共推一车，载米三石，由于路途遥远，三石米不足以充当民夫路途中的口粮，到达指定地点时，往往已无米可输，民夫只好畏罪潜逃，啸聚山林，成为反隋的农民起义军。就在隋炀帝第一次准备大举进攻高句丽的前一年，即大业七年（611 年），山东邹平人王薄首先在长白山（在今山东章丘）起义，他自称“知世郎”，以先知先觉者的形象领导起义，他创作了《无向辽东浪死歌》，号召人民反对入侵高句丽的战争。反战的思想不但弥漫于农民起义军中，在隋朝军队的官兵中也广泛传播，这样前无斗志、后院起火的状况，决定了隋炀帝三征高句丽均徒劳无功。

隋炀帝还犯了战略指挥方面的错误。第一次出征时，他大权独揽，遥控指挥，军事命令独出其一人之口，将领们必须奉诏行事，屡屡贻误战机。他敕令诸将，若高句丽归降，就应抚慰接纳，不能纵兵攻掠。每当高句丽城池将陷之时，高句丽就遣使请降，前线将领不敢做主，急忙派人报告炀帝，等炀帝回复之后，高句丽已修复毁坏的城池，继续与隋军对垒。这样的情况发生了多次，炀帝始终未能醒悟。他所派出的慰抚使，对前线将领的决断也形成了干扰。如第一次征辽时，24 路大军齐发，右翊卫大将军于仲文等进军顺利，兵至鸭绿江，高句丽将领乙支文德来隋营诈降，于仲文先奉炀帝密旨，若遇高句丽王高元及乙支文德，一定要擒拿，但因慰抚使、尚书右丞刘士龙阻挠而未成，乙支文德得以脱身。于仲文不久召乙支文德再谈议和，文德拒不赴邀，于仲文追悔莫及。

客观方面，征伐高句丽存在恶劣气候的影响、路途遥远的困扰和粮草运输的难题。高句丽地处东北严寒地区，秋季阴雨连绵，冬季冰雪覆盖，隋朝可以用兵的时间很短。百万大军长途跋涉到达高句丽，已成强弩之末，士卒疲敝，战斗力大减。第一次征高句丽时，30余万精兵渡鸭绿江，进入高句丽领土作战，士卒、马匹均给百日粮，又发给兵士排甲、枪矟、衣资、戎具、火幕等军需用品，每人负重达三石以上，无法承受。军令又极为严苛，规定士卒若遗弃粮食，处以斩首极刑，士卒不堪重负，都在帐幕下挖坑掩埋，以至于行军至中途，就已经面临断粮的危险。隋军劳师远征，兵困马乏，粮草缺乏，而高句丽军民齐心协力抵抗，首都平壤又城池坚固，不易攻取。

其实隋炀帝的败局，在第一次征伐时就已经注定，但他却不汲取教训，刚愎自用，执迷不悟，导致了三征高句丽的失败，百姓不得安居乐业，国家不复繁荣稳定，农民起义的烈火最终葬送了短命的隋王朝。

128 瓦岗军与隋末农民战争是怎么回事?

隋炀帝在位14年，采取了不少适应并有利于社会发展的举措，但由于他的统治过于残暴，致使隋朝社会阶级矛盾激化，爆发了全国范围的农民起义。

隋文帝统治期间，隋朝已积累了巨大的财富。在此背景下继位的隋炀帝具有宏图远略，他营建东都洛阳加强对关东地区的控制，修建大运河加强南北经济、文化的交流，四处巡游起到了宣扬国威、加强同西北少数民族地区和南方新征服地区的联系的作用，客观上讲，这些都是顺应历史发展要求的，有利于统一多民族国家的巩固。

但是，隋炀帝急于求成、滥用民力、连年征役，少则数十万，多则上百万，丁男不够，就征妇女，农村的劳动力几乎被抽空了，农业生产遭到破坏，田地荒芜，百姓无法正常生活，这大大超出了人民的承受限度。许多人为了躲避赋役，被迫自残或逃亡，成为流民，乃至占山为王。

在第一次征伐高句丽之前，山东邹平人王薄首先在长白山举起义旗，当时被征服役的许多人都去归附他。此后，各地反隋义军蜂拥而起。同年在山东、河北地区起义的有刘霸道、孙安祖、高士达等。大业九年（613年），山东、河北地区又出现了孟海公、孟让、郭方预、格谦、孙宣雅起义，同年，江南和中原地区先后出现了刘元进、朱燮、杜伏威、韩相国、向海明等农民起义。短短两三年，全国已出现上百支农民起义的队伍，每支有数万人至十余万人，总人数达数百万。起义军在与隋朝官军作战的过程中，逐渐由分散走向联合，大业十二年（616年）后，逐渐形成了三支规模较大的武装力量，分别是河南翟让、李密领导的瓦岗军，河北窦建德军，江淮的杜伏威、辅公祏军。

这三支起义军中，又以瓦岗寨农民起义军的力量最强，影响最大。

大业九年，韦城（今河南滑县东南）人翟让带领一支起义军在瓦岗（今河南滑县南）举兵起事，号称瓦岗军。隋时，瓦岗紧邻黄河。因为黄河多次泛滥，这里沙丘起伏，草木丛生，芦苇遍地，人烟稀少，既便于隐藏，也便于出击。此外，瓦岗北与黄河的白马渡口临近，南与通济渠相望，进退方便，易于攻守，堪称军事战略要地。当时的农民起义军为了自卫和聚集力量，便在瓦岗筑了一个方圆20余公里的“土围子”，故称瓦岗寨。

初时追随翟让到瓦岗起义的主要人物有同郡的单雄信、徐世勣，他们抢掠公私船只，聚徒至万余人，后来陆续投奔瓦岗军的主要人物有李密、王伯当、魏徵、秦琼、程咬金等。大业十二年李密的加盟，是瓦岗军发展历史上的一个转折点，他建议翟让与其他农民起义军联合，使瓦岗军力量更加壮大，他还劝说翟让不要满足于占山为王，偏安一隅，而应将斗争矛头指向腐朽的隋政权，争取夺取其东、西二京，建立新政权。瓦岗军在李密的指导下，所到之处旗开得胜，先是进攻荥阳（今河南荥阳），在大海寺战役中斩杀了威震东夏的隋朝名将张须陀，这次胜利沉重打击了隋政权。大业十三年（617年），瓦岗军攻取距洛阳百余里之遥的洛口仓，获得大量军粮，并开仓放粮，得到人民的拥护，争取了民心，贫苦百姓纷纷参加瓦岗军，队伍很快就壮大到数十万人。留守洛阳的越王杨侗派兵镇压，反遭重创，官军死伤过半，瓦岗军声威大震，成为中原农民起义军的中坚力量。四月，起义军进攻东都洛阳，先后攻破回洛仓和黎阳仓，一方面使东都粮食告急，另一方面开仓济贫，新加入瓦岗军的贫苦百姓达 20 余万，瓦岗军达到鼎盛时期，控制了中原大部分地区，隋炀帝从江都派王世充驰援东京，被瓦岗军大败，几十万隋军仅剩几千人。此时，李密发布了讨伐炀帝的檄文，称他罪大恶极，即使砍光南山之竹也无法写完，穷尽东海之水也无法洗尽，明确提出了推翻隋王朝、建立新政权的号召。

但令人遗憾的是，就在此时，瓦岗军内部出现了巨大的裂痕，瓦岗军主要领导人翟让和李密为争夺领导权，矛盾激化，李密杀害了翟让及一些重要将领，削弱了瓦岗军的力量，人心涣散，不久瓦岗军为王世充所败，分崩瓦解，李密众叛亲离，遂入关降唐。

隋末农民起义，虽然最终失败了，但它波及全国，起义军作战勇猛、指挥灵活，摧毁了隋军主力，沉重打击了隋王朝的封建统治，最终导致隋的灭亡。隋末农民起义给唐初统治者留下了深刻的印象，为繁荣强盛的唐王朝的建立做出了巨大的贡献，其历史功绩值得肯定。但由于农民阶级的历史局限性，起义军在后期不能紧跟形势的变化，战略判断、战术指挥上都出现了许多失误，导致最终失败。

其中瓦岗军的失败，更留给我们许多思考和经验教训。瓦岗军代表着贫苦百姓的呼声，它在与隋的苛政对抗方面，发挥了重要的作用。它原为众多起义队伍中最强的一支，其中许多成员后来成为唐初名将或名臣，它原本有希望领导全国的农民阶级推翻隋政权，但在鼎盛时期，其内部却出现了分裂，致使人心离散、相互猜忌，严重削弱了起义军的力量。这反映了瓦岗军中存在着政治方向、思想路线和战略规划等方面的矛盾。李密出身于封建权贵家庭，他因参加杨玄感起义失败而投身瓦岗军，与广大农民阶级的利益诉求有着较大差异，因此，这种分裂看似偶然，实为必然。农民阶级只有提高自身能力、真正掌握领导权，才有可能取得起义的成功。

129 为什么说赵州桥是中国桥梁建筑史上的杰作?

河北赵县的洨河上，有一座历经千余年风雨洗礼而依然巍然屹立的石拱桥。现存最早关于此桥的记载是唐开元十三年（725 年）中书令张嘉贞撰写的《赵州大石桥铭文》，可见直到唐代，此桥并无特定名称，只是被称为大石桥，直到今天，当地的人们还俗称之为大石桥。有一些资料称其原名安济桥，其实是不准确的，安济桥得名于北宋元祐年间，宋哲宗赵煦北巡经过这里，有感于石桥的坚固精巧而为其赐名安济桥，取其“利贯金石，强济天下，通济利涉，安全渡过，万民以利”之意。但此名并不常用，由于此桥建在隋唐赵州，所以也常被称为赵州桥。

张嘉贞文称：“赵郡洨河石桥，隋匠李春之迹也。制造奇特，人不知其所以为。”由此我们知道赵州桥的建造者是隋初著名工匠李春，但遗憾的是，除此之外，关于李春的情况不见于史书记载。民间则传说是成仙的鲁班一夜间造成了此桥，河北著名的民间小调《小放牛》唱道：“赵州桥，鲁班爷修。玉石栏杆儿圣人留，张果老骑驴桥上走，柴王爷推车碾了一道沟。”为赵州桥平添了几分神秘色彩。

著名文物专家罗哲文先生说：“文物有三个价值，一个叫历史价值，一个叫艺术价值，还有一个叫科学价值。其他有些文物只有历史价值，或者只有艺术价值，而赵州桥三个价值都具备，都是顶尖的，三个价值都是最高的价值，它不仅在中国，就是在世界上也是一流的。”

首先是历史价值。如今赵州桥所在的赵县历史悠久，见于典籍记载已有 2500 年历史，北齐始称赵州，作为郡治、州治也长达 1500 多年。赵州位于中原通往河北地区的交通要道之上，是联结南北的交通枢纽。到了隋代，赵州更成了河北的政治、经济重镇，这里盛产粮棉，商业贸易繁荣，洨河上“日过千帆，商贾云集”，商贸的兴盛需要更便利的交通设施，赵州桥的建造就在这样的历史背景下应运而生，赵州古城的发展需要赵州桥的出现，赵州桥自诞生后与古城相得益彰，共存至今。

赵州桥建于隋开皇十五年（595 年）至大业元年（605 年），至今已经存在了 1400 多年，是造成后一直使用到现在的最古的石桥。1961 年 3 月 4 日，被国务院列为首批公布的全国重点文物保护单位之一。1991 年中国土木工程学会称赞其为“世界著名古石桥”，并为之立碑。同年，美国土木工程师学会也赞其为“国际土木工程历史古迹”，并将此称号镌刻于铜牌上，镶嵌在桥头的大型河卵石上，世界上得到类似称号的古迹还有埃及金字塔、苏伊士运河、埃菲尔铁塔、英国的伦敦铁桥等，赵州桥是第十二处获此殊荣的古老建筑。

其次是艺术价值。赵州桥造型雄伟流畅、结构轻巧匀称，工艺精巧细致，桥的石栏、石板上还有许多栩栩如生、巧夺天工的精美雕刻。历代的文人骚客写下过许多赞美赵州桥的优秀诗篇，如唐朝文人张鹭曾谈到远望赵州桥的感觉如“初月出云，长虹饮涧”，非常柔丽秀美；宋代杜德源称此桥“驾石飞梁尽一虹，苍龙惊蛰背磨空”，

赵州桥

颇有几分豪迈雄壮的气势；明代诗人祝万祉则留下了赞颂赵州桥“百尺高虹横水面，一弯新月出云霄”的名句。

再次是科学价值，这既是赵州桥一大重要价值，也是赵州桥独特价值之所在。

赵州桥是世界现存最早、跨度最大的空腹式单孔圆弧石拱桥。赵州桥非常雄伟，全长 50.82 米，跨径 37.02 米，拱圈矢高 7.23 米，桥面两端宽 9.6 米，中部略窄，宽 9 米，桥上中间行车马，两旁走行人。令人叹为观止的是，这么长的桥，桥下却没有一个桥墩，可见，桥的设计完全合乎科学原理。

赵州桥是世界现存最早的敞肩式石拱桥。在大桥洞上方的左右两侧，各有两个拱形的小桥洞。平时，河水从大桥洞流过，发洪水时，河水便可从 4 个小桥洞流过，这种设计作用有二：其一，减轻了流水对桥身的冲击，使桥不易被大水冲毁；其二，赵州桥全采用石材建造，桥的自身重量很重，敞肩式设计可同时减轻桥身的重量，节省石料。在中国乃至世界建桥史上，敞肩式设计都堪称是一个创举。直到 19 世纪，欧洲才出现与赵州桥采用相同设计的敞肩式石拱桥，比赵州桥晚了 1200 多年。

隋代工匠李春可能并不懂得高深的理论知识，但他在长期的实践中总结出了具有实用价值的设计方案，加之无数施工工匠以巧妙绝伦的施工技术精心修造，赵州桥自建成至今巍然屹立，创造了桥梁建筑史上的奇迹。它共经历了 8 次大地震和 54 次大洪水，却始终安然无恙。如 1966 年邢台发生了 7.6 级地震，赵州桥与震中仅相距 40 多公里，震感很强烈，但震后人们却惊讶地发现赵州桥毫发无损；又如 1963 年遭遇水灾，大水即将淹至桥面，人站在桥上能感觉到水流巨大的冲击力导致的桥身晃动，但洪水退后，赵州桥又在洨河上重新展现出美丽的身姿。

时至今日，国内外许多桥梁的建造仍然借鉴赵州桥的成功经验，可以说，赵州桥的价值横贯古今中外，赵州桥是中国桥梁建筑史上的杰作，是中国人永恒的骄傲。

130 从隋大兴城到唐长安城的发展演变是怎样的？

长安（今陕西西安）是隋唐两代的都城，此前，已有许多王朝在此建都，历史非常悠久。最早可上溯到西周，周人的丰、镐二京，均在长安西南。秦建都咸阳，与长安隔渭水相望。汉始建长安城作为都城，继之，先后以长安为都的有新（王莽）、东汉（献帝）、西晋（愍帝）、前赵、前秦、后秦、西魏、北周等政权，基本都是在汉长安城的基础上有所增补。长安之所以得到诸多帝王的青睐，是因为这里地处关中平原，山河环绕，四面都有关隘，作为都城比较安全。也因此，这里成为隋唐两代的首都。

隋文帝以禅让的方式登基，北周的都城长安也被全盘继承。但北周都城因袭汉长安故城，已有近 800 年建城历史，城中供水、排水严重不畅，地下水皆咸卤，不适宜饮用；另外，长安城自西汉后，久已破败，又多次沦为战场，损毁严重，且汉长安城北临渭水，受河流限制，无法进一步扩大城池。开皇二年（582 年），隋文帝颁布诏书，称长安城的宫室狭小促迫，不足以作为皇都，而汉长安城东南十三里的龙首原，山川田原风光秀丽、土壤肥沃，且经过术士占看，很适宜作为都城。于是，他令左仆射高颎领衔主持在龙首原修建新都，又因太子左庶子宇文恺有巧思，任其为营新都副监，实际负责具体规划。因为隋文帝曾被封为“大兴郡公”，故新都被命名为大兴城。除宇文恺外，参与建造的还有阎毗、何稠等人，这些从事具体工作的建筑专家都有西域胡族血统，又深受中华文化的熏染，因此，大兴城的建造还体现了各民族间文化的融合。

宇文恺富有巧思，在总体设计上，他遵循《周礼·考工记》规定的中国古代都城建造制度，将宫城置于正北。宫城内，南部为前朝，左为宗庙，右为社稷，宫城主殿与新都名称一致，称大兴殿，大兴殿正对北极星，象征皇帝是天命所归。宫城之外的北部为皇家禁苑，宫城之南为皇城，是中央百官诸司处理日常政务的衙署。皇城之南是外郭城，为居民区和商业区，宫城和皇城东西两侧的里坊

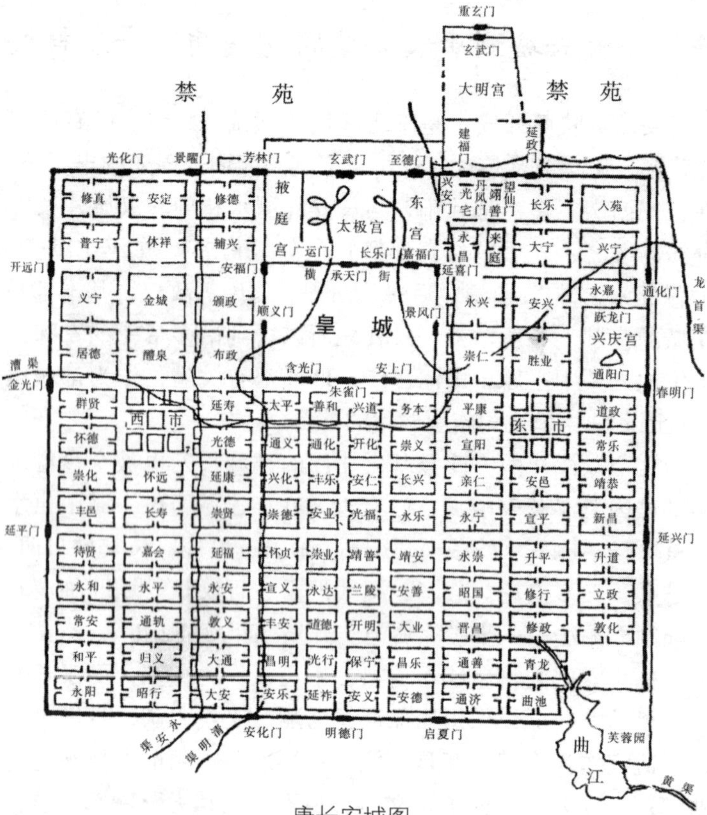

唐长安城图

也属于外郭城的范围。新都的修建就这样按照宫城、皇城、外郭城的顺序，顺龙首原由北向南依次展开。从整体看，大兴城以朱雀门街为全城的中轴线，也称天街，这条大街起于皇城南面正中的朱雀门，直达外郭城南面正中的明德门。朱雀门北对宫城南墙正中的承天门和北墙正中的玄武门。这条中轴线，构成了国家礼仪的延长线，以宫城为中心，整个长安城呈左右对称的布局。这些都体现了《周礼》对都城的理想化规定，显示了皇权上承天帝旨意，远遵祖宗礼法的正统性、权威性。新都建成后，因为规模宏大、建筑雄伟、布局规整、繁华兴盛而号称当时的“世界第一城”。

据《唐会要》卷五十记载，具体建设时，因为龙首原并非十分平坦，而是高低起伏，形成六条高岗，宇文恺依据龙首原这样的自然地理特点，将“六坡”视为“六爻”，以象征《周易》的乾卦。故于九二置宫殿，以供帝王居住；九三立政府官衙，以应君子之数；九五位贵，不想让常人居之，故置玄都观、兴善寺以镇护。这样的安排，充分利用了自然地势，使长安城的建筑布局错落有致，而且，将宫城和皇城置于全城的制高点，有利于统治者的安全，突出了宫室和百司衙署的地位，充分体现了封建社会统治阶级至高无上的集权思想。

唐朝将大兴城改名为长安城，并对其进行了多次的增建、扩建，唐高宗永徽五年（654年），外郭城城墙夯筑完成，标志着长安城的最终建成。中华人民共和国成立后，考古工作者实地测量的结论是：唐长安城东西宽9500多米，南北长8400多米，周长35.5千米，总面积84平方千米，等于今天西安旧城的10倍，是明清北京城的1.4倍，是当时世界上最大的城市。外郭城内有11条南北大街和14条东西大街，每条大街都笔直宽阔，两侧行道树浓荫匝地，蔚为壮观。这些交错的道路将全城划分为100多个坊，此外，另有东西两市，各占两坊之地。以朱雀大街为界，街西诸坊与西市、街东诸坊与东市分别归长安、万年两县管理。

城市建成后，其建筑会在一定时间范围内保持稳定，但其内涵却不会僵化凝固，而是常常随着历史的发展而发生变化。

隋朝的宫城和皇城均为东西较宽、南北略窄的长方形，外郭城呈凹字形，与宫城、皇城合起来又构成一个较大的东西宽、南北窄的长方形，也就是说，整个大兴城最初被设计成规则的长方形，但唐朝时，因为宫城地势低洼，故在宫城的东北，修建了大明宫，成为唐朝政治中心之所在。这样，就在外郭城东北角之北突出了一块，改变了原本规则的设计。唐玄宗又将做藩王时的府邸改造为兴庆宫，使长安城的政治中心进一步偏向东部。这使得文武官吏选择住宅时都偏向朱雀街东，街西则更多地趋向平民生活和商业活动区。

隋唐时期，还是中国古代城市形态、功能发生巨大变化的时期，早期的古代都城更注重政治和军事功能，到了隋唐时期，都城作为经济重镇的地位逐渐凸显出来。如果说隋代还处于萌芽期、过渡期，那么，唐朝就是都城经济地位提升的重要阶段。唐长安是一座国际性的大都市，最盛时，人口多达百万，相应地，对经济发展产生了巨大的需求和推动作用。宋敏求《长安志》记载长安的东西两市各有二百二十行，市场内，四面立邸，聚集了四方珍奇。这里店肆繁多，中外商贾云集，商业兴盛，是全城经济活动的中心，全国各种商品的重要集散地。前期的长安城属于封闭型城市，外郭城虽说包含居民区和商业区，但二者被严格区分开来，里坊中专门划出的特定商业活动场所被称为“市”，长安城有东西两市。坊市制度下，商业活动只能在市中进行，由专门官吏管理，日中开市，击鼓为号；日落闭市，鸣钲示意。而且日落后关闭城门和坊门，行人不得在街上逗留。但唐中期后，原有的坊、市界限在扬州等一些城市被打破，长安也受到冲击，在一些坊里出现了供旅人食宿的店铺、旅社以及供给坊民日常生活所需的各种店铺，虽然数量不是很多，但显示了长安城中商品经济的发展。长安还一度出现了夜市，如崇仁坊既与东市相连，又靠近尚书省选院，所以来长安参选之人多停留于此坊，这里异常繁华，晚间灯火不熄，这已打破了唐初诸坊晨昏启闭坊门的规定。唐文宗开成年间，敕令京城的夜市一律禁断，可见，长安城中夜市颇多，并不仅此一处。

都城还应是全国的文化中心。隋代，因为隋文帝不尚风雅，隋炀帝在位期间又将统治中心移往洛阳，且四处巡游，居于长安的时间不足一年，故长安这一中心地位不够突出。唐代，长安城成为当之无愧的文化大都市。官吏、儒生、诗人、艺术家等各色人等，齐聚长安，寻求发展，他们来自全国各地，沾染着各地文化的特色，互相交流，促进了唐文化的繁荣昌盛。唐长安又是一个国际化的城市，来自中亚、西亚、印度、新罗、日本诸国的文化汇聚于此，乐舞、百戏、建筑、雕塑、绘画、宗教、胡食、胡服、胡妆等外来文化丰富了唐人的精神生活。因此，唐代长安堪称国内外文化交流的中心。

唐长安城对同时代的国外都城产生了重要的影响，新罗的王京城，日本奈良时期的奈良城、平安时期的京都城，都是仿照唐长安城设计建造的。唐长安城的建筑理念、风格也在一定程度上被北宋都城开封和元、明、清的都城北京城沿袭传承下来。

从隋大兴城到唐长安城，我们看到了这座城市的诞生与成长变化，这座城市，是中国封建社会鼎盛时期的标志和象征。

131 李渊是如何建立唐朝的？

唐高祖像

唐高祖李渊（566 年—635 年）是唐朝的开国之君，出身于关陇贵族家庭，《旧唐书》载其为陇西狄道（今甘肃临洮）人，但据陈寅恪先生研究认为，其高祖、曾祖曾居赵州昭庆县（今河北隆尧），故李渊的祖上可能是出自于河北赵郡李氏的破落的宗支。其高祖父李熙后担任金门镇将，领豪杰镇武川，遂在此安家。李渊祖父李虎为西魏最高军事将领八柱国之一，已跻身统治阶级核心集团，北周时他被追封为唐国公。李渊的父亲李昞继承唐国公的爵位，官至北周安州总管、柱国大将军。李渊幼年就袭封唐国公，其母与北周明帝的独孤皇后、隋文帝的独孤皇后均为北周八柱国之一独孤信之女，李渊的妻子窦氏是隋定州总管神武公窦毅之女，窦氏的母亲是北周武帝的姐姐襄阳长公主，可见李渊从祖上三代以来，就是西魏、北周和隋的大贵族，尤其与北周、隋的上层统治集团有着密切关系。

在隋末农民大起义的猛烈打击下，盛极一时的隋政权呈土崩瓦解之势，各地的官僚贵族、豪强地主纷纷起兵，意欲争雄天下，如幽州罗艺、朔方梁师都、马邑刘武周、金城薛举、武威李轨等先后打出反隋的旗号，建立割据政权。李渊在此刻乘时而动，后来居上，创立了代隋建唐的丰功伟业。

大业十一年（615 年），隋炀帝任命李渊为山西、河东抚慰大使，统率河东兵马镇压当地的农民起义，因为他较好地控制了当地的局势，大业十三年（617 年），他被任命为太原留守，成为当地最高军政长官，担负北御突厥和弹压地方的重任。但炀帝对李渊心存猜忌，又派王威和高君雅做太原副留守监视他。李渊在镇压农民起义的过程中，已经清晰地认识到隋王朝灭亡的必然性，而隋炀帝的猜忌和监视，也使他深知自己时刻存在生命危险，再加上李渊本人也具有一定的野心，他认为河东是唐尧故地，自己又袭爵唐国公，是天意令自己在此地有所作为。所以，他一直审慎地观察时事，佯装沉湎酒色，暗中招纳亡命、网罗豪杰、收买人心，隋朝一些犯了罪或反政府的官员纷纷投奔到李渊麾下，如隋的右勋卫长孙顺德、右勋侍刘弘基为逃避征伐高句丽而逃到太原，左亲卫窦琮则因犯法而亡命太原，他们先后依附李渊。晋阳县令刘文静深有谋略，其才能被李世民发现，李世民遂与之倾心结交。刘文静因与瓦岗军的领导人李密有姻亲关系而被关押入狱，李世民屡次前往探望并与之议事，刘文静最终成为李渊太原起兵的重要策划者。大业十三年（617 年），刘武周在马邑起兵，自称天子，还联络突厥，率兵南下，占据隋汾阳宫，对太原安全构成了严重威胁，李渊遂以抵抗刘武周和突厥的名义招兵买马、扩充力量，应募之人上万。

大业十三年，瓦岗寨农民起义军包围东都洛阳，王世充无暇西顾，关中空虚，隋炀帝又远在江都，鞭长莫及，李渊认为取隋而代之的时机已经成熟，决定在太原起兵。首先，他决定除去心腹之患。此时，王威和高君雅已对李渊产生怀疑，密谋在他到晋祠祈雨之时，派兵埋伏，伺机诛杀。李渊遂决定先下手为强，他假借商议军政大事，将王威和高君雅招至晋阳宫，以勾引突厥的罪名杀掉了这两个副留守，根除了心腹之患。其次，他设法解决了后顾之忧。他派刘文静联络突厥，向突厥称臣，以恭顺的姿态取得了突厥的支持，免除了起兵南下时的后顾之忧。一切准备就绪后，李渊建立大将军府，设置三军，他自称大将军。李渊在太原誓师，亲率中军三万将士，长子李建成、次子李世民分统左右两路大军，三军齐发，号为“义师”，直取长安，四子李元吉留守太原。炀帝在长安的孙子代王杨侑忙派虎牙郎将宋老生、骁卫大将军屈突通迎击，但并不能阻挡李渊挺进关中的脚步，最终李渊进入长安。

李渊进军关中之所以进展得比较顺利，是由于占据了天时、地利、人和诸要素。

一方面是占据了天时。李渊善于把握时机，早在大业九年（613年）杨玄感黎阳起兵时，李渊的妻兄窦抗就曾劝他起兵反隋，但他认为时机未到而未予采纳，此后也有人对其劝说，李渊均未采取行动。隋末农民起义爆发于大业七年，至李渊起兵时，已历时6年，隋政权的根基已被农民起义动摇，而此时，瓦岗军又牵制了洛阳的隋军，此为隋政权在中原的主力军队，这些因素给了李渊乘隙而起的机会。

另一方面占据了地利。关中依山带河，拥有四塞之固，历来为兵家必争之地，李渊自祖上三代起就居于关中，在这里有很多亲属，在李渊起兵后，这些人纷纷响应，为李渊提供了有力的支持。如他的女儿（柴绍之妻，唐建国后封平阳公主）在鄠县（今陕西户县）起兵响应李渊，散尽家财，召集南山亡命之徒，得数百人，又收编邻近的几支小股农民武装力量，人数达到数千，进而攻下临近的盩厔（今陕西周至）、武功（今陕西武功）、兴平（今陕西兴平）诸县，队伍壮大到7万人，号为“娘子军”；李渊的另一个女儿嫁给段纶，段纶在蓝田（今陕西蓝田）起兵，声势也不小，有万人之众；李渊的从弟李神通也在鄠县起兵，有数千人投奔到其队伍中。当李渊进入关中时，他们与李渊合兵一处，众至20万，进攻长安。而且，关中在隋末农民起义的大潮中受到的冲击较小，经济发展未受到大的破坏，为李渊提供了充足的军需供应。

第三，最重要的是李渊善于收拢人心，得到了关中广大农民阶级、地主阶级的拥护。他废除了隋炀帝时的严刑苛法，与民约法十二章，征收赋税尽量宽简，得到百姓的拥护。关中的几支农民起义军先后归降了李渊，他对作战有功者，不论出身多么低贱，都授以赏赐，封以勋功，因此下层士兵能够英勇作战，军队的战斗力很强。他本属于关陇贵族核心集团，与关中地主阶级有着密切关系，起兵后，他对三秦士庶、衣冠子弟、郡县长吏、豪族兄弟老幼等都以礼相见，并授予官职，所以来投奔他的人络绎不绝。对隋政权，李渊表面示以忠诚，在太原起兵之初，他的军旗上杂用绛白两色，突厥尚白，故用之以示好，隋帜为绛色，他以此向隋的统治阶级表明自己仍然忠于大隋。又遥尊隋炀帝为太上皇，以代王杨侑为隋恭帝，改大业十三年为义宁元年，李渊自称尚书令、大丞相，进封唐王，执掌关中军政大权。他还令对陪同隋炀帝去江都的官员、将士留在关中的财物予以保护。

义宁二年（618年）三月，隋炀帝在江都被宇文化及等所杀，消息传来，四月，李渊迫使自己控制下的傀儡皇帝退位，但他仍伪装忠诚于隋，群臣数次劝进，李渊数次推辞，经过几个回合，五月，他终于登基称帝，改国号为唐，改元武德，建都长安，唐朝就此建立，李渊为唐高祖，是唐的开国之君。从起兵到建国，仅仅用了一年时间，李唐大业之所以能够一举建成，这不可不说与李渊长期精心准备，找准时机，全力以赴密切相关。从这个角度看，李渊堪称一位有勇有谋的政治家、战略家，是建唐的重要领导者，温大雅《大唐创业起居注》称其“素怀济世之韬略，有经纶天下之雄心。接人待物，不分贵贱，凡事过目不忘”。而后世的史书将建唐功劳尽归其次子唐太宗李世民，是不符合历史事实的，是不够公允的。

132 何谓李唐皇室血统之谜？

早在唐初，佛教僧侣法琳就曾经明确指出李唐王室出身胡族。当时，李唐王室自称为老子李耳之后代，故唐初道士自恃有皇家为后盾，主动挑起对佛教的攻击，唐高祖武德九年（626年），清虚观道士李仲卿写《十异九迷论》，刘进喜作《显正论》，都谤讪佛教。就在这一年，李世民发动“玄武门之变”而承继帝位，唐太宗贞观年间，释法琳撰《辩正论》反驳李、刘二人。道士秦世英又称法琳此论明似攻击道教，暗则诽谤皇室，于是，唐太宗下令将法琳下狱，由刑部尚书刘德威、礼部侍郎令狐德棻、侍御史韦悰等讯问。这时的法琳，仍未看清形势，为了向道教还击，他竭力想论证李唐皇室与老子李耳没有任何关系，这样道教便不能以李唐皇室为保护伞。他谈及李唐王室血统时称：“窃以拓跋元魏，北代神君，达阇达系，阴山贵种。经云，以金易鍮石，以绢易褛褐，如舍宝女与婢交通，陛下即其人也。弃北代而认陇西，陛下即其事也。”可见，法琳认为李唐本出自代北鲜卑贵族，现在却非要自称陇西汉族士族出身，无异于以黄金换黄铜，以丝绢换粗布，如同舍弃身份高贵的女子与奴婢私通。这虽是法琳的言辞，但应该也是社会中一部分人的共识，只不过其他人没有说出口，或者未见于历史的记载罢了。法琳不但说了，而且直接指向李唐皇室，他这些言辞毫不顾忌李唐皇室的面子，实在可谓犀利，使得唐太宗将其流放蜀郡，死于中途。

关于李唐皇室的家世谱系，以《新唐书》卷十七上的《宗室世系表》所记载的最为详备，称李氏先祖始于十六国之西凉王李暠，其第三子重耳之子李熙为北魏金门镇将，遂定居于此，李熙即唐高祖之高祖父，李熙生李天赐，天赐次子李虎，即唐高祖李渊的祖父，他协助宇文泰建立西魏政权，为八柱国之一，被西魏赐姓大野氏，死后追封唐国公，李渊之父为李昞，袭爵唐国公，官至安州总管、柱国大将军。其他相关记载，散见于《册府元龟》《唐会要》《旧唐书》《北史》及《晋书》等历史著述，均与《新唐书》大同小异，可以相互参证。

但是，这只是以李唐王室自述为基础的对其身世血缘的正统说法，对于这种说法，从古至今许多人站在不同的角度提出了疑问。

20 世纪河北隆平县尚存唐光业寺碑，碑文为唐开元十三年（725年）宣义郎前行象城县尉杨晋所撰，著名历史学家陈寅恪先生曾利用此石刻资料对李唐皇室血统进行考察。碑文中记述李熙、李天赐父子均葬于隆平，且这里是李氏家族的世居之地。而据《魏书·地理志》《隋书·地理志》《元和郡县图志》等地志资料，隆平原为汉广阿县，在唐名昭应县，旧属巨鹿郡，与山东望族赵郡李氏所居之常山郡接壤，因此，陈先生在《唐代政治史述论稿》一书中写道："据可信之材料，依常识之判断，李唐先世若非赵郡李氏之'破落户'，即是赵郡李氏之'假冒牌'。至于有唐一代之官书，其记述皇室渊源间亦保存原来真实之事迹，但其大部尽属后人讳饰夸诞之语，治史者自不应漫无辨别，遽尔全部信从也。"以陈先生的结论反观《册府元龟》中李渊祖父李虎在西魏曾被封为赵郡公的记载，联系古代封爵往往与被封者的祖籍有关的习惯，我们基本可以认为李唐皇室是出自河北的汉族。

但还应看到，李唐皇室是受到胡族文化影响很深的汉族。从李熙到李世民祖孙六代的婚姻对象入手考察，可以看到该家族鲜明的胡化轨迹。前述唐光业寺碑所记载的李熙、李天赐父子分别娶妻张氏、贾氏，《唐会要》记载李虎、李昞父子分别娶梁氏、独孤氏，而众所熟知的是，李昞的子孙李渊、李世民分别娶窦氏、长孙氏。可以看出，前三代，虽自北魏李熙开始已经居于武川，但还是以汉族自居，这恐怕也与北魏的汉化政策有关；后三代，从西魏追随宇文泰，官至八柱国之一的李虎开始，这一家族均与胡族联姻，在西魏倚重胡族力量建立关陇贵族政治军事集团，割据西北的大背景下，李唐一族也逐渐染上了日渐浓厚的胡化色彩。西魏北周时，李虎及其子李昞均曾有陇西公之爵，正是在宇文氏实行"关中本位政策"，加强关陇集团凝聚力、认同感的背景下，将其原山东郡望改为了关陇郡望，这与李唐皇室婚姻的胡化是相一致的，都反映了其所生活时代的特征。

总而言之，李唐皇室在北魏至隋的数百年间，原居山东，但非高门，后投身军旅，先居武川，后随宇文泰入关中。李唐皇室之血统，既不像他们自己宣称的那样为高贵的西凉武昭王后裔，也不像法琳所说是纯粹的鲜卑胡族，而应是受到胡族文化影响的汉族。因为这种胡汉并存的文化特征，李唐皇室在建国之后，在政治、经济、文化各方面均采取了兼容并蓄的开放态度，最终开创了中国封建社会辉煌的大唐盛世，至今令人追忆。

133 秦王李世民在唐朝统一全国过程中的贡献是什么?

隋大业十三年（617年），李渊起兵于太原，仅用了一年时间就建立了唐朝，定都长安。但由于隋末农民战争风起云涌，形成了多支起义队伍，地主阶级中一些贵族官僚也纷纷割据一方，意欲争霸中原，所以武德初年的唐朝社会并不安定。削平地主武装割据政权和镇压农民起义，统一全国，稳固新生政权，是摆在唐朝统治者面前的首要任务。由于李渊长子李建成已被立为太子，而太子是国家之本，不可动摇，为防止风险，太子自然不能随意出征，于是，在这一历史任务面前，李渊次子、秦王李世民担当了重要角色。他采取政治诱降与军事进攻相结合的方针，接连扫平了金城薛举、凉州李轨、晋北刘武周、洛阳王世充等地方割据势力，同时出兵镇压窦建德、刘黑闼等农民起义军，为李唐政权实现统一全国的战略目标做出了巨大贡献。

先看李世民扫平全国各地地主阶级割据政权的情况。

在镇压农民起义军的同时，李唐王朝还要对抗各地地主贵族的割据政权。按照西、北、东、南的顺序，唐朝军队先后击败了金城薛举、凉州李轨、晋北刘武周、洛阳王世充、南方萧铣等武装割据势力。其中，除南方萧铣政权由唐著名军事家李靖消灭外，其他割据政权都是秦王李世民率兵平定的。南方的敌对势力力量相对较弱，对唐政权的威胁也相对较小，故不需李世民亲自出马，他主要征战的范围是北方地区黄河流域。

金城薛举兵锋曾直指长安，威胁新生唐政权的生存，高祖令秦王李世民率兵出征。鉴于西北还有凉州李轨政权，为防止二者联合，李世民在军事行动之前，先采取了联合李轨、孤立薛举的策略。薛举不久病亡，后其子薛仁杲与李世民激烈战斗于折墌城（今甘肃泾川），兵败投降，武德元年（618 年）冬，薛仁杲被处死于长安。

在薛举、薛仁杲父子败亡后，李世民开始解决唐在西北的另一劲敌——凉州李轨政权。他仍然并不将重点放在军事上，而是采取从内部瓦解敌人的策略。武德二年（619 年），听命于李唐政权的凉州贵族安兴贵与时任李轨政权户部尚书的安修仁联合出兵，执李轨以献，这样，未经太大规模的军事行动就消灭了李轨政权。至此，唐的西部安全得以保证。

李唐自晋阳起兵，后来夺得全国政权，定都关中。在其龙兴之地，晋北地区却出现了刘武周、宋金刚的武装割据，更令唐王朝忧虑的是刘、宋二人与突厥勾结，出兵南下，威胁关中。李世民又挑起抵抗北方来犯之敌的重任，与刘武周、宋金刚展开激战，大胜，刘、宋二人逃入突厥。李世民又施展外交手段，制造突厥对二人的猜忌，假突厥之手将二人除去。

在薛举、李轨、刘武周三大割据势力土崩瓦解后，李世民率领的唐军解除了东征的后顾之忧，下一个作战目标直指盘踞洛阳的王世充。王世充本是隋炀帝派往东都洛阳镇压隋末瓦岗寨农民起义军的将领，在隋朝灭亡、唐朝建立后，王世充在洛阳称帝，国号“郑”。洛阳是隋朝的东都，与西京长安相距不远，王世充的政权自然是唐王朝的心头之患，令唐统治者寝食难安。武德三年（620 年），李世民受命出击洛阳，由于王世充缺乏驾驭全局的政治才能，统治地区并不稳固，军队战斗力也不强，李世民很快就控制了局面，邙山一役，王世充战败降唐。

再看李世民对农民起义军的征服。

唐建国后，对其威胁最大的农民武装力量存在于北方黄河流域，尤其以窦建德领导的河北起义军为首。武德二年（619 年），窦建德曾率领起义队伍攻克黎阳，俘虏了唐高祖的从弟淮安王李神通和大将徐世勣（唐高祖李渊赐其姓李，后避唐太宗李世民讳改名为李勣）。武德三年，唐围困王世充于洛阳，窦建德为防止唇亡齿寒局面的出现，出兵十万援救王世充，与唐发生大规模正面军事冲突。唐军主帅正是秦王李世民，他率精兵扼守虎牢关，阻挡窦建德进军步伐，使之不能与王世充合兵一处。武德四年，窦建德兵败被俘，为李世民所杀。

窦建德死后，其余部推刘黑闼为首领，再举义旗于窦建德故地，斗争矛头指向唐王朝。武德五年，刘黑闼率军攻占洺州，并与突厥联合用兵，唐山东、河北多地失守，起义军基本收复了窦建德原有地盘。面对山东危机形势，高祖又派李世民出兵镇压，先后将刘黑闼逼入突厥，杀掉了与刘黑闼联合作战的鲁南徐圆朗，暂时安定了山东局势。但刘黑闼借突厥兵再起，太子李建成采纳魏徵的建议，从内部分化瓦解起义军，武德六年，刘黑闼兵败被杀，北方局势趋于稳定。虽说刘黑闼败于李建成之手，但其实力已在与李世民的军队交战时受到重创，刘黑闼之败，李世民仍功不可没。

总之，在唐初的军事征伐中，李世民亲自冲锋陷阵、出生入死，为唐王朝统一全国立下了汗马功劳，为唐王朝走向盛世辉煌奠定了基础，其功绩值得充分肯定。

134 玄武门之变是怎么回事?

武德九年（626年）六月初三，秦王李世民密奏太子李建成、齐王李元吉淫乱后宫，高祖所宠张婕妤、尹德妃皆与之淫乱，并自称无丝毫对不起兄弟之处，却为兄弟不容，屡次加害自己，若被害则将永远离开君父。高祖感到问题严重，召建成、世民六月初四清晨入宫，拟审理此事。当天夜里，李世民却做好了借李建成、李元吉入朝之机将二人斩杀的军事部署。清晨，建成、元吉行至宫城北墙的玄武门内侧的临湖殿，察觉有变，就掉转马头想回东宫。这时，秦王安排的伏兵杀出，元吉屡次放箭，秦王回击，建成中箭身亡，元吉也被尉迟敬德杀掉。这就是震惊全国的玄武门之变，这是一场统治阶级内部的权力之争。在事变中，秦王李世民及其手下不但杀掉了太子建成和齐王元吉，还逼迫唐高祖李渊退位，李世民登基称帝，即唐太宗。

这是一起改写了唐代历史进程的重大事件，对于此事的来龙去脉，《旧唐书·隐太子建成传》中有详尽记载。传文全面描绘了李世民的才德和被迫发动玄武门之变的“苦衷”，而太子李建成则被描绘为一个缺乏能力和威信，居心险恶的形象。

传文首先将李世民与李建成两人的能力、品行进行对比。

李世民被描述得战功赫赫、光明磊落、大公无私，不会投机钻营。他还非常仁孝友悌，高祖曾让他赴洛阳居住，他哭诉称不想远离父亲。太子的葬礼上，秦王哭得也很伤心。

另一方面建成、元吉的形象却在此传中被塑造得非常渺小。

例如，他们没有战功。传中记载太子僚佐王珪、魏徵曾对太子说:“殿下您只因是嫡长子才被立为太子，既无卓越的功绩，也无仁德的声望。而秦王功勋卓著，威震四海，人心所向，您如何保住自己的地位呢？”显系借太子东宫官员之口扬世民抑建成。

他们生活腐化。外结小人，内乱后宫，兼并田宅，侵夺犬马，骄恣横行，作恶多端，却以巧言令色迷惑高祖。

他们心狠手辣。时李世民功业日盛，高祖私许立为太子，建成密知之，乃与齐王元吉潜谋作乱。

他们图谋不轨。建成私召四方骁勇，并召长安恶少年两千余人畜为宫甲，分屯左右长林门，称长林兵。等高祖出幸仁智宫时，建成令庆州总管杨文幹募健儿送京师，想发动兵变，高祖知道后怒责建成。此后，封伦又劝建成作乱，武德九年，突厥扰边，建成、元吉计划此时起事，后未果。

但仔细分析可以发现许多不实之处。如传中也提到，晋阳起兵时，隐太子建成引兵攻略西河郡，从平长安。义宁二年（618 年）任东讨元帅，率兵十万徇洛阳。武德元年（618 年），立为皇太子。武德二年讨伐司竹祝山海起义，又率兵往原州（今宁夏固原）接应杀李轨率众来降的凉州豪族安兴贵。武德四年，稽胡酋帅刘仚成拥部落数万人扰边，建成率师讨之，大胜。武德五年，刘黑闼率窦建德旧将反，并与突厥联合用兵，唐山东局势危急，起义军被李世民武力镇压，但刘黑闼逃走，并借突厥兵再次起义，李建成率军出征，擒刘黑闼，河北起义军彻底失败。可见，虽然李世民在统一全国的过程中立下了汗马功劳，但李建成也具有一定带兵作战的能力，他之所以战功不如秦王，是因为他早在武德元年就被立为太子，为保证其安全，高祖较少派他出征打仗。而所谓的杨文幹之变和武德九年的举兵图谋也值得推敲，建成已贵为太子，且受高祖恩宠，实在没有必要抢班夺权。而且李建成死时年三十八，其五子并被李世民诛杀，在权位面前，忠孝仁义的表象实在不堪一击。

《旧唐书·隐太子建成传》还描绘了高祖李渊对待两子态度的摇摆不定。

传中称由于李世民功业日盛，高祖曾私许立为太子，但李世民忙于军政，以招贤纳才为务，不善与后宫妃嫔结交。他平定洛阳后，高祖派贵妃等到东都挑选宫人及府库珍物，公事之余，贵妃等私有求索，兼为亲族请官，秦王都不同意。他因为大公无私得罪了后宫的宠妃。张婕妤、尹德妃都曾在高祖面前诬告他，高祖大怒，觉得秦王的权力超过自己，他曾对亲信裴寂等说："这儿子长期在外带兵，权力太大，被他身边的人教坏了，不再是我原来的儿子了！"诸妃嫔等又奏言说，万一高祖辞世，诸妃及其幼子必为秦王所不容，太子建成仁厚，则会予其善待。高祖听后不悦，从此对秦王恩礼渐薄，抛开私下许诺，改立建成为太子，建成、元吉受到恩宠。但杨文幹之变中，高祖又改变了主意，他派秦王世民讨杨，并许诺回来立他为太子，废建成作蜀王，以利于秦王登基后控制。后经元吉、众妃、封伦等游说，高祖改变主意，复令建成留守京城。但秦王在东宫饮酒吐血后，高祖又旧话重提，说晋阳起兵本是秦王的主意，统一天下是秦王之功，自己本想立秦王为太子，秦王推辞不受，而建成为太子多年，自己也不忍废之。面对两兄弟不和之现状，高祖让秦王前往陕东道行台，居于洛阳，仿汉代梁孝王旧事，建天子旌旗。

这里高祖被描述为一个优柔寡断、反复无常的人，但据温大雅《大唐创业起居注》，高祖其实是一个城府很深，很有政治头脑的人物。而且从中国封建社会皇位继承的传统看，传位以嫡不以长，立嫡以长不以贤，高祖 22 子，皇后窦氏生 4 子，建成居长，次为世民。从常理看，建成理当承继大统，立李世民是不合规矩的。传中又称武德四年，李建成讨稽胡酋帅刘仚成，虽胜，但由于他不恤士卒，部队逃散大半，高祖忧其不熟悉政术，常令他习时事，并将非军国大务之事，都交给建成处理，又遣礼部尚书李纲、民部尚书郑善果为东宫官员，为太子提供建议，可见，高祖是要极力栽培建成的。

最后，《旧唐书 · 隐太子建成传》还强调秦王发动玄武门之变有不得已的苦衷。

传中记载建成与元吉引秦王入东宫夜宴，欲毒杀之，秦王饮酒后心中暴痛，吐血数升，高祖为化解二人矛盾，让秦王去洛阳，建成、元吉怕秦王外出后势力壮大，又竭力阻挠。此后，二人勾结后宫，不断在高祖面前诋毁秦王，令高祖对秦王产生了怀疑，秦王恐惧无措。李靖、李勣、封伦等劝秦王发动政变，他都没有同意。封伦于是反劝高祖除去秦王。武德九年，建成、元吉计划举兵。长孙无忌、房玄龄等劝秦王当机立断，采取变通的做法，保全社稷，大义灭亲，秦王最终同意。但陈寅恪先生根据巴黎图书馆藏敦煌写本《常何墓志铭》，发现原隶属太子的玄武门守将常何被拉入秦王阵营，太子等进入玄武门时毫无防备，所以被李世民一击得中。可见，玄武门之变并非李世民临时起意，而是事先精心策划的。

《新唐书》《资治通鉴》等史书中，也大体上均肯定秦王而否定太子。历史之所以被这样描述，是因为成书于五代、北宋的史书依据的是唐代留存下来的国史、实录等资料，而历史是由成功者书写的，李世民为了维护自己的明君形象，令唐代史官讳饰他即位前的所作所为是符合情理的，也是不可避免的。

有学者还进一步研究指出，李世民能够成功发动政变，是具备深厚基础的。玄武门之变是李世民在占有军事优势、人才优势，控制中枢决策权，拥有强大的地方势力和社会舆论支持的条件下，有预谋有计划地发动的一次军事政变，而不是被迫在实力对比悬殊的情况下仓促发动的冒险行动。

135 唐朝为什么要追尊老子为“太上玄元皇帝”？

《旧唐书》记载，唐高宗在乾封元年（666年）亲临亳州，拜谒老君庙，追尊老子为“太上玄元皇帝”，并改老子家乡谷阳县为真源县。《唐大诏令集》保存有唐高宗乾封元年的《追尊玄元皇帝制》，制文称老君是皇室之本系，如今为其追上尊号太上玄元皇帝是为了尊祖追远。

高宗此举发生于唐建国后近半个世纪之时，他并非凭空突发奇想，而是继承高祖以来李唐皇室对道教的一贯政策，而这种政策的出现又与长期以来道教自身发展状况密切相关。

早在汉末，道教曾被作为人民起义的工具，一度受到统治者的压制。但晋代后，开始有老子后裔李弘当有天下的传说，这一人物的出现，首次在李氏、政治与道教之祖老君之间建立了特定联系。北魏初年，李谱文以老君玄孙自命，声称得道于汉武帝之时，为牧土宫主，领治三十六土人鬼之政。隋大业七年（611年），炀帝统治危机已经出现，终南山楼观台（在今陕西周至）道士歧平定预言隋运必终，今后数年内将会江山易主，弟子问他谁会取代杨隋皇室主政，他明确提出老君子孙将会成为天子治理国家，此后道教也会得以兴盛。大业十一年（615年），老君子孙将要取代杨隋政权的说法已传得沸沸扬扬，有一个方士安伽陁，劝说炀帝如想保住隋政权，就应杀尽天下李姓。炀帝联系李弘之说，杀李浑及其侄子李敏，因李浑与李弘谐音，李敏小名洪儿，也有谐音之嫌。

由上述可见，南北朝以来，始终有老子子孙李氏将为天子的谶言。据《新唐书·李轨传》，隋末李轨割据凉州，他的部下曹珍就曾说：“我听说谶书言李氏当王。今李轨贤德，莫非是天意？”李渊称帝前，道士王知远曾向他密献符命，应该也是老君子孙李氏为王之类的图谶。某种程度上，晋阳起兵与这样的心理暗示不无关系。

前文中，我们讨论过李唐皇室的血统问题，由于出身并不高贵，加之沾染了浓厚的胡化气息，高祖登基后，为了证明李唐政权的权威性、合理性，遂将自己取得天下解释为天意，附会、利用社会上流传已久的谶言，称李唐王室是道教创始人老子的后代，称道教为“本朝家教”，予以优待和尊崇，并开始一步步神话老子。《唐会要》记载，武德三年（620 年），晋州人吉善行在羊角山见一老者，乘一匹颈上有红色长毛的白马，仪表堂堂，说自己是如今唐天子的祖先，今年平贼后，子孙享国千岁，高祖听后感到很惊异，就在当地建立庙宇。武德七年，高祖又亲至道教发源圣地楼观台拜谒老子，令修葺扩建楼观，改名为宗圣观，并赏赐十顷土地和许多粮食、布帛。歧平定因有预言之功而被封为金紫光禄大夫，其他道士也得到官职。又立宗圣观碑，令欧阳询撰序并八分书，陈叔达撰铭。道教既为祖宗之教，于是武德八年高祖下诏规定道教地位高于儒、佛。

唐太宗李世民即位后，在取各教所长，极尽利用之能事的前提下，他坚决维护以李氏祖先老子为教主的道教，贞观十二年（638 年）他下达《道士女冠在僧尼之上诏》，再次强调，道教地位在儒、佛之上。而且诏文中还提到这样做是为了使尊祖之风流传万世。

高宗上元元年（674 年），皇后武则天上表，认为玄元皇帝为国家远祖，王公以下各级官员都应学习《老子》，还建议将《老子》列为国家明经考试的科目。

总之，唐高宗追尊老子为“太上玄元皇帝”，是李唐皇室与道教互相利用的产物，李唐皇室借助所谓道教教主老子后代的身份，论证掌握政权的合法性，而道教则借助政权的力量，由土生土长的曾备受压制的民间宗教上升为国家宗教，深入国家政治生活，使自身成为统治者治国的利器。

此后的唐朝皇帝，除武后永昌元年（689 年）将老子“太上玄元皇帝”的名号降为“老君”，中宗神龙元年（705 年）改“老君”复为“太上玄元皇帝”，从中宗之后到唐末，老子始终被唐室奉为“玄元皇帝”。天宝二载（743 年）加号为“大圣祖玄元皇帝”，八载再加号为“圣祖大道玄元皇帝”，十三载更加号为“大圣祖高上大道金阙天皇大帝”，对老子的神化达到了登峰造极的地步。玄宗开元二十九年（741 年），还令两京及诸州均建玄元皇帝庙。次年，改天下玄元皇帝庙为太上玄元皇帝宫，不久又令在京玄元皇帝宫改为太清宫，东都改为太微宫，天下诸郡改为紫极宫。

唐代尊崇“太上玄元皇帝”绝非停留于表面，有学者研究发现，唐都长安的大明宫与太极宫内各有一处名叫三清殿的建筑，宫中还有玄元皇帝庙和数处道观，这些均为道教性质的建筑，此外，长安城中还有太清宫的建筑，也是一处道教建筑。宫中的三清殿是专供皇帝从事道教活动的场所，玄元皇帝庙则属于皇室家庙的性质，宫中的道观则是供宫中其他人员，如嫔妃、宫人和宦官们从事道教活动的场所，至于太清宫乃是进行国家祭祀的场所之一。这一研究加深了我们对唐代尊崇老子和道教这一史实的认识。

136 唐太宗为什么被称为“天可汗”？

唐代初年，对中国边境最具威胁的少数民族政权是北方的东突厥。唐高祖李渊太原起兵时，为防止突厥从背后进攻而采取了对其称臣的策略。高祖称帝后，突厥不断侵扰北方边境。贞观初，颉利可汗甚至率劲旅进犯长安，太宗亲征于渭水，责其背信弃义，突厥鉴于唐守备严密，最终退兵。贞观三年（629 年），由于突厥统治集团内部矛盾不断，加之灾害天气的影响，强盛的突厥出现乱象，太宗抓住机会，派李靖、李勣、柴绍、薛万彻等率兵 10 余万，分道进击。贞观四年，定襄道行军总管李靖大破突厥，李靖、李勣又破突厥于阴山，颉利可汗轻骑远遁，后大同道行军副总管张宝相生擒颉利可汗，押解京师，东突厥灭亡。

原臣属于突厥的西北诸蕃都归顺唐朝，请求太宗上尊号为天可汗，《唐会要》记载：（贞观）四年三月，诸蕃君长恳请称太宗为天可汗，太宗乃下令今后赐西域北荒之君长的玺书，皆称皇帝天可汗。诸蕃首领若有死亡者，继位的后嗣必须经唐王朝下诏册立，其政权才具有合法性，唐从此建立了对四夷的统治。

东突厥败亡后，薛延陀势力强盛，威胁唐北方边境，贞观二十年（646 年），太宗遣兵部尚书崔敦礼和特进英国公李勣击破薛延陀

唐太宗像

于郁督军山北，前后斩首五千余级，虏男女三万余人。原属薛延陀的铁勒回纥、拔野古、同罗、仆骨、多滥葛、思结、阿跌、契苾、跌结、浑、斛薛等十一姓请求归顺唐朝，自称“唐民”，并请太宗称“天可汗”，自此，太宗朝北方再无边患。

如此说来，历史上唐太宗两次被北方少数民族尊为天可汗，一次是原属突厥的部族所请，另一次是原属薛延陀的部落所请。贞观年间，其他少数民族如何称呼唐太宗呢？史书上无明确记载，但应该是通行“天可汗”之称，至少，在唐太宗的思想观念中，必是以“天可汗”的心理面对所有边疆少数民族政权的。

我们还要明确一点，“天可汗”的称呼始自突厥部落对唐太宗的尊称，但此后成为周边各少数民族对唐代所有皇帝的统称。在《新唐书》《旧唐书》《资治通鉴》《唐会要》《通典》《册府元龟》等书中可以找到很多例子，如玄宗时，曹国、石国、吐火罗、突厥等均称玄宗为“天可汗”，安史之乱后，回纥称肃宗、代宗均为“天可汗”。

唐太宗能得到“天可汗”的殊荣，是其开明的民族思想得到各民族尊重的证明。贞观二十一年，唐太宗曾与臣下总结治理天下的经验教训，他认为历代帝王虽能平定中原，但却不能令夷狄归服，而自己却能够较好地处理民族关系，他介绍成功经验说：“自古皆贵中华，贱夷狄，朕独爱之如一，故其种落皆依朕如父母。”这不是空话，而是实情，一次战役中，有位突厥将领受伤仍坚持杀敌，伤口感染化脓，唐太宗亲自为他吮吸瘀血，这位将领和其他士卒都十分感动。贞观七年（633 年），太上皇李渊在未央宫设宴，令突厥颉利可汗舞蹈，南蛮酋长冯智戴咏诗，李渊笑言：“胡越一家，自古未有也！”在唐太宗开明民族思想的指导下，各少数民族均与唐保持了友好并存、互利交往的关系。

在这种民族思想指导下，唐太宗通过和亲等方式与各少数民族政权维持友好关系。如贞观二年（628年），太宗将族妹封为弘化公主，嫁给吐谷浑首领诺曷钵；贞观十五年（641年），又将宗室女封为文成公主，嫁给吐蕃赞普松赞干布，开创了汉藏两族的长期友好关系；太宗时铁勒之一部薛延陀强盛，贞观十六年其首领求婚于唐，太宗对侍臣说：“北狄世代为寇，今薛延陀强大，威胁我国边境，我经过深思熟虑，认为有两个办法，其一是派10万大军出击消灭它，另一个办法是满足其请求，与其结为姻亲之好，这样可以至少保证边疆30年的安宁，哪样好呢？”房玄龄支持和亲之策，太宗遂说：“我为天下苍生的父母，如果可以有利于百姓，我岂爱惜一女？”遂答应将新兴公主下嫁薛延陀，后虽因薛延陀聘礼未备，太宗下诏“绝其婚”，但从许婚之举，仍可看出和亲政策是当时太宗在处理民族问题上的重要方式。

唐太宗开明的民族政策还表现在对少数民族地区采取的羁縻管理方式上。

东突厥政权瓦解后，如何处理其十余万降众是摆在太宗君臣面前的急务。大臣中有四种观点，有人认为应按突厥旧俗令其居于黄河以北的旧地；有人建议分其土地，析其部落，使其力量变弱；还有人认为应将突厥降众散入江南州县，改变其游牧风俗；但中书令温彦博等人主张令其居于黄河以南，熏染于中华文化。太宗接受了温彦博等人的主张，将其部落置于黄河南岸朔方之地，在东起幽州（今北京），西至灵州（今宁夏灵武）的广阔区域，设置四州都督府管辖这些突厥人，允许他们仍然保留原有的部落组织和风俗习惯，由突厥首领担任刺史、都督，管理州府内部事务，其职务按照突厥民族的习惯还可以世袭。在承认唐中央政权统治的前提下，刺史、都督可以对州府内部事务实行自治管理，具有较大的独立性和自主权，唐中央政府不向这里的民众征收赋税，只保留隶属关系。漠北原颉利可汗故地仍有许多突厥民众，唐把这里也划分为六州，设定襄、云中两个都督府，仍由突厥首领管理。唐太宗所开创的这种羁縻府州制度一直延续到唐末，成为唐代管理少数民族地区的主要模式，受到各少数民族统治阶级和广大人民的普遍欢迎。在唐太宗开明民族政策的感召下，当时突厥首领入朝拜将者众多，五品以上有百余人，占朝廷官员的一半。突厥人入居长安近万家。贞观中户部奏称中国人自塞外来归及突厥前后降附，被编入中国户籍者，男女一百二十余万口。

唐太宗提倡的开明民族思想及相应的各种民族政策为唐王朝赢得了和平建设的良好环境，也为他赢得了各民族的拥戴。太宗主张"王者视四海如一家"，他曾自豪地说："汉武帝穷兵黩武三十余年，使天下疲敝，却所获无几；哪比得上今日以威德安抚各族，使化外之民全都成为大唐的编户齐民呢！"唐太宗也称得上是当之无愧的"天可汗"，得到了各族人民的爱戴，四夷大小君长争相派遣使臣入朝拜见太宗，在道路上来往不绝，每年正月初一元日朝贺，常达数百乃至千人之多。贞观二十一年（647 年），回纥等族为加强与唐朝的联系，还请求在回纥以南、突厥以北开通参天可汗道，每年北方各族向唐朝贡献貂皮以充赋税，道路上设置邮驿六十八处，备马匹和酒肉供应过往使节，太宗同意了这一请求。唐太宗死后，史书记载，各族首领按照本民族哀悼首领的习惯，纷纷剪发剃须、嫠面割耳，以示哀悼，甚至表示要杀身殉葬。作为天可汗，唐太宗生前得到了各民族的拥护，身后也被各族人民长久怀念。

有唐一代，中国漫长的边境线上，分布着众多的少数民族，北方和西北方有突厥、回纥、薛延陀、铁勒等族，东北有靺鞨、契丹、奚等，西方和西南部有吐谷浑、党项、羌、吐蕃、南诏等部，东南方也有蛮獠、山越等族，在唐太宗开创的开明民族政策指导下，唐代在这些地区建立了 856 个羁縻府州。在当时大多数时期，中国境内各民族和平共处，为建设中华民族共同的大家庭做出了各自的贡献，这种处理民族问题的正确思想路线，直到今天仍有借鉴意义。

137 文成公主与松赞干布有哪些故事流传?

南北朝后期，羌族的一支兴起于青藏高原一带，建立了吐蕃政权，吐蕃人即今天我国藏民族的祖先。吐蕃风俗称强健雄壮为“赞”，丈夫为“普”，所以其君长被称为“赞普”，即“伟丈夫”之意。贞观初年，吐蕃诞生了一位杰出的赞普——松赞干布（约617年—650年）。他本名弃宗弄赞，松赞干布是臣下给他上的尊号，“松赞”意思是端庄尊严，“干布”是深沉大度之意，藏族传说中就称他从小聪明智慧、性格沉稳坚毅且多才多艺。他从父亲普朗日论赞手中继承了吐蕃赞之位，兼并周边部落，统一了青藏高原，在逻些（今西藏拉萨）建立了强大的政权。松赞干布是吐蕃历史上的英雄，是一位具有广阔视野的杰出政治家，在贞观八年（634年），他首次遣使与唐通好，唐派使节冯德遐带着国书和礼物回访，松赞干布亲自接见了唐使。当时，吐蕃处于奴隶制发展阶段，中国正处于封建社会的盛世。见到唐使，松赞干布在对比中深深折服于唐人高雅的文化、礼仪修养和唐朝发达的物质文明，于是，他又派使节随冯德遐一起入唐，向唐太宗请求和亲，但未得到唐朝的允许。

中国古代早有和亲的历史传统，和亲是一种加强、协调与边疆各族政权关系的民族政策。汉代多次与匈奴和亲，产生过昭君出塞的故事。贞观十四年（640年），松赞干布派遣其国相禄东赞向唐太宗请求和亲。考虑到吐蕃拥有较强的军事实力，为保证西南边境的安宁，唐太宗初步表示同意其请求。松赞干布得知后很高兴，又派禄东赞入长安，献上黄金五千两及珍玩数百件。唐太宗最终

松赞干布塑像

决定将宗室女封为文成公主，许婚松赞干布。文成公主从小受到过良好的教育，熟读经史文籍，知晓礼法妇德，可见太宗对这桩婚事还是非常重视的。著名的画作《步辇图》，相传为唐代名画家阎立本所绘，生动表现了吐蕃使者入朝向唐太宗求婚的场面。

贞观十五年（641 年），太宗让礼部尚书、江夏王李道宗主婚，持唐朝使节送文成公主前往吐蕃。松赞干布得知消息，感到非常高兴，他认为自己的父祖辈都未曾和汉族通婚，自己能娶大唐公主实在是十分幸运，为了纪念和诏告后代，他表示要为文成公主在逻些建造城郭、宫殿。松赞干布派吐蕃国相禄东赞到长安迎亲，自己亲赴河源迎接公主，在柏海（今青海扎陵湖）见到李道宗与公主一行，松赞干布很恭敬地对李道宗以唐朝女婿之礼相见，感叹唐朝服饰精美，礼仪完备。回到逻些后，松赞干布与文成公主举行了盛大的婚礼。从此，吐蕃与唐朝建立甥舅关系，此后两百年间，其首领只有经过唐政府册命，才是名正言顺的赞普。

从贞观十五年入藏，到唐高宗永隆元年（680 年）去世，文成公主在吐蕃生活了四十年之久，充当了唐朝与吐蕃政治、经济、文化交流的友好使者。

她首要的功勋是给唐朝和吐蕃民族带来了和平，中宗在决定送金城公主入藏时，曾颁布制文谈到和亲的原因。文称太宗为了百姓安宁决定与吐蕃和亲，文成公主在吐蕃数十年间，这一地区清净无事，而文成公主死后，唐蕃之间在边境屡有摩擦，吐蕃经济发展也受到影响，所以吐蕃请求和亲，而自己为了边境安宁决定送金城公主出嫁吐蕃。这其实从某种程度上说，是高度评价文成公主作为和平使者的贡献。

文成公主塑像

文成公主的第二点贡献是

她有力地推动了吐蕃经济文化的发展。入藏时，她带去了大量金银珠宝、精美的丝织品和手工艺品、能够适应青藏高原气候的谷物与蔬菜种子以及关于历法与农业手工业生产的书籍，还有许多佛像和佛教典籍。随她入藏的随从众多，其中包括各种工匠，他们将唐代先进的生产技术传入了吐蕃，公主还亲自教吐蕃妇女纺织。唐高宗初年，她又请求唐朝赐给吐蕃蚕种和造酒、碾硙、造纸墨的工匠，都得到了唐政府的许可。唐代诗人陈陶曾写下“自从贵主和亲后，一半胡风似汉家”的诗句，描绘文成公主入藏后，吐蕃社会风俗发生的巨大变化。史书记载文成公主入藏后，不习惯也不喜欢吐蕃人原有的以赭色涂面的习俗，松赞干布就下令停止这种做法，在与公主相处时，他也脱掉毡裘，穿上公主带来的丝绸制作的汉服。松赞干布越来越仰慕华风，他又请求唐政府允许他派遣吐蕃酋豪的子弟进入唐朝学习中国诗文，还请唐朝饱学的儒士为其管理吐蕃的文书表章，这些都促进了吐蕃文化的进步。

吐蕃人民非常爱戴和怀念文成公主，在民间流传着许多关于文成公主的故事。今天，拉萨的大昭寺和布达拉宫中，都同时供奉有松赞干布和文成公主的塑像。文成公主与松赞干布的联姻，开启了唐蕃友好交往的大门，他们二人已成为唐朝以来汉藏民族之间团结友好的象征。

138“贞观之治”是怎么回事？

唐太宗李世民在其统治的贞观年间（627 年—649 年），励精图治，积极调整统治政策，轻徭薄赋，加强中央集权，社会秩序得以安定，经济文化恢复发展，国力逐渐强盛，史称这一段比较清明的时期为“贞观之治”。

唐太宗亲身经历了隋末农民起义带来的巨大社会动荡，深以隋亡为戒。唐太宗即位后，常与群臣探讨治国安邦的良策，他时时告诫自己及其属下，要勤于政事，去奢省费，明察秋毫，特别是推行与民休息的宽舒政策，缓和阶级矛盾，这种定位于长治久安的指导思想，为治世成功奠定了基础。他统治中国的 23 年间，在政治、经济、文化、民族关系等方面，推行了一系列开明政策，产生了良好效果，使得“贞观之治”政治局面得以出现。

贞观年间，唐太宗继续推行隋代以来的三省六部制，加强中央集权，发展科举制，巩固统治阶级的政权基础，为经济文化的稳定发展提供保障。

武德年间，李世民已经非常注意招纳贤才，他在秦王府开文学馆，设十八学士，房玄龄、杜如晦等都是其中的成员，他手下还有尉迟恭、秦琼、侯君集、程知节等勇将。成为君王后，他的朝廷中，汇聚了来自各个阵营的人才，有长期追随他的原秦王府幕僚和将士、原杨隋政权的旧官僚、隋末农民起义军降唐的将领及原太子集团的文臣武将，太宗对他们都能够一视同仁，平等对待。他曾说：“我以天下为家，惟贤是举。”又说：“我为官择人，惟才是举。如果无才，即使是亲族也不录用，有才之人，即便有仇也会任用。”他指出宰相的职责就是要广求贤才，并根据其能力授予相应的官职。由于唐太宗推行任人唯贤、唯才的路线，知人善任，能够摆脱亲疏、门第和地域的限制。从而汇聚了一大批贤达精英，使他的各项政策能够得到切实地贯彻执行。他不但善于招贤，还非常善于用人所长，容人之短，他主张“智者取其智，愚者取其力，勇者取其威，怯者取其慎”，也就是各尽其才。

唐太宗本着“兼听则明，偏信则暗”的原则，也为了表示对贤才的尊重，经常鼓励臣僚进谏，使下情上达。由于大臣勇于进谏，唐太宗善于纳谏，从而避免和纠正了一些错误，得以制定出更加切合实际的统治政策，又为其治世成功提供了条件。魏徵曾向唐太宗进谏达两百多次，大多得到采纳，魏徵曾坦率地说是由于唐太宗的倡导和宽容，自己才敢于进谏，如果太宗不纳谏，自己岂敢屡次冒犯皇帝。可见这种君臣关系的出现取决于唐太宗的虚心纳谏，正因为这样，敢于进谏者远非魏徵一人，而是蔚然成风，连以悦媚皇帝著称的隋炀帝旧臣裴矩也一反常态，敢于直言进谏，得到了唐太宗的好评。

对已经名列簿册的各级官吏，唐太宗则注重提高他们的为政素质和能力，督促他们廉洁奉公。他认为，“官在得人，不在官多”，因此，他精简了官僚机构，着手整顿吏治。他把刺史都督的名字写在屏风上，注其从政的善恶于名下，以备升降。从而督使官吏廉洁奉公，吏治得以清明。对宗室外戚也都严格要求，不允许他们欺压百姓，这也为其治世成功提供了保证。

唐太宗注重法制。隋炀帝时法律严苛而反抗不断，唐初制定《武德律》，改隋末法律苛刻残酷之处，唐太宗又令长孙无忌等制定《贞观律》，进一步删繁就简，力求宽平，贞观四年，断死刑者仅 29 人，社会稳定，百姓安乐。

在经济方面，唐太宗继续推行均田制和租庸调制。面对隋末战争导致的经济残破局面，唐太宗君臣总结隋亡的经验教训，重视发展农业生产。太宗经常派使者巡视各地农村，劝课农桑。他曾说：“凡事皆须务本，国以人为本，人以衣食为本，百姓从事生产，以不失时为本，若想要不失时，君主应该静心寡欲，若兵戈屡动，土木不息，想不夺农时可能吗？”因此，贞观时期，国家注意不夺农时，对人民的剥削有所节制，徭役兵役相对减轻，对回归的流民减免赋役。由于轻徭薄赋，广大人民得以休养生息，社会经济有了长足的恢复发展。除了政策保证，唐太宗还采取了一些发展农业生产的具体措施，如他十分重视农田基本水利建设，下令各级地方政府兴修水利，使农业生产进一步发展，从而为其治世成功奠定了经济基础。《贞观政要》卷一记载，太宗即位之初，天灾不断，经济凋敝，突厥不断侵扰边境，在内忧外患面前，太宗心存黎民、崇尚节俭，虽然粮价昂贵，百姓困苦，但大家都没有怨言，经过努力，至贞观三年，关中农业丰收，百姓归心。

唐太宗还崇尚儒学，推行科举制度，大力发展文化教育事业，重视借鉴历史经验，设立史馆，编写史书；与周边少数民族地区平等往来，少数民族尊称他为“天可汗”；同时以开阔的胸襟与邻国开展文化交流活动。

经过贞观君臣的共同努力，唐安定了社会秩序，加强了中央集权，发展了社会经济，使封建国家逐步走向了繁盛，终于出现了“贞观之治”的历史新局面。在唐人吴兢的笔下，称其时商旅在外，没有盗贼，监狱常空，马牛遍野，外户不闭，农业生产连年丰收，米斗三四钱，行旅从京师到岭南，自山东至于沧海，皆不携带干粮，沿路均可取给，行客经过山东村落，村民必厚加供应，临行有时还有馈赠，这些都是过去从未有过的。真是一派太平盛世景象！

139 魏徵与唐太宗的关系如何？

唐太宗李世民贞观年间（627年—649年）的统治，被后世历代史家褒扬，称为“贞观之治”。这一治世成功的取得，与唐太宗善于纳谏密不可分，而贞观时代最有名的谏臣当数魏徵（580年—643年），他们二人为后世树立了君臣关系的楷模，传为佳话。

但唐太宗与魏徵的关系并非如此简单，而是经历了许多波澜起伏。

魏徵最初是站在唐太宗李世民的对立面登上历史舞台的。魏徵祖籍河北巨鹿人，父亲曾做过北齐的县令。他年轻时就喜好读书，志向远大，以天下事为己任，曾出家为道士，在隋末投身瓦岗寨农民起义军，深受李密器重，瓦岗寨农民起义失败后，他跟随李密入关降唐。又以唐官员的身份招降、安抚山东豪杰，成功地劝说当时实力颇强的原瓦岗军重要将领徐世勣归顺唐朝。后魏徵陷于窦建德军，建德厚待他，任命他为起居舍人，后来窦建德兵败，魏徵再入关归唐。当时的太子李建成久闻魏徵之名，延请他担任太子洗马，对他非常尊敬。作为东宫官员，魏徵看到秦王李世民实力强大，曾劝建成除掉秦王。太宗登基后，召魏徵责问他为何离间自己兄弟，魏徵毫不畏惧，反而称太子如果听了自己的建议，就不会有后来的失败。太宗感慨魏徵忠于前主，敢于直言，又敬佩他的才学，因此不计前嫌，委以魏徵重任，拜他为谏议大夫，又派他出巡安抚河北，还给他很大的自主权，允许他根据实际情况处理各种事务。魏徵走到河北磁州，遇到前东宫千牛李志安、齐王护军李思行被押送京师。

魏徵认为，出发前太宗已经下令宽赦前东宫、齐王府官员，前事既往不咎，如今却将李志安、李思行等作为罪犯对待，无法取信于山东、河北的人民。因此，他不避自己曾为东宫官员的嫌疑，为了国家社稷，大胆做主，释放了李志安、李思行等人，然后上奏太宗。对他出于公心的行为，太宗非常理解和赞赏，他们二人的关系由敌人转向了君臣，这种转变的前提条件是唐太宗的宽广胸襟，他包容了过去的敌人，化敌为臣，并对其量才使用。

此后，唐太宗与魏徵的关系进入第二个阶段，唐太宗重用魏徵，魏徵也尽心报国，达到了双赢的效果。贞观初，唐太宗才登帝位，正欲励精图治，经常主动征求魏徵的意见和建议，屡次延请他进入寝殿咨询政事。魏徵有经国之才，且性情耿直，又感激太宗的知遇之恩，称其为“知己之主”，认为太宗以国士对待自己，自己也要尽全力报国，他知无不言，言无不尽。《旧唐书》说魏徵长相不超过中等之人，而素有胆量和智慧，屡次冒犯皇帝的龙颜，大胆进谏，即使碰上君王发怒，他也神色不变地坚持自己的意见。魏徵前后进谏多次，得到了太宗认可，褒奖他“至诚奉国”。太宗与魏徵的关系达到了儒家君臣关系的理想状态——“君使臣以礼，臣事君以忠”。

在这一阶段，两人的关系也曾经历过小的波折。作为一个权力至高无上的封建帝王，要长期保持虚怀若谷的心态听取逆耳的忠言，并不是一件容易的事情。曾经有一次，唐太宗在退朝后气咻咻地回到后宫，声称：“一定要杀此庄稼汉。”长孙皇后知道他是因为魏徵进谏而发怒后，马上换上朝服来向唐太宗祝贺。太宗很纳闷，长孙皇后却说：“我听说主明臣直，如今魏徵正直进谏，完全是由于陛下你是明君的缘故啊，我怎敢不祝贺你呢？”贤德机智的长孙皇后就这样化解了太宗的怒气，充当了唐太宗与魏徵关系的润滑剂。

还曾经有人状告魏徵结党营私、庇护亲族，太宗让御史大夫温彦博审查，没有发现证据。温彦博回奏太宗，称魏徵在日常工作中不会躲避嫌疑，给人留下了攻击他的口实，招致诽谤，即使没有私心，今后也应注意。太宗于是让温彦博将这个意思转告魏徵。魏徵并不接受，他反驳说：“如果君臣之间不存公道，只看外在表现，则国家就会衰亡。”太宗幡然悔悟，魏徵还表示自己愿做良臣而非忠臣，因为良臣使自身获得美名，助君建立伟业，荫庇子孙，福禄无疆，而忠臣身受诛戮，皇帝得到恶名，家国两亡，太宗深以为然。唐太宗的知错能改和虚心纳谏，使二人的关系在经历了波折后，不但没有出现裂痕，反而更加紧密了。

贞观十六年（642年），唐太宗拜魏徵为太子太师，将辅佐太子的重任托付给他，可见对他的倚重。魏徵为官清廉，其住宅原无正房，太宗就将自己准备盖一个小殿的材料给他盖房子，房屋落成后，因魏徵一贯简朴，唐太宗又专门派内臣赐给他素褥布被，表现了对他的关心和尊重。等到魏徵病重时，太宗亲至其宅，凄然落泪，问所欲言，魏徵说：“嫠不恤纬，而忧宗周之亡。”这个典故出自《左传·昭公二十四年》，意思是寡妇不怕纬纱少而织不成布，只怕国家灭亡，后因以表示忧国忘私。魏徵死后，太宗亲临恸哭，废朝五日，赠魏徵司空、相州都督之职，谥号文贞，令以一品礼葬，并赐给他丧葬所需，许其陪葬昭陵。葬日，太宗登楼望丧而哭，诏百官送出郊外，帝亲撰墓碑文，并写于碑石之上。魏徵死后很长一段时间，太宗都沉浸在对他的怀念之中，他曾对侍臣说：“以铜为镜可以正衣冠，以古为镜可以知兴替，以人为镜可以明得失，朕常保此三镜，以防己过，今魏徵逝去，我失去一面镜子了。”他还下令公卿侍臣将魏徵还未来得及呈上的遗表书写在上朝时要用的笏板上，学习魏徵知而必谏的精神。至此，魏徵可谓是“生荣死哀”了。

但唐太宗与魏徵的关系还有第三个阶段，在魏徵死后，唐太宗对他的信任发生了动摇。

魏徵曾密荐中书侍郎杜正伦及吏部尚书侯君集有宰相之才，魏徵死后，杜正伦犯罪被贬黜，侯君集谋逆被杀，太宗开始怀疑魏徵和他们结党营私。魏徵还曾把自己屡次进谏时与皇帝的言辞往来都记录下来，给史官起居郎褚遂良看，他死后，太宗得知此事，更不高兴。本已将衡山公主许配给魏徵长子叔玉，现在太宗手写诏书令停结此婚，并下令推倒自己撰写的魏徵墓碑。于是，魏徵的子辈逐渐衰落了。读史至此，令人唏嘘，对臣下的猜疑恐怕是君主专制无法根除的痼疾，以唐太宗一代明君，仍不免落入这一怪圈。

所幸的是，贞观十九、二十一、二十二年，太宗三次遣将征伐高句丽均无功而返，这时，太宗又想起了忠鲠直言的魏徵，后悔感叹说："魏徵若在，定不会让我出征。"遂命以少牢之礼祭祀魏徵，又将自己写的魏徵碑重新树立起来，还召见慰问并赏赐他的妻儿。这样，唐太宗与魏徵的关系终于画上了一个还算完满的句号。

140 房玄龄与杜如晦为什么被称为贤相？

房玄龄（579 年—648 年），字乔松，齐州临淄人。杜如晦（585 年—630 年），字克明，京兆杜陵（今陕西西安）人。贞观年间，两人同任宰相，共掌朝政，贞观初期的政治、法律制度及官员选拔任免等，皆由二人共同确定。房玄龄知杜如晦能断大事，杜如晦知房玄龄善建嘉谋，每次在太宗面前议政，房玄龄必言如晦不来不能决断，而杜如晦来后，必用玄龄的计策，人称"房谋杜断"。两人齐心协力，互助互补，使国家出现号称"贞观之治"的太平盛世，后世的封建史家均将他们二人树为宰相楷模，比作汉代的良相萧何、曹参。

早在隋末和武德年间，两人就共同效力于秦王李世民，掌秦府机密，随同秦王东征西讨，立下汗马功劳。房玄龄出身官宦世家，受到了良好的教育，年轻时就很有政治远见。隋大业末唐高祖起兵后，很快就攻入关中，房玄龄于此时投入当时的秦王李世民府中。秦王一见便引为股肱，玄龄既遇秦王知己之恩，遂竭心尽力，知无不为，每次与敌军作战后，众人竞相搜求珍奇宝玩，玄龄先想到的却是为秦王府网络人才，遇见谋臣猛将，玄龄都和他们私下结交，使他们全心全意效力秦王府。房玄龄任秦王府主要官员十多年，其才华还得到高祖的好评，高祖曾评价他深识机宜，足堪委任。杜如晦为京兆杜氏家族成员，系出身关陇世家大族。隋大业中弃官而投奔当时的秦王李世民。他富有才华，于是房玄龄向太宗荐举他。当时秦府中英雄俊杰很多被外迁，秦王对此很忧虑。房玄龄却说："府僚被外迁的虽多，都不足惜，只是杜如晦聪明识达，有王佐之才，若大王只是做一个藩王，要他也没什么用，但若要经营天下，非此人不可。”后来杜如晦随李世民出征，平定薛仁杲、刘武周、王世充、窦建德等多支割据势力，他参谋筹划，屡屡剖断如流，深为时人佩服，被列为秦府十八学士之首。

太宗即位后，作为原秦府官员之首，又有经邦理国才能的房玄龄与杜如晦自然挑起了治理国家的重任。

房玄龄为相 15 年。贞观三年，他开始成为尚书左仆射，即唐代宰相。他总理政府百司，日夜操劳，尽心竭力，想把每件事都做好，听说别人有善言善行，高兴得如同自己有一样，通达政事，审定法令时力求宽大平和，选拔人才不求全责备，不以自己的长处为衡量他人的标准，也不因出身问题而埋没人才，能够根据每个人的所长而因材施用。

房玄龄做事认真负责。起初，尚书省的公文、狱讼他都亲自过问，太宗念他过于辛苦，下令尚书省的大事由仆射处理，小事交给左右丞，他才得以从琐碎的日常事务中脱身出来，全力帮助太宗访求贤才，处理军国大事。房玄龄注重加强吏治，认为只要选拔公平正直的人为官，国家政治自然清明。在这一思想指导下，他精简机构、裁并冗官，从而有效地提高了政府办事效率。

他也很重视国家典章制度的建设，以“宽平”为标准，他和长孙无忌修订《贞观律》500 条，分为 12 卷，又确定诏令 13 卷 1590 条，还删改唐初敕格，成《贞观格》18 卷 700 条，供各政府部门工作参考。这些法律条文在有唐一代长期沿用，并对后世产生了较大影响。

房玄龄还在国家礼制建设和史书编修方面做出了巨大贡献。他与魏徵等根据时代发展，对古礼相应地进行增删，修成《大唐新礼》100 卷，分 138 篇；又监修了前朝多部史书，其中，《晋书》由房玄龄亲自主持审定。

贞观十三年（639 年），房玄龄任太子少师，他身居高位而非常谦让，不肯接受太子隆重的拜师礼仪。同时，他请求解除仆射一职。

贞观十六年，太宗给他进位司空，仍令其担任宰相全面执掌朝政，玄龄谦让，太宗不许，说“国家久相任使，一朝忽无良相，如失两手”，对房玄龄评价很高。贞观十八年，太宗令人画房玄龄等二十四人画像于凌烟阁。

贞观二十二年（648年），房玄龄病重，这时，他还惦记着军国大事，他上书希望太宗爱惜百姓生命，停止征伐高句丽，自称若知而不言，则会含恨九泉。太宗见到表文，对嫁给玄龄次子房遗爱的高阳公主感叹说：“此人生命垂危如此，还能这样忧心国家。”

唐太宗对房玄龄也非常信任，太宗亲征辽东，命房玄龄留守京城，给他手诏，将玄龄比作汉代萧何，称自己出征没有西顾之忧。太宗让房玄龄全权负责军戎器械、战士粮廪等各种事务，可相机行事，不必向自己奏请。这时，京师有一男子至留台告状，并声称自己状告的正是房玄龄。玄龄马上命乘驿送此人至太宗所在地，太宗下令杀掉此人，又下诏责备房玄龄不够自信，令他再碰到这样的事可以自己决断。

杜如晦任宰相时间较短。贞观二年（628年），杜如晦以本官检校侍中，成为宰相，并兼吏部尚书，仍总监东宫兵马事，非常称职。贞观三年，改为尚书右仆射，还是宰相，仍掌管选官之事。此年冬，杜如晦病，太宗很担心，不断派人探望，又安排名医治疗。贞观四年卒，年仅46岁，为贞观之相才短短3年，实际在位仅两年。太宗很难过，辍朝三日，追封杜如晦为司空，徙封莱国公，谥号曰成。又下手诏给著作郎虞世南，令其制碑文。杜如晦逝后，太宗对他非常怀念。他曾在食瓜时想到杜如晦，不禁悲从中来，将食物的一半令使者祭奠于杜如晦灵座之前。又曾在赐房玄龄黄银带时对他说：“往昔如晦与你同心辅朕，今日所赐惟独见你，令人伤感。”命取黄金带，派房玄龄亲送于杜如晦灵前。其后，太宗又梦见如晦，他将此事告诉房玄龄，欷歔感叹，又派人拿自己的饭食去祭祀杜如晦。贞观五年，杜如晦祭日，太宗又派尚宫至如晦家慰问其妻儿。太宗还令保留杜如晦原有的国官府佐，对他终始恩遇有加，当时无人能比。又招隐居嵩山的杜如晦之弟杜楚客，说：“你兄长与我体异却同心，对我国家有大功，我因为怀念他而想见你，希望你明白我的心意，继承你兄长对国家的忠义。”从唐太宗对杜如晦的追念，可以想见杜如晦必曾是名不虚传的贤相。

作为一代名相，房玄龄、杜如晦在唐建国之初，为国家建立规章制度，有开创之功，且对此后的封建社会有深远影响。但他们两人却非常谦逊，他们跟随太宗平定祸乱，却不居功自傲，两人后来均身处要职，却不专宠擅权，做到了善始善终，也得以名垂青史、流芳百世。

141 李靖与李勣建立过什么功勋?

经历了隋末的社会动荡，唐初，涌现出许多著名的政治人物，一时间谋臣如云、猛将如雨，文如房玄龄、魏徵等，武则以李靖、李勣为代表。唐肃宗上元元年（760年），选历史上著名的武将10人配享武成王姜太公之庙，李靖与李勣均被选中。

李靖（571年—649年），京兆三原（今陕西三原）人，出身官僚家庭，且具有尚武的家风熏陶，其舅父即隋开国名将韩擒虎，对李靖的军事才华评价很高。他在唐高祖、唐太宗两朝，率军东征西讨，建立了不朽功勋。

李靖像

对内，在南方，他灭后梁、安岭南，平辅公祏，助唐完成了统一大业。武德初，他先随秦王东征，平定隋亡后割据洛阳的王世充。之后不久，他被高祖李渊派往长江流域，消灭盘踞在江陵（今湖北江陵）的后梁萧铣政权。李靖正确分析了敌我力量，制定平梁十策，得到了高祖的赞赏。武德四年（621 年），高祖命令四路大军齐攻江陵，其中一路以赵郡王李孝恭为荆湘道行军总管，李靖为行军长史，从夔州（今四川奉节）东征，但因李孝恭不谙军旅，这一路讨伐萧铣之重任，实际上全压在李靖肩上。两个月后，南方最大的割据势力——萧铣的后梁政权宣告投降，唐朝此次出师成功，李靖功不可没。此后，他又安抚平定岭南诸州、讨平原江淮农民起义军首领辅公祏在丹阳（今江苏南京）的反唐武装。高祖评价李靖乃萧铣、辅公祏之克星，认为其功劳超过古代名将韩信、白起、卫青、霍去病等。

对外，李靖北击突厥，西逐吐谷浑，保卫了唐的边境安全。

隋末唐初，东突厥强大，高祖晋阳起兵前为争取突厥支持，不惜向其称臣。唐建国后，突厥屡次南下侵扰，还支持唐境内的反唐割据势力，武德九年（626 年），甚至兵锋指向长安，以致唐太宗冒险亲临前线退敌。面对此北方劲敌，李靖被任命为灵州道行军总管，以防范突厥。贞观三年（629 年），由于东突厥内乱，加之天灾，唐太宗决定向其用兵，以李靖为定襄道行军总管，率十几万大军出击东突厥。这次，唐初另一名将李勣也被任命为通汉道行军总管。贞观四年（630 年）春，李靖从马邑出发，进击定襄，大破突厥，俘获隋末逃入突厥的炀帝皇后萧氏及炀帝之孙杨正道，颉利可汗逃往碛口；李勣也从云中出发，在白道击败突厥军队。屡遭败绩的颉利可汗向唐太宗请降，太宗派鸿胪卿唐俭入突厥安抚，又令李靖迎可汗入朝。但李靖和李勣商议后认为，将在外可见机行事，宜将胜勇追穷寇，以防止颉利可汗卷土重来。于是，二月，李靖又破突厥于阴山，李勣阻敌于碛口，突厥大部降唐，仅颉利可汗轻骑远遁，三月庚辰，颉利可汗被大同道行军副总管张宝相生擒，押解京师，东突厥灭亡。唐太宗与高祖闻知捷报，非常高兴，终于雪洗了曾向突厥称臣的耻辱。这次出兵，也是李靖与李勣两位唐初名将的一次成功合作。

贞观八年（634 年），西方的吐谷浑又侵扰凉州，唐决定反击。李靖这时年事已高，又有足疾，却主动请缨，唐太宗遂任命他为西海道行军大总管，指挥五路大军，出兵讨伐吐谷浑。次年四月，唐军在库山（今青海天峻）首战告捷，吐谷浑伏允可汗向西败退，李靖决定乘胜追击。五月，在乌海（今青海兴海）再败伏允。唐军紧追不舍，伏允仅率千余骑逃入碛中，走投无路，最后，伏允被部将所杀，其子降唐。仅短短两个月，李靖就率兵彻底击溃了曾一度十分强盛的吐谷浑各部。

贞观十八年（644 年），唐太宗亲征东北方的高句丽，李靖年过七旬，却壮心不已，最后终因年老而作罢。如果成行，在他的功勋表上应该又是浓墨重彩的一笔。

李靖在长期的戎马生涯中，总结出卓越的军事理论，是我国军事思想史上的宝贵财富。据《旧唐书》《新唐书》和《宋史》记载，他撰写的军事著作有近十种，可惜都已经失传了。好在《通典》《太平御览》等书中保留了《卫公兵法》的零星片段，可以让我们窥见李靖在行军作战、管理军队等方面的军事思想。今传世有《唐太宗李卫公问对》，也称《李卫公问对》，署名为李靖所撰，但有学者研究认为是假冒李靖之名，实为宋人所撰。

李勣（594 年—669 年），本名徐世勣，被李唐皇帝赐姓李，又避李世民名讳，故称李勣。曹州离狐（今山东菏泽）人，原为瓦岗寨农民起义军重要将领，后经魏徵劝说而降唐，为唐的统一和稳定，贡献了毕生的力量，立下了不朽的功勋。

在国内，他随秦王李世民先北伐刘武周、又东平王世充、窦建德等武装力量。东征后，唐朝廷论功行赏，李勣功劳居众将之首，仅次于秦王，还朝后，他与秦王同披黄金甲，乘坐戎辂，入太庙告捷。不久，他再与秦王李世民东讨河北刘黑闼、山东徐圆朗农民起义军，安定了东方形势。武德六年（623 年），他还曾随李靖讨平江南辅公祏反唐武装。

在边境，如上述李勣曾与李靖北击东突厥，此后，他长期镇守并州，为唐护卫北方边疆。唐太宗对他的功勋非常认可，曾说："隋炀帝不懂精选贤良，镇抚边境，只知道远筑长城，广屯将士，以防备突厥，实在是糊涂。我如今委任李勣在并州，就使得突厥畏威远遁，边境安宁，岂不胜数千里长城？"贞观十五年（641 年），居于漠北，原属东突厥的薛延陀强大，进击漠南已降唐的东突厥，东突厥向唐求救，李勣受命讨击薛延陀，大败之，俘虏数万人，薛延陀真珠可汗之子大度设逃回漠北。李勣因功拜兵部尚书、同中书门下三品，唐初一些杰出人才往往出将入相，李勣被任命为同中书门下三品，已具备宰相身份。

李勣建立的战功还不止于此，他最突出的功勋是征伐高句丽。自隋朝开始，中原君主都想效仿汉朝故事，将高句丽纳入自己的控制范围内，隋炀帝甚至因此而亡国，在唐太宗、高宗时代，李勣两次出征高句丽，并在高宗总章元年（668 年）最终平定高句丽，高句丽被纳入了唐的宗藩管理体制之内。贞观十八年（644 年），唐太宗以李勣为辽东道行军大总管，统兵 6 万征高句丽，攻占了辽东城等地，但太宗朝的这次军事行动总体上没有取得太多收获。高宗朝，再次出兵，乾封元年（666 年）年末，李勣又为辽东道行军大总管，率水陆大军讨伐高句丽，进展顺利，兵锋直指高句丽首都平壤（今朝鲜平壤），总章元年，（668 年）高句丽投降。李勣携高句丽王高藏凯旋，献俘于昭陵，完成了数代君主的愿望。

李靖与李勣作为唐初名将，死后均陪葬昭陵，其墓葬外形均效仿汉代卫青、霍去病之例，象征他们所征服之地。如李靖坟墓形似燕然山和积石山，以纪念他北伐突厥、西击吐谷浑之功；而李勣因曾讨破东突厥、薛延陀，墓形则仿阴山、铁山、乌德鞬山。

142 武则天是怎样当上皇后的？

唐代历史上最著名、最传奇的女人非武则天莫属。她曾做过唐太宗李世民的才人、唐高宗李治的皇后和武周政权的皇帝。成为皇后，是她命运转变的关键，此后，她逐渐掌握了大权，成为中国历史上唯一的女皇帝。那么，她是怎样跨越了唐太宗与唐高宗之间父子关系这道鸿沟而成功当上皇后的呢？

武则天祖籍并州文水（今山西文水），她的父亲武士彟原是一位颇有眼光的木材商人，他追随李渊在太原起兵，是十六位太原元从功臣之一。唐建国后，作为开国元勋，武士彟被封为应国公，官至工部尚书，历任利州、荆州都督等职。武则天的母亲杨氏，杨氏父亲杨达乃杨隋王室宗亲，曾任隋宰相。武则天是武士彟与杨氏的第二个女儿，史书对其年龄的记载，有多种说法，较为常见的观点认为其生卒年月为武德七年（624 年）至神龙元年（705 年）。

贞观九年（635 年），武士彟病逝。两年后，武则天 14 岁时，唐太宗闻其貌美而将其选入皇宫，封为正五品的“才人”，并给她赐名“武媚”。据史书记载，临行前，杨氏念及女儿年幼入宫，十分伤心，武则天却说：“能见到天子怎知不是福气，为何要儿女情长呢？”一个未成年的女孩子却能说出这样具有胆识和勇气的话，可见，少年时期的武则天已具有不同凡响的气质。

但太宗朝的武则天并未像她当初所设想的那样时来运转，而是长期寂寞地处于深宫，并未得到太宗的宠幸。贞观二十三年（649 年），太宗驾崩，作为没有生育的妃子，武则天和其他许多宫女一起被送到长安城北部的感业寺出家为尼。或许在许多人看来，武则天今后只能面对青灯古佛度过余生了，但对武则天来说，这远远不是她最终的归宿。

《旧唐书》记载，高宗在感业寺见到武则天，又召她入宫，拜为昭仪。《新唐书》也说，高宗驾幸感业寺，见到武则天而喜爱她，又召她入宫，立为昭仪，进号宸妃。似乎是高宗在去感业寺时第一次见到武则天，并为其美貌折服，但一个年轻的君主怎么会突然被一个尼姑打动呢，似乎不太现实。其实早在高宗为太子入侍太宗时，已见到武则天并与之两情相悦。联系《全唐诗》中收录的一首武则天诗作《如意娘》：“看朱成碧思纷纷，憔悴支离为忆君。不信比来长下泪，开箱验取石榴裙。”我们可以判断唐高宗与武则天相识于贞观十七年（643 年），李治被立为太子之后，尤其可能是在太宗病重期间，当时入侍父王的太子李治与照顾“夫君”的才人武媚已经建立了感情，至于是否一见钟情，则无史料可考。面对奄奄一息的皇帝和将要承继大统的太子，如何选择是不需要犹豫的，掌握主动权也是符合武则天的性格特点的。史书上有关于高宗与武则天所生长

武则天像

子李弘年龄的记载，他卒于上元二年（675 年），时年 24 岁，从古人称虚岁的习惯分析，他应生于永徽三年（652 年），则高宗与武则天在感业寺中的来往至迟在永徽二年已经开始，据说在太宗忌日那天，高宗入感业寺行香遇见武则天，两人得以再续前缘。

武则天能被高宗接回宫中，离不开王皇后的“鼎力相助”。当时萧淑妃得宠，比起已经生有一子二女的淑妃，王皇后没有生育子嗣，她得知高宗与武则天之事后，就支持高宗将武则天接入后宫，意欲排挤打击萧淑妃，减少高宗对淑妃的恩宠。于是，武则天回到了久别的皇宫，她很清楚自己的处境，并不因高宗的宠幸而得意忘形，对王皇后表现得忠诚而有礼，以致王皇后在高宗面前对其赞誉不绝，很快，武则天就被封为正二品的昭仪，集三千宠爱于一身，王皇后和萧淑妃都被冷落了。王皇后没料到，武则天是比萧淑妃更可怕的敌人，本应站在武则天对立面的王皇后却阴差阳错地成了武则天人生命运转折点上的“贵人”。

此后，武则天与高宗及许敬宗、李义府等人结成统一阵线，与长孙无忌、褚遂良等人组成的利益共同体展开了较量，开始了一步步向皇后宝座攀登的艰难征程。

高宗李治继位时，年仅 22 岁，所以太宗临终前，将其托付于长孙无忌、褚遂良等大臣。长孙无忌既是元老重臣，又是高宗的舅父，高宗统治初期，以他为代表的关陇贵族政治集团掌控朝政，也因此人称永徽之政有贞观遗风。为了立武昭仪为皇后，高宗曾亲至长孙无忌府中拜望，为其三子超授官职，又给长孙无忌送去金银宝器各一车，绫锦十车，但长孙无忌虽收下礼物，却并不同意；武则天之母杨氏亲至无忌宅祈请，也被拒绝；礼部尚书许敬宗屡次劝请，遭到无忌当面严厉斥责。

私下请托舅父不行，高宗就干脆直接摊牌。永徽六年（655 年），高宗召时任宰相的长孙无忌、于志宁、褚遂良、李勣等入殿，准备商量此事，寻求这些重臣中大多数人的支持。李勣称病未至，其他人均到场，高宗提议一出，便遭到褚遂良带头反对，其认为王皇后系出名门，又无过错，不可轻废。次日，高宗再问，褚遂良还是不同意，称即使废王皇后，也不可立武昭仪，他还以辞官表明立场。继之，韩瑗、来济先后上书劝谏。

但并非朝中所有官员都反对立武昭仪为皇后，在支持武则天的阵营中，主要人物有许敬宗、李义府、崔义玄、袁公瑜等人，面对长孙无忌为首的关陇贵族把持朝政的状况，这些人要想迅速提升自己的地位，就必须另辟蹊径，在他们眼中，支持高宗立武则天为皇后，就是千载难逢的机会。但由于他们大都是科举出身的新官僚，与长孙无忌一派相比，力量薄弱，即使加上高宗的力量，暂时也不足以令局势逆转。

此事遂处于僵持状态。这时，使天平发生倾斜的人物出现了，他就是李勣。上述永徽六年高宗的召见中，他称病不入，是不想当众表态，其实已经表明他不属于长孙无忌阵营。在遭到其他宰相的集体反对后，高宗单独召见李勣，询问他的态度。李勣回答说："这是陛下家事，不必问外人。"李勣是开国元老，曾为李唐王朝立下赫赫战功，他出将入相，有相当广泛的影响力，高宗很重视他的意见。此刻，他的不干涉其实就是不反对，或者说是一种变相的支持，得到李勣这一答复后，高宗又坚定了立武昭仪为后的决心，局势发生了微妙的变化。

许敬宗趁势大造舆论，据《资治通鉴》记载，他宣扬说："田舍翁多收十斛麦，尚欲易妇，况天子欲立后，何豫诸人事而妄生异议乎！"十月十三日，高宗最终宣布废王皇后、萧淑妃为庶人。十九日，许敬宗、李义府为首的百官上表奏请立武昭仪为皇后。十一月初一，司空李勣主持了册立武则天为皇后的盛大仪式，这预示着从此武则天将登上唐朝的政治舞台，演出一幕幕多姿多彩的活剧。

武则天登上皇后之位，不可仅以后宫争宠来解释，这其实折射了当时统治阶级内部激烈的政治斗争。在这次斗争中，原本强大的关陇贵族集团实力遭到了沉重打击。

143 为什么要编撰《氏族志》与《姓氏录》?

我国中古时代，曾经出现过门阀士族把持政治的时期，世家大族广泛参与社会政治活动，成为政治社会中统治阶层的骨干。门阀制度肇始于汉武帝独尊儒术，官员多以研习儒经而入仕，至东汉形成了许多累世公卿的家族，也就是早期的门阀士族。曹魏时期，为争取世家大族的支持，盛行以九品中正制选拔官员，给予世家大族许多特权，至东晋，门阀政治大盛，南北朝时期，门阀士族观念进一步深入人心。

对中古士族的地域划分，唐代柳芳有过精辟论述，在《新唐书》卷一九九《柳冲传》附柳芳传中，他将天下士族分为四大类：山东士族、关中士族、代北士族、江左士族。西魏、北周、隋唐统治阶级都出自关中郡姓与代北虏姓融合而成的关陇政治集团。李唐王室在隋末大动乱中，凭胆识、勇略和浴血拼杀而并吞六合，功成之际，志得意满，傲视群雄，却意外发现在以自己为核心的关陇集团之外，另有不容小视的山东士族。当时，山东士族虽呈衰落之势，政治经济地位都已与其极盛阶段的魏晋南北朝之时无法相比，却仍享有世人心目中极高的社会地位，时人均以与山东士族联姻为荣，这种联姻必然有助于山东士族力量的恢复。唐长孺先生在《门阀的形成及其衰落》一文中说：“门阀特权的建立在政治上是皇权和地方势力的妥协，在经济上是封建范畴内的国家土地所有制和贵族官僚大土地所有制的妥协。”正因此，山东士族力量的存在和其恢复壮大的可能性都成为威胁中央集权强化和李唐王室最高统治地位的潜在因素。卧榻之侧岂容他人酣睡？于是，贞观六年（632 年），太宗令吏部尚书高士廉、御史大夫韦挺、中书侍郎岑文本、礼部侍郎令狐德棻等及四方士大夫谙练门阀者共修《氏族志》，原则是“责天下谱谍，参考史传，检正真伪，进忠贤，退悖恶，先宗室，后外戚，退新门，进旧望，右膏粱，左寒畯，合二百九十三姓，千六百五十一家，为九等，号曰《氏族志》。”但修志大臣却不解皇帝意图，仍将山东旧士族崔民幹列为第一等。太宗大为不满，责成重修，并更明确地强调“以今日官爵为等级高下”，于是，次年重修的《氏族志》中列皇室为第一等，外戚为第二等，山东旧士族崔民幹被降为第三等。

显然，太宗并未否定士族制度，而是意欲建立以关陇地区为中心，李唐皇室为首，包括关陇贵族和其他新兴贵族在内的唐代新门阀制度，并推行全国。原南方政权的侨姓、吴姓等江左士族既已衰落，可以不必在意，而原东魏、北齐境内门阀制度中居于上层，且至今势力强大的山东士族自然是唐太宗重点打击对象。在这种打压山东旧士族，抬高皇室、勋臣贵戚地位以巩固扩大统治核心的主导思想下，王妃、驸马皆出自当世勋贵名臣之家，不考虑山东旧族。据《唐会要》记载，如太宗二十一女，除四女早薨，其余均嫁入功臣外戚家。考察太宗之目的，显然是维护唐初政权的稳定，此举其一可赐予功臣以尚主的尊荣，使之更忠诚地效力于唐王朝，如房玄龄之子房遗爱尚唐太宗之女高阳公主，杜如晦之子杜荷尚太宗之女城阳公主等。其二，对不够恭顺但势力不可小觑的山东士族敲响了警钟，劝诫其认清形势，站稳立场。此举绝非太宗一时兴之所至，而是与唐初山东地区的形势密切相关的。但应强调的是：唐初抑制的仅是实力较有可能威胁唐政权的山东士族，对其他士族并不排斥，且其成员多为唐官僚队伍的组成分子，如唐王室与关中士族中的韦、杜、裴、薛等大族通婚甚多。

但太宗这一举措效果如何呢？史书记载太宗朝的名臣魏徵、房玄龄、李勣等仍纷纷与山东士族缔结婚约，《氏族志》虽从国家政治层面对旧门阀士族有所打击，但在实际社会生活中所起的作用实在不可高估。

唐高宗继位后，宠爱武则天，永徽六年，废世代贵胄的王皇后而立出身较低的武则天为后，善于逢迎讨好的许敬宗马上指出：先朝所修《氏族志》未记载武后家族郡望，因此有修改的必要。当时另一位权势炙手可热的官员李义府也以《氏族志》未收录其家族郡望为耻，遂对许敬宗的建议大力支持。高宗于是下令礼部郎中孔志约、著作郎杨仁卿、太子洗马史玄道、太常丞吕才等十二人重修《氏族志》，孔志约等人先商议编修标准，确定当朝得五品官者皆可纳入士族之列；分士族等级为九等，官品越高，等级越高，武后家族作为外戚被列为第一等，二品以上官员及三品知政事官都被列为二等，有些还被列入一等。显庆四年（659年），《氏族志》修改完成，并被更名为《姓氏录》，高宗亲自为之作序。此书共收录二百三十五姓，二千二百八十七家，与太宗时的《氏族志》相比，虽少收五十八姓，但多收六百三十六家，按照新标准，许多原本出身寒微，仅在唐初以军功起家至五品的普通官僚地主阶级也被收录进来，因此旧士族多以与这些人同被收录为耻，皆称此书为"勋格"，也就是功劳簿的意思。李义府又上书高宗，奏请收回当时天下已经流通二十年之久的《氏族志》旧本，并予以销毁。

《姓氏录》与《氏族志》一脉相承，尊崇皇室、外戚之余，推重当朝冠冕，只是《氏族志》的编写还是比较谨慎的，仍为旧士族保留了一定的社会地位，而《姓氏录》就比较激进了，将未在唐朝任官的旧士族统统拒之门外，对旧士族的打击更大。

山东原东魏、北齐境内的旧士族虽然都已经衰落了，但还是以旧门第自诩，彼此间相互通婚。陈寅恪先生指出："所谓士族者，其初并不专用其先代之高官厚禄为其唯一之表征，而实以家学及礼法等标异于其他诸姓。"岑仲勉先生也说："当日山东门第有如下特点：……它是婚姻性的产物，其所以得到仰慕，要点在于能保持礼教。"以国家行政命令的方式被列入士族行列容易，但要在世人心目中得到公认的社会声望却非一日之功。李义府虽倡修《姓氏录》，其实心中还是羡慕山东旧士族门第高贵的，于是为其子求婚山东士族，却遭到拒绝，为了报复，他又奏请后魏陇西李宝，太原王琼，荥阳郑温，范阳卢子迁、卢浑、卢辅，清河崔宗伯、崔元孙，前燕博陵崔懿，晋赵郡李楷凡七姓十家不得互相通婚。七姓十家中有一些已经衰落的宗支，反而纷纷自称"禁婚家"，禁令反而为他们自抬身价提供了最好的宣传。这种状况说明长期以来形成了良好礼法门风的山东士族根基并不易撼动。

不过总的来说，初唐贞观与显庆年间，两次编修姓氏谱录，是唐王朝巩固政权的一种措施，对全国范围内的旧士族都有一定的冲击，对新生的唐王朝威胁较大的山东士族更是唐王朝重点打击的对象，客观上有利于扩大统治基础，一定程度上改变了传统门第观念。

144 武则天是如何建立武周政权的？

中国历来没有女性做皇帝的传统，在武则天之后也再未出现过女皇帝，武则天的称帝之举堪称“前无古人，后无来者”。作为女性，武则天本来是没有可能在中国登上皇位的，她之所以能够打破常规，除了她本人拥有过人的政治才干、培植了拥护她的政治集团外，还与她身边几位可以做皇帝的男性有密切关系。这些人包括她身为皇帝的丈夫唐高宗与四位拥有皇位继承权的儿子。

首先是高宗不佳的身体状况为武则天参政提供了机会。

显庆五年（660 年），唐高宗患病，“苦风眩头重，目不能视”，开始委托武则天协助处理一部分百司奏事，不过，高宗并未完全放权，重大政务和外交事务都由高宗亲自处理。武则天在作才人时曾接受过严格的宫廷教育，对文史之书多所涉猎，从而通晓治国安邦之策，且天性聪慧、头脑灵活、足智多谋，她把高宗交办的政事处理得井井有条，让高宗颇为满意。从此，武则天更多地参与政事，但这也造成她和高宗之间会因意见不同而出现矛盾，以至于麟德元年（664 年），高宗甚至让上官仪起草诏书，准备废后，理由是宦官王伏胜告发武后召道士郭行真入宫，行厌胜之术。幸亏武则天的眼线及时向她汇报，她马上到高宗面前哭诉，高宗遂又待之如初。这次事件虽然有惊无险，但武则天岂能甘心，当年阻挠她做皇后的长孙无忌、褚遂良等人是何等的权高望重，不也最后落得个贬流而死的下场吗？于是，她授意许敬宗诬奏王伏胜、上官仪与原太子李忠合谋造反，将此三人尽数除掉。此后，武则天进一步染指朝政，高宗则采取了退让的态度，群臣朝见时，四方奏请的表章上，皆称呼他们为二圣，每次视朝时，在殿中垂放帘幕，高宗与武后同朝听政，至此，武则天已与高宗平起平坐了，史书称其“内辅国政数十年，威势与帝无异”。

上元元年（674 年）武则天进号为“天后”，这一时期，她已不只是被动地处理朝政，而是屡次主动向高宗上书言治国方略，如她曾向高宗建言十二事，主张轻徭薄赋、息兵教化、广开言路、改善下级官吏处境等，高宗都予以采纳，下诏施行。这样，武则天在朝廷中树立了一定的威信，并在一定程度上得到了人心。

上元二年，高宗曾一度病重，欲使武后摄政，遭到大臣反对乃止。弘道元年（683 年）十二月，高宗病危，令宰相裴炎辅政，第三子李显继位，同时又说若遇军国大事有难以决断者，兼听天后武则天的意见决定。

高宗死后，影响武则天登上皇位的障碍就是她的儿子们了。武则天共生有四子，长子李弘生于永徽三年（652 年），次子李贤生于永徽五年（654 年），三子李显生于显庆元年（656 年），四子李旦生于龙朔二年（662 年）。当时长子已死，次子被贬，只剩三子、四子在身边。

长子李弘曾为太子，卒于上元二年，此前，高宗曾欲令武则天摄政，但有大臣进谏劝其以后传位太子。李弘恰死于此事之后不久，所以在宋代欧阳修写《新唐书》时，认为李弘是武则天毒死的，司马光在《资治通鉴》里说得稍微含蓄一些，称“时人以为天后鸩之也”。这一观点历代相传，几成定论，但现代也有学者认为李弘是因病而死。

李弘死后，高宗立次子李贤为太子，李贤颇有才干，曾召集学者注释范晔的《后汉书》，形成了一定的政治势力，但他听信自己非武后亲生的传言，与武则天之间关系不融洽。史书又载术士明崇俨曾在武则天面前诋毁李贤不堪承继帝位，后明崇俨被杀，武后怀疑是李贤所为，而司马光作《资治通鉴》甚至明确记载李贤派赵道生杀明崇俨。高宗令对李贤东宫进行搜查，发现兵甲器械，他遂被废为庶人，并在高宗去世前被贬往巴州（今四川巴中市）。文明元年

（684 年），丘神勣逼其自杀，后世史家多认为丘神勣所为乃经武则天授意。

剩下的两个儿子，李显被高宗遗命继位，但他却不是一个头脑清醒的政治家，才登基的唐中宗李显竟然要任用岳父为宰相，任用乳母之子为五品官，当高宗安排的顾命大臣裴炎提出异议时，李显更荒唐地声称自己就算将天下给岳父也没什么不可以。此言一出，遭到武则天怒斥，当时武则天以皇太后的身份临朝称制，她辅佐高宗 20 余年，早已掌握着朝政实权，中宗龙椅还没坐稳就被武则天废掉，成了庐陵王。

光宅元年（684 年），四子李旦被扶上皇位，称睿宗。但他显然只是傀儡，政事均由武则天决定。

长子早逝、次子叛逆、三子荒唐、四子懦弱，障碍一个个消退，武则天现在似乎有充分的理由亲自挑起高宗死后留下的“守护”大唐江山社稷的重任了，但是，她所面对的不仅是她的一夫四子，而是一个拥有根深蒂固男权思想的封建社会。她随即遭到了来自李唐宗室和官僚贵族的质疑、责难甚至起兵反对。光宅元年，李勣（徐世勣）之孙徐敬业以匡复庐陵王为号召，起兵于扬州，著名文人骆宾王为其作《讨武曌檄》。由于徐敬业准备不足，武则天派出 30 万大军，很快平定了这次来自统治阶级内部的敌对行动。但这次起兵并非偶发事件，它其实反映了当时统治阶级上层普遍反对武则天掌权的群体情绪。扬州兵变发生后，武则天曾与裴炎论及此事，裴炎建议武则天归政睿宗，认为如果这样，叛乱自然会平息。武则天不悦，后来找机会杀掉了裴炎。面对种种困难，武则天没有丝毫退缩，从光宅元年（684 年）至载初元年（690 年），武则天临朝称制达 6 年之久。在这 6 年中，她实行酷吏政治，迫害李唐宗室，残酷打击政敌，广泛培植党羽，权势日益稳固，再无人敢公开反对武则天控制朝政。当然，武则天在辅政高宗和临朝听政的 30 多年时间里，也制定过许多利国利民的政策，使得当时政治清明、经济发展、国力强盛、文化繁荣，也得到了不少中下层官吏和百姓的拥护。

经过多年苦心经营，天授元年（690 年），秋高气爽，武则天“顺应”众臣、百姓及社会各界的呼声，登上城楼，宣布改唐为周，改元天授，以洛阳为神都，以睿宗为皇嗣，赐姓武氏，武则天正式登上皇帝宝座，成为中国历史上唯一的一位女皇帝。

145 武则天宠信男宠是她的污点吗？

作为中国历史上唯一的女皇帝，武则天是一个备受争议的历史人物，她豢养男宠的生活作风问题经常是政敌攻击的对象。出现在武则天男宠名录上的主要人物有薛怀义与张易之、张昌宗兄弟三人，偶尔出场客串的御医沈南璆，此外还有意欲毛遂自荐的左监门卫长史侯祥和“举贤不避亲”的尚舍奉御柳模，柳模曾自言其子良宾洁白美须眉，言外之意是颇堪入侍。

武则天永徽六年（655 年）成为皇后，辅助高宗处理政事，高宗弘道元年去世（683 年），这期间自然不存在男宠问题。史书上关于武则天男宠的记载都出现在她开始独自执掌朝政大权之后，因此，我们首先应明确的是，在武则天的生活中确实存在过男宠问题，但并非贯穿始终，而是仅存在于她临朝称制和建立武周政权以后的 20 余年间，而且在这两个阶段，她对待男宠的态度也有细微的差别。

光宅元年（684 年）至天授元年（690 年）武则天以太后身份临朝称制，这时，她已经进入花甲之年，开始宠幸薛怀义。薛怀义祖籍京兆户县，本名冯小宝，长得魁梧精神，在洛阳城中卖药为生。由于结识了太平公主的侍儿，公主为讨好武则天而将其推荐入宫，开始得到武则天的宠幸。但薛怀义当时是一名出身低微的年轻男子，不方便经常出入宫禁重地。如何解决这个问题呢？武则天先安排将他度为僧人，又让他改姓为薛，冒称是太平公主丈夫薛绍同族的叔父。从此，改头换面的薛怀义成为宫廷内道场成员，他出入乘宫廷内厩之马，有宦官侍从，朝中权贵争相讨好他，民间呼之为薛师。

这一时期，武则天开始不满足于临朝称制，意欲向帝位发起冲击。在这样的政治宏图面前，武则天宠信薛怀义即便有感情的因素，但她需要的并不仅仅是一个花瓶般的宠物，而是共同的政治伙伴，薛怀义没有让武则天失望，他为武则天做了三件事。

一是建造明堂、天堂，为武则天称帝寻找天命依据。垂拱四年（688 年）武则天令拆乾元殿，在原址修造明堂。薛怀义担纲督作，建起巍峨壮丽的三层明堂，高达 200 尺。他又为武则天在明堂北造规模稍小的天堂。两大工程完工后，薛怀义升任左威卫大将军，封梁国公。

二是领兵出征，保卫边疆。永昌元年（689 年）突厥侵扰边境，武则天派薛怀义为清平道大总管，率军出击，兵至单于台刻石纪功而还。武则天大悦，加封他为辅国大将军，进右卫大将军，改封鄂国公，柱国，赐帛 2000 段。长寿二年（693 年）突厥又入寇，武则天再派薛怀义为行军大总管，准备出征，后因突厥自行退兵而止。

三是写作经疏，为武则天称帝寻找佛理依据。薛怀义与法明等僧人根据《大云经》中天女降生阎浮提洲当为女主的说法，为此经作疏，说武则天就是弥勒佛化身下凡，要作中国之主，李唐王室合该衰微。薛怀义与法明等人因居功至伟而被封为县公，赐紫袈裟、银龟袋，他们编造的《大云经疏》被武则天下令颁行天下各寺，并令高僧宣讲，为武则天称帝制造舆论。后武则天就以此为依据，改元天授，革唐命，称武周。

而张易之、张昌宗兄弟成为武则天的男宠，是在武则天称帝以后，时间要比薛怀义晚 10 余年。万岁通天二年（697 年）太平公主推荐张昌宗入侍武则天。张昌宗是唐初宰相张行成的族孙，系出名门，他向武则天推荐其兄张易之，称易之比自己优秀，又懂长生炼丹之术，武则天已经年过古稀，对养生之道自然很感兴趣，就下令召见，易之年龄才二十出头，皮肤白皙，姿容优美，善歌能诗，深得武则天欢心。从此兄弟俩整日涂脂抹粉，衣着华丽，随侍在武则天身边，得以加官晋爵。朝中权贵如武承嗣、武三思等都争相与之交好，甚至以为两兄弟执马鞭为荣。武三思还吹捧张昌宗是东周灵王的太子王子晋的后身，武则天于是让张昌宗穿上羽衣，乘在木鹤上吹箫，如子晋升仙之状，当时许多诗人纷纷赋诗赞美。圣历二年

（699 年）武则天置控鹤府，以张易之为控鹤监内供奉。久视元年（700 年）将控鹤府改名为奉宸府，又以易之为奉宸令，引文人阎朝隐、薛稷、员半千等并为奉宸供奉。在各种宴会时，这些奉宸供奉们陪武则天吟诗作赋，戏谑玩乐。日本学者泽田瑞穗著《则天武后》一书，称奉宸府其实就是个供武则天玩乐的高级俱乐部。的确，武则天已登基多年，江山稳固，对她来说，这时的男宠更多的是一种太平盛世的点缀。

但武则天毕竟是一位杰出的政治家，她对男宠虽然宠信，却不是没有原则。

首先，她不会为了内宠而得罪德高望重的朝廷官员。薛怀义为武则天男宠期间，骄横跋扈，右台御史冯思勖曾因弹劾薛怀义而被其令人殴打几至于死，此后，朝臣对薛怀义均敢怒而不敢言。仆射苏良嗣曾遇薛怀义于朝堂，怀义态度倨傲，不遵礼节，良嗣大怒，让左右痛打了他一顿。怀义向武则天告状，武则天却说南面是宰相往来之所，不可冒犯，让他以后从皇宫北门出入。苏良嗣敢于维护宰相尊严，不媚俗恶不畏权贵，实属难能可贵。武则天对这样的耿介之士也是心存敬意的，并未因此问罪于苏良嗣。

其次，她并不允许内宠危害国家政治生活。薛怀义后因御医沈南璆得幸，在武则天那里恩宠渐衰，心中愤愤不平，证圣元年（695年）乃焚明堂、天堂并为灰烬，谎称失火。明堂被武则天视为武周政权上应天命的象征，薛怀义如此胆大妄为，危及武周政权，武则天从此对薛怀义恩断义绝，却又不好明言而隐忍未发，薛怀义却不知收敛，更加骄横，武则天对他已厌恶至极，必欲除之而后快，《旧唐书》称太平公主乳母张夫人令壮士“缚而缢杀之”，《资治通鉴》则说他是被武则天的堂侄武攸宁所暗杀。

第三，她对因男宠之事进谏的官员采取了包容、鼓励的态度。

《旧唐书》卷七十八记载，因为武则天多选美少年为奉宸内供奉，右补阙朱敬则进谏说：我听说人不可过分志得意满，人人都有欲望，能控制分寸的可称为贤者。陛下您的内宠已有薛怀义、张易之、张昌宗，应该足够了，最近我又听说尚舍奉御柳模、左监门卫长史侯祥都称自己胜过薛怀义，想要毛遂自荐，说出的话不合礼仪，我身负谏诤之责，不敢不向您禀奏。武则天听后说：不是你直言劝谏，我还不知道此事呢。她下令对朱敬则厚加赏赐。

总之，武则天作为一个历史人物，在她所处的时代，以她的君主地位而言，宠信男宠是一种正常情况，我们没有必要将其视为污点。一个历史人物是否存在污点，更应该看其是否阻碍了生产力的发展和历史的进步。

146 武则天是怎样的一个人？武则天时期的酷吏政治是怎样的？

武则天作为中国历史上独一无二的女皇帝，对其评价历来众说纷纭，其中一个绕不开的话题就是她所实行的酷吏政治。

武则天出身于非门阀士族家庭，直到父亲一辈才开始进入朝廷官僚队伍，在朝廷和地方没有家族势力可以依靠。在高宗朝，她之所以能够与高宗分享权力，多凭自身突出的政治才干，在这一过程中，她逐渐培植了一批为己所用的新兴官僚贵族集团。临朝称制后，她先后废黜两个已经成年，可以执掌政权的儿子，独自步入了政治舞台的最前沿，与原李唐宗室和拥护李唐王朝的旧官僚贵族集团的矛盾公开化。这两大阵营势均力敌，甚至敌对阵营的力量更强大，武则天刚当上太后，就出现了徐敬业、骆宾王等人在扬州的起兵，裴炎又劝她归政太子，武则天的统治岌岌可危，在这种情况下，她能够怎么办呢？

武则天选择了高压恐怖政策。

首先，她以谋反的罪名杀掉了逼宫的宰相裴炎，并在扬州叛乱平定后，又以与裴炎勾结为借口杀掉了曾为裴炎求情的大将程务挺。即便裴炎是高宗指定的顾命大臣，在高宗刚去世之时曾支持过武则天临朝称制，即便程务挺曾经战功赫赫，并曾在废黜中宗时站在武则天一边，此刻，只要他们威胁到或者有可能威胁到武则天的利益，武则天对他们都采取了毫不留情的态度。她心中余怒未息，一次，在群臣朝见时，她斥责说：你们知不知道，我对得起全天下之人。我辅佐高宗多年，操劳天下大事，你们这些人的官爵与富贵，都是我给你们的，天下太平，百姓安居乐业，也是我所给予的，先帝将社稷托付给我，我为国殚精竭虑，鞠躬尽瘁，有何对不起你们的地方？而你们中却有人起兵反对我，为什么要辜负我的一番苦心？她又进一步打开天窗说亮话：你们中有谁比受遗诏辅政的顾命大臣裴炎更有权威？谁像扬州叛乱的徐敬业一样是世代将门之后？谁又是像程务挺那样能征惯战的老将？这些人也都算是人中豪杰，他们敢做有害于我之事，我能将他们都杀掉。你们谁如果认为自己比他们还有本事，就早先行动吧，否则就好好地安分守己，听从我的命令，不要首鼠两端，自找麻烦，最后惹得天下笑话。群臣被武则天的威严吓得不敢仰视，只有叩头的份了，纷纷表示要效忠于武则天。

其次，她鼓励告密。虽然群臣都已表过忠心了，但武则天并不相信这种口头承诺，她决定广布眼目于世间。垂拱二年（686 年）三月，武则天采纳大臣鱼保宗的建议，在朝堂设置了一个铜匦来接收四方臣民的投书，铜匦四面分别涂上青、红、白、黑四种不同颜色，对应东南西北四个方向，铜匦依四个面可划分为四格，各有名称。朝东的青匦叫“延恩”，欲毛遂自荐可以投书于此；南面的丹匦叫“招谏”，人们若想议论时政得失就可以向此匦投书；白匦在西面，叫“申冤”，顾名思义，接收上访告状材料；黑匦在北，叫“通玄”，欢迎各种告密。武则天委派专门官员充知匦使，负责收集整理各匦中的材料并每日汇总上报。匦检制度实行后，效果良好，尤其是北方接受告密的黑匦收获最多。即便如此，武则天仍觉得普及面不够广泛，她下诏鼓励民间老百姓上京城告密。告密者所在地的官府什么都不能过问，要及时给他们提供交通工具，按五品官的标准供应食宿，护送告密者至京师洛阳，否则将以告密者所告之罪论处。即使是农人樵夫，武则天也会在告密者到达的当天召见他们，倘若所言经查属实，自会有官爵赏赐及身，倘或查无实据，也不会遭到怪罪，仍能被平安送回故乡。这导致上京城告密者遍布天下，吓得人人自危，都变得小心谨慎，不敢再随便发表议论，以防祸从口出。

这还都只能算是铺垫，酷吏政治才是真正的白色恐怖。大臣多因入朝遭到逮捕，以至于株连九族，当时官员上朝前，不知是否能够平安回家，所以往往先与家人诀别。

所谓“酷吏”，字面意思是执法严酷的官员，但武周时期的酷吏们不是因执法严酷而被冠名，他们是一群践踏法律，灭绝人性的政治动物。据《旧唐书》卷一八六上《酷吏传》记载，开元十三年（725 年）御史大夫程行谌曾上书建议：周朝酷吏来俊臣、周兴等 23 人残杀李唐宗室，陷害无辜之人，罪大恶极，不许他们子孙当官，傅游艺等四人罪行稍轻，他们的子孙只许在边远地区为官。当时距离武周统治结束已经过去了 20 年，但酷吏留给人们的心理阴影仍然难以消除，人们对酷吏的痛恨延及其子孙后代。此外，当时整个社会弥漫的都是极度紧张、沉重的政治气氛，吏治普遍趋向苛酷，这些被载入史书的都是酷吏中的“佼佼者”，下面试举来俊臣为例。

来俊臣（651 年—697 年），雍州万年人，出生于赌徒之家。曾因犯罪被关入监狱，恰逢告密之风初起，他于是妄称要告密，当州刺史为李唐宗室，将他杖责一百后又投入大牢。后刺史在武则天诛杀宗室的浪潮中被杀，来俊臣又告密，武则天召见并任命他做了侍御史，后任御史中丞。他罪大恶极，前后族灭千余家，武则天曾在丽景门设置推事院，让来俊臣等在这里审案，也叫新开门，一旦迈入新开门者，几无生还希望。当时另一个酷吏王弘义戏称丽景门为“例竟门”，意思是凡入此门者无一例外都要丧命。来俊臣与他的党羽编造《告密罗织经》一卷，其实就是如何制造冤假错案的经验汇编。来俊臣又精心研制刑具，开展刑讯逼供。其中有一套大型枷锁，分为十种款式，分别叫定百脉、喘不得、突地吼、着即臣、失魂胆、实同反、反是实、死猪愁、求即死、求破家等，从名字看，就已经可以想象这套刑具的威力了，只要运转此枷，囚徒片刻就会不省人事。因此，许多人一见到这套刑具就魂飞魄散，马上就缴械投降了。

来俊臣眼中的猎物品种繁多。唐代名相狄仁杰曾被来俊臣所诬，险些命丧囹圄。他对待酷吏中的前辈也毫不手软，曾为武则天打击李唐宗室立下汗马功劳的周兴就死于来俊臣之手，著名的“请君入瓮”的故事即指此事。来俊臣后来发展到丧心病狂的地步，除了忠于武则天之外，全天下人都是他陷害的对象，甚至想在武氏诸王及太平公主等人头上动土。这岂非自取灭亡？来俊臣的狂妄导致这些当朝权贵的恐惧，遂联名控告他，最终，武则天听取了另一个酷吏吉顼的建议，于神功元年（697 年）六月初三，下令杀掉来俊臣，行刑时，洛阳百姓倾城出动，争着在其尸体上剐肉剥皮，武则天也深受震动。她意识到是该结束酷吏政治了。

光宅元年（684 年）到载初元年（690 年），武则天作为太后临朝称制 6 年，而起于天授元年（690 年），终于长安四年（704 年）的武周王朝历时 15 年，两个阶段合计 21 年，但并非始终实行酷吏政治。以来俊臣被杀计，酷吏政治达 13 年之久，高潮主要在垂拱四年（688 年）至长寿元年（692 年）之间，即武则天临朝称制后期和武周统治前半期。长寿二年还有个诛杀流人的尾巴，此后就缓和下来。在这么长的时间中，武则天一步步将酷吏政治推向顶峰，又亲手将酷吏除去。她对酷吏的取舍并非一时兴起，而都是围绕着如何掌握并维护自己的最高权力这一中心任务而展开的。为了登上权力之巅，必须打击李唐宗室和反对她的前朝官僚贵族，除了实行酷吏政治，武则天没有别的选择；建立武周政权，统治趋于稳定后，头脑清楚的武则天深知再信用酷吏会给自己的统治带来严重的负面影响，改变政策，是她明智的决定。

147 无字碑之谜与武则天死后葬入乾陵是怎么回事？

长安四年（704 年），武则天病重，宰相一个多月也未能入见，身边仅有张易之、张昌宗两兄弟侍奉，这使得朝廷官员人心惶惶、忧心忡忡。神龙元年（705 年）正月，张柬之等大臣发动政变，推中宗复位。十一月，武则天驾崩于洛阳上阳宫，临终前，她颁布遗制，决定去除帝号，只称则天大圣皇后，要求以李唐王室儿媳的身份将神主放入李唐宗庙，遗体则以高宗皇后的身份与高宗合葬乾陵。次年，中宗护送其灵柩西归长安，葬入乾陵。乾陵也因此成为中国历史上唯一安葬着一对夫妻、两个皇帝的帝王陵墓，令后世瞻仰。

武则天是中国传统男权社会的挑战者，从才人到昭仪、皇后、天后、太后、皇帝，一路走来，步步惊心，但她只能暂时离经叛道，却不能改变人们根深蒂固的思想观念，也无法从根本制度上改变男权的统治地位。明智的武则天深知自己无法掌控身后之事，为了保全自己，因此，她只得选择与传统妥协，向传统回归。即便如此，武则天死后，中宗朝廷中就是否遵从她的遗制，将她与高宗合葬一事还是有过争议的，例如当时的大臣严善思认为：按照《天元房录葬法》所说，尊贵者如果已先安葬，卑微者不应在此后开启墓穴葬入同墓。武则天是女子，是高宗的皇后，身份低于天皇大帝唐高宗，如今要开启乾陵与高宗合葬，这是以卑犯尊，恐怕会惊扰高宗神灵，合葬之事既然不符合传统，恐怕不是稳妥之策。说明当时朝中对武则天的看法并不统一，有些人对她持否定态度，想在葬礼问题上做些文章，这也就是武则天死后，在洛阳停柩半年才得以祔葬唐高宗乾陵的原因。所幸后来唐中宗没有违背武则天遗愿，使她的一生画上了一个完美的句号。读史至此，不禁再次感叹武则天的先见之明和政治智慧，生前，她活得随心所欲，死后，她仍能够保全名节。

如今，来到乾陵，在陵区内城朱雀门阙楼遗址南边，司马道西、东两侧，可以看到分别有武则天所撰的述圣记碑和一块无字碑。从历史记载和残存的文字可知，述圣记碑实为高宗功德碑，而无字碑是怎么回事呢？千古以来，这块石碑勾起了人们无尽的猜想。

无字碑以一块完整的巨石雕成，高 7.53 米，宽 2.1 米，厚 1.49 米，总重量约 98.9 吨。碑首刻有灵动矫健的螭龙，碑身两侧刻有腾云驾雾的升龙图，高 4.12 米，宽 1.19 米，碶座阳面正中线刻长 2.14 米、宽 0.66 米的狮马图。整个无字碑高大壮观，雕刻精美，堪称“历代群碑之冠”。

对于无字碑之谜，人们有多种猜测，流传最广的说法是 20 世纪 60 年代著名史学家郭沫若提出的“武则天遗言说”，他称：“武则天临终遗言，己之功过，留后人评价。故只立碑石，不刻文字。”似乎武则天是一个虚怀若谷的人。因为郭沫若是著名文学家、史学家，在文化界有很大的影响力，所以他的观点得以广泛流传，最后似乎都已被人们当作史实看待了。但翻检《新唐书》《旧唐书》及《资治通鉴》等史书，找不到这样的记载，这只能看作是郭沫若的一家之言，而且有着很浓厚的文学色彩。

陕西学者贺梓城、王仁波先生则认为碑无文字是取《论语》中泰伯三让天下，“民无德而称”之事，表示武则天“功高德大”。与此相似的一种观点认为这是武则天模仿秦始皇的做法，认为自己功德无人可比。在这两种解释之下，武则天似乎又变得很狂傲了。

乾州地方志中又有武则天本欲给自己树碑立传，但事到临头，却又“自愧生前事，难题碑上文”，故形成无字碑之说。照此说，武则天又称得上是一个知耻而后勇之人。

也有人认为无字碑与述圣记碑对称地分列东西两处，是一种左祖右社的布局，无字碑位于左，代表了“祖”，即宗庙，述圣记碑位于右，代表了“社”，即社稷，因此，无字碑自然不需要刻写文字。但这一说法恐怕曲解了左祖右社的概念。

还有人认为无字碑是中宗为武则天所立，但在准备撰写文字时发现有一个难题，即到底称呼武则天皇帝还是皇后呢？权衡再三均无法下笔，导致出现了无字碑。这其实不是问题，武则天临终颁布的遗制中说得很清楚：去除帝号，称则天大圣皇后。

以上的各种说法中，后人按照自己的想象，描绘出各种各样的武则天形象，其实，问题的答案恐怕还要从人性出发去寻找。

只要去过乾陵的人都知道无字碑上其实有 42 段诗文题词，但这些都是宋代以后文人墨客留下的思古幽情之作，而非唐代立碑时所刻，终唐一代，无字碑的确是空无一字的。如果近距离仔细观察，我们还会发现，无字碑上从上到下，早已打上了许多大约 4 到 5 厘米见方的小格子，共 3300 多格。这些格子，显然不可能是后代人所为，很可能是唐代时已经打好格子，准备刻字的，但终究因为某种原因没有刻成。碑石是唐代所立无疑，但是立于武则天执政时期还是中宗复辟以后呢？结合武则天能和高宗并称“天帝”“天后”二圣，敢为天下先和当仁不让的性格，是否有这种可能，即当弘道元年（683 年），高宗李治去世时，武则天也同时为自己准备了一块石碑，并与述圣记碑同时分别竖立于司马道两侧。她亲自撰作了李治的碑文，由中宗书于碑石，可能正是基于碑文应是生人对死者的追思与评价这一认识，当时的武则天或许认为在自己死后，应由儿子为自己撰书碑文。但当中宗以神龙政变的途径复位后，他改易了武周政权，恢复了李唐王朝，这种情况下，给死后的武则天一个恰当的称呼并非难事，但要客观评价武则天跌宕起伏的一生就成了一大难题，在没有考虑周全的情况下，中宗遂将此事暂且搁置一旁，采取了冷处理的态度。而中宗在位仅仅 5 年，随着他的下台，此事渐渐被当时的人们遗忘。另一种可能是，武则天早已为自己准备好了石碑，但中宗却在她年老病重时发动了神龙政变，此后近一年时间，武则天在洛阳上阳宫里凄凉地度过了人生最后的岁月，她对儿子的不满使得她不再寄希望他为自己撰写碑文，因此也就未将此事嘱托中宗，在她死后，中宗也没有领会到武则天最初立碑的意图，而使得此碑最终成了“无字碑”。

总之，无字碑之成因在没有新的文献或考古材料出现之前，仍将是一个众说纷纭的历史之谜，它使得人们对武则天的好奇历久弥新，使得武则天作为一个千余年前的历史人物，至今保持着奇异的魅力。也许，等到乾陵地宫开启的那一天，这一谜底会有可能揭开，或令人们恍然大悟，或令人们沉思感叹。

148 金城公主出嫁吐蕃有何历史意义？

历史上唐代与吐蕃和亲的公主有两位，一位是贞观十五年（641 年）入蕃的文成公主，一位是景龙四年（710 年）入蕃的金城公主。由于文成公主是唐代第一位嫁给吐蕃的公主，当时吐蕃正处于崛起阶段，积极对外扩张，文成公主入藏取得了较好的效果，使得唐蕃之间保持了较长时期的和平友好关系，因此，历代史家均对文成公主评价较高。相比较而言，史书对金城公主和亲吐蕃一事记载稍略，后世研究者对此也缺乏关注。其实，金城公主出嫁吐蕃也有其不可替代的历史意义。

金城公主照容图

文成公主和亲后，终松赞干布之世，唐蕃边境安宁无事，双方友好交往，社会经济都得到了迅速发展。永徽元年（650 年），松赞干布辞世，高宗为之举哀，永隆元年（680 年），文成公主去世。在这 30 年间，唐蕃关系逐渐出现裂痕。

松赞干布死后，因其子早亡，故权臣禄东赞立其年幼的孙子为赞普。禄东赞死后，其 4 个儿子掌权，长子叫钦陵。这四人均有才干，吐蕃愈加强盛，出兵侵犯相邻的吐谷浑，吐谷浑求助于唐，吐蕃却拒不听从唐的劝解，于是咸亨元年（670 年），唐高宗派右威卫大将军薛仁贵为行军大总管，率领 10 余万大军讨伐吐蕃，唐军行至大非川，被吐蕃所败，吐蕃进而占领吐谷浑全境。从此吐蕃与唐王朝之间不断发生边境摩擦，仪凤三年（678 年）秋，中书令、鄯州都督李敬玄与工部尚书刘审礼又率兵与吐蕃战于青海，唐军大败，刘审礼阵亡。经大非川和青海之胜后，吐蕃尽占西藏、青海等羊同、党项及诸羌族所居之地，向东扩张，与唐朝的凉、松、茂、巂等州相接壤，又攻陷唐在西域设置的龟兹、疏勒等安西四镇，北抵突厥，领土扩张至万余里，达到汉魏以来最强盛的阶段。而经历了两次大败的唐朝廷，被迫对吐蕃采取了守势。但唐蕃之间的外交关系并未完全破裂，仪凤四年（679 年），吐蕃赞普卒，执政的钦陵派使臣来唐报丧，且请和，和议虽无下文，但高宗确曾派官员入蕃参加葬礼。永隆元年文成公主离世，高宗也派遣使臣入蕃吊唁。

武则天统治时期，唐蕃之间仍是和战交织，战则互有胜负。长寿元年（692 年），武威军总管王孝杰大破吐蕃，收复龟兹、于阗、疏勒、碎叶四镇，唐在龟兹置安西都护府，发兵镇守。但还是这位王孝杰，万岁登封元年（696 年）率军与吐蕃交战大败，他因此被免官。在这一时期，吐蕃曾出现内乱，赞普从钦陵四兄弟手中夺回了政权。同年，吐蕃遣使求和，试图通过外交途径解决唐蕃矛盾，长安二年（702 年）再次求和，长安三年又为赞普求婚，武则天同意许婚，但此后赞普亲征而阵亡，此事遂被搁置。

金城公主就是在上述的历史背景下前往吐蕃和亲的。

中宗神龙元年（705 年），吐蕃遣使臣来唐报丧，中宗以国礼悼念赞普，停止上朝一日。由于新赞普尺带珠丹年幼，他的祖母采取了与唐交好的政策，派大臣至唐贡献地方特产，并为其孙请求和亲，中宗遂将所收养的雍王李守礼的女儿封为金城公主，许嫁给新赞普，也就是松赞干布的玄孙。从此吐蕃连年入贡，唐蕃关系逐渐好转。

中宗景龙三年（709 年），吐蕃又派大臣来迎接金城公主，中宗在苑内球场宴请他们，还命驸马都尉杨慎交等与吐蕃使打了一场马球比赛，唐蕃关系更加亲近。

景龙四年，唐中宗颁布《金城公主降吐蕃制》，其文现存《唐大诏令集》和《旧唐书》等史籍中。制文内容包含三层意义：其一，太宗时文成公主和亲吐蕃效果很好；其二，关系失和给双方都带来了负面影响；其三，以金城公主和亲为国之大计，希望从此边境能够偃兵息武。景龙四年正月命左骁卫大将军、河源军使杨矩护送金城公主入吐蕃，中宗亲送金城公主至始平（今陕西兴平），并将始平的名称改为金城县，又改临别之地名为凤池乡、怆别里。随行的大臣写下了许多送公主和亲的诗篇，今天仍保留在《全唐诗》中。

金城公主入藏时，带去了数万匹锦缯、杂伎和各种工匠等，将唐代先进的生产技术传入了吐蕃。她还带去龟兹乐、《秦王破阵乐》等唐代音乐，至今在拉萨还保存有许多唐代乐器。为表示对公主的尊重，仿照松赞干布为文成公主筑城的先例，吐蕃赞普尺带珠丹也为金城公主另筑城池宫殿供她居住。玄宗开元十八年（730 年），吐蕃使入唐，转达金城公主请唐朝赐《毛诗》《礼记》《左传》《文选》各一部的请求，玄宗令秘书省抄写后赐予吐蕃。金城公主入藏促进了唐朝先进文化、技术在吐蕃的传播，使唐蕃边境在中宗时期出现了短暂的安定局面。

睿宗即位后，唐蕃边境又不断出现小的摩擦，吐蕃虽有怨怒之意，但表面仍与唐保持和好。后吐蕃利用曾护送金城公主入吐蕃的杨矩，以为金城公主请求汤沐之所的名义，向唐请得河西九曲之地，此地土壤肥沃，利于驻兵畜牧，又和唐的边境接近，吐蕃从此又公开叛唐，玄宗开元后，更是率兵连年侵扰唐境。开元十三年（725年），玄宗东封泰山后，中书令张说就建议，与吐蕃言和，以减轻征伐不息对边境地区带来的损害，但玄宗没有接受。开元十七年（729年），吐蕃频遣使请和，皇甫惟明又当面向玄宗进谏，谈及唐蕃通和之利益，指出两国争斗，必然兴师动众，如今河西陇右经济凋敝、百姓困穷都是由此而起。他还建议派使节以探望金城公主为由，与赞普当面和谈，永息边患。玄宗这次采纳了他的建议，派他出使吐蕃。赞普得知唐使来意后欣然请和，将贞观以来唐颁赐给吐蕃的敕书都拿给皇甫惟明看，派吐蕃重臣名悉猎随皇甫惟明等入朝，尺带珠丹上表称："外甥是先皇帝舅宿亲，又蒙降金城公主，遂和同为一家，天下百姓普皆安乐。"汉藏两族的关系更加密切。开元二十一年（733年），玄宗又派工部尚书李暠以探望金城公主的名义，出使吐蕃。金城公主上言，请在赤岭树碑，确定蕃汉的边界。开元二十二年，碑立。吐蕃派其大臣随唐使节分头前往剑南及河西、碛西等地，遍告各边州，称两国和好，无相侵掠。于是，唐蕃关系又出现了数年的和平。但开元二十四年和二十六年，唐蕃间又因争夺对西域的控制权而出现了"小勃律之役"和"石堡城之战"，边境战事又起。

开元二十七年（739年）春，金城公主薨。吐蕃遣使来告哀并请和，遭到玄宗拒绝，但仍为公主举哀。此后，双方矛盾不断加深，直至长庆元年（821年）唐蕃会盟，双方的友好关系才有所恢复。因此，可以说，金城公主在吐蕃30余年，虽不能保证唐蕃之间绝对的和平，但她的存在，为唐蕃友好架起了一座桥梁，她如一条纽带，连接起风云变幻的唐蕃关系，使之有良性发展的可能，她的存在，使文成公主入藏开启的唐蕃友好关系得以艰难延续达百年之久，具有重要的历史意义。

149 唐玄宗是怎样的一个人？“开元之治”是怎么回事？

在中国封建社会的帝王排行榜上，唐玄宗（685 年—762 年）也算得上是鼎鼎有名的一位了，他开创了被后世史家奉为楷模的“开元之治”。唐人郑綮《开天传信记》中这样描写开元盛世景象：从长安开远门西行，唐王朝开边万余里，河湟地区的税赋尽入国库。左右藏库中，财物堆积得像山一样，不可胜数。天下岁丰年稔，百姓生活安定富裕，全国人口达一千多万，一斗米才值三四文钱，有的壮年男子，甚至连兵器都不认识。人们在路途上不捡拾别人遗落的物品，旅行之人不必携带干粮，随处可得到供给。国家祥瑞不断出现，外国人大量来到唐境内，全国人民欣喜欢悦。

他是唐睿宗李旦的第三个儿子，玄宗是他死后得到的庙号，又因为他死后被谥为“至道大圣大明孝皇帝”，所以又被人称为“唐明皇”。

玄宗的出身和时代决定了他自小生活在政治斗争的漩涡之中。他生于武则天垂拱元年，时为武则天临朝称制初年，唐代宫廷政治斗争的大幕逐渐拉开，血雨腥风的活剧正在上演，长寿二年（693 年），玄宗的母亲窦妃受到诬陷，被武则天秘密杀害，他的父亲睿宗李旦却不敢有任何不满情绪。同年，李旦也被诬告谋反，险些丧命。神龙元年（705 年），玄宗刚到弱冠之年，又目睹了五王政变给国家政治带来的巨变。景云元年（710 年），中宗被韦皇后毒死，于是，玄宗与其姑母太平公主等策划发动了宫廷政变，玄宗亲自指挥军队，除去了当时权势熏天的“武韦集团”，推李旦复位为睿宗，使李唐政权得以延续。由于玄宗有功于社稷，所以李旦长子宋王李成器坚决要求将皇太子的位子让给他。成为太子的李隆基却与热衷于权力的太平公主产生了权力之争，睿宗为避免纷争，于延和元年（712 年）传位于李隆基，改元“先天”。但太平公主却公然提出要废掉李隆基，遭到大臣反对后，她密谋于七月四日发动政变。玄宗获悉后，提前一天采取行动，消灭了太平公主的势力，玄宗真正掌握了朝政大权，次年改元“开元”。

即位初年的玄宗李隆基励精图治，勤于政事，在政治、经济、文化等诸多方面采取了许多有效措施，创造了“开元之治”的盛世局面。

在政治方面，鉴于政权得之不易，玄宗首先采取了一系列措施稳定皇位。最有可能对其统治构成影响的是李唐宗室诸王，于是玄宗剥夺了他们手中的兵权，并将他们派到京城长安周边去做刺史，却又不给实权，这样逐步减少了他们对皇权的威胁。而那些辅助自己登上皇帝宝座的功臣，对巩固权位十分热衷，玄宗于是将他们纷纷贬官外放，减少他们对政治的干预。

政局稳定后，玄宗认为当务之急是选拔德才兼备的宰相辅政。他首先提拔当时被贬同州任刺史的姚崇为相，姚崇向玄宗建言“十事”以兴利除弊，玄宗全都欣然采纳，以之作为开元年间的施政纲领。姚崇也因其开元年间的突出政绩被人们称为“救时之相”。除姚崇外，在开元年间，玄宗还任用了数位宰相，司马光对此时期的宰相群体有较全面而中肯的评价，他认为玄宗即位以来所用之相，姚崇尚通，宋璟尚法，张嘉贞尚吏，张说尚文，李元纮、杜暹尚俭，韩休、张九龄尚直，各有所长。可见，玄宗选拔宰相能够不拘一格，尽其所长。

下一步是建立一支贤相统领下的精明强干的官员队伍。开元年间，玄宗下令裁撤冗官、整顿吏治。冗官现象在武则天统治时期已经开始出现，如长寿元年（692年），武则天召见存抚使所举荐之人，不论贤愚，都试授以官职。试官就是从这时开始的，以致民间笑话说“补阙连车载，拾遗平斗量。欋推侍御史，碗脱校书郎”，也就是说这些官职多得都车载斗量了。又有人言“糊心宣抚使，眯目圣神皇”，乃戏称存抚使心思糊涂，武则天眼神不清。中宗时期，吏治更加混乱，王公贵戚不但卖官鬻爵，还往往在正员官之外，不经政府官吏选拔程序，即便是出身低微的屠夫、奴婢等人，只要出钱三十万，就可得妃主墨敕授官，他们把这种墨敕斜封交付中书，故这样得官者称斜封官，大多在正式官名前加上员外同正、试、摄、检校、判、知等称呼。一时间，朝中斜封官多达数千人，官吏冗滥至极。开元二年（714 年），玄宗令将这些冗官悉数罢去，史称“大革奸滥，十去其九”。玄宗很重视地方官的选拔，开元二年下令纠正士大夫重京官轻外任的弊端，开元四年，玄宗曾亲自在宫中考察新任县令的能力。从开元二年起，政府每年定期派十道按察使巡行地方，考察官员的政绩。玄宗还曾颁布《整饬吏治诏》，姚崇也曾撰写《五诫》，号召官员要遵守为官的道德规范。这些举措从根本上改变了选官混乱、吏治败坏的现象，极大地提高了官员队伍的素质，为政令畅通奠定了基础。

首先，在经济方面，玄宗身体力行，提倡节俭。开元二年，他下令将自己的金银器物等销毁，充作军国之用，珠玉锦绣等统统焚烧，后妃以下，不可穿戴珠玉锦绣。

其次，玄宗重视发展农业生产，史载开元二十二年（734 年）他还曾亲自带领太子等人在禁苑中种麦。当时，唐代沿用了百余年的均田制已开始受到破坏，许多农民背井离乡，成为逃户。针对这一现象，开元九年（721 年），玄宗命监察御史宇文融担任复田劝农使，检括出 80 万逃户和相应的土地，政府将一些土地分给农民耕种，这一措施有利于发展农业、增加国家收入，打击了豪强地主对农民的经济剥削。为扩大耕地面积，玄宗还下令发展屯田，分为军屯和民屯两种，由屯田郎中专门管理，军屯设在边疆，可补充军粮供应，民屯设在内地，有利于安定失地农民的生活。开元年间屯田政策取得了较好的效果，屯田收获约占当时国家农业收获的十分之一。玄宗很清楚水利建设对农业发展的重要性，大力表彰在这一方面表现突出的官员，陕州刺史姜师度就因为“有巧思，颇知沟洫之利”而被提升为将作大匠。开元年间，全国兴修水利工程多处，促进了农业生产的发展。

此外，玄宗还打击官僚贵族的经济力量，改变中宗时过度膨胀的食实封状况，禁止食实封者直接向封户征收租赋，改由国家统一征收。此举减轻了食实封对农民的压迫，也有利于国家对经济的控制。通过开元君臣的努力，当时唐代经济得到迅速发展，杜甫曾回忆开元盛世景象，他说："忆昔开元全盛日，小邑犹藏万家室。稻米流脂粟米白，公私仓廪俱丰实。"《新唐书》卷五十一《食货志》有具体的数字为证："海内富实，斗米之价钱十三，青齐间斗才三钱。绢一匹，钱二百。道路列肆，具酒食以待行人。店有驿驴，行千里不持尺兵。天下岁入之物：租钱二百余万缗，粟千九百八十余万斛，庸调绢七百四十万匹，绵百八十余万屯，布千三十五万余端。"

随着农业的发展，手工业、商业、城市经济也都得到相应的发展。

没有文化的昌明还不能够算作盛世，唐玄宗在发展文化事业方面也做出了重要的贡献。后晋刘昫等编写《旧唐书·经籍志》时，称：现记录开元时四部诸书，以展现艺文之繁荣。志前有总序，说明此志确出自开元年间皇宫内库的实际藏书目录，可见，由于玄宗的重视，经籍的整理取得了显著的成就。除了整理前人成果，玄宗还鼓励唐代学者撰文著书，《新唐书》卷五十七《艺文志》列举这两类经籍分别为 53915 卷、28469 卷。

在宗教政策上，玄宗虽然推崇道教，但也允许佛教的存在，继续推行唐初以来的三教并存政策，来自域外的祆教、景教等也都在大唐帝国境内找到了发展空间。

绚丽夺目的唐文化吸引了来自新罗、日本等国的大量留学生、留学僧，他们源源不断地来到中国，将盛唐文明传播到东亚汉文化圈。

总之，开元年间，政治昌明、经济繁荣、文化发达、国力强盛，盛唐的光辉至今令炎黄子孙长久怀念。

150 为什么说李林甫口蜜腹剑？

现代汉语中，有一个成语"口蜜腹剑"，一般用来比喻人嘴甜心毒，狡诈阴险。这个成语典故出自《资治通鉴·唐纪》，是说唐玄宗开元天宝之际的宰相李林甫妒贤嫉能，凡是才能、声望、功劳、业绩超过自己，以及受到玄宗赏识，权势、地位将对自己造成威胁的人，他都千方百计要将其除掉。他尤其忌惮文学之士，却假装与之友善，当面说的都是甜言蜜语，背后却在皇帝面前施展阴谋陷害，因此时人说李林甫口有蜜，腹有剑。要探究李林甫为何会得到如此的评价，我们不妨去回顾一下他担任宰相期间的所作所为。

李林甫是李唐宗室，论辈分是玄宗的远房叔叔。他表面看起来性情温和，实际上却非常狡诈，工于心计，暗中贿赂结交后宫中玄宗的宠妃武惠妃和大宦官高力士，窥伺玄宗的动静，能预先知道其想法，所以出言进奏，都很符合皇帝的心思，逐渐得到皇帝的宠信和重用。开元二十二年（734 年），他被任命为宰相，两年之后，成为首席宰相。

李林甫城府很深，他对人的嫉恨，从不形于色，而是深藏于心。

对权位高于自己者，他必欲除之而后快。如在任用李林甫为相前，玄宗曾征求张九龄的意见，张九龄对李林甫的德行与才能都不认可，当然投了反对票。李林甫知道后，怀恨在心，但表面上却对张九龄表现得更加恭敬，暗中时刻在寻找打击报复张九龄的机会。张九龄正直忠诚，曾深受玄宗信赖。但随着玄宗在位日久，骄奢之心渐长，加之李林甫的挑拨，玄宗渐渐对张九龄产生了不满。开元二十四年（736 年），玄宗想从东都返回长安，张九龄建议秋收后再说；玄宗听信武惠妃的谗言，想要废太子，张九龄认为太子是国家之本，不可轻易动摇；玄宗想提拔朔方节度使牛仙客为尚书，张九龄认为他能力不够。每一次张九龄都是出于公心，对玄宗的想法提出了异议，而李林甫每次都不当面表态，而是在私下表示支持玄宗，还攻击张九龄不识大体，鼓动玄宗坚持己见。两相比较，玄宗越来越受不了张九龄的逆耳忠言，而李林甫却因“善解人意”而日益得到宠信。李林甫的报复计划逐渐向前推进，这时，所谓的中书侍郎严挺之包庇前妻丈夫贪污的案件加速促成了其计划的完成。严挺之正直，曾嘲笑李林甫的党羽萧炅不学无术，得罪了李林甫而自己却不知道；严挺之又很能干，张九龄曾推荐其为宰相。这次，张九龄又为其喊冤。李林甫抓住机会，一箭双雕，使得玄宗认为他们结党营私，严挺之被贬，张九龄被罢相，李林甫独揽大权。

对将来可能赶上或超过自己的人，他则“防微杜渐”，将这种可能性提前消灭。

李适之与李林甫同为宗室，也同为宰相，但李适之的练达能干令李林甫不悦。他假装出于无心地向李适之透露了华山有金矿的消息，玄宗喜好长生，而黄金可用于炼丹，李适之缺乏城府，又急于邀功，马上向玄宗报告了此事。玄宗也很高兴，将此事告诉李林甫，李林甫却说：“我早已知道，但华山是王气所在，关系您的本命，所以我不敢说。”就这样，他不动声色地骗李适之落入了陷阱，又不费吹灰之力地令玄宗疏远了李适之。

玄宗在勤政楼宴乐时曾见到兵部侍郎卢绚，赞叹他仪表堂堂。李林甫常以丰厚的金帛贿赂玄宗左右的内侍，了解到这一点，次日就召卢绚的儿子说：“你父亲很有声望，皇上想让他到交州、广州一带做官，你们若不想去，就告老吧。”卢绚惧怕，就听从了李林甫的建议，李林甫将他外派为华州刺史，不久又称卢绚有病，免去刺史，改授太子员外詹事这样的闲职。卢绚的仕途就此结束。

甚至连尚未进入仕途的人，他也保持高度警惕。天宝六载（747年），玄宗想广求贤才，李林甫竟让考官将题出得其难无比，以至于无人中选，他却巧舌如簧地对玄宗说，这说明人才都已经被选入朝中了。对李林甫来说，最重要的事情恐怕就是讨好皇帝，保护自己的权位，打击防范一切对自己不利的敌人或假想敌吧。

他还制造了韦坚、杜有邻、杨慎矜等许多冤案，使得朝中万马齐喑，人人只求明哲保身。他为阻断谏诤之路，曾对言官说：“现在明君在上，臣子们顺从就行，不必多言。你们见过朝会时仪仗队里的马匹吗？它们吃着三品食料，但若错鸣一声就被赶走不再使用，后悔哪还来得及！”从此再无敢于直言进谏者，遂使得纲纪紊乱，朝政日趋败坏。

这样一位历史人物，对历史发展有什么影响呢？

客观地说，李林甫并非一无是处。首先，他注重规章制度建设，开元二十二年至二十五年，他主持了大规模的法律条文修订工作，工作完成后，为便于查看，又编成《格式律令事类》四十卷，使法制得以健全。继之，他又领导了《唐六典》的编修工作，这是一部系统的行政法典，明确了政府各部门的职能、责任。其次，他严格执行自己制定的各项规章制度，玄宗之所以重用他，一定程度上也是因为他具有处理实际政务的才干，能够应对纷繁复杂的社会现实问题。

虽然常言道瑕不掩瑜，但是李林甫的瑕疵过于严重，对政治风气造成了恶劣影响。虽然安史之乱是多种原因造成的，但对于唐朝由盛转衰，他确实负有不可推卸的责任。

在唐代，就已有人以开元二十四年李林甫成为首席宰相为唐代社会治乱转化的关键点。元和十四年（819 年），宪宗曾问宰相崔群：为什么玄宗时期朝政前期清明，后期混乱？崔群回答说：这与玄宗任用的宰相有很大关系。玄宗任用姚崇、宋璟、张九龄等贤相时，政治就清明；用宇文融、李林甫、杨国忠等奸相时，政治就混乱。所以用人正确与否与朝政得失密切相关。人们都认为天宝十四载安禄山反叛为混乱之始，我却独以为开元二十四年罢张九龄相而专任李林甫是治与乱的分界线。

宋代司马光评论玄宗时代的政治时也曾说："李林甫在相位十九年，养成天下之乱。"欧阳修在修《新唐书》时则干脆将其列入了《奸臣传》。

151 杨贵妃有哪些故事流传？

杨贵妃（719 年—756 年），本名杨玉环，祖籍蒲州永乐（今山西永济），他父亲杨玄琰曾做过蜀州司户，所以她生于四川彭州，由于她父亲早逝，所以担任河南府士曹的叔父杨玄璬收养了她。她先被选为唐玄宗第十八子寿王李瑁之妃，李瑁的母亲是深受玄宗宠爱的武惠妃。武惠妃出自武则天家族，玄宗曾废掉王皇后，想立武惠妃为皇后，但遭到反对。开元二十五年（737 年），惠妃死后，玄宗感到非常失落，后宫佳丽三千，他却觉得没有一个可意之人。这时，有人将杨玉环推荐给玄宗，玄宗竟一见倾心，不顾这是自己的儿媳，决定将其纳为妃子。开元二十八年，为避人耳目，他采取了掩耳盗铃的办法，先让杨玉环进入道观成为女道士，道号太真，然后再回到皇宫，入居太真宫，不满一年，玄宗对杨玉环的宠遇就已经和武惠妃没什么差别了，宫中都称之为“娘子”，她享受的礼仪与皇后相等。六年后，天宝四载（745 年），唐玄宗正式纳杨玉环为妃，当时玄宗六十一岁，杨玉环仅二十七岁。此前，为了安慰被夺走妻子的寿王李瑁，玄宗为他重新娶了出身关陇士族名门的京兆韦氏，左卫中郎将韦昭训之女为妃。

杨玉环作为寿王妃，本来可以轻松地度过荣华富贵的一生，但命运却让她成为唐玄宗的贵妃，站在了历史舞台的中央，任人评说。有的人批评她，说她是“红颜祸水”，认为就是由于她，导致唐玄宗不理朝政，最终爆发了安史之乱；有人同情她，说唐玄宗与她之间存在真挚的感情，安史之乱有其深刻的历史根源，不能将罪责全算在一个弱女子头上。其实，如果客观地说，杨贵妃只是一个历史的悲剧人物。

她不懂政治，耽于享乐，放纵家族成员奢侈腐化、横行不法，这都是应该被否定的。

玄宗只要出去游幸，都要贵妃随侍，每次宦官首领高力士都亲自为贵妃牵马执鞭。皇宫中供贵妃院织锦刺绣的工匠达七百人，雕刻镕造的工匠又有数百人。扬州、益州和岭南的刺史专求能工巧匠制作奇器异服献给贵妃，都因此被提拔而居于高官显位。贵妃爱吃荔枝，玄宗每年命人从岭南沿驿道快马加鞭地送至长安，等到长安色香味不变。唐末诗人杜牧曾作诗抨击道：“长安回望绣成堆，山顶千门次第开。一骑红尘妃子笑，无人知是荔枝来。”《开元天宝遗事》记载唐玄宗与贵妃每至酒酣之时，在宫中玩风流阵的游戏作为戏乐。杨贵妃统宫妓百余人，玄宗统小宦官百余人排成两阵，他们用霞帔锦被为旗帜，攻击相斗，失败者被罚以大杯饮酒。

杨贵妃有三个姐姐，也都是才貌双全，玄宗给她们都封了国夫人之号，大姐封韩国夫人，三姐封虢国夫人，八姐封秦国夫人，都受到皇恩的眷顾，出入内宫，势倾天下。玄宗每年赐韩国、虢国、秦国三夫人钱千贯，作为她们的脂粉之资。李唐宗室诸王孙的婚嫁都要靠韩国、虢国、秦国三夫人介绍，他们收取高额贿赂后，向玄宗奏请，都能得到准许。

贵妃的父亲杨玄琰，被追赠太尉、齐国公，母亲被封凉国夫人。贵妃的叔叔杨玄珪官拜光禄卿，从兄杨铦为鸿胪卿，授三品上柱国，私宅立戟。杨锜为侍御史，娶太华公主，公主是武惠妃的女儿，玄宗宠爱她，在皇宫附近赐给他们宅第。韩国、虢国、秦国三夫人与杨铦、杨锜等五家，如果有事请地方官帮忙，地方官都像接到了圣旨一样，四方的官员、富豪争着给他们进献珍奇宝物，可谓是门庭若市。姐妹兄弟五家，宅第华丽，可与皇宫媲美，车马仆从，遍布京师，他们互相夸耀攀比，营建一个厅堂，费用也常常超过千万，如果见到有人造得比自己的更宏伟壮丽，就拆了再造，土木之工，昼夜不息。玄宗每年十月巡幸华清宫，姐妹兄弟五家随从出行，每家为一队，穿一色衣服，五家合队，色彩绚丽如百花争艳，而常有金银珠宝，璀璨芬芳，掉落于路。玄宗的赏赐和四方的进献，五家都有同样的份额，宫中的宦官来往于这五家，不绝于道，开元以来没有比得上杨氏这样富贵昌盛的家族。杨家因生女而宗门显赫，以至于民间歌谣唱道：“生男勿喜女勿悲，君今看女作门楣。”

她和玄宗之间有真挚的感情吗？答案应是肯定的。

她体态丰满，容貌艳丽，通晓音律，性格活泼，能歌善舞。而唐玄宗恰是一位通晓音律的风流皇帝，他在宫中创设梨园，教授音乐人才。《唐逸史》记载了道士罗公远开元年间中秋侍明皇登月宫的故事，据说罗公远取拄杖扔向空中，化为银色大桥，请玄宗同登，约行数十里，至一精光夺目，寒色袭人的大城阙，公远称此即月宫。宫中仙女数百，手执素练、身穿宽衣，跳霓裳羽衣舞于广庭。明皇密记其声调，返回人间后马上召伶官，依其声调作《霓裳羽衣曲》。当玄宗演奏此曲，而杨贵妃翩翩起舞之时，他们之间是有很多共同语言的。

而且她智慧过人、善解人意。玄宗曾和亲王下棋，令贺怀智独奏琵琶，杨贵妃怀抱康国进献的猧子站在旁边观战，眼看玄宗快输了，贵妃故意让猧子脱手跑到棋盘上，这下输赢可分不出来了，玄宗开怀大笑。有一年金秋时节，大明宫中的太液池有千叶白莲数枝盛开，玄宗与贵戚宴乐赏莲，左右皆赞叹莲花的美丽，玄宗却指着贵妃说:“莲花虽好，怎比得上我的解语花?”

因此玄宗对她的喜爱也是发自肺腑的。玄宗曾在端午节避暑游兴庆池，白天与贵妃睡于水殿中，宫中妃嫔们倚靠着栏杆争着看雌雄二瀏鶒在水中嬉戏，玄宗当时于绡帐内拥着贵妃，对妃嫔说:“你们喜爱水中瀏鶒，怎比得了我被底鸳鸯?”杨贵妃曾与玄宗七夕幽会于长生殿，八月十五凭栏于望月台，给晚年的玄宗带来了很多欢乐，曾经有两次她因顶撞玄宗而被送出皇宫，但玄宗却又因此而寝食难安，最后又将她接入宫中，宠爱更甚。

但是她终归是帝王的宠物而已。天宝十四载（755 年），安史之乱爆发，次年潼关失守。玄宗与杨贵妃、杨国忠等仓皇逃出大明宫，出延秋门西行，过便桥，经咸阳、金城县，至马嵬驿，禁军发生兵变，杨国忠被杀，但军士仍聚集不散，要求玄宗处死贵妃。玄宗无

杨贵妃墓

奈，下诏令贵妃自缢而死，时年三十八。《旧唐书》记载：自蜀还京后，玄宗已成为太上皇，他密令宦官改葬贵妃，当时肌肤已坏，而香囊仍在，内官将之献给玄宗，玄宗很难过，让画工绘出贵妃之像，朝夕视之。白居易的《长恨歌》也写道："天长地久有时尽，此恨绵绵无绝期。"玄宗对杨贵妃的怀念或许是真的，但这并不能改变他亲赐贵妃自尽的事实，在自己和贵妃的生命面前，他选择了自己。

总之，杨贵妃是一个历史的悲剧人物，这悲剧是她个人的悲剧，也是历史的悲剧。

152 马嵬之变中禁军为什么要杀死杨国忠？

杨国忠，本名钊，蒲州永乐（今山西永济）人，国忠是天宝九载（750 年）唐玄宗给他的赐名。他是武则天朝幸臣张易之的外甥，杨贵妃的远房堂兄。

杨国忠年轻时不学无术，喜欢喝酒赌博，被杨氏族人瞧不起。他后来入蜀从军，因为屯田有功被授新都尉。天宝初，杨贵妃受到玄宗宠爱，剑南节度使章仇兼琼为结交贵妃，将国忠引入幕府，又派他到长安去进贡。临行前，蜀地富商鲜于仲通又给他许多资助。至京后，凭借杨贵妃姐姐虢国夫人的引荐，杨国忠见到了贵妃，不久玄宗赐他为金吾卫兵曹参军、闲厩判官。因为他长于计算，玄宗高兴地夸他有度支郎的才干。不久就将他升为监察御史。

此后一段时间，杨国忠曾投入权相李林甫麾下。当时李林甫专权，想动摇皇太子的地位，侍御史杨慎矜投靠李林甫，因为杨国忠在宫中有内援，恃宠敢言，就将他也拉入李林甫集团中来。他们先诬奏太子妃兄韦坚与皇甫惟明私自拜谒太子，又将太子良娣杜氏亲属柳勣、杜昆吾等问罪，来树立自己的威权。此后李林甫在京城设置推院，连年制造冤家案件，被诛夷者达数百家之多，杨国忠此时扮演的是酷吏的角色。

因为虢国夫人常出入内廷，为杨国忠探知玄宗好恶，所以他说话能符合玄宗心意。玄宗觉得他能干，就提拔他兼任度支员外郎，又兼侍御史、监水陆运及司农、出纳钱物、内中市买、招募剑南健儿等使，因为称职，又迁度支郎中。一年内，竟兼领15余使职。后转给事中，兼御史中丞，专判度支事。天宝八载（749年），玄宗召公卿百僚参观左藏库，看到货币堆得像山一样，玄宗大悦，面赐国忠金紫，兼权太府卿事。他得以出入宫廷，日益受到玄宗的亲近和信赖，从此，杨国忠成功转型为财政官员。

不久，羽翼渐丰的杨国忠就决定与李林甫分道扬镳、另立山头了。

御史中丞王铁曾与杨慎矜、杨国忠等一起，为李林甫的爪牙，他们阴谋陷害太子，制造过许多冤案。后这一利益共同体破裂，王铁投靠杨国忠，诬陷杨慎矜，致使其兄弟被诛。此时，杨国忠已权倾内外。不久，杨国忠又兼兵部侍郎。

杨国忠的党羽吉温又积极为他策划夺取李林甫的权力。京兆尹萧炅、御史中丞宋浑，都是李林甫的亲信，国忠皆诬奏将他们贬官流放，李林甫却不能施救。

王铁为御史大夫兼京兆尹，玄宗对他和杨国忠的恩宠相仿。杨国忠怕他与自己分权，就借其他案件陷害王铁兄弟，将其诛杀。自己代替王铁为御史大夫，权京兆尹。杨国忠又将此案引向李林甫，称其与涉案人员私下来往，而宰相陈希烈、哥舒翰都附会杨国忠作伪证，玄宗因此开始疏远李林甫。

天宝九载，唐与南诏发生战争，杨国忠推荐鲜于仲通为益州长史，率精兵八万作战，却全军陷没。杨国忠掩盖事实，让鲜于仲通上表，请国忠兼领益州。十载，国忠权知蜀郡都督府长史，充剑南节度副大使，知节度事，又荐鲜于仲通代自己为京兆尹。他派司马李宓率师七万再讨南蛮，又败，李宓阵亡，国忠却向玄宗奏捷。两次出征的都是唐朝的精兵，但因不服水土、粮草匮乏等原因都命丧异乡。杨国忠未因战败受到任何惩罚，不久又兼山南西道采访使。

天宝十一载（752年），李林甫卒，杨国忠成为一人之下、万人之上的权相。杨国忠代为右相，仍兼吏部尚书、集贤殿大学士、太清太微宫使、判度支剑南节度、山南西道采访、两京出纳租庸铸钱等使，一度达到身兼40余职，又专判度支、吏部铨选事务，许多事忙不过来就交给胥吏去办，以致贿赂公行。杨国忠本性浮躁，能言善辩，因裙带关系成为宰相，刚愎自用、专权跋扈，将自己明经考试不及格的儿子任命为户部侍郎，朝中百官皆敢怒不敢言。他对权力的热衷丝毫不减于李林甫，李林甫刚死，他就诬告李林甫谋反，引诱李林甫亲族间与之关系不好的人作证，玄宗下令剥夺李林甫的官爵，将他废为庶人，其子都被贬谪到岭南。闭目塞听的玄宗将杨国忠视为德才兼备的股肱之臣，进封他为卫国公，食实封三百户，不久又拜司空，杨国忠达到了权力的巅峰。

杨国忠不但专权独断，而且贪污腐败，讨好巴结他的人很多，他来者不拒，以至光受贿的丝织物就达到三千万匹。

但他在专权固宠的道路上却遇到了一个强劲的对手安禄山，在二人的争夺中，安禄山发动叛乱，杨国忠搬起石头砸了自己的脚。

杨国忠作为权相，其首要工作就是排斥异己，而当时安禄山深受玄宗恩宠，天宝元年，任平卢节度使，不久兼范阳节度使，天宝八载，兼河东节度使，总握三镇兵柄，安禄山畏惧李林甫却瞧不起杨国忠，杨国忠自然将其视为眼中钉、肉中刺。他屡次在玄宗面前状告安禄山，称其悖逆，玄宗不信。杨国忠派门客搜求安禄山的罪状，捕杀、贬斥他的手下，想要激怒安禄山，逼他反叛来向玄宗证明自己的远见，玄宗始终不信。

安禄山专制河北，虽有谋反之心，但却尚未坚定，想等玄宗死后再说。此时见杨国忠专权，很怕他加害自己。因此天宝十四载十一月初九，安禄山假称接到玄宗派自己入朝讨伐杨国忠的诏令，发动了安史之乱。

安禄山反叛的消息迅速传到朝中，但直到十一月十五日，玄宗才最终相信了这一事实。杨国忠作为宰相，这时不是想着怎样平叛，而是首先夸耀自己的先见之明，他还无知地对玄宗说："安禄山造反没有将士支持，十天之内，有人就会将他的首级送来。"但这只是幻想罢了。面对安西节度使封长清、右金吾卫大将军高仙芝先后败于洛阳、陕州的严峻形势，玄宗想以皇太子监国，自己亲征安禄山，和杨国忠商量，国忠却因陷害过太子而十分恐惧，让杨氏姐妹们哭求玄宗放弃亲征。

玄宗又派河西、陇右节度使哥舒翰守潼关，此时，哥舒翰采取坚壁清野的战略迎敌。杨国忠又怕哥舒翰威胁自己而瞎指挥，鼓动玄宗派哥舒翰出战，导致潼关失守，哥舒翰被擒，京城门户洞开。这时他首先想到的不是解决燃眉之急，而是推卸责任说："人告禄山反状已十年，上不知信。今日之事，非宰相之过。"

他所做的，就是给玄宗和自己寻找一个避难之所。安史之乱后，杨国忠没有平叛良策，却因为兼任剑南节度使，早就在梁州、益州一带安排布置，准备躲避于此。十三日凌晨，玄宗率龙武将军陈玄礼、杨国忠与贵妃等，离开长安。第二天到马嵬驿，禁军将士们饥渴难耐，群情愤怒，龙武将军陈玄礼害怕出现军变，就对军士说："今天下分崩离析，天子出巡，岂不都是因为杨国忠剥削百姓、朝野怨恨而导致的？若不杀了他向天下谢罪，怎能堵塞四海怨愤之潮？"军士们都说："我们早就想这样了。如果成功，就是丢了性命也心满意足。"刚好有数十个吐蕃和好使在马嵬驿的西门外向国忠奏事。军士们趁机高呼说："杨国忠与吐蕃人谋反啦。"于是包围驿站，擒杀了杨国忠，逼玄宗缢杀了杨贵妃。陈玄礼等向玄宗谢罪称："杨国忠败坏国家纲纪，是祸乱的源头，使得天子出京、生灵涂炭，不杀了他，国家的祸患不止。臣等从国家社稷大计考虑，擅自行动，请皇上治罪。"此时的玄宗只好安慰他们说："是我用人不当，最近已有所觉察，本想到蜀地后，将他公开正法，现在你们先行一步，正符合我的心意，我会给你们加官晋爵。"

同时，杨国忠的妻、子、党羽及虢国夫人皆被诛灭，这就是他作为宰相，心中不存天下百姓，只顾专权乱政的下场。

153 高力士是一个什么样的历史人物？

高力士（684 年—762 年），原名冯元一，潘州（今广东高州）人。他本出身唐代岭南大族，据《大唐故开府仪同三司赠扬州大都督高公神道碑》记载，其曾祖父冯盎是唐初的广、韶十八州总管，祖父是潘州刺史，父亲冯君衡原为潘州刺史，而岭南在唐代是流放罪犯之地，冯君衡曾配合酷吏万国俊罗织流人罪名，伤害无辜，武周长寿二年（693 年）结束酷吏政治，冯均衡也因此被削夺官职，全家籍没为奴。圣历元年（698 年）岭南讨击使李千里将冯元一以少年宦官的身份献入皇宫。武则天喜欢他仪容整洁、聪明灵巧，让他随侍于身边。后因犯了小错，他受到责罚并被赶出皇宫，所幸宦官高延福将他收为假子，为其改名为高力士。过了一年多，武则天又把他召入宫中，授职宫闱丞，掌管宫内门禁之事。中宗朝，玄宗当时还是藩王，暗中结交豪杰之士，高力士就在这时结识了玄宗，从此倾心侍奉玄宗，玄宗也对他恩宠有加，高力士由内廷的小宦官开始一步步迈向权倾内外的宦官首领之位。

高力士首先是以功臣的身份得到重用的，同时还得益于玄宗对宦官的重用。

唐隆元年，李隆基平定武韦之乱，拥立睿宗，自己被立为太子。高力士身材高大，善于骑射，有勇有谋，在这次行动中出力很大，因此李隆基奏请让高力士隶属东宫，在身边侍候，加授他朝散大夫、内给事。先天二年（713 年）七月，他又参与了镇压太平公主集团的军事行动，因功被超出常规地拜为银青光禄大夫，行内侍同正员。玄宗登基后，又给他加官为右监门卫将军，知内侍省事，成为宫中宦官的首领。当时，宦官常被安排担任监军使、入蕃使、教坊使、修功德使、市鸟兽使等职，虽然是临时的使职差遣，但却有很大的权力，所以地方官千方百计地讨好他们。出使可以得到巨额财富，以至京城中良田美宅一半都是宦官的产业，高力士就有决定派谁出使的权力。

这时高力士官至三品，开始介入政事。中宗朝，宦官人数虽有增多，但品级都不高，自玄宗朝开始，为了加强皇权，开始重用宦官，不止高力士，杨思勗、黎敬仁、林招隐、尹凤祥等不少宦官也被授三品将军，宅门列戟。这些人也各有所长，杨思勗善于出征打仗，黎、林长于奉使宣诏，尹凤祥则因通晓文墨而主掌书院。

天宝初，进一步加封高力士冠军大将军、右监门卫大将军，进封渤海郡公，天宝七载（748 年）再加封他为骠骑大将军，虽说是武散官，但却是从一品，是极高的荣誉。十四载，开始设置内侍省内侍监两名，这是正三品职事官，让高力士、袁思艺担任。

高力士却不以功臣自居，他深知自己的宦官身份，所以他忠诚于皇权。

玄宗取得皇位，是许多功臣共同努力的结果，但有些人居功自傲，热衷于巩固权位，威胁皇权，先后被玄宗贬官，甚至杀掉。高力士以此为戒，他恪守自己的本分，不存非分之想，谨慎细致、处事灵活、考虑周到、待人谦恭，周围的人也都对他赞誉有加。

当时四方进奏的文表，都先呈送给高力士，小事就由高力士决定，大事才转呈玄宗，他处事得当，所以玄宗很放心，常说："力士值班，我可以高枕无忧。"所以他常常在宫中值班，就在玄宗寝殿旁的帘帷中休息，很少回宫外的私宅。

天宝十四载，安史之乱爆发，玄宗仓皇幸蜀，曾与高力士同任内侍监的另一名高级宦官袁思艺投靠了安禄山，而高力士却跟从玄宗到达成都，玄宗感念他的忠诚，给他封爵为齐国公。两年后，他跟从已是太上皇的玄宗回到长安，肃宗给他加封开府仪同三司，这是文散官从一品之职，并赐实封五百户。

他始终只忠于唐玄宗一人。杨贵妃得到玄宗宠爱时，他亲自为贵妃牵马执鞭，贵妃因忤逆玄宗被送出宫外时，他劝解玄宗与贵妃重归于好，但他所做的这一切不是为了贵妃，而是因为玄宗而爱屋及乌。当马嵬之变发生，禁军诛杀杨国忠并要求杀掉贵妃时，他并没有为贵妃求情，而是从玄宗的安全出发，向玄宗陈明利害关系。玄宗曾在立太子一事上犹豫不决，他劝玄宗推长而立，但他并未追随肃宗至灵武，而是随玄宗入蜀避难，肃宗收复两京后，他也未前去邀功请赏，而是依旧照料已成为太上皇的玄宗。

他的忠君却不是愚忠，在是非问题上他敢于直言进谏。开元末年，玄宗年事渐高，不似早年励精图治，而是沉迷享乐，曾对高力士说想将军国大事交给宰相李林甫，高力士劝玄宗说："军国大权，不可假借他人，一旦他们建立起威权，谁还能够说三道四呢？”此言惹得玄宗很不高兴，高力士十分惶恐，虽说后来玄宗为他置酒压惊，但据《资治通鉴》记载，他“自是不敢深言天下事”。然而，内心的忠诚又使得他在一些军国大事上发表了言论，天宝十三载，唐军进攻南诏遭到惨败，宰相杨国忠却奏上捷报，玄宗因此又对高力士说起将军政大事委托给将相大臣，自己就可以高枕无忧的话，高力士却以云南前线屡打败仗，边将拥兵太盛的实情相告，提醒玄宗防患于未然。这年秋天，雨水成灾，玄宗认为是上天对自己的谴责，高力士直言相告：“开元二十年前，文臣武将都奉公守法。自从您将权力交给宰相，法令弛坏，天灾不断，阴阳失调，我还敢说什么呢？”显然，高力士希望国家在玄宗的直接统治下长治久安，始终反对玄宗将权力交给权臣。

肃宗上元元年（760 年），他遭李辅国陷害而被流放到黔中道的巫州，此地多荠菜但当地人却不食用，高力士感伤而赋诗说：“两京作芹卖，五溪无人采。夷夏虽不同，气味终不改。”表达了自己的思念京城、玄宗之情，也表明了自己忠诚不改的心迹。宝应元年（762 年），代宗继位，高力士遇赦北归，走到朗州，遇见北方的流人说起京城之事，才知道玄宗已死，高力士伤心痛哭，吐血而死。代宗感念他对玄宗的一片忠心，追赠他为扬州大都督，让他陪葬玄宗的泰陵，高力士一生与玄宗紧密相连，死后也陪葬左右，算得上是有始有终了。

作为一名得到皇帝信任的宦官，在皇权许可的范围内，他长袖善舞而又明哲保身。

由于高力士深受玄宗信任，在宫中享有很高的地位，肃宗当太子时，称呼他为“二兄”，诸王公主都叫他“阿翁”，驸马们则叫他为“爷”。想要攀龙附凤者都纷纷结交他，希望得到他的引荐。高力士幼年与家人离散，后来找到生母麦氏，金吾大将军程伯献与他结为兄弟，麦氏死时，伯献在灵堂披麻戴孝充当孝子，接受宾客的吊唁。像宇文融、李林甫、李适之、盖嘉运、韦坚、杨慎矜、王鉷、杨国忠、安禄山、安思顺、高仙芝等玄宗朝著名人物都是靠他而取得了将相高位，但是这些人中许多嗜权如命，紊乱朝纲，所以高力士是要承担一定责任的。但他对这些人仅止于引荐，并不与他们拉帮结派，结党营私，如果这些人有过错，他绝不会去伸手施救。

虽然位高权重，但他毕竟是一名宦官，他内心仍追求与正常人一样的生活，希望能够家富于财、光宗耀祖、封妻荫子。这些愿望，都得以实现。

高力士资产殷厚，绝非一般王侯能够比得上的，他在京城西北截沣水作水碾，五轮同转，每日可碾麦子三百斛。他在来庭坊造宝寿佛寺，兴宁坊造华封道士观，都富丽堂皇，耗费巨大，非财力雄厚是无法做到的。他曾因宝寿寺添了一口大钟而设斋庆贺，满朝官员全都来捧场，但凡谁要敲钟祈福，一击须纳钱十万，有些想讨好高力士的人，甚至敲二十下，最少的也敲十下。

开元初，瀛洲人吕玄晤在京师做一名普通官吏，他的女儿颇有姿色，被力士娶为妻子，吕玄晤因此被提拔为少卿、刺史，吕氏子弟皆为王傅。后来吕夫人卒，以盛大的葬礼葬在城东，朝廷内外的官员争着去吊祭，从城里到墓地，一路上车马不绝。开元十七年，玄宗又下令赠力士父广州大都督，母麦氏越国夫人。

总之，公平地说，高力士的一生，不像唐后期宦官专权时期的权阉那样骄横跋扈、危害国家，他始终忠诚于皇帝，没有对当时的政治造成大的不良影响，但从玄宗朝开始的宦官参政，却从制度上为唐后期的宦官专权埋下了祸根。

154 安史之乱的真相是什么？

天宝十四载（755 年），安禄山在范阳（治今北京）发动了叛乱，兵锋直指京师长安，因为先后领导叛军的主帅是安禄山和史思明两人，所以史家称之为安史之乱。学者们从各个方面对安史之乱进行了研究，笔者主要针对一些易被忽视的问题，试探讨安史之乱的真相。

其一，安史之乱的爆发是历史的必然还是偶然？

某种程度上看，安史之乱发生在天宝末年，具有一定的偶然性。

安禄山（703 年—757 年），是营州柳城（今辽宁朝阳）的杂种胡人，他懂六蕃语言，骁勇善战，狡黠多谋，被范阳节度使张守珪收为养子。他重金贿赂玄宗派出的使臣和朝中权贵，渐得玄宗青睐。至天宝十载已身兼平卢、范阳、河东三镇节度使。

玄宗为何信任安禄山呢？这是因为他在玄宗面前表现得憨厚忠诚。他还常年不断地将珍禽异兽、珍奇宝玩贡献入宫，更加得到玄宗宠信。天宝末，不少大臣奏说安禄山有反心，玄宗都不听，甚至将他们执送安禄山处理，以示对安禄山的信任。

由于玄宗对自己的恩宠，加之玄宗年事已高，安禄山并未打算在玄宗在位时发动叛乱，而叛乱之所以提前发生，乃是受杨国忠逼迫。杨国忠任相后，为巩固权位，对安禄山的防范心理增加，而安禄山对杨国忠却不够尊重，两人最终交恶。杨国忠不断向玄宗奏称安禄山有谋反之心，他又搜查安禄山在京师的住宅，杀掉其门客，欲将安禄山逼反。在某种程度上可以说，安史之乱出现在天宝十四载，是杨国忠步步紧逼的结果。

但从另一方面看，安史之乱的发生又是历史发展的必然。

唐初，实行兵农合一的府兵制，府兵归属各地折冲府管理，40% 的折冲府设在关中，形成了“内重外轻”的战略布局。战争时，皇帝临时派将出征，战争结束，将归于朝，兵归于农，使得将不专兵。高宗、武后以来，均田制遭到破坏，导致府兵制日益瓦解。开元十一年（723 年），开始招募兵士充当宿卫，二十五年，又招募丁壮充当边兵，这造成了边将可以长期统兵的结果。从此，募兵制代替了府兵制。边兵英勇善战，宿卫多市井之徒，外强内弱的状况开始出现。

天宝元年（742 年），玄宗在边境设立十道节度使，共领镇兵约四十九万，为宿卫关中兵力的四倍多，这时，军事布局的外重内轻局面逐渐形成。

李林甫为相，为巩固权位，他上奏玄宗用少数民族将领为边将。安禄山身兼三镇节度使，统帅的兵力占边兵的 38%，全国兵力的三分之一。安禄山看到唐王朝天宝年间繁盛外表下危机重重，遂以诛杨国忠为名，发动了震惊天下的叛乱。

所以，这一事件的出现是唐代历史发展的必然，是唐代各种制度出现漏洞的结果。唐杜佑在《通典》中说：安禄山称兵叛乱，未必是早有预谋，是他力量太强而又形势逼迫，不得不这样做。

其二，安史之乱为何最终能得以平定？

安史之乱最终被平定是多方面因素共同作用的结果，既有唐王朝军民共同抵抗的原因，也与安史集团不断发生内乱密不可分。

由于皇权、相权的长期膨胀，安史之乱爆发后，唐政府机构已无能力应对突然出现的叛乱，洛阳、潼关等地先后失守，封常清、高仙芝、哥舒翰等名将先后被杀、被俘，次年六月，玄宗率杨贵妃、杨国忠等人仓皇逃出长安，前往蜀地避难，中央政府不复存在。安史叛军长驱进入长安，宰相陈希烈为首的300余大臣投降了安禄山，并被安禄山授以伪官。

但比起这些统治阶级的高层人物，广大唐朝军民进行了英勇的抵抗，如安史之乱初起，平原（今山东陵县）太守颜真卿、常山（今河北正定）太守颜杲卿就迅速起兵，河北共17郡纷纷响应，合兵20多万，而叛军在河北能控制的只有范阳等六郡，可见安禄山的反叛并未得到广大人民群众的拥护，民心仍然向着李唐王朝。河北军民的抵抗极大地牵制了安禄山进军关中的脚步。又如唐肃宗至德二载（757年），张巡、许远以6000兵力迎战13万叛军，内无粮草，外无援军，坚守孤城长达9个多月，与敌人血战睢阳，作战数百次，歼敌十余万，最后弹尽粮绝，被俘后英勇殉国。睢阳是唐代通往江淮的交通要道，张巡、许远领导的抵抗，阻挡了叛军南下，为唐政府利用江南财力平叛做出了巨大的贡献，其精神更是鼓舞了广大唐朝军民坚持抗击叛军。

同时，安史叛军集团内部出现了分裂。安禄山起兵后，才发现自己的举动不得人心，其军事行动屡屡受挫，致使他心急气躁，原有的眼疾加重到了双目失明的地步，他又有疽病，脾气暴躁，对手下动辄打骂，以致群情不安。他天宝十五载在洛阳称“大燕皇帝”，但却不想立安庆绪为“太子”，而想立幼子，安庆绪遂听从“宰相”严庄的建议，在至德二载杀掉了安禄山。但安庆绪昏庸无能，留守范阳的史思明决定取而代之，乾元二年（759 年），史思明杀掉安庆绪，称“大燕皇帝”，但他同样性格乖张暴戾，杀人如麻，很不得人心。他还和安禄山一样，也想废长立幼，结果上元二年（761 年），其长子史朝义先下手将他杀掉了。经过这几次内讧，叛军实力大减，再也无力向唐朝发动进攻了。宝应二年（763 年）初，史朝义败逃河北，被唐军追击不舍，只好自杀，安史之乱最终失败。

其三，回纥军队在平定安史之乱中发挥了重要作用。

在安史之乱爆发后，唐朝皇帝逐渐失去了天下共主的“天可汗”的权威。吐蕃连连进犯唐境，趁西北军队忙于在中原平叛之机，占据了唐的河西、陇右，控制西域，而东北的奚和契丹也不断进犯，唐政府疲于应对。在这种情况下，回纥没有乘机扰边，而是站在唐朝的立场上，派出大军，协助唐朝平叛，应该说还是有恩于唐的。

唐王朝也知恩图报，中唐肃、代、德、宪四朝致力于与回纥和亲，且一改前代封宗室女为和亲公主的惯例，三次以真公主和亲，这乃是出于对其助唐平定安史之乱的真诚回报。回纥信奉摩尼教，为了答谢其救国之恩，唐解除了摩尼教在唐传播的禁令，并给予其更加优厚宽松的政策，使之在唐境内自由传播。

但是，对回纥，在感恩之余，唐政府往往也会发出无奈的叹息，回纥恃平叛之功而骄纵不法，在坊市横行霸道，不受中国法律的约束，这样的例子在史书中多有记载。而且，回纥还借着平叛之功，与唐朝开展绢马贸易，每年以劣马换取唐精美的绢帛数万匹，致使唐朝财政为之空竭，给唐王朝带来了沉重的经济负担。

总之，安史之乱的爆发是必然中的偶然，战争的进程长达八年，敌我双方力量互有消长，唐胜在人心所向，敌败在内讧不断。唐借助回纥之力，虽然最终平定了安史之乱，但战乱却留下了严重的后遗症。首先，它削弱了唐王朝的统治力量，导致唐王朝由盛转衰。安史之乱平定后，藩镇割据长期存在，统一的帝国开始走向分裂。

其次，唐朝的经济发展遭到严重破坏，战后，许多北方黄河流域原本繁荣富庶的地区残破凋敝，唐政府的赋税收入主要依靠江南地区，中国的政治重心开始转向南方。唐王朝背负着这些重担，一步步走向衰亡。

155 为什么说郭子仪是大唐中兴名臣？

郭子仪像

郭子仪（697年—781年），华州郑县（今陕西华县）人，出身官僚家庭，以武举入仕。天宝十四载（755年），安史之乱爆发，他率领唐军平定叛乱，此后仍戎马不息多年，为大唐江山的稳固鞠躬尽瘁，是唐代历史上著名的中兴名臣。

作为中兴名臣，郭子仪首先立有显赫的功勋。

他的第一大功是助肃宗收复两京。

安史之乱爆发伊始，郭子仪就被任命为朔方节度使，率军东征，收复河东多地，为收复河北提供了条件。天宝十五载（756年），郭子仪举荐李光弼为河东节度使，两人合兵，转战河北，一方面坚城固守，另一方面采用灵活机动的战术，屡败留守范阳的叛军将领史思明，史思明丢盔弃甲、露发光脚逃往博陵，官军声威大震，河北十余郡都杀掉敌军守将而开门迎接唐师。

郭子仪等正欲北上直捣敌人巢穴范阳，但此时潼关失守，玄宗逃往成都，肃宗即位于灵武，诏令郭子仪前往灵武，以之为兵部尚书、同中书门下平章事，依旧兼任灵州大都督府长史、朔方军节度使。十一月，安史叛将阿史那从礼率同罗、仆骨部五千骑兵出塞，引诱河曲九府、六胡州数万部落，想袭击灵武，被郭子仪和回纥首领葛逻支联兵击退，安定了河曲形势，保卫了肃宗的安全。

至德二载（757 年），郭子仪攻下潼关、蒲州，又收复陕郡永丰仓，这时，两京虽还在敌手，但却被割裂开来，从此两京之间的潼关至陕州一带再无叛军侵扰。同月，安禄山被其子安庆绪所杀。九月，唐军展开了收复两京的行动。当时广平王任元帅，郭子仪为副，率兵十五万进收长安，回纥怀仁可汗也派太子叶护领四千骑助唐平叛。临行前，郭子仪向肃宗表示："若出师不捷，我必以死殉国。"在长安城西的香积寺之北，双方展开决战，回纥奇兵出于敌后，敌军大败，长安收复。十月，为收复洛阳，敌我在陕州对垒，郭子仪率军与回纥军队配合，敌军大败，退保相州，唐军收复东都。至此，河东、河西、河南叛军都被平定，郭子仪因功加官司徒，封代国公，食邑千户。他入朝时，肃宗令在长安东郊的灞上隆重迎接，并慰劳他说："这虽是我的家国，实际是由你再造的。"

他的第二大功是代宗朝再次收复长安。

为了平息安史之乱，唐朝将西北的边防军队抽调到内地，吐蕃这时正处于上升期，乘虚而入，占据了河西、陇右等地，并逐渐向内地蔓延。广德元年（763 年）七月，吐蕃大举入侵，十月，到达泾州，刺史高晖被掳后为吐蕃做向导，引之深入京师附近，掠夺奉天（今陕西乾县）、武功（今陕西武功）、盩厔（今陕西周至）等地，逼近京师。代宗诏郭子仪为关内副元帅，出镇咸阳。自乾元二年（759 年）郭子仪等九节度兵败相州后，他就被剥夺了兵权，这次代宗将他召还时，他部下只有二十骑，走至咸阳，吐蕃军已南渡渭水，代宗仓促东奔陕州，长安失守，吐蕃立广武王承宏为帝，设百官。郭子仪沿南山至商州（今陕西商州），得武关防兵及六军散卒四千人，军势渐振。代宗让他赴陕，他却说："不收复京城无法见陛下。"郭子仪与城中里应外合，采取疑兵之计，吐蕃军搞不清虚实，以为唐大军到来，遂从仅占据了十五天的长安仓皇逃走。十一月代宗还京，见到郭子仪，慰劳他说："我没有早用你，才出现今天的状况。"下令赐给他铁券，将他的图像画在凌烟阁上。

他的第三大功是安定边疆。

广德二年（764 年），原唐将仆固怀恩引吐蕃、回纥、党项数十万兵力南下，京师震动，代宗派郭子仪出镇奉天，郭子仪在奉天坚壁不战，敌不战而退。郭子仪入朝，代宗设宴慰劳，厚加赏赐。

永泰元年（765 年），仆固怀恩谎称代宗和郭子仪已死，又诱引吐蕃、回纥、党项、羌、浑、奴剌等族三十余万兵马南下，进入醴泉（今陕西礼泉）、奉天境内，再次威胁长安。代宗下诏亲征，并召郭子仪屯兵于泾阳，敌兵将泾阳团团围住，郭子仪仅率数十骑前往回纥军营，趁仆固怀恩暴病身亡之机，说服回纥合击吐蕃，大破之。代宗为之加实封二百户。

次年，吐蕃寇泾州，郭子仪再屯兵泾阳，蕃军退至灵州，郭子仪出兵，大败之。

大历三年（768 年）吐蕃寇灵武，郭子仪率师五万镇守奉天，派兵大破吐蕃于灵武。

大历八年（773 年）吐蕃寇泾州，郭子仪派浑瑊迎战，他与马璘合击，大破蕃军。

作为中兴之臣，郭子仪却不居功自傲，故得以成就为一代名臣。

首先，他心胸开阔，不计个人得失，一心报国。

在肃宗朝，他受到鱼朝恩谗毁和肃宗猜忌。收复两京后，肃宗对郭子仪感激之余难免有些忧虑，毕竟安史之乱与将领权力过大有关。乾元元年肃宗派郭子仪等九节度合讨安庆绪，但却不设统帅，只用宦官鱼朝恩为观军容宣慰使。这样打仗，岂有不败之理？九节度兵败相州，鱼朝恩将责任都推给郭子仪，肃宗于是剥夺了他的兵权。上元元年（760 年），肃宗想以郭子仪为诸道兵马都统管讨伐范阳，又为鱼朝恩阻挠。郭子仪却安之若素，仍以国事为重。上元三年，河中出现军乱，肃宗令郭子仪出镇绛州以应对。郭子仪临行前见到肃宗，肃宗已经病重，说："河东之事，全托付你了。"郭子仪伤心流泪，对肃宗一片忠心。他对鱼朝恩也以诚相待，鱼朝恩邀请他去章敬寺，宰相元载密告郭子仪说鱼朝恩此举包藏祸心，但郭子仪不做防备，率家僮前往，鱼朝恩也感动于他对自己的信任。

在代宗朝，他又受到程元振、李辅国等宦官谗毁和代宗猜忌。代宗继位后，程元振专权，惧怕嫉恨郭子仪这样德高望重的功臣，又挑拨代宗免去郭子仪的兵权。郭子仪为国家大计考虑，将数年来肃宗所赐诏敕千余件汇编成册，上呈代宗，自称愿为国鞠躬尽瘁，死而后已，表明了忠君爱国之心。代宗遂于七月又委郭子仪以重任，但不断遭到程元振的诋毁。十月，代宗任雍王李适，即后来的德宗为天下兵马大元帅，想让郭子仪为副来辅助他，却被程元振、李辅国阻挠。但郭子仪却从不意气用事，只要接到皇帝诏命，他马上遵命而行，所以宦官的谗言不能从根本上动摇他的地位。遇到重要问题，他仍会诚恳地向皇帝上书言事，如他大历九年入朝，与代宗谈及吐蕃扰唐，不禁落泪，又上书论防备吐蕃之策。皇帝了解他的忠诚，故虽有猜忌也不至于太严重。

其次，他不贪恋权位，只将权位当作忠君报国的平台。

代宗任命郭子仪为太尉，此乃殊荣，郭子仪以仆固怀恩叛乱未平，坚辞太尉。代宗又以郭子仪为尚书令，他再次上表恳辞。正是这种得位不喜，失权不悲，宠辱不惊的宽广胸怀，使得他一生能够为国施展抱负和才华，堪称中兴名臣。

《旧唐书》本传中，史官给予了他高度评价，称他在平定安史之乱中有再造唐王室之功，更难得的是不居功自傲，竭诚效忠唐王朝，是当之无愧的社稷良臣。

156 李光弼建立过哪些功勋？

李光弼（708 年—764 年），营州柳城（今辽宁朝阳）人，出身于契丹酋长之家，他的父亲李楷洛在武则天时入朝，因破吐蕃之功被封为蓟国公。李光弼子承父业，军功卓著，与郭子仪齐名，并称唐代中兴之臣。

李光弼文武双全，喜读《汉书》，又善骑射，少年从军，智勇兼备，渐成著名边将，天宝八载（749 年），他已官至节度副使，封蓟郡公。他曾任职于河西节度使王忠嗣麾下，忠嗣很器重他，常说：“光弼必居我位。”朔方节度安思顺、陇右节度哥舒翰等也都很赏识他。

安史之乱为他发挥军事才能提供了舞台，平叛期间，他建立了许多功勋，主要可分为河北、河东、河南三个战场来看。

李光弼像

首先，河北战场。

天宝十四载（755 年），安史之乱爆发，次年正月，郭子仪推荐李光弼为河东节度副使，知节度事。二月他率军东下井陉，攻取了常山郡。常山居于叛军南北交通咽喉位置，是河北战略要地，驻守范阳的史思明闻听消息，急率数万人来救常山，面对敌众我寡的形势，李光弼坚守常山四十余日，又经常伺机偷袭敌军，后郭子仪来援，两军会师，兵力达到十余万，史思明战败，退守赵郡。李光弼此时兼范阳长史、河北节度使，又南下攻取了赵郡，史思明再退向博陵。河北许多州县受到鼓舞，都纷纷守城自救，抗拒敌军，以响应李光弼的军事行动。李光弼不但外善讨敌，而且内得民心，收复赵郡后，他坐于城门之上，严禁士兵抢夺百姓财物，得到河北人民的拥护。

六月，史思明又率重兵卷土重来，敌我双方势均力敌，李光弼、郭子仪仍采取坚守不出的对策，又抓住时机，灵活机动地打击敌军，使其锐气大挫。决战在常山郡的嘉山展开，唐军杀敌过万，生擒四千，取得了叛乱发生后河北战场的大捷，阻断了范阳与洛阳两地安史叛军的联系，鼓舞了士气，河北十余郡纷纷归顺唐军，史思明狼狈逃奔博陵。

河北战场形势大好，李光弼这时积极计划攻取范阳。他认为范阳是安禄山的巢穴，一旦夺取范阳，安禄山就再无退路，叛乱平息也就指日可待了。但此时突然传来潼关失守，玄宗逃亡成都的消息，李光弼的计划被迫搁浅。肃宗在灵武即位领导平叛，李光弼遂班师回到灵武，肃宗将他派往河东，护卫灵武。

其次，河东战场。

肃宗任命李光弼为户部尚书兼太原尹、北京留守、同中书门下平章事，率景城、河间五千士兵赴太原，当时的河东节度使王承业昏聩无能，军政事务由御史崔众主持。崔众无礼于王承业，见到李光弼仍很骄横，李光弼遂将其关押起来。这时，刚好肃宗派使者携诏书至，欲任命崔众为御史中丞，李光弼说："我如今只斩侍御史，你若宣制命，就斩中丞，若拜他为宰相，一样问斩。"中使惧而未敢宣诏。次日斩崔众，威震三军。

太原居灵武、范阳之间，自为战略要地。至德二载（757 年），史思明、蔡希德等四员安史叛将，率十余万大军来攻太原。此时李光弼初来乍到，曾跟随自己在河北苦战的部队，都留在了灵武，手下缺少精兵强将，且不满万人，史思明深知此情，故不将李光弼放在眼中，认为太原屈指可取。李光弼手下建议加固城防，但李光弼认为，太原城方圆四十里，现在修城，只能使自己疲劳不堪，不如以机动灵活的方法迎敌。李光弼决定打防守战，他亲率太原军民在城外挖掘壕沟，做土坯数十万，等敌军攻城时，他就下令以土坯增垒于内，城破之处马上修补；李光弼还施展地道战，史思明派人在城外骂阵，李光弼又令挖地道，将其拖入地道，斩首示众，他还利用地道使敌军攻城的云梯塌陷，又将地道挖至叛军营房之下，使叛军死伤惨重，从此叛军如惊弓之鸟，常仔细观察地面，害怕落入地道丧命；他又制造抛石车，叛军骁将劲卒被砸中而死者达十分之二三。至此，城中都佩服李光弼的勤巧智慧，士气倍增。

太原之战，共经五十余日，李光弼始终与将士同在第一线。史思明预计的闪电战变成了持久战，恰在此时，叛军内乱，安庆绪杀掉安禄山，令史思明归守范阳，留蔡希德等攻太原。又经月余，等到叛军士气低落，光弼率敢死队出击，大胜，杀敌七万多人，缴获大量军资器械，取得了以弱胜强的重大胜利。李光弼因功被授司空兼兵部尚书、中书门下平章事，进封魏国公，食实封八百户。

此后，李光弼转战河南战场。

乾元元年（758 年），肃宗令李光弼、郭子仪等九个节度使联合出兵，统军六十万，将安庆绪围困于邺城（今河南安阳一带），欲将其一举歼灭，此地属相州辖境，故又称相州之战。安庆绪向范阳求救，史思明率兵十三万来援。次年，双方大战，本身唐军占据优势，但肃宗猜忌大将，不设统帅，只派鱼朝恩为观军容宣慰使，由于缺乏统一指挥，唐军大败。因为此败，郭子仪被剥夺兵权，李光弼被任命为天下兵马元帅赵王李係之副帅，掌管全国平叛事宜。

相州之战后，史思明杀安庆绪，自立为帝，不久进兵洛阳。史思明先至汴州（今河南开封），汴滑节度使许叔冀与之交战失利，投降了叛军。史思明乘胜而西，李光弼认为应坚守不战，避敌锋芒，洛阳不易防守，而洛阳之北的河阳（今河南孟州）进可攻，退可守，为用兵之地，遂决定移军河阳，河阳分北、中、南三城，李光弼安排守备，号令严明，与士卒同甘苦，宣誓力战。史思明到洛阳，只得到一座空城。

十月史思明开始攻城，李光弼让李抱玉守南城，自己守中城，兼及北城，在城外设置栅栏，栅栏外挖壕沟，深、宽均二丈。史思明伪宰相周挚久攻南城不下，改攻中城，仗着兵力雄厚，直逼城下，督使兵丁填城下壍壕。李光弼命荔非元礼率劲兵御敌，元礼大败敌军。周挚又攻北城，李光弼亲自迎战，他插短刀于靴中，对将士说："战争充满危险，胜负皆有可能，我位为三公，不可死于敌手，若战不利，我必死王事。"将士们受到鼓舞，群情激昂，见李光弼挥动战旗，三军望旗而进，声动天地，一举破敌，斩万余级，生擒八千余人，得军资器械粮储数万。李光弼以功晋爵临淮郡王，累加实封至一千五百户。

河阳大捷，大挫安史叛军，保卫了西京的安全，此时，双方在河南战场处于相持状态。但此时任观军容使的宦官鱼朝恩屡次向肃宗汇报称贼寇指日可灭，都兵马使仆固怀恩又妒忌李光弼的功劳，暗中附和鱼朝恩，说贼寇易灭，肃宗于是令李光弼收复东都，并派中使督战。面对内部的掣肘，李光弼无法坚持自己正确的作战计划，无奈之下，他与史思明战于洛阳北邙山下，大败，军资器械损失惨重。

此后，李光弼出镇临淮（今江苏盱眙），曾收复洛阳、平定浙东袁晁领导的农民起义。宝应元年（762年），代宗进封他为临淮王，赐给他免死铁券，画其像于凌烟阁。

作为一代功高望尊的名将，李光弼自然也会受到皇帝的猜疑，宦官的嫉恨。面对这些委屈，他不像郭子仪那样淡然处之，而是选择了躲避的办法，多年不敢入朝。广德初，吐蕃入据长安，代宗出奔陕州，下诏征天下兵，李光弼因怕宦官加害，拖延不入京。吐蕃退，朝廷任命李光弼为东都留守，李光弼又不肯离开徐州，想收江淮租赋以自给自足。他的这种做法影响了将士们对他的敬畏，他自己也因愧耻成疾，于广德二年（764年）七月逝于徐州，时年五十七岁。代宗辍朝三日，赠太保，给他加谥号为“武穆”。派鱼朝恩吊问其母，又命京兆尹第五琦监护丧事，十一月葬于三原，代宗又令宰臣百官送于长安城外。作为中兴功臣，李光弼晚年虽然有些落寞，但也算是善始善终了。

157 什么是藩镇制与藩镇割据？

藩镇一词本意是指能够保卫中央，镇守一方的地方军政机构。

唐代的藩镇来源于“道”这一行政机构。

唐初沿袭隋制，地方行政机构实行州县两级制，但由于中央感到难以严密控制地方，所以太宗开始不定期派使者巡省天下，监察州县。武周时期，将天下分成十道，定期派使者巡视。开元二年（714年），将十道巡查使者称为“按察采访处置使”，开元年间，此使职虽曾有罢废，但最终保留了下来。这样，在州县之上，出现了道一级机构，这是与中国土地广袤、人口众多的实际情况相适应的一种行政区划。

开元末年，由于长期积弊，均田制和府兵制遭到破坏，政府开始实行募兵制。加之后来唐政府与周围一些少数民族在边境屡有摩擦，所以，天宝元年，玄宗在边境设立十道节度使，各节度使这时不但统领军队，他们还拥有很大的权力。如在本藩镇内的用人权，自行辟署藩镇幕府官员；还拥有独立的财政权，可留用本道军费，自由支配；另外，还有对州县的监察权，可以监督任免下辖州县官员。总之，节度使“既有其土地，又有其人民，又有其甲兵，又有其财赋”，统揽本地区的军政、民政和财政大权，并兼任所驻地的刺史，而辖区内的各州刺史，则成为其下属。节度使位高权重，逐渐呈现出尾大不掉的危险。

继之，天宝十四载安史之乱爆发，为抵御叛军，于是唐政府在中原也开始设置节度使，在重要的战略要地，又置“防御使”以治军事，由刺史兼任。防御使常与团练使兼置，防御使通常在前。同时，“按察采访处置使”被停派，改设“观察处置使”，由节度使或防御使、团练使充当，这样，道一级的长官“观察处置使”、节镇长官节度使及州刺史兼任的防御使、团练使等官职之间出现了交叉，唐代的藩镇开始被称为“道”，长官称“观察使”，兼“都防御使”或“都团练使”以掌军事，加授节钺的观察使则称节度使。

至此，唐代的藩镇制度形成了，安史之乱后，直至唐末，唐代大约有四五十道，即四五十个藩镇。

藩镇制度不等于藩镇割据，人们通常认为只要是藩镇必定割据一方，其实，不是所有的藩镇都割据不臣。有学者将唐代历史上的藩镇分为四种类型：一为河朔割据型，二为中原防遏型，三为西北、西南御边型，四为东南地区为中央提供财源的藩镇，后三种藩镇对维护唐代后期的统治稳定有各自独特的贡献。因此，我们所说的藩镇割据是指安史之乱后，主要在河朔一带，出现了一些不听从唐政府号令的强大藩镇，他们税赋不上交中央，效仿战国群雄割据一方，以土地传给子孙，俨然是一个个独立王国。

唐代藩镇割据的形成源于安史之乱，安史之乱后唐代中央与地方复杂的政治、军事斗争又加剧了这一局面。

安史之乱起于玄宗末年，至肃宗时大难粗平，代宗宝应二年（763 年）初，安史之乱最终结束。由于战争耗时八年，唐王朝无力消灭安史余部，而君臣都急于求安，所以瓜分河北安史叛军河朔旧地，分给安史旧部归降者，任命其为节度使，从而建立了河朔三镇。唐王朝此举酿成祸根，从此，这里的藩镇纷纷割据一方，节度使都不由唐王朝任命而由本镇拥立，赋税不上贡中央而由本地支配，从安史之乱结束到唐灭亡的一百余年间，这里基本脱离了中央政府的管辖。其中，田承嗣为魏博节度使，治魏州（今河北大名），田承嗣传五代至田弘正，田弘正归顺朝廷，十年后此镇又乱，先后有四姓掌权，共传十代，占据七州；李宝臣为成德节度使，治恒州（今河北正定），占据四州之地，成德先后有二姓节度使，传五代至王承元时归顺朝廷，次年王庭凑又反叛，再传六代；李怀仙为卢龙节度使，治幽州（今北京），卢龙先后三姓节度使专权，共传五世，至刘总时归顺朝廷，随后朱克融又反，朱姓传十二世，占据九州。

河朔三镇强盛时，相邻的一些藩镇与之联合，不听从中央号令，致使河南等地也出现了分裂的趋势。淄青、沧景、宣武、彰义、泽潞等藩镇也先后出现过割据现象，不过这些藩镇割据的时间不是很长，少则三世，多则五世，占据的地域也不是很大，一般为三至五州，只有淄青地盘较大，占据十二州。

对于这些与中央政权离心离德的割据藩镇，唐政府也视之为心腹之患，力图予以铲除。安史之乱后，德宗与宪宗统治时期打击藩镇力度最大。

德宗建中二年（781 年），成德节度使李宝臣死，其子李惟岳请求接任节度使，遭到德宗拒绝。于是，李惟岳勾结魏博、淄青、山南东道的节度使发动了“四镇之乱”，虽然结果是李惟岳被成德镇的将领王武俊所杀，叛乱得以平定，但唐王朝并未能加强对成德镇的控制权，王武俊成为新的成德节度使，这里仍然是割据状态，只不过首领由李姓变为了王姓而已。

宪宗继位后，志在削藩，他在位时期，与藩镇的斗争一度出现了可喜的形势。他先讨平了一些力量稍弱的藩镇，如元和元年（806 年）解决了剑南西川节度使刘辟之乱，讨平想要接任节度使的夏绥留后杨惠琳；次年，讨伐镇海节度使李锜。此后，宪宗将目标锁定了一些强藩。元和七年（812 年），宪宗君臣通过努力让魏博节度使田兴归顺；十二年（817 年），李愬雪夜入蔡州，生擒淮西节度使吴元济；十三年，派五道出兵讨伐骄横跋扈的淄青节度使李师道，次年，李师道被部将所杀。但是，由于唐王朝既无雄厚的财力支持削藩战争，又无强大的军队直接投入削藩战争，而且，唐代后期边患不息，统治集团内部又存在着复杂的矛盾斗争，所以这些得之不易的胜利果实不久就得而复失了。

藩镇割据与唐安史之乱后的历史相伴始终，这种分裂割据的现象反映了唐代后半期政治、军事各方面力量衰落的现实。割据藩镇虽有明显的独立性，但在某种程度上，它们又不以推翻唐王朝为目的，也无力推翻唐王朝，它们不否定唐政权，只求在自己的一方天地里拥兵自重，称王称霸。唐朝灭亡后，藩镇制在五代十国时期继续延续了下来，直到宋太祖时才彻底消除藩镇制。

158 “泾原兵变”是怎么回事？

建中四年（783 年），泾原五千镇军在长安城东浐水发生兵变，德宗被迫离开长安，避难奉天，后又进一步避至兴元。

这场兵变产生的影响可谓不小，它是在什么样的历史背景下发生的呢？

唐德宗李适即位于大历十四年（779 年）五月，此时距安史之乱爆发已 24 年，而安史之乱结束也有 16 年了。经过唐代宗十余年的经营，唐王朝逐渐从安史之乱造成的巨大战争创伤中恢复过来，经济状况有所好转，宦官专权受到抑制，边境局势也比较和平。德宗即位之初颇以讨平安史之乱后出现的割据藩镇为己任，想在自己在位期间恢复玄宗曾经创造过的盛世景象。他采取了一系列革新措施，如罢贡献、停乐伎、出宫女等，他又采纳宰相杨炎的建议，在建中元年（780 年）开始实行两税法，积极增加政府财政收入，为削藩创造条件。

建中二年，成德节度使李宝臣卒，其子李惟岳自称留后，要求唐政府准许他继任。唐德宗抓住这一机会，开始了酝酿已久的削藩计划，拒绝了李惟岳的要求。朝廷此令一出，与成德关系密切、有着共同利益诉求的河朔强藩魏博镇及淄青镇、山南东道相约与之共同反叛，史称“四镇之乱”。六月，德宗下令动员全国军事力量平叛，“时内自关中，西暨蜀汉，南尽江淮闽越，北至太原，所在出兵”。至次年正月，河朔叛军遭到沉重打击，不久，李惟岳被杀，淄青节度使李正己病故，山南东道节度使梁崇义兵败自杀。但德宗却没有很好地把握住对中央十分有利的形势，他既没有照顾在战争中有功的卢龙节度使朱滔的利益，也没有识破淮西节度使李希烈的野心，委任他讨伐山南东道梁崇义叛乱的全权，使他借此扩张了势力，遂使卢龙勾结魏博、成德再叛，而淮西李希烈也自恃羽翼丰满，称兵反叛。第一波叛乱之火未被完全扑灭，死灰复燃后的第二波火势更旺，最终导致了泾原兵变。

“泾原兵变”的具体经过如下。

建中四年十月，为平定李希烈叛乱，德宗急调泾原节度使姚令言率安西、北庭兵五千前往襄城，经长安时，因雨士兵饥寒，希望能得到赏赐，却大失所望，京兆尹安排犒劳军士，饭菜又很粗劣，致使士兵群情激愤，本要出城向东行军至浐水，这时却折而向西，回往长安。听说城东发生兵变，德宗急派人安抚，而乱兵已在丹凤阙下结阵，迫不得已，德宗与太子、诸王妃嫔等百余人出苑北门，傍晚至咸阳，简单吃了饭食而未作停留，又前往奉天（今陕西乾县）。德宗觉得奉天地势狭小，欲改去凤翔，但适逢凤翔军中出现了内乱，节度使张镒被杀，德宗遂放弃去凤翔的打算。而当时乱军拥朱滔之兄，已被剥夺权力而闲居长安的原卢龙节度使朱泚为帝，围攻奉天月余，致使城中资粮俱尽。十一月，河北前线的朔方军将领李怀光率军解奉天之围，朱泚遁归长安，此时全国各地的贡物相继而至，奉天物资匮乏的状况才有所改观。但由于李怀光对当时的权贵卢杞等人的不满和中央对朔方军一贯的不信任，李怀光在建功之后并未得到应有的嘉奖，反而受到排挤，致使他产生反叛自保的想法。为防备万一，李晟先奏请疏通蜀汉至长安的道路，此后又以李怀光反状已明请德宗出幸蜀州。李怀光最终于兴元元年（784 年）二月反叛，且李怀光已与朱泚联兵，叛乱呈连环发展态势，出现了第三波，使得国家和皇帝的处境更加困难。德宗又从奉天出奔，经周至，南至洋州（今陕西洋县）、成固（今陕西城固），又西行至梁州（今陕西汉中）。德宗因梁州贫，又欲去成都，因严震、李晟劝阻而未成行。后李怀光乱平，德宗改从褒斜道还京。德宗本只是想去奉天或条件稍好的凤翔，此二地均在关中，也就是说德宗起初并不想远离长安，这是因为当时并未觉得五千人的泾原兵变会有多大危险，以为平定叛乱指日可待。却未料到小小的兵变引发连锁反应，德宗只好再次銮舆播迁。

出逃并不能解决问题，还在奉天时，德宗无奈之下采纳宰相陆贽的建议，发布《奉天改元大赦敕》，一方面引咎自责，另一方面安抚魏博、成德、淮西、淄青等镇的节度使和将士，宣布原谅他们的反叛举动，既往不咎，但朱滔、朱泚不在宽赦的范围内。这样，分化瓦解了叛乱势力，很快，魏博、成德、淄青等镇归顺朝廷。坚持叛逆的朱滔病死，卢龙叛军群龙无首，神策军将领李晟攻入长安，朱泚被部将所杀，泾原兵变得以平定；李希烈被部将毒杀，淮西归顺；拥兵河中的李怀光在被围困中失去斗志，自缢而死。至此，德宗一波三折的削藩行动以双方的妥协宣告结束。

德宗出巡只是泾原兵变造成的表面影响，这次兵变对德宗朝后期政策，乃至此后的唐代政局都造成了深远影响。

从泾原兵变后，德宗认识到唐王朝的经济、军事力量还不足以消灭盘根错节的藩镇势力，于是他不再积极削藩，而是对藩镇采取姑息政策，尤其是对河北藩镇，只要其名义上承认中央政府，朝廷就不干涉他们的内部事务。

德宗的这次经历，还反映了一些内地节度使力量过于强大，他们表面服从中央，实际具有割据倾向，与河北藩镇比，虽非朝廷的心腹之患，却常常成为燃眉之急。对于这种藩镇，德宗及以后的唐代帝王在能力许可的情况下，尝试逐步削夺其权力，也取得了一定效果。但问题并未彻底解决，这种中央与地方的矛盾在中晚唐之时始终存在，且随着唐王朝的渐趋衰落，中央影响力也日益缩小。

此外，面对皇权受到的冲击，德宗转而亲信家奴，使得宦官势力再次抬头。代宗时打击宦官势力，鱼朝恩被杀后，宦官不再执掌军队。德宗出逃时，有宦官窦文场、霍仙鸣率众内官扈从，宦官又渐掌神策军。逃难的经历及地方军将势力的日益壮大影响到德宗对武将的信任。返京后，德宗深感拥有一支由自己掌控的禁军的重要性，遂不断扩大神策军，并于贞元十二年（796 年）设左右神策护军中尉，由窦、霍二人充任，将禁军统帅权交给了宦官，遂使得唐代藩镇割据之祸与宦官专权之害并存，加速了唐王朝的灭亡。

159 “二王八司马事件”是怎么回事？

“二王八司马事件”也叫永贞革新。贞元二十一年（805 年）正月，唐德宗死，太子李诵即位，即顺宗。永贞是唐顺宗的年号，唐顺宗任用了王叔文、王伾等一批有志改革的大臣，但永贞改革很快遭到失败，王叔文、王伾先后死去，其他八名参与改革的重要人物先后被贬为外州司马，故称“二王八司马事件”。

顺宗自德宗即位被立为太子，在东宫的时间长达二十六年。他亲身经历了德宗朝的政治风云变幻，在泾原兵变后他随德宗出奔奉天，曾手执武器登城作战，保卫德宗的安全。他目睹了德宗自削藩失败后，对藩镇的态度由积极进取转向因循姑息，同时宠信宦官、猜忌功臣、信用小人，国家政治一步步变得黑暗腐朽。作为一个国家未来的领导者，面对各种社会现实问题，顺宗充满了忧患意识，他曾向德宗委婉进谏；对德宗身边的亲信宦官，他敬而远之，保持一种严肃的态度；在东宫中，他与属官探讨各种国计民生问题，欲匡危救弊。

当时，最得太子李诵信任的东宫官员是王叔文与王伾。王叔文，越州山阴（今浙江绍兴）人，因精通棋艺而被选为翰林待诏。王伾，杭州（今浙江杭州）人，因擅长书法而入选翰林待诏。德宗令他们入侍东宫，本是希望太子能够多才多艺，但这两人却都喜好政治，常在侍读之余，与太子谈论政治，探讨前代盛衰治乱的经验教训，探求解决时弊的救世良策。尤其是王叔文，更成为太子的心腹。他曾告诫太子不可表现得过于关心政治，而应勤谨地侍奉皇上，请安问膳，以保全太子之位，防止小人谗言中伤，李诵听后深受启发，从此对王叔文非常倚重，将东宫事务都交给他处理。王叔文也积极建言献策，为太子勾画未来的施政蓝图，他常对太子品评朝中官员，称某人可入相，某人可为将等。他还将计划付诸实施，暗中结交一些希望施展政治抱负的文人士子，如韦执谊等人，以及其他英雄豪杰之士，如军队将领、藩镇官员等。

顺宗即位后，任命韦执谊为宰相，王叔文、王伾为翰林学士，他们就开始了实展政治抱负的永贞革新，向德宗统治后期的积弊开刀。当时柳宗元、刘禹锡、程异、韩晔、韩泰、陈谏、凌准等人也积极地投身于改革浪潮，形成了一个以王叔文为首的颇有力量的政治团体，由于刘禹锡、柳宗元文名卓著，所以人们通常概括地称这一政治集团为“二王刘柳”。

他们推行了一系列改革措施，矛头直接指向藩镇割据和宦官专权，目标是加强中央集权。具体如下：

一是改革吏治，以新风与新政相表里。革新派下令召回唐德宗贞元时期被长期弃用外贬的德才兼备的名臣陆贽、郑余庆、韩皋、阳城等人，可惜陆贽、阳城都已死于贬所；又罢免横征暴敛、为害百姓的贪官污吏。京兆尹李实专事聚敛，克扣军饷，当革新派将其贬为通州（今四川达州）刺史时，长安百姓欢呼相庆，知道他要出城，都怀揣瓦砾在大路上想要打他，李实改由小道出城才得以幸免。

二是争取民心。改革派下令严格执行两税法，不得再有苛捐杂税；免除百姓拖欠的赋税；罢除常贡以外一切巧立名目的额外进贡，以减轻人民负担；又从宫中放出教坊女伎 600 人，宫女 300 人，使之家庭团聚，也表明顺宗即位后勤政戒奢的新帝新气象。

三是打击地方藩镇割据势力，将权力收归中央。当时除河朔藩镇外，一些内地的藩镇也积极扩充势力，与中央分权争利，如浙西观察使李锜兼任诸道盐铁转运使，获利很多，至此罢之，以宰相杜佑为度支及诸道盐铁转运使，将盐铁专卖权和水路转运的权力收回中央。又如剑南节度使韦皋雄踞一方，势力迅速膨胀，意欲求兼剑南西川、东川、山南西道三镇节度使，却遭王叔文严词拒绝。

四是打击宦官势力，这是永贞革新的重头戏。革新派先后裁减宫中闲杂人员，禁止祸国殃民的宫市和五坊小儿等弊政，并策划从宦官手中夺回禁军兵权。

革新派从减少宦官数量入手，以裁减宫中闲杂人员为名，停发内侍郭忠政等十九人的俸钱。

宫市出现于德宗朝，宦官以皇宫采买物品为名，在街市上设立“白望”数百人，见到需要的物品不按其实际价值支付货款，而是或贱买，或强夺，致使商人、百姓见之色变。五坊小儿是指充任宫中雕坊、鹘坊、鹞坊、鹰坊、狗坊这五坊小使的宦官，他们常借执行公务的名义敲诈勒索百姓，如将捕鸟的网子张于百姓家门口、井口，或将蛇置于百姓家中令其饲养，民不堪其扰。这两项弊政被革除，深得百姓拥护，改善了政府在人民心目中的形象。

宦官典神策兵在德宗时期成为定制，有了军权的宦官集团如虎添翼，权势迅速膨胀，为将权力收归朝廷，王叔文等谋划以老将范希朝为京西神策诸军节度使，韩泰为神策行营行军司马。但此举遭到了以俱文珍为首的宦官集团的抵制，令神策诸将不得从命。当范希朝、韩泰到达任所奉天（今陕西乾县）时，诸将皆不来拜见统帅，面对这种局面，王叔文无可奈何，显然改革派与宦官阵营相比，力量还是比较弱小的。

王叔文等人进行的改革最初得到了朝野的普遍好评和广泛拥护，但改革也存在一些明显的问题，如王叔文等人出身中下级官吏，政治根基较浅，他们依赖顺宗开展改革，但顺宗即位前就已中风，即位后病情进一步加重，甚至口不能言，难以持续对改革予以支持；再者，改革集团中的人员素质参差不齐，有浮躁骄纵、排斥异己、公报私仇等现象，逐渐将自己孤立起来，失去了大多数朝廷官员的支持；最重要的是改革触动了藩镇势力和宦官集团的利益，因此受到他们的联合抵制。永贞元年（805 年），以俱文珍为首的宦官集团迫使顺宗立长子李淳为太子，改名李纯，后又罢去王叔文翰林学士之职。此时藩镇力量与宦官集团呼应，剑南节度使韦皋、荆南节度使裴均、河东节度使严绶等纷纷上表请求让太子亲政，不久，顺宗让位于太子，宪宗登基。

宪宗即位后，王伾被贬为开州（今四川开县）司马，不久病死。王叔文被贬为渝州（今重庆）司户，次年被赐死。韦执谊被贬为崖州（今海南琼山）司马，韩泰、韩晔分别为虔州（今江西赣州）、饶州（今江西鄱阳）司马，柳宗元、刘禹锡、程异分别为永州（今湖南永州）、朗州（今湖南常德）、郴州（今湖南郴州）司马，陈谏为台州（今浙江临海）司马，凌准为连州（今广东连州）司马，时称“八司马”。轰轰烈烈的永贞革新只持续了一百多天就失败了，这是一场具有一定进步意义的运动，但由于先天不足，注定了其必然失败的命运。

160 “牛李党争”的真相是什么？

唐后期，穆、敬、文、武、宣五位皇帝统治的近四十年间，统治阶级内部出现了持续的党派斗争，朝中的官僚士大夫集团为争权夺利，形成了对立的两派。因为一般认为其中一派的领袖是牛僧孺、李宗闵，另一派的代表人物则是李德裕，故将此朋党之争又称为“牛李党争”。

牛李党争的开端是穆宗长庆元年（821 年）的进士录取事件。当时，礼部侍郎钱徽执掌贡举，考前，前宰相、新任西川节度使段文昌和翰林学士李绅都对钱徽有所请托，但录取结果出来后，两人发现钱徽并未照顾他们所推荐的人，而进士及第十四人，其中有郑朗、裴撰、苏巢、杨殷士等，分别是朝臣郑覃之弟、裴度之子、李宗闵之婿、杨汝士之弟。段文昌遂向穆宗举报本次考中进士的人员都是官宦子弟，并无真才实学，是考官徇私舞弊录取了他们。穆宗征求当时的翰林学士李德裕、李绅、元稹等人的意见，他们都附和段文昌之奏。穆宗遂令进行复试，结果郑朗等十人落榜，原主考官钱徽自然被贬官，李宗闵、杨汝士也都遭贬。此事之后，李德裕、李宗闵各分朋党，争权夺利、互相倾轧、排挤陷害，几乎达四十年之久。

说起来李宗闵与李德裕的矛盾由来已久。早在元和三年（808

年），李宗闵、牛僧孺、皇甫湜参加制举贤良方正直言极谏科考试，他们直言不讳地指斥时政得失，提出解决对策，其策文被考官杨于陵、韦贯之评为上等，宪宗也对他们的文章颇为认可。但是，时任宰相的李吉甫认为这是对自己的攻击，遂哭诉于宪宗面前，宪宗无奈而将杨于陵、韦贯之贬官，李宗闵、牛僧孺等不但未能通过制举考试脱颖而出，反而因此长期受到压制，直至七年后李吉甫去世，他们才从藩镇幕府中被征调入朝。李吉甫虽死，但其子李德裕却将父亲对李宗闵、牛僧孺等人的不满继承延续下来，在长庆科考案中表现出来，所以可以说，长庆科考案的引线在元和三年的对策事件中早已埋下。

双方的斗争经历了五位皇帝执政阶段，主要分为四个时期。第一个时期是穆宗长庆二年（822年）至敬宗宝历元年（825年），李逢吉为相，排斥李德裕，援引牛僧孺入朝为相。第二个时期是文宗大和三年（829年）至九年（835年），大和四年，李宗闵引牛僧孺为相，两人排斥李德裕之党。大和七年，李德裕为相，李宗闵出任外官。大和八年，李宗闵为相，排斥李德裕，但次年，李宗闵也被文宗贬官，李训、郑注用事，对两党之人都弃而不用，但不久李训、郑注二人谋诛宦官未成，反酿成甘露之变而致殒命，此后宦官专权，牛李二党之争又起。总的来说，文宗时期，两党斗争激烈，互有胜负，双方势力也呈现此消彼长的态势，文宗曾感叹道："去河北贼非难，去此朋党实难。"第三个时期是武宗统治时期，李德裕依靠掌权的宦官得以入朝为相，且深得武宗信任，将牛党人物牛僧孺、李宗闵、杨嗣复、李珏等都贬往岭南，李党处于全盛时期。最后是宣宗统治时期，牛党执政，李德裕被贬崖州（今海南琼山），后在崖州病逝。

除以上所列举的人物外，牛党成员还有李固言、杨虞卿等，李党成员还有李绅、元稹、郑覃、陈夷行等。双方围绕两大问题展开斗争，即关于选官的途径和如何对待藩镇的问题。一般认为李党成员都是世代公卿出身的士族官僚，重视门第，主张选拔公卿子弟为官，坚决打击藩镇；牛党主张通过科举选官，其成员都是通过科举取得进士而走上仕途的，他们对藩镇势力采取姑息态度。

但对此观点，学界并不完全认同。

就第一个问题而言，李党中有些人虽出身士族，但家族早已衰落，李德裕的祖父就是在天宝年间通过科举考试入仕的；李党中还有像李绅这样冒牌的士族，而且李党中有些人虽有门第，但却是通过科举进入仕途的；李德裕并不反对科举制，还主张通过科举考试挑选高官子弟入仕，他只是反对进士浮华的风气，而李党中陈夷行、郑覃等人却主张优先选拔才华出众、出身寒微者。可见，李党出身并非整齐划一的士族门阀，内部对选官标准的认识并不一致。牛党成员在选官标准问题上其实也不排斥公卿子弟，如李珏、杨嗣复都建议选择人才时应才华与出身并重。

就第二个问题来看，李党并不都是强硬派，如元稹并不主张对藩镇用兵，元和末年他创作的《连昌宫词》说："老翁此意深望幸，努力庙谋（谟）休用兵。"穆宗长庆二年（822 年），河朔再乱，元稹对主张用兵的裴度多所掣肘。而牛党也并不都是妥协派，如李逢吉面对穆宗长庆二年汴州宣武军乱，采取坚决镇压的态度。牛李两党在藩镇问题上还有意见一致的时候，如文宗大和五年（831 年），幽州军乱，副使逐帅，自为留后，要求朝廷承认其继任幽州节度使，时为宰相的牛僧孺同意了其要求。大和七年（833 年），李德裕为相，并未更改牛僧孺的决定，同时对幽州也采取了安抚政策。武宗会昌元年（841 年），幽州卢龙再次发生军乱，雄武军使张仲武未经朝廷指令而起兵讨之，李德裕却授之卢龙节度使，显然对这一地区但求安稳而已。由此观之，牛李两党对藩镇的态度并无明显区别，而均视藩镇类型不同而变化。当面对河朔割据型的藩镇，两党都认为河朔割据已久，人心难化，朝廷对讨伐河朔已是心有余而力不足，所以谁当节度使没有太大差异，宜采取安抚姑息之策，使之防卫北狄即可；但当面对的是不够忠诚顺服的内地藩镇时，牛李两党都认为不可纵容，所以有上述李逢吉对汴州宣武军乱的强硬态度，也有会昌三年（843 年）李德裕讨平昭义（泽潞）镇的军事行动。

总而言之，牛李党争的真相或许并非是以阶层划分的士族、庶族之争，而是朝廷最高执政权力之争，两党的形成，建立在门生故吏、家族姻亲、同学旧交等错综复杂关系的基础之上。还有学者曾提出牛党多为关陇人士，李党多为山东士族的说法，则牛李党争又具有地域性特点。

161 为什么说唐宪宗是中兴之君？

唐宪宗（778 年—820 年）是唐顺宗的长子，原名李淳。顺宗永贞元年（805 年）被立为太子，改名李纯。八月，宪宗登基，次年改元元和。元和年间，任用贤相良将、打击藩镇割据，中央集权统治得到加强，国家在经历安史之乱的打击后呈现可喜的中兴景象，唐宪宗也因此被称为唐后期的中兴之君。

唐宪宗像

这种中兴局面的出现，不是突如其来的，而是宪宗朝元和君臣长期努力的结果。宪宗初登帝位，读前代祖先的实录，读到唐太宗贞观之治、玄宗朝开元之治的事迹，非常仰慕感慨，对丞相说："太宗艰难创业，玄宗达至盛世，看了国史才知道自己与先辈相比差得太远。太宗、玄宗时代，宰相百官同心同德辅助皇帝，今天我也需要这样的贤臣啊。"于是，他勤于政事，花许多时间与大臣议政，而不是耽于后宫享乐。而且，宪宗不像德宗那样关注细微琐事且事必躬亲，他将军国大事、枢密机要，全交给宰相处理，且能够听得进忠言直谏，意志坚定，不因众议而动摇，改变了德宗朝不信任宰相而亲近诸如裴延龄之类的奸佞之臣，导致国家纲纪紊乱的状况。

先后得到宪宗信任和重用的宰相有李吉甫、杜黄裳、裴垍、李绛、武元衡、裴度、崔群等人。这些人都是进士出身的精英才俊，又都忠诚正直，以振兴唐王朝为己任。其中，又以杜黄裳、武元衡、裴度三人贡献最为突出，堪称宪宗统治早、中、晚时期的代表人物。《旧唐书·裴度传》史臣评价说："唐宪宗立志削平藩镇，延访良臣，始得杜黄裳，大胆起用高崇文诛刘辟，中得武元衡，运筹帷幄、厉兵秣马，终得裴度，最终殄灭两河藩镇，重新树立了唐王朝的威望。"李吉甫、裴垍、李绛、崔群等人也都反对宦官专权和藩镇割据，为相期间，为元和中兴做出了各自的贡献。宪宗统治时期，还有许多忠诚有才的朝廷官员，如素有文名的韩愈、白居易、元稹等，他们在宪宗朝政治生活中的表现也可圈可点，韩愈直言极谏反对宪宗崇佛，白居易、元稹反对宦官专权，甚至正面与宦官抗争。

在贤相能臣的辅佐下，国家政治、社会生活秩序井然，中央的律令又开始在地方贯彻执行，宪宗决心解决长期以来形成的藩镇割据问题。

要用兵藩镇，势必产生为数甚多的军费开支，必须有强大的经济实力做后盾。为此，宪宗首先用裴垍为相，缓解财政困难，裴垍着力解决了唐王朝赋税仰给江南八道，江淮人民负担沉重的问题。李绛为相后，在北方实行屯田养兵政策，减轻了政府财政压力。李巽、李鄘、程异等善于理财的官员先后担任度支盐铁转运使、诸道盐铁转运使、扬子留后兼淮南等五道两税使，有力地缓解了安史之乱后唐王朝长期的经济困难，保证了中央拥有持续、稳定的财政收入。

具备了经济基础后，唐宪宗采取了一系列行动，打击削平藩镇势力。

讨伐西川刘辟叛乱是唐宪宗削藩行动的开端。永贞元年，剑南西川节度使韦皋死后，副使刘辟自为留后，还要求朝廷任命他为剑南西川、东川、山南西道三川节度使。遭拒后，他出兵东川，对这种不臣之举，时任宰相的杜黄裳力排众议，坚决主张讨伐，他推荐左神策行营节度使高崇文率军出征，并不用宦官监军，最终刘辟被高崇文生擒，送至长安斩首，叛乱平定。群臣入贺时，宪宗对杜黄裳说："此卿之功也。"继之，夏绥节度使韩全义入朝，以其甥杨惠琳暂为留后，但当朝廷任命新的夏绥节度使赴任时，杨惠琳起兵反叛，宪宗命河东、天德兵讨之，结果杨惠琳军中内乱，夏州兵马使张承金杀杨以献。这两次军事行动，令许多藩镇节度使大为震动，纷纷表示愿意入朝听从中央安排，身为李唐宗室成员的镇海节度使李锜也是其中之一。但朝廷却顺水推舟，令其入朝，本是虚应形势的李锜见此情况打出了反旗，宪宗下令淮南、江西、浙东等道出兵平叛，结果镇海军中出现内乱，兵马使张子良擒李锜以献，李锜被送斩于长安。

改变河朔割据局面是唐宪宗削藩行动的终极目标。河北诸镇长久以来父子相袭，成德节度使王士真死后，其子王承宗自立为留后，唐宪宗遂选定成德作为讨伐对象。他先后两次派军出征，双方均相持不下，两次都以王承宗表面求和归顺，宪宗妥协而告终。这说明河朔地区藩镇割据力量根深蒂固，难以在短期内被彻底清除。

在这种情况下，在河朔地区收取魏博就成了唐宪宗削藩行动的意外之喜。元和七年（812 年），魏博节度使田季安死，依照惯例，他年仅十一岁的儿子田怀谏被立为副使，掌管军事。宪宗认为这是改变魏博割据不臣现状的良机，决定重新委派官员担任魏博节度使，但宰相李绛认为田怀谏幼弱不能服众，魏博必会出现内乱，劝宪宗不妨等待鹬蚌相争，以收渔人之利。不久，魏博果然发生内乱，众将士推举兵马使田兴为留后，宪宗遂任命田兴为节度使。李绛进一步建议宪宗厚赐魏博以慰人心，宪宗也听从了他的主张。魏博归朝和中央的应对政策，令许多割据型藩镇受到巨大震动。

讨平淮蔡是唐宪宗削藩行动的重头戏。元和九年（814 年），淮西节度使吴少阳死，其子吴元济隐匿不报，称父病而自掌军务。当时的宰相李吉甫力主讨伐淮西，于是，宪宗征发十六道兵力讨伐吴元济。淮西是与河朔、山东割据藩镇关系密切的一个割据强藩，成德王承宗、淄青李师道都暗中支持淮西，他们上奏宪宗，施加压力，要朝廷赦免吴元济。遭拒后，李师道派出多名刺客攻击唐政府重要的河阳转运院，乃至刺杀宰相武元衡、裴度，致武元衡身亡，裴度头部受伤。裴度伤好后，于元和十二年（817 年）请求亲自领命出征，且奏请免去宦官监军。在裴度的领导下，唐随邓节度使李愬出奇兵，于风雪之夜突入蔡州，生擒吴元济，将其送斩长安。这场讨伐战争延续了四年之久，方将割据三十余年的淮西重新纳入中央管辖，这一过程可谓艰难，宪宗之意志坚定、信任朝臣也可见一斑。

平定淄青是唐宪宗削藩行动精彩的收官之作。淮西既平，成德、淄青均忧惧，纷纷向朝廷上奏表达归顺之意，宪宗都表示接受。但淄青李师道又后悔而不听中央号令，宪宗遂令集中多道兵力讨伐淄青，最终淄青军中发生内乱，斩李师道父子而降，淄青十二州在割据六十余年后，重新回到了唐的管辖范围内。

至此，全国范围内出现了形式上的统一，这是平定安史之乱后半个多世纪以来的首次统一，唐王朝在经历长期的低迷徘徊后，呈现出蓬勃向上的中兴气象，唐宪宗也因处理藩镇割据问题上的巨大成绩而被称为中兴之君。《旧唐书》称他“剪削乱阶，诛除群盗，睿谋英断，近古罕俦，唐室中兴，章武而已”。

但遗憾的是，宪宗统治后期，因迷恋神仙长生之术而服食金丹，终致元和十五年（820年）中毒身亡，也有说是宦官加害而死的。倘若不是这样，唐朝的中兴局面或可进一步扩展。可见，藩镇割据与宦官专权问题是唐后期两大痼疾，必须都得以根除才可出现真正的中兴，否则就只能是昙花一现而已。

162 宦官专权与甘露之变的真相是什么？

唐代前期，宦官未形成政治势力，玄宗朝开始赋予宦官高力士等较大的权力，为安史之乱后宦官逐渐掌握朝廷军政大权始开乱阶。唐后期，导致唐王朝衰落的主要因素，除藩镇割据外，首推宦官专权。

宦官能够在国家政治生活中成为一股特殊的势力，源于该集团掌握了两项重要的权力。

一是兵权。肃代之际，宦官李辅国、程元振、鱼朝恩等先后掌管禁军，德宗时，经过泾原兵变的打击，皇帝更将宦官典兵上升为一种制度，设神策护军中尉、中护军各两人，掌管中央禁军。权力外放容易收回难，从此后直至唐亡，宦官因为手握兵权，始终在国家政治生活中拥有一定程度的话语权，唐末皇帝的废立多出自宦官之手，如九世纪后的穆宗、文宗、武宗、宣宗、懿宗、僖宗、昭宗均为宦官所立。甚至皇帝的生命安全也操纵在宦官的手中，如敬宗是被宦官杀害的，昭宗曾被宦官囚禁。

二是枢密大权。玄宗时宦官地位虽高，但尚未干政，肃宗灵武即位后，宦官李辅国因翊戴之功而插手政务。代宗即位，他甚至对新皇帝说："大家但内里坐，外事听老奴处置。"后李辅国虽被代宗除掉，但代宗永泰年间却又令宦官董秀执掌枢密，以致宪宗朝正式设立枢密使，使宦官掌机要成为定制。如果说以前李辅国这样的权阉是个例的话，枢密使职的设立就为权阉的批量产生提供了适宜的土壤。枢密使的执掌名义上是接受表奏及向中书门下传达帝命，但实际操作过程中宦官凭借这一职务的特殊性，越来越多地，不可避免地，也是名正言顺地干预朝政。

唐代后期，掌中央禁军的两名神策中尉与掌国家机要的两名枢密使都由宦官担任，合称"四贵"，唐朝廷的军政大权都落入宦官手中，政府各部门成了执行宦官命令、发布文书通告的具体办事机关。这种局面的出现引起了朝廷官僚士大夫阶层的强烈不满，导致他们与宦官集团的深刻矛盾。由于政府机关的衙署分布于皇城，而宦官集团则居于皇城之北的宫城内，因此，这两大政治集团的矛盾被称为"南衙北司"之争。

这两者间的斗争非一朝一代之事，而是绵延于整个唐代后期，时而暗流涌动，时而激烈交锋。在唐后期的历史上，曾爆发过两次正面冲突。一次是唐顺宗永贞元年（805 年）王叔文、王伾领导的"永贞革新"，"二王"推韦执谊为宰相，任用刘禹锡、柳宗元等人进行改革，改革中除罢去宦官扰民的宫市、五坊小儿等外，将目标定位在削夺宦官手中掌握的禁军兵权这一核心问题上，但结果却是"出师未捷身先死，长使英雄泪满襟"，王叔文被贬死，王伾被贬后病死，刘禹锡、柳宗元等八位革新派官员均被贬为远州司马，改革夭折。

宦官集团这一唐朝统治阶级中的特殊群体与皇帝为首的其他封建统治者的矛盾并未解决，再一次的冲突斗争在所难免，于是，唐文宗大和九年（835 年）出现了甘露之变。

唐文宗即位于敬宗宝历二年（826 年）十二月，次年改元大和。他是穆宗第二子，敬宗之弟，本来并无希望成为皇帝，当时敬宗被宦官刘克明等杀害，欲立宪宗之子绛王李悟为帝，但以王守澄为首的“四贵”决定迎立江王李涵，改名李昂。虽然文宗是被宦官推上帝位的，但他痛惜唐王朝的衰落，想要有所作为，但又深感受制于家奴的痛苦，加之他因祖父宪宗、兄长敬宗都死于宦官之手，父亲穆宗也是宦官拥立，故深知宦官专权之弊，对此深恶痛绝。大和二年（828 年），文宗亲自主持制举贤良方正能直言极谏科考试，当时刘蕡在对策中直斥宦官专权之祸，虽说文宗因刚刚即位不敢触及这样的敏感问题而未予以刘蕡重任，但其内心对刘蕡的对策是认同的。两年后，文宗羽翼稍丰，他起用出身孤寒的正直朝臣宋申锡为相，暗中准备对宦官势力开刀，但次年因消息泄露，宋申锡等上百名官员被宦官污蔑谋反而遭贬官流放，宋申锡被流放开州（今重庆开县）而死。经历了打击的文宗并未放弃，他仍在尽力寻找解决宦官问题的助手和良策。大和七年（833 年），李训、郑注两人先后出现在文宗身边，他们很理解文宗的苦衷，文宗遂倚仗他们再次展开了与宦官集团的斗争。

李训出身陇西李氏，是肃宗时宰相李揆的族孙，敬宗时宰相李逢吉的堂侄，穆宗长庆三年（823 年）进士及第。敬宗宝历元年（825 年），他曾被流放象州（今广西象州东北），大和元年（827 年）遇赦北归，大和七年，他以厚礼拜见深受宦官头目王守澄赏识的郑注，相谈甚欢，郑注将他推荐给王守澄，王守澄又将他引荐给文宗，文宗“以为奇士，待遇日隆”。

郑注出身寒微，河东绛州人，他本姓鱼，冒姓郑氏，人称鱼郑，他其貌不扬却才艺超群，尤擅棋弈、医药、卜算之术，元和末年，以医术见知于襄阳节度使李愬，被引为“奇士”，王守澄时任徐州监军，李愬令郑注拜见监军，王守澄原本很厌恶郑注，一见之下，也引为“奇士”。大和七年，王守澄将他推荐给因患风疾而口不能言的文宗，郑注为文宗疗疾效果很好，得到文宗的宠信。

这两人虽靠宦官引荐得以接近皇帝，但他们执掌政权后，却从未与宦官站在同一战线，而是以国家强盛为己任，尽力辅佐皇帝，针对当时严重影响国家政局的宦官专权局面，他们献计献策，挺身犯险，与当时许多官员苟且偷安的态度形成了鲜明的对比。他们为文宗制定了太平之策，认为当先除宦官，次复河湟，再清河北，文宗予以采纳。

在具体实施过程中，李训、郑注先排斥与宦官有着盘根错节关系的牛李两党成员，然后再次起用一些被弃置散地的德高望重之臣，如裴度、令狐楚、郑覃等，还按照文宗的意图选用了一些“新进孤立无党之士”，如王涯、舒元舆、贾悚等。一时之间，朝廷士大夫对李训、郑注都充满了期望，认为他们能够使国家太平。

安排好后方阵地，李训、郑注开始向宦官进攻了。他们先利用宦官集团的矛盾从内部对其分化瓦解，如任用仇士良为左神策中尉以分王守澄之权，贬死与王守澄不和的原左神策中尉韦元素、枢密使杨承和、王践言等，杀掉有谋害唐宪宗嫌疑的宦官陈弘志，又给王守澄加官为左右观军容使兼十二卫统军，外示尊崇之名，实夺其权。在王守澄被孤立后，大和九年（835年），文宗派中使前往其宅将其赐死。一时之间，宦官集团受到极大震动。

同时，李训、郑注着手培养自己的武装力量，安排王璠、郭行余分别担任太原和邠宁节度使，又以罗立言任京兆尹，以韩约为金吾将军，让李孝本权任御史中丞。李训、郑注欲乘胜将宦官集团一网打尽，他们约定在十一月二十七日王守澄在浐河边下葬时，由郑注将送葬的中尉以下全体宦官尽数诛杀。但李训担心这样郑注功劳太大，影响自己的地位，为了争功他产生了私心，决定自己提前独立行动。

十一月二十一日早朝时，李训在宫中安排好伏兵，派左金吾将军韩约向文宗奏称金吾左仗院内石榴树上夜降甘露，李训遂建议文宗前往观看。文宗派神策中尉、枢密使前往查看，仇士良、鱼弘志等宦官来到金吾院内，发现韩约神色慌张，又见到风吹帐幕露出手执兵器的武士，遂仓皇逃回含元殿。李训急令金吾兵动手，王璠、罗立言、李孝本也率军投入战斗，但仇士良等宦官挟持文宗返回后宫，开始指挥禁军搜捕朝官，李训、郑注、王涯、舒元舆、贾悚、王璠、罗立言、韩约、李孝本等均被杀，受牵连的无辜朝臣、百姓达数千人，这就是震惊天下的“甘露之变”。

从此，文宗丧失斗志，自认为受制于家奴连受制于强臣的周赧王、汉献帝都不如，从此，唐代的宦官专权终至不可收拾的地步。待到唐末崔胤引朱温尽杀宦官，才有所改观，但唐政权也就此落入朱温之手，唐朝最终灭亡。

163 唐武宗为什么要推行灭佛政策？

佛教在中国发展的过程不是一帆风顺的，中国历史上曾出现过四次大规模的毁佛灭佛行动，即北魏太武帝、北周武帝、唐武宗、五代后周世宗灭佛毁佛。其中，唐武宗灭佛发生在佛教极盛阶段，对社会影响较大。

唐武宗（814 年—846 年）是唐穆宗第五子，文宗之弟，本名瀍，临死前改名炎。开成五年（840 年）正月，文宗病重，宦官首领、掌握禁军兵权的神策护军中尉仇士良、鱼弘志等废掉太子，立李瀍为皇太弟，拥立他登基，次年改元会昌。唐武宗即位后，废浮屠法，会昌五年（845 年），他下令合并、拆毁佛寺，并派御史分道督察。次年又下令两京可留寺两所，每寺留僧 30 人，各道留寺一所，留僧 5—30 人，其余寺庙全部废毁。诏令得到了较严格的执行，会昌灭佛取得的成果是：全国拆毁寺院 4600 余所，废弃招提、兰若共 4 万余所，还俗僧尼 26 万余人，寺院奴婢 15 万人，都复为两税户。没收大量寺院土地复为良田，达上千万顷。因为此事发生在会昌年间，故又被称为“会昌法难”。

佛教在唐武宗时期遭到禁断，很大程度上是因为经济原因。《剑桥中国隋唐史》说："对佛教之肆行迫害，其动机是很复杂的，而最重要的原因在经济方面。"佛教因影响国家财政收入而倍受攻击，不是什么新鲜事，从佛教进入中国，这一问题就始终存在，有唐一代，对佛教类似的攻击不绝于耳。高祖时期的傅奕、武则天时期的狄仁杰、中宗时的韦嗣立等都已指出僧尼逃避向国家缴纳赋税，不服兵役、徭役，佛教寺院的兴造导致政府财政支出增加、府库空竭等问题。安史之乱后，国家经济衰退、军费开支猛增，与佛教之间的矛盾进一步加剧，德宗时彭偃将僧尼不事生产的习惯视为"人害"，韩愈直言极谏，欲阻止宪宗耗费巨资迎奉佛骨舍利，唐文宗认为古代一个农人养活三人，现在加上兵士、僧尼，一个农民要养活五人，佛教加之于农民的负担尤其沉重。最终，到武宗时，武宗认为天下僧侣不断增加，佛寺修造日渐奢华，浪费人力、虚耗钱财，使得国家经济凋敝、民风殆堕。僧尼数量过度庞大，损害国家经济，以至于武宗愤然言道："穷吾天下，佛也。"

武宗灭佛还有佛道之争的因素。佛教传入中国后，与中国土生土长的道教必然发生联系。最初，佛教被视为类似道教的方术，而佛教为了迅速为中国社会接受，也颇借助于道教进行传播；东晋南北朝时期，随着佛教的发展，它与道教的矛盾日益增多，道教在这一时期则潜心模仿学习佛教，完善自己的理论体系；至唐时，由于李唐王朝以道教始祖李耳为皇室先祖，道教成为唐代国教，地位陡然提升，与处于发展巅峰的佛教之间的斗争变得尖锐起来，二者都想争取唐朝宗教界的最高权威和优先地位。与教义系统、理论精妙的佛教相比，道教整体上显得芜杂凌乱，为了在竞争中取得优势，道教徒选择走上层路线，他们为唐朝皇帝炼金丹、造仙药。唐朝皇帝也因求生心切，对长生之术很感兴趣，太宗、宪宗、穆宗、武宗、宣宗都因服食金丹而亡，高宗、玄宗、敬宗等也多服食仙药。武宗好道，开成五年（840 年）秋，他登基伊始就召宠信的道士赵归真等 81 人入禁中，建立道场，修建望仙观等，极尽崇奉之能事。赵归真等道士常在武宗面前诋毁佛教，指责其既非中国之教，又蠹耗生灵，应悉数废除。武宗遂在崇道的同时开始逐步限制佛教，直至会昌五年全面灭佛，道教达到了利用皇权排斥佛教的目的。

佛教与儒家思想也有一定的矛盾。自汉武帝采纳董仲舒“罢黜百家，独尊儒术”的建议后，儒家思想始终是中国古代社会居于主导地位的统治思想。佛教进入中国后，与儒家“忠君”“孝亲”为核心的伦理思想也不断产生矛盾，佛教在中国传播发展的过程也是其不断与儒家思想相互碰撞、妥协、渗透的过程。但由于根本出发点的不同，儒家重现实，佛教讲来世，因此儒佛之间的矛盾只可调和，无法根除。唐代对佛教的政治攻击也一直存在。唐初的傅奕不但攻击佛教影响政府经济收入，还指斥其不忠不孝，危害国政；中唐韩愈以孔孟传人自居，也强调佛教“不知君臣之义，父子之情”，不利于政治统治；晚唐的杜牧也尖锐抨击社会上崇佛者不遵守儒家道德规范的行为。基于此，武宗在崇道为己求长生的同时，主张以儒家思想治理国家、教化社会，佛教则被认为有损皇权统治而被弃置不用，乃至废毁。

武宗灭佛还与安史之乱后唐王朝对外来文化的怀疑、警惕心理有一定关系。会昌五年，武宗下达拆毁寺庙的制文：“三代以前，中国本无佛教。汉魏之后，佛教渐兴。此异俗由衰世传入，因缘染习，蔓延滋生，以至于败坏国风，惑乱人心。……我朝高祖、太宗以武力平定祸乱，以文教治理华夏，凭此二者，足以治国安邦，岂可以区区西来之佛教与其抗衡！”此时，已经中国化的佛教仍被武宗君臣视为西方之教，反映了安史之乱后唐王朝开放包容、恢宏博大的胸襟与气度已经荡然无存。

受此重创，佛教在唐朝的传播呈现停滞和倒退状态。由于毁佛成功，唐政府沉重打击了佛教寺院的经济势力，新获许多土地和劳动人手，从而扩大了唐朝政府的税源、兵源，有利于生产的发展，巩固了中央集权。据《新唐书》记载，唐武宗废除佛教，永平监官李郁奏请铜佛像铸钱，寺院中的钟、磬、炉、铎等金属都收归各地巡院，还允许诸道观察使设置钱坊。淮南节度使李绅奏请天下铸钱以州名命名，京师的叫京钱，大小为直径一寸，如同开元通宝。废佛之举，竟使各道观察使能够得以铸钱，可见佛教当时的经济力量多么强大，也难怪会引火烧身了。

但唐宣宗即位后，改变唐武宗灭佛政策，诏令会昌五年所废寺宇，如有宿旧名僧，能够进行修复，就可担任住持，佛教得到了一定程度的恢复，却再也不复鼎盛时期的繁荣景象了。

164 法门寺与奉迎佛骨之争是怎么回事？

法门寺位于今陕西关中平原西部的扶风县，北靠岐山，南临渭水，东距西安约 110 公里，是一座历史悠久的古刹，以供养释迦牟尼佛指骨舍利而著称于世。

据《扶风县志》记载，该寺建于汉明帝永平十年（67 年），寺中有阿育王塔，藏佛指骨，称圣冢。也有称汉章帝建初元年（76 年）至灵帝中平六年（189 年）建。有学者根据有关文献及法门寺周围的考古调查，认为建寺确切年代应在北魏文成帝“初复佛法”之后至西魏时期。而法门寺佛骨舍利的瘗埋则应在隋文帝时期，文帝杨坚是中国佛教史上唯一将阿育王故事付诸实践的帝王。在北魏、北周法难之后，他想效法阿育王做弘法护教的“转轮圣王”，先后三次下令在全国一百一十三州分舍利造塔。第一次于仁寿元年（601 年），令天下三十州下舍利起塔，法门寺就在此名单中。

法门寺

阿育王寺原为民间僧人创建，558 年，岐州刺史拓跋育对此寺进行了大规模扩建，阿育王寺成为官办大寺，这是法门寺发展史上重大的转折点。隋代开皇中，这里改名为“成实道场”，唐武德元年（618 年），高祖李渊钦赐寺名为

“法门寺”。此后，法门寺在唐代的名称屡有变更，高宗、中宗、文宗、懿宗统治时期曾四次更改寺名，先后称会昌寺、圣朝无忧王寺、法云寺、重真寺，但人们仍习称此寺为法门寺。

唐代历史上，法门寺与泗州普光王寺、代州五台山和终南五台山齐名，被尊为中国佛教“四大灵境”之一，成为位于宫廷外的皇家御用内道场，佛事活动隆盛一时，曾出现过八帝六迎佛骨的盛况。

这一惯例肇始于唐太宗贞观五年（631 年），崇佛的岐州刺史张德亮来法门寺礼拜。听寺僧介绍说寺中的佛塔每次关闭后 30 年一开，可令人生善。他遂上奏太宗请出舍利，使道俗参观。这是第一次开启佛塔展示佛骨，当时京城内外，人们纷纷奔赴法门寺，屯聚塔所，日有数千。此次虽未迎佛骨入京，但为此后唐代帝王奉迎佛骨入内供奉树立了榜样。

显庆四年（659 年），僧人智琮向唐高宗李治讲起法门寺佛骨舍利 30 年一开的传说，高宗遂迎佛骨入洛阳皇宫供奉，龙朔二年（662 年）才将佛骨送还法门寺。此次迎奉活动历时四年，高宗与武则天制作了存放舍利的金棺银椁，给法门寺施舍了数量可观的财物，还在塔下修建了安放舍利的石室“地宫”。

武周长安四年（704 年）岁末，武则天身患重病，为祈福消灾，她派高僧法藏等人赴法门寺迎佛骨至洛阳皇宫，并建象征武周皇权的明堂。但次年，张柬之等忠于李唐王朝的大臣发动了“神龙政变”，拥立中宗复位，武则天退居上阳宫，武周政权宣告结束，佛骨的供养并未给武则天带来期待中的福报。中宗于景龙二年（708 年）派法藏将佛骨送回法门寺，为表示虔诚，中宗、韦后剪下“受之父母，不敢有丝毫毁伤”的头发，供养舍利，今“唐中宗下发入塔铭”已在法门寺出土。此次迎奉活动前后历时五年。

上元元年（760 年），唐肃宗李亨将佛骨迎入长安皇宫，当时虽然已经收复西京，但安史之乱还未平定，国家政局不稳、经济紧张，所以规模不大，前后仅持续了两个月。

贞元元年（785 年）初，唐德宗李适第四次迎佛骨。他先将佛指骨迎入宫禁中供养，又送到京师各大佛寺向民众展示，后德宗派宦官将舍利埋回法门寺地宫。此次迎佛骨为时不长，但规模不小，当时全城士民出动瞻礼佛骨，施舍钱财数以万计。

元和十四年（819 年），唐宪宗李纯第五次派宦官从法门寺迎佛骨入宫，他亲率百官及后妃在京城跪拜迎接，将其留在皇宫供奉三日，然后送到京师各大佛寺向民众展示，官僚贵族士民百姓均争相供养，奔走舍施，唯恐落在人后，百姓有倾家荡产、烧顶灼臂而求供养者。迎佛活动在长安城内掀起了一股空前的宗教狂热。

咸通十四年（873 年）三月，唐懿宗第六次将佛骨迎入宫中，三日后送至京师佛寺供养，这是唐代规模最大的迎奉活动，准备工作从两年前就已开始，迎奉过程盛况空前，耗资无数。但这次迎佛骨并未给懿宗带来预想的福报，七月，懿宗驾崩，十二月，僖宗李儇送佛骨归法门寺，这是唐代最后一次迎佛骨。

由于相信佛教迎奉佛骨可带来国泰民安的宣传，所以唐代多位帝王屡次开启法门寺佛塔之门，但唐代历史上也有一些人反对奉迎佛骨，以唐宪宗时刑部侍郎韩愈为首的儒家人士为代表。元和十四年，韩愈认为迎奉佛骨伤风败俗、劳民伤财，为劝阻宪宗，他写下了《论佛骨表》陈述自己的观点。他指出佛教未传入中国前，天下

法门寺出土的佛指影骨

太平，百姓安乐，可见佛教与时政无关。相反，汉明帝后，帝王信奉佛法者增多，却往往乱亡相继，运祚不长，事佛越虔诚者，统治时间越短。梁武帝在位四十八年，前后三度舍身佛寺，宗庙之祭时因佛教禁杀生而不用牲牢，他自己每天只吃一餐，止于菜果，不食荤腥，反被侯景所逼，饿死于台城，萧梁政权也走向灭亡，可谓事佛得祸之典型例证。韩愈还以李唐开国皇帝高祖议除佛法为例，希望宪宗师法其祖先抑制佛教。他指责佛教教义不合儒家忠孝思想，认为佛骨是佛死后枯朽之骨，凶秽之物，应让巫祝先行桃茢之仪袚除不祥，不宜迎入皇宫，皇帝应听从群臣的进谏，不应亲自观看佛骨。他进一步建议将佛骨交给相关政府部门，将其投入水火，彻底毁坏，断绝天下与后代之疑惑。宪宗看了奏疏大怒，他说："韩愈说我奉佛太过，我还可以容忍。他却说东汉奉佛之后，帝王全都导致短命，话说得太大逆不道了。韩愈作为人臣，竟敢这样狂妄，绝不可轻赦。"有学者认为宪宗发怒并不完全因为韩愈对佛教的猛烈攻击与批判，而是因为随着元和中兴局面的出现，宪宗日渐志骄意满，不能容忍臣下冒犯皇权，韩愈《论佛骨表》言辞过于激烈，未能摆正君尊臣卑的位置，导致宪宗欲将其定为死罪。后经裴度、崔群等德隆望尊的大臣极力替韩愈求情，唐宪宗最终将韩愈贬为潮州刺史。韩愈离开长安，途中写下《左迁至蓝关示侄孙湘》表明心迹，诗中写道："一封朝奏九重天，夕贬潮州路八千。欲为圣朝除弊事，肯将衰朽惜残年。云横秦岭家何在？雪拥蓝关马不前。知汝远来应有意，好收吾骨瘴江边。"韩愈的谏迎佛骨虽遭打压，但一定程度上反映了唐后期儒士们想要复兴儒学，加强中央集权，挽救唐王朝危机的努力。

巧合的是，韩愈遭贬后不久，元和十五年（820 年），宪宗去世。懿宗第六次迎佛骨前，大臣们引元和旧事再次谏迎佛骨，但懿宗明确表态说自己有生之年如能亲眼见到佛骨，死亦无憾。大臣们也就不好再进谏。懿宗迎佛是唐代历史上规模最大也是最后一次迎佛骨活动。再一次巧合的是，佛骨迎至长安后不久，懿宗便辞世。不仅于此，唐王朝的生命也走到了尽头，仅仅 34 年后便灭亡了。

165 黄巢起义是怎么回事？

黄巢（？—884 年），曹州冤句（今山东曹县西北）人。他出生于以贩私盐为业的富商之家，从小擅长击剑骑射，喜欢结交豪杰之士。他还“粗涉书传”“稍通书记”，曾参加科举考试却屡次落第，据说他曾写过一首《不第后赋菊》：“待到秋来九月八，我花开后百花杀。冲天香阵透长安，满城尽带黄金甲。”表达了对唐朝统治的不满和推翻其统治的志愿。

唐僖宗乾符元年（874 年），河南、山东地区发生水旱灾害，政府却仍强征赋税，人民不堪压迫，反抗情绪已如箭在弦上，一触即发，当时曹州（今山东菏泽）盛传“金色虾蟆争努眼，翻却曹州天下反”的民谣。乾符二年，濮州（今河南范县南）人王仙芝率先在长垣（今河南长垣）起兵反唐，黄巢与王仙芝曾同贩私盐，随后便在冤句起兵响应。

起义军采取避敌主力、流动作战的策略，转战山东、河南等地，队伍壮大至 30 万。唐王朝采取诱降政策，王仙芝产生动摇，欲入京就任“左神策军押牙兼监察御史”的虚职，遭到黄巢坚决反对，他对王仙芝说：“起初我们共立誓言要横扫天下，现在你想独自接受朝廷的官爵，跟从你的这些人怎么安置呢！”王仙芝虽因此未接受唐朝的任命，但与黄巢之间出现了矛盾，起义军分裂。王仙芝仍留在长江中游地区，黄巢率一部分军队北上返回河南、山东。两支队伍南北出击，对唐王朝造成了沉重的打击。于是，唐王朝再次实施对起义队伍的分化瓦解策略，诱降王仙芝，王仙芝派尚君长、蔡温球等人入京请罪并请求封官，但唐军诸道行营招讨使宋威将尚君长等擒杀，王仙芝终于清醒过来，集中精锐进攻唐军，大败之。唐朝廷改派王铎为招讨使，乾符五年（878 年），王仙芝遇害，余部一部分南下至长江下游地区，一部分由尚君长之弟尚让率领投奔了黄巢。黄巢被推举为继王仙芝之后的起义军总统帅，称“黄王”，号“冲天大将军”，建元“王霸”，设置官署，摆出了与唐王朝斗争到底的架势。

黄巢执行与王仙芝一样的流动作战方针，南下进入长江下游地区，再南下至岭南地区，占领唐王朝对外经济贸易中心广州。军队在广州休整、补给后，乾符六年（879 年），黄巢决定挥师北伐。起义军从桂州沿湘江而下，攻克潭州（今湖南长沙），直逼江陵，荆南节度使、南面行营招讨使王铎仓皇逃往襄阳，在追击过程中，唐将刘巨容在荆门设伏，黄巢起义军受挫，损失 17 万人。但因为唐朝廷与将领彼此间的戒备心理，刘巨容没有对起义军穷追不舍，黄巢遂折而东下，长江下游地区尽为起义军所有，起义队伍扩大至 60 万人。广明元年（880 年），黄巢利用淮南节度使、诸道行营都统高骈贪功的心理诈降，使高骈遣散诸道援军，突破了他精心设置的长江防线，起义军长驱进至淮河流域，攻克唐东都洛阳。起义军如天兵突降，直逼长安，唐僖宗仓皇逃往兴元（今陕西汉中）。黄巢率军进入长安，起义军将领尚让对民众庄严宣告：“黄王起兵，本来就是为了救百姓于水火，不像李唐王朝不爱惜民力，你们都可安居乐业，不要害怕。”黄巢即皇帝位于大明宫含元殿，改国号为大齐，改元金统，重置百官，大赦天下。

但就在黄巢还陶醉于称帝的喜悦时，唐凤翔节度使郑畋暗中纠集唐朝在关中的残余兵力抗击起义军，各地的藩镇也纷纷出兵围剿大齐政权，至金统三年（882 年）春，唐军对长安已形成包围之势，起义军几十万人被围困于长安城中，缺衣少食，处境非常困难。负责长安东北防守的起义军将领朱温在同州（今陕西大荔）叛变投唐，沙陀贵族李克用又应唐廷之邀，率四万精锐铁骑参战，起义军已无力支撑长安的守卫，于是，黄巢于金统四年率 15 万人退出长安，向东进入河南境内，但在攻打陈州（今河南淮阳）时，与唐军作战近一年，劳而无功，损失惨重。次年，黄巢率残部一千多人退守山东莱芜境内的泰山狼虎谷，自杀身亡，轰轰烈烈的唐末农民大起义至此失败。

黄巢领导的唐末农民起义，规模宏大，历时十年，纵横大半个中国，建立了大齐政权，虽然最终失败了，但仍具有重要的历史意义。

首先，它沉重打击了唐王朝的腐朽统治。它摧毁了门阀士族制度，贵族官僚政治上被打倒，经济上被剥夺，相应地，农民对地主的人身依附关系得以改善，农民的地位有了极大提高。唐诗描绘这种现象称:“天街踏尽公卿骨”“甲第朱门无一半”“豪富田园废，疲羸屋舍新”。

其次，农民战争的领袖们，虽没有高深的理论支撑，但他们在斗争中逐渐提高了对社会弊病的认识，将斗争的矛头直接指向社会贫富不均问题，提出了“均平”的斗争口号，将唐末农民起义提高到一个新的层次，有利于调动农民的生产积极性，有助于生产力的发展和社会的进步。

最后，在军事作战指挥方面，起义军根据当时的历史条件和双方实力对比，利用了唐政权内部中央政权与地方藩镇的矛盾，避实就虚，流动作战，取得了良好的实战效果，为后世的农民起义提供了宝贵的军事斗争经验。

同时，唐末农民起义军也给后世的农民起义留下了许多血的教训。如黄巢等领导人在进入长安后，犯了重大的战略错误，没有乘胜追击在逃的唐僖宗，使封建政权得以喘息并组织力量围攻长安；起义军实施流动作战有可取之处，但在一定程度上停留于“流寇主义”的低层次，没有歼灭唐政权的有生军事力量；起义军重军事斗争，忽视政权建设，虽足迹遍布大半个中国，但始终没有建立可靠的根据地，不但未能从根本上摧毁唐的地方政权，而且与广大农民联系不紧密，以至于在被包围后缺少兵员补充和粮衣的供给，严重削弱了起义军的战斗力；起义军还忽视思想教育工作，致使队伍中不断出现投敌事件，如朱温、尚让等的叛变，从内部动摇了军心，削弱了起义军的力量。

总之，黄巢领导的唐末农民起义在中国农民运动史上写下了浓墨重彩的一笔，被后代的统治者引为前车之鉴，对推动中国历史的前进有着不可替代的作用。

166 朱全忠与长安城的命运有什么联系？

长安建都历史悠久，可追溯至周秦，但具体城址屡有变更，唐代长安城乃是在继承隋代大兴城的基础上扩建形成的。开皇二年（582 年），隋文帝任命宇文恺开始建筑大兴城，唐高宗永徽五年（654 年），外郭城修筑完毕，改名长安城。在这 70 多年中，先后六次大规模征发民工服役，可以说长安城是隋唐人民智慧与血汗的结晶。长安城存在了三百余年，城内宫殿富丽堂皇，园囿景色秀美，街巷平坦宽阔，里坊布局整齐，是中国古代最大的都城，也是当时世界上规模最大、人口最多、文化最发达的城市，同时期能与唐长安相提并论的只有东罗马帝国的首都拜占庭。

僖宗中和二年（882 年），唐与大齐政权争夺长安城，唐军从四面围攻长安，放火焚烧诸城门。中和三年，黄巢败退离开长安，唐军入城暴掠。《新唐书》记载："自禄山陷长安，宫阙完雄，吐蕃所燔，唯衢弄庐舍；朱泚乱定百余年，治缮神丽如开元时。至巢败，方镇兵互入虏掠，火大内，惟含元殿独存，火所不及者，止西内、南内及光启宫而已。"以致出现了荆棘满城、狐兔纵横的凄凉景象。

僖宗光启元年（885 年），宦官田令孜勾结邠宁节度使朱玫、凤翔节度使李昌符，与河中节度使王重荣、沙陀首领李克用战于同州之南沙苑，朱玫等大败，李克用进逼长安。田令孜挟持僖宗出奔凤翔，乱兵入长安，焚掠坊市与宫城，《旧唐书》记载此事说："初黄巢据京师，九衢三内宫室宛然，及诸道兵破贼，争货相攻，纵火焚剽，宫室、居市、闾里十焚六七。贼平之后，令京兆尹王徽经年补葺，仅复安堵。至是乱兵复焚，宫阙萧条，鞠为茂草矣。"光启二年，邠宁军内乱，军将王行瑜杀朱玫及其党徒数百人，诸军大乱，焚掠京城。

昭宗乾宁二年（895 年），右神策军将李继鹏欲劫持皇帝到凤翔，纵火焚烧宫门，烟雾遮天蔽日，京城大乱，诸军互相剽掠。昭宗出幸南山麓莎城、石门等处十余日。李克用进兵关中，表请车驾还京，时宫室焚毁，来不及修葺，昭宗寓居尚书省。乾宁三年，李茂贞兵逼长安，昭宗出奔渭北富平，被韩建奉迎至华州。李茂贞入长安，焚烧宫阙，大掠坊市而去，自僖宗中和以来修葺宫室、市肆，燔烧俱尽，不仅长安皇宫废为丘墟，连街市坊里也全成灰烬。

天复元年（901 年），宦官韩作诲等劫持昭宗出幸凤翔，并火烧宫城，诸军大掠城中。

而朱全忠的出现，更给了长安城致命一击，最终导致这座古都的败落。

朱全忠（852 年—912 年），原名朱温，全忠是唐僖宗给他的赐名，他称帝后改名朱晃，宋州砀山（今安徽砀山）人，兄弟三人中排行最小，又称朱三。他早年丧父，家境贫苦，被孤母寄养于外。成年后，不愿从事辛苦谋生之业，而以英雄勇毅自居。僖宗乾符中，他与次兄一起参加黄巢领导的农民起义军，因作战勇敢、屡立战功而得到重用。起义军在长安建立大齐政权后，朱温被任命为同州（今陕西大荔）防御使，负责长安城东北方向的军事防务。唐河中节度使王重荣屯兵数万，与各藩镇联兵欲攻长安，而同州与之相邻，朱温屡为王重荣所败，向黄巢求救却无回音，加之当时黄巢被诸藩镇兵围攻于长安，形势困窘，僖宗中和二年（882 年），朱温遂决定向王重荣投降。僖宗接到王重荣的奏报大喜，授朱温左金吾卫大将军，充河中行营副招讨使，赐名全忠。中和三年，僖宗又授朱温为宣武军节度使，依前充河中行营副招讨使。黄巢军撤离长安后，朱全忠至汴州（今河南开封）就任宣武军节度使，从此成为一方诸侯，在镇压农民起义军的同时，积极扩军拓地，与其他强藩展开争斗，开始了由唐朝降将到唐王朝毁灭者的转变。

朱全忠像

至唐昭宗天复元年，朱全忠所占据的地盘已扩展到西自蒲州（今山西永济）、陕州（今河南三门峡西），东至大海，南距淮水，北到黄河的广阔范围，甚至连长期割据不臣的河朔藩镇也都听从他的号令。实力雄厚的朱全忠乃西入潼关，欲效仿曹操挟天子以令诸侯的做法，迎唐朝皇帝至河南自己的势力范围，以号令天下，其中包藏了取唐而代之的野心。

昭宗天祐元年（904 年），朱全忠胁迫唐昭宗东迁洛阳，长安居民也被驱赶着向河南迁徙，人们扶老携幼，东行的队伍绵延了数月之久，满路皆是痛哭流涕、不忍离开故土的士民。朱全忠下令拆毁长安皇家宫室、政府官衙及民间庐舍，取其木材投入渭水、黄河，顺流而下，准备在洛阳大兴土木，长安从此不复有京都的繁华景象，而是荒废为丘墟，关中作为全国政治中心的辉煌一去不复返。同时，朱全忠部将温韬大肆盗掘关中唐帝王陵墓，窃取金银珠宝，其行为更是令人发指。

167 朱全忠是如何建立后梁取代唐朝统治的？

朱全忠归降之初，积极投身镇压大齐政权的军事行动。中和三年（883 年）黄巢退出长安时，还有 15 万兵马，实力尚存，当时藩镇林立，大家都在观望形势，谁也不想损害自己的有生力量，而朱全忠只是一个尚未到任的宣武节度使，却打出了忠于唐室的旗帜，全力围剿农民军。中和四年春，黄巢起义军在陈州（今河南淮阳）等地作战不利，退至中牟（今河南中牟）王满渡，再次失利，在朱全忠的引诱和影响下，一些起义军将领也不断出现叛变现象，如霍存、葛从周、张归厚、张归霸等都投靠了朱全忠。在这一过程中，朱全忠乘机扩充兵力、扩张地盘，力量逐渐壮大起来。而且因为与几大强藩联合追剿黄巢有功，天子任命朱全忠为检校司徒、同中书门下平章事，封沛郡侯，不久，朱全忠又被晋封为吴兴郡王，地位更为显赫。

黄巢死后，朱全忠又继续围剿起义军余部。当时黄巢部将秦宗权继续反唐，接连攻陷陕、洛、怀、孟等州，声威大震。朱全忠遂又打出围剿秦宗权的幌子，实则一是为了保护自己，二是借机进一步扩充实力。文德元年（888年），唐廷授其为蔡州（今河南汝南）四面行营都统，诸镇之师都受其节制。他以为国剿灭“反贼”为名，首先派部将朱珍到宣武军相邻地区募兵，同时他与兖州朱瑾、郓州朱瑄兄弟等联合起来共同对抗秦宗权。朱全忠再一次利用了当时的混乱形势，以忠于朝廷的幌子掩盖了自己不断扩张实力的野心与行动，在汴州北的孝村之战中，朱全忠全歼秦宗权主力，这样，在打击秦宗权的战争中，朱全忠的力量得到进一步壮大。此后，朱全忠成为中原战场最大的强藩，令各藩镇刮目相看。

除了在军事上不断进取，朱全忠还以汴州为基地，加强内政，发展经济，顺应了社会生产力发展的客观要求。他奖励农耕，减免赋税，还亲自到田间地头检查农业生产情况，努力恢复战争破坏的农业生产。在他的政策引导下，宣武军辖区的农业经济比其他藩镇有了长足的发展，“桑麻蔚然，野无旷土”，繁荣富庶根据地的建设为朱温南征北战，乃至称霸全国提供了充足的经济支持。

而此时期唐王朝的皇权统治却是千疮百孔，外有藩镇割据，内有宦官专权。

割据称雄、桀骜不驯的藩镇“大者连州十余，小者犹兼三四，故兵骄则逐帅，帅强则叛上。土地为其世有，干戈起而相侵，天下之势，自兹而分”。而且这种状况已由河朔三镇影响到中原内地，武力大小成为争取社会地位的筹码，人们信奉“天子宁有种耶，兵强马壮者为之耳”这种弱肉强食的观点。至僖宗、昭宗时代，割据局面愈演愈烈。唐朝廷所能控制的地区，只剩河西、山南、剑南、岭南四道数十州。

文德元年，僖宗暴病身亡，其弟李晔即位，称唐昭宗。昭宗有中兴唐室的雄心壮志，首先想要摆脱宦官的控制，他依赖宰相崔胤等人，密谋除掉宦官。崔胤遂联合宣武节度使朱全忠，想要将宦官一网打尽。当时宦官“四贵”——左右神策中尉刘季述、王仲先和两枢密使王彦范、薛齐偓等人见此局势，决定先行废掉唐昭宗。光化三年（900 年）的某天，刘季述、王仲先等闯入皇宫，怒斥昭宗，并将其关押在东宫，又假传圣旨，令太子即位，尊昭宗为太上皇。崔胤急忙派人请朱全忠出兵援救唐昭宗。朱全忠接到求救信，并未马上出兵，而是采取了拖延观望的态度。崔胤等待朱全忠救兵的同时，利用光化四年元旦百官入朝之机，发动对宦官不满的禁军将领孙德昭等人杀掉了刘季述等四位宦官首领及数十名党羽，迎接昭宗复位。复位后的昭宗却不听崔胤劝阻，又任命宦官韩全诲、张彦弘为左右神策中尉掌管禁军，军权再次落入宦官之手，崔胤于是再次请朱全忠入京铲除宦官。十月，朱全忠西入潼关，韩全诲等劫持昭宗至凤翔，依附与朱全忠敌对的军阀李茂贞。但李茂贞与朱全忠交战一年多未占优势，双方言和，李茂贞杀掉韩全诲等宦官，送昭宗回到长安。朱全忠借机将长安城中的宦官尽数诛杀，并下令捕杀在各藩镇监军的宦官，唐后期的宦官专权局面至此结束。昭宗成了听命于朱全忠的傀儡皇帝，朱全忠因“功”被封为梁王，取得了号令中外的军政大权，将唐中央朝廷控制于指掌之间。

天祐元年（904 年）正月，朱全忠胁迫唐昭宗迁都洛阳，还拆掉长安的宫殿房舍，将其木材投入渭河，顺流漂往洛阳，繁华的帝都长安被彻底摧毁。昭宗行至华州，面对夹道迎接、高呼“万岁”的百姓，他痛哭着说：“别再称‘万岁’了，我不再是你们的皇上了。”他对侍臣言道：“俗话说‘纥干山头冻死雀，何不飞去生处乐’，我今离开长安，会落在何处呢？”说完君臣相对而泣。八月，昭宗被害于洛阳，其第九子李祚继位，改名李柷，即唐哀帝，又称昭宣帝。次年，朱全忠在白马驿杀掉唐宗室、大臣 30 余人，将其尸骨投入黄河，制造了骇人听闻的惨案。

天祐二年（905 年），朱全忠已基本上统一北方，他的地盘扩大到山东、河北、关中、江汉之间，控制了 21 镇、72 州，身兼这些节镇的统帅之职，气焰甚盛。他的竞争对手李克用父子惊恐地说：“今天下之势，归朱全忠者十分之七八，即使强大如魏博、成德等藩镇也听命于他。自黄河以北，能与之抗衡的，只剩下我们与幽沧的刘仁恭父子了！”

天祐四年（907年），朱全忠已纵横天下30余年，成为天下霸主，唐宰相张文蔚率百官劝进，他假意推辞后表示接受民意，正式称帝，更名为朱晃，改元开平，国号大梁，史称后梁。他升宣武军所在的汴州为开封府（今河南开封），作为都城，而以唐东都洛阳为西都；废17岁的唐哀帝为济阴王，囚禁在曹州济阴（今山东菏泽），次年用毒酒将其杀害。至此，朱全忠彻底取代了唐朝的统治，中国历史进入群雄纷争的五代十国时期。

朱全忠是以黄巢起义叛徒的身份登上历史舞台的，这一点是他被史学家批评的一个重要因素。但在晚唐的混乱历史中，朱全忠根除了困扰唐朝的宦官专权之弊，基本结束了北方藩镇割据，建立了局部相对统一的政权，对于经济的恢复发展有一定的历史积极意义。

168 三省六部制的形成及其影响是什么？

三省之名早在隋唐之前就已经产生，南北朝也已出现中书出令、门下封驳的例子，但都未形成固定的制度，也未形成独立的政府机构。直到隋代，三省六部制才最终形成，至唐代得以确立下来。

隋朝继承并整合汉魏南北朝以来的官制，确立了三省六部制。三省指内史省、门下省和尚书省，分别是出令、审核和执行机关。内史省的长官为内史监、令，各一人；门下省的长官为纳言二人；尚书省的长官叫尚书令，副长官有左右仆射二人。三省长官共同辅佐皇帝处理军国大事，职权类似秦汉时期的宰相。六部是尚书省具体执行政令的吏部、礼部、兵部、都官、度支、工部六个部门，分别掌管官吏选拔考核、礼仪外交、军事征讨、司法刑狱、户籍钱粮、工程营建等事务。

唐代官制是承袭隋代而建立起来的，仍旧实行三省六部制，但又在隋代基础上加以调整、完善。唐朝的三省由中书、门下和尚书省构成。中书与门下两省作为国家中枢机构，被称为“机要之司”，从宏观层面辅佐皇帝处理政务、发布政令。尚书省在具体执行层面落实各项诏令，属于政务机构。

中书省即隋代内史省，是决策机构，主管草拟诏旨政令，正副长官名称比起隋代也有所变化，长官为中书令，副长官为中书侍郎。中书令有时直接奉皇帝旨意，有时将诸位宰相共同商议确定的事情，授意属官中书舍人，令其起草诏令。中书省有六名中书舍人，为正五品上的官员，他们在制作诏令的过程中，既共同商量，又各抒己见，在草诏上共同署名，这种制度被称为“五花判事”。

门下省名称不变，仍是审议机构，主管审核批驳，长官由纳言改为侍中，副长官为门下侍郎。中书省将诏书草拟出来后，转交给门下省审核。倘若门下省认为诏旨起草恰当，可以予以通过时，门下省在诏书上加盖印玺，向外颁布，重要诏旨还要经侍中审核后进呈给皇帝，皇帝“画敕”认可后才能盖印颁布；倘若门下省认为中书省起草的诏令不当，则将其封还给中书省重新起草，此即门下省的“封驳”权。门下省具体从事审核的官员为正五品上的给事中，他们甚至能够在中书省所拟的诏令原文上进行涂改，然后封驳至中书省令其再拟，这叫“涂归”。

尚书省是最高行政机构，主管诏旨政令的实施。依重要性排列，唐代尚书省依次下设吏、户、礼、兵、刑、工六部。各部分别下设四个司，形成六部二十四司的格局。尚书省的长官为尚书令，正二品，副长官为从二品的左、右仆射，因唐太宗曾做过尚书令，故此官不再授人，而以仆射代居其位。各部长官为尚书，副长官为侍郎。各司正副长官为郎中和员外郎各二人。下设主事及令史、书令史等官吏。六部职掌范围基本固定，具体执行各项政务的落实。吏部位于六部之首，负责文官的选拔、考核、封爵和勋赏，开元以前还主持科举考试；户部负责掌管全国的户口、婚姻、土地、赋税、仓储等民政与财政事务，工作最为繁忙；礼部唐后期主要掌管贡举，还负责礼仪、祭礼、民族、外交、教育等方面的政令；兵部负责全国武官的任免考课、训练、军籍管理及驿站、牧场、军械等方面政令的管理工作；刑部掌管刑法监狱、官奴婢、门禁关津等方面的政令及内外经费的审计；工部掌管有关土木工程的营建、屯田、水利等方面的政令。

唐代三省六部制的特点是政事堂的设立与宰相人数的增加。唐初三省的长官均为宰相，宰相们的议政之所称政事堂，是协助皇帝统治全国的最高军政机构，宰相们上午在这里讨论军国大事及五品以上官员的任免，下午各回本衙办公。最初政事堂设在门下省，后改在中书省，玄宗后，将政事堂称为中书门下。同时，为防止相权过重，自唐太宗开始，常常指定品级较低、资历较浅的官员“参知政事”或“参议朝政”，赋予其与宰相同等的权力，高宗后改宰相名为“同中书门下平章事”“同中书门下三品”，这使得宰相人数不断增多，使得各项决议的出台都体现了集体的智慧，防止个人独断专权，危害国政。

各部门之间又互相牵制，彼此监督，各司其职，分门别类地处理纷繁杂乱的军政事务。政令的起草、审核、执行先后经历不同的政府部门，这样的机构设置，既可集思广益，减少制定政策的失误，又可提高行政效率，保障国家机器的正常运转。同时有利于防止和纠正君主随心所欲的行为，在限制皇权的同时，保证了中央集权国家机器的正常运转。

三省六部制进一步完善了专制主义中央集权的政治制度，表明中央官僚机构的设置已成熟化，为以后的朝代所沿袭，尤其是六部制度，一直延续到清代。

169 科举制度的形成及其对后世的影响是什么？

古今中外，任何政权的运转都需要一定数量人才的支撑。在中国古代史上，官员选拔经历了先秦的“国家选士、诸侯贡士”和世卿世禄制，汉代的察举征辟制，魏晋南北朝的九品中正制，隋唐至明清的科举制度，其中，存在时间最长、对中国历史影响最深远的是科举制度。

科举制度的产生有其特定的历史背景。科举制度得以产生形成于隋唐时期，与魏晋南北朝以来士族的逐渐衰落、庶族地位的逐渐提高相联系，也与这一时期中央集权制度的发展紧密相关。

公元 581 年，杨坚建立隋朝，589 年，统一全国。为了加强中央集权，必须抑制士族门阀势力，改革官吏选举办法成为当务之急。隋文帝首先开始政府分科考试选拔官吏的尝试，开皇十八年（598年），他命令京官五品以上、总管、刺史，以志行修谨、清平干济二科推举人才。隋炀帝大业二年（606年），设置明经、进士二科，因为进士科在中国科举考试发展史上的重要性，所以通常以此作为中国古代科举制度的正式形成的标志。大业三年，炀帝又设孝悌有闻、德行敦厚、节义可称、操履清洁、强毅正直、执宪不挠、学业优敏、文才秀美、才堪将略、膂力骁壮等十科举人，并将秀才、明经、进士科设为常科。隋代科举制度的出现，标志着魏晋南北朝以来的“平流进取、坐致公卿”局面走向终结。

唐朝科举的种类主要有常举与制举两种。常举也叫贡举，主要有六科：秀才、明经、进士、明法、明书、明算；此外，还有道举、童子、一史、三史等共五十多科。在常举各科中，以明经、进士两科最为士人青睐，明经以经义考试为主，进士则要加试诗赋。制举是皇帝临时发布诏命举行的考试。宋人曾统计唐制举名称多达八十六种，七十六科，其中较为常见的有“贤良方正能直言极谏”科、“博通坟典达于教化”科、“军谋宏远堪任将帅”科、“详明政术可以理人”科等。常举是唐科举考试的主体，制举相对来说是常举的补充。

唐代科举考试的主持机构在前期主要是吏部，开元以来改为礼部执掌科举。掌管科举考试的官员被称为“知贡举”。

唐代科举考试的时间也有明确规定，常举多在每年十月报名集合，春天举行考试，故称“春闱”，制举不定期举行。

唐代科举考试中贡举考生的来源有两种：生徒和乡贡。生徒是指中央官学如国子监、弘文馆、崇文馆等处的学生和地方官学的学生，主要为官僚子弟；乡贡则指曾在私学学习或自学成才者，经所在州县选拔考试后，被举送到京城参加考试者。制举参加者不限身份，可为平民，也可为官员。

唐代科举及第者，被视为具有做官资格的人才，他们还要经过吏部诠选才能被授予官职，叫“释褐试”。吏部选官标准见于《新唐书·选举志》:“一曰身，体貌丰伟；二曰言，言辞辩证；三曰书，楷法遒美；四曰判，文理优长。”从仪表形象、口头表达、书法写作、分析判断等方面考察其综合能力。通过后还要再考查德、才、劳，合格者才能授官。

科举考试制度从隋唐开始，至清光绪三十一年（1905 年）废止，延续了 1300 多年。在中国乃至世界历史上，科举制产生了深远影响。

首先，科举制度改变了魏晋南北朝以来士族门阀控制官吏选拔的局面，为出身较低的庶族地主乃至平民提供了进入社会上层的机会，扩大了统治基础。比起九品中正制是一个巨大的历史进步。

其次，科举考试通过公开考试选拔人才，将原有地方“中正官”控制的选官用人权收归中央政府，加强了中央集权，有利于大一统国家的发展。

第三，考试以相对公平的标准选拔任用官吏，选拔出了许多德才兼备的儒家知识分子担任各级政府官员，促进了国家政治稳定、经济繁荣。唐太宗“尝私幸端门，见新进士缀行而出，喜曰天下英雄入吾彀中矣”。

第四，科举制度促进了隋唐以来文化教育事业的发展。科举制度将读书、应试、做官紧密结合起来，使儒家“学而优则仕”的思想深入人心，从此，学校教育与科举制度成为不可分割的整体。学校教育为科举制度提供人才储备，科举制度反过来促进学校教育在组织体系、科目设置、组织管理等方面的改进。

第五，科举制度在唐代传到东亚汉文化圈的朝鲜半岛国家、日本、越南等地，对这些国家的选官制度、教育制度都产生了深远影响。在近代，科举制度经西方传教士传至英国，进而促进了西方文官制度的形成。

当然，科举制度也有其自身不可克服的弊病，它不可避免地具有历史与阶级的局限性，它本质上是统治阶级控制知识分子为其统治服务的。尤其在明清以后，发展到八股取士，科举制度陷入了僵化的境地，走到了禁锢思想、摧残人性的死胡同，对文化教育事业产生了消极影响。

170 唐朝蕃将集团的影响是什么？

在经历了魏晋南北朝的民族融合浪潮洗礼后，唐朝以统一强盛的多民族国家形象出现在亚洲的东方。这一时期，社会和平稳定、经济繁荣发展，为各民族、地区间扩大和加深交往提供了良好的条件，各民族、地区密切交往，共同努力，铸造了中国历史上的辉煌盛世。

在这一背景下，唐代出现了许多来自少数民族政权和周边藩属政权的“蕃将”。宋祁、欧阳修在撰写《新唐书》时，已经发现唐代有一个特殊的蕃将群体，因此专列了《诸夷蕃将传》予以介绍。

20 世纪初，冯承钧、陈寅恪、向达、岑仲勉等先生均对此问题有所关注，日本学者桑原骘藏等人也做过研究，在这些研究成果的基础上，学界已经形成了对唐代蕃将定义的共识，认为所谓蕃将即唐朝的蕃人将领。

唐朝蕃将人数众多。有学者统计总数为 2536 人，其中有国族可稽者 2523 人，不知国族者 13 人，称使者、首领无姓名者 27 人，有姓名可稽者 776 人。

唐朝蕃将集团活跃于有唐一代，对唐代政治、军事、民族关系均产生了重大影响。

首先从政治方面看：大多数唐代蕃将忠心耿耿、积极参政，在唐代政治生活中扮演了重要角色，为李唐王朝的政治稳定做出了重要贡献。

如神龙元年（705 年），蕃将李多祚参与了光复李唐的神龙政变，并发挥了关键作用。唐建国后经高祖、太宗、高宗三代，政权出现了倾覆的危机，武则天诛杀李唐宗室，改唐为周，为稳固武周政权，她实行酷吏政治，使人人自危，但求保命。在这种情况下，李多祚挺身而出。他出身靺鞨酋长家庭，屡建战功于唐，武周末年升任右羽林大将军，掌管禁军，宫城北门玄武门也在其管辖范围内。唐代多次宫廷政变均在此门发动，换言之，玄武门地理位置重要，关系着政变的成败。政变前，策划者张柬之对他说："国家废兴在将军。"由于李多祚的支持，政变成功地迫使武则天退位、中宗复位，李唐社稷得以延续，他也因居功至伟被封为辽东郡王，打破了太宗以来的异姓不封王的旧例。

安史之乱中，回纥蕃将蕃兵的参战，为李唐平定安史之乱立下了汗马功劳。为表示感谢，唐王朝改变了以宗室女和亲的惯例，而将真公主下嫁给回纥可汗，并且每年以大量丝绢购买回纥马匹。

安史之乱后，蕃将的杰出代表首推浑瑊，他出身蕃将世家，活跃在玄宗、肃宗、代宗、德宗四朝的政治舞台。作为蕃将，他以军功起家，外御边患，内平内乱，同时他兼具政治才干，故得以在德宗朝被封为宰相，成为唐代历史上唯一一位出将入相的蕃将。

其次从军事方面看：唐代蕃将集团是一个闪亮的群体，在唐代军事史上留下了英勇善战的光辉形象。

陈寅恪先生早就指出：唐初府兵制度并不像人们通常认为的那样完善，太宗时就已因府兵"不堪攻战"而以蕃将为其武力的主要部分。也有学者认为以唐太宗贞观四年（630年）东突厥战败降唐为契机，唐朝的武力已基本上为蕃将蕃兵所取代。唐后期的募兵制下招募的兵力也没有成为唐主要武力。也就是说，有唐一代，唐军队中最有战斗力的部分始终是蕃将蕃兵。尤其是唐玄宗时，李林甫为固位弄权，堵塞边将入相之路，向玄宗建议说："文士为将，作战怯懦，不如用寒族、蕃人，蕃人天性英勇善战，出身寒族就不会结党营私。"玄宗接受了他的建议，在边境设置九大节度使和岭南五府经略使，重用蕃将统领重兵。虽说李林甫是为了专权固宠，但他也的确说出了蕃将是唐朝军队重要组成部分的事实。

蕃将在唐代军事防务方面所做的贡献，并不局限于某一时段，而是贯穿于整个唐代。高祖起兵反隋、太宗消灭突厥、高宗攻打高句丽、玄宗开疆拓土、肃宗和代宗平定安史之乱、德宗平定泾原兵变、宪宗与武宗打击藩镇割据、唐末镇压农民军等重大历史事件，均伴随着规模巨大的军事行动，在这些军事行动中，都可见到蕃将蕃兵的身影，他们为唐王朝的建立、强盛和中兴做出了不可磨灭的贡献。

第三从民族关系方面看：唐代蕃将群体的出现其实是唐代各民族大团结大融合的缩影。

《新唐书》卷一一〇《诸夷蕃将传》记载的21位蕃将，其民族来源多种多样。属于西北少数民族的有突厥族的史大奈、阿史那社尔、阿史那道真、阿史那忠、执失思力，铁勒人契苾何力、契苾明，于阗人尉迟胜，祖上为疏勒人的裴玢。东北方向有来自朝鲜半岛的百济人黑齿常之，高句丽人泉男生、泉献诚，靺鞨族的突地稽、李谨行父子、李多祚，尚可孤族属为“东部鲜卑宇文之别种”。属于西南少数民族的有吐蕃族论弓仁、论惟贞，南方俚族的冯盎、冯智戴、冯子猷。此外，唐代还有几十位蕃将的传记散见于两《唐书》中，其出身有突厥、铁勒、昭武九姓胡人、羌族、党项、沙陀、奚、契丹、靺鞨、高句丽、乌罗护、武陵蛮等。

相对来说，出身于西北少数民族的蕃将数量占的比例最大，这与西北少数民族种类繁多有关，也与唐代重视经营西北防务的特点是一致的。自唐太宗起，唐代君主都被西北少数民族尊称为“天可汗”，这一称号被其他民族共同接受，反映了境内各民族对唐政权的拥护和对唐朝皇帝的爱戴，是唐代中华民族团结友好的象征。

作为一个群体，蕃将中也有一些不和谐的因子，如有的蕃将觊觎唐王朝的政治权力，深刻影响了唐代历史走向的安史之乱，其叛乱首领安禄山就是一员蕃将。天宝初年，安禄山在身兼河东、范阳、平卢三镇节度使之后，还希望能够入朝拜相，参与中央高层政治决策。天宝十三载（754年），玄宗为表示对安禄山的宠信，想满足其要求，给他加上“同平章事”之衔，即欲任之为宰相，但宰相杨国忠以安禄山目不知书而表示反对。这其实是蕃将与宰相围绕高层政治权力展开的争夺，是安史之乱爆发的一个重要因素。安禄山死后，继续领导反叛的史思明也是一名蕃将。安史之乱后，河朔藩镇分裂割据，出现了地方政权分立于中央朝廷之外的局面，而河朔藩镇的将领有不少为蕃将出身。

总而言之，唐代蕃将数量众多，涉及的民族达数十个之多，他们活跃于有唐一代，在唐代政治、军事、民族关系方面都有突出的表现。虽然个别蕃将有反叛、割据行为，但绝大多数蕃将都拥护唐朝政权，为保卫、巩固唐政权，他们戎马征战，建立了丰功伟绩，是值得肯定的一个武将群体。

171 外国人可以在唐朝参加科举考试吗？

我国科举考试制度肇始于隋，确定于唐。唐代科举制度分为常举与制举两种，常举每年举行一次，制举由皇帝根据情况不定期设置，用于选拔各类专门人才。在唐代也曾举行武举，始设于武周时期，是武则天为了扩大统治基础，专门为习武的人设置的考试科目，由于不经常举行，对后世的影响也不是很大。

常举考生来源于两个途径：由中央诸学从在学学生中选拔举送到尚书省参加考试的，叫“生徒”；由地方州、县从当地士人中考试选拔举送到尚书省参加考试的，叫“乡贡”。常举科目繁多，主要有秀才、进士、明经、史科、道举、明法、明书、明算等科。各科的考试方法和内容各异，录取标准也互不相同，分为口试和笔试两种，其考试内容主要有帖经（文）、墨（经）义、策问、杂文等项。

唐朝允许外国留学生在中国参加科举考试，有关这方面的资料比较少见，主要出现在唐朝后期，尤其是唐穆宗之后，出现许多外国人以“宾贡”及第或称“宾贡进士”的记载，因此“宾贡科”就是唐朝专为外国留学生参与科举考试而设置的科目。

唐朝专门为诸国学子考试特设“宾贡科”，其中以新罗人为多。唐朝“宾贡科”的确立，从目前所掌握的史料看，应始于穆宗长庆元年（821 年）。所谓诸国学子，除在中国留学的外国学子以外，也应包括各国政府直接派到中国应考的学子。其中在中国留学的外国学子包括两类，一类是在中央诸学学习者，另一类是在地方州县学学习者，后一类留学生要先参加州县的选拔考试，合格者才选送京师参加科举考试。宾贡科的考生单独录取，其放榜位置，是置于榜末。

在唐代，参加科举考试的外国留学生主要来自新罗，其次是渤海国，此外还有少数长期居留于中土的大食、波斯人。唐人将“姓氏稀僻”的塞外人、西域人称为诸色目人，或单称为“色目人”，大食人就是色目人之一。自宣宗大中以来，每年的贡举都录取两三个色目人。这些“宾贡”及第者，又被称为“榜花”。

唐穆宗以后所见的“宾贡科”是专供外国士人报考，视同本国进士及第，所以“宾贡”及第者可以在中国任官，也可凭此资格返回本国任官，尤其是新罗及以后的高丽人，代表人物有被尊奉为韩国汉文学的开山鼻祖、享有“东国儒宗”“东国文学之祖”美誉的崔致远，还有金云卿、金夷吾、金可纪、崔慎之、崔匡裕、崔承祐、金绍渤、朴仁范、金允夫、金立之、朴亮之、李同等 20 多人；渤海人及第者有乌昭度和乌光赞父子、高元固、欣彪、沙承赞等人；见于记载的西域诸国人有大食人李彦升、波斯人李珣等。其实有唐一代的宾贡进士并不仅仅以上这些人，只是因为史料散失，大多数人的姓名已不可考而已。有记载说，仅朝鲜半岛诸国在唐代宾贡及第者就达 53 人之多，登五代宾贡科者又有 31 人。

唐朝开设宾贡科以录取参加科举的外国人，但并不是凡报考的皆可录取，仍然采取了比较严格的考试，对录取名额控制颇严。钱易《南部新书》记载说：“大中以来，礼部放榜，岁取三二人。”可见录取之严。正因为录取严格，不易考取，所以及第者被视为“登仙籍”，极其荣耀。

此外，唐朝的宾贡科制度对后世也产生了很大的影响，五代、宋、元、明皆置有此科，专门供外国人在中国获取功名。从参加考试的国别看，安南、占城等国人也有参加的。在元代色目人参加考试的更多，此时的色目人包括甚广，当时的欧洲人也包括在内。元代陶宗仪说色目人有 31 种，恐怕还不准确。在元代参加科举考试的外国人更多，不过元朝放榜不再区分中外，理论上不应再视为宾贡科，但作为中国文化与制度对外国的影响而言，在这里还是要说清楚的。

172 都有哪些异族或外国人在唐朝做官？

唐朝实行开放的政策，不论是外国人还是其他民族之人，只要有功有才，都可以到唐朝做官，从而使唐朝政府中无论中央还是地方都有不少外国人担任各类职官，据有人统计总数不下3000人。有些人官职还非常高，孙光宪《北梦琐言》说："唐自大中至咸通，白中令入拜相，次毕相诚、曹相确、罗相劭权使相也，继升严廊。崔相慎猷曰：'可以归矣。近日中书尽是蕃人。'盖以毕、白、曹、罗为蕃姓也。"这些都是身居高位的蕃人。在唐朝做官的外国或异族之人，大体上可以分为以下几类：

第一，功臣。唐朝在建立过程中，就有不少异族或外国人建立了很大的功勋，如唐高祖时期的史大奈是中亚史国人，安修仁是中亚安国人等，他们因功而得以封爵授官。贞观时期仅突厥人在长安官居中郎将以上的就达500人之多。如阿史那思摩，太宗时授诸卫大将军，死后赠兵部尚书、夏州都督；阿史那社尔，太宗时官拜左骁卫大将军，尚衡阳长公主，授驸马都尉。契苾何力，铁勒人，太宗时授镇军大将军，行左卫大将军，徙封凉国公，死后赠辅国大将军、并州都督，陪葬昭陵。这些人在贞观时期的战争中，功勋卓著，对唐朝忠心耿耿，因而被记入史册。开元天宝时期，唐玄宗热衷于开疆扩土，也涌现出一批功勋卓著的大将，其中有不少异国或异族人。如哥舒翰是铁勒人，在对吐蕃的战争中立有大功，身兼河西、陇右两个节度使，统率着唐朝在西北最精锐的军队。再如高仙芝是高句丽人，任河西节度使，在唐朝维护西域地区安全的战争中，战绩突出，是这一时期最著名的战将之一。白孝德是安西人，官至安西、北庭行营节度，鄜坊、邠宁节度使，封昌化郡王。在唐朝平定安史之乱的战争中，有两位声名显赫的统帅，被视为再造唐室的功臣，即郭子仪与李光弼，其中后者为契丹人。此外，铁勒人仆固怀恩父子，在平定安史之乱中也立有大功，安史之乱最后的余孽史朝义就是被他们歼灭的。有唐一代，类似的来自异国异族的功臣还很多，为此《新唐书》还专门开辟了名为《诸夷蕃将传》的类传，以收录此类人物的生平事迹。

第二，内附或入质。有唐一代由于种种原因，内附的异族和异国人很多，比如酋长、贵族或官员，入唐以后往往授给各种官职。如安朏汗，安国人，入唐后授维州刺史、左卫大将军；裴氏，疏勒国王，任疏勒都督府都督；麹智盛，高昌国王，授左武卫将军；高惠眞，高句丽大臣，授司农卿；吐迷度，回纥俟利发，授瀚海都督府都督、怀化大将军；龙婆伽利，焉耆国王，授焉耆都督府都督；窟哥，契丹酋长，授松漠都督府都督；卑路斯，波斯王子，国亡来唐，高宗时官拜右武卫将军，中宗时又拜左威卫将军，卒于唐；李元谅，波斯人，德宗时官拜华州刺史、御史大夫、潼关防御、镇国军节度使；阿罗憾，波斯人，武周时官拜右屯卫将军、上柱国、金城郡开国公。

入唐为人质的外国王子、贵族等，唐朝无不授予爵位和官职。这种人质的存在并不意味着被统治或以强凌弱的关系，更多的是为了维护双方的友好关系或贸易关系。来唐充作人质的多为对方国王的儿子，故又称为质子，又因为他们在唐朝多担任宿卫官职，故又称侍子。从文献记载来看，新罗、康国、何国、石国、米国、迦湿弥罗国、护蜜国、吐火罗国、天竺、波斯等国，都向唐朝派出过质子。这些质子除了国王的儿子外，还有其兄弟、子侄，个别的甚至有国王本人。他们在唐朝担任的官职主要为中郎将、果毅都尉、折冲都尉等官职，当然也有担任更高官职的现象。如金思兰，新罗人，即新罗王金兴光之质子，玄宗时官拜为太仆员外卿。再如米国人米继芬，其父米突骑施将他派到唐朝为质子，他在禁军担任宿卫军官，后终老于唐朝，终年 92 岁。有些质子世代生活在唐朝，如何文哲，何国人，其祖先在唐高宗永徽年间（650 年—655 年）入质唐朝，何文哲本人死于太和三年（829 年），何家后裔在唐朝生活了将近 200 年。

第三，使者和贡人。曾经与唐朝往来的国家或政权前后达 400

余个，后来有的与他国合并，或被他国灭亡，至唐玄宗开元年间，与唐保持关系的尚有 70 余国。这些国家因为进贡、交聘、参加各种典礼等，大都要派使者入唐，因此人数是非常之多的。外国使者入唐，通常皇帝都要给他们授予各种官职，尽管他们并未履行这些官职的职责，只是名义上的唐朝官员，但对他们来说，也是非常荣耀的。其中有些使者因为仰慕大唐文明，自愿留下来不再回国，唐政府往往也会同意他们的请求。如康国使者康某，自愿留在唐朝任检校折冲都尉，并娶唐朝女子翟氏为妻，后来终老于长安。再如波斯人阿罗憾，充使入唐后，任右屯卫将军，曾代表唐朝出使西域诸国，后来死于东都洛阳私宅。此类人员人数很多，安史之乱后，吐蕃占据西域，道路阻塞，致使许多西域使者滞留长安，日常生活全由唐政府供给，使唐朝不堪重负。唐德宗时，曾经清理过此类人员，竟达 4000 余人。唐朝对他们采取了去留自愿的政策，愿意返国的，可以绕道返回，不愿回去的，授以职位，发给俸禄。结果没有一人愿返国，于是唐朝将他们分隶左右神策军，王子、使者分授各级军官，其余随从人员为军士。

贡人是指那些被进贡来唐的人员，此类人大都具有某种特殊技艺，或善歌舞，或会杂技魔术，或为宗教人士，或为黑奴、矮奴。其中进贡来的宗教人士中，有些人精通天文历法，遂被安排到司天监任职。还有人精通某种制造技艺，因此被安置到少府监任职。

第四，留学生与其他。有唐一代有大量的异国异族学生在唐朝留学，贞观时期仅长安的中央诸学人数就达 8000 人之多，除了 3000 多人是本国人外，其余都是外国留学生及少数民族子弟。这些外来的人员学成以后，如自愿留在唐朝，往往可以获得官职。如阿倍仲麻吕，日本人，中国名晁衡，居留唐朝 50 年，曾任安南都护、镇南节度使等官。藤原清和，日本人，官拜秘书监，终生未回日本。有不少人通过宾贡科的考试及第，从而获得在中国做官的资格，如李彦升，大食人，宣宗时一举中第，任翰林学士。新罗人崔致远，在僖宗朝一举及第，授宣州溧水县尉，后为淮南从事，又为侍读兼翰林学士。

以上四类人员只是外来人员在唐朝任官的主要群体，还有通过其他途径入唐而走上仕途的，比如经商、行医、传教等，就不详述了。

173 龙门石窟的开凿情况是怎样的？与佛教的兴盛有何联系？

洛阳龙门石窟集中反映了公元5世纪至8世纪的中国佛教雕塑艺术，作为我国古代佛教鼎盛时期留下的雕刻艺术经典，保存了珍贵的佛教圣迹，蕴含了深邃的历史文化，与敦煌莫高窟、大同云冈石窟并称为我国三大石刻艺术宝库。

龙门石窟位于河南省洛阳市以南13公里处，香山与龙门山对峙，伊水河于山间北流，远望犹如一座天然门阙，故史称“伊阙”。隋朝将洛阳作为陪都后，宫城城门面对“伊阙”，此后这里便有了龙门之称。龙门石窟始建于北魏孝文帝迁都洛阳之际（493年），历经东魏、北齐、隋、唐、宋诸朝，前后营造400多年，终于完成了今日规模宏大的雕刻群。龙门石窟是历代皇室贵族发愿造像最集中的地方，也可以说它具有浓厚的国家宗教色彩，体现了皇家雕塑风范。

洛阳龙门石窟因北魏统治者推崇佛教文化而建。公元385年，北方鲜卑族拓跋珪趁前秦四分五裂之际建立代国，定都盛乐（今内蒙古和林格尔西北土城子）。公元386年改国号“魏”，史称北魏。公元398年，道武帝拓跋珪迁都平城（今山西大同）。公元493年，孝文帝拓跋宏迁都洛阳，大力推行汉化改革。当时，佛教早已沿丝绸之路传入我国。随着佛教在我国的兴盛、发展及影响的不断扩大，佛教石窟寺和佛教石雕艺术也被北魏统治者所推崇。在大建寺庙的同时，北魏统治者又开始大规模开窟造像，龙门石窟就是在这种历史背景下开始雕凿的。孝文帝在大力提倡儒学、全面推进鲜卑族汉化政策的同时，也大力崇奉佛教，兴建大量佛教寺院，把弘扬佛法作为维护和加强统治的一种手段。在选址时，因地处伊水河两岸的伊阙山峭壁林立，石质坚硬，宜于雕刻，这里就成了开凿石窟最为理想的“风水宝地”。从魏孝文帝迁都洛阳到孝明帝时期的35年间

（493 年—528 年），是龙门开窟雕造佛像的第一个兴盛时期。东魏、北齐等历史时期因为战争频繁，虽有开凿，但数量与规模都不大。

随着隋唐时期社会的鼎盛与繁荣，佛教在统治阶级的大力扶持和推动下，达到了我国佛教兴盛与发展的巅峰。隋文帝曾多次下诏，广建寺院佛塔，剃度僧尼，并组织僧侣大量翻译佛经。唐初的最高统治者为了加强并巩固自己的统治地位，也特别推崇和笃信佛教。唐太宗李世民继位后，就下令全国“交兵之处，多建寺刹”。武则天则更利用佛法，为她称帝和掌握政权制造舆论。

龙门奉先寺

龙门石窟造像持续时间最长、规模最大、题材内容最丰富的时期是唐代。这个时期的造像，其石窟形制可分为礼拜窟、禅窟、瘗窟三种类型，其中礼拜窟占绝大多数。造像题材有佛像、菩萨像、罗汉像、护法像、经变故事像、供养人像六大类。其中唐高宗和武则天时期是唐代造像艺术的成熟时期，这时的石窟造像无论在题材的广泛性还是在雕塑作品的个性突出方面，均比以往有了新的飞跃。赫赫有名的奉先寺摩崖造像群就是在这一时期完工的。奉先寺摩崖造像群始凿于唐高宗初年（650 年），历时 15 年完成。武则天因曾出家为尼，同佛教有极深的渊源。据造像铭记载，佛像开凿时，武则天曾以皇后身份“助脂粉钱两万贯”，并率领群臣亲自参加奉先寺卢舍那佛的开光仪式。卢舍那佛实际上在很大程度上体现了唐代贵妇人的迷人风貌，使佛教艺术与现实生活更加贴近。龙门石窟的东山诸窟也都是在武则天时代及其之后开凿的，主要洞窟有看经寺洞、擂鼓台三洞、万佛沟等。

龙门石窟造像具有强烈的时代性，是佛教与我国传统文化的有机结合。由于考虑到本民族的欣赏习惯和审美情趣，龙门石窟创造了以“秀骨清像”和“刻削容仪”为特点的风格，使佛和菩萨清丽俊秀、神情恬淡，服饰以汉服为主。尤其是被称为“东方的蒙娜丽莎”的卢舍那佛，已完全拥有中国人的相貌和气质。所以，龙门石窟也使佛教更好地融入中国社会，为人所接受。

龙门石窟现存窟龛 2300 余个，造像 10 万余尊，碑刻题记 2800 余通，佛塔 60 余座。龙门石窟以大量的实物形象和文字资料，从不同侧面反映了我国古代政治、经济、宗教、文化等领域的发展变化，对我国石窟艺术的创新与发展做出了重大贡献。

174 为什么说敦煌莫高窟是我国的艺术宝库？

因为敦煌是丝绸之路最大的佛教中心，无论是外国僧侣来华，还是中国僧人西行，都要经过敦煌，并停留较长的时间，以便休整或补充物资，遂使得这里成为中外佛学与佛教艺术的交汇之地。莫高窟的艺术就是在这种历史条件下发展起来的，故其反映的只能是佛教艺术。它是集建筑、彩塑、壁画于一体的综合艺术，是在汉晋的艺术基础上，吸收融合外来艺术的营养而创造的具有中国风格的民族民间佛教艺术，是我国乃至世界绘画、雕塑与建筑艺术的宝库。

一、莫高窟建筑艺术

石窟的开凿者，把对释迦牟尼佛的无限敬仰和对佛国世界的向往，首先表现在对洞窟建筑的设计上。早期的洞窟形制主要是禅窟和中心塔柱窟。禅窟是供僧人坐禅修行的洞窟。中心塔柱窟，又称中心柱窟、塔庙窟，窟内中央设立连接窟顶与地面的方形塔柱，柱的四面开龛塑像，以供修行者绕塔观像与礼佛。这两种形式，带有明显的外来印记，禅窟由印度毗诃罗窟发展而来；中心柱窟则是源于印度支提窟，并形成于西域龟兹石窟的一种开窟形式。然而，这个时期的石窟开凿者们，已把中国式的建筑风格悄悄地引进洞窟中来了。中心塔柱之前的窟顶，被改造成中间起脊、两面斜坡的人字披顶，并建有枋、椽、斗拱的木质构件。

如果说十六国北朝时期的洞窟形制更大程度上是为了禅修的需要，那么隋唐时期的窟形则完全为了满足世俗礼佛的需要。唐代的石窟多是方形的，仅后壁造一个很深的龛，内里塑上几尊像。唐初的石窟，有的还承袭隋代遗制，到了盛唐以后基本都是方形的了。步入殿堂就会发现，脚踩莲花，头顶穹窿，四周是佛国胜景，置身其中，似乎真正到了净土世界。开窟者不仅把洞窟内部变成中国式的殿堂，而且在洞窟之外，各窟之间还有木构栈道连通，给它们加上了中国式的窟檐。

二、莫高窟彩塑艺术

彩塑是洞窟的主体。莫高窟的早期彩塑基本上还是模仿石刻，用影塑来代替浮雕，用贴壁的大泥塑来代替高肉雕。莫高窟北朝的彩塑，带有西域造像的遗风。造像额头宽阔，鼻梁高隆，眼珠略鼓，嘴大唇薄，高髻披发，体格雄健。衣纹采用阴刻线、贴泥条手法，表现衣服质料轻薄，紧贴身上，给人以薄纱透体的感觉。

敦煌彩塑菩萨

公元525年，中原“秀骨清像”的艺术风格被带到敦煌。在北朝彩塑中，无论是苦修的佛像、禅定的佛像，还是侍立的菩萨，都显得宁静而超脱。

唐代彩塑发展到成熟期，塑造技巧达到新的高度，色彩丰富到能准确地表现对象质地，使形象的刻画更为完善，各类人物的形象都达到了前所未有的完美，而且在肌肤、服饰的表现上也比以前更加充分。唐代置于佛龛和佛坛上的彩塑造像，已完全离开墙壁，充分发挥圆雕的主体性、独立性的特长。洞窟内出现了更多塑像的组合，至高的佛祖、慈祥的菩萨、威严的天王、虔诚的弟子，佛国世界的不同人物按等级差别有序地汇聚一堂，展示了立体的佛界说法会之场景。

唐代也是一个营造巨型佛像的时代。武则天为了取代李唐天下，下令僧人造《大云经疏》，该经称武则天为弥勒下世，全国各地兴起塑造弥勒的热潮，莫高窟最大的塑像，35.5米高的北大像就是在这股热潮中被塑造出来的。在此风影响下，唐开元年间，27.3米高的南大像也被塑造出来。举世罕见、气势宏伟的大佛，虽然历时千载，多次重修，仍不失其庄重沉稳、丰满雄健、元气充沛的盛唐精神，堪称中国泥塑中的精品。塑像的个性化和菩萨的女性化是隋唐彩塑的最大特点。

三、莫高窟壁画艺术

壁画是敦煌石窟的重要内容，由于它有广阔的表现空间，能更为细腻地表现佛经内容，色彩斑斓，因而备受青睐，被称为“画在墙壁上的图书馆”。壁画描绘了神的形象、神的活动以及神与人的关系，用来寄托当时人们迫切渴求而又达不到的愿望。

佛教故事画是莫高窟北朝壁画的主要内容。它来源于印度民间传说，被佛教徒们加工改造，注入了佛教义理和思想，引导礼佛的僧俗放下人间的苦难、生活的不幸，接受佛教教义的洗礼。北朝壁画中，不仅有来自印度的故事画，中国本土神话传说中的人物西王母、东王公、伏羲女娲、雷公电母等也进入了壁画。隋唐时期，莫高窟壁画内容最突出的特色是经变画的出现。经变画是将一部佛经或佛经的某部分内容变成一幅首尾完整并有情节铺陈的鸿篇巨制，是中国古代艺术家的独创。莫高窟的经变画有30余种，数量最多、规模最大的则是表现净土思想的阿弥陀经变、无量寿经变、弥勒经变等。

关于敦煌艺术的渊源，通常认为其受印度犍陀罗艺术的影响，而犍陀罗艺术是糅合了印度佛教教义与希腊艺术的形式而产生的。印度佛教在阿育王死后，走上了衰退的道路，所以犍陀罗艺术的存在和滋长只能在东方的中国与西方的欧洲。但是在敦煌更多地还是保持了中华民族的文化传统，比如绘画中的汉民族的飘带、衣褶及形体的更换、内容的蜕变，无一不体现着汉民族的绘画风格。所以敦煌艺术是外来文化与中华文化交融的结晶，中华文化是源，外来文化是流。

在绘画风格方面，敦煌壁画中的主要部分代表了从南北朝至北宋这一段中古绘画史。把壁画与文献记载相结合，进行参证研究，可以得出三个结论：第一，中古时期的赫赫有名的大画家和敦煌无名的画家在画风上有共同的时代风格，这些大画家的画风对民间画家有很大的影响。南北朝时期，尽管出现了政治上的分裂，但在绘画界仍有统一的风尚。敦煌是北方政治势力范围西北边远的一角，其画风竟与南朝的顾、陆画风一致。这就纠正了过去有人误会南北朝唯南方绘画发达这一错误认识。第二，根据敦煌前期壁画与吉林省集安市通沟古墓壁画的比较，发现两者题材与风格相同；敦煌中期的佛像与日本法隆寺金堂佛画风格相同。这一切都表明中国汉唐文化广被四方，无论是海东还是西北，都是由文化中心所在的中原心脏地带远播传送出去的。第三，敦煌壁画体现了民族传统，其中裸袒上体者为印度风俗。在纯粹中国景物中间，突然出现外国人物，这是因为这些佛教故事是以外国人物为主角，但是在技术处理上却完全用中国手法，与印度有很大的不同。

四、莫高窟反映了各民族的佛教信仰

公元755年，安史之乱爆发，唐王朝把河西的精锐部队调入中原平乱，吐蕃军队趁机进入河西，并成为敦煌的主人，长达60余年。吐蕃统治敦煌时期，敦煌石窟艺术依然遵循着盛唐风格，但是，洞窟内的壁画上出现了一些密宗神像、表现佛教圣迹和灵异的瑞像图以及吐蕃的高僧大德和供养人像。

公元1038年，党项人建立西夏王国，西夏君主元昊从西藏迎来藏传佛教噶举派大师，使藏族文化继续影响着敦煌石窟艺术。敦煌石窟中的西夏文题记、供养人画像以及当时盛行的用石绿颜色铺地的“绿壁画”，昭示着西夏时代的精神。

公元1227年，成吉思汗进入沙州（今甘肃敦煌）。在敦煌，信仰藏传佛教的蒙古人把密宗文化推向高潮，元代壁画中密教题材十分突出。

可以说，吐蕃、于阗、回鹘、蒙古等各民族共同创造了辉煌的敦煌艺术。

175 玄奘取经与中外文化交流有什么联系？

玄奘（602年—664年）是我国唐朝的名僧、佛教学者、旅行家、翻译家，其翻译的大量佛经成为佛教在我国传播的重要典籍，其所撰的《大唐西域记》是十分重要的历史地理典籍，在国内外有着广泛的影响，是研究这一时期中西交通以及西域诸国历史、地理、风俗、物产等方面的重要资料。

玄奘，俗姓陈，名袆，出生于今河南偃师缑氏镇，出家后遍访佛教名师，佛学造诣深厚，但仍有许多疑问得不到解答，于是决定前往印度学习佛法。唐太宗贞观三年（629年），玄奘从京都长安出发，历经艰难抵达印度，游学于印度各地，贞观十九年（645年）回到长安，先后在大慈恩寺、玉华宫等处研究和翻译佛经，直到圆寂。

玄奘西行求经之路最为艰难的路段，是从瓜州（今甘肃瓜州锁阳城）到伊吾（今新疆哈密）的一段。这条路就是历史上著名的“新北道”，唐代叫莫贺延碛路，当地俗称“第五道”。由此前往高昌国，可避开白龙堆之险，“且省道里之半”。由于唐代初年，政府并不允许百姓随意出境，玄奘西行又没有经过当时的政府批准，属于私自出境，所以不敢公然经行官道，却又须依傍官道，以免迷路，所以采用同官道离合交叉的方法。尽管如此，玄奘还是被官军发现了，只是官军被他的这种执着精神所感动，并没有扣押他，反而提供了许多方便。玄奘在高昌国受到国王的热情接待和资助，使他能顺利地穿过沙漠，到达今阿克苏境内乌什城的西部——别迭里山口，并从这里进入中亚，然后到达印度（当时称天竺）。玄奘来回路上经过 100 多个国家（其中很多是突厥的属国，当时印度也分成很多小国），这本身就是对中外文化交流的巨大贡献。在此过程中玄奘也探索出中印之间的交流通道，留下深远的历史影响。

在印度期间，玄奘在学习佛教和古印度文化如因明学、声明学、婆罗门经典、医学等的同时，还把在印度业已失传的《大乘起信论》从中文译成梵文，介绍给印度人民。640 年，玄奘会见了印度当时的霸主——戒日王，使戒日王对中国有所了解。此后不久，戒日王便派使节访问唐朝。641 年，戒日王派出的使节抵达长安，开创了中印两国正式友好交往的新篇章。玄奘西行求法促进了汉文化在西域的传播，中原僧人在西域的影响日益扩大，在他的带动下，不少中原僧人来到西域，建筑佛寺，开凿洞窟，留下大量汉风遗迹，致使西域佛教中心逐步东移，使高昌成为当时的三大佛教中心之一。

玄奘画像

玄奘回长安后潜心译经 19 载，手不辍笔，直至圆寂，身后留下 1335 卷佛经译本，为促进佛教在东方的复兴做出了巨大的贡献。他促成了大唐和印度正式联系，增进了中印之间的文化交流，被誉为“中印文化合作的象征”。

在翻译佛经方面，玄奘做出了巨大贡献。公元645年，他开始翻译从印度带回的657部梵文佛教经典，到他圆寂（664年）的前一个月为止，前后近20年，翻译工作从未中断。玄奘一共把75部（1335余卷）梵文佛教经典译成汉语。他以高深的佛学造诣和梵文、汉语水平，精准地翻译佛经，自成风格，被称之为“新译”。玄奘不但把佛经由梵文译成汉语，还奉唐太宗之命，与道教徒蔡晃、成玄英合作，把老子著作的一部分译成梵文，成为第一个把汉语著作向国外介绍的中国人。

玄奘对中外文化交流的另一个重要贡献是《大唐西域记》，这部书由玄奘口述，他的弟子辩机执笔，共12卷。它详实地记录了玄奘到过的多个国家的地理环境、物产气候、道路交通、种族人口、风土习惯、宗教信仰、衣食住行等方面的情况，成为研究印度和中亚、南亚各国历史地理的极为珍贵的资料。印度王舍城的旧址、鹿野苑的古寺、阿旃陀石窟和那烂陀寺的遗址，都是根据《大唐西域记》的记载发掘出来的。世界上很多从事中亚、南亚史研究的学者，也都把它视为重要的文献。《大唐西域记》先后被译成英、法、日、俄等多种文字，在世界各地广为流传。

玄奘佛教思想受到印度佛学很深的影响，他在中国创立了一个新的佛教教派——慈恩宗（又称唯识宗、法相宗），该教派的一个突出特点是照搬了当时印度佛教的很多做法和思想，它的“种姓”思想就明显受到印度种姓制度的影响。慈恩宗在唐太宗、唐高宗的大力扶植下，曾盛极一时，但因为它不能够迎合中国社会的需要，所以到公元8世纪就逐渐衰微了。

玄奘有个日本徒弟叫道昭，他把慈恩宗传到日本，成立日本的法相宗。法相宗是日本奈良、平安时代最有影响的宗派之一，它在日本不断流传，至今仍有传承。这也是中日文化交流的一个表现。

玄奘西行求法给印度人民留下了深刻的印象，对中国文化做出了独特的贡献。中印两国的文化交流源远流长，到唐朝，两国之间的文化交流达到高潮，佛教、道教及其他文化因素在两国之间均有良好的对话与互动。玄奘所做出的努力，更是成为中外文化交流的重要组成部分。

176 何谓大小雁塔？中国的塔文化是怎样的？

大雁塔始建于唐高宗永徽三年（652 年），玄奘法师为供奉从印度带回的佛像、舍利和梵文经典，在慈恩寺的西塔院建起一座五层砖塔。其名得于古印度摩伽陀国之雁塔，据《大唐西域记》载，在摩伽陀国的因陀罗势罗窭诃山中有雁塔，相传为纪念雁投身欲开悟小乘教徒所建。后来在长安荐福寺内仿慈恩寺雁塔另修一座，因时代晚且较慈恩寺雁塔小，故慈恩寺塔叫大雁塔，荐福寺塔叫小雁塔，一直保存至今。

大雁塔由玄奘法师亲自主持建造，历时两年建成。塔身仿西域窣堵坡形制，砖面土心，每层皆存舍利。因砖表土心，风雨剥蚀，建成 50 余年后塔身逐渐塌损。武则天长安年间（701 年—704 年），

陕西西安慈恩寺大雁塔

在原址上重新建造七层青砖塔。唐末以来，慈恩寺屡遭兵火，殿宇焚毁，只有大雁塔独存。后唐时期曾对大雁塔再次修葺，后来西安地区发生了几次大地震，大雁塔的塔顶震落，塔身震裂。明万历二十三年（1595年）在维持了唐代塔体的基本造型基础上，在其外表完整地砌上了60厘米厚的包层，使其造型比以前更宽大，即是现今所见的大雁塔。1961年，国务院公布大雁塔为第一批全国重点文物保护单位。大雁塔的底层四面皆有石门，门楣上均有精美的线刻佛像，西门楣为阿弥陀佛说法图，传为唐代画家阎立本的手笔。南门洞两侧镶嵌着唐代书法家褚遂良所书、唐太宗李世民所撰的“大唐三藏圣教序”和唐高宗李治所撰的“述三藏圣教序记”两通石碑，具有很高的艺术价值，人称“二圣三绝碑”。

小雁塔与大雁塔东西相向，是唐代古都长安（今陕西西安）保留至今的两处重要标志。小雁塔修建于荐福寺内，荐福寺原来建于唐长安城开化坊内，是在唐太宗之女襄城公主旧宅基础上改建的，初名献福寺，天授元年（690年）改名为荐福寺，是长安城中著名的寺院。小雁塔是密檐式方形砖构建筑，初建时为15层，高约46米，

小雁塔

塔基边长 11 米，塔身每层叠涩出檐，南北面各辟一门；塔身从下往上逐层内收，形成秀丽舒畅的外轮廓线；塔的门框用青石砌成，门楣上用线刻法雕刻出供养天人图和蔓草花纹的图案，雕刻极其精美，反映了初唐时期的艺术风格。内部为空筒式结构，设有木梯盘旋而上可达塔顶。明清两代因遭遇多次地震，塔身中裂，塔顶残毁，仅存 13 层。由于小雁塔的造型秀丽美观，各地的砖石结构密檐塔大都仿效建造，在云南、四川等地区的唐宋时期的密檐塔虽各具地方特色，但仍可以看出与小雁塔的继承关系。

中国的塔是随着佛教传入中国而出现的。据记载，释迦牟尼圆寂后，诸弟子将其火化，烧出色泽晶莹、质坚如珠的骨牙，名为"舍利"，被分散保存在修建的"窣堵坡"里。"窣堵坡"亦称舍利塔，先建一个不大的台基（座），基座上面修一个半圆形的坟冢，坟冢上面再加一个顶尖——这便是中国白塔的雏形。最初，中国佛教徒修塔，以此来供奉佛祖或寺院里高僧大德的"舍利"。此后，也有用塔来供奉佛像或经卷、某些和尚的遗骸或遗物等。塔逐渐成了一种宣扬佛教的象征性建筑，有的被认为是佛的化身，受到教徒们的顶礼膜拜。所以最初塔是居于寺院的中心位置上，如云冈石窟的塔心柱、山西应县佛宫寺的木塔等。但是后来，佛像取代了佛骨，塔逐渐被移出寺院，如河南少林寺外的塔林。其实，大凡较大一些的寺院附近，都有一个"塔院"——实为僧侣墓地。自魏晋南北朝以来，皇家带头信佛，佛教在我国广泛流行。统治者为了维持自己的统治地位，借佛安顿民心，维持国泰民安。到了隋唐时期，修建塔寺、开凿佛窟，更是登峰造极。我国诸多名塔、寺院，如云冈、龙门、敦煌三大石窟等，就是在这一时期形成的。

我国古塔建筑形式别具一格，不落窠臼。按其构造可分为实心塔、楼阁式塔两种。实心塔是实心的，用砖石等建筑材料修建，是不能登塔临风的，它又分为"阿育王塔"、密檐塔、喇嘛塔和金刚宝座塔四种。楼阁式塔建有塔室，人可进入攀梯凭眺。这类塔高耸雄伟，我国古塔绝大多数属于这种塔。它又分为密檐楼阁式塔、楼阁式塔、砖木混合式塔和砖石混合式塔四种。塔的平面建筑形式有四角形、六角形、八角形、十二角形、圆形等等。塔的层数从 1 层至 15 层不等，全为单数。

中国古塔一般是随寺庙而建，寺院可以说是塔的滥觞。随着岁月的流逝，有些寺院毁于天火、兵燹，只剩下古塔。又因为有些塔被认为是佛的化身，佛光普照，人们为了镇邪避灾，祈求平安，保风调雨顺，便单独建塔。

古塔产生的背景可以说与佛教有着密切的关系，它是一种佛教信仰的产物，也是寺院建筑的一个重要项目。但在我国一千多年的佛教发展长河中，佛塔的建筑艺术形式又引发了祖先对于其他建筑种类的想象力，于是一座座与敬佛思想无关的用于瞭望敌情的料敌塔、用于导航引渡的航标塔、用于祈求文风的文峰塔便应运而生了。就连有些道士死后，也采用了佛教建塔埋葬的方式，在发展过程中还融入了道家理论，出现了风水塔的建造，在建塔的形式上与佛塔没有太多区别。这些名目众多、用途广泛的古塔，充分说明这种原本属于佛教的建筑形式，早已融入我国古代民族文化的海洋之中，成为我国古代建筑艺术中不可缺少的组成部分。

177 鉴真东渡日本是怎么回事？

鉴真漆像

鉴真（688 年—763 年），扬州江阳（今江苏扬州）人，是中日关系史上至关重要的历史人物。他五次东渡未果，在 66 岁高龄且双目失明的情况下，携带了大量的佛经、佛像和书籍等历经千辛万苦终于到达日本。鉴真在日本除传授戒律外，在建筑、雕刻、医学、文字等方面也有颇多建树，成为大唐文化的重要传播者，为中日文化交流做出杰出的贡献。

鉴真东渡的时代，正好是我国

的盛唐时期，唐代社会在经历了20多年的开元盛世之后，在政治、经济、文化艺术等方面，都得到迅速和全面的发展，并始终保持着对外友好交流的开放态势。这是鉴真之所以能够多次东渡的社会背景。

鉴真六次东渡，经过五次失败，最后才到达日本，其中所损失财物的数量是巨大的。鉴真能够多次东渡，没有雄厚的经济基础支持也是不可能最终成功的。一方面，当时佛寺经济十分强大，经营着农业、手工业和商业，有这些方面的管理人才，为鉴真提供了购买粮食、香药、各种特产以及制造各种精致物品的便利。另一方面，鉴真为人授戒、讲经、治病，费用由世俗布施所得，虽一次又一次地遭受损失，但他毫不气馁，继续设法筹集费用，这种精神也是令人崇敬的。此外，唐代扬州（今江苏扬州）为全国第一大都市，是著名国际通商口岸，全国和东南亚物资集散地。经济繁荣，物产丰盛；商贾云集，百货丰足；水运发达，造船业兴盛；手工业发达，工匠如云；佛教兴盛，高僧辈出；文人荟萃，文化昌盛。这一切为鉴真东渡和文化传播提供了得天独厚的社会基础。

唐开元二十一年（733年），随遣唐使赴唐的日僧荣叡与普照肩负着礼聘戒律高僧赴日授戒的重任。至天宝元年（742年），其为寻求归国之船而赴长江下游的扬州，在此拜会鉴真，请求其赴日传戒。鉴真是当时长江流域一带教授戒律的第一人。从唐天宝二载至天宝十二载（743年—753年），鉴真经过苦心筹划，六次渡海，五次都遭到了失败。除第一次与第四次由于人为的障碍外，第二、三、五次都因受到海上风浪的袭击，或者是船破沉没，或者是随风漂流；第六次虽然成功，也是逐岛北航，才到达日本本土。

鉴真东渡的经过是这样的：他爽快答应荣叡等的请求，率领弟子21人做各种出航的准备。但翌年出发之际，荣叡等与同行的僧侣之间产生矛盾，因被诬告为海贼的同伙而被捕，未发而终，第一次东渡失败。随后，同年十二月第二次出发，但又因飓风的缘故，漂流到了越州，被安置于越州的阿育王寺。以越州为中心，鉴真一边频繁开展授戒活动，一边做再次东渡的准备。公元744年因被不希望鉴真赴日的越州僧侣告发，荣叡被捕，东渡再次遭遇挫折。荣叡被释放后，鉴真取陆路自越州经天台山国清寺赴福州，准备在福州出航。但又因弟子告密而被扣留，护送回扬州。公元748年鉴真再次做东渡的准备，率领弟子14人出航。这次虽然顺利出海，但遇风漂至海南岛，第五次东渡失败。在返回扬州途中荣叡和大弟子祥彦相继去世，普照与鉴真别去，鉴真本人也双目失明。鉴真最后一次东渡是天宝十二载（753年），他带着众弟子以及经像法物，于扬州出发，取道苏州黄泗浦东航，先到了日本九州西南的益救岛，后到达九州萨摩国的秋妻屋浦，历经多年东渡终于成功了。

鉴真东渡日本后，对日本佛教戒律和戒规的完善做出了很大贡献。他受命负责立坛授戒和设立戒坛，使日本在僧侣的法制形态方面，从训练、教育到受戒都有了一套完整的制度，从而改变了日本僧侣的无序状态，建立了统一规范的“三师七证”制度。设立戒坛院，直接控制僧尼的受戒、剃度，消除了“自度”“私度”现象，维护了政权及社会的稳定。此外，鉴真东渡携带的戒律著作，奠定了日本律宗的理论基础，促成了对日本佛教的整肃。

在鉴真不被重用之后，鉴真和他的弟子们把佛教公开而普遍地传给广大人民，在精神上给他们慰藉，唐招提寺在下层僧侣和广大人民的支持下维持了下来，并且得到不断发展。由于鉴真师徒学识及人品的影响，唐招提寺更是成为日本律宗的祖庭。佛教在日本逐渐成为广大普通百姓所信仰的宗教，使日本佛教从官僚贵族化的宗教转变为普通百姓的宗教，在这方面鉴真和他的弟子们发挥的影响是非常巨大的。

鉴真还对日本文化的发展做出了很大贡献，由他开创的律宗位列“南都六宗”之一，在日本佛教史上占有重要地位。此外，他还对日本的建筑、美术、工艺、书法、医学等方面的发展有重大影响，甚至在传播豆腐、香木、砂糖、纳豆、茶道、酱菜等方面，也贡献颇大。鉴真携往日本的书籍，真实地反映出他的精神信仰及理想抱负。鉴真及其弟子通过“书籍之路”及设坛授戒，极大地传播了宗教文化。他们携带的这些经卷对最澄开创日本天台宗有直接影响。

鉴真率领人数众多的僧团，将盛唐高度发达的律学、建筑、雕塑、医药、文学、书法、饮食等传至日本，大大推动日本文化的发展，被誉为日本佛教律学开山祖、医药始祖、豆腐业祖师、文化恩人。

鉴真怀抱着为邻邦兴隆佛法、创立律宗的纯正的志愿，前后用了10年时间，不避沧海险阻，舍生忘死六次东渡，虽屡遭挫折，甚至双目失明，最后终于以66岁高龄东渡成功，对邻邦的发展做出了许多贡献。这种坚韧不拔、矢志不渝的精神，足以标榜后世而万古长存。同时，鉴真还是中日佛教文化交流史上具有重要影响的人物之一，他宣扬大乘佛教，使日本的佛教发生了新的变化，日本这一时期的佛教被称之为日本新佛教。鉴真东渡日本的行动，反映了七八世纪时中日文化交流的盛况。

178 何谓丝绸之路？它对中西经济文化交流有什么作用？

丝绸之路开辟于西汉时期。张骞（约前164—前114年）两次出使西域，打通了中国通向中亚以西的广阔地域的通道。丝绸之路东起长安（今陕西西安），向西穿过河西武威、张掖、酒泉、敦煌，从玉门关、阳关分南北两道。北道出玉门关，沿塔里木河北面，途经龟兹，在疏勒以西翻越葱岭，朝木鹿城方向继续前进；南道出阳关，沿着塔里木河南的通道延伸，取道鄯善、于阗，抵达莎车，然后向西越过葱岭，行至法扎巴德，折向木鹿城。南北两道在木鹿城会合后，又继续西行进入今伊朗境内。因为中国的丝和丝织品是运往西方的主要商品，因此这条商道被称为丝绸之路。随着东西贸易的频繁，在东西方商品贸易交流的过程中，东西方的思想文化也通过这条通道相互交流相互影响。

丝绸之路是沟通中西文化交流的通道，中国文明沿着丝绸之路方向往西传播，同时中国也从西方国家吸收了外来文明，迎来了中西文明交汇融合的时代。首先是交换了物产，中国最早进入世界市场并运输到欧洲的商品主要是丝绸。其次，中国从西域引进了许多动植物品种，如从大宛、乌孙引入汗血马，从西域引进葡萄、苜蓿、石榴、蚕豆、胡桃、胡芹等。唐时，长安的街市上陈列有从西域和欧洲输入的玻璃及其制品，还有各种宝石、香料、化妆品、毛织毡等。通过丝绸之路，中国的生产技术和工具传到了西域，改善了各族人民的生活。凿井法和炼铁法传入当地后帮助当地发展了生产，对于农田水利灌溉和开垦荒地起了促进作用；中国先进的铁器，特别是铁制的农具以及漆器、陶瓷器、铜镜等铸造工艺也传到了西方，便利了人们的日常生活，提高了劳动生产率。

中国的四大发明也是通过丝绸之路经阿拉伯等地逐渐传播到欧洲去的，阿拉伯人在公元 751 年学到中国的造纸法后，再由北非的摩尔人渡过直布罗陀海峡传入西班牙。1150 年西班牙巴伦西亚开设了造纸厂，1189 年造纸术传入法国，1276 年传进意大利，1390 年德国纽伦堡也有了造纸厂，大约 1495 年又渡海传到英国。由于蒙古人远征，把中国印行的纸钞、叶子戏纸牌、佛经、佛像也带入了欧洲。后来欧洲也有了木版印刷，这必然是受到中国传去的印刷品的启发。中国在 11 世纪初首创的活字印刷很可能由往来于元朝与欧洲之间的人士传播过去的，于是荷兰哈莱姆城的教堂执事科斯特于 1423 年、德国古德堡于 1454 年先后推出了西方最早的活字印刷品。欧洲人关于火药的知识是从阿拉伯人那里辗转学去的，而我国的航海家在远航途中则把使用罗盘的优越性传授给欧洲的同行。这些都直接和间接地影响了后来新航路的开辟和文艺复兴运动的兴起。

在中国与欧洲人员交往方面，意大利旅行家马可·波罗（1254 年—1324 年）的中国之行已是家喻户晓。他曾在元代宫廷供职，将其亲历的情景撰成《马可·波罗游记》，向欧洲介绍了中国的情况，促进了西方对中国文明的了解。从明代中期起，一些天主教传教士来华，带来了欧洲文艺复兴后最新的科学技术成果。最著名的有利玛窦（1552 年—1610 年）、龙华民（1559 年—1654 年）、汤若望（1592 年—1666 年）等人，他们译著了关于天文、地理、水利、物理、数学等方面的书籍，传播西方的科学知识。利玛窦与明朝科学家徐光启（1562 年—1633 年）交流学术，过从甚密。欧洲吸收了中国的火器后造出了新式火炮，明朝已能仿造。明清之交中医学知识不断被欧洲人介绍到西方去。由以上大量史实可知，中国古代文化对欧洲乃至世界的贡献是极其巨大的，而中国的文明也吸收了欧洲文化的许多内容，在世界古代史上，两大区域的文明互相交流，相映生辉。

丝绸之路开辟后，东西方的宗教交流逐渐频繁。东汉时期，佛教经西域传入中国，现在中国的新疆、甘肃等西北地区，在隋唐之前主要是信仰佛教的。隋唐时期，随着文化的开放与交流，伊斯兰教、基督教、祆教等宗教相继通过丝绸之路东传进入中国。不同宗教在中国本土与儒学、道教等相互交融，逐渐形成了多元交融的宗教文化体系。

丝绸之路由最初的草原之路、沙漠之路演变成一条络绎不绝的商道，最后演变成一条事实上的文化交流之道。作为丝绸之路的起点和终点的长安，在输出中国文明成果的同时，也吸纳融合了外国文化的结晶。东西文化往来的结果丰富了双方的文化，这种文化的互动，反映了中华文明的兼容并蓄的大度气概。丝绸之路的文化交流还涉及建筑、服饰、艺术、科技、体育、风俗、饮食等方方面面。总之，不同的文明之间互相交流，共同增色，这是丝绸之路的莫大功劳。丝绸之路的历史，就是中西文化的交流史。作为东西文化交流的桥梁，多种文明通过丝绸之路交流碰撞，在中国形成了多元化、国际化的大都市——长安和洛阳，促进了不同历史时期国家典章制度的完善性，宗教理性的宽容性，科学技术的先进性，文学艺术的多样性，人文精神的开放性，服饰装饰的时代性。从这个意义上讲，丝绸之路在东西方文明发展史上具有极为重要的人文意义。

179 何谓海上丝绸之路？

海上丝绸之路是以丝绸、陶瓷贸易为主体的、在中国古代长期存在的中外海上交通线以及与之相伴的经济贸易体系。古代东西方交通线主要有两条，分为陆路和海路。1887 年普鲁士学者李希霍芬（Ferdinand von Richthofen）将陆路通道称为“丝绸之路”（Silk Route），得到国际学术界一致认同，后来海路通道则被称为“海上丝绸之路”。此外，中国的陶瓷、茶叶，西方与中东、日本的金银货币，也是海洋贸易的重要商品和通货，所以，又有学者将海上丝绸之路称为“陶瓷之路”“茶叶之路”或“白银之路”。下面从海上丝绸之路兴起的原因、发展的各个阶段以及影响这几个方面对海上丝绸之路做简单的介绍。

一、海上丝绸之路兴起的原因

海上丝绸之路萌芽于汉代，勃兴于唐代，宋元时期发展到顶峰，明清时期逐渐衰落。其兴起的原因主要有以下几个方面。

首先，陆上丝绸之路经常因政治、战争、强盗抢劫的影响而受到阻碍。人们感到陆路已经不能满足需求，早在汉代，人们就开始着手准备开辟海上丝绸之路。唐代前期，陆上丝绸之路还算畅通，安史之乱后，唐朝势力退出西域，吐蕃势力占据河西和陇右，这使得陆上丝绸之路进一步衰落，为海上丝绸之路的兴起提供了契机。这一时期中国传统的外销商品陶瓷、茶叶和丝绸多产于南方，随着经济重心的南移，使得海上丝绸之路有更好的前景。

其次，海上丝绸之路的优点正好弥补了陆上丝绸之路的缺点，从而为自身发展创造条件。中国有绵长的海岸线，并且拥有众多优良的港口，发展海上丝绸之路有得天独厚的条件。早在唐代，就形成了“广东通海夷道”，相比陆上丝绸之路，海上丝绸之路可以到达许多海岛国家和港口，如日本、琉球、马来西亚诸岛等。此外海运的规模也远超过“沙漠之舟”骆驼的承载力，因此它使商品更廉价也更安全可靠。

第三，古代西方人、波斯人、阿拉伯人在通往东方道路上不断开拓，也有力地推动了海上丝绸之路的发展。古罗马人就曾为开辟到中国的通道做出巨大努力。首次有文字记载的来华的西方使者就是由海上而来的古罗马使者，公元166年，大秦王安敦派使者来洛阳拜见了汉桓帝。魏晋南北朝时期，佛教迅速传播，从印度洋经过南中国海而来的海路交通也随之兴盛。公元7世纪由地中海经印度洋，穿过南中国海，到达中国的海上丝绸之路，又在阿拉伯人的推动下进一步发展。因此海上丝绸之路的发展是东西方濒海各国各民族共同努力的结果。

第四，唐宋之际，中西方科学技术的发展，造船航海技术的突破，尤其是后来指南针的发明并应用于航海，以及航海观念的改变，为海上丝绸之路的勃兴提供了技术支持，开辟了广阔的发展前景。

总而言之，海上丝绸之路的兴起和发展，是在特定的政治、经济环境下凭借特殊的地理优势不断发展起来的。造船技术的发展和航海罗盘的应用为其发展提供了必要条件，东西方先民共同努力，相互推动使得它在东西方经济文化的历史中占据重要的地位。

二、海上丝绸之路的特征及阶段性

萌芽阶段：据《后汉书·西域传》记载，公元 120 年大秦人经过掸国（缅甸）抵达汉朝疆土，公元 166 年大秦王安敦派遣使节到东汉朝廷，进贡了犀牛角、象牙等珍贵的礼品。这说明此时期大秦商贾为了进行贸易活动，已经探索出了通往中国的海洋航线。海洋航线的开拓主要是为了商业贸易，在两汉时期，国外的各种商品已通过海上航线被不断地运到中国。南北朝之后，有更多的国外商人、佛教徒远涉重洋来到中国。他们也带来了更多的奇珍异物，史载："西晋太康二年（281 年），大秦国使臣自广州来贡，众宝皆丽，火布尤奇。"

发展阶段：唐代政治经济繁荣，其对外贸易、交流也十分频繁。8 世纪初为了管理沿海港口和海上贸易，唐朝专门设立了市舶司。频繁的经济交流使各国对中国的货币需求十分强烈，导致中国大量货币外流，外国的货币也在此阶段流入中国，唐朝货币的大量流通证明了此时期中外贸易的繁荣。从 8 世纪中叶起，中国的陶瓷和茶叶也逐渐成为销往海外的重要商品。在海外许多国家都考古发现了大量当时中国的陶瓷器皿，其中最为著名的是唐三彩和青瓷。

繁荣阶段：两宋时期，北方少数民族迅速崛起，陆上丝绸之路受到阻碍，因而海上丝绸之路更为发达。北宋初年，宋朝政府就在广州设立市舶司，以后又陆续在泉州、杭州、明州（今浙江宁波）等地设立市舶司。公元968年，大食国的使节经过海上航线来到中国。此后，海上丝绸之路就成为中国与大食贸易的主要线路。这一历史时期，海上丝绸之路对中国的陶瓷流传到世界各国更是发挥了极为重大的作用。元代特别重视对外贸易，其贸易由政府直接管理，海外贸易法规多沿袭宋代，采用专卖的办法垄断资源，控制市场。国内外消费市场的扩大，纸币在全国流通，柜坊、钱铺、交行铺等出现，使沿海城市更加繁荣。马可·波罗就认为泉州是当时世界上两个最大的港口之一。元代制瓷技术的新突破，加之生产规模的扩大，大型器物的增多，使销往世界各国的陶瓷远远超过宋代，其中以景德镇青白瓷和龙泉青瓷最多。因此这一时期的海上通道也成为名副其实的“陶瓷之路”。

衰落阶段：明清时期中央政府推行闭关锁国政策，实施“海禁”，阻碍了海上商业贸易的发展，有着悠久历史的海上丝绸之路也由此一步步走向衰落。加之西方殖民者大举东来，中国的海外贸易无论是规模还是范围都大大缩小，海上丝绸之路由盛转衰。

三、海上丝绸之路的影响

海上丝绸之路虽是以商业贸易为主，但其意义远远超过了贸易的范畴。它把世界各文明古国如希腊、罗马、埃及、波斯与中国联系在一起，从而使埃及文明、两河流域文明、印度文明、美洲印加文明和中国文明也联系在一起，形成了一条连接亚、非、欧、美的大动脉。它的兴起和发展对中国和世界都产生了巨大影响。

海上丝绸之路也是一条宗教文化传播交流的通道。早期的佛教、伊斯兰教、基督教等宗教都曾通过海上丝绸之路传播到中国，中国的传统文化也沿海上丝绸之路传入了朝鲜、日本等国，以妈祖信仰为代表的中国民间文化也随着中国移民传到马来西亚、菲律宾、越南等东南亚国家。从这方面来说，海上丝绸之路的形成和发展不仅促进了宗教文化的传播和交流，而且也间接地促进了各国之间的交流和了解，它是联结东西的桥梁和纽带。

海上丝绸之路扩大了东西方科学技术和文化的交流，表现为“西学东渐”和“东学西渐”。在公元15世纪或16世纪，天主教、新教等在东南亚和中国得到了传播，以利玛窦、汤若望等为代表的传教士一方面向中国人传播西方的科学知识，另一方面将中国文化介绍到西方，从而在西方形成一股中国热潮。他们带来一些科学仪器和印刷品，如二棱镜、地球仪、浑天仪、世界地图、科学著作等，吸引了部分中国人的目光，激起他们对西方科学的向往。从此，自先秦以来的文化格局随着西方科学知识的传入被打开一个缺口，中国知识分子从一种相对传统封闭的状态中摆脱出来，突破了以前保守陈旧的思维模式，从而为中国的知识和文化带来了一场前所未有的革命。中国的典籍也被他们翻译并且寄回欧洲，在欧洲引起了巨大的反响。可以说，这些经海上丝绸之路传播出去的中国传统思想为欧洲的启蒙运动提供了理论上的支持，也与德国古典哲学的创立和发展有一定的关联。

海上丝绸之路加速了东西方经济交流与物种的交换。通过海上丝绸之路，中国的丝绸、茶叶、瓷器等物产越洋过海，远销他国；海外诸国的珠宝香料、异兽奇药也源源不断地进入中国，从美洲传来的番薯、玉米大大改善了中国人的饮食结构。

海上丝绸之路还促进了区域性的民族迁徙，并对沿海主要港口城市的发展建设有很深的影响。对外贸易带动了海外移民，沿海地区出现了许多侨乡。明清时期海外移民明显增多，大多是向东南亚各国移民，最早多移民越南，后来扩展到整个东南亚，最后伸延到世界各国。中国的传统文化也随着海员、移民的步伐传到海外，对中国周边国家产生了很大的影响。海上丝绸之路也使沿海港口城市形成了重视海防，“蕃坊”林立，四方商贾杂居，以经济贸易为主导等商业城市共有的特点。

海上丝绸之路是中华民族与世界各民族物质与文化相互传播、接纳与融合的产物，是不同文化、不同宗教传播的桥梁。其萌芽、发展、繁盛直到衰退，都蕴含着极为重要的历史文化价值，为我们留下了丰富的海洋文化遗产。它同时也彰显了千百年来东西方各国友好交往的历史联系，它不仅是一条商业、文化的通道，更是一座友谊的桥梁，为各民族的合作与交流做出了巨大的贡献。

180 唐朝最强盛时的疆域到底有多大?

这里所说的疆域不一定有十分完全的主权归属。它是一个政治概念，不是一个文化概念。

通常所说的唐朝疆域，西面到达咸海，东面到达朝鲜半岛，南面到达越南，北面到达贝加尔湖。其实不是同时拥有那么大的疆域，也不是始终有那么大的疆域。唐朝拥有蒙古高原与贝加尔湖流域是在唐太宗征服东突厥以后。唐朝扩张到咸海边，是因为波斯（今伊朗）国灭亡，波斯王子投奔唐朝，唐高宗派军队把他送回去，封他为波斯大都督，统治的地方就是咸海以东，但是时间很短，只有三年左右。唐朝在朝鲜半岛，包括一度占有朝鲜半岛南部的时间也很短暂。唐高宗时期，在平壤建立安东都护府，并且把高句丽人大量内迁，有些人一直迁到四川。但是唐朝还来不及往朝鲜半岛移民，高句丽人不断反抗，因为反抗太激烈，安东都护府在平壤只存在了三年时间就迁到辽东，以后又迁回辽西。所以地图里画的是唐朝一度达到的最大范围，实际上并不是始终拥有那么大的疆域。

但越南北部还是稳定的，一直到唐朝末年，当地的豪强才开始驱逐唐朝的地方官，但在五代前期仍在中国的版图之内。公元 10 世纪，出身于当地豪强世家的吴权打败南汉军队，自立称王，建立越南历史上最早的独立王朝——吴朝。一般认为此后越南才成为一个脱离了唐朝中央政府的独立政权。

安史之乱以后，唐朝疆域有所缩小。唐朝征服东突厥后不久，突厥人在蒙古高原重新建国，以后回纥人又在蒙古高原兴起，并且一度非常强大。唐朝在平定安史之乱时，曾经向回纥人借兵。东北地区在一个较长的时期内一直在唐朝管辖范围内，在这些地方设置了不少羁縻府州。唐朝中期最多只管到今天的辽河下游，再往北不再属于唐朝管辖，当地的靺鞨人建立了自己的政权渤海国。在唐后期朝鲜半岛与唐中央政府是宗藩关系，实际上已经是独立的政权。

唐朝中期遇到一个比较棘手的问题就是吐蕃。吐蕃的极盛时期，疆域非常广大，包括今天新疆和中亚的一部分，也包括今天的尼泊尔、四川省的西部、云南和甘肃的大部分。吐蕃一度占据了河西走廊，当地有大量汉人，不少人被迁到西藏。所以严格讲，今天的藏族人里面部分有汉族人的血统，这就说明任何民族都是在不断的交流融合中发展起来的。不过在唐后期吐蕃就已经衰落了，其疆域基本退缩到青藏高原，而且内乱不止。历史上任何一个王朝的疆域都是变化的，有伸有缩，绝不是一成不变的。

181 唐朝的书法成就如何？

唐朝是我国古代书法艺术发展的鼎盛时期，出现了许多著名的书法家，他们都留下了极为珍贵的书法作品，楷书、草书、行书在唐朝也都上升到一个更高的层次，具有鲜明突出的时代特点，对后世的书法产生极为深远的影响，因此有“书至初唐而极盛”这一说

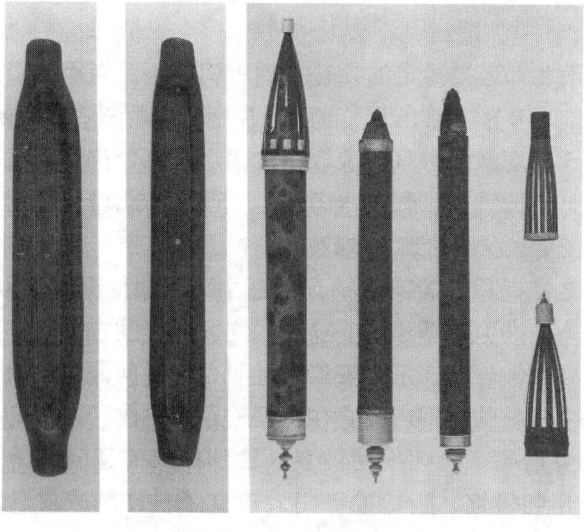

日本正仓院收藏的唐代笔墨

法。此外，唐朝的书法教育也为唐朝书法取得非凡成就做出了不可磨灭的贡献，而且对后世影响深远。

唐朝关于书法理论的书籍颇多，主要有欧阳询的《八诀》《三十六法》《传授诀》《用笔论》，虞世南的《笔髓论》《书旨述》，李世民的《笔法诀》《论书》《指意》，孙过庭的《书谱》，张怀瓘的《书断》《论用笔十法》《玉堂禁经》，蔡希综的《法书论》，徐浩的《论书》，颜真卿的《述张长史笔法十二意》，李华的《二字诀》及张彦远的《法书要录》等。这些论著对楷书技巧、法度阐述得详尽而具体，在楷书创作实践中有着重要的指导意义。

在书法运用上，最详尽的是智永的"永字八法"，即侧、勒、努、趯、策、掠、啄、磔，体现了楷书笔法规律的主要内容。欧阳询以为此八法尚不能包括一切字的点画，著《八诀》之文，生动详尽地形容了行笔的姿态。颜真卿又有《八法颂》和《述张长史笔法十二意》，对笔法阐述都颇有见地。欧阳询对结构很有研究，相传由他创制的《三十六法》是唐代论结体法度最详尽的书籍，成为楷书之准绳。九宫格字体的结构法是唐朝人创制的，对练习书法具有重要的指导意义。唐朝人对楷书的结构有特别的研究，因专讲结构，故精于楷书法度的书家特别多，就连草书大家张旭、怀素、孙过庭等都有扎实的楷书基本功。唐朝书家无论擅长何种书体，于楷书都无不精研入微，因为这是学习书法的基本功。唐人尚法，在追求书法外在的客观美的同时，尤其注重书法创作中的客观规律，从而将楷法总结提高到完备的程度。

在书法教育方面，主要有两种，一是家传式教育，一是官学式教育。家传保持了书法艺术的连续性和传承性，但在创新方面不免有一定的局限性。官办书学的建立使书法教育更加规范化，唐朝开设书法专业课程，其书法教学具有很大权威性。根据唐代张怀瓘的《书断》及宋代朱长文（1039 年—1098 年）的《续书断》记载，唐代有名的书法家 61 人，有家学关系者就有 26 人，说明家学教育的重要性，但更多的书法人才还是学校培养的。

唐朝主要书法家有欧阳询、虞世南、褚遂良、薛稷、李邕、孙过庭、颜真卿、柳公权、张旭、怀素等，可谓群星熠熠，构成了中国书法史上空前绝后、最为辉煌的图卷。下面将其成就及代表作简介如下。

1. 欧阳询（557 年—641 年），潭州临湘（今湖南长沙）人。欧阳询吸取诸家之长，融会贯通，创造了独特书体，世称“欧体”。其代表作有《九成宫醴泉铭》《化度寺碑》《虞恭公温彦博碑》《皇甫诞碑》等，用笔刻厉劲险，法度森严，于平正中见险绝，有执法面折庭诤之风，明人项穆称其“出类拔萃，固非随波逐流者也”。

2. 虞世南（558 年—638 年），越州余姚（今浙江余姚）人。其代表作有《孔子庙堂碑》等，法度严谨，外柔内刚，潇散洒落，温润圆浑，后世奉为楷模。

3. 褚遂良（596 年—659 年），阳翟（今河南禹州）人。褚遂良的书法代表了唐代楷书的嬗变阶段，是欧、虞与颜、柳之间的桥梁。褚遂良继承和发扬了隋代书法的最高成就，又是唐楷创新的发端者。代表作《雁塔圣教序》反映了褚书的艺术成就。

4. 薛稷（649 年—713 年），蒲州汾阴（今山西万荣）人。薛稷与欧、虞、褚并称“初唐四大家”，其行、楷、隶、草皆能入品，其书法“结体遒丽”，融隶入楷，劲瘦媚丽，圆腴挺拔。其代表作有《中岳碑》《洛阳令郑敞碑》《升仙太子碑》《信行禅师兴教碑》《佛石迹图传》等。

5. 李邕（678 年—747 年），江夏（今湖北武昌）人。其书风豪挺，结体茂密，笔画雄劲，代表作有《麓山寺碑》《法华寺碑》《云麾将军碑》等。

6. 孙过庭（646 年—691 年），吴郡富阳（今浙江富阳）人。楷书、行书、草书皆为其所长，笔势坚劲，尤以草书著名，在唐初就很受推崇，其重要作品是《书谱》。

7. 颜真卿（709 年—784 年），京

颜真卿像

张旭像

兆万年（今陕西西安）人，祖籍琅邪临沂（今山东临沂）。颜真卿是唐朝最伟大的书法家，为琅邪颜氏后裔，家学渊源。传世书迹较多，如《多宝塔碑》《颜勤礼碑》《麻姑仙坛记》《颜氏家庙碑》《祭侄文稿》及《自书告身》等。颜真卿博采众长，不断创新，刚胜于柔，内美外溢，有特点，有个性，充满盛唐气象。

8. 柳公权（778 年—865 年），京兆华原（今陕西耀县）人。中唐时期的柳公权，学颜而加以遒劲丰润，自成一家。所书《玄秘塔碑》和《神策军碑》，于严谨中见开拓，圆厚中见锋利，为后世所宗法。他的书法与颜真卿书法有“颜筋柳骨”之说。柳书扬弃了颜书竖画的肥壮，把横竖画都写得均匀瘦劲；又吸收北碑中的方笔长处，写得爽利森挺；还吸取欧、虞的紧密，颜的纵势，开创了独树一帜的柳体。其师古不泥，极力变王右军之法，自出新意。

颜体和柳体集中反映了唐朝的楷书成就，也是唐朝楷书成熟的最后完成阶段。颜、柳一出，几成万世不变之法。

9. 张旭（675 年—约 750 年），苏州吴县（今属江苏）人。张旭善草书，传世之作有《肚痛帖》《古诗四帖》等，被后世誉为“草圣”。其书风豪放，潇洒磊落，变幻莫测，又字字有法。

10. 怀素（725 年—785 年），永州零陵（今湖南零陵）人。怀素的草书被称为“狂草”，用笔圆劲有力，奔放流畅，一气呵成，与张旭草书并称“张颠素狂”。其代表作有《自叙帖》《苦笋帖》《食鱼帖》等。

总之，我国书法发展到唐代，取得了极大的进步，成就辉煌，对后世及东亚各国影响都很大，对我国书法艺术发展的贡献没有哪一个时代可以与之相提并论。

182 唐朝的乐舞成就表现在哪些方面？

唐朝的乐舞发展是举世瞩目的，也是我国历史上乐舞发展的鼎盛阶段。唐朝官方的乐舞可以分为两大类，即雅乐与燕乐。前者是在举行祭祀、朝会及重大典礼时使用，属于国家礼乐制度的重要部分。这类乐舞表演程式僵化，变化甚少，而且延续性较强，不具备娱乐的特点，在唐代乐舞中不占主要的地位。后者的娱乐性极强，变化多端，是唐代乐舞中的主体部分，通常所说的唐代乐舞就是指燕乐。

唐代乐舞管理机构不论从数量上还是规模上都比前代更胜一筹，有太乐署、鼓吹署、内教坊、左教坊、右教坊、梨园以及乐官院等，各部门的分工、职责也更为细致。例如右教坊的艺人精于歌唱，左教坊的艺人精于舞蹈。其中梨园是唐代比较特殊的培养歌舞艺人的地方，据史书记载，梨园弟子都是由唐玄宗亲自挑选并进行训练。有了如此完善的乐舞机构，对乐舞艺人的培养更为严格、更加系统，为唐代培养了非常多的优秀的艺术人才，也促使唐代乐舞达到艺术发展的高峰。

唐朝乐舞的发展主要表现为对各民族及外国舞蹈的广采博取、融汇吸收以及对其他民族及外国的影响。如贞观十六年（642 年）形成的《十部乐》中就有三部来自少数民族，四部来自外国，而大部分来自西域。唐朝在广泛学习少数民族乐舞的同时，也曾有选择地进行扬弃，并且把吸收过来的东西不断加以改造和发展，使之适合自己的喜好标准。如在《立部伎》和《坐部伎》中，著名的乐舞《破阵乐》用中原传统武舞形式编创，其伴奏乐曲吸收了明快健朗的龟兹乐成分，这就是大胆而巧妙的结合。

唐朝乐舞式样之多、种类之全、分类之细，皆为历代所不能及。有集礼仪性和观赏性为一体的宫廷部伎乐舞、技艺精湛的表演性乐舞、娱人娱神的宗教性质的乐舞、繁盛的民间歌舞和歌舞戏等，特别是集歌、诗、舞、乐为一体的大曲艺术，更是代表了古代乐舞艺

胡旋舞图

术的最高峰。

唐代宫廷宴享典礼所表演的乐舞，通常称之为唐宫廷燕乐。它兼备了礼仪性、艺术性、观赏性与娱乐性，同时还具有一定的政治意义。《十部伎》与《坐部伎》《立部伎》代表了唐代宫廷燕乐的两个不同阶段。宫廷燕乐中最具代表性的是大曲艺术，代表了唐代乐舞的顶峰，演出时歌、舞、器乐并用，场面宏大，色彩缤纷。著名的大曲有《秦王破阵乐》《功成庆善乐》《霓裳羽衣曲》等。

宫廷贵族、士大夫家中及民间的表演性乐舞分为“健舞”和“软舞”两大类，健舞节奏明快、矫捷雄健，如《柘枝》《剑器》《胡旋》《胡腾》等；软舞节奏舒缓，柔媚温婉，风格与健舞相反，如《绿腰》《凉州》《春莺啭》等。唐代还有一些其他的表演性乐舞如“悲舞”“花舞”“字舞”“崇道尚仙”之舞等等。表演性乐舞，艺术水平更高，形式更多样，内容更丰富，技巧更繁难，是乐舞中最重要、最精彩、影响最大的部分。

宗教性质的乐舞，既是宗教活动内容，也是唐代艺术生活中的一种重要乐舞。佛事活动中乐舞表演最突出的例子是《四方菩萨蛮队舞》。道教的兴盛和发展使得这期间出现了不少崇道尚仙的乐舞作品，如《紫极舞》《凌波曲》等。除了以上这些乐舞外，唐代还有一些民间祭祀乐舞，如“巫舞”“傩舞”，还有求雨时跳的乐舞等等。巫舞等受到当时乐舞艺术高度发展的影响，更加讲究形式美，神秘气氛似乎也淡薄些。唐代每逢年节时，也要举行一些歌舞活动，一般都是综合性质的百戏表演，但是也有一些群众性的娱乐活动，如当时民间盛行的《踏歌》就是节日中最常见的娱乐活动。

除此之外，在唐代还有大量的歌舞戏弄，其代表作有《踏谣娘》《苏莫遮》和《兰陵王》等。这类节目往往是带有故事性的歌舞表演，由伎人装扮某一角色，通过歌唱、说白和动作表演特定的情节，也可以称为“歌舞戏”。唐代又有“参军戏”，由“参军”和“苍鹘”两个角色表演，一人扮演曾任“参军”的官员，一人从旁戏弄，多具滑稽谐谑因素。“歌舞戏”和“参军戏”是我国古代戏曲的早期形态，对中国戏曲的发展具有重要的意义。

唐代乐舞的兴盛，对当时的社会产生了多方面的深刻影响。首先它成为人们娱乐消遣的主要方式，还成为文人抒情言志的工具；其次，唐代乐舞对文学的最大最重要的影响，是其乐舞艺术中的歌唱部分促进了词这种文学体裁的产生；另外，乐舞艺术对其他艺术形式的影响主要表现在其为雕刻、绘画艺术提供了新的鲜活的文艺素材，使当时的绘画、雕刻艺术也变得更加生动多彩，从而造就了敦煌艺术成就的最高峰。唐代的乐舞跟佛教关系非常密切，唐朝佛教盛行，佛教音乐也随之盛行，敦煌莫高窟壁画中表现乐舞的就包括33幅世俗乐舞图。敦煌莫高窟里还发现了唐代的乐谱、舞谱等，都是由寺院保存的，有些作品就是出自僧人之手，可以算作当时宗教音乐和世俗音乐互

唐骑驼乐舞三彩胡人俑

相渗透、互相影响的一个例证。

唐代乐舞在吸收外来乐舞有益成分的同时，也对外产生了很大的影响。1972 年、1973 年在高昌（今新疆吐鲁番）发现的张雄夫妇及其孙张礼臣墓葬中的舞俑及乐舞绢画，清楚地显示了中原乐舞文化对高昌的影响。其服饰与舞姿，均具有浓厚的中原风格，肩绕披帛，更是当时中原妇女的常服。表情温婉，配以轻微的舞蹈动作，这揭示了中原乐舞传入高昌与高昌乐舞相互交流、影响的史实。类似这样的情况，在今新疆地区还有不少发现。此外，唐朝乐舞对印度也有一定的影响，玄奘在印度时，戒日王曾向他询问关于《秦王破阵乐》的事。唐朝乐舞还传至日本、朝鲜，对当地的乐舞文化有很大影响，并成为中外文化交流的见证。

总之，唐代是中国古代乐舞发展史上的辉煌时代，也是中外乐舞文化交流最为频繁的历史时期，善于吸收和消化是这一时期乐舞得以快速发展的重要因素，从而促成了中国历史上乐舞文化大繁荣时代的到来。

183 唐三彩有什么艺术特点？

唐三彩是一种在唐朝非常盛行的陶器，其基本釉色为黄、褐、绿三色，因此被人们称为唐三彩。唐三彩的制作工艺非常复杂，拥有丰富多变的釉彩和前所未有、种类繁多的造型设计，从一个侧面反映了唐王朝发达的经济和繁荣的文化生活。不过后来，唐三彩也随着唐王朝的衰弱而由盛及衰。

唐三彩最大的特点之一，就是其颜色之绚烂，这与其独特的制作工艺有关。它先在 1000℃—1100℃的窑中素烧成型，然后，在冷却的器物上，再施以矿物釉料，再次入窑以 800℃—900℃的温度烧制，随着炉温逐渐增高，釉料在受热过程中溶化并扩散流淌，各种颜色浸润交融，每种颜色都呈现出由浓到淡的层次，最后形成流畅协调的色彩。用这种方法烧制出来的器物色彩斑斓，浑然天成。唐三彩的釉色有浅黄、橙黄、淡青、浅绿、翠绿、深绿、天蓝、褐红、茄紫等多种色彩。因以黄、绿、褐三色为主，后人便将这种陶器称为唐三彩。此外，还有以蓝色釉为主的蓝三彩，但数量极为稀少。

唐三彩品种繁多，内容丰富，可以说囊括了当时社会生活的各个方面。就其性质而言，有实用器和明器之分；就种类而言，又可分为生活用具、俑、儿童玩具三大类。生活用具如水器和酒器、饮食用具、文房用具、交通工具、寝室用具、建筑模型等。俑又分为成人俑和动物俑。人俑有天王、武士、文官、贵妇、少女、男童、侍女、牵马牵骆俑、乐舞俑、骑马俑以及介于人兽之间的镇墓兽和十二生肖俑；动物俑则有马、骆驼、牛、羊、猪、狗、鸭、鹅等。玩具俑有狮子、狗、雀、猴头等动物形的乐器，形体甚小。具体而言，在人物俑形象塑造上，工匠根据不同的社会地位、等级，表达出人物特定的情感与特征，使人物俑由随葬品升华到具有永久魅力的艺术品。如唐代工匠们塑造的贵族妇女俑，重点表现其体态丰满、艳丽动人的特点；文臣俑着意表达他们的气宇轩昂、峨冠博带；骑射俑姿态各异，表现其背弓荷箭、牵黄擎苍的英武勇敢；还有表现下层劳动人民的俑，艺人们用粗犷的线条，简单的衣着，扭动的身躯，来表现他们热情奔放、无拘无束、活泼乐观的情趣，反映了他们不同于上层社会的精神面貌。

在唐三彩器物上，有一个比较显著的特点，就是工匠们把大量的绘画手法融于雕塑之中，“塑其容，绘其质”，使三彩陶塑不仅具有立体形象的体积感，而且还具有绘画般的笔墨情趣和色彩美感，从而能够获得气韵生动的表达效果，也使陶塑在表现手法上风格一新。许多雕塑已基本脱离了工匠之气，有着较高的艺术价值。

在陶俑的表现上，工匠们以“写实”来摄取社会生活的各个方面，又以“写意”作为指导思想。唐代工匠们把中国绘画中的“线”运用到雕塑技法之中，创造出“以线画体，以体托线，线体结合”的特有的雕塑技法。陶俑的衣着处理上多用阴刻线纹，线条流畅自如，疏密相间。有的塑像天衣飞扬，有“吴带当风”的韵味；有的衣褶稠叠贴体，衣紧袖窄，有“曹衣出水”的风格。

唐三彩的装饰纹样，可谓丰富多彩，各式各样。三彩器的装饰手法，主要运用了刻花、印花、贴花、划花、堆塑等技法。题材方面，随着人们的思想意识得到进一步解放，表现为追求清新自由，以花草植物为主要装饰纹样。它摆脱了商周以来那种拘谨、冷静、神秘、威严的气氛，蔓草瑞兽、蜂蝶狂舞常见于各种三彩器的装饰上，使人感到自由、舒展、活泼、亲切，充分体现了中国传统民间美术的审美理想。如马身上的杏叶装饰，就有宝书花、金银花等数种，花样繁多，品种不一。唐三彩的造型和装饰还有浓郁的异国情调，对波斯艺术细致入微的模仿和酣畅淋漓的发挥，也形成了唐三彩特有的风貌。

以马的形象为例，唐代三彩马不同于汉代马形象的塑造，制作手法上大刀阔斧，遗貌取神，注重气势。唐三彩马俑，较之汉代马而言，显得轻松愉快，但又不失凝重之感。在艺术风格上，它不像汉马那样“气势雄大”，也不同魏、隋时期所风行的清瘦俊秀，它饱满圆浑而不流于臃肿，华美富丽又不流于庸俗，装饰品多，而外形仍然清晰明快，体现出唐代特有的审美情趣。具体而言，唐三彩对当时独特的审美性的发掘表现在以下几个方面：（1）造型上，以宏硕

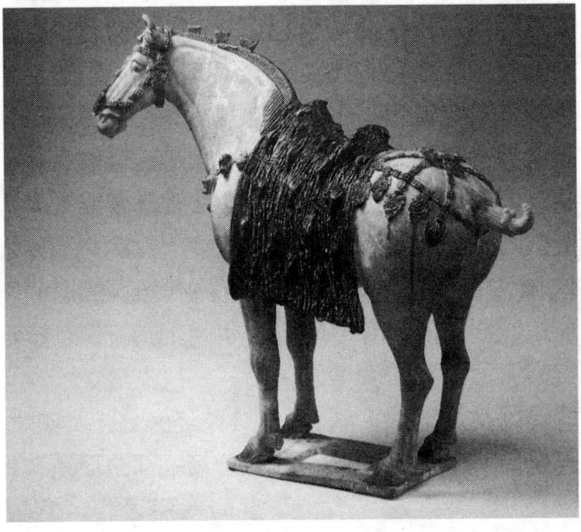

唐代三彩马

健壮为美。（2）颜色上以绚烂富丽为美。（3）神韵上以浪漫热烈为美。唐代总体时代风貌是富有浪漫精神。这种浪漫精神、自信和进取的意识，表现在各个领域。书法、绘画、舞蹈、诗歌都浸染了这种浪漫精神，唐三彩也不例外，它将“形态美”“釉色美”“气韵美”三者结合形成独特的艺术特色。

总之，唐三彩艺术是唐代这个特定时期文化、艺术、科学的结晶，它凭借盛唐王朝强大的经济实力，迅速成熟并极快地达到了艺术的巅峰。唐三彩体现了有唐一代的民族风格和审美要求，从中不仅看到先人高超的技术水平和表现能力，也看到了古代工匠们关注生活、以生活为源的优良传统。唐三彩色彩绚丽、品类丰富、造型各异，是中国陶塑艺术的一朵奇葩，在中国艺术史上书写了浓烈的一笔，它的艺术之美值得我们细细品味。

184 陆羽的《茶经》对中国茶文化的影响是什么？

陆羽像

陆羽（733 年—804 年），字鸿渐，自号桑苧翁，竟陵（今湖北天门）人。他是一个弃儿，3 岁时被竟陵西塔寺和尚收养。安史之乱后浪迹江湖，于唐肃宗上元元年（760 年）来到浙江湖州，时年 28 岁。贞元二十年（804 年）在湖州病逝，终年 72 岁。湖州是陆羽的第二故乡，他在湖州寓居共达 34 年，并完成了世界上第一部茶学专著——《茶经》。

《茶经》是人类茶文化的元典，是我国第一部全面系统地论述茶和茶事的专门著作。它完整地囊括了茶史、茶学、茶文化全部的内容，对后世的茶文化产生了深远的影响。

《茶经》总结了唐代以前及当时与茶相关的知识，使茶事成为专门的学问。它还系统地总结了唐代劳动人民有关茶叶的丰富经验，用客观忠实的科学态度，对茶树的原产地、茶树形态特征、适宜的生态环境以及茶树栽培、茶叶采摘加工方法、制茶工具、饮茶器皿、茶叶产地分布和品质鉴评等，都进行了形象生动的描述和深刻细致的分析。《茶经》共分三卷十节，约7000字。卷上：一之源，讲茶的起源及茶的性状、名称、品质；二之具，谈采茶、制茶的用具；三之造，论述茶叶的种类和采制方法。卷中：四之器，介绍煮茶、饮茶的器皿。卷下：五之煮，讲沏茶的方法、各地水质的品第；六之饮，谈饮茶的风习及饮茶的历史；七之事，征引历代文献，叙述古今有关茶的故事；八之出，谈各地所产茶叶的优劣；九之略，阐述在深山、野寺、泉洞边、岩洞里等特殊环境造茶、煮茶可以省略哪些加工过程和茶具、茶器；十之图，教人用绢分写《茶

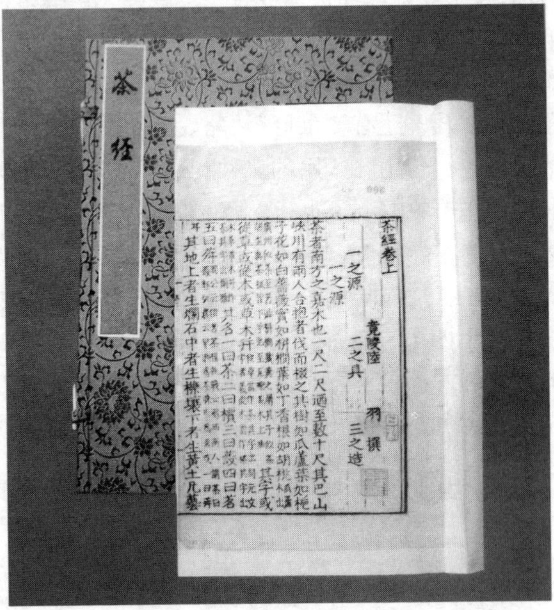

（唐）陆羽著 《茶经》

经》全文加以悬挂，以便随时采用。陆羽《茶经》的内容十分丰富，按照现代茶叶科学来说，涉及植物学、生态学、生物学、选种学、栽培学、植物生理学、生化学、药理学、制茶学、审评学、地理学、水文学、民俗学、史学、文学等多种学科的知识，是一部古代的“茶叶百科全书”。

陆羽开创了我国以及世界为茶著书立说的先河，在《茶经》的影响下，历朝历代的茶人纷纷仿效创作茶书，代表作品有：宋代蔡襄的《茶录》，宋徽宗赵佶的《大观茶论》，明代钱椿年撰、顾元庆校的《茶谱》，张源的《茶录》，清代刘源长的《茶史》等。与《茶经》同名或相似的茶书，就有宋人周绛的《补茶经》，明人徐渭的《茶经》、张德谦的《茶经》、孙大绶的《茶经水辨》《茶经外集》，清人陆廷灿的《续茶经》等，这些茶书主要是对陆羽《茶经》的补充和详解。陆羽的《茶经》很早就被传到国外。1191年，日本茶祖荣西禅师将《茶经》介绍到日本，写成《吃茶养生记》，使茶学在日本广泛传播。目前，《茶经》已经被译成日、英、韩、德等多种语言，其影响已经扩大到世界各国。

陆羽的《茶经》建立了中国传统的茶学和茶文化体系。唐以前，饮茶风气还没有普及，还有“水厄”“酪奴”的贬称。陆羽从我国数千年来对茶叶食用、药用、饮用的多种利用中，从茶叶羹饮、混饮、清饮的不同饮用方式中，通过《茶经》的倡导，确立了茶叶“饮用”和“清饮”的主导地位。自《茶经》问世以后，饮茶之风盛行。《封氏闻见记》说：“楚人陆鸿渐为茶论，说茶之功效并煎茶、炙茶之法，造茶具二十四事，以都统笼贮之。远近倾慕，好事者家藏一副。……于是茶道大行，王公朝士无不饮者。”宋人梅尧臣作诗称颂说：“自从陆羽生人间，人间相学事春茶。”可见其对我国饮茶风气的形成影响之大。

《茶经》还概括了茶的自然和人文科学的双重内容，探讨了饮茶艺术，将饮茶活动与儒、道、佛三教精神接轨并逐渐融为一体，使饮茶活动成为精行俭德、陶冶情操的手段。《茶经》强调茶人的品格和思想情操，认为“精行俭德”是人进行自我修养、锻炼志向、陶冶情操的一种方法。所谓“精行俭德”，是对“业精于行，以俭为德”的概括，也就是行事要精细、认真、勤奋、求实，品德要俭朴、高尚、淡泊、纯正的意思。陆羽本人也是这种精神的倡导者和实践者。《茶经》开创了茶道和以茶尚德的先河，为后世的茶文化发展奠定了基础，提供了典范，使其走向“精神文化”的历程。

同时，《茶经》又将茶精神与美学精神相结合，将饮茶提升到艺术高度，具有美学思想。由于陆羽具有“吴中诗派”诗人和茶学家的双重身份，因此，《茶经》成为中国茶学史上第一次系统地、完整地将茶学精神与美学精神相结合的重要历史文献，具有开创性、转折性和示范性的意义。陆羽在继承前人的基础上，首先明确地将食用茶转变为饮用茶，从而也将食茶的实用性转变为品茶的审美性，并进而从审美角度论述了品茶过程中色、香、味、形等方面的具体情况。他对煮茶之水、饮茶之度、烹茶之火等方面的论述，突出地体现出了传统的“中和之美”的观念。

总之，在陆羽之后，以求精和创新为特点的茶文化进入到一个新的发展阶段。《封氏闻见记》说：“因鸿渐之论，广润色之，于是茶道大兴。”从宫廷到寺观，从朝臣到百姓，特别是文人学子、名僧高士，无不以饮茶为乐，以饮茶为雅，以饮茶健身，以饮茶修性。客来敬茶的风气也更加流行，历经千百年久盛不衰。茶文化到了宋代几乎出现了全面兴旺的景象，茶舞、茶歌、茶画、茶俗、茶道、茶工艺品的研究和活动，在全国范围内展开。这就说明《茶经》为唐以后中国茶文化的发展奠定了基础，对中国茶文化的发展产生了深远的影响。

185《大秦景教流行中国碑》与景教在中国的流传情况如何?

大秦景教是西方中世纪时期基督教的一个分支——“聂斯托利派”，于唐朝贞观九年（635 年）正式传入我国。由于唐朝海纳百川的气度，亦由于景教颇具“玄妙无为”“济物利人”等本质特点，所以它得以在中国流传，其中《大秦景教流行中国碑》就是最有力的证据。

景教是基督教内部对立斗争的产物。古罗马基督教内部因见解的不同而形成以西里禄为首的神秘主义和以聂斯托利为首的开明主义两大阵营。聂斯托利终因宫廷斗争的失势而被革职流放到埃及，他的学说和宗教思想也被罗马帝国斥为异端。聂斯托利的追随者向东逃亡，在恒河流域的波斯、印度一带传教，后来形成了古代基督教东方体系，这个体系被世人称为“聂斯托利派”。它不断发展壮大，向外传播。随着东西方文化、经济、贸易交往的进行，加上唐朝政府民族与宗教政策的宽容，聂斯托利派便随着传教士，沿着丝绸之路，于公元七世纪进入印度、中国等地。又因为唐人称古罗马、叙利亚一带为大秦国，故又称景教为“大秦景教”。

“大秦景教流行中国碑”是明代天启年间在周至县大秦寺里出土的一块直接见证基督教传入中国的碑石。1641 年被写入葡萄牙文的《中国通史》中，碑文被译为拉丁文，传到世界各国，引起了很大的轰动，现陈列于西安碑林第二室。它是唐德宗建中二年（781 年）为记述传入中国的景教的流传情况而立于长安景教寺（大秦寺）的碑刻，用中文和叙利亚文翔实地记述了景教从波斯传入中国，并在长安建寺和宣传教义的情况以及景教的教旨、教仪和教规。碑侧及下部有景教僧人用古叙利亚文写的题名。“大秦景教流行中国碑”不仅是我们今天研究基督教史、景教史的重要依

大秦景教流行中国碑

据，也为研究唐代中西交通与中西文化的交流提供了珍贵的物证，具有很重要的史料价值。

通过“大秦景教流行中国碑”的碑文，可以了解景教在唐代的传播情况，大体可以分为四个阶段。

第一阶段：唐太宗、高宗时期。叙利亚人阿罗本等景教传教士，在唐太宗贞观九年（635年）来到长安。唐太宗指派“宰臣房公玄龄”，以特殊礼遇“总仗西郊”，“迎宾入内”。贞观十二年（638年），太宗下诏“特令传授”，准其传教。在长安义宁坊建寺一所，称波斯寺。高宗继承了这种宽容政策，使景教继续得到发展，不仅在首都长安扩建寺院，“而于诸州各置景寺，仍崇阿罗本为镇国大法主”。由于唐高宗的支持，景教传播很快，短短几年出现了“法流十道，国富元休，寺满百城，家殷景福”的繁荣景象。这是其发展阶段。

第二阶段：武则天、睿宗时期。武则天统治时期，景教的发展受到挫折。武则天在宗教上大力扶植佛教势力，大造佛寺，广置佛像，普度僧尼。由于武则天的大力提倡，佛教势力大大超过其他宗教势力，实际上处于独尊地位。于是佛教领袖发动攻势，对道教、景教等进行猛烈抨击。在睿宗时期，长安的一些儒生也对景教进行毁谤和嘲笑，他们“申华夷之辩，张忠孝之义”，排斥、攻击从国外传入的景教，使景教受到很大的压制。这是景教发展的艰难时期。

第三阶段：玄宗时期。玄宗改变了以往排抑景教的政策，他登上皇位不久，就派他的长兄宁王及其他四个亲王，“亲临福寺，建立坛场”，重新修建了波斯寺，把原已破损的屋梁换成新梁，将倒塌的基石扶正。天宝初，他又命令“大将军高力士送五圣写真，寺内安置”，同时“赐绢百匹”，以庆贺五位圣像的安放。天宝三载（744年），大秦国新的景教传教士吉和来到长安，唐玄宗命吉和与寺主罗含及其他17位景教传教士一起到兴庆宫“修功德”。天宝四载（745年），玄宗又颁发召令，改波斯寺为大秦寺。唐玄宗不仅下令改寺名，还亲自题写了寺院的匾额，从而提高景教的地位，因此在景教碑上也留下了对唐玄宗的赞美之词。此外，全国其他地方也修建了大秦寺，分布非常之广。自玄宗以后至文宗的120多年时间里，由于得到历代皇帝的许可，景教的传播还是比较顺利的。

第四阶段：唐武宗时期。到了武宗时期，景教持续发展的形势急转直下。由于会昌五年（845年）发生了灭佛事件，景教受到很大牵连。唐武宗采取了拆毁寺庙，勒令僧尼还俗，没收寺庙田产等一系列措施，以打击佛教。与此同时，对包括景教在内的其他外来宗教也采取严厉的措施，拆毁寺庙，勒令教士还俗，从而在全国掀起一个打击外来宗教的浪潮，使佛教、景教受到很大的摧残和破坏。最后经过唐末农民军的打击，景教更加衰微，直至销声匿迹。它虽绝迹于中原，但仍流行于契丹、蒙古等地。随着蒙古人的南下，景教又随之返回。它与当时传入中国的罗马天主教一起，被称为也里可温教，一直到元朝灭亡，才最终消匿于中华大地。

根据对景教的发展阶段和传播过程的研究，可以看出景教传播的几个特征：

（一）景教自始至终都依附于政治势力以求生存和发展，浮在社会表面而没有真正扎根下来。因此一旦在政治上失势，不受统治者重视，或者发生社会动乱，就会受到歧视甚至迫害，很难生存下去。

（二）景教的传播与商业活动密切结合。景教通过商人往东传遍各地，景教教会的兴衰与东西商路的兴衰紧密相关。与景教紧密联系的商业几乎也有了宗教意义。唐以后，景教在北部广大游牧地区继续流行，至辽代获统治者允许又进入中国北方。这些传教活动都是以商业为先导的。

（三）景教在传播过程中往往与当地文化相融合。其传入中国后为顺应中国传统文化和习俗，不但袭用佛、道用语，而且似乎接受了儒家的忠孝伦理。景教教祖聂斯托利原有希腊文化背景，但作为基督教一支的景教，在传播过程中受了叙利亚思想的影响而性质一变，再传入波斯，性质又一变。只有重视这些史实，才能更好地理解景教的东传。

景教的东传，也使西方的医学知识传入中国，当时的景教传教士中有不少人精通医术，他们到中国传教，同时也带来了西方医术。在杜环的《经行记》一书中也说：“大秦善医眼及痢，或未病先见，或开脑出虫。”可见由景教传教士传入中国的西方医药给中国的医药宝库增添了新的内容。

总之，景教没能如佛教那样深植于华夏土壤，这是由于景教文化的局限性决定了它自身的渗透性、融合性比较弱。此外，景教在传播时虽然努力与中国传统文化融合，但是其传播的对象始终局限于在华的外国外族人中，而未能被广大华人所接受，因而其自始至终未能变成中国人的宗教。但是，我们同样应当看到，景教对中国文化的影响以及《大秦景教流行中国碑》的重要历史价值。对于《大秦景教流行中国碑》以及景教在中国流传情况的研究，对我们了解基督教史以及东西方文化交流有着重要的意义。

186 摩尼教在中国的流传情况如何？

摩尼教是公元 3 世纪中叶波斯人摩尼（Mānī，约 216 年—约 274 年）创立的一个二元论宗教。该宗教传播的地区西至埃及、北非、欧洲、小亚细亚、叙利亚、伊朗，东抵中亚、西伯利亚、蒙古高原及中国，摩尼教在东方曾经盛行于唐代的中原地区及回纥境内。

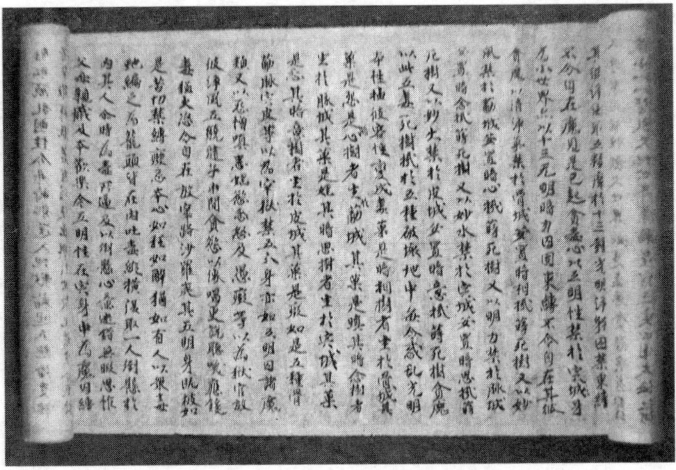

敦煌文书中的摩尼教经

按照传统的观点，摩尼教在武则天延载元年（694 年）正式传入中国。

粟特人以擅长经商闻名于世，同时也是各种宗教的热情传播者。摩尼教自西亚向东传播时，先立足于粟特人的故乡，随后由他们带入中国，因此早在唐以前摩尼教就在中国民间流传了。由于粟特人在唐代更多地进入中原地区，所以摩尼教才更为广泛地流传于中国。然而作为“异教”，中原汉人尤其是中原政权中的上层阶级，都对其表示出强烈的反感。究其原因，一方面是佛道流传甚广，民间信仰业已成熟；另一方面则是统治者出于维护政权稳定的考虑。唐初统治者虽然没有禁止摩尼教的传播，但对在汉人中的传播严加控制，这就显示了唐廷对摩尼教的支持力度是不能与景教相提并论的。

摩尼教在中国的传播、衰败与回纥的兴衰密切相关。由于回纥帮助唐朝平息安史之乱有功，于是唐朝政府对回纥人十分关照，摩尼教也就借着回纥的势力在唐帝国内广设寺院，迅速传播。但是这种依靠某种政治势力传播宗教的方式也存在致命的弱点，即必然会随着这一势力的消长而发生变化，唐后期回鹘（回纥的改名）王国势力衰落，于是摩尼教在内地的传播便大受影响，从而走向了衰败。

唐武宗崇道毁佛，同时排斥道教以外的一切宗教，摩尼教与佛教一样，也遭遇了禁断的命运。但是由于摩尼教教义宣扬善与恶、

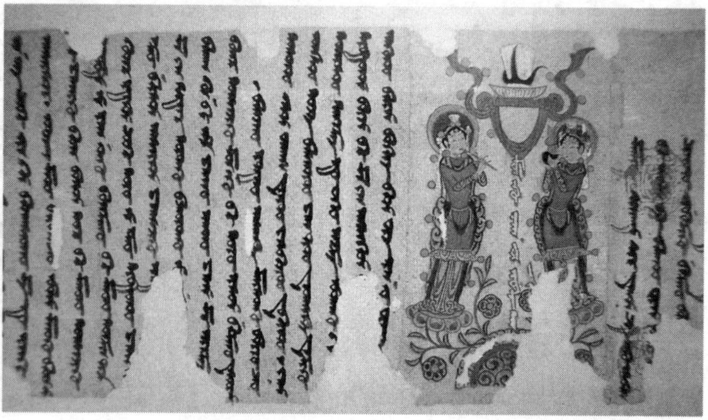

新疆吐鲁番出土的粟特文摩尼教徒书信

明与暗二宗的斗争，宣扬男女平等、分财互助、不吃荤酒等，简单易懂，深得民心，因此会昌灭佛并没有完全使摩尼教在中国绝迹。它的一个流派渗入民间，逐渐发展成为秘密结社的宗教，并被一些人利用来号召与组织民众，比如北宋末年的方腊。一些农民军也用“圣王”“明法王”“圣明”为称号，崇尚白色，燃灯祭祀等，因此被统治阶级视为鼓动叛乱的邪教而加以镇压。元末的红巾军，清代的白莲教，莫不与摩尼教有着一定的关联。

摩尼教作为世界十大宗教之一，曾盛极一时。它杂糅了佛教、基督教、祆教等宗教形式，使其善于利用各国不同的宗教与政治文化，通过宗教仪式、宗教典故、神祇称呼等，使其教义进一步本土化，容易为当地人民所接纳和认同。摩尼教传入中国后，由于当时佛教盛行，道教也颇受统治阶级推崇，因此摩尼教大量采用了佛教中“佛”的称谓，在各地兴修的寺院也颇有道观与佛寺的风格。尤其在唐朝遭受统治者迫害与禁断后，摩尼教发生了分化，其上层遁入山林，修建寺院，杜绝尘俗，潜心修道，其外在表现更加接近佛教与道教，但修行的仍是摩尼之道。其下层却深入社会底层，在民间发展信徒，并且得到了许多农民的支持。

187 祆教在中国的传播与信仰情况如何？

从魏晋南北朝到隋唐五代时期，大量伊朗语系的民众进入中国，其中以粟特人数量最多。同时，伊朗语系的文化也传入中国，祆教就是其中之一，并对中国社会、文化产生了深远的影响。祆教随着粟特人在丝绸之路上往来做生意的过程传入中国，并得到了北魏、北齐、北周等王朝的支持，诸多上层人士信奉该教。北魏灵太后罢黜淫祠独尊祆教，把祆教立为国教，率宫廷大臣及眷属几百人奉祀祆教火天神。北齐后主“躬自鼓舞，以事胡天”。北周帝王也躬亲“拜胡天”，“从事夷俗”。这时中国皇帝热捧祆教，主要是为了做进出口生意，讨好腰缠万贯的粟特商人，以便获取更多的奢侈品。另外，祆教号召信徒从善如流和积极从事农牧生产，符合中国皇帝的

波斯波利亚的祆教最高神阿胡拉·马兹达雕像

统治需要。因此，南北朝时期祆教在中国风靡一时。

随着不断的传播，祆教影响范围逐渐遍及今内蒙古、西藏、西北、中原及江南地区，以北方为主。信仰的民族有鲜卑、突厥、藏、汉等。北魏拓跋氏和北周宇文氏都是鲜卑人，故祆教在北朝时一度兴盛。那时来华的祆教徒很多，北齐政府设立的专门招待域外来宾的典客署中就有京邑萨甫和诸州萨甫（萨甫又名萨宝）二职，是专门管理祆教徒的。《北史·突厥传》记载说："可汗恒处于都斤山，牙帐东开，盖敬日之所出也。每岁率诸贵人祭其先窟。又以五月中旬集他人水，拜祭天神。"此"天神"即是"祆神"。1956年在内蒙古布古特发现的以粟特文记载突厥汗国事迹的6世纪碑铭中，还出现了祆教专门用语。这说明古代住在蒙古高原的突厥人早已熟悉祆教。蒙古萨满教徒所称的天神即祆教中信仰的唯一神——阿胡拉·马兹达。而蒙古的佛教徒亦称因陀罗（印度神话中的天帝，在我国佛经中译为"天主""天帝""帝释"，或音译为因陀罗）为阿胡拉·马兹达。由此可见祆教亦曾对蒙古各宗教产生过深远的影响。

隋唐时期，波斯被大食所灭，阿拉伯人征服了中东。祆教受伊斯兰教排斥，袄教徒被迫东奔进入中国，唐朝以礼待之，设置机构对袄教徒进行管理。故两京和碛西各州均设袄祠，最早的袄祠是长安布政坊西南的袄祠。虽然儒释道三家仍然占据了思想领域的主导地位，但由于社会开放，袄教在隋唐时期获得了长足的发展。袄教徒来中国并不传教，亦不译经，教徒最初只有胡人而没有汉人，他们以《牧护歌》为袄教赛神曲。

袄教在唐朝流行的范围主要在西域和北方地区，是与粟特人的迁徙路线和聚落分布相一致的。在粟特人到达的西域地区，由于缺少汉文史料，以往人们对这里的粟特人活动情况不甚了然。随着考古资料的不断发现，史学界对粟特人的认识逐渐深入。1955 年在西安城西土门村附近发现的汉文和波斯婆罗钵文合刻的《苏谅妻马氏墓志》，1999 年在山西太原发现的虞弘墓石雕和 2000 年陕西西安发现的安伽墓石雕，均富有粟特系袄教图像特征。通过这些大型粟特风格的墓葬可以看出袄教在唐代的传播情况。

在唐代长安，布政坊、醴泉坊、普宁坊、靖恭坊都有袄祠，洛阳也有。《新唐书 · 百官志》中载："两京及碛西诸州火袄，岁再祀而禁民祀祭。"宋人张邦基在《墨庄漫录》中也记述了东京袄庙和"世继其职，逾二百年，斯亦异矣"的祝姓庙祝等事。而《宋史 · 礼志》也记载说："建隆元年（960 年），太祖平泽潞，仍祭袄庙、泰山、城隍。征扬州、河东并用此礼。"可见至宋代，祭祀袄祠已列为国家祀典，袄教在中国的兴旺从中可见一斑。然而元明时史籍对袄教的记载便很少见了，说明袄教在中国已逐渐衰亡。元朝政府对佛教的推崇及对其他宗教的压制，明太祖朱元璋统一中国后对包括白莲教、摩尼教在内的许多宗教组织的镇压，可能是这些外来宗教消失的主要原因之一；而另一原因则可能是袄教教规中的"最近亲结婚"，为宋代以后的中国伦理礼俗观念难以接受，所以宋之后袄教便在中国逐渐消亡了。

188 王玄策出使印度有什么意义？

唐朝在对外交往中，与印度的交往十分频繁，仅在唐朝初年，唐朝政府派往印度的使者就达十余次之多。前往印度游学的高僧更是络绎不绝，著名僧人玄奘开唐朝和印度交往的先河，在中印文化交流史上以及佛教发展史上做出了重要贡献。在玄奘以后，又有一位使臣王玄策曾先后四次出使印度和尼泊尔，并在域外建立奇功，将中国和印度诸国之间的政治、经济、文化交流推向一个新的高峰。

第一，从道路交通方面来看，王玄策的四次出使直接沟通了中国和印度、尼泊尔的交通，他是西藏——印度路线的开拓者。与玄奘沿前代丝绸之路往返不同，王玄策另辟蹊径开拓了西藏到印度的道路，在中印交通史上占有重要地位。历史上较早涉足印度的，游遍印度各地并且产生较大影响的是南北朝时期的高僧法显，而后有唐代著名的高僧玄奘。虽然他们入印度的具体路线不同，但基本都是沿着两汉至隋朝通西域的丝绸之路前行的，道路艰难险阻。而王玄策则选择另一条道路前往印度，按照今天的地理位置大体是：甘肃、青海、西藏、尼泊尔、印度。可以简称为西藏——印度路（或叫吐蕃泥婆罗道）。西藏——印度路的开通，促进了唐朝和五天竺各国的友好往来及文化交流。尤其从唐太宗贞观后期到唐高宗咸亨以前，正是吐蕃与唐朝关系密切时期，据《旧唐书》《新唐书》记载，到唐朝的西域各国使节不绝于道，由于这条路快捷方便，走的人很多，在一段时间内几乎代替了两汉以来的丝路故道，大大加强了中印之间的交流。

第二，政治方面。王玄策出使印度加强了唐朝和泥婆罗、印度以及周边各国的关系，扩大了唐朝在世界上的影响。泥婆罗是中国通往天竺的必经之地，王玄策四次出使印度都经过泥婆罗。第一次出使，史书记载说："贞观中，卫尉丞李义表往使天竺，途经其国（泥婆罗），那陵提婆见之大喜，与义表同出观阿耆婆泺池。"当时王玄策亦随这个使团出使，受到了国王那陵提婆的隆重欢迎。这个使团到达摩揭陀后，受到戒日王的热烈欢迎，使团在天竺各处参观了佛教圣址，同时密切了与佛教人士的联系。王玄策第二次出使时访问了天竺各国，并接受各国赠礼。这时戒日王已死，阿罗那顺篡夺了王位，他出动军队抢夺了各国给唐朝的贡品，并扣押了唐朝的使者。王玄策逃脱后向吐蕃和泥婆罗借兵，在天竺各国的支持下，击败并俘获了阿罗那顺，夺回了贡品，使唐朝在天竺的地位空前提高，天竺各国均来犒劳，如东天竺王尸鸠摩送牛马三万，还有弓、刀和宝璎珞。王玄策第三次出使时仍遍游佛教名胜，并与大菩提寺主戒龙及众僧建立了深厚的友谊。临别时，戒龙以及众僧专门为王玄策举行告别大会，赠送礼品，启程时率众僧送出数公里。据史书记载在王玄策出使印度后，几十年内唐王朝几乎每年都和印度有通使往来，规模最大的是668年和691年的五天竺国都遣使和中国通好。王玄策出使印度推动了中国和印度、尼泊尔（即泥婆罗）各国的官方和民间往来，增进了相互的了解和交往。

第三，加强了双方的经济往来，推动商品交换和物种传播。在王玄策第一次出使印度时，尸罗逸多派使臣贡献火珠、郁金香和菩提树。几次出使，使得唐朝的影响力不断扩大。泥婆罗、印度各国的使者纷纷来唐朝贡献，其中泥婆罗贡献菠稜菜、酢菜、浑提葱，摩揭陀献菩提树等。关于这一切在《唐会要》中有明确的记载："（贞观）二十一年三月十一日，以远夷各贡方物，其草木杂物，有异于常者，诏所司祥录焉……。摩伽国献菩提树，一名波罗，叶似白杨……伽毗国献郁金香，叶似麦门冬，九月花开，状如芙蓉，其色紫碧，香闻数十步，华而不实，欲种取其根。罽宾国献俱物头花，其花丹白相间，而香远闻。伽失毕国献尼楼钵罗花，叶类荷叶，圆缺，其花色碧，而蕊黄，香芳数十步……泥婆罗国献波棱菜，类红蓝花，实似蒺藜，火熟之，能益食味。又酢菜，状如菜，阔而长，味如美鲜苦菜，状如苣，其叶阔，味虽少苦，久食益人。胡芹状如芹，而味香……"这些蔬菜、香料的输入，增加了中国的蔬菜种类，改善了当时人们的饮食结构，丰富了人们的生活，许多蔬菜流传至今，为人们所食用。

第四，王玄策出使印度对科技的发展也有一定影响，其中最具代表性的是制糖法的传入。唐太宗从西域来的使者口中得知，印度摩揭陀有制蜜之法，于是派遣王玄策等人取之，这也是王玄策第二次出使印度的主要目的。王玄策完成了使命，将制蜜之法带回中国。

中国利用此法改进了制糖方法，在扬州用甘蔗榨汁制糖，使得原来紫红色的糖，变成白色，又从块状改变成了颗粒状的糖，称之为砂糖。此法后来又传回印度，对印度产生了重要影响。中国的造纸术也是由此道路逐渐传入印度等国家。随着这一时期科学技术的频繁交流，印度医学、医术等著作也传入中国，极大地丰富了我国的医学宝库。

第五，王玄策的四次出使印度对文化方面也产生重大影响。他所撰的《中天竺国行记》，是其根据四次出使的见闻而写成的一部书，包括文字十卷，图三卷。此书早已失佚，但从现存的残文来看，主要包括了以下内容:（1）描述了印度等国的地理概况，反映了当地的风土物产。（2）揭示了印度社会的历史和法律。（3）描述了印度中世纪佛教发展的盛况，记载了许多佛经故事。（4）笔录了中印之间的友谊，记载了所到之处受到的礼遇。勒铭、树碑，双方互赠礼物，交往不断的事实，是中印之间友好交往的见证。《中天竺国行记》一书内容广博，影响深远，在当时就曾引起朝廷重视。今天王玄策的《中天竺国行记》与玄奘的《大唐西域记》一样，对我们研究古代印度及其邻国的历史地理、社会制度、宗教艺术和中印交通的历史，都具有不容忽视的重要价值。《中天竺国行记》问世后，对我国的佛教文学、民间文学、雕刻艺术、绘画艺术的发展产生重要影响。王玄策带回的诸多文物对中国乃至日本的佛教发展都产生过一定的影响。

王玄策是中尼、中印交流史上的友好使者，他继玄奘之后把中印关系又推向一个高峰，在中印、中尼友好交流史上书写了不朽的篇章。他以敏捷的分析能力、超人的胆略和出色的外交才能在异域建立奇功，促进了中印政治、经济、科技和文化的交流与发展，同时也为后来佛教、科技、文化的发展产生了积极而深远的影响。

189 日本共派出多少次遣唐使?

唐朝的政治、经济、文化的繁荣发达，使其在当时世界各国中产生了强大的影响力。出于对唐朝文化的向往，日本开始源源不断地派出遣唐使，并以此为桥梁吸收先进的唐文明，来推动日本政治、经济以及文化的发展。因此，遣唐使成为古代中日关系中的重要角色，对古代中日关系的发展起着非常重要的作用。

日本第一次派遣遣唐使是在唐贞观四年（630年，日本舒明天皇二年），最后一次是在唐开成四年（839年，日本仁明天皇承和六年，正式决定停止派遣是在894年），前后历经200余年。这200余年，就日本历史时代而论，经历了日本历史上的飞鸟时代（593年—710年）、奈良时代（710年—794年）和平安时代（794年—1185年）三个时代。关于遣唐使的次数，历来学者说法不一，日本史学界对遣唐使次数的认定基本趋于一致，即从630年到894年的264年间日本曾派出19次遣唐使。我国学者趋向于共有18次遣唐使的说法，其中有5次未能成行，正式派遣的应有13次，具体情况如下。

第一次：贞观四年（630年，日舒明天皇二年）秋八月，日本遣使献方物，至贞观五年（631年）抵唐。贞观六年（632年）回国。这次出使的大使是犬上三田耜（犬上御田锹），副使是药师惠日。

第二次：永徽四年（653年，日孝德天皇白雉四年）五月，日本遣使献琥珀、玛瑙，分甲乙两组各乘一船前往唐朝。甲组大使为吉士长丹，副使为吉士驹，一行共121人。乙组大使为高田根麻吕，副使为扫守小麻吕，翌年（654年）归国。

第三次：永徽五年（654年，日孝德天皇白雉五年），由押节使高向玄理、大使河边麻吕、副使药师惠日率领，分乘二船前往唐朝，于永徽六年（655年）八月归国。

第四次：显庆四年（659年，日齐明天皇五年）七月，由大使坂合部石布、副使津守吉祥率领，分乘二船前往。第一船漂流到南岛，为岛人所杀。仅东汉阿利麻等5人乘岛人船抵达唐括州，后入长安。第二船顺利入唐，于龙朔元年（661年）归国。

第五次：麟德二年（665年，日天智天皇四年）十二月，由守大石、坂合部石积两人率领，于麟德三年入唐，乾封二年（667年，日天智天皇六年）十一月回日本。

第六次：总章二年（669 年，日天智天皇八年），以河内鲸为首的日本遣唐使入唐。

第七次：长安二年（702 年，日文武天皇大宝二年），派执节使粟田真人、大使坂合部大分入唐，于长安四年（704 年）七月回国。

第八次：开元四年（716 年，日元正天皇灵龟二年）八月任命使者于开元五年（717 年）三月从难波出发，分乘四船前往唐朝，于开元六年（718 年）十月归国。

第九次：开元二十年（732 年，日圣武天皇天平四年）八月任命使者于第二年（733 年）四月从难波出发，由大使多治比广成、副使中臣名代率领，分乘四船入唐。第一船于开元二十二年（734 年）十一月回国。第二船于开元二十四年（736 年）七月回国。第三船漂流到昆仑，仅判官平群广成等四人于开元二十六年十一月回国。第四船中途遇难，未能回到日本。

第十次：天宝九载（750 年，日孝谦天皇天平胜宝二年）九月任命，于天宝十一载（752 年）闰三月从难波出发。由大使藤原清河和大伴古麻吕、吉备真备两位副使率领，分乘四船前往大唐。第一船漂流到安南，大使藤原清河入唐，留任未归。其他三船分别于天宝十三载（754 年）和十四载（755 年）返回日本。

第十一次：大历十年（775 年，日光仁天皇宝龟六年）六月任命，大使为佐伯今毛人，副使为大伴益立和藤原鹰取。后来罢了大伴益立，任小野石根及大神末足为副使。大使佐伯今毛人因病未行，改以副使小野石根行大使事。于大历十二年（777 年）六月从筑紫出发，归国时间不详。

第十二次：贞元十七年（801 年，日桓武天皇延历二十年）八月任命，于贞元十九年（803 年）从难波出发，不久因暴风毁舶，经修缮后，于贞元二十年七月从筑紫出发。由大使藤原葛野麻吕和副使石川道益率领，分乘四船前往唐朝。第一、二船于永贞元年（805 年）六月返回日本。第三船遇难。第四船是否到唐不详。

第十三次：太和八年（834 年，日仁明天皇承和元年）正月任命，由大使藤原常嗣、副使小野篁率领，于开成元年（836 年）七月，分乘四船从筑紫出发，遇暴风，第三船遇难。另外三船也遇到暴风，至开成三年（838 年）七月才到达唐朝，开成四年（839 年）陆续返回日本，其中第四船公元 840 年才回到日本。

日本于公元 894 年废止遣唐使制度。一方面由于唐朝国势之衰微、日本政府财力之不足以及渡海入唐之困难等因素；另一方面则是遣唐使的直接使命已经完成，而为了消化已经引入的先进中华文化因素，并建成一种更适合国情的国风文化，日本需要集中大量的时间和精力，因此遣唐使制度的废止成为必然。

遣唐使的派遣是中日历史交往中特有的一项外交政策，这项制度是结合日本国内的实际情况而产生的一项特殊的制度。遣唐使肩负着日本朝廷的重要使命，在航海和造船技术落后以及海难频繁发生的情况下，遣唐使不辞艰险、远渡重洋来到中国，学习中国先进的文化、政治、经济制度，并将其带回日本发扬光大，对于日本改变落后的局面起到了重要作用。主要表现在如下方面：第一，遣唐使将唐朝的中央集权等政治制度引入日本，为日本政治制度的完善和国家管理秩序的正常运行提供了参考和借鉴。第二，遣唐使将唐朝的宗教和文化传播到日本，极大地丰富了日本社会大众的精神生活，对日本的民族文化产生了深远影响。第三，唐朝的工艺技术和生活方式促进了日本社会生产力的发展，提高了日本人民的生活水平。此外，遣唐使制度还为日本培养出一大批政治、经济和文化建设方面的优秀人才。遣唐使也增进了中日两国官方及民间的友好往来，是唐朝和日本友好关系的重要见证人，真正起到了桥梁的作用。

190 唐代的节日及习俗情况如何？

唐代的节日众多，自正月至腊月，有元日（又称元旦，即今之春节）、立春、人日、上元、耗磨、晦日、中和、社日、寒食、清明、上巳、端午、乞巧、中秋、重阳、冬至、腊日、除夕等。在这些节日中，上自君王嫔妃，下至贩夫走卒，都要举行不同形式的风俗活动，祭祀宴享、走亲访友、聚会歌舞等等，内容十分丰富多彩。

人们通过这些活动，顺应季节变化，休闲娱乐，同时还借以表达自己的心愿情感：或追念先贤古人，或驱邪除秽，或祈求身体健康、生活富足，或对亲友表示美好的祝愿。

除夕和元日，是一年中最重要的节日，节日气氛也最为热烈。在除夕之夜，全家团聚，大家欢宴痛饮，围坐守岁，迎接新的一年到来。元旦之日，晚辈向长辈拜年，相互祝福。在京任职的官员一大早便集体到宫中向皇帝恭贺新禧，外命妇则要入宫向皇后、皇太后拜年；民间则在家中吃团圆饭，饮屠苏酒。为迎接新年，民间还有于庭院之中焚竹（因焚竹有爆裂之声，故又称爆竹）除魅的习俗，沿袭到后代，则为燃放烟花爆竹。

寒食节和清明节，在当时也是重要的节日。寒食节在清明节的前一天，相传是为纪念春秋时期晋国的介子推。因介子推是被火烧死的，故寒食节期间，民间禁止生火做饭而要吃冷食，故名寒食节，唐人在这一天要举行相应的祭祀活动。清明节原为农事节日，到唐代已演变成扫墓、上坟祭拜亡故亲人的特殊日子，人们在祭祖扫墓之后，还要踏青野游。在唐代，寒食节过后，在清明节这一天还要换新火，皇帝则取榆柳木之火分赐群臣，以顺阳气。

五月初五端午节，相传与纪念伟大诗人屈原有关。端午节期间，民间吃粽子（又称角黍，有些地方还有筠筒粽，即用新竹筒蒸米做成的粽子），饮雄黄酒，插菖蒲，以顺应时气、祛除疠疫，南方地区还有赛龙舟活动。

七月初七是乞巧节，在唐代这是唯一以妇女为主要角色而开展活动的节日，它也可以说是我国古代的妇女节。相传七月初七夜晚，是牛郎与织女鹊桥相会的时候，自汉魏开始，各阶层的妇女都要在此日举行多种纪念活动。至隋唐时期，包括皇宫嫔妃在内的广大妇女都在此夜摆设几案瓜果于庭院之中，供奉织女星，并焚香祷告，乞求针线女红之巧，期盼爱情和美满的夫妻生活。

八月中秋、九月重阳等，也都是流传很广的民俗节日。中秋之夜，皓月当空，民间合家团坐赏月，有的地方还有“拜月”风俗，并设案供奉；而在九月九日重阳节，人们则插茱萸和饮茱萸酒，并与亲友相携登高望远。

隋唐时期的节日，大体上是前代流传下来的，但在形式和内容上都有不少发展，文化内涵更加丰富了。比如，这一时期已出现了门神钟馗、秦叔宝、尉迟敬德的形象，形成了清明扫墓的习俗。由于佛教文化的发展，这一时期出现了一些佛教节日，如佛诞节、盂兰盆节等，道教也有道诞节。对于当时丰富多彩的节日风俗，文人墨客留下了大量的咏颂诗篇，其中有不少佳句名篇脍炙人口，千古传诵。

191 李白为什么被称为“诗仙”？

李白像

李白（701 年—762 年），字太白，自号青莲居士，原籍陇西成纪（今甘肃静宁西南），生于碎叶（今吉尔吉斯斯坦北部）。他是公元 8 世纪前中期中国最有影响的诗人之一，他的诗是盛唐时代的结晶，在唐诗中占有极为重要的地位。他青年时代关心国事，向往建功立业，却不愿走科举入仕之路。玄宗时以诗名被召入宫，但因不愿迎合权贵，屡遭权贵谗毁，感到从政无望后决心终身以诗文为业。

李白被称为诗仙，与他生平行事、性格、才情等有着密切的关系。李白思想较为复杂，对各种思想都有所好，但对其影响最大的则是道教思想。李白好道教与当时崇道的社会风气有关，其年轻时在四川漫游，就广泛结交道士隐者。南朝道教大师陶弘景的三传弟子马承桢就曾称赞李白“有仙风道骨，可与神游八极之表”，对李白十分推崇。

李白性格浪漫，具有任侠精神，举止豪迈，轻财乐施，并且性好酒，在长安与贺知章等人并称为“酒中八仙”。杜甫《八仙歌》就曾歌咏他们纵酒豪饮的状态。其中写道：“李白斗酒诗百篇，长安市上酒家眠。天子呼来不上船，自言臣是酒中仙。”在痛饮狂歌之时，借助酒的力量，主观上产生一种放浪形骸、飘然欲仙的精神状态，客观上给人以无拘无束、洒脱豪放的“谪仙”印象。李白的“谪仙”形象也集中体现在其诗歌的创作上，形成了其作品的浪漫主义风格，主要表现在以下几个方面。

一、李白的诗歌是富有个性的，他将自己的一腔热情倾注到描写的对象中，表现出强烈的主观色彩。《蜀道难》中三次“蜀道难，难于上青天”不断循环往复，加强了表现力。李白诗歌的意象往往是超越现实的。他在诗中很少对现实生活做具体详尽的描述，而是“言出天地外，思出鬼神表”，让想象神游，将历史、神话传说、梦境、幻觉和人物故事、自然景色组合起来，将许多表面上看似没有逻辑的意象，组合构成绮丽的、可惊可愕的画面。如《梦游天姥吟留别》中所描绘的一连串梦境，令人惊骇不已。然而作者并未止步于此，而是进一步引出“青冥浩荡不见底，日月照耀金银台”的神仙世界，寄托了诗人的追求和向往，也反映出其浪漫主义的非凡想象力。类似的例子在李白诗中不胜枚举，如《古风》十九首中的“西上莲花山，迢迢见明星”，《梁父吟》中的“我欲攀龙见明主”，都呈现出超现实的意象。

二、大胆的夸张也是李白浪漫诗风的一个表现。《秋浦歌》用“白发三千丈”来比喻无限的愁思，《北风行》用“燕山雪花大如席”来形容北方的漫天的大雪，《横江词》用“一风三日吹倒山”（一作“狂风吹倒天门山”）表现狂飙怒吼、洪涛涌起的雄奇景象，《望庐山瀑布》用“飞流直下三千尺，疑是银河落九天”描绘珠溅玉迸的飞瀑。诗人将极为普通的事物，变为令人惊叹的形象，真可谓化腐朽为神奇。

三、创作自然率真，语言质朴通达、奔放洋溢。在诗歌语言方面，李白也有个人的特色。李白崇尚道家的自然观，认为“万物兴歇皆自然”。这种思想反映在诗歌创作上，就表现为主张率真自然，反对雕饰、造作，所谓“清水出芙蓉，天然去雕饰”。他的诗语言质朴通达，有的甚至如脱口而出的口语，明白如话，如著名的《静夜思》即此类的代表。同时，李白的诗歌语言又是奔放的，充满激情的，《将进酒》中的“君不见黄河之水天上来，奔流到海不复回。君不见高堂明镜悲白发，朝如青丝暮成雪”，《行路难》中的“行路难，行路难，多歧路，今安在？长风破浪会有时，直挂云帆济沧海”等，都给人一种奔流而来、一气直下的磅礴之感。

正是由于李白诗歌所具有的这些浪漫主义因素，直至今日，我们读他的诗篇，仍会觉得慷慨激昂，畅快淋漓，在思想上、情感上获得一次大自由、大解放，会感到一种少有的酣畅和满足，一种美的享受。

192 杜甫为什么被称为“诗圣”？

杜甫像

杜甫（712年—770年），字子美，自号少陵野老，河南巩县（今河南巩义）人。在中国文学史上，杜甫是公认的创作上的集大成者和承前启后的一位诗人。后人赞杜甫为中华民族之“诗圣”，他的作品以最广泛、最深刻地反映当时的时代和社会生活而著称。他的诗被称为“诗史”，也是因此而来的。

从“诗圣”和“诗史”两个称号出现的时间来看，“诗史”是早于“诗圣”的。晚唐的孟棨在他的《本事诗·高逸》中就有这样的话：“杜甫逢禄山之乱，流离陇蜀，毕陈于诗，推见至隐，殆无遗事，故当时号为诗史。”可见早在唐代人们就已用“诗史”来评价他的作品了。后来，《新唐书》的作者宋祁在《杜甫传》中也称“甫又善陈，律切精深，至千言不少衰，世号

‘诗史’”。可见杜甫“诗史”的称号是由来已久的。明代中期（公元1530年前后），费宏或李梦阳首次提出杜甫“诗圣”的说法。孙承恩使“诗圣”成为杜甫的专称，王嗣奭完成了“诗圣”的定型。这标志着杜甫在文学史上伟大诗人地位的正式确立。下面对杜甫及其诗歌的特色作一简单的介绍。

一、杜甫诗具有极高的史料价值

杜甫的作品中很少有孤立描摹写景或者书写内心情感而不涉及当时时局和社会的，这就使得他的作品成了一部天然的历史图卷。特别是他中年以后，身逢安史之乱，巨大的历史变动和人民的苦难，提供给他丰富的生活感受和创作题材。安史之乱发生之后的许多重大历史事件，都可从他的作品中及时得到反映，有些诗作还可以弥补当时史书记载之不足。如《三绝句》中的“前年渝州杀刺史，今年开州杀刺史”写代宗广德年间川中发生的使人民遭受重大灾难的乱事，这些在史书上都是找不到记载的，但杜甫的诗句给后人留下了重要资料。杜甫还特意为同时代的一些历史人物写诗歌体的传记，如著名的《八哀诗》，就是为当时八位历史人物立传的，这些作品提供的历史材料和对人物的叙述和评价，都无愧于诗坛上的一代史笔，也为后人留下了宝贵的史料。

二、杜甫诗歌具有极高的艺术价值

杜甫诗歌不论语言特色、意向选择、表现手法还是表达方式都有着极高的艺术价值。

（一）杜诗用语艺术堪称汉语之圣。杜诗用语来源极宽，这与杜甫生平学养阅历之宽广丰富成正比。前人评杜甫“善用人语”。举凡古人语、今人语、时人语、世俗人语、官场人语、田夫野老语，皆能被杜甫提炼入诗。杜甫观察事物十分仔细，能看到常人所见不到之处。所以他的诗句用语率多创新，总能去陈出新。杜甫集大成地继承了前人和时人的丰富语言，用于作诗。杜诗极大地丰富了汉语的词条、语录与修辞，可谓是名副其实的汉语语言艺术之圣。

（二）杜诗句型复杂多样。杜诗句型以整齐的五言、七言为主。其五律、五古、五绝皆十分规整，然这些整齐的五言句型在音顿安排上却变化丰富。有“二三”顿式，如“草满巴西绿”。有“三二”顿式，如“天下兵虽满”，“李生园欲荒”。有“二二一”式，如“旅食白日长，况当朱炎赫”，“客从西北来”，“采菱寒刺上，踏藕野泥中”等。杜诗七律、七绝皆为整齐七言，比五言更为丰富多样。故读杜甫律诗，感觉音乐性强，一气呵成，顿挫有致。

（三）杜诗中具有民本思想和爱国主义情怀。杜诗中的“民为邦本”，代民立言的诗学观念也对后世产生了巨大的影响。“穷年忧黎元，叹息肠内热”的爱民立场在他的诗歌中随处可见。杜甫同情下层人民的不幸遭遇，常常站在底层人民的立场，甘做底层人民的喉舌而发出“铮铮之音”，甘为“不平之鸣”，做忧国忧民之人。这也可以说是杜甫诗歌对后代诗人影响最大的地方之一。杜甫的许多作品不仅仅是客观地叙述历史事件，在那些诗歌中为民请命的血泪控诉，大大提高了其作品思想上的高度，特别是其中“三吏”“三别”等作品，几乎成了那个苦难时代的历史纪念碑。

三、后世对杜甫“诗圣”的评价

相比“诗史”，“诗圣”则是最为全面的评价，这个评价几乎是至高无上的。虽然正式把杜甫称为“诗圣”大约是明代的事，但如果要追溯把杜甫看作“诗圣”的观点，则早在宋代甚至唐代就开始了。首先对杜甫创作做出全面评价的是元稹，他在给杜甫写的墓志铭中有“苟以为能所不能，无可无不可，则诗人以来，未有如子美者”。后来宋人宋祁在《新唐书·杜甫传》中也给杜甫以极高的评价：“孔子，圣之时者也。孔子之谓集大成。呜呼，杜氏……亦集诗文之大成者欤。”春秋战国时期，百家争鸣，需要一位伟大的人物来进行总结和整理，并进一步发展，于是孔子应时而生。唐代则是诗歌的大繁荣时期，各种新旧体诗到了唐代而大备，达到了完全成熟的阶段，不同风格、流派的诗人风起云涌，这时候需要一位天才的人物对已有的成就加以总结，并进一步推向新的高峰，于是，杜甫诞生了。杜甫的诗集诸家之所长而加以创新发展，各诗体都突破了前人的藩篱而达到新的高度，晚年的诗歌在格律上技巧更是圆熟变化。杜甫本来就以“奉儒守官”的世家而自豪，笃信孔子之教，在诗歌创作上也一贯地体现他的儒家思想。加之他诗歌中有强烈的为民请命，以天下为己任的情怀，人们因此自然地把他和儒家的圣人孔子联系在一起。宋人陈善将杜诗比作儒经，将其他流派的诗作比作诸子作品。宋人这种把杜甫比拟孔子，把杜诗比拟儒经的提法，无疑与当时盛行的理学风气有关，客观上也为后人尊称杜甫为“诗圣”打好理论基础，做好舆论准备。杜甫赢得中国古代诗坛上的这一最高荣誉，大致出于以上这些原因。

193 白居易在诗歌创作上有什么突出成就？

白居易（772 年—846 年），字乐天，号香山居士，河南新郑人。白居易是活跃在中唐诗坛上的伟大现实主义诗人，他的诗歌主张和诗歌创作强调通俗性与写实性，在中国诗歌史上占有重要的地位。白居易在诗歌创作上的突出成就表现如下：

白居易像

一、以叙为主、叙议结合的表达方式

白居易的新乐府诗基本上都是叙事诗，显示出以叙为主、叙议结合的特点。一般叙述到最后，往往发出议论，对所写的事件做出明确的评价。他在著名篇目《红线毯》的小序里，明确表明此诗主题在为忧虑蚕桑耗费之巨而作。咏“红线毯”为何“忧蚕桑之费”呢？因为红线毯是高档丝织品，织毯以茧丝为原料。诗的第一部分即一至五句，就是记叙用茧丝织成红线毯精工细作的过程。在全篇的最后，那股“惟歌生民病”的激情促使他几乎是指着宣州太守的鼻子厉声喝问，表现了为民请命而“不惧权豪怒”的精神。诗人正是通过这种以叙为主、叙议结合的方法，使其诗篇上升到一个新的高度和新的境界。在白居易新乐府中的其他诸篇中，这一特点也表现得很明显。

二、鲜明的对比手法以及史诗特性

白居易新乐府诗的另一个重要表现即对比鲜明。他往往先尽情摹写统治阶级的糜烂生活，而在诗的末尾突出表现人民的苦难，这样加重对统治阶级的鞭挞。《轻肥》一诗在描绘官吏和将军们“樽罍溢九酝，水陆罗八珍”之后，却用“是岁江南旱，衢州人食人”作对比，使读者的愤懑更进一层。白居易运用这种对比手法，将一边奢华、一边惨痛的现实展现在人们眼前，这种贫与富的鲜明对比，给人以强烈的艺术震撼。又如《重赋》一诗，“幼者形不蔽，老者体无温”的农民和“缯帛如山积，丝絮似云屯”的官吏形成了鲜明的对比，诗人运用对比的手法揭示了上层社会对百姓无耻的剥削，也形象地表达了农民在剥削重压下所承受的沉重灾难。借老农之口发出“夺我身上暖，买尔眼前恩”的强烈谴责，具有极强的艺术感染力。

三、引人瞩目的抒情风格

我国诗歌传统的主流在于抒情。白居易也说：“诗者，根情，苗言，华声，实义”，“感人心者，莫先乎情”。诗歌艺术的本质特征在于它的“情”，诗歌是以深刻的情思来感染人的。所以，白居易的叙事诗并不单纯地以事感人，而是注重情事的抒发，往往是叙事传情，通过寄寓于艺术形象的情感去打动读者的心灵。其著名诗篇《琵琶行》就是这方面的典范。

四、明白晓畅的语言特色

白居易的诗特别强调其政治与社会功能，因此他的诗歌创作深刻地反映了现实生活和百姓疾苦，以此揭露现实社会矛盾，肩负起“救济人病，裨补时阐”的重大责任。也正是有此目的，白居易的诗在艺术表现上力求通俗易懂，语言平易精纯、自然流畅，很少用典，韵律和谐婉转，这是形成他独创艺术风格的一个重要因素。他采用长短参差的写作形式，并和音乐相结合，朗朗上口，让人容易理解。他的新乐府诗大都表现为语言通俗易懂，言浅意深。《观刈麦》是白居易担任县令时创作的，这首诗用通俗易懂的语言描述了当地百姓艰辛的劳动和贫困的生活状态，表达了诗人对他们的深切同情，斥责了造成百姓穷苦的繁重赋税。又如《卖炭翁》，用简单直白的语言揭露了“宫市”给百姓带来的疾苦。

白居易以其通俗的语言、强烈的感情直接批判中唐社会丑陋的现实，一方面补察时政，一方面宣泄人情，既满足了统治者了解民间的需要，又描述了普通百姓的生活情态，这为当时及今天的读者提供了一幅栩栩如生的社会百态图。白居易新乐府诗的通俗诗风也为晚唐五言诗及元明清时期诗歌的发展提供了可模拟的范本，白居易新乐府诗的魅力在于它不仅具有鲜明的文学特色，而且具有不可忽视的社会价值和社会意义。

194 唐代传奇小说的成就如何？

“传奇”是唐代兴起的一种文言短篇小说体裁，其题材可以分为志怪传奇、爱情传奇和侠义传奇等。唐代传奇的基本特点是叙事曲折细致，形象鲜明生动，讲究文采。现存可考的单篇唐传奇大约在100篇以上，传奇集和以传奇作品为主的集子大约有十多种，另外，在一些志怪题材的作品集中，也杂有唐传奇作品。如今大家能看到的唐传奇作品，多数收在宋人李昉等编辑的《太平广记》之中。

唐传奇是在六朝志怪小说的基础上发展起来的，是对它的继承，也是对它的发展与突破。但是与之相比，唐传奇在题材、创作意图以及作品的思想意义上已经与六朝志怪小说有很大的差别。六朝志怪小说是对所听到、看到的鬼怪奇闻异事以事实来记录，并非有意识地进行小说创作，而唐传奇则是有意识的小说创作。此外，在情节构思、语言创新方面，也有了很大的发展与进步。

唐传奇的发展有着深刻的社会原因。隋末农民起义沉重打击了士族大地主阶级的势力。唐王朝科举取士，为中下层地主阶级知识分子提供了较多入仕的机会，进而成为政治舞台上的活跃力量。由于他们对社会现实和人民生活比较熟悉，在文学创作上更富有创新精神，因此，唐传奇能突破六朝志怪的藩篱，反映广阔的社会生活，表现一定的进步思想。

同时，唐代是我国经济迅速发展的时期，农业、手工业、商业和国际贸易空前繁荣。城市经济迅速发展，一些城市的人口逐渐密集，出现了如长安、洛阳这样的通都大邑，各个阶层、各行各业的人物聚集于此，形成错综复杂的社会关系，其中发生的各种各样的奇闻异事，为小说创作提供了丰富的素材。

另外，唐代科举考试有“行卷”“温卷”的风气，即为获得考官赏识，应试文人往往在考前送上自己的文章，第一次叫“行卷”，以后再送叫“温卷”。“行卷”和“温卷”的文章中就包括传奇小说。虽然这并不是传奇发展的主要原因，但是只有在传奇已经为人广泛地接受和欣赏的前提下，士子们才可能用它来“行卷”和“温卷”。这种风气的盛行，反过来会对传奇小说的写作起到推动作用。

更重要的是，唐代是中国文学艺术繁盛的时期，唐传奇的发展也随着其他文体的繁荣而发展开来。唐代诗歌和散文的成就促进了唐传奇的发展与繁荣。散文的现实主义精神，诗歌的浪漫主义精神，以及其他丰富多彩的艺术表现手法的成熟和发展，为传奇的创作提供了借鉴。

唐传奇的发展经历了初唐、中唐和晚唐三个阶段，分别代表了唐传奇的过渡阶段、繁荣发展阶段和总结阶段。按题材种类划分，可分为初唐的志怪题材、中唐的爱情题材和晚唐的侠义题材。不同阶段、不同类型，传奇小说有不同的特点与成就。

初唐是由六朝志怪到唐传奇的过渡阶段。这个时期的作品还没有完全脱离志怪的范围，但结构较完整，情节多变化，描写也渐趋细致。代表作品有隋末唐初人王度的《古镜记》，无名氏的《补江总白猿传》，张文成的《游仙窟》等。特别是《游仙窟》一文，内容虽写游仙，但实际反映封建文人狎妓醉酒的腐朽生活。文辞浮艳，骈散相间，但能注意人物性格的描写，较隋末唐初的《古镜记》又前进了一步。这一时期的唐传奇属于六朝志怪小说向唐传奇过渡的阶段，所以在题材特点上还存有六朝志怪小说的窠臼，但是在情节上有所突破，追求情节的离奇与完整性，结构也逐渐严密，并且加入社会意义的成分。

唐中期是唐传奇发展的鼎盛时期。这时的传奇题材已由神怪逐步转向对现实生活的反映，出现了许多著名的作家和作品。如蒋防的《霍小玉传》，沈既济的《任氏传》，李朝威的《柳毅传》等，塑造了一系列敢于斗争的女性形象，她们对封建礼教、门阀制度的反抗具有进步意义。同时，李公佐的《南柯太守传》揭露了官场的黑暗，讽刺了醉心功名的士大夫，也有一定的现实意义。这些作品构思精巧，情节曲折，想象丰富，生活气息浓厚，具有较高的艺术性。

晚唐时期由于受安史之乱的影响，唐传奇主要以侠义题材为主。如公案类传奇《赵和》《上清传》《崔碣》《袁滋》《苏无名》《杀妻者》，武侠类传奇《红线》《廖有方》《苗夫人》《却要》《宣慈寺门子》《车中女子》《僧侠》《昆仑奴》《潘将军》《聂隐娘》等。晚唐时期，社会政治经济凋敝，藩镇割据，社会矛盾显现。面对如此的社会现实，文人们寄情于传奇创作，借侠客形象来给人们以希望。同时，这一阶段是唐传奇发展过程中的一个总结阶段，出现了许多传奇故事专辑，如裴铏的《传奇》等。

总的来看，唐传奇所取得的成就，可以概述为以下五点：

创作题材广泛并与现实生活紧密结合，如《霍小玉传》《莺莺传》等，描写人物形象鲜明生动、细致逼真，塑造了一系列光彩夺目、栩栩如生的艺术典型，为后世源远流长的小说创作奠定了基础。

创作艺术上方法多种多样，表现为浪漫主义与现实主义相结合。

充满了对生活细节的描写，内容的生活化、细节化显示出唐传奇在艺术上的成熟。

有严谨完整的篇章结构，有曲折的故事情节，构思巧妙，独具匠心。

在思想内容、审美诗化、虚构想象、形象塑造、情节结构、叙事技巧、文章体式、遣词造句等方面也显示了它的发展性。

唐传奇对后世文学的影响巨大而深远，宋代话本、元代戏剧乃至明清小说，都受到了它的影响。首先从“三言”中的杜十娘、莘瑶琴、玉堂春等人物身上，我们可以看到霍小玉、李娃、莺莺等人的影子。其次，唐传奇融诗歌、议论、记事于一体，也对后世小说产生很大影响。在后世小说中不但有诗，而且有词、曲、对联、灯谜、酒令等，成为中国小说的民族特色之一。再次，唐传奇中爱情故事悲欢离合的情节结构，才子佳人的人物搭配，极大地影响了明清人情小说中“佳话”的创作。最后，从传奇体这一样式的演变来看，虽然自宋以后已趋衰落，但一直到明清仍有一定的影响，清代蒲松龄的《聊斋志异》就在很大程度上继承了唐传奇的艺术传统。可以说唐传奇几乎影响了后代所有文言小说的创作。

唐传奇也对国外，特别是对日韩两国古代的汉文小说的创作产生了直接的影响。日本最早的汉文小说《浦岛子传》，被认为较明显地沿袭了唐人张文成《游仙窟》的创作风格；对韩国汉文小说的影响，最早可以追溯到《新罗殊异传》中崔致远的《双女坟》等。可以说日韩的汉文小说的最初版本几乎都是受唐传奇影响。

195 五代是指哪五个王朝？

自公元 907 年朱全忠废唐建梁（史称后梁）至 960 年赵匡胤陈桥兵变，这段时间，历史上称为“五代”。五代是指后梁、后唐、后晋、后汉、后周这五个王朝。

五代十国时期是中国历史上一个社会动荡的时期，政治上分裂割据，王朝更替频繁，地方割据势力强大，政治局势复杂，也是中国古代经济重心和文化重心进一步南移的重要时期。

五代时期的统治者多是晚唐时期的地方节度使，或者是五代时期的地方节度使。五代政权不断更替，更是显示出了此时的政治特点。后梁（907 年—923 年）为朱全忠创建，都开封。朱全忠原名朱温，早年曾参加黄巢起义。降唐后改名全忠，建梁后又名朱晃，是为梁太祖，由于荒淫残暴，被其子所杀。后来后梁被后唐所灭。后唐（923 年—936 年）为李存勖建，都洛阳。李存勖原为沙陀族人、唐河东节度使李克用之子，后袭父之职，灭梁后在洛阳即帝位，是为唐庄宗。后唐明宗李嗣源在位期间，吏治较好，但明宗死后，诸子争权，发生内乱，后唐被石敬瑭所灭。后晋（936 年—947 年）为石敬瑭建，都开封。石敬瑭原为唐明宗时太原节度使，936 年，乘后唐内乱之际，以甘当儿皇帝和割让燕云十六州为条件，换得契丹援助，灭唐建晋，是为晋高祖。其侄石重贵继位后，被契丹主耶律德光所灭。契丹从开封北撤后，刘知远乘机建汉。后汉（947 年—950 年）为刘知远建，都开封。刘知远原为后晋河东节度使，入主开封后，是为汉高祖，到其子时被天雄节度使郭威所灭。后周（951 年—960 年）为郭威建，都开封。郭威死后，其养子郭荣即位，复姓柴氏，是为周世宗。公元 960 年，赵匡胤利用柴荣死后其子年幼之机发动兵变，黄袍加身，建立了北宋王朝，赵匡胤即宋太祖。后来北宋统一了全国，结束了分裂割据的局面。

五代时期在社会的各个方面都出现了新的局面，这是由当时复杂而独特的社会环境决定的，五代时期的各种制度无一不是在唐制的基础上对现有的制度进行调整，又对之后宋制的确立产生了重要的影响。如五代时期的法典，继续了唐后期的发展趋势，以编敕为主要立法形式，从而使敕的地位日益突出并占据了重要地位。在军事制度方面，五代时期创立了侍卫亲军与殿前军两大系统，取代了唐朝的天子六军与神策军，这一制度也为北宋所继承。在职官制度方面，五代确立了中书主管行政，枢密院主管军事，三司主管财政的体制，也为北宋所沿袭。总之，五代时期的各种制度或为北宋直接承袭，或为蓝本被北宋所改造，其影响还是非常大的。

五代时南北的联系并没有完全中断。当时南北两方虽然处于分裂割据状态，但因占据中原地区的各代王朝，土地人口都比别国多，在政治上仍被承认为正统，诸国奉其为正朔，岁时贡奉。由于政治上的分裂，各地的经济交流只能通过商业贸易的形式进行，所以南北贸易往来相当繁盛，客观上促进了各地商品经济的发展。在交通方面，陆路交通基本畅通，南北运河虽然只能维持部分通航，但海路交通却比唐代有所发展，沿海港口也比唐代有所增加。在文化方面也有交流，如后汉高祖刘知远曾遣国子祭酒田敏到南平国，送给其国王高从诲印本《五经》。因此，南北各地区文化上仍有所联系，互相交流，互相影响，从而促进学术文化的发展。

五代时南北经济的发展有很大的不平衡性。北方唐末方镇连兵不息，五代时依然是兵连祸结，再加上契丹人的侵扰抢掠，使得中原地区十分残破。相对而言，南方战争破坏较少，加上自然条件优于北方，故北方经济的发展明显不如南方。但是北方的生产基础较好，又有过短期的小康时期，因此经过五代后期的恢复发展，也不至于落后很多。

总的来看，五代时期短短五十余年间仅在中原地区就先后出现了五朝八姓十四君，平均每位皇帝在位不足四年，王朝更迭频繁，战争较多，社会极不稳定。而在南方和山西，先后存在过十个割据政权，这其中尚不包括一些小的割据势力，再加上北方的辽政权，可谓是政权林立，山河破碎，军阀之间的争战仇杀，使广大民众遭受着无穷无尽的刀枪之祸。朱温父子为阻止李克用骑兵南下，先后三次掘开黄河堤防，导致山东、河南一带河水泛滥，变成沼泽水国，像这样惨无人道、灭绝人性的事情，在五代十国时期不胜枚举。因此在看到这个时代的发展变化的同时，对这些问题也要进行深刻的反思。

196 所谓“十国”指哪十个割据政权？

自朱温灭唐建后梁（907 年），中原地区先后出现过五代王朝，史称五代，与此同时，南北各地又先后出现一些割据政权，史称“十国”，统称为“五代十国”时期。

这十个政权并非同时存在，有些也存在前后替代关系。它们与中原王朝的关系也比较复杂，有些承认中原为正朔，有些则自称皇帝，与中原王朝对峙。十国兴亡情况如下：

吴国，杨行密所建，都扬州。杨行密曾任唐淮南节度使，后被唐昭宗封为吴王。公元 908 年，其子杨隆演建吴国。公元 937 年，权臣徐温养子徐知诰废吴帝自立。吴国亡。

南唐，徐知诰建立，都金陵。南唐建立后，知诰改姓李。此后历经中主李璟、后主李煜，公元975年被北宋所灭。

吴越，唐镇海节度使钱镠建，都杭州。唐亡后，钱镠称吴越国王，其子孙始终向中原王朝称臣，故存在时间较长，公元978年在北宋已统一全国绝大部分的情况下，其国王自动献土归顺北宋。

楚，马殷创建，都长沙。后梁建国后，曾封马殷为楚王，马殷死后，诸子争权，公元951年，被南唐所灭。

前蜀，王建创建，都成都。公元925年，王建之子王衍在位时，被后唐所灭。

后蜀，孟知祥建，都成都。孟知祥原为后唐大臣，后唐灭亡前蜀后，他被任命为西川节度使。公元932年，孟知祥杀后唐东川节度使董璋，称帝建蜀，史称后蜀。公元965年，被北宋所灭。

南汉，唐岭南节度使刘隐建，都广州。刘隐以后的南汉诸帝均荒淫残暴，故政局混乱，吏治腐败，公元971年，被北宋所灭。

荆南，后梁荆南节度使高季兴建，都江陵。荆南又称南平，仅占有三州之地，是十国中最弱小的一国。公元963年，被北宋所灭。

闽，唐威武军节度使王审知建，都福州。王审知死后，继位诸君均荒淫残暴，内斗不休，公元945年，被南唐所灭。

北汉，后汉高祖刘知远之弟刘崇建，都太原。郭威灭汉时，刘崇任河东节度使，于是自立为帝，国号仍称汉，史称北汉。公元979年，被北宋所灭。

在五代十国中，除北汉经济、文化比较落后外，南方九国由于所受战祸较小，加之统治者大都重视发展生产，故南方的社会经济比之唐代还有进一步发展。而社会经济的发展，又为文化的发展创造了良好的基础和条件，其中以南唐与西蜀的文化发展最为迅速，在当时形成了两个文化中心。五代时不仅中原王朝开科举，南方十国大多也开科举，这一变化在唐宋科举转变中作用巨大，甚至宋代部分制度是完全继承五代的改革成果。后蜀统治者设立学馆，招纳文人，并刻版印刷《九经》。吴越、闽的文化虽不及南唐、西蜀之盛，但亦招纳中原儒生，或设立学校，使两浙和福建的文化获得了一定的发展。

当时纸的重要产地大都集中在南方，而且花色品种很多，所以南方造纸业更为发达，雕版印刷术在南方也获得了长足的进步，推动了印刷术的提高，使文化得到了良好的传播和发展。此外，南方各国的书法、绘画、乐舞等都有一定的发展，并形成了时代特色，对以后艺术上的发展起到了重要的推动作用。其中影响后世最为深远的还是文学的发展，在南唐形成了以中主李璟、后主李煜、宰相冯延巳为首的词派，而西蜀则出现了号称“花间派”的词派，他们在词这一文学体裁创作上的贡献，为两宋时期词的繁荣奠定了良好的基础，在中国文化史上也占有重要的地位。

总之，五代十国时期延续了自唐后期以来中国古代经济重心南移的趋势，与此同时，文化重心也开始南移，经济与文化上的这些变化和发展，为以后宋代的发展奠定了基础。因此，纵览五代十国时期的历史，并非全无是处。

197 何谓“义儿军”？

养子，也叫假子、干儿、义儿、义男等。唐末五代时期人们出于政治、军事目的而大量地收养义子，并在社会上层形成一种普遍的风气。这些养子也在这一时期的王朝更迭中扮演了十分重要的角色，产生了巨大的影响。欧阳修的《新五代史》特为此类人写了《义儿传》，充分说明了其普遍性和重要性。

养子制度盛行于各军阀势力之间。如沙陀军人李克用所收认的义子就很多，《新五代史·义儿传》云：“唐自号沙陀，起代北，其所与俱皆一时雄杰暴武之士，往往养以为儿，号‘义儿军’，至其有天下，多用以成功业，及其亡也亦由焉。”其实此书《义儿传》所记载的共 9 人，除了后唐明宗李嗣源外，依次是：李嗣昭、李嗣本、李嗣恩、李存信、李存孝、李存进、李存璋、李存贤，这些都是李克用的养子。蜀主王建的义子多达 120 人，在文献中有姓名可查者 40 余人，其建国后，这些人皆为将相大臣。此外，岐王李茂贞、梁太祖朱温、后唐明宗李嗣源等，也都有不少假子，以致梁、唐、晋、汉、周共五代，而实有八姓，其中三个皇帝出身养子，即后唐明宗李嗣源、后唐废帝李从珂、后周世宗柴荣。

十国中有些国王或皇帝也是假子出身，如南唐先主李昪，为吴国重臣徐温的养子，取名徐知诰；北汉王朝传位四代，其中废帝刘继恩、英武帝刘继元均为睿宗刘承钧的养子；荆南的国王高季兴本是洛阳富商李七郎的假子；前蜀皇帝王建早年投靠大宦官田令孜，并认其为义父。在这一时期没有当皇帝的假子也很多，如晚唐五代时期的王重荣假子王珂，梁太祖朱温假子朱友谦（本姓名朱简）、朱友文（本姓名康勤）、朱友恭（本姓名李彦威）等人，后唐明宗李嗣源假子李从珂、李从昶等人，也多属这一类型。

在继承权方面，当时不少藩镇和国王是由这些假子袭位。如王重荣假子王珂为行军司马，王重荣死后，部属立王珂知留后事。朱温假子朱友文深得朱温宠信被封为博王，判建昌宫使，并内定为太子。在财产方面，养子不得有私财。如张全义的养子郝继孙犯法被处死，宦官、伶人想夺取其资财，坚决请籍没。中书舍人、翰林学士赵凤上书说："继孙为全义养子，不宜有别籍之财，而于法不至籍没。"

正是因为这一时期收养假子的目的是出于军事或政治利益，而不是为了传宗接代，继承家产，故收养的人数就越多越好，这样才能壮大收养者的军事与政治势力。因此，在唐末五代时期以养子组成亲信的军队，以保卫养父的安全，在战时则命其冲锋陷阵，夺取战争的胜利。"义儿军"就是在这种社会背景下出现的，也是这种社会风气的集中反映。

自北宋以后，养子风气逐渐衰微，但并没有完全消亡，它只是相对于唐末五代而言的。事实上养子风气在后世的官场和民间，一直作为一种不可忽视的社会现象而存在。只是后世建立收养关系，更多是为了维系血统，加强家族力量，巩固社会地位，故养父母与养子之间的关系更加稳固和亲密，往往介乎亲子与侄婿之间。

198 是谁割让了燕云十六州？

“燕云十六州”是由后晋皇帝石敬瑭割让给契丹的，具体指太行山以东的山前幽、蓟、瀛、莫、涿、檀、顺七州与太行山以西的山后新（后改为奉圣）、妫、儒、武（后改为归化）、云、应、寰（后降为马邑县）、朔、蔚九州，共计十六州。这大片土地相当于今以北京市和山西大同为中心，东至河北遵化，北迄长城，西界山西神池，南至天津市海河以北，河北河间、保定及山西繁峙、宁武一线以北地域，史称燕（幽）云十六州，又称“山前代北十六州”。

公元926年，辽太祖耶律阿保机故去，耶律德光继承皇位，对中原王朝采取敌对政策，不断地发兵攻掠后唐边境。后唐末帝时，石敬瑭任河东节度使，囤积兵械，谋图不轨，末帝派大军讨伐，石敬瑭遂求辽助其抗唐，约定事成之日，割卢龙全道及雁门关以献。辽出动大军击败后唐军队，辽帝册立石氏为皇帝，国号大晋。石敬瑭登后晋皇位伊始，即与比自己小9岁的耶律德光“约为父子”。耶律德光诏曰：“予视尔犹同之子，尔视予为父，子子孙孙无相忘。”石敬瑭即是历史上臭名昭著的儿皇帝。后晋天福三年（938年），“儿皇帝”石敬瑭履约向契丹割献农耕业发达的燕云十六州。从此，北方门户大开，中原王朝丧失了抵御北方游牧民族入侵的天然屏障。

燕云十六州北部处于华北平原北端，雄伟险峻的燕山山脉就在其境内，其西部在今山西北部地区，该地区多山地，地形复杂。燕云十六州这一狭长地区形势非常险要，在古代确系一道军事天险，是抵御北方铁骑南下的天然的第一道防线。燕云地区中部和南部奔流着桑干河和巨马河，除了具有防御功能外，更可提供战略物资运输之便，加之长城一线的五个重要关隘，具有十分重要的军事价值。

在经济方面，燕云地区农业发达，经济繁荣，人口稠密，不仅可以提供大量的军事用粮，而且可增加政府的税收收入，并可以提供相当数量的兵源。

对契丹而言，占据燕云十六州后，加快了其封建化进程，促进了本族文化的进步，在军事上处于居高临下的有利地位，同时增加了财政收入。耶律德光在得到燕云十六州伊始，即创立了一整套适应中国北部汉制的封建经济与封建政治制度的治国新方略，加快了封建化进程。推行南面官制使燕云十六州的农耕业得以继续发展，成为辽帝国最富庶的经济区，辽国的政治、经济、文化中心也随之南移于幽州。从此辽国以燕云十六州为基地，对中原王朝形成了极大的威胁。

公元 938 年，耶律德光改契丹国名为大辽国，将幽州改为辽国南京，也称作燕京，这一切终于奠定了辽朝的盛世基业，辽朝从此一跃而为统治中国北方的强大帝国。

对中原政权来说，燕云十六州的丢失在政治、经济、军事上都是重大的损失。

首先，失去了这块发展农业的宝地，极大地影响了后晋政权的财政税收，加之后晋每年都要向辽朝贡献大量的岁币，更加重了后晋的财政负担。为了维持统治，后晋政府势必会加大对人民的盘剥，使人民的生活更加贫困，最终激化了阶级矛盾，导致社会动荡不安。

其次，燕云十六州的丢失，为辽朝长驱直入中原腹地打开了门户，使中原政权所依赖的沿长城、燕北一线的天然屏障不复存在，无险可守，完全暴露在辽朝铁骑的威胁之下。

再次，对于宋代而言，为了保障北部边疆的安全，对燕云地区的争夺几乎贯穿了 10 至 12 世纪北宋与辽金战争的整个过程。北宋初年，出于防御目的，进行了两次北伐战争，都涉及燕云十六州的归属问题。北宋末年，以宋徽宗为首的统治集团为收复燕云十六州与金国签订了“海上之盟”。宋金合力灭辽后，有关领土问题宋金双方进行了漫长而复杂的交涉活动。由于军事斗争的失利以及外交斗争的频频失策，虽然北宋收回了燕云部分地区，但不久便被金军再度占据。燕云交涉活动是我国历史上中原王朝与北方游牧民族政权长期斗争的结果，其失败直接加速了北宋王朝的灭亡。燕云天然屏障的丢失，长城这一人工防线的易主，间接使金元少数民族政权对中原实现了约 200 年的统治，进而使北方地区经济、文化长期落后于南方。

199 周世宗在国家统一方面做出了哪些贡献?

周世宗像

周世宗是10世纪中叶中国统一事业的奠基人。在他在位的5年零6个月期间，他整顿吏治，减轻民困，发展经济，致力于百姓的“休养生息”。为了完成统一事业，实现统一天下的理想，他又付出了很大的努力，为国家的统一做出了重要的贡献。

周世宗自即位以后，就树立了统一全国的雄心，为此他先进行了一系列改革。政治上，他澄清吏治，纳谏任贤，对官吏中的贪赃犯罪分子严加惩处。他执法严峻，赏罚分明，经过整顿后，后周政治清明，社会稳定，呈现出五代以来少有的进取气象。在经济上，他实行奖励垦荒、减轻赋税、鼓励生产的政策，对承佃荒田的农民，免去了一年的科差杂役；对灾荒地区的农民，免去当年的夏秋二税；对流亡户返回家园的，按规定交还本户一定数量的桑田和庄田；对从契丹国逃归的人户，使其可以获取更多的优待，并保障了现佃的佃耕权，规定了“现佃为永业”的政策，鼓励农民回到土地上去。这种调整土地关系的规定，既安置了流亡人口，恢复了农业生产，又增加了政府的租税收入。

五代时期佛教寺院经济发展很快，占据了大量的土地和劳动人口，又不承担政府的赋税，影响了社会经济的恢复和发展。周世宗在即位的第二年，下令废除境内佛寺，规定凡有“敕额”（许可证）的允许保留，没有“敕额”的一律废止。禁止私度僧尼，鼓励僧尼还俗。佛教寺院多销铜钱铸造佛像，致使流通的钱币减少，影响了社会经济的正常运转，于是周世宗又下令“悉毁天下铜佛像以铸钱”。这些措施减轻了百姓的负担，抑制了寺院经济的膨胀，增加了劳动力，限制了兼并，起到了减轻民困、休养百姓的作用。

周世宗还大力发展交通事业，疏通了汴梁周围的运河，重建了唐末以来的衰败的漕运体系，还疏通了通向北方的运河，从而改善了军事交通和后勤供应的状况。

在军事上，周世宗通过高平之战认识到，五代以来的“兵骄将悍”的状况如不改变，则很难完成统一大业。为了严明纪律，周世宗在高平之战后就制裁斩杀了多名不听命令的悍将，与此同时，他还下令检阅禁军，留用精锐，斥退老弱；又招募天下壮士到京，考较武艺，选取优异，壮大了军事力量。然后他选拔了一批年富力强的将领，加紧军队训练，从而增强了战斗力，为统一战争奠定了基础。

在做好了各种准备后，周世宗于显德二年（955 年）对南唐发动了淮南之战，并夺取了南唐富裕的淮南地区十四州之地。他又命大将率军讨伐后蜀，攻取了秦、凤、阶、成四州之地，巩固了西北的军事态势，消除了后方威胁。在完成了这些军事行动后，周世宗亲率大军北上进攻辽国，目的在于收复燕云十六州之地，解除多年来自于北方边境上的威胁。周师一出，契丹治下的汉将和兵士纷纷倒戈。出兵仅 42 天，便收复了瀛、莫、易三州和瓦桥、益津、淤口三关之地。北伐初战告捷，正当周世宗准备对辽国发动更大规模攻击之时，突然发病，只好班师南返，回京不久即去世。

纵观周世宗在军事上的作为，他的统一战争改善了中原王朝的战略形势。后周立国时，辽国占有燕云地区，北汉割据河东，归义军、定难军、西州回鹘分割了河西、陇右的土地，后蜀越过汉中盆地占有秦、凤、成、阶四州，再加上南唐与南平，从而使后周处于7 个政权包围之中。这种态势使后周处于四战之地，与辽、蜀等对手多在同一地形条件下对峙，彼此缺乏自然屏障，后周的周边形势很不利。经过周世宗的努力，中原王朝的周边态势发生了根本转变，等到北宋继承后周时，战略形势大大改观，西有崇山峻岭，南有长江之险，北有瓦桥关等三关，进可攻退可守，为宋朝日后统一全国奠定了良好的基础。

尤为可贵的是，周世宗制定了“先北后南”“先难后易”的统一策略，即把打击的重点放在北方，首先收复被契丹占据的燕云十六州，然后再出兵统一南方诸国，进而完成统一全国的大业。这就是他为什么攻下南唐淮南之地，饮马长江后，却自愿与南唐讲和撤兵北上的缘故，因为他不愿把军力、财力用于南方，而要抓住辽国政治腐败、内部不稳的时机，北上收复燕云失地。周世宗的这种统一策略与宋太祖制定的“先南后北”“先易后难”的统一策略形成了鲜明的对照，结果是终北宋一朝始终没能收复燕云地区，说明周世宗的雄才大略远在宋太祖之上。

周世宗生活在五代十国纷扰割据的特定历史时期里，在位时间虽然不长，但不仅稳定了局势，打开了局面，而且顺应历史的发展，开始统一全国的行动。他所进行的社会经济的变革和军事上的行动，都取得了初步的胜利，使纷扰的五代社会开始有了转机。他勇于革新、知人善任、赏罚分明、用心持平、勤于政事、善于纳谏、不尚奢华的作风，和在治国治军方面做出的显著贡献，都是值得肯定的，对推进历史的发展发挥了积极作用。

200 耶律阿保机是如何创建契丹政权的？

耶律阿保机是我国古代契丹族杰出的首领兼政治家。他带领契丹民族发展生产，改革旧俗，并在公元 916 年建立了本民族的政权，确立了政治、军事、法律等各项制度，为大辽政权雄踞中国北方 200 余年奠定了坚实的基础，促进了各民族的交往、融合和进步。其历史贡献主要表现在以下方面：

一、率领契丹各部，统一中国北部。

契丹是一个古老的游牧民族，生活在西拉木伦河和老哈河流域，共分为八个部落。在唐代曾归顺中央政府，每年朝贡不绝。五代时期中原混乱，无力北顾，契丹族乘机发展起来，契丹没有固定的首领，其八部首领由八个部落选举产生，在耶律阿保机任八部首领时，他设法打破了这一旧俗，使自己成为整个契丹民族的统一首领。然后他整顿军事力量，开始了征讨草原上其他民族的行动，先后征服了突厥、吐谷浑、党项、沙陀诸部，他自己也实现了当草原霸主的愿望。这时他已不再满足于仅仅当一个草原霸主，而要建立一个疆域囊括整个中国北部的强大王朝，阿保机立志“为群方之父母”。从唐昭宗天复元年（901 年）到天祐三年（906 年），阿保机积聚力量，连年向周边游牧部族和唐北部边境用兵，掠夺了大量人口和财富。公元 915 年，契丹的实力已经十分强大了，为了巩固对已降附部族和地区的统治，他于神册元年（916 年）正式建立了契丹国，后世称阿保机为辽太祖。

这时正值五代的后梁时期，后梁因为忙于与河东李存勖的战争，从而刺激了阿保机向南扩张的野心。他将进攻矛头指向中原，发动了多次大规模的进攻。神册元年（916 年），契丹连续攻下了幽州、朔州等军事重镇，接着又攻下蔚、新、武、妫、儒五州。自代北至河曲逾阴山，尽有其地。于是改武州为归化州，妫州为可汗州，设置西南面招讨司。但在之后几年因为南下的多次失利，阿保机认识到契丹国力尚不足，遂转向彻底吞并草原诸部和渤海，欲待羽翼丰满再择机南下。天赞三年（924 年）六月，阿保机大举出征吐谷浑、党项等部，兵锋北至乌孤山、古回鹘城，西逾流沙，拔浮图城，尽取西北诸部。天赞四年（925 年），阿保机举兵亲征渤海。天显元年（926 年）围攻忽汗城，渤海国王出降。阿保机改渤海为东丹国，将渤海故地纳入契丹统治。

经数十年东征西讨，阿保机终于实现了“广土众民”的目的，将版图扩展到“东自海，西至于流沙，北绝大漠，信威万里”的辽阔区域。

二、政治改革，创建富有民族特色的制度。

耶律阿保机在建国过程中，一方面改变契丹旧俗，镇压本族内部的叛乱，加强耶律家族的力量，以维护皇权；一方面将皇位继承权限定在其“家”之内，以消除皇族内部对皇权的威胁。通过这种方式，阿保机最终改造了契丹人的部族结构，“变家为国”。

阿保机还采取了两项重要措施，一是区分皇族各房、帐，二是建立腹心力量，并由此发展出契丹的斡鲁朵制度。由于契丹是游牧民族，即使皇帝也要随季节的变化而迁徙，这种斡鲁朵便随同皇帝迁徙，从而起到保卫皇帝安全的作用，有利于巩固皇帝的地位。这样做的结果，不仅皇帝有了直属的部众，而且还拥有了自己直属的牧地，从而突破了契丹人的传统和部族社会框架的束缚，并以此为契机，阿保机最终建立起了契丹人的国家组织，巩固了皇权的地位，并得到了汉人的支持，从而起到维护契丹政权的作用。

契丹本为游牧民族，没有都城观念，在与汉人长期的征战中，阿保机接受汉人的影响，在神册三年（918 年），建立了皇都。天显元年（926 年），阿保机平定渤海归来后，即命被俘汉人负责修建宫殿，作为契丹政权的政治中心。

草原上原本有习惯法，但没有形成文字，神册六年（921 年）五月，阿保机“诏定法律”，从此契丹开始有了成文法，为辽朝的法律制定奠定了基础。

在改革过程中，阿保机认识到汉族文人谋略的重要性，也认识到要治理天下必须取得汉族地主官僚的支持。因此，他因才设职，因能而用，打破选用官吏的民族界限。在他的周围不仅有耶律曷鲁、萧敌鲁、萧阿古只等人，而且还吸收了许多有才华的汉族地主官僚参与决策，其中著名的有康默记、韩延徽、韩知古、卢文进、王郁、赵思温等人。

阿保机根据各民族的不同特点、社会发展进程、风俗习惯等，实行“蕃不治汉，汉不治蕃，蕃汉不同治”的政策。在行政编制上从中央到地方都进行了调整。对征服的汉族地区，仿照中原制度建立统治机构。在中央设南面官，有汉儿司、政事省（中书省）、尚书省，以治汉人州县、军马之事。另一方面又保留了部落联盟时的契丹八部及北面官（北府）建制，又把征服和掳掠的北方渔猎、游牧部落分编为新八部，由国家任命的节度使加以管理。对迭剌部，分为五院、六院两部，各置夷离董，隶于北府，并设立斡鲁朵，列州县，割户丁，以“强干弱枝”。对六部奚，专设奚王府管辖。通过上述手段和方法，进一步强化了他的权力和地位。

三、文化上推行汉化，经济上发展生产。

随着契丹政权的建立，政治、经济、文化都有所发展，阿保机于神册五年（920年）正月，正式下令创制契丹大字，九月，大字成，颁布施行，之后又创制了契丹小字。契丹文字的创制，促进了契丹民族在文化上的进步，使契丹的历史得以更好地保存。

阿保机在汉族文士的建议下，下令修建孔子庙，诏皇太子春秋释奠，把中原传统的儒家学说放在佛教、道教之先。他还亲谒孔庙，实行优待汉族儒士的政策。他注意吸收汉族帝王的统治经验，"务广恩施"，十分重视儒家的"仁爱"学说。阿保机深知儒家思想在汉族地主和官僚心目中的地位，领悟到只有用儒家思想进行统治，才能取得汉族地主官僚的支持和帮助，才能达到有效统治汉人的目的。在契丹社会正处于由单一的畜牧经济结构发展为农耕和畜牧两元的经济结构的时期，儒家学说为其强化中央集权制，统治各族人民提供了有力的思想武器。

契丹的游牧生产方式比较落后，加上连年征战，社会经济遭受到严重破坏。为了恢复和发展经济，阿保机一方面顺应经济规律，在北方推行以农耕和畜牧两元为主的经济体制；另一方面又弭兵轻赋，与民休息。他还"轻徭省役"，安抚汉人，发展农业生产。这些政策的推行，使契丹社会经济得到了迅速恢复和发展。

耶律阿保机仰慕中原的制度与文明，主动汲取封建制度的先进因素来改造和壮大自己，兴教化，变易旧俗，加速了契丹社会的发展步伐。耶律阿保机不仅是契丹王朝的缔造者，他所推行的各项政策和措施，也为辽王朝的发展奠定了坚实的基础。他把中原的传统治道与契丹民族固有的统治方式相结合的做法，为后来金、元、清的统治者提供了借鉴。耶律阿保机虽然未能完成统一中国的大业，但是他统一了中国的北部、西北部和东北部，实现了局部性的统一，因此他不愧是契丹民族中一位远见卓识的政治家，也不愧是一位对中国多民族国家历史发展做出卓越贡献的杰出人物。

201 五代十国在书法与绘画方面有何成就?

五代十国时期虽然是中国历史上一个社会动荡的时期，但是在文化方面也取得了一定的成就，尤其在书法与绘画方面的成就更为突出。

一、书法方面的成就

五代时期的书法，总体而言，风骨品格均不如前，但也不乏优秀的书法家，他们继承唐代以来的书法特色，并有所发展，对宋代书风也产生了一定的影响。

这一时期的书法家首推杨凝式。杨凝式（873 年—954 年），字景度，号虚白，陕西华阴人。杨凝式在书法史上历来被视为承唐启宋的重要人物，人称杨少师。其书风不染当时习气，崇尚雄逸，用笔奔放奇异，书法作品以行草见长，楷书亦有成就。传世作品有《韭花帖》《夏热帖》《神仙起居法》《卢鸿草堂十志图跋》等。徐铉（916 年—991 年），字鼎臣，广陵（今江苏扬州）人。擅长小篆，被人评价为“气质高古”，现黑龙江省博物馆藏有宋摹本的《篆书千字文残卷》。后世对他的篆书评价甚高，认为自唐代李阳冰以来，除了徐铉外，其余之人皆不足道，甚至有人认为李阳冰也不如徐铉。此外他的行书亦为人所称道，代表作《私诫帖》，全篇结构平稳，书风含蓄天然，开宋人尚意书风的先河。南唐后主李煜（937 年—978 年）在书法方面亦颇有造诣，其学习柳书又有创新，其所创造的金错刀写法，很为后世称道。此外他的书法理论也甚为突出，尤其值得称道的是，他将南唐宫中所藏历代名家墨迹编辑成册，取名《升元帖》，印出来供人们学习书法之用，为推动整个社会书法教育的发展做出了贡献。这一时期的书法家还有很多，如南唐中主李璟、韩熙载、徐锴、王文秉、僧应之、冯延巳等。

二、绘画方面的成就

从绘画方面来看，五代时期出现的画家和绘画作品，其所表现出的艺术形式和内容意义，都对之后的宋代绘画发展有着深刻的影响，形成了特有的审美特征。

在分布地域上，五代时期画家们大多集中在长安、洛阳、开封、成都、金陵等城市及周边地区。画坛大致一分为三，中原、西蜀和南唐。中原地区，其主要中心是古都长安、洛阳以及汴梁（今河南开封），因为唐代与五代的都城主要集中于此，故其绘画传承了唐代的绘画传统。西蜀所在的四川，相对中原地区来说社会比较安定，加之曾是唐代士大夫的避乱之地，所以在文化艺术上保留了唐代遗风。建都于江南金陵（今江苏南京）的南唐王朝，以其极为不同且高度讲究的皇室品位另创一新颖、具有影响力的江南文化类型。此外，其周边地区的艺术也极为丰富多彩且充满生机，特别是由少数民族建立政权的地区的绘画创作活动和画家情况，虽然画史记载有限，但也有某些值得重视的线索，如北方契丹政权所辖辽国地区。

从画种上看，中原以山水画成就最高，西蜀以人物和花鸟画最为突出，南唐则人物、山水、花鸟并举。由于宫廷的偏好，西蜀重花鸟，花鸟画家多入画院，如黄筌父子，人物画和山水画家则有贯休、石恪等人；南唐比较重视人物画，人物画家多入画院，如周文矩、王齐翰、顾闳中等，山水、花鸟则多为院外画家所长，如巨然、徐熙等。这一时期的人物绘画艺术精彩纷呈、辉煌夺目，具有开辟新风且承前启后的重要历史地位。而山水画艺术在五代时期的发展最为突出，从选材到技法较之以往都有很大发展，创立了苍茫的北方山水和秀丽的江南山水两大山水画派，荆浩、关仝与董源、巨然分别代表了南北两派不同的艺术风格。

从中国绘画历史发展的趋势来看，五代是一个转折时期，其人物画越过了唐代的高峰，由那种气势恢宏、雄强豪迈的表现走向纤巧精细、优美抒情的表达，与唐人宏伟开张的面貌相比，更显得优雅和精致，成为后世的楷模。五代人物画的题材内容逐渐宽泛，宗教和神话故事，帝王贵族、士大夫文人生活，百姓生活和历史故事等都成为描绘的主题。画家更加注重人物形象神情和心理的描写刻画，注重个性的细腻和深刻，人物造型多了几分儒雅清逸的韵致，摆脱了类型化的格式羁绊，传神写照的能力有所提高。五代仕女图的人物造型更加严谨，刻画更加细腻入微；工笔设色用笔更加多变，色调比唐代有所丰富；水墨画法除了变形发展以外，还出现了水墨写意的画法；五代时期宗教绘画更趋世俗化，西蜀的禅月大师贯休、张立，南唐的王齐翰均以擅长罗汉著称。五代统治者重视写真，前蜀先主王建命高道兴、赵德齐于朝真殿上写后妃、皇姑、皇戚等像，后蜀先主孟知祥命阮知诲为自己写真于大圣慈寺真堂，又写两位公主像于内廷；南唐中主李璟命周文矩为自己和兄弟们写真，后主李煜命顾闳中偷绘韩熙载夜宴情状。从现存作品来看，写真造型极为肖似，都深入刻画了主人公的个性。

从绘画笔法上看，周文矩在描绘衣纹时富于个性地打破以往的直线描法而运用带波折状的“战笔水纹描法”，它是“十八描”中的一种。禅月大师贯休描绘罗汉时，造型夸张，用笔变化丰富，罗汉形象庞眉大目，高颧隆鼻，状貌奇古，其独特的艺术特色与周文矩的“战笔描”代表了五代人物画创作中一种新的审美追求。在山水画法上，南唐的董源在唐人水墨山水与着色山水的基础上，创立了水墨着色的新画法，影响后世颇大。

五代王公贵族中也有很多人喜欢绘画，如驸马都尉赵喦、刘彦齐，梁相国于兢等。赵喦，擅长鞍马人物，格调很高，且精于鉴赏，代表作有《八达游春图》《调马图》等。从事民间寺观壁画的画家也很多，如跋异、张图、韩求、李祝、李罗汉等。

进入五代，中国绘画发展也迈入了一个新时期。50余年里，政权割据，更替频繁，战事不断，但绘画活动没有间断，甚至可以说是出现兴盛发展。承续着晚唐的余绪，人物、山水、花鸟等画科均名手辈出，绘画艺术取得了长足的进步，风格多种多样，手法新颖独特，成绩斐然，形成一种畸形繁荣的状态，中国绘画史在此拉开新的帷幕。五代绘画承唐人手法，启宋人风范，是中国绘画史上一页重要的篇章。

202 南唐后主李煜在词的创作上有何成就?

李煜像

李煜（937年—978年），字重光，南唐末代君主，故又称李后主。他自幼聪颖，精通诗词、音乐、书法、绘画，艺术修养很高。在位时正值北宋进行统一战争，他不断向北宋进奉财物以求苟安；加之爱妻幼子相继去世，国事家愁交织，自知无力改变，只能尽情纵欲玩乐。北宋攻下其都城金陵（今江苏南京），李煜出降，被带往开封，后被毒杀。特殊的经历和感触反映在他的词作上，就是用朴素自然而又精练优美的语言，书写空虚无奈的心态和情真意切的心境，颇能引人共鸣。

李煜词的风格以975年被俘为界分为两个时期。前期的词风格绮丽柔靡，不脱“花间”习气。内容可大致分为两类：一类是描写富丽堂皇的宫廷生活和风花雪月的男女情事，如《菩萨蛮》（花明月暗笼轻雾）等；还有一类是在宋朝的压力下感受到无力摆脱时所流露的沉重哀愁，如《相见欢》（无言独上西楼）等。由于生活的巨变，他后期的词以一首首泣尽以血的绝唱，使亡国之君成为千古词坛的“南面王”（清沈雄《古今词话》语），正是“国家不幸诗家幸，话到沧桑语始工”。这些后期词作，凄凉悲壮，意境深远，已为苏东坡、辛弃疾等豪放派埋下了伏笔。李煜为词史上承前启后的大宗师。至于其语句的清丽，音韵的和谐，更是空前绝后。

李煜词摆脱了《花间集》的浮靡，不假雕饰，语言明快，形象生动，用情真挚，亡国后的作品更是题材广阔，含意深沉。他超过了晚唐五代的所有词家，成为宋初婉约派词的开山祖，后世尊称他为“词圣”。李煜继承了晚唐以来温庭筠、韦庄等花间词人的传统，又受了李璟、冯延巳等的影响，将词的创作向前推进了一大步。

其主要成就表现在如下方面：

一、扩大了词的表现领域。在李煜之前，词以艳情为主，内容浅薄，即使寄寓一点怀抱，也大都用比兴手法，隐而不露。而李煜词中多数作品则直抒胸臆，倾吐身世家国之感，情真语挚。

二、具有较高的概括性。李煜的词，往往通过具体可感的个性形象来反映现实生活中具有一般意义的某种境界。深刻而生动地写出了人生悲欢离合之情，引起后世许多读者的共鸣。

三、语言自然、精练而又富有表现力。他的词不镂金错彩而文采动人，不隐约其词却又情味隽永，形成了既清新流丽又婉曲深致的艺术特色。

四、风格上的独创性。《花间集》和南唐词，一般以委婉密丽见长，而李煜词则出之以疏宕，兼有刚柔之美，不同于一般婉约之作，在晚唐五代词中别树一帜。

李煜的代表作主要有《虞美人》《浪淘沙》《相见欢》《破阵子》等。后人评论说，词这种新文学体裁至南唐和李煜时，在中国文学史上开始争得了与诗歌一样的地位，受到了社会的高度重视。在这之后的宋代达到了繁荣阶段，成为标志着一个时代特色的文学体裁。

中国古代历史三百题

近古时期

203 赵匡胤是如何黄袍加身的？

宋太祖像

周世宗显德六年（959 年），赵匡胤就任殿前都点检，不久世宗卒。第二年（960 年），赵匡胤发动陈桥兵变，黄袍加身，建立了长达 300 多年的宋王朝。

显德元年（954 年），周世宗对军队进行了一番整顿，他命令殿前都虞候赵匡胤负责“选武艺超绝者，署为殿前诸班”，使殿前司统率的禁军达数万之众。显德六年，周世宗任命赵匡胤为殿前都点检，使他掌握了数万精兵，进一步扩充了赵匡胤的实力。

赵匡胤虽然出身于下层军官，但是他有一帮把兄弟，号称“义社十兄弟”，其中最出名的有石守信、王审琦、李继勋三人，其次有韩重赟、杨光义、刘廷让等人。经过数年的奋战，到周世宗去世时，这些人大都成为禁军高级将领，掌握着重要的军权。他们利用手中掌握的实权，希望能从政变中得到更大的好处，因此他们都是支持政变的。此外，赵匡胤自显德三年（956 年）以来，先后网罗了一批人才，成为自己的智囊团。著名的有赵普、吕余庆、刘熙古、沈义伦、李处耘等，其中李处耘是一个有谋略、有胆识的武将。他们为赵匡胤出谋划策，分析天下形势，帮助其成就大业。

赵匡胤能够登上皇帝宝座还有一个有利的条件，即周世宗之后的皇帝周恭帝是一个年仅数岁的小孩子，主幼国疑，不能有效地把控局势。

赵匡胤发动政变最主要的阻力来自侍卫亲军司，都指挥使李重进是周太祖的外甥，能征善战，握有重兵。副都指挥使韩通，虽然有勇寡谋，但誓死效忠于周室。潞州节度使李筠，拥兵数万，是雄镇一方的强大势力。步军都指挥使袁彦，也是与赵匡胤为敌的大将。此外，尚有不少中间势力，如引进使曹彬，宰相范质、王溥，枢密使魏仁浦等，他们与赵匡胤、李重进均无特殊关系。总之，周世宗去世时，赵匡胤虽有政变的实力，但由于反对势力甚强，加之他的准备不足，故不敢马上发动政变。

周恭帝即位后，赵匡胤便开始做政变准备。主要是采取将重要的对手设法排挤出京师和禁军，以便为政变扫除障碍。比如将侍卫步军都指挥使袁彦任命为陕州节度使，解除了他在侍卫司中的军职；又以侍卫马步军都指挥使李重进为淮南节度使，虽然仍保留了他的禁军军职，但将他排挤到路途遥远的扬州任职，使其无法在京师发挥作用。将侍卫司中的这两名主要实权派排挤出去，从而减小了他在军中的威胁，等于进一步提升了自己的实力。

显德七年（960年）正月初一，镇、定二州来报“契丹入寇”，朝廷命赵匡胤率兵北征。此时企图发动政变的赵匡胤剩下的顾虑是在澶州的慕容延钊，万一不支持政变，甚至在拥周势力的鼓动下起兵反对政变，一昼夜即可赶到京城，倘若再与韩通内外呼应，事情就会复杂化，而万一不能及时控制局势，外地的李重进等人出兵联合反扑，政变就有流产的可能。为了确保政变成功，赵匡胤决定命慕容延钊于正月二日率前军出发，为了让人们深信不疑，同时宣布自己于次日率大军离京北上。三日晚，赵匡胤到达陈桥，此时，前军已经渡过黄河。四日凌晨，赵匡胤在石守信、王审琦等人的拥戴下，黄袍加身，率军返回京城，心腹将领王彦升刺杀韩通，罗彦瓌仗剑胁迫宰相扶赵匡胤升殿。五日，定国号为宋，改元建隆，政变一举成功。

为了巩固刚刚建立的政权，赵匡胤大封功臣，与此同时，也开始铲除异己势力，主要是潞州的李筠和扬州的李重进。李筠在潞州多年，根子较深，且向北汉称臣，离东京甚近，威胁大。李重进军事才能虽高，但他刚去扬州，没有势力，那里是被他所征服的南唐臣民，不会跟他造反。赵匡胤首先命石守信、高怀德平定了潞州的李筠，接着又命石守信、王审琦率大军镇压了李重进的反抗，彻底解决了后顾之忧。

赵匡胤通过积累自身的实力，利用殿前都点检一职手握精兵，又采取一系列措施消除政变的阻力，最终在显德七年于陈桥发动政变，黄袍加身，建立了宋王朝。在之后几年里，赵匡胤加强中央集权，巩固统治地位，终于奠定了赵宋王朝数百年的基业。

204 “杯酒释兵权”是怎么回事？

公元 960 年，赵匡胤在陈桥发动兵变，黄袍加身，拉开了宋王朝的序幕。赵匡胤虽然如愿当上了皇帝，但是他对五代时期“骄兵悍将”“君弱臣强”的局面有着深刻的体会，为了防止新建立的赵宋王朝变成五代的第六个王朝，他必须首先解决禁军兵权与藩镇跋扈的问题，以加强中央集权。维护统一的中央集权王朝成为赵匡胤首先需要解决的问题。为此他登基后，借故将自己担任过的殿前都点检一职撤销，又将慕容延钊任命为山南东道节度使，接着又罢侍卫亲军都指挥使韩令坤为成德节度使。但这仍不能从根本上解决禁军兵权的问题，在平定李筠、李重进之后，他并没有“敢安枕而卧”，“杯酒释兵权”正是他解决皇权与军权矛盾的办法。

公元 961 年赵匡胤召集石守信、高怀德、王审琦等高级将领举行了一次酒会，由此揭开了解决兵权的序幕。众人酒酣之时，赵匡胤诉苦说：“当皇帝也不容易，还不如当节度使快乐，我自从即位以来，竟然从来都没有睡过安稳觉。”众将忙问其故。赵匡胤又说：“这并不难理解，皇帝这个位子谁不想坐？”众将惊恐叩头道：“陛下何为出此言？今天命已定，谁敢复有异心？”赵匡胤说：“不然！就算你们没有异心，如果你们的麾下想求富贵，将黄袍加到你们身上，你们虽不想这么做，能办得到吗？”在这种情况下，众将无可奈何，只好请求良策，赵匡胤乘机说：“人生如白驹过隙，所谓好富贵者，不过欲多积金钱，厚自娱乐，使子孙无贫乏耳。尔曹何不释去兵权，出守大藩，择便好田宅市之，为子孙立永远不可动之业，多置歌儿舞女，日饮酒相欢以终其天年。我且与尔曹约为婚姻，君臣之间，两无猜疑，上下相安，不亦善乎？”很显然，赵匡胤的手段是用财富交换兵权，而众将为避嫌疑也乐于接受，遂很快交出了兵权。这就是历史上有名的“杯酒释兵权”。

宋太祖赵匡胤在之后又采取了一系列措施，将军权收归中央，逐步建立起皇权对军权的监管。在地方上，他采取了以文臣知州军事，把节度使的行政权与兵权解除，建立起皇权对军权的绝对领导。设立枢密院作为军事最高机关，负责制定战略决策，处理国防事务，招募、检阅、调遣军队，掌管虎符和兵籍。设立禁军三衙作为军事最高统率机关，掌管全国军队的统制训练、番卫戍守、迁补赏罚。三衙互不统属，直接隶属于皇帝。以枢密院掌握军队的调动之权，但不直接掌控军队；三衙统率军队，但却没有调兵之权，两者互相制约。

与此同时，赵匡胤还设置了军权监察体制，对军权强效监管。台谏作为宋代的监察部门，拥有纠察权、弹劾权、惩治权，独立行使监察权力。台谏在人事任免、机构设置及行使职权上，都完全独立于军权之外，并可监察各级军官，从而起到对军官的震慑作用。

对地方的藩镇，赵匡胤下令严禁节度使拥有私人武装，除节度使所在州外，罢去了其下辖的诸州，这一措施称之为“罢支郡”，从而大大缩小了节帅们控制的地盘。同时他还多任命文官为节度使，又将节度使掌握的兵权、财权、司法权收归中央。在诸州以文臣知军州事，设通判以进行牵制。又实行“强干弱枝”的政策，将地方精兵补入禁军。在军事部署方面，京师驻军与地方驻军数量相当，使之内外相制；以文臣为枢密使，与三衙互相牵制。中央政府则由宰相、枢密使、三司使分掌行政、军事、财政大权。逐年扩大进士名额，使中央到地方各级政权皆由文臣掌管。

宋太祖的“杯酒释兵权”影响很大，为宋朝统治的稳定打下了坚实的基础，其积极影响主要表现在如下方面：（一）使军权集中在皇帝手中，并且永远消除了军人掌权的可能性。把调兵权、统兵权、握兵权一分为三，相互牵制。这种体制使得皇帝可以把兵权牢牢地抓在手里，从而保证了政权的稳定，有利于加强中央集权。（二）实行重文抑武政策，文臣地位相对于其他朝代都有所提高，同时重文思想也极大地提高了宋代文人的地位与文化的发展。（三）有利于经济发展。由于北宋以募兵制取代征兵制，从而使国家对农民的人身束缚有所减弱，使劳动者从事生产的热情提高了。在募兵制度下，军人与货币、市场的关系相当密切，不仅官营手工业和商业多以厢军为主要的劳动力，军队官兵从事商业性经营的现象也较为普遍。在宋代凡是驻军较多的地区，商品交换活动通常就会趋向活跃，形成较为繁荣的区域市场，促进北宋经济的发展。

北宋所采取的这些政策不可避免地也产生了较大的消极影响。军权的过分集中于皇帝手中，虽然防止了将领的拥兵自重，武人的专横跋扈，巩固了中央集权，却严重地挫伤了武官的积极性和主观能动作用，不可避免地削弱了军队的战斗力，对北宋后来的军事和政治都带来了不良影响。每遇战争，调兵迟缓，往往贻误战机。在军事部署方面，中央军力过强，地方兵力寡弱，不仅不能有效地抵御外侵，就连农民战争也往往对付不了。北宋王朝还广设监军，对将帅处处牵制，也严重地削弱了军队的机动性和战斗力，导致战争的失败。北宋在军事上积弱不振，与其不合理的御将之道有直接关系。两宋时期面对党项、契丹、女真和蒙古等族的侵扰，军事体制上的这些弊病，使宋朝接连败北，在军事上始终处于被动挨打的地位。

这场由赵普谋划、赵匡胤发动的“杯酒释兵权”，其形式是自上而下的和平方式，即以武力作为后盾，以经济作为交换兵权的手段，这样做避免了流血事件的发生，有利于社会稳定。但造成的后果就是官僚机构庞大，土地兼并现象严重，阶级矛盾尖锐，因此在北宋王朝建立初期就发生农民战争，这些都是谋划者始料不及的。

北宋王朝通过各种措施来加强对军队的控制，使军队牢牢掌握在中央政府手中，克服了晚唐以来军事支配政治，军人跋扈无礼的局面，消除了军队对社会稳定的破坏作用，改变了军队的面貌。在两宋 300 多年的时间里，没有出现过大的兵变，没有破坏政治机制的正常运转，从而为宋代社会生产力的发展，为宋代文化事业的进步创造了一个稳定的社会环境，这不能不说是宋代军事制度的成功之处。但是其消极影响也是很明显的，导致行政效率低下，人浮于事，削弱和分散了将帅的权力，委任不专，军队战斗力低下，北宋与南宋的覆亡，不能不说与这种体制有很大的关系。

205“烛影斧声”是怎么回事？

北宋开国皇帝宋太祖赵匡胤是中国历史上杰出的政治家和军事家。他在位时期，政治上采取了一系列措施加强和巩固专制主义中央集权。军事上采取“先南后北”的战略方针，逐个消灭当时的分裂割据政权，基本上结束了自唐末以来长期分裂的割据局面，为以后全国的统一奠定了坚实的基础。但是，有关赵匡胤之死及其弟赵匡义（赵光义）之即位，却给后人留下了“烛影斧声”与“金匮之盟”这两桩北宋初年最大的政治疑案，成了历史上的“千古之谜”。

关于“烛影斧声”的记载，最早见于北宋神宗朝释文莹所撰的《续湘山野录》。据此书记载，宋太祖在临终的当夜，召其弟（太宗）时任开封府尹的赵光义入宫，在寝宫酌酒对饮，命身边的宦官、宫女全部退出，有人只是远远地看见灯烛影下，赵光义不时离席躲席，像是饮酒过量了。两人饮完酒时，已经三更天了，殿外的雪已经下了数寸厚了。太祖手拿斧头戳地，回头对赵光义说：“好做！好做！”然后解带就寝，鼻息如雷霆。当天夜里赵光义就住在宫中，将近五更时，在无声无息之中，“太祖已崩矣”。

对于这段记载，其真伪向来是史家争论的话题。史家首先争论在于这段记载是否可信，一种观点认为释文莹所记可能基于了解内幕的情况；另一种观点则认为孤证不立，在没有其他佐证的情况下，不足为信，并且进行了分析：第一，作者并未暗示太祖之死不明不白，强自疑神疑鬼的是后人；第二，太祖召太宗入宫饮酒，太宗很难事先做好准备；第三，夜宴期间，周围应该有人；第四，太祖宴罢入寝，并无异状。因此，太祖并非太宗所杀，而“烛影斧声”之谜及历史传说，乃是后人捕风捉影的虚妄猜测。还有一种意见认为，太祖死于疾病或其他。从医学和遗传学的角度分析，赵氏家族患有遗传性的躁狂抑郁症，赵匡胤就有这种病。另外，赵匡胤死前还有脑出血症状。因此，赵匡胤实是病殁。

“烛影斧声”是考实宋太宗继统是否出于篡弑的关键，因为它是千古以来疑宋太宗篡位的唯一根据。如果说宋太宗未杀其兄，则太宗即位必有原因。

有学者认为太宗即位并无太祖遗命，实属自立，他之所以顺利而毫无阻碍地登上皇位宝座，原因就在于太祖统治时他有显赫的地位。赵光义曾参与策划陈桥兵变，有开国之功，后又任开封尹，封晋王，位尊权重，恩宠无比。他还能善待众人，朝廷内外有许多他的亲信好友。而且赵光义的个人才干突出，很受赵匡胤的信任和器重。从唐末到宋初，太子制度废置近百年，朝廷多以亲王兼京尹为储君。随着反对太宗即位的赵普罢相，太宗为亲王又兼京尹俨然已居储君之位。其时太祖诸子已成年出阁，但均未封王，更无太子之位，太宗于太祖朝实居储君之位，故得以在太祖死后无顾命而顺利入继大位。另一种意见则认为太祖是太宗所害。赵匡胤之死极有可能是赵光义在酒中下毒所致。酒中下毒是宋太宗的惯用手法，原后蜀主孟昶、吴越国王钱俶以及南唐后主皆为他毒死。而且赵光义早在开宝初年就结交豪俊，图谋不轨。到开宝九年（976 年），他认为时机已到，就利用进宫饮酒之机，在酒中下毒，杀了宋太祖。邓广铭先生还考察了宋太宗即位后颁布的即位大赦诏书，最初的《即位大赦诏》有诸多不完善之处，太宗统治稳固后，就对诏书进行了修改，这就是史籍所载宋太宗发布的同一诏书而内容竟大相径庭的根由所在。邓广铭的这一考证从另一侧面论证了宋太宗弑兄篡位的真相。

太宗弑杀其兄的原因，很可能是权力分配不均。赵匡胤统治 17 年，极力强化中央集权，但对其弟赵光义发展私人势力缺乏应有的警惕，或者碍于亲情，在打击太宗势力方面做得不够彻底，致使太宗最终能弑兄篡位成功。宰相赵普虽曾劝他除去光义，但未被采纳，致使赵光义起而杀掉其兄，登上皇位。在对待北汉、契丹的政策上，二人存在着严重分歧，这是另一个原因。另外，围绕着是否迁都洛阳的问题，也加深了赵氏兄弟之间的矛盾，而“烛影斧声”事件的出现，则是这种矛盾激化的必然结果。另一方面，太宗篡权成功也在于自身做了充分的准备，在宫中收买、安插了内线，并选择了最好时机，而太祖毫无思想准备。

那么，为什么宋代国史、实录、时政记、会要等官修史书都不载“烛影斧声”这一事件呢？史书上缺乏记载的原因不外乎两个方面，一是此事确为捕风捉影，二是宋太宗为掩盖其杀兄篡位的事实，而对当时史官采取了严厉的压制。太宗弑君杀兄，篡位夺权，在当时实属大逆不道，他自知难以服众，因此，除笼络收买当时的文人学士外，还设法为自己的即位制造合法依据：第一，所谓“金匮之盟”；第二，所谓手足之情；第三，所谓“天命所归”；第四，所谓自己才是“真命天子”。此外，他还采取一系列措施，如“改元”“改名”“郊祀”“尊号”等，以证明自己即位的合法性。

“父死子继”的宗法制，到秦汉以后，已形成牢不可破的惯例。可是继承宋太祖为帝的既不是他的长子赵德昭，也不是他的次子赵德芳，而是他的弟弟赵光义。此外，赵德昭、赵德芳都是英年早亡，死得很不正常，是否是宋太宗斩草除根，也不好论定。在这不正常的传位情况下，自然会使世人产生种种猜疑，于是“烛影斧声”便成了千古不解的疑案。

206“金匮之盟”是怎么回事？

宋太宗太平兴国六年（981 年），北宋政府公布了一份据说是杜太后生前签订的盟约，根据这份被称作“金匮之盟”的文件，宋太宗继承其兄赵匡胤的皇位是完全合法的。

“金匮之盟”的主要内容，是说赵匡胤的母亲杜太后在临终前要赵匡胤按立长的原则，在死后把皇位传给其弟匡义（即位改名光义），再由匡义传给其弟廷美，并要宰相赵普写成盟书，藏之金匮，交宫人密藏，所以又叫“昭宪顾命”。研究者们大都认为“金匮之盟”是伪造的，但对伪造的时间及伪造者又存在分歧。

宋初承五代之乱，当时不仅北方的契丹占据燕云十六州，威胁中原，而且中央集权局面尚未完全形成，全国尚未统一，强藩军权未削。在此形势下，需要一位有丰富阅历及威望的君主，来承担君临天下、统一四方的重任。而继宋太祖君位非太宗莫属，德昭难以胜任。太祖实际上是出于现实的需要，才让太宗以亲王、京尹居储君之位，何况太宗又有开国之功。但所谓的“金匮之盟”不可信，因盟书不可能藏于金匮达 20 多年之久。而且这份盟约没有提到复传位于太祖之子也是极悖常理的，这些显然是出于伪造篡改。“金匮之盟”乃太宗于太平兴国六年伪造，目的是为自己无太祖遗命而入继大统进行辩解。

对于“金匮之盟”不可信的依据还有很多：

首先，就“金匮之盟”的存在来说。北宋历史上，还从未有皇帝健在，太后就为接班起草遗诏之事。杜太后草诏的理由是为了不重蹈周世宗传位幼子而丢失天下的覆辙，其时太祖、太宗俱在壮年，杜太后没有必要担忧。如有遗诏，太祖死前应布置人打开金匮；即使突然死亡，其皇后也应知道此事，为何要等到太祖死后六年才由赵普揭出？如有遗诏，则太宗即位为合法，然而始终未见他公布，留下来的只有大概意思，且内容很不一致。如果不是伪造，何必闪烁其词？按杜太后所说立长的原则，太宗之后理应传位给廷美或德昭，但他偏偏传给比弟侄还幼的儿子。这一切皆可证明遗诏是伪造的。

其次，宋太祖生前十分注意培养秦王德芳，为他配置了专门的侍讲官，宋太祖去世的当夜，太祖的皇后派人速召太祖子秦王德芳入宫。但来的却是晋王赵匡义，皇后大惊失色。因此，可以推知，赵匡义并非宋太祖的既定继承人，也没有所谓的“金匮之盟”。

再次，就其公布的时间和背景来说，“金匮之盟”是事出有因，查无实据。“金匮之盟”的出现有着严峻的政治背景，杜撰的可能性极大，以致有关记载非常混乱，互相抵牾；第二，“金匮之盟”的历史传说不合逻辑，不近人情，不足征信；第三，“金匮之盟”的历史传说与传统习惯不合。

“金匮之盟”与“烛影斧声”是紧密联系在一起的，是一个问题的两个方面，前者是为篡弑制造舆论，后者是把篡弑付诸行动。“金匮之盟”与“烛影斧声”正是当时统治阶级内部矛盾复杂的表现。只是当太宗即位后，其帝位由他的后人代代相传，人们对此事有所顾忌，不能奋笔直书，但内心仍怀不平。因此，宋太宗采取了一系列的强硬措施来巩固统治：第一，铲除德昭、德芳和廷美，肃清障碍；第二，对编纂宋初国史进行了干预；第三，发动对外战争，以转移人们的视线，缓和统治阶级内部矛盾；第四，借助符命迷信来巩固统治。

当然也有学者认为“金匮之盟”并非完全伪造，认为“金匮之盟”有“三传”和“独传”的两种说法，在五代宋初传位观念均有所变化，指出“三传约”是原始的真实的“金匮之盟”，后公布的“独传约”则是对原始的“金匮之盟”的篡改。

纵观整个宋初的形势，不难推断，“金匮之盟”的伪造者应该是宋太宗或赵普，太宗为证明自己的合法地位，而赵普则是为了重返相位。

“金匮之盟”为宋初政治动乱的表现，围绕皇位继承问题，宋朝出现了严重的政治危机。因此，宋太宗心理压力极大，急于建威树望，防范内患，结果威望未建，而内患频作，太宗无暇顾及政治大计，仅能循太祖之政而行，是以太宗时期，尽管经济文化均有发展，但积贫积弱之势已现。

207 何谓“宋太祖誓碑之谜”？

据陆游《避暑漫抄》记载，宋太祖称帝的第三年，即建隆三年（962 年），“密镌一碑，立于太庙寝殿之夹室，谓之誓碑，用销金黄幔蔽之，门钥封闭甚严。因敕有司，自后时享及新天子即位，谒庙礼毕，奏请恭读誓词”。此后每代新皇帝登基，照例由一个不识字的宦官“验封启钥，先入焚香，明烛，揭幔，亟出阶下，不敢仰视”，然后由皇帝亲自到碑前“再拜，跪瞻默诵讫，复再拜而出”，仪式庄重而神秘。碑中“誓词三行，一云：‘柴氏子孙有罪，不得加刑，纵犯谋逆，止于狱中赐尽，不得市曹刑戮，亦不得连坐支属。’一云：‘不得杀士大夫及上书言事人。’一云：‘子孙有渝此誓者，天必殛之。’”在迷信观念极重的古代，第三条当然是极重的毒誓。但到北宋末年，金军攻破开封，太庙“门皆洞开，人得纵观”，秘密就此公开。而且这件事的披露，是宋高宗派往金国的使者曹勋从金国返回南宋后，带回来宋徽宗的口信，说有这么件事，希望高宗能遵守这三条誓约。然“宋太祖誓碑”一事的真假及其带来的影响都受到了不小的质疑。

很多学者对“宋太祖誓碑”的真实性提出质疑，认为誓碑刻于建隆三年（962年），那时赵匡胤刚刚立国不久，但经历了将近160年才开始被人们所知悉，这似乎不合常理。于是便有学者提出可能是徽宗荒淫亡国，为了弥补罪过，于是编造了这个故事；也可能是曹勋杜撰出来的，目的是让赵构合法地继承皇位；又或者是宋代文人编造出的传说。例如，优待柴氏子孙没有做到，周恭帝退位后被贬到偏远的房州安置，不到20岁就不明不白地死去了。还有就是在中国古代社会对史官不存在保密问题，誓碑之事亦不例外。此类事按理应在日历、实录中有所反映。《续资治通鉴长编》《宋史》本纪部分多根据日历、实录等撰写，可是竟无一丝踪迹。《宋史·高宗本纪》虽载有曹勋南归之事，但对“誓约”无一字提及。正史记载虽不能说没有疏漏，但较为重大的事件是不可能疏脱的。还有一点即这座誓碑无一人亲眼看见过，《避暑漫抄》的作者陆游没有看见，传话的曹勋也没有亲眼看见过，既然“门皆洞开，人得纵观”，为什么却无一人看见过呢？根据以上原因认为“宋太祖誓碑”根本不存在，纯属子虚乌有。但支持“宋太祖誓碑”存在的学者恰恰也从这两点出发，举出诸多文献记载的实例以证明其存在的可能性更大。又认为宋代实行重文抑武的政策，“与士大夫治天下”，即以文臣驾驭武将，优待士大夫，不轻率加以诛杀，确为事实。这正是“宋太祖誓碑”存在的依据，认为“祖训”在北宋历代执行得相当严格。而宋高宗时是宋朝政治冤狱和文字狱最滥，正直士大夫受祸最烈的一代，也仅开了三次杀戒。另有解释认为，宋代最高统治者感到其自身利益受严重威胁时，是会不惜把“祖宗家法”置诸脑后，对士大夫大开杀戒的，不过，这并非那个时代的主流。所谓“不杀”乃指不轻率诛杀，非绝对不杀。

“宋太祖誓碑”是在北宋特定历史时期产生的，这与当时的重文抑武、“与士大夫治天下”的政治策略不无关系，虽然其存在的真实性仍有疑问，但是宋代实行重文轻武的政策却是真实的，就杀戮士大夫而言，也确实比其他历史时期少得多。

208 宋太宗雍熙北伐为什么会失败？

雍熙三年，即公元986年，宋太宗发布《北伐谕幽州吏民诏》，大规模的北伐战争拉开帷幕，企图一举夺回燕云十六州。北宋对这次战争进行了较长时期的准备，又广泛地调动起能调动的力量，单是承担军需供应和运输的民工，就已在70个州府内征调，物资调运数目之大可想而知。参战的禁军将士达20万，几乎动员了北宋所有的精锐部队，军官无疑都是久经战场并通过慎重遴选的。这些都显示了宋对燕云期于必得的决心，然而战争的结果却是以宋军的惨败而告终，从而在对辽关系上“终宋不振”，这不禁让人扼腕叹息。

这场战役失败的原因有很多，主要在于宋军战略上的失误，其次是宋君臣对辽方情况判断的错误，因而贸然发动了这场毫无把握的战争。此外，还有“将从中御”、将无亲兵、将系庸才等方面的过失。纵览雍熙北伐一役，为后人留下诸多启发和思考。

第一，宋君臣对形势的错误估计，轻率出兵。宋朝在雍熙三年发动北伐的时机并不成熟，宋廷做出这次北伐的决策，据载缘于这样一次对辽方情况判断的错误：雍熙元年，宋雄州知州贺令图与岳州刺史贺怀浦等相继上奏，称已即位两年的辽圣宗耶律隆绪年幼，“国事决于其母，其大将军韩德让宠幸用事，国人疾之，请乘其衅，以取幽蓟”。这使得北宋君臣都轻视了辽的实力而轻率出兵。另一方面，宋军在之前的防御战中取得了胜利，这次胜利除了因为其军事实力尚足以与辽抗衡之外，主要还是由于倚托坚城、以逸待劳，发挥了以步兵为主的短距离集团作战优势。捷报被及时地呈送到朝廷，但都经过有意无意地夸大，宋军在防御战中的这些局部性胜利，在一定程度上冲淡了高梁河战败后的悲观情绪，对重新鼓舞起宋军将士的信心多少起了些作用，但又使宋太宗及文官们对本朝的军事实力产生了过高的估计，认为足以去收复幽燕。

宋太宗一再将收复幽燕提上议事日程，也并非完全处于军事上占据优势的考虑，他还寄希望于通过此战提升自己的威望，以此巩固自身的地位。所以，虽然缺乏对双方综合实力的正确认识，但他很清楚宋朝军队屡经大战，急需休整。只不过由于上述原因，还是进行了北伐。

第二，战略失误，又未被有效执行。宋太宗决定进行此次北伐，任命天平节度使曹彬为幽州行营前军马步水路都部署，率河阳节度使崔彦进等30余将，分三路北伐。他的部署是：（1）除以曹彬为帅、崔彦进为副帅率领一支大军外，又以米信为西北道都部署、杜彦圭为副帅率领一支军队，这两支军队为进攻幽州的主力，是为东路军。（2）以田重进为定州路都部署，出飞狐，以切断契丹西去的通道，孤立代北诸郡，是为中路军。（3）以潘美为云、应、朔等州都部署，杨业为副帅，以攻击代北诸郡，是为西路军。宋太宗分兵三路的作战意图：以曹彬的主力吸引住辽国兵力，使其集结于幽州，无暇西顾，使潘美、杨业的西路军顺利攻占代北诸郡。完成第一步作战方案后，第二步是在攻占代北诸郡之后，潘美和田重进的西、中两路军与东路会合，共同进攻幽州，由此实现其战略总目标。而辽国统帅始终把幽州作为战略重点，从而制订了重点防御、伺机反击的作战方针，以打破宋太宗的作战意图。于是提出了针锋相对的作战计划，控制了宋军的粮道。加之宋军将帅没有将战略决策贯彻到底，从而导致了作战失败，损失惨重。

后勤补给制度的低效也是宋军致命的要害。东路军两次攻下涿州后，又两次退却，给予辽军可乘之机，直接原因都是因为粮草供应不上。宋军后勤供应系统的缺陷，在开战前还没有被宋廷重视，只有辽军善于“多伏兵，断粮道”这一战术被宋琪提出，然而也似乎没有引起足够的注意而加以解决。

第三，宋君的猜忌心理，防范武人。雍熙北伐的失败恰是太宗忌疑心理产生的恶果。宋朝重文抑武，君王对武将极其猜忌，使得大将们胜则自危，避功避权，畏首畏尾，如此将帅，在关键时刻想得过多，不可能集中全力去拼杀。宋太宗对武臣的忌疑最重，即以对曹彬为例，太平兴国八年（983 年），只因为镇州驻泊都监弥德超的谣言说“枢密使曹彬秉政岁久，能得士众心”，又编造边疆戍卒说“月头钱曹公所致”等语，不经调查，也不听他人的解释，就罢免了曹彬的枢密使。数月后，弥德超因他事获罪而真相大白，太宗尽管已确认曹彬无罪，但也没有让他官复原职。作为掌管兵政的枢密使曹彬，能得将士之心，按理并非罪过，但在太宗看来，手握重权的武将又能受到将士的拥戴，对皇权是一种极大的威胁，必然要严加防范。

自太祖初年主要为防范军队叛乱而创设的“更戍法”，也起到了负面作用。“更戍法”这项改革所形成的结果，就是“兵无常帅，帅无常师”，“将不得专其兵”，其弊病是人为地削弱了部队的战斗力。进入太宗时期，这项制度更加僵化，对边将特殊的经济优惠政策被明令取消，严重挫伤了边军的战斗力，而不足以与辽军抗衡。

第四，宋太祖“先南后北，先易后难”方针的弊端。宋军与南兵交战，得胜太过容易，志骄情逸，忽然与北方辽国剽悍的骑兵相遇，乍败乍胜，很容易气沮意沉，丧失信心。

北宋雍熙北伐的失败，使此后北宋朝廷丧失了独立收复幽燕的信心。辽朝胜利从心理上瓦解了宋君臣的进攻意识，使北宋在对辽策略上从此转为消极防御，主和妥协。尽管也不断有振奋者企图挽回颓局，但皆因势单力薄而难以逆转这一趋势。这次战争无疑对宋辽关系产生了很大的影响，而且对宋的内政，或者更进一步明确地说，对宋太宗的专制统治政策，也产生了重大影响。

209 杨家将故事的真相是什么？

杨家将的故事一直在民间广为流传，杨门忠烈英勇的事迹也鼓舞着广大人民群众，成为一段佳话。然而杨家将传说与历史真相相距甚远，杨业在宋初算不上最显赫的武将，潘美也绝非大奸大恶之臣；杨家七子中长子延昭却被称为“六郎”，五郎也并未出家，真实历史中也没有“杨门女将”。不过杨家将的故事仍可以反映出当时的民间思潮和社会状态。

故事中的“老令公”杨继业，就是历史上的杨业，当时有“杨无敌”之称。因为北汉刘钧在位时，曾以杨业为“义子”，所以他与北汉主刘继元一样同是“继”字辈，叫刘继业，降宋之后取掉了“继”字，又恢复了杨姓。宋太宗灭北汉，杨业一直力战。宋太宗喜其骁勇，让已经投降的刘继元亲自写信招降，杨业才向宋太宗投降。忠臣良将谁都喜欢，宋太宗授其为领军卫大将军。

宋太宗深知杨业久习边事，任其驻守代州一带，以抵御契丹。潘美在宋初为著名大将，地位显赫，这不仅仅因为他是皇戚，更因为其武功赫赫。他曾平岭表，定江南，征太原，镇守今山西北部，抵御辽军。反观杨业，作为同时代的良将，对于宋朝的功劳，杨业没有潘美大。但是，经过历代文艺作品的渲染，很少有人知道潘美的功绩，只知道“杨家将”的事迹。

至于潘美与杨业虽为多年正副职关系，却并没有特别的过节和隔阂，雁门之战二人还配合得当，共立大功。与杨业战死沙场有直接关系的应当说是王侁。王侁是后周功臣王朴的儿子，曾在宋初对南唐征战中立过功，还曾率军大破河西诸族首领的叛乱，因军功领蔚州刺史。雍熙北伐的征战中，王侁力主杨业出击，杨业无奈，只好亲自领兵杀敌，并建议潘美、王侁设强弩接应。杨业兵少且战且退，退至狼牙村时，在陈家谷口接应的王侁未等到杨业的军讯，认定辽兵败走，急于争功，引兵离开谷口。潘美见王侁撤军，无奈之余，也领军沿灰河往西南行进。杨业见无军接应，只好挥军死战，被辽军俘获，不食而死。潘美听闻杨业军败，为了保存实力，马上挥兵后撤。杨业死讯传至宋廷，宋太宗痛惜不已，削潘美三级，把王侁除名流放金州，刘文裕除名流登州。此时，潘美已是60多岁的老将，转年虽官复原职，仍旧悒悒不乐，数月而卒。陈家谷口事件是王侁不遵约定，擅自行动导致的兵败，潘美却在日后被丑化成陷害忠良的奸臣，这与历史事实不符。

杨业有七个儿子，除杨延玉战死外，还有杨延昭（本名杨延朗）、杨延浦、杨延训、杨延瓌、杨延贵、杨延彬。其中，杨延昭最为知名，一直在边地抵抗契丹。他在边防20年，契丹人深惧之，号为“杨六郎”。

至于契丹人为什么称杨业长子为杨六郎，殊不可解。如果是叔伯兄弟大排行，也不见宋人如此称呼他，辽人也不像汉人爱以大排行称呼别人。现在有学者认为古代往往以天上的星宿比拟世间有本事的人。辽朝称宋为南朝、南国，所以夸赞杨延昭为南斗。南斗六星在宋朝初期是习惯用语，久而久之，就直呼为六郎了，这种称呼与辽人称杨业为“杨无敌”是同一意义。《太平御览》卷六引《大象列星图》认为北斗六星中的第六星主燕。燕地当时是辽国所在之地，而杨延昭镇守河北正是为了对付辽国，契丹人惧怕他，因而把他比喻为震慑本国的大星，以后杨延朗的“朗”字渐渐演化为“郎”，于是就称他为杨六郎了。然种种说法，都有牵强之嫌。杨延昭死时年57岁，其子杨文广曾随狄青南征，后又被委派至泾州、镇州为将，最后官至定州路副都总管、步军都虞候，而《杨家将》中的杨宗保是不存在的，是艺术创作出来的人物。

杨家其他兄弟的情况是，杨延玉随父出征，在陈家谷口一战殉国，其余皆得善终，延浦、延训为供奉官，延瓌、延贵、延彬并为殿直。他们并未流落外邦、身死奸臣之手。关于杨五郎出家为僧一事，最早见于南宋话本《五郎为僧》，在元杂剧中的杨五郎与五台山有着密切关系。北方的五台山是当时的军事要地，因此靖康之变中，有五台山僧兵与金军交战的事例，在宋代的史书中多有记载。五台山僧兵的英勇形象，在原本为西北军人创设的南宋瓦舍中被逐渐地文艺化，这使得同样是与北方敌人作战的山西英雄和“杨家将”故事融合在一起，进而带来了出家于五台山并与契丹战争的杨五郎形象，表达了民间对爱国英雄的美好向往。

关于杨门女将的故事也流传甚广，评书、戏曲中所讲的佘太君、穆桂英和诸位杨门女将，其形象比之男将更为光鲜，是对妇女的极大歌颂。但历史中并未见关于她们的记载，全属文艺创作。在唐末五代及北宋前期，河东的豪族折氏家族势力一度很大，其与杨家有联姻关系，佘太君的佘姓当与此有着一定的关系。

值得一提的是，文艺作品中一直与杨家将为敌的萧太后，正是杨业被杀时的辽国实际统治者萧绰萧太后，这一点不容置疑。

杨家将的故事虽然在内容上多是由民间编撰，但刻画出的忠勇形象恰好表达了人们心中对保家卫国的企盼，表达出对忠臣良将的敬重，杨家将故事的价值正在于此。

210 宋辽“澶渊之盟”的真相是什么？

宋朝一直被视为一个“积贫积弱”的朝代，就其与辽、西夏等少数民族的关系来说，宋朝一直实行“以金钱换和平”的政策，而开这一政策先河的则是“澶渊之盟”。

宋真宗景德元年（1004 年），萧太后与辽圣宗倾其国兵力 20 万人南侵，一路大获全胜，攻至澶州（今河南省濮阳县附近）城下，去宋都开封不过 200 多里。面对辽国的大举进攻，朝中大臣分成了主和与主战两派。宰相寇准坚决主战，挫败了朝内迁都避敌的主张，劝说宋真宗亲到澶州前线督战。恰逢宋军在澶州前线以伏弩射杀了辽南京统军使萧挞览，宋军士气大振。辽军见宋军势大，皇帝亲征，遂主动求和，宋真宗对战胜辽军本来就没有信心，于是便同意了辽的建议。最终双方达成和议，辽兵北撤，恢复战前状态。从此，宋辽双方 120 年未有大的战事，史称“澶渊之盟”。

“澶渊之盟”之所以能够成功签订，其原因是双方势均力敌，辽国并无攻灭宋朝的实力。宋朝在太宗时期数次发动对辽战争，均以失败收场，而且损兵折将。由此北宋由积极北进转为防守，放弃了收复燕云地区。反观辽国，在获得燕云十六州之后，农业和人口都有所发展，但经济实力还是不能与北宋相比，其发动对中原的进攻，主要在于掠夺人口和财物。北宋几次攻辽失败后，辽国都没有组织大规模的反攻，只是在恢复失地后，以少数部队频繁出兵北宋，其目的并不在消灭北宋，而是要破坏北宋的军事设施和经济，使北宋无力攻辽而已。故《辽史·兵卫志》说："不许深入，不攻城池，不伐林木，但于界外三百里内，耗荡生聚，不令种养而已。"此次辽太后与皇帝亲自南下，也不是想彻底消灭北宋，只是想通过武力迫使宋朝签订盟约。在双方都无消灭对方的意图下，达成和议便在意料之中。

"澶渊之盟"的主要内容是：双方以白沟河为界，各守旧疆，约为兄弟之国，辽称宋为兄，宋称辽为弟，并以萧太后为叔母；宋每年给辽银十万两、绢二十万匹；双方沿边州县各守边界，两边人户不得交侵，逃亡越界的人，双方互相遣送，沿边城市只能依旧完葺，不许增修城堡及开挖河道；在辽军撤退时，宋军不得沿途邀击。

谈判中，辽国提出两个条件，一是宋每年送契丹银 10 万两、绢 20 万匹，当时宋朝的年财政收入折算为银约为 7000 万两，绢为 7000 万匹以上，而宋真宗也准备承担"岁币"百万之数，以求和平，辽国的要求是大大低于宋的估计，不到宋年财政收入的千分之五，此条件宋欣然接受了；二是要宋归还"侵占"的瀛、莫二州（辽称"关南"之地），被宋严词拒绝，契丹和平心切，也未坚持，其实此二州当时已在契丹军占领之下。最后达成的条约为，宋每年送契丹"岁币"，契丹退出已占领的华北十数州之地，并在事实上承认瀛、莫二州为宋朝领土。对宋而言，已是外交胜利。

"澶渊之盟"签订后，具有较大的积极影响，主要表现在如下方面。

在政治上，"澶渊之盟"是宋辽关系的转折点，在这之前北宋仍想北进，在这之后便安于现状，将精力专注于内务，外忧已除的北宋精英政权更着力于内部机构的变革和与民休息的国策，其后出现的较为温和的庆历新政和更加激烈的熙丰变法正是其表现之一。

在经济上，“澶渊之盟”以后，双方达成协议，在河北沿边陆续开放了雄州、霸州、安肃军、广信军等四处榷场，其中以雄州榷场最为重要。从双方交换的主要商品来看，宋朝有香药、犀角、象牙、苏木、茶叶、缯帛、漆器、瓷器、麻布和书籍等，辽方有羊、马、骆驼、银两等。从商品的种类看，宋朝输出的多半是加工制造品，辽方输出的原料产品占主要地位。“澶渊之盟”后，河北地区的榷场，每年从辽方征收专卖税约150万贯，宋方得利很大，往往数倍于岁币。

从长远看，“澶渊之盟”促进了双方边境的和平稳定与经济发展，特别是北宋政权在此期间的生产力得到了极大的提高，国内物质充盈，社会财富骤增，经济水平远远领先于周边民族。“澶渊之盟”后契丹人民大量吸收汉族文化，促进了民族融合。所以“澶渊之盟”对于宋辽两国来说都有着重要的现实意义。

“澶渊之盟”也有一些消极影响，主要表现在以下方面。

首先，虽然双方签订了合约，但宋朝对燕云十六州仍然耿耿于怀，于是在有关岁币的规定和领土交涉的问题上，宋辽双方仍有很多矛盾。

其次，澶渊之盟的缔结使北宋放松了对边防的建设。澶渊之盟缔结后，北宋朝廷里盛行“守内虚外”的思想，守边将帅加强防范的举措被斥为惹是生非。士民议论边防，则视为迂阔无用之论，弄得人人忌谈兵事。由于轻视武备建设，在边防上长期陷入被动挨打的境地。宋时周边的少数民族政权林立，宋却实行轻武重文的国策，其结果是直接呈现出军事上的弱势，并最终造成了两度亡于周边民族政权的结局。

“澶渊之盟”创造了中原王朝向周边政权赠送钱财以换取和平的先例，“这实际上是变相的纳贡”，这种政策开启了宋朝君臣花钱即可高枕无忧的心理依赖感。此后两宋朝廷对待北方民族政策上的软弱，这也是一个不可忽视的间接原因。

从澶渊订盟的经过和盟约的内容来看，双方都做了一定的让步，当然这个让步是在宋辽双方力量相对平衡、宋军给辽军以有力的还击，双方又都审时度势的条件下做出的妥协。这一妥协避免了酷烈无休止的战争，使双方军民免遭伤亡，换取了和平局面，改善了民族关系，促进了双方在经济和文化方面的发展和交流。

211 西夏政权是如何建立起来的？

西夏是由党项族建立的政权，又称邦尼定国或白高大夏国，原本称臣于宋，因不满宋初削弱藩镇兵权的措施，公元 1032 年，李元昊继夏国公位后，便积极准备脱离宋朝。1034 年制定年号，其后几年内，他又进行了一系列改革，终于在 1038 年称帝，建国号大夏，史称“西夏”，占有今宁夏、甘肃、内蒙古部分地区。

党项族建立政权是从唐朝末年开始的，黄巢起义军攻入长安后，唐政府号召各地军阀出兵围攻起义军，党项首领拓跋思恭率军参与了围攻长安的军事行动，凭此功劳，唐政府于中和元年（881 年）授其为定难军节度使，封夏国公，并赐姓李，给予以夏州为中心的几个州作为定难军的地盘。从此以后直到五代时期，定难军名义上归属于中原王朝，实际上处于半独立状态。北宋初期党项族内部发生斗争，其首领李继捧率众归顺了宋朝，但其族人李继迁不愿归顺，叛宋自立。由于李继迁势力较弱，无法与宋对抗，李继迁遂决意投降辽国，向辽称臣，引为奥援。在取得辽国的支持下，终于在宋太宗至道三年（997 年）争回了夏、绥、银、宥、静五州之地，取得了对宋战争的初步胜利。

李继迁死后，其子李德明（李继捧降宋后，被赐姓赵，改名赵保忠，李继迁改名赵保吉）继立，向宋称臣，被封为西平王。1004 年，李德明死，其子李元昊继位，改变了其父的政策，积极向外扩张，除了对宋的边境进行骚扰外，还不断对吐蕃、回鹘用兵，占领了河西走廊。又顺应党项族自身发展规律，创文字，定制度，并于公元 1038 年正式建立政权，国号大夏，自称皇帝。故西夏在元昊统治时期发展最快，使其疆域“东尽黄河，西界玉门，南接萧关，北控大漠，地方万余里，倚贺兰山为固”，与宋、辽形成三国鼎立的局面。

西夏在政治上实行蕃汉联合政治，以党项族为主导，汉族和其他族群为辅；经济上依靠畜牧业、农业和商业。元昊虽然在与宋朝的对峙中获得了一些胜利，但是宋朝毕竟国大力强，长期的战争状态使西夏难以承受巨大的经济压力，于是便向宋朝求和，宋朝安于现状，也不愿再战，遂答应了西夏的求和，并且每年给其七万贯的财物，称之为“岁赐”，西夏则向宋称臣。西夏以名义上的臣属，换来了经济上的实惠，加上通过边境贸易所获的利益，对西夏经济的发展具有重要意义。

西夏国内的政治情况颇有特殊性，其主体民族党项族的主宰者是强宗大族，故“联络豪右”一直是西夏政权的国策，强宗大族也就成为西夏国的统治基础。党项的宗族，不仅是由血缘关系组成的共同体，而且是一个重要的经济实体，是真正的独立王国。这些豪酋拥兵自重，在政治上起着举足轻重的作用，党项三大族世代独揽西夏政权，中央机构和州郡、十二监军司等地方军政机构，均由其操纵，豪族的这种政治权力世世相继。在经济上，党项的宗族都是经济实体，他们占有大片田地、牧场，并拥有为数众多的劳动生产者。在军事上，强宗大族拥有极为强大的武装力量，故而西夏的兵制是建立在豪族武装的基础之上的，西夏统治者每次发动战争，都要向强宗大族调集军事力量。

总之，党项统治者对愿意效忠自己的豪右，极力笼络和重用，而对怀有二心、不听从指挥者，则往往绳之以法，乃至大开杀戒，故西夏统治阶级内部也矛盾重重。西夏政权从李继迁算起，共历 12 世，至公元 1227 年为蒙古灭亡，存在 200 多年的时间。

212 宋夏之间的和战关系是怎样的？

西夏先后与辽宋、金宋鼎足而立。宋夏之间长期争战不休，从 983 年到 1127 年，在长达 144 年之久的时间里，除了西夏国主李德明当国的27年间，很少发生战争外，其余的117年中，有战事的年份达42年，加上每次战争的战前酝酿和战后处理善后工作的时间，几乎可以说战争接连不断。当然在战争的主旋律下，宋夏之间也有和平的往来。

引起宋夏战争的原因比较复杂，除了军事方面的原因外，还有经济方面的原因，民族关系也比较复杂。从军事上看，北宋王朝改变了唐朝对周边地区少数民族的羁縻政策，实行“以汉法治蕃部”，引起了包括党项族在内的许多民族的不满。他们不断起来进行反抗，北宋政府便出兵镇压，从而激化了矛盾。在经济上，宋朝对党项族进行经济压榨，推行“和买”制度，盘剥最为沉重。所谓“和买”就是在春季由政府贷银于民，夏秋时输绢于官，因此和买亦称预买。但在实施过程中，地方官吏勒索颇重，所收的利息高于市场数倍，名为便民，实为聚敛。在民族关系上，党项族的熟户与汉族杂居，由于经济文化落后，经常受到汉族商人、地主的剥削和欺压。汉族地主又常常侵占蕃部土地，致使失去土地的党项民众相率叛逃。基于以上原因，党项族与宋朝之间的矛盾日益加深，关系也更为恶劣，李继迁之所以叛宋自立，根本原因就在于此。李元昊建立西夏政权之后，为了获得生存空间和经济利益，遂采取了与北宋对抗的态度，双方的战争也就此拉开序幕。

宋夏之间小战无数，其中有影响的大战主要有：（1）李继迁攻取灵州之战。李继迁为了对抗宋朝，实现对西北的统一，集重兵攻陷灵州，北宋由于在用人和战略上出现失误，导致灵州失守。（2）李元昊立国后的对宋战争。李元昊建国后的第二年，即公元1039年，为了显示实力，提高国威，迫使宋朝承认西夏的独立地位，对北宋发动了三次大规模的战役，即三川口战役、好水川战役、定川寨战役。这三战皆以西夏的胜利告终，宋朝损兵折将，死伤惨重，这也暴露出北宋兵制的弊端。（3）王安石熙宁变法使北宋的军事实力得到增强，后期的宋夏战争主要是元丰四年（1081年）宋朝出动五路军进攻西夏，爆发了永乐城之战和平夏城之战，宋军虽然失败，但仍使西夏陷入不利境地。平夏城之战后宋军步步为营，拉开了逐步蚕食西夏国土的序幕，至公元1119年，宋朝已经彻底夺取了西夏的横山地区，使西夏失去了防御北宋的最后屏障，在战略上处于极不利的态势。

宋朝同西夏之间虽然几十年兵戎相见，但绝不是说除了战争之外，就没有和平与交往可言了。相反，经过大大小小的战争和各种形式的斗争，宋夏之间加强了经济、文化的交流。

首先，在政治生活中，出于各自的政治斗争的需要，宋夏之间交往频繁，每逢婚丧喜庆，使臣往来，冠盖相望，不绝如缕。西夏向宋朝朝贡的记载颇多，主要是贡献马和方物。宋朝也经常向西夏派遣旌节官告使、起复官告使、册礼使、致祭使和吊慰使等，名目繁多。这些活动有的是在战争结束双方讲和后，有的则在战争间隙进行，因此战争的结果，双方总是要讲和的。

其次，经济交流方面，北宋通过互市从西夏方面获得马匹，而西夏则需要宋朝的粮食、布帛、茶叶、瓷器、铁器等物资，也只能通过贸易才能获得。故商业贸易在西夏和宋朝的经济关系中，占有极重要的位置。贸易形式也有多种，有朝贡贸易，西夏以这种形式，向宋朝贡送马匹或骆驼等牲畜，以换取宋朝优厚的回赠。至于宋夏间商民之间的大量贸易，则是通过在双方边境由官方设立的贸易场所——榷场进行的。汉族人民用缯、帛、罗绮等丝织品去交换党项族人民的骆驼、马、牛、羊、毡和甘草，还用香药、瓷器、漆器、生姜等物去交换蜜蜡、毛褐、羚羊角、硇砂、柴胡、红花和翎毛等物。“私市”也是一种民间贸易形式。每当宋夏之间关系恶化的时候，往往禁止贸易，关闭榷场。但是，双方的人民却通过走私的方式进行交易，甚至宋朝边军的军官也秘密参与这种贸易。

双方的文化交流也非常密切。西夏建国之初，就参照汉字，创造了自己的文字，称之为“国书”。西夏还规定公私文书，都要用汉字和国书两种文字并列书写。西夏铸造的钱币上也有国书和汉字。西夏有丰富的图籍和文献，主要用国书书写或印刷，主要是从梵、藏、汉等原文翻译过去的佛经、古典文学和历史著作。史书多次记载西夏用马匹向宋朝换取佛教的《大藏经》，还要求宋朝派遣伶官、工匠，允许西夏人在宋朝境内购买戏剧服装和化妆品。当时的戏剧底本《刘知远诸宫调》，就由金朝流传到了西夏。宋朝著名词人柳永的词，也在西夏广为传播。西夏还从宋朝得到很多医书，针刺疗法也为西夏人民所欢迎。

当然，民族间的文化交流，从来都是相互补充、相互学习的。西夏僧人释吉祥，曾于宋仁宗天圣五年（1027 年）“以梵书来献，仁宗嘉之，命入译馆”。西夏的雕版刻字工人就曾不远千里来到江南刻书，并且在书后刻上他们的名字。他们的业绩，不仅在宋夏关系史上，而且也在中国文化史上增添了新的光彩。

宋和西夏虽然战事颇多，但是在官方和民间，双方的交流从未中断，在历史上留下了浓墨重彩的一笔。

213 “庆历新政”是怎么回事？

“庆历新政”是宋仁宗庆历年间进行的改革。北宋自真宗以来，官僚冗滥、政治黑暗，军队将兵冗多，战斗力低下。对辽和西夏的战争，加重了宋朝的军费开支，国家财政入不敷出，百姓生活困苦不堪，社会矛盾日益激化。为解决积贫积弱的问题，宋廷中的有识之士多次上书请求改革，一些地方官僚也着手进行局部改革。在日益高涨的改革呼声下，宋仁宗终于决定改革弊政。庆历三年（1043 年），宋仁宗将范仲淹从陕西调回京城，让他担任副宰相，同富弼、韩琦等一同着手进行改革。

范仲淹（989 年—1052 年），字希文，祖籍邠州（今陕西旬邑一带），后徙家江南，遂成为苏州吴县人，谥号文正，世称范文正公。他在大中祥符八年（1015 年）登进士第，入仕途后，对宋廷的种种弊端深感不安，多次上书请求改革，并未引起朝廷重视，但他的主张与见解深获有识之士的认可，欧阳修、富弼等人纷纷支持范仲淹的革新倡议，但他因反对时为宰相的吕夷简，多次遭到贬官。

此次被朝廷委以改革重任，范仲淹同富弼等人综合多年的经验，向仁宗上了《答手诏条陈十事》的奏章，提出十条改革方案：一、明黜陟，即依照官吏政绩决定其升降罢黜；二、抑侥幸，限制官僚子弟依据恩荫充官；三、精贡举，改革贡举制，令州县立学，将学校学习内容由诗赋向策论变更；四、择官长，重视对地方官吏的选择；五、均公田，均定官员所占职田的收入，以防其贪赃枉法；六、厚农桑，重视农业生产，修复水利等设施；七、修武备，恢复府兵制；八、减徭役，合并人户稀少的州县，以减轻这些地方百姓的负担；九、覃恩信，要求朝廷及地方官员严格执行朝廷的各种惠政，以取信于民；十、重命令，慎重修定条法，执法必严。这些改革方案获得了朝廷的赞许，颁令全国执行。

（明）居节　范文正公像

改革开始后，范仲淹首先选拔了一批精明强干的官员去各地考察地方官吏是否称职，对不合格者一律罢免，合格者不轻易更换，而政绩优异者则升职重用。此举除掉了一大批尸位素餐的官员，一些才干之士被委以重任，政府的办事效率有所提升。紧接着范仲淹制定了对官员的考核办法。改变了过去升职不问贤愚政绩、只看资历的办法，规定官员只有任期内政绩优异者才可升迁，其升迁高低由政绩优异情况决定。但这项改革只限于文官。

此后，范仲淹又对各地方政府文武官员的职田数做了规定，均衡官员的职田收入，没有职田的按等级授予，使其丰衣足食，以便廉洁为政。第二年，又进行了科举改革和徭役改革。命令各州县都设立学校，士人无论是否参加过科举考试者都必须入校学习 300 天，学子没有德行者不许参加科举考试。考试由原来的以诗赋、帖经为主变成以策论为主，旨在实用。同年还将河南府属县中的五县降为镇，以减少官员人数，减轻百姓赋役。

这次改革中除了厚农桑、修武备、减徭役三项外，其余七项都是吏治改革，范仲淹等人希望通过整顿吏治，缓和社会矛盾，实现富国强民。但新政直接触犯了大多数贵族官僚的利益，限制了他们的特权，因此，改革的第一条实施以后，就受到多方面的猛烈攻击，多数官僚担心改革太甚，难以推行，一些守旧官僚甚至横加指责、百般刁难，包括另一位改革主将富弼都曾忧虑地说："我们这样改革，能有多少人与我们同心同德啊，甚至皇帝是什么意思我们也不知道。"新政的反对者以失势的吕夷简为首集合起来，形成势力强大的反对派，他们攻击范仲淹、富弼等结交朋党，还串通宦官到仁宗面前散布范仲淹要另立皇帝的谣言。宋仁宗虽然并不完全相信反对派，但看到反对势力如此强大，开始逐渐动摇了，而范仲淹等人也开始担心，并积极谋求退路。

这一时期宋朝的西北边境战事紧张，范仲淹遂乘机请求前往西北宣抚，仁宗派范仲淹出任陕西、河东路宣抚使，富弼为河北宣抚使。此后，辽和西夏对宋的威胁相继解除，仁宗认为天下已经太平，便下诏废弃一切改革措施，免去了范仲淹、富弼等人的宰相职务，把他们贬到地方去做官，其他改革派官员也都相继被逐出朝廷。坚持了一年零四个月的新政以失败而收场。

"庆历新政"的十项改革实际上只实行了六项便半途而废，而这六项中除了"均公田""省徭役"两项外，其他四项改革吏治的主要措施，都先后于庆历五年（1045 年）间被明令废除。而"省徭役"一项虽未明令废除，但并未得到很好执行，最后保留下来的只有对官员有利的"均公田"一项。

"庆历新政"如昙花一现，对宋朝的积贫积弱局面没有任何改观，但是它代表了中下层地主阶级的利益，反映了广大人民的需求，庆历新政虽然失败了，但改革的精神和内容影响了此后出现的王安石变法。

214 历史上真实的包公形象是怎样的?

包公，是中国历史上最富传奇色彩的人物。他执法如山，铁面无私，除暴安良，在民间赢得了“包青天”的美誉，是历史上著名的清官代表，成了公平和正义的象征。在元明清的戏曲小说中，他更是被描绘成为一个东方的福尔摩斯，思维缜密，不畏强权，断案如神，于层层迷雾下探索案情的真相。他的形象被人们塑造得高大完美，他的故事被历代的人们加工成各种作品，在民间传唱经久不衰。人们甚至给他赋予了种种神化色彩，将他作为保护神来崇拜，全国各地从南到北，都建有包公的祠庙。虽然众多的赞美之词集于包公一身，但包公真的有那么完美吗？历史上真实的包公到底是什么样子呢?

包公即包拯，包公是人们对他的尊称。包拯（999 年—1062 年），字希仁，庐州合肥（今安徽合肥）人。他出生于官宦之家，自幼接受良好的教育，从小就在心里埋下了对古圣前贤的敬仰，培养出正直、忠君、爱国的良好品质。

天圣五年（1027 年），包拯考中进士，被任命为大理评事，后出任建昌知县。由于父母年岁已高，为了更好地照顾年迈的双亲，包公做官不久就辞职回家陪伴父母，这一陪就是 10 余年。此后，其父母相继去世，包拯守孝三年，守孝期满后，他仍不愿离开父母的墓地，又在家待了两年。景祐四年（1037 年），在家乡邻居的再三劝说下，39 岁的包拯才离开家乡，重入仕途。包拯为了侍养父母，能辞官归家 10 余年，可称为“至孝”，符合当时儒家的社会伦理道德观，他作为孝的代表成了封建统治者标榜的楷模，也为人民大众所普遍接受。

重入仕途的包拯刚正廉洁，不畏权贵，不随波逐流。他任端州知州时，按惯例，当地的官员往往把其地盛产的端砚作为结交权贵的礼品，每年都在“贡砚”规定的数量上外加几十倍的数额来贿赂朝廷权贵，大大加重了当地老百姓的负担。而包拯上任后，下令只能按规定的数量征收端砚，州县官员不准私自加码，违者重罚，并以身作则，在离任时没有带走一块砚台，在当地树立了良好的形象。

包拯的刚正廉洁深为皇帝赏识，被升任监察御史。在这个位置上的包拯进一步发挥了他忠君爱国的优良品质，针对当时的政治和军事问题向皇帝提出了许多有益的建议，并且大胆地揭发了一批腐败官员，使当时的贵戚官宦无不对他产生畏惧之心。如当时的酷吏王逵，作为皇帝的宠臣，朝中没有人敢得罪他，包拯顶住各方面的压力，最终把他拉下马；甚至连当朝的国丈，他都敢连连弹劾，不惜冒犯皇帝。包拯的不留情面和不畏强权换来了时人和后代的尊敬。

除此之外，包拯为人正直，一生不与人苟合。他初入朝廷之时，正是范仲淹改革之际，朝中改革派与守旧派党争闹得不可开交。包拯虽然是因守旧派大臣推荐而得以进入中央任职的，但他却没有站在守旧派一边，而是冷静分析双方的主张，提出自己的看法。在改革派正当势时，他针对范仲淹的新政中关于人事制度改革的政策提出了不同意见，在朝中掀起了轩然大波，而变法失败新政被废时，包拯又上奏皇帝建议保留利用考试选拔人才等一些新政。包拯的正直禀性让他身处党争漩涡之中，却一生不曾参与党争，甚至连一个亲密的朋友都没有。

至和三年（1056 年），包拯担任开封府尹，在任上他大展手脚，改革不合理的制度，拆毁侵占河岸的权贵所修的亭台楼榭，根治了惠民河的水患，并为民公正办案。这些举措让他声名大震，京师老百姓到处盛传他的刚正严明。

包公在开封府的任期并不长，不到两年，他就被任命为三司使，负责全国的财政与经济工作。他不仅展现了经济改革的天赋，而且为民着想，免除了部分地区百姓的“折变”之苦。两年后，包拯因为财政工作的卓有成效，被提升为枢密副使。此时的包拯已是风烛残年，不久后便病逝了。开封百姓闻之莫不悲伤，皇帝也亲自到包家吊唁，并宣布停朝一天以示哀悼。包拯死后不久，就有人为他设立祠堂，可见包拯在宋代就已为人民所敬仰爱戴。

包拯除了为官清正以外，还很关心百姓疾苦，经常深入体察民情，兴利除弊。他在做官期间，曾经为百姓打井、修桥、补路，切实改善百姓的生活环境。对于压得老百姓喘不过气来的繁重赋税，他又敢于为民请命，请求朝廷减免百姓的税赋。当地方上遭遇灾害时，他数次请求国家开仓赈济灾民，以免使百姓流离失所。

包拯一生节俭朴素，他家里的衣服、饮食、器用都是最简单的，即便他后来官至枢密副使，其吃穿用度仍然和刚做官时一样俭朴。他不仅自身朴素，对家人也一样要求，为了劝诫子孙永远清廉，他制定了一条家训，规定后世子孙当官如有贪污犯罪的，活着不准回到包氏家族，死后也不许归葬包家祖坟。包拯死后，其家清贫如洗，箱柜中除了官诰、著述之外，没有分文财物。

综上所述，尽管民间流传的包公形象与历史上真实的包公有一定的差距，但很显然，历史上的包公也是集“忠臣、孝子、清官”于一身，欧阳修说他“少有孝行，闻于乡里，晚有直节，著在朝廷”，确是对他真实的描述。他忠君爱国、直言极谏、热爱人民、刚正廉洁、不畏权贵，最终被历代老百姓奉为“包青天”。

215 王安石是怎样的一个人？“熙宁变法”是怎么回事？

王安石（1021 年—1086 年），字介甫，抚州临川（今江西抚州）人。他出身于官僚之家，自幼喜好读书，诸子百家，无所不读，接受了良好的教育。王安石从小就随父亲宦游各地，社会阅历丰富。庆历二年（1042 年）考中进士后，他曾长期出任各地地方官，对社会情况比较了解。在地方做官期间，他关心人民疾苦，为当地发展农业做了不少努力，也积累了很多经验。

庆历新政失败之后，北宋社会危机不断加深。政府官员数量持续膨胀，仁宗皇祐年间达 2 万多人，是北宋开国之初的 10 倍，冗官、冗费激增，土地兼并日益激烈，对辽和西夏的战争又使得军费开支剧增，北宋国库空虚，政府为了解决财政危机，不断增加百姓的赋税徭役，社会矛盾尖锐，各地农民起义不断，北宋统治危机四伏。

王安石塑像

为了改变内外交困的局面，继庆历新政后，又有一些官僚进行了某些制度变革。王安石也在宋仁宗嘉祐三年（1058 年）向仁宗上万言书，系统地提出他的改革主张，但不为所用。宋神宗即位后，锐意改革，王安石的主张得到年轻的神宗皇帝的重视。熙宁二年（1069 年），神宗任命王安石为参知政事，即副宰相，主持变法，这次变法是在熙宁年间（1068 年—1077 年）发生的，故又称熙宁变法。

熙宁变法的主要内容有以下几个方面：一、均输法。在淮南、两浙、江南东西和荆湖南北路设置发运使，根据京城和皇宫的需要及库存的情况，就近采购。二、青苗法。每年夏秋两季收获前，各州县民户可以到当地官府借贷现钱或粮谷，利息随夏秋两税纳官。三、农田水利法。要求各地农户按户等出资兴建水利工程，钱财不足时可向政府借贷。四、方田均税法。要求各地丈量土地，划定等级，由政府发给地符，作为土地所有者纳税的证明。五、市易法。政府在开封等地设市易务，平价收购商人滞销的货物，待市场需要时再赊销给商人贩卖。六、募役法。原来按户等到州县政府当差的，改由地方政府出钱募人充役，募人所需费用由当地按户等高下分担。七、将兵法。将是军队编制单位，每将设置正将、副将各一人，挑选武艺高强、作战经验丰富的武官充任，负责本单位军队的训练。八、设军器监。在开封府设军器监，掌管各地武器的制造。九、保甲法。对农村住户的编制，10 家为 1 保，5 保为 1 大保，10 大保为 1 都保。凡家有 2 丁以上的农户，出 1 人为保丁，保丁农忙时种地，闲时进行训练，维持地方治安。十、保马法。废除官办的牧马监，改由民户代养官马。民户愿养者，由政府供给马匹，或政府出钱让人民购买，养马户可免除一些赋税负担，但马匹死亡要赔偿。

此外，王安石在文化教育和科举上也进行了改革，如太学三舍法，即把太学分为外舍、内舍、上舍三等，在一定的年限和条件下，外舍生可以升入内舍，内舍生可以升入上舍；上舍生考试成绩优异者直接授官，中等者可以不参加省试，直接参加殿试，下等者可以不参加解试，直接参加省试。后来在地方官学也推行此法，以学校平日考核来取代科举考试成绩，选拔真正的人才。贡举法则是废除以死记硬背为主的明经科，保留进士科，进士科的考核内容也由原来的试诗赋、帖经、策论改为以试经书大义为主。

王安石变法对于增加国家收入，加强政府统治起到了积极作用。变法实行数年后，全国的财政收入从宋初的1600多万贯增加到6000多万贯，各地兴修水利设施，使一些贫瘠的土地变成了良田。但改革触犯了大官僚大地主的利益，因此，新法一提出，就遭到了保守势力的强烈反对，以翰林学士司马光为首的一批官僚，多次向皇帝上书请求取消新法。在反对派的各种攻击下，神宗也开始慢慢动摇了。

事实上，变法本身在执行的过程中也产生了很多问题，如青苗法本意是官府在青黄不接时借钱给农民，收成后随夏、秋两税加息2/10或3/10归还谷物或现钱，既增加了国家收入，又使农民免受高利贷盘剥。但青苗法在贷放中采用“抑配”，即强行按贫富程度摊派的办法，迫使富人借钱出息，从而削弱他们的经济力量。然而正是这种强制借贷，引起了许多负面作用和争议。按照“抑配”原则，富者多贷，贫者少贷，但由于政府掌握的本钱有限，实际上绝大部分青苗钱都用于强制富户认贷出息，真正用于帮助贫户免于高利贷盘剥的资金微乎其微。而且青苗钱要收取2/10的利息，这也不是一般平民所能负担的。地方官为了保障秋后本息全部收回，放贷的对象是中上之家而非贫下之户，根本谈不上惠民。再加上地方官的贪污腐败，在举放青苗钱时将发霉变质之米折高价贷出，而强令农民以新麦贱价抵偿本息，剥削之酷不亚于私人高利贷。青苗法的这些弊端，使其成为不得人心的弊政，遭到了各方面的不满和攻击。不独青苗法，其他如免役法、均输法等，都曾在执行过程中因用人不当或执行不力而遭人诟病，这些弊端不仅给反对派以攻击新法的口实，同时也使新法失去了人民群众的支持，最终导致失败。

另外，变法的失败也与变法派内部的不断分裂有关。变法集团中的一些重要人物开始的时候还能团结一致推行新法，但最后随着变法的深入，因为具体操作上的分歧而产生种种矛盾，最终瓦解了变法集团的力量。如王安石的主要助手吕惠卿，在王安石第一次罢相后，就企图取代王安石，使变法派内部陷入互相倾轧之中。王安石复相后，吕惠卿又纠合了一个小集团与王安石作对，二人矛盾更加尖锐。另外，同为变法集团核心成员之一的曾布，在反对派攻击新法时，竟也公然上书指责新法的不合时宜，由此与吕惠卿之间产生了针锋相对的斗争。

熙宁七年（1074 年），在变法派内部的矛盾重重和反对势力的强大压力下，王安石感到改革无望，便称病在家，请求辞职。神宗虽然对变法产生了怀疑，但还是希望变法能够继续进行下去，故亲自出面挽留王安石。但复相后的王安石面临的阻力更大，不但反对派势力更甚，改革派内部也出现了抵制变法的势力，神宗也多次不采纳他的建议，变法实际上已无法推行。熙宁九年（1076 年），王安石再次固请辞官，离开京城去江宁府做官，一度轰轰烈烈的变法以失败而告终。

宋哲宗元祐元年（1086 年），保守派得势，将此前实施的新法废除殆尽，王安石得知此消息，悲愤交加，不久便郁郁而终。

216 “元祐更化”与“元祐党争”是怎么回事？

元丰八年（1085 年），宋神宗去世，年仅 10 岁的哲宗即位，其祖母太皇太后高氏临朝听政。高太后一贯反对变法，对儿子神宗推行新政非常不满，曾多次劝说神宗停止变法，在王安石的坚持下，神宗才没有采纳她的意见。高太后主持朝政之后，陆续起用了司马光、吕公著、范纯仁等保守派。司马光认为太后废除新法是“母改子之政”，为废除新法制造理论依据，他对新法进行了全盘否定，认为新法舍是取非，兴害除利，把变法的责任都推到王安石身上，认为是王安石误导了神宗。为了进一步排挤变法派官员，他还控制了专门监察纠劾百官的御史台，让他们对新法提出弹劾，掀起了反对和废止新法的高潮。此后，在保守派势力的策划下，新法被罢废殆尽，变法派官员也相继被贬出朝廷，史称“元祐更化”。

新法被废除以后，许多旧法一一恢复，通过熙宁变法积聚起来的钱财，也在变法派执政的几年中耗费殆尽。在新法废除的过程中，改革派与保守派之间的斗争非常激烈，保守派通过攻击新法中的弊端，进而直接攻击改革派大臣，最终将改革派人物时任左相的蔡确和时任知枢密院事的章惇赶出朝廷，由司马光接任左相。此后，保守派还罗织罪名将变法派官员置之死地。如蔡确因作《车盖亭诗》，被保守派诬为讽刺高太后，被贬死于新州（今广东新兴）。

但是，王安石变法所推行的措施，基本都是针对当时的弊政而制定的，新法进行的十余年间，无论是改革派还是保守派，大都认为变法有利有弊，而且变法也确实收到了一定的成效，所以，尽管保守派从政治需求出发，想要打击改革派，废除新法，但是在保守派内部，也有不少人从实际成效出发，不同意完全废罢新法。因此，围绕对如何废除新法，到底是全面废除还是局部废除上，保守派内部也产生了严重分歧。

在司马光商议废除募役法时，范百禄首先提出不同意见，他对司马光极言募役法实行之后带来的好处，并请对募役法做进一步改善，但司马光并不采纳他的意见，执意罢废募役法。范仲淹的儿子、司马光的姻亲范纯仁也认为新法的废除应该先在一州实施，待见利害再决定是否全面废除。后来连王安石时期因反对变法被贬官，司马光上台后又得到提拔的苏轼都提出反对意见，他极力争辩旧法不可恢复，新法亦有可取之处，并将自己在地方上实践募役法的好处告诉司马光，希望司马光能够慎重考虑。

但司马光不顾保守派内部意见分歧，还是在陆续废除各项变法，只是许多新法废除得很缓慢，而且不彻底。如保甲法从元丰八年（1085 年）七月开始废除，但直到元祐七年（1092 年），保甲法也没有完全废除，只是在编排及教练方面做了些改动，依旧实行。有些新法如方田均税法，保守派也承认具有合理性，只是因用人不善，带来一些恶果，所以要改变的是任用良吏，而非废除良法。至于青苗法，连司马光都曾肯定了是利民的新法，应该加以改善后继续实施。但在遭到其他保守派的反对后，司马光终于决定以政治利益为重，坚决要求罢废青苗法。

在废除新法的过程中，还发生了割让领土给西夏的事件，引起了保守派内部的激烈争论。元丰年间，北宋进攻西夏，夺取了米脂、安疆、浮图、葭芦等四寨。元祐元年（1086 年），司马光上书皇帝请求将昔日所夺土地全部无偿送还西夏，以免西夏报复。在是否弃地给西夏的问题上，保守派大多主张弃地，甚至要将兰州也送与西夏，只有吕大防坚决反对。后来西夏遣使前来要求返还失地，宋廷又争论不休，多数大臣反对弃地，只有文彦博、司马光等少数人赞成弃地，最终将米脂、安疆、浮图、葭芦四寨拱手送与西夏。

司马光为相一年后即病逝，司马光死后，高太后依旧推行废止新法，直至元祐八年（1093 年）高太后去世。宋哲宗亲政后，对往日守旧派依附于高太后的行为非常不满，遂全面否定元祐更化，再度起用变法派，大力打击保守派官僚。

司马光死后，保守派继续执政，但内部出现了分化。此前，因为反对改革派和新法的共同目标，及领袖人物司马光的存在，虽然内部分歧不断，但矛盾并未激化。随着改革派人物的逐一被贬，新法被废，以及司马光去世，再加上此前政见的不同及学术主张的分歧，保守派内部开始互相倾轧，逐渐分化成以地域性为主的洛、朔、蜀三党。洛党以理学派创始人程颐为首，主要成员有朱光庭、贾易等人；朔党主要是刘挚、梁焘、王岩叟、刘安世等人；蜀党以蜀学派创始人苏轼为首，主要成员有苏辙、吕陶等人。这三党中以把持朝政的朔党势力最大，三党之间明争暗斗，导致政局异常混乱。

司马光死后，洛党首领程颐和蜀党的苏轼为采用什么礼仪来吊唁司马光而展开争论，互相攻击。朔党成员站出来调停，又互有偏袒，更激化了洛党和蜀党之间的矛盾。两党之间斗争的结果是两败俱伤，元祐二年（1087 年），洛党首领程颐首先被贬职，后来贾易又被罢免。此后，蜀党的苏轼也出任地方官。刘挚为首的朔党因此而独揽朝政。后来，刘挚与吕大防同为宰相，二人因争权不合，刘挚被吕大防党人弹劾而罢相，王岩叟为他辩护，也被罢官。

元祐后期的政事主要陷于洛、朔、蜀三党之争，没有任何实质性的政绩，反而徒增混乱。

217 宋金“海上之盟”的真相是什么？

北宋末年，位于白山黑水之间的女真族迅速崛起，日渐强盛。宋徽宗政和五年（1115 年），女真完颜部首领阿骨打称帝，建立大金国。金朝建立后，在阿骨打的统领下，向长期统治他们的辽朝发起了进攻，辽军节节败退，陷入统治危机。

此时北宋自澶渊之盟后，与辽国已经维持了近百年的和平，双方都没有完全消灭对方的能力。金国崛起后，北宋统治者看到了希望，觉得可以联合金朝一举攻灭辽国，借机收回后晋石敬瑭割让给辽朝的幽云十六州。幽云十六州地方险要，是北方通向中原政权的大门，北宋自立国以后几次想要夺回幽云地区，都未能成功，最后只能与辽朝达成协议，年年输送岁币，换取和平。

宋重和元年（1118 年），在辽朝降官、燕人马植的积极倡导下，宋徽宗派遣马植与通晓女真语的呼延庆等人，以买马为借口，由登州（今山东蓬莱）渡海，出使金朝，商议攻辽大计。北宋使臣的到来，使本来只是想摆脱辽朝控制的阿骨打看到了灭辽的希望，遂决定与宋联合灭辽。

宋宣和二年（1120 年），宋使赵良嗣等人持徽宗御笔，由登州出发，再次渡海出使金朝。当时金军正在攻打辽上京（今内蒙古巴林左旗南），赵良嗣在附近的龙冈见到了金太祖，双方正式缔结盟约，商定宋金各自进军攻辽，以长城为界，金攻辽中京大定府（今内蒙古宁城），宋攻辽西京大同府（今山西大同）和南京（燕京）析津府（今北京）。灭辽以后，幽云之地归宋，宋将原来给辽的岁币给金。双方均不能单独与辽媾和。此为宋金“海上之盟”。

“海上之盟”订立后，徽宗下令河北地区集结军队，准备攻辽。但此时两浙地区的方腊起义对宋朝的统治形成了严重的威胁，徽宗遂将准备攻辽的西北军派往南方镇压起义。而此时，宋金订立盟约的消息传入辽朝，徽宗担心辽因此而发兵攻打北宋，开始后悔同金朝签订盟约。

宣和三年（1121 年），金朝派使者前往北宋催促宋如约发兵。二月，金国使者渡海到达登州时，登州知州在朝廷授意下以西北军统帅童贯尚在两浙未归而留金使暂住登州。在金使的坚决要求下，五月才将其送达京城。徽宗见到金使，仍然犹豫不定，一拖再拖，到八月才让金使返回，返回时北宋未派使节前往，只是带去一封意在拖延发兵的国书。

当年冬天，金军发兵攻辽，第二年，金军攻占辽中京大定府，辽天祚帝逃至西京大同府，金军紧追其后，辽军节节败退，辽帝逃入夹山，此时留守南京的辽宗室耶律淳在宰相李处温与皇族耶律大石的拥立下称帝，辽统治集团内部发生分裂。宋廷以为辽朝灭亡指日可待，正好童贯在南方已顺利镇压了方腊起义，徽宗担心南京落入金军之手，遂任命童贯为河北、河东路宣抚使，蔡攸为宣抚副使，领兵北伐。宋廷以为大军压境之下，辽南京守军必拱手献城，遂授意西北军以巡边为名，如遇到辽军抵抗，就按兵不动，全师而退。在这种侥幸心理下，宋军根本未做同辽军战斗的准备，宋军将领甚至下令士兵不准杀辽军一人一骑，否则以军法处置。但事实上辽军并没有投降之意，童贯派去劝降的使者也被耶律淳杀死，辽地的汉民更无一人出来迎接宋军。童贯只能硬着头皮出兵攻击，宋军前军统制杨可世在兰沟甸与辽军遭遇，结果大败，继而又在白沟惨败，另一路宋军也在范村被辽打败。此后，宋军各路人马均惨遭失败，徽宗闻讯即命各路人马撤回，宋军的第一次攻燕之战以失败而告终。

同年七月，金军继续追击辽帝，而于燕京自立为帝的耶律淳病死，其妻萧氏执政。局势的变化使宋廷再一次感到有机可乘，又命童贯、刘延庆等人领兵准备攻辽燕京。此时金朝怕宋军靠一己之力夺取燕京，得不到宋朝的岁币，便派使者前来商议双方出兵日期。此时，辽宋前线局势发生了变化，辽涿州守将郭药师投降宋朝，并献上涿、易二州，辽燕京周围的防御受到极大削弱，辽燕京萧氏迫于形势，向宋称臣，但并不投降。

宋北伐军行至良乡（今北京西南）时，被辽将萧斡率兵击败，遂屯兵卢沟以南，闭垒不出。郭药师向刘延庆献计，愿自率精兵6000夜袭燕京，同时请刘延庆派其子刘光世率兵接应。郭药师如约攻入燕京，与守城辽军展开巷战，辽将萧斡得知迅速撤回救援，而刘光世却失约未至，郭药师只得弃城而逃。刘延庆见偷袭不成，便在卢沟（今永定河）安营。辽将萧斡见宋军驻防，便分兵袭扰，阻断宋军粮道，声称辽军三倍于宋军，将以火光为信号，一举歼灭宋军。刘延庆闻风丧胆，一见辽军火起，以为辽军前来攻击，慌忙烧毁营帐，狼狈逃窜。士兵自相践踏，死者百余里，粮草辎重也损失殆尽。宋军的第二次攻燕之战，以不战自败而告终。

宋军两次攻辽失败，只好又请求金朝出兵，与宋军夹攻燕京。宋宣和四年（1122年），金太祖亲率大军进攻燕京，辽军闻风丧胆，纷纷请降，金军一举攻占燕京城。金军占领燕京后，北宋派赵良嗣与金谈判履约交割事宜，金太祖见宋军一再失利，对赵良嗣态度十分强硬，只同意将后晋时割给辽国的燕京给宋，而营州（今河北昌黎）、平州（今河北卢龙）、滦州（今河北滦县）不在其中，因为三地是辽在后唐时夺取，不在和议之列。宋廷反复交涉，宣和五年（1123年），双方才最终达成协议：金将燕京六州二十四县交割给宋，宋朝每年除了向金朝移交原来给辽朝的50万岁币外，另添100万贯作为燕京的代税钱。金军在撤出燕京等城时，大肆掠夺，将城中金帛财富及官吏、富商、百姓席卷而去，北宋接收的只是几座空城而已。

关于“海上之盟”中涉及的辽西京大同府及所辖诸州的归属问

题，宋朝经过艰难的谈判，终于得到金太祖的允诺，只要 100 万贯钱作为犒军费，即归还西京的土地和人户，但西京未及交割，金太祖便病逝。金太宗即位后，只将武州（今山西神池）、朔州（今山西朔州）二地归宋，其他诸州县再未交还。

“海上之盟”使北宋失去辽作为其屏障，直接与金接壤，而金朝通过盟约不但吞并了辽，还看清了北宋的政治腐败和军事虚弱，致使金人野心膨胀，灭辽之后即开始侵宋，最后导致了北宋的迅速灭亡。

218 辽朝是如何灭亡的?

辽朝（907 年—1125 年），又称大契丹国，是由契丹族建立的王朝。后梁贞明二年（916 年），契丹首领耶律阿保机称帝，建立契丹国。阿保机死后，其子耶律德光即位，庙号太宗，正式定国号为辽。天显十一年（936 年），后唐发生内乱，其河东节度使石敬瑭以自称儿皇帝、割让幽云十六州为条件，请求辽太宗出兵攻打后唐，辽太宗出兵帮石敬瑭灭后唐，契丹获得了幽云十六州。此后，辽又趁后晋发生旱灾之机，攻占开封，灭亡了后晋，但其没有在中原建立起有效统治，纵兵掠夺后引军北返。

此后继位的几位皇帝，一直想要经略中原，但终未取得实质性的效果。辽圣宗时，因其即位时年仅 12 岁，故由其生母萧太后主政。萧太后励精图治，注重农桑、减少赋税、整肃军纪、训练军队，在她统治之下，辽朝国势日益强盛。统和二十二年（1004 年），萧太后与圣宗亲自率军攻打北宋，与宋订立澶渊之盟，双方维持了 100 多年的和平关系，辽朝的社会经济在此期间得到了明显的进步和发展。

辽圣宗去世后，长子耶律宗真即位，即辽兴宗。因兴宗年幼，其生母皇太后摄政，重用贪官污吏，并打算改立次子为帝。兴宗得知后，采取果断措施，将太后拘禁起来。辽兴宗在位时，辽朝政治腐败，连年征战，百姓困苦，民不聊生。兴宗曾在酒醉时答应百年之后传位于弟弟耶律重元，这使他的儿子辽道宗即位后，耶律重元父子公开叛乱，企图夺取帝位。后来叛乱虽然平息了，但辽道宗并未改革图新，而是重用奸佞耶律乙辛等人。耶律乙辛为了保全自己的权力，先后设计除掉皇后与皇太子，又欲谋害皇孙，因事败企图逃到宋朝避难，才被诛杀。辽道宗去世后，皇孙耶律延禧继位，是为天祚帝。

天祚帝统治时期，辽朝政治黑暗达到极点，官吏结党营私，相互倾轧，经济凋敝，百姓穷困不堪。阶级矛盾、民族矛盾十分尖锐，各族人民掀起了反抗辽朝黑暗统治的斗争。

天庆五年（1115 年），位于契丹东北境内的女真族因不堪忍受辽朝的掠夺和压迫，在首领完颜阿骨打的领导下反抗辽的统治，对辽不断发起攻击，屡败辽军。天祚帝为解决女真的威胁，下令亲征，率契丹、汉军号称 10 余万，以期数月内灭金。但此时辽国内部发生叛乱，耶律章奴趁天祚帝亲征，想要改立耶律淳为皇帝，在辽上京叛乱，天祚帝又回军讨叛，叛乱很快被平定，但却削弱了辽朝的军事力量。此后，渤海人高永昌也在辽东京发动叛乱，自称大渤海皇帝，占据辽东 50 余州，天祚帝派张琳前往讨伐，张琳招募辽东流民攻打东京城，高永昌向金军求援，金军大举入侵，辽军兵败逃入沈州城，金军入城劫掠，张琳弃城而逃。金军又杀掉高永昌，趁机占领了辽的东京和沈州。

此后，金军又攻占了辽新州，成、懿、惠等州也纷纷降金，金军又与辽军大战于显州蒺藜山，辽兵大败。天祚帝在中京得到金军一路攻城略地的消息，不但不做积极部署，还对左右说："如果女真必来，我有日行三百五十里的快马，又与宋朝为兄弟，夏国为舅甥，都可以去，也能保证一生富贵啊。"

金军在进据东京、黄龙，占有辽东、长春两路后，遣使与辽议和，要求辽册封金帝，对金称兄，输岁币银 25 万两、绢 25 万匹，割辽东、长春两路地与金。辽朝拒不称兄，阿骨打遂于天庆十年（1120 年）亲自率兵攻打辽上京，辽守将投降，天祚帝逃亡至西京，辽朝至此已失去了半数领土。而此时辽朝内部又因皇位继承问题发生内乱。天祚帝文妃所生儿子敖鲁斡，被封为晋王，在朝中素有人望，天祚帝宠信的萧奉先之妹是天祚帝的元妃，生秦王定、许王宁。萧奉先见敖鲁斡在朝官中很有声望，担心天祚帝立其为继承人，而自己的外甥不得立，因此设计陷害敖鲁斡。保大元年（1121年），文妃与其姐妹、辽军统帅耶律余睹妻萧氏于军中相会，萧奉先趁机诬陷其密谋欲立晋王。天祚帝刚经过耶律章奴叛乱，对废立之事颇为敏感，再加上对文妃平日里屡次规谏自己以国事为重心生不满，因此对谋反一事未做调查，就将文妃赐死，晋王因未参与，免罪。耶律余睹担心受到牵连，遂率众降金。金太祖仍命耶律余睹统领旧部，耶律余睹感其信任，遂全力以赴攻辽。保大二年（1122年），金军攻辽中京，天祚帝出居庸关，耶律余睹引金军紧追不舍，萧奉先又向天祚帝献策道："余睹此来是为了更立晋王，杀了晋王，余睹自然退兵。"天祚帝遂赐敖鲁斡死，辽军顿时人心涣散，纷纷投降金朝。

天祚帝为躲追兵，逃入夹山，数月间与外界不通信息。奚王回离保、林牙耶律大石与汉臣李处温等在燕京拥立天祚帝的叔父燕京留守耶律淳为帝，建立北辽，贬天祚帝为湘阴王，辽朝一分为二。在金军的进攻下，北辽内部蕃汉臣僚间出现矛盾，以李处温为代表的汉官主张归附北宋，契丹官员则主张投奔天祚帝，而奚王回离保则想乘机自立。耶律淳为免腹背受敌，先遣使以免岁币与宋结好，遭北宋拒绝，又遣使请求依附于金，但未等到答复就病死了。保大二年年底，金军攻陷燕京，萧氏投奔天祚帝，天祚帝将其处死。

保大五年（1125年），天祚帝在逃往西夏的途中被金兵俘虏，金太宗削去他的帝号，降其为海滨王，辽国灭亡。此后，天祚帝忧闷而死。

早在保大三年（1123年），被金军俘虏的耶律大石率部分军队逃归天祚帝，因与天祚帝意见不合，遂出走至中亚楚河流域，建立西辽，西辽和南宋、金并存于中国历史上，时间长达94年，直到1218年才被成吉思汗的蒙古国灭亡。

219“靖康之变”是怎么回事？

金灭辽后，将战争的矛头对准北宋，而北宋还沉浸在收复幽云十六州的胜利中，对强大的金军毫无戒备。宋宣和七年（1125年），金太宗以宋收纳金降将张觉为借口，兵分两路南下攻宋。东路军由完颜宗望率领，经平州取燕京；西路军由完颜宗翰率领，自西京南攻太原。两军约定在攻下燕京、太原府后，会师于北宋都城开封府。东路金军由于北宋燕京守将郭药师降金，充当金军先锋，一路顺利南下，渡过黄河，直抵汴京（今河南开封）。西路军在太原城遭到宋将的顽强抵抗，被牵制在太原城下不能南下。

金军两路南侵的消息传入开封，举朝震惊。宋徽宗急忙颁布“罪己诏”，号召天下军民勤王，抵抗金军入侵。同时为了便于逃跑，任命皇太子赵桓为开封牧，令其以“监国”名义主持抗金。在大臣吴敏、李纲等人的坚持下，徽宗不得已宣布退位，让赵桓继位，是为钦宗。

靖康元年（1126年）正月，东路金军以郭药师为前锋，自邯郸南下，向开封挺进，沿途宋军纷纷弃城而逃，金军未遇任何抵抗便渡过黄河。消息传到开封，徽宗只带领少数官员、侍从连夜逃出京城，经南京、符离等地到达京口（今江苏镇江），其后许多臣僚也悄悄南逃。钦宗在主战派李纲的几次劝阻下，放弃南逃，开始积极备战。李纲受命主持汴京防守，采用百步法分兵防御，4日之内，战守设施大致准备妥当，此时，金军已兵临城下。李纲亲自督战，金军多次攻城都被击退，死伤甚重。这时北宋各地的勤王之师也陆续入援京师，金东路军孤军深入，外援不继，遂一面攻城，一面放出和议的空气。钦宗在节节胜利面前，暗中和金国使臣接洽商谈议和之事。金朝利用北宋求和的懦弱心理，提出北宋必须支付犒军费黄金500万两、白银5000万两、绢采各100万匹、牛马各1万头（匹），割让太原、中山、河间三镇，尊金帝为伯父，以宋皇室亲王、宰相为人质，护送金军北渡黄河，金军才能撤退。钦宗和宰相李邦彦不顾李纲等主战派官员的坚决反对，全部接受了金军的条件，将康王赵构和宰相张邦昌作为人质派往金军，并罢免了李纲。

宋廷的行为在朝廷内外激起了极大的愤慨，太学生陈东等率领诸生数百人上书请愿，京城数万民众参与声援。钦宗不得已，只好恢复李纲的职务。李纲复出后，再次击退了金军的进攻，而开封城外的勤王之师亦准备出击金军。完颜宗望见攻城不下，恐长久对峙于己不利，便不等宋廷纳足金银之数，主动撤围而去。金军撤退时，宋将种师道和李纲都主张乘金军渡河之机消灭金军，但此时宋廷中投降派占了上风，钦宗严令军队不得擅自出动攻击金军，否则一概处死，各地勤王之师也返回原驻地。不久，李纲也被外调。

靖康元年八月，金军因北宋所割三镇军民拒不接受降金诏令继续抗金而再次南侵。仍由完颜宗望和完颜宗翰分统东、西两路大军，自大同府（今山西大同）、保州（今河北保定）南下，进围开封。东路军在完颜宗望的统领下，经中山府围攻真定府（河北正定），真定府在金军第一次南侵时，全体军民奋起抗击，金军未能破城。金军北撤后，城中主要兵力前往救援太原，故金军再次围攻时，城中守军不足 2000 人，在真定知府的带领下，城中军民顽强抵抗金军，并先后 30 多次上书宋廷请求救援，然而始终没有得到回音。坚守 40 余天后，真定府陷落。西路军南攻太原，太原城自宋宣和七年（1125 年）十二月被金军围攻以来，已经击退过金军无数次进攻，此刻粮食军备已经极度缺乏。此次金军一面加紧攻城，一面阻断太原城内外交通。在坚守长达 8 个月以后，太原城终因外无援军，内乏军粮而被金军攻破。

十一月，东西两路金军渡过黄河，遣使要求宋廷割让黄河以北之地。钦宗为了使金军后撤，同意与金朝以黄河为界，将河北之地划归金朝。为了不影响和谈，钦宗还命令已率兵奔赴开封的勤王之师返回原驻地。月底，两路金军先后到达开封城下，再次包围开封。此时城中宋军不过数万，勤王的军队早已被遣散，钦宗见兵临城下，才命各地勤王之师火速赶赴开封。

十一月二十五日，金军开始猛攻开封府，守城将士顽强反击金军，战死者不计其数。钦宗也在大雪中登城巡视军情，并将御膳分赐将士，开封军民一心抗金。但此时正值隆冬，天气骤寒，滴水成冰，士兵有冻死者，而勤王之师迟迟不至。这时京城中有个叫郭京的人，声称能施六甲法，只要 7777 个人就可活捉金军统帅，打退金军。钦宗相信了他的话，授予他官职，赐给金银财帛几十万，命他招募六甲兵代替守城军。郭京招募一批地痞无赖拼凑成军，结果一经交战即大败。郭京又借口下城作法，打开城门逃跑了，金军趁机攻入开封。城内军民与金军顽强地展开了巷战，而钦宗则应金军之要求亲自前往金军营帐求和，并答应了金军的巨额勒索。

钦宗从金营谈和后，派出大批官员，在全城搜刮财物，以凑够金军要求的数额。搜刮了 20 多天，还没有凑够金军所要物品的十分之一。金人对此很不满意，遂于靖康二年（1127 年）正月，再次要求钦宗前往金军营地，随即将钦宗扣押。二月，金军废掉徽宗、钦宗二帝，并根据内侍提供的赵氏宗室名单，将诸王及其子孙全部收入金营，另立原宋朝宰相张邦昌为伪楚皇帝。三月下旬，金军撤离开封，将俘虏的两位皇帝及皇后、皇子、宗室、大臣等 3000 余人带回金国，除此以外，还带走教坊乐工、技艺工匠等数千人，连同大量典籍舆图、金银财宝等满载而归。北宋随之灭亡，此后，徽、钦二宗先后死于金朝。

靖康之变导致北宋的灭亡，深深刺痛了广大民众的内心，岳飞在《满江红》中写道：“靖康耻，犹未雪，臣子恨，何时灭”，以此激励将士们奋勇杀敌，以雪二帝被俘之耻。

220 中原人民是如何进行抗金斗争的？

北宋灭亡后，中原各地人民深受女真铁骑劫掠之苦，许多地方的人民拿起武器，组织义兵，占领险要之地，同入侵的金军展开英勇斗争，成为反抗金军侵掠的重要力量。其中规模和影响较大的有以下几支。

王彦的八字军　王彦原为河北招抚司都统制，建炎元年

（1127 年），他带领岳飞等将领率 7000 多义军北渡黄河，转战于太行山东侧，收复新乡（今属河南）后，遭到数万金军围攻，因寡不敌众，败退至共城县（河南辉县），联合太行山区两河义军，继续抗金。因其战士都在脸上刺有“赤心报国，誓杀金贼”8 个字，故称八字军。八字军英勇善战，顽强杀敌，得到当地人民的响应，两河忠义民兵首领傅选、孟德、刘泽、焦文通等人率所部十九寨十几万人归附，八字军队伍得到壮大，山寨绵亘数百里。金军几次前往围剿都被打败，八字军名震华北。

王彦一面练兵，一面派人联络东京留守宗泽，计划在大军北伐时配合作战。建炎二年（1128 年）王彦率精锐渡河前往开封，不久宗泽去世，王彦便自率亲兵赶赴扬州，想向高宗请愿北上抗金。但当时朝中主和派得势，朝廷已派使者前往金营议和，故执政黄潜善、汪伯彦便不安排王彦觐见高宗，只封他官职作为嘉奖，王彦大为失望，遂称病致仕。

此后，八字军先后配合张浚、吴玠等人，与金军转战于川陕，重创金军。八字军起于义军，后成为南宋官军，在抗金战争中功勋卓著，是南宋初期影响最大的一支抗金义军。王彦死后，八字军被刘锜接管，仍然奋战在抗金前线。

红巾军 南宋初在晋城、长治一带活动，后来扩大到河北、陕西等地，成员头裹红巾以为标志，故称红巾军。他们声势浩大，组织严密，经常利用熟悉的地形袭击金军，屡败敌人。有一次袭击金军大营时，险些活捉其统帅完颜宗翰，故金军非常痛恨红巾军，屡次下令捕杀红巾军。但红巾军战时集中，平时隐匿于平民之中，金军每次出击都无所获，就大肆杀戮平民以泄恨，激起更多的人参加红巾军，壮大了红巾军的队伍。

五马山寨义军 靖康元年（1126 年），武翼大夫赵邦杰在庆源五马山组织义军，抗击金军。后来，金军入侵真定（河北正定）时被俘的和州防御使马扩寻机逃入五马山，被赵邦杰等推为山寨首领。他们邀请了一个自称是宋徽宗第十八子的信王赵榛上山，作为号召人民抗金的旗帜，太行山区的广大义军闻风响应，五马山寨义军声势大震，队伍扩大到数十万人。为了得到南宋政府的支持，马扩于建炎二年（1128 年）南下扬州，面见宋高宗，力陈两河忠义民兵企盼王师北伐的愿望，但当时主政的主和派大臣汪伯彦、黄潜善对他的抗金行动并不支持，高宗对他们也不信任，只是任命赵榛、马扩为五马山寨义军统帅，要他们接受官军将领的指挥，不得渡过黄河作战。当年秋天，五马山遭到金兵围攻，义军向宋高宗求救，高宗拒不发兵。五马山寨最终被金兵攻破，数十万义军溃散。马扩被迫退回扬州，兵权被解除。

梁山泊水军 北宋末年，朝廷腐败，宋钦宗挥金如土，奢侈无度，对人民剥削很重，百姓生活困苦，阶级矛盾十分尖锐，各地农民起义不断。其中郓州地区爆发的农民起义，以梁山泊为据点。后来这支农民起义军遭到宋军镇压后，大多流散民间，而梁山泊地区的渔民在张荣的带领下继续以梁山泊为据点，坚持同北宋官府战斗。南宋初年，金军南下，所到之处，烧杀抢掠，给北宋人民造成了极大的灾难。在这种情况下，张荣领导的起义军将矛头由宋廷转向金军，散于民间的农民军也纷纷加入，义军发展成一支拥有数百只舟船的队伍，他们以梁山泊为据点，利用熟悉地形之利，不时出击金军，给金军很大的打击。

金军在梁山泊遭到张荣的打击后，意识到梁山泊成为金军进攻南宋的重要障碍，遂集结重兵予以围剿。张荣被迫转移至鼍潭湖，并用菱草和泥筑起一座城池，严阵以待。同时慕名前来投奔义军的人成百上千，张荣的队伍发展到 1 万多人。金军欲渡江南侵，却屡次遭到张荣的阻击。金军遂趁天气寒冷，湖水结冰之机，调重兵攻打张荣。张荣被迫转战缩头湖（今江苏兴化东），并在此地以少量水军打败数倍于己的金军，杀敌 5000 余人。

缩头湖战役使南宋朝廷开始重视张荣的水军，将这支军队收编为官军，任命张荣为泰州知州，防守长江口一带。这支义军也成为与八字军、红巾军、五马山寨义军齐名的北方抗金义军之一，张荣本人因英勇善战，力敌万人，还博得“张敌万”的称号。

处于敌后的幽燕地区人民，也配合中原人民的抗金斗争，纷纷起义。燕山府的刘立芸聚众起义，攻破不少城池，其军队军纪严明，吸引了不少汉人和其他民族人民加入。蓟州玉田县（今河北玉田）爆发了原巡检使杨浩与僧人智和禅师领导的起义，队伍发展到1万人左右。易州（今河北易县）的刘里忙年仅18岁，也振臂一呼，号召百姓起义，他占据地势险要的山区，邀击金军，对金朝形成一定的威胁。而从河北路的北部到南部的相州，也有很多民众自动组织的武装，结成50余处山寨，每寨3万多人，都以白绢为旗，以血书“怨”字于旗上，反抗金的统治。

除以上义军外，黄河南北各地遍布着人民的抗金队伍。他们依山傍水，顽强地同金军斗争，有力地牵制了金军南下。而南宋统治者却始终不能信任和重视义军，断送了南宋初年抗金斗争的大好形势。

221 岳飞为什么被称为抗金英雄?

岳飞（1103年—1142年），字鹏举，北宋相州汤阴（今河南汤阴）人，南宋中兴四将之一。他出身于农民家庭，少时勤奋好学，尤其喜欢兵法、弓弩，曾拜师于弓术名家周侗，练就了一身好武艺，能拉开300斤的硬弓，且能左右开弓。

北宋末年，宋辽战争不断，19岁的岳飞毅然投军抗辽，但不久因为父亲去世，回乡守孝。金兵大举入侵中原后，大肆烧杀抢掠，无恶不作，目睹女真贵族对中原人民的掠夺和压迫，岳飞再次参军，开始了他抗击金军、收复中原、保家卫国的戎马生涯。

岳飞先是投入相州城刘浩军中，因招安吉倩有功，补承信郎一职，金军第一次攻打开封时，岳飞随刘浩带兵解了东京之围。靖康之难后，赵构建立南宋，启用了大批主战将领，岳飞作为其中一员，上书高宗反对任用黄潜善、汪伯彦等人，主张高宗亲征，以收复中原。高宗并未采纳岳飞的建议，反以越职为由将他罢官。之后岳飞北上，投奔河北西路招讨使张所军中，受其赏识，后随王彦在河北一带抗金，离开王彦后，又投到东京留守宗泽门下，参加开封保卫

河南汤阴岳飞庙岳飞塑像

战，因作战勇敢，深为宗泽赏识。宗泽死后，岳飞随军南下，在抗金战争中屡立奇功。

建炎三年（1129 年），金军渡过长江天险，攻下临安、越州、明州等地，高宗被迫流亡海上，岳飞坚持敌后作战，多次击败金军。建炎四年（1130 年），金军自临安府沿运河北撤，岳飞在牛头山率军伏击，大破金兀术（完颜宗弼），收复建康府（今江苏南京）。从此，岳飞威名声震河朔，被升任为通州镇抚使兼泰州知州，拥有人马万余，建立起一支纪律严明、作战骁勇的抗金劲旅“岳家军”。岳飞治军以身作则，赏罚分明，与将士同甘共苦，厚恤士兵家属，对将士要求非常严格，不许将士侵扰百姓，岳家军“冻死不拆屋，饿死不打掳”，所到之处，深受民众爱戴。

绍兴四年（1134 年），岳飞挥师北上，击破伪齐政权，两三个月时间就收复襄阳、信阳等六郡，这是南宋建立以来第一次收复大片失地，岳飞因此被加官为节度使。同年岳飞又败金兵于庐州（今安徽合肥），金军被迫北还。绍兴五年（1135 年），岳飞率军镇压了杨幺领导的起义军，收编了起义军中年轻力壮者数万人，使“岳家军”实力大增，岳飞也因此而加官晋爵，成为南宋屯守长江中游及汉水流域的中坚力量。此后，岳飞相继攻占了伊阳、洛阳等地，但因孤军深入，不得已而撤退。他屡次建议高宗兴师北伐，一举收复中原，但都被高宗拒绝。

尽管此时南宋将士已经取得了很大胜利，韩世忠在黄天荡一带大败金兀术，吴玠、吴璘兄弟有力地阻止了金军从陕西进入四川的计划，而岳飞收复了襄阳六郡，使西北战场和两淮战线保持畅通，宋金战场上的形势向有利于南宋的方向转化，但高宗与秦桧等投降派仍坚持与金朝议和。金朝自反辽以来，连年争战，国内人民困苦、经济疲敝，矛盾重重，而短期内又不能灭亡南宋，遂转而与宋议和。岳飞坚决反对议和，主张抗战到底，屡次向高宗上书表示反对，并抨击了秦桧等人用心不良的投降活动，使秦桧怀恨在心。绍兴九年（1139 年），宋金达成和议，南宋向金称臣纳贡。岳飞悲愤不已，拒绝了高宗的赏赐，并再次表达了收复中原的决心。

绍兴十年（1140 年），金朝撕毁和约，再一次对南宋发动战争，夺取了河南、陕西等地，企图再度南侵，遭到了宋将刘锜和吴璘的重创。岳飞奉命出兵反击，很快收复了郑州、洛阳等地，同时派遣梁兴等深入黄河以北，联合各地义军袭击金军后方。在郾城（今河南漯河市），岳飞以少量兵力大破金军的精锐骑兵“铁浮图”和“拐子马”，获得郾城大捷，宋军士气大振，金军被迫退守开封，连金兀术也感叹道：“撼山易，撼岳家军难。”

此时宋军形势一片大好，韩世忠、吴璘、刘锜等各路宋军都有战绩，收复了部分失地。岳飞一边招兵买马，一边联络河北各地义军，准备一举收复黄河以北失地。然而，南宋政府却将宋军的胜利作为向金朝求和的资本，他们害怕岳飞等人功高难制，不但不同意岳飞宋军全线出击的请求，还连发 12 道金牌，要求各路宋军全线撤退。此时岳飞的先头部队虽然已抵达离开封只有 45 里的朱仙镇（今河南开封西南），无奈张俊、韩世忠等人已先撤军，岳飞部孤军奋战，势难久支，只好下令撤军。北伐以来收复的失地重新落入金人之手。接着宋廷解除了岳飞、张俊、韩世忠等三大将的兵权。为了进一步扫除与金和议的障碍，秦桧串通张俊收买了岳家军将领张宪的部将王俊，诬告岳飞与其子岳云谋反，将其下狱。绍兴十一年（1141年），岳飞以“莫须有”的罪名被杀死狱中，年仅39岁。其子岳云及部将张宪也同时惨遭杀害，家属被流放岭南，部下受株连者甚多。宋孝宗继位后才为岳飞平反昭雪，赐其谥号“武穆”，宁宗时追封其为鄂王，理宗宝庆元年（1225年）改谥忠武。

岳飞遇害后，狱卒隗顺偷偷将他的遗体背出杭州城，埋葬于钱塘门外九曲丛祠旁。后宋孝宗将其改葬在西湖栖霞岭，即杭州西湖畔，并立庙祀于湖北武昌。

岳飞一生，为抗金斗争贡献了毕生精力，他是中国古代著名的抗金英雄，南宋最杰出的将帅。他卓越的军事才能和他一手培养起来的所向无敌的岳家军，以及他抗金斗争中可歌可泣的英雄事迹，都在人民中间世代流传。他被视为忠义、正直和力量的化身，成为中华民族永远敬仰的对象。

222 南宋初年还有哪些抗金将领？

南宋初年的抗金将领很多，比较著名的除了岳飞外，还有与之并称为“中兴四将”的韩世忠、张俊及刘光世，以及名声虽不及中兴四将，但在宋金战争中立下了赫赫战功的吴玠、吴璘、刘锜、杨沂中、王彦、李显忠、虞允文、张宗颜等人。

韩世忠（1089年—1151年），延安府（今陕西绥德）人，字良臣，两宋之际的名将。他出身贫寒，自幼勇猛过人，18岁时应募参军，身材魁梧，力大无比，能挽300斤的强弓，飞马射箭，勇冠三军。随所在部队抵御西夏时，他斩将夺关，多次立功。后又随王渊出兵镇压方腊起义，并俘获了方腊。王渊称赞他“真万人敌也”。此后，他还参加过联金灭辽、河北抗金、平定苗傅、刘正彦兵变等战役，均有出色表现。

韩世忠对金军南侵始终主张坚决抵抗，在反对高宗南迁未果后，又坚决反对秦桧奉行的妥协求和政策，成为主战派的著名将领之一。随高宗南迁后，他的军队在抗金战争中多次惨遭失败，建炎二年

（1128 年），他率部夜袭进攻河南的金军大营，遇到埋伏，为敌所败，他本人中箭，力战才得以脱身。不久，他屯军于淮阳，又为金将粘罕所败，军队大溃，部将战死。即便如此，他也从未放弃过抗金的主张，虽屡战屡败，然斗志不减。

建炎三年（1129 年），金军大举南犯，韩世忠以浙西制置使率军守镇江，完颜宗弼分兵渡江，宋军各路守将均战败，韩世忠只得退保江阴。金军连破临安、越州、明州，宋高宗被逼一直逃到海上才幸免于难。在大肆烧杀抢掠之后，金军打算北撤，韩世忠早料到金军在江南不能久踞，遂大量制造战舰，打算在归途中截击金军。金军北撤时，韩世忠率 8000 水军截断金军归路，前来接应的金军也被他截在江北。双方在长江上展开激战，宋军屡次重挫金军，完颜宗弼乘夜到金山寺侦察宋军虚实，差点被韩世忠伏兵活捉。在宋军的阻击下，金军进入了河道湮塞的黄天荡，前进无路，后退受阻，长达 48 天，处境危险。后金军得奸人献策，一夜之间凿通老鹳河故道 30 里，才冲破宋军的封锁，逃回江北。黄天荡一战，韩世忠凭借地利，以仅仅 8000 人的兵力，使横行江南的 10 万金军几乎陷入绝境，打破了金军不可战胜的神话，大大鼓舞了人民的抗金斗志。

绍兴四年（1134 年），金与伪齐联军大举南侵，韩世忠派兵埋伏在大仪附近，大败金军，并俘获其将领挞索等人，粉碎了金军的攻势。此后韩世忠驻守楚州，坚持抗战，以 3 万人的兵力多次大败金兵，使其不敢来犯。但因其始终不肯依附当权的宰相秦桧，多次抗疏反对求和，为投降派所恶，被解除兵权。自此，这位抗敌多年的名将闭门谢客，不预朝事，于 63 岁时病逝。死后被追封为通义郡王和蕲王，配飨高宗庙廷。

张俊（1086 年—1154 年），字伯英，成纪（今甘肃天水）人，自幼弓马娴熟，16 岁时充当乡兵弓箭手，因作战英勇升为下级军官。宋徽宗末年，参与镇压农民起义军，靖康元年（1126 年），又在东明县抗击金军，被升为武功大夫。赵构以兵马大元帅进至大名时，他随信德知府梁杨祖率 3000 兵马到大名，被任命为元帅府后军统制。此后，他不断升迁，成为高级武官。

建炎三年（1129 年），金军南犯，宋高宗南逃至越州、明州，张俊以浙东制置使扈从。金军占领杭州后，追至明州城下，张俊部将刘宝等人率部大败金军，金兵死伤无数。建炎四年（1130 年），金军再次攻打明州，张俊指挥将士再次大败金军，后金军援兵赶到，张俊遂以扈从高宗为借口逃往台州，明州遂为金军所占。但南宋政府仍将明州之捷列为"十三处战功"之首，以激励士气。

此后，张俊又在镇压农民起义和迎战伪齐的战斗中立下大功，成为当时最主要的将领，领三镇节度使。他和韩世忠部成为南宋两支最重要的军队，被高宗比喻为左右手。绍兴九年（1139 年），金军毁约南犯，张俊兼任河南、河北诸路招讨使，迎战金军，虽一度得胜，但因秦桧要求诸将退兵以便求和，张俊便首先退出淮南。

绍兴十一年（1141 年），金军再度南侵，张俊遣部将与刘锜等人迎战金军，取得柘皋大胜，被列为"中兴十三处战功"之一，张俊以功升枢密使。次年，为了迎合朝廷对金议和，他主动请求解除兵权。此后又追随秦桧制造伪证，造成岳飞冤狱。

绍兴十二年（1142 年），张俊罢枢密使，封清河郡王。虽然张俊贪婪好财，大肆兼并土地，但高宗对他最为宠爱，礼遇最厚，曾下旨为他修建豪华的府第，还亲临其家慰问，为其子弟加官晋爵。绍兴二十四年（1154 年），张俊去世，终年 69 岁，追封循王。

刘光世（1089 年—1142 年），字平叔，保安军（今陕西志丹）人，出生于将门之家，高宗时著名的抗金将领。因随父镇压方腊起义有功而官至鄜延路兵马钤辖。

靖康之难时，刘光世拥戴赵构，出力不少，因此得到重用，并成为高宗稳定政权的依靠力量之一。高宗即位后，刘光世以讨平山东李昱之功，升任奉国军节度使，成为南宋建立后第一个建节的将领。尽管刘光世地位很高，但他胆小懦弱，在与金国的战争中，多次逃亡。建炎三年（1129 年），金军南侵至扬州，高宗渡江而逃，刘光世所部未遇金兵即溃退。改任江东宣抚使后，驻守江州，金军自黄州渡江，他再次率军南逃。

绍兴六年（1136 年），已经担任宁武军、宁国军两镇节度使的刘光世，因其部将王师成击败伪齐军，加领保静军节度使，成为继韩世忠之后第二个领三镇节度的将领。同年伪齐再度攻宋，刘光世弃城南逃，在宰相张浚的督迫下被迫回军，并派王德、郦琼等击败伪齐军。

刘光世每战必逃、治军不严、虚报军额、多占军费，引起了其他大臣的不满，但宋高宗出于稳定政权的目的，一直设法满足其军队的需要，并不断对其加官晋爵。刘光世明白高宗的用心，所以在高宗谋划收取诸将兵权时主动称病引退，高宗大加赏赐。刘光世引退后，其部将大多叛归伪齐。

绍兴十二年（1142 年），刘光世去世，时年 54 岁。尽管他生前见敌即逃、生活腐化、纵兵扰民，与其他将领不和，但由于他为人圆滑，又不反对和议，所以始终能得到高宗的信任，死后赠太师，追封鄜王，位列七王之首。

南宋初年，还有吴玠、吴璘、刘锜、张宪、郭浩等名将，他们都在抗金前线同金人顽强斗争，有力阻止了金人数次南下，书写了许多可歌可泣的英雄故事，成为南宋初年的抗金名将。

223 杀害岳飞的凶手到底是谁？

岳飞作为中国历史上的一员名将，有勇有谋，治军严明，在其戎马生涯中，亲自参与指挥了 100 多场战役，没有一次失败，是一位名副其实的常胜将军，他精忠报国的精神深受中华各族人民的敬佩，他和他率领的岳家军的故事为后人世代传颂。

长期以来，岳飞深受人们敬仰，一方面是因为他精忠报国，另一方面还因为他壮志未酬，屈死在风波亭。“青山有幸埋忠骨，白铁无辜铸佞臣”，在西子湖畔的岳飞墓前，长跪着秦桧夫妇的铁像。长久以来，提起岳飞之死，人们总会痛骂秦桧，因为史书记载是秦桧陷害忠良，以“莫须有”的罪名将岳飞害死的，所以千百年来，秦桧一直是以一个杀害岳飞的奸臣形象存在于人们的心中，遭到人们的世代唾骂。

然而时光过了近千年之后，人们冷静下来，开始思索，岳飞之死到底是谁造成的，杀死岳飞的真正凶手到底是谁。虽然史书记载是秦桧构陷了岳飞，然而秦桧在南宋朝廷中并非能一手遮天，却何以能以一个“莫须有”的罪名，就将威望与地位甚高的岳飞下狱并致死。秦桧的背后，应该还有另外一只黑手，他才是最终将岳飞父子送上断头台的主要人物，这个人物正是宋高宗。

那么，对一个赤胆忠心、一心为国的忠臣良将，宋高宗为什么一定要杀之而后快呢？这里面包含了太多的原因。

首先，宋代猜忌武臣的传统政策是岳飞致死的最大原因。宋代立国以来，吸取五代时武将擅权篡位的教训，对武官控制得非常严密，不允许他们握有军队大权。南宋建国以来虽然国难重重，但仍然遵从了这个政策。在金兵不断南下的情况下，地方上出现了许多抗金力量，这些力量以各种方式不断进入到政府军队中来，而在抗击金军的过程中也催生了一批武将，这些武将在浴血奋战的过程中逐渐和其所率领的军队融为一体，形成了岳家军、韩家军、张家军等一支支名义上归中央管辖，实际上只听从自己首领指挥的军队。这些军事力量一旦其首领反叛，就会成为朝廷的威胁力量。尤其是岳家军，所向披靡，无往不胜，令金人闻风丧胆，正如金兵所言“撼山易，撼岳家军难”。而岳飞平日治军严明，关爱士兵，与士兵同甘共苦，深得将士爱戴，再加上他本人又很自律，好学习，不扰民，不好色，不贪财，在民间威望极高。这样一个兵多将广又深得民心的军事将领，无论在哪个朝代都可能引起君主的猜疑，再加上宋高宗立国前的坎坷境遇，使他对手握重兵又德高望重的军事将领疑虑更重。

湘西事变后，宋高宗更迫切地认识到当务之急不是外患，而是“内忧”。所以他采取措施收回军权，将在抗金战争中成长起来的岳飞、韩世忠及张俊等人的兵权一一剥夺，让他们离开自己的部队，其后又将统兵和调兵之权分开，使主和派的秦桧当上宰相，抗战派的主张再也得不到伸张，这成为岳飞日后壮志难酬、身死囹圄的一个原因。

其次，岳飞提出的北伐口号“直捣黄龙，迎回二圣”，触怒了宋高宗。这个口号的意思是要攻克黄龙府，迎徽、钦二宗回朝，岳飞也一直将此作为北伐的口号。这个口号虽然是岳飞表明自己忠于赵宋王朝的证明，可是他忽略了宋高宗的感受。宋高宗能登上皇位全因金人进犯，掳去了他的父兄，如果徽、钦二帝真的回来了，宋高宗的位置就很尴尬了。所以尽管南宋军民及远在漠北的徽、钦二帝都希望能够早日回到中原，但唯有高宗不希望看到这一天。所以岳飞的这个口号喊得很不合时宜，让高宗对他心生怨愤。

再次，在立太子之事上，岳飞又一次冲撞了高宗。绍兴七年（1137 年），岳飞得知金国要在汴京立钦宗之子为帝，便上书请高宗册立太子以安定人心。以武将的身份干预皇家立储之事，难免有携恩邀宠之嫌，令高宗非常反感，当场就训斥了岳飞。此后，岳飞还不断上书请求册立太子，虽是一片忠心，但废立乃国家大事，况且高宗无子，对立太子之事一定也是烦恼万千，岳飞却接二连三请立宋太祖嫡系子孙为太子，而宋高宗却是宋太宗的子孙，难免被认为有异志。

此外，岳飞的固执导致他最终失去了皇帝的信任。宋室南渡后，朝中始终有主战和主和两种呼声，但和谈一直是主流思想，高宗虽然对金国亦是家仇国恨，但作为一个最高统治者，他需要考虑的因素很多。南宋在当时的形势下，疲于应付金朝的频繁入侵，经济上得不到恢复。为了维护政权的稳定，高宗一方面重用主战派高举北伐大旗，避免成为金人的阶下囚，以获取人心；另一方面又让秦桧等人主持对金议和，以便得到休养生息的机会。而岳飞是一个坚定的主战派，他反对议和的想法根深蒂固，甚至对抗高宗的旨意。高宗为了取得武将对议和的支持，以高官厚禄赏赐刘光世、张俊、韩世忠和岳飞等人，但岳飞连上四折表示不接受，并要求皇帝收回成命。此外，岳飞因高宗反悔，未将淮西军的指挥权交给自己，直接上表辞职，并未经允许就去庐山为母守孝，高宗 3 次下诏，岳飞都不返回。岳飞诸如此类的行为，是对皇帝权威的无声挑战。

最后，金兀术以杀害岳飞作为议和的条件，是岳飞的直接死因。

岳飞数次北伐，重挫金军，令金人闻风丧胆，所以金人要求高宗如欲议和，必先杀岳飞。这促使本就对岳飞行为极度不满的高宗下了诛杀岳飞的决心，为宋金议和铺平了道路。

综上所述，虽然是秦桧杀害了岳飞，但作为最高统治者的宋高宗亦难辞其咎，秦桧只是他杀害岳飞的一个同谋。所以，即便没有秦桧，还会有其他人出来扮演这个角色。岳飞虽然被杀害了，但他英勇抗金的英雄业绩是不可磨灭的，他用生命赢得了世代人民的尊敬。

224“绍兴和议”是怎么回事？

宋金战争进行到绍兴七年（1137 年）时，双方的实力对比发生了明显变化，南宋在 10 年的战争中锻炼出了一批如岳飞、韩世忠、吴玠等优秀的将领和几支战斗力极强的抗金劲旅，给了金人以有力的打击，而金人经过连年战争，军事优势已不复存在。在反复权衡利弊之后，金朝决定与宋进行和谈。宋高宗本来就一心求和，何况金人虽优势不再，但要凭军事手段恢复中原也并非易事，所以对和谈更是求之不得。

绍兴八年（1138 年），金同意将陕西、河南之地归还宋廷，并派左司侍郎张通古赴江南与宋议和。高宗欣然同意，并将秦桧升任为尚书右仆射、同中书门下平章事兼枢密使，专门处理与金求和事宜。秦桧怕和议遭朝臣反对，故坚持由他一人全权操办。但朝臣闻知此事，纷纷上疏反对和议，枢密院编修官胡铨甚至表示要斩杀秦桧、王伦等投降派，以谢天下。一时之间，舆论哗然，秦桧为了压制朝中的反对声音，大力提升亲信死党，排挤和迫害主战派官员。面对金朝提出的要求宋帝依照藩属之礼跪受金帝诏书，接受金帝册封，还要求受诏书时须百官到场的无礼要求，秦桧唯恐百官不从，影响和议，便代表宋帝跪受诏书与册封，又令小吏身着朝服，冒充百官接受诏书。

从绍兴七年（1137 年）底到绍兴九年（1139 年）初，双方进行了一年多的秘密谈判，最终达成和议。和议以金朝归还宋徽宗的棺木、太后和原伪齐统治区河南、陕西地区，换取南宋对金称臣纳贡，宋廷每年向金纳银25万两、绢25万匹。对于如此屈辱的议和条件，宋廷还大肆庆祝，并封赏有功之臣。

绍兴九年（1139年），金朝政局发生变化，金廷中掌权的主和派挞懒等成员先后在宫廷政变中被杀，主战派斡本、兀术掌权。韩世忠等人请求趁金廷内乱，出兵攻金，高宗和秦桧以“礼不伐丧”为由，不许出兵。

绍兴十年（1140年），金朝撕毁和约，分兵两路南侵，重新夺取已划归南宋的河南、陕西地区。金朝毁约入侵，激起了南宋军民的愤慨，金军在陕西遭到了吴璘部的阻击，在顺昌府又被刘锜大败，锋芒大挫。韩世忠和岳飞等将领开始组织和指挥宋军英勇反击，收复失地，岳飞一路甚至已经进逼至距开封仅四五十里的朱仙镇。金军连遭惨败，实力大损，已做好撤离开封的准备。但正在此时，高宗和秦桧认为金军南侵的威胁已经消失，只想用宋军的胜利作为同金议和的资本，保住南宋的半壁江山，遂令各路宋军全线撤退，抗金斗争再度受挫，北伐以来收复的失地重新落入金人之手。为了表示与金议和的诚意，高宗甚至将反对议和的官员全部贬黜。但金军并不甘心其在中原战场上的失败，绍兴十一年（1141年）初，金兀术率金国最精锐的队伍深入淮南，与宋将杨沂中、刘锜部决战于柘皋（今安徽巢湖市西北），惨遭失败，后来虽然在濠州战胜张俊一军，但由于韩世忠和岳家军赶到，金军不得不撤军北上。柘皋之战，金军10万主力被南宋的二线将领刘锜、杨沂中等打败，宋金双方的军事力量发生了逆转。金兀术终于彻底意识到金军已不可能消灭南宋，遂转而与宋和议。

为了避免手握兵权的岳飞、韩世忠等主战派的反对，宋廷以论功行赏为名，分别任命韩世忠、张俊、岳飞三人为枢密使和枢密副使，解除了他们的兵权。秦桧还进一步拉拢张俊，打击韩世忠和岳飞。秦桧与张俊收买了岳飞部将王俊与王贵，诬告岳家军副都统制张宪密谋占据襄阳造反，并诬陷岳飞为同谋，将岳飞父子与张宪一同下狱，最终以“莫须有”的罪名，将岳飞父子及张宪杀害。而支持岳飞抗金、为岳飞鸣冤的文武官员也受到牵连，或贬或免，使主战派遭到沉重打击。韩世忠看到反对和议无效后，终于辞官赋闲。

为了胁迫宋廷尽快接受条件订立和议，绍兴十一年（1141年），金军再次南下，秦桧唯恐影响议和，不许宋军渡江抗击，使金军如入无人之境，一直推进到六合（今属江苏）。金军本无心渡江南侵，便在江北虚张声势，给宋廷施加压力。宋高宗和秦桧急忙加紧对金乞和，双方最终达成如下和议：（一）南宋向金称臣，金朝册封高宗为皇帝；（二）双方划定疆界，东以淮河中流为界，西以大散关（陕西宝鸡西南）为界，以南属宋境，以北归金境，宋将唐（今河南唐河）、邓（今河南邓县）、商（今陕西商县）、秦（今甘肃天水）等州之大半割让给金；（三）南宋每年向金纳白银25万两、绢25万匹，自绍兴十二年开始，每年春季运送到泗州交纳。

绍兴和议的订立，使宋金双方结束了长达10余年的战争状态，形成了南北对峙的局面，但双方政治地位不平等。此后，宋金之间维持了近20年的和平，为南宋赢得了发展社会经济、增强军事力量的时机，期间虽然偶有冲突，但规模不大。

225 金军南侵与采石之战是怎么回事?

绍兴和议后，宋金之间维持了短暂的和平。宋绍兴十九年（1149年），金朝发生宫廷政变，金海陵王完颜亮刺杀了金熙宗，自立为帝。即位后，为了一举灭宋，完颜亮进行了一系列内政改革，并迁都南京开封府，着手准备发动侵宋战争。

绍兴三十一年（1161年），金派使者到临安庆贺高宗诞辰，同时转达完颜亮要求将淮南及汉水流域划给金朝的要求，命宋高宗派大臣去开封商议交割事宜。面对金使的无理要求和南宋朝臣坚决抗金的呼声，高宗不得已罢免了主和派的汤思退等人，并开始部署迎战，以吴璘为四川宣抚使，负责川陕防务；以成闵为湖北、京西制置使兼京西、河北西路招讨使，负责中部防区；以刘锜为淮南、江南、浙西制置使，节制诸路军马，担负江淮地区抗击金军主力的重任；以李宝为浙西副总管，提督海船，统率水军。

当年完颜亮亲率百万大军分四路大举南侵。西路金军在大散关附近遭到宋军迎击，无法南下；中路金军攻入宋通化军，被守将张超率众击退；完颜亮率领金军主力向两淮进军。抱病进驻扬州的刘锜积极部署战略防御，加强了淮东防务，将东路金军阻挡在淮河北岸，不得南进。但负责淮西防务的王权逗留建康，不肯进军，在刘锜的再三催促下，才进驻庐州，但又不做任何部署。在听到金军南侵的消息后，王权立刻率部逃回建康，金军如入无人之境，从容渡淮，很快进至滁县（今安徽滁州），兵临长江。淮西失陷，宋廷急命刘锜回防扬州。刘锜在回扬州途中得知驻守扬州的刘泽丝毫未做守城准备，金军在夺下真州后已屯重兵于扬州城外，刘锜只得退守长江北岸的瓜洲。此后刘锜被调回镇江，瓜洲失陷。

正当金军长驱直入、进逼江南时，金朝内部发生政变，东京留守完颜雍称帝，是为金世宗，宣布废黜完颜亮，黄河以北地区相继归附金世宗。完颜亮陷于困境，感到后退无路，便孤注一掷，决定渡江南进，占据江南地区。他率军抵达长江北岸，拆房造船，杀黑马祭天，准备自采石渡江。金军临江的消息传到临安，宋廷内外慌作一团，文武官员纷纷把家属送出临安，宋高宗准备登船逃到海上避难。宰相陈康伯等人坚决反对逃跑，力主高宗亲征，在他们的坚持下，高宗被迫表示亲征，并派知枢密院事叶义问督视江淮军马，中书舍人虞允文参谋军事。

虞允文到建康时，王权已被罢职，而接替王权负责江防的诸军统制李显忠尚未到任，王权的原部属退到长江南岸的采石，军中无帅，士气低落。虞允文奉命到采石犒军时，见士兵解鞍宽甲，三五成群地散坐在岸边，毫无斗志，便挺身而出，召集诸将，鼓舞士气，与金人决战。虞允文虽一介书生，但临危不惧，他从容指挥诸将于长江南岸布置防务，又针对敌众我寡的情况，命令当地民兵驾船参与抗金斗争。部署刚完，完颜亮已经指挥数百艘战船向南岸驶来，顷刻间大量金兵登岸，虞允文部将时俊一马当先，手持双刀冲入敌阵厮杀，在时俊的带领下，士兵们士气高涨，争相杀敌，尽歼登岸的金军。此时停泊在江中的宋军战船开始用霹雳炮向敌船射击，民兵趁机驾车船攻击金军船队。宋朝水军的车船大而灵活，而金军船只底平面积小，很不稳定，宋军船只乘势冲击，船行如飞，将敌船撞沉于江中。虽然金军伤亡过半，但在完颜亮的严令下，一直坚持与宋军厮杀，到太阳落山也没退兵。这时，正好有一批从光州（今河南潢川一带）败退的宋军经过采石，虞允文发给他们战旗和军鼓，命令他们绕到山后摇旗敲鼓往江边来。金兵听到南岸战鼓震天，无数旗帜晃动，以为宋军援兵赶到，遂全线而退。此战宋军杀敌4000余人，俘虏500多人。

完颜亮遭此惨败，恼羞成怒，勒令第二天再次渡江。虞允文已料到金军次日必来，半夜先派水军乘船在上流设伏。金军刚一出动，便遭到南宋两支水军夹攻，大败而逃。此战宋军焚毁金军船只300余艘，再次重创金军，也摧毁了完颜亮在采石渡江的计划，史称“采石之战”。采石之役不但摧毁了完颜亮灭亡宋廷的计划，也加速了完颜亮统治集团的分裂，使宋军在战争中转败为胜，处于有利地位。

采石之战后，完颜亮只得撤离北岸，另择渡江地点。此时，宋军主将李显忠到达采石，虞允文猜测完颜亮会从京口（今江苏镇江）渡江，遂请求李显忠分给自己一队人马，前往支援，李显忠遂分兵6000给虞允文。虞允文赶到京口时，金军已经在滁河屯驻重兵，堵塞了瓜洲渡口。宋军虽然调集了20万军士据守京口，但战船不足，虞允文命令士兵砍伐木柴，修改民船为战船。此时，完颜亮进驻瓜洲，虞允文命水兵在江中试船，金军见了，知道宋军已有准备，请求完颜亮先回扬州，再做定夺。完颜亮此前部署的从海上直接进攻临安城的水军，因风向不对在密州胶西县（今山东胶州）东南海湾（今山东青岛西胶州湾）驻屯时，遇到了宋将李宝率领的船队，金水军被宋军借着南风用火箭射击，600余艘战船焚毁，金朝水军尚未出师就全军覆没。完颜亮因此怒不可遏，遂命令3日内金军必须全部渡江南进，否则全部处死。完颜亮此举引起将士的不满，完颜元宜趁机煽动金军叛乱，将完颜亮杀死于扬州城外龟山寺。金军随即向北撤兵，宋军乘机收复两淮地区。此后，金世宗为了集中精力处理国内矛盾，便派人到南宋议和，宋金关系暂时缓和。

226 张浚北伐与符离之败是怎么回事?

宋孝宗即位后，励精图治，立志光复中原，收复河山，而此时正值金朝内乱，无力南顾。南宋取得抗金胜利后，朝野抗战声浪高涨，主张乘胜北上作战，恢复中原。当时军民把抗战的希望都寄托于主战派的老臣张浚身上。张浚在高宗时为知枢密院事，是主战派的中坚力量之一。他先后率军转战川陕、两淮等地，立有战功。秦桧当政时，主战派官员遭到排挤，贬的贬，杀的杀，所剩无几，张浚也被迫离开朝廷。此时，孝宗想要恢复中原，张浚是主持大局的不二人选。宋孝宗遂起用张浚为枢密使，并整顿吏治，改革军事，积极备战。为了鼓舞士气，他还为岳飞昭雪，追封岳飞为鄂国公，依官礼改葬，把秦桧的党羽赶出朝廷，表达了坚决抗战的姿态。

隆兴元年（1163 年），金朝派使者向宋廷索要绍兴和议时约定的岁贡，并索取宋在采石之战后占领的淮北地区。南宋要求双方地位平等并重新划定疆界，遭到金朝拒绝。宋孝宗决定北伐，以武力改变宋金关系。但此时金朝内部叛乱已经平息，而南宋老一批的军事将领如岳飞、韩世忠、刘锜等人，已大多故去，张浚手下能够对抗金军的将领只有李显忠和邵宏渊两人了。

同年，孝宗命张浚都督江淮军马，负责抗金前线的军事指挥。张浚命李显忠、邵宏渊分别由濠州（今安徽凤阳）、泗州（今江苏盱眙）率兵出击，李显忠部按计划首先攻下了灵璧（今安徽灵璧），而邵宏渊部围攻虹县（今安徽泗县）时遭到顽强抵抗，久攻不下。李显忠遂率部前往支援，结果还未战斗，金军守将就向李显忠投降，宋军顺利占领虹县，邵宏渊因此对李显忠心怀不满。此后，宋军乘胜攻打淮北重镇宿州（今安徽宿州），守城金军出城抗击宋军，被李显忠部打败，伤亡惨重，宋军乘势攻占宿州。

宿州之战，使宋廷上下欢欣鼓舞，宋孝宗亲笔写信慰劳前线将士。金统治者为之大震，随即调集大量兵力南下，进行反攻。此时，南宋任命李显忠为淮南、京畿、京东、河北招讨使，邵宏渊为副使。邵宏渊心里很是不满，与李显忠失和，而宋军也因连续胜利产生骄傲情绪。孝宗和张浚看到军队内部出现问题，而金军又集结重兵南下，就以盛夏炎热、人困马乏、不宜连续作战为由，急令宋军撤退。然而，诏书尚未送达军中，金军左副元帅纥石烈志宁已经率领 10 万精兵进围宿州。李显忠率部主动迎击，与金军展开恶战，金军败退，随后赶到的金军援兵也被李显忠打退，但是金军援兵仍然源源不断赶到。李显忠命令邵宏渊出兵夹击金军，邵宏渊却按兵不动，并散布流言，动摇军心。两帅不和，导致宋军毫无斗志，军心涣散。

看到大批金军进驻宿州城下，宋中军统制官周宏、邵宏渊之子邵世雄等将领率所部乘夜逃跑，宋军顿时大乱，金人趁机大举攻城。李显忠率部奋力抵抗，而邵宏渊在这种紧要关头，仍不肯与李显忠合力守城，反而宣称金兵 20 万援军即将到来，如不退兵，可能发生兵变，极力主张弃城撤退。李显忠见邵宏渊不加援手，只想南逃，因主帅不和，军心不稳，殿前司统制官张训通等将官也已寻机逃跑，他明白仅凭自己孤军守城已不可能，只好打算放弃宿州。为了迷惑敌人，李显忠召集诸将与金军作战，打退攻城金军，然后趁胜连夜退兵。宋军刚退到符离（今安徽宿州），就被追击的金军赶上，在金兵的围攻下，宋军丢盔弃甲，四散而逃，粮草物资统统拱手送给了金军，史称“符离之败”。

至此，历时仅 20 天的北伐以宋军的全面溃败而告终，这是南宋历史上第一次主动出击，为以后改善宋金关系打下了基础。北伐失利，张浚立刻遭到朝中主和派的攻击，他一面上疏请罪，一面紧急部署防守，以阻止金军继续南下。但主和派看到战争失败，再次要求议和，在主和派官僚的反复施压下，孝宗将张浚、李显忠、邵宏渊等人降职，任用主和派官僚汤思退为右相兼枢密使。汤思退为了促成和议，排挤张浚，张浚被迫请求致仕，最终在不能恢复中原雪祖宗之耻的遗憾中病故。

张浚去世后，朝廷完全被主和派控制，张浚生前精心部署的江淮防务统统被废除。此时，金兵因要求宋廷归还海、泗、唐、邓四州遭拒，再次大举出兵南侵，一路攻占楚州、濠州、滁州，宋军节节败退。孝宗因主和派在金军再度入侵面前毫无作为，又将汤思退等人罢免，起用了陈康伯、胡铨等主战派，部署抗金。

后来，在太上皇宋高宗的干预下，孝宗不得不与金议和，订立了“隆兴和议”。和议规定宋金为叔侄关系；两国疆界仍维持绍兴和议时确定的界线；改“岁贡”为“岁币”，银减5万两，绢减5万匹。此次和议多少改变了宋金间原有的不平等关系。此后，宋金之间维持了30多年的和平。

227 开禧北伐为什么失败?

绍熙五年（1194年），孝宗病死，担任知枢密院事的宗室赵汝愚和外戚韩侂胄共同策划，拥立赵扩即位，即宋宁宗，宋光宗退位为太上皇。

宁宗继位后，赵汝愚和韩侂胄展开了权力斗争，赵汝愚出任宰相后，韩侂胄被免去实职，政局完全由赵汝愚控制。韩侂胄因此怀恨在心，采用种种手段打击赵汝愚，终于让宁宗免去了其宰相职务。此后，韩侂胄还以禁伪学的名义排斥异己，最终独揽大权，权倾天下。

这时金朝外受新兴起的蒙古攻击，内有农民起义不断，内忧外患。宋廷内主战派认为收复中原的时机来临，便劝韩侂胄乘机攻打金国，收复中原。韩侂胄大权独握，也想借此建立盖世功名，于是便奏请宁宗，请求北伐。宁宗也对南宋的屈辱地位深为不满，便支持韩侂胄的抗金政策。在皇帝和朝内主战派的共同支持下，韩侂胄便开始了北伐前的准备，命令大造战舰，积极训练军队和民兵，为了选拔人才，还解除了“伪学之禁”，要求天下推举能征善战的将帅。宋廷备战的举动，引起了金廷的戒备，为防止宋军突袭，金在金宋边境屯聚粮草，增加戍边士兵，关闭边境榷场。

为了打击朝内主和派，宁宗采纳韩侂胄的建议，在镇江为韩世忠建立庙宇，追封岳飞为鄂王，同时削去主和派重要人物秦桧死后所封的申王，改谥“谬丑”，此举深得人心，大大鼓舞了士气。开禧元年（1205年），宁宗下诏北伐金朝，史称“开禧北伐”。

开战初期，由于宋军出其不意，占得先机，取得了一些胜利，相继收复了泗州、虹县等地，但南宋攻金，金朝已先有准备，采取了很多防御措施，而韩侂胄用人不当，南宋军队大多战斗力不强，又缺乏战斗意志，经常是一战即败。中路军统帅之一皇甫斌领兵进攻唐州（今河南唐河）时，为金军所败。兴元都统秦世辅出兵至城固县，还没交战已军中大乱。此后，皇甫斌在攻打蔡州时又大败，韩侂胄急忙将他撤换了。北伐主战场两淮统帅邓友克也因出师不利被撤职，新任命的丘密虽然是主战派，但却不支持韩侂胄北伐，因此受命后只是令宋军分守长江、淮河要塞，并无出击打算。此时，被朝廷寄予厚望的四川宣抚副使吴曦，不但不进攻金军，反而秘密与金交通，以割地为条件求金廷封其为蜀王。

在宋军内部矛盾重重之时，金军部署反攻完毕，兵分九路南下攻宋，在金军的强大攻势之下，宋军节节败退，庐州、和州等地先后失陷。北伐失利，朝中的主和派随之要求议和，宁宗在金军步步进逼的威胁和主和派的压力下，授意丘密遣使向金求和。后来，韩侂胄迫于形势的压力，也决定与金议和。但金人提出的议和条件除割地赔款以外，还要求将发动这场战争的主谋缚送金国。韩侂胄没了退路，只得打算再次开战，引起了朝中主和派的强烈反对。此时，与韩侂胄有宿怨的杨皇后和礼部侍郎史弥远相勾结，将韩侂胄杀死在玉津园旁。韩侂胄死后，其首级被送给金朝，换回金军侵占的淮陕之地。同时，宋金也正式罢兵议和，于嘉定元年（1208年）订立和议。

开禧北伐失败的原因很多，首先是韩侂胄发动开禧北伐的动机不纯，准备不足。韩侂胄是以外戚身份独握大权的，所以他的地位比较脆弱。韩皇后死后，他因为极力主张立曹美人为后，得罪了后来被册立为后的杨贵妃，因此他的地位已经有所动摇。再加上他大力打击反对派，也遭到了朝野上下的抨击。所以，当有人建议他以北伐建立盖世功名巩固权力时，他立刻就同意了。虽然韩侂胄有自己的用心，但他决定北伐却是顺应民意的，南宋上下也都想改变与金的不平等关系，故北伐也得到了一些人的支持。

但北伐的准备不足，虽然韩侂胄为了北伐能顺利进行，进行了一些努力，如加紧训练士卒，制造武器，恢复生产，大力提拔人才，然实际上还是远远达不到发动战争的要求。因为南宋建国以来，一直实行的是兵无常帅、帅无常师的政策，故将士离心。更重要的是军事人才严重不足，南渡以来的一些抗金名将，或老或死，而隆兴和议后，宋金之间已经维持了 30 多年的和平，缺乏经过实战历练的将军，士卒也缺乏训练，部队战斗力不足。

南宋的这种备战情况正如此时的武学生华岳上书指出的：南宋将帅不才，缺乏战马和熟练的骑兵，物资资源不够丰富，防御措施也不到位，认定北伐将不战自败。华岳因此被削去学籍，朝中其他人的反对声音也都被韩侂胄压制下去了。此后在战场上，这次北伐准备不足的弊端便一一显现出来了，只要金军一反击，宋军就全线溃退，准备不足显然是造成其失败的原因之一。

其次，用人不当。韩侂胄志大才疏，他用人首先考虑的不是才能，而是与自己的亲近程度，所以任用的多是一些亲朋故旧或阿谀奉承之辈。如连连败退的皇甫斌，投降金军的吴曦，只布置防御而无意进攻的丘崈。这些将领不但不能激发将士的斗志，反而搅乱了军心，直接导致北伐的失败。

再次，主和力量的牵制。主和派沉醉于偏安江南的苟安生活中，因此一直反对北伐。北伐从一开始准备，就遭到主和派的非议，虽然在宁宗的支持下，主和派的势力得到压制，但当战争失利时，主和派再次对韩侂胄进行攻击，韩侂胄便成了这场战争的牺牲品，被主和派密谋除去。

228 金朝是怎样灭亡的?

收国元年（1115 年），金朝正式建立。此后发动了对辽的战争，在金的强大攻势下，辽军步步后退，金天会三年（1125 年），辽天祚帝被俘，辽朝灭亡。在灭辽的过程中，金朝看到了北宋的腐败与懦弱。在灭辽的当年，金军便大举南下攻宋，俘虏了徽、钦二宗以及后妃、宗室大臣 3000 多人并抢掠大量的金银财宝北归，北宋灭亡。为了灭亡南宋，金军多次南征，在南宋爱国将士的阻击下，始终无力灭宋，最终与南宋沿秦岭至淮河形成对峙局面。

随着金朝对辽、宋战争的深入发展，尤其是大片汉族居住区并入金朝版图之后，辽、宋的政治制度和经济文化对金朝产生了深刻影响，而金朝对中原占领区的大肆掠夺，也造成了社会动荡和民族矛盾的不断激化，许多地方的人民组织起义兵，反对入侵的金军。为了稳固金朝的统治，金熙宗时开始大规模进行政治制度改革，推行全面汉化政策，加强皇权。

金熙宗晚年政治黑暗，被宗室完颜亮杀害。完颜亮称帝后，大举南下攻宋，结果在采石被南宋击败，其本人被部下杀死。金世宗即位以后，停止大规模的南征，着力于恢复和发展国内生产，采取了减轻赋税、奖励农桑、兴修水利等措施，鼓励农业生产的发展，出现了“家给人足，仓廪有余”的繁荣景象。为了维护和巩固统治，他还发展学校教育，大兴科举，吸收各族上层人士参政，争取各族人民的支持，这些措施使金朝的经济、文化得到了一定程度的恢复和发展。

金世宗死后，其孙子完颜璟即位，是为金章宗。金章宗继承了金世宗的统治政策，继续推行汉化政策，改革吏治，鼓励女真族和汉族通婚，促进民族融合。宋金之间继续维持和平状态，北方地区获得一定程度的发展，金朝发展到了极盛。但金章宗统治后期，对宗室严加防范，激化了统治集团的矛盾，又宠幸外戚，使政风日下。章宗无子，死前安排卫绍王完颜永济继位，卫绍王为了保住皇位，设计除掉章宗未出世的两个遗腹子，并将拥立自己的章宗元妃李氏及其一家全部杀掉，致使金朝内部矛盾激化，社会不稳，经济衰退。

在金朝走向衰落的时候，北方草原上兴起了一个新的少数民族——蒙古族。金立国之初，蒙古各部大多臣服于金。随着蒙古各部势力的发展，双方矛盾日益突出，不断发生战争。金世宗时，为了削弱蒙古各部的势力，曾经每三年出兵剿杀蒙古各部的成年男子一次，谓之“减丁”。蒙古人除了接受金的奴役外，还要常年向金进贡马匹和牛羊等物，蒙古人民对女真的统治无比痛恨。

金泰和六年（1206 年），蒙古乞颜部首领铁木真统一了蒙古各部，建立大蒙古国，铁木真被称为成吉思汗。此时金朝卫绍王在位，成吉思汗认为完颜永济是无能之辈，正好借机攻灭金朝，遂先攻打西夏，拆散金夏同盟，避免日后伐金时被其牵制。西夏遣使向金求援，卫绍王没有援助西夏，西夏被迫向蒙古请和，并附蒙攻金。

卫绍王大安三年（1211 年），成吉思汗率兵大举伐金，金军节节败退。到年底，金朝大片土地都被蒙古军攻占。至宁元年（1213 年），成吉思汗再次攻金，金朝内部发生分裂，金西京留守胡沙虎杀死卫绍王，拥立金章宗的庶兄完颜珣继位，是为金宣宗。金宣宗即位不久，金军内部又发生变乱。胡沙虎的部将术虎高琪因为战败，惧怕被杀，遂先发制人，率军包围胡沙虎的府第，将其杀死。由于高琪手握重兵，宣宗只得赦免他，听其摆布。

贞祐二年（1214 年），金向蒙古请和，献上卫绍王之女岐国公主及金帛等物换取蒙古退兵。蒙古退兵后，金宣宗不顾众人反对，迁都开封，凭借黄淮和潼关以自固，让皇太子留守中都。贞祐三年（1215 年），蒙古以金帝南迁为由，再度率军攻打中都。金宣宗将太子接到开封，中都陷落。金朝南迁之后，面对蒙古的威胁，君臣上下不思抵御，只知醉死梦生。元光二年（1223 年），金宣宗病危，后宫宠妃庞氏之子与皇后王氏的养子争夺皇位，最终哀宗完颜守绪得以即位。哀宗即位后，调整内政外交政策，与南宋修好，又与西夏议和，以全力抵抗蒙古的进犯。此时成吉思汗正忙于西北战事，无暇攻金，金朝得到喘息的机会。正大四年（1227 年），西夏灭亡。次年，蒙古军大举伐金，金军步步后退，正大九年（1232 年），金军撤退到钧州（今河南禹州）附近的三峰山，遭到蒙古军伏兵夹击，金军大败，金军主将完颜和尚被俘杀，主力丧失殆尽，金朝灭亡已成定局。

蒙古军在三峰山大战后，乘胜追击，进围汴京，遭到汴京军民誓死抵抗，哀宗以亲王为质向蒙古乞和，遭到拒绝。这时汴京城内发生了严重的疫情，死亡人数达百万以上，金哀宗无奈，只得出逃至蔡州（河南汝南）。天兴二年（1233 年），蒙宋联合攻金，蔡州军民经过数月苦战，终于无力抵抗攻势，次年城破，哀宗自缢，末帝完颜承麟也被乱兵杀死，金朝灭亡。

曾经以摧枯拉朽之势将辽朝与北宋灭亡的强大金朝，在立国 120 年之后，就这样迅速地被强大的蒙古军队灭亡了，其灭亡的原因是多方面的。

首先，金朝统治后期，任用外戚奸臣，朝政混乱。统治阶级内部争权夺利现象十分严重，从金章宗以后，屡次出现皇位之争，削弱了统治阶级自身的力量。

其次，金朝末年的天灾人祸导致了国力衰退。自大定二十九年（1189 年）至明昌五年（1194 年），黄河三次决口改道，泛滥成灾，大批农民死于水患或逃亡，中原农业生产遭到严重破坏，金朝的赋税收入急剧减少。此后，在卫绍王和金宣王统治时期，金朝天灾不断，地震、大旱让金朝经济受到了沉重打击。

最后，日益强大的蒙古最终断送了金朝的命运。在金朝走向衰弱时，北边的鞑靼和蒙古不断起兵抗金，南边的宋朝也趁机对金发动战争，对外作战的军费与日俱增，而皇室贵族奢侈不减分毫，致使财政入不敷出。为此，金朝政府大量发行交钞，造成社会经济紊乱，国力日衰。而金朝在处理内部民族关系时，又以女真族的利益为主，牺牲了其他民族利益，致使民族矛盾和阶级矛盾激化，这些矛盾也严重削弱了金朝的统治基础。

229 文天祥是如何领导抗元斗争的？

文天祥（1236 年—1283 年），吉州庐陵（今江西吉安）人，自幼仰慕英雄人物，尤喜读忠臣传，其父学识渊博，对文天祥影响甚深。他 21 岁考取进士第一名，从此踏入官场。

南宋从理宗、度宗开始，权臣当道，正直的官僚受到排斥打击，政治黑暗，财政困难，武备废弛，阶级矛盾尖锐。开庆元年（1259 年），蒙古大军在灭亡西夏和金后，大举南下攻宋，面对蒙古铁骑的步步进逼，南宋君臣束手无策，内侍董宋臣劝宋理宗迁都四明（今浙江宁波），满朝文武无一人反对，只有时任宁海军节度判官的文天祥向皇帝上书，请求严惩动摇人心的董宋臣，然而人微言轻，没有得到理宗的采纳。此后，文天祥出任刑部郎官，再次上书抨击朝中当权派的黑暗腐败、欺上瞒下。在当权派的攻击下，他被屡屡贬官，先后出任瑞州知州、江西提刑、尚书左司郎中等官职，最后愤

文天祥塑像

然辞官。

咸淳十年（1274年），元军又一次大举入侵，各地宋军纷纷溃退。此时南宋政权一片混乱，年仅35岁的度宗病死，其4岁的长子即位，是为恭帝，谢太后临朝听政。为了挽救朝廷危亡，太后下“哀痛诏”，号召各地起兵勤王。文天祥接诏立即散尽家财，招募豪杰，组织起一支上万人的义军队伍，赶往京城救援。几经周折赶到临安后发现，响应号召的只有他和张世杰两人，所带军士也不过三四万人，而朝廷早已打算投降元朝。文天祥为此上书请求分天下为四镇，建都督府以抵御敌人，没有得到朝廷认可。

德祐元年（1275年），元军进攻常州，朝廷命文天祥率军救援。文天祥派部将朱华、尹玉、麻士龙率3000义军前往增援，义军与元军苦战时，淮将张全却坐视不救，并乘夜逃跑，使义军孤立无援，全军覆没。元军随即攻破常州，随后又攻入独松关，宋廷陷入极度恐慌之中。文天祥、张世杰请皇室乘船逃亡海上，他们组织军民与元军背城一战，而宰相陈宜中则与皇太后策划议降。张世杰等主战派见朝廷不战而降，遂各率所部离去，宰相留梦炎、陈宜中也先后逃走，文天祥临危受命，升任右丞相兼枢密使，负责前往元军大营请和。在元营中，文天祥与元军统帅伯颜据理力争，想要保全宋廷，伯颜见谈判无果，便将他扣留军中，与此同时，南宋朝廷却解散了文天祥的军队。

文天祥被拘禁后，不肯投降，元军便将他押解前往元大都。文天祥起初以绝食抗议，后来到了镇江，在义士的帮助下得以逃脱。由于元军施反间计，谎称文天祥已经降元，南返是为了说降不愿臣服的宋将，文天祥遭到猜疑，无处容身，只得从海道南下。

此时元军已经占据临安府，皇太后、恭帝及众臣僚被押往元大都。在元军进入临安前，宋宗室益王赵昰、广王赵昺及秀王赵与择已出逃至福州，正在召集各地军队，起兵抗元。文天祥闻讯，决定前往福州寻找二王，再为南宋效力。一路颠沛流离，饥寒交迫，还要躲避巡视的元军，历尽千辛万苦终于到达福州，被宋端宗赵昰任命为右丞相。

文天祥因与朝臣张世杰、陈宜中意见不合，便自行出朝，在南剑州（今福建南平）开都督府，组织军队，进行抗元。在江西南部大败元军，收复数县，一时人心大振，江西各地纷纷起兵响应，全国抗元斗争高涨。然而好景不长，景炎二年（1277年），元军攻入汀州。文天祥在江西收复了许多州县后，派重兵围攻赣州，湖南、湖北等地也纷纷起兵抗元。元朝统治者大为惊慌，一面调集大军增援赣州，一面派人追击文天祥。文天祥没有料到元军会突然进攻，寡不敌众，率军后撤，元军紧追不舍，部众溃散，其妻子儿女都被元兵俘虏。部将赵时赏冒充文天祥，迷惑元兵，文天祥才得以脱险。其余部将或战死，或自尽，或被俘，损失惨重。

文天祥退到南岭（今广东永安）后，收拾残兵，继续抗击元军。祥兴元年（1278年），文天祥率部向海丰撤退，在五坡岭造饭时遭到元军伏击，士兵来不及应战，就被元军俘虏，文天祥也被元军抓获，想要服毒自杀，但没有成功。

文天祥被俘后，元将张弘范劝其投降，遭到严词拒绝。祥兴二年（1279年），张弘范将他押上海船，从潮阳驶往厓山（今广东新会），以劝降逃亡于此的宋廷，途经珠江口零丁洋时，文天祥留下了"人生自古谁无死，留取丹心照汗青"的千古绝唱。到厓山后，文天祥拒绝了张弘范要求其劝降宋将张世杰的要求。在元军的进攻下，宋军战败，宋宰相陆秀夫见大势已去，背负年仅9岁的宋帝赵昺跳海自尽，宋朝灭亡。但文天祥仍然拒绝投降，张弘范便将其押送元大都。元世祖爱惜其才能，先后派宋恭帝、原宋廷宰相留梦炎、权臣阿合马等前来劝降，都被拒绝。

文天祥在元大都被关押了三年零两个月，元朝无论是威逼利诱，还是以骨肉亲情相诱，都不能打动文天祥。元至元十九年（1282年），元世祖忽必烈亲自劝降文天祥，许他以宰相之职，仍被文天祥严词拒绝。第二天，文天祥被杀害，时年47岁。文天祥的忠君爱国精神名垂千古，并与陆秀夫、张世杰一起被称为"宋末三杰"。

230 “古文运动”是怎么回事?

唐宋时期的古文运动，是提倡先秦散文，反对骈体文的一次文学语言的革新运动，是在“复古”的口号下，对文风、文体和文学语言进行变革的一场文学革命，同时兼有思想运动和社会运动的性质。这一运动发起于中唐，经历五代，到北宋时期取得成功。

所谓“古文”，是指先秦、两汉时期的文章体裁，其特点是质朴自由，以散行单句为主，不受格式拘束，有利于反映现实生活、表达思想；而骈体文是指南北朝以来在文坛上占据统治地位的一种文体，其特点是讲究辞藻、格律、排偶、典故，文字华丽。

隋文帝统治时期虽然下诏禁止过骈体文，但长达数百年形成的惯性影响，并非一纸诏书所能禁止，所以直到中唐时期骈体文仍在文坛上占据主要地位。初唐时期，提倡古文、反对骈体文的代表人物有陈子昂、萧颖士、李华、元结、独孤及、梁肃、柳冕等，他们可以说是古文运动的先驱。中唐以来，在韩愈、柳宗元等人的大力提倡下，掀起了一次规模更大、影响更为深远的古文革新运动，他们提出“载道”“明道”等口号，主张作家要提高自身的道德修养，要重视对真情实感的描写，强调“务去陈言”“词必己出”的创造精神，他们利用复古的旗帜以从事文学的革新，有力地推动了文学发展。

北宋初年，就有文学家倡导恢复唐代韩愈、柳宗元的古文之风，如文学家柳开极力提倡古文运动，但他承袭的是古文运动中奇涩艰深的遗风，文章晦涩难懂。而同时期的文学家王禹偁也反对五代以来的浮艳文风，他主张继承韩愈、柳宗元古文运动的精神，写“传道而明心”的古文，作品内容充实，语言流畅。虽然他的诗文没能引起巨大反响，但为此后北宋的古文运动指明了正确的方向。

宋仁宗时期，一些有识之士要求政治改革，并进而影响到文坛，在欧阳修的倡导下，宋代文坛上兴起了一场文学革新运动。这一时期，古文运动的中坚力量除了欧阳修以外，还有尹洙和苏舜卿等人。

他们将诗文改革与政治斗争紧密联系起来，提出“尊韩”“复古”的主张，虽然他们也主张“文与道俱”，但已经偏重文章的实用性。在文章的表现形式上，为了便于阅读，常常采用散文与骈文相结合的方式，使文章上口易读。这种骈散结合的古文新体制，成为宋代古文的基本特色，并为以后的元明清各朝所遵循。

嘉祐二年（1057 年），欧阳修主持礼部考试，他利用选拔人才的权力，明确规定本次录取的标准，反对稀奇晦涩、内容空洞的文章。后来，这一年的新科进士苏轼、曾巩、苏辙等人均以文章文笔通畅、内容充实而及第，华而不实的文章一概不予录取。虽然此后一些落第的文人诋毁咒骂欧阳修，但此次贡举还是起到了矫正时弊、引导文风健康发展的作用。此后，欧阳修又提拔引荐了王安石、苏洵等人，使文坛上集结了一批倡导革新的人才，最终奠定了古文在文坛中的主导地位。

欧阳修之后，北宋文坛的领袖人物是政治改革家王安石，比起欧阳修，他更贴近社会现实，所以他的诗文题材广泛，多以社会现实问题为主，文章主要为其变法服务，思想性较强。其古文之作，更是言论得体、道理透彻，如《上仁宗皇帝言事书》《读孟尝君传》等，多为传世名篇。

王安石死后，宋代文坛的主要代表人物是苏轼。苏轼与王安石因为政见不同，两人屡有冲突，最后苏轼甚至被迫出任地方官，但这丝毫不影响两人对对方文采的欣赏。王安石甚至在发生“乌台诗案”时，挺身而出营救昔日的政敌苏轼，最终两人冰释前嫌，相游于山水间，诗酒唱和，相处甚欢。苏轼文章大气磅礴、豪放洒脱，如《石钟山记》《赤壁赋》等，皆为后世所推崇。苏轼门下的黄庭坚、陈师道、张耒、秦观、晁补之等人，都是古文能手，各树旗帜，扩大影响，从而使宋代古文运动达到波澜壮阔的地步。

唐宋时期最著名的古文大家还是唐代的韩愈、柳宗元和宋代的苏轼、苏洵、苏辙、欧阳修、王安石、曾巩等八人，后世称之为“唐宋八大家”。这八人在古文运动中的作用各不相同，其中韩愈、柳宗元是唐代古文运动的领袖，欧阳修是宋代古文运动的领袖，其余五人是宋代古文运动的核心人物，他们都对古文运动的发展起到了至关重要的作用。

231 “三苏”取得了哪些文学成就？

“三苏”是指北宋时期著名的文学家苏洵和他的儿子苏轼、苏辙。

苏洵（1009年—1066年），字明允，四川眉山人。年少时不喜欢学习，到处去游览。27岁才发愤读书，但屡试不第，遂烧毁昔日为考试所作文章，开始闭门读书，遍览百家之说，作《几策》《权书》《衡论》等文章，系统提出涉及政治、经济、军事等各个领域的革新主张。

宋仁宗嘉祐初年，苏洵和苏轼、苏辙父子三人离开家乡，来到京师开封应试，受到当时任翰林学士的大文豪欧阳修的赏识和推荐，他们的文章很快著称于世，士大夫争相传阅。此后苏轼兄弟又同科及第，父子三人遂名动京师，苏氏文章一时为学者竞相仿效。

苏氏父子积极参加和推进了欧阳修倡导的古文运动，对改变北宋文坛的风气起了巨大作用，他们在散文上都取得了很高的成就，同登“唐宋八大家”之列。三苏之中，苏洵和苏辙主要以散文著称，苏轼则不但在散文上成果颇丰，而且在诗、词、书、画等各个领域均有所建树。

苏洵大器晚成，科场失利后，不再求取功名，这使他能够不受约束，博览群书，所以其散文独树一帜，在文学史上具有独特的地位。他认为文章要有自己的真知灼见，强调文贵自然、文贵有用，反对内容空洞、浮艳怪涩的文风。他的散文大多是为经世致用而作的，表达了对历史与现实的看法和见解，以融通的古今观来分析时政得失。他的论说文，论点明确，论据有力，博辩宏伟，文风质朴，纵横捭阖而结构紧密，以缜密的思维、精巧的布局使文章跌宕起伏，尽显纵横之风。除此以外，他也有曲折多变、优柔婉转的作品，如《上田枢密书》。苏洵诗作不多，但也不乏佳作，如《欧阳永叔白兔》

《忆山送人》等，但总体上成就略逊于散文。

苏轼（1037年—1101年），字子瞻，号东坡居士。他自幼聪慧，7岁知书，10岁能文。22岁时参加礼部考试，以一篇《刑赏忠厚之至论》获得主考官欧阳修的赏识，考中进士。然而一生仕途坎坷，屡遭贬谪，故其作品是他一生坎坷的写照。

苏轼像

苏轼是一位具有多方面才能的文学艺术大师，他在诗、词、文、书法、绘画等各个领域都取得了巨大成就，许多作品都达到了北宋乃至整个中国文学艺术的巅峰，其文学成就引起当代和后世学人的普遍重视。南宋的陆游、辛弃疾，金代的元好问，清代的陈维崧等都是受他影响的文学家。

苏轼的诗题材广阔，几乎无所不包，风格多样，既奔放又具浪漫主义色彩，既有反映现实的力作，如《五禽言》《李氏园》《荔枝叹》等，又有描写自然景色的绝唱，如《惠崇春江晚景》《饮湖上初晴后雨》等，这种变幻多姿的风格，为宋诗的发展开辟了新的道路。他的诗歌往往通过描绘日常生活经历和自然景物来抒发人生情怀，将古诗中常见的题材提升到新的高度，使诗的内涵更加深厚。

苏轼的词豪放坦荡，又清旷婉丽，开创了豪放派词风，在我国词史上占有特殊的地位。他扩大了词的题材，丰富了词的意境，冲破了以描写男女恋情和离愁别绪为主的传统词风，对词的发展做出了重大贡献。他扫除了五代以来婉约派的柔靡之风，开创了豪放词派，如其代表作《念奴娇·赤壁怀古》，尽抒作者豪放之情，但他的婉约词同样感情细腻，荡气回肠，如《蝶恋花》《江城子》等。

苏轼的散文平易自然，流畅婉转，挥洒自如，如行云流水，这使他成了继欧阳修之后北宋古文运动的领袖。他的散文作品数量很大，题材广泛，有谈史议政的论文，如奏议、进策等；也有针对时弊的见解，如《进策》《思治论》等；还有纪念人物的碑文，如《潮州韩文公庙碑》；描写自然景色的游记，如《石钟山记》《赤壁赋》等。这些散文融议论、描写和抒情于一体，思想丰富深刻，对人生、社会、时代都赋予了哲理性思想，在文体上不拘常格，勇于创新，对宋代文学的发展起了重要作用。

苏辙（1039年—1112年），字子由，是苏轼的弟弟，19岁时就与苏轼一同考中进士，少年得志。受家学影响，他的文章风格与其父兄有相似的一面，但也有自己的风格。

苏辙一生著述颇丰，尤以史论见长，他的作品在他人生的不同时期表现出了不同的特点。中进士之后他意气风发，官场得意，作有《进论》《进策》《试论》《御试制策》等讨论时事政治的策论，后来收入《栾城应诏集》。后来仕途受挫，出任地方官，对功名的追求趋于淡薄，对官场险恶、民生疾苦有了深入体会，文章的风格和内容发生了变化。开始从以议论为主的策论转到以抒情为主的杂文，文章取材范围扩大，更加贴近平民生活；文章风格由崇尚气势结构到趋于平淡；感情也变得含蓄内敛，不再激扬奋发。回朝后他的作品大多为奏议，内容多为涉及政治改革类的，语言也平实流畅，不讲究文采；苏辙晚年屡遭贬官，使他对人生世事看得更为透彻，这一时期他的作品颇丰，内容仍然系统，但简短平实，是他长期博览群书的心得，也体现出他在困顿中的自我排解和自我调节。苏辙后期的代表作有《黄州快哉亭记》《上枢密韩太尉书》《老子解》等。

苏辙也有不少诗作，早年诗大多写生活琐事，咏物写景，风格朴实无华，晚年退居颍川后，对平民生活了解较多，作品开始反映现实生活，也有抒写个人生活感受的，如《秋稼》《南斋竹》等，艺术成就超过早期。

三苏代表了宋代文学的最高成就，他们用朴实无华的文字抒写了理性智慧的篇章，其辉煌的文学艺术作品在中国文学史上谱写了灿烂的乐章。

232 为什么说李清照是我国历史上杰出的女词人？

李清照（1084年—1155年），齐州章丘（今属山东）人，宋代女词人，婉约词派代表，有“千古第一才女”之称。她出身于书香门第，早年生活平静优裕，父亲李格非是当时有名的作家，深受文坛巨匠苏轼的赏识，家里藏书丰富。在家庭的熏陶下，李清照小小年纪便文采出众，诗、词、散文、书法、绘画、音乐，无所不通，而以词的成就最高，她的词讲究音韵格律，委婉清新，感情真挚。其创作以宋室南迁为界，分为前后两个时期，两个时期作品风格迥然不同，反映了她不同的人生经历。

18岁时，李清照与吏部侍郎赵挺之之子赵明诚结婚。赵明诚酷好金石之学，在攻读经史之余，对彝器、书帖、字画往往刻意搜求。受丈夫影响，李清照对金石学也产生了深厚的兴趣，夫妻二人一起致力于金石书画的搜集整理和诗词学术研究，情趣相投，生活美满。婚后没过几年，赵挺之去世，李清照同丈夫离开京城，到山东青州居住。赵明诚更加潜心于金石书画的研究，李清照便一直帮助丈夫搜集和考订金石文物，每每搜得罕见的古书、名画或金石，夫妻二人便共同校勘、鉴赏。闲暇之时，两人也谈论诗词，互相勉励，互相指正，进行词的创作，技法日益成熟。

婚后的前20多年，李清照一直过着平静的学者式生活，其间丈夫外出做官或远游，李清照便以词寄托离愁，寄给出门在外的丈夫。如著名的《醉花阴》就是赵明诚出任外官时李清照所做，赵明诚看后叹赏不已，发誓要写一首超过妻子的词，就闭门谢客，废寝忘食，三天三夜，写出50首词，又将李清照这首词也夹杂其中，请友人去品评。友人品味再三，回答只有三句最好，即《醉花阴》中的“莫道不销魂，帘卷西风，人比黄花瘦”，赵明诚遂自叹不如。

在前期简单、平静却充满情意的生活环境中，李清照的词主要以抒发对爱情的追求和对自然的热爱为主，写得委婉细腻、清新明朗，韵味深长，如《如梦令》《怨王孙》等，以轻快活泼的画面描写了作者开朗欢快的心情和轻松悠闲的生活，而《凤凰台上忆吹箫》《一剪梅》等也都是她寄托相思的闺情名篇。

靖康二年（1127 年），金军攻破汴京，徽、钦二宗被俘，高宗南逃，李清照夫妇也随难民流落江南。流亡途中，多年以来花费大量心血搜集到的金石字画散失殆尽，给她带来了沉重的打击和极大的痛苦。而时隔不久，赵明诚又病逝在前往湖州赴任的路上，李清照失去了唯一的亲人，悲痛欲绝，大病一场。在李清照孤苦无依时，她也曾为了寻觅幸福再嫁对她百般示好的张汝舟，但很快便离异，还因此身陷牢狱。出狱后，李清照开始了孤身一人的凄凉生活，由于金军的大举南侵，李清照又不得不踏上逃亡的道路，四处漂泊，最后在杭州定居时，已经 49 岁。

南渡后，长期流亡的苦难生活和对故国与丈夫的思念，让李清照的词风趋于深沉凄凉，更多地表现出对国家、人民和个人的深沉伤感，如《永遇乐》《菩萨蛮》《念奴娇》《声声慢》等词，其中《声声慢》通过描写残秋所见、所闻、所感，抒发了作者孤寂落寞、悲凉愁苦的心情，历来为人们所称道。

虽然李清照的词作大多是表达对故国的怀念和对自己孤独生活的哀愁，但金兵的横行肆虐也激起了她强烈的爱国情感，她对朝廷、对政局都有自己的主张，她积极主张收复中原，写过一首雄浑奔放的《夏日绝句》："生当作人杰，死亦为鬼雄。至今思项羽，不肯过江东。"借项羽的宁死不屈暗讽南宋政府的投降主义，展现了她巾帼不让须眉之刚毅和崇高的爱国情怀。而《渔家傲》一词把真实的生活感受融入梦境，虽然还有无所归处的痛苦感慨，但景象壮阔，气势磅礴，表达了她性情中豪放不羁的一面。背井离乡的漂泊生活，夫妇永别和因为改嫁遭到当时部分士大夫的非议迫害，使她无依无靠，贫困忧苦，最后在江南寂寞而终。

李清照早年写过一篇《词论》，提出词"别是一家"的说法，是宋代的重要词论，也成为她词创作的理论依据。她的词具有鲜明独特的艺术风格，居婉约派之首，对后世影响较大，在词坛中独树一帜，称为“易安体”，也被誉为“词家一大宗”。其词风婉约，善于抒情造境，将强烈的感情熔铸于艺术形象里，造成一种情景交融的艺术境界；在用词上，既浅显自然，又新奇瑰丽，善于运用口语或俗语使词浅显易懂；她的词重视声律，音节和谐，富有音乐美。李清照以传统的词风抒发爱国情怀，使“婉约派”词作有了较高的意境，也具有积极的社会意义。虽然其词题材狭窄，格调不够高昂，主要以反映个人孤苦凄凉的处境为主，有深厚的伤感之情，但这并不妨碍她成为宋代词坛上杰出的女作家，她让人看到了中国古代女性情感世界的另一面。

李清照对生活的积极进取和她敏锐细腻的性格，使她的词具有独特的精神和风采，她的艺术成就令后世瞩目，为中国的文学宝库增添了一笔宝贵财富。她的词宋人早有著录，但大多亡佚，传世之作是《漱玉词》辑本，保留了大约 50 首作品。

233 陆游的诗与辛弃疾的词有何特色？

陆游与辛弃疾是南宋时期最伟大的文学家，陆游以诗见长，辛弃疾以词著称，他们两人生活在同一时期，有着相似的生活经历和共同的爱国情怀，表现在作品上就是他们激越豪放的写作风格。

南宋以后，面对国家支离破碎的现实和百姓苦难深重的境遇，许多爱国文人以武装抗金、收复失地为主题，创作出各类慷慨激昂的文学作品，其中以陆游的诗和辛弃疾的词最为出名。

陆游（1125 年—1210 年），字务观，号放翁，越州山阴（今浙江绍兴）人。陆游出生于一个官宦之家，从小深受家庭教育的熏陶，好学不倦，12 岁便能吟诗作文。由于他出生于宋金战争时期，连年的战争让他饱受颠沛流离之苦，而国土沦陷的现实则促成了他忧国忧民思想的形成。他在民族和国家命运受到威胁的时刻，挺身而出，疾呼抗战，对主和派深恶痛绝，表现出了极大的爱国主义热情。

陆游在高宗时曾参加礼部会试，因得罪了秦桧，被黜落，但他仍保持了万里从戎、以身报国的豪情，孝宗时被赐进士出身。踏入仕途后，因为他始终坚持抗金，遭到了当权主和派的排斥和打击，后来陆游入蜀抗金，投身军旅，一年的军中生活，在他的创作中留下了深深的烙印，前线将士的艰苦生活和爱国热情，开拓了他的诗歌境界；晚年归隐家乡后，其爱国热情依然没有一丝减退，收复中原的信念始终不渝。

陆游像

陆游一生创作诗词近万首，内容十分广泛，充分触及了社会生活的各个方面，回荡着爱国忧民的激情，包含着丰富的思想内容。这些作品大多是与抗击侵略者有关的，如《书愤》将作者内心保家卫国的雄心壮志与年老力衰而报国无门的郁闷、失意、悲怆刻画无遗；《关山月》则就同一个月光之下，通过描写边境内外的不同人的境遇和心态，表达了作者壮志难酬的遗恨及对主和派的谴责；其他如《十一月四日风雨大作》《示儿》《农家叹》等篇均为表达其爱国主义热情的传世之作。除了这些豪情万丈的爱国主义诗作外，陆游还有一些描写日常生活的作品，如《临安春雨初霁》《游山西村》《剑门道中遇微雨》等节奏明快、歌唱美好生活的佳作。

忧国、爱民、誓死抗战，是陆诗的最大特色和能传诵千古的原因。他的诗以豪迈雄放为主体风格，其创作的基本特征是现实主义，又富有浪漫色彩。他的诗作风格简约，感情充沛，富有强烈的感染力。用词上不尚粉饰，不求奇险，语言明白如话，自然精练，读来亲切感人。

与同时代的爱国主义诗人相比，陆游的作品不仅表达了作者对国事的忧愤或希望，更多地表达了作者想要亲自投身战场的壮志和宏愿，表达了他救国的热情和决心。爱国情绪充斥了陆游的整个生命，一花一草，一树一木，都能使他热血沸腾起来，这种感情甚至出现在他的梦境里。陆游的诗对当时和后世的诗坛产生了深刻的影响，成为此后人们在民族危亡之际、国势倾危之时，用来鼓舞民族斗志的有力武器。

辛弃疾（1140 年—1207 年），字幼安，号稼轩，历城（今山东济南）人，豪放派词人代表人物。他出生时，中原已为金兵所占，广大民众流离失所的惨状给他幼小的心灵带来极大震撼，从小就立志要报国雪耻、恢复中原，成年后遂参加抗金义军，一生力主抗金，收复失地。做官期间，曾屡次上表提出强兵复国的策略，但都未得到采纳，甚至被革职处分，一生抱负终未得伸展，最终忧愤而卒。

辛弃疾继承了苏轼的豪迈风格，其词热情洋溢，慷慨悲壮，然雄浑之中又不乏细腻柔媚之处，他还创造性地融会了诗歌、散文、辞赋等文学形式，形成独特的风格，开创了南宋的新一代词风，后人以"苏辛"并称。他的词多以抒发金戈铁马的战斗精神和奋发激越的爱国热情为主，也有不少吟咏祖国壮丽河山的作品。现存《稼轩词》保存了辛弃疾的 600 余首词，辛弃疾是两宋存词最多的词人。

辛弃疾的词内容广泛，境界阔大，凡是生活中所见所感，他都写入词中。他的词选题范围比苏词还要广泛得多，有写政治、写哲理、写朋友之情、写田园风光、写日常生活等等，为词的表现力开拓了更为广阔的天地。随着内容的变化，辛词的艺术风格也变化多端，虽然他的词主要以雄浑奔放为主，但也有不少婉约风格的。在意象的使用上，辛弃疾很少采用传统词作中常用的兰柳花草等为点缀，而是选取奔腾耸峙、气势雄伟的自然景物，他所选用的历史人物也多是奇伟英豪或慷慨悲凉型，使之与词中的感情基调相吻合。辛词的语言更加多样化，既有通俗的民间语言，也有夹杂虚词语助的文言句式，形式松散，语义流动连贯，善写长句。辛词中还广泛引用前代各种典籍和前人诗词中的词汇、典故，使作品内涵丰富，神采飞扬。

强烈的爱国主义思想和战斗精神是辛弃疾词的基本思想内容。他的词中不断表现出对北方故国的怀念和对南宋小朝廷偏安江南一隅、不思北上的不满，如《贺新郎》《摸鱼儿》等词中就表现了他壮志难酬的不平之情。在抒发报国之志时，辛弃疾的词还往往显示出军人的勇敢和自信，如《水调歌头》《满江红》等，无不豪情飞扬，气冲斗牛，对勇于报国的志士发出了由衷的赞美。而《永遇乐·京口北固亭怀古》则是一篇千古传唱的绝世佳作，词中表达了对历史人物英雄业绩的向往，对当权者草率鲁莽的忧虑，并感叹老之将至而报国无门的失望。

除了慷慨激昂的豪放之音，辛弃疾也有一腔柔情的婉约之词，他的婉约词擅长用内心的独白表达心理，艺术风貌更多彩，如《摸鱼儿·更能消几番风雨》以一个女子的口吻，表达了一种落寞怅惘的心情，文笔细腻，委婉曲折，读来让人回肠荡气，而《青玉案·元夕》则用元宵节绚丽多彩的场面衬托出一个超凡脱俗的女性形象。此外，辛弃疾还有一些描写自然景物和反映农家生活的作品，如《清平乐·茅檐低小》《浣溪沙·父老争言雨水匀》《玉楼春·三三两两谁家女》等，都是富有生活气息的作品。

辛词风格豪放、音韵和谐、语句优美、意境宏阔、刚柔并济，具有独特的艺术特色，在文学史上产生了很大影响，促使南宋中叶以后形成了声势浩大的爱国词派，而在后世国家、民族危急之时，辛词也成了鼓舞人们向上的精神力量。

234 宋代的书院与书院教育是怎样的？

北宋立国初年，百废待兴，学校教育机构很不完备。为了弥补学校数量的不足，私人讲学的书院逐渐兴起，一些学者、儒生在城市、乡野或山林中设立“精舍”“书院”，聚众讲学，传授知识。

北宋初，著名的书院有白鹿洞书院（今江西庐山五老峰下）、岳麓书院（今湖南长沙岳麓山）、应天书院（今河南商丘）、嵩阳书院（今河南登封）、石鼓书院（今湖南衡阳石鼓山）、茅山书院（今江苏南京三茅山）等，这些书院规模不等，多则数百人，少则数十人。当时北宋立国之初，无力振兴官学，便将部分著名的书院纳入官办教育，成为官学；有的书院即使没有纳入官学，也会得到政府的奖励和资助，享受赐钱、赐书或赐学田的待遇。后来有的地方官也仿照私学的模式创办了书院，如兖州（今山东兖州）知州孙奭在当地修建了 40 多所学校，招收学生读书。

北宋中期仁宗以后，大力兴办学校，各级学校逐步建立健全，州县学校发展尤为迅速。随着州县学的大批涌现，书院逐渐走向衰落。徽宗时期宣布只有州县学和太学学生才能参加科举考试的规定，直接断送了书院学生进取的道路，沉重地打击了书院教育，曾经盛极一时的书院暂时退出了历史舞台。

南宋建立初期，书院再度勃兴。一些地方官和学者为了传播理学思想，开始兴办和重建一些著名书院。乾道元年（1165 年），潭州知州刘珙在废墟上重建了岳麓书院，先后由理学大师张栻和彪居正担任山长，主持书院工作。此后，岳麓书院经过多次扩建，在朱熹任潭州知州期间，学生已达千余人之多，成为理学湖湘学派的中心。

书院中名气最大的白鹿洞书院，在淳熙六年（1179 年）朱熹担任知南康军时得到修复。朱熹一到任，就调查了白鹿洞书院的情况，在原来书院的旧址进行重建。书院建成后，朱熹亲自担任书院的“洞主”，制订了著名的《白鹿洞书院揭示》，对书院的教育方针和学生的行为准则做了规定。他还划拨了学田作为学院经费，并为学院选任教职人员，每逢官员节假日，他都要到书院去授课讲经，指导学生学习，使白鹿洞书院成为宣扬程朱理学的中心。但此时由于理学受到朝廷反对，理学家所兴办的书院规模还达不到北宋前期的盛况，书院建筑规模小，学生人数也不多。但在理学家的坚持和努力下，书院教育还是复兴起来了，书院的教学和用人制度也逐渐成熟，引起了朝廷和社会各界的关注。

南宋后期，理学得到了朝廷的肯定和支持，成为唯一的正统学说。书院教育也成为朱熹等理学大师的遗产，被官府继承，其中朱熹亲自拟订的《白鹿洞书院揭示》成为书院学规的典范。宋理宗大力支持书院建设，亲自为一些书院题写院名。在统治者的大力提倡下，过去受压制的理学家和信奉理学的官员便积极进行学院建设，各派理学家纷纷创办了自己的书院以宣传本派观点，如陆九渊在江西贵溪兴建的象山书院，引得数千学子前往求学；而吕祖谦在金华兴建的丽泽书院除了自己教授生徒、著书立说外，还先后邀请当时的著名学者朱熹、陆九渊、叶适、陈亮等人前来讲学，探讨学术、交流思想。一些地方官为了博取名誉地位也开始发展书院教育，书院很快遍及全国，不但每个州都有至少一所官办书院，有的县也办起了书院，全国先后兴建的书院总数达300所以上，其供给和规模往往超过州县之学，达到了书院发展的极盛时期。

宋代的书院在教育和教学管理方面，具有自己的特色。首先，书院的教育经费来源多样化。大多数书院的经费来源有两个途径，一是官府资助，二是民间筹资。官府资助一般是直接给钱给粮或划拨学田，而民间筹资则一般靠富贾巨商投资赞助。

其次，书院实行山长负责制，管理体制比较完备。宋代书院的主持者称为山长或洞主，山长既是最高管理者又是主要的教学工作者，往往由著名的学者来担任。书院还设置有分工不同的教学管理辅助人员来管理日常教学工作，这是书院教学管理规范化、制度化的一个体现。

再次，书院实行开放式的教学和研究。书院的教学人员不局限于书院自身，还常常延请各界名流，甚至是与书院主持者不同学派的学者；而求学者也不受地域和学派的限制，均可前来求学。这种开放式的教学，大大促进了学术交流和发展，开阔了学生视野。

书院课程设置具有较大的自主性，往往以某一派别的著述及思想为研究中心。教学形式灵活，注重启发引导，提倡切磋讨论，除了教师必要的讲授外，主要是学生自学，提倡师生间的质疑问难和门人之间的互相切磋。闲暇时，教师还会带学生游于山石林泉之间，因时因地启发诱导。

讲会是书院重大的教学研究活动，主讲者可以是本院教师，也可以是聘请的其他社会名流。打算举行讲会的书院在事先会确定日期，确立主题，并通知各地书院，届时各地学者前来参加，讲会活动不仅提高了求学者的学术水平，也提高了书院的学术地位和社会影响力。

最后，书院还是一个巨大的藏书机构。宋代一些规模较大的书院往往设立藏书楼，珍藏大量的书籍，供学生学习和参考，也对我国图书的保存起到了重要作用。

书院是中国古代教育史上一种重要而独特的教育机构，它丰富了教育类型，弥补了官学的不足。宋代书院蓬勃发展使它在普及文化知识、提高社会整体教育水平方面发挥了重要作用，并极大地促进和影响了宋代以后的文化教育和学术思想。

235 宋代的说话艺术是怎样的？

两宋时期商品经济的发展促进了城市的繁荣，城市中新兴的市民阶层逐渐脱离了传统的农业劳动，拥有了巨大的商品消费能力和强烈的文化娱乐需求。为了适应市民阶层的文化娱乐需要，“说话”这种以讲故事、讲笑话为主的艺术形式得到了发展并日趋成熟，成为宋代朝野上下最受欢迎的娱乐方式之一。

宋代的说话表演，开始在城市的专业娱乐表演场所勾栏瓦舍中演出，宋代勾栏瓦舍中的演出活动丰富多彩，这里是市民们闲暇时最喜欢出入的地方，说话艺术以其丰富的题材和灵活的表演，引起市民大众的极大兴趣。有些说话艺人因为技艺精湛，还成为勾栏中众人追捧的明星，如小说艺人史惠英、说五代史的尹常卖、说三分的霍四究等。

除了在专业娱乐场所表演，说话还在酒楼茶肆和节庆庙会时表演，如有些酒楼茶肆会将经营与艺人融为一体，聘请说话艺人作为经营场所的固定演出者。而在宋代的节假日，说话艺人也会随着频繁的节日庙会在城市的各个娱乐点之间奔波，巡回演出。除了以上表演场所，说话还在街头巷尾进行非定期的流动表演，这些艺人走街串巷进行零碎的表演活动，满足了由于经济能力或时间限制而不能进入勾栏观看演出的市民们的需求。

宋代说话艺术不仅在市民阶层中受到热烈欢迎，在宫廷中也很有市场，北宋仁宗、徽宗，南宋高宗都非常喜欢说话艺术。南宋在宫廷设置了供奉局，从民间召集技艺超群的说话艺人到宫廷表演，以满足皇帝和宫廷成员的娱乐需求。宋高宗做了太上皇之后，常在德寿宫以话本消遣，召说话人来表演。统治者对说话艺术的推崇对提高其社会地位并促进其发展起了积极的推动作用。

“说话”的脚本是“话本”，内容主要包括小说、说经、讲史、合生四部分，其中以小说和讲史两家最为重要。小说篇幅短小，形式灵活，题材广泛，主要讲述胭粉、灵怪、传奇、公案故事，文学色彩、文学感染力较强；讲史篇幅较长，专讲前代兴亡、历史人物和历史故事；说经讲佛禅道理；合生是即兴表演类的滑稽艺术。

小说在北宋相当发达，《东京梦华录》中记载的东京瓦舍著名的小说艺人有李慥、杨中立、张十一、徐明等人。他们将民间传说和当代趣闻轶事声情并茂地表演出来，吸引了大批听众。

讲史在北宋受到市民的普遍欢迎，《东京梦华录》中记载了孙宽、孙十五、高恕等著名的讲史艺人。讲史分为“说三分”和“五代史”两个子目，“说三分”主要讲述的是三国时期魏、蜀、吴三国相争的历史故事，诸葛亮、曹操、周瑜等著名历史人物成为讲史人必讲的人物；“五代史”则演说的是五代时期后梁、后唐、后晋、后汉、后周争战的史事。只不过这些历史经过艺人的演绎，与历史的本来面貌有所出入。

合生是专讲滑稽讽刺的故事。北宋合生艺人以张山人最为著名，他以善作滑稽语而蜚声于熙宁、元丰、元祐年间，受到了市民的热烈欢迎，所到之处人们争相赠其钱帛，备好酒食招待他。

宋代的“说经”源于唐代的“俗讲”，但唐武宗灭佛后，俗讲的发展受到压制，一直到南宋时期，佛教势力有所恢复，说经才进入临安的瓦舍之中，但已经脱离了原有的教化宣传作用而趋向于大众娱乐了。

以“说话”为生的艺人称为“说话人”。说话艺人为了迎合听众，会在原本单纯、朴素的故事上进行组织加工，并凭着自己的阅历才智，揣摩听众的心理，随机将故事重新组织，穿插些动听的情节，对人物性格予以细腻的描述刻画。同一个故事在口口相传时，历时越久，其内容也会越丰富，形式结构也越完善。为了得到观众的认可，说话艺人在表演过程中还不时与观众互动，活跃气氛。

为了提高“说话”表演的水平，吸引更多的听众，宋代出现了专门编写话本的组织——书会，如永嘉书会、九山书会、古杭书会等。书会的参加者都是具有一定文化素质的知识分子，他们专门替说话艺人编写演出的脚本，称为书会先生。这些书会先生有的是落魄文人，有的是有才学的艺人，有的是下层市民，还有的是一些在职或致仕的官僚，这些人具有丰富的社会阅历和较高的文学修养，编写的话本对象多以市民阶层为主，内容是市民阶层所喜闻乐见的事和熟悉的生活，如历史故事、民间传说、社会新闻等，反映的思想观念符合市民的思想实际，受到广大市民的欢迎。专业创作团体和创作人员的出现，成为宋代“说话”兴盛的巨大推动力。

宋代“话本”小说的表现方法、艺术形式和题材选择，对元明清小说戏剧的创作产生了重大影响。同时，顺应了文化由雅入俗的趋势，以最通俗的方式向大众传播文化知识，丰富和娱乐了广大市民阶层的社会生活。

北宋中后期，“说话”艺术已经很兴盛，但是艺人们一般是以个体形式进行表演活动，传承方式仅限于师徒的口耳相传。南宋时期，随着艺术竞争的加剧，各种艺人组成了本行业的行会组织，“说话”行业也有了自己的行会组织——雄辩社，它的功能是对内调节业内艺人的关系，提高艺人的表演水平和表演技能，对外承揽演出业务，改变原来说话人个体经营的局面。

宋代说话艺术是中国通俗文化中的一朵奇葩，它以独特的艺术魅力和浓郁的社会气息，赢得了北宋城市中各阶层市民的喜爱，它拓展了中国文化的领域，对后世的说书艺术及小说、戏曲的发展都产生了深远影响。

236 两宋有哪些理学家？他们有何成就？

两宋时期，中国古代传统经学发展到了一个新的高峰，出现了理学。理学是综合佛、道思想对传统儒学进行改造而形成的新儒学，兴起于北宋，在南宋后期成为占据主导地位的官方思想，影响中国封建社会后期达数百年之久。

宋代理学的开山祖师是周敦颐（1017 年—1073 年），字茂叔，人称濂溪先生，道州（今湖南道县）人。他自幼遍览群书，接触到许多种类不同的思想，这为他日后创立理学的基本概念与思想体系奠定了基础。他将《周易》《中庸》和道家思想糅合起来，提出了一个简单而系统的宇宙构成论，探讨了宇宙本原、万物演化和人性、封建伦理等问题。他首次将“无极”一词引入儒家理论，说“无极而太极”，“太极”一动一静，产生阴阳万物，“万物生生而变化无穷焉，惟人也得其秀而最灵”。圣人模仿“太极”建立“人极”，“人极”即“诚”，“诚”是“五常之本，百行之源”，是道德的最高境界，只有通过主静、无欲，才能达到这一境界。这一说法对后世产生了广泛的影响。他的代表作为《太极图说》和《通书》，集中反映了他的思想体系，成为后代理学家的经典文献。

与周敦颐同期的邵雍（1011 年—1077 年），字尧夫，河北范阳（今河北涿州）人。他根据《易经》中关于八卦形成的解释，糅合了道教思想，构建出宇宙构造图式，形成新的象数学也叫先天学，为其他理学家所推崇，成为理学思想体系的重要内容。他认为“太极”是宇宙的本原，世间万物都是由“太极”衍生而来的，他还认为“心为太极”，“道为太极”，从而陷入了主观唯心主义。其主要著作有《皇极经世》和《伊川击壤集》等。

与周敦颐、邵雍同期的另一位理学家张载（1020 年—1077 年），字子厚，凤翔郿县（今陕西眉县）人。他提出以“气”为本的宇宙论和本体论哲学思想，认为宇宙的本原是物质性的“气”，世间各种事物现象都是因“气”的聚散变化而生成的，肯定天地为本，人心为末。这种“气”一元论的唯物本体论，是中国古代朴素唯物论哲学发展的一个里程碑。他将人的认识分为“见闻之知”和“德性之知”两种，认为见闻之知是由感觉经验得来的，德性之知是由修养获得的精神境界，进入这种境界的人就能通晓天下之物。在人性论上，他提出“天地之性”和“气质之性”的区别，认为人们通过反省，可以认识到“天地之性”，劝诫人们要后天学习“纲常名教”，依此行事，即可改恶从善，这一点深得理学家们的赞赏，其著作有《正蒙》《横渠易说》《经学理窟》等。

经过周敦颐、邵雍、张载等人的共同努力，理学的思想体系大体形成。而理学作为一种典型的形态正式形成，还要归功于开辟“洛学”的程颢、程颐兄弟。程颢（1032 年—1085 年），字伯淳，号明道；程颐（1033 年—1107 年），字正叔，号伊川，河南府（今河南洛阳）人，世称“二程”。二程师承于周敦颐，建立了以“天理”为核心的理学体系，认为“理”是永恒存在的宇宙万物的本体，不受主观和客观的限制，人类社会的制度及与之相适应的社会道德规范，也都是“理”在人间社会的具体表现形态。在“理”与“气”的关系上，二程认为“有理则有气”，理在气先，即由精神派生物质，所以伦理纲常为天理所定，遵循则合理，否则将违背天理。在人性论上，二程继承孟子的“性善”说，提出人之所以有善与不善，是由于气不同，气有清浊之分，故人有善恶不同。造成伤害天理之因，在于“人欲”，因此他们提倡“存天理”“去人欲”。在认识论上，二程发展了《大学》中的“格物”“致知”说，认为穷究事物之理，最终达到豁然贯通，才可以直接体悟天理。穷理的方法主要是读书，论古今人物、应事接物等。二程还竭力宣扬封建伦理道德，甚至反对妇女改嫁。二程从维护封建统治秩序出发，建立起一套唯心主义的哲学体系，奠定了宋代理学的基础，后世将二程与朱熹并论，称为程朱理学。二程一生著述丰富，有《遗书》《外书》《文集》《易传》等，后人将其收录在《二程全集》中。

理学经过北宋 100 多年的发展，到南宋时趋于成熟。二程之后，出现了朱熹这位理学思想的集大成者。朱熹（1130 年—1200 年），字元晦，号晦翁，徽州婺源（今江西婺源）人。他早年研习儒学，兼学佛教禅学、道经、文学、兵法等，31 岁时拜程颐的三传弟子李侗为师，专攻义理之学。他在继承和发展二程学说的同时，还糅合了周敦颐、张载等理学家及禅学的部分学说，集北宋以来各派理学的大成，建立起系统而完整的理学体系。

朱熹仍以“理”作为自己哲学体系的主题，认为理是世界的本质，“理在先，气在后”，人类社会、封建伦理纲常皆为“理的体现”，但理无气则不存，气无理亦不能存。在人性论上，朱熹继承了二程的人性论观点，认为“天地之性”是至善的，而“气质之性”有善恶之别，人性的善恶与后天各人禀受的“气”有关，“天理”与“人欲”是对立的，人只有接受封建道德的要求，注重个人修养才能“去人欲，存天理”。在认识论上，朱熹提出“格物致知”“正心诚意”“居敬”等一系列理论。

朱熹的理论对于维护封建统治秩序，建立封建道德标准，起到了重要作用，他一生著书立说，死后由其弟子编辑成《朱子语类》《朱文公文集》《朱子遗书》等书。由于其著述得到宋理宗的推崇，因此朱熹的学说被奉为理学正统，理学也成为官方哲学。

与朱熹同期的理学家陆九渊（1139 年—1193 年），字子静，号象山翁，抚州金溪（今江西金溪）人。他是主观唯心主义理学派别的重要代表，思想多与朱熹对立。他综合孟子及佛教禅宗学说，创立“心学”，提出“心即理”的观点，认为“宇宙便是吾心，吾心即是宇宙”，即心是客观世界的本原，天理、人理、物理皆存于“吾心”之中。他反对朱熹将人心分作“天理”与“物欲”两部分的观点，认为只有使内心有所主宰，才能克制物欲而“存心”。他还把格物致知的命题变为易简功夫，主张发明人之本心。他也宣扬封建伦理纲常，认为这些是不能改变的，劝谕人们恪守。

陆九渊的“心学”与朱熹理学一度成为最有影响的理学学派。因为学术观点不同，双方曾进行过两次学术辩论，但各持己见，难分高下。南宋后期，程朱理学获得极大发展，取得官学地位，被奉为理学正统，理学的其他学派影响日渐衰弱。

237 宋代在科学技术方面取得了哪些成就?

两宋时期，在整个社会经济、文化全面发展的推动下，科学技术在许多领域都取得了很大成就，这些成就，不仅成为我国古代科学技术史上的高峰，而且在当时的世界范围内也居于领先地位。

宋代数学是取得突破性发展的学科之一。当时著名的数学家有贾宪、秦九韶、杨辉等，他们都取得了许多重要的成就。贾宪撰有《黄帝九章算法细草》等，并提出了著名的“开方作法本源”图及说明，后世称之为“贾宪三角”，这是数学史上的重大发现，这项发现后来被应用于数学的许多领域。贾宪还有“立成释锁”开平方法和开立方法，并创造了增乘开方法。秦九韶是南宋后期著名的数学家，他在撰写的《数书九章》中提出了许多新的理论，如在贾宪增乘开方法基础上做正负开方术程序，使之可以对任意次方程的有理根或无理根来求解；还在《孙子算经》中“物不知数”问题的基础上创立“大衍求一术”，即将一次同余式组的解法规格化、程序化，被公认为“中国剩余定理”。这些方法代表了中世纪数学发展的主流与最高水平，为天文历法、建筑工程、商业贸易、货币金融等领域的发展提供了帮助。此外，沈括创立的“隙积术”和“会圆术”也为后人的数学研究奠定了基础。

由于农业生产和历法制订的需要，宋代的天文学也获得了极大发展。据《新仪象法要》记载，仅在大中祥符三年（1010 年）到崇宁五年（1106 年）近百年间，就进行了 5 次大规模的恒星位置观测。这些观察成果，有的被收入王安礼修订的《灵台秘苑》中，有的被绘成天文图，淳祐七年（1247 年）刻成的天文图石碑，共刻星 1430 多颗，是研究宋代天文学的重要资料。

天文学的发展与天文仪器的高度发达是分不开的，两宋时我国古代传统的天文仪器如漏壶、浑仪、圭表等都在这一时期得到了工艺上的改进。苏颂制造的“浑仪”，以水为动力，利用齿轮系统使仪器经常保持一个恒定的速度，和天体运动一致，既能演示和观测天象，又能计时报时，后世称为“水运仪象台”。

天文学和数学的发展，促进了历法的改进。北宋建国不久就编成《应天历》，在中国历法计算中首次引进西方星期制度。后来因为发现有误差，宋太宗又颁行了《乾元历》。此后，为了减小误差，两宋先后颁布了《仪天历》《崇天历》《明天历》《奉元历》《观天历》《占天历》《纪元历》等历法，虽然这些历法都在旧历的基础上有所改进，但都没有“测景”。庆元五年（1199 年），南宋政府颁布的《统天历》，是杨忠辅在实测的基础上编制的，该历以 365.2425 日为 1 年的长度，和现行公历的 1 年长度完全一样，被清代学者梅文鼎认为是宋代最完善的历法。

宋代的物理学也有长足的进步，利用物理学原理制造的器物中，最著名的是指南针。北宋科学家沈括在《梦溪笔谈》中，介绍了 4 种装置指南针的方法，即水浮、悬丝、放置于指甲及碗口边上进行指南，他据此制出过“指南鱼”“旱针”和“水针”，为近代指南针的基本结构原理奠定了基础。沈括在研究指南针的过程中，还发现了地磁有偏角存在，即指南针指示的方向，常轻微偏东，并不是正南，这对我国地磁学的进步做出了伟大贡献。指南针发明后，广泛运用于航海事业，使远洋航行成为可能，许多新航线被开辟，极大地促进了各国间的文化交流和贸易往来。

宋代化学也取得了很大成就，除了冶金方法得到极大改进外，由于炼丹术的发展，人们发现了很多化学原料的属性，并能够运用许多化学反应，制造出化学药物如“铁华粉”“密陀僧”等。而火药的制造与应用在宋代取得了突破性的发展，北宋官修的军事著作《武经总要》里详细记述了黑火药的配方及各种火药武器，但此时的火药武器杀伤力不大。至北宋末南宋初，火药武器经过多次改进，威力大大提高，并被广泛用于战争。此后火药武器还传入阿拉伯，并进而传入欧洲，对欧洲社会产生了广泛影响。

雕版印刷术在我国隋唐时期问世，在宋代得到了广泛应用，但雕版印刷术需要花费很大的人力、物力，宋代的书籍需要量很大，人们需要一种更高效率的方法印刷书籍。在社会需求的推动下，北宋中期的平民毕昇，总结了历代雕版印刷术的经验，经过反复试验，终于在宋仁宗庆历年间（1041 年—1048 年）制成了胶泥活字，创造了世界上最早的活字，实行排版印刷。这种方法节省了雕版费用，缩短了出书时间，经济方便，是印刷史上一项重大的革命。活字印刷术后来传到朝鲜、日本和欧洲等地，对世界文化的发展做出了巨大贡献。

传统医学在宋代也有了显著进步，医学分科更为细密，有内科、外科、儿科、妇产科、口腔科等多种分科，另外还有针灸学和法医学，已接近近代医学分科。各科均有著作问世，对病例、医方进行了详细记载，对后世影响很大。如内科学著作《普济本事方》，以病症分门详载病例，精选医方，流行数百年；儿科学著作《幼幼新书》收集了南宋以前百余种医药典籍中有关儿科的医论和方剂，并汇集了许多民间验方及私人藏方，是首部儿科学专著。宋代的法医学也得到了极大发展，出现了世界上最早的法医学著作《洗冤集录》，内容包括验伤、验尸、血型鉴定、死伤鉴别等多方面的理论和实践，同时对毒药和医治服毒的方法也有论及。为了适应医药学的发展，宋朝还编著了许多药典，如《图经本草》《经史证类备急本草》《大观经史证类备急本草》等，收录了大量新发现的药材。

除了以上各方面的科技成就之外，宋朝在农业、制瓷、采矿等各方面都取得了令人瞩目的成就，为世界科学技术的发展做出了贡献。

238 何谓“八仙”的故事？其人物原型是什么？

在中国，几乎人人都熟悉“八仙过海，各显神通”的故事，民间有关八仙的文学艺术作品比比皆是，如以八仙为题材的戏剧、雕塑、年画、刺绣、瓷器、花灯等，许多地方都建有八仙宫，民间迎神赛会也少不了八仙，相传八仙会定期赴西王母蟠桃大会祝寿，所以八仙祝寿还成为民间常见的祝寿题材，而八仙手持的法器也被称为“八宝”。

八仙的传说起源很早，但具体人物说法不一，有汉代八仙、唐代八仙、宋元八仙，所列神仙也各不相同。到明代吴元泰作《八仙出处东游记》，铁拐李等八仙过海的故事日渐流传，八仙人物才最终确定下来，分别是铁拐李、汉钟离、吕洞宾、张果老、曹国舅、韩湘子、蓝采和及何仙姑。八仙人物出处不一，时代也各不相同。八仙的原型说法不一，大体如下。

铁拐李在民间传说中居八仙之首，又称李铁拐，相传其姓李，名凝阳，或名洪水，小字拐儿，自号“李孔目”。鲁迅的《中国小说史略》中也说他姓李，名玄，而《宋史·陈从信传》中则说唐代有位叫李八百的人，自称已活了800余岁，但并不跛，也没有什么铁拐，铁拐李应该是由李八百的故事附会而来的。他曾学道于终南山，有次因为随从老子和宛丘生魂游华山，回来后发现其真身已被老虎吃掉，无奈只得附身在附近一个饿死者的尸体上，由一个原本伟岸的大丈夫变成了一个蓬头卷须、黑脸巨眼，并且还跛了一只脚的丑陋流浪汉形象。他用水喷洒所拄竹杖，将之变成了铁杖，后来就拄着这根铁杖，背着葫芦去游历人间，解救普通人于危难之中。

汉钟离，名钟离权，又名云房先生，字寂道，号和谷子，又号正阳子，他在八仙中的名气仅次于铁拐李，全真道尊称其为“正阳祖师”，奉为“北五祖”之一，《道藏》中收录有其作品。其人物原型约形成于五代、宋初之际，《宣和书谱》《夷坚志》和《宋史》中都有关于他的记载，因曾自命为“天下都散汉钟离权”，故被后人称为“汉钟离”，并将其附会成了东汉咸阳人。相传钟离权是一名东汉武将，因兵败逃入终南山，遇到华阳真人和上仙王玄甫等人，受道于崆峒山，后得道成仙。而唐代确实有位叫钟离权的人，《全唐诗》中还录有他的三首绝句，并附有其得道成仙的经历。他得道后常用点石成金之术救济百姓，经常手持一把蒲扇，袒露大肚，游荡人间。后来还曾点化科场失意的吕洞宾，他与吕洞宾对神仙之道的问答，被施肩吾编为《钟吕传道集》。

张果老，八仙中最年迈的一位，名张果，是由唐代道士张果演化而来的。《新唐书》《旧唐书》和《明皇杂录》中均有关于他的事迹的记载。相传他是唐代邢州人，获得宛丘生、铁拐李等道法，有长生不老之术，武则天时隐居中条山，自称年龄有数百岁，武则天和玄宗都曾派人前去召见，张果老装死不去朝见，后来玄宗多次召见，张果老无奈只得进宫朝见皇帝，表演了各种法术，被授以银青光禄大夫。张果老经常倒骑毛驴，日行数万里，休息时则将驴折叠起来，放在巾箱中，乘坐时再取出，吹口气，毛驴又会变成真驴。

吕洞宾，原名吕岩，字洞宾，号纯阳子，八仙中最著名、流传故事最多的一位，被全真道遵奉为“纯阳祖师”，又称“吕祖”，“北五祖”之一，相传他是唐代京兆人，也有人认为他是山西芮城人。自幼博览群书，但参加进士考试屡试不中，后遇钟离权，被其点化，赴终南山修行得道。《宋史》《鹤林玉露》《夷坚志》中都有对他的记载，《全唐诗》中收录他的诗作200余首。他是八仙中传闻最广的一位仙人，风趣潇洒，除暴安良，还好酒好色，他被后人塑造为手持宝剑，能解救人间苦难的游侠形象，元明以来的小说、戏曲中反映他的故事很多。

何仙姑，八仙中唯一的女性。关于她的身世说法不一，有说她是唐武则天时广东增城人，13岁进山偶遇一道士，给她一枚仙桃吃，从此她便不饥不渴，知晓人间百态。后来年长又梦见神仙教她吞食云母粉，吃后身体轻盈，在山顶间往来如飞。她擅长医药，经常替人治病，并教人行善，当地人都以她为神仙，尊称她为何仙姑。关于她的故乡和传说，还有很多其他说法，如有人说她是一位名叫何二娘的织鞋农妇，还有人说她是豆腐坊店主之女，原名何秀姑，因游玩遇到了铁拐李、吕洞宾和张果老，因而得道成仙。她的形象一直是一位手持一朵荷花，飘逸脱俗的妙龄女郎。

蓝采和，八仙中行为最怪异的一位，唐朝人。《续仙传》《太平广记》《南唐书》中都有关于他的记载。他经常穿一身破蓝衫，光着一只脚，手持大拍板，边走边唱，沿街行乞。后来在酒楼中听到空中有笙箫之声，忽然蓝采和升空而去了。也有说法是，他原名许坚，以在勾栏中唱杂剧为生，后因事被官府棒打，被钟离权引度成仙。他行为癫狂，有人施钱给他，他大都送给穷人，所以深得人们喜爱，被幻化成仙。

韩湘子，据说是唐朝吏部侍郎韩愈的侄子或侄孙，《唐书》《太平广记》《酉阳杂俎》等书中有关于他的记载。据称他为人轻狂不羁，不喜读书，曾欲试图点化韩愈。后来韩愈因谏佛骨之事被贬官潮州，离京途中，韩湘子冒雪前来送行，韩愈赠诗《左迁至蓝关示侄孙湘》，其中有句“云横秦岭家何在？雪拥蓝关马不前”，正是当日韩湘子点化韩愈时给他看的牡丹花上之句。事实上，《新唐书·宰相世系表》中记载的韩愈侄孙韩汀，官至大理丞，并未得道成仙。后世小说及传说中韩湘子得道成仙之事，当由此附会而来。后来《韩仙传》中又增添了好多他的故事，传说他是吕洞宾的弟子，被其度化成仙。

曹国舅，出现时间最晚，排名八仙之末，关于他的神话故事比较少。相传他是宋仁宗时的大国舅，名曹佾，字公伯，曹彬之孙，曹皇后的弟弟。性情温良，通晓音律，后因其弟骄纵不法，曹国舅深以为耻，遂入山修行，恰遇汉钟离和吕洞宾二人，对其进行点化，因此修成仙道，成为八仙之一。关于他的故事《宋史》中有记载。

八仙均来自凡人，身份各异，各有缺点，且都有多姿多彩的民间故事，与一般的道教不食人间烟火的神仙形象截然不同，故其故事也为老百姓所喜闻乐见。

239 蒙古族是如何起源的？其诸部是如何统一的？

历史上的蒙古高原上活跃着众多的游牧民族，这些民族主要分为东胡与突厥两大文化系统，这两种人在长期的生活中，互相角逐，也互相融合，最终形成了一个伟大的民族——蒙古族。不过从族源的角度看，现在大多数学者都认为蒙古族属东胡族系。公元 1 世纪末至 2 世纪初，匈奴为汉朝所破，东胡人的一支鲜卑人从潢水流域一带迁徙他地，其中一支迁徙到兴安岭以西，称为室韦，蒙古部就是室韦的一支，在唐朝时已有记载，《旧唐书·北狄传》称其为“蒙兀室韦”，居住在今额尔古纳河流域的山林地带。

据《史集》记载，蒙古部落最初只包括乞颜和捏古斯两个氏族，被突厥打败后只剩下两男两女，逃到了额尔古纳河一带居住下来，经过若干年的繁衍生息，逐渐强盛，并产生了许多分支，如札答阑、泰赤乌等部落。由于人口的不断增加，便不得不向外迁徙。在迁出的蒙古人当中，有一位名叫孛儿帖赤那的人，他带着妻子豁埃马兰勒一同渡过腾吉思水，迁至斡难河源头肯特山一带，过着游牧生活。

孛儿帖赤那的十二世孙是朵奔蔑儿干，他娶妻阿阑豁阿，生有两子，一名不古纳台，一名别勒古纳台。朵奔蔑儿干死后，阿阑豁阿又生育三子，分别是不忽合答吉、不合秃撒勒只和孛端察儿，孛端察儿即是蒙古孛儿只斤氏的始祖，成吉思汗的祖先。

孛端察儿长大后，征服了兀良哈部众，并娶该部落之女为妻，生子札只剌歹，后来成为蒙古札答阑氏的始祖。其后，孛端察儿之妻又陆续生下多名子女，家族逐渐兴盛，有了马群和奴婢。到了成吉思汗的八世祖蔑年土敦时，因为被札剌亦儿人所败，六个儿子全被杀死，只有长孙海都因为年幼，被乳母藏在乱木堆中，才幸免于难。同时，蔑年土敦的第七个儿子纳真由于早年入赘于八剌忽部也得以幸存，纳真听到全家被杀的消息后，急忙赶回，将侄儿海都带回八剌忽部落抚养。

海都长大后，被立为蒙古乞颜部首领，他原来家族的部众也多来归附，后来其叔父纳真也率八剌忽、怯谷等部落前来归附，势力大增。为了替父祖报仇，海都起兵攻灭了札剌亦儿，俘虏其民众为奴隶，势力得到进一步增强。之后，附近各部落中的许多家族也都纷纷归附于他，他的势力日益强大，形成了蒙古帝国的雏形。

海都死后，他的次子察剌孩领忽继任为首领，是蒙古泰赤乌氏的始祖。泰赤乌氏部人数众多，拥有大量军队。此时的蒙古族在漠北地区已成为一支强大的势力。海都的长子生有一子名屯必乃，他是成吉思汗的四世祖。屯必乃生有二子，长子合不勒，次子薛赤列。屯必乃死后，合不勒被推举为部落首领，他是成吉思汗列祖中第一个称汗的首领，从他繁衍出了许多氏族和分支。

合不勒汗在位时，与金朝关系破裂，并与金的属部塔塔儿部结下仇恨，两部落之间争战不休。合不勒汗死后，泰赤乌部首领想昆必勒格的儿子俺巴孩做了蒙古部的汗。后来，俺巴孩因到塔塔儿部选姑娘为妻，被塔塔儿人抓住送给了金朝，被金廷处死。

俺巴孩死后，蒙古部推举了合不勒汗的第四个儿子忽图剌为汗。

忽图剌声音洪亮，力大无比，骁勇善战。为了给俺巴孩报仇，忽图剌率领蒙古军队进攻金朝，获得大胜。忽图剌死后，合不勒的次子把儿坛把阿秃儿的第三子也速该把阿秃儿被推举为蒙古部首领。也速该是成吉思汗之父，英勇过人，威名远扬，曾多次与其他蒙古部落及金朝作战。宋绍兴三十二年（1162 年），也速该大败塔塔儿部，俘获了其首领铁木真，当也速该凯旋时，恰巧其妻生下一子，也速该就以塔塔儿部首领的名字铁木真为儿子命名，这个孩子就是后来的成吉思汗铁木真。

铁木真 9 岁时，也速该带他到斡勒忽讷兀惕部选妻，返回途中也速该被塔塔儿人毒死，而铁木真因为留在妻子家中幸免于难。也速该死后，他的儿子还都幼小，家道开始衰落，许多部众离他们而去。被族人遗弃的铁木真母子流落在斡难河畔，过着贫困的生活。而泰赤乌部贵族为绝后患，又来追杀铁木真母子，铁木真被抓住后，在速勒都思人锁儿罕失剌的帮助下，顺利逃脱，与母亲、弟弟会合，举家迁徙至桑沽儿小河附近住下。

生活安定后，铁木真开始积蓄力量，反抗泰赤乌贵族的压迫。为了获得有力的支持，他前去拜见父亲的安答王罕，尊称其为父王，求得他的支持和庇护。通过王罕，铁木真召回了一些离散的部众，并得到了附近一些家族的支持，势力开始恢复。后来铁木真征服了蔑儿乞部，使其在蒙古各部中声威大振，蒙古部众纷纷来附，力量逐渐强大起来，并于南宋淳熙十六年（1189 年）被推举为蒙古乞颜部可汗。

铁木真称汗后，便开始统一蒙古各部，先后灭掉主儿勒部、泰赤乌部，后又与王罕联军击溃了以札木合为首的十三翼联军，为进一步统一蒙古各部铲除障碍。南宋嘉泰二年（1202 年），铁木真集中兵力，消灭了宿敌塔塔儿部。

此时铁木真实力大增，地位更加巩固。但同时曾经帮助铁木真渡过重重难关的强大的克烈部王罕，为了争霸蒙古草原，与铁木真之间的矛盾日益加剧。1203 年，铁木真征服了克烈部。此时草原上能够与铁木真争霸的只有以太阳汗为首的乃蛮部了，这时败于铁木真之手的各部贵族纷纷会聚在太阳汗处，希望借助太阳汗夺回失去的领地和人众，乃蛮部一时兵势空前强盛。骄傲自大的太阳汗遂于 1204 年发兵攻打铁木真。大敌当前，铁木真并没有慌乱，而是对军队重新进行了整编，建立起一支纪律严明、战斗力强的武装力量。未经战阵的太阳汗一战即溃，军队溃散而逃，太阳汗本人也被俘而亡，乃蛮部被铁木真征服。至此，铁木真完成了统一蒙古各部的大业。

公元 1206 年，蒙古各部贵族在斡难河畔召开大会，推举铁木真为全蒙古的大汗，号“成吉思汗”，建立了统一的蒙古帝国。

240 成吉思汗西征是怎么回事？

蒙古建国后，于公元 1219 年到 1260 年的 40 多年时间里，先后进行了三次大规模的西征，建立起了横跨欧亚的庞大帝国，对中亚各国的历史产生了深远的影响。

1219 年至 1225 年进行了第一次西征，这是成吉思汗亲自出马的一次征伐行动，以后两次西征都是其子孙所为。

当成吉思汗在蒙古草原勃兴之时，中亚地区的花刺子模的势力也日益强大，成为中亚的一大霸主。公元 1219 年，花刺子模派遣使团到达中都觐见成吉思汗，成吉思汗热情接待了使团，表示愿意与花刺子模建立友好关系，并允许双方商人自由往来。在使者们返回时，成吉思汗也派遣了使臣跟随前往，并组建了一支庞大的商队，带着金银、丝绸和蒙古皮毛等与使团一同前往。当商队到达花刺子模时，却被其王摩诃末下令全部处死，财物没收，只有一名商队的骆驼夫侥幸逃回。

成吉思汗画像

成吉思汗听到这个消息后，愤怒至极，准备西征。他先派出三名使臣指责花剌子模王的无理，要求交出凶手。对此摩诃末不但不予理睬，反而又下令杀死了为首的使臣，其余两人被削去头发遣回。成吉思汗遂决定亲率大军西征。

1219年，成吉思汗带领四个儿子术赤、察合台、窝阔台、拖雷以及大将速不台、哲别等率包括蒙古军队、西夏河西军、归降的汉军、契丹军等约20万兵力进军花剌子模。

蒙古西征军的第一个进攻目标是讹答剌，将讹答剌城团团包围。蒙古军在讹答剌城遇到了顽强抵抗，讹答剌城守将亦难赤带领城民坚守城池，蒙古军进攻了5个多月，才攻破外城，而亦难赤还是不肯投降，并率残兵退守内城，坚守1个月后，守军全部战死，仅剩亦难赤和两名从卒，仍然战斗不息，终因寡不敌众被俘。蒙古军大肆屠城后，接着攻占了昔格纳黑，因为该城城民杀死了蒙古军先前派来劝降的使者哈散哈只，蒙古军占领该城后进行了大肆屠杀和掠夺。随后又攻下了向毡，至此锡尔河下游诸城尽被蒙古军占领。

另一支蒙古军进围别纳客忒，攻城三昼夜后，守军投降，蒙古军尽杀军士，将居民中的青壮年都编入军籍，后继续向忽毡出发。忽毡守将帖木儿灭里率精锐退守锡尔河中岛上，顽强抵抗，但终因势单力薄，在撤退途中遭蒙古军追击，部队损失殆尽，帖木儿灭里只身一人逃回花剌子模，蒙古军占领忽毡。

成吉思汗和拖雷率领蒙古军主力渡过锡尔河，进军河中，沿途招降了无数城镇，将城中青壮年编入军队从征，将居民们的财富抢掠一空。1220年，蒙古军进兵围不花剌城，守城将领率军突围，被蒙古军追击大败，城中教长等人献城投降。成吉思汗入城后，在清真寺举行了庆功宴会，掠夺了富人的财富，焚烧了居民的房屋，将妇女儿童掳作奴隶，青壮年男子被迫从军，随军进攻撒马尔干。

此时，花剌子模王摩诃末丢下守军，早已从该城逃走。撒马尔干虽有重兵把守，但兵无斗志，竟纷纷出城投降。蒙古军入城后，毁掉城墙等防御设施，屠杀投降军士，将居民赶至城外，抢掠城中财富，将青壮年编入军队，随军作战。

此后，成吉思汗派察合台、窝阔台率军追讨摩诃末。摩诃末在蒙古军的追击下，一路逃亡，最终逃到了里海中一个偏远的小岛上。1220 年底，摩诃末病死，死前将王位传给长子扎阑丁。

成吉思汗在撒马尔干住了一段时间后，移军至那沙黑不附近的草原，休养士马，待秋高马肥时，便开始新的军事行动。初秋时节，成吉思汗便与拖雷开始向呼罗珊地区进军，沿途攻占了许多城池。拖雷奉命出师呼罗珊，他将军队分成三部分，向呼罗珊地区发动了全面进攻，两三个月内就征服了许多城镇，一些降后再叛的城镇再次遭到洗劫。

1222 年初，扎阑丁在八鲁湾附近大败蒙古军，取得了抗击蒙古入侵以来的重大胜利，大大鼓舞了各地人民反抗蒙古统治者的士气。取得胜利的扎阑丁却因分配战利品不均，以致军队分裂，扎阑丁势单力孤，又得知成吉思汗亲率大军来袭，便向印度河方向撤退，中途被蒙古军队追上，双方发生了激烈的战斗。由于成吉思汗命令活捉扎阑丁，扎阑丁在被蒙古军紧紧包围时，孤身跃马渡过印度河，进入印度，其军士被蒙古军全部消灭。

此后，成吉思汗回到撒马尔干，而奉命追击摩诃末的哲别和速不台这时也打败了阿速人和钦察人，进入钦察草原，并于 1223 年底返回时，攻下了不里阿耳，然后回师与成吉思汗会合。1225 年，成吉思汗胜利东归，将本土及新征服的西域土地分封给四个儿子，后来发展成四大汗国。

这次西征，历时 6 年，蒙古军所至之处，南至印度，西至伊拉克、阿塞拜疆、黑海北岸，北达斡罗思的基辅，开拓了元朝的疆域。

241 忽必烈是怎样建立大元帝国的？

元世祖忽必烈出身于蒙古黄金家族孛儿只斤氏，是成吉思汗幼子拖雷的第四子，蒙古汗国第四任大汗蒙哥汗的弟弟，其母为克烈部的唆鲁禾帖尼。

忽必烈出生于成吉思汗十年（1215 年），在他成年以前，蒙

忽必烈像

古大军已经通过南征北战，把疆域扩张到了遥远的北方和西方，建立了世界上最庞大的帝国。宪宗元年（1251 年），忽必烈的同母兄蒙哥登上汗位，命令皇弟忽必烈总领漠南汉地军国事务。忽必烈受命后，便离开漠北，南驻扎忽都之地，开府于金莲川，开始以汉法治理汉地。

早在青年时期，忽必烈就深受儒家文化影响，热心学习汉文化。还在真定府时他曾召僧人海云和子聪入府问佛法大要，海云和子聪趁谈佛法之机，向忽必烈宣传儒家学说，忽必烈对此大感兴趣，子聪便从典章、礼乐、法度、纲常等方面，具体阐述了儒家的治国思想，并针对时弊提出解决办法。在子聪的影响下，忽必烈开始搜罗中原人物，先后召精通儒术的赵璧、王鹗、张文谦等人入府，为其讲解儒家治国思想。在这些文人学士的引荐下，大批中原耆儒硕德被网罗到忽必烈的周围。在他们的介绍和影响下，忽必烈对汉地的情况有了较多的了解，形成了依靠汉地人才，以汉法治理中原的想法。开府金莲川之后，忽必烈更积极地向四方征聘名士，赵良弼、张德辉、元好问、许衡等相继入府，一些汉人军将、官僚也都归顺于他，一时人才济济。

此时自太宗起蒙古官员治理下的汉地管理十分混乱，官吏贪暴，差役繁重，各级军将将汉人视为“驱口”，任意掳掠，使汉地经济发展滞后，百姓流亡现象十分严重，尤以河南、陕西为甚。宪宗二年（1252 年），忽必烈采纳史天泽、姚枢的意见，请求蒙哥将陕东、河南之地划归自己，尝试治理。在得到蒙哥的允许后，忽必烈在汴梁设立经略司，任忙哥、史天泽、杨惟中、赵璧为使，陈纪、杨果为参议，进行治理。他们严惩贪官，整顿吏治，大兴屯田，两三年时间就将河南治理得井井有条。

同年夏天，忽必烈受命南征大理，子聪和姚枢随同前往，姚枢以宋太祖时大将曹彬取南唐却不杀害无辜百姓之事劝谏忽必烈。故忽必烈在第二年破大理城后，裂帛为旗，书止杀令，在城内各处张贴公布，约束了蒙古军士，使大理城百姓得以保全。此后，忽必烈北返，留大将兀良哈台戍守，以刘时中为宣抚使治理当地。

宪宗三年（1253 年），忽必烈受封关中，他采用姚枢等人的意见，在关中实行汉法。为了保障汉法的顺利推行，他将原来在京兆府大修豪宅、奢侈腐化的蒙古贵族分遣到兴元诸州去戍守，又在京兆设立了京兆宣抚司，以有经验的孛兰、杨惟中为宣抚使，商挺为郎中，姚枢为劝农使，许衡为京兆提学，对关中在政治、经济、文化各方面进行了全面治理，使原来经济凋敝、不见人迹的关中焕然一新，人户逐渐增加，经济稳定恢复，关陇大治。

宪宗六年（1256 年），为了适应政治统治的需要，忽必烈改变在桓州与抚州的草地设蒙古包而居的习惯，命子聪在桓州以东、滦水以北的龙岗营建了开平府，作为藩府驻节之所。开平府位于蒙古草原的南端，北连朔漠，既便于同和林的汗廷保持联系，又便于控制中原，是沟通南北的理想之地。

忽必烈任用儒臣推行汉法治理汉地，限制和损害了一部分蒙古贵族的利益，引起了守旧派蒙古贵族的不满，他们力图恢复“祖制”以维护自己的权势和地位。同时，忽必烈以关中为基地，南征西战，势力大增，而他招揽天下儒士，推行汉法又得到了北方各阶层人民的广泛支持，这引起了蒙哥大汗的猜疑。在一些反汉法的守旧贵族的煽动下，蒙哥决定派中书省左丞相阿兰答儿和参知政事刘太平前往审查陕西、河南等处钱谷。阿兰答儿等人一到关中，就设置了钩考局，对忽必烈所创设的京兆宣抚司、河南经略司等机构的大小官员进行审查，他们大开告密之风，罗织各种罪名，几乎将所有藩府臣僚都罗织在内，企图将忽必烈身边的汉族亲信全部剪除，而忽必烈此时已被蒙哥解除了军权，无力反抗。在姚枢的建议下，他主动将妻儿送到蒙哥处作人质，并亲自前往漠北朝见蒙哥。蒙哥见他如此恭顺，就不再猜疑，并停止了对陕西与河南的钩考，忽必烈以疗养足疾为由，回家闲居。

宪宗七年（1257 年），蒙哥以幼弟阿里不哥留守和林，亲率大军征伐南宋，忽必烈请求随军从征，蒙哥命他率东路诸军进取鄂州。宪宗九年（1259 年），蒙哥死于合州（今重庆合川东）钓鱼山军中，阿里不哥在和林准备召开库里勒台，图谋占据汗位，忽必烈闻讯后，立即北还，并积极展开争夺大汗位的军事、政治工作。在得到塔察儿等诸王的支持后，忽必烈于中统元年（1260 年）在开平举行了库里勒台，抢先登上了大汗位，而阿里不哥也在和林宣称自己被推举为大汗。为了统一蒙古帝国，忽必烈亲自征讨阿里不哥，双方之间经历过无数次战争，直到至元元年（1264 年），阿里不哥众叛亲离，归降忽必烈，忽必烈最终取得了蒙古国的统治权。

至元三年（1266 年），为了适应新的政治统治需要，忽必烈任命张柔等人营建元大都，将政治重心进一步南移，使大都（今北京）成为全国的首都，并于至元八年（1271 年）正式建国号为大元。忽必烈所建立的大元帝国既是我国历史上疆域最辽阔的朝代，又是我国多民族统一国家发展的重要时期。

242 四大汗国与元中央的关系如何？

按照蒙古人的习惯，儿子们可以从父母的遗产中分到各自的份额，成吉思汗也延续了这一传统，将经过拼杀得到的土地和人民多次分封给诸子，形成了许多对封地、属民拥有较大支配权的较独立的封国。

蒙古西征后，国土大大扩张，在被征服地区建立了“四大汗国”，即钦察汗国、察合台汗国、窝阔台汗国和伊利汗国。四大汗国的建立者和统治者在血统上都出自成吉思汗的黄金家族，彼此之间血脉相连，他们共同奉入主中原的元朝为宗主国。四大汗国虽然就祖制和法理而言要听命元中央政权，但实际上早已发展成为独立的国家，各自为政，虽然他们与元朝保持了较为密切的文化和经济联系，但在政治上变成国与国之间的关系。

钦察汗国是由成吉思汗的长子术赤及其后裔所创建的，又称为金帐汗国。术赤之子拔都继承父位后，因为反对立窝阔台之子贵由为大汗而与贵由结怨，贵由死后，拔都拥立拖雷的长子蒙哥为大汗。由于拥立有功，蒙哥即位后，拔都取得了更大的权力，其势力范围也大大扩展，成为大蒙古国中领土最大的宗藩国。

拔都去世后，其弟别儿哥继位，名义上仍然奉蒙古大汗为宗主，实际上汗国已成为独立国。蒙哥大汗去世后，阿里不哥与忽必烈展开了汗位之争，钦察汗国成为完全独立的国家。

至元初，海都叛乱，忽必烈遣使至钦察汗国，要求其出兵夹击海都。但因为察合台汗国在西北的扩张损害了术赤家族的利益，钦察汗国转而与海都结为联盟。

至元六年（1269 年），钦察汗国、窝阔台汗国与察合台汗国召开塔剌思忽里台会，达成了共同反对拖雷家族控制的元朝和伊利汗国的约定，并划分各自的势力范围。至元十三年（1276 年），诸王昔里吉等叛乱，将忽必烈之子那木罕和丞相安童抓获送给钦察汗国。直到至元二十一年（1284 年），脱脱蒙哥即位，钦察汗国才改变了对元朝的敌对政策，将那木罕、安童等人送还元朝，并表示服从元廷，元武宗册封脱脱蒙哥为宁肃王。此后，钦察汗国与元朝一直保持着名义上的宗主关系，双方之间使臣往来频繁，政治和经济联系密切，这种关系一直持续到元朝灭亡。

察合台汗国是由成吉思汗的次子察合台的封地发展而来的。四大汗国中，察合台汗国、窝阔台汗国与蒙古大汗统治中心最近，察合台和他的继承人通过侵夺大汗的土地，使其国家逐渐向半独立化方向发展。

察合台死后，按照他和元太宗窝阔台的约定，本应由哈剌旭烈继承汗位，但元定宗贵由为了扩大自己在蒙古亲贵中的势力，另立也速蒙哥为汗。贵由死后，拖雷之子蒙哥夺取了汗位，也速蒙哥因支持窝阔台家族，遭到了蒙哥的打击，哈剌旭烈受命取代也速蒙哥。后来在忽必烈与阿里不哥的汗位争夺战中，察合台的第六子阿鲁忽在取得察合台汗位后，坚决扣压了阿里不哥在河中地区所筹集的大批财物，转而效力于忽必烈，对元军击垮阿里不哥势力起到了重要作用。此后，在其他汗国都表示拥戴忽必烈的形势下，阿鲁忽也与元朝政权和好，双方互派使节。阿鲁忽死后，察合台汗国与元朝的关系出现了变化。木八剌沙未经朝廷许可继承汗位，引起忽必烈的不满，忽必烈遣另一察合台后裔八剌回国夺取汗位。八剌回国后，夺取了木八剌沙之位，实力迅速扩张，他依附于与忽必烈争夺大汗之位的海都，与忽必烈为敌。八剌死后，海都扶持其子笃哇取得汗位。此后，双方联兵东犯，使元朝穷于应付。海都死后，窝阔台汗国势力渐衰，笃哇遂遣使与元朝通好，并促成各汗国与元朝修好，各汗国的统治者在各自立国近半个世纪后，仍然认为他们和元朝之间的纷争是成吉思汗后裔间的内部事务，可以通过协商解决。

察合台汗国在也先不花为汗时，同元朝在边境划分问题上产生矛盾，由此引发与元朝之间的数年战争。也先不花死后，继任的怯别同元廷修好，遣使纳贡，双方保持了密切联系。但其后的继任者答儿麻失里因为信奉伊斯兰教，废除了祖制，招致蒙古贵族的不满，引发了内部动乱，最终导致察合台汗国分裂。

四大汗国中，窝阔台汗国的情况较为特殊。窝阔台是成吉思汗的第三子，按照蒙古人的规矩，从父亲那里获得了一块封地。成吉思汗死后，窝阔台继承了汗位，其原有封地为其后代所承袭。但后来汗位转入拖雷家族，引起了窝阔台后代与元朝的对立。

窝阔台之孙海都是与元朝对立的主要人物。他在钦察汗的支持下，击败察合台汗八剌，迫使其背叛忽必烈，承认自己的盟主地位。八剌死后，察合台汗国完全被海都控制，成为其对抗元朝的联合势力。双方与元朝展开了近半个世纪的战争，对元朝西北地区的局势造成很大影响。海都死后，笃哇将海都长子察八儿扶上窝阔台汗位，把窝阔台汗国变成自己的附庸，引起了窝阔台家族的分裂，窝阔台汗国势力顿衰。此时，两大汗国由于与元朝经过长时间的战争，实力受损严重，故决定归顺元廷。元成宗以承认他们在西北地区的既得利益为条件，终于与两汗国达成和约，停战修好。

元朝虽与窝阔台汗国实现了和平，但仍对其存有戒心，便扶持笃哇掠夺窝阔台汗国的土地，一步步削弱窝阔台汗国。后来，笃哇在忽里台大会上，将察八儿废黜。此后，察八儿虽然不断寻机复国，但终未如愿。元武宗至大三年（1310年），察八儿穷困无依，只得投奔元朝，元朝封他为汝宁王，窝阔台汗国最终灭亡。

伊利汗国为成吉思汗第四子拖雷之子旭烈兀所建。在所有宗藩国中，伊利汗国始终与元朝大汗保持密切的藩臣关系，各代伊利汗的袭封都以得到元朝皇帝的批准才为合法。在伊利汗发布的诏敕、国书中，都把大汗列在他的前面，以示尊崇。一些伊利汗廷有殊勋的权贵，也往往由大汗赐予官爵，元廷与伊利汗廷之间在官吏的任用上也互相交换。伊利汗在汉地拥有巨额的属民、封户，可以自选官吏，自主管理，这种情况终元一代都没有改变。元廷与伊利汗廷之间的使者往来频繁，不论国之大政，还是请赐官爵名号，或颁赐财物，或进行商业贸易，伊利汗都会遣使元廷，征求其意见。至于两者之间的经济文化交流就更为频繁，元朝的历法、医药等都在伊利汗国得到传播。

243 元军远征日本为什么会失败?

从成吉思汗率领蒙古骑兵东征西讨，到忽必烈灭亡南宋、建立元朝，蒙古铁骑几乎横扫了整个欧亚大陆。但盛极一时的元朝在两次东征日本时均惨遭失败。关于元朝远征日本失败的原因主要有以下几个方面。

首先，与日本特殊的地理位置和气候条件有关。日本位于东海之东，与中国隔海相望，其国土由4个较大的海岛和一些小岛组成，日本国民早已适应和了解了海洋，而蒙古人则是马背上的游牧民族，他们并不擅长海战，加上蒙古军队远道而来，对日本的情况了解很少，故在战争中处于被动地位。

日本列岛的海洋性季风气候也保护了日本人。元人第一次入侵日本时，势如破竹，迅速攻下了对马岛和壹岐岛等大片日本国土，还杀死许多日本将领，最后元军在博多登陆，与迎战的日军发生激战，元军使用火炮等先进武器对战日本武士手中名闻天下的日本刀，日军从未见过外国军队，打仗不懂阵形战术，在元军集团战术的攻击下，日本武士伏尸如麻，余部仓皇溃退。因天色已晚，元军停止进攻。后来考虑到缺少后援部队，所带弓箭也全部耗尽，元军便打算班师回国。但日本是一个三面临海的岛国，每年八、九、十月间，日本西部和南部会遭到台风袭击。就在元军准备回国的前一天晚上，一场突如其来的台风袭击了元军军营，元军停在海上的舰队一片混乱，不是互相碰撞翻船，就是被大浪打沉，台风稍停以后，又是一场暴雨，在黑暗的大海上，落海的士卒根本无力相救。元军遭此袭击，又怕日本乘机攻打，便连夜冒雨撤军回国。此次出征，元军死亡人数超过 13000 人，大多死于暴风雨，且损毁战舰船只无数。

至元十八年（1281 年），忽必烈再次集结 14 万大军，发动了第二次东征。此次日本经过积极部署，已经在博多湾沿海修筑了一条高约 6 尺、厚约 1 丈的石坝，并增强了沿海的守卫力量。同时幕府还动员全日本的武家都整军习武，参加备战，甚至连海盗也参加备战。元军苦战许久才击退日军，就在元军商议进退之时，又一场猛烈的台风来临。此前，元军的船只停泊在鹰岛海域，为了互相照应，防止日本海盗的袭击，元军将兵船用铁索连在一起。结果，在这场持续 4 天的大风暴下，元军的船只被风浪高卷，互相撞击，沉没无数，住在船上的军士也大多落水而死，死者将港湾都堵塞了。日军趁机前往鹰岛海域，进攻残存的元军，而此时元军将领竟然从残存的船只中找了坚固完好的船只，抛弃数万军队自己返航了。留在鹰岛上的元军士卒尚有十来万，除了两三万成为日军的俘虏外，其余被日军尽数袭杀。因此，在元朝东征日本的过程中，日本不同的气候条件是元军失败的重要因素。

其次，与元军作战部署和指挥失当有关。元军在两次东征日本初期都处于有利地位，但第一次仅派出 15000 人，孤军深入，不得已撤军，不巧又遇上台风，才导致死伤惨重。若元军第一次东征兵力雄厚，则元军可以趁势占领九州，也不至于亡于台风。第二次东征时虽然人数众多，但此时日军已有防备，而元军东路军统帅为争夺头功，无视与江南军会师于壹岐岛的约定，贸然先行至博多湾，遭到了日军的攻击，损兵折将。而等江南军与东路军会合后，元军内部又因为继续进攻还是撤退问题，商议良久无果，贻误战机。而元军最致命的错误还是在登陆日本以后没有建立据点，反而将船只连成一体，作为营地，在台风来袭时，他们又撤兵入舰，只能使损失更大。这与蒙古传统的迅速作战、迅速撤离的战略部署有密切关系，最主要的还是缺乏对海洋的了解，所以才会为海洋所吞没。再加上忽必烈对东征南宋降军的不信任，并未给其装备火炮等新式武器，使其战斗力大打折扣。而台风过后，元军高级将领范文虎等人的弃军逃跑，更使背水一战的数万大军土崩瓦解。

再次，与军队内部的厌战心理有关。忽必烈建立元朝后，实行民族歧视政策，使处于受压迫地位的北方汉人、契丹人、女真人及南方汉人对战争并不积极，在元朝的严酷征发下，许多地方甚至发生了反元的人民起义，而作为臣属国的高丽更是被迫征发军士、水手、战船、物资等，人民苦不堪言。而正是这些作战积极性不高的兵士，构成了东征日本的主力军，所以第二次东征尽管兵力雄厚，但士气不高，战斗力并不强。

最后，元军战船设计上的缺陷、拙劣的做工以及所用的劣质材料都有可能造成元军的覆灭。元军出征所使用的战船大部分是由造船技术落后的高丽人所造，而高丽在接到忽必烈要求造船 900 艘的命令时，只用了不到 6 个月的时间就全部完工了，其中还包括可载 1000 石或 4000 石的大舰 300 艘，如此大的工程量在如此短的时间内完工，其质量可想而知。第二次出征时尽管水军主力是原南宋水师，船只也大多是收缴的南宋水军装备的平底船，然而南宋造船技术虽然较高，但平底船适合河战，在茫茫大海上航行并不适合。忽必烈也曾命南宋故地建造战船，但后来由于各地困难重重，造船之事终未办成，所以第二次远征日本所用战船中除了高丽建造的以外，元水军主要使用的是来自南宋的内河船只。这种吃水浅、抗风暴能力弱的船只在台风面前受到了毁灭性的打击。

元军两次东征日本，打破了元军不可战胜的神话，国内实力大大受损，人民反抗不断，给蒙古统治带来了巨大的消极影响。

244 元军对高丽、安南及东南亚诸国的战争是怎么回事？

元朝建立后，蒙古大汗对外侵略的传统观念仍然保留了下来。从忽必烈到铁穆耳时期，为了满足蒙古贵族对财物、人口和土地的贪欲，不断发动对外侵略战争，与中国的多个周边国家之间展开了长期的战争。

蒙古与高丽之间很早就有了联系。忽必烈继位以前，蒙古就与高丽之间发生了多次战争。中统元年（1260 年），高丽国王逝世，忽必烈将蒙哥朝来中国为质的高丽王子护送回国，并扶植其即国王位，是为高丽元宗。忽必烈扶植元宗即位后，令其按照成吉思汗关于内属之国的定制纳质、助军、输粮、设驿、编户籍、置长官，加强对高丽的控制和剥削。元朝的压榨，激起了高丽朝野的不满。忽必烈至元六年（1269 年），高丽反元派大臣林衍废掉一直亲元的元宗，立其弟为王。

忽必烈得知后，立即发兵进入高丽，扶元宗复位。高丽的三别抄军首领裴仲孙拥立元宗的庶族王温为国王，将王室迁入珍岛，领导军民坚持抗击元朝的斗争。至元八年（1271 年），元军攻占珍岛，抗元的高丽军民溃败，余部在金通精带领下败走耽罗。两年后，在元军的追击下，金通精被俘，高丽的抗元斗争被镇压下去。元宗死后，他的儿子继位。忽必烈为加强对高丽的控制，将元朝公主嫁给高丽国王，高丽被迫更改官职称号，遣子弟入侍。元朝在高丽设置了驿站，并征发其军士、水手、战船参加侵日战争，给高丽人民增加了沉重的负担。此后，元朝在高丽设置征东行中书省，由高丽王和蒙古将军阿塔海共同管理。后来在高丽人民的反抗下，元朝虽然在高丽撤销了行省的建置，但直到元末，高丽的内政与外交仍均受元朝的控制。

忽必烈即位后，即遣使安南，要求安南国王陈光昺称臣纳贡，并派讷剌丁为安南国达鲁花赤。但不久，忽必烈又下诏要求安南对元朝修“六事”，即君长来朝、子弟入质、编民数、出军役、输纳税赋、置达鲁花赤，进一步控制安南。安南国王虽不愿接受这些条件，但迫于元朝的强大，不敢断然拒绝，只得拖延时日。

至元十四年（1277 年），陈光昺死，子日烜继立。忽必烈以其不修六事及不请命自立之罪，征其入朝，日烜拒不前往。至元二十年（1283 年），忽必烈以进攻占城为名，要求假道安南，并要求安南提供粮草，遭到拒绝。元军遂分六路入侵安南，安南兴道王率兵凭险抵抗，安南国王亲率 10 万大军对阵元军，但为元军所败。安南国都被元军攻破，安南王败逃至清化府。元军虽获胜，但因安南是热带丛林，又进入雨季，气候闷热潮湿，军中疫病丛生，只好撤兵北返。安南军乘机设兵伏击，元军大败而归，损失惨重。

忽必烈闻此败绩，暂停了东征日本的计划，全力对付安南，于至元二十四年（1287 年）再次发蒙汉大军 7 万讨征安南，海道万户张文虎负责押运粮草 17 万石以供军需。此次元军分三路南下，一路斩关夺隘，再次攻占安南国都。安南军民则坚壁清野，并切断元军粮道。元军长驱深入之后，粮草不济，且天气炎热，疫病发生，只得被迫再次撤退。不料又遭到安南伏兵攻击，几乎全军覆没。安南虽然取胜，但终究迫于元朝实力强大，遂遣使入朝，归还俘虏，并献上安南王的金像赎罪。忽必烈本打算再次入侵安南，但不久即病死，成宗即位后，下诏罢征安南。终元之世，安南一直向元朝称臣纳贡。

至元八年（1271 年），忽必烈遣使诏缅国国王归降纳贡，遭到拒绝。其后，因内附元朝的干额遭到缅王发兵攻击，元军遂出兵增援。缅军虽人数众多，但因象队遭元军猛射，负伤大象奔入树林，缅军的楼甲、短枪等战具皆被毁坏。元军乘胜进攻，连破缅国 17 寨。此后，元朝又相继招降了缅国 300 余寨。至元二十年（1283 年），忽必烈发兵大举侵缅，建都及金齿 12 部皆降附。缅王外逃，后为其庶子所囚，云南王所任官吏阿难答等人亦被杀害。忽必烈遂遣兵再次侵缅，不料遭缅军伏击，元军大败，死者甚众。缅国惧元军再度入侵，遂遣使谢罪纳款，并约定三年一贡。从此蒲甘王朝灭亡，缅国分裂。

元成宗时，缅国木连城的首领阿散哥利用民众对缅王降元的不满，杀缅王及元朝留缅之人百余人。在缅国王子的请求下，元成宗出兵入缅，但入缅元军将领在阿散哥的贿赂下，私自撤兵。大德七年（1303 年），元罢废云南征缅行省。此后，缅国仍对元朝保持朝贡关系。

南宋灭亡后，元朝封占城王为郡王。至元十七年（1280 年），忽必烈在占城设立行省，占城王子怨而扣留元朝派往暹国、马八儿国的使者。忽必烈于是发兵大举入侵占城，占城国王退保大州西北鸦候山，遣使诈降。元军发现被骗后，遂深入追击，不料山深林阻，前进无门，又被占城军截断退路，元军大败。至元二十一年（1284 年），入占城元军终因援军久候不至，粮草不继，引军北撤。元军刚一撤退，忽都虎万户所率援军即到达占城，占城国主令其孙奉表请降。

爪哇乃古阇婆国。因元朝遣使与爪哇通好时，爪哇人在元使脸上刺字遣归，忽必烈于至元二十九年（1292 年）怒而发兵远征爪哇。元军到达爪哇时，适逢爪哇国王被邻国葛郎国主所杀，其女婿土罕必阇耶领兵攻打邻国，反为所败。听到元军到来的消息，土罕必阇耶遂遣使请降，以换取元军的帮助。元军击败葛郎兵，招降其国主。而此时土罕必阇耶借口回国筹备贡品，脱离元军，并趁元军不备，邀击元军归路。元军大败，死伤惨重，狼狈撤回。

元朝的对外战争，给被侵略国家的人民带去了死亡和痛苦，也为本国人民带来了不幸和灾难，百姓赋役繁重，民不聊生，元朝境内掀起了此起彼伏的人民起义。

245 元朝对吐蕃是如何实行有效统治的？

吐蕃地区，从广义上说就是藏族地区。自唐后期吐蕃赞普被杀后，吐蕃王朝一直处于分裂状态，到元朝统一前夕，吐蕃地区出现了许多僧俗结合的大教派，如噶丹派、萨迦派、伯木古鲁派等，将吐蕃地区变成一个个以大寺院为中心的宗教小王国。

忽必烈继承大汗之位后，采取了一系列加强中央集权的措施，对吐蕃地区也开始逐步实行有效的管辖。实际上，早在忽必烈即位之前，就同吐蕃上层建立了联系。1251 年，忽必烈驻军六盘山时，召见了吐蕃萨迦派高僧八思巴，年轻的八思巴以广博的历史知识和深邃的佛法造诣赢得忽必烈的喜爱。1253 年，忽必烈南征大理，取道吐蕃，再次召见八思巴，为了表示对吐蕃佛教的崇敬，忽必烈和妻子等正式皈依佛教。1258 年，佛道两家在忽必烈面前辩论《老子化胡经》的真伪，八思巴引经据典，雄辩地驳倒了道家，赢得了忽必烈的敬重。

针对吐蕃地区的特殊形势，忽必烈采取扶植宗教势力来巩固统治的政策。于是，率先归附元朝并和忽必烈关系最密切的萨迦派首领八思巴就成了最佳人选。中统元年（1260 年），忽必烈即帝位后，任八思巴为“国师”，后又升其为“帝师”“大宝法王”，令其统领天下佛教，同时还管理吐蕃军民等世俗事务，是藏族地区的最高政治宗教首领。至元六年（1269 年），八思巴创制以藏文字母为基础的蒙古新字，并得以在全国通行。此后，八思巴的弟侄、门徒一直担任“帝师”这一职务，并受到历代元朝皇帝的尊崇和优厚的赏赐，吐蕃各路的其他重要官员也多由帝师的族人或萨迦派的官员本勤和大侍从担任。萨迦派僧俗封建领主凭借元朝的支持，成为吐蕃各教派、各地方的首脑。

至元六年，忽必烈封第七子奥鲁赤为西平王，将吐蕃地区作为他的封地。奥鲁赤死后，他的子孙世袭封地。元代吐蕃地区的政务，原先常由奥鲁赤及其继任者受命处理，但随着元朝中央集权的加强，吐蕃地区的军民事务开始由中央的宣政院统一管辖，奥鲁赤家族不能再直接处理地方军政事务，而必须上报宣政院，由宣政院上奏皇帝来进行决断。

宣政院（原名总制院），成立于至元元年（1264 年），以国师八思巴总领院事，下设院使若干人，为首者由朝廷大臣担任，其余由国师推举僧人担任。遇到吐蕃有重大事件，则另设行宣政院前往处理。

吐蕃地方上分设三道宣慰司来进行统一管辖，这三道宣慰司是：吐蕃等处宣慰司都元帅府（又称朵思麻宣慰司）、吐蕃等路宣慰司都元帅府（又称朵甘思宣慰司）、乌思藏纳里速古鲁孙等三路宣慰司都元帅府（又称乌思藏宣慰司）。宣慰司之下，设元帅府、宣抚司、安抚司、招讨司、万户府、千户所等；与汉地接近的藏区则设置路、府、州、县来管辖。从宣慰使到万户各级官员，都由宣政院或帝师荐举，由皇帝任命，各级官员也必须遵守元朝的法令，接受中央的考核。

元政府通过分封万户和各种僧、俗官职，确认了受封者对其所据的土地和属民的占有权，这些由朝廷敕封的僧俗首领们成为乌思藏地区的封建领主。他们有权设置和任命自己的下属官吏，还可以拥有自己的武装力量，而各领主的属民均要承担国家和领主的双重赋税和徭役。

元朝还在吐蕃地区派遣军队，有蒙古、探马赤军和汉军、新附军，亦置元帅府、万户府、千户所等机构管理军队。吐蕃的军务由宣政院处理，吐蕃或邻境有战事，各地长官必须听从中央调遣。这些措施，加强了元朝对西藏的统治。

忽必烈在位时，还先后两次派人去西藏清查户口和土地数目，确定各封建主应向元朝纳贡的数额，使藏族人民成为元朝的编民，承担国家的赋税和徭役。

由于管理吐蕃的最高机构设在元大都，政府的政令都要从大都发布。为了加强西藏同内地的联系，忽必烈即位后，还在西藏地区广设驿站，称站赤。元朝在乌思藏、朵甘思、朵思麻三道设置了大站 28 处，小站 7 处，每站驿程近者不下三五百里。驿站由朝廷直接掌管，每站设专职官员进行管理。对于驿站事务，各宣慰司需要禀报宣政院，由宣政院报告中央商议解决办法。元朝非常重视吐蕃驿道的通畅，如遇站赤资金短缺，则由朝廷支援。驿站的设置，对传达中央政令，巩固中央对吐蕃地区的统治，维持吐蕃地区的稳定，具有重要意义。

元朝统治者在利用萨迦派的同时，也扶植其他教派和地方势力，以对萨迦派形成牵制之势。其中一些较强的地方势力不甘心受制于萨迦派的统治，往往与萨迦派产生摩擦。至元二十七年（1290年），实力较强的必里公派就曾掀起了反抗萨迦派的斗争。元朝末年，势力强盛的伯木古鲁派趁元廷困于农民起义无暇西顾之机，推翻了萨迦地方政府，夺取了乌思藏的统治权。

总之，西藏地区纳入中央政府行政管辖后，元朝在西藏地区实施的任官、括户、置驿、建制、征税等一系列措施，有效地实现了元朝在西藏的统治，标志着西藏地区正式进入中国版图，对结束西藏地区的动乱，维持西藏的稳定，促进当地经济文化发展都有十分重要的意义。

246 红巾军大起义与元朝的灭亡是怎么回事？

元朝末年，统治阶级内部矛盾尖锐，吏治腐败，财政困难，政府为了缓解财政入不敷出的局面，除了横征暴敛、强行搜刮外，还大量发行纸币，引发通货膨胀，人民强烈不满，再加上黄河连年失修，多次决口，饥民遍野，人民生活在水深火热之中。在政治日益腐败、剥削沉重，以及天灾人祸不断的情况下，各地农民起义相继爆发。

至正十一年（1351年），元朝政府征发15万民工修治黄河，为了保证工期，派2万士兵沿河监管。当时，主管河务的官吏贪污腐败，任意克扣民工的钱粮，致使民工挨饿受冻，群情激愤。此时，早已在民间流传的白莲教组织的首领韩山童和刘福通看准时机，编了“石人一只眼，挑动黄河天下反”的民谣，四处传播，并暗地里在河道埋下一具独眼石人。待独眼石人挖出后，河工们惊诧不已，人心浮动。

当年五月，韩山童和刘福通在颍州颍上聚集了3000多名白莲教教徒，打起了起义的大旗，起义军头裹红巾以为标志，故称“红巾军”。他们杀黑牛白马，誓告天地，准备起兵，但起义尚未开始，就遭到了元政府的镇压，韩山童被抓捕，其妻杨氏与子韩林儿逃到武安（今江苏徐州），刘福通突围后，重新组织起义力量，一举攻占了颍州。

起义军占领颍州后，元廷派枢密院同知赫厮、秃赤率领阿速军6000人及各路汉军前往镇压，然而元朝军队将领腐化堕落，军队战斗力低下，诸路将官但以酒色为务，士卒则以劫掠为主。赫厮军见红巾军势力强大，不战而逃，其他元军亦相继逃散。起义军趁机进占朱皋、罗山、光州等地。红巾军所到之处，开仓放米，赈济贫民，深得人心，各地贫民相继归附，人数达10余万。

在红巾军的影响下，全国各地的农民起义蜂起云涌，如蕲水（今湖北浠水）的徐寿辉、萧县（今属安徽）的芝麻李等部，皆带红巾，纷纷攻城略地，以响应红巾军。在与元朝官军的斗争中，各地分散的红巾军逐渐联合起来，形成南北两支，北方红巾军以刘福通为核心，南方红巾军以徐寿辉为首领。

元廷方面在赫厮战败后，又派遣御史大夫也先帖木儿等人率大军10万前往镇压红巾军，同赫厮军一样，也先帖木儿军尚未与红巾军交战，便因受惊四处逃散，军资器械、粮草战车尽数遗弃。

元廷见出师不利，而起义已成燎原之势，便一面全力组织镇压，一面改变过去歧视汉人的政策，宣布南人有才学者也可出任中书省、枢密院等高官，地方更可推举有能力者出任地方长官。在元政府的糖衣炮弹下，一些仇恨红巾军的汉族地主开始招募丁壮，组织起地主武装，与红巾军为敌。

至正十四年（1354年），在取得了高邮之战的胜利后，起义军赢得了恢复与发展的好时机，起义形势高涨，各地农民起义军先后建立了自己的政权。至正十五年，刘福通将韩山童之子韩林儿从砀山接回，立为皇帝，称小明王，建都亳州，国号宋，改元龙凤，建立了北方红巾军政权。宋政权建立后，元政府加紧了对起义军的镇压，红巾军失利，小明王退走安丰（今安徽寿县）。至正十六年（1356年），为了减轻龙凤政权的压力，刘福通派遣李武、崔德率一支红巾军进兵陕西，毛贵另率一支入山东。李武、崔德一支在陕西受挫，最后投降了李思齐，而毛贵一支在山东战果辉煌，占领了山东大部郡邑，并得到了元朝当地守军的响应。至正十七年（1357 年），刘福通分兵三路北伐，东路由毛贵率领，经山东、河北进攻大都；中路由关先生、破头潘率领，绕道山西，转攻河北，与东路军配合包围大都；西路由白不信、大刀敖、李喜喜率领，直趋关中，增援李武、崔德军。

在三路大军北伐的同时，刘福通也北上攻克汴梁，将其作为宋政权的都城。此时红巾军势力达到鼎盛。但随后北伐三路军相继失利，诸路义军首领或战死或投降，攻占的城池又为元军所控制，使元军得以集中力量围攻汴梁。元军包围并攻破了汴梁，刘福通带领小明王冲出重围，逃回安丰，数万红巾军官员、将士及其家属被俘。其后，张士诚趁机攻打安丰，刘福通力战身亡。中原地区的红巾军被镇压下去，后来小明王被朱元璋沉水而亡，红巾军建立的韩宋政权结束。

南方红巾军内部也因矛盾而互相仇杀，势力大大削弱。随着红巾军中原地区政权的结束，波澜壮阔的红巾军大起义也接近尾声。但此前一直隶属于龙凤政权的朱元璋此时发展了起来，势力迅速扩张。朱元璋出身于贫苦农民家庭，在走投无路时投奔红巾军郭子兴部，后成为这支义军的首领。在通过一系列政治、经济和军事方面的措施后，朱元璋终于独树旗帜，于洪武元年（1368 年）在南京称帝，建立了自己的政权，国号大明，宣告了元政权的灭亡。

元末红巾军起义虽然失败了，但起义波及大半个中国，农民军坚持斗争 13 年，沉重打击了元朝在全国各地的统治，对瓦解元朝的统治起到了决定性的作用，并为朱元璋最后彻底推翻元朝创造了条件。

247 马可·波罗笔下的元代中国是什么样子的？

元朝是中国历史上第一个由少数民族建立起来的大一统帝国，在后世的记忆中，这是一个异族统治的黑暗时期，但在当时的外国人看来，当时的中国却是地球上最富有的国度，它的繁荣让人心生向往。

在众多来到中国的人中，意大利旅行家马可·波罗可谓先驱者。马可·波罗是意大利威尼斯人，他的父亲、叔父都是威尼斯商人，曾经到中国经商，并奉元世祖忽必烈之命出使罗马教廷。元世祖至元八年（1271 年），年仅 17 岁的马可·波罗跟随父亲和叔父到元廷复命，由古丝绸之路东行，经叙利亚、伊朗，穿越中亚沙漠地带、帕米尔高原，经过我国的喀什、于阗、罗布泊、敦煌、玉门，历时 4 年到达元上都。他被中国人民所创造的灿烂文明和发达的经济文化所震惊，从此游历中国达 17 年之久，到达中国各地，如陕西、四川、云南、河南、江浙等地，还出使过越南、缅甸、苏门答腊等地。每到一处，他总要详细考察当地的风俗人情，并在返回后详细汇报给忽必烈，因此深得忽必烈宠信。后来他还曾在扬州任职 3 年。回国后，马可·波罗讲述了其游历东方诸国的见闻，写成《马可·波罗游记》一书。

此书记载了马可·波罗东行时沿途国家和地区的风土人情，记载了元朝初年的重大政治军事事件，以及大汗朝廷、宫殿、节日、游猎等情况，详细讲述了元大都的经济文化和民情风俗，以及西安、开封、南京、杭州、扬州等各大城市繁荣兴旺的景象，还介绍了中国的近邻日本、越南、老挝等地的情况。

因马可·波罗在中国停留的时间最长，其所至之处遍及中国南北各地，所以他在游记中以大量的篇章、热情洋溢的语言，描述了中国庞大繁荣的商业城市、发达的交通设施和富丽堂皇的宫廷建筑，华美廉价的丝绸锦缎和完善方便的驿道交通，引起了无数西方人对中国的向往。

他在游记里写到中国雄伟壮丽的城市建筑，带有花园和人造湖的大汗宫廷，从北城一直延伸到了南城。皇帝的皇宫只有一层，但屋顶很高，房基高出地面约 10 指距，大殿和房间都装饰雕刻和镀金的龙，屋顶金碧辉煌，珍宝琳琅满目。

汗八里（今北京）城内的居民众多，房屋鳞次栉比，是世人所想象不到的。城内云集了来自世界各地最稀奇最有价值的宝贝，如来自印度的宝石、珍珠、药材和香料。其他各地的值钱东西也要运到这里，满足商人的需要。每年大汗的万寿日时，元朝社会上上下下都要庆祝，大汗会穿上华丽高贵的金袍，其他文武官员也要穿上各种高贵的丝织品，有些衣服上还装饰有华贵的宝石和珍珠，这些衣服的花费巨大，无法计数。他讲到当时的交通情况，各条大道均高于周围地面，易于排水，而繁忙的水上交通更是给中国带来了来自各地的奇珍异宝，元代的每个港口都停泊着比欧洲人知道的还要大的船只。他还对元朝方便完善的驿站制度感到震惊。元朝的驿站制度是：从汗八里城通往各省的道路上，每隔 25 里至 30 里，就有房舍接待过往的使臣或商人，每个驿站内备有 400 匹马，专供信使使用。每个驿站之间，每隔数公里就会有 1 个小铺，小铺周围有房屋 40 所，供信差居住。这样庞大的驿站制度，需要数量众多的马及信差，也需要庞大的资金，马可·波罗对中国皇帝的富有惊叹不已。

他还描写了元朝通行全国的纸币，对纸币的制造和使用情况进行了描述。纸币用桑树的皮制造而成，上面签上特别任命的官员的名字，并盖章，然后就成为通用货币。这种纸币流行在中国各地，用它可以购买任何物品。

总之，在马可·波罗笔下，当时的中国是一个极其富庶而又充满异域风情的国家。此书流传极广，被称为世界一大“奇书”，曾被译为多种文字出版，对欧洲人了解中国及东方社会影响极大。欧洲的地理学家曾经根据它绘制了早期的《世界地图》。此书对当时东方最富有的国家——中国的记载，也激起了欧洲人对东方的热烈向往，对以后新航路的开辟产生了巨大影响，激发了哥伦布到东方寻找财富的探险之旅，并因而发现了美洲新大陆。如今，马可·波罗及他的游记已经成为一门国际性的学科，即马可·波罗学。

当然，马可·波罗对中国有些方面的记载有错误或根本没有提及，如他弄错了成吉思汗以来汗位世次以及忽必烈太子真金的名字，他说自己曾经教导蒙古人制作回回炮攻陷了襄阳，而襄阳陷落是在至元九年（1272 年），先于马可·波罗来华两年，故此事可能是他的附会。除了这些明显的错误以外，游记中也丝毫没有提到对西方来说最有中国文化特色的茶、汉字和长城。基于以上问题，有人认为，马可·波罗并没有真正到过中国，他可能只是到过波斯之类的国家，听波斯商人谈到中国的事情，道听途说，加上自己的想象，因而编成了《马可·波罗游记》。

但是，马可·波罗关于中国的一些事件、制度、地理、物产、风俗的记述，基本上是准确可信的。所以马可·波罗应该来过中国，只是他本身的记忆出了问题，或者他在中国的17年中，活动范围基本上只在元政府安置一些东迁的西方人的封闭圈内，所以其书中才看不到对汉人和汉文化的记载。

248 元代的行省制度是怎样的?

元朝入主中原后，建立了统一的大帝国。统一后的元朝疆域比以往的任何朝代都要辽阔。为了对地方进行有效的管辖，元世祖忽必烈在强化中央集权的前提下，参照宋、金制度，建立起了从中央到地方的统治机构。

中统元年（1260年），忽必烈在中央设立中书省，作为全国最高行政机关。后又沿用旧例，频繁派中书省宰执带相衔临时到某一地区负责行政或征伐事务，如中统和至元前期的陕西四川行省、河东行省等。

元代的行省设立之初只是一个临时性的中书省派出机构，朝廷委派中书省官员分赴各地处理军政事务，代表中央行使权力，事毕即撤，设置并不稳定。但随着全国的统一，行中书省（简称行省）逐渐转变成常设机构，其职能也由只管军事的临时机构变为兼及民政、财政的地方最高行政单位。随着统一的进程，元朝除将山东、河北、山西等地区划归中书省直接管理，吐蕃和诸王封地由宣政院管理外，陆续在全国设立了10个行省，每个行省下辖路、府、州、县等地方行政机构。

中书省直辖区谓之腹里，地域辽阔，其人口、面积均在大多数行省之上。中书省除了亲自处理腹里地区的政务外，还要节制和领导其他行省。各行省掌管辖区内各府州县的赋税征收及财政考核等，还有权指挥辖区内各级地方政府的各项政务。

元代的行省面积较大，1 个行省相当于今天的 2 到 3 个省，其经济实力和军事实力都很大。为了防止地方势力对中央形成威胁，元代实行了严密的政策对行省进行规范，将其限制在可控范围内。这些政策的内容有四项：

第一，行省内部实行群官圆署和种族交参制，以形成互相牵制、分权制衡之势。元代的行省实行群官负责和圆署会议制，行省官员通常由左丞相、平章、左右丞、参知政事等六七人组成。圆署会议即行省高级官员集体参加的会议。但凡一省之行政、军政、财政、刑名等重要事务，都要采用圆署会议和专官提调相结合的方式商议处理，会议的结果要各位与会者签字画押才有效。当然，也有一些特殊事务由朝廷指定专官掌管，其他官员不得随意干预，如各行省的“提调军马官员”，但这些官员始终由朝廷确定，而且其选定常常是经过了朝廷的慎重考虑。这些专官调动军队的权力集中在皇帝手中，行省只能遵照朝廷的命令行事。行省的官员通常是蒙古人、色目人和汉人交参任用。其长官一般是蒙古人或色目人，如统军权，行省官员中只有平章以上者得掌军权，而平章以上又不准汉人担任，故通常都是由蒙古和色目贵族担任。

第二，行省辖区内各级地方官吏的任免和考课主要由中书省和吏部负责，即使是未入流品的吏职，其选用也一律由中书省吏部确定，行省几乎没有任官权和铨调权。所以在行政方面，行省虽然统辖各路府州县，但这种统辖只是代替中央节制各基层机构。

第三，设立以行省为重要监察对象的监察机构。元代设置了行御史台以及二十二道谦访司，共同构成地方监察系统，对行省官吏进行监察和按劾等，有力地监督了行省官员的施政情况。

第四，行省区划上的犬牙交错和以北制南的格局。秦汉以来的地方行政区划大多是以山川地形的自然界线或历史传统来确定边界的。这种划分政区的方式往往容易造成一方割据称雄的局面，所以元代的行省区划打破自然地理界线，人为地造成犬牙交错和以北制南的局面，以达到中央军事控制的目的。

由于上述政策的实施，各行省始终在朝廷的严格控制和监督之下，对中央负责，效忠于朝廷。行省的长官名义上对一省的行政、财政、军事几乎无所不总，但实际上权力大而不专，在实际执行过程中无不受到中央政府的牵制与制约。

综上所述，元代的行省既是朝廷的派出机构，又是地方的最高行政机构，有利于加强中央与地方的联系，加强国家的统一和民族的融合；行省制度既有利于中央集权，又给地方留出了部分权力，达到中央与地方势力的平衡；行省的领导体制是一署多员与长官节制相结合的制度，有利于官员的相互制约；行省权力大而不专，成功地解决了地方势力大而难制的弊端。

然而，元代行省制也有一些负面影响，如行省将路府州县各基层区划的权力削夺大半，使其处理政务的正常功能明显降低，犬牙交错的政区划分方式，又人为地割断了一省内经济、文化的联系，不利于经济、文化的发展。

元代创设的行省制度，是对我国地方行政区划制度的一次重大改革。行省制度的建立，不但加强了元朝的中央集权，巩固了我国多民族国家的统一，对后世也产生了深远的影响，明清的省级三司机制就是在元代行省制的基础上进一步发展而成的。元代以后，“行省”这个名称一直沿用下来。

249 什么是元杂剧？关汉卿在杂剧方面有何成就？

元杂剧即元代的戏曲，又称北杂剧、北曲、元曲，它是在金院本和诸宫调的影响下，融合各种艺术表演形式而成的一种完整的戏剧形式，并在唐宋以来话本、词曲、讲唱文学的基础上创造了成熟的文学剧本。

元杂剧最初流行于北方，以大都为中心，遍布河南、河北，受方言的影响，它有不同的声腔流派，如中州调、冀州调和小冀州调。

这种北方声腔的剧种，逐渐由北方发展到南方，最终流行于全国。在元代的各类艺术形式中，杂剧最为广泛地反映了当时的社会生活，上至朝廷君臣政治之得失，下至乡闾市井父子兄弟之人情，以及异域风俗语言之不同，无一不包，其取得的成就也最高。

元杂剧是一种包含有“唱”“念”“做”的戏剧样式，剧中的人物故事主要通过歌唱和念白来表现，一些优秀剧本的唱词还呈现出诗剧的色彩。念白部分受唐、宋以来戏剧传统的影响，常插科打诨，颇富幽默趣味。

元杂剧的结构形式是四折一楔子，即每个剧本一般由四折戏组成，有时再加一个楔子；音乐方面采用的是北曲联套的形式，每一折用一个套曲，每一个套曲一般都由连缀同一宫调的若干支曲牌组成；杂剧的角色一般分为旦、末、净、杂四大类，有的还有外、丑两类，每一类下面又包括若干小类，每一类人物的舞台地位是不一样的，如旦包括正旦、外旦、小旦、大旦、老旦、搽旦，其中正旦是歌唱的女演员；一人主唱是元杂剧的显著特点，主唱的角色不是正末就是正旦，并且唱与说白紧密相连，有单人独白，也有两人对白。唱、白以外，元杂剧中还穿插有各类歌舞动作，增强了舞台艺术效果。

元代社会民族矛盾和阶级矛盾尖锐，大多数文人晋升无门，并和广大人民一样遭到残酷迫害，为了缓解愤懑的情绪，更为了发挥自己的才能，许多文人开始学习民间的艺术，并进行相关的创作，这对元杂剧的兴盛起了巨大的推动作用。

关汉卿就是这诸多文人中的一员。关汉卿（约 1210 年—1300 年），号已斋叟，解州（今山西运城）人。他是元代最早从事剧本创作的作家之一，也是元前期杂剧界的领袖人物。他生性倜傥、博学多闻、幽默智慧，再加上他长期生活于勾栏瓦肆，与一些著名艺人相交，熟悉勾栏技艺，故在杂剧创作上取得了很大的成功。他与马致远、白朴、郑光祖合称为“元曲四大家”。他丰富的创作和巨大的贡献使他成为我国戏曲史上最伟大的剧作家，杂剧这一剧种的主要奠基人。

关汉卿的作品取材非常广泛，有描写历史人物的历史剧，以弘

关汉卿画像

扬正气、歌颂历史英雄为主要内容，如《单刀会》，写关羽拒还荆州，正是他保卫汉家江山、维护正义立场的思想体现；有主题为揭露社会黑暗和官场腐朽的公案剧，以反映广大人民群众的苦难，如《窦娥冤》；还有反映各类妇女问题的社会剧和爱情剧，主要以描写下层妇女的生活斗争为主，如《救风尘》描写了一个敢爱敢恨的具有侠义色彩的风尘女子赵盼儿，在同行姐妹嫁给恶少周舍后，惨遭毒打之时，不计前嫌，甘冒风险，挺身相助。

关汉卿的杂剧艺术特色明显，他的戏剧结构完整，四折之间联系紧密，场次安排颇具匠心，首尾照应，能根据生活发展的逻辑和主题的需要安排故事情节；重视舞台演出效果，情节曲折，波澜壮阔；剧中人物形象鲜明生动，通过人物行动和心理描写刻画出鲜活的人物性格。他笔下的人物很少是概念化的产物，而是具有生活中真实人物的多面性。

在处理戏剧冲突方面，关汉卿善于提炼激动人心的戏剧情节，这些情节既富有传奇色彩，又都扎根于现实土壤中。过场戏简洁，戏剧场面随步换形，富于变化，总是出乎观众意料之外，又在情理之中。在戏剧语言方面，关汉卿以本色当行著称。他是元代杂剧作家中本色派的代表人物，能运用大量质朴自然、生动活泼的民间语言，铸造精美的古典诗词。他善于用语言来刻画人物，而无论是曲词还是道白，都符合人物的身份、地位，体现了人物语言的个性化。这是关剧艺术描写上的一大特色，正如王国维所说：“关汉卿一空倚傍，自铸伟词，而其言曲尽人情，字字本色，故当为元人第一人。”

关汉卿的杂剧是元代社会的一面镜子，反映了广阔的社会生活，揭露了社会各方面的矛盾冲突，描写了被压迫人民的苦难遭遇及其身上固有的反抗精神，他笔下的主人翁在遭受苦难时，不只是痛苦呻吟，还敢于和恶势力展开顽强的斗争，并最终取得胜利，这种充满斗志的现实主义精神，使他的作品闪耀着理想主义的光辉。

关汉卿是位多产的作家，他把毕生精力都投入到了杂剧创作之中，他一生所写的杂剧，据《录鬼簿》和《太和正音谱》分别列目为 62 种和 60 种，傅惜华的《元代杂剧全目》统计为 67 种，但大多数已经失传。流传下来的被编为《关汉卿戏曲集》，一共收录 18 种。这些卓越的成就为元杂剧的繁荣与发展打下了坚实的基础。

元代以来，后人对关汉卿剧作的评价看法不一，尽管有人站在封建统治阶级的立场上贬低他的作品，但无论从作品的语言、韵律、剧情，还是从社会功能上，关汉卿的地位都是不可取代的。他是我国历史上最伟大的剧作家，他的杂剧是标志戏曲艺术创作走上高峰的旗帜，并对后来的戏曲创作产生了巨大影响。以他为代表的元杂剧在中国文学艺术史上的俗文学和戏曲艺术领域取得了重要地位，从此俗文学便在文坛艺苑上有了一席之地，同时元杂剧也与宋元戏文一起成为中国古代戏曲艺术最早的成熟形态，为古典戏曲的表演艺术奠定了基础，并一直成为明清时期各种戏曲艺术不可逾越的典范。

近代以来，关汉卿的戏曲全集在国内出版，他的作品还被翻译介绍到了欧洲，关汉卿被世界和平理事会提名为“世界文化名人”，他的作品已经成为全世界人民共同的文化财富。

250 元代在散曲创作方面取得了哪些成就?

散曲是元代文学园地里的一朵奇葩，它产生于金代民间的“俗谣俚曲”。在以前的文艺类型中，散曲和词的关系最为密切，体制也最接近，都属于有固定格律的长短句形式。基于此种关系，元曲曲牌出于唐宋词牌的非常多，也因此有人把散曲叫作“词余”，但实际上散曲和词的差别很大。

散曲的兴起，源自于中唐以后民间流行的长短句歌词，在经过长期发展后，吸收了许多民间的曲词和女真、蒙古等民族的乐曲，逐渐形成了一种新的诗歌形式，当时散曲主要在北方流传，故也称北曲。

北曲一方面用于杂剧，成为剧中的唱词，一方面作为独立的抒情乐歌，也就是“散曲”，并由于文人的参与而进一步发展成为重要的文学体裁，在元代达到了繁盛阶段。

散曲在元时称为“乐府”或“今乐府”。就其体裁而言，主要可分为小令和套数两类，另外还有一种介于小令和套数之间的特殊体式带过曲。小令其实就是词中小令的延续、扩大和发展，用以抒发个人情感和描写景物，其字数、用韵限制都不像词那样严格。每首都能独立，相当于一首诗或一阕词。套数是以小令为单位，像诸宫调一样，将属于同一“宫”或“调”的几支小令按一定的次序排列而成，也叫“套曲”或“散套”。它一般用来叙述较完整的情节或故事，描绘复杂的心理或情感，有时也可用来发表议论，讲谈哲理。带过曲是由同一宫调的不同曲牌组成，但曲牌最多不能超过三首，属小型组曲，比套数容量小很多，且没有尾声。

散曲作为继诗、词之后出现的新诗体，其格律变化多端，在规定的格律之外，还允许较大程度的自由发挥；语言风格通俗，大量运用俗语和口语，包括一些语气词，生活气息浓厚；句法大都比较完整，不太讲究精练含蓄；写作上常常通过一个短小的情节，写出人物正在活动的情绪，带有一种戏剧性的效果，灵活生动。散曲体裁上的特点使它活泼灵动，浅俗坦露，娱乐性很强，能够满足市民阶层作为闲暇的消遣和情绪宣泄的需求，因此受到了人民的欢迎，逐渐发展和繁荣起来。

元代散曲成果众多，现存的有小令3800多首，套数470余套，现知散曲作家200多人。作品主要围绕元代的社会特征展开，其题材和内容有反映元代社会黑暗的，有慨叹人世险恶、向往田园归隐的，有描写感情和闺怨的，也有描写自然景观的。

元代散曲的发展，以元仁宗延祐（1314年—1320年）年间为界，大致可以分为前后两个时期。前期的创作风格以豪放为主流，这一时期的散曲作家中，以关汉卿、王和卿、马致远和白朴等人的成就最高。关汉卿的散曲豪爽而老辣，富有热爱人生、热爱生活的激情，对世事有一种智慧的洞察力，语言以质朴自然为主，他的著名套数《不伏老》，以自述的形式表达了作者的性格、意志和才能，气韵深沉，语势狂放，历来为人传颂，是他的代表之作。另外还有《杭州景》《赠朱帘秀》等著名套数。他的小令多写男女恋情，离愁别绪，真切动人。王和卿的作品多取材于日常生活，虽题材庸俗，但透露出市井文人的乐观和活泼，也显示出了散曲的娱乐性。他的作品往往寥寥数语，却能勾勒出人物和景色的轮廓，如《醉扶归》勾画出男女之间闹别扭，男子沮丧、懊恼的情景，虽着墨不多，但情趣盎然。马致远在前期散曲作家中作品保存得最多，他的作品《夜行船·秋思》《天净沙·秋思》等都是比较著名的作品，如后者将九种景物集中在一起，未加修饰，就将秋日傍晚的苍凉表现得淋漓尽致，因此被称为“秋思之祖”“纯是天籁”“一时绝唱”，王国维称赞说：“寥寥数语，深得唐人绝句妙境。”白朴的散曲以描写男女恋情和自然景物为主，作品清丽婉约，不乏佳作。如《题情》，用生动通俗的语言描写了一位想要冲破封建束缚的少女的心态。另外，白朴还有一些感慨世情不平的作品，如《知机》等。

元后期的散曲体裁更加丰富，创作风格以清丽为主，豪放为辅，出现了诗词化、规范化倾向，艺术上刻意求工，用词更加典雅华美，丧失了前期散曲作品质朴自然的特色。这一时期著名的散曲作家主要有贯云石、张可久、徐再思、乔吉、杨朝英等，其中以张可久和乔吉影响最大。

张可久创作了大量散曲，特别致力于小令的创作。他的作品题材广泛，有表达失意情怀的，有描写山水风光的，也有表达对人民的同情的，如《卖花声·怀古》，用生动的语言表达了对劳动人民困苦生活深深的同情和爱莫能助的感叹。他的作品颇有风流自赏的味道，语言上更多地融化诗词语汇和意境，简单清雅，得到了后人的好评。乔吉的散曲题材丰富，形式整饬，具有明快的音乐节奏，又很注意用词，善于用不同的语言表达感受。他能以超脱的眼光看待功名利禄、世情沧桑，所以人生态度比较平淡。这种性格在他的小令《绿幺遍·自述》中很好地表现出来。

元后期还出现了一大批散曲理论著作和散曲总集。理论方面有：周德清的《中原音韵》，对北曲的用韵及作法做了总结和规范；芝庵的《唱论》，归纳了北曲的歌唱方法和声乐特点；钟嗣成的《录鬼簿》，对杂剧、散曲作家的生平、创作情况做了著录和评论。这一时期，除了散曲别集外，还有大量的散曲总集问世，如杨朝英的《乐府新编阳春白雪》《朝野新声太平乐府》，无名氏的《类聚明贤乐府群玉》《梨园按试乐府新声》等。这些作品真实地反映了百余年来散曲创作繁荣、成熟的情况。

到了元末，南戏音乐融入散曲，不少作家采用南北合套的方式，使元代散曲的发展出现了新面貌，为明代散曲以南曲为主的局面奠定了基础。

251《三国演义》与《水浒传》的主要内容及艺术特色是什么？这两部小说的地位和影响是怎样的？

《三国演义》全名《三国志通俗演义》，元末明初小说家罗贯中所著，是中国第一部长篇章回体历史演义小说，中国古典四大名著之一。

罗贯中（约1330年—约1400年），名本，字贯中，号湖海散人，山西太原人。他一生著述颇丰，由于生活在元末明初，对元末大动乱的社会现实有切身体验，对人民群众所遭受的苦难也有所了解，这对他的小说创作产生了一定的影响。

有关三国的故事自唐宋以来早已在民间流传，以三国故事为内容的评书、戏剧和其他文学作品也层出不穷，宋元时期还被民间艺人搬上了舞台。罗贯中在民间传说及民间艺人创作的话本、戏曲、平话的基础上，根据陈寿的《三国志》和裴松之注等材料，结合自己的生活经验，创作出了《三国演义》这部经典名著。

《三国演义》描写了从东汉灵帝中平元年（184年）黄巾起义开

始，到晋武帝太康元年（280 年）西晋统一为止，其间近百年的历史故事，反映了三国时期的政治军事斗争及各类社会矛盾的变化情况，集中描绘了魏、蜀、吴三国的历史，尤其是魏、蜀两国。在对三国的态度上，罗贯中遵从民间尊刘反曹的感情倾向，以刘备集团为中心，突出刘备集团的汉室正统地位。

围绕着三国历史故事，书中刻画了数百个栩栩如生的人物形象，如诸葛亮、曹操、关羽、刘备等人。作者除了将诸葛亮塑造成一个能够经世济民的贤相，为了扶持蜀汉，鞠躬尽瘁、死而后已外，还将他描绘成一个足智多谋、神机妙算的军事家，一把瑶琴退敌万人，三国时期的众多谋士与他相比皆相形见绌；曹操则被塑造成一位“宁教我负天下人，不教天下人负我”的奸雄形象，他既有雄才大略，又奸诈多计，一举一动都隐藏着阴谋诡计，是一个政治野心家；与曹操相比，刘备则是一位仁民爱物、礼贤下士、知人善用的仁君；此外还有关羽、张飞、赵云等多位性格鲜明的人物形象，以及与他们相关的“过五关斩六将”“威震长坂桥”“单骑救主”等脍炙人口的故事。书中除了塑造个性鲜明的人物形象以外，还描写了大小 40 多场波澜壮阔的战争场面，如官渡之战、赤壁之战等。作者以人物为中心，用精彩的文字描述出每场战争的不同特点，不同的战争写法也不同，塑造了一场场气势磅礴、惊心动魄的战争场面，读来让人如身临其境；在描写战争的同时，还兼写其他与战争相关的活动，使原本激烈紧张的战争表现得有张有弛。

全书结构紧密，情节连贯。作者能以蜀汉为中心，利用魏蜀吴三国之间的冲突，将三国时期众多的人物、纷繁的事件和复杂的情节处理得井井有条，实属难得。语言方面采用浅近的文言文，简洁流畅，明快生动，笔法富于变化，收到雅俗共赏的艺术效果。

《三国演义》虽然以历史为题材，主要事件与《三国志》基本相同，但全书受地方野史、传奇、逸史的影响极深，而且经过了艺术加工，对有些历史人物和事件的描述并不真实。但该书在民间的影响极深，流传范围又广，使人们对历史人物产生了误解。如为了突出诸葛亮的性格、品德和功业，将他夸大成一个半人半神的超人形象，不再是真实的历史人物。所以近代以来，许多学者积极澄清《三国演义》，对诸葛亮、关羽等传统人物进行再评价。

《三国演义》是古代历史小说中成就最高、影响最大的一部作品，它不仅在国内拥有极为广大的读者群，也受到了外国读者的广泛欢迎，产生了世界性的影响。三国故事对中国文化的影响极其深远，直至今日各类三国故事戏剧、电影、漫画、书籍仍经久不衰。

《水浒传》又名《忠义水浒传》，是元末明初的又一部力作，据传是施耐庵所作，由罗贯中加以润色编排，是中国历史上最早用白话文写成的章回小说，中国古典四大文学名著之一。

施耐庵（1296 年—约 1371 年），原名施彦端，号子安，别号耐庵，江苏兴化人，元末明初文学家。他博古通今，才气横溢，天文地理无所不通，中进士后弃官归乡，闭门著述，搜集整理关于梁山泊宋江等英雄人物的故事，著成《水浒传》。

《水浒传》是一部在人民群众上百年集体创作的基础上，进行整理、加工而创作出来的伟大作品。宋代在民间流传的宋江等 36 人的故事，被说书人作为创作话本的素材，出现了许多分散独立描述水浒故事的话本。元代出现了大量的水浒戏，其基本人物的名称大致相同，但由于在不同的地区流传，在内容细节上多有不同。施耐庵在此基础上将这些流传于不同地区的故事汇集起来，经过选择、加工，最终创作出了这部优秀的古典名著。其内容描写的是北宋山东梁山泊以宋江为首的 108 位绿林好汉，从被迫落草到发展壮大，最后被朝廷招安的过程，揭露了社会的黑暗腐败，反映了官逼民反的社会现实。

《水浒传》的结构是纵横交错的复式结构，用梁山起义的发生发展和失败过程贯穿全篇，中间穿插着一个个独立的故事，这些故事既是完整独立的，又是水浒故事的有机组成部分。《水浒传》在艺术上取得了杰出的成就，通过肖像、语言和行动描写，刻画了众多个性鲜明的人物形象，如宋江一方面是个忠臣孝子，另一方面又体谅下层人民的苦难，仗义扶危，同情劳动人民。他是一个善于团结人、有着良好组织才能的领袖，但在根深蒂固的忠孝观念的影响下，他最终还是接受了招安，将梁山起义事业断送。其他如李逵、鲁智深、林冲、武松等英雄形象也各有特点。

《水浒传》中用“忠义”来组织和团结群众，这反映了中国古代社会下层人民为了维护自身利益产生的一种团结御侮的愿望，但这里的“忠”既有忠于梁山事业的内容，又有忠君思想，而且“忠孝”在这里被放在首要位置，“义”则处于次要地位，所以梁山泊的斗争性最强的人物，最终还是在“义”的作用下跟着宋江接受招安。

《水浒传》第一次用文学的形式歌颂了农民战争，塑造了农民战争领袖的群体形象，作者歌颂了他们劫富济贫、除暴安良的正义行为，肯定了他们敢于斗争的革命精神，深刻反映出北宋末年的政治状况和社会矛盾。小说虽然对农民军政治主张的描述并不十分明确，但表达了人民反对贫富等级之分、反对阶级剥削和政治压迫的要求与愿望。

几百年来，《水浒传》以其鲜明逼真的人物形象、生动紧张的故事情节、通俗易懂的语言文字，在人民群众中广为流传，对后世的小说、戏剧也有很大影响。《水浒传》不但在中国获得了广泛的认可，还被翻译成英文、日文等多国文字，流传在世界各国。

252 元代在科学技术方面取得了哪些成就？

元朝结束了中国长期存在的南北分裂状态，建立了庞大的统一多民族国家。这一时期随着民族融合的加强，在积极开放的对外交流政策推动下，中国同世界各国间的经济、文化交流得到加强，这为元代科技文化的发展提供了条件。元代的科学技术是继唐、宋以后中国科技发展史上的又一个高潮时期，这一时期的科学技术在许多领域都取得了巨大成就，其中天文学、数学及医学不仅成为我国古代科学技术史上的高峰，而且在当时的世界范围内也居于领先地位。

元代在天文历法方面的科学造诣是世界水平的。元承金制，在中央设立了天文机构，任用了郭守敬、王恂、札马鲁丁等一大批杰出的中外天文学家出任官员，改进和制造出了简仪、仰仪、圭表、景符、日月食仪等十几种天文仪器，使观测精确度大大提高，这些仪器在当时的世界上是罕见的。元朝还在上都、大都等处兴建天文台，设立了远达北极和南海的27处天文观测站，在测定黄赤大距和恒星观测方面都取得了远超前代的突出成就。在历法方面，郭守敬等人在参考前代历法和反复观测的基础上，于至元十七年（1280年）编制完成一部著名的历法——《授时历》，此历法以365.2425天为一年，与地球绕太阳一周的实际时间只差26秒，其精确程度与现行的公历大体相同，但比公历的使用要早300年左右。这是我国古代最卓越的一部历法，自元以来一直延续使用了400多年。

元代还是我国数学发展的最后一个黄金时期，中国人接触阿拉伯数字正是从元朝开始。这一时期，涌现了一大批杰出的数学家及数学著作，如李冶的《测圆海镜》和《益古演段》，杨辉的《杨辉算法》和《日用算法》，朱世杰的《算学启蒙》和《四元玉鉴》等。李冶在他的著作《测圆海镜》中系统地论述了天元术（即立方程的解法），此后朱世杰将天元术推广为四元术（即多元高次联立方程的解法），提出了“消元”的解法，并发明了多种高阶等差级数求和方法（垛积术）；而郭守敬与王恂在编写《授时历》时，不但列出了三次内插公式（招差法），还引入了球面三角学的新方法（弧矢割圆术）。这些数学成就，远远超过了同时代的欧洲，在世界上居于领先地位。除了以上成就外，珠算在元代也已经发展到一定规模，对当时的社会经济、文化发展产生了积极影响，对中国后世的数学发展影响巨大。

元代的医药学在继承前人成果的基础上有了很大发展，表现在建立了健全的医药学组织，如在中央设立了太医院和御药院等机构，分别管理全国医药事务。在全国各地设立了医学学校，分科细密，在宋代9科的基础上增至13科，并在中国医学史上第一次出现了正骨科，为医药学的发展奠定了基础。元代还是中国医学流派形成发展的重要时期，中国医学史上著名的“金元四大家”——刘完素、张从正、李杲、朱震亨，其中有两家形成于蒙元时期。李杲创立了“补土派”，他认为人致病的原因主要是体内元气受到损伤，人体元气以胃土为本，因此他治病均以补脾胃之气为主。朱震亨则创立了“养阴派”，他认为人身之火有君火、相火，相火妄动则阴精泄泻，造成人体阳有余而阴不足，最终致人生病，所以他治病力主滋阴降火。这些学术主张的问世，极大地推动了我国医学理论的发展，在中国医学史上占有重要的地位。

针灸学方面也出现了一大批著名的医学家，如窦默、王好古、罗天益等人，形成了新的针灸手法和针灸内容，促进了后世针灸的发展。

在医药著作方面，元代出现了《伤寒会要》《脾胃论》《兰室秘藏》《伤寒辨疑》《标幽》《指迷》《大元本草》《汤药本草》等一大批著作，都对当时的医药学成就进行了总结整理，对后世医学和用药产生了深远影响。

元代的农业生产技术也有很大提高，在选种、施肥、灌溉和收获上都达到了新水平，农具的改进尤为显著，也创造了一些新的生产工具，并出现了用于指导农业生产的《农桑辑要》《农书》和《农桑衣食撮要》等著名的农书。

《农桑辑要》是现存最早的官修农书，是中国古代政府用来指导全国农业生产的一部全面性大农书。全书分九篇，辑录了种植各种作物与饲养牲畜的有关技术资料，最后还附有一篇《岁用杂事》，罗列每月应做的农事。《农书》是王祯所著，他广泛地收集了历史上相关农学著作，再加上民间行之有效的经验与创造，编成了一部贯通南北的全面系统的农业著作，全书图文并茂，对各地的农业生产工具和生产方法都进行了详细记载。《农桑衣食撮要》是鲁明善所著，该书的内容主要是对《农桑辑要》的补充，尤其是对《农桑辑要》的最后一篇《岁用杂事》的补充。

除以上三部农书外，元代还有《农桑撮要》《山居四要》《田家五行》《栽桑图说》等多种农书问世，共同促进了元代农业的大发展。

除以上科技成就外，元代还在地理学、建筑学、纺织业、火炮术、陶瓷术、印刷术、造船术、水利工程技术等方面取得了很多新成就，为明清科技的发展奠定了基础。

253 明太祖统治时期为什么大案频频发生？

明太祖朱元璋画像

明朝建立后，跟随朱元璋起事的一批文臣武将也随之成为明王朝的新贵，在政治、军事和经济上形成了较大势力。这些新兴势力仗着自己劳苦功高，往往骄横放纵，多行不法，和中央皇权发生了矛盾。朱元璋为了整顿吏治和经济秩序，大兴狱讼，策划了著名的明初四大案，即政治领域的胡惟庸案和蓝玉案，经济领域的空印案和郭桓案。通过这四起大案，巩固了朱明王朝的统治，稳定了社会秩序。

明朝建立之初，为了使功臣宿将忠于朱明王朝，朱元璋花费了不少心思。随着王侯将相的势力越来越大，朱元璋的猜忌之心也越来越重，而此时统治集团内部形成了不同的官僚集团，各派之间互相排挤倾轧。胡惟庸任丞相时，更是独断专权、结党营私，淮籍的功臣宿将大多集中在他门下，形成了淮西集团，与另一派浙东集团之间矛盾尖锐，双方经常在皇帝面前攻击对方。朱元璋早就对胡惟庸的行为不满，遂利用官僚集团之间的相互攻击清除他的势力。

洪武十三年（1380 年），有人上书状告胡惟庸谋反，朱元璋遂以“擅权植党”等罪名杀了胡惟庸，与其一同被杀的还有涂节、陈宁等人。胡惟庸死后，又被加上“通倭”“谋反”等罪名，牵连了一大批文武官员。洪武二十三年（1390 年），朱元璋以与胡惟庸交通谋反为由再兴大狱，将李善长、陆仲亨等人处死，株连杀戮者达 3 万余人，前后延续达 10 年之久。胡惟庸死后，朱元璋乘机废除丞相一职，由六部分理政事，直接对皇帝负责，加强了皇权。

蓝玉是常遇春的内弟，有谋略，英勇善战，是洪武后期的主要将领，曾多次带兵出征蒙古，立下了赫赫战功，朱元璋对他宠爱甚隆，封他为凉国公。蓝玉带兵多年，手下将士众多，又屡立战功，日渐跋扈。他北征时就私占大量珍宝驼马，回师时夜至喜峰关下，因守关小吏未及时开门，竟纵兵毁关而入，为此引起朱元璋的不满。但蓝玉仍不知收敛，还擅自决定军中将士的升降及军队进止，于是朱元璋决定寻机除掉这个心腹大患。洪武二十六年（1393 年），锦衣卫指挥告蓝玉谋反，朱元璋责命有司将其下狱，拷问之后又牵连出武将曹震、张翼等人，于是不仅蓝玉最后被杀并诛灭三族，平时和蓝玉关系密切的将军、大臣也都被定为逆党，抄家灭族，被杀者共 15000 余人。朱元璋借此案彻底铲除了功臣对皇权的潜在威胁，把军权牢牢地控制在自己手里。

这两个案子都是朱元璋打击朝官势力、树立皇帝权威的典型例子，历史上将胡惟庸案和蓝玉案称为“胡蓝之狱”。这两起案子前后持续达十四五年，诛杀四五万人，功臣宿将被诛杀殆尽，为权力向中央高度集中扫清了障碍。除此二狱外，朱元璋还经常以小过或其他方式将其他开国功臣或诛杀，或赐死，如朱亮祖、傅友德、廖永忠等人先后被诛杀，甚至连替朱元璋出生入死、功勋卓著的徐达也未能幸免。洪武十八年（1385 年），徐达背上生疽，治疗期间皇帝突然赏赐御膳，徐达含泪吃下后，没几天就死了。朱元璋对开国功臣大肆杀戮的行为，使当时人人自危，也使明朝损失了一大批能臣武将，导致建文朝无将可用。

空印案发生在洪武十五年（1382 年），是朱元璋为严惩地方官吏预持空白官印账册到户部结算钱谷而发生的重大案件。明初规定，地方各级机构每年都要派人到户部核对地方财政的收支账目和军需供给等事，如审核没有通过，就要驳回重新填造。因为路途遥远，所以许多地方官吏都带着事先开好、加盖了印信的空白文书以备使用。这本来是从元朝以来就有的做法，已经相沿成习。但朱元璋知道此事后大为恼怒，认为这是官员相互勾结的欺君之罪，责令严查，凡是与此案有关的部门及地方官员一律重罚，掌印者一律处以死刑，受牵连者达万人以上。

洪武十八年（1385 年），御史举报北平承宣布政使司、提刑按察使司官吏李彧、赵全德等与户部侍郎郭桓、胡益等人共同贪污官粮，并巧立名目，多收赋税，中饱私囊。朱元璋命令严刑拷问，又牵连出礼部、兵部、工部等官员，朱元璋于是把六部左右侍郎以下官吏全部处死，并把供词所牵连的各布政使司官吏数万人下狱问罪。追赃时又牵连到全国各地的一批地主富户，中产以上的地主被抄杀者不计其数。由于此案牵连过广，引起许多官僚地主的不满。为防止矛盾扩大，朱元璋又将原审法官处死，以平众怨。

朱元璋还大兴文字狱，以镇压不肯与统治阶级合作的文人。当时正值朝中文官和武官的争权斗争，在一些功臣武将的挑拨下，朝中许多文官也受牵连而遭到杀戮。如朱元璋一向重用文臣，一些武臣就挑拨说，文人善于讽刺人，万不可轻信。如张九四（士诚）厚爱儒士，当他请儒生帮他取名时，儒生竟为他取名士诚，而《孟子》中说，“士，诚小人也”，是骂张士诚是个小人啊。朱元璋由此开始特别注意臣下的谈话言词和奏章中的文字用语，看其中是否有诽谤他的地方，由此引发了明初大量的文字狱。

朱元璋早年曾当过和尚，后来又参加过红巾军，他对自己的出身非常忌讳，禁止别人提及。所以一些与他人生经历有关的字如光、秃、僧、贼、则等就成了禁忌，许多人因为这些文字送了命。如尉氏县教谕许元，为本府作《万寿贺表》，因其中“体乾法坤，藻饰太平”二句，被怀疑是讽刺朱元璋曾经是僧人，并诅咒明朝早失太平而遭砍头；还有北平府学训导赵伯宁，为都司作《万寿表》，因其中有“以垂子孙而作则”而被诛等等，不胜枚举。朱元璋这种乱定罪名、滥杀无辜的行为，对明初的思想起到了窒息作用。

254 刘伯温是怎样的历史人物？他有哪些事迹流传？

刘伯温（1311 年—1375 年），名刘基，字伯温，谥文成，浙江青田人，元末明初军事家、政治家及诗人。刘伯温自幼聪慧过人，敏而好学，在父亲的悉心培养下，他遍览儒家经典和诸子百家之书，尤其对天文、地理、兵法、术数之书更是潜心研究。因天资聪慧加上后天的不懈努力，刘伯温很快脱颖而出，成为当地有名的大才子。西蜀名士赵天泽在品评江左人物时，甚至将刘伯温列为第一，还说他可以与诸葛孔明相比。

元统元年（1333 年），刘伯温考取进士，被任命为江西高安县丞，后又任元帅府都事。踌躇满志的刘伯温本欲通过仕途实现自己的人生理想，可惜他生不逢时，当时的元朝统治阶级已经极度腐朽，他虽然勤于职守，严明执法，在地方上做出了一定的政绩，受到了当地百姓的爱戴，但他的正直也遭到了地方豪绅的仇恨，总是想法设法构陷于他，使他的处境非常艰难。在这种情况下，刘伯温非常失望，只得愤然辞职，回乡隐居。隐居期间，他潜心著述，撰成《郁离子》一书，表达自己的人生理想和对社会、人生的见解。

就在刘伯温隐居期间，各地农民起义风起云涌，元王朝的统治摇摇欲坠。在众多的起义队伍中，平民出身的朱元璋为了发展壮大自己的力量，卑辞厚礼请隐居的刘伯温及宋濂等人出山相佐。刘伯温经过深思熟虑后，答应出山辅佐朱元璋。

至正二十年（1360 年），刘伯温被朱元璋请到应天（今江苏南京）任谋臣，与宋濂等人一起住在朱元璋特地为他们所修的礼贤馆中，为朱元璋讲经论史，探讨天文。他渊博的学识令朱元璋深为叹服，朱元璋对他推崇备至。刘伯温从此成了朱元璋的主要谋士，为其出谋划策，在明朝的统一过程中立下了汗马功劳。刘伯温针对当时的天下大势，为朱元璋制定了“先灭陈友谅，再灭张士诚，最后北向中原，一统天下”的战略方针。同时，刘伯温还帮助朱元璋一面以“大明”的旗号来号召天下义师，一面逐步脱离“小明王”韩林儿自立。最终他帮助朱元璋成就帝业。

在统一全国的重大战役中，刘伯温更展现了他卓越的军事才能。他或运筹帷幄，或亲临前线指挥战争，危难时刻，他都能气定神闲地沉着应对。如至正二十年（1360 年），实力最强的割据势力陈友谅以30万精兵进围金陵时，朱元璋仅有10万守军，双方力量悬殊，朱元璋军中乱作一团，许多人主张投降或出逃。慌乱时刻，唯刘伯温一人沉着冷静，他为朱元璋分析了敌我形势，建议朱元璋诱敌深入，一举歼之，并制定了详细的作战计划。朱元璋按照他的计策果然全歼陈友谅主力，化险为夷。三年后，陈友谅重整旗鼓，率领百万大军再度攻打朱元璋，刘伯温始终与朱元璋同乘一条船，为其出谋划策，最终以少胜多，取得了鄱阳湖大战的胜利，为朱元璋此后逐个击破其他割据势力，完成统一奠定了基础。

明洪武元年（1368年），朱元璋在南京称帝，建立大明王朝，大封功臣，刘伯温作为开国元勋之一被任命为御史中丞兼太史令。在建国之前，他就受命卜地拓建南京城，并编定戊申大统历，还与李善长等人一起制定律法。建国以后，他又参与到明初的各种制度建设上来，参与制定天子及文武百官的朝服公服，完善科举制度，建立军卫法等立法创制之大事，主张严肃纲纪，整顿吏治，减轻民众负担，并直谏皇帝不要在自己的故乡凤阳大兴土木。

为了表彰刘伯温的特殊贡献和巨大功勋，明太祖还下诏免加刘伯温家乡青田县的租税，不久又追封刘伯温的祖父、父亲为永喜郡公。洪武三年（1370年），刘伯温被任命为弘文馆学士，受“开国翊运守正文臣资善大夫上护军”之称号，赐封诚意伯，食禄240石。面对朝廷的高官厚赏，刘伯温没有居功自傲，反而屡次推辞不受，甚至连皇帝想要任命他为丞相，他都委婉地表示了拒绝。因为他清醒地知道“伴君如伴虎”，再加上自己平日里疾恶如仇，得罪了不少当权大臣，如李善长、胡惟庸等人，所以，功成名就之后，他没有贪恋高位，而是选择了急流勇退。洪武四年（1371年）他主动辞去官职，告老还乡。

刘伯温归隐乡里后，修身养性，闭门谢客，以棋酒诗文自娱。当地官员多次恳请求见，都被谢绝。朱元璋每有军国大事，都会派人到青田来征询他的意见，他总是悉心答复，但从不大肆宣扬自己的辉煌功绩。即便如此，他仍然遭到了丞相胡惟庸的诬陷。刘伯温与胡惟庸结怨已久，早年朱元璋就丞相人选一事征询刘伯温的意见时，刘伯温对胡惟庸评价不好，使得他没有早登相位，因此胡惟庸一直怀恨在心。此时，正好刘伯温委托儿子上奏，建议在盗贼聚集的谈洋地区设立巡检司以有效管辖该地。胡惟庸便趁此机会，指使人声称谈洋有王者之气，诬告刘伯温想要据以为自己的墓地，遭到当地百姓的反对，才想要在当地设置巡检司以控制当地民众。朱元璋虽然没有立刻降罪，但明显已经起了猜忌。刘伯温无以自明，只得进京拜见朱元璋，并留在南京城以示心无异志。进京不久，刘伯温就生病了，胡惟庸带医生前去探望，刘伯温吃了胡惟庸所带医生的药后病情加重。洪武八年（1375 年），重病的刘伯温被朱元璋派人护送回老家后很快便去世了，享年 65 岁。明武宗正德九年（1514 年），刘伯温被追赠为太师，谥号文成。

刘伯温不仅是一位卓越的军事家和政治家，也是一位著名的思想家和文学家。他杰出的军事才能和政治谋略，使他在朱元璋建立大明王朝的统一大业中脱颖而出，他的名字像诸葛亮一样成为智慧的代名词，他被后人称为“立德、立功、立言”的三不朽伟人。他的著作很多，流传于世的有《郁离子》和《诚意伯文集》。

255 靖难之役与明成祖夺位是怎么回事？

明太祖朱元璋建国后，为了使朱明王朝能够千秋万代地统治下去，他吸取宋、元两朝皇室孤立、宗室衰弱的教训，实行分封制，先后把他的众多子孙分封在全国各地，以屏藩王室。

诸王在各自的封地建有王府，设置官署，地位极高，而且拥有地方军事指挥权。为了保证诸王的安全，每个王府设有亲王护卫军，数量从 3000 人到 19000 人不等。明朝所封诸王多在战略要地，或镇守边关，或震慑内地。边关诸王既要监视地方，又要防御少数民族侵扰，责任重大，故其护卫军特别多，势力很大。尤其是镇守北平的燕王和镇守太原的晋王，他们在边塞负责筑城屯田、训练士兵，还多次带兵出塞征战，打败蒙古贵族势力，很受太祖重视，封地内军中大将皆受其节制，朱元璋还特许诸王小事自主，大事才向朝廷报告。

随着诸王势力的增大，朝中有大臣指出了分封制的弊病，朱元璋不但不听劝告，反而将劝告者下狱致死。结果朱元璋死后没多久，中央与藩王之间的矛盾很快就爆发了。

洪武三十一年（1398 年），朱元璋病死，其孙朱允炆继位，是为惠帝，年号建文。朱允炆即位后，感到诸王功高难制，遂与朝臣齐泰、黄子澄商议秘密削藩，先后削除周、齐、湘、代、岷五王，并在北平周围部署兵力，准备削除实力最强大的燕王朱棣。

朱棣本来对父皇册立皇太孙颇为不满，又见几位藩王先后被削，明白早晚难逃一劫，遂先发制人，于建文元年（1399 年）打着“清君侧”的旗号，起兵反抗朝廷，自称“靖难”之师，故这场朱家皇室内部的夺权斗争也被称为“靖难之役”。

燕王起兵后不到一个月，就控制了北平，扫除了后顾之忧，为南下进攻打下基础。而建文帝此时虽有庞大的军队和强大的政治、经济优势，但因为当年跟随朱元璋打天下的功臣宿将早已被诛杀殆尽，而新一代的军事将领尚未形成，朝廷无将可用，只好起用年近古稀的老将耿炳文为大将军，率军 13 万讨伐燕王。不料耿炳文出师不利，连连惨败，建文帝只好召回耿炳文，代之以李景隆。

李景隆接令后收集溃散士卒，率兵 50 万进驻河间，打算再度伐燕。然而李景隆军事才能平庸，一出师便中了朱棣的诱敌深入之计，攻打北平不成，反遭到燕军的内外夹击，连夜败退至德州。

建文二年（1400 年），李景隆又率军 60 万北上，与朱棣军大战于白沟河，双方激战数日，南军虽在人数上占了优势，但由于政令不一，在燕军战败时不能抓住时机巩固战果，后反被燕军大败，将士死伤 10 余万人，李景隆再次败退至德州。燕军紧追不舍，李景隆又从德州逃至济南，所率 10 万之众，立足未稳又被燕军击败。燕军进而围攻济南城，在山东都督盛庸和参政铁铉的顽强抵抗下，燕军围城三月而不得入，后朱棣怕粮道被切断，遂撤围退还北平。

建文帝见李景隆一败再败，实难担当重任，便免去他大将军的职务，以盛庸代之。盛庸率军北伐，至沧州时为燕军所败，燕军乘胜进占山东临清、馆陶、大名、汶上、济宁等地。盛庸与铁铉驻军于东昌，誓师励众，背城一战。燕军屡胜轻敌，结果被南军大败，朱棣的亲信将领张玉战死，朱棣自己也被包围，靠朱能援军才得以脱身。东昌战役是双方交战以来，朝廷方面取得的第一次大胜利。

建文三年（1401年），朱棣再次南下，大败盛庸军，攻占顺德、广平、大名等地，河北郡县多向燕王投降。建文帝为缓兵之计，一面下诏赦免燕王之罪，一面发兵断其粮道，企图迫使其北归。然而朱棣并不买账，反而加紧南下的攻势，步步进逼。

虽然朱棣自起兵以来，攻城略地，屡屡得胜，但始终未能消灭南军的有生力量，所以燕军所攻占之城池，总是得而复失，始终不能据守。正当朱棣为不知何时才能结束这种连年用兵而苦恼时，宫廷里对建文帝不满的太监给他送来了京城空虚的情报，朱棣决定挥师南下，直指京城。

建文四年（1402年），燕军进入山东，攻破东阿、汶上、邹县，直至沛县、徐州，一路所向披靡。然而燕军在进抵宿州后，遭到南军多方袭击，与南军大战于齐眉山，燕军大败，损失惨重，大将王真、陈文等皆战死，再加上天雨路滑，疾疫流行，燕军人心浮动，将士思归。在这危急时刻，朝廷对战争形势做出了错误的判断，将徐辉祖的军队调回南京，削弱了前线的军事力量，而南军粮道又为燕军所切断，遂致灵璧大败，南军骁将平安、孙成等人及一班文臣均被燕军俘虏。燕军士气大振，直趋扬州，攻下高邮、泰州等江北重镇。

此时南京城里慌作一团，朝官要么想法离开南京，要么暗中私通燕王，建文帝无奈，只得以割地分南北朝为条件，请求议和，遭到朱棣拒绝。六月，燕军自瓜洲渡江，镇守南岸的南军纷纷解甲投降，燕军直趋南京城下。负责守卫金川门的李景隆和谷王朱橞，一见燕军兵临城下，立刻开门迎降，燕王顺利进入京城。

燕军进京后，宫中燃起熊熊大火，建文帝去向不明。有的说建文帝自焚于宫中；也有的说他从地道逃出，落发为僧，云游各地；还有的说他正统朝时入居宫中，寿终正寝。事实上，建文帝的真正下落至今仍是一个未解之谜。

朱棣进京后，在文武百官的拥戴下登上皇帝之位，是为明成祖，年号永乐。历时 4 年的“靖难之役”以燕王朱棣的胜利而告终。朱棣登基后，大肆杀戮不肯归附的建文帝旧臣，许多人被整族杀掉，株连极广。

256 郑和为什么要七下西洋?

郑和（1371 年—1433 年），原名马和，字三宝，云南昆阳（今昆明晋宁）人。马和的祖先是元朝云南王麾下的贵族，世代信奉伊斯兰教，其祖父和父亲都曾长途跋涉，不远万里前往伊斯兰教的圣地麦加去朝圣，被尊称为“哈只”，见多识广，熟悉海外各国的情况。马和幼年开始接受良好的教育，父辈远行的经历使年少的马和对外面的世界略有所知，也使他对外界充满了强烈的好奇心。

明太祖洪武十四年（1381 年），朱元璋为了消灭盘踞云南的元朝残余势力，派大将傅友德等远征云南。战乱中，马和的父亲去世，年仅 11 岁的马和被俘，被迫受阉做了宦官，进入北平的燕王府服役。在燕王府期间，因为马和聪明伶俐又勤奋好学，很快得到了燕王朱棣的器重，被朱棣选做贴身侍卫。此后，在靖难之变中，马和跟随朱棣南征北战，出生入死，建立了许多战功，成为朱棣夺取政权的主要功臣之一。朱棣登上帝位后，大封功臣，马和被赐姓“郑”，从此便称“郑和”，同时还升迁为相当于正四品官员的“内官监太监”。

明永乐三年（1405 年），郑和受命担任下西洋总兵正使一职，率领 240 多艘海船、27400 名船员组成的庞大船队开始了第一次远航。之所以将如此重任委于郑和，是因为他自幼在家庭的影响下熟悉西洋各国历史、地理、文化、宗教，又有一定的航海造船知识；同时在跟随朱棣的几年中经历了战火的洗礼，其英勇、谋略和指挥才能得到了充分的展示；而永乐年间他在出使暹罗和日本时，通过积极的外交活动，与之顺利建立起外交关系，签订贸易条约，这些外交成果显示了郑和卓越的外交才能，明成祖对此非常满意，因此，郑和凭着卓越的才能和素质，成为领航西洋的不二人选。事实上，郑和也确实圆满地完成了任务。在下西洋途中，郑和往返于西洋各国之间，妥善地处理了各种外交事务，化解了国家间的矛盾，稳定了国际关系，扩大了中国的影响。

从永乐三年（1405 年）到宣德八年（1433 年）的 28 年间，郑和先后率领船队七下西洋，经东南亚、印度洋远航北非地区，最远到达红海和非洲东海岸，遍及亚非 30 多个国家和地区，比西方探险家达伽马、哥伦布等人早 80 多年，这七次航行规模大、人数多、航程长，显示了郑和的组织能力和明朝航海技术的先进及国力的强大。

郑和下西洋的船队规模十分浩大，由宝船、马船、粮船、坐船、战船等组成，是当时世界上最大的船队。其中船队的主要构成部分为宝船，这些宝船外形巨大，质量精良，如供正副使乘坐的宝船长达 44 丈，宽 18 丈，有 9 桅、12 帆，巨大无比，是当时世界上最大的船只。制造这些远洋巨舶的花费，再加上每次下西洋的巨额开支以及修补船只的费用，使国家财政消耗巨大，为此明成祖甚至不惜动用地方财政。

明成祖为何花费巨大的人力、物力，派郑和七次出使西洋呢？迄今为止有许多不同的说法，主要有以下几种：

第一，宣扬国威、加强外交。明朝至成祖时，社会经济得到了较大发展，国家实力大增，海内承平日久。明成祖作为一个有强烈政治抱负的皇帝，为了炫耀国威，加强外交，使万国来朝，于是派郑和去异域传播中华文明。

第二，扩展海外贸易，解决财政困难。明初国库空虚，政府在发展经济不利的情况下，积极寻求对外贸易，于是派郑和率领庞大的船队出使西洋，增加同外国的贸易联系，用中国的丝绸、茶叶等物产换取西洋的香料、宝货等。政府对各国贡物高价卖出，可获得巨额利润。

第三，满足统治阶层对奢侈品的需求。西洋诸国非常喜爱明朝的陶瓷、丝绸等物，而中国又缺乏香料、宝石、象牙等物，所以郑和下西洋的官船上，往往运载着陶瓷、丝绸等物品到海外，而返程中又会购买中国稀缺的物资，这些外来物品大大满足了上层统治阶级对金银珠宝和海外奇珍的需求。

第四，安定海外。永乐年间，中国西北部的蒙古旧部对明朝形成威胁，永乐帝曾几次亲征，为了能够专注防御北方，解除明朝的后顾之忧，明成祖派郑和下西洋安定海外，从而联合其他国家包抄帖木耳帝国。

第五，寻找建文帝。明成祖以叔叔的身份从侄子手中夺取了皇位，靖难之役时，火烧皇宫，但之后并没有发现建文帝的遗体，成祖怀疑建文帝可能还活着，而且逃亡至海外，为绝后患，故屡次派郑和下西洋寻找。

另外一个是郑和的个人原因——赴麦加朝觐。因其祖上世代信奉伊斯兰教，而去圣地麦加朝圣是每一个伊斯兰教信徒一生中最大的愿望。

还有人认为，郑和七下西洋，每次的出使目的都不相同，或者说各有侧重。

郑和死后，下西洋的原始档案全部遭到破坏，所以以上说法都是依据各种相关史料分析得出，并非有真凭实据，郑和下西洋的真实原因已经无从查考了。但郑和七下西洋，其功绩是巨大的，他谱写了前人未曾有过的历史，不管他每次出使的目的是什么，但客观上促进了中国与沿海各国的友好往来。通过海外贸易，不仅将中国的商品远销海外，开拓了国外市场，也扩大了海外商品在中国的销售市场，刺激了国内外市场的需求，使国家获得了巨大的经济利益，百姓也多因此而致富。

257 土木之变与于谦保卫北京是怎么回事？

明初专制主义集权的发展，使皇帝的权力达到了登峰造极的程度，太祖朱元璋、成祖朱棣以及仁宗、宣宗都是很勤政的皇帝，在他们的统治下，内阁大学士和司礼监太监只是扮演协助皇帝处理政务的角色，而且内阁与宦官相互牵制，相辅为用。但到明中叶，英宗、景帝、宪宗、孝宗、武宗等长期不理朝政，于是宦官专政、阁臣纷争交替出现，致使明朝的政治危机日益加深。

洪武初年，明太祖朱元璋吸取了历史上宦官专权引起国家混乱的教训，规定宦官不得读书识字，不得干预政事，并镌刻一块铁牌放置在宫门，上书“内臣不得干预政事，预者斩”，对宦官控制很严。成祖朱棣因夺帝位曾得助于宦官，在他迁都北京以后，就在东安门外设立“东厂”，让亲信太监做东厂提督，专门刺探大臣和百姓当中是否有谋反之人。

明代宦官专权，王振就是其中一位专权太监。王振，蔚州（今河北蔚县）人，年轻的时候读过书，曾在县里当教官，后来因为犯罪，本来该充军，正好遇到皇宫招太监，就趁机净身进宫，为宫人们教书，因此被称为“王先生”。后来，明宣宗派他侍奉太子朱祁镇读书，很快王振就升为司礼监太监。宣宗死后，刚满 9 岁的太子朱祁镇即位，即明英宗。英宗年幼，敬畏王振，仍称呼他为“先生”。起先，太后对王振是心存戒备的，以他服侍皇帝致使皇帝起居不规律为由想处死他，后来在英宗的请求下宽免了他。自此，王振处处小心谨慎，尽己之能表现忠心，博得了太后和受命辅政的“三杨”（杨荣、杨士奇、杨溥三位内阁大臣）的信任。当太后和“三杨”相继故去或离任后，王振终于趁机把朝廷军政大权抓在手里。朝廷大员谁敢得罪他，不是被撤职就是被充军，一些王公贵戚都讨好王振，称呼他“翁父”。

这个时候，我国北方蒙古族的瓦剌部强大起来，先后统一蒙古诸部，其首领也先企图恢复大元天下。正统十四年（1449 年），也先派遣二千使节向明朝政府进献马匹，却谎称有三千人，以多领赏赐。瓦剌贡使冒领赏赐，原是习以为常之事，王振本来就与瓦剌勾结，每年都接受也先的贿赂，对瓦剌贡使的冒领加以庇护。但这次王振却让礼部按实际人数给予赏赐，还削减了五分之四的马价。也先得报后勃然大怒，率领各部分兵四路大举向内地骚扰，很快攻陷大同，大同参将吴浩战死。

边境告急，明英宗慌忙召集大臣商量应敌之策。大同离王振的家乡蔚州不远，王振在蔚州有大批田产，他怕蔚州被瓦剌军占领，竭力主张英宗带兵亲征。兵部侍郎于谦认为朝廷没有充分准备，皇帝不能亲征。但英宗不听劝谏，偏信王振，决意亲征。英宗命弟弟朱祁钰留守北京，兵部侍郎于谦留京代理兵部事务。正统十四年（1449 年）七月，英宗与王振等官员，率领 50 万大军从北京出发，浩浩荡荡向大同赶去。这次出兵，一切军政事务皆由王振专断，随征的文武大臣却不能参与，而且组织混乱，军纪涣散；又连日遇到大风暴雨，没走几天，粮草就接济不上了，兵士们又饿又冷，叫苦连天。到了大同附近，兵士们看到郊外的田野里到处都是明军兵士的尸体，更加人心惶惶。随驾官员见势不妙，力主回京，王振认为他们扫了自己的兴头，罚他们顶着风雨跪在草丛中思过，直到天快黑才将他们放回去。

明军进入大同后，也先为诱明军深入，主动北撤，王振看到瓦剌军北撤，遂决定北进。不久传来明军前军全军覆没的消息，王振害怕，又决定“班师”。本来退兵是越快越好，但是王振却想让皇帝驾临其老家蔚州，借此炫耀自己的权势，于是，指挥部队向蔚州方向撤退。走了 40 里，王振忽然又想起，眼下正是庄稼成熟的季节，这么多的兵马到了蔚州，其家田园里的庄稼岂不要遭到损失？于是，又仓促下令，改道向宣府（今河北宣化）方向行进。这样折腾了 10 天，英宗一行才退到土木堡（今河北怀来东南）。当时太阳刚刚下山，随从的官员都劝英宗继续赶路，进了怀来城再休息，瓦剌军赶来，也可以坚守。可是王振却因为装运他财产的几辆大车还没到，硬要大军在土木堡停下来。第二天瓦剌军追到，将明军重重包围。土木堡地势高，挖地两丈也见不到水，明军士兵饥渴难耐，战斗力丧失殆尽。第三天，也先假意讲和，瓦剌部队佯装后退。结果王振中了圈套，下令移营取水，全军立刻乱了阵脚。也先指挥瓦剌的骑兵四面掩杀，明军兵败如山倒。英宗突围不成，干脆下马盘膝而坐，眼睁睁地等着瓦剌军将自己抓去当俘虏，王振也为乱兵所杀。50 余位随军大臣战死，英宗所率明朝精锐部队几乎全军覆没。

这次战役，明史上称为“土木之变”。“土木之变”影响深远，成为明王朝由盛到衰的重大转折点。

土木之变后，明朝国都北京受到了瓦剌军的直接威胁。幸亏这时于谦挺身而出，在他的率领下，展开一场艰苦的北京保卫战，终于使明朝的统治化险为夷。

于谦（1398年—1457年），字廷益，号节庵，浙江钱塘人。他少年时就胸怀报国之志，仰慕文天祥“殉国忘身，舍生取义”的爱国精神。永乐十九年（1421年）中进士，后在杨士奇举荐下升为兵部侍郎。于谦生性刚直，不畏权贵，两袖清风，曾受王振陷害被关入大牢，在官民的一致请求下才官复原职。

土木堡惨败的消息传到北京后，朝廷一片惊惶，一些官员借机主张南迁，受到于谦的坚决反对，并毅然担负起守城的重任。英宗被俘后，皇太后下令立英宗长子朱见深为太子，然太子仅两岁，于是又命英宗弟朱祁钰监国。监国毕竟不是君主，为安定人心，粉碎也先的阴谋，时任兵部尚书的于谦和吏部尚书王文等人拥立英宗弟弟朱祁钰为皇帝（即景帝），遥尊英宗为太上皇，这就使也先以英宗挟明朝割地赔款的美梦破碎。失掉了英宗这张王牌之后，也先又大举兴兵来犯。当时，明朝的精锐部队几乎全部葬送在土木堡，守卫京师的军队不到10万人，于是，于谦奏请景帝调南北两京、山东及南京沿海的守备军，江北及北京诸府的运粮军等，赶到京师守卫。又命把通州粮仓的积粮运入京师，将城外的居民迁入城内，全城的士兵日夜操练，工匠加紧制造兵器，积极备战。不久，各地军队陆续赶到，粮食储备充足，京师人心渐趋安定。

正统十四年（1449年）十月，也先军攻至北京城下，景帝命于谦提督各营军马。于谦率兵22万列队于京师九门外，排兵布阵后，将城门全部关闭，以示背城死战的决心。他还传令，临阵时，不顾士兵率先逃跑的将领一律斩首；而士兵先逃跑者，后队斩前队。于谦自己则身先士卒，戴盔披甲，巡视指挥，激励将士们勇敢作战，保卫都城。十月十日，瓦剌军进攻德胜门，于谦令石亨带兵埋伏于民房内，让少数骑兵诱敌，待瓦剌军进入埋伏圈后，一声炮响，伏兵四出，火炮齐发，瓦剌军人仰马翻，大败而回，也先的弟弟也中炮而亡。明军士气大振，瓦剌军又先后进攻西直门、彰义门，都受到明军的坚决抵抗。也先原以为明军不堪一击，没有想到却连吃败仗。同时，居庸关守将罗通利用天气寒冷，命令在城上灌水结冰，使得进攻的5万瓦剌军无法前进，经过7天的战斗也被击退。也先只得率瓦剌军西退，沿途大肆抢掠，在昌平焚毁了明朝的长、献、景三陵，十一月初八，瓦剌军退至塞外，北京保卫战取得了辉煌的胜利。

北京保卫战的胜利，使瓦剌军不敢再窥视京师，而且还促进了边防建设，收复了许多要塞和重镇，使明王朝的统治得到了进一步加强。

然而北京保卫战也留下了后遗症，被瓦剌放回的英宗在宦官和佞臣的拥戴下发动了夺门之变，于景泰八年（1457年）正月重登帝位，并废景帝为郕王，而当年拥立景帝并力主抗敌的于谦被以“谋逆”之罪杀害，其家人也被发配边疆充军。抄家时，发现于谦家清贫到令人难以置信的地步。于谦遇害后，有位叫陈逵的官员收殓了他的遗骸，后来，于谦的女婿又把灵柩运回故乡杭州与南宋抗金名将岳飞的墓一样葬在西子湖畔，时至今日，人们仍到此悼念这位“粉身碎骨全不怕，要留清白在人间”的英雄。

258 海瑞是怎样的一个人？有哪些事迹？

海瑞（1514年—1587年），广东琼山（今属海南）人，字汝贤，号刚峰。他取此号的意思是终生刚直不阿，因此人们尊称他为“刚峰先生”。海瑞是明朝著名的清官，因敢于直言进谏、惩恶扬善，一心为民谋利，被人民敬为海青天、南包公，其英名流传至今。

海瑞虽然出生于官僚家庭，但童年时期的家境并不殷实，在他仅4岁时父亲不幸病逝，他和母亲相依为命，生活异常清苦。母亲很刚强，勤俭持家，教子有方。在她的亲自督导下，海瑞自幼即诵读《大学》《中庸》等儒家书籍，加上母亲为他所请的良师的指点及严格要求，海瑞得到了良好的家教与文化教育，这使他很早就有了

海瑞像

报国爱民的思想。

嘉靖二十八年（1549年），海瑞以一篇富有见地的政论《治黎策》中了乡举，成为举人，被委派到福建南平县去当县学的教谕（即学官）。上任伊始，他制定“教约”规定：学生见先生只作揖，不下跪，不准送礼；反对逢迎拍马，要树立不亢不卑的尊严。一次，延平知府带着官员来南平儒学视察，海瑞和另外两个学官带着全体学生在县学门口恭候，海瑞站在两个学官中间，见知府到来，海瑞身边的两个学官一左一右“扑通”跪下，后边的学生也跟着跪下了一片，而海瑞落落大方地作了个揖。知府见有人竟不下跪，心里不悦，随从告诉他，这人叫海瑞。知府听了，冷笑着说：“哪里来的‘山’字笔架立在这里？”因为三位学官排在一起，两边跪着，独海瑞中间站着，酷似放毛笔用的“山”字形笔架，加之“海瑞”的“瑞”字里也有个“山”字，所以知府一语双关，借机挖苦海瑞。之后人们佩服海瑞在权势面前的骨气，送他“山字笔架”的绰号，有人索性叫他“笔架博士”。还有一次，巡按御史到南平视察，海瑞率学生在城门口迎候，当时连知县、知府等都毕恭毕敬地跪地迎接，唯独海瑞这位小学官仍揖而不跪，把一旁的官员们吓得伸舌头、出冷汗，但海瑞却泰然自若，不卑不亢。因此“山字笔架”的大名愈传愈广，成为他特立独行的人格风范的美名。

嘉靖三十九年（1560年），海瑞任浙江淳安县令，当时胡宗宪是浙江总督。有一次，胡宗宪的儿子带了一大批随从经过淳安，住在县里的官驿。如果是其他的县官见到总督大人的公子，奉承都来不及，可是在淳安县，海瑞立下一条规矩，不管大官贵戚，一律按普通客人招待。胡宗宪的儿子平时养尊处优惯了，看到驿吏送上来的饭菜，认为是有意怠慢他，气得掀翻饭桌，喝令随从把驿吏捆绑起来，倒吊在梁上。驿里的差役赶快报告海瑞，海瑞镇静地说："总督是个清廉的官员。他早有吩咐，要各县招待过往官吏不得铺张浪费。现在来的这位公子排场阔绰，态度骄横，不会是胡大人的公子，一定是什么地方的坏人冒充公子，到本县来招摇撞骗的。"说着，他立刻带了一大批差役赶到驿馆，把胡宗宪的儿子和随从统统抓了起来，带回县衙审讯。一开始，胡公子还仗着父亲的官势，暴跳如雷，但海瑞一口咬定他是假冒公子，还说要重办他，他才泄了气。海瑞又从他的行装里搜出几千两银子，统统没收充公，还把他狠狠教训一顿，撵出县境。等胡公子回到杭州向他父亲哭诉的时候，海瑞的报告也已经送到巡抚衙门，说有人冒充公子，非法吊打驿吏。胡宗宪明知道他儿子吃了大亏，但是又怕这件事张扬出去，反而失了自己的体面，只好哑巴吃黄连——有苦说不出。

之后不久，都御史鄢懋卿巡行浙江，鄢懋卿是严嵩的干儿子，敲诈勒索的手段更狠，各地官吏听到鄢懋卿要来视察的消息，都犯了愁。而鄢懋卿却又装出一副奉公守法的样子，他通知各地，说他向来喜欢简单朴素，不爱奉迎。可实际情况是如果得罪了这位都御史，县令的官位立刻不保。海瑞却不信那个邪，面对师爷的劝告，他不耐烦地说：即使充军杀头，也不做这样见不得人的事！他告诉师爷不必发愁，他自有处置之法。他的"处置"就是给鄢懋卿写了封信。信的大意是：接到您发来的公文，知道您将巡视我县。您在公文里说您"素性简朴，不喜承迎"，要各地在接待上简朴，不可铺张浪费，以节省国家钱财。可是我听说您所到之处，皆有酒席，每席费银三四百两，这与您在公文中所说大相径庭。是不是各县官员误解了您的意思，把您的要求当成虚文了呢？接到了这封信，鄢氏连淳安所在的严州都没有进，绕道而去。

明世宗嘉靖皇帝宠信方士，妄求长生不死，迷恋方术，常年不理朝政，无人敢谏。嘉靖四十四年（1565年）的一天，这位"好道"的皇帝接到一份史无前例的奏疏，指责他是一个虚荣、残忍、自私、多疑和愚蠢的君主，举凡天下官吏贪污、税重役多、宫廷奢靡以及各地盗匪猖炽，皇帝本人应负直接责任；指出皇帝天天和方士混在一起，自以为可以长生不老，不过是“捕风捉影”的迷信；批评皇帝连一个好父亲、好丈夫的责任都没尽到。这份奏疏题名《治安疏》，史称“直言天下第一事疏”。嘉靖帝读罢，当即把奏折摔在地上，高喊：“来人，抓住这个人，不要让他跑了！”一位太监跪奏：“万岁息怒，这个人向来就有痴名，自号‘刚峰’。听说他知道必死无疑，所以早就买好一口棺木，诀别家人，仆从已经吓得作鸟兽散。他正等着圣上赐死呢！”嘉靖听后，震惊不语。三个月后，嘉靖皇帝气愤难平，下令锦衣卫把海瑞监禁于东厂，并命人把海瑞准备死谏的那口棺材劈成碎片，分给京城六品以上的官员，由每人投进炉火烧毁，以警告百官。刑部比照“子骂父”律，属十恶不赦之罪，判处海瑞绞死，奇怪的是嘉靖皇帝却没有做任何批复。一天，狱卒忽设佳肴，海瑞以为这是他“最后的晚餐”，神色不变，饮食如常。狱卒却悄悄告诉他：“皇帝驾崩，新君不日即位，您是忠臣，一定会得到重用。”海瑞听罢，悲痛欲绝，海瑞的旷世忠耿可见一斑。

海瑞为官清正廉明，执法无私，敢于打击豪强权势，热心为平民百姓办事；特别是强迫大地主退还所占农民田地，贯彻实行“一条鞭法”等，大都有益于人民的生产与生活。他每到一处，都打破旧制，贴出布告，接受“口诉”，重视实地调查勘验，注意收集证据和审察人情事理，强调凡办案断狱，一定要彻底弄清事实真相，从始至终采取审慎又审慎的态度。由于海瑞明察善决，屡次平反冤狱，伸张正气，在当时和后世都被推崇为清官，得到人民群众的称颂。明代以来，民间流传的有关海瑞的文艺作品，有小说《海忠介公居官公案》《海公大红袍》《海公小红袍》；戏剧《五彩舆》《德政坊》《海瑞罢官》；曲艺《玉夔龙》《白梅亭》等，不下数百种。其中虽多系虚构或以讹传讹的记述，但也可看出他在社会上所具有的广泛影响。所著有明刊本《海刚峰集》和多种版本的《海瑞文集》。1962年，中华书局印行有《海瑞集》二册。

海瑞去世时，他的妻子、儿子早已去世，丧事由别人料理，他的遗物只有八两银子、一匹粗布和几套旧衣服。靠同僚的帮助，他的灵柩才得以运回故乡。大丧那天，小民罢市，赶来送行的老百姓成千上万，哭声百里不绝。

259 王阳明有哪些学说？他的学说有什么特点？

王阳明塑像

王阳明（1472 年—1529 年），原名云，更名守仁，字伯安，号阳明，学者称阳明先生。其学说世称“心学”，他是我国明代有名的哲学家、教育家、政治家和军事家。王阳明于弘治十二年（1499 年）考取进士，授兵部主事。当时，朝廷上下都知道他是博学之士，但提督军务的太监张忠认为王阳明以文士授兵部主事，便小看他，一次竟强令王阳明当众射箭，想出他的丑。不料王阳明三发三中，全军欢呼，令张忠十分尴尬。王阳明做了三年兵部主事，因反对宦官刘瑾，被廷杖四十，贬贵州做驿丞。刘瑾被诛后，先后任太仆寺少卿、都御史等职。他上马治军，下马治民，做事智敏，用兵神速，集文武谋略于一身，官拜南京兵部尚书。后因功高遭忌，辞官回乡讲学，在绍兴、余姚一带创建书院，宣讲“王学”。嘉靖八年（1529 年）病逝，谥文成，故后人又称“王文成公”。

王阳明的一生是坚决履行儒家信仰的一生，再加上其用兵如神，战功赫赫，《明史》评：“终明之世，文臣用兵制胜，未有如守仁者”，可算得上中国封建时代罕见的全才，但王阳明传之后世的还是他的学说。在生前王阳明每到一处，即开书院，办学校，因此弟子众多，形成了一个历史上罕见的大学派。

王阳明是中国思想史上心学的集大成者，他的思想主张，内容极为丰富，包括了政治、哲学、经济、文化、教育等方面的内容。

他的主要观点如下：

（一）心即理。在世界观上，王阳明继承了陆九渊的心学，将形而上的“天理”内化为主体性的“人心”，建立起了以“心”为本，以“心即理”为第一原理的心性主体论。他认为“圣人之学，心学也”“心者，天地万物之主也”。那么，何谓“心即理”？王阳明说“心外无理”，就是说外部世界是不具有“理”的意义的，唯有人心才具有“理”的意义，所以说人心就是天理。为什么外在世界不具有“理”的意义呢？王阳明又说“心外无物”，在他看来，外部存在是以人的存在为前提的，只有当人与某物相遇时，人们才能道出它的存在，人们是不可能道出比已知之外更多的存在的。为此，他继承和发挥了陆九渊的心即理的学说，并说进行道德修养只要求之于心，于心上下功夫就够了。

（二）知行合一。知行问题是中国哲学中一个相当古老的问题，但知与行的先后及难易问题则是中国哲学家一直未能很好解决的问题。对于这个问题，王阳明的基本立场是主张知行合一。其大概意思是，知则必行，不行不足以谓之知；真知则必行，不行终非真知；知不限于思想，行不限于行动，知行同是心的两个方面，即知即行。至于其知行合一的目的，王阳明认为知行合一说的核心内容是知行本体合一，重点在于强调行。知是行的主意，行是知的功夫；知是行之始，行是知之成。至于这里的行，虽然含有社会实践的意义，但说到底只是中国传统社会的道德践履，是专指一种所谓克己功夫。

（三）致良知。良知的说法来源于《孟子》，其含义是指一种“不虑而知”的天赋道德观念。王阳明对此加以发挥，并引进《大学》中的“致”字，《大学》说：“致知在格物”，“物格而后知至”。据此，王阳明提出致良知的主张，以为良知即是天理，从而进一步要求人们首先认识和恢复内心所固有的天理，并由此推及自己的良知于事事物物，即把自己的一切行为和活动都纳入中国传统社会道德规范的轨道。

（四）圣、凡平等观。从“良知人人皆有”出发，王阳明把对人评价的尺度缩小到良知这一点上，而且能不能致良知的主动权又掌握在各个人手里。他认为圣人不是生知，不是先知，亦不是无所不知。圣人虽也有才力大小的不同，但论其为圣，是不分知识和才能的。圣人原本与凡人一样，并没有全知全能的天赋，他们也只是能够发现自己的良知。在王阳明看来，圣人和凡人只有一步之隔，就看能不能获得自己内心的良知。若能“致良知”，即使一字不识的“愚夫愚妇”，也同样做得了圣人。

王阳明学说的特点：

（一）歌颂人的伟大与尊严。王阳明宣称“吾性自足”，又提出不论贫富贵贱贤愚不肖只要致良知，均可以为圣人。强调说“人者，天地之心”，人在某种意义上超过了天的尊崇地位。他的这种思想主张，大大推动了人们的思想解放，推动了人们对人道的追寻，开启了此后一个历史时代的社会批判思潮。

（二）强烈的使命感和责任感。王阳明作为一代儒学大师、政治家、教育家，其学说充满忧患意识。为了“医国”济世，他创“知行合一”说，颇具经世致用精神。他力图将衰耗颓塌的明王朝恢复到有无相恤的“仁厚”之世，而至于“三代王道之治世”，最后达到至善的自由、平等、幸福的大同理想社会，表现出一种对天下国家的强烈责任感和使命感及为人类谋幸福的真诚愿望。

（三）一定意义的平等思想。在他的“良知”思想中，已经包含了对世俗和平民地位的重视。如果说王阳明“人人同具良知”的思想，所表达的还只是圣人与平民在道德人格意义上的平等，那么他的“满街都是圣人”则进一步指出了具有良知的现实人的平等。

（四）颇具开放性和适应性。王阳明的学说是在中国社会面临巨大变化的情况下，适应时代的需要而产生的。它的一些命题，在儒学内部都具有革新倾向。其开放性、适应性表现在：要求突破传统的藩篱，独立、自由思考问题；研究对象不囿于儒经，主张“有容乃大”“六经注我”；提倡人人都可以为圣人，鼓励发扬人的主体精神，追寻理想人格。

从思想史自身发展的轨迹来看，王阳明的学说可说是儒学的最后一个高峰，也是儒学的自我革新。王阳明的真正贡献，是建立了一个以人为中心的关系世界，用一个“心”的世界对抗程朱“理”的世界。他从人的主体性出发，视外部世界为发明人的“本心”所不可或缺的条件，并在实践中实现人的主体性，从而达到人与外在天地万物的和谐与统一。这正是王阳明心学的伟大之处，从这里我们可以找到传统与现代的结合点，进一步实现中国文化的现代化。

260 戚继光是如何进行抗倭战争的？

戚继光（1528 年—1588 年），字元敬，号南塘，晚号孟诸，山东登州人。明代著名抗倭将领、军事家，与俞大猷齐名。率军于浙、闽、粤沿海诸地抗击来犯倭寇，历十余年，大小 80 余战，终于扫平倭寇之患，被誉为民族英雄。

嘉靖三十四年（1555 年），江浙倭患极为严重，朝廷任命戚继光为参将，由山东调往浙江，镇守宁波、绍兴、台州三府，抵御倭寇的侵略。来到浙江后，戚继光马上检阅当地军队，发现军队中恶习泛滥，认为这样一支军队不可能打败倭寇，于是出榜招兵，另建一支新军。不久，一支由义乌的农民和矿工组成的 3000 人的军队组建起来，戚继光对这支军队进行了严格训练，并更新了战舰、火器等装备，很快就使这支新军成为日后让倭寇闻风丧胆的“戚家军”。戚继光又根据江南地区多沼泽、道路弯曲、兵力不易展开以及倭寇善于设伏、短兵相接等特点，创造了著名的“鸳鸯阵”。一个鸳鸯阵由 11 名士兵组成，在这 11 个人中，有一个人是队长，站在队伍的前列中央，其余 10 个人分成两列纵队，站在他的背后。虽说只有 10 个人，他们却持有四种不同的武器，并组成了五道互相配合的攻击线。在队长身后，是两名持有标枪的盾牌兵，他们用盾牌掩护自己和后面的战友，并首先投掷标枪发动进攻。掩护盾牌兵的，是站在他们后面的狼筅兵，所谓狼筅，是一种特制的兵器，形状十分怪异，以长铁棍为主干，上面扎满铁枝和倒刺，往前一挺，跟铁丝网一样，任谁也过不来。狼筅兵的后面，是 4 名长矛兵，他们是队伍的攻击主力，看见敌人，就使用长矛前刺，队列的最后，是两名短刀手，防止对手迂回，从侧翼保护长枪手。这个阵型中11个人互相配合，互相掩护，构成一个完美的杀阵。而且此阵型还可以变换为两种模式，一种是五行阵（即队长身后的两列纵队各自分开，以五人为单位进行布阵，狼筅兵迈步向前，与盾牌并列，形成第一道防线，两名长枪手跟随其后，短刀手殿后。此阵型多用于狭窄地区的巷战），另一种是三才阵（即狼筅兵迅速上前，超越所有同伴，站在队伍的最前面，两名长枪手紧跟在他的身后，盾牌手和短刀手分别站在长枪手的侧方，保护他们的侧翼。阵型在狼筅兵的带领下，开始发动进攻）。

嘉靖四十年（1561年），倭寇1万余人大举侵入浙东沿海的台州的圻头、桃渚以及温州沿海地区，并兵分两路，妄图侵占台州、宁海。戚继光闻讯后，即以一部分兵力守卫台州，亲自率主力前往宁海迎敌。戚家军以迅雷不及掩耳之势到达宁海，切断了正在桃渚烧杀抢掠的倭寇的去路，迫使敌人在龙山地区进行决战。戚继光下令攻击，士兵个个同仇敌忾，怀着满腔怒火冲向敌阵，曾经不可一世的倭寇在戚家军攻势下一触即溃，残敌败退到雁门岭。雁门岭位于温州西面，地势险要，倭寇5年前在此击败过明军。苟延残喘的倭寇仍企图凭借险要地形顽抗到底，妄想重温5年前的美梦。戚家军乘胜进攻，经过一番激烈战斗，将雁门岭上的倭寇残余全部剿灭。但在此时，另一支敌军却趁戚继光进攻雁门岭之际，进攻台州。台州兵力不多，且城墙不固，处境甚为紧急。戚继光闻报后，即刻回师救援。戚继光一到台州城下，先以火器进攻，接着以大队人马进击的战术攻入敌阵，并身先士卒，亲临火线鼓舞士气。在戚继光的激励下，士兵更加奋勇当先，义无反顾地杀入敌阵。倭寇招架不住，便故意将抢夺的金银财宝扔到地上，引诱戚军拣拾，然后回师反扑。戚家军纪律严明，不为财物所动。戚家军愈战愈勇，奋勇杀敌，很快就歼灭了这股倭寇。此战，斩首308人，生擒巨魁2人，其余倭寇淹死江中。戚军伤亡极少，仅3名官兵阵亡。值得一提的是，当戚家军出击时，火头军刚开始做饭。全军凯旋时，饭才刚熟。这足见戚家军行动之迅速。

戚继光消灭这股倭寇后不久，又有一股倭寇向台州袭来。戚继光立即集合军队，向倭寇的驻地圻头进发。倭寇见戚家军至，便龟缩在营垒里坚守不出，恰在此时又逢大雨，戚继光只好在倭垒附近驻扎下来。双方相持三天后，倭寇得知台州有备，放弃了原定计划，将进攻目标转向处州。戚继光敏锐洞察到敌军意图，派出一支军队在倭寇的必经之地——上峰岭设伏，另派一支军队尾随敌军。为避免伏兵暴露，戚继光令士兵用松枝遮蔽身体。倭寇来到上峰岭，见四处尽是苍松翠柏，便大摇大摆地进入上峰岭。当倭寇行进过半时，一声如惊雷般的炮响划破山谷的寂静，数千戚家军将士有如神兵天降，向倭寇杀来。戚家军的喊杀声和倭寇的哀号声交织在一起。在戚家军的冲杀下，倭寇伤亡惨重，惊慌失措的残余势力逃到附近村子的百姓家寻求躲避。百姓早对倭寇的暴行恨之入骨，倭寇逃入村中时，百姓群起而攻，将这些倭寇全部消灭。

此后，戚继光又取得几场胜利，至此，倭寇在浙江的势力基本上被清除，浙江又恢复稳定和安宁。戚继光在浙江抗倭战争中，取得了九战九捷，歼敌 6000 的辉煌战绩。当戚家军凯旋时，台州人民出城欢迎，人群组成一条 20 多里长的长龙，欢声雷动，共同庆贺英雄归来。

嘉靖四十一年（1562 年），戚继光被任命为上将军，率领 6000 军队到福建平定倭患。倭寇在福建的活动十分猖獗，在宁德的横屿、福清的牛田、兴化的林墩修筑大量倭垒，以此为基地大肆在福建沿海各地进行烧杀掳掠。八月，戚继光到达福建，仔细观察战场形势，决定集中兵力，首先拔除倭寇在横屿的基地。横屿位于宁德县城东北、漳湾之东的海中，与大陆一衣带水，离岸约 10 里。倭寇在岛上千余人，筑有木城，和牛田、林墩互为支援，妄图长期据守。八月九日早晨，戚继光利用退潮之机，让士兵用稻草铺路，一鼓作气，登上岸去。继而三面包抄，前后夹攻，焚烧岛上木城，在戚家军强大攻势下，经过 6 小时的鏖战，岛上倭寇全部肃清。此战，生擒 90 余人，斩首 2600 余，救出被掳百姓 3700 余人，收复了被倭寇据守三年的横屿。

此时分布在福建沿海各地的倭寇数万人，听说戚家军到来，全都到牛田集中，筑成一道延绵 30 里的营垒。戚继光率领所部轻装急驰。到了倭巢，越墙而入，打开倭巢大门，大军一拥而入，经过几个小时的激烈战斗，2 千余倭寇在戚家军猛烈攻击下节节败退。此后，戚继光又在福清打退了倭寇的反扑。至此，福建的倭患暂时得到了缓解，戚继光遂班师回浙。

戚继光回浙不久，倭寇又卷土重来，这年冬，倭寇再度侵占兴化。朝廷急忙任命抗倭名将俞大猷为福建总兵，同时急调戚继光再次入闽。倭寇获悉戚家军前来，便于次年一月匆匆从兴化撤出，退守兴化东南的平海卫。

嘉靖四十二年（1563 年）四月二十日，戚继光率军抵达福建渚林，与俞大猷和广东总兵刘显所部会合。二十一日夜，在福建巡抚谭纶的指挥下，戚继光为中军，刘显、俞大猷为左、右军的三路大军以排山倒海之势向平海卫进攻。戚家军率先登城遭遇 2000 倭兵的阻击，戚继光令部队以火器反击，倭寇损失惨重，残兵退守平海卫附近的许家村。戚继光乘胜追击，俞、刘二部紧随奋进，在许家村乘风放火，许家村顿时火光冲天，倭垒化为焦土，倭寇死伤不计其数。次日又追剿倭寇 170 余，解救百姓 3000 人，取得了平海卫大捷。接着，戚继光又连续作战，将马鼻、小石岭等地的倭寇全部剿灭，从而结束了福建莆田地区长达 9 年的倭患。

这年十月，戚继光升任总兵，领闽浙粤三省军务。此时，不甘心失败的倭寇又集结 27000 人，战船 68 艘，气势汹汹地向福建沿海杀来。戚继光带兵出击，取得水战六捷、陆战六捷，歼敌 3000 的胜利，使倭寇遭到沉重打击。嘉靖四十三年（1564 年）二月，戚继光先后在王仓坪、蔡丕岭两次战斗中给倭寇的残部以毁灭性打击，肃清了倭寇在福建的势力。接着，戚继光又挥军广东，将与倭寇勾结的山寇吴平的势力铲除，结束了广东倭患。

此后戚继光在蓟州 16 年，加固长城，筑建炮台，整顿屯田，训练军队，制定车、步、骑配合作战的战术，形成墙、台、堑密切联络的防御体系，多次击退侵扰之敌，军威大振，蓟门平静。时人誉为“足称振古之名将，无愧万里之长城”。

戚继光在张居正死后受到排挤。万历十三年（1585年）以年老多病，谢职归家，万历十五年（1587年）病逝。著有《纪效新书》《练兵实纪》两部军事著作，均被列为中国古代十大兵书，备受兵家重视。今浙江省台州所属古城桃渚建有戚继光纪念馆。

261 为什么明代宦官专权为害甚烈?

明朝初年，朱元璋鉴于前代宦官专权的弊病，立铁牌于宫门，上刻“内臣不得干预政事，预者斩”；还严禁宦官读书认字，交通外官。到了明成祖时期，由于他夺取帝位时得到过宦官的支持，宦官开始受到重用。到明朝中期，随着上层统治集团日渐腐朽，一些获得皇室信任的宦官，开始利用自己与皇帝朝夕相处的有利条件，对皇帝施加各种影响，取得皇帝的信任，形成宦官专权。

明朝的宦官专权最严重是英宗时期，英宗年少骄纵荒淫，不问政事，大权逐渐旁落于专权的宦官王振之手。后来王振挟持英宗出战瓦剌兵败后，英宗被俘，王振也被护卫将军樊忠用铁锤杀死，这就是明朝历史上著名的“土木堡之变”。这也说明宦官专政从一开始就遭到正直朝臣和广大军民的痛恨和反对。

明中叶后的皇帝，特别是武宗朱厚照、神宗朱翊钧、熹宗朱由校，更是醉生梦死，荒淫无耻。以神宗朱翊钧而论，20年不坐朝，也不召见大臣，朝中之事便由身边的宦官代为料理，久而久之，宦官手中的权力便越来越大。例如明武宗喜欢杂伎，宦官便投其所好，刘瑾每次奏事，专挑皇帝被杂伎逗得乐不可支的时候，这样，他一奏事，皇帝便说：你干什么，这样麻烦我。因此刘瑾便趁机自作主张，处理大事。魏忠贤奏事，则选择明熹宗摆弄木工工具，玩得最起劲的时候。这一来，魏忠贤独揽大权。明中叶后宦官掌握了“朱批”大权，权力“居内阁上”。明宪宗时，人们嘲笑说“纸糊三阁老，泥塑六尚书”。其实，这些朝中的阁老、尚书，并非都是草包，关键正是在于他们手中的权力已被转移到宦官手中。

明代宦官利用厂卫实行特务统治是其最大特点。洪武年间，朱元璋为巩固皇权，设立专门的特务机构锦衣卫。永乐年间，明成祖设立东厂，明宪宗时期设立西厂，强化了特务组织。成化年间的大宦官汪直和正德年间的刘瑾都权倾朝野。他们利用自己手中掌握的权力，大肆排除异己。刘瑾被处死时，人们争相食其肉，可见其罪大恶极，人民对其痛恶之深。明朝后期明熹宗又重用宦官魏忠贤，终于把中国历史上的宦官专权推到登峰造极的地步。

但是，不管宦官的权力有多大，他毕竟不过是代行皇帝手中的权力，或者说是皇权的一种特殊形式而已。如果没有皇帝的圣旨作为后盾，或者假传圣旨，也就是"矫旨"行事，魏忠贤之流，即使再狡猾，威福也是作不出宫门之外的。因此，宦官得势时，可以搞乱天下，但他们自己的命运，完全操在皇帝的股掌之间。皇帝一旦发现宦官有野心、对皇权构成威胁时，这些宦官立即从权力的顶峰上掉下来，跌个粉身碎骨。王世贞在《弇州史料》卷十一中说得好："即狼戾如（王）振、（刘）瑾者，（皇帝）一（即皱眉头）而忧，再而危，片纸中夜下而晨就缚，左右无不鸟散兽窜，是以能为乱而不能为变也。"以刘瑾而论，权倾朝野，威风赫赫，但最后还是被武宗下令凌迟处死。透过刘瑾被杀，我们可以清楚地看出，宦官专权的祸首，是皇权。只要专制主义存在，皇帝制度依旧，宦官得以滋生的条件便继续存在。因此，杀了刘瑾，又出了魏忠贤，其作恶时间之长、危害之大，都超过了刘瑾。等到天启皇帝一死，崇祯皇帝上台后除掉魏忠贤，并将与魏忠贤狼狈为奸的客氏鞭死，焚尸扬灰。但崇祯帝对宦官的信任，又超过了乃兄、乃父、乃祖，直到李自成农民军打进北京城，大太监王承恩与崇祯皇帝一起吊死煤山。这就充分表明，宦官专权是专制主义制度下无法根除的积弊。

有明一代，宦官势力之大，气焰之凶，在中国宦官史上实属罕见。从永乐年间开始，宦官逐渐得势，从此一直到崇祯帝缢死于煤山，200 多年来，宦官的活动都非常活跃，并上演了一幕幕的荒诞剧。伴随着明朝灭亡，猖獗了 200 多年的明代宦官集团也终于土崩瓦解。

262 明朝是如何支援朝鲜抵抗日本侵略的?

明万历二十年（1592 年），日本为了吞并朝鲜，发动了震惊世界的“壬辰倭乱”。在朝鲜国王的请求下，明朝出兵援朝，开始了长达 7 年的援朝抗日战争，最终以中朝的胜利、日本的失败而告终。

丰臣秀吉是日本历史上的一代枭雄。16 世纪末，丰臣秀吉结束了日本长期割据的战国时代，统一了全日本。明万历十三年（1585 年）日本天皇任命丰臣秀吉为“关白”（摄政）。正如历史上所有完成统一大业的枭雄一样，丰臣秀吉也有一个很大的野心，那就是向亚洲扩张。

万历二十年（1592 年），丰臣秀吉正式发布命令，以 9 个军共 15 万兵力（按：不同史料给出的兵力数不一，此据《日本战史》的说法），大小舰艇 700 余艘，出征朝鲜。先头部队是小西行长率领的第一军，共 1.5 万人，分乘 350 艘舰船。渡过对马海峡后，翌日凌晨抢滩登陆，以迅雷不及掩耳之势突袭釜山朝鲜守军，并迅速攻下了釜山。登陆仅 17 天，日军便进入朝鲜汉城。随后开城、平壤相继失陷。朝鲜王子被俘，朝鲜国王李昖逃到义州，处在绝望中的李昖忙派使臣向明朝求救。

日本对朝鲜的大举入侵，大大地震动了明朝。此时又传来丰臣秀吉要求琉球、菲律宾臣服朝贡的消息，明朝廷群情激昂，纷纷要求朝廷出动大军远征朝鲜。明神宗下令宋应昌为经略，总领抗倭事宜；急调陕西总兵李如松（名将李成梁之子）入辽，为东征提督，总体负责军事。

明朝从全国调集了 4 万精锐。这支军队的主要构成如下：辽东精骑 1 万；宣府、大同各选精骑 8000；蓟镇、保定各选精锐步兵 5000；江浙步兵 3000。四川副总兵刘綎率川军 5000，作为后续部队，向朝鲜进发。辽东、宣府和大同共 2 万多轻骑兵主要是用来突击，备有轻甲、马刀和长矛，同时也备有火铳。蓟镇、保定的步兵则来自明军的神机营，以火铳、鸟枪和火炮为主要武器。江浙兵拥有丰富的抗倭经验，熟悉戚继光传下的鸳鸯阵。刘綎的川军多年来一直与西南夷族作战，山地作战经验丰富。这 4 万军队在宋应昌和李如松的率领下，浩浩荡荡地跨过鸭绿江，开进了朝鲜。

平壤战役：万历二十一年（1593 年），明军进抵平壤城下。当时日本守军为小西行长的第 1 军，配备了火绳枪等火器。这是一场攻坚战，明朝军队几乎动用所有的新式大炮，包括虎蹲炮、大将军炮、佛郎机炮，仅威力最大的大将军炮就超过了 100 门，全力轰击日军阵地。其中虎蹲炮、大将军炮火力最为出色，使用的是当时最为先进的开花弹（即高爆弹、榴弹）。当时日军的大炮火力远不如中国军队，所以虽然是攻坚战，明朝的军队依旧打败了固守平壤的日本侵略军。随后明军乘胜追击，先后收复开城及平安、黄海、京畿、江源四道，日军退守王京。根据《日本战史》记载，平壤之役后，小西行长的军队减员近三分之二。明朝的火力优势在平壤战役中显露无遗，大口径火炮的轰击使日军闻风丧胆。战役进行期间，日军曾有大友义统率一支部队增援小西行长，结果明军火炮齐鸣，震天动地，吓得日军竟不战而逃。

平壤的收复有着相当大的战略意义，整个朝鲜半岛的战争形势就此逆转。平壤之役是很典型的攻坚战，颇具近代化战争的特征。此役中明军有非常杰出的表现。首先明军以优势兵力和火力主攻城西，另以奇兵伪装成朝军强攻城南，这种部署完全出乎日军的意料。其次，城东给日军留出退路，使得日军无死守之志。第三，明军动用了当时在世界上比较先进的火炮，给日军以极大的杀伤和震撼。第四，在日军撤退路线上设有伏兵，使日军再受重创。李如松就凭此一战，威名大振。

碧蹄馆大战：这场战斗几乎集中了当时明朝军队的所有骑兵精锐部队，而且明军骑兵部队配备了佛郎机火炮战车，这场遭遇战异常艰苦，5000 左右的中国明朝骑兵面对着 2 万日本侵略军，明朝骑兵将领李如松也险遭不测，但最终击退了日军，取得了此战的胜利。

万历二十五年（1597 年），丰臣秀吉不甘心失败，又发动了第二次对朝战争。当时在朝兵力，明军远低于日军，丰臣秀吉调动的侵朝兵力达 12 万之多，而明朝方面的援军最初为 4 万，后来才陆续增兵，日军明显占据优势地位，所以一开始明军在朝鲜的形势相当困难，据守的城市接连失陷，进攻也遭到挫败。但在援朝明军不断增加的形势下，局势开始逆转，日军逐渐抵挡不住明军的攻势，明军先后取得了稷山、青山等役和鸣梁海战的胜利，彻底动摇了日军继续北进的信心。慑于明朝大军的压力，以及各地朝鲜义军不断攻击日军的补给线，此时的日军已成强弩之末，只好南撤至沿海一带。

发生在万历二十六年（1598 年）的露梁海战，为壬辰卫国战争的最后一场海战，在朝鲜称之为“露梁大捷”，中朝联合水师在露梁海面以 800 艘战船包围了 500 艘日本战船，基本上将侵朝的残余日军全部消灭。

前方战事不利，给远在日本的丰臣秀吉以巨大打击。内外交困的丰臣秀吉于万历二十六年（1598 年）郁郁而死，给他波澜壮阔的一生画上了一个悲剧性的句号。丰臣秀吉一死，大臣们决定：秘不发丧，自朝鲜撤军。

万历朝鲜之役是四百年前发生在朝鲜半岛的一场国际战争。日本史书把万历朝鲜之役分为两次战争，分别称为文禄之役和庆长之役。朝鲜史书则称之为壬辰卫国战争。整个战争从万历二十年（1592 年）开始至万历二十六年（1598 年）结束，历时 7 年。这场战争，明朝“几举海内之全力”，前后用兵数十万，费银近八百万两，历经战与和的反复，最终异常艰苦地赢得了这场战争的胜利。

万历朝鲜之役对当时东亚的政治军事格局有着深远的影响。由于此役，明朝在 20 年内无力进剿后金力量，使得女真部落日益强大，最后对明朝形成了致命的威胁。由于此役，朝鲜从亡国到复国，付出了数十万军民伤亡的沉重代价。由于此役，日本元气大伤，丰臣秀吉集团的势力彻底垮台，日本从此进入德川幕府时代。

263 明代有哪些西方传教士来到中国？

明代中叶以后，由于地理大发现，东西新航路畅通无阻，天主教耶稣会便派遣大批传教士来华，形成西学东渐的一次高潮。当时，来华传教士中对后世影响较大者有沙勿略、罗明坚、利玛窦、曾德昭、金尼阁、聂石宗、艾儒略、邓玉函、汤若望、罗雅各等。虽然当时天主教在世界其他地方都有了很大发展，但由于明朝实行海禁政策，要进入中国，需要克服重重障碍。

沙勿略（1506 年—1552 年）：天主教在中国传播的先驱之一，西班牙人。1540 年，沙勿略成为耶稣会的首批传教士，奉教廷之命前往东方的印度、日本等地传教。1541 年，他从里斯本出发来到印度，随后到达日本。在那里，他的传教活动获得了极大成功。他发现中国文化对日本的影响很深，于是决心尽早访问中国。当时，外国传教士要进入中国是一件非常困难的事情。除了官方正式派遣的使节外，中国禁止一切外国人进入。沙勿略打算返回印度，组织一个赴中国使团。只要能获准进入中国，参见皇帝，就可以在中国传教了。在商人朋友的帮助下，他很快组织了一个赴中国的使团。1552 年，他离开印度果阿。但事情远没有预期的那么顺利，抵达马六甲时，使团被扣留下来，沙勿略的计划失败了。此后他采用偷渡的方式，到达过广东的上川岛，但未能进入中国内地传教，很快便患病去世，死后安葬在印度。1662 年他被教会列为圣徒，他的墓地也成为朝拜的圣地。

罗明坚（1543 年—1607 年）：1582 年，意大利人罗明坚得到两广总督陈瑞的批准，第一个进入中国内地，在广东肇庆天宁寺居住，正式开始传教，陈瑞还经常送去食物和用品。中国第一个公开信仰天主教的人来自最底层。罗明坚找到一个得了不治之症、被家人抛弃在路边的人，告诉他说，治疗肉体疾病已无希望，但却有办法使他的灵魂得到解脱和极乐。这个病人很乐于接受这种教义。于是，罗明坚把他带回家，叫中国仆人替他搭了一间干净的小茅屋，一边照看他，一边把天主教的基本教义教给他，他成为中国内陆第一个接受洗礼的人。尽管几天之后，这个人便死了，但传教士们认为这是他们伟大事业的良好开端。

利玛窦（1552 年—1610 年）：明万历五年（1577 年）报名参加

耶稣会前往印度的传教团，他有着丰富的神学、哲学、历史和自然科学知识，在葡萄牙候船期间，又进入耶稣会训练东方传教团的中心进行了短暂学习。明万历十年（1582 年），利玛窦从印度果阿出发， 4 个月后到达澳门。明万历十一年（1583 年），罗明坚和利玛窦来到广东肇庆，并很快与肇庆知府王泮搞好关系，被批准择地居住和修建教堂。教堂建成后，总督和知府先后张贴告示，禁止任何人在此扰乱。肇庆府的其他官员也争相与两位神父交往，但当地士绅百姓与他们存在隔阂，称他们为“番僧”，不时发生矛盾冲突，有人甚至往他们的房屋上扔石头。为缓解当地百姓的敌对情绪，利玛窦等穿起中国式的大褂长袍，决定暂时不谈宗教，并出重金聘请当地有名望的学者介绍中国情况，讲解经书，以便与中国知识分子有更多的共同语言。他们又用西方科学技术、新奇的西洋方物等吸引中国人，博取当地民众的好感。他们积极学习中国文化，将天主教义融合进中国的古代经籍之中，从《中庸》《诗经》《周易》《尚书》等书中摘取有关“天”和“帝”的条目，比作西方天主教义中的天主。为吸引中国人目光，利玛窦还公开展览西方先进的机械制造产品和科技成果，如钟表、三棱镜、圣母像、地图等。为迎合中国人“中国是中央帝国”的观念，利玛窦还改变了世界地图在西方的原始面貌，使中国刚好位于地图中央。这一切引起了中国人的浓厚兴趣，利玛窦的住宅门庭若市。他利用在国内所学的知识，致力于制造天球仪、地球仪，成为西方先进自然科学知识的传播者。此后，利玛窦又在南昌、南京传教游历十多年，他的汉语越来越纯熟，也结交了许多中国朋友。但在大多数人眼里，他仍然只是一个西洋杂货郎。利玛窦听从了中国朋友的忠告，换上儒装，一边学习翻译中国的四书五经，一边接近中国的士大夫阶层，如徐光启等人。他颂扬中国文化的博大精深，糅合中西方两种哲学观念，并用先进的科技产品敲开了贵族、官员们的大门。

利玛窦更关心的是教会在整个中国的发展。他在 1601 年抵达北京，向万历皇帝进献礼物，这些礼物引起了皇帝的兴趣，特地在皇宫内为自鸣钟盖了一座钟楼。其实，他不仅对传教士们进贡的礼物有兴趣，也想看看这些送礼的外国人。然而最后他并没有亲自接见传教士们，而是派了两个画师去给利玛窦画了像。传教士们被允许在北京长期居住，明政府每隔 4 个月给他们发一次津贴。由于在首都定居的影响，传教团的地位在短短几年之内就变得十分稳定，天主教的信仰在各地滋长起来，中国成为利玛窦神父主持下的独立传教区。

明万历三十八年（1610 年），利玛窦因病在北京去世，万历皇帝为他在阜城门外拨了一块墓地。利玛窦制作的世界地图《坤舆万国全图》是中国历史上第一个世界地图，在中国先后被十二次刻印。利玛窦撰写的《天主实录》以及和徐光启等人翻译的欧几里得《几何原本》等书，不仅带给中国许多先进的科学知识和哲学思想，而且许多中文词汇，例如点、线、面、平面、曲线、曲面、直角、钝角、锐角、垂线、平行线、对角线、三角形、四边形、多边形、圆、圆心、外切、几何、星期等等以及汉字“欧”等就是由他们创造并沿用至今的。他的著述不仅对中西交流做出了重要贡献，对日本和朝鲜半岛上的国家认识西方文明也产生了重要影响。

金尼阁（1577 年—1629 年）：金尼阁生活的时代处在西班牙统治下，他自称是比利时人，由于其故乡杜埃后来被法国占领，所以又被视为法国人。这位明末来华的传教士，由于和利玛窦开启了以拉丁文为中文注音的先河，至今仍被传为美谈。在利玛窦去世后不久，金尼阁抵达北京。万历四十年（1612 年），金尼阁奉命回罗马向教宗保禄（保罗）五世汇报教务。返回欧洲后，为了引起西方的关注，他身着中式服装出入于公共场合，以感人肺腑的演讲宣传利玛窦和其他在华传教士们的功绩，并投入极大的热情著书立论。由于他的积极活动，西方当时掀起了“中国热”，大批欧洲年轻传教士申请赴华。万历四十八年（1620 年）金尼阁与 22 位耶稣会士，偕同教宗赠书 7000 余部再次前往中国。航程中由于船舱内瘟疫传染，船只抵达澳门时仅幸存 5 人，其中有瑞士人邓玉函和德国人汤若望。前者在入耶稣会以前就是一位著名的数学家和文学家，他和意大利物理学、天文学家伽利略是当时欧洲科学院院士。后者继邓玉函之后担任钦天监监正（相当于今天的天文台台长）。汤若望曾任康熙帝的老师。清世祖顺治常邀汤氏入宫咨询，称呼他为“玛法”，即满人对长辈的尊称。金尼阁第二次来华后，先在南昌、杭州、开封、太原、西安等地传教。后在绛州、西安和杭州等地翻译印制中西书籍。金尼阁的主要著作包括:《推历年瞻礼法》一卷，介绍天主教的节庆日历的推算方法，1625 年印于西安;《况义》，一名《意拾喻言》，即《伊索寓言》，1625 年印于西安；编辑《利玛窦中国札记》，原名《基督教远征中华帝国史》，介绍天主教会明末来华史，探讨其在中国的发展，是研究明末天主教概况的第一手资料;《西儒耳目资》，西文名《汉字西语拼音词典》，是最早的汉字拉丁字母注音书籍之一，中国内地的汉语拼音编辑曾参考此书。金尼阁 1629 年逝世于浙江，葬于大方井传教士公墓。

此外明朝来华的西洋传教士还有：

万历三年（1575 年）西班牙教士马丁来华。

万历五年（1577 年）意大利人范礼安由印度的果阿经马六甲到达澳门。

万历十三年（1585 年）葡萄牙教士孟三德来华。

万历二十五年（1597 年）意大利教士郭居静来华。

万历二十六年（1598 年）菲律宾奥斯定修道会葛洛来华。

万历二十七年（1599 年）西班牙教士庞迪我来华传教。

万历四十一年（1613 年）意大利籍教士艾儒略泉州传教。

万历四十一年葡萄牙籍传教士谢务禄（又名曾德昭）到达中国南京传教。

天启二年（1622 年）意大利教士罗雅各来华传教。

天启四年（1624 年）葡萄牙教士伏若望来华传教。

崇祯元年（1628 年）菲律宾奥斯定修道会教士亚德士来华传教。

崇祯四年（1631 年）道明修道会教士高齐经菲律宾来华，在福建开始传教。

崇祯七年（1634 年）道明修道会教士黎玉范来华传教，扩大了传教范围。

崇祯八年（1635 年）意大利教士聂石宗来华传教。

崇祯十年（1637 年）意大利教士贾宜陆来华传教。

崇祯十一年（1638 年）菲律宾奥斯定修道会教士萨德来华。

崇祯十六年（1643 年）匈牙利教士卫匡国来华传教。

264 什么是建州三卫？

满洲是女真的后裔。女真贵族曾建立金朝，与南宋对峙。金朝被蒙古人灭亡后，过了 300 余年，女真崛起，成为明朝在东北的最大边患。

女真在明代分为四大支系：建州女真、海西女真、东海女真和黑龙江女真。黑龙江女真和东海女真离明朝辽东腹地较远，又居住分散，对明朝影响不大。对明辽东影响最大的是海西女真和建州女真。海西女真主要分为四部——叶赫部、哈达部、乌拉部、辉发部，其中实力最强的是叶赫部和哈达部。海西女真曾遭到明辽东总兵李成梁的致命打击，而建州女真反而利用这个机会不断地发展壮大自己。

建州女真明初主要生活在牡丹江与松花江汇流处。永乐二年（1404 年），明朝设立建州卫，封女真胡里改（火儿阿）城万户阿哈出为建州卫指挥使，这是建州女真名称的由来。永乐十年（1412 年），建州的另一个首领猛哥帖木儿因跟随明成祖朱棣攻打蒙古有功，获封建州左卫指挥使，建州卫一分为二。后来，猛哥帖木儿在动乱当中被杀，他的儿子董山被俘。猛哥帖木儿的弟弟凡察报告明朝廷说建州左卫的印丢了，明朝皇帝就命人新刻了一个印，让他执掌。不久董山被赎出，说原来那个印又找到了。围绕新旧两印，叔侄纷争不休，官司一直打到了明英宗那儿。明英宗决定把建州左卫再一分为二，增设建州右卫，叔侄俩各掌一卫。于是，原来的建州卫就变成三个卫了，即：建州卫、建州左卫、建州右卫，史称“建州三卫”。

自明英宗正统年间至明末，建州三卫基本上定居于浑河上游的苏子河流域，其活动地区东北至图们江流域，西南至鸭绿江下游，西至开原及辽东边墙一线。他们初隶属于奴儿干都司，但实际上多受辽东都指挥使司统辖。其首领受明政府任命，领奉诰印、受冠带袭衣；晋升官爵、更换令书，迁徙住牧，都须呈报明政府批准；其军队也听从明朝廷征调；各级首领每年都至北京朝贡。

清太祖努尔哈赤原属建州左卫，在其起兵前一年即万历十八年（1590 年），还曾至京师朝贡。三卫还通过互市，以其马匹、人参、貂皮、松子等土特产换取内地的服饰、粮谷、铁锅以及耕牛、农具等。天顺八年（1464 年）明政府设抚顺关，专门用于建州三卫及依附于三卫的毛怜卫进行交易。

三卫首领世代承袭，大体为父死子继。嘉靖二十年（1541 年）前后，群雄争长，其中王杲势力最强。王杲为努尔哈赤的外祖父。王杲自称建州右卫首领，史书上称其勇敢多谋，武艺超群，兼通女真语和汉语，他称雄诸部，辽东大震。明万历二年（1574 年），王杲以明廷断绝贡市、部众坐困为借口，大举犯扰辽阳、沈阳。明李成梁督兵进剿王杲所在的古勒寨。李成梁率领 6 万步骑，携带炮石、火器，分路围攻王杲寨。明军先挥斧砍断数重城栅，又用火器进攻，烟火蔽天，守军大溃，王杲兵败逃到六弟宝实之子阿哈纳寨隐匿。后明军得讯前来攻捕，阿哈纳穿戴王杲蟒褂红甲，伪装掩护王杲出逃。王杲投奔海西女真哈达部首领王台，王台一向忠于明朝，缚王杲，献于朝廷。明万历三年（1575 年），万历皇帝御午门城楼，受辽东守臣献俘王杲，命将其“磔尸剖腹”。在王杲被杀的同时，王兀堂又自称建州左卫首领，崛起于今桓仁一带，其统辖之地北至清河，南抵鸭绿江下游。

万历八年（1580 年），王兀堂为明朝边将李成梁击败。万历十年（1582 年），王杲子阿台重据古勒寨，数次犯明边界，翌年又被李成梁击杀，努尔哈赤的祖父、父亲均死于这次战役。同年，努尔哈赤起兵反明，于万历四十四年（1616 年）建立政权，史称后金国，建州三卫结束。

265 努尔哈赤是如何统一女真各部的？

明朝初年，散居白山黑水一带的女真族，经过长期战争、迁徙、融合，逐步分化为建州、海西、东海（又称“野人”）、黑龙江四大部分，由奴儿干都司管辖。女真各部地势交错，各自雄长、不相归一，长期处于分裂割据状态。加之明朝采取分而治之、相互牵制的分化政策，更加剧了女真族各部的混战。万历十一年（1583 年），建州女真首领努尔哈赤起兵，开始了长达 36 年之久的统一战争。努尔哈赤采取先内后外、先弱后强、远交近攻等策略，最终统一了女真各部。

努尔哈赤（1559 年—1626 年），姓爱新觉罗，其六世祖猛哥帖木儿受明朝册封，为建州左卫指挥使，祖父觉昌安（明人称叫场）、父塔克世（明人称他失）先后继任指挥使，与明朝辽东镇将李成梁结好，皆忠顺出力。努尔哈赤 10 岁丧母，因继母虐待，19 岁时分家自立。以后常到抚顺、清河（今辽宁本溪北清河城）等地经商，广交朋友，学会蒙、汉语言文字，喜读《三国演义》及《水浒传》等小说，从中学习韬略兵法。18 岁时，隶属于李成梁部为兵，每战必先登，屡立战功，受到器重。

努尔哈赤像

明朝万历二年（1574 年），觉昌安协助李成梁攻灭经常侵扰辽东的另一女真首领王杲。王杲死后，其子阿台继续与明朝作对。万历十一年（1583 年），建州苏克苏浒部图伦城主尼堪外兰联合明军镇压阿台，因觉昌安把孙女嫁给阿台，觉昌安、塔克世先后入城劝降。不想，明军攻城后，觉昌安被焚而死，塔克世为明军误杀。为补偿他们的冤死，明朝授努尔哈赤为建州左卫指挥使。此时的努尔哈赤暂时还无力与明朝抗衡，于是把父、祖之死先归罪于尼堪外兰，以征讨尼堪外兰为由，攻破图伦城，尼堪外兰弃城而逃。努尔哈赤时年25岁，从此，他开始了统一女真的事业。

努尔哈赤用了5年时间，首先统一建州诸部。万历十一年（1583年），他征服浑河部。万历十四年（1586年），攻鄂勒珲城（今抚顺东），受伤多处，仍奋勇作战直到获胜，苏克苏浒部也为其掌握。万历十五年（1587年），征服哲陈部。万历十六年（1588年），董鄂部首领何和里率部归顺。同年，完颜部也被征服。接着，万历十九年（1591年）至二十三年（1595年），努尔哈赤又先后夺取了讷殷、朱舍里、鸭绿江等长白山三部。这样，10年之中，努尔哈赤统一了建州女真各部。

努尔哈赤初起时，势力不大，为了先统一建州女真，他对相对强大的海西女真暂避其锋，对蒙古、朝鲜加以拉拢，对明朝则表示恭顺。万历十七年（1589年），明朝封他为都督佥事，万历十九年（1591年）升为左都督，万历二十三年（1595年）封为龙虎将军，把他看作“保塞有功”“看边效力”的地方官。努尔哈赤则借机发展自己的势力。

努尔哈赤势力的迅速发展，使海西女真大为恐慌。万历二十一年（1593年），叶赫部联络乌拉、哈达、辉发三部，与蒙古科尔沁等部，组成九部联军共3万人，向努尔哈赤发动进攻。努尔哈赤在古勒山设伏，大败九部联军，威名大震。此后，他利用海西女真四部之间的矛盾和纷争，于万历二十九年（1601年）吞并哈达部，万历三十五年（1607年）攻灭辉发部，四十一年（1613年）占领乌拉，至万历四十七年（1619年）降伏了叶赫部。这样，经过26年的征伐，努尔哈赤统一了海西女真各部。

对东海女真，万历四十四年（1616年），努尔哈赤派兵进入黑龙江和乌苏里江地区，开始征服东海女真各部。至天启五年（1625年），将东海女真大部分统一起来。

在统一女真进程中，为了把部众组织起来，提高战斗力，并便于管理，努尔哈赤建立八旗制度。原来，女真人狩猎或出征时，各出一支箭，每十人中立一个总领，总领称牛录额真。牛录，意为大箭。额真，意为首领、主人。努尔哈赤起兵后，诸部相继归附。万历二十九年（1601 年），他在此基础上创建旗制，规定每壮丁 300 人设一牛录，首领为牛录额真。初设黄、白、红、蓝四旗。之后，努尔哈赤进一步扩大旗制，以五个牛录设一甲喇，首领为甲喇额真。甲喇，意为参领。五个甲喇设一固山，首领为固山额真。固山，意为旗。至万历四十三年（1615 年），努尔哈赤势力更加壮大，遂建立八旗，以初设四旗为正黄、正白、正红、正蓝，又增设镶黄、镶白、镶红、镶蓝四旗，合为八旗。黄、白、蓝三色旗镶红边，红色旗镶白边。这样，共有八种不同颜色的旗帜，称为“八旗”。

八旗制度以旗统人，即以旗统兵，遇有战事，由各旗按牛录为单位抽调兵员，战事完毕，归旗为民，从事生产，以耕养战。每旗 7500 人，八旗共 6 万人。以后每旗总人数又有增加，但最基层和最高层数目都不变，只是将中间单位数目加以增加，如甲喇数目增至八、九、十个为一旗。八旗最高统帅是努尔哈赤，自领两黄旗，其余各旗由他的儿子、侄子、孙子为旗主分领，称为和硕贝勒，各置官属，各有臣民。和硕贝勒，意为一方之主，即旗主，位在其他贝勒（努尔哈赤的兄弟子侄等）之上。八旗制度以八旗为纽带，将全社会的军事、政治、经济、行政、司法和宗族联结成为一个组织严密、生气蓬勃的社会机体，不仅发展了生产，更是提高了军队战斗力。八旗制度是努尔哈赤的创造，是女真的核心社会制度，也是清朝定鼎北京、入主中原、稳定政权的重要制度。

在努尔哈赤统一女真各部之前，女真人虽使用同一种语言，但没有通行文字，主要使用蒙古文，这对巩固和发展女真各部之间的政治经济联系，发展社会生产都是不利的。为此，努尔哈赤决定创制自己的文字。万历二十七年（1599 年），他命官员额尔德尼、噶盖二人以蒙古文字头形体，拼写女真语音，创制满文。满文的创制和应用，标志着满族民族共同体已趋向形成。

八旗制度建立以后，万历四十四年（1616 年），努尔哈赤在赫图阿拉（今辽宁新宾）称汗登位，建立大金，史称后金，建元天命，赫图阿拉称兴京，这一年努尔哈赤 58 岁。从此，脱离了与明朝的隶属关系，开始与明朝对抗。

努尔哈赤的统一战争，结束了女真族长期分裂混战的局面，顺应了历史的发展，对我国边疆地区的发展与巩固有重大意义，在中国战争史上占有重要地位。

266 袁崇焕功勋卓著却为什么被杀？

作为明朝镇守辽东的大吏，督师袁崇焕实为抵御后金的中流砥柱。在与他交锋中，努尔哈赤惨败宁远，忧愤而死；皇太极也折戟京师，铩羽而归。然而就是这么一位挽狂澜于既倒、为朝廷所倚重的大将，却落得被磔杀、万人争啖其肉的悲剧下场。这是为什么？

袁崇焕（1584 年—1630 年），字元素，号自如，祖籍广东东莞，落籍于广西藤县。由于是南方人，崇祯皇帝私下里称他为“蛮子”。万历四十七年（1619 年）萨尔浒之战后，后金军队与明军相比，明显占据优势。天启二年（1622 年），后金屡犯边关，无人敢敌，袁崇焕请命率兵出关，镇守辽东。袁崇焕在宁远（今辽宁兴城）筑城御敌，采取以守为攻战略，屡挫敌兵。天启六年（1626 年），宁远一战，袁崇焕采用新式武器红衣大炮，以万余人的劣势打败努尔哈赤 13 万大军的进犯。努尔哈赤自 25 岁起兵，战无不胜，攻无不克，此次却遭到惨败。宁远一战，使袁崇焕声名远播，并且一度使辽东战局出现了转机。但是当时正是魏忠贤专政，袁崇焕受到排挤遭到罢免。

明崇祯皇帝即位，铲除了魏忠贤的势力，重新召还了袁崇焕。崇祯皇帝对袁崇焕非常信任，崇祯元年（1628 年），任命他为兵部尚书兼右副都御史，督师蓟辽，对抗后金军，并赐给他尚方宝剑，以便袁崇焕全力应付辽东战局，这时候袁崇焕的地位达到巅峰。但是第二年年底，袁崇焕就被解除了兵权，投进了监狱，崇祯三年

（1630 年），袁崇焕便在北京的西市被凌迟处死，然后传首边关示众。据张岱《石匮书后集》描述，用刑时，从镇抚司绑发西市，寸寸脔割之。百姓以钱争买其肉，割肉一块，京师百姓从刽子手手中争取生吃之，顷刻立尽。开膛出其肠胃，百姓群起抢之，得其一节者，和烧酒生吃，血流颊间，犹唾骂不已。拾得其骨者，以刀斧碎磔之。骨肉俱尽，只剩一首，传首九边。计六奇《明季北略》则记载："（袁崇焕）皮肉已尽，而心肺之间，叫声不绝，半日方止。"

一位赫赫有名的守边大将为何落得如此下场，究其原因有以下几点。

第一，袁崇焕的死，在崇祯元年的"平台召见"时就埋下了祸根。崇祯元年（1628 年），崇祯在平台召见袁崇焕，问他对辽东有何方略。袁崇焕夸下海口："如果皇上与臣方便的话，五年东患可平、全辽可复！"这令崇祯皇帝万分欣喜，更让在旁的大臣们感到惊讶。因为在当时的形势下，明军能抵抗住后金的进攻，已属不易，而袁崇焕竟然要"五年平辽"，这种不切实际的豪言壮语酿成了袁崇焕日后的悲剧。袁崇焕也知道，崇祯皇帝生性多疑，自己远离京师后，定会有小人无端生事。崇祯皇帝为了让袁崇焕安心御敌，赐给他尚方宝剑，同时把辽东满桂、王之臣的尚方宝剑收回。崇祯对于袁崇焕所提出的各种要求均予满足，可见他平辽心切。然而不幸的是，五年复辽没完成，还让敌军打到了首都。

第二，擅杀毛文龙是袁崇焕悲剧的开端。袁崇焕犯下的另一个不可挽回的错误是擅杀东江总兵毛文龙。毛文龙，浙江杭州人，以都司援助朝鲜，逗留辽东。辽东失守，他从海道逃回时，乘机占据鸭绿江边的镇江堡，升任副总兵。镇江堡被后金攻陷后，他率部撤往鸭绿江口近海的皮岛，随后晋升为总兵。崇祯元年（1628 年），袁崇焕督师蓟辽。他曾在皇帝面前夸下五年复辽的海口，手持尚方宝剑，统揽辽东军事大权，对一向不听节制的毛文龙当然不能容忍。崇祯二年（1629 年），袁崇焕抵达距旅顺口陆路 18 里、水路 40 里的双岛，次日毛文龙从皮岛赶来相会。袁崇焕有心试探毛文龙，婉言劝毛文龙告老还乡，毛文龙却认为只有他最清楚辽东事，别人恐怕无法替代。这当然令袁崇焕更为不悦，杀毛之心更为坚决。次日，袁崇焕召集毛部将士，进行犒赏。毛文龙进入袁崇焕营帐面谢，袁崇焕让将官们也进来，一问姓名，不料都姓毛，俨然毛文龙的私人武装。袁崇焕先对这些将官们进行安抚，接着，突然当众宣布了毛文龙的十二条当斩之罪，就这样毛文龙死在督师钦差的尚方宝剑之下。这件事对于毛文龙而言是悲剧的结局，对于袁崇焕而言是悲剧的开端。毛文龙平时虽也干过一些贪赃枉法、劫掠商旅的事，但罪不至死，杀毛文龙确实不是明智之举。

第三，皇太极进逼京城，崇祯皇帝疑虑重重。崇祯二年（1629年），皇太极亲率重兵，避开辽东宁远、锦州一线，绕道辽西，突破喜峰口以西的长城边隘大安口、龙井关、马兰峪等关口，一路势如破竹。袁崇焕在山海关以外的重防全部失效，10万后金军队抵达遵化城下，后越过蓟州，一路接连攻陷三河、顺义等县，直逼北京城。驻扎在牧马厂，离京城20里。袁崇焕本应该把后金军阻挡在蓟州至通州一线，展开决战，以确保京城安全，但是他护驾心切，舍弃上策，退保京城，这无异于纵敌深入，把战火引到京城外围。袁崇焕的大军到达京师广渠门外，但由于他急于救援，所带兵力较少，不能正面与后金军大规模交战，只是派小股部队与后金鏖战，致使皇太极派人在北京郊外大举烧杀。此举动引起皇亲国戚的不满，他们的大批庄园田产均在城外，如今被敌骑蹂躏殆尽。他们纷纷跑到崇祯帝面前告状，说袁崇焕以入援为名，却听任敌骑劫掠焚烧，不肯出战，定是别有用心。流言蜚语顿起，说袁崇焕与后金有密约在先，后金军是袁崇焕故意引来的，所以他不打后金军而直接奔京城。甚至有人骂袁兵是“汉奸兵”，这也是后来袁崇焕被处死时，不明真相的民众纷纷“抢食”的原因。这种混乱的局势对袁崇焕极端不利，年轻而刚愎自用的崇祯皇帝，不免产生疑虑。

第四，皇太极使用反间计。崇祯二年（1629年），皇太极率大军由牧马厂起行，进攻北京城德胜门。此时在德胜门驻守的是大同总兵满桂、宣府总兵侯世禄的援军。袁崇焕、祖大寿得知，立即赶来救援，皇太极令大贝勒莽古尔泰率领左翼八旗兵阻击袁军。侯世禄得知后金军来攻，率部不战而逃，满桂率军独战，负伤后退守将军庙。皇太极取得德胜门战役的胜利，于是不失时机地导演了一出反间计。皇太极将太监杨某俘获，故意在其旁边对身边人耳语："今日撤兵，袁经略有密约，事可立就矣。"然后再故意让杨某逃跑。杨某一回京城立即向崇祯皇帝报告，有了这一密报，崇祯对袁崇焕的容忍与信任便荡然无存了。崇祯帝以讨论军饷为名，再次在平台召见袁崇焕。崇祯帝责问道，斩杀毛文龙，导致敌人兵临城下，又射伤满桂，是何用意？接着不由袁崇焕分辩，便令锦衣卫拿下袁崇焕。

第五，党争的牺牲品。袁崇焕远来救驾，竟被逮入狱，朝廷中一些别有用心的人乘机作乱，制造事端。当初，袁崇焕入朝时，曾经向钱龙锡请教边事。魏忠贤倒台时，受崇祯重用的钱龙锡是处置阉党余孽的主要官员，被这些人仇视。阉党余孽希望借袁崇焕兴大狱，打击报复钱龙锡。辅臣温体仁是毛文龙的同乡，对袁崇焕擅杀毛文龙非常不满，早就想找个机会报复。梁廷栋曾经与袁崇焕共同处理辽东事务，也曾经发生过摩擦。梁廷栋与温体仁前后多次上疏，极力请求杀袁崇焕。崇祯三年（1630 年），山东道御史上了一道奏疏，诬陷已经辞官的钱龙锡，与袁崇焕共谋同后金议和，"五年平辽"乃卖国欺君。崇祯接到这份奏疏，怒不可遏。崇祯在列举袁崇焕种种罪状后，随即宣布将袁崇焕凌迟处死，妻妾兄弟流放到福建，家财没收。一代功臣就这样惨遭杀戮。

对于袁崇焕的冤死，人们有过很多猜测，例如"五年平辽"的夸夸其谈、擅杀毛文龙、皇太极的反间计、党争的后遗症等，这些可能都是导致袁崇焕被杀的重要因素。

267 李自成、张献忠领导的农民起义是怎么回事？

李自成（1606 年—1645 年），明末农民起义领袖。原名鸿基，世居陕西米脂李继迁寨。童年时给地主牧羊（一说家中非常富裕），曾为银川驿卒。明天启、崇祯年间，陕北连年旱荒，农民纷起暴动。崇祯二年（1629 年）与侄儿李过率众起义。1633 年李自成率余部东渡黄河，在山西投奔了他的舅父“闯王”高迎祥，称“闯将”。

崇祯八年（1635年）荥阳大会时，李自成提出分兵定向、四路攻战的方案，受到各部首领的赞同，声望日高。次年高迎祥在盩厔（今陕西周至）战败，被俘牺牲，他继称闯王。崇祯十一年（1638年）李自成在潼关战败，仅率刘宗敏等十余人隐伏商雒丛山中（今豫陕山区）。

同年，河南省发生严重灾荒，农民纷起暴动。十一月中旬，起义军经陕南商州突出武关，转战河南各地，农民争附，接连攻下豫西南各州县。不久，文士牛金星、宋献策、李岩等先后投奔起义军。自此李自成军队发展到数万人，提出“均田免赋”口号，当时民歌唱道“迎闯王，不纳粮”。崇祯十四年（1641年）攻克洛阳，杀万历皇帝的儿子福王朱常洵，开仓济贫，声势迅速扩大。此后，又三次围攻开封，连获项城、襄城、朱仙镇、郏县、汝宁五次战役的胜利，执杀明兵部尚书陕西总督傅宗龙、汪乔年及陕督杨文岳等，大败明陕督孙传庭，起义军控制了河南全省，部众发展到近百万，其他农民军首领如罗汝才、袁时中等此时也多归附李自成，李自成起义军发展成为明末农民起义军的主力。

自占领洛阳始，李自成逐渐将过去的流动作战改为每得一城，分兵据守的军事战略，两年多时间内席卷河南五府数十州县及湖广荆、襄诸府，打出“剿兵安民”的旗号。崇祯十六年（1643年），改襄阳（今湖北襄樊）为襄京，成立新顺政府，李自成自号“奉天倡义文武大元帅”，罗汝才为“代天抚民威德大将军”。

起义军雄踞荆襄，遂计划攻取京师。李自成采纳谋士顾君恩之策，先取陕西作为根据地。崇祯十六年（1643年），起义军与孙传庭统帅的明军战于河南郏县，杀伤明军4万多人，大败孙传庭。后又攻陷潼关，明军溃败，孙传庭战死。崇祯十七年（1644年），起义军攻克西安。起义军占领西安后，正式定国号为“大顺”，改元永昌，改西安为长安。李自成改名自晟，称王。李自成亲自率军渡黄河北上，最后攻入北京。明思宗崇祯皇帝朱由检自缢于煤山（今北京景山），明朝灭亡。

李自成占领北京后，继续分兵略地，委派地方官吏，建立基层政权。北直、山东、河南、苏北、皖北各地州县令纷纷上任。

此时，北方的劲敌只有驻防山海关外的明总兵吴三桂。李自成由于轻敌，仅派人携金银锦缎前往招抚。吴三桂先接受招抚，后闻李自成在北京向明朝官员追饷，并闻家属被拘，遂率兵反叛，并向清军求援。仓促之下李自成率刘宗敏、李过东征吴三桂。正当吴三桂军动摇之际，清多尔衮突然发兵夹击。因众寡悬殊，两面受敌，农民军败退北京。

农民军的战败使留守北京的起义军人心惶恐，再加上进入北京后起义军纪律松弛，军心涣散，所以李自成仓促即帝位，次日即离北京南下，经晋入陕，试图仍以陕西为基地东山再起。后转战至湖北东南各州县，最后到达湖北通山县（一说通城县）九宫山，被忠于明朝的程九伯地方武装杀死。另据清代乾隆年间的澧州知州何璘的《书李自成传后》说：李自成兵败后逃至湖南石门夹山寺削发为僧，名奉天玉和尚，至康熙十三年（1674年）圆寂于该寺。另又有说李自成隐居甘肃兰州青城。虽然目前李自成死地之谜众说纷纭，但《明史》和清初的大多数史料均记载李自成殉难于通山九宫山。在湖北通山县周边先后发现上千件李自成以及大顺农民军的相关文物，其中更有数十件直书李自成死于湖北通山县九宫山。相信不久的将来，李自成死地之谜会研究清楚。

张献忠（1606年—1647年），字秉忠，号敬轩。明末农民起义军首领，陕西定边柳树涧人。他和李自成等部农民军相互配合，与明军转战17年，消灭了明军大量有生力量，为推翻朱明王朝做出重要贡献。

张献忠出身于贫苦农民家庭，受豪绅欺辱，去延绥镇当边兵。后因不堪忍受虐待，逃回家乡。崇祯元年（1628年）前后，陕北一带灾荒严重，广大饥民挣扎在死亡线上，于是先后爆发了王嘉胤、王自用、高迎祥等多起农民起义。在这种形势下，崇祯三年（1630年），张献忠在延安聚众起义。当时，王自用、王嘉胤等部农民军与明军转战于陕甘、秦晋交界地区。崇祯四年（1631年）河曲之役，王嘉胤牺牲，王自用继为统帅，率部突入晋北，张献忠即率步兵二百渡河入晋，投到王自用麾下，称西营“八大王”。由于他身长瘦而面微黄，胡须一尺六寸，剽悍善战，军中称为“黄虎”。

面对农民军的不断壮大，明朝廷集中兵力于山西围剿农民军。崇祯六年（1633 年），张献忠部已扩大到万人。为了避开敌人的围攻，他与李自成协同南下汉中，经阳平关入四川。崇祯七年（1634 年），由川东进至关中西部，接连攻占 7 座县城，震动全陕。这一胜利使崇祯帝震怒，将五省总督陈奇瑜流放。崇祯八年（1635 年），各部农民军会集河南荥阳召开大会，商讨作战方略。张献忠反对北撤山西，主张主动进攻。会后，他和李自成、高迎祥等部东进，直指明中都凤阳。张献忠素称勇猛，率先攻入凤阳城，明太祖的皇陵被焚毁。凤阳一战，震动全国，给明朝廷当头一击。战后，张献忠部南下皖中，后进入鄂东，长途奔袭，在运动中消灭明军有生力量。

崇祯九年（1636 年）滁州（今安徽滁县）大战，农民军失利，张献忠率部转入河南。崇祯十年（1637 年），他与李自成部协同攻成都，不克，遂攻占了周边县城，广泛救济贫民。因明将洪承畴大军入川，他和李自成部分头撤离，由川东转入郧阳、襄樊一带。崇祯十一年（1638 年）春，由于部分农民军头领被明朝招降，形势逆转，张献忠利用明将熊文灿的弱点，伪装受抚，取得了驻屯谷城休整的机会。在谷城（今属湖北），他加紧训练士卒，整肃军纪，制造武器，积存粮草，发动农民，壮大队伍。

崇祯十二年（1639 年），张献忠在谷城重举义旗，公开与明朝廷决裂。在他的带动下，原已受招抚的农民军首领罗汝才、惠登相等纷纷脱离明军，重回农民起义军的斗争行列，使农民战争的形势迅速好转。张献忠一面隐蔽实力，一面声言入陕，于当年率部西向，在房县的罗膜山设下埋伏，大败明军左良玉部。他缴获了大量的军资，然后率部入川。为了迷惑明军，他进入陕南的平利、兴安（今安康）、紫阳一带。陕西巡抚郑崇俭立即调兵堵截，但张献忠却折向四川边境，击败川军，越过大巴山区，进入太平（今四川万源）。明军左良玉部和陕军在后紧追不舍，张献忠扎营于玛瑙山，准备迎击两面来敌。由于他骄傲轻敌，玛瑙山大败，家属和辎重尽失。战后，张献忠怀着卧薪尝胆的心情，吸取教训，整顿余部，积蓄精锐力量，活动于开县山中。随后，罗汝才入川与张献忠会师，农民军士气复振。他们采取迂回流动战术，接连打击小股明军，频频得手。

崇祯十四年（1641 年），张献忠用计夺取军事重镇襄阳，俘五千名守军，杀了襄阳王朱翊铭、贵阳王朱常德，用缴获的白银和米谷救济贫民。这一重大胜利，使张献忠部队扩大到数十万。

自崇祯十五年（1642 年）起，张献忠指挥部队在长江北岸分头出击，攻城略地，寻机消灭明军的有生力量。十六年春，他命部队沿江西进，兵锋直指武昌，并攻占武昌，改武昌为天授府，设立政权，曾选派出 21 州的地方官吏。是年底，张献忠集合部队从长沙向西北方向进军，沿益阳、常德、澧州（今湖南澧县）一线，到达荆州（今湖北江陵）。崇祯十七年（1644 年）攻占重庆，俘杀明瑞王朱常浩及四川巡抚、知府等，后又攻占成都。

张献忠在成都正式建立中央政权，自称西王，国号“大西”，年号“大顺”。因当年为大顺元年，铸“大顺通宝”铜钱通行全川。大西政权，设左右丞相，下有六部及院、监、寺、科、道等部门。实施了一些巩固政权的措施，如开科取士，选拔人才，吸收西方科学，并发布命令没收豪绅家产田庄，富室则罚银助饷，凡朱姓宗室尽皆捕杀，所有归附州县一律免征租赋三年。

当大西政权建立之际，北方的李自成农民军已处于溃败之中。清军大举向中原和陕西推进，而江南的南明弘光政权仍以农民军为敌，派几路兵马入川夹攻大西军。四川的旧明将吏、地方武装纷纷起来向大西政权反攻，张献忠面临着严峻的形势。他派刘文秀、孙可望、艾能奇率兵分头抵抗重庆、叙州（今四川宜宾）、雅州（今四川雅安）方面进攻的明军，互有胜负。到大顺三年（1646 年），大西政权在四川逐渐失去控制能力，只得放弃成都北上，准备退入汉中。是年，张献忠率部撤离成都，到达南充，驻兵于西充凤凰山下的金山铺，派大将刘进忠扼守天关，但刘进忠对张献忠早已心怀不满，准备叛离。当时清军豪格部屯于汉中，刘进忠派人引导清兵直趋保宁（今四川阆中），进攻张献忠大营。张献忠无防，仓促应战，身负重伤。孙可望领兵赶到，救出张献忠，但终因伤势过重而牺牲，时年40岁。

张献忠牺牲后，四川人民为他立庙于梓潼北七曲山的风洞楼上，多年香火不绝。直到乾隆五年（1740年），庙为清廷所毁。

268 崇祯皇帝为何自缢于煤山？

崇祯是明思宗朱由检的年号。朱由检（1611年—1644年），明光宗朱常洛第五子，明熹宗朱由校弟。熹宗死后，由于没有子嗣，他受遗命继承皇位。在位17年，李自成农民军攻破北京后自缢于煤山（今北京景山），终年34岁，葬于思陵（今北京明十三陵之一），年号为“崇祯”。

朱由检继位后，就开始大力清除阉党。他寻找时机先铲除了魏忠贤的羽翼，使魏忠贤处于孤立无援的境地，然后一纸诏书，贬魏忠贤凤阳守陵，不久魏忠贤自缢而死。此后，又将阉党260余人或处死，或流放，或禁锢终身，使气焰嚣张的阉党受到致命打击。崇祯皇帝铲除了魏忠贤集团，曾一度使明室有了中兴的希望。

当时的明王朝外有后金军队的连连进攻，内有农民起义的烽火愈燃愈炽，而朝臣中门户之争不绝，疆场上则将骄兵惰。面对危机四伏的政局，崇祯皇帝勤于政务，事必躬亲。同时，他平反冤狱，起复天启年间被罢黜官员；全面考核官吏，禁朋党，力戒廷臣交结宦官；整饬边政，以袁崇焕为兵部尚书，托付其收复全辽重任。与前两朝相比，朝政有了明显改观。

崇祯皇帝求治心切，很想有所作为。但因国内矛盾重重、积弊深重，无法在短期内使政局发生根本好转。而崇祯帝生性刚愎自用，急躁多疑，急于求成，因此在处理朝政时屡铸大错。在与后金战争的紧要关头，中了皇太极的反间计，冤杀袁崇焕，使辽东防御几近崩溃。他又增加赋税，增调重兵镇压李自成、张献忠领导的农民军。因对外廷大臣不满，崇祯皇帝在清除魏忠贤为首的阉党后，又重用另一批宦官，给予宦官行使监军和提督京营大权。大批宦官被派往地方重镇，凌驾于地方督抚之上，甚至派宦官总理户、工二部，而将户部、工部尚书搁置一旁，致使宦官权力日益膨胀，统治集团矛盾日益加剧。无奈中，他又不断反省，四下罪己诏，减膳撤乐，最终仍无法挽救明王朝于危亡。

崇祯十七年（1644 年），明王朝面临灭顶之灾。明军在与农民起义军和清军的两线作战中，屡战屡败，已完全丧失战斗力。李自成农民起义军围攻北京城，太监曹化淳献门而降，外城城破，崇祯与贴身太监王承恩登上煤山（也称万寿山，今北京景山），远望着城外和彰义门一带的连天烽火，只是哀声长叹，徘徊无语。回宫后写下诏书，命成国公朱纯臣统领诸军并辅助太子朱慈烺，又命人找来太子，亲手给他换上破旧衣服，含泪再三叮嘱派人送往外戚家躲避。接着命周皇后自缢而死，又将 15 岁的公主左臂砍下，又在自缢未绝的袁贵妃的肩膀上补了一剑。天色将明，崇祯来到前殿，鸣钟召集百官，却无一人前来，此时崇祯帝非常绝望，无奈咬破手指写了一道给李自成的血书，然后和王承恩一起登上煤山，自缢于寿皇亭，王承恩也在对面树上自缢殉国。据史书记载，崇祯死时光着左脚，右脚穿着一只红鞋，前衣襟里是他的遗书：“朕自登基十七年，逆贼直逼京师。虽朕薄德藐躬，上干天咎，然皆诸臣误朕也。朕死，无面目见祖宗与地下，去朕冠冕，以发覆面，任贼分裂朕尸，勿伤百姓以一人。”

李自成进城后，将他的尸体抬到东华门，搜出身上的血书，葬在昌平州。当地平民又将他与田贵妃合葬。清军入关后，将他移葬北京昌平思陵，谥为怀宗，后改谥庄烈帝。南明政权谥他为思宗烈皇帝，后又改谥为毅宗，史称崇祯皇帝。

崇祯帝为何自杀于煤山？这与煤山的地理位置有关。煤山，地处北京城的中轴线上，位于紫禁城的北面，高耸峻拔，树木葱郁，为北京城内地势最高之处。元代，此处只是个小山丘，名“青山”。明永乐年间，成祖朱棣大规模营建城池、宫殿和园林。根据“苍龙、白虎、朱雀、玄武天之四灵，以正四方”的说法，紫禁城之北是玄武的位置，当有山，故将挖掘紫禁城筒子河、太液和南海的泥土堆积在“青山”，形成五座山峰，成为大内“镇山”，又称“万岁山”。因山下曾堆放过煤，故又称“煤山”。在煤山东北隅建寿皇殿等殿亭楼馆，每到重阳节皇帝必到此登高远眺，以求长寿万岁。明崇祯十七年（1644 年），崇祯帝缢死在万岁山东麓一株老槐树上。清军入关后，为招降明廷官吏，称这棵槐树为罪槐，用铁链加锁，并规定清室皇族成员路过此地都要下马步行。原树向南倾斜，已枯死，后补栽。树边有一石碑，刻“明思宗殉国处”。清顺治十二年（1655 年）将万岁山改称景山。清乾隆十四年（1749 年）移建寿皇殿至景山正北面。清帝逊位后，景山一度荒芜，并经常驻扎军队，1928 年景山正式对外开放。1949 年后，进行修理和全面修建，辟为景山公园。

崇祯皇帝是一位功过交织的君主，他年少英武，但由于自身性格、情感道德的缺失和种种客观条件的不足，导致了他国破家亡。崇祯的是非功过充满争议，是中国历史上最具悲剧色彩的皇帝之一，“无力回天”这四个字，可以概括崇祯的一生。

269 吴三桂降清的真实原因是什么？

吴三桂（1612 年—1678 年），字长伯，明末辽东人，祖籍高邮（今江苏高邮）。其父吴襄于明天启二年（1622 年）中武举进士，后投奔辽东巡抚李成梁，在多年的征战中立下赫赫战功。但吴家真正的兴旺，是在吴襄投靠祖大寿门下之后。他长年在祖大寿手下任职，后来还迎娶了祖大寿的妹妹为继妻，最后官至都指挥使，留镇宁远。崇祯四年（1631 年），吴襄已经官至锦州总兵，位居辽东八大镇首领之一，有“辽右巨臂”之称。吴三桂从小就在这种战火纷飞的环境中长大，很快就成长为一位骁勇非常的战将，崇祯十二年（1639 年），年仅 27 岁的吴三桂就已经升任辽东总兵。吴三桂的部队军纪严明，作战勇敢，是当时明朝在辽东的部队中战斗力最强的一支。崇祯十四年（1641 年）松锦之战后，明朝在辽东的将士损失殆尽，洪承畴、祖大寿被迫投降，只剩下吴三桂一支军队在山海关一线英勇抵抗清军。在极端困难的情况下，吴三桂克服困难，重新组织起一支接近万人的边防劲旅，承担起防守山海关、抵抗清军的重任。为了打开山海关这道屏障，清朝曾多次派祖大寿和洪承畴等人招降吴三桂，但是吴三桂始终不为所动，坚持抗清。这说明吴三桂后来投降清朝，是迫不得已。

明朝灭亡后，中国北方存在三股力量，一是已经攻克北京的李自成，二是关外虎视眈眈的多尔衮，三是以吴三桂为代表的明朝残余。三者中，吴三桂的势力最弱，而且处于李自成和多尔衮的夹击之中。他无力与任何一方抗衡，必须要在李自成和多尔衮二者中做出抉择。同时，因为山海关地理位置的重要性，吴三桂也成为大顺军和清军争相拉拢的焦点人物。

吴三桂先是决定归顺李自成，在从山海关赶赴北京的路上中途反悔，最后决定投降清朝，其原因如下。

第一，农民军在北京的过激措施是吴三桂降清的催化剂。李自成攻占北京，崇祯皇帝自缢后，吴三桂一直都在观望时局的发展。虽然李自成攻下了北京，但江南地区都还在明朝官员控制之下。李自成只控制了山西、陕西、河南、河北、山东、湖北一带，江南的明朝官员很多也在观望时局的发展。而此时的李自成基本上被胜利冲昏了头脑，梦想着江南的半壁江山可以“传檄而定”，大顺军在进入北京后的第一件事就是追赃助饷，剥夺高官显宦的家财来解决财政困难。吴三桂的父亲吴襄虽有招子降顺之功，也不能例外，昔日巨富的吴府现在已被搜刮得空空荡荡。事实证明投靠大顺政权不可能保护个人利益，前往北京城无疑是自投罗网。吴三桂和许多部下在关外都是有很多财产的大地主，所以吴三桂降清的一个重要原因是大顺政权的措施触犯了吴三桂等地主阶级的利益。

第二，祖大寿、洪承畴的投降对吴三桂的影响。明崇祯四年（1631 年），皇太极在一次战役中俘获了祖大寿的两个儿子和一个侄子，他赐给他们房屋土地，并以此为诱饵招降祖大寿，祖大寿不为所动。崇祯五年（1632 年），皇太极围祖大寿于大凌河城。三个月后，城中粮竭，祖大寿和皇太极订了城下之盟，率军出降。皇太极大喜过望，厚赏祖大寿，为了表示对祖大寿的充分信任，命祖大寿为前导，带兵攻取锦州。不料在锦州城下，祖大寿甩开大队人马逃入城中，而皇太极仍厚待祖大寿的子孙和部将。7 年之后，皇太极又一次俘获祖大寿。这一次，祖大寿自度不免一死，皇太极却依然争取他。出于对明朝的失望以及对子孙前途的考虑，这一次，祖大寿真心投降了。皇太极明白他的成功不仅仅是招降了祖大寿，更重要的是，他的这一举动在汉人将领中建立了信任。他知道他的付出将会得到巨大的回报，历史证明了这一点。洪承畴被俘时，也曾经一心要尽节殉国，在满人的监狱里蓬头赤脚，日夜大骂，只求速死。可是皇太极一点也不生气，供给洪承畴精衣美食，细心照顾，不断派人去劝降，还亲自到监狱中去看望，看到洪衣服单薄，便解下自己的貂裘大氅给他披上，后来洪承畴降清。如果没有越来越多的汉人的归降，满洲人夺取天下将是一个虚妄的梦想。吴三桂是祖大寿的外甥，同时，他也是洪承畴在内外夹击下走向覆灭的见证人，他们的投降，对吴三桂来说，有很大的影响。吴三桂在前后夹击的情况下做出了降清的决定，无疑与自己先前崇拜的英雄降清有着极大的关系。

第三，吴三桂降而复叛也与爱妾陈沅（即陈圆圆）被农民军大将刘宗敏掠去有关。吴三桂得知爱妾陈圆圆被他人抢走，这夺妻之恨让吴三桂勃然大怒，率军掉头反攻山海关（山海关的留守明军已投降了李自成），夺取关隘后，全军为崇祯皇帝披麻戴孝，以明朝遗臣自居，走上了与李自成兵戎相见的道路。

“鼎湖当日弃人间，破敌收京下玉关。恸哭六军尽缟素，冲冠一怒为红颜。”这是清初诗人吴伟业《圆圆曲》中的名句。作者以鲜明的态度，讽刺了吴三桂为了秦淮名妓陈圆圆被掠而降清的行径。相传吴三桂读到这首诗后十分不安，他曾以重金馈赠吴伟业，恳求他毁版删改，可诗人毫不动情，硬是留下了这首几百年来流传不衰的佳作。这首诗不仅道出了一段悲戚的历史故事，也让吴三桂背负上因为一个女人而降清的千古骂名。

实际上促成吴三桂降清的原因是多方面的，其中，最主要的是大顺政权触犯了吴三桂等地主阶级的利益。

270 李自成领导的农民起义失败的原因是什么?

1644年，风云突变，李自成领导的农民军经过16年的斗争，横扫大半个中国，顺利攻占北京，结束了明王朝的统治，建立了大顺农民政权。但也就在这一年，吴三桂领清军入关，李自成农民军在山海关惨败于清军，仓皇退出北京后一蹶不振，最后李自成也身死湖北通山县九宫山附近。对于李自成农民起义军迅速获胜而又骤然败亡的悲壮历史，历史学家向来谈论不倦。自从郭沫若的《甲申三百年祭》发表后，人们通常认为其主要原因是骄傲和腐败，说李自成进入北京后，自己忙着登基，几十万将士在京城享乐，仅派降将唐通率几千兵士去接管山海关。在胜利面前通常容易骄傲，这是普遍现象，不是李自成独有的问题。那么，是什么原因导致李自成最终失败呢?

第一，政治谋略失误是李自成败亡的根源。1641年后，罗汝才等几支主要的农民起义军先后归附李自成。李自成军在河南先后与明军主力进行了五大战役和三次围攻开封的作战，歼灭了明政权在北方的绝大部分主力部队，声威大振，势力也得到了很大发展，成为众望所归的推翻明朝的核心力量。1642年底，李自成再次击败明悍将左良玉，占领襄樊，随后便在襄阳着手建立自己的各级政权。1643年夏，李自成在襄阳召集将领们研究下一步的作战行动。当时会上有三种意见:（1）先攻河北，直取北京;（2）东取南京，截断粮道，围困明朝政府;（3）先取关中，以此为根据地，建立政权，补充兵力，然后进击山西，再取北京。李自成采纳了后一种主张。这就是著名的襄阳决策。

这个决策有三个致命缺陷:（1）当时，河南由于灾荒连年和李自成与官军的数次大战，已经残破不堪，无力供养庞大的军队、政权机构和提供战争支出。陕西除关中平原外，土地贫瘠，天灾不断，是明末农民大起义的发源地，而且自唐末以后，就再也不是全国的政治、经济、文化中心，在这里建都作为根据地根本不适宜。（2）这个决策根本就没有考虑花时间和精力去建立巩固的根据地。李自成在1642年于河南郏县击败孙传庭后，由于河南残破，养不起军队，便率军南下湖广，年底占领襄樊。在襄樊才驻几个月，便又要移师河南，挺进关中，北进山西，直下北京。这还是没有摆脱流寇的传统，中央政权随着军队到处跑。（3）这个决策根本没有考虑清朝政权的问题。拿下北京后，李自成大军便处于与清朝对峙的第一线，但襄阳决策根本就没有考虑到与清朝军队作战的问题。

襄阳决策归根结底是中国农民那种故土难离、衣锦还乡的传统思想的反映，也是封建社会政治人物登基坐龙椅、过皇帝瘾的传统思维的反映。当时，李自成由于已经打垮了明朝北方的大部分精锐部队，所以对以左良玉为首的明朝残余军事力量根本没放在眼里，认为只要攻下北京，明朝的其他地区都可以通过传檄而定的方法解决。

由于李自成军队长期在内地与明朝官军作战，对清朝政权及其野心不甚了解，对于八旗军的战斗力也没有切身体验，因而忽略了满洲八旗的威胁，这确是一个重大缺憾。

第二，放弃北京是李自成迅速败亡的转折点。山海关战役对大顺政权来说既未使其在兵力上蒙受惨重损失，也没有影响其占领区的形势在李自成放弃北京之前发生巨大变化。当李自成撤离北京时，这里居民还扶老携幼络绎不绝随之西奔，广大人民仍然心向大顺政权。大顺军刚一撤离，局势便急转直下，各地官绅相继而起，发动叛乱，杀害大顺政权地方官员，投靠进驻北京的清军。在当天，北京、涿州和保定都发生了叛乱。官僚士绅的叛乱从直隶很快蔓延到山东、山西、河南等省。而在李自成撤离北京后，众多的叛乱使大顺政权的许多州县相继丧失，清兵则不费一兵一卒从叛乱者那里接收了大量州县，为征服全国奠定了基础。到底是什么原因致使李自成放弃北京前后形势变化如此之大？在人们心目中，特别是在官绅地主的心目中，北京是社稷的象征，定都北京的王朝便拥有了正统地位，一个王朝失去了北京，就意味着它正统地位已经结束；另一个政权占领了北京，也意味着它已取得合法的地位。在北京，无论是热衷仕途还是心怀疑惧的官僚，无不遵照大顺政权的命令。可是，当大顺政权一撤离北京，那些未曾投靠大顺政权和一部分被大顺政权任用的官僚士绅，认为大顺政权已经无力维护全国的正统地位，取代它的应是轻而易举定鼎北京的清廷。于是他们各自怀着报仇雪恨、官复原职、加官晋级、恢复昔日威风的愿望，纷纷起而叛乱，投入清廷的怀抱。可见，李自成不战而放弃北京，尽管在军事上未损兵折将，但使自己的声威一落千丈。因此，李自成放弃北京所造成的恶果，也是大顺军由盛转衰和李自成迅速败亡的转折点。

第三，人才缺乏、用人不当是李自成失败的又一重要原因。李自成集团随着军事战争的节节胜利，特别是大顺政权建立后，起义军面临的形势已发生了质变，但李自成集团未能很好地顺应，即未对全国形势、发展进程及可能出现的问题进行预测和准备。任何一个政权灭亡的直接原因是因为军事失利和军队倒戈，真正的军事家能高瞻远瞩地预测未来，带领军队趋利避害，立于不败之地，战胜对手。山海关战役，李自成未能火速出兵，也未能集结绝对优势兵力，仅带领部分兵力出征，而且还对招降吴三桂抱有幻想，这反映出了李自成集团在政治上的幼稚。对吴三桂借兵清朝以及清军参战，他浑然不觉，也未事先做好准备，因此其失败是难免的。有学者明确指出李自成是“不及格的政治家”，可谓一语中的。李自成在用人方面也有严重的错误。在起义军领导集团中，牛金星、刘宗敏等有严重错误的人始终身居高位，他们难免会制定一些错误的政策，以致影响整个计划。历史上成功的起义领导人身边都有德才兼备的谋主，刘邦的张良，朱元璋的刘伯温。没有高质量的智囊团，用人不当，注定他的失败是不可避免的。

第四，流寇作风、忽视政权建设是李自成失败的又一大原因。李自成农民军始终处于流动作战状态，挺进河南后，实行了“割富济贫”和“免粮”政策，受到了广大贫苦农民的热烈拥护，使得农民军在军事上取得辉煌成果，攻破了数十州县。可惜的是，农民军领导人没有利用这些有利的条件攻城夺地，却弃而不守，占领很多地盘却没有一块巩固的根据地，始终处于流动作战状态。根据地是军队的坚强后盾，没有这种稳固的后方，军事失利时就失去了立足之地。这就决定了李自成最后只能在奔逃中度过他生命最后的时刻。

归根到底，李自成的悲剧，不仅仅是因为胜利后的骄傲那么简单，而是有着复杂的综合因素，包括政治谋略失误、缺少智囊辅佐、没有稳固的根据地等。

271《永乐大典》的编撰与散佚是怎么回事？

在北京天安门东侧南池子南口路东，有一座叫“皇史宬”的建筑。“皇史宬”建于明嘉靖十三年（1534年），全用砖石砌成，不用一片木料（防火），墙壁达五米之厚（防盗），为的是存放一部世界上最早最大的百科全书——《永乐大典》。

《永乐大典》编纂于明朝永乐年间，历时6年（1403年—1408年）编修完成。它保存了14世纪以前中国历史地理、文学艺术、哲学宗教和其他百科文献，与法国狄德罗编纂的百科全书和英国的《大英百科全书》相比，都要早300多年，堪称世界文化遗产的珍品，也是中国最著名的一部大型古代典籍。《永乐大典》共计有22877卷、目录60卷，分装成10095册，全书字数约3亿7千万字。《永乐大典》的规模远远超过了前代编纂的所有类书，即使是清代编纂的规模最大的类书《古今图书集成》也只有1万卷、1亿6千万字，不到《永乐大典》的一半。《永乐大典》的规模更是西方同时代的典籍所望尘莫及的。据粗略统计，《永乐大典》采择和保存的古代典籍有七八千种之多，数量是前代《艺文类聚》《太平御览》《册府元龟》等书的五六倍，就是清代编纂的大型丛书《四库全书》，收书也不过3000多种。

《永乐大典》编修的起因：一是为了消除“靖难之变”的影响。燕王朱棣用武力推翻建文帝的统治，夺取了帝位，改年号为“永乐”。因为朱棣是以臣犯上，这在程朱理学盛行的当时，很多朝臣和知识分子都认为是倒行逆施。朱棣对此采取了恩威并施的办法，一方面对拒不从命者开杀戒，另一方面提倡文教、振兴学术，加以怀柔。编撰群书可以把大批知识分子置于中央政府的直接控制下，可以使他们无暇多问政事；同时，又可减少人们对“靖难”的关注。因此，明成祖即位不久，就下令编修《大典》。二是《大典》的编修也是社会文化发展的需要。明王朝取代元朝，一个重要的任务就是复兴元代不甚发达的文教事业。通过《大典》这样一部类书，可对汉民族的传统文化进行系统的整理与总结。三是具备了修纂《永乐大典》必备的文化和经济条件。明军攻占元都后，将元政府典藏全部运往南京。元朝先后得到宋、辽、金三代的藏书，数量极多。同时，明太祖、成祖两朝还曾多次下诏求民间藏书。此外，唐宋两代学术发达，著述甚多，而宋代雕版印刷业繁盛，使书籍的传播更加广泛，这些著作也都被《大典》所汇录。朱元璋和朱棣都极为重视文化教育，各级学校遍设全国，这为《大典》的编修创造了浓厚的学术气氛和坚实的人才基础；朱棣即位后，兴修水利、广开漕运、奖励农桑，社会经济日趋繁荣，为编制《大典》这样规模的大型类书提供了可靠的经济基础。

《永乐大典》前后编纂过两次，第一次编纂开始于明成祖永乐元年（1403 年），由解缙、胡广、胡俨、杨士奇等人负责，召集了 147 人，采用“用韵以统字，用字以系事”的编排方法，于次年完成了编纂工作。由于编纂者受儒家正统观念的影响，采选的书籍偏重儒家经典、百家文集、史书传记等，虽然称为“文献大成”，但采录的典籍还是不够丰富，明成祖很不满意。于是在永乐三年（1405 年），明成祖又命僧人姚广孝、解缙等人重纂，这次因为采选的书籍众多，参与的朝臣文士、宿学老儒达到 2169 人。《永乐大典》完成后，明廷又在各地征召了大批缮书人进行描栏、清抄、绘图和圈点工作，参与的人员数量现在已经无法统计了。参与编修《永乐大典》人员的生活条件优裕，他们居住在离皇家藏书处文渊阁不远的崇里坊，由光禄寺供给酒肴、茗果，还发给膏火费，官员参与编修的可以免朝，待遇十分优厚。当时有人就以“天下文艺之英，济济乎咸集于京师”的说法，形容《永乐大典》编纂的盛况。

《永乐大典》的收藏及流散：《大典》编成后未能刻版，只抄写一部，永乐十九年（1421年）朱棣迁都北京时，命令撰修陈循将文渊阁藏书每种挑选一种，共装100柜及《大典》正本一起运至北京。《大典》到京，贮于文楼，其他100柜图书则暂存左顺门北廊。正统六年（1441年），文渊阁建成，于是将左顺门北廊的书运入阁中，《大典》则仍贮文楼。正统十四年（1449年）南京文渊阁不幸失火，《大典》所据原稿及所藏其他图书均付之一炬。自此，《大典》遂成孤本。

在明朝皇帝中，嘉靖皇帝最喜爱《永乐大典》，平时在案头上常备几册《大典》以供随时翻阅。嘉靖三十六年（1557年），宫中发生大火，三大殿都被烧毁，火势蔓延，很快便危及文楼中的《大典》。嘉靖皇帝连夜下了三道金牌，令人把《大典》及时抢救出来。为防止今后再遭受类似祸患，嘉靖四十一年（1562年）任命高拱、瞿景淳、张居正等人负责按照《永乐大典》原样，一字不差地重录。这次重录工作整整花了5年时间，到明穆宗隆庆元年（1567年）才最后完成，抄好的副本被放置在新建的皇史宬。

明朝灭亡后，永乐正本已不知下落。正本去了哪里，后人不断推测，主要有以下几种不同的说法。

一是随嘉靖皇帝殉葬于永陵说。因为在明代帝王中，曾阅读过《永乐大典》的仅弘治帝、嘉靖帝两人。嘉靖皇帝对《永乐大典》“殊宝爱之”，所以正本极有可能殉葬于永陵。二是有研究者认为可能藏于皇史宬夹墙。修成于明世宗嘉靖十三年（1534年）的皇史宬，大殿墙壁奇特，东西墙厚3.5米，南北墙厚6.1米，为建筑中所罕见。《永乐大典》正本有可能藏于皇史宬夹墙内。三是认为大典毁于明亡之际，认为正本可能被李自成农民起义军焚毁了。起义军在占领北京42天后被迫撤离，撤走时，曾放火焚烧宫楼。四是毁于清朝乾清宫大火。

目前见到的《永乐大典》都是嘉靖年间抄录的副本。

《永乐大典》副本的流散情况：《大典》副本贮藏皇史宬配殿约150年，到清雍正年间（1723年—1735年）被移贮翰林院敬一亭，从此这部内府藏书便被大臣们借阅辑录，开始不断遗失并遭受各种破坏。乾隆三十八年（1773 年）修《四库全书》曾利用此书，清查时发现已缺失 2422 卷，约 1000 册。当时共从中辑佚书 300 余种。嘉庆、道光年间修《全唐文》和《大清一统志》时又利用《大典》，这期间由于监管制度不严，又被官员大量盗窃。另外，咸丰十年（1860 年），英法联军侵占北京，翰林院遭到野蛮破坏和抢劫，丢失《大典》不计其数。尤以英侵略军抢掠最多，作为战利品运回英国。光绪元年（1875 年）修缮翰林院建筑时，清查所存《大典》已不足 5000 册。光绪二十六年（1900 年）八国联军入侵北京时，翰林院成为战场，《大典》除战火焚毁破坏以外，再加上人为抢劫，使翰林院所藏副本至此化为乌有。各国侵略者将抢劫的大量财富文物盗运回国，《大典》从此流散在世界各国图书馆和私人手中。国内一些文人书贾也竞相购买收藏，以为奇货可居。这部曾藏于明内府、清官署的万余册《大典》，不到百年几乎是灰飞烟灭。宣统二年（1910 年）京师图书馆成立时，教育部只拨交劫余的 60 册《大典》，作为京师图书馆最初的收藏。之后经四处征集，广为搜罗，目前国家图书馆的《永乐大典》数量已达 222 册，在架书为 162 册，其中 60 册存于台湾。除国家图书馆的收藏外，上海图书馆、四川大学以及英国、日本、德国、美国等国家和地区的公私藏家手中还藏有近 200 册《永乐大典》。

272 汤显祖是怎样的一个人？如何评价他的代表作《牡丹亭》？

汤显祖（1550 年—1616 年），字义仍，号若士，又号清远道人，江西临川人，明代戏曲家、文学家。出生于读书世家，21 岁中举，文名渐隆。因拒绝当朝权相张居正的延揽，几次会试均落选，直到张居正去世，才于万历十一年（1583 年）考中进士，此时已 34 岁。次年任南京太常寺博士，后升任南京礼部祠祭司主事。

汤显祖生活在明代中后期，此时政治腐败、社会黑暗。朝廷党争不断，边关北有俺答部落骚扰，南有倭寇侵犯，社会各种矛盾日趋激化。汤显祖性格耿介，早年热心政治，虽身为闲官，难有作为，但思想倾向上与顾宪成、高攀龙等东林党人相近，来往密切。万历十九年（1591 年），他目睹江南灾情严重、瘟疫横行、民不聊生的惨状，上了一道《论辅臣科臣疏》，揭露赈灾官员贪贿行为，并将矛头直指万历皇帝，因而震动朝野，激怒皇帝，被贬为广东徐闻县典史。后在浙江遂昌做了 5 年知县，其间兴教劝学，颇有政声。此时汤显祖深感朝政日非，官场黑暗，从政热情渐渐冷却，于万历二十六年（1598 年）毅然辞官回乡，开始从事戏曲创作。

汤显祖早年受过正统儒家思想教育，也受过神仙佛老思想影响，曾师从泰州学派代表人物之一罗汝芳，受其反对程朱理学的思想影响很大。在南京任职期间，他认识了著名的禅僧柴柏大师，并结为挚友。后又读到李贽的《焚书》，极为倾慕。辞官后，曾在故乡与李贽相会。他们崇尚人性真情，张扬个性自由的思想无疑对汤显祖的处世态度产生了积极的影响。汤显祖正是在这样的时代环境和思想文化氛围中，开展他富有现实性和战斗性的戏剧创作活动，为后世留下了一批戏剧珍品。他的作品有《紫钗记》《还魂记》（即《牡丹亭》）《南柯记》《邯郸记》四种，因其都写了梦境，文学史称“临川四梦”或“玉茗堂四梦”。诗文集有《红泉逸草》《问棘邮草》《玉茗堂集》等。其所存著作现合刊为《汤显祖集》。

《牡丹亭》又名《还魂记》，或称《牡丹亭还魂记》，是汤显祖的代表作，他自己也说：“一生四梦，得意处唯在牡丹。”全本 55 出。故事写南宋南安太守杜宝膝下唯有一女，唤丽娘，丽娘因终日独守绣房，不免白日眠睡，被杜宝训斥，杜宝请来腐儒陈最良给丽娘讲授《诗经》。丽娘在侍女春香的诱导下，不满于终日闺塾的陈旧生活，趁杜宝下乡之日偕春香游园遣闷，因困乏靠柳树而眠，梦中与一持柳少年在牡丹亭相亲相爱。醒后感伤不已，多次寻梦而不得，苦闷中描下自己的肖像，又感无处可寄，更加忧愁幽思，一病不起，终于去世。广州书生柳梦梅去临安应试路经南安，拾得杜丽娘画像，悦其貌美，终日把玩，为魂游地界的丽娘所感识，遂在梦中指使他掘坟而再生。杜丽娘复活后，与柳梦梅同往扬州求其已升任淮扬安抚使的父亲许

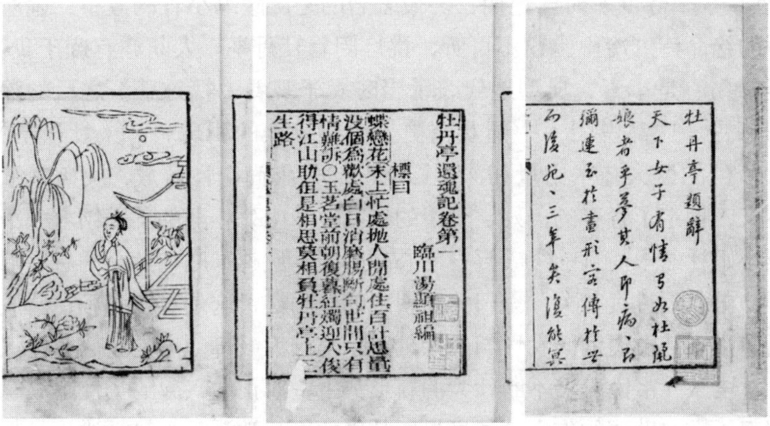

汤显祖《牡丹亭》书影

婚。杜宝见而大怒，诬陷柳梦梅私掘女坟，上书奏明皇帝，请求治罪于柳梦梅。柳梦梅亦上书自辩，杜丽娘也登朝申诉。皇帝英明裁断，翁婿父女欢欣和好，并皆加官进职封诰，全家皆大欢喜。

该剧在思想内容上通过贵族小姐杜丽娘和青年书生柳梦梅由梦生情，因情而死，死而复生，最后得以结合的爱情故事，揭露和批判了封建礼教的残酷和罪恶，热情地歌颂了青年男女真挚的爱情和追求自由幸福的斗争精神。

诞生于 16 世纪末的《牡丹亭》，有其特殊的文化意义。一是以情反理，反对处于正统地位的程朱理学，肯定和提倡人的自由权利和情感价值，褒扬像杜丽娘这样的有情之人，从而拨开了正统理学的迷雾，为受迫害最深的女性吹拂起阵阵和煦清新的春风。身处明代社会的广大女性，确实有如生活在水深火热的监牢之中。一方面是上层社会的寻欢作乐、纵欲无度；另一方面是统治阶级对女性的高度防范与严厉禁锢。而《牡丹亭》的问世，在当时年轻女子心中产生强烈的共鸣和震撼，形成社会文化现象中的一种奇观。焦循在《剧说》中说：娄江女子俞二娘读《牡丹亭》后，于 17 岁就哀感身世而亡。内江一女子读了汤显祖剧本后，愿嫁给他，因见其已满头白发而投水身亡。蒋瑞藻《小说考证》也说：杭州演员商小玲在演

《牡丹亭·寻梦》时气绝而亡。最著名的是广陵冯小青的故事，她所写的绝命诗“冷雨幽窗不可听，挑灯闲看牡丹亭。人间亦有痴于我，岂独伤心是小青”典型地代表了当时女子观看《牡丹亭》之后的深切感受。这都说明了中国戏剧史上一颗璀璨的明珠——《牡丹亭》所产生的巨大艺术力量和深远影响。二是崇尚个性解放，突破禁欲主义，肯定了青春的美好、爱情的崇高以及生死相随的美满结合。千金小姐杜丽娘尚且能突破自身的心理防线，逾越家庭与社会的层层障碍，勇敢迈过贞节关、鬼门关和朝廷的金门槛，这是对许多正在情关面前止步甚至退缩的女性们的深刻启示与巨大鼓舞。三是在商业经济日益增长、市民阶层不断壮大的新形势下，对正在兴起的个性解放思潮起了推波助澜的作用。汤显祖所师事的泰州学派及李贽学说均是救世言行，都是市民社会发展的必然产物。汤显祖没有像李贽那样去硬拼，但他也在文学艺术领域开辟了思想解放、个性张扬的新战场。

《牡丹亭》在戏曲文学上所取得的成就，引领和开创了多元包容的晚明文化，其思想倾向影响到《长生殿》《桃花扇》和《红楼梦》的创作。晚于汤显祖20多年的沈德符在他的《顾曲杂言》中说“汤义仍《牡丹亭梦》一出，家传户诵，几令《西厢》减价”，又说他“才情自足不朽”。明代戏曲家吕天成推崇汤显祖为“绝代奇才”和“千秋之词匠”。其作品四百年来历演不衰，并被译成多国文字，汤显祖也被称为“中国的莎士比亚”。

273 吴承恩是怎样的一个人？他的《西游记》是一部什么样的著作？

吴承恩（约1500年—约1582年），明代小说家，字汝忠，号射阳山人，淮安山阳（今江苏淮安）人，出身于一个世代书香而败落为小商人的家庭。曾祖吴铭曾任浙江余姚县学训导，祖父吴贞曾任浙江仁和县学教谕，官微职小。其父吴锐，因家境穷困，仅在社学学习，后以经营绸布为生，虽身为商人，却喜欢研读典籍，六经诸子百家，莫不观览。他为人正派，富有正义感，这样的家庭对吴承恩有着明显的影响。吴承恩自幼敏慧，又好学习，博极群书，年轻时即受到督学使者的赞扬，以文名著于乡里。许多人登门请教，乡绅台阁诸公也常请他代为捉刀。吴承恩好奇闻，阅读了大量的野言稗史，深受民间文学的影响；又喜读唐人《传奇》，从中汲取营养。

吴承恩生活的时代是明弘治到万历时期，正是明代统治阶级荒淫腐朽、社会矛盾日趋尖锐、政治上十分黑暗的时期。而此时资本主义生产关系的萌芽也开始出现，市民阶层壮大，市民思想意识开始活跃起来。吴承恩对当时政治的腐败和世风的堕落十分愤慨，他曾经尖锐地揭露科役日增的社会现象。吴承恩敏锐地感受到与封建专制制度相矛盾的新的时代气息，这些成为他创作《西游记》的思想基础。

《西游记》的故事经历了一个漫长的演变过程。吴承恩是在历代民间传说和无名作者创作的基础上经过整理、加工、改造，最后写出这部绚丽多彩的神话小说。作为《西游记》主体部分的唐僧取经故事，是由历史上的真人真事发展演化而来。玄奘回国后，口述了西行见闻，由弟子辩机写成《大唐西域记》。他的弟子慧立等又写成《大唐大慈恩寺三藏法师传》，记述玄奘西行取经事迹。这是一部带有文学色彩的大型传记，作者为了宣传佛教并颂扬师父的宏伟业绩不免做种种夸张，并插入一些带神话色彩的故事。此后取经故事即在社会上广泛流传，不断得到加工、润色，愈传愈奇，愈传离真人真事的本来面目愈远。在《独异志》《大唐新语》等唐人笔记中，取经故事已带有浓厚的神异色彩。这些内容在《西游记》的成书过程中具有重要意义。吴承恩就是在前代传说和平话、戏曲的基础上，创作出这部规模宏大的神话小说《西游记》的。

《西游记》改变了原取经故事浓厚的宗教色彩，赋予了新的深刻的社会内容；塑造了性格鲜明、血肉丰满、理想化的神话人物形象；创造了生动丰富的故事情节，完成了完整宏伟的艺术结构。因此《西游记》是吴承恩创造性艺术劳动的结晶。

《西游记》的出现，开辟了神魔长篇章回小说的新门类，书中将善意的嘲笑、辛辣的讽刺、严肃的批判巧妙结合，直接影响了后世讽刺小说的发展。在《西游记》的影响下，出现了《封神演义》《四游记》《续西游记》等一批神魔小说，促成了明代小说史上神魔小说创作的高潮。

《西游记》是古代长篇小说浪漫主义的高峰，在世界文学史上，它也是浪漫主义的杰作。《美国大百科全书》认为它是“一部具有丰富内容和光辉思想的神话小说”；《法国大百科全书》说《西游记》“全书故事的描写充满幽默和风趣，给读者以浓厚的兴味”。从19世纪开始，它被翻译为日、英、法、德、俄等十来种文字流行于世。

这样一位大作家，从明清到近代，他的作品一直被许多人说成是“丘处机”“朱鼎臣”“李春芳”所作，甚至把李志常所写的《长春真人西游记》，即丘处机赴西域谒见成吉思汗的事，与吴承恩神怪小说《西游记》混为一谈，这实际上是剥夺了吴承恩的著作权。直到20世纪20年代，胡适与鲁迅从明代天启六年（1626年）编修的《淮安府志》中，论证出《西游记》作者是淮安嘉靖中岁贡生吴承恩，因这次修志的时间，距吴承恩去世也不过40多年时间，记载当是可靠的，这才把《西游记》的著作权归还给吴承恩，直到20世纪50年代初出版的《西游记》才首次署名“吴承恩著”。

274 李时珍是怎样的一个人？他的《本草纲目》是一部什么样的著作？

李时珍（1518年—1593年），字东璧，号濒湖山人，湖北蕲州（今湖北蕲春）人。他的祖父和父亲都是医生，在这样的家庭环境影响下，他从小就对医药事业产生了浓厚的兴趣。13岁时顺应父亲的心愿参加科举考试，中了秀才，但在以后多次应试未能中举后，他便放弃了科举道路，专心于医药学的研究，很快便以医术高超而闻名于世。

李时珍画像

嘉靖三十年（1551 年），33 岁的李时珍为时在武昌的楚王朱英之子治好病，楚王任命他为楚王府“奉祠正”，主管祭祀礼节与“良医所”之事。嘉靖三十五年（1556 年），他应召到北京太医院任职，由于嘉靖皇帝只想炼丹求仙，长生不老，并无意于发展医药事业，而太医院的医官们又大多只知道讨好皇帝，不务真知实学，李时珍觉得这样下去，他多年来渴望从事医药工作的理想不能实现，就决然托病辞职，仍回故乡行医。这两处的经历，使他有机会接触和阅读大量的医药学典籍，收集了丰富的资料。辞官之后，他返归故里，在雨湖北岸构筑新居，题名“红花园”。自此，他一面行医，一面著述。

自嘉靖三十一年（1552 年）开始，李时珍着手编写《本草纲目》。为了写好这部书，尽量减少错误，他特别注意深入实际考察，除走遍自己的家乡外，还到过湖北的武当山、江西的庐山、江苏的茅山、南京的牛首山以及安徽、河南、河北等地，采拾标本、收集单方，有时还进行类似药理学的试验。例如，为了证实罗勒子能放入眼内，治疗眼翳，他就把罗勒子置水中观察，见它能胀大变软，才肯定了旧本草的记载；又对鲮鲤（即穿山甲，一种食蚁动物）进行解剖，证实其胃中确有“蚁升许”。他严谨的治学态度使《本草纲目》具有较高的科学水平和实用价值。关于这部书的体例，李时珍考虑了许久，也翻阅了不少书籍，并从《通鉴纲目》中得到启示，决定采用“以纲挈目”的体例来编这部书。

经过 27 年的辛勤劳动，《本草纲目》于万历六年（1578 年）全部脱稿。公元 1578 年，年届六旬的李时珍完成了《本草纲目》，只可惜尚未确定书名。一天，他出诊归来，习惯地坐在桌前。当他一眼看到昨天读过的《通鉴纲目》还摆放在案头时，突然心中一动，立即提起笔来，蘸饱了墨汁，在书稿封面上写下了“本草纲目”四个大字。

《本草纲目》全书共 190 多万字，分为 52 卷，记载了 1892 种药物，分成 60 类。其中 374 种是李时珍新增加的药物。全书绘图 1100 多幅，并附有 11000 多个药方，是到 16 世纪为止我国最系统、最完整、最科学的一部医药学著作。

在药物解说方面，《本草纲目》包括八个部分：

释名，罗列典籍中药物的异名，并解说诸名的由来；

集解，集录诸家对该药产地、形态、栽培、采集等的论述；

修治，介绍该药的炮制法和保存法；

气味，介绍该药的药性；

主治，列举该药所能治的主要病症；

发明，阐明药理或记录前人和自己的心得体会；

正误，纠正过去本草书中的错误；

附方，介绍以药为主的各种验方及其主治疾病。

《本草纲目》问世以前，我国历代有关本草的书，已有好几百种。其中影响较大的有汉朝的《神农本草经》(著者不详，收药365种)，南朝梁武帝时的《本草经集注》(陶弘景著，收药730种)，唐朝的《新修本草》(苏敬等著，收药844种)。李时珍在这些前人著作的基础上，旁征博引，去伪存真，加上自己的科学实践，对各种药物的名称、产地、气味、形态、栽培、采集、炮制等做了详细的介绍，并通过严密的考证，纠正了前人的一些错误。他在书中介绍

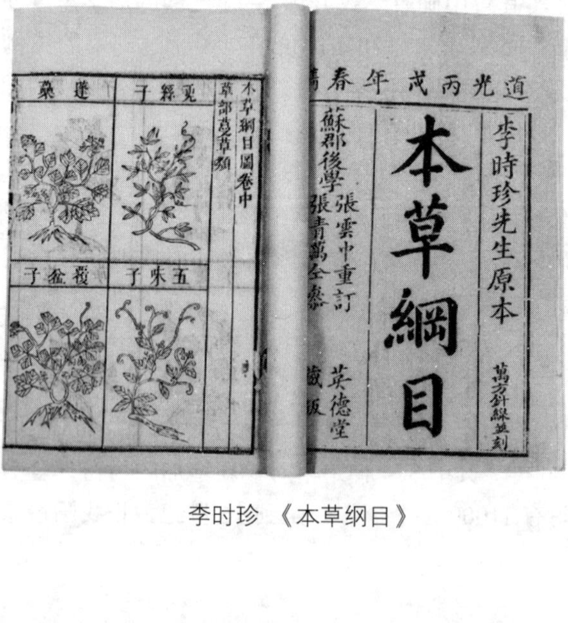

李时珍 《本草纲目》

和考证了许多来自南亚的药物，并广征佛书，给其中许多药物注出了梵文译名，这是十分难能可贵的。

《本草纲目》虽然是一部药物学专著，但它同时还记载了与临床关系十分密切的许多内容。原书第三、第四卷为“百病主治药”，记有113种病症的主治药物，其中第三卷外感和内伤杂病中，就包括专门治疗伤寒热病、咳嗽、喘逆类的药物，第四卷则主要为五官、外科、妇科、儿科诸病。

《本草纲目》不仅在药物学方面有巨大成就，在化学、地质、天文等方面也有突出贡献。它在化学史上，较早地记载了纯金属、金属、金属氯化物、硫化物等一系列的化学反应，同时又记载了蒸馏、结晶、升华、沉淀、干燥等现代化学中应用的一些操作方法。《本草纲目》不仅是我国一部药物学巨著，也是我国古代的百科全书。正如李建元《进本草纲目疏》中指出：“上自坟典，下至传奇，凡有相关，靡不收采，虽命医书，实该物理。”

《本草纲目》编成后，为了解决出版问题，70多岁的李时珍从武昌跑到当时出版业中心南京，希望通过私商来解决。由于长年的辛苦劳累，李时珍终于病倒在床，在病中他嘱咐他的孩子们，将来把《本草纲目》献给朝廷，借助朝廷的力量传布于世。可惜李时珍还没有见到《本草纲目》的出版，就与世长辞了。这年（1593年），他刚满76岁。不久，万历皇帝为了充实国家书库，下令全国各地向朝廷献书，李时珍的儿子李建元将《本草纲目》献给朝廷，可朝廷却把《本草纲目》搁置一边。后来还是由南京的书商胡承龙刻印，在李时珍死后的第三年（1596年），《本草纲目》出版。此后，《本草纲目》才在国内得到广泛的传播。

公元1606年，《本草纲目》首先传入日本，1647年波兰人弥格来中国，将《本草纲目》译成拉丁文流传欧洲，后来又先后译成日、朝、法、德、英、俄等文字。1951年，在维也纳举行的世界和平理事会上，李时珍被列为古代世界名人，他的大理石雕像屹立在莫斯科大学的长廊上。他不仅对中医药学具有极大贡献，而且对世界自然科学的发展也起了巨大的推动作用。《本草纲目》被誉为“东方医药巨典”，英国著名生物学家达尔文也曾受益于《本草纲目》，称它为“中国古代百科全书”。英国著名科技史专家李约瑟在《中国科学技术史》中写道：“16 世纪中国有两大天然药物学著作，一是世纪初（1505 年）的《本草品汇精要》，一是世纪末（1595 年）的《本草纲目》，两者都非常伟大。”

275 徐光启是怎样的一个人？他的《农政全书》是一部什么样的著作？

徐光启（1562 年—1633 年），字子先，号玄扈，上海人，明末杰出的科学家。他自幼聪敏好学，20 岁时中秀才。徐光启一面在课馆教书以谋生，一面继续刻苦求学。万历二十一年（1593 年），徐光启受聘去韶州任教，在韶州见到了来自意大利的传教士郭居静，这是徐光启与西方传教士的第一次接触。万历二十五年（1597 年），36 岁的徐光启中举人，至万历三十二年（1604 年），43 岁时方中进士，开始步入仕途。

徐光启在郭居静那儿，第一次见到一幅世界地图，知道在中国之外竟有那么大的一个世界；又第一次听说地球是圆的，有个叫麦哲伦的西洋人乘船绕地球环行了一周；还第一次听说意大利科学家伽利略制造了天文望远镜，能清楚地观测天上星体的运行。所有这些，对他来说，都是闻所未闻的新鲜事。从此，他又开始接触西方近代的自然科学，知识更加丰富了。万历二十八年（1600 年），他听说到中国来传教的耶稣会会长利玛窦正在南京传教的消息，专程前往南京拜访。万历三十一年（1603 年），他在南京接受洗礼，加入天主教。这期间，他的思想也发生了巨大变化，认识到当时流行的陆王心学无用于世，从而走上了经世致用的道路。

进入仕途后，徐光启历任翰林院庶吉士、翰林院检讨、詹事府少詹事兼河南道监察御史，崇祯元年（1628 年）他担任日讲官、经筵讲官，后升任礼部左侍郎、礼部尚书，并于崇祯五年（1632 年）以礼部尚书兼东阁大学士入阁，参与机要，成为明朝内阁重臣。其后又加授太子少保、太子太保、文渊阁大学士。在公务之余，他一直坚持科学研究。

徐光启的科学成就是多方面的。他曾同耶稣会传教士利玛窦等人一起翻译了许多科学著作，如《几何原本》《泰西水法》等，成为介绍西方近代科学的先驱；同时他自己也写了不少关于历算、测量方面的著作，如《测量异同》《勾股义》；他还会通当时的中西历法，主持了一部130多卷的《崇祯历书》的编写工作。除天文、历法、数学等方面的成就以外，他还亲自练兵，负责制造火器，并成功地击退了后金的进攻，著有《徐氏庖言》《兵事或问》等军事方面的著作。但徐光启一生用力最勤、收集最广、影响最深远的还要数农业与水利方面的研究，《农政全书》的编纂，即是他的重大科学活动之一。

徐光启出身农家，从小对农事就非常关心。他的家乡地处东南沿海，水灾、风灾频繁，使他对救灾救荒非常关心，也注意水利排灌的建设。后来，他又在北京、天津和上海等地设置试验田，亲自进行农业技术实验。因此他对农事非常熟悉，一生关于农学方面的

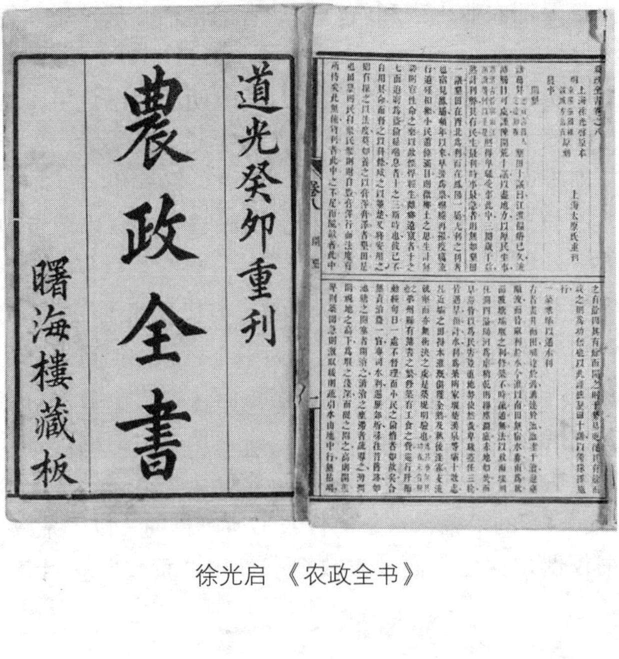

徐光启 《农政全书》

著述甚多，有《甘薯疏》《农遗杂疏》《农书草稿》（又名《北耕录》）《种棉花法》等，而《农政全书》则是徐光启数十年心血的结晶，也是一部集中国传统农学之大成的总结性著作。

天启二年（1622年），徐光启告病返乡，此时他不顾年事已高，继续试种农作物，同时开始搜集、整理资料，撰写农书，以实现他毕生的心愿。崇祯元年（1628年），徐光启官复原职，此时农书写作已初具规模，但由于上任后忙于负责修订历书，农书的最后定稿工作无暇顾及。崇祯六年（1633年），72岁的徐光启死于任上，墓地现存于上海徐家汇徐墓公园。徐光启去世以后这部农书便由他的门人陈子龙等人负责修订，于崇祯十二年（1639年），亦即徐光启死后的第六年刻版付印，并定名为《农政全书》。

经陈子龙整理后的《农政全书》，大约删去原著的30%，新增20%。全书分为12目，60卷，计50多万字。12目中包括：农本3卷、田制2卷、农事6卷、水利9卷、农器4卷、树艺6卷、蚕桑4卷、蚕桑广类2卷、种植4卷、牧养1卷、制造1卷、荒政18卷。《农政全书》书名中的"政"字，代表着作者徐光启的中心思想，即以政治力量保证农业生产和农业劳动者的生活，从这里获得国防上所需的物力与人力。

徐光启所处的时代是明朝末期，当时明政权已危机重重。作为内阁重臣的徐光启力图维护明政权，并为此殚精竭虑，发展农业即是他的一项重要主张。因此，他把"农本"放在书首，把"富国必以本业"作为全书的指导思想，告诫当朝皇帝和官吏要重视农业生产和农业生产者。

前代农书，不论是北魏贾思勰的《齐民要术》，还是元代王祯的《农书》，虽然也都是以农本观念为中心思想，但重点都在生产技术和知识，可以说是纯技术性的农书。而《农政全书》内容大致上可分为农政措施和农业技术两部分。前者是全书的纲，后者是实现纲领的技术措施。书中开垦、水利、荒政这些不同寻常的内容，占了全书将近一半的篇幅，这是前代农书所鲜见的。以"荒政"为例，前代农书仅偶尔谈之，而《农政全书》中"荒政"一目就有18卷之多，为全书之冠。同时，徐光启还提出了用垦荒和开发水利的方法发展北方农业生产的主张。

在农业技术方面，《农政全书》中有很多贡献。徐光启在书中记述了作物与风土的关系，并强调通过人力可以使过去认为不适宜种植的作物得到推广，破除了作物适宜某地种植与否决定于风土的“唯风土论”认识。对于提高南方旱作技术，推广甘薯种植，以及蝗灾的发生规律和治蝗方法，书中也都进行了介绍和总结。《农政全书》是一部名副其实的农业百科全书。

276 徐霞客在地理学方面有何贡献？

徐霞客（1587 年—1641 年），名弘祖，字振之，别号霞客，南直隶江阴（今属江苏）人，明末地理学家、旅行家。其祖上是江阴名门望族，受耕读世家的文化熏陶，徐霞客幼年好学，博览群书，尤钟情于地经图志。少年时即立下了“大丈夫当朝碧海而暮苍梧”的旅行大志。万历三十五年（1607 年），徐霞客第一次走出家门，从家乡附近游太湖开始，以后他不断旅游，同时不断写旅游日记。

徐霞客用 34 年走遍了大半个中国，在今江苏、浙江、安徽、山东、河北、河南、山西、陕西、福建、江西、湖北、湖南、广东、广西、贵州、云南、北京等 17 个省市、自治区留下足迹。他的旅游以崇祯九年（1636 年）为界限，可以分为前后两期。前期因为牵挂老母亲，所以以游览名胜古迹为主，出游时间不长，一般是两三个月，少则十天半月。各次之间相隔几个月或一年或两三年，最长达四年，并非年年在外，岁岁出游。这个时期所写的游记以现存文字计算，只占整个游记的 7%。尽管写的游记不如后期多，在地理学上的贡献也不如后期大，但通过前期的旅游，他获得了不少第一手资料，纠正了前人的某些错误论断。如纠正前人以天都峰为黄山最高峰的错误，提出莲花峰是黄山最高峰的正确观点；纠正《大明一统志》中说雁荡山大龙湫的水发源于雁湖的错误，指出雁湖的水“与龙湫风马牛无及”。他对某些地理现象追根寻源，提出了合乎科学道理的解释，如天台山植物垂直分布的差异及其原因，嵩山、华山和太和山三个地方物候不同的原因，福建宁洋溪水速比建溪大的原因等，都是这个时期他取得的重要成果。此外，他还积累了许多旅行探险的经验和方法，培养和锻炼了忍饥耐劳、克服困难的精神，为后期的“万里遐征”打下了坚实的基础。

崇祯九年（1636 年）开始的“万里遐征”，历时 4 年，行经 9 省，路程 3 万余里。他不畏艰险，曾三次遇盗，数次绝粮，仍勇往直前，严谨地记下了观察的结果。直至进入云南丽江，因足疾无法行走时，仍坚持编写《游记》和《山志》，基本完成了 60 万字的《徐霞客游记》。直到崇祯十三年（1640 年），才被丽江太守用车船送回江阴，第二年正月 56 岁的徐霞客病逝于家中，他是为旅行考察献出了宝贵的生命。他在地理科学上取得的巨大成就，使中国在岩溶地貌学和洞穴学领域领先西方国家达 150 至 200 年。

《徐霞客游记》是以日记体为主的地理名著。全书写有天台山、雁荡山、黄山、庐山等名山游记 17 篇和《浙游日记》《江右游日记》《楚游日记》《粤西游日记》《黔游日记》《滇游日记》等篇目，除佚散者外，尚有 60 余万字游记资料。今存《徐霞客游记》是经后人搜集整理而成，世传本有 10 卷、12 卷、20 卷等数种，最初以抄本流传。乾隆四十一年（1776 年），徐霞客的族孙徐镇将李介立抄本校勘考订，刻板印书，这是《徐霞客游记》的第一个木刻本。

《徐霞客游记》虽然以日记体记录作者所见所闻，但内容十分丰富，既是一部优美可读的文学游记，又是一部极有学术价值的地理著作。记载的内容包括山川源流、地形地貌、矿藏物产、生物形态以及工农业生产状况、城市聚落、建筑、历史、地理等民情风俗。其中以地貌、水文、气象、地质、动植物等方面的篇幅最多，学术价值尤大，主要表现在如下方面：

（1）喀斯特地区的类型分布和各地区间的差异，尤其是喀斯特洞穴的特征、类型及成因，有详细的考察和科学的记述。仅在中国广西、贵州、云南 3 省区，他亲自探查过的洞穴便有 270 多个，且一般都有方向、高度、宽度和深度的具体记载，并初步论述其成因，指出一些岩洞是水的机械侵蚀造成的，钟乳石是含钙质的水滴蒸发后逐渐凝聚而成。他是中国和世界范围内广泛考察喀斯特地貌的卓越先驱者。

（2）纠正了文献记载的关于中国水道源流的一些错误。如否定自《尚书·禹贡》以来流行1000多年的“岷山导江”旧说，肯定金沙江是长江上源，正确指出河岸弯曲或岩岸近逼水流之处冲刷侵蚀厉害，河床坡度与侵蚀力的大小成正比等问题。对喷泉的发生和潜流作用的形成，也有科学的解释。

（3）观察记述了很多植物的生态品种，明确提出了地形、气温、风速对植物分布和开花早晚的各种影响。

（4）调查了云南腾冲打鹰山的火山遗迹，科学地记录和解释了火山喷发出来的红色浮石的质地及成因。

（5）人文地理成就。书中有不少人文地理内容，如手工业、矿业、农业、交通运输、商业贸易、城镇聚落、少数民族、各地民情风俗等。书中记载了煤、锡、银、金、铜、铅、硝、盐、雄黄、硫黄、玛瑙、大理石等12种矿物的产地、开采和冶炼情况，是明代重要的矿冶史料。

（6）书中还常常兼及当时各地的居民生活、风俗人情、少数民族的聚落分布、土司之间的战争兼并等情事，具有一定的历史学、民族学价值。

（7）文学成就。在中国历史上，有些地理名著，因为它有很高的文学价值才得以流传，如《山海经》《水经注》《法显传》等。《徐霞客游记》也是如此，书中描写事物所采用的清新优美文笔，使读者爱不释手。

徐霞客开辟了地理学上系统观察自然、描述自然的新方向，既是系统考察祖国地貌地质的地理名著，又是描绘华夏风景资源的旅游巨篇，清人钱谦益说，徐霞客乃“千古奇人”，《徐霞客游记》乃“千古奇书”。

277 明清之际的三大思想家是谁?

明清之际的三大思想家是黄宗羲、顾炎武、王夫之。

黄宗羲（1610 年—1695 年），字太冲，号梨洲，又号南雷，人称梨洲先生，浙江余姚人。黄宗羲之父黄尊素为万历进士，天启中为御史，东林党人，因弹劾魏忠贤而被削职归籍，不久下狱，受酷刑而死。崇祯元年（1628 年），19 岁的黄宗羲为父申冤，以铁锤击毙仇人，浩气震动天下，崇祯帝叹称其为“忠臣孤子”。归乡之后，发愤读书，又从学于著名学者刘宗周。清兵南下后，他招募子弟数百人组成“世忠营”，在余姚抗清达数年之久，失败后漂泊海上，至顺治十年（1653 年）始返回故里，隐居著述，屡次拒绝清廷征召。

黄宗羲学识渊博，成就宏富，于经史百家及天文、算术、乐律、释道无不涉猎，而史学造诣尤深。他身历明清更迭之际，认为“国可灭，史不可灭”。他论史注重史法，强调辨析史事真伪，订正史籍得失，多有卓见，影响及于整个清代。在政治上反对君主专制独裁，提出了种种限制君权的理论和设想，代表作是《明夷待访录》。黄宗羲抨击君主专制制度是“天下之大害”，提出“天下为主，君为客”的民主思想，主张以“天下之法”取代“一家之法”，从而限制君权，保证人民的基本权利。他还提出以学校为议政机构的设想。这些思想对后来反君主专制斗争起了积极的推动作用。

黄宗羲一生著述大致可分史学、经学、地理、律历、数学、诗文杂著等类，多至 50 余种，300 多卷，其中最为重要的有《明儒学案》《宋元学案》《明夷待访录》《思旧录》《易学象数论》《明文海》《行朝录》《今水经》《大统历推法》《四明山志》等。黄宗羲生前曾自己整理编定《南雷文案》，又删订为《南雷文定》《文约》等。

黄宗羲的启蒙思想完全没有外来思想的影响，所以他被称为“中国思想启蒙之父”，并与顾炎武、王夫之并称为清初三大家。

顾炎武（1613 年—1682 年），原名绛，字忠清，明亡后改名炎武，字宁人，亦自署蒋山佣，江苏昆山人。因故居旁有亭林湖，学

顾炎武画像

者尊称为亭林先生。顾炎武注重实学，凡天文、地理、水土、兵、农、历代典章，无不熟究，曾参加复社反对宦官擅权的斗争。清兵南下，他参加过昆山、嘉定一带的抗清运动。失败后，他只身北上，遍游山东、河北、山西、陕西等地，所到之处探访民风，搜集材料，特别注重对边防和西北地理的研究。康熙七年（1668 年），因山东“黄培诗案”株连入狱，经友人多方营救获释。清廷曾多次逼迫他参加纂修《明史》，均遭严词拒绝，晚年居住于华阴。顾炎武学识渊博，对国家典制、郡邑掌故、天文仪象、河漕、兵农以及经史百家、音韵训诂之学，都很有研究。他一生的著述很多，主要著作有《日知录》《天下郡国利病书》《音学五书》《亭林诗文集》等。

顾炎武主张“经世致用”，提倡以史为鉴，他的代表作是《天下郡国利病书》。“经世致用”是明清之际许多思想家所共同主张的一种学说。它的主旨是反对学术研究脱离实际，强调要做有利于国计民生的实事，把学术研究和当前现实紧密结合起来。“经世致用”思想就是主张以实用为宗旨的“实学”，提倡实习、实讲、实行、实用之学。

顾炎武强调为学必须先立人格，所谓“礼义廉耻，是谓四维”。他还提倡“利国富民”，认为“善为国者，藏之于民”。他大胆怀疑君权，并提出了具有早期民主启蒙思想色彩的“众治”的主张。顾炎武在他的著作《日知录》中，谈到“亡国”与“亡天下”的区别。他在《日知录》卷十三《正始》中说“保天下者，匹夫之贱与有责焉耳矣”，维护一个王朝的政权，是它的君臣等上层统治者的事，而保卫整个国家民族，则是全国人民的共同责任。后来，他的这句话被凝练成“天下兴亡，匹夫有责”八个字，并被作为炎黄子孙共同遵循的民族精神。300 多年来，不知道顾炎武名字的人有之，但不知道这八个字的人却很少，可见它已经完全深入人心，成为中国人爱国行动的共同心声。

王夫之（1619 年—1692 年），字而农，号姜斋，湖南衡阳人。晚年隐居于衡阳的石船山，世称船山先生。明朝灭亡后，他在衡阳率众抗清，失败后退至广东肇庆，在南明桂王政府中任职；后从瞿式耜抗清，桂林失陷后，又长期隐居在湘西地区的苗瑶山洞，自称瑶人。直到康熙八年（1669 年）才在石船山麓定居下来。王夫之刻苦钻研，勤于著述，著作有 100 余种，主要有《周易外传》《张子正蒙注》《思问录》《黄书》《噩梦》和《读通鉴论》等，后人集为《船山遗书》。

王夫之精于经学、史学和文学，总结和发展了中国传统的唯物主义，他在《读通鉴论》中批判了理学宣扬的“天命论”和“生知论”，建立了超越前人的唯物主义体系。王夫之认为“天下惟器”，即世界是物质的，而物质是发展变化的。同时，他的思想中还包含了朴素的辩证法思想，他认为一切事物都可以通过考察研究认识，一切事物的运动是绝对的，而静止却是相对的。王夫之的唯物辩证法思想是对我国古代朴素唯物思想的一个总结，并且把它推向了新的高峰，在中国古代哲学史上有着突出的地位，是中国启蒙主义思想的先导之一。

黄宗羲、顾炎武和王夫之这三位思想家，他们有着共同的生活背景和思想主张，都是明末清初反理学的思想代表。

第一，他们继承了晚明进步的思想传统，提倡民主，反对民族压迫和封建专制主义；他们不畏强权、担当历史重任、敢于冲破旧的思想藩篱、探索真理的优秀品质，值得后人学习。

第二，他们提倡“经世致用”的务实革新、求真求是的学风和“经世”爱国的优良传统，对后世产生了深远的影响。

第三，他们掀起了中国封建社会晚期思想解放的洪流，批判地继承了传统的儒学，构筑了具有时代特色的新思想体系，具有解放思想的进步意义。

第四，明清之际的民主思想对当时的封建专制有一定的冲击作用，但没有提出新的社会制度，也未能形成完整的思想体系，没有建立从根本上动摇封建统治的理论基础。

明末清初这三大思想家继承了中国古代朴素唯物主义传统，植根于科学技术的进步及生产关系中资本主义的新因素，在明清之际“天崩地陷”的形势下，开创了新思潮、新学风。

278 郑成功是怎样收复台湾的？

台湾自古以来就是中国的神圣领土。明朝末年，由于政治腐败，武备废弛，台湾、澎湖的防卫力量逐渐削弱，给外敌窥伺造成可乘之机。17 世纪初，荷兰政府在其亚洲的殖民基地巴达维亚（今印尼雅加达）建立东印度公司，专门从事对东方各国的经济掠夺和武力侵略。从万历二十九年（1601 年）开始，荷兰殖民者以贸易、通商为名，对我国沿海各地进行袭扰。天启四年（1624 年）在台南附近的台江登陆，侵占了台湾地区。崇祯十五年（1642 年），荷军在台湾北部击败西班牙殖民军，霸占了整个台湾。荷兰侵略军侵占台湾后，实行残酷的殖民统治，强征重税，进行搜刮。殖民者的残暴行径，激起了台湾人民的愤怒和反抗，汉族和高山族人民的反抗和斗争遍及全岛各地，始终没有停止过。

郑成功（1624 年—1662 年），本名森，又名福松，字明俨，因明隆武帝赐他明朝国姓朱，赐名成功，世称“国姓爷”，又因被永历帝封延平王，故又称“郑延平”。郑成功的母亲出身日本肥前国平户岛（今日本长崎平户）的田川氏，他出生于母亲的故乡平户，6 岁时被父亲接回福建。清兵入闽，其父郑芝龙迎降，其母田川氏在乱军中自尽，郑成功乃率领父亲旧部起兵抗清，明亡后，退守金门、厦门一带。为了驱逐荷兰殖民者，建立稳固的抗清基地，郑成功决意收复台湾。

南明永历十三年（1659 年）十二月，郑成功召集诸将，研究收复台湾事宜。正在此时，从台湾来的何廷斌（一称何斌），向郑成功献台湾水道及要塞设防图，表示愿为向导。永历十五年（1661 年）正月，李定国联明抗清战败，大陆各省基本被清军占领。此时郑成功感到形势紧迫，只有收复台湾，连接金门、厦门，然后进则可战而复中原，退则可守而无后顾之忧，于是做出了进军收复台湾的决策。

为了顺利收复台湾，郑成功进行了充分、周密的准备。侦察台湾情况，搜集情报，勘测航路，了解荷军兵力配备、设防等情况；筹备粮饷，扩充军队，使陆师达到 72 镇，每镇 1000 人，水师 20 镇，总兵力 10 余万人；修造战船，加紧训练。永历十五年，郑成功在基本完成战前准备工作后，遂从厦门移师金门，命其子郑经及部分将领留守厦门、金门，以防清军乘虚袭取，自率大军进军台湾。

进攻台湾的舰队分为两个梯队：郑成功亲率第一梯队先期出发，共有战舰数百艘，部队 2 万人；第二梯队由黄安等指挥，共有战舰 20 余艘，部队 6000 人。台湾本岛地形东高西低，人口聚于西部，以“澎湖为门户，鹿角为咽喉”。郑成功根据敌情地形，确定首先收复澎湖，以为前进基地，然后乘涨潮之机，通过鹿耳门港，实施登陆，切断台湾城、赤嵌楼两地荷军之间的联系，分别予以围歼，然后收复台湾全岛。

荷兰殖民者为了阻止郑成功收复台湾，也进行了一系列战争准备：增加兵力，到战前，荷兰侵略军在台湾的总兵力约 2800 人，战舰 4 艘。修城筑堡，在台南海岸修建了一些坚固的城堡和炮台。其中的台湾城和赤嵌楼（位于今台南市西北的镇北坊），是荷兰侵略军用主要力量防守的两个城堡。储备物资，实行封禁。规定禁止任何中国人进入赤嵌楼要塞，禁止渔民下海捕鱼，不准商船与大陆贸易，禁止与大陆通信，以防走漏消息等等。搜集情报，通过各种渠道，侦察郑成功军队的动向。调整兵力部署，将其兵力主要配置在台湾城和赤嵌楼。在此之前，鹿耳门港已用沉船堵塞航道。此港水浅礁多，不便通行，没有派兵防守。荷军的意图是，依恃台湾城炮台的火力，居高临下，封锁海面，另派甲板船防守大港海口，阻止郑军登陆。

永历十五年（1661 年）三月，郑成功在金门举行隆重的誓师仪式。郑成功亲率第一梯队自金门出发，向东南挺进。次日清晨，抵达澎湖，因荷军兵力薄弱，很快予以占领。四月初一日拂晓航抵鹿耳门港外。中午，乘海潮大涨，郑成功率大小战舰顺利通过鹿耳门，进入内海，将舰船分布在台江之中。荷兰军队对郑军这种出乎意料的行动惊慌失措，来不及调整大炮，只好仓促出动夹板船到海面阻击，郑军水师冲过荷军防线，先在赤嵌楼以北的禾寮港登陆，接着在鹿耳门方向登陆成功。台湾人民见郑军到达，争先恐后前来接应，郑军很快站稳脚跟。

荷兰侵略军妄图凭借船坚炮利和城堡坚固，从水陆分兵，实施反击。海面上，荷兰侵略军以 4 艘舰船阻击郑军，郑成功以 60 艘战船把荷舰包围起来，双方展开激烈炮战。郑军战舰装备虽不如荷军，但水兵们英勇顽强。结果击沉敌主力舰一艘，炸毁甲板船一艘，其余落荒而逃。在陆上，荷兰舰长贝德尔率领 240 名士兵向郑军反击。郑将陈泽率 4000 人前后夹击。贝德尔毙命，荷军被歼 180 多人，只有少数人逃回台湾城。荷兰侵略军海陆两战失败后，仍企图固守赤嵌楼、台湾城这两座孤立的城堡。郑成功一面派兵切断荷军水陆交通，一面乘胜进攻赤嵌楼。台湾人民也纷纷自动武装起来，协助郑军打击荷兰侵略者。四月初四，赤嵌楼的水源被台湾人民切断，荷兰军被迫投降。四月，郑成功亲自督师围攻台湾城。

台湾城城高墙厚，守备完善，城四隅向外突出，置炮 20 尊，南北各置巨炮 10 尊。荷军火炮密集，射程远，且封锁了周围每条道路，所以无论从哪一方面接近，都会受到城上炮火的轰击。郑成功决定采取正面进攻和翼侧迂回、水陆配合的战法。四月，派兵一部从左翼侧逼近台湾城，击败迎击的荷军。不久又指挥将士渡海从南端进攻台湾城。这时，困守在城内的侵略军只有 870 人，退据堡垒继续顽抗。

郑成功鉴于台湾城城池坚固，强攻一时难以奏效，为减少伤亡，决定改为长期围困、且耕且战的方针。五月，郑军第二梯队抵达台湾，从台湾城南面逼近该城城堡。郑军兵力得到加强，供给得到补充，遂从五月初五开始，在所有通向城堡的街道都筑起防栅，并挖了一条很宽的壕沟，以围困荷军。同时准备了攻城器械和炮具。

五月，巴达维亚当局得知荷军在台湾战败的消息，即调集700名士兵，10艘战舰，赶赴台湾增援，七月到达台湾海面。双方在海上交战，郑成功亲率战舰在海上迎击，将敌舰包围，经一小时激战，击毁、烧毁荷舰两艘，俘小艇三艘，毙敌100余名。其余荷舰逃往远海，再也不敢靠近台湾。

被围荷军粮饷匮缺、士气低落，不少士兵吃了发霉的食物而中毒，战死饿死者甚多。民众还协助郑军断绝了荷军的水源。在围困台湾城八个多月后，郑军发起总攻。十二月，攻占城外重要据点乌特利支堡，然后居高临下，向台湾城猛烈轰击，荷军首领揆一见大势已去，率部投降。至此，郑成功驱逐荷兰侵略者的伟大斗争，终于取得了胜利，沦陷了38年的台湾又重新回到祖国的怀抱。

郑成功收复台湾战争的胜利，结束了荷兰侵略者对台湾人民的殖民统治，捍卫了中华民族的利益，为中华民族抗击海外侵略者，维护祖国神圣领土的完整统一，创造了光辉的业绩，郑成功因而成为受人景仰的伟大的民族英雄。

279 南明为什么会迅速垮台？

南明是指李自成农民军攻破北京后，明朝宗室先后在南方建立的政权的统称，包括弘光政权、隆武政权、鲁王政权、绍武政权及永历政权，前后历时18年。

明崇祯十七年（1644年），李自成攻下北京，明朝的残余势力仍踞有淮河以南的半壁江山。此时明朝留守南京的一些文臣武将决定另立新帝。五月初三，福王朱由崧监国于南京，五月十五日即皇帝位，次年改元弘光。

南明弘光元年（1645年）三月，宁南侯左良玉称奉崇祯太子密诏，入诛奸臣马士英以清君侧，起兵于武昌，进逼南京。此时清军迅速南下，连续攻破徐州，渡淮河，兵临扬州城下。随后，清军渡长江，克镇江，弘光帝被迫出奔芜湖。五月，大臣赵之龙、王铎、钱谦益等献南京城投降，朱由崧被抓获，解北京处死，弘光政权覆灭。

六月，朱元璋九世孙朱聿键称帝，改福州为天兴府，改元隆武元年。隆武帝继位之初，也想有所作为，即位不及半月，就下诏亲征，影响颇大。同时又安抚难民，联络抗清义军，改变了弘光朝廷“联虏灭贼”的错误方针，使得江浙、安徽、江西各地义军纷起，响应抗清号召。然而隆武帝却不得势，军政大权都掌握在地方实力派郑芝龙手里，就连隆武帝本人也为其挟制。隆武二年（1646 年）七月，清军攻下浙东浙南。郑芝龙降清，隆武帝出奔汀州，八月被清军擒杀，隆武政权灭亡。

在浙江余姚、会稽、鄞县等地的抗清义军及故明官吏缙绅的扶持下，明鲁王朱以海监国于绍兴。鲁王政权腐败，热衷于与隆武朝争夺皇统，势同水火。顺治三年（1646 年）六月不战而溃，该政权建立不到一年即告灭亡。

顺治三年（1646 年）十一月，明两广总督丁魁楚、广西巡抚瞿式耜等拥戴明神宗之孙、桂王朱由榔在肇庆称帝，以次年为永历元年。永历十三年（1659 年）正月，吴三桂攻占昆明，进入云南，永历帝狼狈西逃，进入缅甸。永历十五年（1661 年），吴三桂率清军入缅，索求永历帝。十二月，缅甸国王将永历帝交与清军，次年四月，永历帝与其子等被吴三桂处死于昆明。七月，南明大将李定国在勐腊得知永历帝死讯，亦忧愤而死。退守台湾的郑成功集团仍然沿用南明永历年号，直到永历三十七年（1683 年）十二月郑克塽降清为止。1683 年，清军施琅攻克台湾，监国的宁靖王朱由桂自杀殉国，标志着南明最后一个政权覆灭。

南明政权迅速垮台的原因如下：首先，为了利益，各自为战，没有形成集团力量。其次，没有利用好民心所向。当时从北向南，各地抗清斗争此起彼伏，只要引导得法，就会形成强大的力量。可是，无论鲁王还是唐王，依靠的不是义军，而是明朝的总兵，所谓的正规军。事实上极度腐败的明军，已无战斗力可言。最后，党派之争，国无宁日。东林党、复社与阉党余孽势不两立；拥有军事实力的明朝大将，大敌当前，不去退敌，却热衷于清君侧。严重的内耗，极大削弱了南明的实力，当然就没有办法与清军对抗。

280 顺治皇帝出家五台山的真相是什么？

顺治皇帝，即清世祖爱新觉罗·福临，是满清入关后的第一位皇帝。有关顺治皇帝的轶事传闻很多，关于他到五台山出家当和尚的传说更是流传甚广。金庸笔下的《鹿鼎记》和梁羽生的《七剑下天山》当中都有精彩描述。相传，顺治十八年（1661 年）正月，顺治皇帝年方 24 岁，因宠妃董鄂妃之死而郁郁不乐，厌倦宫廷生活，弃位出家赴五台，后来康熙奉太皇太后之命，还来五台山找过其父顺治。

顺治皇帝画像

顺治皇帝真的在五台山出家吗？关于顺治出家，主要有两种说法。

一是说顺治并非在 24 岁亡于天花，而是在这一年脱去龙袍换上袈裟，于五台山修身向佛，在康熙五十年（1711 年）前后才圆寂。这期间康熙皇帝曾经数次前往五台山觐见父亲，但都没有得到顺治的相认，所以康熙才会写出“文殊色相在，唯愿鬼神知”的诗篇。至于其出家的原因，则是因为爱妃董鄂氏去世。选择五台山修行，则是因为梦见董鄂妃在那里。这种说法主要出现于《顺治演义》《顺治与康熙》等野史和文学作品中，尤其是当时著名才子吴伟业写的一组《清凉山赞佛诗》，诗文影射顺治在五台修行，并用“双成”的典故和“千里草”代指“董”姓。由于吴伟业的诗素有“史诗”之称，所以信者如云。

另一种说法，来自于《大觉普济能仁国师年谱》《旅庵和尚奏录》《敕赐圆照茆溪森禅师语录》《北游集》《续指月录》等僧侣书籍的记载。这些书用语录及偈语的形式，记载顺治帝曾经在顺治十七年（1660年）十月中旬，在宫中由湖州（今浙江吴兴）报恩寺和尚溪森为其举行了净发仪式。但剃了光头本已出家的顺治，又在溪森的师父、报恩寺住持玉林琇的谆谆诱导和要烧死溪森的胁迫下，回心转意，蓄发还俗了。

因此，我们首先需要搞清楚顺治帝在24岁那年，是不是真的去世了。

中国第一历史档案馆藏有明朝、清朝遗留的原始档案1000余万件。在这些最为珍贵的历史资料中，最受当时皇家尊崇保护的是《实录》《圣训》和《玉牒》。其中的《实录》，是由继位的皇帝组织人员，依据各种文书档案，按照年月日的顺序，为去世的皇帝编写的史实记录。在《清世祖实录》卷一四四中记录：在顺治十八年正月初一，顺治帝免去群臣的朝贺礼仪，而且当日举行的春季祭祀太庙的礼仪上，也是派官员前往。初二日，顺治帝身体不适。初六日，顺治帝传谕，本应由自己参加的大享殿礼仪，因为身体不适，需要派官员代祀，让礼部列出代祀官员的名单，并且因为病情迅速加剧，又传谕赦免京城内十恶死罪以外的一切罪犯。初七日凌晨，顺治帝去世。从《清世祖实录》这一历史记载中，证明顺治皇帝病逝于顺治十八年正月初七日子时，但却没有记其所患何病。

档案馆收藏的《玉牒》，是清朝皇帝的家谱。从努尔哈赤的父亲塔克世开始记录，其中记录顺治皇帝情况的《玉牒》，其去世的时间，与《清世祖实录》的记载相同，但同样没有说明病因。

另外，档案馆还存有顺治皇帝的《遗诏》。该《遗诏》长548厘米，宽93厘米，黄纸墨迹，卷轴状。遗诏中，顺治皇帝对自己渐习汉俗、早逝无法尽孝、与亲友隔阂等事做了自责，同时宣布由8岁的儿子玄烨即皇帝位。这份《遗诏》的撰拟，在《清圣祖实录》卷一中有记录，是在初六日召学士麻勒吉、王熙到养心殿，奉旨意后在乾清门撰拟的。

据《清圣祖实录》卷二记载：顺治十八年四月十七日这一天，康熙皇帝来到安放着顺治帝梓宫的景山寿皇殿，在举行了百日致祭礼以后，将顺治帝的神位奉入了乾清宫，以等待选择吉日奉入太庙。二十一日，则举行了“奉安宝宫礼”。这说明到二十一日时，顺治帝已经被火化了，因为“宝宫”二字的意思，是骨灰罐。

关于顺治皇帝被火化的详细记录，在官方档案里尚无明确记载，但《旅庵和尚奏录》中则写明，临终前，顺治帝对近身的僧侣特别嘱托，因为祖制是火葬，而且自己又信奉佛禅，所以希望如果溪森和尚能赶到，就由溪森和尚主持火化，如果赶不到，则由位于北京的善果寺和隆安寺来主持。据《五灯全书》记载，溪森和尚在接到旨意后兼程赶抵北京，于四月十七日的一百祭日，为顺治帝举行了火化仪式。这些情况与《清圣祖实录》记录的百日祭奠、逢迎神位和安放宝宫相吻合。

所以说，顺治帝是于顺治十八年（1661 年）正月初七日的子时，逝世于养心殿，病因可能是天花。他的遗体在四月十七日被火化，骨灰存于“宝宫”内。据中国第一历史档案馆保藏的《清圣祖实录》卷九记载，该“宝宫”在康熙二年（1663 年）四月二十四日黎明，被起程移奉孝陵，在六月初六日的戌时（19 点—21 点），同孝康皇后和端敬皇后的宝宫一起，被安放在地宫的石床上，并掩上了石门。

由此，关于顺治帝在 24 岁这年离宫出家、朝廷以其病逝为托词的猜度，不过是一个充满想象力的传奇故事而已。但顺治帝在顺治十七年（1660 年）十月，于西苑（中南海）万善殿，由溪森和尚为其举行了皈依佛门的净发仪式，则是史实。只不过剃光头发意欲出家的顺治帝，最终在溪森的师傅玉林琇的谆谆规劝和要烧死溪森的压力下，又决定还俗了。

事实上，顺治皇帝从未到过五台山，灵骨也并非安置在镇海寺。其子康熙皇帝先后 5 次“携蒙古诸王”朝拜五台山，根本目的在于利用五台山佛教“柔服蒙古”，并不是找什么父亲，或游山玩水。所有关于顺治皇帝出家五台山的传说，虽说事出有因，但查无实据，因此并不是历史事实。

281 清朝巩固边疆、反对分裂的战争有哪些?

在清康熙年间，北部边疆面临着两大严峻问题：一是沙俄把扩张矛头指向我国东北，在黑龙江流域烧杀抢掠；二是回部、蒙古准噶尔部贵族在西北边疆叛乱滋事。为了巩固边疆，维护统一，清朝政府不得不以战争的形式来解决问题。

1. 反击沙俄入侵的战争

16 世纪中叶以前，俄罗斯是一个不大的封建农奴制国家，其东部边界远在伏尔加河流域以西。16 世纪初，俄罗斯统治者结束了国内割据状态，逐步向东扩张，以后又越过乌拉尔山，征服了西伯利亚汗国。到 17 世纪，沙俄政府更加积极地向东侵略扩张。明崇祯五年（1632 年），沙俄扩张至西伯利亚东部的勒拿河流域后，建立了雅库茨克城，作为南下侵略中国的主要基地。

明崇祯十二年（1639 年），沙俄侵略者从鄂温克人口中得到了关于黑龙江的消息。于是占有这个富饶的地方，便成了他们梦寐以求的目标。从顺治六年（1649 年）开始，雅库茨克长官派哈巴罗夫率领侵略者携 3 门火炮和一些枪支弹药，越过外兴安岭侵入黑龙江，强占雅克萨城（今俄罗斯奥罗迪诺南 50 公里处，黑龙江左岸阿尔巴金诺）。哈巴罗夫盘踞雅克萨期间，不断袭击达斡尔居民，捕捉人质，掳掠妇女。清政府虽屡次遣人宣谕，反复告诫，都无济于事。在对俄交涉无效和平定“三藩”、统一台湾战争已经结束的情况下，康熙帝决定进剿东北地区沙俄入侵者，以保卫国土。

康熙二十四年（1685 年）正月，康熙帝命彭春等统兵，前往收复雅克萨。清军迅速平定雅克萨城，随后撤军瑷珲。同年秋，莫斯科增派 600 援兵，沙俄侵略者又重占雅克萨。面对俄军的卷土重来，清政府只得再次用兵。康熙二十五年（1686 年）七月，清军再次进抵雅克萨城下，清军考虑到俄军死守雅克萨，必待援兵，于是在雅克萨城的南、北、东三面掘壕围困，在城西河上派战舰巡逻，切断守敌外援。俄军被围近一年，战死病死者很多，战斗力大减，雅克萨城旦夕可攻下，沙俄遣使请求清政府停战。此时，准噶尔部噶尔丹正伺机在喀尔喀地区扩张，为了腾出手来处理西北问题，康熙帝答应了沙俄的请求，并准许俄军残部撤往尼布楚。历时两年的雅克萨之战，以清军胜利而告终，这是我国军民被迫进行的一次反侵略战争，也是为保卫东北边防而进行的长期、反复斗争的一次胜利，它制止了沙俄向黑龙江流域进行扩张的侵略计划。

此后，中俄进行了边界谈判，康熙二十八年（1689 年）七月，双方正式缔结《中俄尼布楚条约》，条约规定从外兴安岭至海，格尔必齐河和额尔古纳河为中俄两国东段边界。黑龙江以北，外兴安岭以南和乌苏里江以东地区均为清朝领土。

2. 统一漠北的战争

明末清初，我国北方蒙古族分为三大部：漠南蒙古，在今内蒙古地区；漠北蒙古，在蒙古国一带；漠西厄鲁特蒙古，在天山以北一带。漠西厄鲁特蒙古共有四部：和硕特部，游牧于今新疆乌鲁木齐地区；准噶尔部，游牧于今伊犁河流域；土尔扈特部，游牧于今新疆塔城地区；杜尔伯特部，游牧于今额尔齐斯河流域。

明朝末年准噶尔部逐步走向兴盛，先后兼并了土尔扈特部及和硕特部。康熙十年（1671 年），噶尔丹成为准噶尔大汗后，加快了兼并扩张的步伐，先后占有天山南北两麓与青海的和硕特部。康熙二十七年（1688 年）夏，噶尔丹亲率骑兵 3 万自伊犁东进，越过杭爱山脉，进攻喀尔喀，先后击败喀尔喀三部，占领整个漠北。喀尔喀蒙古三部民众逃往漠南乌珠穆沁（今内蒙古乌珠穆沁旗），并请求清廷保护。

康熙二十九年（1690 年）五月，清帝召见在京俄国使臣，警告俄国不得支持噶尔丹，使沙俄不敢妄动，又全部没收噶尔丹派往归化城（今内蒙古呼和浩特）贸易的商队马匹，从而断绝了噶尔丹物资补给的来源。同年七月，康熙帝下诏亲征。双方军队集结在乌兰布通，准备在这里决战。

乌兰布通位于克什克腾旗（今内蒙古翁牛特旗西南）之西，该地北面靠山，南有高凉河，东为沼泽地，西为宽阔的湖泊，是北京通向漠北和俄罗斯的交通要道和战略要地。

为防备清军进攻，噶尔丹背山面水布阵，将万余头骆驼卧地缚蹄，背负箱垛，蒙以湿毡，排列如栅以自蔽，谓之“驼城”，士卒在“驼城”之内，依托箱垛放枪射箭。八月初一中午，清军首先集中火铳、火炮，猛轰驼阵，至日落时，将驼阵轰断为二。清军随即渡河，步兵展开正面进攻。骑兵从左翼迂回侧击，噶尔丹大败。乌兰布通之战，清军取得了平定准噶尔叛乱第一仗的胜利，对日后彻底平叛具有深远影响。

康熙三十四年（1695 年）九月，噶尔丹率骑兵 3 万东进，康熙三十五年（1696 年）二月，康熙再次下诏亲征，率 9 万之众，分东、中、西三路进击。五月，西路军到达土剌河上游之昭莫多（今蒙古国乌兰巴托东南），与噶尔丹军万人遭遇。双方激战一天，清军毙敌 2000 余人。

昭莫多之战，是清朝平定噶尔丹叛乱的一次决定性战役，经过此役，噶尔丹精锐丧亡殆尽，牲畜财产也所剩无几。康熙三十六年（1697 年）二月，清帝再次下诏亲征，噶尔丹在绝望中死于阿察阿穆塔台。其侄丹济拉携尸及家眷降清，途中为策妄阿拉布坦所夺，献清军。康熙朝平定准噶尔部上层叛乱的斗争至此结束。

清朝经过近 10 年的平叛战争，终于歼灭了噶尔丹军，统一了漠北，打击了沙俄侵吞我国西北边疆的野心，进一步加强了对蒙古各部的统辖。战后，清朝政府遣送喀尔喀各部重返漠北牧场。

3. 驱准保藏战争

噶尔丹死后，策妄阿拉布坦成了准噶尔的统治者，策妄阿拉布坦在沙俄支持下，四处扩张。康熙三十七年（1698 年）、三十八年（1699 年）连续出兵进攻哈萨克，夺取了额尔齐斯河西岸及哈萨克草原的大片地方，势力扩张到锡尔河下游。康熙四十年（1701 年），土尔扈特部 15000 户部众为其所吞并。此后，策妄阿拉布坦又占领了南疆，在那里建立起傀儡政权，然后再将兵锋指向西藏。

为驱准保藏，康熙五十七年（1718 年）二月，命皇十四子胤禵为抚远大将军，分三路进击。两路大军先后进攻准噶尔边境，并深入乌鲁木齐等地，大败敌军。中路军 1200 人，护送六世达赖入藏。驱准保藏斗争胜利后，清廷加强了对西藏的管理。派兵驻藏，废除第巴，用藏人治藏。雍正五年（1727 年）六月，清军平定阿尔布巴之乱，正式决定在西藏设立驻藏大臣正副二人，以加强中央王朝对西藏的管理。

4. 平定青海罗卜藏丹津之乱

康熙五十九年（1720 年），据有青海全境的罗卜藏丹津发动了叛乱。雍正元年（1723 年）十月，清廷命川陕总督年羹尧为抚远大将军前去平叛。随后，清军向西宁附近叛军发起了攻击，叛军迅速瓦解，罗卜藏丹津向西逃窜，西宁附近失地和塔尔寺等地的喇嘛叛乱陆续平定。青海平定后，清政府特设青海办事大臣总理青海一切事务，在青海蒙古中推行盟旗制度，进一步促进了青海地区的统一与安定。

5. 平定准噶尔部噶尔丹策零之乱

雍正五年（1727 年），策妄阿拉布坦死，其子噶尔丹策零继位，在沙俄支持下继续叛乱。雍正帝决定坚持康熙朝平准政策。雍正七年（1729 年），清廷分两路进军，西征准噶尔。双方的战争一直持续到雍正十年（1732 年），额尔德尼昭战役，给准噶尔分裂势力以沉重打击，噶尔丹策零损失惨重，遂向清廷求和。雍正十二年（1734 年）七月，清帝决定议和。翌年，清廷批准了西、北两路撤军的计划，只留少量兵力驻防。乾隆四年（1739 年），清政府最后同噶尔丹策零达成协议，确定以阿尔泰山为准噶尔与喀尔喀的分界线。此后，清政府与准噶尔部割据势力的和平局面维持了将近 20 年的时间。

清朝前期为巩固边疆进行的战争，最终奠定了统一多民族国家辽阔疆域的基础，对于中华民族历史的发展具有不可低估的重大意义。到乾隆时期，清朝管辖的范围包括被称为“本部”的十八个省和被称为“藩部”的内蒙古、青海蒙古、喀尔喀蒙古、唐努乌梁海、西藏、新疆等广大地区。东起黑龙江库页岛，西迄葱岭巴尔喀什湖，北自恰克图，南抵南海诸岛，都是中国的神圣领土，中国疆域比过去任何历史时期都更加明确、更加巩固。

282 康熙皇帝是如何统一台湾的?

清顺治十八年(1661年),延平王郑成功率军进攻台湾,次年收复了被荷兰殖民者侵占了38年之久的中国领土——台湾。郑成功收复台湾的历史功绩是不可否认的,但以其子孙郑经、郑克塽为首的郑氏集团,将他们统治下的台湾变成同清政府长期对峙的独立王国,反对统一,使祖国大陆与台湾经历了长达22年的分裂时期。为结束分裂局面,实现国家的统一和安定,康熙皇帝对台湾郑氏集团从政治、经济、军事等方面采取了一系列战略措施。

1. 力争通过谈判实现国家统一

郑成功收复台湾后不久即病逝,郑氏集团内部发生内讧。清朝乘机派使者,企图说服郑成功之子郑经归降清朝。郑经为了减轻压力,与清朝谈判,交出南明皇帝赐给的敕书、印玺。清朝要求台湾民众迁回内地,剃发易服,郑经不允,谈判未成。康熙二年(1663年),清朝出兵攻打郑氏据守在大陆上的最后一个据点厦门,郑经战败,退出厦门。清朝乘胜派舟师出征台湾,在海上突遇台风,船只沉没,无功而返。

当时两岸虽武装对峙,但又都有一定的和平愿望。此时清王朝三藩未除,社会不稳,无力用兵海上。而台湾郑氏,土地初辟,人口甚少,生产落后,经济困难,急需大陆的粮食和物资供应。且郑氏集团大多是福建人,离家日久,思恋乡土,私下渡海归去者络绎不绝。康熙六年(1667年),清政府派总兵孔元章,赴台湾议抚,答应郑经如归顺,可封"八闽王",郑经犹豫不决,后以"和议之策不可久,先王之志不可坠"为由,拒绝了清朝的招抚。康熙亲政后,刑部尚书明珠奉旨入福建,主持议和,派知府慕天颜入台,宣示招抚之意。清廷虽做了重大让步,允许郑氏封藩,世守台湾。但郑经则提出,只称臣纳贡。康熙不愿台湾长期与大陆分裂,故谈判破裂。

此后发生三藩之乱,中原战火弥漫。郑经乘机与吴三桂、耿精忠勾结,占领厦门与漳州、泉州、潮州、惠州各地。转战数年,吴三桂失败，郑经孤军难支，又退回台湾。清朝再一次派人谈判，郑经要求以外国之礼称臣纳贡，康熙坚决不同意，谈判又无结果。

2. 通过禁海、迁界移民进行经济封锁

康熙采用的经济封锁措施包括禁海和迁界移民，目的在于断绝郑氏集团粮饷和军用物资的供给，坐困郑氏集团，令其不战而降。所谓“禁海”，就是严禁一切船只出海贸易、捕鱼。康熙的禁海令规定，北自天津南至广东沿海岸线各省，严格禁止商民船只私自入海，用大陆货物进行海上贸易。这既包括中国与外国间的国际贸易，也包括大陆各港口间的国内贸易。康熙采取禁海措施的目的是通过断绝海上贸易往来，阻塞大路货物的出海渠道，使郑氏集团失去大陆货源和军品供应。“迁界移民”是“禁海”的扩大和补充，是更加彻底地切断海内外经济联系的封锁措施。其做法是，将福建、广东、浙江、江苏、山东、河北 6 省沿海及各岛屿的居民内迁 30—50 里，使沿海一带形成一个无人区。目的就是利用这样一个隔离带来彻底隔断台湾郑氏集团与大陆的经济联系，使其既不能与大陆进行贸易活动，获取大陆的商品和军用物资，又无法向沿海居民征收粮饷，从而在经济上完全陷入困境。

康熙的经济封锁措施也确实多次使郑氏集团陷入经济困境。一方面由于海上运输能力的限制，粮饷供应不能满足郑军需求，造成大批郑军降清或逃亡；另一方面这对台湾的经济也是一个巨大的消耗，为最后统一台湾创造了条件。

3. 建立强大的水师部队，为武力统一台湾做准备

要统一台湾，必须建立一支强大的水师部队，这逐渐成为康熙皇帝和部分大臣的共识。康熙十六年（1677 年），清政府恢复了福建水师建制。康熙十八年（1679 年），康熙皇帝任命熟悉海疆情况、骁勇善战的湖南岳州水师总兵官万正色为福建水师提督。至康熙十八年年底，万正色所辖的福建水师已有战船 240 艘，官兵 28000 余名，经过万正色的精心组织和训练，成为一支精锐善战的水师劲旅。康熙十九年（1680 年），在清军第二次收复东南沿海的作战中，清政府已不再依赖荷兰舰队，而是使用福建水师从海上发起进攻，对郑军

侧背形成极大威胁，导致郑军陆上防线全线溃退。而后，清军水陆合击，迅速将郑军逐出东南沿海地区。

福建水师在收复东南沿海地区的作战中显示出来的实力和作用，增强了清朝统治者实施海上军事行动和武力统一台湾的信心。此后，清政府改变了以往放弃沿海、守卫内陆的消极防御方针，将水师部队分别部署在金门、厦门、铜山、海坛，随时准备对台湾郑氏集团采取军事行动。此时，清政府已具备了武力统一台湾的军事实力。

4. 选择良将，武力统一台湾

康熙二十年（1681 年）四月，福建总督姚启圣向朝廷报告了郑经在台死去，郑氏集团因争权夺利发生内乱的情况。康熙皇帝认为武力统一台湾的时机已经到来，于当年六月果断做出了进军台湾、澎湖的战略策略。

康熙皇帝下定以武力统一台湾的决心之后，就开始考虑清军水师主将的人选问题。这时福建总督姚启圣和内阁学士李光地向康熙推荐了曾担任过福建水师提督的施琅。

施琅，福建晋江人，有勇略。早年为郑芝龙（郑成功之父）部下，后随郑芝龙降清。郑成功将其父子兄侄一门杀害，使其与郑氏集团结下了深仇。施琅在福建与郑氏作战多年，了解台湾情况，熟悉水师机要及海上风涛之变幻。他一贯主张攻取台湾，但因曾是郑氏部将，清廷并不信任他，把他安置在北京居住，闲居 13 年。

康熙皇帝经过仔细斟酌，于康熙二十年（1681 年）八月做出决定，任命施琅为福建水师提督，担当率领清军进攻台湾的重任。福建总督姚启圣只负责后勤供应，与施琅和衷共济，保证了施琅出征所需的粮食和物资的供应。

康熙二十二年（1683 年）六月，施琅率兵两万余人，战船 200 余艘出征。郑克塽则派勇敢善战的刘国轩守澎湖，所率兵将战船与施琅相当。两军展开激战，历时 7 昼夜。郑军大败，清军击沉敌船 159 艘，郑军死伤 12000 人，浮尸遍海，刘国轩仅率 31 艘船逃回台湾。

澎湖战败，郑克塽等极为恐慌。施琅遂进行政治争取工作，对被俘的台湾兵将，以礼相待，赏给银、米。800名伤残者医治之后，释放回台，令他们宣示招抚之意，台湾民众莫不解体归心，唯恐王师之不早来。郑氏已无抵抗能力，于七月二十七日向清军奉表纳降，呈交延平王金印和户口土地册籍。康熙接受纳降，并优待郑氏，台湾遂告统一。

清朝统一台湾后，于康熙二十三年（1684年）四月，在台设一府三县：台湾府和台湾、凤山、诸罗三县，隶属福建省。全台设总兵一员，副将二员，驻兵8000，澎湖设副将一员，驻兵2000。至此，台湾正式归入清朝版图。

康熙统一台湾，不仅是有清一代的重大事件，而且在我国的历史上也产生了深远的影响。国家统一局面的形成，为整个社会的政治安定和经济发展创造了重要的前提。同时还增强了抵御外侮的力量，台湾归附大陆之后，中国沿海防务大大增强，使荷兰及其他殖民者不得不偃旗息鼓，台湾和东南沿海数省从此得到了将近200年的安宁。台湾的统一还有利于沿海数省和台湾的经济、文化的发展，清政府在台湾推行鼓励垦荒、兴修水利、减轻赋税、鼓励贸易等政策，有力地促进了台湾和大陆经济的迅速发展。所有这些，只有在统一的政权之下才能真正做到。

283 康熙是如何铲除权臣鳌拜的？

康熙皇帝（1654年—1722年），名玄烨，是顺治皇帝的第三个儿子，自幼聪明好学，立志要做一个贤明的帝王。玄烨8岁时，顺治皇帝病重，临死前，指定玄烨为皇位的继承人。因为玄烨年幼，还不能料理国家大事，顺治帝又任命索尼、苏克萨哈、遏必隆、鳌拜四人为辅政大臣。

四位辅政大臣中，索尼的资格最老，威信最高，但年纪老迈，畏事避祸。遏必隆亦出自名门，为开国元勋额亦都之后，屡立战功，与鳌拜交好。苏克萨哈为正白旗，早年依附多尔衮。多尔衮死后，苏

康熙皇帝画像

克萨哈又出来告发刚刚死去的多尔衮，因此也受顺治帝重用。鳌拜，满洲镶黄旗人，姓瓜尔佳氏。他的叔父费英东早年追随努尔哈赤起兵，是清朝的开国元勋。鳌拜本人随皇太极征讨各地，战功赫赫。顺治元年（1644年），清兵入关后，鳌拜先后与李自成军、张献忠军作战，立有战功。四位辅政大臣中，索尼列名第一，苏克萨哈因是公主的儿子，且反戈一击，揭发多尔衮有功，列名第二，这让资格老，军功高，而名列第四的鳌拜很不服气。鳌拜在四位辅政大臣当中，是最飞扬跋扈的。

在鳌拜事件中还夹杂有中西文化的冲突。孝庄太后与顺治帝善待西方传教士，与汤若望关系密切，相信西方的自然科学。顺治帝封汤若望为通玄教师，并采用他所编制的历书“时宪历”。顺治死后，辅政大臣们厌恶西方传教士，守旧的历学家杨光先、吴明烜依附鳌拜，将汤若望下狱，拟处死刑。恰好北京发生地震，上天示警，孝庄太后出面干预，汤若望才免死获释。但汤若望的“时宪历”仍被废止，而采用吴明烜“大统历”。康熙以实事求是的态度对待这一问题，他钦派大臣进行实际测验。结果立春、雨水、太阴、火星、木星与传教士所指各项相符，而与吴明烜所称逐项不合，康熙帝相信实测结果，恢复使用“时宪历”，同时授传教士南怀仁钦天监监副。康熙皇帝对辅政大臣们的盲目无知、刚愎自用甚为反感。

这场科学上的是非之争也夹杂在康熙和鳌拜的政治斗争风波中。双方斗争的焦点是圈地换地之争以及辅政大臣苏克萨哈被杀。由于苏纳海、朱昌祚、王登联三位大臣反对黄白旗之间换地，鳌拜痛恨他们，必欲置之死地。康熙出面调解，召四辅臣商议此事。索尼、遏必隆附和鳌拜，主张以抗旨论死，苏克萨哈不作声，以沉默对抗，形成三比一的局面。康熙此时尚未亲政，无法阻挡辅臣们的决定，结果苏纳海、朱昌祚、王登联三大臣竟被处死。40 年之后，康熙提到这场冤狱，仍痛心地说，朱昌祚等不但不当杀，也不当治罪。

鳌拜代表着关外旧臣的势力，他把持朝政，他的弟弟穆里玛，有镇压李自成余部夔东十三家之功，封靖西将军，儿子那摩佛娶公主为妻，是康熙的姐夫，一门贵幸。鳌拜的亲信班布尔善、玛尔赛、阿思哈、济世盘踞政府要津，心腹爪牙遍布内外。这时随着康熙的成年，满族统治者中间新的一代正在成长，以康熙为核心集聚了索额图、明珠、岳乐、杰书等青年俊才。索额图、明珠都是康熙的侍卫，岳乐、杰书是皇族，已封安亲王、康亲王，他们一心要辅佐皇帝营建统治全中国的宏伟大业。这一新的势力集团的崛起预示着鳌拜集团的覆灭指日可待。

鳌拜性情刚愎，器量狭隘，势力愈张，骄横日甚。朝贺新年时，鳌拜身穿黄袍，仅帽结与康熙不同。又经常把各地奏折拿回自己家中和心腹们商议办理，不把朝廷官员放在眼里。一次鳌拜装病，康熙前去探望他，鳌拜卧床，席下放一把刀。康熙的侍卫搜检出这把刀，局面尴尬而紧张。康熙虽年轻却从容镇静，笑着说："刀不离身是满洲故俗，不要大惊小怪！"可见鳌拜的跋扈，也可见康熙把紧张局面消弭于谈笑之间的机智应变。

康熙 14 岁亲政。鳌拜仍大权独揽，把持着权力不放，要把年轻的皇帝变成任凭自己摆布的傀儡。苏克萨哈则要求辞职，还政皇帝。这一举动触及鳌拜要害，因为排名第一位的苏克萨哈辞职（这时索尼已死），遏必隆、鳌拜势必也要让出辅政的职务。鳌拜不甘心，他诬陷苏克萨哈的辞职是"别怀异心"，罗织二十四条罪状，要把苏克萨哈斩首抄家。康熙皇帝不同意，但跋扈成性的鳌拜在康熙面前挥拳捶胸，疾言厉色，对康熙恐吓要挟，最后连康熙也无法改变鳌拜的决定，结果苏克萨哈被处绞刑。

逐渐成年的康熙如何能容忍这样骄横凶狠的权臣，他在暗中准备着。他挑选一批有勇力的少年侍卫在宫中练习布库（即摔跤），鳌拜朝见也不回避。鳌拜以为不过是小孩子的游戏，不以为意，仍误以为“帝弱好欺”，未加戒备。

康熙的祖母孝庄太后具有崇高威望和非凡才智，她不容许任何人侵犯自己心爱的孙子。此时各种势力迅速地倒向皇帝一边，客观形势对鳌拜愈来愈不利，而他还懵然不察。康熙八年（1669 年）五月，武力夺权的时机终于到来。康熙与索额图密谋，将鳌拜的亲信派往各地，离开京城，又派自己亲信掌握了京师的卫戍权。康熙召集侍卫武士说：“你们都是我的股肱亲旧，你们怕我，还是怕鳌拜？”大家说：“怕皇帝。”康熙即宣布鳌拜罪状。在鳌拜单独入朝时，由布库少年突然擒拿下狱，宣布鳌拜三十条罪状，但念鳌拜资深年久，屡立战功，且无篡弑之迹，康熙对他仍宽大处理，免死禁锢，其党羽或死或革。

康熙帝清除鳌拜集团，巩固了皇权，使清王朝的封建化和满汉融合的政策得以贯彻，为进一步恢复生产力，削平割据，抵御俄罗斯入侵，实现国家统一，建立繁荣的康雍乾盛世奠定了基础。擒拿权臣鳌拜也显示了这位少年天子的胆识、魄力和智慧。

284 清朝是如何平定“三藩”之乱的？

“三藩”指镇守云南的平西王吴三桂，镇守福建的靖南王耿精忠（耿仲明之孙），镇守广东的平南王尚之信（尚可喜之子）。他们本为明朝辽东边将，后来降清，或开关迎接清军进入山海关，或为清廷南征北战，镇压各地的抗清势力，均立有战功。清朝在北京建立中央政权后，他们以功被封为王，享受高官厚禄，作为清朝控制南方边远地区的藩篱。他们利用这一机会，拥兵自重，割据一方，恣意妄为，对下鱼肉百姓，对上与中央政府抗衡。

吴三桂占据云南，大肆圈占民田，把耕种这些土地的各族农民变为自己的佃户，恢复明末各种繁重的赋役，强迫农民纳租纳税。抢掠人口，放高利贷，广征关市，榷税盐井、金矿、铜山之利。吴三桂掌管云贵一切文武官员兵民事务，总督、巡抚均听其节制。他专横跋扈，随意委派官吏，中央吏部不得干预；使用钱粮，户部不得过问。为了达到世守云南，割据一方的目的，他公然将清廷命官“指为外人”。大量招揽宾客及有才望者，遍置军队于水陆要冲，严密控制了这一地区。其部属更是无恶不作，杀人夺货，无所畏忌。他甚至还向全国选派官吏，称为“西选”，一时出现了“西选之官几满天下”的情况。尚之信在广东则是一个酗酒杀人的恶魔，以杀人为乐。令其部属私充盐商，恣意盘剥。耿精忠在福建也是横征盐课，勒索银米。他们还夺人田庐，掠人子女，十分猖狂。吴三桂除同另两藩互通声息外，又“岁遣人至藏熬茶”，通使达赖喇嘛，“奏互市茶马于北胜州（今云南永胜）”，力求西藏上层分子的支持。

“三藩”各拥有雄厚兵力。吴三桂有旗兵 53 佐领、绿旗兵 10 营，耿、尚各有兵马 15 佐领和六七千绿旗兵，总共 10 余万人。巨额的军费开支，全由国库支付，造成天下财赋半耗于“三藩”的局面，清廷财政面临巨大的困难。“三藩”割据势力的膨胀，严重威胁清朝的国家统一，双方的矛盾日益尖锐起来。康熙初年，清中央政府逐渐对“三藩”采取了限制的政策，着重限制“三藩”中实力最强大的吴三桂，如命令他缴还大将军印，同意他辞去云贵总督，罢其任免官吏之权等。这些措施除了加深双方的矛盾外，并没有从根本上解决问题。康熙亲政之后，以“三藩”及河务、漕运为大事，对飞扬跋扈的“三藩”割据势力，夙夜忧心。他除掉鳌拜后，决计平定“三藩”。

康熙十二年（1673 年）三月，尚可喜请求告老归辽东，以其子尚之信承袭爵位继续坐镇广东。康熙抓住这一有利时机，同意他告老，但不允许其子袭爵，命令其尽撤藩兵回原籍。这道命令触动了吴、耿二藩，他们也不得不请求撤藩，一方面试探清廷的态度，一方面积极准备叛乱。当时朝廷大臣意见不一，大多数人认为一撤藩，势必引起反抗，反对撤藩。只有户部尚书米思翰、兵部尚书明珠、刑部尚书莫洛等少数人主张撤藩。康熙认为，藩镇久握重兵，势成尾大，现在撤也反，不撤也反，不如先发制之。于是将计就计，同意吴三桂和耿精忠所请，毅然下令撤藩。

撤藩令一下，吴三桂即于康熙十二年（1673 年）十一月间在云南发动叛乱，发出檄文指斥清廷“窃我先朝神器，变我中国冠裳”，声称要“共举大明之文物，悉还中夏之乾坤”。蓄发易衣冠，旗帜皆白色，自称“天下都招讨兵马大元帅”，打起“复明”的旗号，以欺骗人民。叛军很快攻进湖南，不久，广西将军孙延龄、提督马雄等据广西反叛，四川巡抚罗森、提督郑蛟麟等据四川反叛。康熙十三年（1674 年）三月，耿精忠据福建叛。不到半年，滇、黔、湘、川、桂、闽六省全部加入叛乱。康熙十五年（1676 年）二月，尚之信据广东反叛。接着，战乱扩大到赣、陕、甘等省。

吴三桂等人的反叛消息传到北京，举朝震动。大学士索额图提出杀掉主张撤藩者的人头，取消撤藩令。达赖喇嘛也暗助吴三桂，提出“裂土罢兵”的建议。康熙力排众议，对其他叛乱分子采取招抚拉拢的策略，暂时停撤耿、尚二藩，集中主要力量打击元凶吴三桂。下令剥夺吴三桂的王爵，杀其子吴应熊于北京。军事上迅速制定了一套作战计划，下令讨伐。急命顺承郡王勒尔锦为宁南靖寇大将军，统率八旗劲旅前往荆州，与吴军隔江对峙。又命西安将军瓦尔喀率骑兵赴蜀，大学士莫洛经略陕西。命康亲王杰书等率师讨伐耿精忠。又命副都统马哈达领兵驻兖州、扩尔坤领兵驻太原，以备调遣。

战争开始后，清廷方面暴露了严重弱点。首先是调兵遣将不利，其次是八旗兵斗志不强。湖南守将慑于吴军的来势凶猛，丢掉了许多城池。派到武昌、荆州的八旗兵不敢渡江前进。与之相反，叛军方面却屡屡得手。吴三桂多年来养精蓄锐，兵强马壮，先声夺人。但叛军内部也有致命的不可克服的矛盾：首先，人民群众渴望统一，与人民为敌的吴三桂显然得不到更多人力、物力、财力的支援；其次，叛军内部无法形成整体，不相统属，心志不齐，难以持久。康熙依据时局，运筹帷幄，以湖南为主战场，坚决打击湖南的叛军，辅以陕、甘、川西线和江西、浙东东线，三个战场相互配合，把叛军分割开。江西地位重要，水陆皆与闽、楚接壤，决计固守。当耿精忠叛乱时，清军就有效地割断了耿、吴叛军的会合。对西北则采取稳定策略。陕西提督王辅臣，态度暧昧，叛而附，附而又叛，甚至杀害了陕西经略莫洛。康熙以极大的耐心争取他，表示“往事一概不究”，极力安抚，终于在康熙十五年（1676 年）把王辅臣争取过来，保住了陕西，使吴三桂打通西北的阴谋未能得逞，清军得以腾出兵力增援南方。又利用耿精忠同郑经的矛盾，多方招抚耿精忠。不久耿归附清廷，清军收复福建。尚之信也于康熙十六年（1677 年）五月降服，稳住了广东。由于康熙处置得当，吴三桂失去了外援，军事上完全陷于孤立。这样，从康熙十五年（1676 年）起，战争的优势逐渐转到清军方面来了。

清朝将陕西、福建、广东局势稳住后，便命令诸将重点进攻湖南。清军从荆州江北和江西两方面展开进攻，尤其是从江西方面迂回攻破袁州，又自醴陵攻萍乡，乘胜直指长沙。吴三桂急忙率军回援长沙，全力拒守。此时，康熙乘吴军全力固守长沙，而湖口各路守备空虚之机，命清军自荆州渡江进攻，吴军溃败。康熙十七年（1678 年），形势对叛军更加不利。势穷力竭的吴三桂为了鼓舞士气，于三月在衡州（今湖南衡阳）称帝，国号“大周”，改元昭武，改衡州为定天府。但这一招并未起什么作用，他坐困衡州，一筹莫展，八月病死。部将迎其孙吴世璠即帝位，改元洪化，退居贵阳。

清军乘势发动攻击，康熙十八年（1679 年），清军平岳州、常德、长沙、衡州等地后，收复了湖南全省，同时又收复广西。康熙十九年（1680 年），清军克汉中，定成都，取重庆，收复四川。同时，康熙处分了奉命攻打重庆而中道退返荆州的宁南靖寇大将军勒尔锦，命令彰泰为定远平寇大将军接替指挥，率师由湖南进攻云贵。康熙二十年（1681 年）正月，清军收复贵州，彰泰开始进入云南。二月，赖塔率师由广西抵云南。九月，清将赵良栋率师由四川至云南，与另外两路先期抵达的军队会合，加紧围攻昆明。十月，昆明城中，粮尽援绝，南门守将开门迎降，吴世璠服毒自杀，云贵悉平，平定“三藩”叛乱的战争至此结束。

这次平叛战争的胜利，清除了地方割据势力，避免了一次国家大分裂，有利于多民族统一国家的巩固和发展。康熙在平叛战争结束后，没收藩产入官充当军饷。除吴三桂部调往边远地区服役外，其余各部重新编入八旗。福州、广州、荆州派八旗兵驻防，广西、云南派绿营兵镇守，彻底消除了藩镇制。此外，这次平叛战争的胜利，意味着受“三藩”割据之害的人民获得了解放，给这些地区的社会经济的恢复和发展提供了必要的条件，从而有利于边疆和内地经济、文化的交流。

285 所谓“康乾盛世”是怎么回事？

康乾盛世，指康熙、雍正、乾隆三位皇帝统治时期的社会状况，从1662年康熙即位起，到1795年乾隆退位止，一共是134年，将近一个半世纪。历史学家将这一时期称为“康乾盛世”，是因为它在政治、经济、文化等诸多方面将中国传统社会推向了一个新的高峰，创造了中国历史的奇迹。国家统一的最终完成，社会经济的高度繁荣，学术文化的集大成趋势是“康乾盛世”最显著的历史特征。如果把“康乾盛世”和夏商周三代以降，号称盛世的其他各个时期相比较，就会发现，无论是在繁荣的质上还是量上，都远超前代。然而，正是在盛世的莺歌燕舞中，一场巨大的历史震荡也在悄然酝酿，许多不为时人注目的细微变化，已清晰地预示着未来历史的巨大变迁。

国家统一，在中国历史上是至高无上的基本原则。在清代以前，统一问题，尤其是边疆少数民族地方政权和中央政府的关系问题，长期没有得到有效解决。如北方游牧民族，自冒顿一统漠北，即在蒙古高原建立相对统一的政权，与中原地区相抗衡。元朝有过短暂的大统一，但不久即被推翻，继之而起的明朝，又不得不修长城以御蒙古。只是到了清朝，经过康雍乾三代皇帝70余年的不懈努力，以乾隆二十四年（1759年）统一新疆为标志，终于实现了国家的完全统一，康乾盛世从此达到了繁荣的顶峰。中国的疆域版图，在这个时期基本奠定下来。随着统一进程的加快，从康熙四十七年（1708年）起，清廷就对全国进行实地测量，到康熙五十七年（1718年）绘制成《皇舆全览图》，这是中国第一幅用近代方法测量绘制的全国地图，它不但对中原，而且对边疆地区进行了详尽的测绘。乾隆中叶，清朝统一新疆后，又对伊犁和南疆进行测量，乾隆二十五年（1760 年），清廷对《皇舆全览图》进行修订增补，将新绘新疆地图增入，称作《乾隆内府舆图》，这幅地图可以说是清朝前期国家统一的见证。

康乾时期，中国经济、政治、文化有很大的发展，综合国力强大，社会秩序安定，人民生活水平有较大的提高。我们常说中国最繁荣的是汉朝、唐朝，但是康乾时期发展的高度要远远超过汉唐。

农业上，不论是当时的人口数量，还是耕地面积，都远远超过了以往的历史时期。康熙二十四年（1685 年）全国共有耕地 6 亿亩，到乾隆六十年（1795 年），全国耕地约为 10.5 亿亩，粮食产量则迅速增至 2040 亿斤。当时随马戛尔尼使团来中国的巴罗估计，中国的粮食收获率高于英国。麦子的收获率为 15 : 1，而在欧洲居首位的英国为 10 : 1。中国农作物的总产量占世界第一位。人口从康熙三十九年（1700 年）前后的约 1.5 亿增加到乾隆五十九年（1794 年）的约 3.13 亿，占全世界 9 亿人口的三分之一。

手工业上，生产规模扩大，手工作坊、手工业逐渐增多。如广东的冶炼业、京西的采煤业、江南的纺织业、云南的铜矿业等。手工劳动的分工进一步精细，如江苏松江棉布染色业作坊，按照产品种类，分成为蓝坊、红坊、漂色坊、杂色坊。市场也有了一定的发展。粮食、布匹、棉花、丝、绸缎、茶、盐成为主要商品，其流通值为 3.5 亿银两，如果加上烟、酒、糖、油、煤、铁、瓷器、木材，不少于 4.5 亿两，以当时人口 3 亿计，人均商品流通值为银 1.5 两。

对外贸易急剧增长。主要出口商品有茶、丝、土布，尤以茶叶占第一位。18 世纪末，英国东印度公司每年平均从中国购买茶叶值银 400 万两。而英国商人运到中国来销售的主要商品（毛织品、金属、棉花）的总值，尚不足以抵销从中国运出的茶叶一项。为了平衡贸易收支，英国商人必须运送大量白银到中国。康熙年间，清朝征收的关税正额有银 43000 两，实际上关税收入大大超过“正额”。乾隆末年，每年“盈余”已达 85 万两，是康熙年间所定关税正额的

20 多倍。

法国启蒙学者伏尔泰称赞中国是“举世最优美、最古老、最广大、人口最多而治理最好的国家”。法国《百科全书》的主编狄德罗在该书“中国”条目中，盛赞“中国民族，其历史之悠久，文化、艺术、智慧、政治、哲学的趣味，无不在所有民族之上”。

康乾盛世是一个辉煌的时代，也是一个充满悲剧色彩的时代。这种悲剧色彩从两个方面可以清楚看出：一是从 18 世纪末以后，社会危机不断爆发，昔日繁荣一时的清朝社会很快陷入萧条冷落的“中衰”之中，乾隆等人孜孜以求的“持盈保泰”随之成为泡影；二是在中国传统社会空前的大繁荣中，中国落后于西方世界发展水平成为定局。导致清朝盛衰之变的原因很多，但最直接的原因却只有一个，那就是清朝统治者未能处理好关系到清代社会发展前途与命运的两个关键问题：一是政治腐败，二是对外关系。

政风好坏，从来都关系到朝代兴亡，盛衰隆替。清朝统治者对政风一直高度重视，想方设法保持官僚队伍的廉洁。康熙时代主要通过皇帝亲作表率，宣传理学说教以提高政治队伍的道德素质。雍正则以务实的态度，一方面通过养廉银改善官僚待遇，另一方面采取严厉措施，惩治贪官污吏。这些措施在当时都收到了较好的效果。然而，到乾隆中叶以后，局势为之一变，官僚队伍的腐败一发不可收拾，“大抵为官长者廉耻都丧，货利是趋”。尽管乾隆严厉惩处，诛杀了大批贪官（其中包括不少总督、巡抚等高级官僚），但收效甚微。此外，清廷惩贪宽严脱节，司法部门不能秉公执法也大大加重了腐败的程度。腐败必然导致灭亡。在中国历史上，引发盛衰之变，导致社会动荡的根本原因只有一个，那就是政治腐败，如果普通百姓能安居乐业，就不会铤而走险。因而，繁荣能维持多久，统治能否长期保持稳定，关键取决于政权自身的状况。

康乾时期中国社会所处国际环境发生了前所未有的巨变：在西方世界，工业革命爆发，启蒙运动风行，资产阶级革命风起云涌，相形之下，中国作为世界大国的国际地位正日渐衰落。尽管康熙以浓厚的兴趣积极向传教士学习天文、数学、医学等方面的知识，乾隆及其皇子也对外国的科学发明保持着相当的兴趣，对西洋的军舰尤其印象深刻，但是，西方列强侵略的严重危险，沙俄对中国领土的侵略，对分裂势力的支持，促使清朝统治者不得不采取措施加强对陆疆的防御。面对海上殖民势力的不断进逼，清朝统治者的处理是十分简单的，那就是“闭关锁国”，尽量减少和西方的往来，千方百计将洋船限制在广州，严重影响了中西交流。大清帝国虽然凭借繁荣的形势，辽阔的领土，众多的人口，在短期内保持住了作为东方大国的虚假形象，但大清和发达国家的距离已经越来越远。清朝统治者所推行的闭关政策加快了落后进程，故当乾隆五十八年（1793年）英使马戛尔尼来华时，他就敏锐地察觉到了清朝的衰落，将之视为“一艘破烂不堪的头等战舰”，预言它迟早会“不再有纪律和安全”，“英国从这一变化中将比任何其他国家得到更多的好处”。果然，康乾盛世结束后不到半个世纪，鸦片战争就爆发了，中国随之陷于丧权辱国的苦难深渊。

康乾盛世的终结，告诉人们，封闭的传统、文化形态、经济模式虽然可以造就出一定的繁荣景象，但却无法克服自身固有的历史局限，无法摆脱盛衰之变的恶性循环，更无法应付充满竞争的世界一体化浪潮。

286 所谓“朱三太子案”是怎么回事？

扯起故国旗号，拥立亡皇后裔，起兵对抗朝廷，是不少野心家在王朝鼎革之际常用的一种手段。康熙年间发生的伪“朱三太子案”，就是一个极为突出的典型。电视剧《康熙王朝》中只记述了杨起隆假冒“朱三太子”谋反，而康熙年间历史上真实的“朱三太子”案件却有 10 起之多。

1644 年农历三月，李自成农民起义军攻占北京，走投无路的明崇祯皇帝逼周皇后在坤宁宫自缢后，又用剑砍了袁贵妃和长平公主，命心腹太监将三位皇子乔装改扮送出宫去，让他们投奔外祖周奎家。当时太子朱慈烺 16 岁，定王朱慈灿 13 岁，永王朱慈焕 12 岁，而护送太监将三位皇子献于李自成。从王朝更替的角度看，三位皇子无疑是非常重要的战利品，对安抚民心，招降明朝官员都能起到积极作用。

四月十三日，李自成亲率大军征讨吴三桂。在军中除了带着吴三桂的父亲吴襄之外，还带上了三位皇子，显然将他们视为要挟吴三桂的人质。但大顺军惨败于山海关，吴三桂发出檄文，要求归还太子和两位皇子，却只字不提父亲吴襄，可见当时太子政治价值之大。

四月三十日，大顺政权撤出北京，民间都认为太子死于乱军之中，南明弘光政权还正式为三兄弟进行了祭奠，但实际上三兄弟居然分别逃脱出来。太子朱慈烺一路乞讨回到北京，意欲投奔外祖父周奎，不想被拒之门外，旋即被捕获。清廷借口说太子是假冒的，杀死了太子，并且把证明太子不是假冒的 15 个人也全部杀死，而说太子是假冒的人都活了下来。

南明弘光元年（1645 年），北京的太子事件刚刚平息下来，南京又冒出来一个“太子”，事情更加曲折，风波之烈，甚至直接影响了南明政权的存亡。后来查明这个少年叫王之明，是万历朝驸马王昺的侄孙，家住保定府高阳县，听说太子下落不明，突发奇想假冒太子之名希冀富贵。弘光政权瓦解后，王之明死于清军的刀下。

清定都北京后，抗清的明朝南方政权相继有弘光、隆武、鲁王、绍武、永历等。明朝的遗民以这些政权作为抗清的旗帜，自然不必再去寻找遁迹民间的皇子。直到 1661 年最后一个抗清政权永历政权被吴三桂消灭，清朝也进入了康熙时代，思念明朝的人才打出“朱三太子”的旗帜，所谓朱三太子仅是清康熙年间的人怀念明朝后代的一种通称，不一定确指是谁，根据《清实录》《东华录》等书记载，康熙朝破获和朱三太子有关的案件就有多起。

康熙十二年（1673 年），吴三桂叛清，落第秀才杨起隆自称“朱三太子”，密谋在北京起事，成为仅次于“三藩”首领人物的特级通缉犯，被称之为“朱三太子案”。

康熙十六年（1677 年）三月，漳州人蔡寅打着“朱三太子”的旗号，率“白头军”数万人起事，然后活动于南靖、长泰、同安等县山谷之间。

康熙十六年（1677年）六月，河南柘城有人诈称明皇子起事。

康熙十八年（1679年）八月，清朝定远大将军安亲王岳乐在湖南新化抓获一名还俗的僧人，自称崇祯之子定王朱慈灿，后被解送京师处死。

康熙十八年（1679年），陕西汉中、兴安一带有人自称“朱三太子”起兵抗清，后被抚远大将军图海击败逮捕。此人自称杨起隆，经杨起隆家人及其同伙辨认，得知此人曾是杨起隆部下，借“朱三太子”之名谋划造反。康熙十九年（1680年），假杨起隆被押往北京处死。

康熙三十八年（1699年），江南金和尚拥立一位70余岁的老头儿为“朱三太子”，聚众于太湖，密谋在康熙南巡时将其劫持，关键时刻由于发炮不鸣，最后双双被捕伏诛。

康熙四十六年（1707年）十一月，江苏太仓与浙江四明山几乎同时暴动，且首领都以“朱三太子”为号召，因此引起了康熙的特别重视。他亲自部署追捕方案，派人乔装打扮，细访叛者老巢，将叛者全部缉捕归案。

对康熙来说，“朱三太子”本人并不可怕，但“朱三太子”这面大旗的感召力却不可轻视。所以，每次爆发以“朱三太子”为名号的起义，都会让康熙感觉犹如芒刺在背，而每次只抓到伪“朱三太子”，却让康熙大失所望，寝食难安。那么，真正的朱三太子究竟身在何方？

崇祯育有七子六女，到北京陷落时尚有三子二女，长子朱慈烺、三子朱慈灿、四子朱慈焕。

后来朱慈焕流落到安徽凤阳时，偶遇一位姓王的明朝给事中，说明了自己的真实身份，王给事收养了他，为了掩人耳目，按照凤阳王姓的家谱取名王士元，让他随同自己的几个子弟读书。朱慈焕19岁时王家突遭变故，朱慈焕再度流落江湖，几年后，他娶了胡姓女子为妻，落户浙江余姚，长期在四明山一带辗转，以教书糊口。

四明山“朱三太子”案，让朱慈焕甚感恐慌，于是他带着妻子躲到了宁波。慈溪县的叶氏兄弟，便携朱慈焕的四子朱壬“欲图为匪”，后因事情暴露作罢。后来，朱慈焕又化名何诚躲避到镇海县。房东张月怀借机以“朱三太子”的名义，秘密开展反清活动，朱慈焕因此更加惶恐不安。

康熙四十五年（1706 年）间，朱慈焕先后逃往湖州长兴县和山东汶上县避难。康熙四十七年（1708 年）四月，朱慈焕在汶上县被清廷抓获，后经九卿科道会审，几个已经投降清廷的明朝老太监辨认后也均称“不认识”。于是，清廷判定朱慈焕为“假冒”，将其凌迟处死，几个儿子也全部被斩。

几十年来，朱慈焕隐姓埋名、东躲西藏，并没有真正从事过“反清复明”的活动，但作为一种号召，“朱三太子”的名号对清政府确实构成了威胁，于是朱慈焕便不得不死了。

朱慈焕死了，“朱三太子”案似乎应该尘埃落定了。但康熙六十年（1721 年），台湾朱一贵起义，仍然尊奉“朱三太子”的名号。可见，在清朝很长一段时间内，“朱三太子”已经成为一面不倒的旗帜。

287 所谓“摊丁入亩”是怎么回事？

“摊丁入亩”又叫摊丁入地、地丁合一、丁随地起，它是把差徭（俗称人头税）归入田赋（俗称土地税）中，实行两税统一征收，这种统一征收的赋税又称为地丁钱粮。

差徭和田赋是农民对政府应尽的义务，历朝以来都是分别征收。由于差徭很重，无田的平民无力承担，加之缙绅逃避差徭，造成了差徭不均的局面。在这种情况下，平民只能以隐匿人口来逃避差徭，封建政府的差徭征收也无法得到保障。面对这样一种不合理的差徭制度，雍正皇帝进行了全面改革，实行了摊丁入亩制度。

“摊丁入亩”制度在全国普遍推行是在雍正年间，但作为一项赋役改革，必然有它的社会要求和一系列的前驱活动。摊丁入亩制度是在明代的一条鞭法和康熙帝的“滋生人丁永不加赋”的基础上发展而来的。

差徭和田赋，对农民来说是两种不同性质的剥削。在未实行一条鞭法以前，差徭之中虽然有一部分摊派于田亩，但所占比重很小。一条鞭法改革的主要内容是差徭改革，也涉及田赋，其主要内容是把原来的多种赋役合在一起征收，简化了税收手续；把人头税摊入到土地税中征收；它规定可以以银代丁，即交了银钱就可以不出丁役，由国家将收到的丁银雇丁服役。实行一条鞭法后，丁银由户丁负担的部分缩小，摊派于田亩的部分增大，国家征收的差徭主要落在土地所有者身上，已初步具有摊丁入亩的性质。但它与摊丁入亩又有着本质的区别，即田赋和丁银仍然同时存在，丁银并没有被废除，一个拥有千万亩土地的大地主家里有四口男丁，要交四个人的丁银，而一亩地也没有的贫民家里有四口男丁，也要交四个人的丁银。因此，地少或无地的贫民就会选择逃亡或隐瞒人口来逃避差徭，一条鞭法并没有从根本上解决这一问题。

清初，由于连年战乱，人口锐减，使得各地人丁税大减。清政府为了保证对差徭的征用，又不会过重地加重贫民的负担，于康熙五十一年（1712 年），颁布了“滋生人丁永不加赋”的诏令。康熙五十二年（1713 年），这条诏令开始在全国实行，均以康熙五十年（1711 年）人丁数字征徭，此后新增人丁不再承担丁徭。这项改革，为雍正皇帝实施摊丁入亩制度创造了条件，即清政府把全国的征税人口固定下来，实行摊丁入亩就有了固定的丁税额，便于向田赋中归加，并且在一定程度上减轻了农民的负担。

但是，“滋生人丁永不加赋”并不能解决赋徭不均的矛盾。它只承认今后滋生的人口不再征收赋税了，而现有人口还是要收税的。贫苦农民现有的丁徭照样交不出，逃税现象依然存在，而且这也带来了新的问题。由于人丁的生老病死和流动迁徙是不可避免的，是随时变化的，如何在具体的民户中开除旧的丁银额，增添新的丁银额就不像以前那么简单了；随着人口的增加，需要不断地重新计算每个人丁应担负的丁银额，这既是一项繁复而难度大的工作，也为官吏的贪赃舞弊提供了机会。

面对“滋生人丁永不加赋”政策在实行过程中出现的一些问题，一些地方官员不得不再次考虑赋役制度的改革问题，寻求落实丁银的具体办法。有的主张按土地征收，有的则持反对意见。如御史董之燧在康熙五十二年（1713 年）就建议把丁银总数统计清楚，平均摊入到田亩中，按田亩征收。

雍正即位后，第一个触及摊丁入亩问题的是山东巡抚黄炳。雍正元年（1723 年）六月，黄炳因境内各地连年遭遇旱灾，民生艰难，奏请按地摊丁，以解民困。黄炳与学官盛枫等人有所不同，他身为封疆大吏，更感到丁粮分征下贫民逃亡问题的严重性，他认为有地则纳丁银，无地则去丁银，使贫富负担平均才是良策，因而主张丁银摊入地亩征收。雍正没有采纳黄炳的建议。

同年七月，直隶巡抚李维钧上疏雍正帝，要求在直隶州内将丁银并入田亩之中征收，认为这对平民百姓大有益处。十一月，雍正帝正式批准。

自从雍正帝批准在直隶实行摊丁入亩制度后，各地普遍开始推行。雍正四年（1726 年），河南、陕西、浙江、甘肃先后实行了摊丁入亩制度。雍正五年（1727 年），江苏、安徽、江西相继实行。雍正七年（1729 年），湖北也开始实行了。至此，绝大部分省份均先后在雍正年间实行了摊丁入亩制度。山西省和贵州省稍迟，是在乾隆年间开始实行的。

在实行摊丁入亩制度的过程中，中央政府并没有规定具体的实施办法，各省都本着简便、高效、灵活的原则，结合实际情况进行探索。多数地区均以县为单位，把康熙五十年（1711 年）该县的丁银总数，按亩分摊到田赋中去，随田赋一并征收。另一种是把一县的丁银平均摊入到田亩之中，如安徽祁门县每亩土地摊入丁银一分六厘。这种办法，是着眼于田亩，土地多的，摊入的就多；土地少的，摊入的就少。采用这种办法的只有江苏和安徽两地。

摊丁入亩制度的实施经历了一个漫长的过程，是当时社会经济发展的必然结果，是明朝一条鞭法的深化和发展，是中国封建社会赋役制度上的一次有积极意义的重大改革，对清代社会的发展产生了重大的影响。

第一，摊丁入亩制度的实施，结束了清初赋役制度的混乱局面，保证了中央政府的钱粮收入，这是实行摊丁入亩制度最主要的目的。以田赋征收数额为例，康熙二十四年（1685年）共收田赋银24449724两，粮4731400石。嘉庆十七年（1812年），共收田赋银32845474两，粮4356382石。按每石粮均折银1两计算，则嘉庆十七年所收田赋数额，较之康熙二十四年所收田赋数额增加了27.49%。

第二，摊丁入亩制度的实施，使赋税负担更加合理化。按田亩多少来征收所有赋税，改变了原来丁、地分征带来的赋役不均状况，使无地和少地的农民可以不负担或少负担赋税，并把原来归农民负担的部分税款转摊到地多丁少的地主富户身上，这种损富益贫的政策保证了赋税负担的相对合理化和平均化。

第三，摊丁入亩制度的实施，使得劳动人民对封建国家的人身依附关系有了一定的松弛。封建国家的赋役制度经过两千多年的演变之后，终于完成了赋役合并，解除了对贫民的差徭征发和丁银负担，统一了全国的赋税制度，基本上废止了人丁税，大大松弛了封建人身依附关系，加快了人口的迁移和流动，为劳动力市场的发展创造了条件。

第四，摊丁入亩制度的实施，活跃了经济。实行摊丁入亩制度后，废除了计丁征税制，取消了户丁编审制，人民有了较多的职业选择和迁移流动的自由，从而加强了城乡之间的联系，促进了工商业的发展与繁荣。

第五，实行摊丁入亩制度后，由于不再按照人丁来收税，无地的农民再也不必像以往那样为了逃税而隐匿人口、四处逃亡了，这有利于社会的稳定。

第六，摊丁入亩制度的实施，还促进了人口的迅速发展。因为平民百姓不必再承受人丁税的负担，生活压力的减轻，使他们有了较大能力将子女养育成人。康熙五十年（1711年），全国人口数为

123,106,620 人，雍正元年（1723 年）为 126,631,530 人，雍正十二年（1734 年）则为 132,089,660 人。

摊丁入亩制度是中国赋税制度史上的一项重大改革。从康熙年间辩论要不要实行，到雍正年间普遍推行，再到乾隆年间在全国完全实行，经历了半个世纪。这个过程表明，它的实现是斗争的结果。在这个过程中，雍正帝的功劳是不可磨灭的。

288“改土归流”有何历史意义？

“改土归流”又称土司改流、废土改流，自明代中叶以后便逐步开始，是指将原来统治少数民族的土司制度废除，改为朝廷委派的正式官员。土司制度，弊病很多，土司对内残暴统治属民，对中央叛服不常，骚扰与之接壤的汉民，土司之间也不断发生战争。为了解决日久相沿的土司割据的积弊，明清两朝的统治者大多主张实行改土归流政策，即在条件成熟的少数民族地区，取消土司世袭制度，设立府、厅、州、县，由中央派遣有一定任期的正式官（流官）进行管理。康雍乾时期，清朝国力强盛，因此大规模推行改土归流的条件已趋成熟。

雍正四年（1726 年），云贵总督鄂尔泰建议取消土司世袭制度，设立府、厅、州、县，派遣有一定任期的流官进行管理。雍正帝对此甚为赞赏，令其悉心办理。雍正六年（1728 年），又命贵州按察使张广泗在黔东南推行改土归流政策。在废除土司世袭制度时，对土司本人，根据他们的态度给以不同的处理。对自动交印者，酌加赏赐，或予世职，或给现任武职。对抗拒者加以惩处，没收财产，并将其迁徙到内地省份，另给田房安排生活。在设立府县的同时，增设军事机构。清政府还在改土归流地区清查户口，丈量土地，征收赋税，建城池，设学校；同时废除原来土司的赋役制度，与内地一样，按地亩征税，数额一般少于内地，土民所受的剥削稍有减轻。推行这一政策的地区包括滇、黔、桂、川、湘、鄂 6 省，所涉及的民族有土家族、苗族、彝族、布依族、侗族、瑶族、水族等。云南、贵州等改土归流的目标，到雍正九年（1731 年）基本实现。改土归流的实现有着非常积极的意义。

1. 随着世袭土官的废除，改变了封建领主制下的土地占有关系，土民摆脱了对封建领主的人身依附关系，并拥有了一部分自己的土地，这在一定程度上解放了生产力，为当地经济的发展提供了有利的条件。

2. 改土归流后，统一赋税，废除了土司规定的“锄头钱”“火坑钱”“烟户钱”等 30 多项苛捐杂税，革除了土司的私征滥派。清朝政府丈量土地，仿照内地的“摊丁入亩”办法计亩征粮，改变了土司时按人按户摊派。改土归流后人民的负担和土司统治时期相比有所减轻，有利于生产的发展。

3. 改土归流后，土司占有的大量肥田沃土除了给土司下属留一部分外，其余大部分为清政府所没收。没收之地少量留作官员的俸禄田（官庄田），大量的交给土民耕种。土司统治下的农奴变成了农民，政府鼓励土民开垦种植，发展经济。清政府还下令，凡有可垦之处，听民自垦自报。地方官不得勒索土民开垦的土地，土民只需交纳一定数额的秋粮即可据为己有，永为世业，可以自由买卖和转让。这些保护土地自由买卖及允许兼并土地的措施，也为当地经济的发展扫清了障碍。

4. 改进生产工具，发展农田水利事业。改土归流前，少数民族地区以刀耕火种的原始农业为主。随着汉人的大批迁入，汉族地区的各种农具和生产技术大量输入；牛耕技术普遍推行，兴修水利，蓄水灌田，使用铁质农具，农作物的管理经验等普遍得到推广。土民和汉民互相学习，自由往来，密切合作，加强了各族人民经济文化的联系，促进了民族大家庭友好关系的发展。

5. 商业日趋繁荣。改土归流后，废除了土司对商人的勒索，各地汉族商人纷纷进入少数民族地区进行购销活动，民族间贸易空前活跃。商业贸易的迅速发展，有利于各族人民的经济文化的交流，促进了商品的发展和人民生活的改善。

6. 文化教育事业有了很大的发展。改流之前，少数民族子弟没有读书机会，更谈不上参加科举考试。改土归流后，清政府废除了禁止夷人不许读书的陋规，在少数民族地区设立学校，设教职，定学额，鼓励土民子弟上学读书。各府县皆立府学、县学。为了给交通落后地区的学生提供考试的方便，清政府在有关府县设立考棚就地考试。清政府在这些新改流区广设学校和义学，不仅使一部分人有了读书或入仕参政的机会，而且还使这些地方的教育面貌、文化水平也焕然一新。汉族一些先进的思想理念、价值观念、文化意识也逐渐影响到少数民族地区，提高了少数民族人民的文化素质。

7. 大力开发新改流区的水陆交通。西南的少数民族千百年来一直生活在一个比较落后的环境里，由于这里山深林密，交通不便，隔绝了他们与外界的接触联系。同时统治者所施行的民族压迫政策，使少数民族与汉族产生了隔膜，使他们接触不到新鲜的东西。既然要统治土民，巩固改土成果，必要的一条就是将少数民族人民向中原朝廷拉近，使他们和内地不断交流，以达到一定程度上的同化。为此，发展交通就成了当务之急。雍正帝指示在发展西南交通时，要充分利用当地多大江大河的特点，水陆并重地进行通盘思考。开发水陆交通的举措使道路畅通，加快了少数民族地区经济的发展、文化的交流与社会的进步。

改土归流废除了土司制度，减少了叛乱因素，加强了中央政府对边疆的统治，使得少数民族逐渐由不开化走向文明，对中国多民族国家的统一和经济文化的发展有着积极意义。

289 土尔扈特部是怎么回归祖国的？

中国是一个多民族的国家，蒙古族是中华民族大家庭中的重要成员之一。其中一支厄鲁特蒙古分为和硕特、准噶尔、杜尔伯特、土尔扈特四大部。公元 1646 年，清朝顺治皇帝赐给和硕特部顾实汗甲胄和弓箭，委托他负责管理厄鲁特蒙古。此后准噶尔部首领和土尔扈特部首领等随同顾实汗一同到北京，明确表示归顺清朝政府，以后不断向清政府朝贡。

土尔扈特部原来在塔尔巴哈台（今新疆塔城）附近，过着游牧生活。明末土尔扈特部不堪忍受准噶尔贵族的暴虐压迫，于明崇祯元年（1628 年），在其部汗和鄂尔勒克率领下，约 20 余万人，被迫从塔尔巴哈台地区向西迁移。他们越过哈萨克草原，渡过乌拉尔河，辗转来到伏尔加河下游地区。当时的伏尔加河下游，不属于任何人，荒无人烟，是一片有待开垦的处女地。土尔扈特人把这里看作是休养生息、发展牲畜业、繁衍部落的理想境地，并建立了一个独立的游牧汗国。

土尔扈特人民虽西迁伏尔加河，但他们始终自认为是我们中华民族的成员，是厄鲁特蒙古的组成部分。土尔扈特部汗和鄂尔勒克带领儿子们，于崇祯十三年（1640 年）参加了塔尔巴哈台召开的厄鲁特蒙古与喀尔喀蒙古首领会议，制定了《蒙古卫拉特法典》并与厄鲁特蒙古保持着通婚关系，和鄂尔勒克的女儿嫁给准噶尔巴图尔珲台吉为妻，土尔扈特汗阿玉奇就是巴图尔珲台吉之女所生，幼年曾在准噶尔部生活过。

土尔扈特部对清朝的朝贡不断。顺治十二年（1655 年），土尔扈特部遣使向清朝“奉表贡”。康熙三十六年（1697 年），土尔扈特汗阿玉奇派使者入贡，庆贺清廷平定噶尔丹的胜利。康熙四十三年（1704 年），阿玉奇嫂子带着她的儿子阿喇布珠尔前往西藏朝拜达赖喇嘛，由于准噶尔部贵族策妄阿拉布坦的阻挠，未能返回伏尔加河，阿喇布珠尔便派使到北京请求内属。清廷封阿喇布珠尔为固山贝子（爵名，位在第六等，又称贝子），令他居于嘉峪关外。由于策妄阿拉布坦的阻碍，一度使土尔扈特与祖国的联系困难。康熙五十一年（1712 年），阿玉奇汗派使者取道俄罗斯前来北京，表贡方物。

清廷为表示对远在伏尔加河的土尔扈特部的关怀，康熙派太子侍读殷扎纳、理藩院郎中纳颜、内阁侍读学士图理琛和厄鲁特蒙古人舒哥、米斯等 5 人组成使团，前往伏尔加河流域，看望土尔扈特部。出发前，皇帝向他们颁布“圣训”，要他们“问阿玉奇汗无恙”，并表示送回贝子阿喇布珠尔，使他们父子、叔侄团聚。使团从康熙五十一年（1712 年）五月由北京出发，历经艰险，远途跋涉，于康熙五十三年（1714 年）到达伏尔加河下游，受到土尔扈特部广大人民的热诚欢迎。阿玉奇的哥哥、阿喇布珠尔的父亲那喱尔麻木派人给使团送来马匹等礼物。土尔扈特部的台吉、喇嘛前往欢迎，沿路陈设筵宴。阿玉奇汗在驻地举行隆重的欢迎仪式。使团向阿玉奇汗转达康熙皇帝的问候。阿玉奇汗对康熙帝的关怀表示感激，详细问及祖国的状况，再次表示自己是祖国的一员。清朝使团在土尔扈特部驻地逗留了 14 天，圆满地完成朝廷交给的使命。使团于康熙五十四年（1715 年）回到北京，受到康熙皇帝的奖励。

土尔扈特部西迁伏尔加河下游后，沙俄一直将其视为眼中钉。16 世纪中叶，沙俄用武力相继占领喀山汗国、阿斯特拉罕汗国和诺盖汗国后，接着就把侵略魔爪伸向其觊觎已久的土尔扈特蒙古，侵略破坏活动连续不断，曾遭到土尔扈特人的抗争。

沙皇俄国在彼得一世统治时，为了适应其国内新兴地主阶级和资产阶级的利益，对外进一步实行扩张主义政策。在南方夺取黑海出海口，和瑞典进行长期战争；为支撑战争的需要，沙俄在国内对人民进行残酷的剥削和压迫，加紧征兵征税，同时，对邻近的土尔扈特蒙古等部，通过各种手段进行政治控制和经济掠夺，并强迫土尔扈特部众当兵开赴前线为其作战，伤亡颇多，严重削弱了土尔扈特蒙古的力量。康熙十二年（1673 年）后，沙俄又强迫土尔扈特签订一系列不平等条约，取得了在土尔扈特蒙古地区多种商贸经济特权，并进一步在政治上实行控制，公然宣称土尔扈特已属己有，因而遭到了土尔扈特人民的强烈反对和顽强抗击。

1761 年，土尔扈特人民曾发动起义，遭到沙皇的镇压。彼得一世的继承者叶卡琳娜二世于 1768 年、1769 年对土耳其发动战争，向土尔扈特征调大量男子前去当兵，竟然命令“十六岁以上者尽行出兵”。土尔扈特汗渥巴锡一方面被迫率数万部众前往参加对土耳其战争，另一方面暗中准备着如何反抗俄国，返回祖国。

乾隆三十五年（1770 年）秋十月十一日，土尔扈特部渥巴锡汗召集所属大小执事官员会议，讨论返回祖国之事，得到参加会议人员的热烈拥护。十一月十九日，又召开全部战士大会。渥巴锡汗在会上控诉了沙皇的罪行，要把他的儿子送到彼得堡去当人质，还要征发1万名土尔扈特人为俄国当兵。他的侄儿策伯克尔多济也在会上控诉了沙皇企图要把土尔扈特人全部变为奴隶的罪行。他们义愤填膺，决心返回祖国。

乾隆三十五年（1770年）十一月二十日，土尔扈特部在渥巴锡汗的领导下启程回归祖国，渥巴锡汗在临行时，带头焚烧了自己的宫殿，部众们也都纷纷将自己的住所、带不走的家具、杂物烧毁。整个草原一片烈火，以此表示了土尔扈特人返回祖国的决心不可逆转。渥巴锡汗率近17万人的队伍义无反顾地向东进发。当然，他们知道返回祖国的道路不会平坦，组织精锐部队担当先锋。渥巴锡汗带领两万战士断后。妇女儿童或骑牛骑马，或乘牛马车，间或步行，走在主力队伍的中间。土尔扈特部的东归义举，惊动了沙俄女皇叶卡琳娜二世，她急忙调动军队拦截追击。土尔扈特人面临着前有哥萨克的拦截、后有俄国追兵的险恶境地。

土尔扈特人在渥巴锡汗的率领下，用了8天时间，越过伏尔加河和乌拉河之间的草原，把尾追的俄兵抛在后面，先锋部队摧毁俄军要塞，保护大队渡过乌拉尔河。在渡过河后，外翼的一部曾与哥萨克遭遇，经浴血奋战，打通了东进的道路，同时也付出了重大牺牲。队伍继续前进，来到奥琴峡谷，山口通路已被哥萨克人占领，部队进退不得。渥巴锡汗一方面从正面进攻；另一方面，派出精兵迂回到哥萨克的背后，突然袭击。这样前后夹攻，打败敌人，大获胜利。他们通过山口，前进到土尔干河，又受到俄当地军队的阻击。渥巴锡汗组织部队，击退拦截的敌人，强渡土尔干河，又攻破沿途俄国城堡，向哈萨克草原前进。

在向哈萨克草原前进中，土尔扈特人又受到哈萨克5万联军的包围。渥巴锡汗派出使者和哈萨克官员进行谈判，并送还1000名俄国和哈萨克的俘虏，争取了3天的休整时间。在第3天夜里，渥巴锡汗率领主力，突出包围，继续向东方前进。

乾隆三十六年（1771年）五月二十六日，土尔扈特的先锋部队在伊犁河流域的罕林河畔与前来迎接的清朝军队相遇。至此，土尔扈特人实现了返回祖国的愿望。历经 8 个月，他们从开始返回时的 17 万人到此时，幸存的只有 7 万多人。为了投向祖国的怀抱，他们长途跋涉，克服水草粮食供应困难，气候不适，又要与沙俄军队进行浴血战斗，困难情况可以想见。为了帮助困苦的土尔扈特人民在祖国安居，清廷拨给白银 20 万两，并责成地方官员妥善解决他们的生活困难，新疆、陕西、甘肃、宁夏、内蒙古等地各族人民还提供了马牛羊 20 余万头、米麦 4 万多石、茶 2 万余封、羊裘 5 万多件、棉布 6 万多匹、棉花 6 万斤以及大量毛毡庐等物资，体现了各族人民的友谊与祖国的温暖。

乾隆三十六年（1771 年）六月，渥巴锡汗等上层人物从伊犁起程前往承德觐见乾隆皇帝，九月初八日乾隆皇帝在木兰围场接见了渥巴锡汗等人，并用蒙古语与他交谈。此后，又在承德避暑山庄再次接见渥巴锡汗，多次赐宴，邀他参与宗教法会，以及灯宴、观火戏等重大宫廷娱乐活动。为了纪念土尔扈特部归来，乾隆皇帝特命在仿西藏布达拉宫而建的普陀宗乘庙前，竖立“御制土尔扈特全部归顺记”“优恤土尔扈特部众记”两石碑，把他们热爱祖国、不畏强暴、可歌可泣的悲壮义举，永远记载下来。

土尔扈特蒙古的回归和清政府对他们的热情接待与妥善安置，使沙俄政府非常恼怒。乾隆三十七年（1772 年），沙俄行文清政府蛮横地要清政府归还这些属民，并以兵戈相威胁，遭到清政府的严正拒绝和驳斥。清政府在复照中指出，土尔扈特不是俄国属民，而是中国西北蒙古的一部分，由于清政府态度坚决，据理驳斥，致使沙俄自感没趣，不便再进行交涉。

土尔扈特蒙古为反抗沙俄的压迫奴役，不畏艰险万里迢迢回归祖国，这不仅是 18 世纪我国民族史上一桩可歌可泣的重大事件，而且也是世界史上罕见的悲壮义举。长期以来，土尔扈特部众和新疆其他各族人民一起，内勤耕牧，外御强敌，为开发和捍卫祖国西北边疆做出了重大贡献。

290 雍正皇帝是吕四娘刺杀的吗?

雍正十三年（1735 年）八月二十三日，雍正皇帝在圆明园猝然去世。雍正皇帝死得十分突然，无论是他的皇后、皇子，还是身边最得宠的大臣都没有丝毫心理准备。据雍正朝大学士张廷玉的《自订年谱》中记载，雍正帝在临终之前，没有丝毫一病不起的迹象，张廷玉在雍正帝死前不久，还曾“每日觐见”，雍正驾崩当天，张廷玉被急召进宫，得知雍正皇帝已濒弥留的消息，使他“惊骇欲绝”。

雍正皇帝死得很急，而且关于他的死，清朝官书正史上又少有记载。据雍正朝《起居注》记载：雍正帝在八月二十一日的时候，感觉身体有点不适，但仍可以召见臣工。到了二十二日的时候，雍正没有再召见臣工，皇子宝亲王、和亲王终日守在身旁，以防不测。当日戌时（19 点至 21 点）的时候，雍正皇帝的病情突然加重，宫中传出急诏诸王、内大臣及大学士觐见。结果到了二十三日子时（23 点至凌晨一点）的时候，雍正帝就驾崩了。但是官书正史上并未言明雍正到底是患了什么疾病，而且官书《实录》《起居注》等文献对雍正生病期间的状况也少有记载。以至于时人后人都对雍正的死因妄加猜测，众说纷纭。雍正帝驾崩之后，他的灵柩在清宫只停放了 19 天就被移至雍和宫永佑殿。为什么他的灵柩会这么着急从皇宫中移到寺庙里来？难道雍正的死真的有什么不正常的地方吗？

清西陵之泰陵是雍正的陵墓，是西陵中建筑最早、规模最大、体系最完整的一座帝陵。由于雍正皇帝在西陵首建泰陵，从而产生了“昭穆相间的兆葬之制”。缘由是因雍正皇帝首先在西陵建陵后，其子乾隆认为如自己也随其父在西陵建陵，就会使已葬于清东陵的圣祖康熙、世祖顺治帝受到冷落；如果在东陵建陵，同样又会使其父雍正皇帝受到冷落。为解其难，乾隆皇帝定下了“父东子西，父西子东”的建陵规制，此称之为“昭穆相间的兆葬之制”。泰陵始建于雍正八年（1730 年），占地 8.47 公顷，内葬世宗雍正皇帝、孝敬宪皇后、敦肃皇贵妃。

对于雍正皇帝的死，在《满清外史》《清宫遗闻》《清代述异》《清宫十三朝》等野史中都有记载，不过这些野史著作都认为雍正是被吕四娘刺杀而死的。要说明这种说法，还要先从雍正六年（1728年）的文字狱——吕留良案说起。

清朝入关后，社会中依然存在着一股反清复明的反抗运动。各地从义师到秘密结社，用各种方法打击清廷。吕留良是清初具有民族主义思想的一位学者，在他的著作中蕴含了大量的反清思想。到了雍正年间，也就是吕留良去世40多年后。有两位读书人曾静、张熙读了吕氏之书，受其影响，萌生了反清复明的想法。曾静当时是湖南永兴县的一名生员，在科举的道路上屡试不中，后来便一边参加科举考试，一边在本地教书，被人称为蒲潭先生。他为了更多地了解吕留良的思想，派了自己的学生张熙到吕留良家乡去访书。张熙在沿途道听途说了一些关于雍正杀父、逼母、篡位的传闻，并听说忠良岳飞的后人，时任陕甘总督的岳钟琪都开始上书谴责雍正皇帝了。这些道听途说来的东西使得曾静觉得自己举旗反清的时机已经来临，于是便同张熙一起写了一封策反信，前去策反岳钟琪。当张熙将这封署名为“天吏元帅”的策反信送到岳钟琪的手中时，岳钟琪惊讶万分，于是便派人将张熙拘禁起来。经过审问张熙，供出了湖南的曾静。岳钟琪慌忙如实上奏雍正帝，雍正皇帝十分震惊，于是便传谕浙江总督李卫捉拿了吕留良的亲族、门生，并销毁他的所有书籍著作。

后来，雍正亲自写作《大义觉迷录》来为自己辩白，同时为了表明自己的“深仁厚泽”，他没有杀掉曾静、张熙，而是令两人到各地去宣讲《大义觉迷录》。但是吕留良一家就没有那么幸运了，已死的吕留良被开棺戮尸，枭首示众；吕留良之子吕葆中被斩立决；吕留良的其他家人都被流放到宁古塔为奴；其他刊印、收藏吕留良著作的相关人等分别被判以斩监候、流放、杖责等刑。

传说吕留良一族惨遭族诛之后，吕的女儿吕四娘被吕家的一个贴身童仆救出，逃到了深山老林之中。从此隐姓埋名，寻机为父祖报仇雪恨。后来，吕四娘遇到了武艺高超的独臂神尼，在她的精心指导之下，成为一名武艺高超的剑客。为了能够为家人报仇雪恨，吕四娘潜入京师。经过一番秘密的考察和打听，吕四娘终于搞清了雍正皇帝的行动规律。有一天，她得到密报说，雍正今晚要在圆明园过夜，圆明园防守比较松懈，吕四娘便飞檐走壁，跃入圆明园，找到了正在熟睡的雍正皇帝，砍掉了他的脑袋。然后提其首级逃出宫外，远走高飞。次日午时已过，宫中的太监仍不见皇帝起床，就请来皇后，到雍正的寝宫一看，发现他已经身首异处，死去多时了。于是，宫中大惊，谎称雍正病重，急召诸位王爷大臣们入宫，并封锁了雍正被杀的消息，只说雍正是突然得病去世了。还有传言说，雍正的棺木中收敛的是一个无头尸体。因为没有真的头，就给他做了一个金头。

当然，这只是野史小说中的一种传言，这种行刺之说纯属谣言。因为吕留良案发生后，他的家人都处于严密的控制之下，根本不可能有人漏网。此外，圆明园的防守极为森严，吕四娘不可能穿过昼夜巡逻的卫士，轻易地就进入寝宫，刺杀皇帝。

雍正被吕四娘所杀这一说法之所以能够广为流传，大致有两个方面的原因。一是有清一代，民间满汉对立的情绪比较严重，所以，“演绎”出吕四娘刺杀雍正这一段故事，可以满足汉族知识分子和群众的排满情绪；二是人们大多有猎奇心理，雍正的死因一直不清不白，用吕四娘行刺这样一个段子，无疑可以引起众人的“兴趣”。这大概就是吕四娘刺杀雍正的传说为什么长盛不衰、经久不息的缘由了。

那么雍正皇帝到底是怎么死的?

杨乃济先生通过中国第一历史档案馆所藏清内务府造办处《各作成活计清档》等第一手资料，撰写了《雍正帝死于丹药中毒旁证》一文，认为雍正皇帝对道家长生成仙之术非常痴迷，他是丹药中毒而亡的。

现存有宫廷画家所绘的雍正皇帝着道装画像，证明他十分迷信神仙之术。他在登基之前就相信武夷山道士的算命，为了求得长生不老，将江西道士娄近垣收为自己的弟子，把道士贾士芳及张太虚等养于宫苑以炼制丹药。在雍正的《御制文集》中写下了不少歌颂神仙、丹药的诗。而且在政务之余，雍正还常常在道士们的指导之下，研究炼丹、采苓、放鹤、授法等道家秘术。雍正为了求得长生，还经常服用道士们进献的丹药。

张廷玉《自订年谱》中说，雍正宾天时七孔流血，令他“惊骇欲绝”。七窍流血这是严重中毒的反应，雍正长期服用道士所炼之丹，这些丹药中汞、铅、朱砂等矿物含量较高，又都是高温炼制而成，热性很大，在十三阿哥允祥去世后，为求长生不老，雍正加大丹药剂量，终至中毒而死。

另外，雍正暴亡后，从乾隆皇帝的诏书中也能找到一些证据。雍正皇帝死后仅隔了一天，也就是八月二十五日，乾隆皇帝就突然下了一道谕旨：驱逐圆明园中炼丹的道士们出宫。新君刚刚继位，雍正大丧未完，朝中有众多政务需要处理。乾隆别的事情不去做，而急着下令驱逐数名道士，这种做法确有奇怪之处。驱逐道士的同时，乾隆还另外降下一道谕旨令宫中的太监、宫女，不许妄行传说国事，恐皇太后闻之心烦。乾隆皇帝为什么不许宫中太监宫女们乱说，此中一定有难言之隐。服丹药中毒是导致雍正猝死的直接原因。

雍正服丹药暴亡，为尊者讳，正史不记载其原因，这自然就引起人们的疑惑，再加上当时关于他在继位和为人方面的传说和评论颇多，就更容易引起人们的猜疑，于是各种不得好死的说法就产生了。其中一种说法认为是被吕留良案中逃脱的吕四娘入宫刺死的，这并不是历史事实。

291 和珅是怎么垮台的?

和珅（1750年—1799年），字致斋，原名善保，钮祜禄氏，满洲正红旗人。他生于乾隆十五年（1750年），父亲叫常保，曾任福建副都统。和珅祖上是今辽宁清原县人，清初随清帝入关，靠祖上的军功，他承袭了一个三等轻车都尉职位。和珅19岁被选入皇宫，在銮仪卫里当差，也就是皇帝仪仗队里的一员。由于他长相标致，又

和珅像

善花言巧语，很受乾隆皇帝赏识。26岁就被提升为户部侍郎、军机大臣兼内务府大臣，一跃成为朝廷执掌实权举足轻重的人物。27岁时，又兼任步军统领，掌握了京师的卫戍权，并充任崇文门税务监督，得到了“日进斗金”的肥缺。查办云贵总督李侍尧贪私案，是和珅飞黄腾达的重要阶梯。乾隆四十五年（1780年），在从云南回京路上，他被提升为户部尚书，接着任议政大臣，回京后又任御前大臣，兼任满洲正蓝旗都统。乾隆又将自己的爱女固伦和孝公主，嫁给和珅的儿子丰绅殷德，招其为额驸。一个月后，和珅又授领侍卫内大臣，充任《四库全书》馆正总裁，兼理藩院尚书。此时的和珅年仅30岁。

和珅受宠于乾隆，还有其他一些原因。他才学出众，懂得满、汉、蒙、藏四种语言，是乾隆处理蒙藏事务的得力助手。他与乾隆一样爱好收藏，曾得宋刻本《礼记》，自行校跋付梓，在藏书中加盖“子子孙孙其永保之”等印。又喜写诗绘画，作有《敬题顾恺之洛神赋》《题苏轼御书颂卷》及《敬题射鹿图御宝匣》等诗，均是“奉敕”而作。这一切都与皇帝的爱好相契合，故受到皇帝赏识也就不难理解了。

和珅少年得志，有了皇帝的庇护，执事行政就为所欲为了。他对外结交封疆大吏、统军要员；对内则信用私党，独揽官吏任免、财政收支、刑法诉讼、谏议策划以及草拟政令公文等大权。一时间，朝廷内外都是和珅的人，和珅每天入朝，文武大员都自动侍立道旁、夹道欢迎，当时便有人作诗讽喻：“莫道此间街道窄，有门能达相公家。”

和珅不仅独揽大权，而且为官很贪婪。他为人阴险，谁反对他，他就不露声色地置谁于死地。因此，下面的官员，包括总督、巡抚之类大员，都竭力讨好和珅，送给他大量金银财宝。和珅有恃无恐，有贿必收，连皇太子向他行贿，都照收不误。当时和珅门前，行贿的人络绎不绝，送百两、上千两银子的人，和珅连他们的名字也记不清楚。

由于和珅的种种恶行，总有人想弹劾他。乾隆五十一年（1786年），御史曹锡宝本想参劾和珅的家人刘全，从中打开缺口。但他做事不慎，将奏稿拿给同乡吴省钦过目。吴省钦连夜向和珅告密，曹锡宝因此被革职。

曹锡宝等人没有扳动和珅，反而使和珅有所警惕，和珅决定采取釜底抽薪的办法以绝后患。他对臣僚说：以后所有送给皇上的奏章，都必须同时送一份副本给军机处，这样谁去皇帝那儿告他的状就不容易了。他还规定，御史位置空出时，只能用60岁以上的老臣担任。和珅几乎把所有通向皇帝的渠道都堵死了，他以为这样就可以高枕无忧了。

嘉庆元年（1796年），乾隆把皇位传给第十五子嘉亲王颙琰，自己当起太上皇，但对于国家大事和重要人事任免，还要亲自过问。

面对这一变化，和珅一面极力讨好嘉庆皇帝，一面全力限制嘉庆培植自己的亲信。嘉庆即位时，他的老师朱珪时任广东巡抚，上了一封表示庆贺的奏章，和珅就跑到乾隆面前告了朱珪一状，不过当了太上皇的乾隆未予理睬。

嘉庆元年（1796年）八月，朱珪被召回京，升任大学士。嘉庆向老师表示祝贺，和珅又向乾隆告状，说嘉庆笼络人心。这次太上皇乾隆生气了，幸亏军机大臣董诰劝谏，乾隆才作罢。但不久和珅还是鼓动乾隆将朱珪从两广总督降为安徽巡抚。和珅还将吴省兰派到嘉庆身边，监视嘉庆的言行。

嘉庆二年（1797年），首席军机大臣阿桂病故，和珅成为首席军机大臣。大学士王杰因看不惯和珅的所作所为而告病退休，另一位军机大臣董诰为母亲守孝也回了老家，于是在军机处和珅一人呼风唤雨，加之太上皇乾隆已年老力衰，和珅成了太上皇的代言人，其专横比往日更甚。

嘉庆皇帝把和珅的一举一动都看在眼里，却不露声色。当有人说和珅不好时，嘉庆反而批评说：我正要依靠他来治理国家，你们为什么要说他的不是呢？甚至有些重大事情仍然让和珅去处理。这样和珅终于被麻痹了。

嘉庆四年（1799 年）正月初三，89 岁的乾隆寿终正寝，和珅的靠山倒了。当天，嘉庆任命和珅与睿亲王等一起总理丧仪大事，并召朱珪迅速回京。

正月初四，嘉庆谴责在川镇压白莲教的将帅冒功请赏，并解除对这件事负主要责任的和珅与福长安的军机大臣职务，命他们昼夜在大内守灵，隔断了他们与外界的联系。正月初五，官员纷纷上疏，弹劾和珅弄权舞弊，犯下大罪。正月初八，嘉庆命令上奏表章直接送给他，军机处不得抄录副本。正月初九，在公布乾隆遗诏的同时，嘉庆宣布革除和珅、福长安职务，交由刑部，并命查抄和珅家产。正月十一，嘉庆宣布和珅的二十大罪状，并要各省督抚表态。正月十五，直隶总督胡季堂首先表态，请求将和珅凌迟处死。正月十八，在京大臣奏请将和珅凌迟处死，将同案的福长安斩首。嘉庆表示，为了国家的面子，恩赐和珅白练一条，令和珅自尽。对福长安改判死缓，但要让他亲眼看着和珅自尽。

随后，除了和珅的亲信伊江阿、吴省兰、吴省钦等人受到处分外，其他由和珅保举或向他行贿的官员都不予追究，保证了政局稳定。

那么嘉庆为什么要铲除和珅呢？

其一，经济上的原因。和珅富可敌国。和珅被抄家时，除各处房产花园外，还抄出银子 300 多万两、金子 32000 多两；土地 10 万多亩，收租房屋 1000 多间；各地当铺银号以及各种珠宝、衣服等不计其数，其总家产折合白银约有 2 亿多两（一说 8 亿两）。当时，清政府一年的收入也不过 7000 万两。故当时的谚语说："和珅跌倒，嘉庆吃饱。"

其二，军事上的原因。嘉庆刚继位时，抓到四川的白莲教首王三槐，堂审时问他为何要造反，王三槐说官逼民反，嘉庆问这官是谁，答曰就是和珅这一类的赃官。所以嘉庆要杀和珅，杀一儆百，要让其他赃官看看，这就是赃官的下场。

其三，政治上的原因。和珅权力太大，权高震主，直接威胁到嘉庆的皇权。

嘉庆诛和珅的原因是多方面的，有经济方面的，因是贪官；有军事方面，要振奋军心；有政治方面的，维护皇帝的皇权，乾纲独断。这三个因素比较起来，君权和相权的矛盾更重要一些，当相权威胁到君权的时候，君主必然采取行动。无论是顺治、康熙，还是雍正、乾隆，都有新皇帝即位后便杀前朝重臣的传统。嘉庆皇帝即位后，沿袭了这一传统，以立皇威。

292 乾隆皇帝的身世真相是怎样的？

乾隆皇帝，名弘历，生于康熙五十年（1711 年），是当时雍亲王胤禛的第四个儿子。雍正十三年（1735 年），雍正皇帝突然去世，25 岁的弘历继承皇位，是为乾隆皇帝。公元 1795 年乾隆禅位于皇十五子颙琰（嘉庆皇帝），当太上皇帝，嘉庆四年（1799 年）正月初三日病逝，享年 89 岁。

根据《清实录》等官方书籍档案的记载，乾隆的父亲是雍正帝胤禛，母亲是四品典仪凌柱之女钮祜禄氏。但是在清亡之后的一段时间内，对于乾隆皇帝的身世，野史有许多记载，民间亦有许多传说，更有一些传奇武侠小说写得神乎其神，说乾隆并非雍正帝妃的儿子，而是汉女之子。最为流行的一种传说是，乾隆是汉族官僚陈阁老陈世倌的儿子。

陈世倌是浙江海宁人，康熙年间入朝为官，与雍亲王家常有来往。有一年，雍亲王的福晋和陈阁老的夫人在同一天生下了孩子，雍亲王让陈阁老把夫人生的男孩抱进王府看看。陈家把男孩送去，当天雍亲王府把孩子送出来，陈阁老回到家中一看，自己原来的那个男孩已经变成了女孩，陈阁老知道事关身家性命，不敢声张。那个抱入王府的男孩就是后来的乾隆皇帝弘历。弘历即位之后，知道了真相，便六下江南，探望亲生父母，并且在六次南巡之时，有四次住在陈阁老家的安澜园中，以便和父母相聚。

这个传说虽然最为流行，但是毕竟不是事实，至少有四个无法解答的疑问。

其一，先来看一下海宁陈氏家族的历史。陈家的真正发达在明万历年间，其中陈元成之孙陈诜在清朝官至刑部尚书。陈诜之子陈世倌在雍正朝时已官至巡抚，至乾隆六年（1741 年）以工部尚书授文渊阁大学士。他就是金庸小说中写的乾隆生父。但不久陈世倌因起草谕旨出错被革职，不仅如此，乾隆皇帝还当面斥责他不称职。如此不留情面的呵斥，就是很普通的前朝老臣也很少受到，更不用说是传闻中皇帝的生父了。陈家的两块匾额“爱日堂”和“春晖堂”，并不是乾隆题写的，而是康熙皇帝书赐的。这两方匾额与乾隆毫无关系，更谈不上是乾隆为陈家之子的证据了。

其二，所谓乾隆南巡是为了探望亲生父母，四次皆住陈家。陈世倌自乾隆十六年（1751 年）蒙恩复官以后，乾隆二十二年（1757 年）便以老病奏准解任养老，乾隆二十三年（1758 年）四月病故。而乾隆于十六年一下江南，二十二年再下江南，都没有到海宁，第三次南巡起，到六下江南，才到海宁，视察海塘工程，并住在陈世倌家的隅园，这时陈世倌已故去多年。乾隆之所以住陈府，并将隅园赐名为安澜园，显然是为了修建海塘，防御海潮侵袭。

其三，按照皇帝家谱《玉牒》所记载，乾隆出生于康熙五十年（1711 年）八月，当时雍亲王胤禛 34 岁，已先后生育了弘辉、弘盼、弘昀、弘时 4 个儿子（但前 3 子均夭折）。乾隆出生时弘时已经 8 岁，而且就在乾隆出生后 3 个月，雍亲王又得了一个儿子弘昼，后来又陆续生育了弘瞻等 4 个儿子。在这种情况下，雍亲王偷偷摸摸换一个汉人的儿子，于情于理都说不通。从另一方面来看，当时皇太子两次被废，且从此以后皇太子的储位一直空缺，为争夺储位而进行的明争暗斗日趋白热化。以雍亲王的精明和谨慎，怎么会在这个时候冒着给别人留下把柄的风险，去抱一个汉人的孩子呢？再说，他又怎么会知道自己一定会继承大位，而陈家之子就一定会大富大贵呢？在这“一着不慎全盘皆输”的微妙时刻，雍亲王决不会冒这个险。

其四，《皇室见闻录》中称：“以雍正之英明，岂能任后宫以女易男？”因为按清朝皇室的规矩，皇孙诞生时，皇子要立即派王府里的太监到皇宫的内奏事处口头上报给皇上，然后再由宗人府专门写折子奏报，以备皇上为皇孙取名。若雍亲王府当时已按时辰报生的是女儿，又怎么能过了几天再改为男孩呢？这从制度上也是说不过去的。

其五，早在清军入关时，曾对顽强抵抗的江南人民进行过大规模的屠杀，因此江南地区人民的反清情绪异常高涨。从康熙皇帝开始，清朝的统治者就采取了各种方法，如设立博学鸿辞科，征调明朝遗民编修明史等，极力笼络前朝尤其是江南地区的文人士大夫。海宁陈家中科举人数之多，是一个不争的事实。这是和清朝统治者重视科举，极力笼络南方世族，借以消弭江浙一带士大夫强烈的反清民族主义意识的政策有关。而到了乾隆时期，这种科举之盛早已成为明日黄花，将此作为乾隆出自海宁陈家并眷顾陈家的根据，显然是不能成立的。

可见，乾隆出自海宁陈家，乃汉人之子，是一个流传很久而且很有影响的传闻。近年来某些休闲性质的小说和影视作品还仍然用它来媚俗，但是历史学界早已彻底摒弃了这个传闻，认为它毫无根据，乾隆绝不可能是海宁陈家之后。

另一种说法是，弘历是雍亲王胤禛的儿子，可是却非钮祜禄氏所生，弘历的生母不是满人，而是汉女。这种说法说雍亲王在热河打猎时，射中一头梅花鹿，喝了鹿血后欲火中烧，难以忍耐，附近又无王妃妾媵，遂与山庄中的一位汉女子相合，后来这位汉女生下了弘历。这个故事虽然生动，但一则这是野史所云，传说所述，这一说法还是清亡以后形成的；再则，避暑山庄乃天子所居，守御之严，禁令之多，山庄之内及其周围，岂容民女进入？更不可能让民女在此长期居住，耕田过活，这个汉女从何而来？

虽然一些野史、传说与某些近人的评述，给乾隆帝弘历找了另外的人当作他的生父生母，但都无确凿可靠的史料为证。所以，《清实录》《玉牒》等官方文书档案的记载，是符合实际的，乾隆帝弘历的亲生父亲是雍正帝胤禛，亲生母亲是四品典仪凌柱之女钮祜禄氏。乾隆帝的诞生地是雍亲王府邸，即现在的北京雍和宫，乾隆自己也曾多次以诗表明自己出生在雍亲王府："斋阁东厢胥熟路，忆亲惟念我初生。"诗中不仅认定自己诞生在雍亲王府，而且还点出了具体出生地点，就是雍亲王府的东厢房。乾隆出生时用来洗身的"鱼龙变化盆"至今犹存，曾在雍和宫公开展览过。

293 孙嘉淦奏议案说明了什么？

孙嘉淦（1683 年—1753 年），字锡公，号懿斋、静轩，山西兴县人。康熙五十二年（1713 年）中进士，入翰林。雍正在位时，孙嘉淦上书请亲骨肉，停捐纳，罢西兵。乾隆即位后，孙嘉淦针对权力过分集中的弊病，又上了著名的"三习一弊疏"，指出：君主听惯颂扬之词后，就会"鼓谀而恶直"；见惯一呼百应的场景，就会"喜柔而恶刚"；处于高位习惯自以为是的思考方式后，就会"喜从而恶违"。三种习惯形成以后，就会产生一种弊端，就是喜小人而恶君子。孙嘉淦精辟的见解受到了乾隆皇帝的赞扬。在雍正、乾隆时期，孙嘉淦多次上疏，以善言直谏闻名，颇有唐朝的魏徵之风，奏呈往往不避帝讳，直陈其意，他的敢于犯颜直谏是朝野闻名的。

孙嘉淦乃康、雍、乾三朝元老，历任左都御史，吏部、刑部尚书，直隶、湖广总督。乾隆十六年（1751 年）六月，云贵总督首先密奏乾隆，说发现一份伪托工部尚书孙嘉淦名义的奏稿，主要内容是指斥乾隆皇帝有"五不解、十大过"，该奏稿中对乾隆皇帝本人和他执行的政策及朝廷权贵重臣进行抨击和弹劾，特别是指责乾隆南巡和冤杀名将张广泗。云贵总督说此文乃是流放云南的过客抄录传播，并将传抄的伪稿一同呈给乾隆。

乾隆看了奏呈之后，相信了云贵总督的判断，通过对孙嘉淦的了解也相信此文稿不是孙嘉淦所为，而且伪稿上的皇帝朱批更不是他乾隆所为，明显是伪造。因而他责令直隶、山东、山西、河南、湖北、湖南、贵州等省的督抚及步兵统领秘密缉访。

此时，正好发生了山西介休书生王肇基的阿谀诗稿案。山西巡抚阿思哈上奏，说流寓山西介休县的直隶民人王肇基呈献诗联，毁谤圣贤，狂妄悖逆。乾隆皇帝认为此案与伪稿案可能有关联，命令阿思哈全面追查。经阿思哈一番查问，断定王肇基进献诗联纯属投机取巧，妄图得到赏识，为自己获取一官半职，与伪稿无关。

从开始追查伪稿案到审讯出结果历时将近一年零七个月，在这期间乾隆多次颁旨传谕各地督抚，对于地方官员在办理此案时，存在故意推诿、拖延情况的要严惩不贷。山东巡抚准泰在追究伪奏稿一事因不能尽心尽力，拖延不作为被参劾，乾隆将准泰革职拿问。乾隆十六年（1751 年）八月二十八日，乾隆又传谕各地督抚官员，凡诬捏撰写、分散传播之犯为首恶渠魁：传抄之犯中，凡借以煽惑众心，为之注释，及仿效词句，私自记载者，均当从重办理。同时又警谕督抚，倘若姑息养奸，不实心办案，苟且了事，皆按对准泰的处置方式办理。

在乾隆亲自督促下，各省督抚自不敢怠慢、疏忽，均全力追查。用时近三个月，不少省份先后都查出加注批语的伪稿若干。其中在湖广地区尤其严重，有不少地方的知县、巡检、千总等官员都传阅过朱批伪稿。陕甘等地也查出有不少人传抄，甚至在云贵川的土司境内，也发现有人传抄伪稿。伪稿流布如此之广令乾隆叹道："此等逆恶之词，蔓延各省，甚竟传入土司内，其流传之广，一至于此！"是年底，各省都有不少涉嫌的人犯被缉拿，尤以江南及四川一带居多。声势已经传开，秘密查访已经不可能，因而从乾隆十七年（1752 年）年初，秘密缉访变成了公开严查。

查来查去，竟然没有一人承认伪稿是自己撰写的，有的忍受不了酷刑无奈招供，没有多久又都翻供。查了数月，竟还是没有头绪，乾隆再次饬令各地督抚、府道官员严加追查，他在上谕中说：缉查伪稿至今已一载有余，茫如人海拣沙，万无头绪，此皆因各督抚等一切委之属员，惟据详禀供词，虚文塞责，并未悉心研究，实力查办，致使线索迷乱，首犯尚悠然事外。为了警示效尤，乾隆在这年的十一月二十三日，下令将他认为追查不力的两江总督尹继善、江西巡抚鄂昌等解任候旨，并宣称他省督抚有似此者均照此办理。

因为此案多名大臣遭遇贬斥，而且此案旷日持久地查下去将会影响朝纲的稳定，于是一些大臣联名上书劝谏。乾隆却斥责劝谏之人，并说："此等奸徒，传播流言，诪张为幻，关系风俗人心者甚大，不可不力为整饬。"就在一筹莫展之际，江西巡抚鄂容安查获了传抄伪稿的长淮千总卢鲁生父子，经审讯供出其稿得自南昌守备刘时达。刘时达供称，乾隆十五年（1750 年）七月间，他收到时任浙江金华县典史的儿子刘守朴托人捎来的家信，刘时达看到信内附有孙嘉淦伪稿一张。经分析刘守朴传递的伪稿的时间最早，遂指使相关负责官吏火速提审刘守朴。

正当此案最终定案结果的时候，不想却又横生枝节，刘守朴的幕友孔则明供称，封寄伪稿给刘时达系其代为经手，其伪稿乃得自苏州。从苏州什么人得来？孔则明也说不出个所以然来，这下无疑又给乾隆兜头一盆凉水。然而乾隆也觉得这样旷日持久地查下去将使朝臣陷入惶惶自危之境，不利于朝廷安定，下决心要了结此案。

乾隆十八年（1753 年）二月，审案大臣让刘时达父子与卢鲁生父子画了供，向乾隆皇帝奏报说：经审讯孔则明代为经手寄家信，全属推罪的捏造之事。卢鲁生供认与刘时达因嫉恨孙嘉淦，并在湖广总督任上遭遇过孙的斥责，因而心怀怨恨共同窜谋捏造伪稿诬陷孙嘉淦。乾隆当月便颁布谕敕，伪稿一案已全行昭著，"主犯"卢鲁生押赴市曹凌迟处死，同时宣谕中外，伪稿所有传抄各犯俱加恩宽免，对传抄伪稿的官员则照例治罪。江西巡抚鄂昌、按察使丁廷让等也被革职拿问，交刑部治罪。两江总督尹继善、闽浙总督喀尔吉善以失察罪交刑部严议。至此，历时一年七个月，蔓延京师、山东、山西、江西、江苏、安徽、浙江、湖南、贵州、广东、广西以及边远土司等地区的轰动全国的清查伪孙嘉淦奏议案了结。

此案对孙嘉淦的影响很大。在追查伪稿期间，孙嘉淦被吓得心惊肉跳，面对围在身边哭泣的妻儿，对以前所作所为深表后悔。他说，过去雍正皇帝和现今皇上屡诫我好名，伪稿纵然与我无关，但奸徒为什么假托我名而不假托别人的名字？乾隆十八年（1753 年），他在追查伪稿的政治风波中惊惧而亡，时年 71 岁。

伪奏议案的发生，说明乾隆朝政治环境由宽松到严厉的变化过程。乾隆即位初，就肯定了以宽代严。宽仁治国的施政方针，并在短短数年内，成功地完成了政治风气由严复宽的转变。这种宽仁的乾隆初政，营造出了求实、宽松的政治环境。孙嘉淦奏议案就是在这样的背景下发生的。

同时伪奏议案的内容也深刻反映了乾隆朝政治的一些独特历史现象。大致自乾隆六年（1741 年）开始，限于宽仁政治产生的一系列弊端，乾隆帝施政方针重又趋于严猛。而伪奏议案的发生，让乾隆帝判断臣下乃至平民中有一股不满自己统治的力量存在，为此他将严猛施政方针从官僚阶层进一步推至下层社会。伪稿案结案后，乾隆帝就兴起了第一轮文字狱高潮，并严惩不法官吏、借机打击朋党势力，这是其强化严猛施政的具体表现。

总的来说，孙嘉淦伪奏议案是当时政治形势的深刻反映。它是乾隆施政方针由宽仁转为严猛的标志性事件之一，紧随其后的乾隆朝文字狱第一次高潮，就是伪稿案的直接影响。自此之后，乾隆皇帝的严猛统治政策进一步由上层扩散到下层社会，乾隆帝对下层社会的控制与镇压进一步加强。

294 为什么说于成龙是天下第一廉吏？

凡看过电视剧《一代廉吏于成龙》的观众，对于成龙这个名字都不会陌生。在清朝近 300 年的历史中，以廉洁著称的官员不算少，但其中最著名的当推曾被康熙帝誉为“天下廉吏第一”的于成龙。在清代历史上有两位叫于成龙的著名官员，一位便是本文的主人公。另一位于成龙（1638 年—1700 年），字振甲，号如山，汉军镶黄旗人，后人又称他为“小于成龙”。他也是一位好官，在于成龙手下做过知州，还曾得到过于成龙的保举，后因政绩升任江宁知府。康熙皇帝南巡至江宁，要他好好向于成龙学习。这也可以算是清史上的一段佳话。

于成龙（1617 年—1684 年），字北溟，号于山。山西永宁（今山西吕梁）人，清顺治十八年（1661 年）入仕。历任知县、知州、知府、道员、按察使、布政使、巡抚、总督等职，曾三次被举为“卓异”（清朝考核官员的制度，指清廉和才能优异者）。于成龙生活在明末清初改朝换代的社会大动荡时期，自幼过着艰苦的耕读生活，长期下层社会的磨炼，使他的学习和思想能联系实际关注民生，推崇经世致用，厌恶当时盛行的空谈心性而不务实用的理学。顺治十八年（1661 年），已是 44 岁的于成龙以明末副贡的资格被清廷选授为广西罗城知县。广西地处我国多民族杂居的南部边陲，其时战火未熄。面对这一充满风险和挑战的机遇，于成龙备受亲朋的责难与劝阻，但他还是毅然辞别母亲妻儿，坚定地踏上遥远的征途，开启了他富于传奇的人生。

于成龙是清初杰出的政治家。无论他任官何职何地，都能励精图治，开拓进取，从而取得了突出政绩。他初任罗城县令时，当地经明清之际兵火 20 余年，顺治十六年（1659 年）才隶于清统治下，由于政局未稳，盗贼横行，前两任知县一死一逃，后派的知县不敢赴任。整个县境蒿草蔽野，县城只有居民 6 家，草房数间，县衙也只是 3 间破茅屋。于成龙认为当务之急在于安定社会和恢复生产。首先在全县城乡建立保甲，大张声势地“严禁盗贼”，严惩缉获案犯。境内初安后，他又组织乡民练兵，准备讨伐经常入境扰害的乡贼。在消除内忧外患的同时，于成龙十分重视召集流民以恢复生产。他经常穿着布衣草鞋出入民舍田间，奖勤劝惰。农闲时带领百姓修民宅、建学校、筑城墙。对迁入新居的群众，他亲去看望并题写联额以示鼓励。在深得民心之后，他又以刚柔并用的策略，解决了当地豪强大姓不服从管理的问题。3 年之间，罗城就出现了“时和年丰，盗息民安，官民亲睦”的新气象，被评为全省治理的典范。康熙六年（1667年），于成龙被举为广西唯一的“卓异”，升任四川合州（今重庆合川一带）知州。

罗城县的百姓得知于成龙要离开时，拦道哭号，临行前，罗城百姓跟着于成龙相送三四里。于成龙望着依依不舍的百姓，感动得泪如雨下。有人想到合州路途遥远，而于成龙身上没有多少钱，特意护送，于成龙一路上就是靠着这些热心人的资助，才得以到达合州。

于成龙看起来官是升了，但朝廷让这位清官去的合州却并不比罗城县好。那里人口流失严重，一年向国家交纳的正赋仅有15两银子。他上任后坚决抵制各种摊派，上级无奈，只好裁减了10项对合州不合理的摊派。于成龙为了促进农业生产发展，大力奖励开荒，发出公告明文规定：凡新开垦的土地，3年之后即可归开垦者个人所有。合州三县原来只有遗民百余户，“开荒归己”的布告一出，百姓纷纷返乡，1月之内，户口就猛增至1000户。1年之后，合州经济大有起色，人口也增长数倍。于成龙在合州仍把教育事业放在重要位置，恢复了合州的祭孔典礼，又制定了相关礼仪，把祭神活动正规化。经过精心治理，合州社会稳定，生产发展，从此于成龙的名声大振。

于成龙在任湖北黄冈州同知时，又被湖北巡抚张朝珍推荐为“卓异”，这是他第二次获此殊荣。

康熙十七年（1678年）于成龙由武昌知府调任福建按察使，上船前，他买了几十斤萝卜放在船上。人们觉得奇怪又好笑，问他：“这种便宜的东西，买许多干什么？”他说：“此去水路航程很远，我要用它当饭吃。”在平常人看来，千里带萝卜是件可笑之事，认为清官只要为百姓多做好事就是大恩大德，又何必在饭菜上节省呢？殊不知，清官的品德正是从小事上养成的，百姓也往往最能从小事中感受出官员的清廉。在福建，于成龙处理案件十分迅速，遇有“疑狱”，必追根问底，查个水落石出。他办案公允，无论属员或百姓有讼情狱案，一律不徇私情。他清廉有守，坚决杜绝馈送钱财，当时福建有不少外国商人，常以送样品试用为由，向他行贿，结果都被他严词拒收。外国人看到于成龙如此廉洁纷纷赞叹说："我们走遍世界各地，从未见过这样廉洁自律的长官。"所以他办的案子，无人不服。

康熙十九年（1680年），于成龙升任直隶巡抚。官场中有句老话：京官难当。京畿之地，八旗豪强横行不法，有法不能治。康熙特意将于成龙放在这个位置上。在任上，于成龙支持清官廉吏，打击贪官污吏，八旗豪强见势不妙也不得不有所收敛。第二年，康熙在懋勤殿亲自招见他，赏赐白金、良马等，以此嘉奖他的廉能。于成龙每次提出免税和赈灾的要求，都能得到康熙的同意，这也是康熙鼓励清官的一种办法。

康熙二十年（1681年），于成龙升任两江总督，成为主管江苏、安徽和江西三省的大员。上任时久闻于成龙大名的当地文武官员，全部早早地到南京城外迎候，场面非常壮观。可是，众人一直等到天黑也未见这位新总督的影子，大家纷纷议论是不是把总督到达南京的日期搞错了，这时，有人跑来报告说，总督大人早已单骑进府啦。百官顿时惊慌失措，急忙回府。原来，于成龙仅仅带了小儿子，雇了一辆骡车，沿路查访而来。官员们大摆筵席为于成龙接风，于成龙拒不接受，让众官员觉得十分尴尬，其中有一位按察使是于成龙同科故友的儿子，他连忙出面劝于成龙说："大人如果过于清廉认真，今后文武官员都不好接近您，容易产生隔阂，我们只不过是借此机会，为您祝寿罢了。"于成龙笑道："你们的筵席用不着拿山珍海味，最好是用'鱼壳'来为我祝寿。"所谓"鱼壳"并不是指一道名菜，而是江南一位盗贼的绰号，于成龙在路上对他的恶迹已有耳闻。这位按察使明白了于成龙的意图，遂招募壮士，擒拿巨盗。很快，"鱼壳"便在南京被捕。许多官吏听说抓住了"鱼壳"，先是大吃一惊，随后纷纷来庆贺。"鱼壳"长期以来依仗一些地方官员的保护，为害百姓，长期逍遥法外，于成龙一到江南，就将他抓获了，确实让不少人心情舒畅。

作为一品大员的于成龙貌似严厉，其实待人非常随和，没有官架子。公务时间，他的衙署大门始终敞开着，官吏有事找他，可以直入室内。他的桌案上左边放着生姜、豆豉，右边放着案卷文书，就像乡村的教书先生一样，随便与人交谈。

江南生活比较富裕，许多官员生活奢侈，纸醉金迷。而于成龙生活俭朴，因每日食粗粮、青菜，而被江南人称为“于青菜”。遇上荒年，他即以糠屑杂米为粥，全家人都这么吃，客人来了也不例外。客人问他，为什么要这么清苦？他答道：“多留一些米，就可以多赈济一些饥民。”

在他的影响下，江南各地的社会风气发生了明显变化。官僚、巨商都脱下绫罗绸缎，改穿布衣；高门大户，将大门楼改筑成小门楼；横行乡里的少数恶霸，也都悄悄地避居到外地。不少人是慑于于成龙的威势，表面上做出改邪归正的样子，背地里却造谣诽谤，诬蔑于成龙来到富庶的江南后，也开始作威作福，不像以前那样清廉了。由于众口难辩，连一向对于成龙颇为信任的康熙皇帝，也起了疑心。

康熙二十三年（1684 年），于成龙病逝于南京的督署中，享年 68 岁。署中的官员去他家吊唁，看见他的遗物只有床头一个破箱，里面有一套官服、官靴，瓦缸中有粗米数斛和几罐盐豉。

于成龙去世的消息一传出，许多地方百姓罢市聚哭，家家挂其画像，设案奠祭。康熙闻知后叹息说：“于成龙因在直隶居官甚美，朕特地选他出任江南总督。听说上任后，他变得不如以前好了。至病故后，始知他居家清廉，甚为百姓所称道，或许于成龙向来所行耿直，与之不合之人挟仇陷害，造谣污蔑，是不肖之徒嫉妒也，居官能如于成龙者有几人？”因而称于成龙“天下廉吏第一”，加赠太子太保，谥号“清端”，并御书“高行清粹”为祠额。

于成龙的一生，是苦节自厉、甘守清贫的一生。他作为清王朝的一名从基层提拔上来的官员，能够在 20 多年的官宦生涯中，忠实地贯彻落实康熙的反贪倡廉政策，实属不易。他大器晚成，做官时年已 44 岁，家庭经济状况并不好，但在福建、直隶和江南等富庶之地做高官时，竟能在贪污贿赂成风的官场固守节操，至死不变，非常人所能做到。其事迹之感人，将为历代传诵；其精神之广播，永为官民楷模。

295 刘墉有哪些故事流传?

电视剧《宰相刘罗锅》在全国各地热播后，片中那位疾恶如仇、足智多谋的刘墉引起了大家的关注，而此人在历史上确有其人。

刘墉（1719 年—1804 年），字崇如，号石庵，山东诸城（今山东高密）人，大学士刘统勋之子。刘墉生长在世代书香、以科举仕进为荣的家庭，从小受到良好的教育。乾隆十六年（1751 年），33 岁的刘墉以恩荫举人身份参加了当年的会试和殿试，获进士出身。刘墉当时考了第一名，却不知何故，被皇上改为第二。又说是因为他个子太高了，常年读书，背看上去有点驼，这大概就是民间传说“刘罗锅”的由来。一年后刘墉授翰林院编修，进入仕途，后再迁侍讲。乾隆二十年（1755 年）十月，其父刘统勋（时任陕甘总督）因办理军务失宜下狱，刘墉也受株连。不过，乾隆皇帝最终网开一面，将刘墉“宽释”，放外地为官。次年六月，充广西乡试考官。十月，提为安徽学政。他任职期间，针对当时贡生、监生管理混乱状况，上疏提出了切实可行的补救办法，因此深受乾隆皇帝的赏识，称赞其“知政体”，并于乾隆二十七年（1762 年）任命他为太原府知府。

乾隆三十八年（1773 年）其父刘统勋病故。刘墉回家服丧，“丁忧”三年。乾隆四十一年（1776 年）三月，刘墉服丧期满还京，清廷念刘统勋多年功绩，且察刘墉器识可用，诏授内阁学士，入直南书房。十月，任《四库全书》馆副总裁，为《西域图志》及《日下旧闻考》总裁。次年七月，充江南乡试考官，不久，复任江苏学政。乾隆四十三年（1778 年）底，刘墉以劾举徐述夔著作悖逆有功和督学政绩显著，迁户部右侍郎，后又调任吏部右侍郎。

乾隆四十五年（1780 年），授湖南巡抚。时值湖南多处受灾，哀鸿遍野，无灾州县也盗案迭起，贪官污吏猖獗，百姓怨声载道。刘墉到任后，一面查明情由，据实弹劾贪官污吏，建议严办；一面稽查库存，修筑城郭，建仓储谷，赈济灾民，并准许民间开采硝石。仅一年余，库银充实，民粮丰足，刘墉赢得了百姓的爱戴。

乾隆四十六年（1781 年），迁都察院左都御史。次年三月，仍入直南书房；不久，又充任三通馆总裁。此时，御史钱沣弹劾山东巡抚国泰结党营私等，刘墉奉旨偕同和珅审理山东巡抚舞弊案。刘墉至山东，假扮成道人，步行私访，查明山东连续三年受灾，而国泰邀功请赏，以荒报丰。征税时，对无力缴纳者，一律拿办，并残杀进省为民请命的进士、举人 9 人。刘墉如实报奏朝廷，奉旨开仓赈济百姓，捉拿国泰回京。此时皇妃已为国泰说情，有的御史也从旁附和，和珅亦有意袒护国泰。刘墉遂以民间查访所获证据，历数国泰罪行，据理力争，终使国泰伏法。在处理国泰一案上，刘墉不畏权势，刚正无私，足智多谋，与钱沣一起挫败了皇妃及和珅等人的阻挠，最终为民除了害。后来，民间曾据此事写成通俗小说《刘公案》，对这位“包公式”的刘大人大加颂扬。国泰案完结，刘墉被任命吏部尚书，兼管国子监事务。不久又授工部尚书，仍兼职吏部，并充任上书房总师傅、直隶总督、协办大学士、体仁阁大学士等职。乾隆五十一年（1786 年），充玉牒馆（修帝王族谱之处）副总裁。

嘉庆二年（1797 年）五月，奉旨偕同尚书庆桂到山东办案，并察看黄河决口的情况。察看黄河之后，他上疏请求于秋后在决口处“堵筑”，下游“宽浚”，朝廷采纳了他的意见。

刘墉人生最大的辉煌，乃是在嘉庆朝查办和珅案。嘉庆四年（1799 年）三月，加太子少保，后奉旨办理文华殿大学士和珅结党营私、擅权受贿一案。刘墉不畏权势，很快查明和珅及其党羽横征暴敛、搜刮民脂、贪污自肥等罪行 20 条，上奏朝廷。嘉庆处死了和珅，没收了他的家产。众所周知，和珅之死，在于嘉庆皇帝之不容，刘墉只不过是受命而行事罢了。清宫戏中，刘墉与和珅较量的情节，是没有任何依据的。因为，刘墉的官职和品位始终比和珅低一等，而且刘墉也一直没有机会与和珅较量，道理很简单，和珅一直在京为官，而刘墉则一直在外地为官。他们同为军机大臣相处的时间，也只有两年。两人见面的机会都很少，何来“争斗”一说呢？相反，在和珅一案处理之中，刘墉甚至表现出宽容之心。其实，刘墉入京任职之后，他早已调整自己的为官处事策略，刚直方正不见了，滑稽模棱之风倒是显现无遗。野史也说刘墉有圆滑的一面，比如乾隆皇帝曾问刘墉："朕今年45岁，属马的，你呢？"刘墉垂手说："臣也45岁，属驴的。"乾隆惊奇："朕属马，爱卿怎么属驴？"刘墉说："万岁属马，臣怎能同属？只好属驴了。"由此可见刘墉之圆滑。嘉庆帝命刘墉处理和珅案时，各省督抚纷纷弹劾和珅，要求将其凌迟。独刘墉建议，和珅虽然罪大恶极，毕竟是先朝大臣，请赐令自尽，保其全尸。同时，为防止有人借和珅案打击报复，避免案件扩大化，刘墉又及时向嘉庆帝建言，妥善做好善后事宜。结果，在处死和珅的第二天，嘉庆帝即发布上谕，申明和珅一案已经了结，借以安抚人心。

嘉庆四年（1799年）底，刘墉上疏陈述漕政，对漕运中的漏洞观察至深，忧国忧民之情溢于言表，嘉庆皇帝看后，深以为然。嘉庆六年（1801年），刘墉充任会典馆正总裁。

刘墉不仅是政治家，更是著名的书法家，是帖学之集大成者，是清代四大书家之一（其余三人为翁方纲、梁同书、王文治）。清代徐珂在其所著《清稗类钞》中对刘墉的书法成就大加称赞。刘墉是一位善学前贤而又有创造性的书法家，师古而不拘泥。刘墉书法的特点是用墨厚重，体丰骨劲，浑厚敦实，别具一格。刘墉之书，尤善小楷，后人称赞他的小楷，不仅有钟繇、王羲之、颜真卿和苏轼的法度，还深得魏晋小楷的风骨。刘墉兼工文翰，博通百家经史，精研古文考辨，工书善文，名盛一时。今天山东诸城博物馆还保存着刘墉的书法作品。

在刘墉诸多传世书法中，有很多代笔和赝品，特别是刘墉有三位爱姬，皆能代笔乱真。鉴别其书法作品是否是真伪代笔，除要辨别整体风格外，还要注意图章，如署名"石庵"二字并钤长方"石庵"压脚印或盖有"飞腾绮丽"印者，皆为其姬妾代笔。他还著有《石庵诗集》一书，刊行于世。

嘉庆七年（1802年），嘉庆皇帝驾幸热河，命刘墉留京主持朝政。此时，他已80有余，却轻健如故，双眸炯然，寒光慑人。嘉庆九年（1804年）十二月二十五日，刘墉在北京驴市胡同家中逝世，享年85岁。去世的当天，他还到南书房当值，晚上曾设宴招待客人，“至晚端坐而逝”，也算是无疾而终、寿终正寝、功德圆满了。

刘墉去世后葬于原籍，即今山东高密市注沟镇逄戈庄。墓碑早年被毁，“文革”中墓被挖开，却没发现金银珠宝，仅有玉片一块。可见，刘墉为官清廉，也是确实的。后来山东高密市政府在原墓地重修刘墉墓，并为其立黑色花岗岩墓碑。后有诗人曾写诗一首：“少听刘公廉，半百吊石庵。千秋埋铮骨，长抱残玉眠。”以记其事。

296 纪昀有哪些故事流传？

电视剧《铁齿铜牙纪晓岚》的热播，使身为清廷重臣的纪昀成为百姓茶余饭后谈论的“红”人。人们在领略他正直善良、坦荡豁达、睿智机敏、幽默诙谐风采的同时，又观赏了他与大贪官和珅斗智斗勇，巧妙周旋，一波三折，最终惩恶扬善的故事。那么，历史上真实的纪昀情况又如何呢？是否像电视剧表现的那样呢？

纪昀画像

纪昀（1724年—1805年），字晓岚，一字春帆，生于雍正二年（1724年），卒于嘉庆十年（1805年），直隶献县（今河北献县）人。他出生于世家大族，从小就表现出超常的天赋，读书过目不忘，才思极为敏捷，不仅于经史子集无所不通，而且工诗、善赋、能文，尤长于联语对句，有“神童”之称。

入仕之后，纪昀的才华得到了充分的施展。他随侍乾隆帝左右，或应制作文，或纂修典籍，或参与典礼，或扈从出巡。君臣之间，每每多有唱和应答，妙语佳对。一次，乾隆帝翻阅《论语》，见“色难”一词，不觉叹道：“此二字颇不易属对。”不料纪昀在一旁头也不抬，应声答道：“容易。”乾隆帝见纪昀不当回事，略有不快，当即要他对出下句。纪昀坦言：“臣已然对出。”乾隆帝仔细回味，这才悟出，原来“容易”正是“色难”的绝对。还有一次，君臣宫中宴饮，赏月赋诗。正当酒酣耳热，兴致勃发之际，忽然狂风大作，电闪雷鸣，暴雨倾盆。乾隆帝目睹天工造化的万钧雷霆之势，不觉激发出人间帝王的豪气满怀，脱口吟出一联：“玉帝行兵，风刀雨箭，云旗雷鼓天作阵。”众大臣听罢，齐声叫好，此联气势磅礴，字句铿锵，颇具帝王之相，真是难得的佳句。然而，要对出适宜的下联，谈何容易！就在众大臣冥思苦想之际，纪昀早已成竹在胸，只见他朗声应道：“龙王宴客，日灯月烛，山肴海酒地为盘。”此联一出，众大臣在由衷叹服之余，却又不免私下替纪昀捏一把汗。他们深知乾隆帝自视颇高，好居人上，而纪昀的下联气魄宏大，意境高远，无论其气势，抑或用句，都丝毫不在上联之下。若龙颜不悦，治其冒犯之罪，将如何是好！乾隆帝脸色凝重，默然无语，片刻之后，才逐渐由阴转晴。乾隆帝毕竟具有很高的汉文化修养，明白要对此上联，非此下联莫属，不仅对仗严谨工整，而且气势相互呼应，实在是天衣无缝，绝妙好词。若因此而怪罪大臣，有失君子风度！故而乾隆帝思之再三，终于释然，点头赞道：“卿才可嘉！”众大臣这才松了一口气，纷纷举杯，称颂皇帝英明，祝愿君臣和衷共济，同享太平。诸如此类，纪昀所表现出来的才思敏捷，往往无人可与之比肩，不仅赢得广泛的赞誉，而且也颇得乾隆帝嘉奖，成为皇帝身边备极荣宠的文臣。

纪昀生逢盛世，位居显要，个人的天赋，加上时代赐予的机遇，使得他的雄心抱负得以充分施展，学识才华得以尽可能发挥。特别是乾隆年间一项大规模的文化工程，即《四库全书》和《四库全书总目》的编纂，直接把纪昀推向了其人生价值和学术发展的巅峰。

《四库全书》是中国历史上最大的一部丛书，据《四库全书总目提要》统计，它著录书籍3461种，79309卷；存目书籍6793种，93551卷。总计10254种，172860卷，几乎囊括了清代乾隆以前中国历史上的主要典籍，堪称传统文化的总汇，古代典籍的渊薮。编纂这样一部鸿篇巨制，不仅需要征访天下书籍，集中全国财力，还需要专门的组织机构，学者的共同参与，更需要高水平、大手笔，博学多才的“通儒”来总揽全局，“撮举大纲”，以起到“斟酌综核”的主导作用。这一重任，非纪昀莫属。在时任大学士、军机大臣刘统勋的大力荐举下，纪昀被任命为《四库全书》馆的总纂官，与陆锡熊、孙士毅一道，负责全书的编纂审核工作。

在四库馆工作的无数个日夜里，纪昀等人首先根据纂修官在初步清理甄别书籍基础上提出的“应刊刻”“应钞录”“酌存目”“勿庸存目”等不同意见，检阅原书，决定取舍。经乾隆帝过目之后，即将应刊各书送至武英殿刻书处予以刊刻，并将所有应刊、应抄各书送至武英殿缮书处，逐一进行抄录。然后再对纂修官撰写的各篇书目提要进行认真细致的考订，从作者的年代、爵里、生平事迹，到著作的内容大旨、长短得失，乃至别本异文、典籍源流，都在纂修官原撰基础上，或增或删，或分或合，反复予以修改。就连各篇提要的行文，也是字斟句酌，再三润饰。最后再按照传统目录学经、史、子、集四部分类体例，通盘筹划，排比编次，纂成《四库全书总目》二百卷。通过这项提纲挈领的目录工作，《四库全书总目提要》不仅把《四库全书》著录、存目的上万种书籍统括成一个有机的整体，而且对中国古代典籍和传统文化做了全面的清理和总结。其中以纪昀之功为最。时人称“本朝大手笔，推昀一人”，“国家大著作，非昀莫属”，可以说恰如其分地反映了纪昀在这项文化工程中所起的重要作用。

乾隆帝晚年，贪官和珅凭着皇帝的宠信，秉政专权，营私舞弊，无所不用其极。朝廷内外大小官员，也都趋炎附势，逢迎奉承，奔走门下。纪昀却始终保持着清廉正直的品格，坚决不与之同流合污。尽管二人同朝为官，但除政事之外，纪昀从不多言半句，总是不卑不亢，不远不近，不摧眉，不折腰，与和珅保持一定的距离。《东华续录》嘉庆朝卷七记载：当时来华的朝鲜使臣曾称赞纪昀“清白节俭”，认为“和专政数十年，内外诸臣，无不趋走，惟王杰、刘墉、董诰、朱珪、纪昀、铁保、玉保等诸人，终不依附”。

纪昀秉性刚直，疾恶如仇，耳闻目睹和珅种种谄媚贪婪、结党营私之举，总是难抑胸中愤怒，虽以一己之力，难以力挽狂澜，但他也不时利用自己的聪明才智，明里暗里冷嘲热讽，一吐其愤懑不平之气。当时纪昀居官数十年，以学问文章著称于世，被推为一代文宗，人们都以能得其墨宝为荣。和珅也附庸风雅，请其为自己新建的宅第题写匾额。这次，纪昀没有像以往那样拒之于千里之外，而是很痛快地提笔写了两个大字“竹苞”，并说是取意《诗经》“竹苞松茂”之意，以贺其豪宅落成，同时祝其家族兴旺。和坤大喜过望，精心装裱，并把它挂在亭台楼阁最显眼之处，凡有宾客来访，都不免炫耀吹嘘一番，以示儒雅清高。直至乾隆帝某日大驾光临和府，看到“竹苞”二字，忍不住大笑，这才揭开其中的奥秘：所谓“竹苞”者，“个个草包”也。纪昀与和坤这种貌合神离、明争暗斗的微妙关系，一直僵持到嘉庆帝亲政，和珅彻底“跌倒”才告结束。

纪昀生性幽默诙谐，为人豁达开朗，又机智多谋，反应敏捷，能言善辩，出口成章。平日与同僚相处，友朋交往，多戏玩笑，看似信手拈来，实则精思妙语，浑然天成，无人能及。他一生中留下了许多轶事趣闻，素有“幽默大师”之称。据记载：某日纪昀在翰林院与同仁校理图书，因时值盛暑，天气炎热，屋内又书籍杂错，密不透风，纪昀素来怕热，只觉汗流浃背，遂脱下衣服，甩开膀子大干起来。不料乾隆帝忽然大驾光临，纪昀不及穿衣，又不能光膀迎见，匆忙之中，只得躲藏在书橱后面。乾隆帝早已看见，因有心要开纪昀的玩笑，故佯作不知，示意群臣坐下，自己随意翻书。纪昀在书橱后面热得难耐，好不容易听得已无人声，便探出头来问道：“老头子走了吗？”一时众人大惊失色，噤不敢言。纪昀发现气氛不对，这才看到乾隆帝仍端坐一旁，不觉也吃了一惊。乾隆帝总算抓住纪昀的把柄，一定要他把“老头子”的称呼说清楚，否则，就要治以大不敬之罪。此时纪昀早已镇定下来，从容答道：“万寿无疆之谓‘老’，万民之首之谓‘头’，昊天之子之谓‘子’。‘老头子’之称，实为尊敬之意也。”乾隆帝一听，立即转怒为喜，连连称善，众人也无不折服。自此而后，“老头子”之称便不胫而走，逐渐传开，而纪昀幽默诙谐的品性，也为人们所津津乐道。

在日常生活中，纪昀最大的嗜好，首推吸烟。当时，吸烟已成为上流社会、官宦之家的一时风尚，纪昀尤为突出，几乎到了嗜烟如命，须臾不离的地步。为吸烟方便，他特意制作了一杆硕大无比的烟袋，烟杆长近2尺，烟锅大似瓷碗，据说，若是装满一锅烟丝，足足可抽一个时辰。因此，当时就有“纪大烟袋”的雅号。关于这杆烟袋，还有这样一则故事。一天，纪昀上朝回来，不慎将烟袋丢失，一家人都替他着急，他却胸有成竹，吩咐家人第二天只管到旧货市场去找。大家都将信将疑，第二天一大早便直奔旧货市场，果然不出所料，顺利找回。原来，纪昀料想如此硕大的烟袋，他人绝无用处，只能当作废品售卖，以换几个小钱。结果恰如其言，烟袋仍然物归原主。自此而后，“纪大烟袋”之名，越叫越响，也越传越开了。

297 清朝的文字狱是怎么回事?

文字狱是中国专制主义制度下特有的一种现象，其中清朝的文字狱数量最多、规模最大、持续时间最长、量刑也最为残酷。清朝尤以康熙、雍正、乾隆三朝的文字狱迭兴，骇人听闻，其对待知识分子之残酷，杀戮之多之惨，为历史所罕见。

清朝之所以大兴文字狱，绝非偶然，而是有着深刻的思想文化根源和极其复杂的社会历史背景。

首先，清朝是封建社会末期，专制主义政治制度自秦汉以来经过几千年的发展，更加成熟完备。清朝不仅将一整套封建专制主义政治制度全盘继承下来，而且在新的历史条件下又加以发展和完善，因而建立了高度集中的专制主义君权统治。但是如何维持这个大一统局面，便成为康熙、雍正、乾隆三朝统治者殚精竭虑所要解决的问题。特别是康熙帝作为一个雄才大略的皇帝，在经历了吴三桂等人先降后叛的斗争之后，意识到要维护其政权，必须加强思想控制，使人民不许有一字一句的不满，对犯禁者，则不惜采取残酷的杀戮手段。

其次，清朝以满族入主中原，因而统治者对汉族怀有很深的戒心。虽然统治者一再标榜“满汉一体”，而实际上民族偏见极深，采取强有力的措施以加强思想控制，防止汉族人民再次发动反抗斗争便成为清朝统治者采取的一项重要措施。

再次，清代前期汉族士大夫、知识分子同清朝统治者不合作的态度，也是引起清朝统治者忌恨的原因之一。一开始，清朝统治者还装出温文尔雅之态，不久就失去了耐心，对不合作又犯“禁”的知识分子干脆举起了屠刀。

从表面上看，清代文字狱的兴起，是与民族矛盾的存在相联系的。但是，最根本的原因，是在于封建统治者与被统治者之间利益冲突的一种特殊表现。

清代的文字狱见诸史册记载的就有多起。

康熙时的一起文字狱是“南山集案”。桐城人戴名世（1653 年—1713 年），号南山，所著《南山集》中多处采用方孝标书中所记之事，被认为其中有“大逆”语。方孝标曾在云南吴三桂手下做过官，吴三桂叛乱被平定后，方孝标降清，所著《滇黔纪闻》一书中提到“南明”政权未称“伪政权”，这就触犯了清朝的禁忌。又因《南山集》中揭露了康熙杀明太子的真相，结果戴氏族人皆被杀，未成年者流放边疆。当时方孝标已死，仍被锉尸，子孙数人并斩，其他与《南山集》有牵连的人均被议罪，株连之广。

另一起是“明史狱”。浙江乌程县（今浙江湖州）庄廷鑨花千金购买了明朝大学士朱国桢的一部《明史》遗稿，加以整编增补。后庄廷鑨死，其父庄允诚请原礼部侍郎李令皙作序，并遍请江浙名人参阅并刊行。康熙二年（1663 年），吴之荣告发《明史》一书犯禁者三：一是该书在提到清朝祖先时直呼其名；二是用“南明”年号，不用清朝年号；三是该书指责明朝降清的大将为“背叛”等等。这三条罪状，实际上都是恶意苛求，纵使对清朝确有不敬，也罪不至死。但是，清朝统治者抓住“明史案”大做文章，以收杀一儆百之效。一场屠戮在所难免。“明史狱”的结局是很惨的，庄允诚被逮捕至京城打死，庄廷钺掘墓戮尸，家庭成员中 16 岁以上男子皆斩，妻女发配边远地区。为之作序的李令晳并其四个儿子皆“伏法”，列名书中者皆死，甚至连刻字工人和卖书的也都一起杀掉了。该案牵连致死者达 70 余人，发配边远州县达数百人。

清朝统治者还把宋代程朱理学抬到与孔学同样高的地位，孔学和程朱理学被尊为“正统”。一切文化学术活动必须以孔学和程朱理学为标准，否则就是“犯禁”。在这种情况下，凡不以孔学和程朱理学为准绳的学术活动，就难逃文字狱之灾。其最有代表性的事件是发生在雍正朝的“谢济世案”。学者谢济世注《大学》，从《礼记》本，不从朱子《四书集注》本，也不用程子所补《格致传》，这当然被认为是“犯禁”。谢济世被斥为毁谤程朱理学，被判为“斩立决”。这是清代统治者在学术领域里实行专制统治的典型事例。

由于大部分的文字狱都是当权者吹毛求疵，有意罗织的，所以清朝的文字狱产生了一系列的恶劣影响。

首先，文字狱严重钳制了人们的思想，在学术界造成了许多禁区。学者们除了从事考古活动以外，其他学术问题大都不敢涉及了。为了避开文字狱的祸害，清代学者们只好开辟了一个新的学术领域——考据学，并形成了以顾炎武为开山之祖的“乾嘉学派”，治学目的由“经世”转入“避世”。清代学者的考据活动，虽然对我国古籍和史料的整理有一定的贡献，但因为远离了现实，导致了学术活动纯粹钻故纸堆的倾向。

其次，文字狱使中国的文化典籍遭到了极为严重的破坏，在某种程度上说，清代的焚书毁书规模甚至超过了秦始皇的焚书规模。康熙、雍正时期，尽管文字狱一兴再兴，但大规模的焚书毁书活动尚未发生。到了乾隆二十二年（1757 年），有人发现河南夏邑县生员段昌绪在家中私藏吴三桂檄文，并有圈点评赞。又发现布政使彭家屏家中藏有明末野史数种，结果两人被告发，皆被处死。乾隆帝为此大怒，从此开始了大规模的销毁反清书籍运动。凡是有“胡”字、“虏”字、“夷”字的书籍全部销毁，至明代野史、明季杂史有收藏者，均以大逆诛戮。这场毁书运动范围之广，来势之猛，都令人震骇，人才典籍的损失，可想而知。

再次，文字狱也是造成清代官场风气败坏、世风日下局面的主要原因。清代迭兴文字狱，是出于帝王强化专制统治的需要，但借以谋取私利的贪官也起了推波助澜的作用。他们迎合朝廷的口味，精心罗织罪名，稍有“所得”，即告官府，甚至直奏皇上，以此邀功请赏。文字狱造成了明哲保身、不讲真话的社会风气，形成了“人人自危”的紧张的人际关系。

清朝的文字狱从发端到结束，持续近百年，尤其是康、雍、乾时期，其持续之久，受迫害株连之多，处罚之惨，均属空前。文字狱的历史，说明清朝在思想文化领域的专制达到了登峰造极的地步。

298 清代有哪些传教士来到中国？有何贡献？

明朝末期，已有许多西方传教士来华传教，清朝定都北京后，留居京师的部分传教士仍获清帝的信任，授以官职，如命传教士汤若望掌管钦天监，负责编修历法。同时，又有一些传教士陆续东来，一面传教，一面介绍西学，其中比较著名的有意大利人卫匡国、郎世宁、多米诺，比利时人南怀仁，葡萄牙人徐日昇，法国人张诚、白晋、雷孝思、杜德美、冯秉正、宋君荣、蒋友仁，德国人戴进贤，英国人马礼逊等。

汤若望（1591年—1666年），1618年前往中国传教，1620年到达澳门，在那里学习中文，1623年进京。他在北京宫廷将伽利略的《远镜说》和德国矿冶学家阿格里科拉的巨著《矿冶全书》（中译名《坤舆格致》）译成中文。1630年汤若望第二次来到北京，奉召任职历局，协助徐光启编修《崇祯历书》，并受明朝朝廷命令制造火炮。完成了测算日食和月食的《交食说》，后被御封为钦天监监正。1644年清兵入关占领北京，需要颁布新的历法，汤若望的“西洋新法历书”获得颁行，称为“时宪历”。汤若望深得清朝摄政王多尔衮和顺治帝的信任。康熙皇帝亲政后，汤若望的西学造诣和对西洋火炮的介绍与制造，都使康熙受益匪浅。汤若望凭借其深厚的西学基础和精明的政治头脑，在中国历史上留下了独特的地位。

卫匡国（1614年—1661年），崇祯十六年（1643年）经印度来华，先后活动于江南各地。顺治七年（1650年）一度返回欧洲，出版《鞑靼战纪》《中国新地图册》，向欧洲介绍中国之史地。不久偕同南怀仁等再次来华，病逝于杭州。

南怀仁（1623年—1688年），顺治二十五年（1658年）来华，初在陕西传教，后进京助汤若望编修历法，管理钦天监监务，制造天文仪器，并为清廷监铸大炮。南怀仁的“准炮之法”是对清代火炮技术发展的一大贡献。著有《坤舆全图》《坤舆图说》《教要序论》《康熙永年历法》等。

此外，还有徐日昇、张诚、白晋、雷孝思、杜德美、冯秉正、戴进贤、宋君荣、蒋友仁、马礼逊、郎世宁等一大批西方传教士来到中国，除了郎世宁外，其余人都在天文学、地理学、数学、建筑学、物理学以及器物制造等方面做出了或多或少的贡献。有些人还利用其掌握的中西文或将西方书籍翻译成中文，或将中国典籍译成西文，从而发挥了沟通中西方文化交流的积极作用。郎世宁则长期作为宫廷画师，曾参与圆明园之修筑，擅长画肖像、花鸟、走兽，尤工于马。郎世宁将西方绘画技法传入中国的同时，还积极吸取了中国的传统技法，从而创造了融合中西画法的“新体画”，在当时产生了一定的影响。其绘画作品保存到现在的仍有不少。

由于清政府采取宽容政策，天主教在华传播有了较快的发展，西方科学文化的传播也向纵深发展，呈现出繁盛局面。这首先表现在西学的应用更具成效，产生了一些水平高、影响大的成果。《西洋历法新书》的颁行及康熙《皇舆图》的绘制，便是其中突出的代表。《崇祯历书》虽然在明朝末年已经修成，但当时并未颁行。清朝顺治初年，耶稣会士汤若望将历书整理后呈献给清政府，并获准颁行，称为《时宪历》。从此，中国通用西历。这对中国传统天文学向近代天文学的转变，产生了巨大的影响。康熙时期，西方传教士和中国学者通力合作，进行大规模的全国地图的测绘，采用了经纬图法、梯形投影等先进方法，制成了《皇舆图》，它是当时世界上水平最高的地图制作。在中国，南怀仁是第一个试验制造燃气轮机的人，时间当在1679年，这比瓦特制造第一辆蒸汽机的时间（1776年）还早近100年。明末清初到晚清，传教士又把西方光学传入中国，例如望远镜、X射线由赫士最先介绍到我国。南格禄在上海传播了“达盖尔银版摄影术”。

其次，中国学者对西学进行卓有成效的研究，“汇通中西”取得了一定的成绩。清朝初期，梅文鼎、王锡阐和明安图等中国学者努力研习西学，并结合中国传统学术“汇通中西”。梅文鼎的《梅氏丛书辑要》和王锡阐的《晓庵新法》，都不仅介绍了西方的天文数学知识，而且进行中西比较，十分难能可贵。在康熙帝的组织和倡导下，中国学者梅珏成等人编成了介绍西方数学知识的百科全书——《数理精蕴》。这部书将17世纪以来传入的西方数学，包括几何学、三角学、代数及算术等方面的内容，全面而又深入地展现给中国知识界，成为当时人们学习和研究西方数学的教科书，为中国传统数学的发展开辟了新的途径。

再次，冲击了“华夏中心”的传统观念。中国人对世界的完整认识，源自传教士带来的世界地图。蒋友仁最先介绍地球是椭圆形的，他指出地球不是天体中心，而是围绕太阳旋转，把哥白尼的日心说传入中国。促使中国知识界开始面向世界、认识世界的艰难历程。在长期封建社会里，中国知识界一贯认为中国居于世界中心，中国文化比任何“外夷”的文化都要优越，只有用华夏文化去教化和影响周围的民族和国家，即所谓“华夏中心”或“用夏变夷”论。而西方先进科学文化的传入，使中国知识界产生了极大的震动。中国并非是世界的中心，在中国之外，世界上还存在许多国家；同时，也并非只有中华文化高明，西方科学文化也有不少地方值得中国学习。传统观念一旦受到冲击和怀疑，中国知识界就开始重新估价自身和重新审视外部世界。这对于打破几千年封闭、保守的状态是大有益处的。

明清之际，在西方科学文化传入中国的同时，中国传统文化亦通过传教士传到西方。古代和中世纪，中国与欧洲直接交往不多，因此，欧洲对中国的了解甚少。在他们绘制的地图上甚至把契丹和中国分开，把它画在中国以北。他们并不知道契丹是中国北方的少数民族，曾建立辽王朝，他们所说的契丹和中国实际上是同一个国家。道光二十九年（1849 年）意大利传教士多米诺，将中国民间的“骨牌”游戏带回其家乡米兰，他小女儿玩时将骨牌按一定间距排列成行，轻轻碰倒第一枚骨牌，其余的骨牌就会产生连锁反应，依次倒下。由此发明了多米诺骨牌游戏，并迅速地在意大利及整个欧洲传播，骨牌游戏成了欧洲人的一项高雅运动。入华传教士使欧洲全面认识和了解中国。

1655 年，意大利传教士卫匡国的《中国新图》在荷兰出版。此书详尽地介绍了中国 15 个省的地理、人口、经济等情况。三年之后，卫匡国又撰写了《中国上古史》一书，对中国上古时期的历史进行了阐述。来华传教士还十分注意把中国儒家经典传到欧洲。意大利传教士殷铎泽和葡萄牙传教士郭纳爵将《大学》译成拉丁文，称之为《中国之智慧》。此外，传教士雷孝思译《易经》为拉丁文，并附有注释。法国传教士蒋友仁翻译《书经》，孙璋翻译《诗经》等。

中国传统文化传到欧洲，不仅增进了欧洲民众对中国的认识和了解，而且中国儒家思想对欧洲 18 世纪启蒙思潮也产生了相当大的影响。同时，中国的丝绸、瓷器、茶叶等以及文学、艺术对欧洲的影响也不小，形成了一股“中国热”。

299 年羹尧有大功却为什么被贬？

在雍正皇帝即位的初期，年羹尧的迅速崛起又迅速失势都是异乎寻常的，令朝野轰动，各种传闻、猜测都有。

年羹尧（1679 年—1726 年），字亮工，康熙三十九年（1700

年），其21岁时考中进士，并被选为庶吉士，随后充任四川、广东乡试的考官，又升为内阁学士。康熙四十八年（1709年），年羹尧的妹妹被选为胤禛（后来的雍正皇帝）的侧福晋，30岁的年羹尧被任命为四川巡抚。康熙五十六年（1717年），清廷派军队进剿侵入西藏的准噶尔部，年羹尧大胆自请获得了总督的头衔，为平定准噶尔部叛乱立下了功劳。康熙皇帝任命他为川陕总督，并亲自赏赐了弓矢等物。

康熙六十一年（1722年）十一月，胤禛承继大统，是为雍正皇帝。在雍正登基的过程中，年羹尧作为胤禛的藩邸旧人，与隆科多一外一内，出了大力，再加之他与这位新皇帝系郎舅之亲，故备受信任和倚重。雍正一上台，就把西北军事大权交给了年羹尧。雍正元年（1723年）三月，加封年羹尧为太保，4天之后又晋爵为三等公。不久，青海的罗卜藏丹津发动叛乱，雍正授权年羹尧统兵平乱，并封其为二等公，不到半年时间即平定叛乱，又被晋封为一等公。其地位提升之速，权力膨胀之大，几乎令所有的王公大臣瞠目结舌。

雍正不只在西北军事上依靠年羹尧，在政务上也予以重用。凡朝廷事务、国家大事，雍正都要与他商量，重要国策都有年羹尧的参与。在用人上，雍正亦给年羹尧巨大权力，大臣任命都要征求他的意见，尤其是川陕官员的升迁罢免均由年羹尧一人决定，当时称为“年选”。雍正对年羹尧的宠信程度可谓无以复加了。

然而，仅仅一年以后的雍正二年（1724年）十月，年羹尧进京觐见时，雍正便警告他说：“凡人臣图功易，成功难；成功易，守功难；守功易，终功难。……若依功造过，必致反恩为仇。”还没等年羹尧反应过来，雍正已暗示有关官员揭发年羹尧的劣迹，为其垮台制造舆论准备。接着便把年羹尧调离西安老巢，并剪除其亲信。

雍正三年（1725年）四月，年羹尧被解除川陕总督职务，交出了抚远大将军之印，降为杭州将军。九月，年羹尧被捕进京会审。十二月，宣布年羹尧有12项共计92条大罪状，分别为大逆罪5条、欺罔罪9条、专擅罪6条、贪婪罪18条、侵蚀罪15条、残忍罪4条、忌刻罪4条等等。其中应服极刑及斩立决的便有30多条，雍正念其有功，予以开恩让其自裁。年羹尧的父兄亦同时被革职，儿子年富斩立决，其他子孙发配充军，家产全部抄没入官。在监刑官的反复催促下，年羹尧自缢而死，终年 47 岁。这位曾经不可一世的大将军，终于落了个家破人亡的悲惨下场。仅仅 14 个月的时间，年羹尧就从权力的顶峰跌入死囚牢中，不仅他本人做梦也没有想到，就是许多王公大臣也觉得奇怪：年羹尧的 92 条大罪状，可谓件件有据可查，难道这是新发现吗？早在雍正上台之初，便不断有人上疏弹劾年羹尧擅权放纵，任用私人，雍正一直引而不发甚至斥责上疏者无中生有。现在，雍正这么做，显然是秋后算账。那么，年羹尧获罪失宠的真正原因是什么呢？将年羹尧的 92 条大罪状归结起来，主要有这么几个方面：

一、骄横跋扈，不守臣道。年羹尧在给各省督抚发送咨文时直呼其名，给同级将军的函件竟用令谕。包括皇帝女婿在内的一些大臣显贵见他一律要恭行跪拜之礼，如有慢待即受到呵斥。雍正帝派往陕西的侍卫，年羹尧竟难得正视一眼，还把他们充作仪仗队，甚至当作下人役使。他在西安总督府时，令文武官员逢五、逢十辕门坐班，并在大门、鼓厅等显眼处画上四爪金龙，令鼓乐手身着蟒袍吹吹打打，俨然一副帝王派头。雍正圣旨到达时，他不仅不跪请圣安，有时竟然“不行宣读晓谕”。雍正二年（1724 年）十月他进京述职，都统范时捷、直隶总督李维均等公卿跪接于广宁门外，他“策马过毫不动容”。就是在皇帝面前，他“亦箕坐无人臣礼”。像他这样擅作威福，狂妄自大，蔑视同僚乃至皇权而无人臣礼的人，当然会引起众怒，雍正皇帝又怎可容忍。

二、结党营私，排斥异己。年羹尧利用手中权力操纵人事，安插亲信，图谋建立以他为首、以川陕甘官员为骨干的年家班底。凡是由他举荐、任命的官员统称“年选”，根本不把朝廷的吏部、兵部放在眼里。他将其家奴魏之跃赏四品顶戴、桑成鼎竟然被任命为知府，直接违反了奴仆未出籍不得做官的规定。这样做的结果是他的大小亲信分别占据了各个要害部门，由他苦心经营的“年党”居然霸占了四分之一的大清地盘，雍正皇帝怎能再坐视不理！

三、贪赃受贿，侵吞军饷。年羹尧酷爱权力也喜钱财。“年选”的官吏，除了他的亲信外，谁要想弄个一官半职，都要给他进献厚礼，有的一次送银多达 2 万余两。仅仅人事安排一项，就收受“谢仪四十余万两”。而那时的一品大员，岁俸才 180 两银子。他还借统兵之便，公然挤占军费，折合白银达 100 万两之多。雍正上台后的一个重要目标就是要充盈国库，聚集钱财，尤其是西北军费，朝廷总是历尽千难、东挪西拼才勉强筹集到，而年羹尧却要从皇帝碗中分一杯羹，雍正又怎能再姑息！

四、苛待部下，为人残暴。年羹尧性情急躁，喜怒无常，稍不遂意就滥惩属下，甚至草菅人命，滥杀无辜。他曾派兵包围郃阳县（今陕西合阳）民堡，大肆杀戮老少村民，制造了惨绝人寰的大血案。他对一些贤良官吏，或任意诬陷，或乱加逮治，随心所欲发泄淫威，制造了不少冤假错案。年羹尧的胡作非为，早就引起了朝野上下的一致不满，纷纷上书揭发其罪行，对他进行弹劾。如此不得人心的“天下第一负恩人”，雍正当然要制裁了。

以上四方面的罪行，任择其一，都足以扳到年羹尧，何况他有 92 条大罪状。

像他这样大起大落的例子，在历史上并不鲜见。探讨其原因应与中国封建政治的特点联系起来，一代之治必有一代之臣，每一位皇帝都必然会有几个忠心耿耿、才能卓绝的大臣为臂膀，才能巩固自己的统治。年羹尧就是这样的大臣，所以他能够得到皇帝的恩宠。但是，“朕即天下”，如果这几个臂膀不能随主人意志动作，自行其是时，怯懦的皇帝将一事无成，甚至成为臂膀的傀儡；而当有为的臣下又碰上有为的君主，那么刚毅有为的皇帝则必然要换掉他们，并因此酿成君臣间的悲剧。年羹尧的败亡就属于这种情况。

雍正即位之初，年羹尧与允祥、隆科多一道为雍正支撑着当时并不稳定的局面，雍正必须信任他、重用他。他的错误就在于将这种信任和重用当成了专横跋扈的资本，贪婪、骄纵，不自觉地侵犯了皇帝的尊严和权力，这是一个稍有作为的帝王都绝不能容忍的。作为封建时代的功臣，不管建有多大的功勋，一旦忘乎所以，擅作威福，恣意妄为，就会晚节不保；如果再遇上猜忌心重，难以容人的帝王，则必然导致身败名裂的悲惨下场。

300 明清北京城有何建筑特点？

明清北京城是在元大都的基础上发展起来的，作为皇都，它无处不体现着皇权的至高无上，同时在空间结构上又表现出“天人合一”的整体性与和谐性，在审美中顾及政府职能的体现，因此，无论是文化价值还是艺术价值，都是后世珍贵的遗产。

明清北京城是中国封建社会最后两个朝代的首都，这是一个君主专制统治更加强化的历史时期，从整个城市的形态和布局上分析，反映了皇权的至高无上。

北京宫城城墙高 10 米，厚 6 米多，周长 7.263 千米，城外有宽 52 米的护城河；皇城高 6 米，厚 2 米，顶部厚 1.73 米，周长约 9 千米；内城平均底厚 19—20 米，顶厚 16 米，通高 12—15 米，周长约 24 千米，城外有宽 30 至 60 米的护城河。所有城墙的高度都远远大于城内民居的高度，从视线角度来考虑，站在城墙上是可以俯视全城的，这不仅可以起到一个监视的效果，还象征着皇权的至高无上。

北京城的建筑形式也在表达着分明的等级，如房屋屋顶形式、建筑颜色、建筑开间等。屋顶样式：庑殿，顶为最高等级样式，一般用于皇宫和庙宇中最高等级的大殿；歇山等级仅次于庑殿，主要用于宫殿中的次要建筑和住宅园林建筑；悬山和硬山为最常见屋顶形式。色彩：在古代，金、朱、黄最高贵，用于帝王、宗室的宫室；青、绿次之，百官宅第可用；黑、灰最下，庶民庐舍只用这类色调。开间：民间建筑常用三五开间，宫殿、庙宇、官署多用五七开间，十分隆重的用九开间。这些因素都强化着明清北京城的空间深度、空间层次，它们都是皇权至高无上地位的反映。

明清北京城作为我国封建王朝时代都城建设的杰出典型，城市的空间结构突出表现为整体性、和谐性和象征性。

整体性：北京城同大多数城市一样，由一个完整的城墙，把整个城市包围起来。城墙建筑是我国古代城市的重要标志，作为国都的城墙更是这样。在国都的营建中，城墙不仅是一种防御工事，而且还是整个城市在规划设计上的有机组成部分。城内最重要的街道分布，都是以各个城门内所有干道的相互交叉而后形成的。同时，在四面城墙之内，还可以十分明确地规定出全城最重要的中轴线，以至全城平面布局的几何中心。在明清以来的北京旧城上，十分鲜明地体现着整座城市的整体性，特别是自北而南纵横全城的中轴线，以及作为内城平面布局几何中心的景山中峰，显得更为突出。

和谐性：这一点在北京旧城里是最显而易见的，街道布局整齐，全城中轴线东西两侧的市区，对称鲜明。内外两城上下联结，外城的东西两侧又稍宽于内城。因此在全城的空间结构上，又显得十分和谐稳定。

象征性：最突出的一点就是对紫禁城进行精心设计，正好兴建在全城中轴线的中心位置上，紫禁城内最重要的前后六座大殿，按照前朝后宫的次序，自南而北也都兴建在这条中轴线上。大殿内的金龙宝座也就自然坐落在中轴线上，面对着开向正南方的殿门。

这一系列的精心设计，实际上就是传统文化中所谓“居中立国”“面南而王”这种主导思想的反映，是有着十分重要的象征意义的。另外，在紫禁城正门之外的左右两侧，又分别兴建了太庙和社稷坛，这也是按着古典文献中所谓“左祖右社”的规定来规划的。至于外城南墙之内，中轴线东西两侧的天坛和祈年殿，以及先农坛和太岁殿这两组大规模的建筑群，是早在外城的城墙兴修之前就已建筑起来的，原是处于日后所谓“内城”的南部，这一布局，也同样是来源于所谓“祭天于南部”的传统文化。

从建筑布局上讲，北京城以南北贯穿的中轴线为主干，左右两侧分布着棋盘一样的街巷。几条主要干道轴线并行，干道的两侧为街巷和胡同。由于元大都规划时对街道、胡同的宽度都做了具体的规定，因此，城市街区的排列形式被明清两代传承并加以运用，成为城市职能建筑分布的基础。从对北京城职能建筑研究中可以看出，北京城的内城主要是衙署、府邸、仓厂、庙宇以及居住性建筑群等。

其中仅就中央官署的分布来看，元代中央官署与管理大都城的机构主要集中在大都城的东南部以及中部，明清时期随着北京城址的南移，城市重心也向南迁移，即中央官署集中分布在紫禁城以南的千步廊两侧，同时一些官署也表现出向皇城东南部分布的趋势。从整体上看，明清时期北京城官署机构多分布于东城，而平时进出紫禁城全部由东华门进出。西城地域内则聚集了许多皇亲国戚的府邸宅院，例如礼王府、郑王府以及众所周知的恭王府等大型府邸。这些官署机构和府邸宅院的建筑格局都是规模很大的大型和超大型四合院，尤其是官署机构的建筑规模较一般的府邸更加庞大。

明清北京城所体现的文化内涵，自始至终都受到中国传统儒家思想的影响，其建筑立意就充分体现了中国的封建礼制、伦理教化、宗法制度、等级制度等多方面因素。建筑是社会意识的反映，同时也是地理环境因素和人为因素的反映，而社会意识是决定建筑形式的主要因素。明清北京城的建筑布局和建筑形式，传递着很多民族的传统文化内涵，例如宗法、堪舆、等级以及社会地位、经济因素等。这种建筑与文化二者合一的营造理念，深刻地渗透出北京城建筑文化的背景，这些丰富的建筑文化内涵，才是能够延续这种建筑形式的千年根基，成为超出建筑本身的实用功能，使之永久传承、继往开来的重要因素。

明清北京城继承了元代建筑的精华，在不断发展和完善的基础上，使前朝的建筑形式、建筑内涵、建筑技术得到了完美的传承，并使之发扬光大。它所反映出来的是中国北方金碧辉煌的皇家都城建筑，体现的是中国传统的审美情趣和价值取向，其珍贵的历史、科学、文化价值是中华民族珍贵的历史文化遗产。

301 避暑山庄与圆明园有何建筑成就？

承德避暑山庄和北京圆明园作为园林艺术的瑰宝，让人无限赞叹和向往。作为园林景观，避暑山庄和圆明园不但完美地融合了山水草木的自然景观，也体现出独特的文化内涵，其中所包含的历史意义更有价值，虽然如今各自的命运不同，但都为我们留下了丰富的精神文化。

一、避暑山庄

避暑山庄始建于清康熙四十二年（1703 年），距今已有 300 多年，是我国现存最大的古典皇家园林，经康、乾两朝的营构扩建，踵事增华，花木繁茂。宏大雄伟的外八庙如众星捧月环绕在避暑山庄周围，成为塞北一颗璀璨的明珠，举世无双，闻名四海。1994 年被列入世界文化遗产名录。避暑山庄是我国北方各民族文化长期融汇的结晶，所蕴含的历史和文化内涵浓郁而丰厚。

在园林艺术上。避暑山庄占地面积约 560 公顷，由宫殿区、湖区、平原区和山区四部分组成。建筑严格按九宫进制，布局对称、严整。建筑风格采用简洁朴素的北方民居形式，青砖灰瓦，古朴典雅，随和自然。承德避暑山庄是典型的自然山水园，是以人工模仿自然山水，形成以自然山水为表现主题的造园风格和创作方法，营造出林木葱郁、曲折幽深的环境。运用山石、水体、植物、建筑等物质要素创造出自然和谐、富有诗情画意的园林艺术形象。承德避暑山庄与外八庙作为中国三大建筑群之一，无论是在单体建筑上还是整体的协调上都独具特色，承德避暑山庄是皇家园林，而外八庙是依照新疆、西藏喇嘛教寺庙的形式修建的寺庙群，这些寺庙融合了汉、藏等民族建筑艺术的精华，强烈的色彩搭配，同时又与避暑山庄形成一个紧密关联的有机整体，在整体风格上，避暑山庄朴素淡雅，外八庙金碧辉煌。

在园林文化上。避暑山庄位于滦河中上游流域的燕山山脉的千里群峰之中，风景秀丽，山川雄奇，河流纵横，林密草丰，其地理环境及军事位置十分重要。这一带正是华北平原与内蒙古草原之间的交汇区域。正是这样的文化造就了避暑山庄纽带式地域文化的特点。避暑山庄文化在清朝政权逐步稳固和经济不断繁荣的过程中，不仅凝聚了各民族文化的精华，而且更具有清代宫廷文化的色彩，同时又是长城以北、滦河流域具有明显地方特征的地域文化，由此形成了避暑山庄的特色文化。

清代的木兰秋猕是承袭了古代北方少数民族，特别是契丹、女真族的捺钵习俗，并且创造性地发展了这种捺钵文化。自康熙二十年（1681年）开辟木兰围场后，每年举行秋猕活动，布阵习武。仅古北口至木兰围场沿途就建有规模各异的行宫14座，依次为巴克什营、两间房、长山峪、王家营、喀喇河屯、热河上营、钓鱼台、黄土坎、中关、什巴尔台、波罗河屯、张三营、济尔哈朗图、阿穆呼朗图。其中热河上营是康熙亲自踏勘而兴建的最大行宫，即今避暑山庄。康熙曾说："昔秦兴土石之工，修筑长城。我朝施恩于喀尔，使之防备朔方，较长城更加巩固。"这便是康熙肇建避暑山庄和开辟木兰围场的真实意图，对于清帝国实现江山一统的政治理想起到了重要作用。由此可见，清代木兰秋猕乃是源于辽、金时期的捺钵习俗，两者之间有着必然的内在联系，同时又有新的发展和实质性的升华。木兰秋猕活动是避暑山庄文化政治内涵的重要体现，而清帝大一统的治国思想则是避暑山庄文化的精髓。

清朝定都北京后，满族统治者为实现其"合内外之心，成巩固大业"的政治理想，在古北口外设立木兰围场，并兴建热河行宫（避暑山庄）。自此，承德便成为清代的第二个政治和文化中心。避暑山庄文化已经不单单是满族、蒙古族文化，而是融汇了汉族及其他各少数民族文化在内的一种特殊类型的地域文化，这个文化是以避暑山庄、外八庙为代表，在滦河流域产生、绵延、发展、光大，既有浓厚的民族融合特征，又具鲜明的清代宫廷色彩，展现的是中华建筑文化的精华。

二、圆明园

被誉为"万园之园"的圆明园，始建于康熙四十八年（1709年），历经康、雍、乾三代帝王修建而成，由圆明园、长春园、绮春园三园组成。它体现了我国古代造园艺术的精华，是清代最出色的一座大型园林，汇集全国的名园胜景；大胆吸收外国的建筑形式与内容，在世界园林建筑史上占有重要地位。它最初是康熙皇帝赐给皇四子胤禛的。1723年雍正即位后，拓展扩修，并在园南增建了正大光明殿和勤政殿以及内阁、六部、军机处诸值房，以便在这里办公听政。乾隆皇帝在位期间除对圆明园进行局部增建、改建之外，还在紧东邻新建了长春园，在东南邻并入了绮春园，圆明三园的格局基本形成。嘉庆朝，主要对绮春园进行修缮和拓建。圆明园的全部面积在 3000 亩以上。

在整体建筑上，圆明园是以断续的山丘、曲折的水面将广阔的空间分割成大小百余处各具特色的建筑群，再用长廊、曲径、桥梁、墙垣构成山重水复、层层叠叠的园林空间，其间的所有景致，经过人工精细的雕琢，建筑多富丽堂皇，与全园的中西合璧相宜，正所谓“虽由人做，宛自天开”。圆明园体现了我国古代造园艺术之精华，是当时最出色的一座大型园林，乾隆皇帝说它是“实天宝地灵之区，帝王豫游之地，无以逾之”。而且在世界园林建筑史上也占有重要地位，其盛名传至欧洲，被誉为“万园之园”。法国文豪雨果有这样的评价，说它是“理想与艺术的典范”。俗话说“意在笔先”，即造园首先要确定景象所表达的情趣、意境，像作画、赋诗一样，要有一个富有情趣的主题。圆明园的兴建正是在讲求意境的同时，又表现出丰富的文化内涵。

圆明园作为我国清代“康乾盛世”下的产物，其园内的一草一木、一亭一榭都深深地铭刻着我国传统文化的印记，体现了我国的悠久历史和灿烂的文化之美。我国传统的美学思想、文学绘画艺术、

圆明园遗址

建筑园林艺术、宗教文化对圆明园有着深刻的影响，而圆明园在当时乃至现在对世界园林艺术发展都有着深远影响。它一方面体现着道家思想中崇尚自然的意趣，追求自由浪漫的生活气息，另一方面作为皇家园林又肩负着政治色彩，顾及到人伦道德和治国安邦，充满了儒家文化的意味。作为清代的代表建筑，它集中国历代传统文化于一身，收藏了大量的艺术珍品和书籍文物，可谓是中国文化的载体。

在第二次鸦片战争中，英法联军于1860年劫掠并焚毁了圆明园。大量文物流落海外，并有珍贵书籍就此被毁，对中国传统文化造成了极为严重的破坏。之后圆明园又遭土匪、军阀的进一步掠夺，文物尽毁，昔日的金碧辉煌化成了断壁残垣，成为国力衰微、受人欺凌的历史见证。

作为清朝最鼎盛时期的建筑，作为清朝皇室游园的行宫和政治文化中心，承德避暑山庄和北京圆明园的地位及作用各不相同。但它们在建筑艺术上都将山水、草木巧妙地结合在一起，浑然天成，体现着中国崇尚自然的道家思想。圆明园吸收了西方的建筑风格而别具一格，避暑山庄由于它地理位置的特殊性更是担当起了作为文化枢纽和军事训练地的重要职责。而今，圆明园尽毁于战火，避暑山庄依旧挺立，虽然各自命运不尽相同，却无时无刻不在昭示着其往日的瑰丽和价值，警醒着后人。

302 蒲松龄是怎样的一个人？他的《聊斋志异》是一部什么样的著作？

蒲松龄（1640年—1715年），字留仙，一字剑臣，号柳泉居士，山东淄川（今山东淄博）蒲家庄人，他生于明崇祯十三年（1640年）四月，卒于清康熙五十四年（1715年）一月，是我国清代著名文学家。蒲松龄生长在明末清初一个渐趋败落的地主家庭，父亲在无奈之下弃儒从商并亲自教授儿子们念书识字，自幼蒲松龄便文才出众，聪慧异常。

1658年，蒲松龄“初应童子试，即以县、府、道三第一，补博士弟子员，文名籍籍诸生间”。这个时期可谓是蒲松龄最意气风发的一个时期，在科考中首战告捷，在文人举子间声名大噪，可以说是一举成名。然而自此之后，蒲松龄便久困于场屋，直到康熙五十年（1711 年），才得为贡生。从少时名声大噪到之后的屡试不第，如此巨大的落差，给蒲松龄造成抑郁不得志的愤懑心情。《聊斋志异》中有很多科举题材的作品如《叶生》《司文郎》《王子安》等，都惟妙惟肖地刻画出了科场不如意的书生一生的艰辛挫折和知音难求的痛苦心态。

《聊斋志异》一书，是蒲松龄耗尽半生心血所完成的一部文言短篇志怪小说集，既继承了以往文言短篇小说的传统，同时也以它独特的艺术创新达到了对传统的超越。题材上，主要延续了以往文言短篇小说的传统，记述鬼怪狐媚故事，但却能借此表达作者对诸多社会问题的态度，爱恨强烈，主题鲜明，思想深刻。艺术上，首先，作者以非凡的艺术想象力，创造了众多亦幻亦真的奇特故事，塑造了一系列兼具鬼怪特质和人情人性的花妖狐魅艺术形象。其次，文章的艺术魅力很大程度上来源于作者高超的情节驾驭能力和叙事技巧。蒲松龄既继承传奇和史传文学叙事笔法的长处，同时又有自己新的创造和发展，使故事情节扣人心弦，引人入胜。再次，《聊斋志异》的语言古艳典雅而又生动形象，极富表现力。蒲松龄还非常注意细节描写，常以一些典型细节来表现人物性格、心理等等。总之，《聊斋志异》既继承了魏晋以来的志怪小说传统，同时又加以创造性地发展，以其深刻的思想内涵和极高的艺术成就当之无愧地成为我国文言短篇小说中的一座高峰。

从蒲松龄与《聊斋志异》的两者关系来看，主要表现在以下方面。在思想方面，首先，蒲松龄接受佛教思想，以净土宗和禅宗为主，同时反映在《聊斋志异》当中。他借用佛教思想尤其是因果报应之说，劝导善行，惩戒邪恶，以期人心归正，世风复淳，这也是他创作《聊斋志异》的主观命意之一。其次，作者注重伦理道德思想。《聊斋志异》近 500 篇的作品当中，作者没有写帝王将相的称霸之争，没有写聚义抗暴的英雄故事，而是将更多的笔墨倾注于普通人物的家庭琐事，描写平民家庭的悲欢离合，关注具有浓重世俗色彩的家庭伦理问题。最后，《聊斋志异》充分体现了作者对“百善孝为先”思想观念的推重。书以孝开宗明义，对孝道进行了反复弘扬，甚至通过描写因果报应来宣扬孝道。为了弘孝，他还总结了十二种行孝的方式，如求生为孝、延嗣行孝、事亲求孝等，这与他深受中国传统文化特别是儒家文化的影响与本人现实生活中奉行孝道有直接关系。

在语言方面，《聊斋志异》涉及婚嫁类的词语相当多，从这些词语可以体现出蒲松龄的婚姻观：与“媒人”相关的词语表现作者“非媒不婚”的观念；对婚礼过程的描写表现出作者反对“非礼成偶”，认为婚姻过程中的礼仪不可或缺；与纳妾相关的词语也体现出作者始终默许“一夫多妻”；从婚后相处的词语中可发现蒲松龄不太赞成离异和休妻，即使真的要离异或者再续再醮，也都必须符合传统礼仪。

在内容方面，蒲松龄《聊斋志异》的创作及其人格精神深受侠文化浸染。由于长期徘徊在雅、俗文化之间，蒲松龄的侠文学作品不仅具有更为浓厚的民间色彩，而且蕴涵着相当丰富的雅文化因子。侠文学的创作，又是蒲松龄排遣孤愤之情的特殊渠道，与秉性气质的深度契合，更使他对侠义精神心领神会，成为其创作侠文学的性格基础。

对待女性观点方面，《聊斋志异》既显示出蒲松龄反对封建礼教的呐喊者的姿态，又表现出他维护封建伦理的彷徨者的状态。如《林氏》一章就反映了作者对于娶妻、纳妾以及子嗣等问题的落后观念，对林氏近乎畸形的行为大加赞赏。但蒲松龄也具有进步的女性观，他肯定女性大胆示爱，主动追求爱情幸福的“违礼”行为；他欣赏女性的才华，重视女性在社会文化中的重要作用；尤其难能可贵的是，他对于女性在经济中的重要地位给予肯定，对黄英等女商人用自己的才智获得财富持积极赞赏的态度。

此外，蒲松龄还突破封建礼教男女之大防，以男女异性知己来展现人性的高尚。如《香玉》中树精绛雪与黄生就是一对令人羡慕的异性知己。可以看到，生活在封建社会的蒲松龄，其女性观是矛盾的、复杂的，有文明进步的一面，也有传统庸俗的一面，因此不能简单地以女权主义论之。

从史学价值来看，《聊斋志异》是以小说形式再现了明末清初社会的千姿百态，但却不全是作者的虚构与想象。相反，《聊斋志异》中的不少篇目真实记载了明末清初社会的实际面貌和作者的亲身经历，因此书中的不少记载为后人研究明清社会历史提供了一些重要的、颇具参考价值的史料。从此意义上讲，《聊斋志异》也可以看作是一部明清时期口述历史史料集，其史料价值主要体现在经济、政治、司法、社会文化、风俗习惯、中外交往、灾荒等方面，这些史料再现了明末清初时人的活动场域，刻画出了一个相当清晰的明清社会。

303《儒林外史》是一部什么样的小说？

《儒林外史》是一部由清代小说家吴敬梓所写的现实主义章回体长篇白话讽刺小说。全书共 56 回，约 40 万字，描写了近 200 个人物，是中国古代讽刺文学的典范。

作者吴敬梓（1701 年—1754 年），字敏轩，号粒民，晚号文木老人，安徽全椒人。他出身于官僚之家，早年热衷科举，后因“兄弟参商，宗族诟谇”，从而对现实有清醒认识，厌弃功名富贵，不再应科举考试。这段人生经历对小说的写作动机、人物形象的塑造有重要影响，吴敬梓最终在困顿的晚年岁月中完成了《儒林外史》的创作。

《儒林外史》虽假托明朝的故事（除了楔子是写元明易代时的王冕故事外），但小说所展示的却是清代中叶 18 世纪的社会百态。它以封建士大夫的生活和精神状态为中心，通过写寒士艰难的科举之路来揭露科举制度的弊端。小说从描写因受科举影响而灵魂扭曲的知识分子着手，讽刺了地主豪绅的贪吝刻薄，官吏的无能，一些附庸风雅的名士的虚伪，反映出整个封建礼教制度的腐朽与衰败。小说虽名为《儒林外史》，刻画的主要人物形象也为知识分子，但小说却也在一定程度上为我们展现了清朝的社会风貌，甚至折射出封建

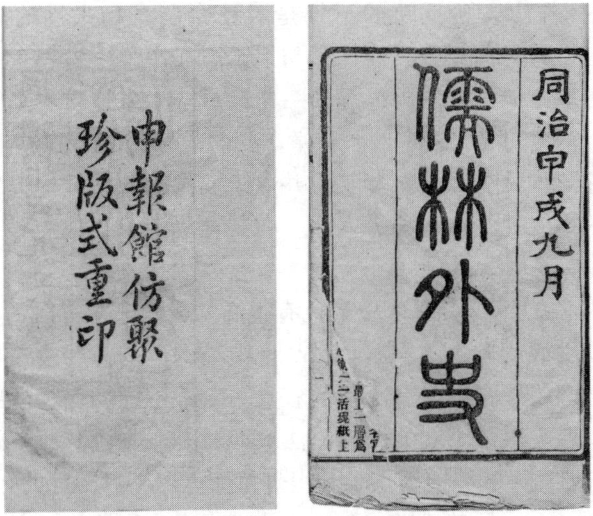

《儒林外史》书影

社会后期的人间百态以及人的劣根性。作者凭借着其通过人物刻画反映社会制度深层问题的艺术能力，使《儒林外史》成为现实主义叙事艺术的丰碑。

在内容上，作品一开始就通过范进、周进中举前后的悲喜剧，来表现作者对科举制度的批判。封建统治者为了笼络束缚知识分子，将科举取士与升官发财相结合，从而使大批知识分子将科举考试作为飞黄腾达的唯一出路，醉心于其中。周进就是这方面的典型。60多岁的周进因苦读大半辈子书却还只是个童生，所以不得不忍受着他人的嘲笑和凌辱，后来当他到省城给商人记账，见到贡院号板，便悲不自胜，“一头撞在号板上，不省人事”。当商人们愿为他捐个监生时，他竟拜伏于地，认商人为再生父母。在中举之后，周进一下子由为人践踏的鄙儒变为万人尊崇的骄子。正是科举制度，造成了周进的悲不自胜与众人的趋炎附势。小说还描摹了一批读书人在考取科名后，变为贪赃枉法、专横暴虐、贪吝刻薄之徒，从而进一步揭露科举制度的罪恶与当时政治的腐败。

《儒林外史》所反映的不仅是对社会制度和人性的揭露与讽刺，还有作者对理想生活的探索与追求。在小说中有一个清高的隐士——王冕，他没有像周进等人一样耗尽毕生来追求功名，而是勤学好读，轻视功名，否定八股科举。同时吴敬梓还塑造了轻财重义、不随波逐流的杜少卿，自食其力并敢于反抗封建礼教的沈琼枝，勤劳淳朴的牛老儿、卜老爹等人物。在某种程度上，这些形象寄托了作者的美好愿望。

在艺术方面，《儒林外史》也有很高的成就。在写作手法上，它开创了我国讽刺艺术的先河。作品把诙谐的讽刺与严肃的写实相结合，在合理的夸张中又有冷静的叙述。对于不同的人物形象、人物性格，作者采取了不同的讽刺手法。如对马二先生游西湖的丑态的刻画，对严监生临死前因点了两根灯草而迟迟不肯断气的夸张描写。在人物刻画上，吴敬梓通过白描手法来表现人物性格。在语言运用上，生动简练，富于形象性和表现力。

在结构上，作者打破了传统小说由少数主要人物和基本情节为中心的连贯的故事结构，进而采取了锁链式的形式，将单篇独立的故事连缀起来。这在小说发展史上具有重要意义。

总而言之，无论从其内容、艺术手法来看，还是从其思想高度来看，《儒林外史》都达到了中国古典小说的顶峰，是讽刺小说的典范。

304 曹雪芹是怎样的一个人？他的《红楼梦》是一部什么样的著作？

曹雪芹，大约生于1715年（也有说法为1724年），卒于1763年或1764年，是清代著名小说家，其创作的《红楼梦》集中国叙事艺术之大成，为中国古代四大名著之一，在中国文化史上占有重要地位。

曹雪芹，名霑，字梦阮，号雪芹，又号芹圃、芹溪，祖籍辽阳，先世原是汉族，后被编入满洲正白旗。曹家因其高祖曹振彦在随清兵入关过程中立有军功而开始发达。曹雪芹曾祖母孙氏曾为康熙皇帝的乳母，而祖父曹寅曾做过康熙皇帝的伴读。由于与康熙皇帝有这层关系，其曾祖父曹玺便被任命为江宁织造，后又由其祖父曹寅继任，曹家因此在康熙朝十分显赫。曹雪芹就在这种富贵安逸的生活中度过了其童年时代。康熙死后，雍正皇帝以“亏空甚多”等罪名，将曹家抄没，后曹家迁回北京。在乾隆初年，曹家彻底败落。正是曹雪芹丰富的人生经历、跌宕起伏的命运，为《红楼梦》的创作提供了素材与情感体验。大约在其38岁前后，曹雪芹开始了“披阅十载，增删五次”的《红楼梦》创作。但最终曹雪芹因贫病而卒，《红楼梦》没有得以完成。

由曹雪芹耗尽心血写成的《红楼梦》，被视作中国古典小说的巅峰之作。《红楼梦》为一部长篇白话人情小说，本名《石头记》，又名《金陵十二钗》《风月宝鉴》《情僧录》，总共120回，前80回由曹雪芹所作，对于后40回的作者，现在多认为是高鹗。通过对曹雪芹家世的了解，《红楼梦》被人们视为是带有自叙性质的作品。曹雪芹以自己的人生经历及对生活对社会关系的理解为基础，结合了自己在金石、诗书、饮食等方面的积淀，创作了众多人物和事件互相交织的一个完完整整的故事。小说以荣国府的日常生活为中心，以宝玉、黛玉、宝钗的爱情婚姻及大观园中点滴琐事为主线，以贾、史、王、薛四大家族由鼎盛走向衰亡的历史为暗线，讲述了一个家族、一个时代的悲剧。

从写作深度上来讲，《红楼梦》不是仅仅停留在一部爱情小说的层面上，它还呈现了一个封建社会大家族在内外错综矛盾中走向衰颓的历史及其毁灭的必然性。这样的悲剧在封建社会具有典型意义。

在思想方面，曹雪芹在《红楼梦》里通过对贾宝玉、林黛玉等人的描写，表现出其反对封建仕途经济，反对封建的伦常等级，主张婚姻自主、个性解放等较为先进的思想，对封建大家庭、封建的宫廷生活、官场习气等进行了无情的揭露。

从文学史的角度看，曹雪芹冲破了中国传统叙事文学（至少是宋元以来）极度泛滥的大团圆的格局，创造了一部体现作家悲剧气质的中国式的大悲剧。这为后代的小说创造拓宽了道路。

对于其他学科，特别是历史学的研究发展来讲，《红楼梦》也具有极大的价值。由于曹雪芹将自己在诗书、绘画、园林、中医、织补、工艺、饮食等方面的学识融入小说之中，故小说中的许多描写对研究中国古代民俗、封建制度、社会图景、建筑金石等具有重要意义。

总之，曹雪芹所创作的《红楼梦》不仅是文学巨著，还是一面封建社会的镜子，是曹雪芹对命运与时代的思考，是“中国封建社会的百科全书”。

现今，《红楼梦》有甲戌本、己卯本等多个版本。

305 武侠小说兴起的时代背景是什么？

武侠小说是中国通俗旧小说的一种重要类型，多以侠客和义士为主人公，描写他们身怀绝技、见义勇为和叛逆造反的行为。中国最早出现的长篇武侠小说为清代古典名著《三侠五义》。后世武侠小说有广义和狭义之分，广义上是指传统武侠、浪子异侠、历史武侠、谐趣武侠、古典仙侠、奇幻修真、现代修真，但从武侠小说的狭义层面上来说就只指传统武侠、浪子异侠、历史武侠、谐趣武侠这四类。

一、武侠小说的兴起时代历来说法不一，主要有以下几种说法：

其一为先秦说。其首倡者美国学者刘若愚先生认为：“把历史上的游侠写进小说，最早大概要数《燕丹子》。”但目前有学者对《燕丹子》的成书时间提出了质疑。而同为支持先秦说的罗青先生则认为《庄子·说剑》是“涉及武侠的长篇作品，最接近现代小说规模”。

其二为两汉说。王海林先生认为司马迁《史记·游侠列传》中的“郭解事迹”和《吴越春秋》中“越女试剑”为最早的武侠小说。

其三为六朝说。持此观点的海外学者崔奉源先生认为中国小说起始于魏晋志怪，其中已有“很标准的侠义小说”。

其四为唐代说。叶洪生先生认为武侠小说萌芽于唐代。

在对以上几种说法进行分析、否定之后，复旦大学的张兵认为武侠小说发端于东汉末年，其代表性的武侠小说为《燕丹子》。

二、中国最早的武侠小说《燕丹子》诞生的历史背景。

首先，在《燕丹子》之前，小说在汉代已经萌芽。在《史记》《汉书》等具有文学性的历史著作影响下，汉代出现了以模仿列传中的人物传记、摹写历史人物事迹为主并糅杂民间传说故事的小说，如伶玄的《赵飞燕外传》和班固的《汉武帝内传》等。这些小说的产生为武侠小说的产生奠定了基础。

其次，汉代社会普遍流行的任侠之风，促进了武侠小说的产生。首先不得不提到充满任侠之气的项羽，其次还有冒生命危险救季布的豪士朱家。而这样的任侠之士在汉代还有很多，有人根据《史记》《汉书》和《后汉书》中的记载，做了一个不很完全的统计，得出在汉代活跃于社会中有名有姓的游侠就有 140 余人。他们之中既有贵族，又有百姓，并且大多建立了丰功伟绩。正是由于身处于这样的社会环境下，许多人对游侠充满了仰慕崇拜之情，这为武侠小说的产生奠定了情感基础与社会基础。

同时，正是在这种社会大环境下，司马迁在尊重人格独立的基础上，在《史记》中特意创立了《游侠列传》，专门为游侠作传。他将游侠分为“卿相之侠”和“匹夫之侠”，并首次比较完整地提出了中国游侠的界定概念，这极有利于后世游侠形象的定型与武侠小说的发展。

正是在多方面因素作用下，诞生了第一部中国武侠小说《燕丹子》。此书共 3 卷，作者不详，主要描写了燕太子丹反对暴秦以及结交荆轲策划刺杀秦王的故事。作者根据传闻虚构情节，塑造了不同类型的人物，《燕丹子》可以看作古代武侠小说的雏形。

306 乾嘉学派取得了哪些学术成就？

清代乾隆、嘉庆时期的学术，包括经学、史学、语言文字学、金石考古、天文历算以及舆地等学科，都笼罩在汉代经师所倡导的朴实考据学风之下，在中国学术史上形成了与先秦子学、两汉经学、魏晋玄学、隋唐佛学和宋明理学相媲美的清代汉学。由于产生于乾嘉时期，故以乾嘉学派称之。乾嘉学派是乾隆嘉庆时期占支配地位的学术流派，又有别于其他历史时期的学术，足以反映清代学术特点的学术思潮、朴实考经证史的特征，因而也有人以“清学”或“朴学”称之。

对于乾嘉学派的研究和评价，长期以来就有历史成见的影响，诸如汉、宋学之争的门户之见，满、汉民族矛盾斗争中的民族偏见，以及中华人民共和国成立后曾经存在过的极左政治对学术研究造成的极左偏见等，因此对其评价并不客观，有意无意地否认或者削弱了乾嘉学派的成就。我们应从乾嘉学派的学术成就入手进行梳理，以消除偏见，更客观地认识和评价乾嘉学派在中国学术史上的地位和影响。

根据乾嘉学派治学内容、治学方法上的特点，其学术成就可进行如下概括：

一、集历代特别是明末清初考据之大成，把中国古代考据学推向高峰，形成独具特点的考据学派。考据作为一种治学的基本方法，为历代学者整理历史文献时所普遍使用，并非清代所独有。乾嘉学派正是在继承和发展了历代特别是清初学者的考据成果与考据方法的基础上，把考据学发展为独立的学派。乾嘉学派的出现，使得考据内容更为广泛，考据方法也更为严密，考据成果更为充实和丰富。可以说，乾嘉学派为集历代考据之大成，把中国古代考据学推到高峰，引向极致。

二、对我国两千多年以来的文献典籍，进行了大规模的整理总结，使丰富的文化遗产得以保存，并为后人阅读、利用和整理提供了方便，奠定了基础。我国历史文献典籍浩如烟海，但由于战乱、水火、风蚀、虫蛀等原因，有不少亡佚残缺，又或者在传抄流传的过程中颠倒错乱，字形音义变化，艰涩难解，使人无法卒读。乾嘉学派，在吸收前人已有成果的基础上，通过训诂笺释，版本鉴定，文字校勘，辨伪辑佚等方法和手段，对两千多年来流传下来的文化典籍，进行了大规模的认真系统的整理和总结，做出了可贵的贡献和成绩，涌现了众多的学者和著述。具体地说，其成就表现在如下方面：

1. 乾嘉学派对儒家经典的整理。乾嘉学派几乎把儒家所有的经典，都重新加以训诂和笺释，如《易》《书》《诗》《礼》《春秋》《论语》《孟子》《尔雅》等，都有新注新疏，并取得了很大成就。从数量上看，有影响的著作大约十种之多，从质量上看，将所有经典追本复原，并对其历代衍变、研究进行了概括和总结，在学术上达到了顶点。其中著名的有阎若璩的《尚书古文疏证》、王鸣盛的《尚书后案》以及孙星衍的《尚书今古文注疏》等。

2. 乾嘉学者在文字学、音韵学方面下了很大功力，并取得显著成就。乾嘉学者对古代流传下来的如《尔雅》《方言》《广雅》《说文解字》等进行整理注释研究，产生了一批学术价值很高的研究著作。如戴震的《方言疏证》，邵晋涵的《尔雅正义》，王念孙的《广雅疏证》，王引之的《经传释词》，段玉裁的《说文解字注》等，在学术上均有很多创获。这些著述，至今仍是研究文字、音韵、训诂方面的重要参考著述。乾嘉学派这方面的成就，也超过了历史上其他时期。

3. 乾嘉学者在整理文献过程中，使得目录学得到很大发展，此时期也成为目录学的黄金时期。梁启超说："四库馆是汉学家大本营，《四库全书总目提要》是汉学思想的结晶体。"道出了乾嘉学术与目录学的深刻内在关系。学术文化总结的具体表现形式：总序、小序和提要，当时的著名学者在扎实的文献整理与研究基础上写成了不仅代表了当时学术的最高成就，也代表了古代学术的最高水平的《四库全书总目提要》，使之成为继承、发扬中国古典目录学优秀学术传统的集大成的杰作。版本学的朴学倾向，使许多版本学家走出收藏、鉴赏的圈子，进行文献学的研究和著述，版本目录学也得到很大发展。乾嘉学者还增补了清以前正史中的《艺文志》《经籍志》。清代各种专门（专科）目录非常兴盛，这也与乾嘉时期各门类学科充分发展是分不开的，其中以最能充分反映学术成果的辑录体专门（专科）目录的成就最高。且此时期目录体制也得到改善，在承认四部分类法的前提下，又有部类分合的改良，其中将改良推向极致的是孙星衍的《孙氏祠堂书目》。

4. 乾嘉学派在古籍整理方面的成就，还突出表现在校勘、辑佚、辨伪方面。乾嘉学者把秦汉以来的大部分子部书，诸如《荀》《墨》《老》《庄》《管》《晏子春秋》《吕氏春秋》《淮南子》《春秋繁露》等进行校勘，其中王念孙的《读书杂志》就是有名的校勘著作。乾嘉学者还经过搜集钩沉，把许多亡佚的文献典籍，从几部较大的类书或较古的典籍中辑佚出来，使得失传的典籍重见天日。再者，许多伪书，或作者、年代记载有误的书籍，乾嘉学者也以严肃的态度，加以辨证，确凿证明某些书是伪书，避免了以讹传讹，以假乱真。姚际恒的《古今伪书考》、崔述的《考信录》等，都是著名的辨伪著作。

三、乾嘉学派在史学方面也取得了巨大成就，主要表现在对史料的修补鉴别，考证史籍的编著源流，考订历代史书记载的真伪异同，补订各史表志，以及对遗文佚事的搜集辩证。《廿二史考异》是钱大昕的代表作，与王鸣盛的《十七史商榷》、赵翼的《廿二史札记》，并称为乾嘉时期三部史学名著。这三部类似的著作，亦各有特点。钱著详于校勘文字，解释训诂名物，王著则偏重典章制度的考实，赵著则在考辨史实的同时多发议论，这些均有助于后人阅读了解古史。至于考订补注各断代史的史籍更是不胜枚举。乾嘉学派在史学方面的贡献还在于对各类史表的编排和对地方志的编纂方面，地方志的编纂和创立遂成为清代史学的一大特色。

四、乾嘉学派中有许多严肃的学者，在治学态度与治学方法上，严谨踏实，一丝不苟，而且还开近代实证学风之先河，这一点也是其学术成就的表现。乾嘉学者将传统的学术研究方法，大大向前推进了，使自己的学术研究方法，已具有某些近代气息和文法概念。如王引之的学术著作，论证严密，逻辑性强，有纯熟的归纳、演绎技巧，已是系统的学术论著，而不像顾炎武的《日知录》等零金碎玉式的札记之作，开启了近代学术著作的论证之风。再如阮元在著作中运用了统计学的方法对事物进行归纳，具有类的观念和发展的观念，突破了传统的研究方法。在用词方面，乾嘉学者也采用了一些“事实”“西学”“西法”等近代学者常用的词汇。从这些学者的研究方法、研究用语中，已可嗅到近代学术研究的气息，这正是学术研究反映历史转折时期时代特点的表现。那种所谓乾嘉汉学把“中国学术进到近代之路隔断了”的说法，并不符合历史事实。

以上概略地论述，虽不足以概括乾嘉学派的全部学术成就，但却也足以说明乾嘉学派从研究内容到研究方法都有可取之处。乾嘉学派不仅仅在整理古籍方面有贡献，其在经学、小学、历史、地理、金石、考古以及工具书、丛书、类书的研究和编纂方面，也留下了可资借鉴的宝贵成果，在中国学术发展史上有着重要地位和影响。

307 昆曲具有哪些艺术特点？

昆曲亦称昆山腔、昆腔、昆剧，是明代四大声腔之一。最初是昆山（今属江苏省）一带民间流行的南戏清唱腔调，明初有昆山腔之称。后在昆山腔的基础上，吸收弋阳、海盐诸腔的音乐和北曲的唱法，改革成了新的昆山腔。改革后的昆腔，婉转细腻，擅长抒情，有“水磨调”之称，成为集南北曲之大成的“时曲”，从而风靡全国，成为中国戏曲有代表性的声腔。它是中华传统艺术中的瑰宝，在中国文学史、戏剧史、音乐史、舞蹈史上都占有重要地位，堪称中国戏曲艺术之集大成者。昆曲既具有戏曲艺术的一般特征，更拥有独具特色的艺术风格。

昆曲声腔的特点。昆曲在演唱艺术上有极高的成就，首先要归功于其演唱的声音美，即“唱曲者乃悦耳之乐音，非刺耳之嗓音”。昆曲唱腔的个性主要表现在以下几个方面：1. 声韵学知识的运用，讲究咬文嚼字。它采取了北方杂剧依字传腔的演唱方式，规定“五音以四声为主”，而“四声”之字音，“悉率中州音韵”。中州音韵，即当时官话。它采用民族共同的基本语音，有利于广大民众的接受，为其在全国的传播奠定了基础。2. 和谐、圆润、适度，突出自然美。“和谐”是昆山腔突出特点之一，它不仅强调声、韵、调和谐，使腔调和语言相协调，还注重追求乐器之声和人声的融合。为了追求和谐的效果，昆曲对腔板、曲调、短腔、吐字、气息都有特殊的要求。不求太过的唱曲美学与传统社会倡导的“中庸”处世哲学，又有神似和相通之处，“昆曲的特性，也被谐和二字占了”。3. 唱腔舒缓、婉转、细腻、轻悠。“气尤烟火，启口轻圆，收音纯细”，是昆曲“水磨腔”的最突出特征。其声细腻、婉转、飘忽若丝，加之丝竹乐器细吹细打地伴奏。丝竹配乐“皆能和曲之微，而令悠长婉转以成顿挫也”。水磨调非常善于传情，能在清幽、舒缓之中，激起人们心底深处悠长的情思。这与北方杂剧刚硬、尖锐的配乐形成完全不同的艺术风格。4. 昆曲发展了唱腔技巧。从声腔的发展上说，昆曲虽是南曲系统，但实际上它却兼容了南曲与北曲两种声腔。昆曲时期完成了南北曲的融合，昆曲把两者的长处结合起来，既保留了北曲结构严谨的长处，又保持了南曲灵活自由的优点，使全套唱腔协调，更好地表达情感。

昆曲的剧目特色。戏曲并不单指声腔本身，声腔需要其他艺术表现手段。明清时期的戏曲剧本基本上为昆曲而创制，昆曲的剧目丰富庞杂，但也有一定的特点。明清传奇作家大多集中在江浙一带，特别是清代，传奇作家更集于苏州一地。他们的生活圈主要在苏州以及江南一带，因此，剧本多以这些地方为背景，所谓“南曲序事，亦江浙间为多”。其剧目表现的主题也是多样的，如《浣溪沙》强烈批判了沉溺酒色、听信谗言、拒纳忠谏的吴王夫差。这是以曲笔的形式倾诉万历时期政治腐败、阉党专政的政治现状，反映了知识分子心底深处的苦闷彷徨。汤显祖的《牡丹亭》歌颂了青年男女大胆追求自由爱情，宣扬“至情”论，推动了晚明“主情”的哲学思潮，也从侧面显示了这一时期人们对人性解放的追求，是对传统封建礼教束缚的挣脱。洪昇的《长生殿》和孔尚任的《桃花扇》则代表了昆曲创作的又一高峰，这两部作品反映了汉民族经历了亡国之后，对于少数民族统治的反思、悲诉，此种情感是深藏在每个汉人心底深处的，因此在观众中产生了强烈的情感共鸣。所以有学者指出："当初昆剧敢于接触现实生活，敢于提出和回答现实生活中的重大问题，能够与时代的脉搏合拍，能够和人民群众共呼吸，这无疑是昆剧能够兴旺发达一下子流传全国的关键原因。"

昆曲的文辞特征。在众多戏剧中，昆曲以文辞雅致，引经据典著称。昆山派因"讲究文采的绚丽，曲词的典雅，因而有人称之为'骈俪派'"。它保留了古人词曲之遗风，是宋元以来婉约词派的遗响，具有古雅趣味，与文人意趣相合，吸引了许多文人雅士。即使明末"吴江派"作家提倡曲词回归本色，但并没有扭转这一势头，昆曲中随处可见华丽的古典诗词，优美动人的曲文旁白。如有的学者所概括的那样：昆曲"靡词如绣阁罗帏，铜壶银箭，黄莺紫燕，浪蝶狂蜂之类，启口即是，千篇一律。甚者使僻事，绘隐语，词须累诠，意如商谜"。昆曲词采华美，以描景、抒情见长，每一部剧本都可以称得上是优秀文学作品。如汤显祖的《牡丹亭·惊梦》〔皂罗袍〕："原来姹紫嫣红开遍，似这般都付与断井颓垣。良辰美景奈何天，赏心乐事谁家院！朝飞暮卷，云霞翠轩；雨丝风片，烟波画船，一锦屏人，忒看的这韶光贱！"昆曲具有深厚的文学色彩和浪漫气息，不愧是我国古典戏剧文学的最高品位。

昆曲的艺术特色远不止以上数端，例如，昆曲细腻的表演也是其他各种地方戏所不能企及的。其表演规矩甚严，"甚至一举手一投足之际，一瞬目一回顾之间"都一丝不可错乱。它在演唱艺术上发展了生、旦、净、丑等各行当角色的性格化唱法、唱腔。通过对音色、唱腔的处理来突出人物性格。后世剧种，如京剧各行当不同音色的性格化唱法，其基础是昆曲奠定下来的。昆曲的艺术特色还体现在舞蹈、戏衣等诸多方面，这些方面相互协调，综合起来共同形成了昆曲的艺术美。如在服饰上，小生的服饰以洁雅的色调为主，形象追求儒雅、风流，书卷气浓，体现了当时人的审美趋向和审美追求。

总之，昆曲在发展中始终着眼于自身的整体性，博采众长，在唱腔、剧目、文辞等方面形成了自己独特的艺术特色。它是中国戏曲艺术的集大成者，代表了我国戏剧艺术的极大成就，昆曲的艺术之美，需要我们细细品味。

308 京剧的表现形式及艺术特点有哪些？

京剧，也称“皮黄”，由“西皮”和“二黄”两种基本腔调组成其音乐素材，也兼唱一些地方小曲调（如柳子腔、吹腔等）和昆曲曲牌。它形成于北京，时间大致是在1840年前后，盛行于二十世纪三四十年代，时有“国剧”之称。1790年，为庆祝乾隆八旬寿辰，扬州盐商江鹤亭（安徽人）在安庆组织了一个名为“三庆班”的徽戏戏班，由艺人高朗亭率领进京参加祝寿演出。三庆班进京获得成功后，又有四喜班、和春班、春台班等徽班进入北京，并逐渐称雄于京华的剧坛，这就是所谓的“四大徽班进京”。四大徽班进京献艺，揭开了200多年波澜壮阔的中国京剧史的序幕。

我国戏曲艺术的基本特征通常被认为是综合性、虚拟化、程式化、歌舞化，京剧艺术秉承和发扬了中国戏曲的这种演剧方式和艺术观念。京剧的表现形式可以概括为象外环中。京剧的表现形式，有相当一部分是虚拟的。在京剧舞台上，时空是虚拟而自由的，具体地说，京剧舞台的环境是以人物活动为依据，环境的具体性是由人物的唱、做、念、打的表演来规定的。京剧中的抽象比比皆是，也都具有以少胜多、多义性、模糊性、包容性的特点。虚实结合、虚实相生的表现形式在很大程度上给予观众更多的自主想象。京剧的表演也正是运用这种“显藏相间”的方法来传神达意，调动观众的想象和联想。如京剧中的穿针引线，手帕是实有的，而针线则是虚的；骑马划船的动作，马鞭和船桨是实有的，而马和船则是虚的；开门、上楼的动作是实有的，而门和楼梯则是虚的。针线、马、船、门、楼梯是靠观众想象来完成实现的。正是这个虚拟的“针、线、马、船、门、楼梯”才留给了观众联想的余地，同时又可以让演员展示京剧特有的技术美的动作，让观众去欣赏京剧的技术美，品味京剧的技术美。这种“诗意”的表演精神和表演观念，是一种以一当十、以少胜多的办法，它在演绎故事、展示技艺的同时，给予观众更为深远的意境。

京剧的艺术特色方面，主要体现在以下几个方面：

首先，生旦净丑角色行当的划分。中国戏曲特有的表演体制是角色行当分为生、旦、净、丑四个基本类型，其起源可以追溯到唐代，到宋元之际，开始创立，而到清初以后才算成熟。这种角色划分在京剧中表现得最为突出。京剧角色的分行十分细致，早先分为十行，后来才归并为生、旦、净、丑四行。各类角色根据剧中人物的身份、气质与性格的不同，都有固定的脸谱、各个行当的声乐技巧、身段工架乃至化妆服饰等各种造型手段，都有一套不同程式和规则，具有鲜明的造型表现力和独特的形式。京剧形成的初期，老生最受重视。20 世纪 20 年代出现了“四大名旦”即梅兰芳、程砚秋、荀慧生、尚小云后，旦角的地位变得重要了。这是京剧发展的一个重要的变化。

其次，人物形象的脸谱化。京剧脸谱，是具有民族特色的一种特殊的化妆方法。由于每位历史人物或某一种类型的人物都有一种大概的谱式，所以称为“脸谱”。关于脸谱的来源，一般的说法是来自假面具。中国传统戏曲的脸谱，是演员面部化妆的一种程式。一般应用于净、丑两个行当，其中各种人物大都有自己特定的谱式和色彩，借以突出人物的性格特征，具有“寓褒贬、别善恶”的艺术功能，使观众能目视外表，窥其心胸。京剧脸谱，是根据某种性格、性情或某种特殊类型的人物而采用某些色彩。红色的脸谱表示忠勇义烈，如关羽、姜维、常遇春；黑色的脸谱表示刚烈、正直、勇猛甚至鲁莽，如包拯、张飞、李逵等；黄色的脸谱表示凶狠残暴，如宇文成都、典韦；蓝色或绿色的脸谱表示一些粗豪暴躁的人物，如窦尔敦、马武等；白色的脸谱一般表示奸臣、坏人，如曹操、赵高等。这些脸谱为我们欣赏京剧化妆，尤其是了解“净行”人物的基本性格提供了“解码”的符号，为观众欣赏京剧带来了很大的便利。

再次，京剧音乐及唱腔的特点。京剧的唱腔属板式变化体，以西皮、二黄为主要唱腔。西皮的旋律起伏较大，节奏紧凑，唱腔流畅明快，适合于表现欢快、坚毅的情绪；二黄的旋律则较为平稳，节奏舒缓，唱腔凝重浑厚，更宜于抒发沉郁、悲愤的情怀。唱腔方面，京剧唱腔演唱艺术的第一大特点，就是字正腔圆，声情并茂。所谓“字正腔圆”，是指发声中字音正确无误，标准规范，在此基础上，才能做到唱腔圆润、优美动听。并且不同的行当，唱腔风格也各异，例如老生唱腔具有刚柔结合的演唱风格，青衣唱腔具有深沉委婉的演唱风格，花旦唱腔具有华美艳丽的演唱特点，老旦唱腔具有苍劲圆润的演唱特点，花脸唱腔具有粗犷洪亮的唱腔特点等。

最后，京剧的服饰特点。京剧的服装，通过其式样、花纹、颜色和穿戴的各种不同的规格，不仅使虚空的舞台色彩鲜明，也表明不同的环境、地点、人物、身份和某种特定的情景。京剧的服装是以明朝服装为基础，又参考了宋朝、元朝服装的样式。它的第一个特点，就是不受时代的约束。所谓不受时代约束是说，京剧的服装是以明朝的服装为基础，京剧的古装戏上至春秋战国、下至明清两代，除了特殊情况，基本上都穿戴统一的“明式”服装。第二个特点是不受季节限制。所谓的不受季节限制是说，在京剧舞台上，无论春夏秋冬，服装的制式、材料质地、款式都是统一的。京剧服装的第三个特点是通过质地、色彩、花纹的不同，而形成了有规则的服装语汇。比如穿红绿蟒，主要表现人物是达官贵人；戴上风帽，披上斗篷，就表现了人物是在旅途跋涉之中；头上系一块绸条，就表现人物是在生病之中。纹样在戏装中，不仅是美饰，也具有象征意义。皇家和大臣的服装多用龙纹图案，它是封建权威和尊严的象征；武将的开氅多用虎豹图案，象征勇猛；文生的褶子描绘梅、兰、竹、菊，与他们的性格气质有关；而谋士的戏装则用太极图、八卦来象征智慧和道术。

综上所述，欣赏京剧艺术，首先应该了解京剧基本的表演形式以及艺术特色，在此基础上才能进一步欣赏它，从而品味京剧艺术所带来的美感体验和艺术享受。了解这些基本知识，也有利于我们更好地宣传、弘扬、保护和传承我们的传统文化。

309《古今图书集成》与《四库全书》的编纂是如何进行的?

清代作为中国历史上最后一个封建王朝，在思想文化方面并非无所建树，这集中体现于《古今图书集成》和《四库全书》的完成，对我国文化发展产生了深远影响。

《古今图书集成》是我国古代现存规模最大、体例最完整的一部综合性类书。其初由清康熙年间学者陈梦雷于康熙四十年（1701 年）至四十五年（1706 年）奉敕编纂，后经雍正朝蒋廷锡等人奉敕编校，最终于雍正四年（1726 年）完成。全书 1 万卷、目录 40 卷、共约 1.6 亿字，涵盖了从上古到明末清初的古代文献资料，具有“康熙百科全书”之称，故在查阅文献资料时起到了工具书的作用。

陈梦雷曾侍康熙第三子诚亲王胤祉攻读，后在胤祉的支持下，其于康熙四十年（1701 年）十一月奉命率 80 人开始编纂《古今图书汇编》，历时五年定其初稿。康熙在御览后，改其名为《古今图书集成》，并命儒臣“重加审订”。雍正即位后，陈梦雷因受胤祉牵连而被流放。此书即转由雍正朝的蒋廷锡等人奉敕编校，但蒋氏只是做了将“志”改为“典”，做了极小的修订、增删，并终在清雍正四年（1726 年）完成。

在内容方面，《古今图书集成》涉及的时间跨度大、范围广，它基本上涵盖了清代雍正朝之前我国历代所形成和积累的各种知识，其中明代资料尤为丰富。它甚至吸收了西方学说，如在《艺术汇编》提及西方的数学，如几何、代数式等。几乎做到“区分胪列，靡所不载”，“凡在六合之内，巨细毕举”。值得一提的是，在辑录的过程中，编纂者往往把原书正部、正篇或正段收入，从而较好地保存了古籍。同时每段引证都注明出处，标明书名、篇名和作者，有利于后人查对原书。

在编纂体例方面，编纂者根据书籍内容的性质以及当时人对事物的认识程度，以“以类聚事”为原则，改变了以往类书的两级类目体系，创立了汇编、典、部的三级类目体系，将全书总分6个汇编、32典和6109部。一级类目为六个汇编，即历象、方舆、明伦、博物、理学、经济。“历象”是有关天的内容，下设4典；“方舆”涉及地理的内容，下设4典；“明伦”是关于人与人之间的伦理规范，设8典；“博物”涵盖各种技艺、方术、动植物，设4典；“理学”谈及经籍、学行、文学、字学，共4典；“经济”指经世济民，含有8典。在典这一级是始于“乾象典”，终于“考工典”。在典之下即为部。《古今图书集成》共有6109部。每部中分汇考、总论、图、表、列传、艺文、选句、纪事、杂录、外编等10类。如某部没有某一方面的资料，就不设该类目。一般情况下，每部之下有汇考、总论、艺文、纪事、杂录和外编6个部分。部下所辑的10类如下：一为汇考，即收录稽考重要事物演变的资料；二为总论，其主要辑有历代对某个具体事物的评述；三为图，即为涉及某些具体事物的图像；四为表，主要是有关事物的表格，但不包括史书中的年月表；五为列传，它收录名人传记资料；六为艺文，此部分收录有关具体事物的诗文歌赋；七为选句，主要是摘录有关具体事物的丽词偶句；八为纪事，收编有关具体事物琐细而有可取之处的资料；九为杂录，这一部分收录非专论一事但涉及这一方面的或由于某些原因未入汇考、总论和艺文类的资料；十为外编，它主要是收录诸子百家佛道典籍中荒唐之事，即“寄寓譬托之辞”及臆造之说等。在这10类中各类还有不同的编排体例，如汇考按编年体排列，如无编年，则按经、史、子、集分其先后。由此可见此书规模之宏大，内容之充实，结构之严谨，体例之完善。

虽然此书在编纂内容、体例方面有许多值得称道之处，但仍存在一定的局限性。其一，在类目安排上反映出封建阶级的正统观念和伦理道德，如编纂者将我国历代农民起义人物列入详刑典中的盗贼部。其二，由于当时认识水平、科学发展水平的局限，对于某些内容的分类，现在看起来也不甚合理，如将农、商、渔、樵、牧、猎、医部归入《艺术典》。其三，在辑录的资料中，也并不全是引自原书，存在内容上的割裂与错落。其四，在分类详度上，与《艺文类聚》等类书相比，较为不足。

但是瑕不掩瑜，整体来看，《古今图书集成》是对我国传统学术文化的一次系统的、成功的整合，对后代的研究具有极为重要的学术价值。

《四库全书》是由清乾隆皇帝敕编的一部官修丛书。从编纂背景上看，《四库全书》的编纂是统治者试图加强统治的措施之一。乾隆通过采取“寓禁于征”的办法，在全国范围对图书进行清理，进一步消除反清民族意识，统一思想，加强与巩固清王朝的统治地位。

从《四库全书》的编纂者方面看，该书是由乾隆皇帝亲自订立标准，特命皇室郡王、大学士以及六部尚书、侍郎兼任总裁、副总裁，并专门征召翰林院和全国各地的著名学者入馆担任纂修官。参与编写的人有乾隆的二皇子永瑢、八皇子永璇、十一皇子永程，还有刘庸、纪晓岚、于敏忠等，当时有才学的大儒几乎都包括进来，为此书的编纂做出了巨大的贡献，而其中纪晓岚、姚鼎、朱筠、周永年等人的贡献最大。

从编纂内容上讲，此书对中国从先秦到清初的文化进行了系统的梳理，涵盖了中国传统学术文化的各个学科门类和专业。尤详于元以前，而以明代的最多。

从编纂体例及规模上讲，全书按照经、史、子、集四部进行编纂，部下有类，类下有属。全书共 4 部 44 类 66 属，收书 3503 种、79337 卷，装订成 36000 余册，共约 10 亿字，是中国历史上规模最大的一部丛书。其为我们保存了丰富的文献资料，但在编纂过程中也销毁、修改了很多书籍。

从编纂过程上讲，《四库全书》的编纂经过了书籍的收集、整理、校订等几个步骤。其中最为关键的是图书的收集和校订。书籍收集过程采用的是以奖励方式激励人们献书。整个征书过程历时 7 年，共征集图书 12237 种，其中包括以前鲜有的绝版和孤本。图书的校订程序是图书编纂过程中的核心部分。为了确保图书校订能够顺利进行，编纂过程中制定了《功过处分条例》，特别对校订的责任进行了规定。在编纂过程当中，乾隆皇帝会亲自抽检，对有可能影响清政府统治和异族反抗的文字进行删除。因此，在这一过程中大量的书籍被篡改和销毁。20 年间，清政府共全毁、部分抽毁、销毁书版、销毁石刻共近 3000 种，书籍总数在 10 万部以上。这无疑对我国文化的继承和发展造成了难以估量的损失。《四库全书》最终于乾隆四十六年十二月修成，收藏在紫禁城文渊阁。其后乾隆又下令相继抄成六份，分别藏于北京圆明园文渊阁、热河文津阁、盛京文溯阁及镇江文宗阁、扬州文汇阁、杭州文澜阁。

《四库全书》的编纂耗费了巨大的人力、财力、物力，书中保存了大量文化古籍，为后世人研究中国文化提供了重要的资料库。同时《四库全书》的编纂过程以及其编纂方法也对后来图书收集、档案管理、图书编纂、目录学、图书管理学等方面的发展起到示范作用。但是我们在认识到其价值的同时，也应认识到由于《四库全书》的编纂目的具有很强的政治性，所以很多作品没有被完整地收入，而是对其进行了大量的删改，甚至对一些书籍的刻板进行销毁，以减少对自己统治的威胁。故在古籍完整性方面造成了不可挽回的破坏。

《古今图书集成》与《四库全书》，这两座清代官方编书热潮中的丰碑，都是在清朝统治者吸收汉族文化、巩固统治的理念下产生的。前者注重对古代典籍的接受和兼容，而后者则强调对传统文化思想的统一。

虽然《古今图书集成》与《四库全书》分别采取类书与丛书的形式进行编纂，但都可以视为对我国古代文化典籍的清理总结。二者都以“全”为编纂目标之一，但《古今图书集成》总计才 1 万卷，且对“附会评纬妖异之说”，尚“皆所不录”。而《四库全书》虽然规模宏大，但其收录选择更加严格，将收到的图书不仅分出“应刻”“应抄”“存目”三个级次，还对于“词意抵触本朝”的书籍进行删改、抽毁乃至全书销毁。

总之，这两部书的编纂标志着中国传统学术文化的发展走向最后一个高峰，对中国文化的继承与发展具有重要的意义。